de Gruyter Lehrbuch

Karl-Heinrich Bieritz

Liturgik

W
DE
G

Walter de Gruyter · Berlin · New York

∞ Gedruckt auf säurefreiem Papier,
das die US-ANSI-Norm über Haltbarkeit erfüllt.

ISBN 3-11-017957-1 (Gb.)
ISBN 3-11-013236-2 (brosch.)

Bibliografische Information Der Deutschen Bibliothek

Die Deutsche Bibliothek verzeichnet diese Publikation in der Deutschen
Nationalbibliografie; detaillierte bibliografische Daten sind im Internet
über <http://dnb.ddb.de> abrufbar.

Printed in Gemany

Einbandgestaltung: Hansbernd Lindemann, Berlin, unter Verwendung einer
Abbildung des Tassilokelchs (8. Jh.) aus Kremsmünster (Österreich)
Druck und buchbinderische Verarbeitung: Hubert & Co., Göttingen

Vorwort

Dieses Buch ist eine Frucht meiner langjährigen Lehrtätigkeit in Leipzig, Berlin und Rostock. Es ist aus den Blättern hervorgegangen, die ich den Studierenden als Begleitmaterial zu Vorlesungen, Seminaren und Repetitorien in die Hand gegeben habe; *Hand-outs* hieß das dann auch bei den jüngeren Generationen. Im Anfang waren das hauptsächlich Übersichten, Tabellen, Quellentexte, ausgewählte Zitate aus der Literatur, knappe Zusammenfassungen. Sie bilden den Grundbestand auch dieses Buches und bestimmen seinen Charakter als *Studienbuch*, das begleitend zu Lehrveranstaltungen genutzt werden kann. Wer sich einen ersten Überblick verschaffen (oder einen solchen vermitteln) will, findet hier alles, was er braucht. Anders als in den Anfängen ist das Material nun aber in eine zusammenhängende und, wie ich hoffe, einigermaßen lesbare Darstellung eingebunden, so dass damit auch ein fassliches *Lehrbuch* für das individuelle Studium zur Verfügung steht – sei es zu Hause am Schreibtisch oder unterwegs auf der Bahn. Ein kleinmaschiges Inhaltsverzeichnis und ein ausführliches Sachregister sorgen dafür, dass das Buch darüber hinaus als *Nachschlagewerk* dienen kann, wenn es darum geht, Details der gottesdienstlichen Kultur des Christentums zu erkunden.

Damit ist zugleich ein weiteres Interesse angezeigt, dem Buch wie Verfasser verpflichtet sind: Noch ist diese Kultur in unseren Breiten überall präsent – in Gestalt von Gebäuden, Räumen, Bildwerken, Klängen, Texten, Festen, Feiern und Gebräuchen, von Zeichen und Zeichenhandlungen aller Art. Doch schwindet die Kenntnis um die geschichtlichen, semantischen, symbolischen Zusammenhänge, in denen diese Zeichen stehen; sie werden so zu stummen Zeugen eines Wissens, an dem die Zeitgenossen nicht mehr partizipieren. Es scheint so, dass viele diesen Mangel empfinden; Jahr um Jahr erreichen mich – insbesondere im Umfeld der großen Feste – mehr und mehr Anfragen aus Redaktionen, Rundfunk- und Fernsehanstalten und von Privatpersonen, die nach dem »Sinn« solcher Zeichen fragen. Und dabei geht es nicht nur um die Herkunft des Osterhasens und des Weihnachtsbaums (das auch!), sondern etwa auch um den »Sinn« von Kreuz und Krippe...

In dieser Situation steht Liturgiewissenschaft gegenüber den Kulturwissenschaften in der Pflicht. Ihre Adressaten sind nicht nur Theologinnen und Theologen, auch nicht nur Glieder der christlichen Kirchen, sondern ebenso alle, die an der christlichen Zeichenwelt als einem kulturellen Phänomen interessiert sind. Ihnen einen Zugang zu dieser Welt zu erschließen, ist ein Ziel dieses Buches. Dem dient vor allem der erste Teil (Kap. 1 bis 9), der in die »Sprachen« (die wichtigsten Ausdrucks- und Zeichensysteme) einführt, in denen die Kultur des Gottesdienstes eine überlieferungs- und mitteilungsfähige Gestalt gewinnt. Der zeichentheoretische Ansatz, der dabei aufgenommen wird, mag vielleicht den Anschluss an andere kulturwissenschaftliche Diskurse erleichtern.

Hinzuweisen ist auch auf den ökumenischen Charakter dieses Buches. Es bezieht in großem Umfang – in allen seinen Teilen – die römisch-katholische Überlieferung und Praxis mit ein. Das gilt auch für die Literatur, auf die Bezug genommen wird: Ohne den ständigen Rückgriff auf die katholische Liturgiewissenschaft und ihre Forschungsergebnisse hätte das Buch nicht geschrieben werden können. Es wünscht sich darum viele katholische Leser und Leserinnen und empfiehlt sich ihnen als ein Kompendium *ökumenischer* Liturgik, das die konfessionellen Teilkulturen nicht gegeneinander aufrechnet, sondern sie als bleibend aufeinander bezogene Realisationen der Glaubens-, Kirchen- und Gottesdienstkultur des Christentums begreift.

Sachverhalte, die auch in mehrbändigen Handbüchern nur lückenhaft entwickelt werden können, lassen sich freilich in einem solchen Buch lediglich exemplarisch behandeln. Auf vieles musste verzichtet, manches konnte nur sehr knapp angesprochen werden. Um Platz zu sparen, wurde von umfänglichen, auf Vollständigkeit bedachten Literaturlisten (nichts veraltet schneller!) Abstand genommen. In der Regel erscheinen in den Anmerkungen nur solche Titel, auf die im laufenden Text ausdrücklich Bezug genommen wird. Wer mehr will und braucht, kommt über die angegebene Literatur rasch an weitere Veröffentlichungen heran. Das Personen- und Autorenregister ersetzt ein zusammenfassendes Literaturverzeichnis am Schluss.

Ich widme dieses Buch Renate Bieritz-Harder, meiner Frau, die als Theologin und Juristin die Arbeit an diesem Buch von Anfang an begleitet und mich immer wieder ermuntert hat, es zu vollenden.

Ihlow (Ostfriesland), im Januar 2004   Karl-Heinrich Bieritz

Inhaltsverzeichnis

   (1) Braunschweig 1528 468
   (2) Das Problem der Messen ohne Kommunion 470
   (3) Brandenburg-Nürnberg 1533 472

13.2 Zürich 474

   13.2.1 Huldrych Zwingli 474

      (1) Kritik am Canon Missae 475
      (2) Eine neue Abendmahlsordnung 477
      (3) Der Predigtgottesdienst 478

   13.2.2 Basel 481

   13.2.3 Von Bern bis Stuttgart 483

      (1) Bern 484
      (2) Straßburg 485
      (3) Württemberg 486

   13.2.4 Genf 489

      (1) Farel 1533 489
      (2) Calvin 1542 490
      (3) Der Predigtgottesdienst 490
      (4) Die Abendmahlsfeier 492
      (5) Wirkungen 495

13.3 Canterbury 497

   13.3.1 The Order of the Communion 1548 498
   13.3.2 Book of Common Prayer 1549 499
   13.3.3 Book of Common Prayer 1552 502
   13.3.4 Entwicklungen 504

   Anmerkungen 506

14. Bewegungen 512

14.1 Liturgiereformen 512

   14.1.1 Die Messfeier vom 16. zum 20. Jahrhundert 512

      (1) Das Missale Romanum von 1570 512
      (2) Barockzeitalter, Aufklärung, Romantik 513
      (3) Erste Reformansätze 515
      (4) Die liturgische Bewegung des 20. Jahrhunderts 516

Abkürzungen

Wir übernehmen die Kürzel für Zeitschriften, Reihen, biblische Bücher und außerkanonische Schriften aus: Siegfried M. Schwertner, IATG². Internationales Abkürzungsverzeichnis für Theologie und Grenzgebiete. 2., überarbeitete und erweiterte Aufl., Berlin u.a. 1992. Da aber nicht vorausgesetzt werden kann, dass allen Leserinnen und Lesern dieses Werk jederzeit zugänglich ist, stellen wir hier einige in diesem Buch verwendete Abkürzungen zusammen.

AEM	Allgemeine Einführung in das Römische Meßbuch.
AKG	Arbeiten zur Kirchengeschichte, Berlin u.a. 1915 ff.
ALW	Archiv für Liturgiewissenschaft, Regensburg 1950 ff.
AMATECA	Associazione Manuali di Teologia Cattolica, Lugano (Lehrbücher zur katholischen Theologie, Paderborn).
AnBib	Analecta biblica, Roma 1952 ff.
AnzSS	Anzeiger für die Seelsorge, Freiburg i. Br. 1981 ff.
APrTh	Arbeiten zur Praktischen Theologie, Berlin u.a. 1991 ff.
BEvTh	Beiträge zur evangelischen Theologie, München 1940 ff.
Bill.	Kommentar zum Neuen Testament aus Talmud und Midrasch von (Hermann Leberecht Strack) Paul Billerbeck, München 1922 ff.
BKV	Bibliothek der Kirchenväter, Kempten u.a. 1868 ff.
BSLK	Bekenntnisschriften der evangelisch-lutherischen Kirche. Hg. vom Deutschen Evangelischen Kirchenausschuss, Göttingen 1930, [10]1986.
bsr	Beck'sche Reihe, München.
BThSt	Biblisch-theologische Studien, Neukirchen-Vluyn, 1977 ff.
BThZ	Berliner Theologische Zeitschrift, Berlin 1984 ff.
Conc(D)	Concilium. Internationale Zeitschrift für Theologie, Einsiedeln u.a. 1965 ff.
DS	Enchiridion symbolorum, definitionum et declarationum de rebus fidei et morum. Ed. Heinrich Denzinger/Adolf Schönmetzer, Freiburg i. Br. [32]1965 bis [36]1976.
dtv	Deutscher Taschenbuch Verlag, München.
EcOra	Ecclesia orans. Zur Einführung in den Geist der Liturgie, Freiburg i. Br. 1918 ff.
EG	Evangelisches Gesangbuch, 1993 ff.
EKG	Evangelisches Kirchengesangbuch, 1950 ff.
EKK	Evangelisch-katholischer Kommentar zum Neuen Testament, Neukirchen-Vluyn 1975 ff.

EKL	Evangelisches Kirchenlexikon, Göttingen ³1986 ff.
EL	Ephemerides liturgicae, Vaticano 1887 ff.
EO	Ecclesia orans. Periodica de scientiis liturgicis, Roma 1984 ff.
EvTh	Evangelische Theologie, München 1934 ff.
EWNT	Exegetisches Wörterbuch zum Neuen Testament, Stuttgart u.a. 1980-1983.
FC	Fontes christiani, Freiburg i. Br. 1990 ff.
FS	Franziskanische Studien, Münster u.a. 1914 ff.
GDK	Gottesdienst der Kirche. Handbuch der Liturgiewissenschaft, Regensburg 1983 ff.
GL	Gotteslob. Katholisches Gebet- und Gesangbuch, 1975 ff.
Gottesdienst	Gottesdienst. Zeitschrift der Liturgischen Institute Deutschlands, Österreichs und der Schweiz, Freiburg, Wien, Einsiedeln 1967 ff.
Herbü	Herder-Bücherei, Freiburg i. Br. 1960 ff.
HKi	Hochkirche, Charlottenburg 1919 ff.
HlD	Heiliger Dienst, Salzburg 1947 ff.
HST	Handbuch systematischer Theologie, Gütersloh 1979 ff.
IThS	Innsbrucker theologische Studien, Innsbruck 1978 ff.
JLH	Jahrbuch für Liturgik und Hymnologie, Kassel 1955 ff.
JLW	Jahrbuch für Liturgiewissenschaft, Münster 1921-1941.
JQR	Jewish quarterly review, Philadelphia 1988 ff.
JRPäd	Jahrbuch der Religionspädagogik, Neukirchen-Vluyn 1984 ff.
KKTS	Konfessionskundliche und kontroverstheologische Studien, Paderborn 1959 ff.
KuD	Kerygma und Dogma, Göttingen 1955 ff.
Leit.	Leiturgia. Handbuch des evangelischen Gottesdienstes, Kassel 1952-1970.
Leit.NF	Leiturgia. Neue Folge, Hannover 1991 ff.
LitWo	Liturgisch woordenboek. Hg. von Lucas Brinkhoff u.a., Roermund 1958-1970.
LJ	Liturgisches Jahrbuch, Münster 1951 ff.
LQF	Liturgiegeschichtliche Quellen und Forschungen, Münster 1928-1939.
LThK	Lexikon für Theologie und Kirche, Freiburg i. Br. ³1993 ff.
LWQF	Liturgiewissenschaftliche Quellen und Forschungen, Münster 1957 ff.
MD	La Maison-Dieu. Revue de pastorale liturgique, Paris 1945 ff.
MGKK	Monatsschrift für Gottesdienst und kirchliche Kunst, Göttingen 1896-1941.

MThS.K	Münchener theologische Studien. Kanonistische Abteilung, München 1951 ff.
MThSt	Marburger theologische Studien, Marburg 1931 ff.
MTUDL	Münchener Texte und Untersuchungen zur deutschen Literatur des Mittelalters, München 1961 ff.
NTA	Neutestamentliche Abhandlungen, Münster 1908 ff.
OrChrA	Orientalia Christiana Analecta, Roma 1935 ff
OSB	Ordo Sancti Benedicti (Benediktiner/Benediktinerinnen)
PiLi	Pietas liturgica. Studia, St. Ottilien 1983 ff.
PStQ	Philologische Studien und Quellen, Berlin 1956 ff.
PTh	Pastoraltheologie, Göttingen 1966-1969, 1981 ff.
PTHe	Praktische Theologie heute, Stuttgart 1991 ff.
QD	Quaestiones disputatae, Freiburg i. Br. 1958 ff.
QuLi	Questions liturgiques, Louvain 1910/11-1913/14, 1970 ff.
RHLR	Revue d'histoire et de littérature religieuses, Paris 1896 ff.
RLGD	Reihe Lebendiger Gottesdienst, Münster 1961 ff.
SBS	Stuttgarter Bibelstudien, Stuttgart 1965 ff.
SC	Sources chrétiennes, Paris 1941 ff.
SG	Sammlung Göschen, Berlin u.a. 1899 ff.
SJ	Societas Jesu (Gesellschaft Jesu, Jesuiten)
SpicFri	Spicilegium Friburgense. Texte zur Geschichte des christlichen Lebens, Freiburg/Schweiz 1957 ff.
SPPI	Schriften des Pius-Parsch-Institus, Klosterneuburg 1976 ff.
StLi	Studia liturgica, Rotterdam u.a. 1962 ff.
StNT	Studien zum Neuen Testament, Gütersloh 1969 ff.
STPS	Studien zur Theologie und Praxis der Seelsorge, Würzburg 1989 ff.
StZ	Stimmen der Zeit. Monatsschrift für das Geistesleben der Gegenwart, Freiburg i. Br. 1914 ff.
THLI	Textwissenschaft, Theologie, Hermeneutik, Linguistik, Literaturanalyse, Informatik, Tübingen u.a.
ThQ	Theologische Quartalschrift, Tübingen u.a. 1819 ff.
TRE	Theologische Realenzyklopädie, Berlin 1976 ff.
UTB	Uni-Taschenbücher
VEGL	Veröffentlichungen der Evangelischen Gesellschaft für Liturgieforschung, Göttingen 1947 ff.
WA	Luther, Martin: Werke. Kritische Gesamtausgabe (Weimarer Ausgabe), Weimar 1883 ff.
WA.B	– Briefwechsel, 1930 ff.
WA.TR	– Tischreden, 1912 ff.

Abkürzungen

WdC   Wörterbuch des Christentums, Gütersloh 1988.
Worship   Worship. A Review Concerned with the Problems of Liturgical
             Renewal. Collegeville, Minn. 1951 ff.
WPKG   Wissenschaft und Praxis in Kirche und Gesellschaft, Göttingen
             1970-1980.
WzM   Wege zum Menschen. Monatsschrift für Arzt und Seelsorger,
             Erzieher, Psychologen und soziale Berufe, Göttingen 1954 ff.
ZGDP   Zeitschrift für Gottesdienst und Predigt, Gütersloh 1983 ff.
ZThK   Zeitschrift für Theologie und Kirche, Tübingen u.a. 1891 ff.

1. Begriff, Gegenstand, Verfahren, Quellen

1.1 Begriff

1.1.1 Liturgik

Liturgik bzw. *Liturgiewissenschaft* sind Bezeichnungen für die theologische Disziplin, die sich mit den vielfältigen Erscheinungsformen gottesdienstlichen Handelns befasst. Sie leiten sich ab von *liturgia*, der latinisierten Form des griechischen Substantivs λειτουργία.

Liturgik wäre demnach genauer zu bestimmen als λειτουργική ἐπιστήμη, also als diejenige Wissenschaft, die sich mit den Dingen der Liturgie befasst.[1] Der Sprachgebrauch geht vermutlich auf den katholischen Vermittlungstheologen Georg Cassander (1513-1566) zurück (*Liturgica, de ritu et ordinatione Dominicae coenae celebrandae*, Köln 1558), gelangt freilich erst im Gefolge der Aufklärung und der Etablierung der Pastoraltheologie bzw. Praktischen Theologie als selbständiger theologischer Disziplin zu seiner heutigen Bedeutung (z.B. bei Gregor Köhler 1788;[2] frühestes deutschsprachiges Handbuch: Franz Xaver Schmidt 1832/33;[3] älteste evangelische Liturgik: Johann Friderici 1704/05[4]). Während im Begriff der *Liturgik* stärker der praktisch-theologische Bezug festgehalten wird (*Liturgik* als Teildisziplin der Praktischen Theologie, so vor allem im evangelischen Kontext), tendiert der von Odo Casel, Romano Guardini und anderen bevorzugte Begriff der *Liturgiewissenschaft* dazu, die Eigenständigkeit des Fachs im Fächerkanon der Theologie zu unterstreichen. Der Sprachgebrauch ist jedoch uneinheitlich: Während Guardini *Liturgik* als an der Praxis orientierte Anwendung liturgiewissenschaftlicher Erkenntnisse bestimmt, sie also der *Liturgiewissenschaft* zu- und unterordnet, versteht eine Reihe evangelischer Autoren *Liturgiewissenschaft* als – historisch ausgerichtete – Hilfsdisziplin der *Liturgik*.[5]

1.1.2 λειτουργία als ›Dienstleistung für das Volk‹

λειτουργία setzt sich zusammen aus ionisch λήϊτος (»das Volk betreffend«) und ἔργον (»Werk, Dienst«), meint also ursprünglich eine ›Dienstleistung zugunsten des Volkes‹, die insbesondere von den wohlhabenderen Bürgern erwartet wurde (z.B. »die Einrichtung der öffentlichen Chöre, die öffentliche Speisung eines Stadtteils, die Organisation athletischer Wettkämpfe oder im Kriegsfall die Ausrüstung eines Schiffes«[6]).

In diesem Sinne konnte der Begriff auch zur Bezeichnung kultischer Dienstleistungen verwendet werden und wurde schließlich zum Sammelbegriff für Dienstleistungen aller Art (so z.B. auch für die des Friseurs). λειτουργός wurde zur Bezeichnung für den ›Diener‹, den ›Arbeiter‹ schlechthin.

1.1.3 λειτουργία als Bezeichnung für den Gottesdienst Israels

Die *Septuaginta* (LXX), die griechische Übersetzung des Alten Testaments, knüpft an die kultische Verwendung der Begriffe an und gebraucht sie ausschließlich in diesem Sinne. Λειτουργία bzw. λειτουργεῖν bezeichnen hier – in Übersetzung des hebräischen עבדה (*abodah*) oder שרת (*scheret*, subst. *scharet*) – »den kultischen Dienst, der dem Gott Israels in der Stiftshütte bzw. im Tempel erwiesen wird.«[7] Vereinzelt wird auch der heidnische Kult so bezeichnet (Ez 44,12; 2 Chron 15,16). Im hellenistischen Judentum zurzeit des Neuen Testaments kann der Begriff auch in einem weiteren Sinne als »Dienst an Gott zum Wohle der Menschen« verstanden werden.[8]

1.1.4 λειτουργία und λειτουργε ῖν im Neuen Testament

Das Neue Testament wiederum nimmt diesen Sprachgebrauch der *Septuaginta* auf. Die Wortgruppe bezeichnet hier

(1) den Priesterdienst im Tempel und damit den Gottesdienst des Alten Bundes (Lk 1,23; Hebr 9,21; 10,11); (2) den wahren Priesterdienst am himmlischen »Heiligtum und an der wahren Stiftshütte«, der von Christus vollzogen wird (Hebr 8,2.6); (3) die Dienstleistungen der Engel (Hebr 1,7.14); (4) den apostolischen Dienst des Paulus, der sich selber als λειτουργός Jesu Christi versteht (Röm 15,16; vgl. auch Phil 2,17); (5) finanzielle ›Dienstleistungen‹ der Gemeinde, so die Kollekte für Jerusalem (Röm 15,27; 2 Kor 9,12) oder die Geldspende für den Not leidenden Apostel (Phil 2,25.30); (6) den Dienst römischer Steuerbeamter (Röm 13,6).

Nur an einer Stelle im Neuen Testament (Apg 13,2) wird das Verb λειτουργεῖν auf gottesdienstliches Tun von Christen im engeren Sinne bezogen und damit in einer Weise verwendet, wie es dem späteren kirchlichen Sprachgebrauch entspricht:

»Lukas greift mit der Wendung λειτουργούντων δὲ αυτῶν τῷ κυρίῳ in betont feierlicher Sprache die Priesterterminologie der LXX auf [...] und bezieht sie – damit spätere frühkirchliche Terminologie vorbereitend [...] – auf das ›gottesdienstliche‹ Handeln einzelner Amtsträger in der Gemeinde, die bei ihrem

wahrhaft ›priesterlichen Dienst‹ des Empfangs der Geistesweisung gewürdigt
werden.«[9]

1.1.5 Kultische Begrifflichkeit im Neuen Testament

Es ist im Übrigen bemerkenswert, dass gängige antike Begriffe für gottesdienstliches Handeln und die kultische Verehrung der Gottheit, die
zum Teil auch in der *Septuaginta* begegnen (z.B. λατρεία für ›Kult‹,
›Gottesdienst‹, λατρεύειν für ›gottdienen‹, θυσία für ›Opfer‹, θρησκεία
für ›Gottesdienst‹, ›Religion‹ usw.), zwar vom Neuen Testament
aufgenommen, aber – ähnlich wie bei der Wortgruppe um λειτουργία –
nicht auf gottesdienstliche Aktivitäten von Christen im engeren Sinne
bezogen werden:

»Wir stehen vor einer sehr bedeutsamen Tatsache. Keiner der Begriffe, die bei
den Griechen oder im Alten Testament für die spezifische gottesdienstliche
Verehrung der Gottheit gebraucht werden, vermag das auszudrücken, was dort
geschieht, wo sich Christen zum Gottesdienst versammeln. Was in diesem
Gottesdienst der Christen geschieht, ist offenbar ein schlechthin Neues [...] Dabei
ist besonders auffallend, daß die für den alttestamentlichen Kultus kennzeichnen-
den Begriffe teils für die Bezeichnung von Jesu Heilswerk aufgenommen werden,
teils eigentümlich umgedeutet unter Abstreifung des konkret-kultischen Sinnes
von dem christlichen Wandel überhaupt oder von besonderen Diensten innerhalb
der Kirche ausgesagt werden, aber gerade von dem besonderen Gottesdienst, in
dem die Gemeinde betet, singt, das Wort hört, das Abendmahl feiert,
geflissentlich nicht gebraucht werden.«[10]

Wo z.B. Paulus die genannten Begriffe aufnimmt, geschieht dies in
einer eigentümlichen Erweiterung und Verfremdung, die ihren spezifisch
›kultischen‹ Sinn zwar nicht aufhebt, aber überschreitet und sie auf den
»Gottesdienst im Alltag der Welt« (Ernst Käsemann) hin öffnet: »Ich
ermahne euch nun, liebe Brüder, durch die Barmherzigkeit Gottes, dass
ihr eure Leiber hingebt als ein Opfer (θυσία), das lebendig, heilig und
Gott wohlgefällig ist. Das sei euer vernünftiger Gottesdienst (λογικὴ
λατρεία)« (Röm 12,1).

Bei aller Nähe dieser Wendung zur stoischen bzw. mystischen Kult-
kritik im Hellenismus ist doch zu beachten, was Ulrich Wilckens dazu
anmerkt:

»... so sehr die Beziehung kultischer Begriffe auf die so profane Wirklichkeit
der irdisch-menschlichen Leiblichkeit das Verständnis des Kults revolutioniert,
weil seine Ausgrenzung vom Profanen aufgehoben wird, so wenig darf man darin
so etwas wie ein Programm der Profanierung alles Kultischen, eine
grundsätzliche Absage an jede Art christlichen Kults erkennen wollen.«[11]

Und Emil J. Lengeling hält »gegenüber der ärgerlichen Simplifizierung ›keine Kultbegriffe im NT‹« fest:

»Es finden sich dort zwar kaum kultische Genusbegriffe, aber etwa 40 Ausdrücke für konkretes liturgisches Tun: Vom Beten und Singen bis zum Kniebeugen und Handauflegen. Wenn das ganze christliche Leben Gottesdienst ist, kann ja schlecht diese Qualifizierung jenem Tun und Geschehen abgesprochen werden, das sich in expliziter Weise von Gott her und zu Gott hin vollzieht und das im übrigen erst ermöglicht, das ganze Leben als Gottesdienst zu sehen und nach Kräften zu verwirklichen.«[12]

1.1.6 Bezeichnungen für den christlichen Gottesdienst im NT

Wenn das Neue Testament die gottesdienstlichen Zusammenkünfte der Christen bezeichnen will, spricht es vom ›Zusammenkommen‹, ›Sich-Versammeln‹, ›Zusammensein‹ (συνέρχεσθαι, συνάγεσθαι, εἶναι ἐπι τὸ αὐτό) im Namen Jesu (vgl. 1 Kor 5,4; Apg 2,44; 4,31; 20,7f; Mt 18,20) in der Gemeinde bzw. als Gemeinde (ἐκκλησία; vgl. 1 Kor 11,17f.20.33f; 14,23.26). Dies bringt offenbar »unter den neutestamentlichen Begriffen am besten zum Ausdruck, was wir heute mit ›Gottesdienst‹ gewöhnlich meinen.«[13] Andere genuin neutestamentliche Bezeichnungen für die (eucharistische) Versammlung sind ›Brotbrechen‹ (κλᾶν ἄρτον bzw. κλάσις τοῦ ἄρτου, Apg 2,42.46; 20,7.11), ›Herrenmahl‹ (κυριακὸν δεῖπνον, 1 Kor 11,20), ›Tisch des Herrn‹ (τράπεζα κυρίου, 1 Kor 10,21). Gelegentlich – auch noch im 2./3. Jh. – begegnen die Bezeichnungen συναγωγή (Jak 2,2) bzw. ἐπισυναγωγή (Hebr 10,25).

1.1.7 Bezeichnungen in der griechischen Kirche

In der griechisch sprechenden Christenheit des Ostens setzt sich die Bezeichnung λειτουργία (»die Heilige Liturgie«, »die Göttliche Liturgie«) seit dem 9. Jh. für den eucharistischen Gottesdienst – wohl in Anlehnung an den Sprachgebrauch der *Septuaginta* – allgemein durch. Dabei spielt die typologische Deutung des alttestamentlichen Opfer- und Priesterdienstes auf den Gottesdienst des Neuen Bundes (der Gottesdienst der Kirche ›vorgebildet‹ im alttestamentlichen Gottesdienst) eine gewisse Rolle.

Vorbereitet wird der spätere kirchliche Sprachgebrauch im 1. Klemensbrief, wo λειτουργία einerseits »als die Aufgabe aller christlichen Gemeindeglieder bezeichnet« (Kap. 41), andererseits »auf die Inhaber des bischöflichen und priesterlichen Amtes eingeengt« werden kann (44,2-6; vgl. auch Did 15,1).[14]

Andere Bezeichnungen für den eucharistischen Gottesdienst in der griechischen Kirche sind (1) εὐχαριστία, das (ursprünglich in Aufnahme des hebräischen תודה = *todah*; lat. *gratiarum actio*) »in den ersten drei Jh. für die Feier als ganze, aber offenbar von Anfang an auch im abgeleiteten Sinne für die Mahlgaben, Brot und Wein, verwendet [wird], über die das Eucharistiegebet gesprochen worden ist«; (2) εὐλογία (in Entsprechung zum hebräischen ברכה = *berakah*; lat. *benedictio*), in terminologischer Nähe zu εὐχαριστία, vor allem »als Bezeichnung für die Eucharistie als Speise im 3.-5. Jh. bezeugt«; (3) ἀναφορά bzw. προσφορά (»Darbringung«, aber auch das »Dargebrachte«) zur Bezeichnung des Eucharistiegebets, der eucharistischen Gaben wie der eucharistischen Feier insgesamt; (4) σύναξις (»Versammlung«), zwischen dem 4. und 6. Jh. gängige Bezeichnung für die Feier; (5) μυστήριον bzw. μυστήρια (»Geheimnis«, »Geheimnisse«), seltener auch ἁγιασμός, die »Heiligung«.[15]

1.1.8 Bezeichnungen in der abendländischen Kirche

In den Kirchen des Westens ist *liturgia* – als latinisiertes Lehnwort aus dem Griechischen – wohl erst von den Humanisten zur Bezeichnung des christlichen Gottesdienstes verwendet worden. Äquivalente Begriffe sind hier *munus* bzw. *officium* (deutsch *Amt* – vgl. *Hochamt* – bzw. *Dienst*); in ihnen klingt der ursprüngliche öffentlich-rechtliche Sinngehalt von λειτουργία noch deutlich an. Weitere Bezeichnungen sind *collecta* (»Versammlung«, in Übersetzung von σύναξις), *actio* (»Handlung«, genauer *actio sacra* bzw. *liturgica*), *sacramentum* (in Entsprechung zum griechischen μυστήριον). Allgemein setzt sich jedoch im Abendland der terminus technicus *missa* (deutsch *Messe*) für den eucharistischen Gottesdienst durch.

Missa bedeutet seinem Wortsinn nach »Entlassung«, »Verabschiedung«, und wird seit dem 4. Jh. für die Entlassung der Katechumenen – nach dem Wortgottesdienst, vor Beginn der eigentlichen Eucharistiefeier – verwendet. *Pars pro toto* kann es dann die Feier im Ganzen bezeichnen (und wird in diesem Sinne zunächst auch für nichteucharistische Feiern gebraucht). Seit dem ausgehenden 5. Jh. wird es – auch in der Pluralform *missae* bzw. *missarum sollemnia* – zum speziellen Begriff für die aus Wort- und Mahlgottesdienst zusammengewachsene eucharistische Versammlung. Als Lehnwort aus dem Lateinischen wandert es in zahlreiche Volkssprachen ein (althochdeutsch *messe* bzw. *misse*) und wird auch von der lutherischen Reformation beibehalten (vgl. Luthers *Formula Missae* 1523, seine *Deutsche Messe* 1526), wobei – schon vor Luther – eine gewisse Bedeutungsverengung auf die Einsetzungsworte zu beobachten ist.

Gottesdienst (*gods dienst*) bezeichnet seit dem 13. Jh. die »Gottes-verehrung im allgemeinen und deren Äußerungen in religiösen Akten« (so heute noch im Niederländischen: *godsdienst* = Religion, *eredienst* = Liturgie).[16] Der engere Sprachgebrauch – *Gottesdienst* als Synonym für gemeinsames liturgisches Handeln, speziell für die Feier der Eucharistie – kommt seit dem 14./15. Jh. auf. Im evangelischen Bereich setzt sich die Bezeichnung weithin gegen den Terminus *Messe* durch (wobei der ursprünglich umfassendere Sinn – Gottesdienst »als Inbegriff christlichen Glaubens und Lebens«[17] – bei Luther durchaus noch mitschwingt).

1.1.9 Liturgie als »gottesdienstlicher Zentralbegriff«

Unter humanistischem Einfluss taucht die Bezeichnung *Liturgie* ver-einzelt in Gottesdienstordnungen der Reformationszeit auf (so Lüneburg 1531), breitet sich jedoch vor allem im reformierten und anglikanischen Bereich aus und kommt seit dem 18. Jh. auch bei den Lutheranern in Gebrauch (Johann Friderici 1704/05). Friedrich Wilhelm III. verwendet den Begriff in seiner ersten Agende von 1817. Seit dem 18. Jh. (zuerst wohl bei Pius VI. 1794), verstärkt dann im 20. Jh. findet die Bezeichnung auch Eingang in den amtlichen Sprachgebrauch der römisch-katholischen Kirche (Codex Iuris Canonici 1917; Liturgische Bewegung; Pius XII.; II. Vatikanisches Konzil). *Liturgie* wird nun »zum offiziellen gottes-dienstlichen Zentralbegriff«,[18] der sich die anderen Bezeichnungen zu- und unterordnet.

Liturgie wird im amtlichen katholischen Gebrauch zunächst bestimmt als »der öffentliche, im Namen der Kirche von den gesetzlich dazu beauftragten Personen und mittels von der Kirche angeordneter Handlungen Gott, den Heiligen und Seligen erwiesene Kult, den zu regeln ausschließlich Sache des Apostolischen Stuhles ist« (CIC c. 1256 f). Diese einseitig ›juridische‹ Definition wird schon von Pius XII. in seiner Enzyklika *Mediator Dei* von 1947 stärker theologisch gefüllt: »Liturgie ist [...] der gesamte öffentliche Kult des geheimnisvollen Leibes Jesu Christi, sowohl des Hauptes als seiner Glieder« (20).

Entscheidende neue Akzente setzt das II. Vatikanische Konzil: »Mit Recht gilt also die Liturgie als Vollzug des Priesteramtes Christi; durch sinnenfällige Zeichen wird in ihr sowohl die Heiligung des Menschen bezeichnet und in je eigener Weise bewirkt, als auch vom mystischen

Leib Jesu Christi, das heißt dem Haupt und den Gliedern, der gesamte öffentliche Kult vollzogen« (Liturgiekonstitution Art. 7).

Nach dieser Definition meint *Liturgie* das gesamte gottesdienstliche Handeln der Kirche, soweit es ›öffentlichen‹ Charakter trägt, also dem von der Kirche vollzogenen und verantworteten *cultus publicus* zugehört. *Liturgie* ist danach nicht nur Vollzug des Gott geschuldeten ›Kultes‹, sondern umfasst eine katabatische (soterische, heilsvermittelnde) und eine anabatische (latreutische, auf die Verehrung Gottes gerichtete) Komponente, ist also Handeln Gottes am Menschen und Handeln von Menschen zur Ehre Gottes zugleich (vgl. 8.3.4.; 8.4.1.). Als »Vollzug des Priesteramtes Christi« gibt sie teil an seiner doppelten Selbsthingabe an Gott (anabatisch) und die Menschen (katabatisch).

1.2 Gegenstand

1.2.1 Gesamtheit gottesdienstlicher Kultur

»Gegenstand der Liturgiewissenschaft ist das gottesdienstliche Leben der Kirche«.[19] Diese knappe Bestimmung macht deutlich, dass das Interesse der Liturgiewissenschaft nicht primär einzelnen Handlungen, Texten, Gegenständen oder anderen Phänomenen gilt, sondern sich auf einen Lebenszusammenhang richtet, der einen wesentlichen Aspekt christlicher Existenz überhaupt repräsentiert. Demzufolge bestimmen wir Liturgik als *die* Disziplin der Praktischen Theologie, die sich mit der »Gesamtheit *gottesdienstlicher Kultur* [...] auf allen Ebenen des kirchlichen und gesellschaftlichen Lebens« befasst.[20] Solche »gottesdienstliche Kultur« wiederum ist Ausdruck der darstellend-symbolischen Dimension kirchlich-religiösen Handelns.

Diese weite Bestimmung erlaubt es, alle kulturellen Phänomene, die aus der gottesdienstlichen Feier hervorgegangen sind bzw. gestaltend auf sie eingewirkt haben – in Sitte, Brauchtum und sozialem Leben, bildender und darstellender Kunst, Architektur, Musik und Dichtung usw. – dem Gegenstandsfeld der Liturgik zuzurechnen. Sie nötigt auch dazu, vergleichbare Erscheinungen und Vollzüge in anderen Religionen wie im »allgemeinen Prozeß der Kultur« zur Kenntnis zu nehmen, um so den Anschluss an die »kulturwissenschaftlichen Diskurse unserer Zeit« zu gewinnen.[21] Das gilt – um nur Beispiele zu nennen – für das, was unter dem Stichwort »Medienreligion«[22] verhandelt wird, wie für eine Fülle anderer ›zivilreligiöser‹ Phänomene aus Sport-, Pop-, Polit- und Festkultur, Werbung, »Kult-Marketing«[23] u.a.

Vielfach werden in der theologischen Literatur drei (μαρτυρία, διακονία, λειτουργία) bzw. vier (zusätzlich noch: κοινωνία) Dimensionen kirchlichen Handelns und theologischer Praxis unterschieden:[24]

(1) ZEUGNIS (μαρτυρία) in Verkündigung und Lehre als glaubensbildende Dimension dieser Praxis; (2) DIENST (διακονία) in Diakonie und Seelsorge als ihre helfend-heilende Dimension; (3) GEMEINSCHAFT (κοινωνία) in Gemeindebildung und -leitung als jene Dimension, in der das Evangelium eine soziale Gestalt gewinnt; (4) FEIER (λειτουργία) in Gottesdienst und Gebet als darstellend-symbolische Dimension einer vielgestaltigen, keineswegs nur auf verbale Mitteilungen beschränkten »Kommunikation des Evangeliums«.[25]

Die Unterscheidung kann helfen, einerseits den Bezug der Liturgik auf das gesamte Feld kirchlich-religiöser Praxis fest zu halten, andererseits ihren besonderen, von den anderen klassischen praktisch-theologischen Disziplinen (Homiletik, Katechetik, Poimenik, Diakonik, Kybernetik) unterschiedenen Zugriff auf dieses Feld zu begründen. Macht man davon Gebrauch, bedarf freilich noch der Begriff darstellend-symbolischen Handelns weiterer Füllung. Er verknüpft zugleich die darstellend-symbolische Dimension kirchlich-religiöser Praxis mit Handlungsformen, wie sie auf anderen Ebenen des gesellschaftlichen Lebens begegnen.

1.2.2 Wirksames und darstellendes Handeln

Der Begriff des ›darstellend-symbolischen Handelns‹ nimmt Bestimmungen Friedrich Schleiermachers (1768-1834) auf. Für ihn gilt: »Der Cultus ist darstellende Mittheilung und mittheilende Darstellung des gemeinsamen christlichen Sinnes«.[26] Als »*darstellende* Mittheilung« unterscheidet er sich von anderen Weisen, in denen sich der christliche Glaube vermittelt. Es ist diese besondere Weise der Mitteilung, durch die sich der Gegenstand, mit dem es die Liturgik zu tun hat, definiert und strukturiert.

Nach Schleiermacher kann gemeinschaftliches Handeln grundsätzlich als wirksames (organisierendes) oder darstellendes (symbolisierendes) Handeln erfolgen. Als wirksames, ›sachgerichtetes‹ Handeln[27] ist es auf einen »Effect« aus, verfolgt also Zwecke, die außerhalb seiner selbst liegen. Arbeit, Geschäftstätigkeit, Erziehung u.a. sind als gesellschaftliche Tätigkeiten den Gesetzen wirksamen Handelns unterworfen.

Darstellendes, ›sinngerichtetes‹ Handeln dagegen ruht gleichsam zweckfrei in sich selber, »ohne Nebenabsicht und ohne eine besondere Wirkung zu bezwekken«. Seinen Sinn – nicht seinen Zweck! – hat es erfüllt, »wenn die Menschen dadurch ein erhöhetes Bewußtsein gewonnen haben in der Beziehung die bei dem Ganzen vorherrschend ist«. Dieses »erhöhete Bewußtsein« aber »ist nichts anderes als die Thätigkeit selbst«, darf also nicht als *Wirkung* des gemeinsamen

Handelns missverstanden werden. Gesellschaftliche Tätigkeiten, die dem darstellenden Handeln zugeordnet werden können, sind das Fest und die Kunst: »Alle Kunst hat in der Darstellung ihr Wesen, und alles was nichts anderes sein will als Darstellung ist Kunst.«[28]

Christlicher Gottesdienst als »darstellende Mittheilung und mittheilende Darstellung des gemeinsamen christlichen Sinnes« findet demnach seine anthropologische Entsprechung in der Kunst und im Fest. All diesen Phänomenen ist gemeinsam, dass sie das wirksame, effizienzorientierte Handeln, das »Arbeits- und Geschäftsleben«, *unterbrechen* und einen Zeit-Raum eigener Art konstituieren. Darin sind sie unabdingbar für das Überleben des Einzelnen wie das Überleben der Sozietäten, in denen er sich vorfindet: In Fest, Kunst und Kultus gelangt zum Ausdruck und zu Darstellung, was Menschen im Innersten bewegt und begründet. In ihnen zeigt und vollzieht sich – das will Schleiermacher wohl sagen – letztlich das Leben selbst auf eine einzigartige, durch nichts anderes zu ersetzende Weise.

1.2.3 Orientierung, Expression, Affirmation

In neuerer Zeit hat Peter Cornehl die Schleiermachersche Bestimmung des Gottesdienstes als »darstellende Mittheilung« und »mittheilende Darstellung« aufgenommen und entfaltet:

»Im Gottesdienst vollzieht sich das ›darstellende Handeln‹ der Kirche als öffentliche symbolische Kommunikation der christlichen Erfahrung im Medium biblischer und kirchlicher Überlieferung zum Zwecke der Orientierung, Expression und Affirmation. Die im Gottesdienst versammelte Gemeinde bringt in bestimmten verbalen, visuellen, musikalischen Interaktionen, Zeichen, Gebärden, in Diskursen und Handlungsketten das anschaulich zum Ausdruck, wovon sie sich als christliche bestimmt weiß, was sie ›unbedingt angeht‹: ihre Begegnung mit Christus, ihre Betroffenheit von Gebot und Gnade, ihre Hoffnung.«[29] In einem späteren Beitrag hat Cornehl die Trias von Orientierung, Expression und Affirmation noch um den (Teil-)Aspekt der Erneuerung ergänzt: »Als Feier der Befreiung und Versöhnung zielt der Gottesdienst auf Orientierung, Ausdruck, Vergewisserung und Erneuerung des Glaubens.«[30]

Das bedeutet: Gegenstand der Liturgik – als Lehre vom darstellend-symbolischen Handeln der Kirche – sind die sinnstiftenden (Orientierung!), sinngestaltenden (Expression!) und sinnvergewissernden wie sinnerneuernden (Affirmation!) Aspekte der »Kommunikation des Evangeliums«, soweit sie eine sinnenfällig-zeichenhafte Gestalt intendieren, die sich in Worten, Klängen, Farben, Formen, Gebärden, Handlungen usw. auszudrücken vermag.

›Symbolisch‹ kann dieses Handeln auch insofern heißen, als es in seiner unmittelbaren, gegenständlich fassbaren, zeit-räumlich begrenzten Wirklichkeit und Wirksamkeit nicht aufgeht, sondern einen unabschließbaren Überschuss an Bedeutungen mit sich führt, einen »symbolischen Mehrwert«,[31] der neue, bislang unerfahrene Sinn-Räume zu erschließen im Stande ist.

In diesem Sinne lässt sich auch sagen: Liturgik ist die Lehre von der »Kunst, Gott zu feiern«.[32] Damit wird die Kategorie des *Festes* – wie schon bei Schleiermacher – zum entscheidenden Schlüssel für das Verständnis und die Gestaltung des Gottesdienstes wie für eine theologische ›Kunstlehre‹, die sich diesem Phänomen widmet.

Bei der von Peter Cornehl übernommenen Bestimmung der Liturgik als Lehre vom ›darstellenden Handeln der Kirche‹ handelt es sich um eine in ihrem Kern *anthropologische* Aussage, die freilich von *theologischer* Relevanz ist:

Orientierung ereignet sich im christlichen Gottesdienst in der Spannung von »Tradition und Interpretation«: Die Deutung überlieferter Erfahrung geschieht mit dem Ziel, den Zeitgenossen »tragfähige Sinndeutungen und Orientierungs-angebote zu vermitteln«.[33]

Expression meint die Fähigkeit, »die religiöse Grunderfahrung sinnlich auszu-drücken und so erlebbar zu machen«; sie steht »in der Spannung zwischen Wiederholung und Erneuerung«.[34]

Affirmation umfasst die Teilaspekte der »Vergewisserung« und der »Erneue-rung«, sie vollzieht sich als »Vergewisserung des Glaubens im Aushalten und in der Überwindung der Anfechtung«, also in der Spannung von »Erfahrung« und »Verheißung«.[35]

1.2.4 Das ›liturgische Feld‹

Ist so das Gesamtfeld darstellend-symbolischen Handelns der Kirche als Gegenstand der Liturgik bestimmt, liegt es nahe, dieses Feld durch eine ›obere‹ und ›untere Schwelle‹ weiter zu begrenzen.[36]

Als ›untere Schwelle‹ der Liturgik soll uns dabei jener Bereich gelten, der nicht mehr der »öffentlichen symbolischen Kommunikation der christlichen Erfahrung« angehört, sondern vornehmlich der Sphäre individueller Frömmig-keit zugerechnet werden muss. Ohne jeden Zweifel haben auch hier – in Gestalt des persönlichen Gebetes und vielfältiger anderer Frömmigkeitsübungen – Formen darstellend-symbolischen Handelns ihren Ort; und ebenso sind sie ohne Zweifel mit dem gemeinschaftlichen liturgischen Handeln in unlösbarer Weise verwoben. Doch liegt es nahe, diesen Bereich – vor allem aus methodischen

Gründen – im Zusammenhang anderer praktisch-theologischer Disziplinen, etwa einer noch zu entfaltenden *Aszetik* als Lehre von der christlichen Spiritualität,[37] zu behandeln.

Als ›obere Schwelle‹ der Liturgik bestimmen wir jene Linie, jenseits derer das darstellend-symbolische Handeln der Kirche stärker diskursive, den Regeln rhetorischer Kommunikation unterworfene Züge gewinnt. Auch hier sind die Grenzen fließend: Für Schleiermacher zum Beispiel ist die Predigt integraler Bestandteil des Kultus und dient wie dieser der »darstellenden Mittheilung und mittheilenden Darstellung des gemeinsamen christlichen Sinnes«; sie folgt keinem anderen ›Zweck‹ als der Gottesdienst ingesamt, nämlich dem, »das religiöse Bewußtsein der Anwesenden zu beleben«.[38] Doch macht es auch hier Sinn, die gottesdienstliche Predigt und andere rhetorische Gestalten darstellend-symbolischen Handelns einer eigenen praktisch-theologischen Disziplin, der *Homiletik*, zuzuweisen; finden sie ihre soziokulturelle Entsprechung doch nicht zuerst im *Fest*, sondern in der *Rede* und ihren unterschiedlichen Funktionen (so ist nach der klassischen Rhetorik das *genus demonstrativum*, die *Preis-* und *Festrede*, eben nur ein *genus dicendi* neben der *Gerichts-* und der *Beratungsrede*).

Darstellend-symbolisches Handeln kann sich auch in einer spezifischen Sozial- und Rechtsgestalt von Kirche verdichten. Hierarchische Strukturen zum Beispiel, aber auch kirchenrechtliche Regelungen bilden immer ein bestimmtes Verständnis ›christlicher Erfahrung‹ ab. Sie finden ihre Entsprechung in der Rollenstruktur, die dem liturgischen Handeln zugrundeliegt und die sich in ihm symbolisch zur Darstellung bringt. Hier muss demnach eine weitere ›Schwelle‹ markiert werden: Sie trennt *Liturgik* von der praktisch-theologischen Disziplin der *Kybernetik* (unter Einschluss des *Kirchenrechts*) und hält zugleich ihren Zusammenhang mit den Feldern von *Gemeindeleitung* und *-aufbau* fest.

1.2.5 Liturgische Formen

Bei der Bestimmung des ›liturgischen Feldes‹ macht sich eine zusätzliche Unterscheidung nötig. Als Gegenstände der Liturgik müssen wir zum einen alle überlieferten, neu entstandenen oder entstehenden gottesdienstlichen Formen betrachten, in denen das darstellend-symbolische Handeln der Kirche ein konkrete, geschichtlich greifbare Gestalt gewinnt.

Es sind dies (1) der zweipolige, aus einem Wort- und Mahlteil bestehende eucharistische Gottesdienst (*Heilige Liturgie, Messe, Abendmahlsgottesdienst, Hauptgottesdienst mit Predigt und heiligem Abendmahl* usw.); (2) der Tagzeitengottesdienst (*Stundengebet, Gebet der Tagzeiten, liturgia horarum*);

(3) eigenständige Wortgottesdienste unterschiedlicher Herkunft und Gestalt (so der spätmittelalterliche *Prädikantengottesdienst* und der ihm folgende oberdeutsch-reformierte *Predigtgottesdienst,* aber auch ältere Formen wie die römische *Karfreitagsliturgie* oder *Vigilgottesdienste*); (4) der Taufgottesdienst mit den Riten, die ihn vorbereiten (Katechumenats- und Photizomenatsriten) und vollenden (*confirmatio, Firmung, Konfirmation*); (5) gottesdienstliche Handlungen, die für manche Kirchen sakramentalen Rang besitzen (*Buße* bzw. *Beichte; Ordination; Trauung; Krankensalbung;* die Spendung des Abendmahls an Kranke); (6) andere liturgische Handlungen wie Sterbe- und Bestattungsliturgien, Einführungs- und Einweihungshandlungen (im evangelischen Bereich zusammen mit den zuvor genannten Vollzügen als *Kasualien* bzw. *Amtshandlungen* bezeichnet), liturgische Segnungen aller Art (*Benediktionen*), Prozessionen, Wallfahrten usw.; (7) Andachten, Gebetsstunden und andere Frömmigkeitsübungen (z.B. Gebetspraktiken wie das *Rosenkranzgebet*) offiziellen, halboffiziellen und privaten Charakters, so sie in Gemeinschaft vollzogen werden und die oben genannte ›untere Schwelle‹ nicht unterschreiten; (8) neuere liturgische Formen wie Kinder-, Schul-, Jugend- und Familiengottesdienste (*Zielgruppengottesdienste,* zu denen auch Gottesdienste im Rahmen der Klinik-, Gefängnis- und Militärseelsorge gehören), experimentelle Gottesdienste und Feierformen aller Art (z.B. auf Kirchentagen), Evangelisationsgottesdienste, Rundfunk- und Fernsehandachten usw.

Gleichsam ›quer‹ zu diesen konkreten Gestalten darstellend-symbolischen Handelns liegt eine zweite Gruppe von Gegenständen, die man als ›raum-zeitliche Ausdrucksformen‹ solchen Handelns bezeichnen könnte. Im Bild gesprochen: Sie stellen so etwas wie die ›Sprachen‹ dar, die auf dem ›liturgischen Feld‹ gesprochen werden. Wie noch zu zeigen sein wird, handelt es sich dabei um komplexe Zeichensysteme (bzw. Systeme solcher Systeme), in denen und über die sich die symbolische Kommunikation des christlichen Glaubens in den genannten liturgischen Handlungsformen vollzieht.

Die wichtigsten dieser raum-zeitlichen Ausdrucksformen sind: (1) die gottesdienstliche Zeit (auf den unterschiedlichen Zeitebenen des Jahres, der Woche und des Tages; das *Kirchenjahr*); (2) der gottesdienstliche Raum (*Kirchenbau* und *Kirchenraum*); (3) die gottesdienstliche Kunst (einschließlich der liturgisch verwendeten Geräte, Gewänder usw.); (4) die gottesdienstliche Musik (*Kirchenmusik* und *Hymnologie*); (5) gottesdienstliche Gesten, Gebärden, Handlungen; (6) die gottesdienstliche Sprache im engeren Sinn (die Sprache der Gebete, Gesänge, Lesungen, Akklamationen usw.).

Eine Darstellung des ›liturgischen Feldes‹ kann bei den konkreten, geschichtlich fassbaren Gestalten des christlichen Gottesdienstes einsetzen. Sie kann sich aber auch – wie wir dies im Folgenden tun – zu-

nächst den raum-zeitlichen Ausdrucksformen der Liturgie zuwenden und
so das Feld in einer Reihe von Querschnitten erschließen.

1.3 Verfahren

Liturgik kann sich ihrem Gegenstand auf unterschiedliche Weise nähern.
Sie kann etwa nach dem geschichtlichen Ursprung des christlichen
Gottesdienstes fragen und versuchen, die Überlieferungsvorgänge
aufzudecken und zu interpretieren, die zu seiner heutigen Gestalt geführt
haben:

Wie sind die gottesdienstlichen Formen entstanden? In welchen sozialen,
kulturellen, religiösen Kontexten sind sie verwurzelt? Lässt sich ihre Grund- und
Urgestalt erheben? Was ist ihr ursprünglicher Sinn? Welche Kräfte sind in ihrer
Aus- und Umgestaltung wirksam? Als »historische Liturgiewissenschaft« zielt
Liturgik in solcher Weise auf die »Rekonstruktion der gottesdienstlichen Wirklichkeit in der Geschichte«.[39] Es ist deutlich, dass sie dieser Aufgabe nur in
engem Kontakt mit anderen kulturgeschichtlichen Disziplinen – unter Einschluss
der Frömmigkeits-, Mentalitäts- und Sozialgeschichte – gerecht werden kann.

Als »systematische Liturgiewissenschaft«[40] fragt Liturgik nach dem
Ort, der dem christlichen Gottesdienst in der Geschichte Gottes mit den
Menschen zukommt, und bestimmt sich so als eine im strengen Sinne
theologische Disziplin:

Welchen ›Sinn‹ erfüllt der Gottesdienst, bezogen auf die Offenbarung Gottes
in Schöpfung und Geschichte, bezogen auf Werk und Geschick Jesu Christi?
Welche Bedeutung besitzt er im Heilsplan Gottes für die Glaubensgeschichte des
Einzelnen, die Geschichte des Gottesvolkes, die Geschichte der Menschheit, die
Vollendung der Welt? Lassen sich biblisch-theologische Kriterien im Blick auf
gottesdienstliches Handeln formulieren? Was unterscheidet christlichen
Gottesdienst von anderen Formen kultischen Handelns, was verbindet ihn mit
diesen?

Als theologische Disziplin ist Liturgik in einen hermeneutischen
Horizont eingebunden, zu dessen grundlegenden Bedingungen es gehört,
alle Wirklichkeit *sub ratione Dei*[41] zur Sprache zu bringen und auf »das
Ereignis der Selbstüberlieferung Gottes in die Welt hinein durch sein
Wort und sein geschichtliches Handeln« zu beziehen, dem »das
Überliefertwerden des Menschen in die [...] Geschichte Gottes mit der
Welt korrespondiert«.[42]

Damit wird zugleich eine ›Metaebene‹ liturgiewissenschaftlicher Bemühungen
konstituiert: Reflektiert Liturgik, wie oben festgestellt, das »»darstellende

Handeln« der Kirche als öffentliche symbolische Kommunikation der christlichen Erfahrung«, so wendet sich die Theologie des Gottesdienstes gleichsam der »Erfahrung mit der Erfahrung«[43] zu, interpretiert also selbstreflektiv die gottesdienstliche Kommunikation christlichen Glaubens im Zusammenhang seines Selbstverständnisses.

Liturgik kann dabei nicht absehen vom Selbstverständnis der feiernden Gemeinde, die das gottesdienstliche Geschehen als Grund, Ausdruck und Vollzug des ihr geschenkten Glaubens begreift. Genauso wenig kann sie absehen vom Selbstverständnis jener Menschen, mit denen sie den eingangs umschriebenen kulturellen Kontext teilt. Die Frage nach den *Bedingungen des Menschseins*, unter denen gottesdienstliches Handeln sich vollzieht, gehört zu ihren ureigenen Anliegen und Aufgaben: *Liturgische Anthropologie* hat darum nicht neben und nicht gegen, sondern innerhalb »systematischer Liturgiewissenschaft« ihren Ort.

In diesem Zusammenhang ist u.a. zu fragen: Wie verhält sich gottesdienstliches Handeln zur physisch-psychischen Verfasstheit des Menschen, aber auch zu seiner natürlichen und sozialen Umwelt? Welchen kommunikativen Regeln folgt es? Welchen Handlungsformen ist es zuzuordnen? Welche Bedeutung kommt ihm als einem ›gesellschaftlichen Ereignis‹ zu? Wie ist es in den Gesamtzusammenhang menschlicher Kultur eingebunden?

Vorrangige Aufgabe der Liturgik – auch wenn sie sich, wie im evangelischen Bereich allgemein üblich, als praktisch-theologische Disziplin versteht – ist es keineswegs, Gottesdienste zu gestalten bzw. liturgische Texte, Formulare und Bücher zu produzieren. Sie wirkt jedoch auf zweifache Weise an solchen kreativen Prozessen mit:

Zum einen entwickelt und überprüft sie als *Kunsttheorie* (bzw. als »liturgische Ästhetik«)[44] – in Anschauung der »Kunst, Gott zu feiern« – Modelle, Regeln und Verfahren, die in der Gestaltung gottesdienstlicher Feiern wie in der Erfindung, Überlieferung und Revision liturgischer Texte und Textsammlungen wirksam werden. Produktions- und rezeptionsästhetische Einsichten und Modelle werden dabei genauso zur Geltung gebracht wie – z.B. unter den Kategorien »Inszenierung und Präsenz«[45] – Beiträge von Schauspieltheorien und -techniken.[46]

Zum andern nimmt Liturgik als *Bildungslehre* auch am Prozess »liturgischer Bildung«[47] teil, der auf die verstehende, ganzheitliche Teilhabe am gottesdienstlichen Geschehen zielt, sowohl kognitive wie emotionale und werthafte Anteile einschließt und keineswegs an die unmittelbare Ausübung liturgischer Rollen gebunden ist.

In diesem Sinne darf sich Liturgik auch als »kritische Liturgiewissenschaft« betätigen, die als liturgische »Wahrnehmungslehre«[48] gottes-

Quellen   15

dienstliche Praxis reflektiert, für die hier wirksamen Bedingungen und Möglichkeiten sensibilisiert und so insgesamt zu einer besseren *Wahrnehmung* gottesdienstlicher Praxis befähigt.

In den meisten Darstellungen der Liturgik werden systematisch-theologische und anthropologische Überlegungen dem geschichtlich-praktischen Teil vorangestellt. Das nährt das Missverständnis, als ließe sich konkrete liturgische Praxis aus theologischen bzw. anthropologischen Maximen deduzieren. Der vorliegende Grundriss geht einen anderen Weg: Er setzt bei den konkreten Phänomenen ein und versucht, sie in ihrem historischen, aber auch anthropologischen Zusammenhang zu interpretieren. Liturgietheologische Überlegungen – zum Beispiel zur Rolle des ›Wortes‹ im Gottesdienst – werden exemplarisch am gegebenen Ort eingearbeitet (vgl. hier besonders Kapitel 8).

1.4 Quellen

1.4.1 Art und Herkunft wichtiger Quellen

Als Quellen, auf die Liturgik sich bezieht, können angesehen werden:

(1) literarische Zeugnisse aller Art, insbesondere Texte, Schriften und Bücher, die zur Verwendung im Gottesdienst bestimmt waren oder sind, Rechtsvorschriften, die den Gottesdienst betreffen, Predigten, Bezugnahmen auf gottesdienstliche Themen in theologischer und nichttheologischer Literatur, Berichte über gottesdienstliche Ereignisse und anderes mehr; (2) kirchenmusikalische Zeugnisse aller Art; (3) architektonische Zeugnisse (Kirchengebäude, gottesdienstlich genutzte Räume u.a.); (4) bildliche Zeugnisse aller Art, die auf liturgische Sachverhalte verweisen bzw. die in liturgischen Zusammenhängen verwendet wurden und werden; (5) Gegenstände, die für den gottesdienstlichen Gebrauch bestimmt waren oder sind (Geräte, Mobiliar, Gewänder u.a.). In neuerer Zeit kommen Zeugnisse hinzu, die auf Ton- oder Bildträgern (Schallplatten, Tonbändern, Fotos, Filmen, Videos, Disketten usw.) fest gehalten sind bzw. im Internet reproduziert werden können. Nicht zuletzt müssen auch aktuelle liturgische Vollzüge, an denen der Beobachter teilnimmt, sowie mündliche oder schriftliche Berichte hierüber als Quellen liturgiewissenschaftlicher Arbeit gewürdigt werden.

Wichtig ist die Unterscheidung zweier Quellensorten: »Die meisten gottesdienstlichen Primärquellen sind präskriptive Quellen, aus denen Ideal- bzw. Zielnormen erhoben werden können, denen die faktische gottesdienstliche Wirklichkeit nicht immer entspricht. Dieser kommt man mit Hilfe deskriptiver Quellen näher, welche den konkret an einem Ort gefeierten Gottesdienst beschreiben bzw. darüber reflektieren.«[49]

Bedeutsame Quellen insbesondere aus der Frühzeit der Kirche sind die altkirchlichen Kirchenordnungen.[50] Sie »regeln das gesamte Gemeindeleben oder wichtige Abschnitte daraus, meist auch – z. T. sehr ausführlich – das gottesdienstliche Leben.«[51]

Die wichtigsten dieser Kirchenordnungen sind die *Didache* (erste Hälfte des 2. Jh., mit älterem Material, aus dem syrischen Raum), die *Didaskalie* (erste Hälfte des 3. Jh., ebenfalls aus Syrien), die in einer Reihe von Übersetzungen vorliegende *Traditio apostolica*, dem römischen Gegenbischof Hippolyt (gestorben um 235) zugeschrieben (erste Hälfte des 3. Jh.; das liturgische Material verweist auf Antiochien und Ägypten, was die Urheberschaft des Hippolyt eher fraglich macht), die *Canones Hippolyti* aus der ersten Hälfte des 4. Jh. (Ägypten), die *Apostolischen Konstitutionen* (um 380, aus dem Umfeld Antiochiens; Buch 1-6 »sind ein Remake der *Didaskalie*«,[52] Buch 7 der *Didache*, Buch 8 liegt die *Traditio apostolica* zugrunde), das *Testamentum Domini* (4./5. Jh., Kleinasien).

Zu den bedeutenden altkirchlichen Quellen zählen natürlich die Schriften der Kirchenväter, die zahlreiches Material zu liturgischen Fragen enthalten. Von herausgehobener Bedeutung sind weiter das *Itinerarium Egeriae* (der Bericht einer südgallischen oder spanischen Nonne über ihre Pilgerfahrt nach Jerusalem; um 380), die apokryphen *Apostelakten* (»romanartige Erzählungen über die Missionstätigkeit und das Martyrium einzelner Apostel«[53]) und die sog. *Mystagogischen Katechesen*, Unterweisungen für Neugetaufte in der Osterwoche, wie sie insbesondere von Kyrill bzw. Johannes von Jerusalem (um 380/390), Theodor von Mopsuestia (um 350-428), Johannes Chrysostomus (um 354-407) und Ambrosius von Mailand (339-397) überliefert sind.

1.4.2 Entstehung und Typen liturgischer Bücher

Unter all diesen Quellen kommt freilich den Texten, Schriften und Büchern, die unmittelbar liturgischen Zwecken dienten und dienen, eine besondere Bedeutung zu. Eine kurze Übersicht über die ›liturgischen Bücher‹, ihre Bezeichnungen, ihre Geschichte und ihre Funktion, soll darum dieses einleitende Kapitel abschließen.

Liturgische Bücher entstehen und entwickeln sich im gottesdienstlichen Gebrauch. In ihnen spiegelt sich immer auch ein bestimmtes Verständnis des christlichen Gottesdienstes und seiner Gestalt. Sie geben zugleich Auskunft über das Ausmaß seiner ›Verschriftlichung‹ und ›Verrechtlichung‹.

(1) Die Bibel

Das älteste und für den christlichen Gottesdienst grundlegende liturgische Buch ist die Bibel. Die frühen Gemeinden übernahmen mit dem Alten Testament vom jüdischen Synagogengottesdienst den Brauch gottesdienstlicher Schriftlesung, eine Praxis, mit der auch die Entstehung des Neuen Testaments untrennbar verbunden ist.

War es zunächst Aufgabe des Vorstehers der gottesdienstlichen Versammlung, Auswahl und Abgrenzung der Lesetexte zu bestimmen, so ging man bald dazu über, die Perikopenabgrenzung (von griech. περικόπτειν = abhauen, beschneiden; subst. ἡ περικοπή) in den Bibelhandschriften am Rande zu vermerken.

Von der weiteren Ausbildung des Perikopensystems zeugen kalendermäßig geordnete Listen (sing. *Capitulare*, plur. *Capitularia*), die den Beginn (das *Incipit*) und den Schluss (das *Explicit*) der jeweiligen Lesung anführen.

Perikopenbücher, die die gottesdienstlichen Schriftlesungen im Wortlaut wiedergeben, begegnen im römischen Liturgiebereich seit dem 8. Jh. Es gibt *Epistolare* für die Epistellesungen, *Evangeliare* für die Evangelienlesungen und *Messlektionare*, die beide Reihen enthalten.

(2) Sakramentare

Während der ersten christlichen Jahrhunderte war die Formulierung gottesdienstlicher Gebete, insbesondere des eucharistischen Hochgebets, Aufgabe des Vorstehers, der dabei auf Themen, Texte und Modelle zurückgreifen konnte, wie sie exemplarisch in den frühen Kirchen-ordnungen überliefert werden. Der Verlust dieses ursprünglich mit dem Vorsteheramt verbundenen Charismas zeigt sich in einer zunehmenden ›Verschriftlichung‹ der Liturgie.

So kursierten unter den für den Gottesdienst Verantwortlichen Blätter bzw. kleine Hefte mit Messformularen, Gebetstexten u.a. (*Libelli*), die die Vorstufe der *Sakramentare*, der liturgischen Bücher für die Hand des Vorstehers, bildeten. Eine Sammlung solcher *Libelli* ist das so genannte *Veronense* aus dem Beginn des 7. Jh. (früher auch als *Sacramentarium Leonianum* bezeichnet, weil es für ein Werk Papst Leos I. gehalten wurde). Die in ihm überlieferten Texte reichen bis in das 5./6. Jh. zurück.

Für die eigentlichen Sakramentare gilt: Sie sind »Gebetstextsamm-lungen für den Vorsteher.«[54] »A Sacramentary is a presider's book containing all the texts he personally needs for the celebration of the Eucharist, the administration of the sacraments, the presiding of the Hours of Prayer, and for a variety of other liturgical events.«[55]

Wichtige Sakramentartypen bzw. -familien sind das Papst Gelasius I. (492-496) zugeschriebene *Altgelasianum* (vermutlich handelt es sich um die Presbyterliturgie einer römischen Titelkirche aus dem 7. Jh., die im 8. Jh. ins Frankenreich gelangt); die *fränkischen Junggelasiana* des 8. Jh.; das *Gregorianum-Hadrianum* (7. Jh.), das die päpstliche Stationsliturgie repräsentiert und unter Papst Hadrian I. (772-795) auf Anforderung Karls des Großen an dessen Hof gelangt, wo es »als Musterexemplar für die von Karl betriebene Romanisierung der fränkischen Liturgie« dient;[56] schließlich die *gelasianisch-gregorianischen Mischtypen* des 9./10. Jh.

(3) Ordines Romani

Eine wichtige Ergänzung der *Sakramentare* sind die *Ordines Romani*, Zeremonienbücher, die den Ablauf von Gottesdiensten nach römischem Brauch beschreiben (so die päpstliche Messfeier in Ordo I bis X) bzw. Regelungen für andere Vollzüge treffen. Älteste Exemplare sind um die Wende vom 7. zum 8. Jh. entstanden. Zum größeren Teil handelt es sich »um präskriptive Quellen, die für die Rezeption römischer Liturgie im Frankenreich werben.«[57] Sie bilden eine der Grundlagen des späteren *Pontificale Romanum* (1485 bzw. 1596), des liturgischen Buchs für die bischöflichen Funktionen, und des *Caeremoniale Episcoporum* (1600).

(4) Bücher für den liturgischen Gesang

Ordnungen für den liturgischen Gesang wurden zuerst in Klosterregeln (für das Stundengebet) und in den *Ordines* (für die Messe) überliefert. Älteste schriftliche Quellen sind *Tonare* (Auflistung der Textanfänge von Gesängen nach den acht Tonarten, 8. Jh.), *Antiphonare* (zunächst Textbücher ohne Notation, 9. Jh.) und *Kantorenbücher* mit Notenschrift (9./10. Jh.).

Die Terminologie ist nicht einheitlich: Das *Graduale* (fränkisch) bzw. *Cantatorium* (römisch) enthielt, ergänzt durch das *Responsoriale*, die Gesänge zwischen den Lesungen (*Graduale, Tractus, Alleluia*), das *Antiphonar* (römisch) die Prozessionsgesänge (zu *Introitus, Offertorium, Kommunion*). Im fränkischen Gebrauch bezeichnete *Antiphonar* dagegen ein Buch, das alle diese Gesänge umfasste (vgl. 5.2.3).

(5) Bücher für das Stundengebet

Für das Stundengebet benötigte man ursprünglich eine ganze Reihe liturgischer Bücher: neben *Bibel* und *Antiphonar* ein *Hymnar*, ein

Psalterium, ein *Homiliar* (*Sermonar*, mit Auszügen aus Väterschriften; dazu ein *Passionar* mit Heiligenlegenden). Das *breviarium* (= ›kurzes Verzeichnis‹, eingedeutscht *Brevier*) legte zunächst nur die Ordnung für das Tagzeitengebet durch das Kirchenjahr fest und zitierte die Anfangsworte der benötigten Texte; seit dem 10. Jh. wurden die Texte ausgeschrieben, damit man sie auch beim privaten Gebet zur Hand hatte (vgl. 16.2.2). Auch nach Erscheinen des *Breviarium Romanum* (1568) behielten einige Orden ihre monastischen Breviere bei.

(6) Missale und Rituale

Waren die älteren liturgischen Bücher in der Regel Rollenbücher, die jeweils für die Hand eines liturgischen Funktionsträgers (bzw. für eine bestimmte, von ihm zu vollziehende liturgische Dienstleistung) bestimmt waren, so tendierte die Entwicklung im Westen zunehmend dahin, für bestimmte Gottesdienstformen bzw. Gruppen liturgischer Handlungen je ein liturgisches Buch zu schaffen, das *alle* erforderlichen Texte und Rubriken ohne Rücksicht auf die ursprüngliche Rollenverteilung enthielt.

So setzte sich bis zum Ende des 13. Jh. das *Vollmissale* (*Plenarmissale*) durch, das neben den Gebeten und Gesängen für die Messe auch die Lesungen im Wortlaut enthielt (vgl. das *Missale Romanum* von Papst Pius V. 1570, das bis 1970 in Geltung stand).[58] Entsprechend bot das *Rituale* (*Agenda, Manuale, Obsequiale, Sacerdotale, Pastorale* u.a.) alle Texte und Anweisungen für die anderen, vom Priester zu spendenden Sakramente und Sakramentalien (seit dem 11./12. Jh.; *Rituale Romanum* 1614, von Paul V. zur Annahme empfohlen, aber nicht förmlich vorgeschrieben).

1.4.3 Römisch-katholische Kirche

Die zuletzt genannte Entwicklung hat erst im Verlauf der Liturgiereform nach dem II. Vatikanischen Konzil (1962-1964) eine gewisse Umkehr erfahren. So enthält das erneuerte *Altarmessbuch* (*Missale Romanum* Pauls VI. von 1970;[59] deutsches Meßbuch 1975[60]) keine Lesungen und Propriumsgesänge mehr. Es hat damit seinen Charakter als Rollenbuch für den Vorsteher zurückgewonnen, ergänzt durch das *Gesangbuch* (für den deutschsprachigen Raum: ›Gotteslob‹ 1975), das als Rollenbuch der Gemeinde eine deutliche Aufwertung erfuhr.

Für die Schriftlesungen zur Eucharistiefeier stehen volkssprachliche *Messlektionare* (auf der Grundlage des *Ordo lectionum missae* von 1969, ²1981, der auch die Texte für die Gesänge zu den Lesungen angibt)[61] zur Verfügung.

Für die Gesänge zur Messfeier mussten im Zuge der Reform gleichfalls neue liturgische Bücher geschaffen werden, die auch ihren unterschiedlichen liturgischen Funktionen Rechnung tragen sollten. Da hier der volkssprachlichen, auch kulturtypischen Gestaltung ein breiter Spielraum eingeräumt wird, kommt den offiziellen römischen Publikationen nur eine begrenzte praktische Bedeutung zu.

Die Reihe der Rollenbücher für die Messe wird durch *Fürbittenbücher* komplettiert, die als Vorlagen und Hilfen bei der Gestaltung des Allgemeinen Gebets nach der Homilie dienen.

Für das Stundengebet erschien 1971 die *Liturgia horarum iuxta ritum Romanum*[62] (vier Bände; dreibändige deutsche Fassung 1978-1980[63]).

Das erneuerte *Pontifikale* und das *Rituale* wurden ab 1968 bzw. 1969 zunächst in Einzelfaszikeln herausgegeben.[64]

1984 wurde ein römisches *Benedictionale* (*De Benedictionibus*, ›Buch der Segnungen‹) publiziert (deutsche Studienausgabe schon 1978).[65]

1.4.4 Ostkirchen

Im Unterschied zur Entwicklung im Westen behielten in den Kirchen des Ostens die liturgischen Bücher zu großen Teilen ihren Charakter als Rollenbücher.

Wichtigstes liturgisches Buch im byzantinischen Ritus ist das *Euchologion*, das in etwa dem *Sakramentar* entspricht; es enthält die dem Priester bzw. dem Diakon zufallenden Texte für die Eucharistiefeier, für die Sakramente und Segnungen. Teilausgaben sind das *Kleine Euchologion*, das *Liturgikon* oder *Hieratikon* (für die Eucharistiefeier), das *Hierodiakonikon* (für den Diakon), das *Hagiasmatarion* für die Amtshandlungen, dazu das *Archieratikon* als *Euchologion* für den Bischof.

Für die gottesdienstlichen Schriftlesungen existiert eine Fülle von liturgischen Büchern: zunächst das *Evangelienbuch* in zwei Varianten, einmal als *Vier-* oder *Tetraevangelium* mit dem vollen Text der vier Evangelien, der nach alter Weise mit Perikopenkennzeichnungen versehen ist, zum andern als *Aprakos-Evangelium*, das die Evangelienperikopen nach dem Kirchenjahr ordnet. Der *Apostolos* enthält die Apostelgeschichte und die Briefe des Neuen Testaments, das *Anagnostikon* (*Prophetologion, Parömienbuch*) vor allem alttestamentliche Lesungen, das *Psalterion* in zwanzig Abschnitten den Psalter nach der Gliederung der Septuaginta, mit angefügten Gebeten und Hymnen zu den Tagzeitengottesdiensten oder auch mit Auslegungen der Kirchenväter. Das *Menologion* oder *Synaxarion* enthält kurz gefasste Heiligenviten zur erbaulichen Lektüre.

Die Grundordnung für das Stundengebet findet sich im *Horologion*. Texte und Gesänge für den beweglichen Jahreszyklus, der vom Osterdatum abhängt, finden sich im *Fastentriodion*, im *Pentekostarion* oder *Blumentriodion* für die Osterzeit, im *Achttonbuch* bzw. *Oktoechos* für den folgenden Abschnitt bis zum Beginn der Vorfastenzeit. Entsprechendes Material für das unbewegliche

Kirchenjahr findet sich in dem zwölf Bände umfassenden *Monatsbuch* bzw. *Menaion*. Den kalendarischen Ablauf regelt das *Typikon* (in etwa dem römischen *Direktorium* vergleichbar). Für die Hand des Chorleiters sind das *Doxastarion* und *Kondakarion* bestimmt; die Wechselgesänge des Chores enthält das *Antiphonarion*.

1.4.5 Evangelische Kirchen

Für die liturgische Entwicklung in den Reformationskirchen war zunächst eine Flut von Einzelschriften bestimmend, die Vorschläge für die Messe, das Stundengebet, den Predigtgottesdienst und einzelne Amtshandlungen enthielten (wichtig: Martin Luther 1523 und 1526, Huldrych Zwingli 1523 und 1525, Thomas Müntzer 1524, Straßburg 1524, Jean Calvin 1542). Daneben wurden gereinigte Ausgaben bisheriger liturgischer Bücher weiter benutzt. Eine liturgiegeschichtlich einmalige Rolle übernahm das Gesangbuch als liturgisches Buch der Gemeinde. Postillen enthielten Lesungen und Auslegungen, meist nach dem Kirchenjahr geordnet. Schon bald traten die von den jeweiligen Obrigkeiten autorisierten Kirchenordnungen in die Rolle liturgischer Bücher ein; neben Bestimmungen zur rechten Lehre und zu Fragen des kirchlichen Lebens enthielten sie auch Regelungen und Texte für die Gottesdienste.

In den evangelischen Kirchen des deutschen Sprachraums, aber auch in Ost- und Südosteuropa, bezeichnet man liturgische Bücher vielfach als *Agenden*. *Kirchenbuch* bzw. *Kirchenhandbuch* sind Bezeichnungen, die vor allem im reformierten und oberdeutschen Raum, aber auch – in den entsprechenden sprachlichen Äquivalenten – im skandinavischen Luthertum verwendet werden. In den reformierten Kirchen der Schweiz und Frankreichs bevorzugt man heute vielfach die Bezeichnung *Liturgie* (auch *Ordre du Culte*). Das *Book of Common Prayer* ist das liturgische Buch der Kirche von England. Im englischsprachigen Raum finden sich außerdem die Bezeichnungen *Service Book, Book of Worship, Book of Common Worship, The Liturgy* u.a. In den Niederlanden heißen liturgische Bücher *Dienstboek, Orden van Dienst, Orden voor de Eredienst* u.a. Die Brüder-Unität gab sich 1744 ein *Liturgienbuch* (1960 *Buch der Versammlungen*).

Im deutschen Protestantismus war die Entwicklung der neuen liturgischen Bücher mit der Wende vom 16. zum 17. Jh. im Wesentlichen abgeschlossen. Sieht man von den Andachtsbüchern unterschiedlichster Art ab, wie sie zum Zwecke privater und gemeinschaftlicher Erbauung besonders durch den Pietismus gefördert wurden, brachte erst die im Zeichen der Aufklärung stehende liturgische Bewegung des 18. Jh. einen neuen Typ liturgischer Schriften – Privatagenden bzw. private Sammlungen liturgischer Formulare – hervor, die zu den offiziellen liturgischen Büchern in Konkurrenz traten. Auch in der Folgezeit war dieser Typ besonders in Phasen liturgischen Aufbruchs bestimmend (bis hin zu den liturgischen Werkbüchern der sechziger und siebziger Jahre des 20. Jh. und der Ringbuchagende, die einen leichten Austausch einzelner Texte bzw. Formulare ermöglicht).

1.4.6 Quellen und Quellensammlungen

Einen aktuellen Überblick über die Quellen und die einschlägige Literatur vermitteln die entsprechenden Artikel in der *Theologischen Realenzyklopädie* (zu den Stichworten Abendmahl, Agende, Gottesdienst, Liturgie, Liturgiewissenschaft, Kirchenordnungen u.a.) und im *Lexikon für Theologie und Kirche*, die bisher erschienenen Bände des *Handbuchs der Liturgiewissenschaft*,[66] die *Einführung in die Liturgiewissenschaft* von Reinhard Meßner und andere neuere Lehr- und Handbücher.[67]

Das Studium der Liturgik wird durch Quellensammlungen erleichtert. Für Studierende relativ leicht zugänglich sind die Hilfs- und Quellenbücher von Hering 1888,[68] Clemen 1910,[69] Altmann 1941-1947,[70] Beckmann 1956[71], Herbst 1968, ²1992,[72] Meyer-Blanck 2001[73] sowie die Sammlung *Liturgische Texte* Bonn 1903 ff. In der Regel wird dort auch zu den einzelnen Quellentexten auf die jeweiligen wissenschaftlichen Editionen verwiesen. Hohen Ansprüchen genügen die Sammlungen von Hänggi/Pahl 1968[74] und Pahl 1983[75] zum eucharistischen Hochgebet. Was die östlichen Liturgien betrifft, hilft u.a. das *Handbuch der Ostkirchenkunde* (1971) weiter.[76]

Anmerkungen

[1] Adolf Adam, Grundriß Liturgie, Freiburg i. Br. ²1992, 12.

[2] Franz Kohlschein/Peter Wünsche (Hg.), Liturgiewissenschaft – Studien zur Wissenschaftsgeschichte (LQF 78), Münster 1996, 73 ff.

[3] Ebd. 188 ff.

[4] Ebd. 8 f.

[5] Hans-Christoph Schmidt-Lauber, Begriff, Geschichte und Stand der Forschung, in: Ders./Michael Meyer-Blanck/Karl-Heinrich Bieritz (Hg.), Handbuch der Liturgik. Liturgiewissenschaft in Theologie und Praxis der Kirche, Göttingen ³2003, 17-41, hier 19.

[6] Friedrich Kalb, Art. Liturgie I. Christliche Liturgie, in: TRE 21 (1991) 358-377, hier 358.

[7] Peter Brunner, Zur Lehre vom Gottesdienst der im Namen Jesu versammelten Gemeinde, in: Leit. 1 (1954) 83-364, hier 102.

[8] Paul V. Marshall, Art. Liturgie 1. Allgemein, Reformatorische Kirchen, in: EKL³ 3 (1992) 149-153, hier 150.

[9] Horst Balz, Art. λειτουργία/λειτουργέω/λειτουργικός/λειτουργός, in: EWNT 2 (1981) 858-861, hier 861.

[10] Brunner, Lehre (Kap. 1 Anm. 7), 105.

[11] Ulrich Wilckens, Der Brief an die Römer. 3. Teilband. Röm 12-16 (EKK 6/3), Zürich, Einsiedeln, Köln, Neukirchen-Vluyn 1982, 6 f.

[12] Emil Josef Lengeling, Liturgie als Grundvollzug christlichen Lebens, in: Balthasar Fischer u.a., Kult in der säkularisierten Welt, Regensburg 1974, 63-91, hier 85.

[13] Brunner, Lehre (Kap. 1 Anm. 7), 105.

[14] Kalb, Liturgie (Kap. 1 Anm. 6), 359.

[15] Hans Bernhard Meyer, Eucharistie. Geschichte, Theologie, Pastoral. Mit einem Beitrag von Irmgard Pahl (GDK 4), Regensburg 1989, 36-43.

[16] Ebd. 43.

[17] Kalb, Liturgie (Kap. 1 Anm. 6), 363.

[18] Ebd. 363.

[19] Rupert Berger, Neues Pastoralliturgisches Handlexikon, Freiburg i. Br. 1999, 317.

[20] Peter Cornehl, Art. Gottesdienst VIII. Evangelischer Gottesdienst von der Reformation bis zur Gegenwart, in: TRE 14 (1985) 54-85, hier 54.

[21] Hermann Kurzke, Wider den Ausverkauf der Liturgiewissenschaft, in: StZ 108 (2000) 786-787, hier 786.

[22] Vgl. z.B. Arno Schilson, Medienreligion. Zur religiösen Signatur der Gegenwart, Tübingen 1997; Günter Thomas, Medien – Ritual – Religion. Zur religiösen Funktion des Fernsehens, Frankfurt a. M. 1998.

[23] Norbert Bolz/David Bosshart, Kult-Marketing. Die neuen Götter des Marktes, Düsseldorf 1995.

[24] Vgl. Hans-Christoph Schmidt-Lauber, Die Zukunft des Gottesdienstes. Von der Notwendigkeit lebendiger Liturgie (Calwer Taschenbibliothek 19), Stuttgart 1990, 39-53.

[25] Ernst Lange, Predigen als Beruf. Aufsätze zu Homiletik, Liturgie und Pfarramt. Hg. und mit einem Nachwort von Rüdiger Schloz (Edition Ernst Lange 3), München 1982, 11 u.ö.

[26] Friedrich Daniel Ernst Schleiermacher, Die praktische Theologie nach den Grundsätzen der evangelischen Kirche im Zusammenhang dargestellt. Hg. von Jacob Frerichs, Berlin 1850, 145; vgl. Christoph Albrecht, Schleiermachers Liturgik. Theorie und Praxis des Gottesdienstes bei Schleiermacher und ihre geistesgeschichtlichen Zusammenhänge (VEGL 13), Göttingen 1963, 25.

[27] Vgl. Werner Jetter, Symbol und Ritual. Anthropologische Elemente im Gottesdienst, Göttingen 1978, 140 f.

[28] Schleiermacher, Praktische Theologie (Kap. 1 Anm. 26), 69 ff.

[29] Peter Cornehl, Gottesdienst, in: Ferdinand Klostermann/Rolf Zerfaß (Hg.), Praktische Theologie heute, München, Mainz 1974, 449-463, hier 460.

[30] Peter Cornehl, Theorie des Gottesdienstes – ein Prospekt, in: ThQ 159 (1979) 178-195, hier 186.

[31] Jetter, Symbol (Kap. 1 Anm. 27), 116.

[32] Rainer Volp, Liturgik. Die Kunst, Gott zu feiern. Bd. 1: Einführung und Geschichte. Bd. 2: Theorien und Gestaltung, Gütersloh 1992 u. 1994.

[33] Cornehl, Theorie (Kap. 1 Anm. 30), 187.

[34] Ebd. 190.

[35] Ebd. 192.

[36] Vgl. dazu die von Umberto Eco, Einführung in die Semiotik. Autorisierte deutsche Ausgabe von Jürgen Trabant (UTB 105), München 1972, 28 ff, vollzogene Unterscheidung einer ›unteren‹ und ›oberen‹ Schwelle der Semiotik.

[37] Vgl. Cheslyn Jones/Geoffrey Wainwright/Edward Yarnold SJ (Ed.), The Study of Spirituality, London 1986.

[38] Schleiermacher, Praktische Theologie (Kap. 1 Anm. 26), 216.

[39] Reinhard Meßner, Einführung in die Liturgiewissenschaft (UTB 2173), Paderborn 2001, 24.

[40] Ebd. 25.

[41] Thomas von Aquin, Summa theologiae 1, q.1a.7c.

[42] Meßner, Einführung (Kap. 1 Anm. 39), 26.

[43] Eberhard Jüngel, Meine Theologie – kurzgefaßt, in: Johannes B. Bauer (Hg.), Entwürfe der Theologie, Graz, Wien, Köln 1985, 163-179, hier 167.

[44] Ebd. 25.

[45] Vgl. z.B. Michael Meyer-Blanck, Inszenierung und Präsenz. Zwei Kategorien des Studiums Praktischer Theologie, in: WzM 49 (1997) 2-16.

[46] Vgl. z.B. Marcus A. Friedrich, Liturgische Körper. Der Beitrag von Schauspieltheorien und -techniken für die Pastoralästhetik, Stuttgart 2001.

[47] Vgl. Romano Guardini, Liturgie und liturgische Bildung, Mainz ²1992.

[48] Meßner, Einführung (Kap. 1 Anm. 39), 25.

[49] Ebd. 35 f.

[50] Vgl. dazu Paul Frederick Bradshaw, Art. Kirchenordnungen I. Altkirchliche, in: TRE 18 (1989) 662-679.

[51] Meßner, Einführung (Kap. 1 Anm. 39), 36.

[52] Ebd. 39.

[53] Ebd. 41.

⁵⁴ Ebd. 45.

⁵⁵ Cyrill Vogel, Medieval Liturgy. An Introduction to the Sources, Washington D. C. 1986, 64.

⁵⁶ Meßner, Einführung (Kap. 1 Anm. 39), 45.

⁵⁷ Ebd. 48.

⁵⁸ Missale Romanum. Ex decreto Ss. Concilii Tridentini restitutum Summorum Pontificum cura recognitum. Editio I post typicam (Ausgabe Lipsiae 1958).

⁵⁹ Missale Romanum. Ex decreto Ss. Oecumenici Concilii Vaticani II instauratum auctoritate Pauli pp. VI. promulgatum. Editio I iuxta typicam. Editio typica Vaticano 1970; Editio typica altera Vaticano 1975.

⁶⁰ Die Feier der heiligen Messe. Meßbuch. Für die Bistümer des deutschen Sprachgebietes. Authentische Ausgabe für den liturgischen Gebrauch. Teil I: Die Sonn- und Feiertage deutsch und lateinisch. Die Karwoche deutsch. Teil II: Das Meßbuch deutsch für alle Tage des Jahres außer der Karwoche, Einsiedeln usw. 1975; Bd. II ²1988.

⁶¹ Ordo Lectionum Missae. Editio typica Vaticano 1969. Editio typica altera Vaticano 1981.

⁶² Liturgia horarum iuxta ritum Romanum. Editio typica. 1-4. Vaticano 1971-1972 (²1985-1986).

⁶³ Die Feier des Stundengebetes. Stundenbuch. Für die katholischen Bistümer des deutschen Sprachgebietes. Authentische Ausgabe für den liturgischen Gebrauch, Einsiedeln usw. 1978-1980. 3 Bde. mit 16 Beiheften.

⁶⁴ In Auswahl: Ordo initiationis christianae adultorum, 1972; deutsch: Die Feier der Eingliederung Erwachsener in die Kirche, Studienausgabe 1975; Die Eingliederung von Kindern im Schulalter in die Kirche, Studienausgabe 1986; Ordo Baptismi parvulorum, ²1986; deutsch: Die Feier der Kindertaufe, 1971; Ordo Paenitentiae, 1974; deutsch: Die Feier der Buße, Studienausgabe 1974; Ordo celebrandi matrimonium, ²1991; deutsch: Die Feier der Trauung, ²1992; Ordo Exsequiarum, 1969; deutsch: Die kirchliche Begräbnisfeier, 1973; Ordo confirmationis, 1971; deutsch: Die Feier der Firmung, 1973.

⁶⁵ Benediktionale. Studienausgabe für die katholischen Bistümer des deutschen Sprachgebietes, Einsiedeln usw. 1978.

⁶⁶ Gottesdienst der Kirche. Handbuch der Liturgiewissenschaft. Hg. von Hans Bernhard Meyer, Hansjörg Auf der Maur, Balthasar Fischer, Angelus A. Häußling, Bruno Kleinheyer u.a., Regensburg 1983 ff (= GDK). Bisher sind erschienen: Bd. 3 Gestalt des Gottesdienstes. Sprachliche und nichtsprachliche Ausdrucksformen; Bd. 4 Eucharistie; Bd. 5 Feiern im Rhythmus der Zeit I. Herrenfeste in Woche und Jahr; Bd. 6/1 Feiern im Rhythmus der Zeit II/1: Kalender. Heiligenjahr; Bd. 7/1 Sakramentliche Feiern I. Die Feiern der Eingliederung in die Kirche; Bd. 7/2 Sakramentliche Feiern I/2. Feiern der Umkehr und

Versöhnung. Krankensalbung; Bd. 8 Sakramentliche Feiern II. Ordination, Trauung, Begräbnis, Segnungen usw.

[67] Meßner, Einführung (Kap. 1 Anm. 39), 35-54. Weitere neuere katholische Lehr- und Handbücher, zum Teil mehrbändig: L'église en prière. Introduction à la liturgie. Éd. par Aimé-Georges Martimort. Édition nouvelle. 4 vol. Paris 1983-1984; dazu die deutsche Übersetzung der Erstauflage: Martimort, Handbuch (Kap. 6 Anm. 27); Anàmnesis. Introduzione storico-teologica alla liturgia. Ed. per A. Chupungco/S. Marsili, Torino 1974 ff; Handbook for Liturgical Studies. Ed. by A. J. Chupungco, Collegeville 1997-2000; Michael Kunzler, Die Liturgie der Kirche (AMATECA Lehrbücher zur katholischen Theologie 10), Paderborn 1995. Unter den neueren evangelischen Publikationen verdient besondere Beachtung: Christian Grethlein, Grundfragen der Liturgik. Ein Studienbuch zur zeitgemäßen Gottesdienstgestaltung, Gütersloh 2001.

[68] Hermann Hering, Hülfsbuch zur Einführung in das liturgische Studium, Wittenberg 1888.

[69] Carl Clemen, Quellenbuch zur Praktischen Theologie. Bd. 1: Quellen zur Lehre vom Gottesdienst (Liturgik), Gießen 1910.

[70] Ulrich Altmann, Hilfsbuch zur Geschichte des christlichen Kultus. Bd. 1: Zum altkirchlichen Kultus, Berlin 1941; Bd. 2: Zum Kultus des abendländischen Katholizismus, Berlin 1947; Bd. 3: Zum Kultus der Reformatoren, Berlin 1947.

[71] Joachim Beckmann, Quellen zur Geschichte des christlichen Gottesdienstes, Gütersloh 1956.

[72] Wolfgang Herbst, Evangelischer Gottesdienst. Quellen zu seiner Geschichte, Göttingen ²1992.

[73] Michael Meyer-Blanck, Liturgie und Liturgik. Der Evangelische Gottesdienst aus Quellentexten erklärt (Theologische Bücherei 97), Gütersloh 2001.

[74] Anton Hänggi/Irmgard Pahl, Prex eucharistica. Textus e variis liturgiis antiquioribus selecti (SpicFri 12), Fribourg (1968) ²1978.

[75] Irmgard Pahl (Hg.), Coena Domini I. Die Abendmahlsliturgie der Reformationskirchen im 16./17. Jahrhundert (SpicFri 29), Freiburg (Schweiz) 1983.

[76] Handbuch der Ostkirchenkunde. Hg. von Endre von Ivánka u.a., Düsseldorf 1971 (Bd. 1-2 ²1984-1989).

2. Sprachen

2.1 Liturgiesprachen

Unter ›Liturgiesprache‹ im engeren Sinne verstehen wir die Sprache, in der der Gottesdienst jeweils gefeiert wird. Dies ist alles andere als ein nebensächlicher Aspekt: *Sprache* steht zugleich für einen konkreten kulturellen Zusammenhang und die in ihm überlieferte Weltsicht. Sie steht damit häufig auch für eine spezifische Weise religiösen Verhaltens, theologischen Denkens und Redens. Übergänge von einer Liturgiesprache in eine andere markieren immer auch kulturelle Überschritte, von denen das liturgische Geschehen bis in seinen Kern betroffen sein kann.

2.1.1 Anfänge

Die ersten christlichen Gemeinden auf dem Boden Palästinas haben – soweit sie nicht aus griechisch sprechenden hellenistisch-jüdischen Kreisen kamen (vgl. Apg 6,1) – in ihren Gottesdiensten sehr wahrscheinlich die damals übliche syropalästinische Volkssprache, das Aramäische, gesprochen. Dies wird u.a. durch die Tatsache belegt, dass einzelne liturgische Elemente aus dieser Sprache auch in anderssprachigen Zusammenhängen weiterlebten (so zum Beispiel der Ruf μαράνα θά, *Maranatha* = ›Komm, Herr‹ und das bis heute übliche, vielfach im Munde Jesu bezeugte ›Amen‹).

Der Überschritt in das Griechische – in Gestalt der damals allgemein verbreiteten Kultur- und Verkehrssprache, der *Koine* (ἡ κοινὴ διάλεκτος) – bezeichnet zugleich einen ersten entscheidenden Einschnitt in der Geschichte des christlichen Gottesdienstes. Vermutlich hängen manche frühen Entwicklungen – etwa die Transformation der Mahlgestalt der Eucharistie wie der überlieferten Mahlgebete und -riten – hiermit zusammen.

Die Hellenisierung des Christentums und des christlichen Gottesdienstes war eine wesentliche Voraussetzung seiner Verbreitung bis an die Grenzen des römischen Reiches und darüber hinaus. Außerhalb Palästinas – auch in Rom, das im 1. nachchristlichen Jahrhundert weitgehend hellenisiert war – wurde die griechische Sprache in Gestalt der *Koine* zur allgemeinen Gottesdienstsprache.

2.1.2 Ostkirchen

Schon früh finden wir im Osten neben dem Griechischen weitere Liturgiesprachen: Syrisch, Koptisch, Armenisch, Georgisch, Ghe'ez (Äthiopien), später die altslawische und (seit dem 10. Jh.) die arabische Sprache. Sie zeugen davon, dass Liturgiegeschichte von den Anfängen an sich auch als Prozess der Inkulturation des christlichen Gottesdienstes in unterschiedliche gesellschaftlich-kulturelle Zusammenhänge vollzieht.

Dabei spielen staats- und kirchenpolitische Faktoren – zum Beispiel die Spannung zwischen den Zentren des Reiches und seiner Peripherie, die integrierende und stabilisierende Funktion, die der Reichskirche in diesem Zusammenhang zuwächst – genauso eine Rolle wie die dogmatischen Kämpfe des 4. und 5. Jh., die im Ergebnis schließlich zur Etablierung eigenständiger orientalischer Nationalkirchen führen (im Folgenden als ›nichtchalkedonensisch‹ bezeichnet, da sie die Ergebnisse des Konzils von Chalkedon im Jahre 451 nicht rezipierten).

Die Kirchen des Ostens haben im Prinzip immer daran festgehalten, dass die jeweilige Volkssprache auch Liturgiesprache sein sollte. Freilich wird – dem allgemeinen Gesetz der Beharrung in liturgischen Dingen folgend – diese Sprache im Gottesdienst häufig in einer altertümlichen, im Alltag nicht mehr gebräuchlichen Form gesprochen.

Die byzantinische Liturgie wird heute noch in Griechenland, im Patriarchat von Konstantinopel (in der Umgebung von Istanbul und auf dem Berg Athos), in Albanien und einigen Gemeinden Süditaliens auf *Koine-Griechisch* gefeiert.

Syrisch – eine semitische Sprache – ist die klassische Liturgiesprache der nichtchalkedonensischen Syrer in Syrien und im Zweistromland, der Nestorianer in Kurdistan, der mit Rom unierten Chaldäer im Iran und Irak, der Syrer und Maroniten im Libanon, der Malabaren und Malankaren in Südindien. Bei den Malankaren wird neben dem *Syrischen* auch die Volkssprache (*Malayalam*) verwendet.

Syrer, Kopten und vorderasiatische Griechen gebrauchen seit dem 10. Jh. zunehmend auch das *Arabische* in ihren Gottesdiensten. Maroniten und Chaldäer machen davon ebenfalls in manchen Teilen ihrer Liturgie Gebrauch. Die Melkiten in Syrien, Palästina und Ägypten haben nur wenige griechische Liturgietexte bewahrt.

Koptisch – als letztes Entwicklungsstadium des Ägyptischen seit dem 17. Jh. eine tote Sprache – wird neben dem *Arabischen* von den nichtchalkedonensischen und unierten Christen des alexandrinischen Ritus in Ägypten als Kultsprache benutzt.

Das altäthiopische *Ghe'ez* ist eine semitische Sprache, die – heute nur noch den Gebildeten geläufig – den nichtchalkedonensischen und unierten Christen in Äthiopien als Liturgiesprache dient.

Das indogermanische *Armenisch* ist die Liturgiesprache des armenischen Ritus. Die orthodoxen Georgier im Südkaukasus feiern den byzantinischen Ritus in ihrer *georgischen Sprache*. Als sich die Bulgaren im 9. Jh. der Kirche von Konstantinopel anschlossen, übersetzte man die byzantinische Liturgie für sie in ihr slawisches Idiom. Bis heute findet in den autokephalen orthodoxen Patriarchaten von Russland, Serbien und Bulgarien, die dem byzantinischen Ritus folgen, das *Altslawische* als Liturgiesprache Verwendung. In *Rumänien* wurde seit dem 16. Jh. das *Altslawische* durch die Volkssprache ersetzt. Die in Nordungarn und Siebenbürgen eingewanderten unierten Ruthenen (Galizier) benutzen das *Ungarische* in ihrer Liturgie.

2.1.3 Das Abendland

In Rom wie in den größeren Städten Italiens und Galliens war bis ins 3. Jh. hinein *Koine*-Griechisch die dominierende Sprache. Entsprechend wurde auch der Gottesdienst auf *Griechisch* gefeiert. Eine eigenständige christlich-theologische Literatur in *lateinischer Sprache* entwickelte sich wohl zuerst in Nordafrika (Tertullian, um 160 bis nach 220). So spricht manches dafür, dass auch »die frühesten Versuche mit einer lateinischen Liturgie nicht in Rom [...] gemacht wurden, sondern in den römischen Provinzen Nordafrikas, also vor allem in Karthago.«[1] Seit Decius (249-251) lässt sich eine allgemeine Restauration des *Latein* beobachten, das sich in der Folge zunehmend auch als Liturgiesprache in Rom und den von dort beeinflussten Kirchen durchsetzte. Dieser Prozess gelangte freilich erst um das Jahr 380 unter Papst Damasus mit der Übertragung des eucharistischen Hochgebets, des *Canon Missae*, in das *Lateinische* zu einem Abschluss.

Nach Meinung mancher Forscher handelt es sich dabei nicht einfach um die Übersetzung einer griechischen Vorlage, sondern um die Kreation eines in mancher Hinsicht durchaus eigenständigen Textes: »Der Übergang vom griechischen zum lateinischen Eucharistiegebet vollzog sich so, daß man den Text unter Einhaltung des traditionell gewordenen Gedankenganges und unter Benutzung gewisser durch das Herkommen geheiligter Wendungen aus lateinischem Sprachgeist heraus neu gestaltete.«[2] Man muss vermuten, dass auch hierbei Nordafrika vorausging.[3]

Als sich im 6./7. Jh. unter byzantinischer Verwaltung der Einfluss des *Griechischen* in Rom und Italien erneut verstärkte (zu erwähnen sind auch die griechischen Mönche, die im 8./9. Jh. wegen des Bilderstreites nach Westen kamen), reagierte man darauf in der Liturgie – in den Schriftlesungen beim Papstgottesdienst und im Taufritus – mit doppelsprachigen Lösungen.

Papst Johannes VIII. gestattete 880 – im Zusammenhang der Auseinandersetzungen mit Byzanz um die Slawenmission – den Gebrauch der
slawischen Sprache in der Liturgie, eine Erlaubnis, die von Gregor VII.
im Jahre 1080 widerrufen wurde. In einigen Gebieten Dalmatiens erhielt
sich jedoch die von dem ›Slawenapostel‹ Kyrill (Konstantin) in Mähren
eingeführte ›glagolitische‹ Messe in *altslawischer Sprache*.

Während die germanischen Völker, die das Christentum in seiner
arianischen Gestalt annahmen, den Gottesdienst wohl jeweils in ihrer
Landessprache feierten – der Gotenbischof Wulfila (310-383) übersetzte
die griechische Liturgie und die Heiligen Schriften ins *Gotische* –, übernahmen die zum katholischen Christentum bekehrten Germanen die
römische Liturgie in *lateinischer Sprache*.

Dies war eine folgenreiche Entscheidung, die das Gesicht des Abendlandes für
Jahrhunderte prägte und dazu führte, dass der Gottesdienst in seinem Kern bis
in das 16. Jh. – in der römisch-katholischen Kirche bis in das 20. Jh. – in einer
Sprache gefeiert wurde, die weiten Teilen der Bevölkerung fremd war. Es darf
freilich nicht übersehen werden, dass dem *Latein* als Kultur- und Verkehrssprache im Abendland eine vergleichbare Bedeutung zukam wie der *Koine* im
hellenistischen Kulturkreis. Als Kirchen- und Gottesdienstsprache war *Latein*
zugleich Kultursprache sowie Wissenschafts-, Verwaltungs- und Rechtssprache,
in der die gebildeten Oberschichten über die Grenzen der jeweiligen Staatsgebil-
de hinweg kommunizieren konnten. Es wies zugleich die neuen politisch-
sozialen Einheiten als legitime Erben des römischen Imperiums und seiner
Kultur aus.

Freilich war der mittelalterliche Gottesdienst nicht gänzlich ohne
volkssprachliche Elemente. Noch in karolingischer Zeit kam es zur
Ausbildung eines volkssprachlichen, katechetisch orientierten Ritus in
der Messe, der neben Evangelienlesung und Predigt auch Glaubensbekenntnis, Vaterunser, Dekalog, Fürbitten u.a. umfasste. Dieser *Pronaus*
(von lat. *praeconium* = Verkündigung) drängte schließlich aus der Messe
hinaus und verselbständigte sich zum sog. *Prädikantengottesdienst*, für
den in den Städten vielfach eigene Predigerstellen (*Prädikaturen*)
eingerichtet wurden.

2.1.4 Reformatorische Kirchen

Für die schweizerisch-oberdeutsche Reformation, die sich bei ihren liturgischen Reformen am Vorbild des volkssprachlichen *Prädikantengottesdienstes* (und des ebenfalls volkssprachlichen Ritus der *Gemeindekommunion*, die vielfach neben bzw. außerhalb der Messe gespendet

wurde) orientierte, erledigte sich damit das Problem der Liturgiesprache von selbst. Martin Luther dagegen war sehr daran interessiert, dass auch die reformatorischen Gemeinden weiterhin an jener internationalen Gelehrtenkultur partizipierten, die Kenntnis und Gebrauch des *Lateinischen* voraussetzte:

>»Denn ich ynn keynen weg wil die latinische sprache aus dem Gottis dienst lassen gar weg kommen/ denn es ist myr alles vmb die iugent zu thun. Vnd wenn ichs vermöcht/ vnd die Kriechische vnd Ebreische sprach were vns so gemeyn als die latinische/ vnd hette so viel feyner musica vnd gesangs/ als die latinische hat/ so solte man eynen sontag vmb den andern/ yn allen vieren sprachen/ Deutsch/ Latinisch/ Kriechisch/ Ebreisch/ messe halten/ singen vnd lesen. Ich halte es gar nichts mit denen/ die nur auff eyne sprache sich so gar geben/ vnd alle andere verachten/ Denn ich wolte gerne solche iugent vnd leute auffzihen/ die auch ynn frembden landen kunden Christo nutze seyn/ vnd mit den leuten reden/ das nicht vns gienge/ wie den Waldenser ynn Behemen/ die yhren glauben ynn yhre eygene sprach so gefangen haben/ das sie mit niemand konnen verstendlich vnd deutlich reden/ er lerne denn zuuor yhre sprache [...]«[4]

So entwickelte Luther ein zweisprachiges liturgisches Programm: Der lateinische Gottesdienst, wie er ihn in der *Formula Missae* von 1523 geordnet hatte,[5] sollte aus den eben genannten Gründen weiter gepflegt werden. Daneben sollte es *die deudsche Messe vnd Gottis dienst* geben, *wilche vmb der eynfeltigen leyen willen geordent werden sollen.*[6] In der Folgezeit entstanden Mischformen, häufig mit viel Latein und wenig Deutsch, wie schon Wolfgang Musculus bei einem Besuch in Wittenberg 1536 kritisch feststellen musste.[7]

In der weiteren Entwicklung zeigte sich in den reformatorischen Kirchen das gleiche Phänomen, wie es schon bei den – vom Prinzip her volkssprachlichen – Liturgien des Ostens beobachtet werden konnte: Der Gottesdienst wird zwar in der Volkssprache, aber in einer sprachlich antiquierten Form (>Lutherdeutsch<) gefeiert. Anpassungsversuche scheitern häufig daran, dass bei der Übertragung in die Gegenwartssprache die eigentümliche, durchaus poetische Sprachqualität der überlieferten Texte verloren geht (Tendenz zur Banalität, Trivialität, Inhaltsleere). Ungelöst – und vermutlich auch gar nicht auf der grammatisch-lexikalischen Ebene allein zu lösen – ist weithin auch noch das Problem einer >inklusiven< liturgischen Sprache, die zum Ausdruck bringt, dass im Gottesdienst Frauen und Männer gemeinschaftlich und gleichberechtigt handeln (vgl. dazu auch 4.3.7; 14.2.5 Abschnitt 3; 17.5).

2.2 Liturgiefamilien

Eng mit der Frage der liturgischen Sprachen ist die Entstehung und
Ausfaltung unterschiedlicher Liturgiefamilien verbunden. Ihre Kenntnis
kann dazu beitragen, den vielfach auf die eigene Tradition verengten
Blick zu weiten und der differenzierten Fülle liturgischer Erscheinungen
und Überlieferungen inne zu werden.

Man unterscheidet drei große Liturgie-Gebiete, die sich um die bedeutenden altkirchlichen Patriarchate von Alexandrien, Antiochien und Rom
gruppieren.[8] Die *Liturgie-Verbände von Alexandrien und Antiochien*
bilden zusammen den *Östlichen Liturgie-Großverband*. Zum *Westlichen
Liturgie-Großverband* gehören – neben der im *Katholisch-westlichen
Liturgie-Verband* zusammengefassten *Gallischen Liturgie-Großfamilie*
und *Römischen Liturgie-Großfamilie* – auch die Liturgien reformatorischer Provenienz, die im Wesentlichen aus der römisch-fränkischen
Tradition hervorgegangen sind.

Östlicher Liturgie-Großverband	Liturgieverband Antiochien	Westantiochenische Liturgie-Großfamilie
		Ostantiochenische Liturgie-Großfamilie
	Liturgieverband Alexandria	Nordalexandrinisch-koptische Liturgie-Großfamilie
		Südalexandrinisch-äthiopische Liturgie-Großfamilie
Westlicher Liturgie-Großverband	Katholisch-westlicher Liturgieverband	Gallische Liturgie-Großfamilie
		Römische Liturgie-Großfamilie
	Reformatorisch-westlicher Liturgieverband	Lutherische Liturgie-Großfamilie
		Reformierte Liturgie-Großfamilie
		Freikirchlich-reformatorische Liturgie-Großfamilie
		Anglikanische Liturgie-Großfamilie

(1) Östlicher Liturgie-Großverband

Der Östliche Liturgie-Großverband gruppiert sich um die beiden großen Patriarchate des Ostens, Antiochien und Alexandrien.

(a) Liturgie-Verband von Antiochien: Antiochien, Hauptstadt der Provinz Syrien, spielte schon in der Frühzeit des Christentums eine wichtige Rolle (vgl. Apg 11,19 ff.; Gal 2,11-14). Der Jurisdiktionsbereich des Patriarchats von Antiochien erstreckte sich gen Westen über Teile des römischen Reiches und gen Osten über Gebiete, die zu großen Teilen persischer Herrschaft unterstanden.

(b) Liturgie-Verband von Alexandrien: Wie Antiochien war auch Alexandrien in Ägypten ein wichtiges Zentrum der frühen Kirche und Sitz einer bedeutenden Theologenschule. Bedingt durch die geographische Lage, entwickelten sich zwei unterschiedliche Liturgiegebiete (unteres Nilgebiet, Ägypten, später stark unter islamischem Einfluss; oberes Nilgebiet mit Äthiopien).

(2) Westlicher Liturgie-Großverband

Von der ursprünglichen Vielfalt liturgischer Traditionen im Abendland ist – bedingt durch politische Entwicklungen, den übermächtigen Einfluss Roms und Bestrebungen zur Vereinheitlichung der Liturgie – nur wenig übrig geblieben. Das gilt insbesondere für den weit verzweigten gallisch-keltischen Liturgie-Großbereich, an den – abgesehen vom *ambrosianischen Ritus* in Mailand – nur noch die im Bistum Toledo rudimentär erhaltene *mozarabische Liturgie* erinnert.

Dabei ist freilich zu beachten, dass die ursprünglich stadtrömische Liturgie nicht nur – im Zuge ihrer Expansion im Abendland – andere liturgische Überlieferungen verdrängte, sondern sich auch in vielfacher Weise mit ihnen vermischte. Insbesondere aus dem fränkischen Bereich flossen zahlreiche Elemente nach Rom zurück, so dass der *römische Ritus*, wie er sich schließlich durchsetzte, durchaus als eine römisch-fränkische Mischform begriffen werden kann. Durch die liturgische Reform nach dem II. Vatikanischen Konzil, die den Gebrauch der Volkssprache in der Liturgie ermöglichte, ist eine neue Situation entstanden: Obwohl sich die neuen liturgischen Bücher, wie sie für die verschiedenen Sprach- und Kulturgebiete publiziert wurden und werden, an den römischen Vorlagen orientieren, lassen sich doch auch bemerkenswerte Differenzierungen erkennen.

(3) Reformatorisch-westlicher Liturgie-Verband

In »liturgischer Erbfolge«[9] mit den abendländischen Gestalten des christlichen Gottesdienstes verbunden, sind auch die reformatorischen Liturgien Teil des Westlichen Liturgie-Großverbandes.

Differenzierungen ergeben sich aus der Art, wie sie jeweils auf den überlieferten Bestand zurückgreifen; so lassen sich innerhalb des Reformatorisch-westlichen Liturgie-Verbandes eine lutherische, reformierte, anglikanische und freikirchlich-reformatorische ›Liturgie-Großfamilie‹ unterscheiden. Die folgende Tabelle gibt einen Überblick über die wichtigsten Liturgiefamilien:

Liturgieverband von Antiochien	
Westantiochenische Liturgie-Großfamilie	
Syrisch-antiochenische Liturgie-Familie	*Syrisch-antiochenisch-genuiner Liturgie-Zweig:* Jakobiten (nichtchalkedonensische Syrische Kirche); mit Rom unierte Syrer (*syrisch-antiochenischer Ritus*)
	Syrisch-antiochenisch-maronitischer Liturgie-Zweig: mit Rom unierte Maroniten im Libanon (*maronitischer Ritus*)
	Syrisch-antiochenisch-vorderindischer Liturgie-Zweig: Indische Christen, die sich im 16. Jh. dem syrisch-jakobitischen Patriarchat von Antiochien angeschlossen haben; ein Teil davon seit 1930 mit Rom uniert (*malankarischer Ritus*)
Armenische Liturgie-Familie	Armenische Kirche (nichtchalkedonensische orientalische Nationalkirche); daneben mit Rom unierte Armenier (*armenischer Ritus*)
Byzantinische Liturgie-Familie	Griechisch-, Russisch-, Rumänisch-Orthodoxe Kirche; andere orthodoxe Nationalkirchen; Melkiten in Syrien und Ägypten (*melkitischer Ritus*); unierte Ruthenen in der Ukraine (*ruthenischer Ritus*)
Ostantiochenische Liturgie-Großfamilie	
Assyrisch-chaldäische Liturgie-Familie	Nestorianische Christen im nördlichen Mesopotamien (Apostolische Kirche des Ostens; Assyrer); daneben mit Rom unierte Chaldäische Kirche in Mesopotamien und auf Zypern (*chaldäischer Ritus*)
Assyrisch-chaldäische-vorderindische Liturgie-Familie	Nestorianische Christen an der Malabarküste in Indien (Thomaschristen); seit dem 16. Jh. Unionen mit Rom (*malabarischer Ritus*); siehe oben zum *malankarischen Ritus*

Liturgieverband von Alexandrien	
Nordalexandri-nisch-koptische Liturgie-Groß-familie	In den christologischen Auseinandersetzungen bekannte sich ein Großteil der ägyptischen Christen zum Monophysitismus und lehnte die Formeln von Chalkedon 451 ab (heute: Kopti-sche Kirche). Ein Teil blieb der Reichskirche verbunden, über-nahm aber den *byzantinischen Ritus* (Melkiten; siehe oben unter Byzantinischer Liturgie-Familie). Seit dem 14. Jh. Unionen mit Rom (*koptisch-unierter Ritus*)
Südalexandri-nisch-äthiopi-sche Liturgie-Großfamilie	Christen in Äthiopien (seit dem 3./4. Jh. bezeugt) übernahmen nicht die Formeln von Chalkedon (heute: Äthiopische Kirche; Kultsprache: Ghe'ez). Daneben gibt es mit Rom unierte äthio-pische Christen (*äthiopisch-unierter Ritus*)
Westlicher Liturgie-Großverband	
Gallische Liturgie-Großfamilie	
Keltisch-irisch-angelsächsische Liturgie-Familie	Gottesdienstformen, die bei den keltischen Völkerschaften auf den britischen Inseln üblich waren (Iren, Schotten, Waliser, Teile der Urbevölkerung von England). Einflüsse auf das an-glikanische *Book of Common Prayer*
Gallisch-fränkische Liturgie-Familie	Gottesdienstformen im Gebiet des alten Gallien bzw. des älte-ren Frankenreiches; untergegangen im Zuge der karolingischen Reformen; aber Einflüsse auf die römische Liturgie
Spanisch-westgotisch-mozarabische Liturgie-Familie	Gottesdienstformen auf der Pyrenäenhalbinsel (westgotische Liturgie → mozarabische Liturgie, weil unter arabischer Herr-schaft gefeiert); als *mozarabischer Ritus* rudimentär heute noch im Bistum Toledo erhalten
Mailändische (ambrosiani-sche) Liturgie-Familie	Mailand konnte seine eigene, nach Ambrosius benannte Litur-gie allen kirchlichen Vereinheitlichungsbestrebungen gegen-über bewahren; sie wird heute noch als *ambrosianischer Ritus* im Bistum Mailand gefeiert
Römische Liturgie-Großfamilie	
Nordafrikani-sche Liturgie-Familie	Bedeutende altkirchliche Liturgie-Familie (Tertullian, Augu-stin, Cyprian); durch Völkerwanderung und Islamisierung untergegangen

Römisch-genuine Liturgie-Familie	*Stadtrömisch-apenninischer Liturgie-Zweig*: Stadtrömische Formen beeinflussten zunächst Italien und schließlich das gesamte Abendland
	Römisch-teilkirchliche Liturgie-Zweige: Auf der Basis des (stadt-)römischen Ritus entwickelten sich insbesondere im nordalpinen Bereich zahlreiche Sonderriten (Sondergut von Einzelkirchen, Diözesen, Orden)
Reformatorisch-westlicher Liturgie-Verband	
Lutherische Liturgie-Großfamilie	Grundlage: die liturgischen Reformen Martin Luthers, die Kirchenordnungen Bugenhagens, die Brandenburg-Nürnberger Kirchenordnung von 1533. Reform von Messe, Stundengebet, Kasualien
Reformierte Liturgie-Großfamilie	Grundlage: die liturgischen Reformen Zwinglis, Calvins, Bucers, von Johannes a Lasco. Anlehnung an den spätmittelalterlichen Prädikantengottesdienst, Abschaffung der Messe
Anglikanische Liturgie-Großfamilie	Grundlage: das *Book of Common Prayer* (Erstausgabe 1549, revidierte Ausgaben 1552, 1604, 1662, 1927/28). Lutherische, reformierte, keltische Einflüsse unter Anlehnung an die überlieferten Formen von Messe und Stundengebet
Freikirchlich-reformatorische Liturgie-Großfamilie	Herrnhuter Brüdergemeine, Baptisten, Mennoniten, Methodisten u.a. Grundlage: Einflüsse der jeweiligen Mutterkirchen, des englischen Puritanismus, der Mystik oder enthusiastisch-charismatischer Strömungen (Pfingstbewegung)

2.3 Liturgische Codes

Sonntagmorgen: Die Türen der großen Kirche sind weit geöffnet. Wir treten ein in den hohen, hellen Raum. Wir schauen uns um: Auf dem kleinen Altartisch, den man an den Rand des Chorraums gestellt hat, sind schon die Kerzen angezündet. Der Raum dahinter liegt im Dunkeln. Auf den Bänken ist noch viel Platz. Wir können wählen, wo wir sitzen wollen: irgendwo hinten, alleine für uns, wie die meisten. Oder weiter vorne, wo wir Bekannte entdecken: Dezent nicken wir ihnen zu. Dann beginnen die Glocken zu läuten. Die Orgel spielt. Der Pfarrer, mit Talar und Beffchen angetan, kommt aus der Sakristei und nimmt auf einem Stuhl neben dem Altar Platz. Wir nehmen das Gesangbuch zur Hand, blicken auf die Tafel mit den Liedernummern und schlagen das erste Lied auf. Gottesdienst: Noch ist kein einziges Wort gefallen. Und doch wurden wir unaufhörlich angesprochen, haben Botschaften empfangen, haben selber Mitteilungen in Hülle und Fülle ausgesandt...

Die gottesdienstliche »Kommunikation des Evangeliums« erfolgt durch die Präsentation, die Rezeption, die Interpretation von *Zeichen*. Gottesdienstliches Handeln kann darum als *Zeichenprozess* (als *Semiose*; σημεῖον = Zeichen) bestimmt und beschrieben werden. Dies ist keineswegs eine zureichende Definition. Aber sie erlaubt es, die Fülle der Phänomene unter einem einheitlichen Gesichtspunkt – nämlich dem der *Semiotik*, der *allgemeinen Zeichentheorie* – zu bündeln und christlichen Gottesdienst »im Hinblick auf das Signifikationssystem zu analysieren, das ihn ermöglicht.«[10]

Dieses »Signifikationssystem« erweist sich bei näherem Zusehen als ein höchst komplexes Gebilde, das seinerseits eine Vielzahl unterschiedlicher Zeichensysteme – verbaler wie nichtverbaler Art – umfasst. Im Bilde gesprochen: Gottesdienst gleicht einem vielstimmigen, von unterschiedlichen Instrumenten bestrittenen Konzert, das sich nur mittels einer ›Partitur‹ darstellen lässt, die die einzelnen Stimmen in eine Beziehung zueinander setzt. Ein solcher Zugang wehrt der theologisch geläufigen Verengung auf den verbalen Austausch: Gott und Mensch, Mensch und Gott, Mensch und Mensch teilen sich nicht nur mit Worten etwas mit. Sie verkehren vielmehr in einer großen Anzahl von ›Sprachen‹ miteinander, die vor, neben, mit, anstatt mündlicher Rede zum Einsatz kommen. Man könnte von den »Sprachen des Gottesdienstes«[11] reden, um diesen Sachverhalt zu benennen. Wir bezeichnen sie – um auch den Zeichensystemen nichtverbalen Charakters gerecht zu werden – im Folgenden als *Codes*.

2.3.1 Zeichen

Auf dem kleinen Tischaltar, den man am Rand des Chorraums errichtet hat, steht zwischen den Kerzen und Blumen ein Holzkreuz. Dieses Kreuz hat, das ist unstrittig, etwas zu *bedeuten*: Es stellt nicht nur dar, was es seiner materiellen Beschaffenheit nach ist – eben ein in besonderer Weise gestalteter Gegenstand aus Holz –, sondern weist auf etwas anderes hin. Es steht für etwas, das offenkundig nicht in seiner materiellen Gestalt aufgeht: Es ist *mehr* als ein Stück Holz. Es ist – so ließe sich sagen – *Ausdruck* eines von ihm unterscheidbaren *Inhalts*. Es ist ein *Zeichen*.

Nun begegnet uns das Kreuz im Gottesdienst in mancherlei Gestalt. Es ziert – als *Zeichen* für ihren sakralen Inhalt – den Einband mancher Gesangbücher und anderer liturgischer Bücher. Der Superintendent, der uns den Gottesdienst hält, trägt es als *Zeichen* seiner Würde. Wenn er uns zum Schluss segnet, *zeichnet* er mit seiner rechten Hand ein Kreuz in den Raum. Wären wir katholisch, hätten wir uns gleich zu Beginn, die Finger vom Weihwasser nass, mit dem Kreuz *bezeichnet*. Die Frage liegt nahe: Handelt es sich jedes Mal um das gleiche *Zeichen* – wenn auch in unterschiedlicher Gestalt? Und: Wie steht es mit dem, was es *bedeutet*? Während der eine, des Kreuzes auf dem Altar ansichtig, historisch korrekt ›Kreuzigung Christi‹ assoziiert, liest eine zweite das Kreuz als *Zeichen* für ›Tod‹ und ›Grab‹; ein dritter vielleicht, esoterisch belesen, erblickt darin ein *Zeichen* für die Verbindung von Himmel und Erde ...

(1) Zeichenfunktionen

»Genau genommen gibt es nicht Zeichen, sondern nur *Zeichenfunktionen*«, schreibt Umberto Eco.[12] Zwar begegnen in unserem Beispiel allerhand physisch-sinnliche Formen, die wir, einem verkürzten Sprachgebrauch folgend, als *Zeichen* verstehen. Doch ist ganz klar, dass ihnen solcher Charakter nicht gleichsam materiell (bzw. auf Grund einer Wesensbestimmung: das Kreuz *ist* ein Zeichen) zukommt, sondern dass sie ihn im Prozess der Präsentation, Wahrnehmung und Deutung allererst gewinnen (oder auch verlieren: Situationen sind vorstellbar, wo ein als *Zeichen* überliefertes bzw. präsentiertes Objekt gar nicht – bzw. gar nicht mehr – als solches wahrgenommen und interpretiert wird).

Zeichen sind demnach keine eindeutig bestimmbaren, von anderen Phänomenen unterscheidbaren *Entitäten*. Sie stehen vielmehr für eine *Beziehung*, wie sie sich zwischen solchen *Entitäten* herstellen lässt. Sie siedeln gleichsam nicht *in*, sondern *zwischen* den Dingen. Sie sind, wie es Eco formuliert hat, »ein Treffpunkt unabhängiger Elemente«.[13] Im Beispiel: Nicht schon das Kreuz auf dem Altar ist ein *Zeichen*. Erst die Beziehung, in die es auf Grund einer – in der jeweiligen Wahrnehmung aktualisierten – Konvention eintritt, lässt es zum Element (Eco: einem »Funktiv«) in einem *Zeichenprozess* werden:

»Eine Zeichenfunktion kommt zustande, wenn zwei *Funktive* (Ausdruck und Inhalt) in wechselseitige Korrelation zueinander treten; dasselbe Funktiv kann auch in eine andere Korrelation eintreten, wodurch es ein anderes Funktiv wird und eine neue Zeichenfunktion entstehen läßt. Zeichen sind also das vorläufige Ergebnis von Codierungsregeln, die transitorische Korrelationen von Elementen festsetzen, wobei jedes dieser Elemente – unter vom Code bestimmten Umständen – auch in andere Korrelationen eintreten und so ein neues Zeichen bilden kann [...] Der klassische Begriff ›Zeichen‹ löst sich also auf in ein hochkomplexes Netzwerk wechselnder Beziehungen. Die Semiotik sieht hier eine Art molekularer Landschaft, in der das, was wir als alltägliche Formen zu erkennen gewohnt sind, sich als Resultat vorübergehender chemischer Aggregationen erweist und die sogenannten ›Dinge‹ nur das Oberflächenbild eines zugrundeliegenden Netzwerks elementarerer Einheiten sind.«[14]

Wieder im Beispiel: ›Kreuze‹ als Christus-, als Friedhofs- oder auch als Glücks-Zeichen (Talismane!) sind zwar historisch-genetisch miteinander verbunden, stellen aber heute durchaus unterschiedliche, ja, gegensätzliche Zeichenkorrelationen dar, so dass es keinen Sinn macht, hier noch von dem gleichen ›Zeichen‹ zu sprechen.

(2) Signifikanten, Signifikate, Referente: Das semiotische Dreieck

Die beiden »Funktive«, die jeweils eine Zeichenfunktion konstituieren, bezeichnen wir als *Signifikant* (von lat. *significans*) und *Signifikat* (von lat. *significatum*). Dabei steht – in einer konkreten Zeichenkorrelation! – der *Signifikant* (das ›Bezeichnende‹, die Zeichengestalt) für den Ausdrucksaspekt, das *Signifikat* (das ›Bezeichnete‹, der Zeichensinn) für den Inhaltsaspekt (wobei deutlich bleiben muss, dass sich in einer anderen Korrelation dieses Verhältnis auch verkehren kann).

Im Beispiel: In dem von uns vorausgesetzten ›Text‹ ist das Kreuz, das der Superintendent trägt, Ausdruck (*Signifikant*) seiner Würde (*Signifikat*). ›Texte‹ sind vorstellbar, in denen seine – sinnlich zur Schau gestellte – ›Würde‹ als Ausdruck (*Signifikant*) der Bedeutsamkeit des Kreuzes Jesu Christi (*Signifikat*) gelesen werden kann.

Vielfach wird dieses zweistellige Modell noch durch eine dritte Größe, die *Referente* (sing. der oder das *Referent*, sozusagen die ›Bezugsgröße‹ des Zeichens) erweitert. Gemeint ist »die Ebene der von Signifikant und Signifikat gemeinsam vertretenen ›Wirklichkeit‹«: »Gegenstände, Umstände usw. der empirischen wie auch einer ›möglichen Welt‹, sofern die Kultur sie in ihr Kommunikationspotential integriert hat.«[15] So ergibt sich ein Zusammenhang, der sich graphisch als ›semiotisches Dreieck‹ darstellen lässt.[16]

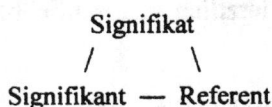

$$\text{Signifikat}$$
$$/ \qquad \backslash$$
$$\text{Signifikant} — \text{Referent}$$

(3) Die Kette der Interpretanten

Der Begriff *Referent* gibt freilich eine Fülle von Fragen auf: Was ist ›Referent‹ des Kreuzes, das der Superintendent trägt? Ist es seine Stellung im hierarchischen System, das ihm übertragene Amt, seine Kompetenz? Oder ist es das – hier zum silbernen Kleinod stilisierte – historische Kreuz Christi? Sind das nicht alles wiederum wechselnde »Funktive« in unterschiedlichen Zeichenkorrelationen, *Signifikate*, die füreinander zu *Signifikanten* werden können, *Signifikanten*, die die *Signifikate* anderer *Signifikanten* darstellen?

Umberto Eco, dem wir hier folgen, kommt darum auch – jedenfalls was die nähere Bestimmung des Signifikationsprozesses betrifft – »ohne die Bezugnahme auf einen Referenten« aus, das heißt, ohne die Bezugnahme auf »mögliche Sachverhalte, die angeblich dem Inhalt einer Zeichenfunktion korrespondieren«.[17] Das klassische semiotische Dreieck wird von Eco durch den von Charles Sanders Peirce[18] übernommenen Begriff des *Interpretanten* modifiziert: Alle Inhalte (*Signifikate*), die durch die mit ihnen in einer Zeichenfunktion verbundenen Ausdrücke (*Signifikanten*) im Signifikationsprozeß repräsentiert werden, können ihrerseits wieder zu Ausdrücken (*Signifikanten*) für weitere Inhalte (*Signifikate*) werden, die dann ihre *Interpretanten* darstellen.

»Die Bezugnahme auf einen Referenten erhellt nie das Signifikat des Zeichens [...] Das Signifikat eines Zeichens läßt sich nur klären durch den Verweis auf einen Interpretanten, der wieder auf einen weiteren Interpretanten verweist, und so fort bis ins Unendliche, was einen Prozeß unbegrenzter Semiose in Gang setzt, in dessen Verlauf der Empfänger das ursprüngliche Zeichen so weit decodifiziert, wie er das für die Zwecke der betreffenden Kommunikation und die Bezugnahmen, bei denen er es anwenden möchte, braucht.«[19]

Im Beispiel: Bewege ich mich in einem kirchlich-administrativen Zusammenhang, reicht es »für die Zwecke der betreffenden Kommunikation« völlig aus, wenn ich das Pectorale des Superintendenten als Ausdruck seiner hierarchischen Stellung interpretiere. In einem Gottesdienst, dem der Geistliche vorsteht, erst recht in einer Ordinationshandlung, kann ich den Interpretationsprozess hier nicht abbrechen; das durch das Brustkreuz ausgedrückte ›Amt‹ wird hier selbst zum Ausdruck für eine weitere, letztlich unabschließbare Kette theologischer Inhalte (*Interpretanten*).

(4) Ein Universum »kultureller Einheiten«

Den Hintergrund für dieses Modell bildet Ecos Vorstellung von der Kultur als Kommunikations- und Signifikationssystem: Die in einer Kultur kommunizierten (und kommunizierbaren) Signifikanten verweisen eben nicht auf kultur- und kommunikationsunabhängige Referente, sondern auf das, was jeweils »kulturell als Entität definiert und unterschieden wird«.[20] Kultur segmentiert nämlich das einer Gesellschaft zuhandene Wissen über Gott, Mensch und Welt in »kulturelle Einheiten«,[21] kulturell definierte Bedeutungseinheiten (semantische Entitäten), die in ihrer Gesamtheit, ihrem wechselseitigen interpretatorischen Zusammenhang das semantische Universum der jeweiligen Kultur (Eco spricht von ihrer »Enzyklopädie«)[22] repräsentieren.

Damit wird keineswegs bestritten, dass den so definierten »kulturellen Einheiten« eine physisch-psychische – liturgisch: eine geistlich-theologische – Realität entspricht. Aber es wird deutlich, dass es – in dieser Weltzeit zumindest – kein Entkommen aus der ›gedeuteten Welt‹ und den Signifikationsprozessen gibt, durch die sie immer wieder neu eine wahrnehmbare Gestalt gewinnt; eine Erkenntnis, die theologischem Denken nicht ganz fremd sein dürfte.

2.3.2 Codes

Der Superintendent trägt nicht nur ein Kreuz. Er ist auch mit dem im deutschen Protestantismus üblichen liturgischen Gewand – dem schwarzen Talar und dem dazugehörigen Halsschmuck, den weißen Beffchen – bekleidet. Nehmen wir an, dass es sich um einen ökumenischen Gottesdienst handelt, in dem auch ein katholischer Geistlicher mitwirkt. Nehmen wir weiter an, dass dieser eine knöchellange Albe und eine grüne Stola trägt, deren beide Enden über seine Brust herabfallen.

Die Botschaften, die uns so übermittelt werden, sind deutlich: ›evangelischer bzw. katholischer Geistlicher in liturgischer Funktion‹. Deutlich ist auch, dass wir es hier mit einer spezifischen Gruppe von Zeichenfunktionen zu tun haben, die sich von anderen – etwa den Klängen, die durch Glocken, Orgel und Gemeindegesang erzeugt werden – unterscheiden. Die *Signifikanten*, die hier begegnen, sind gegenständlicher Art; sie lassen sich sehen – und gegebenenfalls auch fühlen. Vor allem: Sie werden am Leibe getragen, sind Teil dessen, was durch ihn zum Ausdruck kommt. Auch auf der Ebene der *Signifikate* gibt es Gemeinsamkeiten: Es geht – neben anderem – um die Rolle, die den Trägern dieser Kleidung hier und jetzt zukommt. Und es geht um die Bedeutung und den besonderen Charakter des Rollen-Spiels, das hier statthat.

So kann man sagen: Die *Zeichenfunktionen*, die sich in dieser Weise zu einer Gruppe zusammenfassen lassen, bilden ein spezifisches, von anderen unterschiedenes *Zeichensystem*. Ein solches *Zeichensystem* nennen wir im Folgenden *Code*.[23]

»Kode ist ein Schlüsselbegriff der Semiotik. Er bezeichnet das jeweilige Repertoire an Zeichen und die dazugehörigen Verknüpfungsregeln, z.B. in der verbalen Sprache den Wortschatz und die Grammatik. Man spricht von *Kodieren* (oder Enkodieren), wenn jemand seine Vorstellung, die er mitteilen will, mit Hilfe eines oder mehrerer Kodes in einem Zeichen bzw. einer Zeichenkette zum

Ausdruck bringt. Dieses Zeichen wird vom Adressaten *dekodiert*, d.h. durch Anwendung des gleichen Kodes wird dem Zeichen bzw. der Zeichenkette die gemeinte Mitteilung entnommen. So notwendig menschliche Kommunikation an Zeichen gebunden ist, so unausweichlich ist sie dadurch von Kodes und Kodierungsprozessen abhängig.«[24]

In dieser Beschreibung – die sich am Modell der verbalen Sprache orientiert – kommt freilich ein wichtiger Gesichtspunkt zu kurz: Wie die *Zeichenfunktion* selbst ist auch der *Code* nicht einfach nur ein System spezifischer Ausdrucksmittel (also einer *Klasse von Signifikanten*), sondern ein *relationales* Gebilde. Er ordnet eine bestimmte Klasse von *Ausdrücken* einer bestimmten Klasse von *Inhalten* zu. Er korreliert eine besondere, meist durch die Art der Erzeugung und Wahrnehmung definierte *Ausdrucksebene* mit einer *Inhaltsebene*, die ebenfalls durch spezifische Merkmale definiert ist. Er gibt die Regeln an, wie intendierte *Inhalte* – eine bestimmte Klasse »kultureller Einheiten« im oben beschriebenen Sinn – mit spezifischen *Ausdrucksmitteln* – das heißt, in einem Medium, das von anderen Medien unterschieden ist – *ausgedrückt* werden können. Und er gibt Auskunft darüber, wie solche *Ausdrücke* ›gelesen‹, das heißt, *decodiert* werden können.

Nach Umberto Eco ist ein Code – genau genommen – eigentlich ein »System von Systemen«,[25] und zwar in der Hinsicht, »daß jeder *Kode* zwei miteinander korrelierte Systeme paradigmatischer Art umfaßt, und zwar ein System der Inhalts- und eines der Ausdrucksstrukturen [...] Ein Kode ist also eine Regel, die Elemente eines Ausdruckssystems mit Elementen eines Inhaltssystems koppelt.«[26] Da der Sprachgebrauch jedoch uneinheitlich ist, schlägt er eine terminologische Unterscheidung vor: Bezieht sich der Begriff lediglich auf *eine* Ebene (also etwa auf ein System von Ausdrucksmitteln), ohne sie mit der jeweils anderen Ebene zu korrelieren, spricht er von S-Code (»Code als System«). Als Code im eigentlichen Sinne gilt ihm nur »eine Regel, die die Elemente eines S-Code mit denen eines oder mehrerer anderer S-Codes [...] korreliert«.[27]

2.3.3 ›Sprachen‹ im Gottesdienst

Die Fülle der Zeichensysteme, die am ›Zeichenprozess Gottesdienst‹ beteiligt sind, lässt sich nur schwer systematisieren. Wir unterscheiden

(1) Ausdrucksformen, die im engeren Sinn als Liturgiesprachen (vgl. 2.1) gelten (Aramäisch, Griechisch, Latein, Deutsch usw.) und die sowohl in mündlicher Rede (*Sprachcode*) als auch in schriftlicher Gestalt (*Schriftcode*) begegnen können.

(2) Ausdrucksformen, die unmittelbar mit der mündlichen Rede verbunden sind und dieser gewissermaßen den ›Leib‹ bereitstellen, in dem sie überhaupt erst Gestalt gewinnen kann.

Hierzu gehören Ton- und Sprachfärbung, Lautstärke, Tonhöhe der Silben, Wörter und Sätze, Sprechgeschwindigkeit, Betonungen, Pausen, Dehn- und Verlegenheitslaute usw. Auch Lachen, Weinen u.a. ist im weiteren Sinne hierunter zu subsumieren. Die hier gebildeten Zeichen nennen wir *Sprechzeichen* im Unterschied zu den eigentlichen *Sprachzeichen,* und wir unterscheiden den sprachbegleitenden *Sprechcode* von den oben genannten *Sprachcodes.*

(3) Ausdrucksformen in Gestalt von akustischen Vorgängen (Klängen, Geräuschen), die nicht in dieser unmittelbaren Weise sprachbegleitend sind, obwohl sie sich gegebenenfalls mit Sprache verbinden können.

Hierzu gehören Musik und Gesang, Orgel, Glocken und andere Instrumente; hinzu kommen Geräusche, die wir mehr oder weniger als ›Lärm‹ empfinden, durch die aber ebenfalls sehr differenzierte Botschaften übermittelt werden können: Klatschen, Scharren, Trampeln usw. Auch ›Schweigen‹ im Sinne des Ausbleibens erwarteter akustischer Signale gehört als semiotisches Phänomen in diesen Zusammenhang.

Im Blick auf diese Ausdrucksformen sprechen wir von *akustischen Codes.* Zu ihnen gehören auch die in syntaktischer Hinsicht hochdifferenzierten *musikalischen Codes.*

(4) Ausdrucksformen, die mit dem Körper zusammenhängen bzw. an körperlichen Ausdruck gebunden sind (*Körpersprachen* in einem umfassenden Sinn).

Hierzu gehören Mimik (Gesicht!), Gestik (Gliedmaßen!), Haltungen (Sitzen, Stehen, Knien, Liegen), Bewegungen durch den Raum, einzeln oder in Gemeinschaft (Prozessionen!), Zuwendung oder Abwendung (Stellungen am Altar!), Nähe oder Distanz (Entfernung zwischen Liturg und Gemeinde! Sitzordnung!), Berührungen (Handauflegung! Friedensgruß!). Wichtig ist dabei die Erkenntnis: Wir bewegen uns immer im Verhältnis *zu* etwas anderem bzw. *zu* einem anderen; erst aus solcher Beziehung wächst den ›Körperzeichen‹ ihre Bedeutung zu.

Im Einzelnen unterscheiden wir hier *kinetische Codes* (Mimik, Gestik, Haltungen, Bewegungen) vom *hodologischen Code* (der die Wege bzw. Bewegungen im und durch den Raum regelt), vom *proxemischen Code* (der die Bedeutungen bestimmt, die sich mit Nähe bzw. Distanz der Kommunikationspartner verbinden) und vom *taktilen Code* (der die ›Sprache‹ der Berührungen zum Inhalt hat). Manche rechnen auch noch den *Kleidercode* zu dieser Gruppe der *Körpersprachen.*

(5) Ausdrucksformen ›gegenständlicher‹ Art, die primär über das Auge, also visuell, wahrgenommen werden, die aber zum Teil auch ›ertastet‹ und ›begangen‹ werden können; schließlich auch solche, die primär über den Geruchs- und Geschmackssinn rezipiert werden.

Hierher gehören die ›Sprachen‹ der Kleider, der Farben, der Blumen, der Kerzen, der liturgischen Geräte und Textilien (Antependien!), der Bilder und Plastiken, der visuell bzw. gegenständlich präsentierten ›Symbole‹ (Kreuzeszeichen oder Regenbogen auf dem Gesangbuch, Kelch auf dem Altarbehang), der Gerüche (Weihrauch, Blumen, Kerzen; ›Körpergerüche‹ können auch der oben genannten Gruppe der ›Körpersprachen‹ zugeordnet werden), des Schmeckens (Brot und Wein), der Empfindungen von Wärme, Kälte, Luft; schließlich die ›Sprachen‹ der Gebäude, der Räume und ihres – festen oder beweglichen – Mobiliars.

Für den Gottesdienst besonders wichtig sind die *architektonischen Codes* (Kirchenbau und Kirchenraum), der *Kleidercode* (liturgische Gewänder, aber auch auf den Gottesdienst bezogene Trachten und Kleidersitten), der *Farbencode* (liturgische Farben), verschiedene *ästhetische* bzw. *ikonische Codes* (gottesdienstlich verwendete Formen bildender Künste: Gemälde, Plastiken, ornamentaler Schmuck, Geräte usw.; visuell wahrnehmbare ›Symbolzeichen‹), der *Geruchs*- und *Geschmackscode*, der *Schriftcode* (Aufschriften!).

(6) Ausdrucksformen, die auf der Ebene sozialer Beziehungen, Institutionalisierungen und Inszenierungen wirksam werden. In gewisser Weise handelt es sich dabei um ›Metasprachen‹, da sie sich in der Regel mittels anderer Codes (Farben, Kleider, Klänge, Schmuck, Gesten, Sitzordnung usw.) zur Darstellung bringen.

Hierher gehören die Gliederungen der liturgischen Zeit auf den unterschiedlichen Zeitebenen von Tag, Woche, Monat und Jahr, die Ordnung der Feste und Festzeiten im Kirchenjahr, aber auch die Verteilung liturgischer Kompetenzen (Rollenverteilung) im Gottesdienst. Dabei ist zu bedenken, dass auch der Mensch in seiner Leiblichkeit zum bedeutungsträchtigen ›Zeichen‹ werden kann; das gilt für den einzelnen (Priester als ›Zeichen‹ für Christus), erst recht aber für die versammelte Leiblichkeit der Gemeinde (als ›Leib Christi‹).

Besonders bedeutsam für den Gottesdienst ist der *Festcode* (*heortologischer Code*), der die Ordnung der liturgischen Zeit regelt, weiter der *hierarchische Code*, der die Rollenverteilung im Gottesdienst bestimmt und seinerseits auf *szenische Codes* zugreift, die das Zusammenspiel der Beteiligten strukturieren.

Wie die folgende Tabelle zeigt, kann die Vielzahl der gottesdienstlich verwendeten Codes auch in fünf ›Sprach-Gruppen‹ zusammengefasst werden: (1) *Wort-Sprachen* (Sprach-, Sprech-, Schriftcodes); (2) *Körper-Sprachen* (kinetische, hodologische, proxemische, taktile, textile Codes, Geschmacks- und Geruchscodes); (3) *Klang-Sprachen* (akustische und musikalische Codes); (4)

Objekt-Sprachen (Raumcodes und ikonische Codes); (5) *Soziale Sprachen* (heortologische, hierarchische und szenische Codes).

WORT-SPRA-CHEN	Sprach-Codes	*Liturgiesprachen*: Hebräisch/Aramäisch, Syrisch, Griechisch, Latein, Kirchenslawisch, Deutsch usw.	→ musikalische Codes
	Sprech-Codes	›*Sprechleib*‹: Sprechweise, Sprechgeschwindigkeit, Tonfarbe, Tonhöhe, Lachen, Weinen usw.	→ akustische Codes
	Schrift-Codes	›*Schriftleib*‹: Inschriften, Aufschriften, Schrifttexte, Liednummern, Schriftsymbole, z.B. AΩ	→ textile, ikonische und Farbencodes
KÖRPER-SPRA-CHEN	Kinetische Codes	*Mimik*: Blick heben und senken; *Gestik*: Hände falten, ausbreiten, erheben, reichen; Segens-, Gebetsgesten; Kreuz-Zeichen; *Haltungen*: Sitzen, Stehen, Knien, Liegen; *Bewegungen*: Kriechen, Schreiten, Gehen, Laufen, Tanzen	→ räumliche, hodologische, proxemische, taktile, ikonische Codes
	Hodologische Codes	*Bewegungen im Raum* und durch den Raum; Festlegung von Wegen; Prozessionen einzeln und in Gemeinschaft, Tanzspiele	→ räumliche, kinetische, proxemische Codes
	Proxemische Codes	*Nähe bzw. Distanz* zu anderen; Zuwendung und Abwendung; Stellung des Liturgen zur Gemeinde; Sitz- bzw. ›Hinsetzordnung‹	→ räumliche, hodologische, taktile Codes
	Taktile Codes	*Berührungen*: Händedruck, Handauflegung, Umarmung, Friedenskuss; gegenständlich vermittelt: Taufe, Abendmahl, Salbungen	→ kinetische, proxemische und ikonische Codes
	Textile Codes	*Kleidersprache*: Liturgische Gewänder, Gottesdiensttrachten, Bekleidungsgewohnheiten, An- und Auskleiden als liturgische Akte; Schmuck, Amtskreuz, Ringe	→ taktile und ikonische Codes
	Geruchs-Codes	*Gerüche*: Weihrauch, Blumen, Kerzen, Raum- und Körpergerüche, Parfüme; Brot, Wein	→ taktile und Geschmackscodes

KLANG-SPRA-CHEN	Akustische Codes	*Geräusche* aller Art, so sie ›sinntragend‹ sind: Glocken, Gong, Klingeln, Klappern, Schnarren, Trampeln usw., Schweigen	→ Sprechcodes, kinetische Codes
	Musikalische Codes	*Vokal- und Instrumentalmusik*: Gemeinde-, Chor-, liturgischer Gesang; Orgel, Instrumente	→ Sprach- und Sprechcodes
OBJEKT-SPRA-CHEN	Raum-Codes	*Kirchenbau und Kirchenraum*: Innere und äußere Gestaltung des liturgischen Raumes; Architektur, Einrichtung, Gliederung des Raumes	→ hodologische, proxemische, kinetische, textile Codes
	Ikonische Codes	*Bilder und Geräte*: Gemälde, Zeichnungen, Ornamente, Plastiken aus Holz, Stein u.a., Symbolzeichen, Blumen, Kerzen, Kreuze, Bücher, liturgische Geräte, sakramentale Elemente	→ Raum-, Kleider-, Farben-, Schriftcodes
SOZIALE SPRA-CHEN	Heortologische Codes	*Liturgische Zeit*: Zeitebenen von Tag, Woche, Monat, Jahr, Lebenslauf; Feste und Festzeiten; Kirchenjahr	→ Farben- und Kleidercodes, ikonische Codes
	Hierarchische Codes	*Liturgische Rollen und Kompetenzen*: Rollenverteilung und Rollenfunktionen	→ textile, räumliche, proxemische Codes
	Szenische Codes	*Rituelle Abläufe und Handlungsfolgen*: Zusammenspiel der Beteiligten; Handlungssequenzen	→ hodologische, proxemische, textile Codes

2.3.4 Texte

Talar, Beffchen, Brustkreuz auf der einen Seite, Albe und Stola auf der anderen – hier sind aus Elementen des *Kleidercodes* zwei unterschiedliche Zeichenfolgen zusammengestellt worden, die wir fortan als ›Texte‹ bezeichnen und behandeln wollen. Beide Texte sind nicht nur auf der Ausdrucks-, sondern auch auf der Inhaltsebene aufeinander bezogen; sie reden von der gleichen Sache – der Wahrnehmung liturgischer Rollen und Kompetenzen in diesem Gottesdienst – und stehen zugleich in einer gewissen Opposition zueinander: ›Ich bin ein evangelisch-lutherischer Superintendent im liturgischen Dienst‹, sagt der eine, und der andere entgegnet: ›Ich bin ein katholischer Geistlicher in offizieller – wenn auch nicht-eucharistischer – Funktion‹.

Bei näherem Zusehen zeigt sich, dass diesen Texten andere nichtverbale und verbale Texte korrespondieren, dass sie mit diesen zusammen eine Art ›Supertext‹ bilden. Beide Rollenträger haben buchstäblich den ›Vorsitz‹ der Versammlung eingenommen, sitzen auf erhöhtem Platz im Chorraum der Kirche, das Gesicht der Gemeinde zugewandt. Das ist ein Text, der auf der Ebene des *Raumcodes*, näherhin des *proxemischen Codes*, formuliert wird; und wenn sie zu Beginn des Gottesdienstes gemeinsam zu ihren Sitzen schreiten, kommt auch noch der *hodologische Code* ins Spiel. Wenn sie dann das Wort ergreifen, um nacheinander die Gemeinde zu begrüßen, wird die Botschaft, die wir natürlich schon längst entziffert haben, noch zusätzlich mit den Mitteln von *Sprach-* und *Sprechcode* zum Ausdruck gebracht.

(1) Paradigmen und Syntagmen

Ein Code, so hatten wir uns sagen lassen, »bezeichnet das jeweilige Repertoire an Zeichen und die dazugehörigen Verknüpfungsregeln«.[28] Texte, so können wir fortfahren, kommen zustande, indem aus dem Zeichenvorrat eines Codes (bzw. den Zeichenvorräten mehrerer Codes) Elemente ausgewählt und – ebenfalls nach den vom Code bestimmten Regeln – zu sinnvollen Zeichenfolgen zusammengefügt werden.

›Bedeutung‹ erwächst dabei aus den Äquivalenz- und Oppositionsbeziehungen, wie sie zwischen den Elementen eines spezifischen Zeichenrepertoires, aber auch zwischen den in einer Zeichenfolge (einem ›Satz‹, einem ›Text‹) versammelten Elementen bestehen. Mit anderen Worten: ›Sinn‹ haust nie in den Elementen als solchen, sondern immer nur ›zwischen‹ ihnen. Ein ›Zeichen‹ gelangt – welche Ebene man dabei auch ins Auge fasst – dadurch zu seiner Bedeutung, »daß es sich von anderen unterscheidet«.[29] Sie wächst ihm zu aufgrund der Differenz, die es in Opposition zu anderen Zeichen des gleichen Niveaus innerhalb des jeweiligen Zeichensystems markiert. Wobei solche Differenz wiederum nicht nur die Ausdrucksebene, sondern in gleicher Weise die Inhaltsebene betrifft.

»Die Semiotik nennt eine solche Gruppe von Wörtern bzw. Zeichen, die sich unter bestimmten Aspekten gleichen [...] und unter anderen Aspekten unterscheiden [...], ein *Paradigma*. Die einzelnen Elemente eines Paradigmas stehen also in Äquivalenz- und in Oppositionsbeziehung zueinander. Kodes bestehen im Allgemeinen aus einer Mehrzahl von Paradigmen, d.h. von Zeichengruppen, deren Zeichen zugleich miteinander verwandt und voneinander verschieden sind und aus denen in der aktuellen Kommunikation bestimmte Zeichen ausgewählt (Prinzip der Selektion) und zu Zeichenketten zusammengesetzt werden.«[30]

Im Beispiel: Beffchen wie Stola könnten beide – bezogen auf den liturgischen Kleidercode – einem Paradigma ›liturgischer Halsschmuck‹ zugeordnet werden; in solcher Hinsicht sind sie *äquivalent*. Ihre Bedeutung jedoch – ›evangelisch‹ versus ›katholisch‹ – wächst ihnen in der aktuellen Kommunikation aus der *Differenz* zu, die sie nonverbal codieren.

Auf der Ebene der Zeichenfolgen – der ›Sätze‹ bzw. ›Texte‹, zwischen denen wir hier nicht differenzieren wollen – begegnen wir vergleichbaren Modalitäten: Albe und Stola, gegebenenfalls noch Kasel und andere Kleidungs- und Schmuckstücke, bilden zusammen einen ›Text‹, den wir – des liturgischen Kleidercodes kundig – ohne Mühe lesen können. Dabei kommt jedem dieser Elemente eine besondere, von den anderen unterschiedene Funktion beim Zustandekommen der intendierten Aussage zu.

»Die Semiotik nennt die Zusammenfügung von Zeichen aus verschiedenen Paradigmen (Prinzip der Kombination) zu Zeichenkomplexen [...] ein *Syntagma*. Auch die syntagmatische Beziehung der Zeichenelemente ist gekennzeichnet von einer Äquivalenz- und Oppositionsbeziehung: Die im Syntagma vereinten Zeichen kommen darin überein, daß sie dem Zwecke der intendierten Aussage dienen; sie unterscheiden sich dadurch, daß sie unterschiedliche Funktionen für das Zustandekommen der intendierten Aussage erfüllen.«[31]

(2) Zeichendimensionen: Syntaktik, Semantik, Pragmatik

Weitere Differenzierungen ergeben sich dadurch, dass Zeichenfolgen – ›Sätze‹ bzw. ›Texte‹ – jeweils unter drei Aspekten betrachtet werden können. Unter Ausblendung der Bedeutungs- und der Wirkungsebene kann man zunächst die Beziehung ›Zeichengestalt (Signifikant) : Zeichengestalt (Signifikant)‹ in den Blick nehmen und nach der »syntaktischen Beschaffenheit«[32] des Textes und damit nach seiner *Stimmigkeit* (seiner gleichsam grammatischen Korrektheit) fragen.

Diese *Stimmigkeit* zum Beispiel würde – immer bezogen auf den überkommenen Code – berührt, wenn der evangelische Part in dem geschilderten Gottesdienst statt des Beffchens über dem schwarzen Talar eine Stola trüge oder ganz und gar auf jedweden ›Halsschmuck‹ verzichtete. Solche Irritationen können bewusst codiert werden und haben dann offenbar etwas ›zu bedeuten‹. Sie können sich aber auch ungewollt und unbewusst ergeben und zeigen dann lediglich die Vergesslichkeit des Liturgen an.

Kompliziert wird es dort, wo nichtintendierte, ungewollte Zeichenkonstel-
lationen (zum Beispiel der berühmte ›Sprung über das Grab‹, mit dem sich der
Liturg bei der Beerdigung vor dem Abrutschen rettet), als bedeutungsvolles
Handeln gelesen werden: »Machen Sie das doch bitte wieder, Herr Pfarrer, es
war so feierlich!«

Umgekehrt können auch bewusst codierte Varianten als unbewusst-ungewollte
Ereignisse und damit als ›semantisches Rauschen‹ wahrgenommen werden (ein
Gottesdienstbesucher zum anderen beim sehr ›modernen‹ Orgelvorspiel des
Organisten: »Ist das schon die Musik oder noch der Ventilator?«).

Mit Problemen dieser Art – »mit der Theorie und den Methoden zur
Erfassung der *Zeichengestalten (Signifikanten)* und ihrer gegenseitigen
Beziehungen« – befasst sich die semiotische Disziplin der Syntaktik.[33]
Wird im Weiteren die Beziehung ›*Zeichengestalt (Signifikant) : Zeichen-
bedeutung (Signifikat)*‹ in den Blick genommen, so kommt die semantische Ebene des Textes und damit seine *Bedeutsamkeit* ins Spiel: Mit der
»Theorie und den Methoden zur Erfassung der *Zeichenbedeutungen (Signifikate*: Denotationen und Konnotationen) und ihrer Beziehungen
zueinander« befasst sich die semiotische Disziplin der *Semantik.*[34]

Der evangelische Geistliche, der über dem Talar eine Stola trägt, will damit
natürlich etwas ›ausdrücken‹. Das wäre wohl auch dann der Fall, wenn beide
Geistliche – in der beschriebenen Weise liturgisch gewandet – der Versammlung
nicht ›präsidierten‹, sondern irgendwo in den hinteren Bänken Platz nähmen: Die
Unstimmigkeit auf der syntaktischen Ebene (die hier in der widersprüchlichen
Verwendung des Kleidercodes und des proxemischen Codes zum Ausdruck
kommt), könnte auf der semantischen Ebene durchaus ›Sinn machen‹.

Für die *Bedeutsamkeit* einer Zeichenfunktion bzw. einer Zeichenfolge ist die
Unterscheidung denotativer und konnotativer Bedeutungselemente wichtig: Der
schwarze Talar zum Beispiel ist seiner denotativen (Primär- bzw. Minimal-)
Bedeutung nach die offizielle Amtstracht eines evangelischen Geistlichen. Solche
denotative Bedeutung ist freilich durchweg von einem Hof konnotativer (Mit-
und Neben-)Bedeutungen umgeben bzw. überlagert (›schwarz‹ als Farbe der
Trauer und des Todes, aber auch – siehe den ›schwarzen Anzug‹ – offiziell-bür-
gerlicher Festlichkeit). Hier gilt: »Ein *Konnotatum* oder *Konnotat* ist [...] in
besonderem Maße abhängig von den Erfahrungen, Interessen und konkreten
Situationen der am Kommunikationsprozeß Beteiligten.«[35]

Auf einer dritten Ebene kann schließlich nach der Wirkung gefragt
werden, die ein Zeichen bzw. eine Zeichenfolge »auf seine Deuter [...],
Produzenten wie Rezipienten, ausübt.«[36] Hier kommt mit der Beziehung
›*Zeichenfunktion (Signifikant : Signifikat) : Zeichenverwender (Zei-
chenexpedient : Zeichenrezipient)*‹ der pragmatische Aspekt des Vor-

gangs und damit das Kriterium der *Wirksamkeit* bzw. der *Akzeptanz* ins Spiel.

Im Beispiel: Wir setzen voraus, dass die evangelischen Besucher des genannten Gottesdienstes durchaus in der Lage sind, die Bedeutung des von ihrem Geistlichen formulierten nonverbalen Textes – Stola statt Beffchen über dem Talar – zu erfassen. Deshalb müssen sie ihn noch lange nicht akzeptieren. Entscheidend sind hier die Erfahrungen – und die mit diesen Erfahrungen verbundenen Systeme von Werten, Normen und Erwartungen –, die von den Teilnehmern in der konkreten Situation aktualisiert werden. Werden diese Erfahrungen sehr stark von der Opposition ›*evangelisch versus katholisch*‹ bestimmt, und spielt diese Opposition für das Selbstverständnis der Beteiligten eine wichtige Rolle, so werden sie sich vermutlich ihrem Geistlichen an dieser Stelle verweigern. Da der betreffende ›Text‹ während des ganzen Gottesdienstes gegenwärtig bleibt, sind wahrscheinlich latente, anhaltende Irritationen die Folge.

Hier greift die semiotische Disziplin der *Pragmatik;* sie »befaßt sich mit der Theorie und den Methoden zur Erfassung der Rolle der Kommunikationsteilnehmer und ihrer konkreten Situation.«[37]

2.3.5 Strukturen

Die Teilnehmer unseres Gottesdienstes haben auf ihren Plätzen einen Handzettel mit dem ›Programm‹ der Veranstaltung vorgefunden. Hier sind die einzelnen ›Programmpunkte‹ nacheinander aufgelistet: Orgelvorspiel – Begrüßung – Lied – Gebet – Lesung – Chorgesang – 1. Ansprache – Lied – 2. Ansprache – Chorgesang – Gebet – Lied – Bekanntmachungen – Segen – Orgelnachspiel. Der Gottesdienst hat ohne Zweifel eine ›Ordnung‹. Aber hat er damit auch schon eine ›Struktur‹?

›Struktur‹ ist – im zeichentheoretischen und damit auch im liturgischen Zusammenhang – ein sehr elementarer Begriff, der auf alle bisher behandelten Zusammenhänge angewendet werden kann. »Das Leben denken, heißt von Strukturen reden«, schreibt Rainer Volp. »Der Strukturbegriff hilft, vitale Vorgänge als ein komplexes Gefüge von Systemen denken, ohne die das lebendige Ganze nicht wahrnehmbar ist. Erfahrungen, die wir nicht sortieren, bleiben vage Impressionen ohne Erkenntniswert.«[38]

(1) Struktur als »codifizierendes System«

Nach Umberto Eco ist ›Struktur‹ nichts anderes als ein »codifizierendes System«, ein »Wahrscheinlichkeitssystem«, »das über die Gleichwahr-

scheinlichkeit des Ausgangssystems gelegt wird, um dieses kommunika-
tiv zu beherrschen.«[39] Nach dieser Bestimmung beziehen sich die Begriffe ›Struktur‹, ›Code‹ und ›System‹ eigentlich auf vergleichbare
Sachverhalte. Codes, so könnte man in Umkehr der Formulierung Ecos
sagen, sind ›strukturierende Systeme‹, die auf der Ausdrucks- wie der
Inhaltsebene gewisse »Gleichwahrscheinlichkeiten« materieller bzw.
ideeller Art so interpunktieren und miteinander korrelieren, dass sie als
bedeutungsträchtig wahrgenommen werden können.

Das gilt für die Ausdrucksebene, wo zum Beispiel der *Farbencode* das – in
physikalischer Hinsicht als Kontinuum aufzufassende – Farbenspektrum »durch
Zuweisung von Namen« in diskrete Entitäten (»kulturelle Einheiten« im Sinne
Ecos) zerlegt.[40] Das gilt aber auch für die Inhaltsebene, wo der gleiche Code
diese Ausdrucks-Einheiten als ›liturgische Farben‹ mit diskreten Sinn-Einheiten
verknüpft, die durch die Strukturierung eines anderen Kontinuums – des Zeit-
Flusses – gewonnen werden; Sinn-Einheiten, die ihrerseits – zum Beispiel in Gestalt von Fest- und Fastenzeiten – als Ausdrucks-Einheiten im heortologischen
Code fungieren.

In vergleichbarer Weise sind in unserem Beispiel auch Kleidercode und
hierarchischer Code aufeinander bezogen. Beide funktionieren als ›strukturierende Systeme‹, die über die »Gleichwahrscheinlichkeit eines Ausgangssystems« –
hier zum Beispiel: die unbestimmte, ungegliederte ›Menge‹ aller Gottesdienst-
teilnehmer – gelegt werden können.

(2) Strukturierung als »Interpunktion von Ereignisfolgen«

Strukturierung ist – auf allen Ebenen der Kommunikation – schlicht
unabdingbar. Zur Annäherung an den Sachverhalt sind die Beobachtungen Paul Watzlawicks hilfreich. Er lädt uns ein, sehr einfache Kom-
munikationsabläufe – zum Beispiel zwischen Ehepartnern – sozusagen
›von außen‹ zu betrachten.

»Dem unvoreingenommenen Beobachter erscheint eine Folge von Kommuni-
kationen als ein ununterbrochener Austausch von Mitteilungen«, schreibt er.
»Jeder Teilnehmer an dieser Interaktion muß ihr jedoch unvermeidlich eine
Struktur zugrunde legen.«[41] Dem dienen Deutungen wie: Du hast angefangen, ich
reagiere nur auf deine Anwürfe, mein Verhalten ist durch dein Verhalten verursacht, du bist Täter, ich bin Opfer – oder umgekehrt. Solche Strukturierung
stellt sich dar als »Interpunktion von Ereignisfolgen«, durch die kommunikatives
Verhalten – zum Beispiel innerhalb einer Ehe, einer Gruppe, einer Kultur –
organisiert wird: Zwischen den einzelnen Ereigniseinheiten des Kommunika-
tionsablaufs bzw. den Elementen eines Zeichenprozesses wird eine Beziehung
– etwa die Beziehung Ursache/Wirkung, Grund/Folge – und damit eine hierarchische Ordnung hergestellt.

Eine solche Strukturierung kommunikativer Prozesse ist dort, wo sie funktioniert und verhaltensorganisierend wirksam wird, auf jeder der genannten Ebenen abhängig von den jeweils geltenden Konventionen. Sie ist also in gewisser Weise ›verabredet‹, auch da, wo sie für die Beteiligten eine fraglose, gleichsam natürliche Geltung besitzt.

(3) Deutung durch Interpunktion: »Indikatoren für Syntaktgrenzen«

Die Konsequenzen für die gottesdienstliche Kommunikation liegen auf der Hand. Auch diese Kommunikation wird nur als ein strukturiertes Geschehen gelingen, in dem sich die beteiligten Partner auf bestimmte »Interpunktionen« einigen. Das gilt für die Verteilung der liturgischen Rollen wie für den Gebrauch des liturgischen Raums. Das gilt für den Wechsel und das Zusammenspiel der liturgischen Codes. Das gilt für ganz elementare liturgische Vollzüge – einen Gruß, ein Gebet, einen Ruf –, die ihren Sinn dadurch gewinnen, dass sie sich von anderen unterscheiden und sich dennoch auf sie beziehen. Das gilt erst recht für das Ganze des Gottesdienstes, seinen ›Gesamttext‹, wie ihn der oben beschriebene Handzettel festzuhalten versucht.

Das heißt zugleich: Jede Strukturierung impliziert eine Deutung des Geschehens. Dabei werden bestimmte »Interpunktionen« konventionalisiert und die darin beschlossenen Bedeutungen kommuniziert. Die ›Struktur‹ eines Gottesdienstes ist in diesem Sinne nichts fraglos Vorgegebenes. Wo sie greift, ist sie Teil des Zeichenprozesses selbst, ein Vorgang, bei dem unter Zuhilfenahme eines oder mehrerer (Sub-)Codes bestimmte Bedeutungen in diesen Prozess ›hineingeschrieben‹ werden.

Für unser Beispiel ist es wichtig zu wissen, wie solche Strukturierung auf der Ebene des gottesdienstlichen ›Gesamttextes‹ funktioniert. Durch »raumzeitliche Hiate«, so heißt es, wird der Text in Textsegmente gegliedert; diese Hiate wirken dann beim ›Lesen‹ des Textes als »Indikatoren für Syntaktgrenzen«.[42] Ein solcher Indikator kann schlicht darin bestehen, dass eine Pause eingelegt und dadurch angezeigt wird: Jetzt kommt etwas Neues. Auch durch einen Wechsel der dominierenden Codes (etwa vom Singen zum Sprechen) kann ein entsprechendes Signal gesetzt werden. Eine Syntaktgrenze kann durch Ortswechsel und Bewegung (vom Altar zum Ambo) markiert werden, wobei auch architektonische Codierungen eine Rolle spielen. Im evangelischen Bereich scheinen gelegentlich Gemeindelieder die Funktion wahrzunehmen, Syntaktgrenzen zu signalisieren. Sie werden – wie es bezeichnenderweise heißt – ›zwischen‹ bestimmten Vollzügen gesungen und grenzen diese damit voneinander ab. Schließlich sei auch noch die Möglichkeit erwähnt, Syntaktgrenzen verbal durch eine ›Einführung‹ in das nun folgende Segment anzuzeigen.

(4) Oberflächen- und Tiefenstrukturen

So erscheinen Indikatoren für Syntaktgrenzen als *Signifikanten* für *Signifikate*, die auf der Ebene des gottesdienstlichen ›Gesamttextes‹ wirksam werden. Durch sie wird dem Geschehen gleichsam eine globale Bedeutung zugeschrieben (zum Beispiel: Gottesdienst als ›Dialog‹, als Wort-Antwort-Geschehen zwischen Gott und versammelter Gemeinde).

Wie wir an anderer Stelle zwischen Ausdrucks- und Inhaltsebene unterschieden haben, legt sich hier eine Unterscheidung zwischen »Oberflächen- und Tiefenstrukturen« nahe: Die Oberflächenstrukturen des Textes werden unter anderem durch die Interpunktionen bestimmt, die wir als Syntaktgrenzen wahrzunehmen vermögen. Die Tiefenstrukturen dagegen erscheinen als »hypothetische Grundmuster, die psychisch oder sozial tief verankert sind, möglicherweise unterschiedlich bei Veranstalter und Besucher«.[43] Welche Bedeutungen hier von den Teilnehmern aktualisiert werden, hängt wiederum von den Codes ab, an denen sie partizipieren. Für unser Beispiel ist zu bedenken: »So können etwa ökumenische Gottesdienste bei gleicher Oberflächenstruktur ganz unterschiedliche Intentionen und Wirkungen beinhalten.«[44]

Auch für den ›Gesamttext‹ des Gottesdienstes gilt, dass »der Wert eines Zeichens von seiner [...] Position im System abhängt, in dem sich die Zeichen durch ihre wechselseitigen Differenzen definieren«, und dass seine Bedeutung »vom Verständnis der ›relativen Totalität‹« mitbestimmt wird, zu der es gehört.[45] Das heißt: Einzelelemente – und seien es auch größere syntagmatische Einheiten wie der Komplex der eröffnenden Anrufungen, der Lesungen, der Fürbitten – sind jeweils von dem Beziehungssystem her zu interpretieren, zu dem sie gehören. Das heißt aber auch, dass jede Veränderung einzelner Zeichenrelationen das gesamte Beziehungsgefüge tangiert. Wo Gottesdienstprogramme diverse Programmpunkte beliebig aneinander reihen (etwa nach der ›Sandwichmethode‹: ein Lied, ein Wort, ein Lied, ein Wort...), wird diese Einsicht verfehlt. Auch der ›Gesamttext‹ eines Gottesdienstes hat »Systemcharakter«, und alle seine Elemente wirken sich jeweils prospektiv wie retrospektiv auf die anderen Elemente wie auf seinen ›Gesamtsinn‹ aus.[46]

(5) Struktur und Strukturierung

In einem Gottesdienstvorbereitungskreis kommt es zum Streit: Die einen wollen den Familiengottesdienst mit dem ›Brotbrechen‹ eröffnen: Zu Beginn, so schlagen sie vor, soll ein Brot gesegnet, gebrochen und verteilt werden – um Gemeinschaft herzustellen und zum Ausdruck zu bringen. Die anderen beharren auf der überlieferten ›Struktur‹: Seit den frühesten Zeiten, so sagen sie, geht das Wort dem Mahl voraus; das macht Sinn und lässt sich nicht einfach umkehren.

Dass ein Gottesdienst ›Struktur‹ braucht, steht nach allem, was zuvor gesagt wurde, außer Zweifel. Die Frage lautet aber: *Hat* er sie schon seit eh und je, ist sie ihm gleichsam wesenhaft eingestiftet – so dass sie aktuell nur neu entdeckt, erschlossen, verdeutlicht, im liturgischen Handeln realisiert werden müsste? Oder ist ›Strukturierung‹ Teil der konkreten liturgischen »Gestaltungsaufgabe«[47] – Teil jenes Prozesses also, in dem der Gottesdienst eine Gestalt gewinnt, die heute und hier ›Sinn macht‹?

Einerseits gilt wohl: Die Aufgabe, den gottesdienstlichen Kommunika-tionsprozess zu strukturieren und in solcher Strukturierung bestimmte Deutungen – nicht nur des gottesdienstlichen Geschehens selbst, sondern christlicher Lebens- und Glaubenspraxis schlechthin – auszusprechen, stellt sich stets neu. Der Hinweis auf geschichtlich gewachsene und damit ein für alle Mal verbindliche ›Grundstrukturen‹ – und die von ihnen implizierten Deutungen – kann nicht von solcher Aufgabe immer wieder neuer Strukturierung entbinden. Andererseits gilt aber auch: Überlieferte Liturgie begegnet uns mit der Würde und Wucht eines Textes, der uns – eben auch auf der Ebene seiner ›Struktur‹ – bestimmte Lesarten von Gott und Welt, Leben und Glauben nahe legt. Wer an diesem Text fort-schreiben will, muss ihn zuvor nicht nur gelesen und begriffen haben, sondern auch von ihm ergriffen worden sein.

Die Spannung, die hier sichtbar wird, hat eine gewisse Entsprechung in den Spannungen, die nach Michael Meyer-Blanck den Begriff des *Code* (und damit auch der *Struktur*) bei Umberto Eco kennzeichnen: Einerseits kann der Begriff des Code vom Rezipienten her entwickelt werden, der ihn in gewisser Weise ›beherrschen‹ muss, um an der gesellschaftlichen Kommunikation teilhaben zu können: »Das Subjekt unterliegt den kulturell vermittelten Codes, ist aber durch dieses Involviertsein gleichzeitig in der Lage, Codes zu durchbrechen und Signifikate eigenständig weiter zu semiotisieren bzw. umzucodieren.«[48] Ande-rerseits kann aber auch die ›Botschaft‹ (das ›Werk‹) als Ausgangspunkt dienen, um die Wirkweise des Code zu beschreiben; so gesehen, wird der Rezipient in gewisser Hinsicht vom Code ›beherrscht‹: »Das Subjekt wird durch die Form der Zeichen zur Wahrnehmung genötigt [...] In diesem Sinne unterliegt der Code nicht dem rezipierenden Subjekt, sondern das Subjekt unterliegt dem ästheti-schen Code, der auf ungewohnten Zeichensyntagmen beruht«.[49] Meyer-Blanck schlägt darum vor, zwischen dem »Code der Rezipienten« und dem »Code des Werkes« (bzw. der »Aktivität des Rezipienten« und der »Aktivität der Botschaft« im Prozess ästhetischer Kommunikation) zu unterscheiden.[50]

Diese Unterscheidung könnte auch für die Auseinandersetzung um ›Struktur‹ oder ›Strukturierung‹ des Gottesdienstes aufschlussreich sein. Helmut Schwier hat diese Auseinandersetzung eingehend dargestellt.[51] Im Blick auf die jeweiligen Positionen schlägt er vor, »von ›struktur-

geleitetem‹ gottesdienstlichen Erleben« auf der einen Seite und
»›strukturbewußtem‹ Handeln« auf der anderen zu sprechen.[52] Der
Widerspruch wird ebenfalls perspektivisch aufgelöst: »Strukturgeleitetes
Erleben und Wahrnehmen kennzeichnet die Perspektive der gottesdienstlichen Gemeinde [...] Strukturbewußtes Handeln ist dagegen die
elementare Anforderung an die tätigen Liturginnen und Liturgen.«[53]
Damit wird freilich der Grundsatz, dass die *Gemeinde* den Gottesdienst
feiert (und feiernd gestaltet), zumindest partiell aufgegeben. Auch so
wird natürlich eine bestimmte Struktur – und eine in dieser Struktur
beschlossene Deutung – in den Gottesdienst hineingeschrieben.

Anmerkungen

[1] Theodor Klauser, Kleine Abendländische Liturgiegeschichte. Bericht und
Besinnung, Bonn 1965, 26.

[2] Ebd. 25.

[3] Klaus Gamber, Liturgie übermorgen. Gedanken über die Geschichte und
Zukunft des Gottesdienstes, Freiburg i. Br. 1966, 111 ff.

[4] Martin Luther, Deudsche Messe vnd ordnung Gottis diensts [1526]: WA 19,72-
113, hier 74 (in der Kurzfassung zitiert als *Deutsche Messe*).

[5] Martin Luther, Formula missae et communionis pro Ecclesia Vuittembergensi
[1523]: WA 12,205-220 (in der Kurzfassung zitiert als *Formula Missae*).

[6] Luther, Deutsche Messe (Kap. 2 Anm. 4), 74.

[7] Wolfgang Musculus, Itinerarium Conventus Isnachii [1536], in: Theodor Kolde
(Hg.), Analecta Lutherana. Briefe und Aktenstücke zur Geschichte Luthers,
Gotha 1883, 216 ff; Zitate nach Herbst, Gottesdienst (Kap. 1 Anm. 72), 103-109.

[8] In der Darstellung wie in den Inhalten folgen wir im Wesentlichen Hermann
Reifenberg, Fundamentalliturgie. Grundelemente des christlichen Gottesdienstes.
Wesen – Gestalt – Vollzug (SPPI 3). Bd. 1, Klosterneuburg 1978, 120-159.

[9] Franz Rendtorff, Geschichte des Gottesdienstes unter dem Gesichtspunkt der
liturgischen Erbfolge. Eine Grundlegung der Liturgik, Gießen 1914.

[10] Wilfried Engemann, Semiotische Homiletik. Prämissen – Analysen – Konsequenzen (THLI 5), Tübingen, Basel 1993, 24.

[11] Volp, Liturgik (Kap. 1 Anm. 32), I, 120.

[12] Umberto Eco, Semiotik. Entwurf einer Theorie der Zeichen. Übersetzt von
Günter Memmert (Supplemente 5), München 1987, 76.

[13] Ebd. 76.

[14] Ebd. 77.

[15] Engemann, Homiletik (Kap. 2 Anm. 10), 43.

[16] Vgl. zu der unterschiedlichen Begrifflichkeit, von der in diesem Zusammenhang Gebrauch gemacht wird, die Übersicht bei Engemann, Homiletik (Kap. 2 Anm. 10), 44.

[17] Umberto Eco, Zeichen. Einführung in einen Begriff und seine Geschichte (edition suhrkamp 895), Frankfurt a. M. 1977, 173 u. 88.

[18] Vgl. zu Peirce: Martin Vetter, Zeichen deuten auf Gott. Der zeichentheoretische Beitrag von Charles S. Peirce zur Theologie der Sakramente (MThSt 52), Marburg 1999.

[19] Eco, Zeichen (Kap. 2 Anm. 17), 172 f.

[20] Eco, Semiotik (Kap. 2 Anm. 12), 99.

[21] Eco, Einführung (Kap. 1 Anm. 36), 74.

[22] Umberto Eco, Semiotik und Philosophie der Sprache. Übersetzt von Christiane Trabant-Rommel und Jürgen Trabant (Supplemente 4), München 1985, 77 ff.

[23] Dieser Sprachgebrauch ist nicht unumstritten; so schlägt beispielsweise Michael Meyer-Blanck, Der Ertrag semiotischer Theorien für die Praktische Theologie, in: BThZ 14 (1997) 190-219, vor, »als ›Code‹ nur das gesamte Funktionieren der Relationalität zu beschreiben und [...] lieber die jeweilige Zeichensorte alltagssprachlich als ›Sprache‹ zu benennen (z.B.: ›Körpersprache‹)« (217). Wie im Folgenden deutlich wird, meinen wir mit Code jedoch nicht nur eine bestimmte Zeichensorte – also eine Klasse von Signifikanten –, sondern jeweils ein »System von Systemen« (Eco), das auch die Inhaltsebene umfasst und so eine Klasse von Signifikanten auf eine Klasse von Signifikaten bezieht. So wird zum Beispiel ein Farbenspektrum (als eine mögliche Klasse von Signifikanten) erst dort zum liturgischen Farbencode, wo es einer bestimmten Klasse von Signifikaten korreliert. Im Übrigen verwenden wir die Begriffe ›Code‹ und ›Sprache‹ weitgehend synonym.

[24] Günther Schiwy/Hellmut Geißner/Herbert Lindner/Heiner Michel/Herbert Muck/Klaus Pfitzner/Rainer Volp, Zeichen im Gottesdienst. Ein Arbeitsbuch, München 1976, 21.

[25] Eco, Zeichen (Kap. 2 Anm. 17), 184.

[26] Winfried Nöth, Handbuch der Semiotik, Stuttgart, Weimar ²2000, 128.

[27] Eco, Semiotik (Kap. 2 Anm. 12), 64.

[28] Schiwy u.a., Zeichen (Kap. 2 Anm. 24), 21.

[29] Günther Schiwy, Strukturalismus und Christentum. Eine gegenseitige Herausforderung, Freiburg i. Br. 1969, 54.

[30] Schiwy u.a., Zeichen (Kap. 2 Anm. 24), 23.

[31] Ebd. 23.

[32] Ebd. 31.

[33] Ebd. 31.
[34] Ebd. 31.
[35] Ebd. 31.
[36] Ebd. 31.
[37] Ebd. 31.
[38] Volp, Liturgik (Kap. 1 Anm. 32), I, 118.
[39] Eco, Einführung (Kap. 1 Anm. 36), 56 f, 59, 61.
[40] Eco, Semiotik (Kap. 2 Anm. 12), 113.
[41] Paul Watzlawick/Janet H. Beavin/Don D. Jackson, Menschliche Kommunikation. Formen, Störungen, Paradoxien, Bern, Stuttgart, Wien [5]1980, 57.
[42] Winfried Nöth, Semiotik. Eine Einführung mit Beispielen für Reklameanalysen, Tübingen 1975, 83.
[43] Volp, Liturgik (Kap. 1 Anm. 32), I, 119.
[44] Ebd. I, 119.
[45] Günther Schiwy, Neue Aspekte des Strukturalismus, München 1971, 172.
[46] Schiwy u.a., Zeichen (Kap. 2 Anm. 24), 26 f.
[47] Versammelte Gemeinde. Struktur und Elemente des Gottesdienstes. Zur Reform des Gottesdienstes und der Agende. Vorgelegt von der Lutherischen Liturgischen Konferenz, Hamburg [1974], 5.
[48] Meyer-Blanck, Ertrag (Kap. 2 Anm. 23), 215.
[49] Ebd. 215.
[50] Ebd. 216.
[51] Helmut Schwier, Die Erneuerung der Agende. Zur Entstehung und Konzeption des »Evangelischen Gottesdienstbuches« (Leit.NF 3), Hannover 2000, 107-159.
[52] Ebd. 151 f.
[53] Ebd. 152 f.

3. Zeiten

3.1 Zeitwahrnehmung und Zeitorganisation

3.1.1 Kosmisch-vegetative Zyklen

So wie der Raum, so ist auch die Zeit als ›Anschauungsform‹ aller Wahrnehmung – mehr noch: allem Leben – eingestiftet und vorgegeben. So lässt sich sagen, dass »das Leben nicht in der Zeit ist, sondern die Zeit im Leben ist oder genauer durch dessen Selbstsetzung *wird*.«[1] Menschliche Zeiterfahrung wird dabei zutiefst durch kosmische, vegetative und biologische Rhythmen bestimmt, die aller kulturellen Gestaltung vorausliegen.

Der Wechsel von Tag und Nacht, Hell und Dunkel, der in der Drehung der Erde um ihre eigene Achse gründet, scheint dabei die ursprüngliche und grundlegende Erfahrung zu sein, in der sich Zeit dem Bewusstsein des Einzelnen wie der Kultur vermittelt. Er konstituiert die *Zeitebene des Tages*, während der Lauf des Mondes um die Erde (rund 29 ½ Tage) die *Zeitebene des Monats* und der Lauf der Erde um ihr Zentralgestirn, die Sonne (365,2422 Tage), die *Zeitebene des Jahres* begründen; mit ihr wiederum sind die vegetativen Zyklen von Sommer und Winter, Hitze und Frost, Dürre und Regen, Saat und Ernte untrennbar verbunden.

Den kosmisch-vegetativen Zyklen korrespondieren die biologischen Rhythmen, in denen alles Lebendige ›schwingt‹. Komplizierte Mechanismen stimmen dabei die ›Eigenschwingungen‹ der Lebewesen auf den Wechsel von Hell und Dunkel, aber auch auf den Wechsel der Jahreszeiten ab.

Menschlicher Zeiterfahrung eignet darum ein grundlegend zyklisches Moment: »Zeit wird erfahrbar in der verläßlichen, gleichsam ›von außen‹ determinierten und somit vorausschauende Planung ermöglichenden Wiederkehr gleicher beziehungsweise ähnlicher kosmischer und naturhafter Ereignisse (Hell und Dunkel, Mondphasen, Jahreszeiten).«[2]

3.1.2 Kulturelle Überformung

Obwohl durch kosmisch-vegetative Zyklen vorstrukturiert, werden die Wahrnehmungsmuster menschlicher Zeiterfahrung auch in beträchtlichem Umfang durch kulturelle Festlegungen bestimmt und überformt.

Das betrifft schon die Wahrnehmung dieser Zyklen selbst und das Gewicht, das ihnen in unterschiedlichen Kulturen beigemessen wird. Es findet seinen Ausdruck in divergierenden Kalendern, die in unterschiedlicher Weise lunaren wie solaren Zyklen folgen. Es betrifft die in diesen Kalendern codifizierten Interpunktionen: Beginn und Dauer des Jahres, seine Untergliederungen (Jahreszeiten, Monate, Wochen) sowie Abgrenzung und Einteilung des Tages können durchaus unterschiedlich geregelt sein.

Es betrifft vor allem die *Zeitebene der Woche*, für die sich ein kosmischer Bezug – etwa auf die Mondphasen – nicht eindeutig ausmachen lässt. Sie scheint eher in kulturellen bzw. sozioökonomischen Bedürfnissen zu wurzeln: Ihre Dauer kann durchaus unterschiedlich geregelt sein (drei bis zehn Tage, bezieht man afrikanische, asiatische und zentralamerikanische Kulturen mit ein). Obwohl in sich ebenfalls zyklisch organisiert – mit einem hervorgehobenen Tag als Anfangs- oder Endpunkt – fügt sie sich doch nicht in die solaren und lunaren Zyklen und transzendiert so den Rhythmus der Monate und Jahre.[3]

Insgesamt treten so »zu den ›äußeren‹, aus den kosmisch-vegetativen Zyklen rührenden Bestimmungen sozialer Zeiterfahrung und -gestaltung solche, die im Vorgang ›gesellschaftlicher Konstruktion der Wirklichkeit‹ wurzeln und damit die prinzipielle Bedingung darstellen für einen die zyklischen Erfahrungen ergänzenden, Gerichtetheit und Irreversibilität, auch Wandel und Entwicklung einschließenden Zugang zum Zeitphänomen.«[4]

3.1.3 Der heortologische Code

Auf allen genannten Zeitebenen – Tag, Woche, Monat, Jahr – werden kalendarische Festlegungen zugleich zu Medien kultureller Kommunikation. Zyklisch wiederkehrende Interpunktionen verbinden sich, indem sie als solche kulturell wahrgenommen und als Festpunkte und Festzeiten codifiziert werden, mit Bedeutungen, mit einem ihnen zugeschriebenen Sinn. Solchermaßen strukturierte und gedeutete Zeit gerät so gleichsam zu einer ›Sprache‹ – genauer: einem durch Codes generierten und geregelten Repertoire von Texten (vgl. 2.3) –, in denen Erfahrungen zu kulturellem Wissen verdichtet und zugleich festgehalten, mitgeteilt, überliefert und rekonstruiert werden können. So gilt: Lebenswissen, Weltwissen und Glaubenswissen wird nicht nur in Büchern festgehalten. Es wird auch in die Zeit ›hineingeschrieben‹.

Eine sprachliche Bedeutungseinheit – die nach Umberto Eco als »kulturelle Einheit« begriffen werden kann – »»existiert‹ und wird insoweit erkannt, als es eine andere gibt, die in Opposition zu ihr steht.«[5] Das gilt auch für jene »kulturellen Einheiten«, wie sie von Kalendern codiert und vertextet werden: Als bedeutungsvolle, sinntragende Fest-Zeit kann Zeit nur dort wahrgenommen und ›begangen‹ werden, wo sie sich von anderer Zeit absetzt und unterscheidet, die als Nicht-Fest, gegebenenfalls auch als Gegen-Fest, erfahren wird – wo es also andere Zeit gibt, die in semantischer Opposition zu ihr steht. In diesem Sinne ist Festzeit Ausnahmezeit, Gegen-Zeit, die den Lauf der Dinge ebenso wie den Lauf der Zeit unterbricht und alternative Zeit-Erfahrungen ermöglicht.

Wie bei anderen Codes lassen sich auch beim heortologischen Code zwei Organisationsebenen unterscheiden (vgl. 2.3.2): eine erste, syntaktisch-strukturelle Ebene (*Ausdrucksebene*) und eine zweite, bedeutungstragende Ebene (*Inhaltsebene*), auf der den kalendarischen Interpunktionen bestimmte »kulturelle Einheiten« zugeordnet werden.[6] Eine solche Differenzierung kann helfen, gewisse Erscheinungen im Bereich der kalendarisch-heortologischen Codes zu erklären und Umschichtungen, die die syntaktisch-strukturelle Ebene betreffen (so zum Beispiel die schleichende Nivellierung des Sieben-Tage-Rhythmus durch die Verbreitung gleitender Arbeitszeit), von solchen zu unterscheiden, die sich auf der semantischen Ebene ereignen (Beispiel hier: die Um-Deutung von Advent und Weihnachten).

Darüber hinaus erweisen sich auch die den semiotischen ›Disziplinen‹ der Syntaktik, Semantik und Pragmatik zuzuordnenden Kriterien der *Stimmigkeit*, der *Bedeutsamkeit* und der *Wirksamkeit* bzw. *Akzeptanz* (vgl. 2.3.4) als nützlich, um das Funktionieren heortologischer Codes zu verstehen: Im neuen römischen Kalender zum Beispiel, der die Osterzeit mit dem »Fünfzigsten Tag« nach Ostern schließen lässt, ist ein zweiter Pfingstfeiertag unter syntaktischen Gesichtspunkten unstimmig und darum auch nicht mehr vorgesehen. Dennoch kann – auf der semantischen Ebene – darüber reflektiert werden, ob nicht die Bedeutsamkeit des zu Pfingsten gefeierten Heilsgeheimnisses einer entfalteten Pfingstfeier bedürfe. Pragmatische Gesichtspunkte – die Akzeptanz eines solchen Tages bei den Gemeinden, sein Charakter als gesetzlich geschützter Feiertag – könnten wiederum als eigenständige Argumente ins Feld geführt werden.

3.1.4 Sinnebenen

Auf der *Ausdrucksebene* integrieren kalendarisch-heortologische Codes in syntaktisch-struktureller Hinsicht die unterschiedlichen Zeitebenen des Tages, der Woche, des Monats wie des Jahres, benutzen sie in gewisser Weise als elementare Bausteine und versuchen zugleich, die jeweiligen Zyklen aufeinander abzustimmen. Eine ähnliche Erscheinung lässt sich auch auf der *Inhaltsebene*, also in semantischer Hinsicht, beobachten: Bedeutung wird hier gleichsam in mehreren Schichten konstituiert und codiert, die einander in beziehungsreicher Weise überlagern.

Wir unterscheiden im Folgenden drei solcher Ebenen. Für jede von ihnen ist der Begriff des *Gedächtnisses* konstitutiv: Gedächtnis beruht auf zyklischen Erfahrungen – auf der Wiederkehr des Gleichen bzw. Ähnlichen – und ermöglicht gerade so Handeln auch in nicht vorhersehbaren Situationen. Kalendarisch-heortologische Codes vergegenständlichen in gewisser Weise das kollektive Gedächtnis der Kultur.[7] »Welt, Zeit und Leben werden so begehbar in einem doppelten Sinn: Indem der Festcode dazu anleitet, bestimmte, bedeutungsvolle Festpunkte und -zeiten zu begehen, hält er lebenswichtige, rettende Erfahrungen lebendig und erlaubt so auf Zukunft gerichtetes Handeln. Auch das Kirchenjahr kann in diesem Sinne sowohl als Ergebnis von Lernprozessen wie als Lernvorschrift begriffen werden, die dazu anleitet, semantische und andere Bezüge zwischen dem überlieferten Glaubenswissen und der jeweils aktuellen Situation herzustellen.«[8]

(1) *Ebene der Sinnerfüllung*: Einer ersten Sinnebene sind all jene Bedeutungen zuzuordnen, die sich unmittelbar mit den kalendarischen Interpunktionen, insbesondere mit den kosmisch-vegetativen Zyklen (dem Wechsel von Hell und Dunkel, von Regen- und Trockenperioden, von Zeiten der Fruchtbarkeit und der Dürre usw.) verbinden. Erfahrungswissen, für das Leben der Gemeinschaft wie des Einzelnen unverzichtbar, wird auf solche Weise dem kollektiven Gedächtnis der Kultur anverwandelt und – wieder und wieder begangen – kommenden Generationen überliefert, von diesen rekonstruiert und fortgeschrieben.

Solches Wissen ist selbstverständlich immer schon Deutung, die der Zeit, indem sie ihr eine Struktur gibt, zugleich einen Sinn zuschreibt, sie buchstäblich mit Sinn erfüllt: So wie Kulturen sich ihren je eigenen Wohn-Raum schaffen, bedürfen sie auch eines spezifischen, sinnerfüllten Zeit-Raumes, in dem sie sich entfalten können.

(2) *Ebene der kultisch-religiösen Qualifizierung*: Der kosmisch-vegetative Wechsel, auf der ersten Ebene als bedeutungsvoll wahrgenommen, festgehalten und überliefert, erfährt nun häufig auf zweiter Ebene eine kultisch-religiöse Qualifizierung, die den genannten Phänomenen Namen gibt, sie in Gestalt von Natur-, Himmels-, Erd-, Meeres- und Jahreszeitengöttern personifiziert. Auch die Zeit selbst kann in solchem Kontext als Gottheit begriffen und verehrt werden.[9]

Es handelt sich hierbei um sehr ursprüngliche Vorgänge, die einem bestimmten Verständnis von Welt und Wirklichkeit entspringen: Kultisch-religiöses

Handeln dieser Art zeichnet die natürlichen Rhythmen nicht nur nach, heftet ihnen auch nicht einfach nur zusätzliche Bedeutungen an. Es bringt sie vielmehr – nach Überzeugung derer, die hier handeln – in gewisser Weise erst hervor. Weltlauf und kultisches Handeln – repräsentiert auch durch den kultischen Kalender, seine Zeiten und Feste – werden als *Einheit* erlebt und gesehen; sie verhalten sich zueinander wie zwei Hälften *eines* Bildes.[10] Kollektive Übergangsriten verbürgen so die Wiederkehr der lebensspendenden Rhythmen von Winter und Sommer, Saat und Ernte, Kälte und Wärme; und häufig wird dabei das Schicksal einer Gottheit, in dem die erfahrbaren Vorgänge in der Natur gleichsam eingeschlossen und vorgebildet sind, kultisch nachvollzogen und die Festgemeinschaft diesem Geschick eingefügt.

Der Sinn, den man der Zeit abgerungen, in sie hineingetextet hat, versteht sich demnach nicht von selbst. Er muss je und je erneuert werden; nur so kann man sich der Geltung wie der Gültigkeit des hier bewahrten Wissens vergewissern. Solche Sinn-Vergewisserung leistet das kultische Gedächtnis der göttlichen Gründungstat, die in der Vorzeit einst Welt, Leben und Zeit aus sich entließ.

Grundlegend für das Zeitverständnis, das hier begegnet und das sich vom neuzeitlichen Verhältnis zur Zeit nicht unerheblich unterscheidet, ist der Begriff der *Arché* (ἀρχή): »Eine ἀρχή ist eine Ursprungsgeschichte. Irgendeinmal hat ein numinoses Wesen zum ersten Mal (τὰ πρῶτα) eine bestimmte Handlung vollzogen, und seitdem wiederholt sich dieses Ereignis *identisch* immer wieder.«[11] Das bedeutet: Nur dort, wo die jeweilige Ursprungshandlung in gemessenen Abständen begangen wird, bleibt sie in Kraft.

(3) *Ebene der Vergeschichtlichung*: Auf dieser dritten Ebene schließlich können sich die so gedeuteten, kultisch-religiös qualifizierten Festpunkte und -zeiten mit geschichtlichen – bzw. als geschichtlich aufgefassten – Ereignissen und dem ihnen zugeschriebenen, in ihnen erfahrenen Sinn verbinden.

Solche Vergeschichtlichung von Festen und Festbräuchen, die ursprünglich an das Naturjahr gebunden waren, kennzeichnet die Entwicklung im biblischen Israel und im Judentum: Das Gedächtnis überlieferter Ereignisse aus der Geschichte des Volkes bzw. einzelner seiner Gruppen wird überkommenen – nomadischen wie bäuerlichen – Festen zugeordnet. Damit verändert sich der Charakter nicht nur dieser Feste, sondern des Festjahres im Ganzen: Es ist nicht mehr nur kultisch-reales Abbild und wirksame Darstellung kosmisch-vegetativer Zyklen, sondern vergegenwärtigt auf ebenso wirksame Weise das geschichtliche Handeln Gottes an seinem Volk.

Das christliche Festjahr folgt der Tendenz solcher Vergeschichtlichung, durch die zyklisches Denken zugleich aufgenommen wie überschritten wird: Das Gedenken an die großen Taten Gottes knüpft an den natürlichen Kreislauf des

Jahres und der Jahreszeiten an und durchbricht ihn zugleich. Die Gottesge-
schichte, die hier kultisch erinnert und begangen wird, ist ja nicht in sich abgeschlossen, sondern geht auch in Gegenwart und Zukunft weiter; sie kennt eine
Richtung, ein Ziel.

Für das geschichtliche Verständnis wie für die Reflexion aktueller
Entwicklungen ist die Erkenntnis wichtig, dass die genannten Sinnebenen
einander nicht einfach ablösen, sondern die unteren Ebenen in der jeweils
übergeordneten aufgehoben bleiben – und so auch je und je wieder
hervortreten können. So lässt sich am Beispiel christlicher Feste, die in
der Gegenwart in eine neue, säkulare Gestalt transformiert und dabei
ihrer biblischen bzw. heilsgeschichtlichen Bezüge partiell entkleidet
werden, sehr gut beobachten, wie in solchem Vorgang die kosmisch-
vegetativen Gehalte erneut an die Oberfläche drängen und sich mit
neuen, gesellschaftlich bedeutsamen Sinnzuweisungen verbinden
können.

3.2. Kalender

3.2.1 Vorformen

In frühen Kulturen wird *Zeit* noch nicht in dem uns vertrauten Sinne als
›Dauer‹, ›Verlauf‹, ›Prozess‹ wahrgenommen, sondern als Abstand zwi-
schen zwei augenfälligen, für das Gemeinschaftsleben bedeutsamen
Veränderungen registriert. »Nicht die ›Tage‹ wurden gezählt, sondern die
Morgen oder die Abende, nicht die Jahre, sondern die Frühjahre, die
Sommer oder die Winter.«[12]

Dem *Tag* entspricht so die Zeit zwischen Sonnenaufgang und Sonnenuntergang, dem *Jahr* zum Beispiel die Zeitspanne zwischen dem Eintreten der Schnee-
schmelze und dem Abernten der Felder. Nacht und Winter galten als Un- und
Leer-Zeiten, in denen Licht und Wärme fehlen, das Leben stillsteht und
menschliches Wirken kaum mehr möglich ist; sie können darum eigentlich auch
nicht ›gemessen‹ werden. Zeitpunkte werden nicht abstrakt, im Zusammenhang
eines formalen Zeitmessungssystems, sondern durch bestimmte Tätigkeiten und
Erlebnismöglichkeiten definiert (zum Beispiel ›zur Zeit der Weinlese‹, ›zur Zeit
des Erwachens‹, ›des Marktgangs‹ usw.).

Frühen Formen der Zeitorganisation ist darum auch unsere Art, die Zeit in
gleichlange Abschnitte zu gliedern, fremd; sie kennen unterschiedlich lange
›Stunden‹, ›Tage‹, ›Monate‹ und ›Jahre‹. Erst die Erfahrung, dass für das soziale
Leben wichtige, regelmäßig wiederkehrende Naturereignisse von den Bewegun-

gen der Himmelskörper abhängen, führt schließlich zur Entwicklung astronomischer Kalender.

3.2.2 Lunare Kalender

Lunare Kalender basieren auf der Wahrnehmung der Mondphasen, die sich auch ohne astronomische Hilfsmittel beobachten lassen und deshalb vor allem nomadischen Völkerschaften als Grundlage ihrer Zeitberechnung dienten. Elementare Einheit ist der (Mond-)Monat, der von Neu-Mond (dem ersten Sichtbarwerden des neuen Lichts) zu Neu-Mond reicht.[13] Der unmittelbaren, optischen Wahrnehmung des ›Neulichts‹ wurde auch dann noch Bedeutung beigemessen, als man bereits in der Lage war, sein Erscheinen relativ genau zu berechnen.

Wegen der auf die Umlaufbahn des Mondes einwirkenden Gravitationskräfte können die einzelnen Mondmonate freilich bis zu 13 Stunden voneinander abweichen (Jahresmittel: 29 Tage, 12 Stunden, 44 Minuten, 3 Sekunden). Der kalendarische Mondmonat umfasst also jeweils 29 beziehungsweise 30 Tage.

Ein ›freier‹ Mondkalender ist heute noch der islamische Kalender. Der Koran (9. Sure, Vers 35) verbietet das Einschalten ganzer Monate, um das Mondjahr mit dem Sonnenjahr in Übereinstimmung zu bringen. Erlaubt sind nur 11 Schalttage in einem Zyklus von 30 Jahren, um den kalendarischen Monatsanfang in der Nähe des ›Neulichts‹ zu halten.

Das islamische Mondjahr umfasst so 354 beziehungsweise 355 Tage und ist damit zehn bis elf Tage kürzer als das Sonnenjahr. Das hat zur Folge, dass der Jahresanfang sowie alle Feste und Festzeiten (zum Beispiel der Fastenmonat *Ramadan*) in einem Rhythmus von 33 Jahren durch das Sonnenjahr und seine Jahreszeiten wandern. Bei der Synchronisation der islamischen mit der christlichen Zeitrechnung ist zu beachten, dass 100 islamische Mondjahre nur etwa 97 Sonnenjahren entsprechen.

3.2.3 Solare Kalender

Sie basieren auf der Bewegung der Erde um die Sonne, die an der Stellung der Sonne (bzw. des Sonnenaufgangspunktes) zu einem bestimmten Stern oder Sternbild abgelesen werden kann. Ein Jahr ist durchschritten, wenn die Sonne diese Ausgangsstellung wieder erreicht (Sternenjahr). Wichtige Gliederungsmomente sind der Frühlings- und Herbstpunkt, an denen die Sonne den Himmelsäquator durchläuft, und die Sonnenwendpunkte im Sommer und im Winter als Punkte höchster beziehungsweise niedrigster Kulmination des Zentralgestirns. Als

Sonnenjahr (365,2422 Tage) bezeichnet man die Zeitspanne zwischen zwei Durchgängen der Sonne durch den Frühlingspunkt.

Ein reiner Solarkalender war der ägyptische Kalender, auf dem auch der Julianische Kalender und damit unsere Zeitrechnung gründet. Die Bindung der Monate an den Mondumlauf wurde um 2000 v. Chr. aufgegeben. Das Jahr wurde in 12 Monate zu jeweils 30 Tagen eingeteilt, die von den Mondphasen völlig unabhängig waren, ergänzt um fünf monatsfreie Tage. Der Jahresbeginn – ursprünglich wohl an den Zeitpunkt der jährlich wiederkehrenden Nilüberschwemmung gebunden – wurde astronomisch an das Erscheinen des *Sothis* (*Sirius*) am Morgenhimmel, unmittelbar vor Sonnenaufgang, gekoppelt. Die Differenz zum tropischen Jahr (1/4 Tag pro Jahr) bewirkte, dass der Sothisaufgang sich durch den so fixierten Kalender bewegte, um erst nach 1461 Jahren (Sothisperiode = 1460 Julianische Sonnenjahre) zu seinem Ausgangspunkt zurückzukehren. Um diese Differenz auszugleichen, verfügte schon Ptolemäus III. Euergetes im Jahre 238 v. Chr., alle vier Jahre einen zusätzlichen Tag in den Kalender einzuschalten, konnte sich damit aber nicht gegen die Priesterschaft durchsetzen.

3.2.4 Lunisolare Kalender

Lunisolare Kalender versuchen, Mondmonate und Sonnenjahr miteinander in Übereinstimmung zu bringen, indem sie Schaltmonate in den Kalender einfügen. Ursprünglich erfolgte solche Einschaltung unmittelbar auf Anordnung des Königs (in Mesopotamien), des Archonten (im alten Athen) oder des Pontifex maximus (im alten Rom). Solche willkürlichen Festlegungen wurden später durch kalendarische Systeme ersetzt, in denen in einem festgelegten Zyklus Schaltjahre begangen wurden, die nicht zwölf, sondern dreizehn Mondmonate umfassten.

Lunisolaren Charakter trug der babylonische Kalender, der jedes 2., 5., 8., 10., 13., 16. und 19. Jahr ein Schaltjahr mit 13 Mondmonaten beging (eingefügt entweder nach dem Vorfrühlingsmonat *Addaru* oder dem Herbstmonat *Ululu*). Dabei wurden die Schaltjahre jeweils noch um einen Tag verlängert. So stellte man sicher, dass der Monatsanfang immer mit dem ›Neulicht‹ zusammenfiel.

Dem Vorbild des babylonischen folgt der jüdische Kalender: Zwölf Mondmonate von abwechselnd 29 und 30 Tagen beginnen jeweils mit dem ersten Sichtbarwerden der Mondsichel. Das Jahr begann – und im religiös-kultischen Bereich gilt das bis heute – ursprünglich im Herbst. Unter babylonischem Einfluss verlegte man später den Jahresbeginn auf den ersten Neumondtag nach der Tagundnachtgleiche im Frühling, auf den Monat *Nisan*, der etwa dem März/April unseres Kalenders entspricht. Um die Übereinstimmung mit dem Sonnenjahr herzustellen, fügte man jedes 3., 6., 8., 11., 14., 17. und 19. Jahr im

Anschluss an den letzten Monat vor der Frühlings-Tagundnachtgleiche (*Adar*) einen dreizehnten Monat (*Weadar*) in den Kalender ein.

Kompliziert wird der jüdische Kalender dadurch, dass er sechs Arten von Jahren unterschiedlicher Dauer (mit 353, 354, 355, 383, 384, 385 Tagen) kennt. Dies hängt mit Vorschriften zusammen, nach denen einige Feste nicht auf bestimmte Wochentage fallen dürfen, sowie mit der Notwendigkeit, das Jahr gegebenenfalls um einen Tag zu verlängern oder zu verkürzen, um sicherzustellen, dass der Monatsbeginn mit dem ›Neulicht‹ zusammenfällt.

3.2.5 Julianischer und Gregorianischer Kalender

Beraten von dem aus Alexandrien stammenden Astronomen Sosigenes, führte Julius Cäsar 46 v. Chr. einen neuen Kalender ein, der die komplizierten altrömischen Zeitberechnungssysteme ablösen sollte. Fortan umfasste das Jahr 365 Tage; alle vier Jahre wurde zwischen dem 23. und 24. Februar ein zusätzlicher Schalttag eingefügt. Die Dauer der Monate wurde von 29 Tagen auf 30 bzw. 31 Tage verlängert; nur der Februar behielt 28 (in Schaltjahren 29) Tage. Die Monatsnamen wurden aus dem altrömischen Kalender übernommen (wobei zu Ehren Cäsars dessen Geburtsmonat in *Iulius* umbenannt wurde; Kaiser Augustus widerfuhr später mit dem Monat *Augustus* – ursprünglich *Sextilis*, der ›Sechste‹ – eine ähnliche Ehre).

Das Julianische Jahr, das im Mittel 365 1/4 Tage umfasste, war um 11 Minuten und 14 Sekunden länger als das Sonnenjahr. Diesem Umstand begegnete Papst Gregor XIII. im Jahre 1582 durch eine erneute Kalenderreform: Um die Differenz zu korrigieren, sollte künftig die Zahl der Schalttage entsprechend verringert werden. Von den Schaltjahren, die auf 100 enden (1600, 1700, 1800 usw.), werden danach nur noch jene als solche begangen, die durch 400 teilbar sind (also 1600 und 2000, nicht jedoch 1700, 1800, 1900). Um die bereits entstandenen Abweichungen zum Sonnenjahr zu korrigieren, ließ Gregor XIII. auf den 4. Oktober 1582 unmittelbar den 15. Oktober 1582 folgen. Die protestantischen Länder schlossen sich nur zögernd dieser Neuerung an (England erst 1753). In Russland blieb bis 1918 der Julianische Kalender in Kraft, dem die russisch-orthodoxe Kirche bis heute folgt.

3.3. Zeitebenen

Für das Verständnis des christlichen Festcodes ist die Kenntnis der unterschiedlichen Zeitebenen wichtig, auf denen er wirksam wird. Bestimmte Motive und Sinnzuschreibungen kehren nämlich auf unterschiedlichen Zeitebenen wieder, bilden einen Motiv- und Bedeutungszusammenhang, der vom Tag über die Woche bis zur Ebene des Jahres reicht. Das heißt: Wandlungen, gar Verluste auf einer dieser Zeitebenen betreffen notwendig auch die anderen, führen zu einer Modifikation des Festcodes im Ganzen.

Sozialpsychologische Modelle unternehmen den Versuch, die verschiedenen Zeitebenen in ein Verhältnis zu unterschiedlichen Sozialebenen bzw. sozialen Aktivitäten zu setzen.[14] Der *Tageszyklus* wird dabei vielfach der Individualebene und der beruflichen Tätigkeit zugeordnet, die *Zeitebene der Woche* der Familie (der kleinen Gruppe ›gemeinsamen Lebens‹), die *Zeitebene des Monats* der Gruppe als ›Verein‹, der *Jahreszyklus* schließlich der Kulturebene (der Ebene öffentlich relevanter Ereignisse).

Wenn es, wie für die Gegenwart angenommen, zu einer Verlagerung kultisch-religiöser Aktivitäten von der Wochen- über die Monats- zur Jahresebene kommt (tageszyklisches Verhalten kann in wochenzyklisches, wochenzyklisches in monatszyklisches usw. verändert werden), hat dies Folgen für den Gebrauch und das Verständnis der hier formulierten ›Texte‹: Bestimmte Bedeutungen können schlichtweg nicht mehr wahrgenommen, Botschaften nicht mehr entziffert werden. Der ›Leser‹, der nur noch jahreszyklisch partizipiert, schafft sich nicht nur seinen eigenen ›Text‹, sondern gestaltet den Code selber nach seinen gewandelten Bedürfnissen um.

3.3.1 Zeitebene des Tages

Mit dem Tageslauf und einzelnen seiner Abschnitte können sich bestimmte Gehalte verbinden, die ihn als Ganzes mit Sinn erfüllen – als Zeit menschlichen Wirkens, als geordneten Lebensraum, in semantischer Opposition zur Nacht als Zeit der Bedrohung, der Unordnung, die sich sinnvollem Wirken letztlich verschließt.[15] Dies findet seine Entsprechung auf der kultisch-religiösen wie der heilsgeschichtlichen Sinnebene. Hier begegnet uns der Tag als gleichsam ›spirituelle Größe‹:

> Für das biblische Israel war jeder Tag so etwas wie eine zusammenfassende Erinnerung der Geschichte Gottes mit seinem Volk. Jeder Abend vergegenwärtigte den Auszug des Volkes aus der Knechtschaft in Ägypten, jeder Morgen erinnerte an den Bundesschluss am Berge Sinai. Solches Gedenken wurde durch das Abend- und Morgenopfer im Tempel kultisch begangen (Ex 29,38-43; Num 28,1-8). Später wurden daraus fünf Opferzeiten. Im Exil traten an die Stelle des Opfers (zunächst drei: Dan 6,11; Ps 55,18) Gebetszeiten, die auch in den Synagogen eingehalten wurden (vgl. 16.1.2).[16]

Ähnlich wie im biblischen Israel und im Judentum verband sich auch für die
frühe Christenheit der Tageslauf mit bestimmten Ereignissen der Heilsgeschichte.
Der Abend erinnerte an den Kreuzestod Jesu und die Stiftung des Neuen Bundes
in seinem Blut; der Morgen vergegenwärtigte seine Auferstehung.[17] Die Nacht
– als Zeit der Bedrohung, der Gottferne, der Sünde – gewann für die Christen,
die sie gottesdienstlich durchwachten, eine besondere spirituelle Qualität: Sie
galt als Zeit der Erwartung, der Bereitschaft und des Kampfes, in der der Christ
auf den Anbruch des Morgens wartete, der ihm die Auferstehung Jesu Christi
und damit seine eigene Vollendung ankündigte. So war für die Christen, die in
diesen Vorstellungen lebten, jede Nacht ein österlicher Überschritt, eine Durchgang durch den Tod in das Leben.[18] Solche Beziehung von Tageslauf und
Heilsgeschichte fand ihren geformten Ausdruck im Tagzeitengebet (Stundengebet) der Christen (vgl. Kap. 16).

3.3.2 Zeitebene der Woche

Auch ein Blick auf den Sabbat Israels und die biblische Sieben-Tage-
Woche lässt solche Zusammenhänge erkennen:

Ursprünglich, so nimmt man an, war der Sabbat wohl ein ›Tabutag‹, an dem
alle Arbeit ruhte. Später erst wuchsen ihm weitere Bedeutungen zu: Man gedachte am Sabbat der Vollendung der Schöpfung (Ex 20,8-11) wie der Befreiung
aus Ägypten (Dtn 5,12-15) und feierte Gottes Bund mit seinem Volk (Ex 31,12-
17) in der Hoffnung auf die Ankunft des Messias, auf den Sabbat der Endzeit,
auf den »großen und schrecklichen Tag des Herrn« (Joel 3,4). Aus dem Ruhetag
wurde so im Laufe der Entwicklung ein religiöser Feiertag, dessen Begehung und
strikte Einhaltung bis heute als Kennzeichen Israels und Zeichen seiner Bundestreue gilt, ein Zeichen, das es von allen anderen Völkern unterscheidet.

Die Christen übernahmen die biblische Sieben-Tage-Woche, gestalteten sie jedoch in charakteristischer Weise um: Sie feierten den ersten Tag
der jüdischen Woche – in Durchbrechung des Sieben-Tage-Schemas
auch ›Achter Tag‹ genannt – als ihren ›Herrentag‹ (Offb 1,10; Did 14,1),
an dem sie sich zum eucharistischen Gottesdienst versammelten und das
Gedächtnis Jesu Christi – seines Kreuzesleidens und seiner Auferstehung
– begingen.

Gegenüber der jüdischen Woche gewann die christliche Woche so ein eigenes
Profil: Jüdische Fastentage waren der Montag und der Donnerstag. Schon früh
ist bezeugt, dass Christen – womöglich, um sich von solchem Brauch abzusetzen
– am Mittwoch und am Freitag fasteten. Diese Praxis erfuhr eine heilsgeschichtliche Interpretation: Der Mittwoch wurde als Tag des Verrats und der Freitag als
Tag des Todes Jesu begangen. Daneben erhielten der Samstag (Trauer der
Apostel über den Tod Jesu; Grabesruhe) und im Mittelalter der Donnerstag

(Erinnerung an die Einsetzung des Abendmahls und an das Ölbergleiden Jesu) ein eigenes Gepräge.

So wurde – ähnlich wie der Tageslauf – auch der Durchgang durch die Woche heilsgeschichtlich interpretiert und mit entsprechenden Bedeutungen ausgestattet. Der Sonntag als Tag der Auferstehung Jesu wurde zum Ziel- und Höhepunkt der wöchentlichen ›Osterfeier‹, von der manche als ein ›Kirchenjahr im Kleinen‹ sprechen.

Da der Sonntag – an dem man nicht nur des ›Passa Christi‹, sondern auch der ersten Schöpfung am Anfang der Zeiten gedachte – schon vorchristlich mit dem Lichtmotiv verbunden war, konnten entsprechende ›Bausteine‹ von der Zeitebene des Tages auf die der Woche übertragen bzw. auf beiden Ebenen analog wirksam werden. Gottesdienstliche Nachtwachen knüpften hieran an. Ihren Ursprung und Höhepunkt hatten sie in der Vigil der Osternacht, in der man gemeinsam den Anbruch des Auferstehungsmorgens erwartete.

3.3.3 Zeitebene des Jahres

Während die Zeitebene des Monats für das christliche Verhältnis zur Zeit kaum eine Rolle spielt (erst neuerdings zeichnen sich hier – etwa in der zyklischen Wiederkehr von Tauf-, Abendmahls-, Familiensonntagen usw. – bestimmte Strukturierungen ab), kommt der Zeitebene des Jahres wohl von Beginn an eine Bedeutung zu: Vermutlich parallel zur Ausbildung der wöchentlichen Feier des ›Herrentags‹ entwickelte sich – in Aufnahme und Modifizierung jüdischer Festinhalte – die frühchristliche Passafeier. »Wenn wir auch keine direkten Zeugnisse aus frühester Zeit besitzen, kann doch mit ziemlicher Sicherheit angenommen werden, daß bereits die *Apostolische Kirche* die jährliche Osterfeier kannte.«[19]

Dabei nahmen ohne Zweifel Motive des jüdischen Pesach-Festes (vgl. Ex 12,1-28) in erheblichem Umfang Einfluss auf Vorstellungen und Inhalte, die der christlichen Festfeier zugrunde liegen. Zu denken ist etwa an Ausdeutungen des Blutritus, an später damit verbundene Opfervorstellungen, an das Verständnis der Passafeier als »Wachenacht« Jahwes für Israel (und Israels für Jahwe), an das Thema der Herausführung, der Befreiung und des ›Übergangs‹, an messianische Vorstellungen, die sich mit der Pesach-Nacht verbunden hatten.

Zugleich tauchen im Zusammenhang mit dem frühchristlichen Passafest auf der Zeitebene des Jahres Motive wieder auf, wie sie uns bereits auf den Ebenen des Tages und der Woche begegnet sind: Das Lichtmotiv zum Beispiel, auch das Motiv der durchwachten, durchkämpften Nacht, vermochten sich ausgezeichnet mit dem Motiv des *transitus*, des österlichen ›Durchgangs‹ durch den Tod in das Leben, zu verbinden. So lässt sich auch hier eine Überlagerung und Durchdringung unterschiedlicher Sinnebenen beobachten, bei der allgemein-menschliche

Grunderfahrungen mit kultisch-religiösen und heilsgeschichtlichen Vorstellungen auf eine letztlich kaum zu entschlüsselnde Weise verschmelzen.

Nach allem, was wir wissen, blieb Ostern bis in das 3. Jh. hinein das einzige christliche Jahresfest. Es bildete freilich schon früh – durch die stufenweise Entwicklung einer Vorbereitungszeit und einer Nachfeier – so etwas wie einen *Zeitkreis* aus, der auch durch den Zeitpunkt des jüdischen Wochenfestes (sieben Wochen nach Pesach-Mazzot) beeinflusst wurde.

Beim weiteren Ausbau des Kirchenjahres wurden verstärkt Einflüsse aus dem hellenistischen Raum wirksam. Das gilt vor allem für jene Feste, die die ›Erscheinung‹ Jesu und seine Menschwerdung zum Thema haben (Epiphanie und Weihnachten) und um die sich später ein eigener *Zeitkreis* rankt. Es versteht sich, dass auch hierbei Motive der ersten und zweiten Sinnebene vom christlichen Festcode aufgenommen und ›vergeschichtlicht‹ wurden (so zum Beispiel das im kulturellen Kontext sehr virulente *Natale*-Motiv).

3.4 Zeitkreise

Das Kirchenjahr kann weiter als ein Gefüge von Begehungen beschrieben werden, die miteinander einen Zeitraum konstituieren, in dem sich unterschiedlich motivierte, zum Teil miteinander konkurrierende *Zeitkreise* schneiden und überlagern.

3.4.1 Die Sonntage

Einen ersten, alles übergreifenden Kreis bilden die Sonntage – die im Rhythmus der Sieben-Tage-Woche wiederkehrenden Gedächtnisfeiern des Leidens, des Todes und der Auferstehung Christi. Sie liefern dem christlichen Jahr die Grundbausteine und bestimmen seine Grundgestalt. Da sie sich weder in den solaren noch in den lunaren Zyklus fügen – sie sprengen die Grenzen der Monate und des Jahreskreises, schreiten zielgerichtet über die Wende der Jahre fort –, tragen sie ein nicht-zyklisches, lineares Moment in die christliche Zeitrechnung ein.

Motive, die sich mit der frühchristlichen Feier des ›Herrentages‹ verbanden – und die wohl vor allem um die Gegenwart des Auferstandenen bei seiner Gemeinde, um die Erwartung seiner Wiederkunft und um das Herrenmahl kreisten –, wurden bald schon um Motive erweitert, die am Sonntag als ›erstem Tag der Woche‹ und als ›Tag der Sonne‹ (genauer: des Sonnengottes *Sol*) hafteten: »Am

Sonntag aber kommen wir alle deswegen zusammen,« schreibt der Märtyrer Justin in der Mitte des 2. Jh., »weil es der erste Tag ist, an dem Gott die Finsternis und die Materie wandelte und die Welt erschuf und unser Heiland Jesus Christus am gleichen Tage von den Toten wiederauferstanden ist [...]«.[20]

3.4.2 Der Osterfestkreis

Der zweite Kreis geht von Ostern aus, dem ältesten christlichen Jahresfest. Der Osterfestkreis reicht heute von der vorösterlichen Bußzeit bis Pfingsten und darüber hinaus; nach dem evangelischen Kalender hängen auch Zahl und Datum der Trinitatissonntage bis hin zum Ewigkeitssonntag vom Osterdatum ab.

Das jüdische *Pesach* – in der Vollmondnacht des Frühlingsmonats *Nisan* begangen – wie das christliche *Passa* orientieren sich am lunaren Zyklus. Doch gliedern die Christen ihr Fest zugleich in die Kette der Sonntage ein: Gefeiert wird Ostern – endgültig seit dem Konzil von Nizäa 325 – immer am Sonntag *nach* dem ersten Vollmond im Frühling.

Bestimmte Motive, die mit dem Passafest verbunden sind (so die »Opfer-Mahl-Linie«, die »Passa-passio-Tradition«, »die im Zentrum das Gedächtnis der Kreuzerhöhung des Passalammes Jesus Christus feiert«), treten damit zurück. Das Motiv der ›Auferstehung‹ (und mit ihr die »Exodus-Transitus-Linie«, »in deren Zentrum der Übergang der Gläubigen ›von den Dingen des irdischen Lebens zu Gott [...] und zu der Stadt Gottes‹ [...] steht«), rückt in den Mittelpunkt.[21]

3.4.3 Der Weihnachtsfestkreis

Einen dritten Kreis bilden Weihnachten (25. Dezember) und Epiphanie (6. Januar) mit ihren Vorbereitungs- und Folgezeiten. Durch ihre Bindung an den solaren Kalender mit seinen festen Daten sprengen sie den Wochenrhythmus und kollidieren immer wieder mit dem Osterfestkreis (nach evangelischer Rechnung verkürzt sich bei einem frühen Ostertermin entsprechend die Zeit nach Epiphanie).

Inhaltlich werden Weihnachten und Epiphanie (wie eine Reihe ihrer Folgefeste) durch das dem hellenistischen Kulturkreis entlehnte *Natale-Motiv* geprägt: »Natale ist im 4. Jh. ein geläufiger Ausdruck für das jährliche Gedächtnis der Geburt, erfährt aber in der kaiserlichen Hofsprache eine Bedeutungserweiterung als Tag der Verherrlichung (Thronbesteigung – Apotheose). So ist wahrscheinlich der Ausdruck Natalis solis invicti zu verstehen als Fest der Wiedergeburt und Machtentfaltung der Sonne, bzw. in christlicher Übernahme Natale Christi als Tag der Geburt und Offenbarung der Machtentfaltung Christi.«[22]

Das *Natale-Motiv* korrespondiert so dem *Epiphanie-Motiv*: »Das Wort
[ἐπιφάνεια] wird in der antiken heidnischen Literatur gebraucht für jede Art von
Erscheinung, so etwa für die erlösende und rettende Erscheinung der Gottheit
oder auch eines Herrschers (z.B. bei Thronbesteigungen, Besuch einer Stadt
usw.).«[23]

3.4.4 Zeit im Jahreskreis

Um den Schwierigkeiten zu entgehen, die sich aus der Kollision von
Oster- und Weihnachtsfestkreis für die Zählung der Sonntage ergeben,
hat der neue römische Kalender den Zyklus der *Sonntage im Jahreskreis*
geschaffen, der die Sonntage nach Epiphanie und nach Pfingsten – also
diejenigen außerhalb des Weihnachts- und Osterkreises – gleichsam zu
einem eigenen, von den großen Festzeiten unabhängigen Zeitkreis
verbindet.

3.4.5 Das Jahr der Heiligen

Einem weiteren Zeitkreis vergleichbar, überlagert das ›Jahr der Heiligen‹
die anderen Kreise, dabei ebenfalls an feste Daten und an den solaren
Kalender gebunden. Kollisionen – mit der Kette der Sonntage, mit dem
Oster- und Weihnachtskreis wie ihren Folgefesten und Folgezeiten – sind
auch hier programmiert. Messbücher und Agenden sehen komplizierte
Regelungen für solche Fälle vor.

Inhaltlich verbindet sich hier das *Natalemotiv* mit dem *Passamotiv*, was sich
besonders am Märtyrergedenken aufzeigen lässt: Gefeiert wird der Todestag des
Märtyrers, der durch seine Bluttaufe Anteil am Tode Christi gewinnt (*Passa-
Motiv*), zugleich als sein *dies natalis* zum ewigen Leben.

3.4.6 Das Naturjahr

Ansätze eines sechsten Kreises lassen sich in jenen Tagen und Zeiten
erkennen, die noch in einem unmittelbaren Bezug zu den kosmisch-
vegetativen Zyklen stehen und die zum Teil auf vorchristliche Begehungen im Zusammenhang von Aussaat und Ernte zurückgeführt werden
können; so die Erntebitt- und Erntedanktage (einschließlich hier üblicher
Bittprozessionen) und die Quatembertage im römischen Kalender (die
eine gewisse Parallele an den evangelischen Buß- und Bettagen wie am
›Vierzeitenrhythmus‹ haben, in dem oberdeutsche und reformierte
Gemeinden das Abendmahl feiern). Auch das Neujahrsfest gehört in
diesen Zusammenhang.

Es darf nicht übersehen werden, dass auch die großen heilsgeschichtlichen Feste von ihrem Ursprung her an das Naturjahr gebunden sind. Solche Bindung kann darum auch je und je aktualisiert werden.

3.4.7 Gedenktage und Ideenfeste

Neben den bisher bedachten Tagen, Festen und Festzeiten müssen auch solche erwähnt werden, die auf kirchengeschichtliche Ereignisse zurückgehen (so das Reformationsfest am 31. Oktober, auf katholischer Seite das Fest der Kreuzerhöhung am 14. September und das Rosenkranzfest am 7. Oktober). Auch jene Feste, die bestimmte Themen der christlichen Lehre und Frömmigkeit feiern (Ideenfeste), lassen sich ihrer Natur nach kaum zu einem eigenen Zeitkreis zusammenfassen. Freilich sind manche dieser Feste – nach Zeitpunkt wie nach Inhalt – deutlich auf die großen Festkreise bezogen (so zum Beispiel Trinitatis, Fronleichnam und das Christkönigsfest auf den Osterfestkreis, dem sie in kalendarischer Hinsicht folgen).

3.5 Das Werden des Kirchenjahres

Die folgende Tabelle gibt einen Überblick über das geschichtliche Werden des Kirchenjahres. Dabei werden zunächst die Genese des christlichen Sonntags und des Osterfestkreises dargestellt. Der Weihnachtsfestkreis wird vom 3. Jh. an in die Darstellung einbezogen.

DER SONNTAG	DER OSTERFESTKREIS
Altorientalisch-hellenistische Welt – Israel und Judentum	
SIEBENTAGERHYTHMUS IM ZWEISTROMLAND Gliederung des Mondmonats (29 1/2 Tage) in vier Phasen von jeweils sieben Tagen (mit Überhang: Zählung beginnt mit jedem Neumond neu); Arbeitsruhe am 7., 14., 21., 28. Tag des Mondzyklus; Vollmondfest (*šapattu*).	PESACH-FEST *Pesach* (vermutlich von ›abprallen, zurück-, gegenstoßen‹), ursprünglich ein nomadisches, mit einem apotropäischen Blutritus ausgestattetes Hirtenfest anlässlich des Weidewechsels im Frühjahr (in der Vollmondnacht des Frühlingsmonats *Nisan*).
SIEBENTAGEWOCHE IN ISRAEL Eine von Mondumlauf und Mondphasen unabhängige Sieben-Tage-Woche,	MAZZOT *Pesach* verbindet sich im Kulturland mit dem Fest der ›Ungesäuerten Brote‹

die auf den Mond- und Sonnenzyklus keine Rücksicht nimmt (Ex 34,21; Ex 23,12), begegnet zuerst in Israel.

SABBAT

Eine ursprünglich selbständige Sabbat-Überlieferung (*šapattu*, Vollmondtag; vgl. oben) verbindet sich in Israel mit der Praxis der Sieben-Tage-Woche und dem arbeitsfreien ›siebenten Tag‹ (vgl. Ex 20,11).

PLANETENWOCHE

›Sieben Planeten‹ (Saturn, Sonne, Mond, Mars, Merkur, Jupiter, Venus) regieren die hellenistisch-römische Planetenwoche: Der Planet bzw. die Gottheit, die über die erste Tagesstunde herrscht, gilt zugleich als Beschützer des jeweiligen Wochentages.

(*Mazzot*, vom 15.-21. *Nisan*, als Fest der Gerstenernte): Man opfert die erste Gerstengarbe und nimmt die ersten (noch nicht gesäuerten) Brote aus dem Mehl der neuen Ernte zu sich.

PESACH-MAZZOT

Im Vorgang der Vergeschichtlichung verschmelzen *Pesach* und *Mazzot* zu einem Doppelfest und verbinden sich mit dem Gedächtnis der Befreiung aus Ägypten (Ex 13,8-10). Im Mittelpunkt steht das (häusliche) Passamahl, das nach fester Ordnung (*seder*) in der Nacht vom 14. zum 15. Nisan gefeiert wird.

WOCHENFEST

Auch das sieben Wochen nach *Pesach-Mazzot* als Dankfest für die Weizenernte gefeierte Wochenfest (*Schabuoth*) erfährt als Fest der Bundeserinnerung – im Gedenken an den Bundesschluss am Sinai – eine Vergeschichtlichung.

1. Jahrhundert nach Christus

HERRENTAG

Die Christen übernehmen die (jüdische) Siebentagewoche, feiern jedoch den ersten (bzw. achten) Tag als ihren ›Herrentag‹ (Mk 16,2; Mt 28,1; Lk 24,1.13-49; Joh 20,1.19-23.26; 1 Kor 16,2; Apg 20,7-12; Offb 1,10).

Offen ist, ob die häuslichen Mahlversammlungen zunächst am Vorabend (also am Abend des Sabbat) stattfinden und später auf den Sonntagmorgen verlegt werden, oder ob sie ursprünglich am Sonntagabend in Erinnerung an die Erscheinungen des Auferstandenen am ›ersten Tag‹ begangen werden und dann von hier aus (aufgrund eines Verbots abendlicher Versammlungen durch Trajan) zum Sonntagmorgen wandern.

CHRISTLICHE PASSAFEIER

Vermutlich feiern die ersten Gemeinden auf palästinischem Boden das Passafest nach überliefertem Brauch, aber mit christlichen Inhalten. Paulus nimmt 1 Kor 5,7 vielleicht auf eine solche christliche Passafeier Bezug (›Christus, unser Passalamm‹). Dazu stimmt die Chronologie des Johannes, nach der Jesus zu der Stunde am Kreuz stirbt, als man im Tempel die Passalämmer schlachtet.

Die synoptischen Evangelien gehen davon aus, dass Jesus das Abendmahl in der Nacht vor seinem Tod im Rahmen eines Passamahls gestiftet hat. Sie geben so vermutlich ein »Spiegelbild urchristlicher Passafeier im apostolischen Zeitalter«.[24]

2. Jahrhundert nach Christus

VERSAMMLUNGEN AM MORGEN

Die Verlegung der Eucharistiefeier auf den Sonntagmorgen (siehe oben) hat Folgen für die Gestalt der Feier, die nun nicht mehr mit einem Sättigungsmahl verbunden werden kann, sondern auf die Brot- und Becherhandlung reduziert wird. Zugleich bildet sich ein Wortteil (Lesungen, Auslegung, Fürbitten) aus, der der Eucharistiefeier vorangestellt wird.

Zeugnisse für die christliche Sonntagsfeier finden sich in der Didache (›Herrentag‹) und bei Justin (›Tag der Sonne‹: Der Sonntag gilt sowohl dem Gedächtnis der Auferstehung wie dem der Schöpfung).

MELITONS PASSA-HOMILIE

Eindeutige Zeugnisse für eine christliche Passafeier finden sich im 2. Jh. Die Passa-Homilie des Melito von Sardes (wirksam um 166-180) zeigt, wie die Christen die jüdische Passa-Überlieferung adaptiert haben: Das jüdische Passa ist ›Vorbild‹ des wahren Passa-Mysteriums, wie es sich im Geschick Jesu Christi vollendet.

STREIT UM DEN OSTERTERMIN

Im Streit um den Ostertermin treten die kleinasiatischen Bischöfe (Quartodezimaner) für den 14. *Nisan* (das jüdische Datum!) ein, während Rom Ostern am darauf folgenden Sonntag (nach dem ersten Vollmond im Frühling) feiern will (endgültige Entscheidung Nizäa 325).

3. Jahrhundert nach Christus

DER WEIHNACHTSFESTKREIS

SONNENGOTTKULT

Der aus der Verschmelzung des Mithraskultes mit anderen Kulten (so mit dem des babylonischen Sonnengottes *Schamasch*) hervorgegangene Kult des *Sol invictus* erlebt im 3. Jh. eine Blüte. Aurelian will alle Kulte des Reiches in einer monotheistischen Sonnengottreligion zusammenfassen und erklärt 274 das ›Geburtsfest des Unbesiegten Sonnengottes‹ (*Natale Solis invicti*, zu Ehren des syrischen Sonnengottes von Emesa) zum Staatsfeiertag und legt ihn auf den 25. Dezember (in die Nähe der Wintersonnenwende).

DER OSTERFESTKREIS

OSTERNACHT

Die Christen begehen ihr Passa mit einem nächtlichen Gottesdienst, der mit Lesungen aus Ex 12 und 14 und der Passionsgeschichte (so schon vermutlich bei Melito von Sardes) beginnt und am frühen Morgen mit der Feier der Eucharistie und einem Agapemahl abgeschlossen wird.

PASSAFASTEN

Bedeutsamer Bestandteil der frühchristlichen Passafeier ist das Passafasten, das vielfach mit einem Halbfasten am Montag beginnt und am Freitag und Samstag in ein Vollfasten übergeht, das erst mit der Eucharistiefeier am Ostermorgen gebrochen wird.

JUNGFRAUENGEBURT, NILKULT UND JORDANTAUFE

In Ägypten feiert man in der Nacht vom 5. zum 6. Januar die Geburt des Sonnengottes Aion aus der Jungfrau Kore. Am 6. Januar verbindet sich damit ein Nilfest: Man geht zum Fluss, um heilbringendes Wasser zu schöpfen. In Anknüpfung hieran begeht die gnostische Sekte der Basilidianer die Jordantaufe Jesu als Fest der Zeugung und Geburt des Christus, des vollkommenen Aion und des wahren Lichtes

ZEIT DER FÜNFZIG TAGE

An das christliche Passa schließt sich schon früh eine Fest- und Freudenzeit an, die am ›Fünfzigsten Tag‹ (dem Termin des jüdischen Wochenfestes) abgeschlossen wird (manchmal verbunden mit dem Gedächtnis der Himmelfahrt Christi, später auch der Geistsendung).

4. Jahrhundert nach Christus

WEIHNACHTEN

Vermutlich noch zum Ausgang des 3. Jh. setzt die römische Gemeinde dem heidnischen *Natale Solis invicti* am 25. 12. das Geburtsfest Christi, der ›wahren Sonne‹, entgegen.

Die rasche Ausbreitung des Festes (von Rom aus nach Nordafrika und Norditalien, dann nach Spanien und Gallien) hängt vermutlich sowohl mit antiarianischen Tendenzen wie mit der synkretistischen Religionspolitik Konstantins (›Tag der Sonne‹ als staatlicher Feiertag!) zusammen.

Im Osten des Reiches wird das Fest erst gegen Ende des 4. Jh. rezipiert (in Ägypten erst 5. Jh., in Jerusalem noch später; die Armenische Kirche übernimmt es überhaupt nicht).

EPIPHANIE

Noch im 3. Jh. setzt vermutlich die ägyptische Kirche der gnostischen Feier der Zeugung Jesu (siehe oben) am 6. Januar das Fest der Geburt und Erscheinung Christi (ἐπιφάνεια) entgegen, das sich zunächst im 4. Jh. im Osten, dann auch im Abendland (zuerst in Gallien und Spanien, im 5. Jh. auch Norditalien, Rom und Nordafrika) aus-

HISTORISIERUNG DER PASSAFEIER

In Jerusalem wird es Brauch, die Christusgeschichte durch Gottesdienste an den entsprechenden historischen Orten und zu den entsprechenden Zeiten nachzuvollziehen. Dadurch wird die ursprünglich als ›Einheit‹ begangene, Leiden, Sterben, Tod, Auferstehung und Erhöhung Jesu in einem umfassende christliche Passafeier historisierend auseinandergefaltet.

In einem ersten Schritt kommt es zur Ausgliederung der ›heiligen drei Tage‹, des *Triduum sacrum*: Der Freitag (der bereits am Gründonnerstagabend beginnt) gilt als Tag des Todes Jesu, Samstag und Sonntag gelten als Tage der Grabesruhe bzw. der Auferstehung.

DIE HEILIGE WOCHE

Wiederum zunächst in Jerusalem wird die gesamte Woche vor Ostern (Karwoche von althochdeutsch *kara* = Trauer) in Anlehnung an die Passionsgeschichte mit Gottesdiensten, Prozessionen usw. ausgestaltet. Sie beginnt am Sonntag vor Ostern (Palmsonntag) mit einer Prozession zur Erinnerung an den Einzug Jesu in Jerusalem.

breitet und dem hier schon heimischen Weihnachtsfest zur Seite tritt.

Weihnachten (25.12.) wie Epiphanie (6.1.) sind zunächst im Wesentlichen in ihren Festinhalten gleich; sie feiern beide die ›Erscheinung‹ und Geburt Christi in Anlehnung an die antike *Natale*-Vorstellung (als ›Machtantritt‹, weniger als Geburtstag im modernen Sinne).

Im Westen wird der 6.1. später zum Tag der ›heiligen Drei Könige‹; im Osten steht der 6.1. vor allem im Zeichen der Taufe Jesu.

FASTENZEIT VOR OSTERN

Aus dem mehrtägigen ›Passafasten‹ entwickelt sich eine vierzigtägige Vorbereitungszeit (*Quadragesima*) auf das Osterfest. Sie steht im Zeichen der öffentlichen Kirchenbuße (Beginn am Aschermittwoch; Gründonnerstag Wiederaufnahme der Büßer in die Gemeinschaft der Kirche) und der Vorbereitung der Taufbewerber auf ihre Taufe in der Osternacht.

ÖSTERLICHE FREUDENZEIT

Historisierende Tendenzen führen auch zu einer Ausgestaltung der ›Fünfzig Tage‹ nach Ostern: Der 40. Tag nach Ostern wird als Tag der Himmelfahrt Christi begangen; der 50. Tag – ursprünglich festlicher Abschluss der Osterzeit – verbindet sich mit dem Ereignis der Geistausgießung und wird als Pfingsten (von *Pentekoste*) zu einem eigenständigen Fest.

4./5. Jahrhundert nach Christus

DER WEIHNACHTSFESTKREIS	DER SONNTAG
ADVENTSZEIT	**SONNTAG ALS STAATLICHER FEIERTAG**
Vermutlich wird es im 4./5. Jh. in einigen Gegenden Brauch, vom 11.11. bis zum 6.1. (40 Fastentage, Samstage und Sonntage ausgenommen) in Vorbereitung auf die jetzt auch zu Epiphanie stattfindenden Taufen zu fasten.	Konstantin verordnet durch Gesetz vom 3. März 321 für den Öffentlichen Dienst und die Stadtbevölkerung Arbeitsruhe am ›Tag der Sonne‹.
Ende des 5. Jh. wird im Westen ein Fasten vom 11.11. bis Weihnachten gefordert. Später sind hier 6, 5 und schließlich 4 Adventssonntage bezeugt, die endzeitliche Motive und die Gestalt Johannes des Täufers thematisieren.	Ein weiteres Gesetz dehnt im Jahre 337 das Arbeitsverbot am Sonntag aus, damit jeder Gelegenheit erhalten solle, seinen kultischen Verpflichtungen nachzukommen. Der Sonntag wird staatlicher Feiertag. Synoden schärfen die Pflicht zum Gottesdienstbesuch am Sonntag ein.

3.6 Kirchenjahr im Wandel

Das Kirchenjahr in seiner elaborierten Hochform, wie sie die gottesdienstlichen Bücher dokumentieren, kommt zu uns aus einer vor-
industriellen Epoche, die die Trennung von Arbeits- und Wohnwelt, von
Produktions- und Konsumtionssphäre – und damit auch von Arbeit und
Freizeit – nicht in der uns vertrauten Weise kennt. Es hat seinen ›Sitz im
Leben‹ ursprünglich in einer sozialen Welt, die durch die Institution
des »ganzen Hauses« (in Gestalt des bäuerlichen Hauses, des städtischen Handwerker- und Handelshauses usw.) bestimmt und strukturiert
wird, das Produktion und Reproduktion noch unter einem Dach
vereint.[25]

Mit der Trennung von Wohnung und Arbeitsstätte in der industriellen
Kultur und der Herauslösung anderer Funktionen aus dem »ganzen Haus«
verliert die religiös-liturgische Durchdringung der Zeitebenen von Tag
und Woche ihre soziale Grundlage. Davon sind auch die Ebenen des
Monats und des Jahres betroffen. Wer heute am kirchlichen Leben
partizipiert, tut dies in der Regel auf anderer Grundlage als der Bewohner
des »ganzen Hauses«, der noch von Glockengeläut zu Glockengeläut, von
Morgen- zu Abendgebet, von Sonntag zu Sonntag lebte.

Das weltliche oder bürgerliche Jahr, das heute mehr und mehr Bewusstsein und Verhalten der Menschen auch in den ursprünglich christlichen Ländern bestimmt, ist kein in sich geschlossenes Zeitsystem, das
konkurrierend neben das Kirchenjahr tritt, um es schließlich abzulösen.
Es wächst vielmehr im Schoße des christlichen Jahres selber heran und
verwandelt es sozusagen von innen heraus.

Eines der wichtigsten Merkmale des weltlichen Jahres ist der wö-
chentliche Feierabend und Kurzurlaub, das freie Wochenende: Es knüpft
an die Siebentagewoche und die Kette der Sonntage an und zerstört sie
zugleich. Der Sonntag ist nicht mehr Höhepunkt, sondern Ausklang des
wöchentlichen Feierabends.

Ein weiteres Merkmal des weltlichen Jahres ist die sozioökonomische
Institution des Urlaubs – sei es als Jahresurlaub im Sommer oder in
Gestalt von Kurzurlauben, die mit anderen Fixpunkten des Jahres in
Beziehung stehen. Diese Urlaubszeiten sind die eigentlichen ›Festzeiten‹
des weltlichen Jahres.

Auch das weltliche Jahr kennt eine Art Heiligenkalender. Da sind die
Gedenktage historischer Persönlichkeiten (Dichter, Denker, Künstler,
Politiker, Erfinder); weiter die staatlichen Feiertage, durchaus unter-

schiedlich in ihrem Rang und ihrer Popularität; da sind jene Tage, an denen ganze Gruppen von Heiligen kollektiv gefeiert (Muttertag) oder betrauert werden (Volkstrauertag); schließlich die Tage, die bestimmte Berufsstände, Bevölkerungsgruppen, Szenen, Minderheiten (z.B. Christo-pher-Street-Day) für sich reklamieren.

Den christlichen Ideenfesten vergleichbar, kennt das weltliche Jahr auch Tage und Begehungen ausgesprochen programmatischen Charakters (Woche der Brüderlichkeit, des ausländischen Mitbürgers u.a.). Manchmal steht dabei ein Tag gegen einen anderen, kämpfen mit dem Frauentag am 8.3. und dem Muttertag im Mai zwei Frauen- und Gesell-schaftsbilder gegeneinander.

Wie Brauchtum, das ursprünglich durchaus auf das Kirchenjahr bezogen ist, sich in eigenen Festkreisen verselbständigen kann, zeigt das Beispiel von Fasching bzw. Karneval. Jeder weiß inzwischen, dass am 11.11. (Martini – eine wichtige Schaltstelle im Kirchenjahr!) die Saison beginnt und im Triduum von Rosenmontag, Fastnachtsdienstag und Aschermittwoch ihren Höhepunkt und ihr Ende erreicht (wobei der damit gegebene Beginn der österlichen Bußzeit immer weniger im öffentlichen Bewusstsein präsent ist).

Bei alledem spielen die Medien eine kaum zu überschätzende, das rituelle Verhalten (zu dem das Festverhalten gehört) steuernde und stabilisierende Rolle. Sie liefern gleichsam die kultischen Kalender, Messformulare und Agenden, die das weltliche Jahr strukturieren und dem Einzelnen wie der Gesellschaft bestimmte Abläufe und Begehungen vorschreiben. Hinzu kommt, dass sie vor allem auf den Zeitebenen des Tages und der Woche durch ihre Programmvorgaben die Lebensführung von Individuen, Familien, Gruppen, ganzen Bevölkerungen sinngebend strukturieren und so eine Funktion wahrnehmen, wie sie früher der spirituell-liturgischen Durchdringung des Lebens zukam.

Besondere Aufmerksamkeit verdienen die strukturellen Wandlungen und Bedeutungsverschiebungen, denen die überlieferten Feste und Festzeiten des Kirchenjahres unterworfen sind. Hervorragendes Beispiel hierfür ist Weihnachten: Da ist zum einen die Überdehnung der Weih-nachtszeit in eine immer weiter nach vorn verlängerte, für den Handels-umsatz unentbehrliche Adventszeit und in eine Nachfeier hinein, die für das Freizeitverhalten immer wichtiger wird. In einem tief greifenden Bedeutungswandel werden dabei zugleich überlieferte christliche Inhalte transformiert und ihrer biblischen bzw. heilsgeschichtlichen Bezüge zumindest partiell entkleidet bzw. um gesellschaftlich bedeutsame Sinnzuweisungen ergänzt und erweitert.

Was sich gegenwärtig im Nebeneinander, Gegeneinander und Ineinander von Kirchenjahr und weltlichem Jahr ereignet, hat einen gewissen Anhalt an Vorgängen in der alten Kirche, die schließlich zum Ausbau des christlichen Festjahrs führten: Der antike Kalender mit seinen Festen wurde nicht einfach negiert oder verworfen, sondern in wesentlichen Punkten aufgenommen, allerdings auf der Bedeutungsebene – durchaus unter Verwendung vorgegebener semantischer Bezüge – umcodiert, mit neuen Inhalten gefüllt. Diese Aufgabe wird freilich heute dadurch erschwert, dass solche Umcodierungsvorgänge vorwiegend in umgekehrter Richtung ablaufen und damit bei Kirchen und Christen ein defensives Bewusstsein erzeugen, das einem neuerlichen Zugriff auf den Kalender im Wege steht. Dennoch ist es bedenkenswert, wenn vorgeschlagen wird, die symbolischen Vollzüge und kalendarischen Konventionen, in denen die Zeitgenossen leben, neu von Christus her zu »prädizieren«.[26]

Dazu ist es freilich unumgänglich, den alternativen Charakter christlicher Festfeier – bezogen auf die säkulare, erlebnisorientierte, weitgehend kommerzialisierte Festkultur (post-)moderner Gesellschaften – stärker herauszuarbeiten und zur Darstellung zu bringen. Alternativen gewinnen dann Attraktivität, wenn sie überraschende Wege in eine andere Zukunft und damit unerwartete Lebensmöglichkeiten zu eröffnen vermögen. Das Potential, das die christliche Festfeier in solcher Hinsicht bietet, wird gegenwärtig bei weitem nicht ausgeschöpft. Können doch die christlichen Feste begriffen werden »als festliche Ouvertüren einer neuen und zu wahrer Menschlichkeit befreiten Welt, nämlich derjenigen Welt, die Gott selbst als unsere Zukunft bereithält und die wir in den Festen bereits jetzt vorweg-kosten dürfen.«[27] Der »Aufweis ihrer wegweisenden und revolutionären Bedeutung für den Alltag«[28] könnte wie nichts anderes dem vielfach beklagten »Gesichtsverlust der christlichen Feste«[29] begegnen.

3.7 Überblick über das Kirchenjahr

Die nachstehende Übersicht folgt der evangelisch-lutherischen Ordnung, nimmt aber ›ökumenische Heilige‹[30] sowie römisch-katholische Feiertage zum Teil mit auf. Heiligentage, die auch nach dem *Evangelischen Gottesdienstbuch*[31] begangen werden, sind hervorgehoben.

DIE SONNTAGE	DAS JAHR DES HERRN	DAS JAHR DER HEILIGEN
1. bis 4. Sonntag im Advent	**DER WEIHNACHTS-FESTKREIS** IM ADVENT Liturg. Farbe: violett	4.12. Barbara 6.12. Nikolaus 7.12. Ambrosius 8.12. Mariä Erwählung 13.12. Luzia **21.12. Tag des Apostels Thomas**
1. Sonntag nach dem Christfest [katholisch: Heilige Familie] 2. Sonntag nach dem Christfest	CHRISTFEST, JAHRES-WENDE, EPIPHANIAS: WEIHNACHTEN Liturg. Farbe: weiß Tag der Geburt des Herrn: – 1. Weihnachtstag (25.12.) – 2. Weihnachtstag (26.12.) Altjahrsabend (31.12.) Neujahrstag (auch: Tag der Beschneidung und Namenge-bung Jesu; 1.1.) Fest der Erscheinung des Herrn: Epiphanias (6.1.)	**26.12. Tag des Erz-märtyrers Stephanus** **27.12. Tag des Apostels und Evangelisten Johannes** **28.12. Tag der Unschuldigen Kinder** 29.12. Thomas Becket 31.12. Silvester 1.1. Hochfest der Gottesmutter Maria 2.1. Basilius d. Gr.; Gregor von Nazianz
1. bis 5. Sonntag nach Epiphanias [katholisch: Sonn-tage im Jahreskreis; Sonntag nach dem 6.1.: Taufe Jesu] Letzter (6.) Sonntag nach Epiphanias: Verklärung Jesu	NACH EPIPHANIAS Liturg. Farbe: grün Tag der Darstellung des Herrn: Lichtmess (2.2.) Liturg. Farbe: weiß Verklärung Jesu Liturg. Farbe: weiß FOLGEFESTE (Liturg. Farbe weiß): Darstellung des Herrn (2.2.), Verkündigung des Herrn (25.3.), Johannes der Täufer (24.6.), Mariä Heimsu-chung (2.7)	**25.1. Tag der Bekehrung des Apostels Paulus** 26.1. Timotheus und Titus 28.1. Thomas von Aquin 3.2. Blasius; Ansgar 11.2. Unsere Liebe Frau in Lourdes 14.2. Valentin; Kyrill und Methodius

	DER OSTERFESTKREIS	
3. und 2. Sonntag vor der Passionszeit: Septuagesimae, Sexagesimae; Sonntag vor der Passionszeit: Estomihi	VOR DER PASSIONSZEIT Liturg. Farbe: grün [katholisch: Sonntage im Jahreskreis]	22.2. Petri Stuhlfeier 23.2. Polykarp **24.2. Tag des Apostels Matthias**
1. bis 5. Sonntag der Passionszeit: Invokavit, Reminiszere, Okuli, Lätare, Judika 6. Sonntag der Passionszeit: Palmsonntag	PASSIONSZEIT Liturg. Farbe: violett Aschermittwoch Tag der Ankündigung der Geburt des Herrn (25.3.) Liturg. Farbe: weiß KARWOCHE Liturg. Farbe: violett Gründonnerstag (weiß) Karfreitag (schwarz/violett) Karsamstag (Karsonnabend)	7.3. Perpetua und Felizitas 17.3. Patrick 19.3. Josef
Tag der Auferstehung des Herrn: Ostersonntag 1. bis 6. Sonntag nach Ostern: Quasimodogeniti, Miserikordias Domini, Jubilate, Kantate, Rogate, Exaudi Tag der Ausgießung des Heiligen Geistes: Pfingstsonntag	OSTERFEST UND ÖSTERLICHE FREUDENZEIT Liturg. Farbe: weiß Ostersonntag Ostermontag Christi Himmelfahrt (am Donnerstag nach Rogate) PFINGSTFEST Liturg. Farbe: rot Pfingstsonntag Pfingstmontag	21.4. Anselm **25.4. Tag des Evangelisten Markus** 29.4. Katharina von Siena 1.5. Josef der Arbeiter 2.5. Athanasius **3.5. Tag der Apostel Philippus und Jakobus des Jüngeren** 25.5. Beda Venerabilis 26.5. Philipp Neri

Tag der Heiligen Dreifaltigkeit: Trinitatis	Trinitatis Liturg. Farbe: weiß	1.6. Justin 5.6. Bonifatius
	NACH TRINITATIS Liturg. Farbe: grün	
1. bis 24. Sonntag nach Trinitatis	Tag der Geburt Johannes des Täufers (24.6.) Liturg. Farbe: weiß	11.6. Barnabas 13.6. Antonius v. Padua 28.6. Irenäus
[katholisch: Sonntage im Jahreskreis]	Gedenktag der Augsburgischen Konfession (25.6) Liturg. Farbe: rot	**29.6. Tag der Apostel Petrus und Paulus** 11.7. Benedikt v. Nursia 16.7. Unsere Liebe Frau auf dem Berge Karmel
[Da der Ostertermin wechselt – frühestens am 22.3, spätestens am 25.4. –, ergibt sich eine unterschiedliche Zahl von Sonntagen nach Trinitatis: Liegt Ostern nach dem 9.4., entfallen der 22., 23. und 24. Sonntag nach Trinitatis]	Tag der Heimsuchung Mariä (2.7.) Liturg. Farbe: weiß [katholisch: Fronleichnam (Donnerstag der 2. Woche nach Pfingsten), Herz-Jesu-Fest (Freitag der 3. Woche nach Pfingsten); Herz Mariä (Samstag nach dem Herz-Jesu-Fest)]	**20.7. Tag des Apostels Jakobus des Älteren** 22.7. Maria Magdalena 26.7. Joachim und Anna 10.8. Laurentius 11.8. Klara 15.8. Mariä Himmelfahrt 20.8. Bernhard von Clairvaux 22.8. Mariä Königin **24.8. Tag des Apostels Bartholomäus** 27.8. Monika 28.8. Augustinus 29.8. Enthauptung Johannes des Täufers 8.9. Mariä Geburt 13.9. Johannes Chrysostomus 14.9. Kreuzerhöhung 15.9. Schmerzen Mariä **21.9. Tag des Apostels und Evangelisten Matthäus** 23.9. Empfängnis Johannes des Täufers 30.9. Hieronymus
[Die Texte des 24. Sonntags nach Trinitatis können auch am Drittletzten Sonntag des Kirchenjahres genommen werden]	Tag des Erzengels Michael und aller Engel (29.9.) Liturg. Farbe: weiß Erntedanktag (Sonntag nach Michaelis oder 1. Sonntag im Oktober)	2.10. Schutzengelfest 4.10. Franz von Assisi 7.10. Unsere Liebe Frau vom Rosenkranz

	Gedenktag der Reformation (31.10.) Liturg. Farbe: rot	17.10. Ignatius **18.10. Tag des Evangelisten Lukas** 19.10. Elisabeth
	ENDE DES KIRCHENJAHRES Liturg. Farbe: grün	
Drittletzter Sonntag des Kirchenjahres	Gedenktag der Heiligen (1.11.). Liturg. Farbe: rot	**28.10. Tag der Apostel Simon und Judas**
Vorletzter Sonntag des Kirchenjahres	Volkstrauertag Buß- und Bettag (Mittwoch nach dem Vorletzten Sonntag). Liturg. Farbe: violett	1.11. Allerheiligen 2.11. Allerseelen 11.11. Martin von Tours
Letzter Sonntag des Kirchenjahres: Ewigkeitssonntag	[katholisch: Christkönigssonntag]	21.11. Unsere Liebe Frau von Jerusalem 23.11. Klemens **30.11. Tag des Apostels Andreas**

Anmerkungen

[1] Victor von Weizsäcker, Gestalt und Zeit, Halle ²1960, 119.

[2] Klaus-Peter Jörns/Karl-Heinrich Bieritz, Art. Kirchenjahr, in: TRE 18 (1989) 575-599, hier 576.

[3] Hansjörg Auf der Maur, Feiern im Rhythmus der Zeit. I. Herrenfeste in Woche und Jahr (GDK 5), Regensburg 1983, 20.

[4] Jörns/Bieritz, Kirchenjahr (Kap. 3 Anm. 2), 577.

[5] Eco, Semiotik (Kap. 2 Anm. 12), 108.

[6] Natürlich hat auch diese Ebene eine – diesmal semantische – ›Struktur‹.

[7] Vgl. Jan Assmann, Das kulturelle Gedächtnis. Schrift, Erinnerung und politische Identität in frühen Hochkulturen, München ²1997; ders., Der zweidimensionale Mensch. Das Fest als Medium des kollektiven Gedächtnisses, in: Ders./Theo Sundermeier (Hg.), Das Fest und das Heilige. Religiöse Kontrapunkte zur Alltagswelt, Gütersloh 1991, 13-30; Aleida Assmann, Erinnerungsräume. Formen und Wandlungen des kulturellen Gedächtnisses, München 1999.

[8] Jörns/Bieritz, Kirchenjahr (Kap. 3 Anm. 2), 578 f.

[9] Auf der Maur, Feiern (Kap. 3 Anm. 3), 21.

[10] Richard Schaeffler, Der Kultus als Weltauslegung, in: Balthasar Fischer u.a., Kult (Kap. 1 Anm. 12), 9-62.

[11] Kurt Hübner, Die Wahrheit des Mythos, München 1985, 135.

[12] István Hahn, Sonnentage – Mondjahre. Über Kalendersysteme und Zeitrechnung (akzent 83), Leipzig, Jena, Berlin 1989, 11.

[13] Vgl. Philipp Harnoncourt, Der Kalender, in Ders./Hansjörg Auf der Maur, Feiern im Rhythmus der Zeit. II/1 (GDK 6,1), Regensburg 1994, 9-63, hier 16.

[14] Gerhard Rau, Rehabilitation des Festtagskirchgängers, in: Manfred Seitz/Lutz Mohaupt (Hg.), Gottesdienst und öffentliche Meinung. Kommentare und Untersuchungen zur Gottesdienstumfrage der VELKD, Stuttgart 1977, 83-99, hier 90-97.

[15] Berger, Handlexikon (Kap. 1 Anm. 19), 360, 495.

[16] Ebd. 486.

[17] Ebd. 495.

[18] Ebd. 360 f.

[19] Auf der Maur, Feiern (Kap. 3 Anm. 3), 65.

[20] Apol. 1,67,7.

[21] Jörns/Bieritz, Kirchenjahr (Kap. 3 Anm. 2), 582.

[22] Auf der Maur, Feiern (Kap. 3 Anm. 3), 168.

[23] Ebd. 157.

[24] Herbert Haag, Vom alten zum neuen Pascha. Geschichte und Theologie des Osterfestes (SBS 49), Stuttgart 1971, 129; Auf der Maur, Feiern (Kap. 3 Anm. 3), 66.

[25] Karl-Heinrich Bieritz/Christoph Kähler, Art. Haus III, in: TRE 14 (1985) 478-492.

[26] Jörns/Bieritz, Kirchenjahr (Kap. 3 Anm. 2), 591.

[27] Kurt Koch, Grundpfeiler des Glaubens. Vom Sinn der christlichen Feste (Herbü 1768), Freiburg i. Br. 1992, 9.

[28] Arno Schilson, Fest und Feier in anthropologischer und theologischer Sicht, in: LJ 44 (1994) 3-32, hier 28.

[29] Koch, Grundpfeiler (Kap. 3 Anm. 27), 14.

[30] Karl-Heinrich Bieritz, Das Kirchenjahr. Feste, Gedenk- und Feiertage in Geschichte und Gegenwart (bsr 447), München ⁶2001, 251 f.

[31] Evangelisches Gottesdienstbuch. Agende für die Evangelische Kirche der Union und für die Vereinigte Evangelisch-Lutherische Kirche Deutschlands. Hg. von der Kirchenleitung der Vereinigten Evangelisch-Lutherischen Kirche Deutschlands und im Auftrag des Rates von der Kirchenkanzlei der Evangelischen Kirche der Union [Taschenausgabe], Berlin, Bielefeld, Hannover 2000.

4. Räume

4.1 Zugänge

4.1.1 Fest-Räume

Wie die *Zeit*, so ist auch der *Raum* als ›Anschauungsform‹ allem Leben – und damit aller Wahrnehmung und allem Handeln – vorgegeben und eingestiftet (vgl. 3.1.1). Das heißt: Auch ein Gottesdienst, der Anbetung Gottes »im Geist und in der Wahrheit« (Joh 4,24) sein will, greift *Raum*. Er schafft sich – wenn es sein muss, im aktuellen Zugriff – den definierten, umgrenzten und ausgegrenzten *Ort*, an dem Menschen sich zu gottesdienstlichem Tun versammeln können: »Um Gottesdienst feiern zu können, begeben sich Menschen zu bestimmten Zeiten an einen bestimmten Ort.«[1]

Johan Huizinga verweist auf die Entsprechungen, wie sie zwischen *Kult* und *Spiel* – und damit auch zwischen *Kult-Raum* und *Spiel-Raum* – bestehen: »Jedes Spiel bewegt sich innerhalb seines Spielraums, seines Spielplatzes, der materiell oder nur ideell, absichtlich oder wie selbstverständlich im voraus abgesteckt worden ist. Wie der Form nach kein Unterschied zwischen einem Spiel und einer geweihten Handlung besteht, d.h. wie die heilige Handlung sich in denselben Formen wie ein Spiel bewegt, so ist auch der geweihte Platz formell nicht von einem Spielplatz zu unterscheiden. Die Arena, der Spieltisch, der Zauberkreis, der Tempel, die Bühne, die Filmleinwand, der Gerichtshof, sie sind allesamt der Form und der Funktion nach Spielplätze, d.h. geweihter Boden, abgesondertes, umzäuntes, geheiligtes Gebiet, in dem besondere Regeln gelten. Sie sind zeitweilige Welten innerhalb der gewöhnlichen Welt, die zur Ausführung einer in sich abgeschlossenen Handlung dienen.«[2]

Das bedeutet: So wie gottesdienstliches Handeln den Lauf der *Zeit* unterbricht, Alltags-Zeit transzendiert und sich seine eigene Zeit schafft, begründet es auch den ihm eigenen *Raum*, den ausgegrenzten Fest-Bezirk, in dem es buchstäblich ›Raum greifen‹ kann. Umgekehrt gilt: So wie einmal ausgegrenzte, kalendarisch codifizierte *Fest-Punkte* und *Fest-Zeiten* dazu einladen und auffordern, sie festlich zu begehen, enthalten auch *Fest-Räume* die permanente Aufforderung zu solch gemessener, bedeutsamer ›Begehung‹. Religiöses Wissen wird – wie kulturelles Wissen überhaupt – nicht nur im ›Buch der Zeit‹ aufgezeichnet. Es wird auch im Raum festgeschrieben.

Dieser *Ort*, an dem Gottesdienst Raum greift, ist keine Leerstelle in der Landschaft. Er besitzt – als Hügel, als Quelle, als Fels, als Höhle, als Lichtung im Wald – bereits eine Gestalt, bevor Menschen Besitz von ihm ergreifen, ihn markieren, umfrieden, umbauen, als Fest-Raum ausgrenzen und auszeichnen. Diese vorgefundene Gestalt ist mit Erlebniswerten verbunden – man spricht von der »Ausstrahlung eines Ortes«,[3] die ihn als Raum erleben lässt –, die in die Deutung eingehen, die wir schließlich mit dem von uns in Gebrauch genommenen, umbauten, überbauten ›heiligen Ort‹ verbinden.

Weiter gilt: Dieser *Ort* wird nur so als *Raum* erfahren und begriffen, indem wir ihn begehen, uns ihm nähern, uns von ihm entfernen, von anderen Orten zu ihm wechseln, ihn dabei gleichsam ›lesen‹ wie ein Buch. Wie alle Erfahrung ist auch die Erfahrung des Raumes ein Geschehen in der Zeit. Die ›Anschauungsform‹ des Raumes wird so zu einem wichtigen Medium gottesdienstlicher Kommunikation und der – verbalen wie nichtverbalen – ›Sprachen‹, in denen sie sich vollzieht.

Auf die Erfahrungen, die wir beim *Begehen* eines Raumes machen, bezieht sich der *hodologische Code*. Mit Bedeutungen, die aus *Nähe und Distanz* im Raum erwachsen, hat es der *proxemische Code* zu tun. Der *architektonische Code* ist im Spiel, sobald wir Räume markieren, eingrenzen, umbauen, bebauen, gestalten und einrichten. Gottesdienstliche Räume können in diesem Sinne als »gewachsene Texte« begriffen werden, die zum einen »profilierte Spuren von gottesdienstlichen Situationen« tradieren, zum anderen aber auch gegenwärtige und künftige Situationen strukturieren: »Sie geben denen, die da feiern wollen, Raum oder aber verhindern es.«[4] So lässt sich sagen: »Der Gottesdienst gestaltet den Raum und umgekehrt der Raum den Gottesdienst. Gottesdienstliches Geschehen ist raumabhängig und raumproduktiv zugleich.«[5]

Ähnlich wie bei der Wahrnehmung der Zeit lassen sich auch im Umgang mit dem Raum mehrere *Sinnebenen* unterscheiden. Sie reichen von der als ›Natur‹ vorgefundenen und begriffenen Landschaft über ihre kulturelle Überformung und ›Bebauung‹ (das ursprünglich meint ›Kultur‹!) bis hin zu ihrer religiös-kultischen Überschreitung im ›heiligen Ort‹. Wo Menschen damit befasst sind, sich Raum zu schaffen, indem sie ihn in Besitz nehmen und bebauen, sind sie zugleich dabei, auf all diesen Ebenen ›Texte‹ zu formulieren. Bauwerke reden immer auch von dem Sinn, den Menschen ihrem Leben in dieser Welt zuschreiben und abgewinnen:

»Das Bauen ist eine menschliche Grundtätigkeit. Durch sein Bauen gestaltet der Mensch die Naturwelt zur Kulturwelt um, macht sie zu einer bewohnbaren, zu einer menschlichen Welt, die seinen Stempel trägt. Dabei ist von den niedrigsten Kulturstufen bis zu den höchsten zu beobachten, daß der Mensch im Bauen sein Weltverständnis, seine Wirklichkeitserfahrung, seine Einstellung zu sozialen Strukturen, seine Einschätzung und Auffassung kultureller Werte, seine besondere Weltanschauung und schließlich seinen Glauben zum Ausdruck bringt.«[6]

4.1.2 Heilige Orte

Nimmt man die Bedeutungshierarchien ernst, die sich aus der Überlagerung der oben genannten *Sinnebenen* ergeben, ist die Wahl des gottesdienstlichen Ortes keineswegs beliebig. Erlebniswerte und Sinnzuschreibungen, die sich mit bestimmten topographischen Gegebenheiten verbinden, gehen allemal in den ›Text‹ eines Heiligtums, einer Kirche, eines Gottesdienstraums mit ein: »Naturheiligtümer und heilige Bezirke entstanden seit alters an Orten, an denen der Mensch das Geheimnis, die Gewalt und die Fülle des Divinum in Naturphänomenen besonders zu erfahren glaubte: auf hohen Bergen, in Hainen, an sprudelnden Quellen etc.«[7]

Seneca, der aufgeklärte Philosoph, deutet dies – noch bevor sich das von ihm geschilderte Erleben in gotischen Kathedralen ›vertextete‹ – auf eine sehr moderne Weise:[8] »Wenn Du einem Haine nahest, der durch zahlreiche alte und ungewöhnlich hohe Bäume ausgezeichnet ist und in dem der Schatten der einander bedeckenden Zweige den Eindruck des Himmelsdaches hervorruft: die schlanke Höhe der Bäume, das geheimnisvolle Dunkel des Ortes, die Bewunderung des so augenscheinlich dichten und durch nichts unterbrochenen Schattens, ruft in Dir den Glauben an eine Gottheit wach. Und wo eine tiefe Grotte sich unter überhängenden Felsen in den Berg hineinzieht, nicht von Menschen gemacht, sondern durch Naturkräfte so weit ausgehöhlt, wird Deine Seele von der Ahnung des Göttlichen durchbebt werden.«[9]

Auch hier kehren Strukturen wieder, die uns schon im Zusammenhang kultischer Zeitwahrnehmung und -organisation begegnet sind: Bemühen sich heortologische Codes um »Synchronie zwischen menschlicher und göttlicher Praxis« – die kultische Zeit muss der Ur- bzw. Heils-Zeit entsprechen, die Geburt des Lichtes aus der Finsternis kann nicht am hellen Mittag begangen werden, das Gedächtnis der Auferstehung nicht am Abend vor dem Schlafengehen –, so lässt sich bei der Codierung heiliger Räume das Bemühen um »Syntopie zwischen Göttlichem und Menschlichem« beobachten.[10] Das heißt: Es besteht eine Entsprechung zwischen dem jeweiligen kultischen Ort und jenen Orten, an denen die Gottheit sich zeigt. Heiligtümer von Himmelsgottheiten wird man darum vorzugweise auf Bergen errichten – dort, wo man dem

Himmel am nächsten ist. Aber: Wird der Tod, das Begräbnis und die Auferstehung einer Gottheit begangen, verlangt die »Syntopie« nach einem anderen kultischen Ort – zum Beispiel nach der ›heiligen Höhle‹, die als Todes-Grab wie als Lebens-Schoß zugleich erfahren werden kann.

Solche Räume werden häufig begriffen und beschrieben als »Brücke zwischen Himmel und Erde«, als »kosmische Mitte«, als »Nabel« der Welt. Für ihre Legitimation sind ätiologische Legenden (Berichte von Hiero- oder Theophanien) wichtig. Häufig werden sie von religiös in besonderer Weise qualifizierten Menschen ›aufgefunden‹. An solchen Orten lässt sich so etwas wie eine religiös-kultische Erbfolge beobachten: Religionen, die einander geschichtlich ablösen, errichten vielfach ihre Kultorte an den gleichen Stellen, die auch schon ihren Vorgängerinnen als heilige Orte galten. So sind auch zahlreiche Kirchen an der Stelle vorchristlicher Heiligtümer errichtet worden.

Tempel und Tempelbezirke (τό τέμενος = der einer Gottheit geweihte Bezirk) waren in der Antike primär Wohnorte der Gottheit, nicht Versammlungsräume (obwohl sie natürlich auch – meist außerhalb des eigentlichen Heiligtums – der Kultgemeinde ihren Raum zuwiesen). Der Zutritt zum Heiligtum war häufig nur der Priesterschaft gestattet. Die ›Exterritorialität‹ des heiligen Ortes zeigte sich auch im Asylrecht, mit dem er ausgestattet war.[11]

Wo heilige Orte umbaut, überbaut, erbaut werden, greifen bestimmte architektonische Codes, die ebenfalls dem Gesetz der »Syntopie« folgen. In der Regel liegt das Heiligtum »im Zentrum der Gemeinschaft«, und zwar »an einer hervorgehobenen Stelle«. Werden Heiligtümer nicht eigens auf einem Berg errichtet – über die vorgenannte Himmels-Nähe hinaus steht der Berg auch für »Unzugänglichkeit, Unveränderlichkeit, Unzerstörbarkeit« –, gibt man ihnen doch baulich die Gestalt eines Berges (wie beim ›babylonischen Turm‹) oder hebt sie wenigstens durch gewaltige Türme hervor. Im Inneren gilt die »Regel der räumlichen Dreiteilung«: Sie gliedern sich häufig in einen Eingangs- bzw. Schwellenbereich, einen Aufenthalts- bzw. Versammlungsraum für die Zugangsberechtigten und ein ›Allerheiligstes‹, für das noch einmal besondere Zugangsschranken gelten.[12]

Dass sich in all dem anthropologische Grunddaten widerspiegeln, die nicht ohne Schaden ignoriert werden können, versucht Manfred Josuttis zu verdeutlichen: »Die Begegnung zwischen Göttlichem und Menschlichem ist auf die Begrenzung durch einen umfriedeten Raum angewiesen, weil das Göttliche immer auch abgründig und unheimlich ist. Wenn dieser Raum freilich sachgemäß gestaltet und ausgestattet ist, dann ist er mit einer Atmosphäre erfüllt, die unabhängig von liturgischen Handlungen und psychologischen Stimmungen bestimmte Erlebnisqualitäten auslöst. Menschen fühlen sich in einem solchen Raum von der Übermacht des Göttlichen angerührt, betroffen, ergriffen.«[13]

4.2 Geschichte und Gestalt

Christlicher Kirchenbau setzt freilich keineswegs die religiösen Vorstellungen und Praktiken, wie sie das antike Verhältnis zu heiligen Räumen bestimmen, in ungebrochener Kontinuität fort. Das Erscheinen des Christentums auf der weltgeschichtlichen Bühne bewirkt auch hier einen tiefreichenden Bruch. Nach allem, was wir wissen, kennt die frühe Christenheit keine heiligen Räume im oben beschriebenen Sinn, und sie unternimmt zunächst auch keine Versuche, solche Räume zu errichten und auszugrenzen (vgl. zum Folgenden auch 9.2, 9.4, 10.1, 10.2).

Das hat nicht nur äußere Gründe – dergestalt, dass den frühen Gemeinden die Errichtung eigener Kultgebäude gar nicht möglich war. Es hat auch einen theologischen, genauer: einen christologischen Grund.[14] Der eigentliche »Tempel des Neuen Bundes« ist Jesus Christus selbst. Er ist der ›Ort‹, an dem Gott sich zeigt. In ihm – nicht in einem »umfriedeten Raum«! – »wohnt die ganze Fülle der Gottheit leibhaftig« (Kol 2,9). Sofern Christen »in Christus« (2 Kor 5,17) ihr Wesen haben (und Christus in ihnen, Gal 2,20), haben sie an solcher Erscheinung Gottes Teil. Es überrascht darum nicht, dass auch von ihnen als »Tempel Gottes« (1 Kor 3,16 f; vgl. auch 1 Kor 6,19; 2 Kor 6,16) die Rede sein kann. Erbaut auf dem Grund der Apostel und Propheten, mit Christus als Eckstein, wächst so die ganze Gemeinde »zu einem heiligen Tempel im Herrn« (Eph 2,21). Man darf diese Umcodierung kultischer Vorstellungen nicht unterschätzen: Bedeutungen, die ursprünglich am Raum, am Ort, am Bau hafteten, werden hier auf die »im Namen Jesu versammelte Gemeinde«[15] übertragen.

4.2.1 Hauskirchen

Haus (οἶκος) meint im antiken – und so auch im neutestamentlichen – Sprachgebrauch keineswegs nur die Behausung als solche, sondern umgreift die sozialen Beziehungen, die sich damit verbinden bzw. von hier ihren Ausgang nehmen, bezeichnet also ein grundlegendes Sozialgebilde (vergleichbar etwa unserem Begriff der *Familie*). Das ist mit zu bedenken, wenn im Neuen Testament von der *Hauskirche* (ἡ κατ' οἶκον ἐκκλησία, Röm 16,5) die Rede ist oder davon, dass die Christen ›hausweise‹ zum Brotbrechen sich versammeln (κλῶντές τε κατ' οἶκον ἄρτον, Apg 2,46).

In diesem Sinne mögen *Häuser* schon der Jesusbewegung selbst als Stütz-punkte gedient haben. Das gilt dann erst recht für die paulinische Mission: ›Fahrende Gesellen‹ ohne festen Wohnsitz, ohne ›häusliche‹ Bindungen und ohne Besitz waren in ihrem Wirken darauf angewiesen, dass ihnen ortsansässige Bekehrte ihre *Häuser* zur Verfügung stellten. Der geschützte Raum eines *Hauses* bot die nötige Stabilität und Kontinuität des Ortes, den räumlichen und wohl auch sozialen Schutz, in dem allein die Integration der sehr heterogenen ersten Gemeinden sich vollziehen konnte. Die gegenseitige Unterstützung wie die Aufnahme und Beherbergung von Ortsfremden war hier am problemlosesten möglich. Von den ›Hausvätern‹ waren am ehesten Dienstleistungen für die Mission zu erwarten.[16]

Die Nutzung von *Häusern* für Gemeindezwecke war auch insofern eine Notwendigkeit, als die Benutzung, der Erwerb oder gar der Bau ›öffentlicher‹ Versammlungsräume zunächst außerhalb aller Möglich-keiten lag. So spricht alles dafür, dass sich in der Frühzeit die Christen in Privathäusern versammelten, die wohlhabenderen Gemeindegliedern gehörten. Sie mussten über ausreichend große Räume (zum Beispiel einen Speisesaal für die eucharistische Versammlung) verfügen. Man lag (oder saß hockend) im geschlossenen Kreis um eine flache Tischplatte (oder Matte), auf der die Speisen standen. War die Zahl der Mahl-teilnehmer größer als 10-12, teilte man sich in mehrere Tischgruppen auf.

Solche Mahlversammlungen – bei denen selbstverständlich auch die ›Wortverkündigung‹ in vielfältiger Gestalt ihren Platz hatte – fanden zunächst am Abend statt. Apg 20,7-12 wird von einer eucharistischen Versammlung im »Obergemach« eines Hauses in Troas berichtet, die sich bis Mitternacht hinzog. Als sich im 2. Jh. die Brot- und Bechereucharistie aus dem Zusammenhang der abendlichen Mahlfeier löste, auf den frühen Sonntagmorgen verlegt wurde und sich mit einem entfalteten ›Wortteil‹ verband (vgl. 10.1), entstand der bis heute bestimmende »Grundplan« gottesdienstlicher Versammlungsräume in der Christenheit:

»Während des Wortgottesdienstes saß der Lehrende auf einem Stuhl der Gemeinde gegenüber; ein Tischaltar für die Mahlgaben von Brot und Wein stand während der Eucharistie zwischen dem Vorsteher und den im Halb- oder Dreiviertelkreis stehenden Gläubigen [...] Es bildete sich [...] ein Gegenüber von (vielleicht schon etwas erhöht sitzenden) Lehrenden oder Vorlesenden und am Boden sitzenden Zuhörern, wie es antike Lehrveranstaltungen gemeinhin vorsahen. Die Eucharistie hingegen feierte man wohl schon früh stehend um einen herbeigetragenen einfachen Tisch. Die darin grundgelegte Strukturierung der Gruppe in Gemeindeleiter und Mitfeiernde und das Aufstellen von Lehrsessel und Tisch führten wie selbstverständlich zum Grundkonzept eines der

Situation angemessenen, aber noch wenig differenzierten gottesdienstlichen
Raumes.«[17]

Die wachsende Zahl der Christen verlangte nach neuen Lösungen.
Man darf annehmen, dass die Gemeinden gegen Ende des 2. Jh. in
größerem Umfang dazu übergingen, eigene Grundstücke und Häuser zu
erwerben. Diese *Gemeindehäuser* (*domus ecclesiae*) dienten zwar weiterhin Wohnzwecken; vermutlich fanden hier der Gemeindevorsteher und
einige seiner Mitarbeiter Unterkunft. Sie wurden aber – nach dem Vorbild jüdischer Haussynagogen – mit geeigneten Versammlungs- und
Funktionsräumen ausgestattet. Neben einem großen Saal für die Versammlungen enthielten sie wohl eigene Räume für die Taufe und für die
Unterweisung der Taufbewerber, für die Armenpflege, für die Aufbewahrung von Brot und Wein sowie anderer Nahrungsmittel. Seit dem 3.
Jh. gibt es Berichte über die Beschlagnahme und Zerstörung solcher
›Gemeindezentren‹, aber auch über ihre Rückgabe nach dem Ende der
Verfolgung.

Bei der Ausgestaltung der Versammlungsräume orientierte man sich ebenfalls
am Vorbild der Synagoge, »wo der Synagogenvorsteher auf dem Mosesstuhl (Mt
23,2) gegenüber der Gemeinde saß, umgeben von einem Vorstandsgremium.«[18]
Die Gemeinde nahm an den drei anderen Raumseiten Platz, gruppierte sich also
im Dreiviertelkreis um den Vorstehersitz. Ein hervorragendes Beispiel hierfür ist
die Hauskirche von *Dura Europos* am mittleren Euphrat, die vermutlich um
232/33 zu einem solchen ›Gemeindezentrum‹ umgebaut worden ist. Sie enthält
einen größeren rechteckigen Versammlungsraum, der durch die Entfernung einer
Zwischenwand gewonnen wurde. Auf einer niedrigen Erhöhung an der Ostwand
stand der Lehrsessel des Vorstehers, in der Mitte des Raumes der Tisch für die
Eucharistie; die Anordnung macht wahrscheinlich, dass die Versammelten sich
bei den Gebeten nach Osten wandten. Ein kleinerer Raum mit zahlreichen Fres-
ken und eingebauter Ritualwanne diente als Baptisterium. Andere Räume wurden
vermutlich als Sakristei, zur Ablage der eucharistischen Gaben und zur Unterweisung der Katechumenen genutzt.

Aus dem Beginn des 4. Jh. stammt die Hauskirche von Qirgbíza in Syrien.
Hier ist in der Mitte des Versammlungsraumes das Podest (*Bema*) für den
Abendmahlstisch noch deutlich zu erkennen.

4.2.2 Die christliche Basilika

Kirchenbauten – Neubauten gottesdienstlicher Versammlungsräume –
gab es schon vor der konstantinischen Wende. Doch setzte erst mit der
Regierungszeit Konstantins (306-337) und dem Toleranzreskript von
Mailand 313 eine größere kirchliche Bautätigkeit ein. Es entstanden nun

»zahlreiche aufwendige Kirchenbauten mit Öffentlichkeitscharakter«;[19] trat der christliche Gottesdienst jetzt doch – nach dem Ende des überkommenen römischen Staatskultes – in die Funktion des *cultus publicus* ein, dessen Vollzug für die *salus publica*, das öffentliche Wohl, unabdingbar war. Kirchenbauten mussten fortan dieser öffentlichen Bedeutung des Gottesdienstes Rechnung tragen. Dabei setzte sich im Westen weitgehend die *Basilika* als Bautyp durch.

Als Gebäudetyp ist die *Basilika* (die Ableitung von ἡ βασιλική στοά = ›königliche Halle‹ ist umstritten; der Begriff ist wohl schlicht als ›Prachtbau‹ zu übersetzen) profanen Ursprungs. Sie konnte für unterschiedliche Zwecke – als Markt-, Versammlungs-, Gerichts-, Wandel-, Reit-, Exerzierhalle usw. – Verwendung finden. Von vorbildlicher Bedeutung für den Kirchenbau wurden insbesondere die kaiserlichen bzw. konsularen *Thronbasiliken* (zum Beispiel auf dem Palatin in Rom, in der Villa des Hadrian in Tivoli, in Trier) und die daran orientierten *Hausbasiliken,* die sich Hochgestellte errichten ließen: »In ihnen herrschte das Prinzip eines eindeutigen Richtungsbaus auf langrechteckigem Grundriß, mit Eingang und Apsis einander gegenüber an den Schmalseiten.«[20]

Die christlichen Basiliken weisen in der Regel folgenden Grundriss auf: (1) Der Hauptraum wird durch ein langes, rechteckiges, gegenüber den anderen Räumen sehr viel höheres Mittelschiff gebildet. (2) An dieses Mittelschiff kann sich eine wechselnde Zahl von niedrigeren Seitenschiffen anschließen, die vom Mittelschiff durch Säulenfluchten getrennt sind. So entstehen drei- oder fünfschiffige, manchmal sogar siebenschiffige Versammlungsräume. (3) Der Eingang liegt meist an der westlichen Schmalseite. Ihm können Vorbauten (ein *Sacrarium* oder ein *Narthex* als Vorhalle bzw. Quergang) vorgelagert sein. (4) Den Eingang erreicht man häufig über ein *Atrium* mit einem Brunnen (*Kantharus*) in der Mitte. (5) Dem Eingang gegenüber – an der östlichen Schmalseite – erhebt sich das *Presbyterium*. Es ist meist in eine halbrunde *Apsis* »hineinkomponiert [...], die nach außen über den Rechteckgrundriß hinausragt«. Seltener hat es die Gestalt eines kleinen, überstehenden Rechtecks oder ist – als Halbkreissegment – in den Raum selber integriert.[21] (6) Im Scheitelpunkt der *Apsis* befindet sich die *Kathedra* (griechisch κάθηδρα), der erhöhte Sitz für den Bischof, umgeben von der ebenfalls erhöhten, halbrunden Sitzbank für die Presbyter. (7) In der Mitte des *Presbyteriums* steht, von allen Seiten sichtbar und zugänglich, der Abendmahlstisch, der *Altar* (der in Nordafrika, vielleicht auch in Rom, ursprünglich seinen Ort im Mittelschiff bzw. unmittelbar vor der Apsis hatte). (8) Durch niedrige Schranken (*Cancelli*) ist das *Presbyterium* vom

Mittelschiff getrennt. (9) In die *Cancelli* ist der *Ambo*, ein erhöhter Platz
für den Vorleser bzw. Vorsänger, eingebaut. (10) Zwischen Mittelschiff
und *Presbyterium* schiebt sich in den christlichen *Basiliken* (abweichend
vom profanen Vorbild) häufig ein Quertrakt. Vermutlich steht seine
Entstehung in einem Zusammenhang mit der Gabenprozession, bei der
die eucharistischen Gaben von den Gläubigen herbeigebracht und auf
Oblationstischen niedergelegt wurden, die im Querschiff ihren Platz
hatten.

In Syrien (Patriarchat von Antiochien) blieb offenbar eine ältere, durch die
Synagoge bestimmte basilikale Raumstruktur erhalten: In der Raummitte (im
Mittelschiff) erhob sich ein Podest (βῆμα) als Ort für die Leitung des Gottesdienstes und den Wortgottesdienst. Der Abendmahlstisch stand getrennt hiervon in
der Apsis.

Während der Kirchenbau im Abendland die *Basilika* als Bautyp eindeutig bevorzugte, entstanden im Osten vielfach *Zentralbauten*, die vom
achsialen Grundriss der Basiliken abwichen. Ursprünglich wurden sie
wohl »über besonders verehrten Heiligtümern« (Märtyrergräbern; Gra-
beskirche in Jerusalem) errichtet.[22] Im Westen begegnet dieser Bautyp
vor allem bei *Martyrien* (über Märtyrergräbern bzw. Reliquiaren) und
Baptisterien (Taufkirchen).

Neben anderen Zentralbauten – im Grundriss einem Kreis, Quadrat,
Sechs- oder Achteck folgend – fand im Osten vor allem die Kreuzkuppelkirche mit ihrem »Grundriß eines gleicharmigen Kreuzes« weite
Verbreitung: »Einem – oben meist überkuppelten – Grundrißquadrat wurden an den vier Seiten vier weitere gleich große Quadrate angefügt, von
denen das östliche den Altarraum aufnahm, der seit dem Frühmittelalter
durch eine Ikonostase verschrankt wurde; die Orte der Verkündigung und
der Kommunionspendung wurden ins mittlere Kuppelquadrat vorverlegt,
so dass sich die Gläubigen in den drei restlichen Kreuzarmen und im ver-
bleibenden Rest des Mittelraumes konzentrisch auf den Altarvorraum und
auf den Ambo hin orientieren konnten.«[23] Manchmal wird die Vermutung
geäußert, die Kreuzkuppelkirche sei durch die beidseitige Verlängerung
des Querhauses zu einem eigentlichen Querschiff (und durch entsprechende Verkürzung des Längshauses) entstanden.[24]

Schon früh begegnen Versuche, den basilikalen und den zentralen Typ
in einem elliptischen Grundriss miteinander zu verbinden (hervorragendes Beispiel: die *Hagia Sophia* in Konstantinopel als »›gelängter‹
Zentralbau«).[25]

4.2.3 Handlungen im Raum

Dieser architektonische Aufriss der altchristlichen Basilika spiegelt einerseits den Ablauf des Gottesdienstes wider, legt ihn aber zugleich fest. Als besonders folgenreich erwies sich die strukturelle Anlehnung an die vorchristlichen *Thron- bzw. Palastbasiliken,* durch die dem Bischof und seinem Presbyterium ein hervorragender Platz im Angesicht der Gemeinde gesichert und damit das hierarchische Gegenüber von Klerus und Gemeinde auch architektonisch festgeschrieben wurde: »Das strenge Gegenüber von Vorsteher und Volk und die mehr oder weniger starre Staffelung der Mitfeiernden in Reihen hintereinander behinderten ein lebendiges Miteinander und drängten die Gemeinde nach und nach in die Rolle der nur Zuschauenden.«[26]

Bestimmte Eigentümlichkeiten der römischen Liturgie – so die drei Prozessionen zum Einzug, zur Gabendarbringung und zur Kommunion sowie die Gesänge, die sie begleiten und überlagern – hängen ohne Zweifel mit dem basilikalen Baustil zusammen: Die achsiale Ausrichtung des Raumes hatte zur Folge, dass die Beteiligten zum Teil recht beträchtliche Wege zurückzulegen hatten, um ihren liturgischen Funktionen nachzukommen. Doch wäre es falsch, darin lediglich eine Reaktion auf praktische Erfordernisse zu sehen, wie sie die neuen Versammlungsräume mit sich brachten.[27] Es lässt sich vielmehr daran ausgezeichnet beobachten, wie die unterschiedlichen Codes zusammenspielen: Die hierarchisch codierte Gliederung in Vorsteher und Gemeinde, Klerus und Volk findet ihren Ausdruck nicht nur im architektonischen Code, der den Beteiligten unterschiedliche Handlungsorte zuweist, sondern auch im hodologischen Code, der im Einzug des Bischofs und seiner Assistenz zu Beginn des Gottesdienstes (wenn sich alle anderen schon versammelt haben) diese Differenz auf seine Weise zur Darstellung bringt. Zugleich trägt der hodologische Code (unterstützt vom proxemischen Code: Ist der Bischof eingezogen, ›grüßt‹ er die versammelten Gläubigen) dafür Sorge, dass das Geschehen noch nicht – wie später im hohen Mittelalter – in zwei gänzlich getrennte Handlungsebenen auseinander fällt: In der Gaben- wie in der Kommunionprozession (wie in der Begrüßung) vollzieht sich der Austausch zwischen den Beteiligten auf eine gleichsam körpersprachliche, an das Medium des ›Weges‹ gebundene Weise.

Im *Ordo Romanus I* findet sich die Schilderung einer römischen Bischofsmesse um das Jahr 700,[28] in der auf anschauliche Weise deutlich wird, wie architektonisches Gefüge und liturgisches Geschehen ineinander greifen. Im Mit- und Nacherleben dieses Gottesdienstes beginnt der Raum zu ›sprechen‹ (vgl. dazu auch Kap. 12).

Bevor der Gottesdienst mit dem Einzug des Bischofs beginnt, nehmen alle ihre Plätze ein. Die Sitzordnung ist genau geregelt: In der Apsisrundung neben der

Kathedra sitzen die Presbyter. Der Sängerchor, die *Schola cantorum* – sie besteht ausschließlich aus Männern bzw. Knaben –, steht in einem umschrankten Geviert zwischen dem Altar und den im Schiff versammelten Gläubigen. Im Mittelschiff selber stehen (bzw. sitzen auf dem Boden) die Gläubigen, nach Osten ›orientiert‹, streng nach Geschlechtern getrennt, vorne, in Altarnähe, die Aristokratie, dann die Männer, ganz hinten die Büßer: Nicht nur der hierarchische Code im engeren Sinne, auch andere gesamtgesellschaftlich bedeutsame soziale Codes werden hier liturgisch wirksam.

Dann zieht der Bischof ein: an der Spitze der Subdiakon mit dem Weihrauchfass, dann sieben Akoluthen, die Leuchter mit brennenden Kerzen tragen, dann die Diakone und Subdiakone, schließlich der Bischof selbst, von seinen Begleitern rituell gestützt. Währenddessen singt die Sängerschola den Introituspsalm.

Ist der Zug vor dem Altar angekommen, gehen vier Leuchterträger nach rechts, drei nach links. Der Bischof verneigt sich vor dem Altar, grüßt die hier versammelten Kleriker mit dem Friedensgruß und gibt dem Chor ein Zeichen, den Gesang des Psalms mit dem *Gloria Patri* zu beenden. Währenddessen kniet er an der Apsisseite am Altar nieder, küsst das Evangelienbuch und den Altar und geht schließlich zu seiner Kathedra im Scheitelpunkt der Apsis.

Während der Chor jetzt das *Kyrie eleison* singt – die Zahl der Anrufungen ist noch nicht festgelegt –, steht der Bischof vor seinem Thron, nach Osten blickend, wendet also sowohl der Gemeinde wie dem Altar den Rücken zu. Genügt ihm die Zahl der Kyrierufe, gibt er wie schon zuvor dem Chor ein entsprechendes Zeichen. Er wendet sich nun der Gemeinde zu, blickt also nach Westen, und stimmt das *Gloria in excelsis Deo* an. Während dieser Hymnus gesungen wird, blickt er wieder, vor seinem Stuhl stehend, nach Osten. Ist der Gesang beendet, dreht er sich um und begrüßt die Gemeinde mit dem Segenswunsch *Pax vobis*. Wiederum nach Osten blickend, der Gemeinde wie dem Altar den Rücken bietend, lädt er zum Gebet ein (*Oremus*) und spricht die *Collecta*, das Kollektengebet.

Jetzt endlich nimmt der Bischof auf seinem Stuhl Platz; auch alle anderen Anwesenden lassen sich nieder. Ein Subdiakon, auf dem Ambo stehend, trägt die Epistellesung vor. Ihn löst ein Vorsänger ab, der das *Responsum* (das *Graduale*) vorträgt. Es folgt – zeremoniell umrahmt – die Lesung des Evangeliums durch den hierfür bestimmten Diakon.

Zunächst fällt bei all dem die Konsequenz auf, mit der hier die Regel, sich beim Gebet gen Osten zu wenden, eingehalten wird. Sie regiert nicht nur den architektonischen Code – der Kirchenraum als solcher ist selbstverständlich geostet –, sondern bestimmt in hohem Maße auch das körpersprachliche (kinetische, proxemische, hodologische) Verhalten im Gottesdienst selbst. Bischof, Klerus und Volk ›orientieren‹ sich nicht am Altar – er spielt für die Gebetsrichtung noch keine Rolle, wie er überhaupt während des Wortgottesdienstes weitgehend funktionslos bleibt und erst im Zusammenhang der Gabenbereitung in Anspruch genommen wird. So kommt es zu der für uns seltsamen Konstellation, dass der Bischof während der Eröffnungsgesänge und -gebete, nach Osten gewandt, stehend auf seinen (leeren) Stuhl schauen muss, sowohl der Gemeinde wie dem Altar den Rücken kehrend.

Die Ostung beim Gebet ist in den christlichen Gemeinden seit dem 2. Jh., spätestens seit dem 3. Jh. üblich. Vermutlich setzten sich Christen damit von dem jüdischen Brauch ab, sich beim Gebet nach Jerusalem zu wenden. Verbunden war mit solcher ›Orientierung‹ die Erwartung, Christus würde von Osten her wiederkommen (Mt 24,27; Offb 7,2).[29]

Auffällig ist auch, in welchem Umfang Elemente des höfischen Zeremoniells Eingang in den geschilderten bischöflichen Gottesdienst gefunden haben. Zu solchen »Ehrenrechten weltlicher Herkunft«[30] gehören u.a. Weihrauch, Leuchter, rituelle Stützung, Fußkuss und die Begrüßung durch einen Sängerchor. Johannes Wagner spricht im Blick hierauf von einer »Form der Meßfeier, die bereits eine Art Staatsakt geworden war«.[31] Zieht man in Betracht, dass der christliche Gottesdienst nach der konstantinischen Wende in die Funktion des *cultus publicus* eintritt, ist eine solche Transformation zum »Staatsakt« nur konsequent. Sie hat natürlich Folgen für die Beteiligung der Gemeinde, die dem Geschehen zwar noch ›beiwohnt‹, es aber immer weniger mitträgt und mitgestaltet. Das wird unter anderem daran deutlich, dass die Gemeinde sich kaum noch an den liturgischen Gesängen beteiligt. Sie fallen jetzt fast ausschließlich in die Kompetenz des Sängerchores. Auch die Kommunionhäufigkeit geht zurück.

Man hat darauf hingewiesen, dass die Basilika »als Abbreviatur der antiken Stadt zu betrachten ist, die ihrerseits Abbild des Kosmos sein will.«[32] Der Wechsel von der Hauskirche in die Basilika wäre dann zugleich als Überschritt vom οἶκος – als sozialer Einheit – in die πόλις und damit in gewisser Weise als ›Veröffentlichung‹ des christlichen Gottesdienstes (im Sinne des *cultus publicus*) zu begreifen. Er verliert damit notwendig seinen gegengesellschaftlichen Charakter und wird auch zum Abbild der sozialen Strukturen, wie sie das antike Stadt- und Staatswesen bestimmen. Werden Kirchenraum und Liturgie zugleich als »Abbild des himmlischen Jerusalem« und des in ihm gefeierten Gottesdienstes verstanden,[33] impliziert dies die kosmisch-theologische Überhöhung politischer Strukturen.

4.2.4 Wandlungen der Frömmigkeit

Die Gestaltung des gottesdienstlichen Raumes hängt eng mit dem jeweiligen Gottesdienstverständnis und der Gottesdienstpraxis zusammen, in der es Gestalt gewinnt. Das Gottesdienstverständnis wiederum reflektiert die gesellschaftlich-kulturelle Rolle, die Christentum und Kirche im geschichtlichen Zusammenhang wahrnehmen. Das heißt zugleich, dass Umschichtungen in der gesellschaftlich-kulturellen Kommunikation auch liturgisch und im Kirchenraum codiert werden. Von den Tendenzen, die mit dem Ausgang des christlichen Altertums hier wirksam werden, seien im Folgenden einige summarisch aufgeführt (vgl. dazu auch Kap. 12).

(1) Die genannten Entwicklungen – hin zum »Staatsakt«, dem die Gläubigen bestenfalls noch akklamierend beiwohnen – wurden durch antiarianische Tendenzen verstärkt, die die Göttlichkeit Jesu auch liturgisch akzentuierten. Es lag im Gefälle der kosmisch-theologischen Deutung und Überhöhung der πόλις und ihrer Strukturen, nun auch die Eucharistiefeier nach dem Vorbild des »Hofzeremoniells des Königsempfangs« umzuformen, wobei die Liturgie der Kaiserstadt Byzanz eine Leitfunktion übernahm. In dem Maße freilich, wie die Ehrfurcht des Volkes vor dem in den eucharistischen Gaben gegenwärtigen Christus zunahm, schwand seine Bereitschaft zur Kommunion: »Die Gläubigen schauen ehrfurchtsvoll zu, wie sich die geheimnisvolle Handlung vollzieht, treten aber nicht mehr zum Empfang des Herrenleibes heran; dies bleibt schließlich nur noch für den Vorsteher der Feier, für den Priester, zur Integrität der Feier vorgeschrieben.«[34]

Die Entwicklung führte im Mittelalter (12./13. Jh.) schließlich zum Kelchverzicht des Volkes, zum Verlust der Brotgestalt (seit dem 12. Jh.) und zur Enthaltung von der Kommunion überhaupt, so dass das 4. Laterankonzil 1215 den Kommunionempfang wenigstens einmal jährlich – zu Ostern – verbindlich vorschreiben musste (vgl. hier und zum Folgenden 12.4, 12.5, 12.6).

(2) Im westlichen Christentum, in dem sich die römische Liturgie mit der Vorliebe der germanischen Völkerschaften »für das Konkrete, Schaubare, Greifbare und Zählbare«[35] konfrontiert sah, verbanden sich die genannten Tendenzen mit einer sehr grundsätzlichen Umschaltung in der eucharistischen Frömmigkeit überhaupt: Die eucharistischen Gaben von Brot und Wein wurden nicht mehr als etwas begriffen, das primär dazu da war, genossen zu werden, sondern sie galten vornehmlich als Objekte der Anschauung und der Verehrung.

Höhepunkt der Eucharistiefeier war jetzt nicht mehr die Kommunion, sondern die Wandlung der Gaben und ihre Erhebung (*Elevation*), die die ›Augenkommunion‹ ermöglichte: »Die Volksfrömmigkeit setzt sich durch in der ausgeprägten Schausucht des Mittelalters, dem die Eucharistie mehr zur ›sichtbaren‹ Gegenwart des Herrenleibes wird als zur heiligen Feier mit und um den Herrn.«[36] Konsekrierte Hostien wurden in *Monstranzen* ausgestellt, zur Verehrung dargeboten, bei Prozessionen mitgeführt, in *Tabernakeln* aufbewahrt. Damit gewannen auch Kirchenbau und Kirchenraum eine neue Funktion: Sie galten als ›Wohnung‹ des im eucharistischen Brot bleibend gegenwärtigen Herrn.

(3) Ausdruck einer neuen, stärker individualistisch-subjektiv geprägten Frömmigkeit war auch das Aufkommen der *Privatmessen* in fränkischer Zeit – Eucharistiefeiern, die vom Priester allein, ohne Beteiligung einer Gemeinde, gehalten wurden. Diese solitäre Form der Feier hatte Folgen für den Ritus und seinen räumlichen Vollzug: Sämtliche Texte – einschließlich der Lesungen und Gesänge – wurden dabei vom Priester ohne Beteiligung von Gemeinde oder Chor am Altar rezitiert. Prozessionen entfielen bzw. wurden nur noch durch Seitenwechsel am Altar angedeutet. Vorstehersitz, Ambo usw. wurden überflüssig. Der Altar wurde nicht mehr umschritten; er konnte schließlich Raum sparend an die Rückwand der Apsis bzw. des Chorraums gerückt werden.

Man vermutet, dass beim Aufkommen der Privatmessen die Entwicklung der Heiligenverehrung im fränkischen Raum – wiederum geleitet von der germanischen »Vorliebe für das Konkrete, Schaubare, Greifbare und Zählbare« – eine Rolle gespielt hat: In den größeren Klöstern wollte man die wachsende Zahl der Heiligen und ihrer ›Heiltümer‹, über die man verfügte, mit jeweils eigenen Altären ehren, an denen dann auch täglich eine eigene Messe gefeiert werden sollte. Dazu kam das Bestreben, die stadtrömische Liturgie mit ihren zahlreichen Stationsgottesdiensten im begrenzten Rahmen der fränkischen ›Klosterstädte‹ nachzuahmen: Im »Messsystem der frühmittelalterlichen Klosterliturgie« übernahmen die zahlreichen Altäre und die an ihnen zelebrierten Gottesdienste die Aufgabe, die stadtrömischen Kirchen und Heiligtümer zu repräsentieren.[37]

Vieles spricht freilich dafür, dass sich die Verbreitung der Privatmessen auch der spezifischen Messopferfrömmigkeit verdankt, wie sie sich im Abendland entwickelt:

Besitzt ein Priester – nach späterem Verständnis – die ihm in seiner Weihe verliehene Vollmacht, Brot und Wein in Leib und Blut Christi zu ›wandeln‹ und Gott als Opfer »für Lebende und Tote« (Tridentinum) darzubringen, und verspricht sich darum das Volk von der gehäuften Feier der Messe allerhand heilsame Wirkungen, so liegt es nahe, dass der Priester sich gehalten sieht, die ihm verliehene Vollmacht so oft wie möglich auszuüben und das Messopfer darzubringen: »Im Westen kommt es zu einer Häufung der Messen in fränkischer

Zeit, in der die Messe mehr als die spezifische Leistung des Priesters gesehen wird, weniger als die Versammlung der Gemeinde. Viele Priester zelebrieren jetzt mehrmals am Tag, meist in Form der Privatmesse.«[38]

4.2.5 Wandlungen im Raum

Die geschilderten Wandlungen der Frömmigkeit – letztlich Anzeichen, Bedingungen und Folgen einer grundlegenden kulturellen Umschichtung – haben Konsequenzen für den gottesdienstlichen Raum und seine Ausstattung.

(1) Der Altar

Wurde früher das Wort als *alta ara* (hoch gelegene Opferstätte) gedeutet,[39] bevorzugt man heute Ableitungen von *adolere* (verbrennen) bzw. von *arere* (trocken, verbrannt sein; hiervon auch die lateinische Bezeichnung *ara*); gemeint ist also ursprünglich eine »Feuerstätte zur Verbrennung der Opfer«.[40] Der hebräische Begriff *mizbeach* (מזבח, griechisch θυσιαστήριον) meint wörtlich die ›Schlachtstätte‹. Den (Abendmahls-)Tisch, der im christlichen Gottesdienst Verwendung fand, nannte man in der alten Kirche – wohl in Anlehnung an 1 Kor 10,21: τράπεζα κυρίου) – mit Vorliebe τράπεζα, wobei unterscheidende Adjektive (ἁγία, ἱερά, μυστική, θεία) hinzugefügt werden konnten. Im Lateinischen entspricht dem die Bezeichnung *mensa dominica*.

Für den eucharistischen Gottesdienst benötigten die Christen in der Frühzeit einen Tisch, der erst vor dem Gottesdienst bzw. zu Beginn seines eucharistischen Teils aufgestellt wurde. Noch gegen Ende des 4. Jh. scheint es in Rom üblich gewesen zu sein, den Tisch jeweils herein- und hinauszutragen, eine Aufgabe, die den Diakonen zukam. Freilich erfolgte – jedenfalls dort, wo man über entsprechende Versammlungsräume verfügte – die Aufstellung des Tisches an einem festen, in der Regel durch eine Erhöhung hervorgehobenen Ort im Gottesdienstraum (in den Basiliken meist am Vorderrand der Apsis, in Nordafrika wohl ursprünglich mitten im Gläubigenschiff).

Als man zur Errichtung ortsfester Altäre überging, wurden diese vielfach aus Stein gefertigt (4./5. Jh.), wobei die Tischform – eine steinerne Tischplatte, die auf Säulen oder anderen Stützen ruhte – zunächst erhalten blieb, seit dem 7./8. Jh. jedoch mehr und mehr durch die Block- und Kubusform ersetzt wurde. Dabei spielte die symbolische Deutung des Altars auf Christus, den ›Felsen‹ (1 Kor 10,4) und ›Eckstein‹ (1 Petr 2,6-8; vgl. auch Eph 2,20; 1 Petr 2,4) eine gewisse Rolle.

Die im 2./3. Jh. einsetzende Märtyrerverehrung nahm ebenfalls Einfluss auf die Gestaltung der Altäre: Zunächst wurde es üblich, in Verbindung mit dem traditionellen Totenmahl über dem Grab des Märtyrers bzw. in seiner Nähe die Eucharistie zu feiern. Nach der konstantinischen Wende begann man in größerem Umfang damit, über den Märtyrergräbern Gedächtniskirchen (*Martyrien*) und Altäre zu errichten. Vielfach verband dabei ein Schacht den Altar mit dem Grab des Märtyrers. Da ein solches Grab nicht überall zur Verfügung stand, ging man andernorts dazu über, Teilreliquien unter der Sockel- bzw. Altarplatte beizusetzen, ein Brauch, der schließlich zur Vorschrift führte, dass jeder Altar eine eigene – in die Altarplatte eingemauerte – Reliquie enthalten müsse. In der Renaissance führte das dazu, dass man Altären die Gestalt eines Sarkophages gab.

Noch vor der Errichtung steinerner, unbeweglicher Altäre wurde der Altarplatz vielfach durch Schranken (*Cancelli*) aus dem übrigen Kirchenraum ausgegrenzt, die auch den Sängerplatz vor dem Altar und die Sitze des Bischofs und der Presbyter dahinter umschließen konnten. Diese *Cancelli* (›Chorschranken‹) bestanden in der alten Kirche aus Holz bzw. aus aufrecht stehenden Steinplatten und Säulen, zwischen denen Vorhänge befestigt oder Bilder aufgestellt werden konnten. Daraus entwickelte sich im Osten die *Ikonostase*, die Bilderwand, im Westen der *Lettner* bzw. später – im Barock – die *Kommunionbank*.

Das *Kiborium* – ursprünglich Bezeichnung des Fruchtgehäuses einer ägyptischen Pflanze – ist ein baldachinartiger, repräsentativer Überbau über dem Altar (auch über dem Taufbecken, dem Lesepult und dem Brunnen im *Atrium*), wie er in der Antike bei Thronen, Statuen und Sarkophagen üblich war.

Die unter 4.2.4 geschilderten Wandlungen liturgischer Frömmigkeit und Praxis – dazu gehörte auch das Gewicht, das man zunehmend der Ostung beim Gebet beimaß – hatten zur Folge, dass der Standort des Altars immer weiter an die Wand der Apsis verlagert wurde. Der Zelebrant stand bei der Eucharistiefeier jetzt nicht mehr *hinter* dem Altar, mit dem Gesicht zum Volk, sondern agierte *vor* dem Altar, den Rücken der Gemeinde zugewandt. Kathedra und Presbytersitze wurden ebenfalls in den Raum *vor* dem Altar verlegt.

Im Zuge dieser Entwicklung veränderten sich Gestalt und Aussehen der Altäre im Abendland auf sehr einschneidende Weise. Man konnte jetzt, da der Altar nicht mehr frei im Raum stand, auf seiner Wandseite Reliquienbehälter bzw. Reliquienschreine platzieren oder auch Heiligenfiguren, die Reliquien enthielten. Seit der Jahrtausendwende verbreitete sich die Sitte, die Altäre mit rückwärtigen Aufbauten zu versehen, an denen Bilder oder Reliefs (*Retabeln*, von *retro-tabulum*) angebracht wurden. So entstanden die künstlerisch reich ausge-

stalteten *Retabel-* und *Flügelaltäre* der Gotik und die bühnenartigen Altarge-
staltungen des Barock.

(2) Der Chorraum

Die Bezeichnung bezieht sich ursprünglich auf den im Presbyterium
versammelten Klerikerchor, der hier das Stundengebet vollzog und in der
Messe – zunächst zusammen mit der Gemeinde, nach deren Verstummen
allein – die Gesänge des Messordinariums (*Kyrie, Gloria, Credo,
Sanctus, Agnus Dei*) sang (während die Ausführung der Propriumsgesänge der *Schola cantorum* oblag).

Die wachsende Zahl der zum Stundengebet (vgl. Kap. 16) verpflichteten
Kleriker in Klöstern und Kollegiatstiften führte dazu, dass die Apsis verlängert,
mit entsprechendem *Chorgestühl* versehen und zu einem eigenen *Chorraum* –
zwischen Altar und Gläubigenschiff – ausgebaut wurde.

Im 12. Jh. kam der *Lettner* (von *lectorium* = Vorleseort) auf, »ein büh-
nenähnlicher Aufbau zwischen Chorraum und Hauptschiff, von dem aus
die Lesungen und Predigten vorgetragen wurden.«[41] Auf ihm fand auch
die *Schola cantorum* ihren Platz, so dass er nicht nur als Lese-, sondern
auch als Sängerbühne fungierte. Als mit dem Aufkommen des mehrstimmigen Kirchengesangs Chöre aus ausgebildeten Laiensängern
entstanden, hatten diese ihren Ort zunächst ebenfalls auf dem *Lettner*.

Der *Lettner* trennte zugleich die Klerikerkirche (›Herrenkirche‹) von der
Gemeindekirche (›Leutkirche‹). Vor dem *Lettner* wurde ein eigener Laienaltar
(›Kreuzaltar‹, überragt vom Kruzifix und einer Marien- und Johannesfigur)
errichtet, an dem die Messen für das Volk gefeiert wurden; ›Störungen‹ des
Chordienstes durch den Gemeindegottesdienst wurden so vermieden. In der
Barockzeit wurden die *Lettner* vielfach niedergerissen und stattdessen niedrige
Kommunionschranken und *-bänke* errichtet, in manchen Kirchen freilich auch
hohe schmiedeeiserne Gitter. Für die Kirchenchöre schuf man Sängerbühnen
über dem Eingang des Kirchengebäudes, meist in Verbindung mit der Orgel
(Orgelemporen).

(3) Die Kanzel

Ursprünglicher Ort der bischöflichen Predigt war die *Kathedra*, von der
aus der Vorsteher sitzend zu den Versammelten sprach. Wollte er sich in
den größeren Kirchenräumen der nachkonstantinischen Basiliken
verständlich machen, musste er – wie uns von Johannes Chrysostomus,
Augustinus und anderen berichtet wird – an die *Cancelli* treten, um von
hier aus zu predigen.

Vorform der *Kanzel* (in der die *Cancelli* als Begriff weiterleben) ist der *Ambo* (von ἀναβαίνειν = hinaufsteigen), »der erhöhte, durch Stufen zugängliche Platz, von dem aus die gottesdienstlichen Lesungen und Zwischengesänge vorgetragen werden«.[42] Häufig war er mit den *Cancelli* architektonisch verbunden und mit einer etwa einen Meter hohen Brüstung sowie einer Buchauflage, einer Art Pult, versehen. Er konnte in der Raumachse, also vor dem Altar, oder seitlich stehen. In romanischer Zeit errichtete man vielfach zwei paarig angeordnete *Ambonen* für die Epistel- bzw. die Evangelienlesung.

Wo später ein *Lettner* errichtet wurde (siehe oben), nahm er die Funktionen des *Ambo* in sich auf. Wo – wie in den Kirchen der Bettelorden – die Predigttätigkeit eine wichtige Rolle spielte, kam es »zur getrennten Aufstellung einer anfangs beweglichen hölzernen Predigtbühne, seit dem 14. Jh. auch fest errichtet und mit einem Schalldeckel versehen«.[43] Aus Holz oder Stein gefertigt, hatte sie ihren Ort an einem Pfeiler oder an einer Längswand des Hauptschiffes der Kirche.

Solche *Kanzeln*, die gelegentlich auch an den Kirchen außen angebracht wurden, waren vornehmlich der Ort des mittelalterlichen Prädikantengottesdienstes (*Pronaus*, französisch *prône*, von *praeconium*: Ursprünglich eine Art volkssprachlicher Katechese in der Messe, wurde er später vor ihrem Beginn oder als selbständiger Gottesdienst abgehalten; vgl. 12.3.3).

Eine protestantische Sonderform ist der *Kanzelaltar*: Hier befindet sich die Kanzel hinter oder über dem Altar und ist mit diesem – manchmal auch noch mit der Orgel bzw. Orgelempore – architektonisch verbunden.

Im Unterschied zum Chorgestühl für die Kleriker, das aus den Presbytersitzen in der Apsisrundung hervorgegangen ist, gab es in den Kirchen ursprünglich keine eigenen Sitzgelegenheiten für die Gläubigen. Ein entsprechendes Gestühl lässt sich erstmals Ende des 14. Jh. in bayerischen Pfarrkirchen nachweisen. Es findet sich dann – im Gefolge der Verbreitung eigenständiger Prädikantengottesdienste – seit dem 15. Jh. besonders in den Predigerkirchen. Die Reformation führte durchgängig die feste Bestuhlung der Kirchenräume mit Bänken ein.

Wo die Kanzel im Hauptschiff der Kirche ihren Platz hatte, orientierte man »das Gestühl oft quer zum Längsschiff auf die Kanzel hin«.[44] Katholische Kirchen übernahmen das Gestühl und ergänzten es durch Kniebänke. In Süd- und Westeuropa bevorzugt man freilich bis heute bewegliche Sitzgelegenheiten statt fester Bänke.

(4) Der Taufort

In der Frühzeit konnte die Taufe überall vollzogen werden, wo sich Wasser fand (vgl. Apg 8,36-38). Beliebter Taufort war lange Zeit der

Jordan. Sobald man dazu überging, Gemeindehäuser zu errichten bzw. entsprechend umzubauen, schuf man darin auch eigene Räumlichkeiten für die Taufe (vgl. die Hauskirche von *Dura Europos*). In nachkonstantinischer Zeit hatte jede Bischofskirche ihr eigenes Taufhaus (*Baptisterium* von βαπτίζειν = taufen), häufig – aber keineswegs ausschließlich – in der Nähe des Westeingangs (vgl. zum Folgenden auch Kap. 15).

Neben dem eigentlichen Taufraum – mit dem Taufbecken (*piscina* von *piscis* = Fisch) in der Mitte, zu dem meist drei Stufen hinabführten – verfügten sie über Aus- und Ankleideräume, eine Vorhalle, gelegentlich auch über ein *Konsignatorium*, einen eigenen Raum für die Salbung (*consignatio* bzw. *confirmatio*) nach der Taufe (vgl. 15.2.3). Die Taufbecken waren in der Regel so flach, dass eine Taufe durch Untertauchen kaum in Frage kam; die Täuflinge wurden stehend mit Wasser übergossen (vgl. 15.2.2).

War die Spendung der Taufe zunächst an die Bischofskirche gebunden, ging im Zuge der Ausbildung des Parochialsystems (seit dem 5./6. Jh.) das Taufrecht – außer zunächst in Italien – allmählich an die Pfarrkirchen über. Sie erhielten eigene Baptisterien, häufig mit dem Kirchengebäude baulich verbunden (Taufkapellen).

Mit der Durchsetzung der Kindertaufe wurden die in den Boden eingelassenen Taufbecken durch Taufsteine (anfangs auch durch transportable hölzerne Kufen) ersetzt, die später eine kelchförmige Gestalt erhielten und auch zur Aufbewahrung des geweihten Taufwassers dienten. Sie hatten ihren Platz vielfach in der Nähe des Eingangs.

In evangelischen Kirchen steht der Taufstein heute häufig im Altarraum, so dass Taufen im Blickpunkt und unter Beteiligung der Gemeinde vollzogen werden können. Auch neuere katholische Regelungen bestehen darauf, dass sich der Taufbrunnen, wenn er in der Kirche selbst aufgestellt wird, »im Blickfeld der Gläubigen« befinden muss.[45]

4.2.6 Baustile

Die altkirchliche Basilika bildet nicht nur den Ausgangspunkt für die weitere Entwicklung des Kirchenbaus im Abendland, sondern gibt ihm letztlich ein bleibendes Grundmuster vor, das freilich in der Folgezeit in mannigfacher Weise ergänzt, variiert und verändert wird. Wenn man auch mit pauschalen Deutungen vorsichtig sein muss, die häufig modernes Empfinden auf geschichtliche Erscheinungen projizieren (›Geist der Romanik‹, ›Geist der Gotik‹ usw.), so gibt es doch keinen Zweifel daran, dass Kirchenbauten immer auch ein hervorragendes Zeugnis der

Kultur ihrer Epoche wie der gesellschaftlichen Strukturen sind, die sie bestimmen.

(1) Karolingischer Kirchenbau

Eine erste bedeutsame Blüte erlebte der Kirchenbau nördlich der Alpen unter Karl dem Großen (768-814). Tendenzen, die später verstärkt wirksam werden sollten, deuten sich hier schon an: Die Apsis wurde zum ›Chor‹ verlängert und mit Krypten (*Krypta* von κρύπτειν = verbergen; Unter- bzw. Kellerkirche) unterbaut, in denen Heiligengräber und Reliquien, dann auch Herrschergräber Aufnahme fanden. Durch die Verbreiterung des Querschiffs auf die Maße des Hauptschiffs entstand an der Schnittstelle beider Gebäudeteile das Vierungsquadrat als eine Flächeneinheit, die fortan den Grundriss insgesamt bestimmte. Festungsartige Westwerke, von Türmen flankiert – dazu Türme, die sich über der Vierung und dem Chor erhoben –, verliehen dem Kirchengebäude den Charakter einer wehrhaften Burg.

Strukturierendes Prinzip war in gewisser Weise das Gegenüber von *Thron* und *Altar*, wie es exemplarisch in der Pfalzkapelle zu Aachen (einem Zentralbau mit polygonalem Grundriss) seinen Ausdruck gefunden hat. Es war auch dort präsent, wo der Kaiser während seiner Reisen dem Gottesdienst vom Westwerk aus beiwohnte, auf einer der Emporen thronend, die man dort zu diesem Zwecke errichtete (und die man darum auch als eine »Art Eigenkirche mit Herrscherloge« bezeichnet hat[46]). Es kehrte in den doppelchörigen Kirchen wieder, die zusätzlich zum Ostchor mit einem ›Gegenchor‹ im Westen ausgestattet waren, und die nach Meinung mancher Autoren die *Zweigewaltenlehre* repräsentieren sollten: Im Westchor stand dem Kaiser, wenn er am Gottesdienst teilnahm, fortan ein eigener sakraler Bereich, mit eigenem Altar versehen, zur Verfügung.[47]

(2) Romanik

Zu einem neuen Aufschwung des Kirchenbaus – nach der politisch-kulturellen Krise in der 2. Hälfte des 9. Jh. – kam es unter den sächsischen Herrschern (919-1024). Seine Hochblüte erlebte der romanische Kirchenbau in Deutschland im 12. Jh. Nach Meinung mancher neuerer Autoren ist er Ausdruck des mittelalterlichen *Ordo-Gedankens*, für den alles gesellschaftliche und natürliche Sein in festen hierarchischen Bezügen – von Gott her und auf Gott hin – geordnet ist: Zeichenhaft kommt darin »die Gesamtheit der Welt, des Kosmos, der Heilsgeschichte, der kirchlichen Hierarchie und der gesellschaftlichen Ordnung« zur

Darstellung.[48] Er folgt dem Leitbild der »festen Gottesburg«, »die inmitten einer kriegerischen Zeit Sicherheit und Geborgenheit verheißt.«[49]

Als eines der Kennzeichen der Romanik gilt der *Rundbogenstil* (im Unterschied zu den Spitzbögen, wie sie in der Gotik vorherrschend werden). Langhaus
und Seitenschiffe, die zu ottonischer Zeit noch flache Balkendecken trugen,
werden jetzt (wie schon zuvor Apsis und Krypta) überwölbt. Der ›quadratische
Schematismus‹ bestimmt – ausgehend vom Vierungsquadrat als Flächeneinheit
– nicht nur den Grundriss, sondern auch die Gliederung der Deckengewölbe in
maßgeblicher Weise. Dom- und Klosterkirchen sind in der Regel doppelchörig
angelegt, wobei insbesondere der Ostchor mit Nebenchören bzw. ganzen
Kapellenkränzen versehen werden kann. Durch Vermehrung der Türme (bis zu
sieben und mehr) wird der ›Burgcharakter‹ insgesamt verstärkt. Portale und
Westfassaden werden durch Steinskulpturen (Christus als Weltenrichter, Ge-
richtsengel, Maria, Heilige, aber auch Verdammte, Dämonen, Tiere usw.) geschmückt. Am Eingang werden Weihwasserbecken aufgestellt (die gleichsam den
Brunnen im Atrium der Basilika ersetzen). Vielfach trennt ein Lettner (siehe
oben) die ›Herrenkirche‹ von der ›Leutekirche‹.

Gegenläufige Strömungen melden sich in der Bauweise der mittelalterlichen Reformorden zu Wort. Vorbild der Kirchenbauten der
Cluniazenser waren ursprünglich die Basiliken des 4. Jh. Während sie
jedoch zunehmend eigene Machtansprüche auch durch den Bau groß
angelegter, vieltürmiger und vielschiffiger Kirchenbauten zum Ausdruck
brachten, verzichteten die Zisterzienser auf Türme, Bilder, Schmuck und
monumentale Architektur. Bernhard von Clairvaux (gestorben 1153)
verwarf jeglichen Aufwand beim Kirchen- und Klosterbau zugunsten
einer »dem Willen zur Armut und zur religiösen Konzentration auf das
Wesentliche« verpflichteten Bauweise.[50]

(3) Gotik

Heimat des gotischen Kirchenbaus (ca. 1150 bis 1500) ist Frankreich.
Nicht mehr die *Stadt*, so heißt es, und nicht mehr die *Burg* fungieren als
Leitbilder des neuen Stils, sondern der *Himmel* selbst, »der sich zur Erde
niedersenkt und sich über sie erhebt«:

»Der geistige Hintergrund gotischer Sakralbauten ist einerseits die faszinieren-
de Leistung der scholastischen Wissenschaft, welche die Naturwissenschaften,
die Philosophie und als deren Krönung die systematische Theologie integriert,
aber andererseits auch die Skepsis gegenüber der durch Kämpfe, Krisen und
Krankheiten (Pest) geschüttelten irdischen Welt und gegenüber der durch Streit
und Spaltungen desavouierten Lehre von den zwei Schwertern – eine Skepsis,
die umschlägt in den Enthusiasmus für die heilige Schau, für die mystische

Erfahrung der vollkommenen Welt des Himmlischen, als deren Sinnbild sich die Kathedrale mit ihren hoch aufstrebenden Wänden und Pfeilern, Fialen und Türmen ekstatisch über die niedrigen Häuser der Stadt und damit über die irdische Welt erhebt.«[51]

Zu den Kennzeichen des gotischen Stils gehören »die vertikale Steigerung des Raumeindrucks (mit Hilfe von Kreuzrippengewölben) und die Transparenz der materialisierten Welt (durch reichgegliederte Architektur, Diaphanität, Türme, Glaswände und Rosetten).«[52]

Von romanischer Architektur setzt sich die Gotik vor allem durch Spitzbogen, Rippengewölbe, äußeres Strebewerk mit Pfeilern und Strebebögen ab. Enorm – bis an die Grenzen dessen, was statisch vertretbar ist, und darüber hinaus – ist die Höhe der Räume. Neu ist die Vorliebe für zahlreiche große Fenster und ihr »vielfältig funkelndes Farbenspiel«, die bis zur Idee der »diaphanen (durchleuchtenden) Wand« (La Sainte Chapelle, Paris) vorangetrieben werden kann. Typisch ist auch die mehrzonige Gliederung der Langwände (durch Arkaden, Emporen, Triforien, Fenster) und die Gliederung der Westfassade, die häufig durch ein großes Rosenfenster ausgezeichnet wird. Beeindruckende Portale, von Heiligenfiguren umrahmt, von einem Tympanon überdacht, auf dem Christus und seine Mutter zu sehen sind, geben sich als ›Pforte des Himmels‹ (*porta coeli*) zu erkennen.[53]

Unter dem Einfluss der Bettelorden (Franziskaner und Dominikaner) und der von ihnen forcierten Bemühungen um eine volksnahe Predigt entstehen zahlreiche Hallenkirchen, die eine Art Gegenentwurf zur gotischen Kathedrale verkörpern. Es sind keine Kleriker-, sondern Volks- und Bürgerkirchen, in denen man – da kein Chordienst gehalten werden muss – auf einen überdimensionierten Chorraum verzichten kann. Die Seitenschiffe haben häufig die gleiche Höhe wie das Hauptschiff, die tragenden Pfeiler stehen in größerem Abstand voneinander, so dass der Eindruck eines einheitlichen, zusammenhängenden und überschaubaren Raumes entsteht.

(4) Renaissance

Ausgangspunkt der Renaissance ist Italien: Während im Norden noch bis weit in das 16. Jh. hinein der gotische Stil dominiert, gewinnt im Süden bereits um 1420 eine neue Richtung in Kunst und Architektur an Einfluss, deren Kennzeichen »eine Hinwendung zur Antike mit ihren harmonischen Formen, zur Natur und ihren Gesetzen und zum Menschen« ist.[54] Vorbereitet durch schon in der späten Gotik wirksame Auflösungs-, Differenzierungs- und Individualisierungstendenzen,

erfährt nun »die Emanzipation des Individuums aus dem Kosmos vorgegebener, verbindlicher Strukturen« einen entscheidenden Schub.[55]

Im Kirchenbau orientiert man sich vielfach an den Zentral- bzw. Kreuzkup-
pelkirchen des Ostens, die mit einem basilikalen Langhaus kombiniert werden.
»Harmonische Proportionen nach dem Vorbild antiker Tempel und Profangebäu-
de gelten als wichtigste Forderung. Statt der gebündelten gotischen Pfeiler mit
ihren hochstrebenden Diensten wird nach antikem Vorbild die Säule als tragen-
des Element wieder vorherrschend. Die Wände werden nicht mehr diaphan ge-
baut, sondern ruhen in sich selbst [...] Die waagrechten Linien der durchlaufenden Stockwerksgesimse an den Fassaden wirken den aufstrebenden Arkaden und
Pilastern entgegen und binden das Mauerwerk an die Erde.«[56] Hervorragendes
Zeugnis der Baukunst dieser Epoche ist der 1626 vollendete Petersdom in
Rom.

(5) Barock

Der Ursprung dieses Stils liegt ebenfalls in Italien, genauer in Rom, wo
mit der Jesuitenkirche *Il Gesù* (1568-1584) bereits in der 2. Hälfte des
16. Jh. ein maßgebendes barockes Kirchengebäude entsteht. Den zeit-
geschichtlichen Hintergrund bildet die katholische Gegenreformation, die
sich auch in einem neuen »Bauwillen« ausdrückt, und die Erstarkung
absolutistisch regierter Fürstentümer, die endgültig an die Stelle der
kaiserlichen Zentralgewalt treten.

Frömmigkeitsgeschichtlich konstatiert man – im Blick auf Kirchenbau
und sakrale Kunst – ein Pathos, das »mit einer ins Übersinnlich-Illusionä-
re gesteigerten Sinnenhaftigkeit den Menschen in den Bereich des Göttlichen emporreißen will« und zugleich gegenläufig den Versuch unternimmt, das Göttliche »im Medium einer dramatisch-affektiven,
ekstatisch überhöhten Sinnlichkeit auf die Erde herab und in sie herein-
zuholen.«[57]

Für den Grundriss barocker Kirchenbauten ist »die Verschmelzung des Lang-
hauses mit dem Vierungskuppelraum unter Verzicht auf Seitenschiffe und lange
Querhausarme« bestimmend. So entsteht – vielfach am Oval als Grundfigur
orientiert – die »übersichtliche und festliche Einraumkirche«, »eine dynamisch
wirkende Saalkirche [...], die sozusagen Basilika und Zentralraum in sich vereint.«[58]

Leitbild architektonischer Gestaltung ist hier nicht die *Stadt* oder die
Burg, sondern der *Thronsaal* des absolutistischen Herrschers. Eine besondere Bedeutung kommt dabei der Gestaltung der Altaraufbauten zu:
Hochgestellte, von Säulen umgebene Gemälde, zahlreiche architektonische Verzierungen und Skulpturen bilden gleichsam den festlichen

Rahmen für den im Tabernakel auf dem Altar thronenden Herrn. Der Tabernakel erscheint dabei als »der eigentliche Thron des Gottkönigs, vor dem oft vergoldete Engelsfiguren anbetend ihr Knie beugen, den die allegorischen Skulpturen von Glaube, Hoffnung und Liebe umgeben und von dessen Anwesenheit die kostbare Ewig-Licht-Lampe Kenntnis gibt.«[59] Diesem architektonischen Leitbild entsprechen die anderen liturgischen Codes, insbesondere die Kirchenmusik, »die im Prachtraum ihr Prachtgewand ausbreitet, so daß die Einzelteile der Meßfeier kaum mehr zu unterscheiden sind.«[60]

(6) Klassizismus und Historismus

Wie einst die Renaissance sich von der Gotik absetzte, fand der Barock im Klassizismus, der im 18. Jh. sich erneut an der »edlen Einfalt und stillen Größe« (Johann Joachim Winckelmann, 1717-1768) antiker Formen begeisterte, seinen künstlerisch-architektonischen Widerpart. Die Kirchen, die unter klassizistischem Einfluss entstanden (vgl. die von Carl Friedrich Schinkel erbaute Nikolaikirche in Potsdam), waren häufig Kuppelbauten wie das Pariser Pantheon, in der Fassade griechischen Tempeln nachempfunden.

Unter dem Einfluss von Romantik und Restauration suchte das 19. Jh. den Anschluss an historische Baustile, an die Romanik, mehr noch aber an die Gotik, so dass eine Fülle ›neugotischer‹ Kirchenbauten entstand. Abweichend vom historischen Original füllte man freilich die Räume mit Bänken, die meist durch einen auf den erhöhten Altar zulaufenden Mittelgang in zwei Blöcke geteilt wurden. Auch verwendete man häufig anstelle des ursprünglichen Materials billige Imitate, so dass historische Bezüge vielfach nur vorgetäuscht waren.

Folgenreich für den evangelischen Kirchenbau wurde das *Eisenacher Regulativ* von 1861, das den Anschluss an einen historischen Baustil verbindlich machte und insbesondere den so genannten ›germanischen‹ (gotischen) Stil empfahl. Einen Gegenentwurf legte Pastor Veesenmeyer 1891 mit dem *Wiesbadener Programm* vor, das die Rolle des Kirchengebäudes als Versammlungsraum der Gemeinde unterstrich und sich gegen eine Teilung in mehrere Schiffe sowie gegen eine Scheidung von Schiff und Chor aussprach.

(7) Entwicklungen im 20. Jahrhundert

Zu Beginn des Jahrhunderts wurde auf dem Kirchbaukongress in Dresden 1906 die Forderung erhoben, den Kirchenbau für die moderne Architek-

tur zu öffnen und stärker an den gottesdienstlichen Erfordernissen zu
orientieren (die Liturgie als Bauherrin; Cornelius Gurlitt). Die Bauhausbewegung gewann über Architekten wie Otto Bartning[61] Einfluss auf
den Kirchenbau. Sein Name verbindet sich auch mit den nach dem 2.
Weltkrieg in den zerstörten deutschen Städten errichteten ›Notkirchen‹.
Als Beginn ›postmoderner‹ Kirchenbauarchitektur gilt die von Le
Corbusier gebaute Wallfahrtskirche von Ronchamp aus dem Jahre 1955.

Während man im evangelischen Bereich weitgehend an den traditionellen innenarchitektonischen Arrangements (Gegenüber von Gemeinde
und Liturg bzw. Prediger; durch einen Mittelgang geteiltes Gestühl; erhöhter Altar in der Raumachse) festhielt, setzte die liturgische Bewegung
in der katholischen Kirche auch im Kirchenbau neue Akzente: Um den
Gemeinschaftscharakter der Eucharistie zu verdeutlichen, kehrte man
wieder stärker zur Tischform des Altars zurück. Neuere Kirchenräume
bevorzugten hier vielfach ein Grundrissschema, »das die Gläubigen in
einem – wie immer variierten – Dreiviertelkreis um den Altarraum
gruppiert und sie zu lebendigerer Interaktion motiviert.«[62]

Die 1951 vom Evangelischen Kirchbautag vorgelegten *Rummelsberger
Grundsätze* müssen inhaltlich im Zusammenhang mit den liturgischen
Reform- und Restaurationsbemühungen gesehen werden, die in den fünfziger Jahren zur Annahme neuer Gottesdienstordnungen in den
evangelischen Landeskirchen führten. An ihre Stelle sind 1991 die
Wolfenbütteler Empfehlungen getreten. Sie schlagen unter anderem vor,
den »Abendmahlstisch [...] von allen Seiten begehbar zu machen, um
seinen ursprünglichen Funktionen inmitten der Gemeinde wieder gerecht
zu werden« und die gottesdienstlichen Räume »zur Entfaltung
gottesdienstlichen Lebens nicht auf Sitzplätze, sondern auf liturgische
Vorgänge hin zu reflektieren.«[63]

4.3 Liturgie und Raum

Die römisch-katholische Kirche hat im Zuge ihrer nachkonziliaren
Liturgiereform (vgl. 14.1.2, 14.1.3) den Versuch unternommen, die
Struktur der neugeordneten Liturgie gleichsam im liturgischen Raum
abzubilden und so eine Kongruenz zwischen den beteiligten Codes
herzustellen: Ritual und Raum generieren und strukturieren sich wechselseitig. Schon aus diesem Grunde sind die hier getroffenen Entscheidungen von Bedeutung auch für die Gestaltung evangelischer Gottesdiensträume und werden darum ausführlich dargestellt.

In dem Zusammenhang, der sich solchermaßen herstellt, wird erneut deutlich: »Raum und Ritual sind keine voneinander losgelöst und unabhängig zu betrachtenden Bereiche, die räumliche Dimension stellt [vielmehr] eine wesentliche Grundform liturgischen Handelns dar«; der Raum ist »integrierender Bestandteil des Rituals.«[64] Das hat Konsequenzen auch für das theologische Verständnis gottesdienstlicher Räume: »Räume verbinden sich mit dem gottesdienstlichen Geschehen zu einer Einheit, die im Raum noch lange nach der gottesdienstlichen Nutzung in Gestalt von Spuren aufbewahrt bleibt. Die Spuren der gottesdienstlichen Nutzung, die im Raum aufbewahrt sind, gewähren der gottesdienstlichen Feier Orientierung, Sicherheit und Halt. Sie leisten die Verbindung zur Gemeinschaft der Heiligen, indem sie gestalthaft Vergangenheit, Gegenwart und Zukunft zu einer neuen Einheit im erlebten Gottesdienst verbinden.«[65]

4.3.1 ›Zweipoligkeit‹ von Raum und Liturgie

Von grundlegender Bedeutung für die Raumgestaltung insgesamt wie für die Funktion der einzelnen liturgischen Orte ist die Feststellung des Konzils, dass die Messe aus zwei Teilen besteht, dem Wortgottesdienst (*liturgia verbi*) und der Eucharistiefeier (*liturgia eucharistica*). Diese Bestimmung der Liturgiekonstitution (Art. 56) wird von der *Allgemeinen Einführung* in das neue Meßbuch[66] aufgenommen und erweitert:

»Die heilige Messe besteht in gewisser Hinsicht aus zwei Teilen, dem Wortgottesdienst und der Eucharistiefeier, die jedoch so eng miteinander verbunden sind, daß sie eine einzige Gottesdienstfeier bilden; denn in der Messe wird der Tisch des Gotteswortes wie des Herrenleibes bereitet, von ihm wird den Gläubigen Lehre und Speise geboten. Dazu kommen noch jene Teile, welche die Feier eröffnen und beschließen« (Art. 8).

Der ›Zweipoligkeit‹ des erneuerten Messgottesdienstes – Wortgottesdienst und Eucharistiefeier, »Tisch des Gotteswortes« und »Tisch des Herrenleibes«, ergänzt um die eröffnenden und beschließenden Riten – entspricht die ›Zweipoligkeit‹ des liturgischen Raumes: Ort des Wortgottesdienstes ist der Ambo und der Vorstehersitz, Ort der Eucharistiefeier ist der Altar.

Im Unterschied zu evangelischen Gottesdiensten, in denen die ›Eingangsliturgie‹ üblicherweise am Altar vollzogen und auch Glaubensbekenntnis und Fürbitten am Altar gesprochen werden, geschieht hier in der Messe während des gesamten Wortgottesdienstes – ausgenommen die Begrüßung des Altars im Zusammenhang mit dem Einzug – prinzipiell nichts: Der Wortgottesdienst vollzieht sich am Leseplatz, dem Ambo, und am Vorstehersitz. Der Altar tritt erst zu Beginn der Eucharistiefeier

– im Zusammenhang der Gabenbereitung – in Funktion. Dies trägt wesentlich zur Verdeutlichung der Struktur des Gottesdienstes bei.

4.3.2 Der Vorstehersitz

Im Mittelpunkt des ersten Teil der Messe, des Wortgottesdienstes, steht der Leseplatz, der Ambo. Daneben kommt auch dem Sitz des Vorstehers (*sessio*) hier eine gewisse Bedeutung zu. Von seinem Sitz aus leitet der Vorsteher die gottesdienstliche Versammlung.

Nach dem Einzug verehrt der Priester – gemeinsam mit seiner Begleitung – den Altar und küsst ihn; auch eine *Inzensation* (›Beräucherung‹) des Altars kann hier stattfinden. Sodann begibt er sich zu seinem Sitz. Hier begrüßt er die Gemeinde, leitet das Allgemeine Schuldbekenntnis, betet das Tagesgebet, hört den Lesungen und den Zwischengesängen zu, leitet das Glaubensbekenntnis und die Fürbitten ein. Erst zur Gabenbereitung, mit der die Eucharistiefeier beginnt, begibt er sich zum Altar. Nach der Kommunion kann er erneut zu seinem Sitz zurückkehren, um hier das Schlussgebet und den Segen zu sprechen und die Gemeinde zu entlassen.

Ort des Vorstehersitzes ist nach der Tradition der »Scheitelpunkt des Altarraums, der Gemeinde zugewandt« (*Allgemeine Einführung*, Art. 271). Wenn der Kontakt zur Gemeinde dies erfordert, kann er seinen Platz seitlich von Altar oder Ambo erhalten (nie vor diesen!). Auch die »Plätze der Teilnehmer, die einen besonderen Dienst ausüben, sollen sich an passender Stelle im Altarraum befinden, damit alle ihre Aufgaben ohne Schwierigkeiten erfüllen können« (ebd.).

»Der heutige Priestersitz knüpft an eine verlorengegangene Tradition an. Der Vorstehersitz als Zeichen des Amtes war ja nur für den Bischof erhalten geblieben; für den Presbyter ist er nun (wieder) neu eingeführt worden [...] Der Sitz muß optisch und akustisch funktional plaziert sein: gute Sichtbarkeit von der Gemeinde her; nahe genug bei ihr, um den Kontakt nicht zu erschweren. Da die sessio nicht nur Sitzgelegenheit des Vorstehers für jene Zeit ist, zu der andere agieren, sondern zugleich Funktionsort (etwa bei den Eröffnungsriten), muß auch auf eine gute akustische Vernehmbarkeit geachtet werden.«[67]

4.3.3 Der Ambo

Die neuen liturgischen Bestimmungen schreiben einen feststehenden Leseplatz (Ambo) als Ort für die Schriftlesungen und die responsorialen Gesänge zwischen den Lesungen verbindlich vor. Erste und zweite Lesung (in der Regel aus dem Alten Testament und dem epistolischen Schrifttum des Neuen Testaments) werden von einem Lektor, das

Evangelium wird von einem Diakon (bei Ermangelung eines solchen vom Priester) gelesen; ansonsten sitzt der Priester und hört zu. Der Ambo »kann auch für die Homilie und die Predigt benutzt werden« (*Allgemeine Einführung*, Art. 272). Als Standort des Ambo wird – wie früher – die Schwelle zwischen dem Presbyterium und dem Raum der Gemeinde bevorzugt.

»Der Ambo im Altarraum hat schon in den wenigen Jahren nach der Liturgiereform die Kanzel, die seit dem Mittelalter für die Predigt benutzt wurde, fast völlig verdrängt. Er hat zu Recht und nach dem Willen des Konzils wieder alle wichtigen Elemente des Wortgottesdienstes an sich gezogen: die Lesungen, den Antwortpsalm, die Homilie, das Allgemeine Gebet. Der polare Bezug von Wort und Sakrament ist im Altarraum durch die Reform wieder deutlich herausgestellt worden.«[68]

4.3.4 Der Altar

Nach den Bestimmungen der nachkonziliaren Liturgiereform soll der Altar wieder freistehend errichtet werden, von der Wand getrennt und von allen Seiten zugänglich. Der Priester soll bei der Eucharistiefeier hinter ihm stehen können, der Gemeinde zugewandt. Seine Grundgestalt ist der Tisch, die *mensa Domini*.

»Der Altar, auf dem das Kreuzesopfer unter sakramentalen Zeichen gegenwärtig wird, ist auch der Tisch des Herrn, an dem das Volk Gottes in der gemeinsamen Meßfeier Anteil hat. Er ist zugleich Mittelpunkt der Danksagung, die in der Eucharistiefeier zur Vollendung kommt« (*Allgemeine Einführung*, Art. 259). »Der Hauptaltar soll freistehen, damit man ihn ohne Schwierigkeiten umschreiten und an ihm, der Gemeinde zugewandt, die Messe feiern kann. Er soll so aufgestellt sein, daß er wirklich den Mittelpunkt des Raumes bildet, dem sich die Aufmerksamkeit der ganzen Gemeinde von selbst zuwendet« (ebd., Art. 262).

In vielen katholischen Kirchen hat man die alten Hochaltäre an ihrem Platz an der (Apsis-)Wand belassen, zusätzlich aber freistehende ›Volksaltäre‹ in größerer Nähe zur Gemeinde errichtet, an denen die Messe gefeiert wird. Die älteren, häufig mit Retabeln, Altarbildern und -aufbauten usw. versehenen Hochaltäre dienen vielfach noch zur Aufbewahrung der konsekrierten Hostien in einem auf ihnen befindlichen Tabernakel.

»In der Regel« soll der Altar feststehend und konsekriert sein. Er wird zur Eucharistiefeier mit einem Tuch bedeckt. Die Leuchter – je nach dem Grad der Feierlichkeit zwei bis sechs, bei der Bischofsmesse sieben – »können auf oder

um den Altar gestellt werden«. »Auf dem Altar oder in seiner Nähe« soll sich ein
für die ganze Gemeinde gut sichtbares Kreuz befinden (*Allgemeine Einführung*,
Art. 262, 269, 270).

4.3.5 Der Taufort

Die neuen Bestimmungen schreiben einen Taufbrunnen für jede Pfarrkirche verbindlich vor. Er kann in einem eigenen Taufraum innerhalb
oder außerhalb der Kirche (Taufkapelle, Baptisterium) Aufstellung
finden, der dann in der Lage sein muss, eine größere Gemeinde aufzunehmen. Wird der Taufbrunnen in der Kirche selbst aufgestellt, muss er sich
im Blickfeld der Gemeinde befinden. Gelegentlich werden heute (wieder)
Taufbecken mit fließendem, ›lebendigem‹ Wasser errichtet.

4.3.6 Tabellarischer Überblick zum neuen Messordo

Die nachstehende Tabelle gibt einen Aufriss des nachkonziliaren Gottesdienstes nach dem neuen deutschen Meßbuch. Sie unternimmt den
Versuch, die Beziehungen zu veranschaulichen, wie sie zwischen den
jeweiligen liturgischen Orten (*Raumcodes* unter Einschluss des *hodologischen Codes*), den liturgischen Vollzügen (diverse *Handlungscodes*)
und den liturgischen Akteuren (*hierarchischer* bzw. *Rollencode*) bestehen. Sie liefert damit eine Art ›Script‹ des Gottesdienstes und macht
deutlich, in welcher Weise die einzelnen liturgischen ›Szenen‹ im Raum
markiert und durch Rollenwechsel voneinander abgesetzt werden.

LITURGISCHE ORTE	LITURGISCHE VOLLZÜGE	LITURGISCHE AKTEURE
ERÖFFNUNG		
Weg zum Altar	Einzug	Priester/Assistenz
Sängerplatz	Gesang zur Eröffnung	Kantor/Chor/Gemeinde
Altar	Verehrung des Altars	Priester/Assistenz
Vorstehersitz	Begrüßung	Priester
Vorstehersitz	Allgemeines Schuldbekenntnis	Priester/Gemeinde
Sängerplatz	Kyrie	Kantor/Chor/Gemeinde
Vorstehersitz		(Priester)
Sängerplatz	Gloria	Chor/Gemeinde
Vorstehersitz		(Priester)
Vorstehersitz	Tagesgebet	Priester

WORTGOTTESDIENST		
Ambo	Erste Lesung (AT)	Lektor
Ambo	Erster Zwischengesang (Antwortpsalm)	Kantor/Gemeinde
Ambo	Zweite Lesung (NT)	Lektor
Ambo (Sängerplatz)	Zweiter Zwischengesang (Halleluja)	Kantor/Gemeinde
Ambo	Evangelium	Diakon oder Priester
Ambo (Kanzel, Sitz)	Homilie	Priester
Vorstehersitz	Glaubensbekenntnis	Priester/Gemeinde
Ambo	Fürbitten	Vorbeter/Gemeinde/
Vorstehersitz		Priester

EUCHARISTIEFEIER		
Altar	GABENBEREITUNG	Priester/Assistenz/ Gemeinde
Sängerplatz	Gesang zur Gabenbereitung	Chor/ Gemeinde
Weg zum Altar	Herbeibringen der Gaben	Assistenz/ Gemeinde
Altar	Zurüstung des Altars	Priester/ Assistenz
Altar	Begleitgebete zur Gabenbereitung	Priester
Altar	Gabengebet	Priester
Altar	EUCHARISTISCHES HOCHGEBET	Priester/Gemeinde
Altar	KOMMUNION	Priester/Assistenz/ Gemeinde
Altar	Vaterunser	
Altar	Friedensgruß	
Altar	Agnus Dei	
Weg zum Altar	Kommunionspendung	Priester/Gemeinde
Sängerplatz	Gesang zur Kommunion	Chor/Gemeinde
Altar	Reinigung der Gefäße	Priester/Assistenz
Vorstehersitz (oder Altar)	Besinnung	Gemeinde
	Danklied	Gemeinde
	Schlussgebet	Priester

ENTLASSUNG		
Vorstehersitz (Ambo)	Verlautbarungen	Priester (oder ein anderer)
Vorstehersitz (Altar)	Segen	Priester
Vorstehersitz (Altar)	Entlassung	Diakon (oder Priester)

4.3.7 Weg und Kreis als Raum-Bilder

Das neue *Evangelische Gottesdienstbuch*[69] vermeidet es weitgehend, das liturgische Geschehen auch räumlich zu codieren und den gottesdienstlichen Handlungen bestimmte Orte zuzuweisen. Im Ergänzungsband zum Gottesdienstbuch findet sich zwar ein kurzer Abschnitt zum »gottesdienstlichen Raum«,[70] doch sucht man auch dort vergeblich nach entsprechenden Rubriken. Immerhin werden hier – mit dem basilikalen Rechteckbau und dem Zentralbau (vgl. 4.2.2) – »zwei Grundprinzipien [...] für gottesdienstliche Raumgestaltung« ausgemacht, die mit einem spezifischen Gottesdienstverständnis und einer entsprechenden Gottesdienstgestaltung korrelieren.

Es handele sich dabei, so wird erklärt, einmal um »›gerichtete‹ Räume, in denen sich Liturgie entfaltet als Weg vom Gottesdienst im Alltag der Welt durch das Portal zum Altar als Mittelpunkt der Gegenwart Christi und wieder zurück.« Der christliche Zentralbau sei demgegenüber »mitbestimmt durch die Erinnerung an die Mahlgemeinschaft um einen flachen runden Tisch, wie wir ihn uns für Jesus und die Seinen zu denken haben«; er betone »nicht so sehr den Weg als vielmehr den Versammlungscharakter der Liturgie.«

Als Repräsentant für ein Gottesdienstverständnis, das – im oben zitierten Sinne – ganz und gar vom Raum-Bild des *Weges* bestimmt ist, darf Manfred Josuttis gelten. Schon im Titel verweist die Gottesdienstlehre, die er 1991 vorgelegt hat,[71] auf die zentrale Metapher, die die einzelnen Elemente bündelt und sie zu einem stimmigen *Bild vom Gottesdienst* zusammenfügt.

»Der Gottesdienst ist demnach,« schreibt Josuttis, »wie es der Titel behauptet, ›Der Weg in das Leben‹. Die einzelnen Etappen, die den liturgischen Vollzug strukturieren, sind Schritte einer Bewegung, die zur Begegnung mit dem Heiligen führt. Das menschliche Verhalten, das hier abläuft, kommt in der Vereinigung mit der Gottheit zum Ziel.« Der Weg gliedert sich – mystischem Sprachgebrauch folgend – in drei Teilstrecken bzw. Stationen, die nacheinander abgeschritten werden müssen: *purificatio, illuminatio, unio.*[72] Der Gottesdienst-raum schreibt solchen Gottesdienstweg fest, macht ihn – buchstäblich – *begehbar*. So gilt: »Der Gottesdienst ist ein Weg. Man geht hin. Man nimmt Platz. Man schaut sich um. Durch das Singen begibt man sich in die Gemeinschaft. Durch das Hören der Heilsgeschichte in Lesung und Predigt geraten Seele und Geist in Bewegung. Die Feier des heiligen Essens versetzt in die Himmelswelt, führt zum Altar und vereint mit dem Leib des Erlösers. Am Ende des Gottes-dienstes muß man sich von der Atmosphäre des Göttlichen wieder trennen und den umfriedeten Raum verlassen. Kultische Praxis beginnt und endet im Ge-hen.«[73]

Auf dem Hintergrund dieser – auch unter evangelischen Christen weit verbreiteten – Vorstellungen ist es bemerkenswert, dass der Ergänzungs-band zum Gottesdienstbuch ein »Gestaltungsbeispiel« bietet, das – anders als die Weg-Metapher – dem Raum-Bild des Kreises verpflichtet ist und damit auf das zweite der oben genannten Grundprinzipien got-tesdienstlicher Raumgestaltung verweist.[74] Räumliche Codierungen spielen in dieser Liturgie – wiederum anders als im Gottesdienstbuch sonst – eine entscheidende Rolle:

»Den Raum bereiten – die Mitte gestalten«, »Sich um die Mitte versammeln«, so lauten die Überschriften zu den Aktivitäten, die den Gottesdienst vorbereiten und eröffnen. »Wir sammeln uns im Kreis«, »Wir wenden uns der Mitte zu«, »Du bist ja in unserer Mitte, Gott«, »Wir fassen uns an den Händen und stehen im Kreis« und ähnliche Aussagen, die sich im Eröffnungsteil häufen, verbalisieren den Vorgang und geben dem neuen Raum-Bild Ausdruck. Bemerkenswert ist an dem geschildertem Beispiel, daß die »Mitte« – und damit der *Kreis*, der sich um die *Mitte* schließt – nicht als etwas Vorgegebenes in Erscheinung treten, sondern je und neu ergriffen, gestaltet, inszeniert werden müssen. Das heißt: Die Kon-stituierung und Strukturierung des Raumes ist Teil des liturgischen Handelns selbst. Die Bedeutungen, die ihm eignen, werden ihm im Zuge dieses Handelns zugespielt und zugeschrieben. Das heißt weiter: Das Raum-Bild, das der Feier zugrunde liegt, wird im Gebrauch jeweils neu entworfen und in Szene gesetzt.

Die Bedeutung dieses Raum-Bildes reicht freilich erheblich über den architektonisch-liturgischen Zusammenhang hinaus. Als Metapher eingespielt und aufgenommen, weitet es sich zu einem Bild vom Gottes-dienst, das wiederum bestimmte Gottes-Bilder einschließt und aufruft.[75]

Der *Kreis* erscheint dabei als ein durchaus vielseitiges Bild. Es steht zum einen für die Gemeinschaft der Feiernden selbst. Anders als das herkömmliche, linear strukturierte Raum-Bild lässt es zwar unterschiedliche Funktionen zu, schließt aber hierarchische Unter- und Überordnungen aus. Zum Zweiten erlaubt das Bild, Offenheit und Geschlossenheit zusammen zu denken: Ein Kreis – obwohl in sich geschlossen – lässt sich doch jederzeit erweitern. Das heißt: Er ist aufnahmefähig für neue Glieder. Zum Dritten regt das Bild dazu an, das Verhältnis von Gottesdienst und Alltag neu zu bestimmen: Gottesdienstliches Handeln findet seinen transzendenten Fluchtpunkt nicht – wie im linearen Modell – in einem Raum jenseits alltäglicher Wirklichkeit, wie der auch immer aufgefasst sein mag. Der »geschützte Raum des Heiligen«, wie er im Raum-Bild des Kreises mit bedeutet wird, ist vielmehr mitten in der »Welt des Alltags« angesiedelt – ausgegrenzt zwar, aber zugleich eingegrenzt und umgeben von alltäglichem Leben. Zum Vierten evoziert das Bild – da jeder Kreis *per definitionem* eine Mitte hat – die Vorstellung von einem Zentrum, dem die Feiernden sich zugeordnet wissen. Dieses Zentrum bleibt nicht leer. Es gewinnt – nicht durch vorlaufende theologische Setzung, sondern im liturgischen Handeln selbst – Bedeutung: Es wird zum »Zeichen für Gottes Gegenwart«.[76]

Hier zeigt sich, wie im Raum-Bild des Gottesdienstes – und damit in der architektonischen Gestaltung des gottesdienstlichen Raums wie in den Handlungen, die hier Raum greifen – immer auch ein bestimmtes Gottesbild zur Sprache kommt. Gott bleibt zwar auch im Raum-Bild des Kreises stets *der Andere* – wie könnte er denn sonst *angerufen*, in *Anspruch* genommen werden. Aber er ist *der Andere* als »Mitte« und »Grund« des eigenen Lebens wie der Gemeinschaft, in die es sich eingebettet erfährt.[77] Gott wird prädiziert als »Mitte alles dessen, was ist«, als »Mitte alles Seins«.[78] Als »Mitte« und »Grund« – aber auch als »Quelle«, »Feuer«, »Schatzkammer« usw.[79] – setzt er gleichsam Leben und Gemeinschaft aus sich heraus.[80]

Anmerkungen

[1] Manfred Josuttis, Der Weg in das Leben. Eine Einführung in den Gottesdienst auf verhaltenswissenschaftlicher Grundlage, München 1991, 66.

[2] Johan Huizinga, Homo Ludens. Vom Ursprung der Kultur im Spiel (rowohlts enzyklopädie 435), Hamburg [1956] 1991, 18 f.

[3] Herbert Muck, Der Raum. Baugefüge, Bild und Lebenswelt, Wien 1986, 20.

[4] Rainer Volp, Kirchenbau und Kirchenraum, in: Hans-Christoph Schmidt-Lauber/Karl-Heinrich Bieritz (Hg.), Handbuch der Liturgik. Liturgiewissenschaft in Theologie und Praxis der Kirche, Göttingen, Leipzig ²1995, 490-509, hier 490.

[5] Klaus Raschzok, Kirchenbau und Kirchenraum, in: Schmidt-Lauber/Meyer-Blanck/Bieritz, Handbuch (Kap. 1 Anm. 5), 391-412, hier 391.

[6] Hans Bernhard Meyer, Was Kirchenbau bedeutet. Ein Führer zu Sinn, Geschichte und Gegenwart, Freiburg i. Br. 1984, 8.

[7] Johannes H. Emminghaus, Der gottesdienstliche Raum und seine Ausstattung, in: Rupert Berger u.a., Gestalt des Gottesdienstes. Sprachliche und nichtsprachliche Ausdrucksformen (GDK 3), Regensburg ²1990, 347-416, hier 355.

[8] Epist. IV,12 (41), 3.

[9] Nach Otto Kern, Die Religion der Griechen. Bd. 1, Berlin 1926, 21; vgl. Josuttis, Weg (Kap. 4 Anm. 1), 67.

[10] Josuttis, Weg (Kap. 4 Anm. 1), 66 f.

[11] Emminghaus, Raum (Kap. 4 Anm. 7), 355 f.

[12] Josuttis, Weg (Kap. 4 Anm. 1), 67-71.

[13] Ebd. 75.

[14] Adolf Adam, Wo sich Gottes Volk versammelt. Gestalt und Symbolik des Kirchenbaus, Freiburg i. Br. 1984, 9-13.

[15] Brunner, Lehre (Kap. 1 Anm. 7).

[16] Bieritz/Kähler, Haus (Kap. 3 Anm. 25), 484.

[17] Emminghaus, Raum (Kap. 4. Anm. 7), 373 f.

[18] Adam, Gottes Volk (Kap. 4 Anm. 14), 17.

[19] Emminghaus, Raum (Kap. 4 Anm. 7), 374.

[20] Ebd. 378.

[21] Ebd.

[22] Berger, Handlexikon (Kap. 1 Anm. 19), 249.

[23] Emminghaus, Raum (Kap. 4 Anm. 7), 381.

[24] Adam, Gottes Volk (Kap. 4 Anm. 14), 26.

[25] Ebd. 28.

[26] Emminghaus, Raum (Kap. 4 Anm. 7), 379.

[27] Josef Andreas Jungmann, Missarum sollemnia. Eine genetische Erklärung der römischen Messe. 2 Bde., Wien, Freiburg i. Br., Basel ⁵1962, I, 414.

[28] Vgl. Klauser, Liturgiegeschichte (Kap. 2 Anm. 1), 63-75.

[29] Hier gab es wohl bei Juden wie Christen eine gemeinsame Entwicklung: »Während zunächst das Gebet in Richtung Jerusalem bzw. Osten meist zu den während der Liturgie geöffneten Toren hin vollzogen wurde, drehte sich die gesamte architektonische Szenerie im Lauf der Zeit in beiden Traditionen um, so dass zwar die absolute Gebetsrichtung konstant blieb, die räumliche Ausrichtung der Betenden nun aber zur Apsis hin erfolgte«; Peter Ebenbauer, Liturgie in Judentum und Christentum, in: LJ 53 (2003) 56-63, hier 61.

[30] Klauser, Liturgiegeschichte (Kap 2 Anm. 1), 66.

[31] Johannes Wagner, Reflexionen über Funktion und Stellenwert von Introitus, Kyrie und Gloria in der Meßfeier, in: LJ 17 (1967) 40-47, hier 40.

[32] Meyer, Kirchenbau (Kap. 4 Anm. 6), 38.

[33] Ebd. 39 f.

[34] Berger, Handlexikon (Kap. 1 Anm. 19), 264.

[35] Ebd. 353.

[36] Ebd.

[37] Angelus A. Häußling, Mönchskonvent und Eucharistiefeier. Eine Studie über die Messe in der abendländischen Klosterliturgie des frühen Mittelalters und zur Geschichte der Meßhäufigkeit (LQF 58), Münster 1973, 314; vgl. Adam, Gottes Volk (Kap. 4 Anm. 14), 32.

[38] Berger, Handlexikon (Kap. 1 Anm. 19), 346.

[39] Georg Rietschel, Lehrbuch der Liturgik. 2. neubearb. Aufl. von Paul Graff. Bd. I: Die Lehre vom Gemeindegottesdienst; Bd. 2: Die Kasualien, Göttingen 1951-1952, I, 111.

[40] Berger, Handlexikon (Kap. 1 Anm. 19), 16.

[41] Ebd. 305.

[42] Ebd. 20.

[43] Ebd. 230.

[44] Ebd.

[45] Emminghaus, Raum (Kap. 4 Anm. 7), 400.

[46] Adam, Gottes Volk (Kap. 4 Anm. 14), 30.

[47] Ebd. 34.

[48] Meyer, Kirchenbau (Kap. 4 Anm. 6), 47.

[49] Adam, Gottes Volk (Kap. 4 Anm. 14), 39.

[50] Meyer, Kirchenbau (Kap. 4 Anm. 6), 50.

[51] Ebd. 51.

[52] Volp, Liturgik (Kap. 1 Anm. 32), I, 359.

[53] Adam, Gottes Volk (Kap. 4 Anm. 14), 40 ff. Vgl. ebd. 43: »Das Rosenfenster, auch Sonnen- oder Radfenster, kurz auch Rose genannt, als formale Mitte ein hervorragendes Element der Westfassade (z.T. auch an der Nord- und Südfassade des Querschiffes), hat seine Wurzeln wohl im Sonnenrad (›Glücksrad‹) mancher romanischer Kirchen und versinnbildlicht Christus als ›Sonne der Gerechtigkeit‹ (Mal 3,20).«

[54] Ebd. 48.

[55] Meyer, Kirchenbau (Kap. 4 Anm. 6), 56.

[56] Adam, Gottes Volk (Kap. 4 Anm. 14), 49.

[57] Meyer, Kirchenbau (Kap. 4 Anm. 6), 61.

[58] Adam, Gottes Volk (Kap. 4 Anm. 14), 58.

[59] Ebd. 59.

[60] Ebd. 60.

[61] Otto Bartning, Vom neuen Kirchenbau, Berlin 1919.

[62] Emminghaus, Raum (Kap. 4 Anm. 7), 382.

[63] Volp, Liturgik (Kap. 1 Anm.32), I, 405 f.

[64] Raschzok, Kirchenbau (Kap. 4 Anm. 5), 392.

[65] Ebd. 402. Über jüngste Entwicklungen im katholischen Raum informiert: Albert Gerhards/Thomas Sternberg/Walter Zahner (Hg.), Communio-Räume. Auf der Suche nach der angemessenen Raumgestalt katholischer Liturgie, Regensburg 2003.

[66] Römisches Meßbuch. Allgemeine Einführung, in: Meßbuch (Kap. 1 Anm. 60), I, 19*-69*.

[67] Emminghaus, Raum (Kap. 4 Anm. 7), 398.

[68] Ebd. 393.

[69] Gottesdienstbuch (Kap. 3 Anm. 31).

[70] Ergänzungsband zum Evangelischen Gottesdienstbuch für die Evangelische Kirche der Union und für die Vereinigte Evangelisch-Lutherische Kirche Deutschlands. Hg. von der Kirchenleitung der Vereinigten Evangelisch-Lutherischen Kirche Deutschlands und im Auftrag des Rates von der Kirchenkanzlei der Evangelischen Kirche der Union, Berlin, Bielefeld, Hannover 2002, 16 f.

[71] Josuttis, Weg (Kap. 4 Anm. 1).

[72] Ebd. 162.

[73] Ebd. 299.

[74] Ergänzungsband (Kap. 4 Anm. 70), 67-79; vgl. ebd. das »Praxisbeispiel zum Pfingstfest«, 81-90. Auch der »Gottesdienst mit reicheren Aktionsformen« im Gottesdienstbuch (Kap. 3 Anm. 31), 219-238, ist – wenn auch nicht ganz so deutlich – dem Raum-Bild des Kreises, nicht des Weges verpflichtet. Die Rubriken zur genannten Liturgie sprechen immerhin von einer Gestaltung der »Mitte des Gottesdienstraumes« und der Möglichkeit einer »Feier in Kreisform«.

[75] Die einführenden Hinweise zur ersten Vorlage des ursprünglich im Entwurf der Agende enthaltenen »Gestaltungsbeispiels nach Grundform I« sind hier aufschlussreich: »›Kreis‹ und ›Mitte‹ beschreiben zunächst einmal die räumliche Strukturierung dieses liturgischen Grundmusters. Auf der symbolischen Ebene stehen sie jedoch für mehr. ›Mitte‹ bezeichnet hier die göttliche Präsenz, die in den Anrufungen deutlich wird. Der ›Kreis‹ steht für die lebendige Verbundenheit untereinander, die im Bezogensein auf die ›Mitte‹ erfahren wird. Der Freiraum, das ›Dazwischen‹ zwischen Mitte und Kreislinie steht für die Fülle der Erfahrungen, die die Einzelnen in diesen Gottesdienst mitbringen und die hier entdeckt, entfaltet und gestaltet werden können. Das ›Schließen‹ und ›Öffnen‹ des Kreises bedeutet auf der symbolischen Ebene das Hineintreten in den geschützten Raum des Heiligen und das erneute Hinausgehen in die Welt des Alltags.« Zitiert nach Schwier, Erneuerung (Kap. 2 Anm. 51), 449 f.

[76] »Wir wenden uns der Mitte zu. Sie weist über sich hinaus, ist uns Zeichen für Gottes Gegenwart. Wir öffnen uns dieser Gegenwart. So, wie wir sind, in aller Brüchigkeit unseres Lebens, aber auch in dem, was unser Leben reich macht, verbinden wir uns mit der Mitte.« »Du bist ja in unserer Mitte, Gott, und wir heißen nach deinem Namen. Verlass uns nicht. Wir rufen deinen Namen an.«

[77] »Du, Gott, bist unsere Mitte und unser Grund. Du sammelst uns und schaffst unsere Gemeinschaft immer wieder neu. Es ist gut, bei dir zu verweilen. Es ist gut, einander zu begegnen. Öffne uns, stärke uns, erfülle uns mit deinem Geist.«

[78] »Wir wissen uns mit Gott als der Mitte alles dessen, was ist, verbunden. Gottes Kraft verbindet uns untereinander. In der Form eines getanzten Gebetes wollen wir dies ausdrücken [...]«.

[79] »Gott, du Heiliger; du Feuer, das nie verlischt; Christus, du Brücke meines Glaubens; du Schatzkammer meines Herzens; du Schöpfungswort Gottes; Gott, du Freundin auf dem Weg; du Quelle des Lebens«.

[80] Auch hierbei liegen die Bezüge zum Raum-Bild des Kreises auf der Hand: Kann doch der *Kreis* in seiner ganzen Ausdehnung als *Ausstrahlung* (vgl. den Begriff des *Radius*), ja, als *Auswuchs* einer »Mitte« verstanden werden. Vgl. zum Gesamtzusammenhang: Karl-Heinrich Bieritz, Von Schwelle zu Schwelle. Vorbemerkungen zu einer liturgischen Heimatkunde, in: WzM 51 (1999) 63-80; ders., Zwischen Kreis und Weg: Eucharistische Liturgie im »Evangelischen Gottesdienstbuch«, in: Martin Klöckener/Arnaud Join-Lambert (Hg.), Liturgia et Unitas. Liturgiewissenschaftliche und ökumenische Studien zur Eucharistie und zum gottesdienstlichen Leben in der Schweiz [FS Bruno Bürki], Freiburg (Schweiz) 2001, 110-133.

5. Klänge

5.1 Zugänge

Klänge aller Art sind – offiziell oder inoffiziell – Medien gottesdienstlicher Kommunikation. Sie übernehmen zum Teil Signal- bzw. Appell-
funktionen (Glocken, Klingelzeichen), stimmen in das Geschehen ein,
verbinden sich mit dem Wort im Gesang, begleiten, tragen und überhö-
hen das liturgische Handeln. Eine wichtige Funktion erfüllt in der
Liturgie auch das bedeutungsvolle Schweigen. Die Klangwelten, in denen
der Gottesdienst Gestalt gewinnt, lassen sich nicht auf die musikalischen
Codes im strengen Sinne reduzieren. Dennoch kommt Musik und Gesang
in diesem Zusammenhang eine überragende Bedeutung zu.

5.1.1 Anthropologische Aspekte

»Singend laßt uns vor ihn treten, mehr als Worte sagt ein Lied«:[1] Folgt
man der Aussage dieses Kirchenliedes, eignet musikalischen Äußerungen
ein Bedeutungsüberschuss, der durch die Wortsprache nicht eingeholt
werden kann und durch Hinweise auf die ganzheitlich-emotionalen
Möglichkeiten musikalischen Ausdrucks und musikalischer Wahrnehmung auch nur zum Teil erklärt wird. Spekulationen über den Ursprung von Musik und Gesang anzustellen, erscheint in diesem Zusammenhang als müßig. Sie gehören – zusammen mit dem Tanz, mit dem
sie eine ursprüngliche Einheit bilden – zur Grundausstattung des
Menschen und stellen so einen Teil der *conditio humana* dar. Sie treten
nicht zum gesprochenen Wort hinzu – so dass man gegebenenfalls auch
auf sie verzichten könnte –, sondern gehen ihm in gewisser Weise voraus:
Zuerst ist der *Klang*, dann der *Sinn*, der sich in ihm wahrnehmen und
ausdrücken lässt.

In der Musik ursprünglich ein »Hilfsmittel der Arbeit«[2] zu sehen, greift sicher
zu kurz. Doch lässt sich nicht nur am ethnologischen Beispiel zeigen, dass
Musik, Gesang und Tanz imstande sind, das Handeln von Menschen zu
koordinieren und es zugleich in größere Sinnzusammenhänge – wie sie etwa in
einem kultischen Weltverständnis zum Ausdruck kommen – einzufügen:
Singend, musizierend, tanzend nehmen Menschen gewissermaßen an der
Erschaffung ihrer Welt teil.

Menschen leben – und das gilt schon für das Ungeborene im Mutter-
leib – in einer Klangwelt. Sie erfahren »den gesamten Kosmos als tönend
und darum als belebt«.[3] Wahrgenommen wird diese Welt – der Klang der
Elemente, die Stimmen von Tieren und Menschen, Körpergeräusche,
technisch erzeugter Lärm u.a. – dort, wo sie »Resonanz« findet, wo also
Hörende sich gleichsam auf sie einschwingen. Das aber ist ein
Vorgang, der den ganzen Menschen betrifft (dass bestimmte Geräusche
und Klänge ›mit allen Fasern‹ rezipiert werden, hat jeder schon erfahren) und der zugleich die durch die eigene Körperlichkeit gesetzten
Grenzen sprengt.

Von Gesang und Musik wollen wir dort sprechen, wo solche »Sonanz«
und »Resonanz« Zeichengestalt gewinnt, wo also bestimmte Klänge – in
Unterscheidung von anderen – im weitesten Sinne als »Ausdruck, Appell
und Darstellung« fungieren und entsprechend wahrgenommen bzw.
intendiert werden.[4] Zum Zwecke der näheren Bestimmung können dabei
vier grundlegende Dimensionen unterschieden werden, die allen musikalischen Äußerungen gemeinsam sind: »Singen und Musizieren sind to-
nal, melodisch, rhythmisch und dynamisch geprägt«. Die Melodik ist
dabei durch Differenzen der Tonhöhe, die Dynamik durch Differenzen
der Lautstärke, die Rhythmik durch Differenzen der Ton- bzw. Schlag-
folge definiert. Tonalität meint die kulturbedingte »Ordnung des
Tonmaterials in Systeme«.[5]

Nicht nur vom Singen, sondern von allen musikalischen Äußerungen gilt, dass
sie mehr sind »als Freizeitbeschäftigung oder Kunstgenuß«: »Singen ist archaische Praxis des Lebens. Auf präverbale Weise gestalten Körper, Seele und
Geist in der Ordnung der Töne die Einsicht, daß die Welt letztlich in Ordnung
ist. Im Akt des Singens findet Vereinigung statt, Integration innerhalb des
singenden Menschen, Kommunikation mit anderen bei Arbeit und Spiel, Initiation in das symbolische Universum der jeweiligen Gesellschaft. Diese
Vereinigung geschieht im Medium der Leiblichkeit, aber anders als in der
sexuellen Begegnung bleibt die Distanz zwischen den beteiligten Menschen
erhalten. Im gemeinsamen Singen erweitern sich die Ich- und die Gruppen-
grenzen [...] Singen ist ein Verhalten mit transzendenter Tendenz.«[6]

5.1.2 Religiös-kultische Aspekte

Musik und Gesang sind bei allen Völkern und in allen Religionen
integrierender Bestandteil von Kultus und religiösem Brauchtum. Sie
haben dabei an jener Spannung teil, die nach Rudolf Otto die Erfahrung
des ›Heiligen‹ schlechthin auszeichnet: Das Moment des *tremendum*

und das Moment des *fascinans* sind hier in »seltsamer Kontrastharmonie«[7] verbunden. Musik – als »heiliger Klang« – hat an beidem teil, sie
kann bedrohen und erschrecken, aber auch erfreuen und versöhnen. Sie
erzählt »vom Poltern des Donners, vom Toben des Sturmes, vom Rauschen des Regens, vom Brüllen der Wild- und Weidetiere, vom Singen
der Bäume und Pflanzen unter dem Winde, vom Wogenrollen der Brandung.«[8]

In Musik und Gesang nehmen Menschen nicht nur auf Götter Einfluss; sie
nehmen auch unmittelbar an ihrem Wirken teil: »So erzählt man, daß in manchen
Gegenden Indiens der Bauer, nachdem er den Samen ausgesät oder die Pflanzen
gesteckt hat, sich an den Ackerrand setzt und Flöte bläst, nicht etwa zur
Entspannung am Feierabend, sondern in dem Bewußtsein, daß dies eine gottesdienstliche Handlung sei, welche zur Fruchtbarkeit des Landes unerläßlich sein
soll. Das ausdrückliche Spenden des Atems, das Gestalt gewinnt in der Melodie
der Flöte, ist offensichtlich dazu bestimmt, Zeichen zu sein für einen göttlichen
Hauch, der Leben verleiht und damit den Acker erst fähig macht, Leben spendende Nahrung hervorzubringen.«[9]

Musik vermag selbst Götter zu verzaubern: Von ihrer Schönheit
(Moment des *fascinans*!) erhofft man sich besänftigende, betörende, ja
beschwörende Wirkungen auf überirdische Mächte. Musik vermag aber
auch zu verstören und zu zerstören (Moment des *tremendum*): Lautstärke, Dissonanzen, Geschrei vertreiben Dämonen und andere feindliche
Kräfte. Hinzu kommt die schon oben erwähnte integrierende Wirkung
von Musik: Sie verbindet die Kultteilnehmer – indem sie auf eine
»möglichst vollständige emotionale Übereinstimmung« zielt – zur Kultgemeinde.[10]

»Lärm und Lautstärke der Kultmusik versetzen auch die Menschen in Furcht
und Schrecken und halten sie vom Allerheiligsten fern; Schönheit und Pracht
der Musik bringen sie zu Staunen und Bewunderung, die Herrlichkeit des
kultischen Raumes wird mit Augen und Ohren überwältigend erfahren. Die
aufpeitschende Wirkung der motorischen und hektischen Rhythmen und die
betörende Wirkung der Musik versetzen sie in einen ekstatischen Rauschzustand, in welchem sie die Verbindung mit der Gottheit erfahren. Dies geschieht
in der Regel unter Einbeziehung des Körpers durch rhythmische Bewegung,
Klatschen, Stampfen, Springen und Tanzen. Umgekehrt wird die beruhigende,
zu Innehalten und Entspannen führende Wirkung der Musik – kleine, ostinat
wiederkehrende, leise Formeln – als Vorbereitung und Hilfe zur Meditation
eingesetzt.«[11]

So lässt sich sagen: »In und mit der Musik gewinnt die Religion ihre
Macht über Menschen und Götter.«[12]

126 Klänge

5.1.3 Biblische Aspekte

(1) Altes Testament

Für den Glauben und die gottesdienstliche Praxis Israels spielen Musik und Gesang eine wichtige Rolle. Dabei kommt dem Singen – mit und ohne instrumentale Begleitung – große Bedeutung zu. Das zeigt sich besonders am biblischen ›Buch der Preisungen‹ (ספר תהלים, *sefer tᵉhillim*), dem Psalter, der vermutlich in einem längeren Prozess aus verschiedenen kleineren und größeren Liedsammlungen zusammengewachsen ist. Dabei darf nicht übersehen werden, dass sich auch in den anderen Büchern des Alten Testaments Lieder und poetische Texte finden.

Von den Auslegern werden die Psalmen sowohl nach inhaltlichen wie nach formalen Kriterien bestimmten Liedgattungen zugeordnet, denen jeweils ein unterschiedlicher ›Sitz im Leben‹ – eine spezifische Funktion im kultisch-religiösen Leben des Einzelnen wie der Gemeinschaft – entspricht. Doch herrscht weder in der verwendeten Begrifflichkeit noch in der Bestimmung der einzelnen Gattungen Einhelligkeit unter den Fachleuten.

Die Gattung, der der Psalter seine Überschrift verdankt, ist der *Hymnus*, das *Loblied*, in dessen Mittelpunkt der Lobpreis Gottes steht. Eine Untergattung des *Hymnus* bilden die *Jahwe-König-Lieder* (früher auch *Thronbesteigungspsalmen* genannt). Sie preisen Gott als König über alle Welt. In einer gewissen Nähe zum *Loblied* steht das *Danklied eines Einzelnen*, das manche auch als ›berichtendes Lob‹ charakterisieren.

Eine große Gruppe im Psalter bilden die *Klagelieder*, die manche lieber als *Gebetslieder* bezeichnen möchten, wobei sie auch das *Danklied des Einzelnen* hierunter begreifen. Vom *Klagelied des Einzelnen* unterscheiden die Ausleger das *Klagelied des Volkes*. Eine Liedgruppe besonderer Art begegnet uns in Gestalt der *Königspsalmen*, die die göttliche Erwählung des Königs feiern.

Im Bundeskult Israels hat der Gesang wohl von Anfang an einen festen Platz. Nach allem, was sich erschließen lässt, wird er von einzelnen Sängern vorgetragen und durch Akklamationen (zum Beispiel das *Halleluja* von hebr. הללו־יה, *hallelu jah* = ›Lobt Jahwe‹) unterbrochen. Als Begleitinstrumente finden Handpauken (Ex 15,20), vielleicht auch Saiten- und Blasinstrumente (Leier, Winkelharfe; Schalmei, Flöte) Verwendung. Das Widderhorn (*Schofar*) dient als kultisches und militärisches Signalhorn. Über das ›Kultgeschrei‹ (2 Sam 6,15) hinaus hat es jedoch Volksgesang im Kult kaum gegeben.

Nach der Landnahme werden Musizierpraktiken aus der kanaanäischen Umwelt übernommen (1 Sam 10,5). In der Königszeit versehen Berufsmusiker den musikalischen Dienst im Tempel und bei Hofe (1 Kön 5,11; 10,12). Harfe und Leier begleiten den Gesang, Handpauken den Reigentanz der Frauen, zum ›Kultgeschrei‹ des Volkes werden Zimbeln geschlagen (vgl. Ps 150).

Im nachexilischen Tempel fallen Kultgesang und -musik in die Kompetenz der Leviten (vgl. Esra 2,41). In den Synagogen gibt es – im Unterschied zum Tempel – kaum instrumentale Musik; es dominiert der Gesang. Lesungen und Gesänge werden in einem spezifischen Sprechgesang ›kantilliert‹. Die Psalmen werden in der Regel von Vorsängern vorgetragen. Das Volk beteiligt sich mit Kehrversen (vgl. Ps 136; Dan 3,52 ff) und Akklamationen am Gesang. Eindeutig bezeugt ist der Psalmengesang in den Synagogen freilich erst zwischen 120 und 140 n. Chr.[13]

(2) Neues Testament

Nach Eph 5,19 und Kol 3,16 gab es in den frühen christlichen Gemeinden verschiedene Gattungen von Gesängen, die sich aber nicht mehr genau bestimmen lassen: »Ermuntert einander mit Psalmen (ἐν ψαλμοῖς) und Lobgesängen (ὕμνοις) und geistlichen Liedern (ᾠδαῖς πνευματικαῖς), singt und spielt dem Herrn in eurem Herzen« (Eph 5,19).

Die ältesten Lieder des Neuen Testaments waren allem Anschein nach Christushymnen (Eph 1,3-14; Phil 2,5-11; Kol 1,12-20). Es ist anzunehmen, dass auch andere fest geprägte Texte (zum Beispiel 1 Tim 3,16; 2 Tim 2,11-13; Hebr 1,3, aber auch Joh 1,1-5.9.12b.14.16) in den gottesdienstlichen Versammlungen gesungen wurden. Spontane und geprägte Doxologien und Akklamationen (vgl. das μαρὰν ἀθά von 1 Kor 16,22) haben – wie schon in den Gottesdiensten Israels – eine große Rolle gespielt. Lesungen und Gebete wurden vermutlich nach synagogaler Tradition kantilliert. Bedeutsame poetische Texte, die uns insbesondere Lukas überliefert (Lk 1,46-55; 1,68-79; 2,29-32), stehen in der Tradition der alttestamentlichen Psalmen.

Besondere Beachtung verdient in solcher Hinsicht das letzte Buch der Bibel, die Offenbarung des Johannes, die man geradezu als »hymnisches Evangelium«[14] beschrieben hat. Die neuere Exegese urteilt freilich zurückhaltender, was den liturgischen Gebrauch der im Neuen Testament überlieferten hymnodischen Stücke angeht.

Bezeugt ist das »Psallieren« (ψάλλειν) einzelner Gemeindeglieder »mit dem
Geist« und »mit dem Verstand« (1 Kor 14,15): »Wenn ihr zusammenkommt, so
hat ein jeder einen Psalm (ψαλμός), er hat eine Lehre, er hat eine Offenbarung,
er hat eine Zungenrede, er hat eine Auslegung. Lasst es alles geschehen zur
Erbauung!« (1 Kor 14,26). Paulus rechnet das Singen in der Versammlung zu
den »Gaben des Geistes« (1 Kor 14,12). Der Zusammenhang lässt darauf schließen, dass dabei Formen der Glossolalie – also enthusiastische Ausdrucksformen
– ebenso eine Rolle spielten wie der Vortrag ›verständlicher‹ Lieder, die keiner
zusätzlichen Deutung bedurften.

Ob man hier – wie überhaupt in den Versammlungen neutestamentlicher Gemeinden – alttestamentliche Psalmen gesungen hat, ist umstritten. Unklar ist, ob
die Gesänge von Musikinstrumenten begleitet werden konnten. Reine
Instrumentalmusik wird es ebenso wenig wie in den Synagogen gegeben haben.

Singen – so lässt sich zusammenfassen – ist im Neuen Testament
»Ausdruck der Gotteserfahrung der Gemeinde, Zeichen ihrer Be-Geiste-
rung und Freude sowie ein eschatologisches Zeichen, das den Gottesdienst der irdischen Gemeinde mit dem des Himmels verbindet, ihn aber
auch auf die Vollendung, auf die neue Schöpfung (1 Kor 5,17) hin
transparent macht, die in der Liturgie schon vorgebildet ist und in der das
neue Lied der Erlösten erklingt.«[15]

5.1.4 Zeichentheoretische Aspekte

In zeichentheoretischen Zusammenhängen wird gelegentlich die These
vertreten, »Musik sei ein Signifikant ohne Signifikat, also eine Zeichengestalt ohne Bedeutung«,[16] freilich mit einer hochdifferenzierten,
komplexen Syntaktik. Dies könne erklären, warum die »syntaktische
Organisation« musikalischer Äußerungen – im Unterschied zu anderen
Zeichensorten – solche Aufmerksamkeit findet:

»Die Teilnehmer beachten stark deren ›Eigenfunktion‹, stellen hohe
Qualitätsansprüche an den Signifikanten. Bei anderen Zeichensorten nehmen sie
schlechte syntaktische Organisation wesentlich eher wegen einer zu über-
mittelnden wichtigen Bedeutung hin.«[17]

Das kann dazu führen, dass sich Musik – auch da, wo sie sich mit dem
Wort verbindet oder gesprochene Texte rahmt – oft »eigenwillig und wi-
derspenstig« verhält und ganz andere als die vom Produzenten intendierten Wirkungen erzielt.[18] Die These erklärt aber auch, wie musikalische
Äußerungen dennoch eine Fülle globaler Bedeutungen an sich ziehen und
somit durchaus zum Träger von Botschaften werden können: In das

musikalisch erzeugte »semantische Vakuum« dringen allerhand Deutungsversuche der Rezipienten ein.

»Das geschieht bei abstrakten Bildern ebenso unausweichlich wie bei absoluter Musik. Beethoven konnte sich nicht dagegen wehren, daß die Hörer seiner 5. Symphonie ›das Schicksal klopfen‹ hörten, Haydn mußte es sogar hinnehmen, daß bei seiner 83. Symphonie ein ›Huhn‹ konnotiert wurde.«[19]

Solchen Deutungsversuchen können Komponisten Vorschub leisten, indem sie auf bestimmte Möglichkeiten der Konnotationslenkung zurückgreifen, wie sie in den vergangenen Jahrhunderten auf der syntaktischen Ebene musikalischer Codes etabliert wurden:

»Produzenten und Rezipienten beherrschen einen umfangreichen Kode: Moll bedeutet traurig, Dur dagegen fröhlich; die Hornquint signalisiert ›Jagd‹; Oboen klingen ›pastoral‹, Trompeten ›majestätisch‹; besondere Klangfarben und Rhythmen weisen auf ›China‹ oder ›Mexico‹ usw. Mühelos kann man durch syntaktische Operationen auch die Konnotationen ›religiös‹, ›kirchlich‹, ›andächtig‹, ›Gebet‹ erzielen.«[20]

Freilich eröffnet die gleiche musikalische Zeichengestalt – also eine identische syntaktische Vorstrukturierung – ein außerordentlich weites, auch mehrdeutiges Konnotationsfeld:

»Bach konnte eine nach Lohn heischende Huldigung für seine weltliche Obrigkeit musikalisch unverändert als ›Jauchzet, frohlocket‹ zum himmlischen Lobpreis in das Weihnachtsoratorium übernehmen. Heute wäre diese Musik auch gut geeignet zur Weinbrand-Werbung (es gibt dergleichen bereits!). Takte aus ›Les Préludes‹ von Liszt konnten im Dritten Reich wirkungsvoll Siegesmeldungen ankündigen. Die gleiche ›pastorale‹ Musik kann ›Bethlehem‹ oder ›Kölnisch Wasser‹ bedeuten. Die Film-, Fernseh- und Werbemusik lebt von dieser Ausbeutung der Konnotationsbereitschaft der Rezipienten. Kirchenmusik ist oft hart an der Grenze, das gleiche zu tun.«[21]

Zu bedenken ist, dass die genannten syntaktischen Vorstrukturierungen geschichtlichem bzw. soziokulturellem Wandel unterliegen – so dass die Konnotationen, die wir heute mit musikalischen Zeichenfolgen verbinden, durchaus nicht in gleicher Weise für deren Entstehungszusammenhang gegolten haben müssen.

Von praktischer Bedeutung ist die Erkenntnis, »daß Musik im Gottesdienst nicht an sich und isoliert abläuft, sondern untrennbar verwoben mit anderen Zeichen und Zeichensorten, deren Rezeption sie beeinflußt und von denen ihre Rezeption beeinflußt wird.«[22] Dabei gehört es zu den Leistungen der musikalischen Codes, dass sie imstande sind, die anderen Zeichen gewissermaßen ›um sich herum‹ zu organisieren und so deren

Rezeption zu lenken. Das gilt auch im Verhältnis zu den verbalen Codes, die sie – wo sie sich mit ihnen verbinden – gleichsam ›regieren‹: Der ›Ton‹ macht hier nicht nur die ›Musik‹, sondern verfügt auch über die Bedeutung.

Zu den Stärken des musikalischen Codes zählt, »daß er den Hörer einstimmt, ohne ihn begrifflich zu überanstrengen, ihm einen Freiraum zu individuellen Überlegungen anbietet, ohne daß der Kontakt mit der Gemeinde abgebrochen wird.« Seine Schwäche »liegt u.a. in der nicht leicht festzustellenden und ins gottesdienstliche Syntagma einzubringenden Stimmung, in der er die einzelnen und die Gemeinde insgesamt versetzt, ferner in seiner relativen Unverbindlichkeit, mit der er Träger verschiedener Bedeutungen sein kann.«[23]

5.2 Geschichte und Gestalt

5.2.1 Hymnen

Eine Rekonstruktion der musikalischen Praxis der frühen christlichen Gemeinden ist schwierig. Die patristische Literatur liefert hierzu nur wenige, eher beiläufige Angaben. Versuche, aus tradiertem liturgischen Gut – etwa dem Gregorianischen Choral – Rückschlüsse auf diese Praxis zu ziehen, bleiben weitgehend im Bereich der Spekulation. Man darf jedoch annehmen, dass die im Neuen Testament erkennbaren Formen geistlich-liturgischen Singens auch die gottesdienstliche Praxis der ersten Jahrhunderte bestimmen.

Das gilt mit Sicherheit für die Übung, Lesungen und Gebete damaligem Brauch entsprechend kantillierend, also im Sprechgesang, vorzutragen. Es gilt auch für die gottesdienstliche Verwendung psalmenähnlicher Dichtungen in Gestalt von Hymnen, insbesondere von Christusliedern, wie sie uns schon im Neuen Testament begegnen.

Der exzessive Gebrauch des *Hymnus* durch die Gnosis (vgl. die gnostisch gefärbten Christuslieder in den Apokryphen zum Neuen Testament) führt freilich im 3. Jh. zu einem biblizistischen »Rückzug auf die poetischen Stücke der Bibel«.[24] So verbietet das Konzil von Laodizea (um 350) alle ›selbstgemachten Psalmen‹ (*psalmi idiotici*). Das hat zur Folge, dass uns aus der Frühzeit der Kirche nur zwei bedeutende Prosahymnen überliefert sind: Das *Gloria in excelsis* in der Messe (im Grundbestand vielleicht schon im 2. Jh. verwurzelt) und das *Te Deum laudamus* im Stundengebet (erstmals zu Anfang des 6. Jh. bezeugt). Älteren Ursprungs ist auch das *Te decet laus* und das byzantinische *Phos hilaron*. Dazu kommen die biblischen *Cantica*, von denen das *Benedictus* Lk 1,68-79 in den Laudes, das *Magnificat* Lk 1,46-55 in der Vesper und das

Nunc dimittis Lk 2,29-32 in der Complet seinen Platz findet, und eine Reihe alttestamentlicher *Cantica* außerhalb des Psalters (zum Beispiel Ex 15; Dan 3,24-50.51-90).

Erst im 4. Jh. setzt – zunächst in Syrien (Ephrem der Syrer, gest. 373), dann auch im Abendland (Hilarius von Poitiers, gest. um 367; Ambrosius von Mailand, gest. 397; Prudentius, gest. nach 405) – erneut die Dichtung von *Hymnen* für den gottesdienstlichen Gebrauch ein.

Der liedähnliche, volkstümliche Hymnentyp, der sich jetzt – wiederum zuerst in Syrien – durchsetzt, »ist gekennzeichnet durch Gliederung in gleichgebaute und auf die gleiche Melodie gesungene Strophen; jede Strophe hat gleich viele Silben und hat anfangs teilweise die Längen und Kürzen (quantitative), im Allgemeinen aber die Wortakzente (qualitative Metrik) in fester Folge jeweils an denselben Stellen [...] Die von Ambrosius geschaffene Form des Hymnus, die noch heute in der lateinischen Liturgie vorherrscht, besteht aus acht Strophen von je vier jambischen Dimetern mit einer einfachen Melodie.«[25]

Während die Ordensregel Benedikts von Nursia (um 480/490-547) für jede Hore des Stundengebets einen Hymnus vorsieht, widersetzt man sich in Rom selbst bis in das 12. Jh. diesem Brauch. Heute wird auch im römischen Offizium »zu Beginn jeder Hore als Einstimmung in den Gehalt der Stunde« ein Hymnus gesungen.[26]

5.2.2 Psalmen

Die früher recht einhellig vertretene These, die älteste Kirche habe den Psalmengesang aus synagogaler Praxis in ihre Gottesdienste übernommen, ist heute umstritten. Man nimmt vielfach an, die alttestamentlichen Psalmen hätten zunächst als Lesungen – freilich kantillierend vorgetragen – im christlichen Gottesdienst Aufnahme gefunden. Aus solcher Praxis, bei der die Lesungen durch Kehrverse der Gemeinde unterbrochen wurden, sei die christliche Psalmodie entstanden.[27]

Andere halten dagegen, dass »das frühe Christentum die Psalmen als eine besondere Art von Texten der Heiligen Schrift, als Gesänge übernommen« habe. Insbesondere die oben genannte Vortragsweise – dass nämlich die Gemeinde auf die vom Lektor vorgetragenen Psalmverse mit einem Kehrvers antwortet – mache deutlich, dass es sich hierbei um eine »musikalische Form« handele: Der Psalm zwischen den Schriftlesungen ist nach dieser Auffassung »nicht eine weitere Lesung, sondern prägt das Grundprinzip des Wechsels zwischen Sprechen und Singen, Wort und Musik aus.«[28]

Psalmen finden im eucharistischen Gottesdienst Verwendung vor allem als so genannte ›Antwortpsalmen‹ auf die Schriftlesungen und als

Begleitgesänge zu den Prozessionen, die sich mit dem Einzug, der Gabendarbringung bzw. -bereitung und der Kommunion verbinden. Eine überragende Bedeutung gewinnen sie im Stundengebet (vgl. 16.1.4). Man unterscheidet drei Formen des Psalmengesangs.

(a) *Psalmus in directum* (*directaneus*): Hierbei wird der Psalm von einem Vorsänger durchgehend, ohne Unterbrechung durch Kehrverse der Gemeinde, vorgetragen.

Manche sehen darin die älteste Form christlicher Psalmodie. Sie ist im so genannten *Tractus* der Messe – heute Zwischengesang nach der 2. Lesung während der Fastenzeit, wenn das Halleluja nicht gesungen wird – erhalten. Ihren ›Sitz im Leben‹ hatte diese Praxis vor allem im monastischen Bereich (vgl. 16.1.4). Sehr bekannte Psalmen konnten auch von allen gemeinsam ›geradeaus‹ gebetet bzw. gesungen werden.

(b) *Psalmus responsorius* (responsorischer Psalmengesang): Auch hierbei wird der Psalm von einem Vorsänger vorgetragen; die Gemeinde fällt nach jedem Vers bzw. nach einzelnen Versgruppen mit einem gesungenen Kehrvers (*responsum*) in den Vortrag ein.

Diese Art der Psalmodie ist seit dem 4. Jh. sowohl im Osten wie im Westen bezeugt; manche halten sie für die ältere Form.[29] Ihren ›Sitz im Leben‹ hatte und hat sie im Wortgottesdienst der Messe, wo die – als Antwort auf die Lesungen vorgetragenen – Psalmen responsorisch ausgeführt werden. Altem Brauch entspricht es, dass dabei der Kehrvers aus dem Psalm selbst genommen wird.

(c) Antiphonaler (wechsel- bzw. gegenchöriger) Psalmengesang: Hierbei wechseln sich zwei Chorhälften Vers für Vers im Vortrag des Psalms ab. Ein von beiden Hälften gemeinsam gesungener Rahmenvers (*Antiphon*) leitet den Gesang des Psalms ein und beendet ihn, kann aber gegebenenfalls auch zwischen den Versen bzw. einzelnen Versgruppen wiederholt werden. Diese Art des ›gegenchörigen‹ Singens kann natürlich auch zwischen Chor und Gemeinde ausgeführt werden.

Die Ausbildung des antiphonalen Psalmengesangs hängt vermutlich mit der Entfaltung des christlichen Gottesdienstes nach der konstantinischen Wende zusammen und mit der Rolle, die der Sängerschola dabei zuwächst. In der Messe werden – anders als die responsorisch ausgeführten Gesänge zu den Lesungen – die Prozessionsgesänge zum Einzug (*Introitus* bzw. *antiphona ad introitum*, heute *Gesang zur Eröffnung*) und zur Kommunion (*Communio*) antiphonal gestaltet. Als Antiphon (*antiphona*) kann hier nicht nur der Rahmenvers, sondern der Gesang im Ganzen bezeichnet werden. Ob auch der Begleitgesang zur Gabenbereitung, das *Offertorium*, hierunter subsumiert werden kann, ist umstritten. Der antiphonale Psalmengesang findet Eingang auch in das Stundengebet (*Offiziumspsalmodie* in Unterscheidung von der – musikalisch anspruchsvolleren – *Messpsalmodie*).

Manche vermuten, die ›gegenchörige‹ Singweise habe sich zunächst beim Hymnengesang im syrischen Raum eingebürgert. Im Abendland sei sie von Ambrosius auch in den Psalmengesang eingeführt worden. Zunächst sei – bei solistischem Vortrag der einzelnen Psalmverse – lediglich der Refrain, die Antiphon, von den beiden Chorhälften abwechselnd ausgeführt worden, bis dann – bei besserer musikalischer Bildung des Klerus – den beiden Chorhälften auch der Gesang der Psalmverse zufiel.

Zur Herkunft des ›Antiphon‹ genannten Rahmenstücks gibt es gleichfalls unterschiedliche Theorien: Während manche ihren Ursprung im *responsum* des Volkes (siehe oben unter b) sehen, halten andere sie für ein »festliches Chorstück« (nach Art der *Troparien* in den östlichen Liturgien), das den eigentlichen Volks-Kehrvers (*versus ad repetendum*) umrahmte.[30]

Vermutlich im Zusammenhang mit den arianischen Streitigkeiten um die Gottheit Christi setzt sich der Brauch durch, Psalmen, Cantica und andere Gesänge mit dem Lobpreis des Dreieinigen Gottes (*Gloria Patri*, ›Kleine Doxologie‹) zu beschließen. Zu Beginn des 6. Jh. bezeugt, scheint die Formel schon vorher allgemein verbreitet zu sein.

5.2.3 Gregorianischer Choral

Der »schillernde Begriff« – der sich auf das Wirken Papst Gregors des Großen (590-604) bezieht –, bezeichnet (1) das Repertoire an einstimmigen lateinischen liturgischen Gesängen, wie es sich in der römischen Kirche herausgebildet hat, (2) die besondere »musikalische Diktion, in der dieses Repertoire grundsätzlich abgefasst ist«: »einstimmiger, (an sich) unbegleiteter Gesang in freiem Rhythmus mit Melodiebildung im Rahmen der acht ›Kirchentonarten‹«.[31]

Über den Ursprung dieses musikalischen Stils gibt es keine gesicherten Erkenntnisse: »In der jüdischen Tradition gibt es nichts dem System der gregorianischen Psalmtöne Vergleichbares, und es gibt keine gemeinsame melodische Tradition der Psalmodie zwischen den verschiedenen christlichen Riten.«[32]

Der Bezug auf das Wirken Gregors ist insofern berechtigt, als unter ihm eine Entwicklung einsetzt, in deren Verlauf der liturgische Gesang kunstvoll ausgestaltet und die Beteiligung des Volkes immer stärker beschnitten wird. Wachsende Bedeutung gewinnt die *Schola cantorum*, eine besonders geschulte Sängergruppe, die zunächst nur die (wechselnden) Stücke des liturgischen Propriums ausführt, schließlich aber den gesamten gottesdienstlichen Gesang übernimmt. Sie hat ihren liturgischen Ort an der Schwelle zum Presbyterium, später dann auf dem Lettner.

In der Tradition des liturgischen Gesangs im Abendland unterscheidet man zwischen dem *accentus* (›Hinzugesungenes‹), jener schlichten Art des liturgischen Sprechgesangs, in dem Lesungen, Gebete und Akklamationen vorgetragen (›kantilliert‹) werden, und dem *concentus*, dem kunstvollen liturgischen Gesang, der eine Schola bzw. ausgebildete Vorsänger voraussetzt.

Als Hilfe für den liturgischen Vortrag der Texte dienen zunächst Interpunktionen in den Texten selber bzw. Hilfszeichen am Rande (›Akzente‹). Seit dem 9./10. Jh. finden sich Zeichen, die über den Texten angebracht werden, um die Melodiebewegung zu kennzeichnen (*Neumen*; *Clivis* = Verbindung eines höheren mit einem tieferen, *Pes* = eines tieferen mit einem höheren Ton). Um eine Linie gruppiert, erlauben diese Zeichen einen ungefähren Rückschluss auf die relative Tonhöhe. Als Erfinder dieses Systems, das schließlich zu den gebräuchlichen Vier- oder Fünfliniensystemen erweitert wird (gregorianische Melodien werden bis heute auf vier Linien notiert), gilt Guido von Arezzo (gest. um 1050). Die heute gebräuchliche Notenschrift kommt erst im 14. Jh. auf.

Das den Gregorianischen Choral kennzeichnende System der Kirchentonarten und Psalmtöne wird im Zusammenhang der Übernahme des *Cantus romanus* durch die Franken ausgeformt. In die römische Praxis selbst findet es erst im 11. Jh. im Zusammenhang mit der Verschriftlichung der dortigen Gesangsüberlieferungen Eingang.

Die Kirchentonarten stellen sich in diesem System dar »als Tonleitern mit den Grundtönen D (herkömmlich dann *dorisch* genannt), E (*phrygisch*), F (*lydisch*) und G (*mixolydisch*), jeweils in einer authentischen Form, die vom Grundton zur Oberoktav aufsteigt, und in einer plagalen Form [*hypodorisch, hypophrygisch, hypolydisch, hypomixolydisch*], die den Grundton umschwingt bis zur Unterquart und zur Oberquint.«[33]

Zu den vier älteren Reihen kommen später noch Reihen auf die Grundtöne A (*äolisch* bzw. *hypoäolisch*) und C (*ionisch* bzw. *hypoionisch*) hinzu. In der Unterscheidung ›authentischer‹ und ›plagaler‹ Tonreihen zeigt sich byzantinischer Einfluss.

Die Psalmen werden im Gregorianischen Choral nach Psalmtönen gesungen, die den acht (älteren) Kirchentonarten entsprechen (der auch als *tonus peregrinus* bezeichnete neunte Psalmton nimmt eine Sonderstellung ein). Es handelt sich dabei um Melodienmodelle, »die sich nicht um den Inhalt des einzelnen Verses bekümmern, sondern sich seinem schematischen Bau [...] anpassen«:[34] Ein *Initium* zu Beginn des Verses führt vom Schlusston des Rahmenverses zum *Tenor*, dem Ton, auf dem die eigentliche Textmasse rezitiert wird. Mit der Mittelkadenz (*Mediatio*) klingt der erste Halbvers aus. Der zweite Halbvers (in der Messpsalmodie ebenfalls mit *Initium*) wird mit der Schlusskadenz (*Terminatio*) beendet.

Man kann verschiedene Schwierigkeitsgrade unterscheiden: Am einfachsten ist die *Offiziumspsalmodie* (die musikalische Ausführung der Psalmen und Antiphonen im Stundengebet), schwieriger und kunstvoller schon die Ausführung der *Cantica* im Offizium, gefolgt von der *Messpsalmodie*. Am anspruchsvollsten ist die Ausführung der Soloverse bei der *responsorialen Psalmodie*. Besondere Anforderungen stellt der *Invitatoriumspsalm* (Ps 95) zu Beginn der Lesehore bzw. der Laudes.[35]

Älteste Quellen des Gregorianischen Chorals (frühestes Zeugnis um 780) sind *Tonare*, die die Textanfänge der liturgischen Gesänge nach den acht Kirchentonarten auflisten. Textbücher ohne Notenschrift sind die etwas jüngeren *Messantiphonare*. *Kantorenbücher* mit Neumen sind seit dem 10. Jh. in Gebrauch. Das *Graduale* (in Rom: *Cantatorium*) enthält zunächst nur die Sologesänge, später alle Gesänge des Messpropriums. Das *Kyriale* bietet verschiedene Ausformungen der Ordinariumsgesänge (Kyrie, Gloria, Credo, Sanctus, Agnus). Das *Antiphonale* (*Antiphonar*) ist das liturgische Buch für den gesungenen Vollzug des Stundengebets (vgl. 1.4.2).

Das musikalische Repertoire in den Büchern für den Gregorianischen Choral ist nicht einheitlich: Es findet sich »archaische Pentatonik (vor allem in den Rezitativen), eigentliche Gregorianik (vor allem in den responsorialen und antiphonalen Stücken für Messe und Offizium), mittelalterliche Musik [...] bis hin zu funktionaler Harmonik«.[36] Vom *Cantus romanus*, dem Gregorianischen Choral im strengen Sinne, sind die Choralsprachen bzw. -dialekte anderer abendländischer Traditionen zu unterscheiden (*Ambrosianischer Gesang* in Mailand, *Mozarabischer Gesang* in Spanien, *Beneventarischer Gesang* in Süditalien, *ostfränkischer* bzw. *germanischer Choraldialekt* in Deutschland, Ost- und Nordeuropa).[37]

5.2.4 Messgesänge

Die folgende Übersicht soll helfen, Ort und Funktion liturgischer Gesänge im Gefüge der römischen Messe – die als Typus ja auch der Gestalt des lutherischen und anglikanischen Gottesdienstes zugrundeliegt – zu verdeutlichen.

136   Klänge

(1) Lesungen, Gebete und Akklamationen

Lesungen, Gebete und Akklamationen werden im feierlichen eucharistischen Gottesdienst nach überlieferten Modellen kantilliert.

(a) Für die gottesdienstlichen Lesungen sind *Lektionstöne* überliefert.
Sie verwenden »bestimmte rezitationsmäßige Modelle mit verschiedenen
Kadenzen, die Sinnabschnitte für das Ohr gliedern und dadurch deutlich
machen.«[38] Man unterscheidet die Töne für die Epistel von den Tönen,
nach denen das Evangelium gesungen wird.

Dabei kann – besonders bei den Passionslesungen – in Tonhöhe und -führung
auch zwischen dem Erzähler (*vox evangelistae*), den Worten Jesu (*vox Christi*)
und den anderen redenden Personen (*vox personarum*) differenziert werden. Für
die Lesung der ›Festhistorien‹ gibt es gesonderte Modelle, so dass man auch vom
Passions- bzw. Osterton reden kann. Nach Martin Luthers *Deutscher Messe*
sollen die Einsetzungsworte beim Abendmahl im (ersten) Evangelienton gesungen werden.

(b) Als *Orationstöne* bezeichnet man die Modelle, nach denen in der
Messe die Gebete des Vorstehers (*Präsidialgebete*) kantilliert werden. Es
sind dies – an erster Stelle – das eucharistische Hochgebet, dann die drei
klassischen Orationen zur Eröffnung (*Oratio*, heute *Tagesgebet*; in der
Tradition auch *Collecta*, Kollektengebet), zur Gabenbereitung (früher
Secreta genannt, da sie seit dem frühen Mittelalter leise gebetet wurde;
heute *Gabengebet*) und nach der Kommunion (*Postcommunio*, heute
Schlussgebet).

In der römischen Messe ist das Hochgebet als Ganzes erst wieder im Zuge der
Liturgiereform für den kantillierenden Vortrag eingerichtet worden. Seit dem 8.
Jh. machte sich – zuerst auf gallischem Boden – die Tendenz bemerkbar, jenen
Teil des Hochgebets, der sich an das *Sanctus* anschloss und der dann als *Canon*
bezeichnet wurde, leise zu beten; damit entfiel natürlich die Möglichkeit der
Kantillation der Texte. Gesungen wurde lediglich die Präfation, das *Vere dig-
num*, mit den einleitenden Rufen. Hierfür gaben einfache und festliche, melisma-
tisch entfaltete *Präfationstöne* Modelle vor.

Zu den Gebetstexten, die nach der Liturgiereform von der ganzen Gemeinde
auf eine einfache Weise kantilliert werden, gehört das Vaterunser.

(2) Ordinariumsgesänge

Als *Ordinarium* bezeichnet man »das Gerippe und die gleichbleibenden
Teile eines Gottesdienstes«. Unter dem engeren, auch missverständli-
chen Begriff des *Ordinarium Missae* fasst man für gewöhnlich »fünf textlich unveränderliche Gesänge der Messe« zusammen, die nach Ursprung,

Gattung und Funktion wenig miteinander gemein haben: *Kyrie, Gloria, Credo, Sanctus, Agnus Dei.*

Wo solche Reihen später musikalisch durchkomponiert werden, heißen sie einfach auch ›Messen‹. Ursprünglich gehören sie – zum Teil aus Akklamationen des Volkes hervorgegangen – zum Repertoire der Gemeinde.[39] Die neue Messordnung bemüht sich, sie der Gemeinde zurückzugeben bzw. die Gemeinde an ihnen zu beteiligen. Das *Kyrie* hat seinen Ursprung in einer Kyrie-Litanei, die um 500 nach östlichem Vorbild in den Eröffnungsteil der Messe eingefügt wurde. Das *Gloria* ist ein Hymnus, der seinen Platz ursprünglich im Morgengebet hatte. Das *Credo* – seit dem 5./6. Jh. Teil der Eucharistiefeier im Osten und in der altspanischen Liturgie – fand in Rom erst um 1014 Eingang in den eucharistischen Gottesdienst. Das *Sanctus* – in der Synagoge am Sabbatmorgen gebräuchlich, von den Christen zunächst in das Morgengebet, im 4./5. Jh. in die Eucharistiefeier übernommen – hat den Charakter einer in das Eucharistiegebet eingefügten Volksakklamation. Das *Agnus Dei* ist seit Papst Sergius I. (687-701) in Rom Begleitgesang zur Brotbrechung (vgl. Kap. 12).

(3) Propriumsgesänge I: Introitus, Offertorium, Communio

Als *Proprium* bezeichnet man die »Eigentexte einer Messe oder eines Brevieroffiziums«, in unserem Zusammenhang die »wechselnden Gesänge einer Messfeier im Gegensatz zu denen des Ordinariums.«[40] Eine Untergruppe bilden die Begleitgesänge zum Einzug, zur Gabenprozession und zur Kommunion (*Introitus, Offertorium, Communio*; vgl. zur Ausführung 5.2.2):

(a) In der römischen Bischofsmesse um 700 begleitete der *Introitus* – wie es höfischem Zeremoniell entsprach – den Einzug des Papstes: Die Sängerschola – rechts und links der Chorschranken – sang im Wechsel einen Psalm und schloss ihn, war der Papst am Altar angekommen, mit dem *Gloria Patri* und der Wiederholung der Antiphon ab.

Eine Mitwirkung des Volkes – das ursprünglich durch einen Kehrvers (*versus ad repetendum*) beteiligt war – war zu diesem Zeitpunkt offenbar nicht mehr vorgesehen. Als man im Frankenreich die römische Bischofsliturgie übernahm, wurde der Introitus – bald schon auf die Antiphon, einen einzigen Psalmvers und das *Gloria Patri* reduziert – zum festen Bestandteil des Messpropriums. Nach dem neuen Meßbuch können als »Gesang zur Eröffnung« gesungen werden »lateinisch oder deutsch der Introitus [...], die Kyrie-Rufe, ein Lied oder ein anderer Gesang, soweit diese Gesänge zur Eröffnung der Feier geeignet sind«. Auch Orgelspiel oder Schweigen können hier eintreten.

(b) Als *Offertorium* bezeichnet man den Gesang der Schola, der die Einsammlung bzw. die Darbringung und Bereitung der eucharistischen Gaben begleitet.

Der Vermutung, es habe sich auch hier ursprünglich um einen antiphonal ausgeführten Psalm gehandelt, begegnet man mit dem Hinweis auf die Quellen, in der die – dort so genannten – Offertorien »die Gestalt von Responsorien mit 2-4 Soloversen« haben.[41] Im Missale Romanum von 1570 umfassen sie in der Regel zwei Psalmverse, die musikalisch sehr reich ausgestaltet sind.

Nach dem neuen Meßbuch ist der *Gesang zur Gabenbereitung* »nicht vorgeschrieben«; »geeignete Gesänge sind die lateinischen Offertorien [...]; ferner deutsche Gesänge und Lieder, die der Gabenbereitung, der liturgischen Zeit bzw. dem Tag entsprechen.«

(c) Vom Psalm, der ursprünglich antiphonal zur Kommunionspendung gesungen wurde, blieb – unter der Bezeichnung *Communio* – nur die Antiphon (ohne Vers und *Gloria Patri*, also anders als beim Introitus) erhalten. Im neuen Meßbuch heißt es: »Für den Gesang zur Kommunion gelten sinngemäß dieselben Regeln wie für den Gesang zur Eröffnung«.

(4) Propriumsgesänge II: Gesänge zu den Lesungen

Eine zweite Untergruppe der Propriumsgesänge bilden die responsorisch ausgeführten Gesänge zu den Lesungen (von manchen auch als »Aktionsgesänge« bezeichnet, weil sie nicht nur begleitende Funktion haben). Im Einzelnen begegnen hier

(a) das *Graduale*, ursprünglich ein responsorisch ausgeführter Psalm (*Psalmus responsorius*), nach der ersten Schriftlesung vom Kantor an den Stufen (*gradus*) des Ambo vorgetragen, unterbrochen vom *Responsum* (so auch die alte römische Bezeichnung für das Graduale) des Volkes. Später übernahm die Schola die Volksantwort, der Psalm wurde auf einen Solistenvers verkürzt. Das neue Meßbuch sieht hier wieder einen responsorischen ›Antwortpsalm‹ vor.

(b) das *Alleluia* (*Halleluja*) mit Vers, ebenfalls ein responsorischer Gesang, »im Wechsel zwischen Kantor und Kantorengruppe vorgetragen«.[42]

Manche vermuten im Alleluiavers – ähnlich wie bei *Introitus* und *Graduale* – den Rest eines Psalms, der einst zwischen der zweiten Lesung und dem Evangelium gesungen wurde, und werten ihn als Indiz dafür, dass auch die römische Messe anfänglich drei Lesungen (AT, NT, Evangelium) hatte: »Eines der ältesten und ehrwürdigsten Responsa an dieser Stelle in Ost und West ist das

Halleluja.«[43] Manches spricht jedoch dafür, dass es sich beim Alleluiaruf ursprünglich um eine Akklamation handelt, mit der Christus »vor dem Evangelium, der Verkündigung seiner Siegesbotschaft«, festlich begrüßt wird;[44] der Vers sei erst später hinzugefügt worden. Trifft dies zu, dann hat das *Alleluia* an dieser Stelle eine prinzipiell andere Funktion als der *Psalmus responsorius*, der zwischen den Lesungen vorgetragen wird.

In der Osterzeit singt man nach der alten Ordnung statt des *Graduale* »zwei Allelujalieder«.[45] Das neue Meßbuch sieht das *Halleluja* – das auch ohne Vers gesungen werden kann – nach der zweiten Lesung als »zweiten Zwischengesang« vor. Geht dem Evangelium nur eine Lesung voraus, kann zwischen dem *Antwortpsalm* und dem *Halleluja* gewählt werden. In der Österlichen Bußzeit singt man statt des *Halleluja* den *Tractus* oder den »Vers vor dem Evangelium«.

(c) der *Tractus* (zu Ursprung und musikalischer Ausführung siehe 5.2.2), der das *Alleluia* in der Fastenzeit ersetzt. Er gehört »möglicherweise [...] zu dem gallikanischen Erbe, das bei der Adaptation des Cantus romanus im Frankenreich in den Gregorianischen Gesang integriert wurde.«[46]

(d) die *Sequenz* (*sequentia* = ›Fortsetzung‹), im germanischen Sprachraum aus den Texten hervorgegangen, »mit denen man aus gesangspädagogischen Gründen im 9. Jh. den Jubilus, der das Alleluja vor dem Evangelium abschloß, unterlegte.«[47] Das »wortlose Jubilieren«[48] auf dem mit immer reicheren Melismen ausgestatteten Schlussvokal des *Alleluia*, wie es sich wachsender Beliebtheit erfreute, verlangte wohl nach einer Textunterlage (*Prosa* genannt) als Gedächtnisstütze. Daraus entwickelten sich Formen, »die rhythmisch angelegt aus Versen und Strophen bestehen.«[49] Bedeutende Sequenzendichter waren Notker der Stammler (gest. 912) und Adam von St. Viktor (gest. um 1192).

Zuerst nur an Festtagen üblich, gehörte die Sequenz schließlich zum festen Bestand des Messpropriums. Das Missale Romanum von 1570 übernahm von der Fülle mittelalterlicher Sequenzen nur vier (zu Ostern, Pfingsten, Fronleichnam und zur Totenmesse; seit 1727 auch das *Stabat mater* am ›Fest der sieben Schmerzen Mariens‹). Das neue Meßbuch schreibt die Sequenz, die jetzt *vor* dem Halleluja zu singen ist, nur noch zu Ostern (*Victimae paschali laudes*) und zu Pfingsten (*Veni Sancte Spiritus*) vor.

In ähnlicher Weise wie das *Alleluia* wurden auch andere Messgesänge, insbesondere das Kyrie, Gloria, Sanctus, Agnus Dei und der Entlassungsruf (*Ite missa est*) durch Texteinfügungen (bzw. Textunterlegungen unter melismatische Tonfolgen) erweitert (*Tropen*).

Klänge

In der nachstehenden Tabelle werden die lateinischen Bezeichnungen aus dem
Missale Romanum von 1570 in Kapitälchen, die offiziellen Bezeichnungen aus
dem neuen deutschen Meßbuch kursiv wieder gegeben.

Ordina-riumsgesänge	Propriumsgesänge		Orationen und Lesungen
	responsorisch (Aktionsgesänge)	antiphonal (Begleitgesänge)	
KYRIE GLORIA		INTROITUS *Gesang zur Eröffnung*	
			ORATIO *Tagesgebet*
	GRADUALE/ALLELUIA Fastenzeit: GRADUALE/TRACTUS; Osterzeit: ALLELUIA/ALLELUIA; Hohe Feste: SEQUENTIA; Antwortpsalm, *Halleluja (Sequenz)*		EPISTOLA *Erste und Zweite Lesung*
CREDO			EVANGELIUM
		OFFERTORIUM *Gesang zur Gabenbereitung*	[SECRETA] *Gabengebet*
SANCTUS			PRAEFATIO *Eucharistisches Hochgebet* [CANON MISSAE]
			PATER NOSTER *Gebet des Herrn*
AGNUS DEI		COMMUNIO *Gesang zur Kommunion*	POSTCOMMUNIO *Schlussgebet*

5.2.5 Mehrstimmigkeit und Instrumentalmusik

(1) Aufkommen der Mehrstimmigkeit

Der gottesdienstliche Gesang im ersten christlichen Jahrtausend ist einstimmig und unbegleitet. Vom 9. Jh. an findet die Mehrstimmigkeit – als »fakultative Vortragsweise der gregorianischen Melodien«[50] – Eingang in den Gottesdienst im Abendland: Zunächst handelt es sich lediglich um eine – anfangs wohl solistisch ausgeführte – Parallelstimme (*Organum* genannt), die der Melodie im konstanten Quart- oder Quintabstand beigegeben wird (*Quarten-* oder *Quintenorganum*). In der weiteren Entwicklung (gegen 1200) gewinnt diese Begleitstimme als *Discantus* an Beweglichkeit und Eigenständigkeit:

»Über jeder, oft sehr lang ausgehaltenen Note der gregorianischen Melodie (des *Tenors* [...]) wird wie eine gotische Zierat eine reiche, bewegte Melodie gelegt (das *duplum*, der Diskant).« Perotinus, Kapellmeister von Notre-Dame in Paris, fügt dem eine dritte und vierte Stimme hinzu.[51]

Aus solcher Musizierpraxis erwächst die Motette (*Motetus* von *motto* = Wort[52]): »Über einem kurzen, oft nur wenige lang ausgehaltene Töne umfassenden choralen Cantus firmus erklingen die Überstimmen mit je eigenem Text.«[53]

Die »Entwicklung der Motette zu einer textlich und musikalisch autonomen Gattung«[54] stößt frühzeitig auf kirchenamtliche Kritik: Auf dem Reformkonzil von Vienne 1311/12 wird ein Verbot der Motette verlangt, und Papst Johannes XXII. fordert 1324 eine Rückbesinnung auf den Gregorianischen Choral. Die für die weitere liturgische Entwicklung folgenreiche Vorschrift, die von der Schola gesungenen liturgischen Texte müssten zusätzlich vom Priester gelesen werden (zuerst Wilhelm Durandus der Jüngere 1291), geht letztlich auf die beschriebenen Entwicklungen zurück.

(2) Messkompositionen

Zunächst werden die Propriumsgesänge – wohl auch nur an Festen – auf solche Weise mehrstimmig ausgeführt. Schon bald geht man jedoch dazu über, auch die Texte der Ordinariumsgesänge für die Messe, die seit dem 11. Jh. zu eigenen Zyklen zusammmengestellt werden, mehrstimmig zu vertonen (mit Ausnahme des Credo, das vorerst noch gesondert behandelt wird).

Die erste mehrstimmige Vertonung eines solchen Zyklus ist die ›Messe de Nostre Dame‹ von Guillaume de Machaut (1300-1377). Zu weiterer Verbreitung gelangt diese Praxis freilich erst von England aus in der 1. Hälfte des 15. Jh.

Bedeutende Messkompositionen aus dieser Zeit stammen von Guillaume Dufay (um 1400-1474). Lagen den Vertonungen bis dahin die überlieferten liturgischen Melodien als *cantus firmus* zugrunde, so führt er »die Messvertonung über einen weltlichen *cantus firmus* ein«.[55]

Im Ergebnis wird die ›Messe‹ »zu dem bei weitem am häufigsten vertonten Text der abendländischen Musikgeschichte«.[56] Häufig werden später im feierlichen Hochamt – wie schon im 15. Jh. für die päpstliche Kapelle bezeugt – die Ordinariumstexte mehrstimmig, die Propriumsgesänge *choraliter*, also auf die Weise des Gregorianischen Chorals, ausgeführt. Doch bleibt – besonders in Deutschland – die Tradition mehrstimmigen Propriumsgesangs weit verbreitet (daneben gibt es ›Plenarmessen‹, bei denen das Ordinarium zusammen mit einem spezifischen Festproprium durchkomponiert wird).

Die byzantinische Kirchenmusik ist bis heute einstimmig und unbegleitet, kennt freilich »das sog. *ison*, ein orgelpunktartiges Festhalten des oder der Haupttöne der Tonart während des ganzen Stückes durch eine kleine Sängergruppe.«[57] In Russland und der Ukraine entwickelten sich unter italienischem Einfluss reiche mehrstimmige Formen. Mehrstimmige Chormusik im Gottesdienst ist auch in Griechenland verbreitet.

(3) Orgel und andere Instrumente

Die Orgel wurde in der Antike zu Tanz und Unterhaltung verwendet (auch bei Hinrichtungen wurde sie gespielt) und war deshalb in der alten Kirche – wie heute noch in den Ostkirchen – verpönt. Doch spielte sie später eine gewisse Rolle im Zeremoniell des byzantinischen Kaiserhofes. Von dort erhielt der karolingische Hof eine Orgel als Geschenk,[58] die bei der Kaiserkrönung Karls des Großen im Jahre 800 die Akklamationen an den neuen Herrscher begleitete[59] und dann auch bei den Gottesdiensten in der kaiserlichen Hofkapelle Verwendung fand. Von hier aus konnte sie sich – wenn auch nicht ohne Widerstand – im Abendland als Kircheninstrument durchsetzen.

Im Gottesdienst vermochte die Orgel nach damaligem Verständnis die menschliche Stimme vollgültig zu ersetzen: »Das Spielen der liturgischen Melodie auf der Orgel galt als dem gesungenen Vollzug gleich; im Wechselgesang konnte daher die Orgel an die Stelle des anderen Chors treten.«[60] Ihre Aufgabe bestand wohl zunächst darin, beim zwei- oder mehrstimmigen Gesang (*organum*) das Choralfundament (den Tenor) »als Stützung und Ausweitung der menschlichen Stimme« einstimmig zu begleiten.[61]

Andere Musikinstrumente fanden wohl ebenfalls über die höfische Musizierpraxis und über die Hofkapellen Eingang in den Gottesdienst. Gelegentlich wird in mittelalterlichen Zeugnissen »das Auftreten von Spielleuten mit ihren Instrumenten im Kirchenraum gerügt.«[62] Während die Kirchen des Ostens den gottesdienstlichen Gebrauch von Instrumenten im Allgemeinen verwerfen, verwendet die äthiopische Kirche Schlaginstrumente und Rasseln in der Liturgie.

(4) Kirchenmusik in den reformatorischen Kirchen

Die Haltung der Reformation zur gottesdienstlichen Musik ist nicht einheitlich. Die radikalste Position vertritt Huldrych Zwingli (1484-1531). Er verbannt jegliche Musik aus dem Gottesdienst, während er sie an anderem Ort durchaus zu schätzen vermag: »Gottesdienst und Musik sollen nach Zwinglis Auffassung grundsätzlich voneinander geschieden bleiben.«[63]

Auch Calvin (1509-1564) ist kritisch im Blick auf die gottesdienstliche Verwendung von Musik und lehnt insbesondere den Gregorianischen Choral ab, fördert aber den Gemeindegesang in der für das reformierte Kirchenwesen typischen Gestalt liedförmiger Versionen der 150 Psalmen.

Eine weitaus positivere Einstellung finden wir bei Martin Luther (1483-1546). Er weiß zwar auch um die Gefährdungen, die von einem Missbrauch der Musik ausgehen können, schätzt sie aber als eine »Kreatur Gottes«.[64] Ihre Zugehörigkeit zu den *auricularia miracula* (WA 44,352), den Wundern, die sich den Ohren darbieten, rückt sie in die Nähe des Wortes,[65] so dass sie an der Verkündigung des Evangeliums teilzuhaben vermag: »Sic Deus praedicavit evangelium etiam per musicam.«[66]

So nimmt es nicht Wunder, dass die gottesdienstliche Musik in den Kirchen der lutherischen Reformation zu hoher Blüte gelangt. Kantor und Kantorei, zu der geübte Sänger und Instrumentalisten gehören, nehmen im lutherischen Gottesdienst wichtige liturgische Rollen wahr. Da der Hauptgottesdienst sich strukturell an die römische Messe anlehnt, steht ein Großteil des Repertoires an überlieferten liturgischen Gattungen und Texten weiterhin zur Verfügung. Kirchenliedbearbeitungen, vor allem aber Vertonungen von Bibeltexten (Evangelienmotetten durch das Kirchenjahr, Passions- und Weihnachts›historien‹) bestimmen das Schaffen der evangelischen Komponisten. Namen wie Heinrich Schütz (1585-1672), Samuel Scheidt (1587-1654), Johann Heinrich Schein (1586-1630), Dietrich Buxtehude (1637-1707) und Johann Sebastian Bach

(1685-1750) stehen für das »Goldene Zeitalter« der lutherischen Kirchen-musik.[67]

In dieser Zeit entwickelt sich aus der altprotestantischen Motette und dem ›Geistlichen Konzert‹ die Kirchenkantate, die biblische Texte, Kirchenliedbear-beitungen und freie Dichtung in sowohl chorischen wie solistischen Formen (Rezitativ und Arie) zyklisch miteinander verbindet – durchaus in »inhaltlicher Nähe zur Predigt, die ebenfalls den vorangestellten Bibeltext in freier Rede erläutert.«[68]

Wurzeln der musikalischen Gattung der ›Passion‹ liegen in Italien, wo im 15. Jh. der Brauch aufkommt, bei dem mit verteilten Rollen kantillierten Passions-bericht (vgl. 5.2.4) die *vox personarum* (auch *Turba* oder *Synagoga* genannt) mehrstimmig vom Chor singen zu lassen. In der Folgezeit entsteht die – zunächst lateinische – »motettisch durchkomponierte Figuralpassion«.[69] Die »oratorische Passion« – durch ›Einlagen‹ bereichert – nimmt im Zeitalter Bachs eine der Kantate vergleichbare Entwicklung.

5.2.6 Volksgesang und Kirchenlied

(1) Rückgang des Volksgesangs in der Liturgie

In der alten Kirche nimmt der Volksgesang in der Liturgie breiten Raum ein. Durch Akklamationen, Hymnen, Kehrverse u.a. ist die Gemeinde am liturgischen Geschehen beteiligt. Das gilt auch für jene Gesänge, die später unter der Bezeichnung *Ordinarium Missae* zusammengestellt werden (siehe 5.2.4). Kyrie, Gloria, Sanctus, Agnus Dei werden – wie der *Psalmus responsorius* nach der Lesung oder der Gesang zur Kommunion – unter Mitwirkung des Volkes ausgeführt.

Das ändert sich, als nicht mehr nur der Kantor (wegen seiner Aufgabe beim responsorischen Psalmenvortrag auch *Psalmista* genannt), sondern eine ganze Gruppe geschulter Sänger (*Schola cantorum*) im römischen Bischofsgottesdienst liturgische Funktionen übernimmt. Die Schola gestaltet die Gesänge zum Einzug (*Introitus*) und zur Gabenbereitung (*Offertorium*), übernimmt die Volksantworten beim Antwortpsalm nach der Lesung und bei anderen Gesängen.

Fällt so das Proprium Missae gänzlich in die Kompetenz der Schola, ist für die Ordinariumsgesänge der im Presbyterium (im ›Chorraum‹) versammelte Klerikerchor zuständig, der diese Stücke zunächst gemeinsam mit der Gemeinde gestaltete, um sie schließlich – bedingt »durch das langsame Verstummen des Volkes«[70] – alleine auszuführen.

Mit dem Vordringen der Mehrstimmigkeit (siehe 5.2.5) ändert sich die Situation erneut: Der Klerikerchor ist nicht mehr in der Lage, die kunstvollen Messkompositionen zu reproduzieren, und muss ausgebildete Laiensänger hinzuziehen. Als die traditionelle Schola sich ebenfalls den neuen Anforderungen nicht mehr gewachsen zeigt, übernimmt der Laienchor – auf dem Lettner, der Lese- und Sängerbühne platziert (vgl. 4.2.5) – auch den Gesang der Propriumsstücke.

(2) Formen volkssprachlichen Singens im Mittelalter

Als frühester Hinweis auf volkssprachlichen Gesang in deutscher Sprache – es handelt sich um eine Art Kyrie-Litanei – gilt manchen der Bericht über die Inthronisation des Bischofs Diethmar von Prag im Jahre 973:

»Dux autem et primates resonabant: ›Christe keinado, kirie eleison, und die hallicgen alle helfent unse, Kyrie eleison‹ et cetera; simpliciores autem et idiotes clamabant ›Kyrieleyson‹«.[71]

Da der deutschsprachige mittelalterliche Volksgesang im Wesentlichen mündlich überliefert wurde, finden sich nur wenige schriftliche Aufzeichnungen. Man unterscheidet folgende Gattungen:[72]

(a) Eine der ältesten und häufigsten Formen – Ausgangspunkt scheint das 12. Jh. zu sein – bezeichnet man als *Rufe*. Es handelt sich dabei um »Doppelzeilen mit schlichter Melodie, meist Anrufungen Gottes und der Heiligen«: *Sant Mari, Muoter unde meit / al unsrio nôt sî dir gekleit.*

Solche Zweizeiler konnten auch aneinander gefügt werden; in einer Aufzeichnung aus dem 12./13. Jh. findet sich ein Ruf, der aus fünf Doppelzeilen besteht (*Diz sint diu X gebot*). Gesangbücher des 16. Jh. beginnen dann damit, die mündlich überlieferten Rufe in ihr Repertoire aufzunehmen. Themen der Gesänge sind mit Vorliebe die Zehn Gebote, das Glaubensbekenntnis, das Vaterunser und allerhand Bittanliegen. Dies macht wahrscheinlich, dass sie in einem Zusammenhang mit der volkssprachlichen Predigt bzw. dem *Pronaus* stehen, wie er schon zu karolingischer Zeit als volkssprachliches Element Eingang in die Messe findet (vgl. 2.1.3; 12.3.3). Auch scheinen die Rufe bei Prozessionen und Wallfahrten gesungen worden zu sein.

(b) Eine zweite Form sind die so genannten *Leisen*. Es handelt sich zumeist um »kurze Vierzeiler, die mit den Worten ›Kyrie eleison‹ enden«. Auch ihr Ursprung wird von der Forschung in das 12. Jh. datiert. Entstanden sind sie vermutlich als »Einschub in den Vortrag der lateinischen Sequenzen« (vgl. 5.2.4).[73]

Bei manchen Leisen – zum Beispiel bei der Osterleise ›Christ ist erstanden‹ (EG 99/GL 213) – ist der textliche wie musikalische Zusammenhang mit der letzten Strophe der Ostersequenz (*Scimus*

Christum surrexisse a mortuis vere) noch deutlich zu erkennen. Man darf annehmen, dass das Volk mit solchen Liedern in den Gesang der lateinischen, vom Chor vorgetragenen Sequenzen einstimmte. Wie die Rufe fanden wohl auch die Leisen im Zusammenhang der volkssprachlichen Predigt, bei Prozessionen und Wallfahrten Verwendung.

(c) Eine dritte Gruppe vorreformatorischer Gesänge in der Volkssprache bilden die so genannten *Antiphonlieder*, bei denen es sich um Nachdichtungen lateinischer Antiphonen handelt. Bekannte Beispiele sind Umdichtungen der Buß-Antiphon *Media vita in morte sumus* (zunächst als Prosastrophe *Mitte des Lebens wir sind in dem Tod*; vgl. auch EG 518/GL 654) und der Pfingst-Antiphon *Veni Sancte Spiritus reple* (vgl. EG 125/GL 247).

(d) Neben *Rufen*, *Leisen* und *Antiphonliedern* begegnen auch ins Deutsche übertragene lateinische *Hymnen*. Advents- und Weihnachtshymnen (zum Beispiel *Veni redemptor gentium*; vgl. EG 4), aber auch Hymnen zu den Tagzeiten (*Christe qui lux es et dies*; vgl. EG 469/GL 704) und anderen Anlässen erfreuten sich dabei besonderer Beliebtheit.

(e) Von den Hymnennachdichtungen sind die volkssprachlichen Lieder zu unterscheiden, die in der Tradition der mittelalterlichen lateinischen *Cantiones* – einstimmiger Strophenlieder, häufig mit Kehrreim – stehen. Übersetzt bzw. nachgedichtet werden wiederum mit Vorliebe weihnachtliche und österliche Gesänge (*Resonet in laudibus*, vgl. GL 135; *Surrexit Christus hodie*, vgl. EG 105).

(f) Geistliche Umdichtungen volkssprachlicher Lieder – so genannte *Kontrafakturen* – gehören ebenfalls schon vor der Reformation zum Repertoire des volkssprachlichen Gesangs. Mystik und Devotio moderna bilden das spirituelle Umfeld; ihren Ort haben sie nicht in der Liturgie, sondern im Nonnenkloster.[74]

(g) Von den vorgenannten Gattungen volkssprachlichen Gesangs noch einmal zu unterscheiden ist die »liedbestimmte Kunstdichtung geistlicher Art«, für die Namen wie Walther von der Vogelweide (gest. um 1230), Spervogel (um 1200), Reinmar der Alte (gest. nach 1205), Reinmar der Zweter (gest. um 1255), Heinrich von Laufenberg (gest. 1460) und andere stehen.[75] Auch die geistlichen Lieder der Meistersinger gehören in diesen Zusammenhang, wobei durchaus Einflüsse auf die Kirchenlieddichtung angenommen werden können (vgl. EG 76).

(3) Reformation

Eine neue Epoche in der Geschichte des volkssprachlichen Singens im Gottesdienst beginnt mit der Reformation. Sie gibt mit dem Kirchenlied der Gemeinde die ihr zustehende aktive liturgische Rolle zurück. Kirchenlieder in deutscher Sprache sind in den reformatorischen Kirchen nicht länger mehr ein eigentlich liturgiefremdes Element, auch nicht bloße Zutat zur Liturgie; sie sind vielmehr konstitutiver Teil der Liturgie selbst und können vollgültig an die Stelle der lateinischen Ordinariums- und Propriumsgesänge treten. Die römisch-katholische Kirche hat erst in der jüngsten Liturgiereform dem deutschen Kirchenlied einen vergleichbaren Rang eingeräumt.

Zu den ältesten evangelischen Kirchenliedern gehören die 1522 entstandenen Umdichtungen des *Gloria* (*Allein Gott in der Höh sei Ehr*, EG 179/GL 457), des *Sanctus* (*Heilig ist Gott der Vater*) und des *Agnus Dei* (*O Lamm Gottes unschuldig*, EG 190.1/GL 470) von Nicolaus Decius. 1523/24 erscheint – gedruckt von dem Nürnberger Jacob Gutknecht – das erste Gesangbuch mit acht Liedern (*Etlich Christlich Lieder, Lobgesang und Psalmen*). Bereits 1524 kommen weitere achtzehn Gesangbücher und Drucke auf den Markt, darunter das von Luther autorisierte *Geistliche Gesangbüchlein* Johann Walters und das Erfurter *Enchiridion oder Handbüchlein* mit 25 Liedern. 1529 gibt der Drucker Joseph Klug in Wittenberg ein Gesangbuch mit 50 Liedern heraus. Als letztes Gesangbuch unter Luthers Mitwirkung erscheinen 1545 die *Geistlichen Lieder* des Leipziger Buchdruckers Valentin Babst.

In seiner *Formula Missae* von 1523[76] (vgl. 13.1.2) schlägt Luther vor, deutsche Lieder im Anschluss an die lateinischen Texte – zum Graduale, zum Sanctus, zum Agnus Dei – zu singen bzw. »einen Tag um den andern« deutsche und lateinische Gesänge wechseln zu lassen, bis endlich »die ganze Messe deutsch würde«:

»Auch wollt ich/ das wyr viel deutscher geseng hetten/ die das volck vnter der Mess süng/ eyntweder bey dem Gradual/ odder bey dem Sanctus/ oder Agnus dei. Denn wilcher will dar an zweyfelln das vorzeytten gewesen sind/ des gantzen volcks gesenge/ was yetz alleyn der Chor der pfaffen vnd schuler singt vnd antwort/ wenn der Bischoff das brod segnet odder Mess hellt. Es möchten aber diese geseng/ also durch den Bischoff geordnet werden/ das sie entweder auff eyn zeyt mit eynander eyns wegs nach dem lateynischen gesungen würden/ odder aber eyn tag vmb den andern/ das man heut lateynisch süng/ eyn andermal deutsch/ bis die gantz Mess alle deutsch würd.«[77]

In seiner *Deutschen Messe* von 1526[78] (vgl. 13.1.4) ersetzt Luther durchgängig die lateinischen durch deutsche Gesänge und Lieder, wobei er zugleich für die Beibehaltung auch lateinischer Gottesdienstformen plädiert (vgl. 2.1.4).

Luther betätigt sich selber als Kirchenlieddichter und -komponist. Liedförmige Nachdichtungen von Psalmen (EG 273 zu Ps 12, 280 zu Ps 67, 297 zu Ps 124, 299 zu Ps 130, 362 zu Ps 46), Übersetzungen lateinischer Hymnen (EG 4 zu *Veni redemptor gentium*, 126 zu *Veni creator Spiritus*, 215 zu *Jesus Christus nostra salus*, 470 zu *O lux beata Trinitas*) und liturgischer Gesänge (EG 191 zum *Te Deum*, 192 als Litanei), Erweiterungen deutscher Leisen und Antiphonen (EG 23 zu Weihnachten, 124 zu Pfingsten, 125 zur Antiphon *Veni sancte Spiritus reple*, 214 zum Abendmahl, 421 als *Da pacem*, 518 zur Antiphon *Media vita*), Fest- und Katechismuslieder (EG 24, 25, 101 nach der Sequenz *Victimae paschali laudes*, 102 als Osterleise, 138 nach einer deutschen Litanei, 183 als Credolied, 193, 202 zur Taufe, 231 als Zehn-Gebots-Leise, 344 zum Vaterunser, 519 als Nachdichtung des *Nunc dimittis*) und andere Dichtungen (EG 319) repräsentieren das Kirchenliedschaffen Luthers im neuen Evangelischen Gesangbuch (EG) von 1993.

Einen anderen Weg beschreitet man in den reformierten Gemeinden. Hatte Zwingli zunächst Gesang und Musik in jeglicher Form aus dem Gottesdienst verbannt, so lässt Calvin den Gemeindegesang zu, beschränkt ihn aber auf liedförmige Nachdichtungen der 150 Psalmen und der biblischen Cantica (vgl. 5.2.5). Art. 69 der Synode zu Dordrecht 1619 schreibt später diesen Kanon fest:

»In den Kirchen sollen allein die 150 Psalmen Davids, die 10 Gebote, das Vaterunser, die 12 Glaubensartikel und die Lobgesänge Mariens, Zacharias, Simeons gesungen werden [...] Alle andern Lieder soll man aus den Kirchen bannen, und soweit bereits einige eingeführt sind, soll man dieselben mit füglichsten Mitteln abschaffen.«[79]

Das erste reformierte Gesangbuch, von Calvin selber herausgegeben und für die Straßburger Flüchtlingsgemeinde bestimmt, erscheint 1539. Der *Genfer Psalter*, 1542 erstmals ediert, bis 1562 ständig erweitert, erweist sich »als einigendes Band für den Calvinismus«.[80] Der lutherische Jurist Ambrosius Lobwasser (gest. 1585) übersetzt den Psalter ins Deutsche. Seine Übertragung wird von den deutschsprachigen reformierten Gemeinden benutzt, bis die 1798 erschienene *Neue Bereimung der Psalmen* von Matthias Jorissen sie ablöst.

(4) Katholische Kirche

Offenkundig als Reaktion auf die reformatorischen Gesangbücher und den Liedgesang in der Volkssprache, der wesentlich zur Ausbreitung der reformatorischen Bewegung beiträgt, erscheinen im 16. Jh. auch die ersten katholischen Gesangbücher (Michael Vehe 1537, Georg Witzel 1537, Johan Leisentrit 1567, Bamberg 1575 als Auszug aus Leisentrits Gesangbuch).

Nach Leisentrit hat das volkssprachliche Kirchenlied seinen Ort »vor und nach der Predigt, ja auch ohne Verletzung der Substanz katholischer Religion bei der Messe unter dem Offertorio und heiliger Kommunion, zum Teil auch in und vor den Häusern.«[81] 1592 gestattet eine Synode zu Breslau den Gesang deutscher Lieder anstelle des Graduale und nach der Elevation. Das Mainzer Cantual von 1605 erlaubt den Gesang deutscher Lieder vor Graduale, Tractus oder Sequenz, vor der Predigt (nach der Intonation des Credo), zur Gabenbereitung, nach der Elevation, zur Kommunion und nach der Entlassung.[82]

Hieraus entwickelt sich die Praxis der *Messandachten*, bei denen volkssprachliche Lieder »die Meßliturgie betrachtend begleiten«, und die *Deutsche Singmesse* als eine Gattung der kirchlichen Chormusik.[83] Das *Deutsche Hochamt* (bzw. *Deutsche Liederamt*), bei dem deutscher Volksgesang das lateinisch zelebrierte Hochamt begleitet, und die in den Anfängen der Liturgischen Bewegung des 20. Jh. propagierte *Betsingmesse* gehören ebenfalls in diesen Zusammenhang.[84]

(5) Kirchenlied und Frömmigkeit

Die weitere Entwicklung des Kirchenlieds bleibt zunächst eng mit seinen gottesdienstlichen Funktionen verbunden. Im lutherischen Gottesdienst bildet sich ein Kanon liturgischer Gesänge aus, der bis heute weitgehend in Geltung steht (EG 179, 183, 190.1, 190.2 u.a.). Ausgebaut wird auch das Repertoire an ›Lehrliedern‹, die sich am Katechismus bzw. an den im Gottesdienst gelesenen Perikopen orientieren und in der Regel zur Predigt gesungen werden. Die Nöte der Zeit spiegeln sich in ›Vertrauensliedern‹ bzw. ›Kreuz- und Trostliedern‹, aber auch in Buß- und Bittliedern wider, die Eingang in die Gesangbücher finden (EG 144, 146, 233, 364 bis 369 und andere).

Im 17. Jh. kommt mit dem ›Erlebnislied‹ ein neuer, stärker von subjektiver Glaubenserfahrung bestimmter Liedtypus auf (Paul Gerhardt 1607-1676; vgl. EG 11, 36-37, 39, 58, 83-85, 112, 133, 283, 302, 322, 324-325, 351, 361, 370-371, 446-447, 449, 477, 497, 503, 529).

In dieser Zeit kommt es auch zur Ausbildung eines »neuen, ariosen Melodiestils« (Kantionalstil: Melodie nicht mehr im Tenor, sondern in der Oberstimme).[85] Wurden die Lieder zunächst unbegleitet gesungen, so setzt sich nun mehr und mehr die Praxis durch, den Gemeindegesang von der Orgel begleiten zu lassen.

Selbstverständlich ist die Geschichte des Kirchenlieds bis in die Gegenwart eng mit der allgemeinen Frömmigkeitsgeschichte verbunden. Exemplarisch lässt sich dies im 17./18. Jh. an den Erweckungs- und Erbauungsliedern des Pietismus (vgl. unter anderem EG 251-254, 350, 353-355, 373, 386-388, 391-394, 404), aber auch an den Liedern der Aufklärung zeigen, die mit Vorliebe »Gottes Majestät und Güte und die Zweckmäßigkeit der Schöpfung«[86] thematisieren (vgl. zum Beispiel EG 42, 91, 115, 221, 412, 451, 506).

In der ersten Hälfte des 20. Jh. bringen Singbewegung und Kirchenkampf Lieder von hoher textlicher und musikalischer Qualität hervor (vgl. zum Beispiel EG 15-16, 50-52, 64-65, 93, 184, 208, 223-224, 239, 271, 378-380 und andere). Im Zusammenhang mit dem liturgischen Aufbruch in den sechziger Jahren des 20. Jh. entstehen zahlreiche neue Lieder und Gesänge, die Elemente der Popularmusik, des Spirituals, des Chansons usw. aufnehmen (vgl. u.a. EG 56-57, 95, 168-171, 188, 209, 278, 305-306, 314-315, 334, 360, 395, 409, 419-420, 425-428, 432). Ökumenischer Einfluss – Gesänge aus Taizé (vgl. 178.12, 181.6 und andere), Übertragungen niederländischer, englischer, skandinavischer und anderer Lieder (vgl. u.a. EG 20, 97-98, 199, 311-313, 382, 430; 19, 55, 117, 154, 182, 225, 229, 266, 269, 410, 431; 212, 268, 383) – macht sich seitdem verstärkt geltend.

(6) Auf dem Weg zum Einheitsgesangbuch

Zu Beginn des 19. Jh. setzt sich Ernst Moritz Arndt (1769-1860) mit dem Liedschaffen und den Revisionsbemühungen der Aufklärung auseinander. Er kritisiert nicht nur »die Nüchternheit und Dürftigkeit der neuen und die Eingriffe in die alten Kirchenlieder«, sondern erhebt erstmals auch die Forderung nach einem »christlichen teutschen Gesangbuch«.[87]

1854 erscheint als so genannter *Eisenacher Entwurf* ein *Deutsches Evangelisches Gesangbuch in 150 Kernliedern*, das freilich von den Landeskirchen nicht rezipiert wird. Das *Deutsche Evangelische Gesangbuch für die Schutzgebiete und das Ausland* von 1915 wird zwischen 1923 und 1931 als *Deutsches Evangelisches Gesangbuch* (DEG) in den Stammteil einer Reihe landeskirchlicher Gesangbücher übernommen. 1950 erscheint – als erstes Einheitsgesangbuch der evangelischen deutschen Landeskirchen – die Stammausgabe des *Evangelischen Kirchengesangbuchs* (EKG). Seit 1993 wird es durch das *Evangelische Gesangbuch* (EG) abgelöst.

Ein katholisches Einheitsgesangbuch wird erstmals auf der Versammlung der deutschen Bischöfe 1848 in Würzburg gefordert. 1916 kommt es zu einer Vereinbarung über 23 ›Einheitslieder‹. 1947 legt eine bischöfliche Kommission 74 neue Einheitslieder fest. Die Diözesen in Ostdeutschland geben sich 1971 ein gemeinsames *Katholisches Gesangbuch*. 1967 in Auftrag gegeben, erscheint schließlich 1975 das katholische Einheitsgesangbuch *Gotteslob* (GL). Zuvor hatte die Arbeitsgemeinschaft für ökumenisches Liedgut (AÖL) 1973 einen Kanon von 102 gemeinsamen Liedern publiziert (*Gemeinsame Kirchenlieder. Gesänge der deutschsprachigen Christenheit*), die (als ›ö[kumenische]-Lieder‹ gekennzeichnet) großenteils Aufnahme in das *Gotteslob* und das *Evangelische Gesangbuch* fanden.

5.3 Glockenklang und heiliges Schweigen

5.3.1 Glocken

Das deutsche Wort *Glocke* geht vermutlich über die latinisierte Bezeichnung *clocca* auf das irische *cloch* zurück. Manche vermuten einen Zusammenhang mit dem altslawischen Wort *klakol* = dröhnen (vgl. russisch кóлокол = Glocke).

Tönende Formen aus Metall dienten schon in der Antike als Signalinstrumente. Als ihre Heimat gilt China, wo bereits im 12. Jh. vor Christus Glockenspiele hergestellt wurden. Aber auch in Japan, Burma, Indien, Ägypten und auf Java sind Glocken und glockenähnliche Instrumente in Gebrauch. Von Asien aus, so vermuten manche, habe sich die Kunst des Glockengusses über die Straßen der Völkerwanderung nach Westen verbreitet. Kelten hätten sie von Vorderasien über Gallien nach Schottland und Irland mitgebracht. Eine andere Spur führe über Karthago nach Spanien, eine dritte von Russland über Nordeuropa auf die britischen Inseln.[88]

Die frühe Christenheit lehnte den Gebrauch von Glocken, da diese auch im heidnischen Kult verwendet wurden, zunächst rigoros ab. In den Klöstern der alten Kirche benutzte man statt dessen ein Schlagbrett (griech. σήμαντρον) als Ruf- und Signalinstrument, wie es heute noch in den Ostkirchen in Gebrauch steht, besonders in jenen Gegenden, wo unter dem Islam Glocken verboten waren. Die Schlagbretter leben auch in den ›Klappern‹ und ›Ratschen‹ fort, die in katholischen Gegenden an den Kartagen nach altem Brauch die Glocken ersetzen.

Nach dem 4. Jh. wurden aus profanem Gebrauch übernommene Metallgeräte (Glocken, Glöckchen) zunächst im christlichen Mönchtum üblich – in Ägypten, vermutlich von dort aus in Süditalien und Südgallien, vor allem aber in Irland. Auf ihren Missionsreisen brachten iroschottische Wandermönche die Glocke mit auf den Kontinent; zu ihrem Gepäck gehörten Reiseglocken, mit denen sie zu Gebet und Gottesdienst riefen.[89]

Als Kirchengeläut sind Glocken (noch nicht gegossen, sondern genietet) frühestens seit dem 7. Jh. verwendet worden. Seit dem 8./9. Jh. wurden sie – vornehmlich in Benediktinerklöstern – im Gussverfahren hergestellt. Die Qualität von Musikinstrumenten erreichten sie erst in der Gotik.

Als älteste noch erhaltene, aus Eisenblech zusammengenietete Glocken gelten der ›Saufang‹ zu Köln, die Gallus-Glocke in St. Gallen und – schon gegossen – die im Lateranmuseum aufbewahrte Glocke aus Canino bei Viterbo in Italien, ferner die Lullusglocke in Hersfeld sowie eine Reihe weiterer nach dem Verfahren des Mönchs Theophilus (*Schedula diversarum artium*, 10. Jh.) hergestellter Stücke.[90] Seit dem 12. Jh. übernahm die Zunft der Bronze- und Bunt-Gießer in den Städten auch den Glockenguss.

Glocken erfüllen unterschiedliche kommunikative und rituelle Funktionen. In den Kirchengemeinden existieren in der Regel Läuteordnungen, die genau vorschreiben, wann, wie lange und zu welchen Anlässen welche Glocken geläutet werden sollen. Auch kennt man neben dem normalen Läuten (auch *Durchziehen, Überziehen, Überholen* genannt) noch andere Anschlagsarten (das *Halbzugsläuten* oder *Kleppen*, bei dem die Glocke nur einseitig angeschlagen, und das *Beiern*, bei dem die Glocke mit einem Hammer zum Klingen gebracht wird).

Von diesen Anschlagsarten sind unterschiedliche Läutearten (das Einzelläuten, das Zusammenläuten mehrerer Glocken mit Vorspann, den Nachschlag, das Sturmläuten usw.) noch einmal zu unterscheiden. Die ›Sprache‹ der Glocken verfügt solchermaßen über eine differenzierte Syntaktik und Semantik und kann dort, wo sie verstanden wird, zum ›Signieren‹[91] recht komplexer Sachverhalte eingesetzt werden.

Man unterscheidet Signal-, rituelle, apotropäische und öffentliche Funktionen:

(a) Signalfunktion: Glocken dienen heute vornehmlich dazu, »die Gläubigen zusammenzurufen und den Beginn des Gottesdienstes (Einzug) festlich zu begleiten.«[92] Zu ihrer Signalfunktion gehört auch, dass sie Gottesdienstteilnehmern wie Daheimgebliebenen den Fortgang der liturgischen Feier und bestimmte Höhepunkte des Geschehens anzeigen (Evangeliums-, Vaterunser-, Wandlungsläuten usw.). Sie fordern zu festgesetzter Zeit zum privaten bzw. häuslichen Gebet auf (Angelusläuten, Vesperläuten usw.), zeigen den Tod eines Gemeindeglieds an (›Abläuten‹) und laden zu Taufen, Trauungen, Bestattungen usw. ein.

Vielfach verfügen die Kirchen über besondere Glocken für die genannten Anlässe (Ave- bzw. Angelusglocke, Taufglocke, Totenglocke usw.). Manche Glocken werden auch nur zu den großen Feiertagen geläutet (zum Beispiel die im Volksmund so benannte ›große Oster‹). An den Kartagen (vom Gloria der Abendmahlsmesse am Gründonnerstag bis zum Gloria der Osternacht) schweigen in katholischen Gemeinden die Glocken.

Kleinere Glocken, die im Chorraum und bei den Altären hingen, wurden seit dem hohen Mittelalter zur Elevation, dann auch zum Sanctus, zur Kommunion und zur Gabenbereitung geläutet. Später wurden sie durch Handglocken (›Messglöckchen‹, ›Schellen‹) ersetzt, die von Ministranten bedient und auch bei der Übertragung der Krankenkommunion gebraucht wurden.

(b) Rituelle Funktion: Wenn Glocken bei Ein- und Umzügen, bei Wallfahrten und Prozessionen, als Grabgeleit, zum Sanctus, zur Wandlung, zum Vaterunser usw. geläutet werden, kommt ihnen darin nicht nur eine Signalfunktion, sondern auch eine rituelle Funktion zu. Ihr Geläut ist – wie zum Beispiel der Gesang – Teil des Ritus selbst und trägt zu seiner Verstärkung, Bereicherung und ›Verfeierlichung‹ bei.

(c) Apotropäische Funktion: Seit dem frühen Mittelalter (zuerst in Gallien) wurde den Glocken auch eine apotropäische, Dämonen abwehrende Funktion zugewiesen. Sie wurden deshalb in Pest- und Kriegszeiten, bei drohenden Unwettern (›Wetterläuten‹) usw. geläutet.

(d) Öffentliche Funktion: Häufig werden Glocken auch im öffentlichen Interesse in Anspruch genommen (Signalläuten bei Hochwasser-, Feuers-, Kriegsgefahren; Sturmläuten; festliches Geläut anlässlich staatlicher Gedenktage und Feiern).

5.3.2 Schweigen und Stille

Das ›heilige Schweigen‹ im Angesicht der kultisch gegenwärtigen Gottheit spielt in der Antike eine wichtige Rolle.

»Auf dem Höhepunkt der Mysterienliturgie, wenn die Gegenwart des Gottes am dichtesten erfahrbar wurde, verstummte die Kultgemeinde in ehrfurchtsvoller Scheu und anbetender Hingabe [...] Die mächtige Nähe des Heiligen erfüllte die Stille. Schweigend erkennt der Mensch die unaussagbare Erhabenheit des Göttlichen an«.[93] Aber auch »geläutertem philosophischem Denken galt dieses Schweigen als das wahre Opfer an die Gottheit.«[94]

In unterschiedlichen Formen und Funktionen wird das Schweigen auch im christlichen Gottesdienst geübt:

(a) Kultisches Schweigen: Angesichts der »schreckenerregenden Mysterien«, die in der Eucharistiefeier Darstellung finden, kommt seit dem 5. Jh. in der syrischen Kirche die Sitte auf, das Eucharistiegebet vom Priester leise sprechen zu lassen. Diese Übung findet Nachahmung zunächst in Gallien. Vom 8. Jh. an wird es im fränkischen Bereich und schließlich auch in Rom Brauch, dass der Priester den so genannten *Canon* der Messe – denjenigen Teil des Eucharistiegebets, der nach dem Sanctus einsetzt – leise betet (die Anfangs- und Schlussworte ausgenommen).

Der erste Teil des Gebets, die nach dem Kirchenjahr bzw. dem Anlass wechselnde *Präfation*, bleibt hiervon ausgenommen; sie wird in der gesungenen Messe feierlich kantilliert (vgl. 5.2.4).

Als mehrstimmige Sängerchöre auch die Ausführung des *Sanctus* übernehmen, wird der leise gebetete *Canon* durch den Gesang entsprechender Kompositionen überlagert. Um zu verhindern, dass auch Wandlung und Elevation solchermaßen ›übersungen‹ werden, ordnet das *Caeremoniale Episcoporum* 1600 an, dass der zweite Teil des Sanctus, das Benedictus, erst nach der Elevation zu singen sei. Es wird seitdem vielfach als ein eigenständiges Stück des Messordinariums behandelt.

Als *Stillmesse* bezeichnet man im deutschen Sprachraum im Unterschied hierzu einen Gottesdienst, bei dem der Priester sämtliche Messtexte ohne Beteiligung von Volk und Chor »mit verhaltener Stimme« für sich liest[95] (vgl. 4.2.4).

Im Zuge der Liturgiereform nach dem II. Vatikanischen Konzil wurde die Kanonstille 1967 offiziell aufgehoben und der laute, für alle verständliche Vortrag des Eucharistiegebets wieder hergestellt.

(b) Sammelndes Schweigen: Eine andere Funktion erfüllt das Schweigen vor und nach den Schriftlesungen bzw. der Predigt sowie im Anschluss an das Psalmgebet in der klösterlichen Praxis des Tagzeitengottesdienstes (vgl. 16.1.4.). Hier soll der Einzelne Gelegenheit erhalten, sich zu sammeln, die Lesung zu bedenken bzw. das Gebet der Gemeinschaft für sich selber in der Stille zu realisieren:

»Das Schweigen im Umkreis der Verkündigung des Wortes Gottes möchte dem Wirken des Geistes Raum schaffen. So enthält die nach dem Vaticanum II erneuerte römische Ordnung des Stundengebets die Anregung, jeweils nach einem Psalm, nach der Schriftlesung oder der gegebenenfalls darauffolgenden Homilie eine gewisse Zeit Stille eintreten zu lassen, damit das Wort Gottes in einem zur Ruhe gekommenen, schweigend lauschenden Herzen ›ankommen‹ und ein Echo finden kann.«[96]

Sinnvoll ist auch der Brauch, nach Gebetseinladungen (»Lasset uns beten«) und nach der Nennung von Gebetsanliegen im Fürbittengebet Augenblicke der Stille einzufügen, dem Allgemeinen Schuldbekenntnis zu Beginn des Gottesdienstes eine Zeit stiller Sammlung vorausgehen zu lassen und nach der Kommunion Zeit zu schweigender Besinnung zu geben.

In den Liturgien des Ostens fordern Aufmerksamkeitsrufe (πρόσχωμεν!) zum ›schweigenden Hören‹ des Evangeliums auf.

(c) Epikletisches Schweigen: Wieder einen anderen Charakter hat das Schweigen bei bestimmten Handlungen (zum Beispiel bei Handauf-legungen, bei Segnungen, bei Gesten anbetender Verehrung und buß-fertiger Gesinnung, aber auch bei der Kommunion). Dadurch wird die ei-genständige Bedeutung des nichtverbalen Gestus, der seinen Sinn in sich trägt, unterstrichen und die ganze Aufmerksamkeit auf diese Handlung gelenkt.

Man spricht in diesem Zusammenhang auch von »epikletischem Schweigen« im Sinne eines »schweigenden Wartens und Herabbetens des Heiligen Geistes.«[97] Eine besondere Form »epikletischen Schweigens« begegnet im *silent worship* der Quäker, bei dem die Gemeinde in der Stille auf die Erleuchtung durch den Geist Gottes wartet.

Nicht nur für katholische Gottesdienste gilt, was Rupert Berger schreibt: »Zeiten der Stille sind im Gottesdienst heute mehr als je not-wendig; ohne sie ist rechtes Hören und wirkliche Gebetsantwort für den gehetzten Menschen unserer Tage nicht möglich; auch die Stille ist eine Form ›tätiger Teilnahme‹ am gottesdienstlichen Geschehen«.[98]

156   Klänge

Anmerkungen

[1] Gotteslob. Katholisches Gebet- und Gesangbuch [1975], Nr. 270. Vgl. zum Folgenden auch: Christa Reich, Das Kirchenlied, in: Schmidt-Lauber/Meyer-Blanck/Bieritz, Handbuch (Kap. 1 Anm. 5), 763-777, insbesondere die Ausführungen zur »Phänomenologie des Kirchenliedes«, 763-766, und zu den »Theologischen Horizonten des Kirchenliedes«, 770-772.

[2] Josuttis, Weg (Kap. 4 Anm. 1), 175.

[3] Philipp Harnoncourt/Hans Bernhard Meyer/Helmut Hucke, Singen und Musizieren, in: Berger u.a., Gestalt des Gottesdienstes (Kap. 4 Anm. 7), 131-179, hier 134.

[4] Karl Bühler, Sprachtheorie. Die Darstellungsfunktion der Sprache, Stuttgart ²1965, 28 f.

[5] Harnoncourt u.a., Singen (Kap. 5 Anm. 3), 135.

[6] Josuttis, Weg (Kap. 4 Anm. 1), 178.

[7] Rudolf Otto, Das Heilige. Über das Irrationale in der Idee des Göttlichen und sein Verhältnis zum Rationalen, Breslau ⁹1922, 39.

[8] Kurt Goldammer, Die Formenwelt des Religiösen. Grundriß der systematischen Religionswissenschaft, Stuttgart 1960, 266 f; Josuttis, Weg (Kap. 4 Anm. 1) 179.

[9] Richard Schaeffler, Der Kultus als Weltauslegung, in: Fischer u.a., Kult (Kap. 1 Anm. 12), 9-62, hier 24.

[10] Harnoncourt u.a., Singen (Kap. 5 Anm. 3), 139.

[11] Ebd. 140.

[12] Josuttis, Weg (Kap. 4 Anm. 1), 180.

[13] Balthasar Fischer/Helmut Hucke, Poetische Formen, in: Berger u.a., Gestalt des Gottesdienstes (Kap. 4 Anm. 7), 180-219, hier 181.

[14] Klaus-Peter Jörns, Das hymnische Evangelium. Untersuchungen zu Aufbau, Funktion und Herkunft der hymnischen Stücke in der Johannesoffenbarung (StNT 5), Gütersloh 1971.

[15] Harnoncourt u.a., Singen (Kap. 5 Anm. 3), 144.

[16] Schiwy u.a., Zeichen (Kap. 2 Anm. 24), 73.

[17] Ebd. 73.

[18] Ebd. 70.

[19] Ebd. 74.

[20] Ebd. 74.

[21] Ebd. 74.

[22] Ebd. 67.

[23] Ebd. 28.

[24] Fischer/Hucke, Formen (Kap. 5 Anm. 13), 210.

[25] Berger, Handlexikon (Kap. 1 Anm. 19), 211.

[26] Ebd. 211.

[27] Fischer/Hucke, Formen (Kap. 5 Anm. 13), 181.

[28] Ebd. 185.

[29] Ebd. 191.

[30] Berger, Handlexikon (Kap. 1 Anm. 19), 29.

[31] Ebd. 182.

[32] Fischer/Hucke, Formen (Kap. 5 Anm. 13), 180.

[33] Berger, Handlexikon (Kap. 1 Anm. 19), 182 f.

[34] Ebd. 432.

[35] Ebd. 432 f.

[36] Ebd. 94 f.

[37] Harnoncourt u.a., Singen (Kap. 5 Anm. 3), 149.

[38] Otto Brodde, Evangelische Choralkunde (Der gregorianische Choral im evangelischen Gottesdienst), in: Leit. 4 (1961) 343-557, hier 519.

[39] Berger, Handlexikon (Kap. 1 Anm. 19), 378 f.

[40] Ebd. 426.

[41] Fischer/Hucke, Formen (Kap. 5 Anm. 13), 198.

[42] Ebd. 194.

[43] Ebd. 191.

[44] Berger, Handlexikon (Kap. 1 Anm. 19), 190.

[45] Anselm Schott O.S.B., Das Meßbuch der heiligen Kirche. Mit liturgischen Erklärungen und kurzen Lebensbeschreibungen der Heiligen. Neubearbeitet von Benediktinern der Erzabtei Beuron, Leipzig 1956, 388.

[46] Fischer/Hucke, Formen (Kap. 5 Anm. 13), 194.

[47] Ebd. 199.

[48] Berger, Handlexikon (Kap. 1 Anm. 19), 188.

[49] Fischer/Hucke, Formen (Kap. 5 Anm. 13), 199.

[50] Harnoncourt u.a., Singen (Kap. 5 Anm. 3), 151.

[51] Berger, Handlexikon (Kap. 1 Anm. 19), 338.

[52] Christoph Albrecht, Die gottesdienstliche Musik, in: Schmidt-Lauber/Meyer-Blanck/Bieritz, Handbuch (Kap. 1 Anm. 5), 413-435, hier 417.

[53] Berger, Handlexikon (Kap. 1 Anm. 19), 338.

[54] Harnoncourt u.a., Singen (Kap. 5 Anm. 3), 151.

[55] Albrecht, Musik (Kap. 5 Anm. 52), 417.

[56] Harnoncourt u.a., Singen (Kap. 5 Anm. 3), 152.

[57] Berger, Handlexikon (Kap. 1 Anm. 19), 338.

[58] Nach Dietrich Schuberth, Kaiserliche Liturgie. Die Einbeziehung von Musik-instrumenten, insbesondere der Orgel, in den frühmittelalterlichen Gottesdienst, Göttingen 1968, schon unter Pippin 757; vgl. auch: ders., Art. Kirchenmusik, in: TRE 18 (1989) 649-662.

[59] Albrecht, Musik (Kap. 5 Anm. 52), 421.

[60] Harnoncourt u.a., Singen (Kap. 5 Anm. 3), 151.

[61] Berger, Handlexikon (Kap. 1 Anm. 19), 381.

[62] Harnoncourt u.a., Singen (Kap. 5 Anm. 3), 151.

[63] Oskar Söhngen, Theologische Grundlagen der Kirchenmusik, in: Leit. 4 (1961) 1-267, hier 19.

[64] Ebd. 67.

[65] Ebd. 64.

[66] WA.TR 2,11 Nr. 1258; vgl. Albrecht, Musik (Kap. 5. Anm. 52), 418.

[67] Robert D. Hawkins, Art. Kirchenmusik, in: EKL³ 2 (1989) 1145-1152, hier 1149.

[68] Albrecht, Musik (Kap. 5 Anm. 52), 420.

[69] Walter Blankenburg, Der mehrstimmige Gesang und die konzertierende Musik im evangelischen Gottesdienst, in: Leit. 4 (1961) 661-719, hier 690.

[70] Berger, Handlexikon (Kap. 1 Anm. 19), 93.

[71] Harnoncourt u.a., Singen (Kap. 5 Anm. 3), 166.

[72] Vgl. zum Folgenden auch Otto Brodde, Hymnologie, in: Erich Valentin/ Friedrich Hofmann (Hg.), Die evangelische Kirchenmusik. Handbuch für Studium und Praxis, Regensburg 1967, 119-201, hier 124 ff.

[73] Harnoncourt u.a., Singen (Kap. 5 Anm. 3), 167.

[74] Ebd. 168.

[75] Brodde, Hymnologie (Kap. 5 Anm. 72), 130.

[76] WA 12,205-220; vgl. Kap. 2 Anm. 5.

[77] Übersetzung von Paul Speratus; vgl. Herbst, Gottesdienst (Kap. 1 Anm. 72), 43.

[78] WA 19,72-113; vgl. Kap. 2 Anm. 4.

[79] Zit. nach Söhngen, Grundlagen (Kap. 5 Anm. 63), 54.

[80] Brodde, Hymnologie (Kap. 5 Anm. 72), 141.

[81] Zit. nach Harnoncourt u.a., Singen (Kap. 5 Anm. 3), 170.

[82] Ebd. 171 f.

[83] Ebd. 175.

[84] Ebd. 177.

[85] Ebd. 172.

[86] Ebd. 175.

[87] Ebd. 176.

[88] Walter Reindell, Die Glocken der Kirche, in: Leit. 4 (1961) 857-887, hier 861-862.

[89] Hans Bernhard Meyer, Türme und Glocken, in: Berger u.a., Gestalt des Gottesdienstes (Kap. 4 Anm. 7), 383-384, hier 384.

[90] Reindell, Glocken (Kap. 5 Anm. 88), 862 f.

[91] So der Fachbegriff; vgl. ebd. 880.

[92] Berger, Handlexikon (Kap. 1 Anm. 19), 177.

[93] Andreas Heinz, Schweigen – Stille, in: Berger u.a., Gestalt des Gottesdienstes (Kap. 4 Anm. 7), 240-248, hier 241.

[94] Berger, Handlexikon (Kap. 1 Anm. 19), 484.

[95] Ebd. 485.

[96] Heinz, Schweigen (Kap. 5 Anm. 93), 242.

[97] Ebd. 242 f.

[98] Berger, Handlexikon (Kap. 1 Anm. 19), 484.

6. Rollen

In diesem Kapitel behandeln wir das – vom hierarchischen Code geregelte – System liturgischer Rollen, das unter anderem durch die liturgische Kleidung (textiler Code) signifiziert und durch spezifische liturgische Vollzüge dargestellt und tradiert wird.

6.1 Rollen, Dienste, Ämter

6.1.1 Zum Begriff der Rolle

Betrachtet man den christlichen Gottesdienst unter dem Aspekt eines gesellschaftlichen Ereignisses – als das er ohne Zweifel geschichtlich in Erscheinung getreten ist und noch tritt –, so gelten für ihn die Bedingungen, wie sie jeglicher Interaktion zwischen Menschen zugrundeliegen. Das heißt: Er wird wesentlich durch die *Rollen* strukturiert (und konstituiert), die die Beteiligten in ihm wahrnehmen.

(1) Positionen und Rollen

Jede Gesellschaft bzw. jedes gesellschaftliche Teilsystem wird durch eine Reihe von *Positionen* strukturiert, die der Einzelne in der gesellschaftlichen Kommunikation einnehmen kann.

Diese *Positionen* sind meist komplementär und asymmetrisch aufeinander bezogen (Lehrer/Schüler; Eltern/Kind; Arzt/Patient; Vorgesetzter/Untergebener usw.; komplementär-symmetrisch: Käufer/Verkäufer; Kollege/Kollege usw.) und konstituieren so ein Geflecht wechselseitiger Abhängigkeiten. Da der Einzelne an einer Vielzahl gesellschaftlicher Teilsysteme (zum Beispiel: Familie, Wirtschaft, Recht, Politik, Bildung) zugleich partizipiert, fallen ihm auch sehr unterschiedliche, oft als gegensätzlich erlebte *Positionen* und damit verbundene *Rollen* zu.

Auf die einzelnen *Positionen* richten sich bestimmte gesellschaftliche Verhaltenserwartungen, die in einem System komplementärer *Rollenerwartungen* miteinander verbunden sind. Man unterscheidet kulturspezifisch *zugeschriebene Rollen* (zum Beispiel Geschlechtsrollen, Altersrollen, Verwandtschaftsrollen, in die einer hineingeboren wird oder hineinwächst) von *erworbenen Rollen* (zum Beispiel in Beruf und Freizeit).

»Soziale Rollen bezeichnen so die Regelmäßigkeit, Wiederholbarkeit und personenbezogene Austauschbarkeit sozialen Handelns im Gegensatz zu dessen Zufälligkeit und Individualität.«[1]

(2) Rollenkonflikte

Da der Einzelne zahlreiche *Positionen* zugleich innehat, kann es zu *Rollenkonflikten* kommen, insbesondere dann, (a) wenn er seine *Rolle* abweichend von der gesellschaftlich konventionalisierten *Rollenvorschrift* interpretiert, (b) wenn er gleichzeitig mehrere – konventionell schwer miteinander zu vereinbarende – *Rollen* wahrzunehmen hat (*Interrollenkonflikt*) oder (c) wenn sich mit der *Rolle* gegensätzliche Erwartungen verschiedener Bezugsgruppen verbinden (*Intrarollenkonflikt*; Beispiel: ein Pfarrer zwischen den Erwartungen von Kirchenleitung und Gemeinde oder verschiedener Gemeindegruppen).

(3) Rollenübernahme

Die *Rollenübernahme* erfolgt in einem lebenslangen Prozess der Vergesellschaftung des Individuums (*Sozialisation*), in dem der Einzelne bestimmte soziokulturelle *Rollen* und die mit ihnen verbundenen *Rollenerwartungen* bzw. *Rollenvorschriften* erlernt, verinnerlicht und ausübt. Dadurch wird die Übertragung von Wertorientierungen, Normen und Verhaltensmustern von einer Generation auf die andere gewährleistet.

Zugleich muss der Einzelne aber auch lernen, den mit seinen *Rollen* jeweils verbundenen Interpretationsspielraum zu nutzen und so die ihm überkommenen *Rollenvorschriften* ständig fortzuschreiben bzw. neu zu definieren; nur so ist ja soziokultureller Wandel überhaupt möglich. Hierfür muss – bereits in der Familie – eine gewisse *Rollendistanz* und *Ambiguitätstoleranz* (Fähigkeit zum Ertragen und Verarbeiten von *Rollenkonflikten*) erlernt und eingeübt werden.

Die Vorstellung, es gäbe einen gleichsam rollenfreien Raum unmittelbarer, ungebrochener Authentizität jenseits von Rollenübernahme und Rollenzumutung, in dem der Einzelne sich so geben könne, ›wie er ist‹, führt in die Irre. Auch Interaktionen, die für sich beanspruchen, einen solchen Raum zu konstituieren, erweisen sich in letzter Hinsicht als inszeniert. *Authentizität* zeigt sich vielmehr in der Art und Weise, wie die jeweilige Rolle vom Einzelnen persönlich wahrgenommen und gestaltet wird. Hilfreich ist hier der Begriff der *Präsenz*: Er meint weder Rollenverschmelzung noch Rollenverweigerung, sondern das ungeteilte, engagierte und dennoch äußerst wache persönliche Interesse (verstanden als ›Mit-Sein‹), mit dem einer seine jeweilige Rolle gestaltet. In diesem

Sinne gilt: »Präsenz ist die durch das Bewußtsein des Inszenatorischen gebrochene Authentizität.«[2]

(4) Rollendifferenzierung

Die Notwendigkeit einer *Rollendifferenzierung* ergibt sich insbesondere dort, wo Menschen zu gemeinsamem Handeln zusammentreten, sich ›versammeln‹.

»Teilweise sind diese Rollen zuvor definiert – etwa im Rahmen einer Parlamentsdebatte oder eines Gerichtsverfahrens –, zum Teil ergeben sich solche Rollen, weil eine Versammlung erst im unmittelbaren Geschehen die Notwendigkeit bestimmter Funktionsträger erkennt und institutionalisiert. Ein Grundmuster von ›Versammlung‹ ist ohne Rollendifferenzierung nicht denkbar.«[3]

In zahlreichen sozialen Situationen ergibt sich dabei eine Differenzierung zwischen *Ensemble* und *Publikum*: Unter einem *Ensemble* versteht man eine »Gruppe von Individuen, die gemeinsam eine Rolle aufbauen«,[4] Akteure, die »zusammenarbeiten, um vor einem Publikum eine gegebene Situation darzustellen«.[5] Exemplarisch mag man sich dies an einer Chefarztvisite im Krankenhaus oder einem Fußballspiel veranschaulichen. Offizielle, häufiger noch inoffizielle Regeln schreiben dabei den Beteiligten ihr jeweiliges Rollenverhalten vor. Damit die Interaktion gelingt, muss ein stillschweigendes Einvernehmen zwischen Publikum und Ensemble bestehen. Häufig wird das Ensemble auch durch eine bestimmte Kleidung und eine eigene Gestik gekennzeichnet.

In solchen Zusammenhängen erweist sich die fundamentale Bedeutung nichtverbaler Kommunikationsmodalitäten für das gesellschaftliche Rollenspiel:

»Die rein sprachliche Kommunikation verschafft noch keine eindeutige Einsicht, wer der andere ist und was man von ihm erwarten oder befürchten muß. Es ist insbesondere das äußere Erscheinungsbild, das symbolisch ausdrückt, welche individuelle Identität sich hinter diesem Sprechen verbirgt. Dieses Erscheinungsbild ist geprägt durch die Gestik, körperliche Haltung, das Mienenspiel, die Kleidung und andere Züge«.[6]

(5) Ästhetische Rollen

Von den so beschriebenen sozialen Rollen sind ästhetische Rollen zu unterscheiden, die insbesondere im Spiel – wobei dieser Begriff sehr weit zu fassen ist – wahrgenommen werden.

Hier treten Menschen nicht in ihrer »sozialen Alltagsfunktion« in Erscheinung, »sondern in einer im allgemeinsten Sinne ästhetischen Funktion, die ihren Sinn in keinem außerhalb ihrer selbst liegenden Zweck hat [...] Ästhetische Rollen im engeren Sinn finden sich dann, wenn Sinnwelten anderen vorgespielt werden, damit sie diese betrachten und sich dabei in sie, sich mehr oder weniger identifizierend, hineinspielen können.«[7]

Das erinnert an die Zuordnung des christlichen Gottesdienstes zum Bereich darstellenden Handelns (vgl. 1.2.2) und eröffnet die Möglichkeit, die »Eigenart liturgischer Rollen« von daher neu zu verstehen: »Im Erzählen von Geschichten, im Theater und im Gottesdienst geht es darum, in der Realwelt eine andere Sinnwelt zu eröffnen.« Vom Theater unterscheidet sich Gottesdienst freilich u.a. dadurch, dass die Gemeinde nicht nur zuschaut, sondern »selbst mit im Stück« ist[8] und so die darin wahrgenommen ästhetischen Rollen sehr unmittelbar auch als soziale Rollen erfährt und gestaltet.

6.1.2 Neues Testament

(1) Vorsitz bei der Eucharistie

Die Christen der Frühzeit versammeln sich in Privathäusern, vornehmlich in den Häusern wohlhabenderer Gemeindeglieder (vgl. 4.2.1). Den jeweiligen ›Hausvätern‹ fällt dabei eine wichtige Rolle zu. Man darf vermuten, dass sie in der Regel den Vorsitz bei den eucharistischen Versammlungen wahrnehmen (vgl. 1 Kor 16,15; Röm 16,23). Wo Frauen einem Hause vorstehen, kommt ihnen vermutlich diese Rolle ebenfalls zu (vgl. Röm 16,1, wo es von Phöbe heißt, sie sei διάκονος der Gemeinde zu Kenchreä; ein Begriff, der möglicherweise den Dienst des eucharistischen Gastgebers einschließt).

Nach jüdischem Brauch, den man auch für die frühchristlichen Mahlfeiern voraussetzen darf, eröffnet der Gastgeber das festliche Mahl mit der *b^erakah*, dem Segens- und Lobspruch über einen gemeinsamen Becher Wein zu Beginn (*Kiddusch-Becher*) und über ein einzelnes Brot, das er dann bricht und an die Anwesenden verteilt. Den Bechersegen (*birkat ha-mazôn*), der als Tischdank das Mahl beschließt, kann auch einer der Gäste sprechen (vgl. 9.2.2).[9] Apg 20,11 wird berichtet, Paulus habe bei einer abendlichen Mahlversammlung in Troas das Brot gebrochen. Man kann daraus folgern, dass Paulus und andere Wandermissionare im Falle ihrer Anwesenheit auch den Vorsitz bei den Mahlversammlungen innehaben.

(2) Vielfalt der Charismen

Folgt man der Schilderung korinthischer Versammlungen in 1 Kor 12 und 14, so ermöglicht dort offenbar eine breite Palette unterschiedlicher gottesdienstlicher Rollen, Funktionen und Artikulationsformen die aktive Beteiligung eines großen Teils der Gemeinde.

»So war es in Korinth wohl die Regel, daß mehrere Propheten und Lehrer mit ihrer Verkündigung auftraten, daneben Glossolalen samt den Deutern ihrer stammelnden Rede sowie Gemeindeglieder, die selbstformulierte Gebete sprachen (1 Kor 14,26). Der Apostel muß mahnen, angesichts dieser Fülle und Vielfalt den Eindruck chaotischer Unordnung zu vermeiden (1 Kor 14,31-33).«[10]

1 Kor 12,28-30 zählt Paulus einige Rollen und Funktionen auf, von denen sich freilich im Einzelnen kaum sagen lässt, ob und in welcher Weise sie auch gottesdienstlich in Erscheinung getreten sind:

Neben dem Apostel (ἀπόστολος), dem Propheten (προφήτης) und dem Lehrer (διδάσκαλος) begegnet derjenige, der über (Wunder-)Kräfte (δυνάμεις) und Heilungsgaben (χαρίσματα ἰαμάτων) verfügt und Hilfeleistungen (ἀντιλήμψεις) erbringt, schließlich der κυβερνήτης, der Leitungsfunktionen wahrnimmt, und der Glossolaliker, dem die verschiedenen Arten enthusiastischer Zungenrede (γένη γλωσσῶν) anvertraut sind. Die Liste ist nach 1 Kor 14,15.26.28 mindestens noch um den Psallisten (den, der ψαλμὸν ἔχει) und den διερμηνευτής, den Deuter glossolalischer Rede, zu ergänzen (vgl. 1 Kor 12,4-11, wo auch die Fähigkeit zur διάκρισις πνευμάτων, zur ›Unterscheidung der Geister‹, erwähnt wird).

Eph 2,20 und 3,5 begegnen Apostel und Propheten, Apg 13,1 Propheten und Lehrer, 1 Tim 2,7 und 2 Tim 1,11 Apostel und Lehrer, in Hebr 13,7.17.24 und 1 Thess 5,12 Vorsteher (ἡγούμενοι bzw. προϊστάμενοι), Apg 21,8 (vgl. auch 2 Tim 4,5) Evangelisten (εὐαγγελιστής).

Zu denen, die beten und prophetisch reden, gehören nach 1 Kor 11,5 selbstverständlich auch Frauen. Wenn ihnen später das Wort in der Gemeindeversammlung entzogen wird (1 Tim 2,11 f), so hängt das mit der ›Rückkehr‹ der christlichen Bewegung in den antiken οἶκος, sein patriarchalisches Ethos und sein Sozialgefüge, zusammen,[11] wie sie für die zweite und dritte Generation anzusetzen ist.

(3) Konzentration der gottesdienstlichen Funktionen

Spätestens um die Wende zum 2. Jh. vollzieht sich auch »eine Konzentration der gottesdienstlichen Funktionen auf einen kleinen Kreis dafür speziell Bevollmächtigter«. Dabei zeigt sich zunehmend das Bestreben, »die Funktionen der Gemeindeleitung und der Lehre zusammenzuführen unter gleichzeitiger Zurückdrängung von Pneumatikertum und Prophetie«. So kommt es schließlich »zur Verdrängung freier, nicht an feste Ämter gebundener Charismen und Geistesgaben aus dem Gottesdienst«.[12]

Noch die Didache (um 100 n. Chr.) rechnet damit, dass Propheten der eucharistischen Versammlung vorstehen und die eucharistischen Gebete sprechen.[13] Bezeichnend für die Situation ist die Mahnung an die Gemeinden, sich Bischöfe und Diakone zu wählen und diese nicht gering zu achten: »Denn auch sie leisten euch den Dienst der Propheten und Lehrer.«[14] Doch wird es – entsprechend dem Prinzip »Leitung durch Lehre«[15] – immer mehr die Regel, dass Leitung der Gemeinde, Lehre (1 Tim 4,16) und Vorsitz im Gottesdienst (1 Tim 5,17) in einer Hand liegen.

Aus der Vielfalt der Ämter, Dienste und Funktionen, wie sie für die Frühzeit kennzeichnend ist, schält sich schließlich jene Ämtertrias heraus, wie sie für die Folgezeit bestimmend wird: (a) *Episkopen* (ἐπίσκοποι; Apg 20,28; Phil 1,1; 1 Tim 3,1-7; Tit 1,7-9), (b) *Presbyter* (πρεσβύτεροι; Apg 14,23; 15,2.4.6.22 f; 16,4; 20,17 u.ö.; 1 Tim 5,1.17.19; 4,14; Tit 1,5; Jak 5,14; 1 Petr 5,1.5; 2 Joh 1; 3 Joh 1), (c) *Diakone* (διάκονοι; Phil 1,1; 1 Tim 3,8-13).

Episkopos stammt wahrscheinlich aus hellenistischem Sprachgebrauch; es bezeichnet dort unter anderem den Aufseher beim Bau. *Presbyteros* (›Ältester‹) ist aus jüdischem Sprachgebrauch übernommen und kann – wie *Episkopos* – ganz allgemein gemeindliche Leitungsfunktionen bezeichnen. Wie wenig sich beide Bezeichnungen zunächst auf unterschiedliche Rollen beziehen, zeigt Apg 20,28, wo Paulus die versammelten Presbyter als Episkopen anredet. *Diakonos* ist wie *Episkopos* hellenistischer Herkunft und bezeichnet dort unter anderem den Tischdiener, den ›Kellner‹.

6.1.3 Alte Kirche

Grundlegend für die alte Kirche und ihren Gottesdienst – und für die Ämterstruktur der Ostkirchen, der römisch-katholischen, altkatholischen und anglikanischen Kirche bis heute – ist die Ämtertrias von Bischof (ἐπίσκοπος, lat. *episcopus*), Presbyter (πρεσβύτερος, eingedeutscht als ›Priester‹) und Diakon (διάκονος, lat. *diaconus*). Sie wird ergänzt durch eine Reihe weiterer Ämter und Dienste.

(1) Die Bischöfe

Etwa um die Wende zum 2. Jh. »hat die Ortskirche im Bischof ihre monarchische Spitze«.[16] Der Bischof steht der Gemeinde vor; er leitet die Gottesdienste und wacht über Lehre, Ordnung und Sitte in der Gemeinde.

Ignatius von Antiochien (gest. zwischen 110 und 117) macht die Rechtmäßigkeit der Eucharistiefeier von der Leitung durch den Bischof abhängig: »Folgt alle dem Bischof wie Jesus Christus dem Vater, und dem Presbyterium wie den Aposteln; die Diakone aber achtet wie Gottes Gebot! Keiner soll ohne den Bischof etwas, was die Kirche betrifft, tun. Jene Eucharistiefeier gelte als zuverlässig, die unter dem Bischof oder einem von ihm Beauftragten stattfindet. Wo der Bischof erscheint, dort soll die Gemeinde sein, wie da, wo Christus Jesus ist, die katholische Kirche ist. Ohne Bischof darf man weder taufen, noch das Liebesmahl halten; was aber jener für gut findet, das ist auch Gott wohlgefällig, auf daß alles was ihr tut, sicher und zuverlässig sei.«[17]

Durch die Kette der Handauflegungen mit den Aposteln verbunden, gelten die Bischöfe als Garanten der apostolischen Tradition und Nachfolger der Apostel. Zu den liturgischen Aufgaben des Bischofs im engeren Sinn, die aus seinem Vorsitz bei der Eucharistiefeier erwachsen, gehört neben der Schriftauslegung (der Predigt) vor allem der Vortrag des eucharistischen Hochgebets. Dass er in der Frühzeit dieses Gebet weitgehend – freilich unter Benutzung überlieferter Inhalte, Strukturen und Formeln – zu improvisieren vermag, zählt geradezu zu seinen spezifischen Charismen.

Schon bald wird es üblich, dass sich die Bischöfe einer Provinz in der jeweiligen Provinzhauptstadt (griech. μητρόπολις = Mutterstadt) zu *Synoden* (griech. σύνοδος = Zusammenkunft) treffen, um wichtige Fragen gemeinsam zu beraten und zu entscheiden. Daraus entwickelt sich die kirchliche Provinzialverfassung: Die Gemeinden der jeweiligen Verwaltungseinheit bilden eine Kirchenprovinz, eine *Metropolie* (griech. auch ἐπαρχία), der der Bischof der Provinzhauptstadt als *Metropolit* (im Abendland später *archiepiscopus*, Erzbischof, genannt) vorsteht.

Noch größere Verbände bilden sich um die ebenso politisch-kulturell wie kirchlich-theologisch bedeutsamen Zentren Antiochien, Alexandrien und Rom, zu denen später noch Jerusalem und Konstantinopel (Byzanz) treten (vgl. 2.2). Die hier residierenden Bischöfe beanspruchen den Rang von *Patriarchen* (griech. πατριάρχης = Stammvater). Die Gebiete, die ihrem Einfluss unterstehen, heißen *Patriarchate*.

Als sich das Christentum auch außerhalb der großen Städte auszubreiten beginnt, entstehen mancherorts viele kleine Landgemeinden, die ebenfalls von Bischöfen geleitet werden (so ist für Nordafrika von ca. 470 solcher Bischofssitze die Rede). Diese *Land-* bzw. *Chorbischöfe* (von griech. χώρα = Land) haben zunächst die gleichen Rechte wie die Stadtbischöfe und nehmen wie diese an den Bischofsversammlungen teil. Nach der konstantinischen Wende geraten sie jedoch zunehmend in Abhängigkeit von den Stadtbischöfen, werden von diesen ernannt, später ganz verdrängt. Die Bistumsgrenzen werden jetzt an die staatlichen Verwaltungsgrenzen (Diözesangrenzen; *Diözese* von griech.

διοίκησις = Haushaltung, Verwaltung, Verwaltungsbezirk) angeglichen.

Eine dem Institut der *Chorbischöfe*, wie es vor allem im Osten verbreitet ist, ähnliche Einrichtung begegnet in der Karolingerzeit im Westen. Sie hängt dort aber vermutlich mit der iroschottischen Kirchenverfassung (Kirchenleitung durch nichtbischöfliche Äbte, die darum bischöflicher Helfer bedürfen) zusammen.

Bischöfe, die im Mittelalter vor den islamischen Sarazenen in den Westen fliehen, werden von den hier ansässigen Bischöfen aushilfsweise zu Weihehandlungen herangezogen. Daraus entwickelt sich die abendländische Einrichtung der – einem Diözesanbischof zugeordneten – *Weihbischöfe*. *Titularbischöfe* heißen sie, weil sie auf die ›Titel‹ der untergegangenen Bischofssitze *in partibus infidelium* (›im Gebiet der Ungläubigen‹) geweiht werden.

(2) Die Presbyter

Die Presbyter bilden – wie schon der Vergleich mit dem Apostelkollegium bei Ignatius von Antiochien zeigt[18] – ein kollektives Leitungsgremium (*Presbyterium*), das den Bischof in der Leitung der Gemeinde unterstützt. Beim Gottesdienst nehmen sie an der Seite des Bischofs in der Apsis Platz (vgl. 4.2.2 und 4.2.3), üben aber zunächst keine liturgischen Funktionen aus.

Von der Mitte des 3. Jh. an fungieren Presbyter auch als Vertreter des Bischofs »im ›Außendienst‹«:[19] Der Bischof beauftragt einzelne Mitglieder seines Presbyteriums mit der gottesdienstlichen und seelsorgerlichen Versorgung von Landgemeinden und städtischen Nebenkirchen. So wird in einem längeren Prozess aus dem Mitglied des bischöflichen Rates, dem *Presbyterium*, der *Priester*, der – im Auftrag des Bischofs – selbständig der Eucharistiefeier vorstehen kann.

Vom 5. Jh. an wird die Gliederung eines Bischofsbezirks (mit der bischöflichen Hauptkirche, der *Kathedrale*, auch *basilica dioecesana* genannt) in Unterbezirke – mit Neben- bzw. Filialkirchen – die Regel. Diese Nebenkirchen werden von Presbytern verwaltet, die einen Teil der bischöflichen Funktionen, insbesondere den Vorsitz bei der Eucharistie, übernehmen. Für diese Presbytergemeinden bürgert sich später die Bezeichnung *Parochie* (abgeleitet von griech. πάροικος = Beisasse, Nachbar, παροικία = das Wohnen eines Beisassen in einem Ort; lat. *paroecia*; *parochia*; mhd. *Pfarre*, später *Pfarrei*) ein. Der Presbyter, der unter der Jurisdiktion des Bischofs diese Funktion eigenverantwortlich wahrnimmt, heißt *parochus*, Pfarrer.

Zentrum des kirchlichen Lebens bleibt jedoch weiterhin die Bischofskirche. Nur zögernd treten die Bischöfe das Taufrecht an die Presbyter

ab, behalten sich jedoch im Abendland das Recht der – die Taufe abschließenden und vollendenden – Chrisamsalbung (*consignatio* bzw.
confirmatio) vor (vgl. 15.2.3).

Eine eigene, auch liturgisch relevante Struktur bildet sich in Rom aus, wo die
Verantwortung für Gottesdienst und Seelsorge an den städtischen *Titelkirchen*
(*tituli*) den Kardinalpriestern übertragen wird, der Papst aber dennoch dort
regelmäßig *Stationsgottesdienste* – insbesondere in der Fastenzeit – hält.

Das kollegiale *Presbyterium* der Frühzeit lebt in gewisser Weise in den
mittelalterlichen *Domkapiteln* fort: In den Bischofsstädten entwickelt sich
– zuerst im 6./7. Jh. in Spanien und Gallien – die Einrichtung der *vita
canonica* als eine Art genossenschaftlicher Organisation des Stadtklerus.
Die *Kanoniker* (auch *Kapitulare*, *Dom-* oder *Chorherren*) genannten
Geistlichen leben nach monastischem Vorbild gemeinsam im bischöflichen Haus oder um die Bischofskirche herum in Kanonikerhäu-
sern, die eigentlich Teil des Bischofshauses sind.

(3) Die Diakone

Die Diakone sind unmittelbar dem Bischof als Helfer zugeordnet und
nehmen seit altersher den Tischdienst bei der Eucharistie wahr: Nach
Justin (gest. um 165) reichen sie »einem jeden der Anwesenden von dem
gesegneten Brot und Wein und Wasser zum Genuß dar und bringen auch
den Abwesenden davon.«[20] Sie unterstützen den Bischof bei der
Verwaltung der Gemeinde, insbesondere bei der Vermögensverwaltung
– der *Archidiaconus* ist eine wichtige Figur in der *Diözese* –, und nehmen
die gemeindliche Armenfürsorge wahr. Ähnliche Funktionen übernehmen
sie später auch in den von Presbytern geleiteten Gemeinden.

»Zu den wichtigsten Aufgaben der Diakone im Gottesdienst gehören: Sie
leiten die Teilnahme der Gemeinde durch die Aufforderungen, sie stellen in den
Ostriten die Verbindung zum Priester im Altarraum her durch die Anrufungen
der Ektenien; sie helfen mit bei der Bereitstellung der eucharistischen Gaben und
bei der Kommunionspendung, wobei ihnen in besonderer Weise der Kelch
anvertraut ist; unter den Lesungen ist ihnen besonders das Evangelium aufgetragen, ferner in der lateinischen Kirche der feierliche Lobpreis der Osternacht, das
Exsultet.«[21]

Während im Osten der Diakonat als eigenständiges kirchliches Amt erhalten bleibt – die vom Priester gemeinsam mit dem Diakon zelebrierte
Liturgie ist hier der Regelfall –, gilt im Westen seit dem 9. Jh. die Diakonenweihe nur noch als Durchgangsstufe zum Presbyteramt.

(4) Weitere Ämter und Dienste

Schon im 3. Jh. sind eine ganze Reihe weiterer Ämter mit spezifischen liturgischen Aufgaben bezeugt. Neben bzw. unter den Bischöfen, Presbytern und Diakonen gibt es Subdiakone (*subdiaconi* = ›Unterdiakone‹), Akoluthen bzw. Akolythen (*acolythi* von griech. ἀκόλουθος = Diener, Schüler), Lektoren (*lectores*), Ostiarier (*ostiarii* = ›Türwächter‹), Exorzisten (von griech. ἐξορκίζειν = beschwören), Bekenner (*confessores*), Witwen (*viduae*) und Jungfrauen (*virgines*), die mit Diensten in Gemeinde und Gottesdienst betraut sind.

Die dem römischen Gegenbischof Hippolyt zugeschriebene *Traditio apostolica* (vgl. 10.2) kennt neben der Ordination von Bischöfen, Presbytern und Diakonen[22] auch die Einsetzung von Bekennern, Witwen, Lektoren, Jungfrauen, Subdiakonen und solchen, denen Heilungsgaben (*gratiae curationum*) anvertraut sind, also vermutlich Exorzisten. Dabei legt die Schrift auf die Feststellung Wert, dass die Träger dieser Dienste – im Unterschied zu Bischöfen, Presbytern, Diakonen – *nicht* durch Handauflegung ordiniert werden.[23]

Nach dem römischen Bischof Cornelius (251-253) gibt es dort unter dem einen *Episcopus* 46 Presbyter, 7 Diakone, 7 Subdiakone, 42 Akolythen und 52 Exorzisten, Lektoren und Türwächter. Daraus erhellt, dass dem Bischof sieben Diakone, jedem Diakon sieben weitere Gefolgsleute (ein Subdiakon und sechs Akolythen) zugeordnet sind.

Zeugnisse aus der syrischen Kirche des 3./4. Jh. belegen, dass dort auch Frauen mit diakonalen Aufgaben betraut und zu diesem Dienst eigens ordiniert werden.[24]

6.1.4 Weihestufen

Aus der Vielfalt altkirchlicher Ämter und Dienste entwickelt sich im Mittelalter eine feste Rangfolge höherer und niederer Weihen. Dem entspricht die Unterscheidung zwischen zwei Gruppen von Klerikern (von griech. κλῆρος = Los, Anteil; ein *clericus* ist demnach einer, ›der das Los erlangt hat‹). Bischöfe, Priester und Diakone, später (seit etwa 1200) auch die Subdiakone bilden den höheren Klerus (*clerus maior*, Maioristen). Zum niederen Klerus (*clerus minor*, Minoristen) gehören – von oben nach unten – Akolythen, Exorzisten, Lektoren, Ostiarier sowie alle, die die Tonsur empfangen haben.

Es wird üblich, auf dem Weg zum Priester- bzw. Bischofamt alle vorhergehenden Weihestufen – den *cursus honorum* – in der vorgeschriebenen Reihenfolge zu durchlaufen. »Ordinationen per saltum, d.h. das Überspringen von einzelnen Ordinationsstufen, ist verboten.«[25] Die entsprechende Vorschrift begegnet zuerst in einer um 480 in Südgallien entstandenen Schrift. Bis zum

10. Jh. setzt sie sich in den Kirchen nördlich der Alpen und schließlich auch in Rom durch. Leo VIII., der 963 als Laie den römischen Bischofsstuhl besteigt, muss sich zwei Tage vor seiner Bischofsweihe allen vorausgehenden Ordinationen vom Ostiariat bis zum Diakonat unterziehen.

Allem vorgeschaltet ist die Aufnahme in den Klerus, die mit der *Tonsur* verbunden ist. Hierbei schneidet der Bischof dem Kandidaten einige Haare vom Haupt und bekleidet ihn mit dem Chorrock.

Das Gebet *ad clericum faciendum,* das das Pontificale Romanum übernimmt, findet sich bereits im Hadrianum (8. Jh.). Voll ausgebildet liegt der Ritus seit dem 13. Jh. vor.[26] Er ist vermutlich aus dem seit dem 6./7. Jh. bezeugten Brauch erwachsen, nur noch junge Mönche oder Kleriker zum persönlichen Dienst des Papstes zuzulassen.[27] Paul VI. hat 1972 den Ritus zusammen mit den niederen Weihen abgeschafft. Die Aufnahme in den Klerus erfolgt jetzt durch die Diakonatsweihe.

Zum bevorzugten Weihetermin werden seit dem 5. Jh. die Quatembertage. Während der Mittwoch und der Freitag der Vorbereitung dienen, werden die Weihen selbst im Vigilgottesdienst des Quatembersamstags vollzogen: Nach dem Kyrie wird die Tonsur erteilt. Die Weihe zum Ostiarier hat ihren Ort nach der ersten Lesung. Jeweils nach der zweiten, dritten, vierten und fünften Lesung erfolgt die Weihe zum Lektor, zum Exorzisten, zum Akolythen und zum Subdiakon. Nach der Epistellesung findet die Diakonenweihe, zum Tractus vor dem Evangelium die Priesterweihe statt.[28]

Alle diese Ämter sind freilich nur noch Durchgangsstufen zum Priesteramt. Tatsächlich findet in den Westkirchen eine Reduktion der altkirchlichen Ämtervielfalt auf das Amt des Priesters statt, der alle anderen liturgischen Rollen an sich bindet, sie gleichsam ›usurpiert‹ (*Rollensummation*): Er fungiert nun nicht nur in der Rolle des Vorstehers, sondern zugleich auch als Diakon, als Lektor usw. (vgl. dazu 4.2.4). Faktisch folgt die lutherische Reformation mit ihrer Konzentration auf das – eine und einzige – *ministerium verbi divini,* das *Predigtamt,* solcher reduktionistischen Tendenz.

Schon im kulturwissenschaftlichem Interesse ist es nützlich, sich das breite Spektrum der Ämter und Dienste noch einmal im historisch-liturgischen Zusammenhang zu verdeutlichen; wird doch in vielen literarischen, kulturhistorischen u.a. Zeugnissen darauf Bezug genommen.

(a) *Ostiariat*: Die Ostiarier (Türwächter, Pförtner) haben ursprünglich die Aufgabe, »Unbefugte vom Gottesdienst fernzuhalten und über seine Sicherheit zu wachen.«[29] Das Pontificale Romanum überträgt ihnen die Aufgabe, »die Glocken zu läuten, die Türen des Heiligtums und der Sakristei zu öffnen und dem Vorleser das Buch aufzuschlagen.«[30]

Bei der Weihe wird ihnen symbolisch der Kirchenschlüssel überreicht. »Der Archidiakon führt sie hierauf in ihr Amt ein, indem er sie die Kirchentüre öffnen und schließen und die Glocken läuten läßt.«[31] Ihre Aufgaben werden heute vom Mesner bzw. Küster wahrgenommen.

(b) *Lektorat*: Lektoren – ursprünglich mit der Verlesung der gottesdienstlichen Schriftlesungen befasst – verlieren ihre liturgische Funktion, als Subdiakon und Diakon die Lesung von Epistel und Evangelium übernehmen. Als Durchgangsstadium zum Presbyterat bleibt die Lektorenweihe, bei der der Bischof den Kandidaten ein Buch (gewöhnlich das Missale!) überreicht, jedoch erhalten. Als 1972 die niederen Weihen aufgehoben werden, wird das Lektorenamt im Sinne eines liturgischen Dienstes erneuert. Bei ihrer Beauftragung übergibt der Bischof den Lektoren symbolisch die Heilige Schrift.

(c) *Exorzistat*: Das Amt des Exorzisten weist auf ein frühchristliches Charisma (vgl. 6.1.2) zurück, das sich im 3. Jh. zu einem liturgischen Amt verfestigt. Dem Exorzisten obliegt in jener Zeit insbesondere die Aufgabe, die Exorzismen an den Taufbewerbern zu vollziehen.

Im 4./5. Jh. weitgehend verschwunden, wird es im Frühmittelalter in Gallien als Durchgangsstufe zum Priesteramt neu belebt. Bei der Weihe erhält der Kandidat ein Buch überreicht, in dem Exorzismen enthalten sind (zum Beispiel das Rituale Romanum). 1972 wird der entsprechende Weihegrad ersatzlos gestrichen.

(d) *Akolythat*: Aufgabe der Akolythen ist es ursprünglich, Diakone und Subdiakone bei der Eucharistiefeier zu unterstützen. Sie helfen beim Brotbrechen vor der Kommunion und überbringen in Rom den Priestern an den Titelkirchen eine Brotpartikel aus der Messfeier des Papstes (das sog. *fermentum*).

Bei der Weihe wird ihnen ein Leuchter und ein leeres Messkännchen überreicht. Sie sind berechtigt, Brot und Früchte zu segnen. Ein Teil ihrer gottesdienstlichen Funktionen wird später von Ministranten übernommen. 1972 wird der entsprechende Weihegrad aufgehoben, der Akolythat aber (ähnlich wie beim Lektorat) als liturgischer Dienst beibehalten. Bei der Beauftragung durch den Bischof wird den Kandidaten eine Schale mit Hostien und eine Kanne mit Wein übergeben. In besonderen Fällen dürfen sie die Kommunion austeilen.

(e) *Subdiakonat*: Dem Subdiakon obliegt in der alten Kirche als Helfer des Diakons insbesondere die Sorge für das Gotteshaus, die Märtyrergräber, die liturgischen Textilien und Geräte. In Rom liest er im Gottesdienst die Epistel; er hilft bei der Entgegennahme der eucharistischen Gaben, der Bereitung des Altars und beim Brotbrechen vor der Kommunion (Dienst an der Patene).

Bei der Weihe, mit der der Subdiakon die Verpflichtung zum Zölibat und zum Stundengebet übernimmt – deshalb die Aufwertung zur *höheren Weihe* seit dem 13. Jh. –, überreicht ihm der Bischof die liturgische Gewandung und das Epistel-buch; außerdem darf er Patene, Kelch, Messkännchen und Lavabobecken berühren. Mit der Aufhebung des Weihegrades 1972 werden seine Aufgaben den Lektoren und Akolythen übertragen.

(f) *Diakonat*: Seit dem 9. Jh. geht in der westlichen Kirche – im Unterschied zum Osten – der Diakonat als ein eigenständiges, mit spezifischen Funktionen betrautes Amt verloren. Die Diakonenweihe, die – mit Handauflegung und Weihegebet durch den Bischof, Bekleidung mit den liturgischen Gewändern und Überreichung des Evangelienbuches – strukturell der Priesterweihe entspricht, ist seitdem nur noch Durchgangs-stufe zum Priesteramt. Das II. Vatikanische Konzil hat versucht, »den Diakonat als eigene und beständige Stufe der Hierarchie wiederher-zustellen«.

Zu den Aufgaben des Diakons gehört es nach der Konstitution *Lumen gentium* (Art. 29), »feierlich die Taufe zu spenden, die Eucharistie zu verwahren und auszuteilen, der Eheschließung im Namen der Kirche zu assistieren und sie zu segnen, die Wegzehrung den Sterbenden zu überbringen, vor den Gläubigen die Heilige Schrift zu lesen, das Volk zu lehren und zu ermahnen, dem Gottesdienst und dem Gebet der Gläubigen vorzustehen, Sakramentalien zu feiern und den Beerdigungsritus zu leiten.«[32]

6.1.5 Ordinationsriten

(1) Neues Testament

Im Neuen Testament ist an einigen Stellen von der Beauftragung zu bestimmten Diensten und der Zueignung des hierfür nötigen Charismas (χάρισμα τοῦ θεοῦ, 2 Tim 1,6) durch Handauflegung (ἐπίθεσις τῶν χειρῶν: 1 Tim 4,14; 2 Tim 1,6; vgl. auch 1 Tim 5,22) und Gebet (καὶ προσευξάμενοι ἐπέθηκαν αὐτοῖς τὰς χεῖρας: Apg 6,6) die Rede. Das Vorbild für eine solche Handlung erblickt man in der Handauflegung, wie sie im Zusammenhang der jüdischen Gelehrtenordination – hier freilich ohne begleitendes Gebet – für das 1. Jh. n. Chr. bezeugt ist.

Χειροτονεῖν (vgl. Apg 14,23), das später im Osten als terminus technicus die Ordinationshandlung insgesamt bezeichnet (*Cheirotonie*, χειροτονία), meint zunächst ›durch Handaufheben abstimmen, wählen, ernennen‹ und kann darum hier noch nicht als Begriff beigezogen werden.

Der lateinische Begriff des *ordo* – hiervon abgeleitet: *ordinare, ordinatio* – geht wahrscheinlich auf Tertullian (gest. ca. 220) zurück, der damit auf die römische Amtssprache rekurriert: *Ordo* bezeichnet hier eine Körperschaft, die sich vom übrigen Volk unterscheidet, und *ordinatio* meint den Akt, durch den eine Person dieser Körperschaft (zum Beispiel dem *ordo* der römischen Ritterschaft) inkorporiert wird.

(2) Alte Kirche

Handauflegung und Gebet bilden auch nach der *Traditio apostolica* (vgl. 6.1.3) den Kern des Ordinationsgeschehens. Exemplarisch ist das Verfahren bei der Bischofsweihe: Ist der neue Bischof vom ganzen Volk gewählt, so legen die versammelten Nachbarbischöfe dem Kandidaten die Hände auf, während alle schweigend um das Kommen des Geistes bitten. Sodann spricht einer der Bischöfe – von den anderen hierum gebeten – unter Handauflegung das Ordinationsgebet über dem Erwählten. Er erfleht darin den ›Geist der Leitung‹ (griech. πνεῦμα ἡγεμονικόν, lat. *spiritus principalis*) für den neuen Bischof, damit dieser die Aufgaben, die sein Amt ihm stellt, zu erfüllen vermöge. Die ganze Versammlung bestätigt das Gebet mit ihrem ›Amen‹ und grüßt den Erwählten mit dem Friedenskuss und Akklamationen. Die Diakone bringen ihm die eucharistischen Gaben, und der neue Bischof breitet die Hände darüber aus und spricht – »zusammen mit dem gesamten Presbyterium« – das Eucharistiegebet.

Bei der Presbyterweihe legt der Bischof dem Kandidaten die Hände auf, »während die [anderen] Presbyter ihn ebenfalls berühren«, und erbittet für ihn »den Geist des Rates und der Stärke, ›damit er helfe und das Volk leite‹«.[33] Das Gebet schließt mit einer Bitte für alle Presbyter.

Bei der Diakonenweihe legt nur der Bischof dem Erwählten die Hände auf, was ausdrücklich unterstrichen wird (denn er wird »nicht zum Presbyter geweiht, sondern zum Dienst des Bischofs, um das zu tun, was ihm aufgetragen wird«[34]). Das Ordinationsgebet erbittet den »Geist der Gnade und des Eifers« für den neuen Diakon, der berufen ist, »der Kirche zu dienen und die Gaben zum Altar zu bringen«.[35]

(3) Mittelalter

Diese schlichten Ordinationsriten werden später in vielfacher Weise ergänzt, erweitert und umgeformt. Dabei zeigt sich – besonders im keltisch-fränkischen Liturgieraum – die Tendenz, die Übertragung der

jeweiligen Ämter und der mit ihnen verbundenen Vollmachten auf sinn-
lich-zeichenhafte Weise darzustellen.

(a) Noch altkirchlicher Herkunft ist der zuerst im syrischen Raum
bezeugte Brauch, dem Kandidaten bei der Bischofsweihe während des
Ordinationsgebetes ein Evangelienbuch (*Evangeliar*) aufzulegen. Ursprünglich halten zwei Diakone das Buch während des Gebets über sein
Haupt, später sind es zwei Bischöfe, die es auf bzw. über seinen Nacken
(*super cervicem eius*) platzieren.

(b) Aus dem irisch-keltischen (vielleicht auch altspanischen) Liturgiebereich dringen allerhand Salbungen (vgl. 15.2.3) in die Ordinationsriten ein, von denen die Salbung der Hände bei der Presbyterweihe und
die Salbung des Hauptes und der Hände bei der Weihe des Bischofs auch
von den römisch-fränkischen Ordnungen rezipiert werden.

Deuteformeln, die die Handlungen begleiten, machen unmissverständlich klar,
dass darin jetzt »das eminente Zeichen für das Sakrament der Weihe zum Bischof
bzw. zum Priester« gesehen wird.[36]

(c) Da nach der Etablierung der Reichskirche die kirchlichen Amtsträger zugleich hohe staatliche Ränge bekleiden, wird es üblich, ihnen im
Zusammenhang ihrer Weihe staatliche Ehrenzeichen zu überreichen (in
Rom das *Pallium* für den Bischof, das *Orarium* für die Diakone; vgl.
6.4.2). Später wird die Überreichung der jeweiligen Amtsgewänder
während der Weihehandlung zu einem weiteren sinnenfälligen Zeichen
für die Übertragung der Amtsvollmachten und der gültigen Installation
in das neue Amt.

Presbyter werden vom Bischof mit Stola und Kasel, Diakone mit Stola und
Dalmatik bekleidet (vgl. 6.4.2 und 6.4.3). Auch hier zeigen Deuteformeln, welch
konstitutives Gewicht man inzwischen diesem Vorgang beimisst: ›Durch dieses
Zeichen setzen wir dich in das Diakonenamt ein‹, sagt der Bischof, wenn er dem
Kandidaten die Stola überreicht.

(d) Schließlich schreibt man auch der Überreichung der jeweiligen
Amtsinsignien – Ring und Stab für den Bischof (später zusätzlich Mitra
und Handschuhe), Patene und Kelch für den Presbyter, das Evangeliar für
den Diakon – eine für das neue Amt konstitutive Bedeutung zu.

*Accipe potestam offere sacrificium Deo, missamque celebrare tam pro vivis
quam pro defunctis*, spricht der Bischof, wenn er dem Presbyter Patene und
Kelch überreicht (›Empfange die Vollmacht, Gott das Opfer darzubringen und
die Messe für Lebende und Verstorbene zu zelebrieren‹).[37]

(e) Im Zentrum des Ordinationsritus der alten Kirche, so hatten wir
gesehen, steht das unter Handauflegung gesprochene epikletische Ordinationsgebet, die Bitte um den Heiligen Geist. Abendländisch-mittel-
alterlichem Denken reicht dies nicht aus. Die Übertragung des sakramentalen Amtscharismas muss jetzt durch eine ausdrückliche Vollzugsformel angezeigt und bewirkt werden. Seit dem 12. Jh. wird denn auch
klar und unmissverständlich zur Handauflegung bei der Bischofsweihe
gesagt: *Accipe Spiritum Sanctum* – ›Nimm hin den Heiligen Geist‹.[38]

(4) Gegenwärtige Praxis

Die liturgische Reform nach dem II. Vatikanischen Konzil hat sich
bemüht, »Handauflegung und Weihegebet als das wesentliche Zeichen
wieder voll zur Geltung« zu bringen.[39] Die Deuteworte zur Handauflegung entfallen. Das unter Handauflegung gesprochene Ordinationsgebet
gilt wieder als der eigentlich konsekrierende Akt. Die Salbungen (das
Haupt beim Bischof, die Hände beim Priester) wie das Anlegen der
Gewänder und die Überreichung der Insignien gelten als »nachkonsekra-
torische Riten«.[40] Wir bieten im Folgenden eine tabellarische Übersicht
über die 1968 erneuerten Riten nach Bruno Kleinheyer.[41]

Bischofsweihe nach dem Evangelium:	*Priesterweihe* nach dem Evangelium:	*Diakonenweihe* nach dem Evangelium:
Vorstellung des Kandidaten	Vorstellung der Kandidaten	Vorstellung der Kandidaten
Lesung des Päpstlichen Schreibens	Erwählung durch den Bischof	Erwählung durch den Bischof
Homilie des Hauptkonsekrators	Homilie des Konsekrators	Homilie des Konsekrators
Gelöbnis des Kandidaten	Gelöbnis der Kandidaten	Gelöbnis der Kandidaten
	Handlegung zum Versprechen	Handlegung zum Versprechen
Gebetseinladung	Gebetseinladung	Gebetseinladung
Litanei	Litanei	Litanei

Litaneischlussgebet	Litaneischlussgebet	Litaneischlussgebet
Handauflegung aller Bischöfe	Handauflegung: Bischof und Presbyterium	Handauflegung: Bischof
Auflegung des Evangeliars		
Weihegebet	Weihegebet	Weihegebet
	Anlegen der Amtskleidung: Stola und Kasel	Anlegen der Amtskleidung: Querstola und Dalmatik
Hauptsalbung	Händesalbung	
Übergabe des Evangeliars	Übergabe von Brot und Wein	Übergabe des Evangeliars
Überreichung von Ring, Mitra und Stab, Führung zur Kathedra		
Friedenskuss	Friedenskuss	Friedenskuss

6.2 Die Ordination zum Predigtamt

6.2.1 Theologische Grundlinien

Eine Darstellung der reformatorischen Lehre vom kirchlichen Amt ist hier ebensowenig möglich wie eine Erörterung der theologischen Grundlagen und Implikationen der in den vorausgehenden Abschnitten geschilderten liturgischen Vollzüge. Von Bedeutung für das Verständnis der reformatorischen Ordnungen ist freilich die Erkenntnis, dass bei Martin Luther zwei Begründungslinien konvergieren.[42] Hiervon sind die Vorstellungen, wie sie Johann Calvin (1509-1564) für den reformierten Protestantismus entwickelt, noch einmal zu unterscheiden.

(1) Allgemeines Priestertum und besonderes Amt

Luther folgt zum einen der Vorstellung »vom allgemeinen Priestertum der Gläubigen«.[43] Das heißt: Alle Christen, die die Taufe empfangen haben, sind gleichen geistlichen Standes.

»Dan was auß der tauff krochen ist«, so schreibt er 1520 *An den christlichen Adel deutscher Nation*, »das mag sich rumen / das es schon priester Bischoff vnd Bapst geweyhet sey / ob wol nit einem yglichen zympt / solch ampt zu vben«.[44]

Jeder Christ verfügt also kraft seiner Taufe über die für die Ausübung kirchlicher Ämter notwendige geistliche Ausstattung. Eine Priester*weihe*, die eine solche Ausstattung (nach der Lehre des Konzils von Trient die *potestas consecrandi et offerendi verum corpus et sanguinem Domini et peccata remittendi et retinendi*, also die Vollmacht zur Konsekration und Darbringung des Messopfers wie zur Sündenvergebung) allererst verleihen müßte, ist von daher überflüssig. Doch macht der Nachsatz deutlich, dass Luther sehr wohl an der Notwendigkeit und Legitimität besonderer kirchlicher Ämter festhält:

»Dan weyl wir alle gleich priester sein / muß sich niemant selb erfur thun / vnd sich vnterwinden / an vnßer bewilligen vnd erwelen / das zuthun / des wir alle gleychen gewalt haben.«[45] Jeder Christ kann also prinzipiell das geistliche Amt – ohne jede weitere Weihe als die Taufe – ausüben. Aber gerade deshalb, weil es *prinzipiell* jeder kann, darf es im konkreten Fall nur der ausüben, der von allen dazu berufen ist und in ihrem ausdrücklichen Auftrag tätig wird: Niemand soll das Amt wahrnehmen »on der gemeyne willen vnd befehle«.

Die Rede vom ›allgemeinen Priestertum‹ besagt also gerade nicht, dass jeder Christ als Prediger und Pfarrer tätig sein kann und soll. Gemeint ist vielmehr, dass der einzelne Christ auf die eigene Ausübung des Predigtamtes verzichtet bei Berufung (*vocatio*) eines anderen in dieses Amt. Solche Berufung ist die einzige, freilich unverzichtbare Voraussetzung für die Wahrnehmung des Amtes. Sie vermittelt nicht – wie die Priesterweihe – besondere, der Person des Amtsträgers bleibend ›aufzuprägende‹ Qualitäten und Vollmachten, sondern bedeutet die öffentliche Einsetzung in die Rechte und Pflichten des *ministerium verbi divini*.

In diesem Sinne hält Art. 14 der Confessio Augustana fest: »Vom Kirchenregiment (*de ordine ecclesiastico*) wird gelehrt, daß niemand in der Kirchen offentlich lehren oder predigen oder Sakrament reichen soll ohn ordentlichen Beruf (*nisi rite vocatus*)«.

(2) Das Amt als göttliche Stiftung

Zum andern kann Luther sehr wohl das kirchliche Amt auch als göttliche Stiftung bzw. als Stiftung Christi beschreiben und begreifen.

»Ich hoffe ja«, schreibt er 1530 in seiner ›Predigt, daß man Kinder zur Schulen halten solle‹, »das die gleubigen vnd was Christen heissen wil / fast wol wissen / das der geistliche stand / sey von Gott ein gesetzt vnd gestifftet / nicht mit gold

/ noch silber / sondern mit dem theuren blut vnd bittern tode seines einigen sons vnsers Herrn Jhesu Christi.«[46] Das steht im Einklang mit Art. 5 des Augsburgischen Bekenntnisses, wo es heißt: »Solchen Glauben zu erlangen, hat Gott das Predigtamt eingesetzt, Evangelium und Sakrament geben (*institutum est ministerium docendi evangelii et porrigendi sacramenta*), dadurch er als durch Mitttel den heiligen Geist gibt, welcher den Glauben, wo und wenn er will, in denen, so dass Evangelium hören, wirket [...]«

Danach ist das *Predigtamt* eine von Gott selbst der Kirche eingestiftete Grundordnung. Es ist keine beliebige Einrichtung der Gemeinde (der *congregatio sanctorum* von CA 7), sondern steht ihr – kraft göttlicher Setzung – gegenüber. Darin ist es *Institution* und *Funktion* zugleich: Es erfüllt sich als *Institution* in seiner *Funktion*; sein Sinn zielt darauf, dass Predigt und Sakramentsverwaltung vollzogen werden. Es hat seinen Grund jedoch nicht in irgendwelchen objektiven oder subjektiven Qualitäten des jeweiligen Inhabers.

Im Hintergrund darf dabei die von Luther rezipierte und entfaltete *Dreiständelehre* vermutet werden. Die gesamte menschliche Lebenswelt ist in drei Ordnungen, drei Stände gegliedert: Kirche, Obrigkeit und Haus. Jedem der drei Stände ist durch göttliche Stiftung sein eigenes *Amt* zugeordnet: Predigtamt, fürstliche bzw. städtische Autoritäten, Amt des Hausvaters. Wie der Hausstand (*status oeconomicus*) und das Amt des Hausvaters von Gott eingesetzt sind, so sind auch das Amt staatlicher Obrigkeit (im Blick auf den *status politicus*) und das Predigtamt (im Blick auf den *status ecclesiasticus*) von Gott geordnet.

(3) Kirchliche Ämter nach Calvin

Nach Calvin beruhen die Ämter in der Kirche auf göttlicher Einsetzung. »Das Amt (officium, munus, magisterium, ministerium) und die Amtsträger (ministri [...]) gibt es in der Kirche nach dem Willen des Herrn [...] Durch sie tut Gott selbst sein Werk an und in der Kirche.«[47] Das »Gegenüber von Amt und Gemeinde« wird hierin deutlich betont.

Von Martin Bucer (1491-1551) übernimmt Calvin die »Lehre von den vier Ämtern«. Danach gibt es in der Kirche – als ständige Einrichtung – »pasteurs, docteurs, anciens, diacres, que nostre seigneur a institué pour le gouvernement de son église«.[48] Die Hirten bzw. Pastoren sind für Predigt und Seelsorge zuständig, die Lehrer bzw. Doktoren für den Unterricht, die Ältesten, die Calvin aus dem weltlichen Rat nimmt, für die Kirchenzucht, die Diakone für die Armenpflege.

Die Leitung der Kirche liegt beim Konsistorium (franz. *consistoire*), das sich aus den Pastoren und Ältesten zusammensetzt, also keine obrigkeitliche Behörde ist wie später im Luthertum, sondern eine ›Synode‹. Dabei gilt: »Das Amt der

Hirten oder Pastoren ist das wichtigste und grundlegende Amt. Ihm obliegt es, das Evangelium zu verkündigen und die Sakramente zu verwalten [...] Die Hirten haben das eigentliche Vorsteheramt in der Kirche im Sinne der Leitung der Ortsgemeinde [...], wozu außer der Verantwortung für Lehre und Sakramente auch gehört, daß sie richtige Disziplin halten.«[49]

6.2.2 Vokation, Konfirmation, Introduktion

Die *vocatio*, durch die einer in das kirchliche Amt berufen wird, ist nach Luther ein komplexer Prozess. Grundlegend ist und bleibt dabei »der gemeyne willen / erwelen vnd beruffen«, also Wahl und Berufung durch die Gemeinde.

So jedenfalls schreibt er 1523 – unter dem bezeichnenden Titel »Das eyn Christliche versamlung odder gemeyne recht vnd macht habe / alle lere tzu vrteylen / vnd lerer tzu beruffen eyn vnd abtzusetzen« – an die Gemeinde zu Leisnig.[50] Aus dem gleichen Jahr stammt sein Schreiben an den Magistrat zu Prag »De instituendis ministris ecclesiae ad clarissimum senatum Pragensem Bohemiae«.[51] Hier macht er deutlich, wie er sich den Vorgang der *vocatio* konkret vorstellt: Nach der Wahl sollen die Erwählten von den Angesehensten unter Gebet und Handauflegung bestätigt und der *universitas* empfohlen werden ([...] *et orationibus ac manuum impositionibus universitatis commendare et confirmare;*[52] [...] *tum impositis super eos manibus illorum, qui potiores inter vos fuerint, confirmetis et commendetis eos populo et Ecclesiae seu universitati*[53]). Der Wahl folgt also eine gottesdienstliche Handlung, die – ganz nach biblisch-altkirchlichem Vorbild – Gebet und Handauflegung umfasst. Ihr Sinn ist die Bestätigung der Gewählten (*confirmatio*) und ihre Empfehlung an die Gemeinde (*commendatio*).

So schälen sich schon hier die drei für das lutherische Ordinationsverständnis grundlegenden Elemente heraus: (a) *Vokation* durch eine »gemeyne« (bzw. durch Personen oder Gremien, die für diese Gemeinde zu handeln befugt sind), (b) öffentliche *Konfirmation* des Erwählten durch die zuständigen Autoritäten, verbunden (c) mit seiner gottesdienstlichen *Introduktion* in das neue Amt.[54] Alle drei Akte – daran lässt Luther keinen Zweifel – sind nicht nur rechtlicher, sondern geistlicher Art; von Anfang an trägt und begleitet die Gemeinde das Geschehen mit ihrem Gebet.

Ganz in diesem Sinne wird Georg Rörer durch Luther am 14. Mai 1525 in sein Amt als Archidiakonus an der Pfarrkirche zu Wittenberg eingeführt. Es ist die erste lutherische Ordination, von der wir wissen. Sie ist mit der Einweisung in ein konkretes Amt verbunden und trägt schon von daher einen anderen Charakter als die von der mittelalterlichen Kirche praktizierte Priesterweihe;

auch ist sie noch nicht mit der später in Wittenberg geübten ›zentralen‹ Ordination zu vergleichen. Doch bezeichnet sich Rörer selbst in diesem Zusammenhang
als *ordinatus*.

Johann Bugenhagen (1485-1558), der in seinen Kirchenordnungen in ähnlicher Weise die Ordination zunächst nur als Einweisung in ein konkretes Pfarramt vorsieht (die bei jedem Amtswechsel wiederholt wird), spricht in der Hamburger Kirchenordnung von 1529 ebenfalls von den *ordinati ad ministerium
spiritus*.[55] Die Pommersche Kirchenordnung von 1535, auch von Bugenhagen
verfasst, schreibt eine kirchenamtliche Bestätigung (Konfirmation) des Ordinanden vor Antritt seines ersten Amtes vor, die bei einem Amtswechsel nicht
wiederholt wird.[56]

6.2.3 Luthers Ordinationsformular

Der Beginn einer zentralen Ordinationspraxis in Wittenberg ist auf den
12. Mai 1535 zu datieren. Unter diesem Datum verfügt Kurfürst Johann
Friedrich, »daß hinfort diejenigen, die ohne die bischöfliche Weihe
empfangen zu haben ein Amt im Kurfürstentum begehrten, in Wittenberg
die Ordination nachzusuchen hätten«. Mit der Durchführung der
Ordinationen wird die dortige Theologische Fakultät beauftragt, der
befohlen wird, »zu ordiniren und also macht und gewalt ires priesters und
diaconenambts zu geben«.[57]

Die Anbindung an die Fakultät zeigt, dass es sich hier zumindest auch um
einen ›akademischen‹ Akt handelt, der die erfolgreiche Ausbildung bzw. eine
entsprechende Befähigung zum Predigtamt namens der berühmten Fakultät
bestätigt. Vermutlich verfolgt der Kurfürst mit seiner Anordnung die Absicht, die
rechtliche Stellung der Pfarrer, aber auch seinen Einfluss auf die Berufungs-
verfahren zu stärken. Dem kommt der vielfache Wunsch der Betroffenen entgegen, die auf eine Art »kirchenregimentlicher Bestätigung« ihrer allgemeinen,
durch das Studium erworbenen »Tüchtigkeit zum geistlichen Amt« drängen.

Bugenhagen, obwohl von der Fakultät zum Ordinator bestimmt, steht
solcher Trennung von allgemeiner Ordination und Introduktion in ein
konkretes Pfarramt offenkundig kritischer gegenüber als Luther. Erst als
er 1537 für längere Zeit nach Dänemark reist, kann Luther die vom
Kurfürsten gewünschte Praxis in vollem Umfang durchsetzen.[58] Aber
auch Luther hält daran fest, dass eine Ordination nur dann stattfinden
solle, wenn auch wirklich eine Berufung in ein konkretes Pfarramt
vorliegt.

Seit dem 29. Juli 1537 wird in Wittenberg ein Ordinandenbuch geführt, das bis
1560 die Zahl von 1.650 Ordinationen verzeichnet. Doch ist damit zu rechnen,

»daß schon von 1535 an Ordinationen für andere Gemeinden in Wittenberg vorgenommen worden sind.«[59]

Auf das Jahr 1537 wird auch das von Luther selbst verfasste Ordinationsformular datiert; doch liegen handschriftliche Zeugnisse bereits aus den Jahren 1535 bzw. 1536 vor.[60] Für ausländische Studenten, die des Deutschen nicht ausreichend mächtig sind, erstellt Luther ein lateinisches Formular.[61] Luthers Ordnung hat folgenden Aufbau:[62]

BITTGESANG UM DEN HEILIGEN GEIST KOLLEKTEN-GEBET	Ordinator, Ordinanden und die anderen Geistlichen knien vor dem Altar. Der Chor singt Veni sancte Spiritus. Es folgen Versikel (Ps 51) und ein Kollektengebet mit der Bitte um Erleuchtung durch den Heiligen Geist wie um Führung und Trost.
SCHRIFT-LESUNGEN	1 Tim 3,1-7 Apg 20,28-31
KURZE ANSPRACHE AN DIE ORDINANDEN KURZE FRAGE ANTWORT: JA	Den Schriftlesungen folgt eine Ermahnung an die Ordinanden: Sie sollen die Gemeinde Gottes weiden, sie mit dem reinen Wort Gottes vor falschen Lehrern (>Wölfen und Rotten<) schützen und selbst ein vorbildliches Leben führen. Der Ordinator fragt: Seid ihr nun solches zu tun bereit? Die Ordinanden antworten mit einem einfachen: Ja.
HANDAUFLEGUNG VATERUNSER UND ORDINATIONS-GEBET	Unter Handauflegung des Ordinators und der anderen anwesenden Geistlichen wird über den Ordinanden das Vaterunser und das Ordinationsgebet gesprochen. Es paraphrasiert die ersten drei Bitten des Vaterunsers und erbittet unter Bezug auf Mt 9,37-38 den Heiligen Geist für die Ordinanden und alle Diener des Wortes. Es bittet Gott, das Treiben der Widersacher zu beenden, und schließt in der Zuversicht der Erhörung.
SENDUNGS-VOTUM	1 Petr 5,2-4
SEGENS-VOTUM	Nach dem Segenswort singt die Gemeinde *Nun bitten wir den Heiligen Geist*. Es folgt die Feier des Abendmahls.

Zwischen der einmaligen, nicht wiederholbaren *Ordination*, die in allgemeiner Form auf Lebenszeit – sie wird auch nicht bei >Wiederbeilegung der Rechte der Ordination< nach deren Verlust wiederholt – das Recht zu öffentlicher Wortverkündigung und Sakramentsverwaltung überträgt und darin durchaus strukturell der katholischen Priesterweihe entspricht, und der wiederholbaren *Introduktion* in ein konkretes Amt, die auf die Bindung des Amtsträgers an die jeweilige Gemeinde zielt, besteht seither eine Spannung, die theologisch nur schwer auszugleichen ist.

Die Praxis heutiger Landeskirchen ist unterschiedlich: In manchen Kirchen werden die Ordinanden als Gruppe ›zentral‹ vom Bischof ordiniert, ohne dass dies mit der Einführung in die erste Gemeinde verbunden ist. Andere Kirchen verbinden jeweils vor Ort Ordination und Einführung in die erste Pfarrstelle. Strittig ist nach wie vor, ob es nach reformatorischem Verständnis so etwas wie eine Berufung in das Predigtamt ›an sich‹, ohne Zuordnung zu einer konkreten Gemeinde, überhaupt geben kann.

6.2.4 Gegenwärtige Ordinationsformulare

Neuere lutherische und unierte Ordinationsformulare gehen in Struktur und Substanz im Wesentlichen auf Luthers Formular von 1537 zurück, »dessen konstitutiver Kern aus Gottes Wort (Ad-hoc-Lesungen, Vorhalt, Frage) und Gebet (Vaterunser als biblisches Grundgebet, Ordinationsgebet mit Bitte um den Geist, dabei Handauflegung zusammen mit den Assistierenden, sodann Sendungswort und Segnung) besteht.«[63]

»Der Aufbau des Ganzen [bei Luther] bringt das Eigentümliche einer evangelischen Ordination klar zur Geltung: die grundlegenden Stücke sind Gottes Wort und Gebet. Beides setzt sich jeweils zusammen aus dem exemplarischen Wort der Schrift (Lesungen bzw. Gebet des Herrn) und dem daraus schöpfenden Wort für den gegenwärtigen Anlaß (Anrede auf Grund der Lesung bzw. Gebet in Weiterführung des Vaterunser). Auch die Zuspitzung auf die Person des Ordinanden folgt dem doppelten Ansatz: Lesung und Anrede finden ihr Ziel in Frage des Ordinators und Antwort des Ordinanden, während das fürbittende Gebet durch Handauflegung und abschließende Voten dem Ordinanden tröstlich und verpflichtend ›auf den Leib‹ rückt.«[64]

Im Unterschied zu den meisten neueren evangelischen Formularen kennt freilich Luthers Ordnung – darin in bemerkenswerter Übereinstimmung mit dem erneuerten römisch-katholischen Ritus – keine Vollzugsformel. Nach verbreitetem Verständnis gilt diese Formel heute als der Akt, durch den »die auch rechtlich wirksame Übertragung des Predigtamtes der Kirche in einem ›performativen‹ Sinn erfolgt.«[65] An dieser Formel lässt sich demnach auch das jeweils implizierte Verständnis von Amt und Ordination ablesen.

Frieder Schulz[66] hat der Ordnung Luthers von 1537 zwei weitere »reformatorische Grundtypen« zugeordnet, die beide eine – unter Handauflegung gesprochene – Vollzugsformel kennen. Die von Schulz als Grundtyp II gekennzeichnete Württemberger Ordnung von 1547 (1559) formuliert: »[...] so ordne, confirmire und bestetige ich dich, aus göttlichem befehl und ordnung, zu einem diener und seelsorger dieser gemein [...]«. Grundtyp III, die hessische Ordnung von 1566 (1574) sagt: »So ordene und bestetige ich nun von wegen der kirchen Gottes euch auf euwere getane zusage zum ordentlichen diener der kirchen und lehrer des heiligen evangelii [...]«

Die Lutherische Agende IV von 1964 hat folgende Formulierung: »[...] kraft der Vollmacht, die Jesus Christus seiner Gemeinde gegeben hat, überantworten wir dir durch Gebet und Auflegung unserer Hände das Amt der Kirche, wir segnen, ordnen und senden dich zum Dienst an Wort und Sakrament [...]«[67] In der neu bearbeiteten Fassung der Lutherischen Agende IV von 1987 heißt es: »Christus spricht: Gleichwie mich der Vater gesandt hat, so sende ich euch. Im Gehorsam gegen diesen Auftrag, den der Herr seiner Kirche gegeben hat, und im Vertrauen auf seine Verheißung berufen, segnen und senden wir dich zum Dienst im Amt der Kirche [das Evangelium von Jesus Christus öffentlich zu verkündigen und die Sakramente zu verwalten]. Im Namen des ✝ Vaters und des Sohnes und des Heiligen Geistes.«[68]

Die evangelischen Landeskirchen in der DDR einigten sich 1979 ebenfalls auf ein gemeinsames Ordinationsformular;[69] die Vollzugsformel lautet hier: »Im Vertrauen darauf, daß Gott unser Gebet erhört, und im Gehorsam gegen den Auftrag, den der Herr seiner Kirche gegeben hat, senden wir dich in den Dienst der öffentlichen Verkündigung des Wortes Gottes und der Verwaltung von Taufe und Abendmahl im Namen des ✝ Vaters und des Sohnes und des Heiligen Geistes«.

Die Sendungsformel der revidierten Fassung der Agende II/2 der Evangelischen Kirche der Union von 1977[70] stimmt mit dem Text der 1972 von der *Arnoldshainer Konferenz* veröffentlichten Ordnung[71] überein, über die die folgende Tabelle – als Beispiel für neuere deutschsprachige Formulare unierter Prägung – einen Überblick gibt.

VORSTELLUNG DES KANDIDATEN ORDINATIONSANSPRACHE LIED ODER CHORGESANG [CREDO]	Die Ordination erfolgt im Hauptgottesdienst nach dem Kollektengebet bzw. nach dem Credo. Die Vorstellung des Kandidaten ist mit einem Hinweis auf die Bekenntnisverpflichtung verbunden: »Er hat sich auf die in unserer Kirche (in dieser Gemeinde) geltenden Bekenntnisse verpflichtet ...«
PRÄFAMEN ZU DEN LESUNGEN DREI SCHRIFTLESUNGEN	Mt 28,18-20 2 Kor 5,19-20 Eph 4,11-13

GROSSER ORDINATIONS-VORHALT	Der Ordinationsvorhalt nimmt Bezug auf die vorstehenden Lesungen und legt die Amtspflichten dar. Es heißt dort u.a.: »Die Gemeinde ist dafür verantwortlich, daß Menschen, die dazu willig und vorbereitet sind, das Evangelium öffentlich verkündigen ... Du wirst nun ermächtigt zu predigen, zu taufen und das Abendmahl auszuteilen ... Bei deinem Dienst stehst du in der Gemeinschaft aller Mitarbeiter und wirst begleitet von der Fürbitte der Gemeinde ...«
FRAGE AN DEN KANDIDATEN ANTWORT DES KANDIDATEN	»... Willst du den Dienst der öffentlichen Verkündigung, in den du berufen wirst, nach Gottes Willen in Treue ausüben, das Evangelium von Jesus Christus predigen, wie es in der Heiligen Schrift gegeben und im Bekenntnis unserer Kirche (Gemeinde) bezeugt ist, die Sakramente ihrer Einsetzung gemäß verwalten, das Beichtgeheimnis und die seelsorgerliche Schweigepflicht wahren und dich so verhalten, wie es deinem Auftrag entspricht, so versprich es vor Gott und dieser Gemeinde mit deinem Ja«: »Ja, mit Gottes Hilfe«.
AUFFORDERUNG AN DIE GEMEINDE ORDINATIONS-GEBET AMEN	»... Wir bitten dich, erleuchte das Herz dieses Bruders durch den Heiligen Geist und leite ihn mit deiner starken Hand, daß er sein Amt in Treue führe zur Ehre deines Namens und zur Auferbauung deiner Gemeinde. Amen« (zur Auswahl stehen zwei weitere Texte).
SENDUNGS-FORMEL	»... im Gehorsam gegen den Auftrag, den der Herr seiner Kirche gegeben hat, und im Vertrauen auf seine Verheißung berufen und senden wir dich zum Dienst der öffentlichen Verkündigung im Namen des Vaters und des Sohnes und des Heiligen Geistes« (ohne Handauflegung!).
SENDUNGSVOTUM VOTEN DER ASSISTENTEN SEGENSVOTUM LIED DER GEMEINDE	Der Ordinand kniet nieder. Sendungsvotum (»Der Herr, unser Gott, hat dich zu seinem Dienst berufen. Christus spricht: Gleichwie mich der Vater gesandt hat, so sende ich euch«), Voten der Assistenten und Segensvotum (»Der Herr segne dich. Er segne deinen Dienst an allen, die dir anbefohlen sind. Amen«) werden unter Handauflegung gesprochen.

Nach der Lutherischen Agende IV von 1987 (²1997) folgt die Ordination der Predigt, die in der Regel der Ordinator (oder ein anderer Pfarrer) hält. Sie hat folgenden Aufbau:

[Falls ein anderer Pfarrer gepredigt hat: GRUSS – ORDINATIONSANSPRACHE] – EINLEITUNG – BITTLIED UM DEN HEILIGEN GEIST – LESUNGEN (Mt 28,18-20; Joh 20, 21-23; 2 Kor 5,19-20; Eph 4,11-13; 1 Tim 6,11-12) – ORDINATIONSFRAGE[N] mit ANTWORT DES ORDINANDEN – VATERUNSER und ORDINATIONSGEBET (unter

Handauflegung, der Ordindand kniet nieder) – SENDUNG (Ordinationsformel, unter Handauflegung; siehe oben) – SEGEN. Danach wird der Gottesdienst wie gewohnt fortgesetzt.

6.3 Rollenvielfalt

6.3.1 Tätige Teilhabe der Gemeinde

Es ist erklärtes Ziel der liturgischen Erneuerungsbewegungen des 20. Jh., die Reduktion liturgischer Rollen auf die Funktionen des *Priesters* bzw. *Predigers* und *Liturgen* sowie die daran gebundene Rollensummation zu überwinden und die Rollenvielfalt im liturgischen Handeln – als Ausdruck und Vollzug des ›Priestertums aller Gläubigen‹ – zu erneuern. Dabei geht es zugleich darum, Wesen und Gestalt des christlichen Gottesdienstes als einer Versammlung ›im Namen Jesu‹[72] zu verdeutlichen.

Unter den sieben »maßgeblichen Kriterien [...] für das Verstehen und Gestalten des Gottesdienstes«, die das *Evangelische Gottesdienstbuch* aufführt, steht »die Verantwortung und Beteiligung der ganzen Gemeinde« an erster Stelle:

»Die Reformation hat das Priestertum aller Getauften neu zur Geltung gebracht. Daher ist die ganze Gemeinde für den Gottesdienst verantwortlich. Die Gemeinde, die von Gott mit der Vielfalt der Geistesgaben beschenkt wird, soll sich mit all diesen Gaben, Fähigkeiten und Erkenntnissen am Gottesdienst beteiligen. Gottesdienstordnungen sollen hierfür immer neu Wege ebnen und Möglichkeiten erschließen.«[73]

In anderer Weise – aber in einer durchaus vergleichbaren Intention – hat die Liturgiekonstitution des II. Vatikanischen Konzils diesen Sachverhalt umschrieben:

»Die Mutter Kirche wünscht sehr, alle Gläubigen möchten zu der vollen, bewußten und tätigen Teilnahme (*ad plenam, consciam atque actuosam liturgicarum celebrationum participationem*) an den liturgischen Feiern geführt werden, wie sie das Wesen der Liturgie selbst verlangt und zu der das christliche Volk, ›das auserwählte Geschlecht, das königliche Priestertum, der heilige Stamm, das Eigentumsvolk‹ (1 Petr 2,9; vgl. 2,4-5) kraft der Taufe Recht und Amt besitzt. Die volle und tätige Teilnahme des ganzen Volkes (*totius populi plena et actuosa participatio*) ist bei der Erneuerung und Förderung der heiligen Liturgie aufs stärkste zu beachten [...]« (Art. 14).

Die hier intendierte »volle, bewußte und tätige Teilnahme« kann sich freilich nur auf die Weise realisieren, dass die versammelte Gemeinde insgesamt und eine Vielzahl einzelner ihrer Glieder in bestimmte liturgische Funktionen und damit verbundene Rollen eintreten. Die Liturgiekonstitution klärt die Voraussetzungen hierfür, wenn sie schreibt:

»Bei den liturgischen Feiern soll jeder, sei er Liturge oder Gläubiger, in der Ausübung seiner Aufgabe nur das und all das tun, was ihm aus der Natur der Sache und gemäß den liturgischen Regeln zukommt« (Art. 28).

Das heißt: Die Rollenübernahme im liturgischen Geschehen erfolgt nicht zufällig, beliebig, regellos. Sie ist an sachgemäße Vorgaben und ein dem Geschehen inhärentes Regelsystem gebunden. Für eine Gottesdienstgestaltung, die dem folgt, ist es wichtig, das Rollengefüge des Gottesdienstes als ein Zeichensystem eigener Art zu begreifen, für das – wie für jede andere Sprache auch – bestimmte grammatikalisch-syntaktische Regeln existieren. Das gilt unbeschadet aller theologisch kontroversen Bestimmungen hinsichtlich der kirchlichen Ämter, ihrer ekklesiologischen Bedeutung bzw. ihrer Stellung in der Heilsökonomie Gottes.

6.3.2 Rollendifferenzierung im Gottesdienst

Die gottesdienstlich versammelte Gemeinde kann nicht als eine amorphe ›Masse‹ angesehen und behandelt werden. Sie stellt vielmehr ein gegliedertes soziales Gebilde dar, das – wie andere vergleichbare Sozialgebilde auch – durch komplementär miteinander verbundene Positionen und die ihnen zugehörigen Rollen strukturiert wird. Solche Struktur darf nicht – aus welchen Gründen auch immer – verschleiert werden, sondern muss für alle Beteiligten erkennbar sein. Dazu gehört vor allem, dass ersichtlich ist, wer Leitungsfunktionen wahrnimmt und wem so die Verantwortung für den Ablauf der Versammlung insgesamt zukommt.

Michael Meyer-Blanck schreibt dazu: »Sozialität ist notwendig hierarchisch. Gerade der theologisch dem Priestertum aller Getauften verpflichtete evangelische Gottesdienst tut gut daran, sein theologisches Prinzip nicht sozial-normativ kurzzuschließen durch die Nivellierung der Rollenunterschiede [...] Die amtstheologische Gleichheit darf nicht als rollenbezogene Gleichheit mißverstanden werden. Das würde zum Erliegen sozialer Interaktion führen und damit gerade die Hierarchie im Sinne institutionell vorgegebener Unterordnung fördern. Daraus folgt: Nicht das Verleugnen von Hierarchien und sozialen Rollen ist demokratisch, sondern der bewußte Umgang damit.«[74]

Solche Rollendifferenzierung kann verbal bzw. rituell (zum Beispiel durch Vorstellung und Präsentation, auf Dauer durch Beauftragung,

Ordination usw.), aber auch nichtverbal (durch Kleidung, Gestik, eine Zuordnung zu bestimmten ›Orten‹ im Raum usw.) codiert werden.

Eine mehr oder weniger zufällige Aufteilung der Vorsteherfunktionen auf mehrere Mitwirkende, wie sie in evangelischen Gottesdiensten manchmal üblich ist, wirkt geradezu struktur- und sinnzerstörend. Das gilt in gleicher Weise für eine verbreitete ›Wir-alle-Rhetorik‹, die negiert, dass Bedeutung und Sinn auch hier nur aus der *Differenz* unterschiedlicher Funktionen und Rollen erwachsen können.

6.3.3 Rollen und Funktionen

Die einzelnen Rollen müssen bestimmten, unterscheidbaren Funktionen auf sinnvolle, konsistente Weise zugeordnet sein. Es geht also nicht an, dass bei Mitwirkung mehrerer Rollenträger die Aufgaben nach dem Motto verteilt werden: ›Du machst den Anfang, ich mache dann nach der Epistel weiter‹. Es ist vielmehr zu fragen, welche liturgischen Funktionen jeweils einer bestimmten Rolle von der Sache her zugehören:

Wenn es zum Beispiel einen *Vorsänger* oder eine *Vorsängerin* gibt, werden diese überall dort in ihrer Rolle fungieren, wo Gesänge angestimmt, geleitet, im Wechsel mit der Gemeinde ausgeführt werden. Das gilt in vergleichbarer Weise für *Vorleser* und *Vorleserin*, auch für den oder die *Vorbeter*, die etwa bei den Fürbitten mitwirken. Das trägt wesentlich dazu bei, die Struktur des liturgischen Geschehens insgesamt zu verdeutlichen und so seinen Sinn zu erschließen.

Bei der Festlegung unterschiedlicher Rollen und Funktionen ist zu berücksichtigen, dass Gottesdienste ›vielsprachige‹, multimediale Ereignisse sind. Protestanten neigen dazu, allein vom Sprachcode auszugehen und die Rollenverteilung an verbale Vollzüge (Texte) zu binden. Legt man jedoch das Bild einer liturgischen ›Partitur‹ zugrunde, wird deutlich, dass hier viele Instrumente nacheinander, aber auch gleichzeitig zum Einsatz kommen können. Mühe und Phantasie sind darum besonders bei der Besetzung ›nichtverbaler‹ Rollen aufzuwenden. Diese können häufig auch von Gemeindegliedern (Kindern, Konfirmanden usw.) ausgefüllt werden, denen die Wahrnehmung verbaler Rollen noch schwer fällt.

Neben den klassischen liturgischen Rollen sollten auch neue Rollen erwogen und erprobt werden: »Neben geradezu klassischen Rollenträgern in gottesdienstlichen Feiern, den Kantoren beziehungsweise Vorsängerinnen und Vorsängern sowie der gesamten Gemeinde als Trägerin des Gebets und Gesangs, sind als neue zu benennen: Lektorinnen und Lektoren, Helferinnen und Helfer beim Austeilen der Eucharistie, bei der Bereitung der Gaben, der Begrüßung der

Gemeinde, beim Vortragen meditativer Texte oder von Gebetselementen (*oratio universalis*). Hinzu kommen besondere Aufgaben, etwa im Predigtdienst und bei der Leitung unterschiedlicher gottesdienstlicher Feiern selbst [...] Es bedingt eine Offenheit für spezifische Rollen in spezifischen Gottesdiensten, so etwa die Möglichkeit, Rollenträger und Rollenträgerinnen zu bestätigen, die Schrifttexte visualisieren können; oder – wie etwa bei so genannten feministischen Liturgie-feiern praktiziert – die Kreation völlig neuer Rollen, die eine Zueinanderführung von menschlicher Lebenssituation und göttlicher Heilszusage rituell begleiten. In diesem Zusammenhang kommt unter Umständen eine Rolle, die eine klagende Funktion ausübt, zu ihrem Recht [..] Es ergibt sich eine dynamische, sich neu gestaltende Rollenvielfalt. Damit einher geht notwendigerweise eine Wei-terentwicklung von entsprechenden Feiern der Beauftragung sowie die Möglich-keit, innerhalb der Gemeinden eigenverantwortlich bestimmte Rollen (auf Zeit) zu institutionalisieren.«[75]

6.4 Kleider

6.4.1 Zugänge

Kleidung dient nicht nur dem Schutz vor Verletzungen, vor Kälte, Hitze und anderen Witterungseinflüssen, vor bösen Geistern und feindlichen Mächten, sondern auch – seit Urzeiten – als Schmuck, als Kennzeichnung und als Auszeichnung. Sie ist Mittel der Selbstdarstellung wie Ausdruck der Übernahme und Ausübung bestimmter gesellschaftlicher Positionen und Rollen.

»Der erfolgreiche Jäger legt sich das Fell des erjagten Tieres über die Schul-tern oder bindet es um die Lenden und hebt sich dadurch vom Erfolglosen, vom Nicht-Jäger, von Kind und Frau in der Freibeuterkultur ab; damit übernimmt er die Kraft des Tieres [...] Ein schmückendes Lendentuch wird Distinktivum des ägyptischen Herrschers, der Sklave hingegen geht nackt. Nacktheit ist so Zeichen von Armut und Schwäche und wird darum als beschämend empfunden [...]; Kleidung dagegen zeichnet aus, hebt hervor, verschafft Ehre; sie hilft dem Menschen, sich darzustellen, sie führt seine Personenwürde den anderen vor Augen.«[76]

Von daher ist auch das Phänomen »kultischer Nacktheit« zu erklären, wie es in der Antike weit verbreitet ist: Wenn der Mensch zu Gebet und Opfer vor die Gottheit tritt, legt er – zum Zeichen seiner Unterwerfung – die Kleidung ab.

»Wenn der Mensch vor Gott tritt, weiß er, daß er seine Schwachheit und Hinfälligkeit hier nicht wie sonst verbergen kann. Alle menschlichen Auszeich-nungen und Leistungen bedeuten nichts vor dem, der bis auf den Grund der

Seele sieht. Darum legt der Mensch in den alten Hochkulturen zu Gebet und Opfer fast überall die ehrende und schmückende Kleidung ab und tritt nackt vor seinen Gott. So bekennt er sich in Demut vor dem Schöpfer zu seiner geschöpflichen Situation. Er legt auch die schützende Kleidung ab; er zeigt durch seine Nacktheit seine Hilflosigkeit und äußert so seine Bitte um Gottes Schutz.«[77]

Dem widerspricht nicht, dass fast überall in den antiken Kulturen die ›religiöse Rolle‹ auch durch eine besondere Kleidung und damit verbundene Insignien hervorgehoben wird. Priester und vergleichbare Personen tragen Gewänder, die sie als Repräsentanten der Gottheit kennzeichnen bzw. denen bestimmte kultische Bedeutungen zugeschrieben werden. »Im Akt der Investition können Menschen zu Göttern werden [...] Auch und gerade die priesterliche Bekleidung verleiht ja religiöse Identität und ermöglicht den Vollzug kultischer Funktionen«; sie bewirkt, »daß der Priester selber wie ein Götterbild oder ein Altar zum Darsteller der Gottheit zu werden vermag.«[78]

Im christlichen Gottesdienst lebt das Phänomen »kultischer Nacktheit« fort im Ablegen jeglicher Kleidung bei der Taufe – »nackt wie Christus am Kreuz« steigen die Taufbewerber in das Taufbecken und werden nach der Taufe mit dem weißen Taufgewand bekleidet. Auch das Ablegen von Kleidern bei Trauer und Buße – als einziges Gewand wird ein härenes Bußhemd getragen – und die bei Bußprozessionen übliche Barfüßigkeit muss auf diesem Hintergrund gesehen werden.[79]

6.4.2 Alte Kirche

(1) Spätantike Kleidung

In der alten Kirche tragen Laien wie liturgische Funktionsträger – Bischöfe, Presbyter, Diakone und andere – zunächst die normale bürgerliche Kleidung auch im Gottesdienst. Die spätantike Kleidung besteht aus zwei Teilen: (a) aus der *Tunica*, »einem in seiner Grundform überall einheitlichen knöchellangen hemdartigen Untergewand aus Leinen (anfangs auch Wolle)«, das man während der Arbeit gürtet und schürzt, um die Füße nicht zu behindern; (b) aus einem mantelartigen Überwurf, den man nur zum Ausgehen über dem häuslichen Untergewand trägt; er kann je nach Stand, Mode, Funktion und örtlicher Sitte unterschiedlich gestaltet sein.[80]

Im alten Rom dient als Obergewand zu festlichen Gelegenheiten ursprünglich die stofffüllige *Toga*, ein überlanges Tuch, das um den Körper drapiert wird. Es wird später nur noch bei Staatsanlässen (hier vor allem von den Senatoren) getragen. An seine Stelle treten andere Formen des Obergewands: (a) das togaähnliche, doch in seiner Stoffmasse reduzierte *Pallium*; (b) die bequeme, hüftlange, vor der Brust offene und hier durch Lederstreifen zusammengehaltene *Lacerna*, die man über die Schultern legt; (c) das *Sagum*, ein Tuch, das über die linke Schulter gelegt und unter der rechten Achsel durch eine Spange gehalten wird; (d) die beim einfachen Volk beliebte, ärmellose, ringsum geschlossene und darin einem Regenumhang ähnliche *Paenula* aus dunklem Filzstoff; (e) die elegante *Dalmatica*, eine ungegürtete, weite, fußlange Übertunika mit kurzen, weiten Ärmeln.

(2) Festkleidung im Gottesdienst

Dass man zu den Gottesdiensten nicht in Arbeitskleidung erscheint, sondern – soweit verfügbar – festliche Kleider anlegt, wird wohl schon sehr früh bei den Christen Sitte. Das gilt natürlich erst recht für alle, die eine liturgische Funktion wahrzunehmen haben. Später bildet sich der Brauch aus, einzelne solcher Kleidungsstücke – die man der Art nach auch sonst bei festlichen Anlässen trägt – eigens für den Besuch des Gottesdienstes bzw. die Funktionen im Gottesdienst zu reservieren.

Die Christen der Frühzeit bevorzugen als Obergewand offensichtlich, wie u.a. Darstellungen in Katakomben zeigen, das *Pallium*, später häufig »zu einem Streifen zusammengezogen, der die Schultern in einem weiten Bogen dekorativ« umgibt.[81] Seit der Mitte des 5. Jh. setzt sich die – inzwischen sozial aufgewertete und auch von Beamten verwendete – *Paenula* durch, die insbesondere von den Klerikern getragen wird. Modisch verändert, heißt sie seit ca. *600 Planeta*. Seit ca. 800 nennt man sie *Casula* (›Häuschen‹, ursprünglich als Spitzname gemeint). Als Material bevorzugt man Leinen bzw. – für die Obergewandung – kostbarere Stoffe. Leder ist verpönt.

Seit dem 6. Jh. ist der Brauch bezeugt, diese besonderen Kleidungsstücke auch *über* der Alltagskleidung zu tragen. So legt der Papst, bevor er in die Kirche einzieht (vgl. die oben unter 4.2.3 beschriebene römische Bischofsmesse nach dem Ordo Romanus I), über seiner Alltagskleidung die festlichen gottesdienstlichen Gewänder an. Von den Diakonen heißt es, dass sie ihre Kleider schon vor den Türen der Sakristei (des *secretariums*) wechseln.

(3) Übernahme staatlicher Amtsinsignien

Nach der konstantinischen Wende kommt es zur Übernahme staatlicher Amtsinsignien und Ehrenzeichen durch die Bischöfe und den übrigen Klerus. Diese werden dann auch zum Bestandteil ihrer gottesdienstlichen Kleidung.

(a) *Fußbekleidung*: Eine Auszeichnung, die ursprünglich Senatoren und hohen kaiserlichen Palastbeamten vorbehalten ist, begegnet im 6./7.

Jh. in Gestalt der besonderen Fußbekleidung der Päpste und des römischen Klerus.

Es handelt sich um eine Art Strümpfe (*udones* oder *caligae*, zunächst um das Bein geschlungene Fußlappen aus weißem Leinen), über denen ein dunkelfarbiger Lederschuh (*campagus*) getragen wird. Als Pontifikalstrümpfe und Pontifikalschuhe gehören sie bis in das 20. Jh. zu den sog. *Pontifikalien*, den für den Bischof reservierten Kleidungsstücken und Amtsinsignien.

(b) *Mappula (Manipel)*: Ursprünglich ein als Hand-, Mund-, Kopf-, Taschen-, Schweiß- und Tischtuch verwendetes Stück Stoff (*mappa*). Standespersonen tragen es als eine Art ›Etikettentuch‹ gefaltet in der Hand. Seit Kaiser Nero (gest. 68 n. Chr.) spielt es auch im höfischen Zeremoniell eine Rolle (Zeichen zum Beginn der Spiele).

Zunächst von den Päpsten und dem hohen römischen Klerus übernommen, wird sein Gebrauch später allgemein. Seit dem 12. Jh. gilt es als Rangabzeichen des Subdiakons. Man trägt es bis zur jüngsten Reform in Gestalt eines Zierbandes am linken Unterarm zu Kasel, Dalmatik und Tunizella in der Messe.

(c) *Pallium*: Kaiserliche Beamte tragen seit dem 4. Jh. bei Ausübung hoheitlicher Funktionen verschiedenfarbige, krawatten- oder schärpenartig um den Hals gelegte schmückende Stoffbänder (*pallia discolora*, entstanden aus dem zu einem Streifen zusammengezogenen Obergewand gleichen Namens, siehe oben). Durch kaiserliche Verleihung Träger dieser Beamteninsignie, zeichnet der Papst seinerseits hoch gestellte Bischöfe seines Patriarchats damit aus.

In Gestalt eines mit schwarzen Kreuzen bestickten, ringförmig zusammengenähten weißen Wollstreifens, der bei festlichen Gottesdiensten über dem Messgewand getragen wird, ist das *Pallium* bis heute im Westen Insignie der Erzbischöfe. Das im Osten von allen Bischöfen getragene *Omophorion* ist breiter, aus reiner Seide und mit zahlreichen großen Kreuzen geschmückt.

(d) *Stola*: Ursprünglich eine Art Mundtuch (deshalb die ältere Bezeichnung *Orarium*), das auch als Hals- oder Kopftuch verwendet wird, und in ähnlicher Weise wie das *Pallium* zum Rang- und Amtsabzeichen kaiserlicher Beamter avanciert. Im Westen wird es – als ein band- oder schärpenartig um den Hals gelegter, verschiedenfarbiger Stoffstreifen – seit dem 6./7. Jh. zur gemeinsamen Amtsinsignie für Bischöfe, Presbyter und Diakone, die bei der Messe unter dem jeweiligen Obergewand getragen wird. Seit dem 9. Jh. setzt sich im Abendland dafür das griechische Lehnwort *Stola* durch, »das ursprünglich das weit fallende Kleid der Matronen meinte.«[82]

»Nach jetziger Praxis der lateinischen Kirche trägt der Diakon die Stola schärpenartig über der linken Schulter, der Priester und der Bischof vor der Brust frei herabhängend«. Die Stola hat sich »überall zum typischen Amtszeichen des Priesters entwickelt, das auch ohne die übrigen Paramente über dem Chorrock oder Talar, ja selbst über der Alltagskleidung getragen wird (bei Krankenkommunion, Gebäudesegnung u.ä.).«[83]

Im Osten, wo das *Orarium* schon seit dem 4. Jh. als Insignie bezeugt ist, entspricht der abendländischen *Stola* das vom Priester getragene *Epitrachelion* (bestehend aus zwei breiten, parallel verbundenen Stoffbändern mit Kopfdurchschlupf) und das *Orarion* des Diakons (ein schmaler, langer Streifen, der dem Träger so über die Schulter gelegt ist, dass der Rückenteil bis zur Erde reicht; bei der Kommunion kreuzförmig über Brust und Schulter geschlungen).

6.4.3 Modewechsel und Sakralisierung

Mitbedingt durch andere klimatische Verhältnisse, tragen die Männer bei den gallischen und germanischen Stämmen eine Tracht, die sich wesentlich von der spätantiken Kleidung unterscheidet: lange, weite Hosen (*bracae*), gehalten durch einen Gürtel, darüber ein knielanger, an den Hüften gegürteter Kittel, der später auch in die Hose gesteckt wird (die Römer sprechen deshalb von *Gallia bracata*, dem ›behosten Gallien‹). Die Angehörigen der gehobenen Stände tragen darüber einen umhangartigen, vorne offenen Mantel.

Im Gefolge der Völkerwanderung kommt es zu einem allgemeinen Modewechsel im mediterranen Raum: Der germanische Gewandungstyp setzt sich auch südlich der Alpen durch und verdrängt in einem längeren Prozess die spätantiken Formen. Man trägt jetzt lange, meist enge Hosen auch unter dem alten Untergewand, der *Tunica*, die freilich nach dem Vorbild des germanischen Hemdkittels stark verkürzt wird.

Der Klerus macht diesen allgemeinen Modewechsel nicht mit und behält die spätantike Kleidung bei. Das gilt für den Alltag, wo Kleriker – in den romanischen Ländern zum Teil bis heute – an der *Tunica talaris*, einem bis zu den Knöcheln (*ad talos*) reichenden, eng anliegenden *Talar* kenntlich sind: schwarz in der Farbe für die Geistlichen allgemein, rotviolett für die Bischöfe, rot für die Kardinäle, weiß für den Papst. Das gilt erst recht für den Gottesdienst, wo die zivile spätantike Festkleidung jetzt Rang und Charakter einer spezifisch kultischen, sakralen Gewandung erhält.

So kommt es – über die oben geschilderte Ausstattung mit allerhand Amtsinsignien hinaus – zur Ausbildung einer eigenen liturgischen

Kleidung, die sich von der Alltagskleidung bleibend unterscheidet. Diese Entwicklung hat soziokulturelle und theologische Gründe:

Bei festlichen Anlässen hält man ganz allgemein – einer Tendenz zur Bewahrung des Überlieferten folgend – gern an alten Gewandungsformen (der traditionellen Tracht) fest. Im germanischen Raum treten die Kleriker zugleich als Vertreter römischer Kultur und Bildung in Erscheinung, heben sich also auch kulturell als ein eigener Stand von der einheimischen Bevölkerung ab. Die klerikale Kleidung signifiziert solchen kulturellen Status.

Der Sakralisierung der liturgischen Gewandung korrespondieren tiefreichende Wandlungen im Verständnis der liturgischen Rollen: Aus dem *Presbyteros*, dem Gemeindeältesten, der im Auftrag des Bischofs die Gemeinde leitet und der Eucharistie vorsteht, wird der *Sacerdos*, der Priester im religionsgeschichtlichen Sinne, der sich als Mittler zwischen Gott und Menschen versteht und der als Zeichen seiner hervorgehobenen religiös-kultischen Rolle eine besondere, hieratisch-sakrale Kleidung trägt.

Solche ›Sakralisierung‹ der liturgischen Gewänder hat Folgen auch für deren Gestalt. Sie verlieren immer mehr ihren Charakter als Kleidungsstücke und werden, mit Stickereien und Edelsteinen reich verziert, entsprechend zurückgeschnitten und versteift, zum schmückenden Ornat, eine Entwicklung, die ihren Höhepunkt in der Barockzeit erreicht.

6.4.4 Liturgische Gewänder

Der Grundbestand an liturgischen Gewändern, wie er im Abendland bis heute nicht nur in der römisch-katholischen, altkatholischen und anglikanischen Kirche, sondern auch in zahlreichen lutherischen und anderen protestantischen Kirchen in Gebrauch steht, ist im Wesentlichen bis zum 9. Jh. ausgebildet. Unterschieden wird zwischen der liturgischen Untergewandung (Albe, Chorrock, Rochett u.a.), der liturgischen Oberbekleidung (Kasel, Dalmatik, Chormantel u.a.) und den liturgischen Insignien (Stola, Pontifikalinsignien).

(1) Die Albe

Sie ist aus dem antiken Untergewand, der *Tunika*, entstanden und wird bei allen Gottesdiensten als liturgisches Untergewand getragen. Aus weißem Leinen gefertigt, reicht sie bis zu den Knöcheln und hat lange, enge Ärmel. Sie wird an den Hüften von einem Stoffgürtel (*Zingulum*) zusammengehalten und kann mit einem Schultertuch (*Humerale, Amikt*; entstanden aus antiken Halstuch-Formen) am Hals abgeschlossen werden.

Heute bevorzugt man vielfach mantelförmige Schnitte, die es ermöglichen, die *Albe* auch ohne liturgische Obergewandung zu tragen

Im Unterschied zum Abendland werden im Osten auch farbige *Tuniken* getragen. Als Gürtel werden reichbestickte, breite Stoffbänder verwendet. Die Ärmel werden mit bestickten, versteiften Manschetten (*Epimanikien*) abgeschlossen. Heute kleidet man auch in den Kirchen westlicher Tradition Sänger, Ministranten und andere liturgische Dienste häufig in farbige *Tuniken* (statt herkömmlich in *Talar* und *Chorrock*).

(2) Der Chorrock

Der Chorrock (*Superpellizeum*, auch *Röckel, cotta*) ist seinem Ursprung nach eine *Albe*, die man im Norden bei winterlicher Witterung zum Chordienst über der wärmenden Pelzbekleidung anlegt. Sie wird entsprechend füllig geschnitten, verkürzt und mit weiten Ärmeln versehen. So entsteht ein knielanges, ungegürtetes, weißes Gewand, das von Geistlichen und Ministranten über dem *Talar* (siehe 6.4.3) getragen wird. Heute kann es die *Albe* bei fast allen Gottesdiensten und Sakramentenspendungen – die Messe ausgenommen – ersetzen.

Anderen Ursprungs, in der Gestalt aber dem *Chorrock* ähnlich, ist das *Rochett*: Als eine Art ungegürtetes, knöchellanges ›Überhemd‹ tragen Geistliche seit dem 9. Jh. die *Camisia* über dem *Talar*. Wie der *Chorrock* später gekürzt, im Unterschied zu diesem aber mit engen Ärmeln versehen, avanciert es zur Alltags- und Chorkleidung von Bischöfen und Prälaten. Über dem *Rochett* tragen Kardinäle die rote, Bischöfe die violette, Kanoniker die schwarze oder graue, mit rotem Saum versehene *Mozetta* (›abgeschnittener Mantel‹; ein auf Ellenbogenlänge gekürzter, vorne zugeknöpfter Umwurf).

Eine Art ›Überhemd‹ ist ursprünglich auch die – häufig farbige, seit dem 13. Jh. *Tunizella* genannte – *tunica subdiaconata*, die die Subdiakone seit dem 9. Jh. über der *Albe* anlegen. Später gekürzt, mit Fransen und zwei Längsstreifen verziert, wird das Kleidungsstück der *Dalmatik* der Diakone angeglichen und gewinnt so den Charakter eines die Subdiakone auszeichnenden Obergewandes.

(3) Die Kasel

Entstanden aus der ursprünglich als Wetterschutz von den unteren Schichten getragenen *Paenula* (vgl. 6.4.2), ist die *Kasel* (*Messgewand*; *casula, planeta*) heute das liturgische Obergewand, das der Priester bei der Feier der Eucharistie über der *Albe* trägt. Es zeigt in der Regel die liturgische Farbe und ist mehr oder weniger reich verziert (siehe 6.4.6).

Die Gestalt der *Kasel* ist manchen Wandlungen unterworfen gewesen: Aus der ursprünglichen *Glockenkasel* (»ein spitzkegeliger Mantel, der den Träger allseitig einhüllt und der für manuelle Tätigkeiten auf den Unterarmen gerafft werden muß«) werden im Barock über mancherlei Zwischenstufen (*Bassgeigenkasel*) »zwei reichdekorierte brettartige Stoffbahnen«, die über Brust und Schultern schildförmig herabhängen.[84] Heute kehrt man vielfach wieder zu den älteren Formen zurück.

Im Osten trägt der Priester das *Phelonion*, einen glockenförmigen, bis zu den Knöcheln reichenden, vor der Brust hochgerollten (bzw. entsprechend zugeschnittenen) Mantel.

(4) Die Dalmatik

Als »ein ungegürtetes, weites, T-Shirt-ähnliches Kleidungsstück mit langen weiten Ärmeln« – ursprünglich aus gebleichtem, weißen Leinen oder Wolle, später aus Seide, mit zwei schmalen, purpurfarbenen Längsstreifen geschmückt – wird die elegante *Dalmatik* (vgl. 6.4.2) seit dem 4. Jh. von den Diakonen als festliches Obergewand über der *Albe* und vom Papst als eine Art Übertunika unter der *Planeta* getragen. Seit dem 9. Jh. fungiert sie allgemein im Abendland als liturgisches Obergewand der Diakone. Der Bischof trägt sie als Unterkleid unter dem Messgewand (zum Zeichen, »daß er das apostolische Amt, das auf Presbyter und Diakone ausgegliedert ist, in seiner Gänze in sich vereint.«[85]). Heute kann der Diakon die *Dalmatik* – meist in der jeweiligen liturgische Farbe – zu allen liturgischen Anlässen anlegen, bei denen er mitwirkt, ausgenommen solche Gottesdienste, die er selber leitet.

(5) Der Chormantel

Beim *Chormantel* (auch *Cappa, Pluviale* = ›Regenmantel‹, *Vespermantel, Rauchmantel*) handelt es sich ursprünglich um einen Mantel mit Kapuze (spätlat. *cappa*), der zur Alltagskleidung der Kleriker gehört und an kalten, regnerischen Tagen auch bei Prozessionen und zum Stundengebet (Chordienst; deshalb die Bezeichnungen *Chor-, Vesper-* oder *Rauchmantel*) anbehalten wird. Seit dem 11. Jh. gilt er – nunmehr vorne offen und vor der Brust durch eine Schließe (*monile, pectorale, formale*) zusammengehalten, die Kapuze zum Zierschild (*clipeus*) stilisiert – als liturgisches Gewand, das bei nichteucharistischen festlichen Gottesdiensten und Handlungen anstatt der *Kasel* getragen wird.

Aus dem ursprünglich beim Chorgebet getragenen Kapuzenmantel haben sich auch die *Mozetta* (siehe oben), die *Mantelletta* (ein violetter, seitlich aufgeschlitzter, knielanger Umhang ohne Ärmel, getragen von römischen Prälaten) und die *Cappa Magna* (ein vorne geschlitzter, ärmelloser, violetter Mantel mit

Schleppe und großer, früher pelzgefütterter Kapuze, der von Bischöfen an
höchsten Festtagen getragen wird) entwickelt.

(6) Die Pontifikalinsignien

Zu den Insignien des Bischofs (vgl. auch 6.4.2) gehören u.a. die *Mitra*
(auch *infula*, *Inful*; die hohe Haube der Bischöfe und mancher Äbte), der
Pileolus (das Scheitelkäppchen in der jeweiligen Würdefarbe), der Stab
(*baculus*, zuerst von den Äbten getragen), der Ring (*anulus*) und das
Brustkreuz (*pectorale*).

6.4.5 Reformation

Während der reformierte Protestantismus alle liturgischen Gewänder
abschafft und die Geistlichen auch im Gottesdienst in ihrer alltäglichen
schwarzen Standestracht agieren lässt, behalten die Lutheraner zunächst
zahlreiche Elemente der mittelalterlichen liturgischen Gewandung bei.
Zum Teil werden *Albe* und *Kasel* durch den *Chorrock* ersetzt, der heute
noch in einigen Gegenden Deutschlands, vor allem aber in lutherischen
Kirchen Osteuropas gebräuchlich ist, häufig in Gestalt der *Schürzenalbe*
(einem seitlich offenen, über dem schwarzen Talar getragenen weißen
Umhang). Die lutherischen Kirchen Skandinaviens – in ihrer Tradition
auch nordamerikanische lutherische Kirchen – halten bis heute weitgehend an der überlieferten liturgischen Kleidung fest.

Als Martin Luther die Mönchskutte ablegt, trägt er die *Schaube*, einen zu
seiner Zeit bei den Gelehrten und höheren Ständen beliebten faltigen Mantel. In
ihr predigt er zum ersten Mal am 9. Oktober 1524. Er folgt damit durchaus
damaliger liturgischer Übung: Für die Predigt, die ja nicht als Teil der Messe gilt,
bedarf es keiner besonderen liturgischen Gewandung. Ansonsten sind auch die
Wittenberger Geistlichen, so sie liturgisch agieren, »more papistico indutus«,
nach ›papistischer Weise‹ gekleidet, wie Wolfgang Musculus 1536 von dort zu
berichten weiß.[86] Dass im gleichen Gottesdienst der Prädikant »vulgariter indutus« auftritt, steht dazu nicht in Widerspruch, sondern entspricht dem Brauch.

Der weitgehende Wegfall der überlieferten liturgischen Gewandung im
deutschen Luthertum ist im Wesentlichen ein Ergebnis der Aufklärung,[87]
zum Teil wohl auch durch den politischen Einfluss reformierter
Herrscherhäuser (Anhalt, Brandenburg) vorbereitet und befördert.[88]

Im 18. Jh. kommt in manchen Gegenden der *Predigermantel* auf (ein langer,
schmaler, hinten am Rockkragen angehefteter und bis auf die Fersen herabfal-
lender Stoffstreifen), der im 19. Jh. wieder verschwindet. Auch in anderer Weise
machen sich modische Einflüsse geltend: Schon im 16. Jh. begegnet bei

Geistlichen als Halsschmuck eine – auch von anderen Angehörigen der gehobenen Schichten getragene – schmale, weiße Halskrause. Im 17. Jh. wird daraus unter spanischem Einfluss die große, tellerförmige Halskrause (›Mühlsteinkragen‹), die bis in die Gegenwart in Leipzig, Hamburg, Lübeck und anderen norddeutschen Städten in Gebrauch stand bzw. noch steht. Als die Allongeperücken Mode werden, wird die Halskrause durch zwei weiße Stoffstreifen, die an der Vorderseite des Halses herunterhängen, ersetzt (*Beffchen*; vielleicht von *befje* = kleiner Kragen bzw. von *beffe, beffken* = Chorkappe, Chorrrock).[89]

1811 wird durch Kabinettsordre Friedrich Wilhelms III. von Preußen der bis heute im deutschen Protestantismus übliche schwarze *Talar* – als dessen Vorbild wohl die oben genannte *Schaube* dient – als offizielle Dienstkleidung der Geistlichen in Preußen eingeführt (und in ähnlicher Form auch für Rabbiner und Juristen vorgeschrieben).

Das gilt freilich nur für die Gemeinden, in denen es keine liturgische Kleidung mehr gibt; in einer ergänzenden Ministerialverfügung heißt es ausdrücklich: »Bei den Kirchen, wo nun besondere gottesdienstliche Kleidung als Chorhemden u. dgl. sich erhalten hat, bleibt es bei dieser speziellen Amtskleidung statt oder auch neben der allgemein einzuführenden Robe.«[90]

Zugleich in Württemberg eingeführt, setzt sich der schwarze Talar rasch in den deutschen evangelischen Landeskirchen durch und wird auch von den reformierten Gemeinden übernommen. Seinem administrativen Ursprung nach bezeichnet er freilich »mehr den Staatsbeamten als den die Liturgie feiernden Ordinierten.«[91]

Gewisse Eigenheiten gelten für einige Hansestädte, »die den aus der spanischen Hoftracht stammenden zweiteiligen ›Ornat‹ mit Halskrause, das bürgerliche Standesgewand für Geistliche und Senatoren, nun auch für den Gottesdienst einführten [...] Die Soutane, das schmal geschnittene schwarze, vorn durchgeknöpfte Untergewand, der ›Talar‹ also, ist das spezifische Kleid des Geistlichen, das ärmellose, vorn offene Obergewand und die weißleinene Halskrause teilt er mit den Senatoren; dies ist das Standesgewand der Honoratioren.«[92]

6.4.6 Liturgische Farben

»Festlichkeit des Gottesdienstes verlangt [...] nach Farbigkeit [...] Der Einebnung des Kirchenjahres sollte man auch durch eine charakteristische Farbausprägung der Kirchenjahreszeiten und Feste begegnen. Der Wechsel der Paramentenfarbe und damit auch des Kirchenschmucks spricht den Beschauer in seinen Sinnen intensiv an. Farben sind warm oder kalt, drücken Freude oder Trauer aus, beeinflussen die Stimmung, wecken zahlreiche Assoziationen und regen das Spiel der Phantasie an. Sie leisten einen wichtigen Beitrag im Bereich der nonverbalen Kommunikation.«[93]

Stoffe werden in der Antike u.a. dadurch gefärbt, dass man sie im verdünnten Sekret der Purpurschnecke kocht und anschließend dem Sonnenlicht aussetzt. Wird viel Sekret zugesetzt, ergibt sich »ein satter rotsatinierter Schwarzton«. Bei sparsamerem Gebrauch entstehen »rötliche Töne von Purpurviolett bis Karmesin«. Durch Zusätze können auch grüne Farbtöne erzeugt werden.

Da Sekret und Färbevorgang sehr teuer sind, gilt die Farbskala: »je dunkler – desto vornehmer«.[94] Bischöfe tragen darum in der alten Kirche vielfach Obergewänder von dunkler Purpurfärbung, Diakone dagegen weiße Dalmatiken (siehe 6.4.4), die lediglich mit zwei purpurnen Streifen geschmückt sind.

Als die Kunst der Purpurfärbung verloren geht, verlieren auch die damit verbundenen Farbenwerte an Bedeutung. Es setzen sich andere Skalen der Farbempfindung durch: Helle Töne werden als freudig-festlich erfahren, dunkle Töne mit der Vorstellung von Trauer und Buße verbunden. Bestimmte Farben werden vermehrt auch symbolisch ausgedeutet: Rot gilt als Farbe des Blutes, darum auch als Farbe der Märtyrer, Weiß als Hinweis auf die Gewänder, die die Engel am Grab Jesu tragen.

So entstehen im Mittelalter regional unterschiedliche Farbregeln für die liturgische Obergewandung, für bestimmte Insignien (zum Beispiel für die Stola) und für die textile Ausstattung der Kirchen (Paramente für Altar und Kanzel, Velum zur Verhüllung des Kelches usw.). Allgemeine Verbreitung findet der von Papst Innozenz III. (1198-1216) aufgestellte Farbkanon: Weiß für die Herren- und Heiligenfeste, ausgenommen die Gedenktage der Märtyrer, Rot für Pfingsten, Kreuzfeste, Apostel- und Märtyrertage, Schwarz für Buß- und Trauerzeiten, Grün für die festlose Zeit im Jahr.

In der katholischen Kirche – und mit wenigen Abweichungen auch in den evangelischen Kirchen, hier freilich vor allem für die Altar- und Kanzelbekleidung – gilt folgender Farbkanon: »*Weiß* für Oster- und Weihnachtszeit, Feste des Herrn, Marias, der Engel und jener Heiligen, die nicht Märtyrer sind. *Rot* für Palmsonntag, Karfreitag und Kreuzerhöhung, Pfingsten, Apostel- und Märtyrerfeste. *Grün* für die allgemeine Kirchenjahreszeit. *Violett* für Advents- und Fastenzeit, möglich auch bei der Liturgie für Verstorbene, für die aber auch weiterhin *Schwarz* verwendet werden kann. *Rosa* an Gaudete und Laetare.«[95]

In den evangelischen Kirchen verwendet man in der Adventszeit *Violett*, in der Weihnachtszeit (einschließlich Epiphanias) *Weiß*, in der Epiphaniaszeit und der Vorfastenzeit *Grün* (Letzter Sonntag nach Epiphanias *Weiß*!), in der Passionszeit (einschließlich Palmsonntag, Karfreitag und Karsamstag) *Violett* (Karfreitag und Karsamstag auch *Schwarz*), Gründonnerstag, Ostern und Osterzeit *Weiß*, Pfingsten *Rot*, Trinitatis *Weiß*, Trinitatiszeit (einschließlich der drei letzten Sonntage des Kirchenjahres) *Grün*, Buß-und Bettag *Violett*.

6.4.7 Tabellarischer Überblick zur liturgischen Gewandung

UNTERGEWANDUNG		
ANTIKE ALLTAGSKLEIDUNG		
TUNICA In seiner Grundform überall einheitliches, in der Spätantike knöchellanges, hemdartiges, weißleinenes Untergewand, zur Arbeit gegürtet und geschürzt		
LITURGISCHE UNTERGEWANDUNG		
ALBE	CHORROCK	TALAR
Lat. *Alba*, weißleinenes liturgisches Untergewand mit Gürtel (*Zingulum*) und Schultertuch (*Humerale, Amikt*)	*Superpellizeum*, über dem Pelz getragene, weitge-schnittene, verkürzte *Albe* mit weiten Ärmeln	*Tunica talaris*, bis zu den Knöcheln (*ad talos*) rei-chendes, eng anliegendes klerikales Gewand in den jeweiligen Würdefarben
TUNIZELLA Über der Albe getragene ›Übertunika‹ der Subdiakone		ROCHETT Über dem Talar getragenes ›Überhemd‹ der Bischöfe und Prälaten
OBERGEWANDUNG		
ANTIKE ALLTAGSKLEIDUNG		
TOGA Altrömische Mantelform; um den Körper drapiertes ca. 5 m langes Tuch		
PALLIUM	LACERNA	SAGUM
Togaähnliches Kleidungs-stück, jedoch von gerin-gerer Stoffmasse	Über die Schultern geleg-ter Umhang, der vorne offen ist	Über die linke Schulter gelegtes, unter der rechten Achsel zusammengehalte-nes Tuch

PAENULA	DALMATICA
Ringsum geschlossener, ärmelloser Regenumhang aus dunklem Stoff, zunächst Übergewand der unteren Schichten, später sozial aufgewertet	Elegante ›Übertunika‹, ungegürtet, fußlang, mit kurzen, weiten Ärmeln

LITURGISCHE KLEIDUNG		
KASEL	CHORMANTEL	DALMATIK
Planeta, seit ca. 800 *Casula*, ›kleines Häuschen‹, aus der *Paenula* entwickelter kegelförmiger oder glockenförmiger, ärmelloser Mantel, dient heute als liturgisches Obergewand der Priester und Bischöfe bei der Messe	*Cappa*, auch *Pluviale* (›Regenmantel‹), *Rauch-* oder *Vespermantel* genannt, ursprünglich ein Klerikermantel mit Kapuze für Alltag, Chordienst, Prozessionen, heute festliches liturgisches Obergewand bei nichteucharistischen Gottesdiensten	Ungegürtetes, T-Shirt-ähnliches Obergewand mit langen weiten Ärmeln, heute liturgisches Obergewand der Diakone, von den Bischöfen unter der Kasel getragen

Anmerkungen

[1] Herbert Zigann, Art. Rolle, in: WdC (1988) 1088.

[2] Meyer-Blanck, Inszenierung (Kap. 1 Anm. 45), 12. Vgl. zum Stichwort auch: Thomas Kabel, Handbuch Liturgische Präsenz. Zur praktischen Inszenierung des Gottesdienstes. Bd. 1, Gütersloh 2002; Guy W. Rammenzweig, Lebendige Präsenz im Gottesdienst. Eine andere Art, Liturgie zu lernen, in: Albrecht Grözinger/Jürgen Lott (Hg.), Gelebte Religion, Rheinbach 1997, 252-270; Helmut Wöllenstein (Hg.), Werkbuch liturgische Präsenz nach Thomas Kabel, Gütersloh 2002.

[3] Michael B. Merz, Gottesdienstliche Rollen, in: Schmidt-Lauber/Bieritz, Handbuch (Kap. 4 Anm. 4), 740-745; hier 742 ; vgl. jetzt auch Michael Meyer-Blanck, Liturgische Rollen, in: Schmidt-Lauber/Meyer-Blanck/Bieritz, Handbuch (Kap 1 Anm. 5), 778-786.

[4] Erving Goffman, Behavior in Public Places. Notes on the Management of Spoiled Identity, Englewood Cliffs N. J., 1961, 75; zit. nach Yorick Spiegel, Der Gottesdienst unter dem Aspekt der symbolischen Interaktion, in: JLH 16 (1971) 105-119, hier 113.

[5] Erving Goffman, Wir alle spielen Theater. Die Selbstdarstellung im Alltag, München 1969, 217.

[6] Spiegel, Gottesdienst (Kap. 6 Anm. 4), 106.

[7] Meyer-Blanck, Rollen (Kap. 6 Anm. 3), 778.

[8] Ebd. 779.

[9] Vgl. Bill. (Strack/Billerbeck, Kommentar zum Neuen Testament aus Talmud und Midrasch) IV/2,626.

[10] Jürgen Roloff, Der Gottesdienst im Urchristentum, in: Schmidt-Lauber/Meyer-Blanck/Bieritz, Handbuch (Kap. 1 Anm. 5), 45-71, hier 57.

[11] Vgl. Bieritz/Kähler, Haus (Kap. 3 Anm. 25).

[12] Roloff, Gottesdienst (Kap. 6 Anm. 10), 57.

[13] Did 10,7.

[14] Did 15,1-2.

[15] Roloff, Gottesdienst (Kap. 6 Anm. 10), 57.

[16] Matthäus Kaiser, Die Einheit der Kirchengewalt nach dem Zeugnis des Neuen Testaments und der Apostolischen Väter (MThS.K 7), München 1956, 178; vgl. Bruno Kleinheyer, Ordinationen und Beauftragungen, in: Bruno Kleinheyer/Emmanuel von Severus/Reiner Kaczynski, Sakramentliche Feiern II (GDK 8), Regensburg 1984, 7-65, hier 14.

[17] Ignatius, Epistula ad Smyrnaeos 8,1 f.

[18] Vgl. neben Ignatius, Epistula ad Smyrnaeos 8,1 f auch Ignatius, Epistula ad Magnesios 6,1 und Ignatius, Epistula ad Trallianos 2,2.

[19] Kleinheyer, Ordinationen (Kap. 6 Anm. 16), 16.

[20] Justin, Apologie 1,65.

[21] Berger, Handlexikon (Kap. 1 Anm. 19), 104.

[22] Traditio apostolica 2-4.7-8; vgl. zum Text: Traditio apostolica. Apostolische Überlieferung. Übersetzt und eingeleitet von Wilhelm Geerlings (FC 1), Freiburg i. Br. 1991; im gleichen Bd. auch: Didache. Zwölf-Apostel-Lehre. Übersetzt und eingeleitet von Georg Schöllgen.

[23] Traditio apostolica 9-14.

[24] Apostolische Konstitutionen 8,19-20; zum Text vgl. auch: Les Constitutions Apostoliques. Tome III. Livres VII et VIII. Introduction, texte critique, traduction et notes par Marcel Metzger (SC 336), Paris 1987 (französische Übersetzung).

[25] Kleinheyer, Ordinationen (Kap. 6 Anm. 16), 13.

[26] Joseph Lechner, Liturgik des römischen Ritus. Begründet von Ludwig Eisenhofer, Freiburg i. Br. 1953, 312.

[27] Aimé-Georges Martimort (Hg.), Handbuch der Liturgiewissenschaft. 2 Bde., [Freiburg i. Br. 1963-1965] Leipzig 1965, II, 32 f.

[28] Vgl. Schott, Meßbuch (Kap. 5 Anm. 45), 24 ff.

[29] Berger, Handlexikon (Kap. 1 Anm. 19), 391.

[30] Gerhard Podhradsky, Lexikon der Liturgie. Ein Überblick für die Praxis, Innsbruck u.a. 1962, 282.

[31] Lechner, Liturgik (Kap. 6 Anm. 26), 313.

[32] Berger, Handlexikon (Kap. 1 Anm. 19), 104 f.

[33] Martimort, Handbuch (Kap. 6 Anm. 27), II, 10.

[34] Traditio apostolica 8.

[35] Martimort, Handbuch (Kap. 6 Anm. 27), II, 10.

[36] Kleinheyer, Ordinationen (Kap. 6 Anm. 16), 41.

[37] Vgl. ebd. 42.

[38] Ebd. 44.

[39] Ebd. 49.

[40] Ebd. 51.

[41] Ebd. 48.

[42] Vgl. zum Folgenden Ulrich Kühn, Die Ordination, in: Schmidt-Lauber/ Meyer-Blanck/Bieritz, Handbuch (Kap. 1 Anm. 5), 335-354, hier besonders 339-342.

[43] Ulrich Kühn, Kirche (HST 10), Gütersloh 1980, 31.

[44] WA 6,408.

[45] Ebd.

[46] WA 30 II,526 f.

[47] Kühn, Kirche (Kap. 6 Anm. 43), 65.

[48] Vgl. Rietschel, Lehrbuch (Kap. 4 Anm. 39), 867 f.

[49] Kühn, Kirche (Kap. 6 Anm. 43), 66.

[50] WA 11,408-416.

[51] WA 12,160 ff.

[52] WA 12,191.

[53] WA 12,193.

[54] Hellmut Lieberg, Amt und Ordination bei Luther und Melanchthon, Berlin 1962, 149, 179.

[55] Rietschel, Lehrbuch (Kap. 4 Anm. 39), II, 848.

[56] Ebd. 849.

[57] Vgl. Lieberg, Amt (Kap. 6 Anm. 54), 186.

[58] Rietschel, Lehrbuch (Kap. 4 Anm. 39), II, 849.

[59] Lieberg, Amt (Kap. 6 Anm. 54), 191.

[60] Rietschel, Lehrbuch (Kap. 4 Anm. 39), II, 853; Lieberg, Amt (Kap. 6 Anm. 54), 191.

[61] Vgl. WA 38,423-431.

[62] Vgl. Frieder Schulz, Evangelische Ordination. Zur Reform der liturgischen Ordnungen, in: JLH 17 (1972) 1-54, hier 2.

[63] Frieder Schulz, Dokumentation der Ordinationsliturgien, in: Gemeinsame römisch-katholische/evangelisch-lutherische Kommission, Das geistliche Amt in der Kirche, Paderborn, Frankfurt a. M. ²1981, 57-101, hier 64.

[64] Schulz, Evangelische Ordination (Kap. 6 Anm. 62), 3 f.

[65] Kühn, Ordination (Kap. 6 Anm. 42), 379.

[66] Schulz, Evangelische Ordination (Kap. 6 Anm. 62); vgl. auch Frieder Schulz, Die Ordination als Gemeindegottesdienst, in: JLH 23 (1979) 1-31.

[67] Agende für evangelisch-lutherische Kirchen und Gemeinden. Vierter Bd. Ordinations-, Einsegnungs-, Einführungs- und Einweihungshandlungen. Studienausgabe. Hg. von der Kirchenleitung der Vereinigten Evangelisch-Lutherischen Kirche Deutschlands, Berlin ²1964, 18.

[68] Agende für evangelisch-lutherische Kirchen und Gemeinden. Bd. IV. Ordination und Einsegnung, Einführungshandlungen, Einweihungshandlungen. Hg. von der Kirchenleitung der Vereinigten Evangelisch-Lutherischen Kirche Deutschlands. Neu bearbeitet Ausgabe, Hannover 1987, ²1997, 25.

[69] Ordnung der Ordination zum Dienst der öffentlichen Verkündigung des Wortes Gottes und der Verwaltung von Taufe und Abendmahl, in: Amtsblatt des Bundes der Evangelischen Kirchen in der DDR, 1979, Nr. 3/4, 28-36; erschienen auch als selbständige Veröffentlichung: Ordnung der Ordination zum Dienst der öffentlichen Verkündigung des Wortes Gottes und der Verwaltung von Taufe und Abendmahl. In Verbindung mit dem Rat der Evangelischen Kirche der Union – Bereich DDR – und der Kirchenleitung der Vereinigten Evangelisch-Lutherischen Kirche in der DDR hg. vom Sekretariat des Bundes der Evangelischen Kirchen in der DDR, Berlin, Altenburg 1982.

[70] Agende für die Evangelische Kirche der Union. Bd. II/2. Gottesdienstordnungen für Ordination, Einführung, Bevollmächtigung und Vorstellung. Revidierte Fassung vom 1. Februar 1977 des Zweiten Bandes der Evangelischen Kirche der Union (Zweiter Teil), Bielefeld 1979.

[71] Ordination. Gottesdienstordnungen für Ordination und Einführung, vorgelegt von der Arnoldshainer Konferenz, Gütersloh 1972.

[72] Vgl. Brunner, Lehre (Kap. 1 Anm. 7).

[73] Gottesdienstbuch (Kap. 3 Anm. 31), 15.

[74] Meyer-Blanck, Rollen (Kap. 6 Anm. 3), 778.

[75] Merz, Rollen (Kap. 6 Anm. 3), 744 f.

[76] Rupert Berger, Liturgische Gewänder und Insignien, in: Berger u.a., Gestalt des Gottesdienstes (Kap. 4 Anm. 7), 309-346, hier 313 f.

[77] Ebd. 315.

[78] Josuttis, Weg (Kap. 4 Anm. 1), 166 f.

[79] Berger, Gewänder (Kap. 6 Anm. 76), 316 f.

[80] Ebd. 320.

[81] Ebd. 320.

[82] Ebd. 325.

[83] Berger, Handlexikon (Kap.1 Anm. 19), 485 f.

[84] Ebd. 345.

[85] Berger, Gewänder (Kap. 6 Anm. 76), 338.

[86] Vgl. Kap. 2 Anm. 7.

[87] Paul Graff, Geschichte der Auflösung der alten gottesdienstlichen Formen in der evangelischen Kirche Deutschlands. I. Bd.: Bis zum Eintritt der Aufklärung und des Rationalismus, Göttingen ²1937; II. Bd.: Die Zeit der Aufklärung und des Rationalismus, Göttingen 1939; hier II, 69 f.

[88] Ebd. I, 107 f.

[89] Rietschel, Lehrbuch (Kap. 4 Anm. 39), 125; vgl. auch Graff, Geschichte (Kap. 6 Anm. 87), I, 108 f.

[90] Graff, Geschichte (Kap. 6 Anm. 87), II, 70.

[91] Ottfried Jordahn, Das Zeremoniale, in: Schmidt-Lauber/Meyer-Blanck/ Bieritz, Handbuch (Kap. 1 Anm. 5), 436-459, hier 448.

[92] Ebd. 448 f.

[93] Berger, Gewänder (Kap. 6 Anm. 76), 330 f.

[94] Ebd. 329.

[95] Berger, Handlexikon (Kap. 1 Anm. 19), 139.

7. Körper

In diesem Kapitel fassen wir liturgische Zeichensysteme zusammen, die sich körperlicher Ausdrucksformen bedienen (vgl. 2.3.2). Dazu gehören auch Handlungen, die sich auf Gegenstände beziehen bzw. in denen sich körperlicher Ausdruck mit bestimmten Gegenständen verbindet. Ein Abschnitt zu einigen im Gottesdienst verwendeten Geräten schließt darum dieses Kapitel ab.

7.1 Die Sprache der Gebärden

7.1.1 Versuch einer Feldbeschreibung

Das hier zu behandelnde Feld liturgischer Ausdrucksformen ist differenziert und vielschichtig. Wir begegnen darin – im Zusammenspiel kinetischer, hodologischer, proxemischer und taktiler (haptischer) Codes – einer eigenen »Ausdrucksdimension« des christlichen Gottesdienstes neben dem *Wort* und dem *Ton*.[1] Ihre Bedeutung für Gottesdienst und Predigt kann kaum überschätzt werden: Jedes *Wort*, das sich Gehör verschaffen will, muss sich verleiblichen. Und es schafft sich nicht nur ganz selbstverständlich einen ›Klangleib‹, sondern nimmt die Leiblichkeit der Beteiligten in jeder Weise in Anspruch, seien sie redend, betend, singend, handelnd, hörend oder schauend am Geschehen beteiligt. Auch für den Gottesdienst gilt: »Ein Mensch kann aufhören zu sprechen, er kann aber nicht aufhören, mit seinem Körper zu kommunizieren; er muß damit entweder das Richtige oder das Falsche sagen; aber er kann nicht gar nichts sagen.«[2]

»Die Gesten- und Gebärdensprache der Liturgie beinhaltet sowohl die einfachen Gebetshaltungen eines Gläubigen als auch die Mimik und Gestik (bzw. Gestikulation) eines Predigers (und anderer Rollenträger) sowie die symbolhaften Handlungen der Sakramentenspendung. Sie umfaßt das ganze Spektrum des leibhaften Ausdrucks von der Taufprozession bis zur Begräbnisliturgie [...] Kinetische Codes gehören zu den komplexesten im Gottesdienst. Menschen in sakralen Räumen bewegen sich auf unterschiedliche Weise: Gehen, Sitzen, Stehen, Knien, Sich-Nieder-Werfen. Sie gebrauchen verschiedene Gesten und Körperhaltungen, sie nehmen einander wahr: optisch, olfaktorisch und akustisch. Manchmal berühren und umarmen sie sich.«[3]

Alle Versuche, das Feld der *Gebärden* zu strukturieren, stehen unter dem Vorbehalt, dass jedes einzelne Körperzeichen stets Teil eines »Gesamtkörperverhaltens« ist: »Es gibt keine Gesten, die isoliert auftreten.«[4] Deshalb muss auch bei der folgenden Übersicht bedacht werden, dass wir es hier nicht mit isolierten Abläufen zu tun haben, sondern mit einer Art ›Partitur‹ (vgl. 2.3), bei der verschiedene Stimmen ineinander, zusammen, vielleicht auch gegeneinander spielen.

(1) Mimik

Sie »ergibt sich aus dem Zusammenspiel der Ausdrucksbewegungen und -formen des menschlichen Gesichts«. Bewegungen der Stirn (Falten!), der Augenbrauen, der Augenlider, der Nase (Rümpfen!), des Mundes und der Lippen können Freude und Schmerz, Interesse und Langeweile, Zuneigung und Abscheu, Zufriedenheit und Ärger und eine Vielzahl weiterer Gefühle signalisieren. Dabei sind in der Regel mehrere der genannten Zonen an einem entsprechenden ›Mienenspiel‹ beteiligt. Solche mimischen Signale können verbale Äußerungen begleiten oder ersetzen, sie können aber auch sprachlich kaum mehr zu vermittelnde Befindlichkeiten (Trauer und Schmerz wie überschwängliche Freude) zum Ausdruck bringen.[5]

Teil der Mimik ist natürlich auch der *Blick*, durch den einer mit seiner Umwelt kommuniziert. Blicke können ›durchbohren‹, aber auch ›fesseln‹, sie können tödliche Gleichgültigkeit ebenso wie lebhaftestes Interesse zum Ausdruck bringen. »Der Blick verrät uns, was in einem Menschen vorgeht. Jeder Blick hat seine besondere Bedeutung [...] Das Blickverhalten zeigt Denkprozesse an und bestimmt durch den Wechsel von An- und Wegblicken sowie durch die unterschiedliche Dauer der Blickphasen mit, wie das Gespräch verläuft.«[6] Das Blickverhalten ist darum nicht nur für die Predigt wichtig. Es ist auch Teil des liturgischen Verhaltens.

Die Rubriken des Missale Romanum enthielten bis 1970 auch Bestimmungen über das ›Blickverhalten‹ des Zelebranten, so zum Beispiel zu Beginn des *Canon Missae*: Hat der Priester nach der Präfation das Meßbuch an der entsprechenden Stelle aufgeschlagen, so »vereinigt er die Hände, breitet sie aus und erhebt sie ein wenig [...]; zugleich erhebt er die Augen, dann senkt er diese in Andacht sofort wieder, vereinigt die Hände, verneigt sich (den Körper) tief, legt die gefalteten Hände auf den Altar und beginnt den Kanon, leise betend *Te igitur.*« Auch zur Elevation von Hostie und Kelch nach der Wandlung heißt es: »[...] die Augen sollen die Hostie begleiten [...] die Augen sollen hier besonders der Handlung folgen.«[7]

(2) Haltung

Unter ihr verstehen wir »das zeitlich andauernde unveränderte Verharren des Körpers und der Körperteile im Raum.«[8] Dazu gehören u.a. das Stehen, Sitzen, Knien und Liegen, aber auch Gebetshaltungen wie gefaltete oder ausgebreitete Hände.

Haltungen sind immer Ergebnis oder Zielpunkt einer Bewegung: So geht der stehenden Haltung das Aufstehen, der knienden Haltung das Niederknien, dem Sitzen das Hinsetzen, dem Liegen (zum Beispiel in Form der *Prostratio*) das Sichniederwerfen, der Gebetshaltung das Falten oder Ausbreiten der Hände voraus. Haltungen sind zugleich Ausgangspunkt für neue Bewegungen: So ist das Stehen Voraussetzung sowohl für das Gehen wie für das Hinsetzen und Hinknien; gefaltete Hände sind Ausgangspunkt für das Ausbreiten der Hände. Haltungen können sich miteinander verbinden und sich so wechselseitig in ihrer Ausdruckskraft verstärken (zum Beispiel beim Knien mit ausgebreiteten oder gefalteten Händen).

(3) Bewegung

Körperbewegungen leiten jedoch nicht nur von einer Haltung zur anderen über; sie besitzen auch eine eigenständige Ausdrucksqualität. Das gilt – um nur Beispiele zu nennen – für das Neigen des Kopfes, für die Verneigung des ganzen Körpers bis hin zur tiefen Verbeugung, der Kniebeuge oder dem Kniefall. Es gilt für die Bewegung des Aufstehens (des *Sicherhebens*), das als Bewegungsablauf Achtung, Aufmerksamkeit, Ehrfurcht ausdrückt. Es gilt für das Ausbreiten und Schließen der Hände bzw. Arme, das nicht nur von einer Gebetshaltung zur anderen überleitet, sondern – für sich genommen – als Andeutung einer *Umarmung* gelesen werden kann. Es gilt für Bewegungen im Raum – das Schreiten, Gehen, Eilen, Laufen –, deren unterschiedliche Ausdrucksqualitäten offensichtlich sind.

(4) Gestik

Selbstverständlich handelt es sich auch bei den genannten Haltungen und Bewegungsabläufen um *Gesten* (von lat. *gerere* = an sich tragen, *gestus* = Haltung, Gebärde), so dass der Begriff der Gestik auch diese Aspekte der Körpersprache mit umfasst. Dennoch macht es Sinn, hierunter vor allem jene Haltungen und Bewegungen zusammenzufassen, die mit den Armen bzw. Händen ausgeführt werden.

»Unter Geste versteht man grundsätzlich vorwiegend die Bewegung der Hände und Arme [...] Die Gestik von Bewegung der Hände und Arme wird

ergänzt durch Bewegungen einzelner Finger, des Kopfes, der Füße etc. Grundsätzlich gilt, daß [...] nicht nur einzelne Glieder und Teile des Körpers sprechen,
sondern vielmehr der ganze Körper.«

Ähnlich wie bei der Mimik kann auch hier unterschieden werden zwischen sprachbegleitender, sprachersetzender und sprachunabhängiger Gestik, die Bedeutungen und Befindlichkeiten auf eine Weise auszudrücken
vermag, die sich sprachlicher Darstellung entzieht.[9] Eine Geste kann so
»eine begleitend-unterstreichende oder eine eigenständige Aus-
drucksbewegung sein (so kann z.B. das Verneigen des Kopfes eine
bejahende Aussage unterstreichen oder Ehrfurcht ausdrücken).«[10]

Wichtig ist auch hier die Kenntnis und Unterscheidung der Codes: So können
elementare Körpersignale, wie sie in der rhetorischen Kommunikation wirksam
werden (Handflächen nach unten: Abwehr, Negation; Handflächen nach oben:
Zustimmung; Handflächen senkrecht: neutrale Aussage) im Rahmen ritueller
Kommunikation – zum Beispiel bei Gebet und Segen – ganz andere Bedeutungen kommunizieren.[11]

(5) Gebärde

Unter einer *Gebärde* – im allgemeinen Sprachgebrauch in der Regel nicht
von der *Geste* unterschieden – wollen wir mit Ronald Sequeira den
»komplexen Teil eines Bewegungsablaufes [...] verstehen, der Haltungen
und Gesten umfaßt«.[12] Eine *Gebärde* besteht also in der Regel aus
mehreren *Gesten*. In diesem Sinne können Segenshandlungen, Handauflegungen, Umarmungen und Ähnliches als komplexe *Gebärden*
beschrieben werden.

Sequeira unterscheidet in diesem Zusammenhang zwischen *Ausdrucks-* und
Handlungsgebärden:[13] *Ausdrucksgebärden* sind solche, die gleichsam ›für sich‹
stehen, eine eigenständige Aussage zum Ausdruck bringen. *Handlungsgebärden*
sind demgegenüber auf Personen bzw. Gegenstände bezogen und sagen nur in
Verbindung mit ihrem Gegenstand etwas aus (so zum Beispiel die Erhebung des
Kelches nach der Wandlung). Ausdrucksgebärden wiederum – »obgleich sie
letztlich alle den Körper insgesamt betreffen« – lassen sich einteilen in Gebärden
des ganzen Körpers, in Gebärden, die mehrere Körperteile einbeziehen (Sichbekreuzen, An-die-Brust-Schlagen usw.), und in Gebärden eines einzigen Körper-
teils (Erheben und Schließen der Augen, Neigen des Kopfes, Hauchen als
Segensgebärde usw.).

(6) Tanz

Er kann bestimmt werden als »eine Summe von Bewegungsabläufen«,
die Haltungen, Gesten und Gebärden umfasst. Er schließt Bewegungen

im Raum und durch den Raum ein, tangiert also den hodologischen Code. Da dabei Distanz und Nähe der Partner eine Rolle spielen, ist auch der proxemische Code involviert.

Im weiteren Sinne dürfen auch alle Prozessionen (Einzüge und Umzüge) hierunter subsumiert werden, wie sie im christlichen Gottesdienst eine große Rolle spielen: in der Messe die Prozessionen zum Einzug, zur Gabenbereitung, zur Kommunion, auch die Prozession mit dem Evangelienbuch zum Ambo; in der byzantinischen Liturgie der Kleine und der Große Einzug; im äthiopischen Ritus das tänzerische Umschreiten des Altars mit den Opfergaben. Dazu kommen vielfältige Umgänge, Umzüge, Umritte bei der Kirchweihe, zu Fronleichnam, zu Lichtmess und bei Wallfahrten. Auch in den reduzierten Formen des ›Schreitens‹ zum Altar, zur Kanzel usw., wie sie der Liturg im evangelischen Gottesdienst praktiziert, sind gewisse tänzerische Elemente noch gegenwärtig.

7.1.2 Zeichenklassen

Um sich darüber verständigen zu können, wie die Sprache der Haltungen, Bewegungen, Gesten und Gebärden – der kinetische Code – funktioniert, ist die Bezugnahme auf eine in der Semiotik weithin übliche, wenn auch keinesfalls unumstrittene Einteilung der Zeichenfunktionen in *Zeichenklassen* hilfreich. Wie allen derartigen Klassifizierungen kommt auch solcher Einteilung nur eine heuristische Funktion zu. Das heißt: Die Zuordnung einer bestimmten Zeichenfunktion zu einer *Zeichenklasse* ist selber ein semiotisches – genauer: zeichenerzeugendes – Phänomen.[14]

Die Trichotomie ikonischer, indexalischer und arbiträrer Zeichen, der wir hier folgen, geht auf Charles Sanders Peirce (1839-1914) zurück, ist bei ihm freilich Teil eines Systems von Zeichenklassen, das insgesamt drei Trichotomien und damit »neun Subzeichenklassen« umfasst, aus deren – zeichenlogisch möglicher – Kombination sich wiederum zehn »Hauptzeichenklassen« ergeben. Die zweite, hier aufgenommene Trichotomie (*Ikon, Index, Symbol*) »bestimmt das Zeichen in bezug auf sein Objekt und stellt für Peirce ›die grundlegendste Einteilung der Zeichen‹ dar«. Dabei gilt: »Ein *Ikon* ist ein Zeichen, ›das auf das bezeichnete Objekt allein auf Grund von ihm eigenen Eigenschaften verweist‹ [...] Ein *Index* ist ein von seinem Objekt durch raum-zeitliche Kontiguitäts- oder Kausalitätsbeziehung abhängiges Zeichen [...] Ein *Symbol* verbindet das Zeichen mit dem Objekt durch ›ein Gesetz oder eine Regularität‹«.[15]

(1) Ikonische Zeichen

Ikonische Zeichen wollen wir – in freier Anlehnung an Peirce – solche Zeichenfunktionen nennen, bei denen zwischen dem *Signifikat* (dem, was bezeichnet wird; dem Inhaltsaspekt, vgl. 2.3.1) und dem *Signifikanten* (dem Bezeichnenden; dem Ausdrucksaspekt) eine partielle semantische Merkmalsidentität zu bestehen scheint, die sich auf unterschiedliche Merkmalsbereiche (zum Beispiel Form, Farbe, Struktur, Material usw.) beziehen kann. Die damit gegebene ›Ähnlichkeit‹ ist jedoch nicht ›natürlicher‹, sondern semantischer Art und damit an Abbildungs- und Auslegungskonventionen gebunden. Diese legen fest, (a) aufgrund welcher semantischen Merkmale und (b) in welchem semantischen Kontext ein *Signifikant* als *Ikon* eines *Signifikats* gelten darf.

So kann zum Beispiel ein visuell oder gestisch dargestellter *Kreis* in unterschiedlichen Kontexten sehr Unterschiedliches signifizieren. Erscheint der Kreis jedoch auf einer Kinderzeichnung in der linken oberen Ecke des Blattes, ist er womöglich noch gold-gelb ausgemalt, mit einem freundlichen Gesicht und einem Strahlenkranz versehen, ist klar, dass er hier die kulturelle Einheit ›Sonne‹ signifizieren soll – wobei die semantischen Merkmale ›rund‹, ›oben‹, ›gold-gelb‹, ›strahlend‹, ›freundlich‹ selbstverständlich *kulturell* codiert sind und keineswegs unmittelbar der ›Natur‹ entnommen werden.

Nach Umberto Eco wird daran deutlich, »daß die Aussage, ein bestimmtes Bild sei etwas anderem ähnlich, nichts daran ändert, daß Ähnlichkeit auch von kultureller Konvention abhängt«. Die »Ähnlichkeit« zwischen Kreis und Sonne bezieht sich »nicht auf das Verhältnis zwischen dem Bild und seinem Gegenstand, sondern auf das zwischen dem Bild und seinem vorher kulturalisierten Inhalt.«[16]

Als *ikonische Zeichen* im semantischen Kontext des Gottesdienstes können zum Beispiel das – wiederum visuell oder gestisch reproduzierte – Zeichen des Kreuzes (als *Ikon* für das Kreuz Christi), das Eintauchen in das Wasser bei der Taufe (als *Ikon* für das Sterben und Auferstehen mit Christus), Brot und Wein beim Abendmahl (als *Ikone* für Leib und Blut Christi), der Friedenskuss (als *Ikon* für die gottesdienstliche *communio*), die Oster- bzw. Taufkerze (als *Ikon* für das Christuslicht, das wiederum *Ikon* für die Gottesoffenbarung in Christus ist), der Weihrauch (als *Ikon* der Selbstaufopferung der Gemeinde), nicht zuletzt auch die liturgisch Handelnden selbst (als *Ikone* des Christus, der die εἰκών Gottes ist) begriffen werden.

Die Aufzählung macht deutlich, in welchem Maße die hier postulierte *Ikonizität* vom jeweiligen Kontext und den semantischen Konventionen abhängig ist, die er impliziert. Man kann sich dies auch an den liturgischen Farben verdeutlichen (vgl. 6.4.6): *Rot* zum Beispiel ist konventionell mit den semantisch-kulturellen Einheiten ›Blut‹ und ›Feuer‹, aber auch ›Würde‹ verbunden (letzteres vermutlich über das semantische Merkmal ›kostbar‹, ›teuer‹); so ergeben sich ikonische Beziehungen zum Märtyrergedenken, zu Festen des Heiligen Geistes und der Kirche wie zur Tracht der Kardinäle und Prälaten. Dass solche ikonischen Beziehungen nicht zwingend (und damit eben auch nicht ›natürlich‹) sind, zeigt u.a. die in manchen Kirchen übliche Verwendung von Weißwein beim Abendmahl.

(2) Indexalische Zeichen

Beruht eine ikonische Beziehung, wie wir gesehen haben, auf einer partiellen Identität semantischer Merkmale, so sind bei der indexalischen Beziehung *Signifikat* und *Signifikant* offenbar im Modus ihrer Erzeugung miteinander verbunden: Der Signifikant ist in gewisser Hinsicht ein ›Teil‹ des Signifikats bzw. wird von ihm ›verursacht‹ oder ›berührt‹.

»Der Index ist ein Zeichen, bei dem ein physischer Zusammenhang zwischen Zeichen und bezeichnetem Gegenstand besteht, also etwa der Finger, mit dem man auf einen Gegenstand zeigt, die Windfahne, die sich je nach dem Wind bewegt, der Rauch als Symptom, aus dem hervorgeht, daß Feuer da ist, und sogar die Demonstrativpronomina wie /dieser/ und die Eigennamen und sonstigen Bezeichnungen, wenn man mit ihnen auf einen Gegenstand hinweist.«[17]

Auch in Zeichenfunktionen indexalischer Art stehen Signifikanten nicht schlichtweg für reale Gegenstände oder Sachverhalte, sondern für ›kulturelle Einheiten‹, also semantisch definierte Segmente unseres Wissens von Welt und Wirklichkeit (vgl. 2.3.1). »Die Symptome – Rauch oder Fußspur – stehen nicht für die Gegenstände Feuer oder Fuß, sondern für die entsprechenden Signifikate ›Feuer‹ und ›Fuß‹, und Peirce sagt sogar, die Fußspur könne insofern, als sie für ›Mensch‹ stehe, ein willkürliches Symbol sein.«[18]

Je nach der Weise, wie in indexalischen Zeichenfunktionen Signifikant und Signifikat aufeinander bezogen sind, lassen sich bestimmte Unterklassen ausmachen. Sind Signifikant und Signifikat durch ein Verhältnis der *Angrenzung* (*Kontiguität*) miteinander verbunden, sprechen wir von *Vektoren*. Verbindet sie ein Verhältnis der *Verursachung* (*Kausalität*), handelt es sich um *Indizien* bzw. *Symptome*. Stehen sie im Verhältnis der *Teilhabe* (*Partizipation*) zueinander, können wir sie als *Synekdochen* (συνεκδοχή = ›Andeutung‹) bezeichnen. Dabei kann die Beziehung zwischen Signifikant und Signifikat jeweils noch eine räumliche oder zeitliche Erstreckung aufweisen, wodurch sich weitere Untergliederungen ergeben.[19]

(a) *Vektoren*: »Vektoren werden durch das Merkmal der Angrenzung des Bezeichnenden an das Bezeichnete definiert.« Dahinter steht die Vorstellung, »daß durch die Angrenzung die Eigenschaften und semantischen Merkmale des einen Objektes auf das andere überfließen.«[20] Typische Vektoren im liturgischen Gebrauch sind die Handauflegungen und die Segensgesten: »Eigenschaften des Spenders strömen auf denjenigen über, dem die Hand auferlegt wird.«[21] Auch die bei der Taufe, der Firmung, der Ordination und der Krankensegnung üblichen Salbungen tragen vektoriellen Charakter, ebenso das in den Tauf- bzw. Katechumenatsriten übliche *Anhauchen* (vgl. 15.2.1, 15.3.1), die *exsufflatio*: »Weiche von ihm, böser Geist, und gib Raum dem Heiligen Geiste, dem Tröster.«[22]

Die bei der *exsufflatio* gesprochene Formel zeigt, dass vektorielle Zeichen nicht nur ›angrenzende‹, sondern auch ›abgrenzende‹ Bedeutungen zu realisieren vermögen. In diesem Sinne ist auch die *Siegelung* (σφραγίζειν) der Stirn des Neugetauften mit dem Kreuzzeichen, wie sie z.B. in der *Traditio apostolica* erwähnt wird,[23] ein Vektor (vgl. 15.2.2): »In der Bedeutung als Schutzzeichen an der Stirn wirkte sie in zwei Richtungen. Zum einen machte sie den Träger des Zeichens zum Eigentum Christi, sie ließ ihn Anteil gewinnen an der Macht des Zeichens und dessen, was es bezeichnet. Zum andern aber wirkte sie in den umgebenden Raum, indem die Sphragis das Überspringen negativer Kräfte auf den Träger des Siegels verhinderte. Hier ist also ebenfalls das Prinzip des Vektors wirksam, allerdings nicht im Sinne eines Eigenschaftsaustausches, sondern gerade im Sinne einer Austauschverhinderung, einer Grenzziehung.«[24]

Das Beispiel macht deutlich, dass das gleiche Zeichen – das gestisch nachgezeichnete Kreuz – durchaus unterschiedlichen *Zeichenklassen* zugeordnet werden kann, je nach der Perspektive, aus der man es betrachtet: Es ist in der beschriebenen Handlung offenkundig *Ikon* und *Vektor* zugleich.

(b) *Indizien*: Hier stehen Signifikant und Signifikat in einem Verhältnis der *Kausalität* zueinander. Das heißt: Der Signifikant wird in gewisser Weise durch das Signifikat *bewirkt* und weist solchermaßen als *Indiz* auf es zurück.

So ist das Wandlungs- oder Vaterunserläuten, das ein Wanderer aus der Ferne hört, *Indiz* für das, was in der Kirche in diesem Augenblick geschieht. Indizien sind in gewisser Weise auch – unbeschadet ihrer oben erörterten Ikonizität – die liturgischen Farben, indem sie bestimmte Feste und Festzeiten anzeigen. Indizien sind in diesem Sinne das Schweigen der Glocken, des Halleluja und des Gloria in excelsis an den Kartagen bzw. in der Fastenzeit, das stehende Beten in der Osterzeit, das Aufstehen zur Lesung des Evangeliums, das Niederknien zur Wandlung usw. Auch hier ist offenkundig, dass ein Großteil dieser Zeichen zugleich eine ikonische Deutung (zum Beispiel: Niederknien als *Ikon* einer demütigen, bußfertigen Gesinnung) zulässt und fordert.

Bezeichnung:		VEKTOREN	INDIZIEN (SYMPTOME)	SYNEKDOCHEN
Verhältnis Signifikant-Signifikat:		Angrenzung (Kontiguität)	Verursachung (Kausalität)	Teilhabe (Partizipation)
Raum	Signifikant	Pfeifen eines Wasserkessels	Regenwolke	archäologischer Knochenfund
	Signifikat	»Wasser kocht!«	»Bald wird's regnen!«	»Hier lebten Menschen!«
Zeit	Signifikant	Wegweiser	Fußspur	Segel am Horizont
	Signifikat	»Da geht's nach Adorf!«	»Hier ist einer gelaufen!«	»Dort fährt ein Schiff!«

(c) *Synekdochen*: Hier *partizipiert* der Signifikant am Signifikat; er steht – als Teil des Signifikats – jeweils für das Ganze (*pars pro toto*). Auch hier sind die Übergänge insbesondere zu den *Ikonen* und *Vektoren* fließend.

So steht der *eine* Bissen beim Abendmahl – und der *eine* Schluck aus dem Kelch, unbeschadet aller anderen Gehalte, die dem Vorgang eignen – für die Gemeinschaft des Leibes und Blutes Christi (1 Kor 10,16 f). Das Kreuz – ikonisch und vektoriell lesbar, wie wir gesehen haben – steht als Synekdoche zugleich für den Gesamtzusammenhang der Christusgeschichte. Das Sich-an-die-Brust-Schlagen zum *Confiteor* oder zum *Domine non sum dignus* ist Synekdoche einer Selbstgeißelung (und, wie das Niederknien, zugleich *Ikon* einer bestimmten Haltung). Das gilt auch für das Ausbreiten der Hände zum Gruß als Andeutung einer Umarmung oder das Ausstrecken der Hände zum Segen, das als Synekdoche einer Handauflegung, die alle einbeziehen möchte, verstanden werden kann.

(3) Arbiträre Zeichen

Zeichenfunktionen, bei denen der Signifikant weder durch identische semantische Merkmale noch durch Angrenzung, Verursachung oder Teilhabe mit dem Signifikat verbunden bzw. in irgendeiner Weise durch das Signifikat ›motiviert‹ ist, nennen wir im Folgenden *arbiträre Zeichen*.[25] Für sie gelten die Kriterien der *Arbitrarität* und *Konventionalität*. Das heißt, die Verknüpfung eines Signifikanten – zum Beispiel in der Verbalsprache: einer diskreten Lautfolge – mit einem Signifikat (einer bestimmten Vorstellung bzw. ›kulturellen Einheit‹) ist in einem prinzipiellen Sinne willkürlich und beruht auf einer Übereinkunft der Zeichenbenutzer.

Diese Bestimmung besagt natürlich nicht, dass die solchermaßen etablierten Zeichenfunktionen ›beliebig‹ gebraucht, geändert und verworfen werden könnten. Auch Zeichensysteme, die auf arbiträrer Grundlage funktionieren, können sich als äußerst stabil und repressiv erweisen. *Arbiträr* ist die Verknüpfung eines Ausdrucks (also etwa die Lautfolge h-u-n-d) mit einem Inhalt – der kulturell-semantischen Einheit ›Hund‹ – deshalb, weil *prinzipiell* die Verknüpfung mit anderen Lautfolgen (d-o-g, c-a-n-i-s, κ-ύ-ω-ν) jederzeit möglich wäre und in der lebendigen Sprachentwicklung auch ständig geschieht.

Gegenwärtige Verbalsprachen funktionieren fast ausschließlich – sieht man von onomatopoetischen, lautmalenden oder synästhetischen Erscheinungen ab – auf arbiträrer Grundlage. Aber auch Gebärden (Gesten der Bejahung und Verneinung) und visuelle wie gegenständliche Darstellungen (Verkehrszeichen, Schiffsflaggen, Abzeichen, Kontrollmarken; Christussymbole wie XP, AΩ, Fisch) können arbiträrer Art sein, wobei man unter Umständen – ähnlich wie bei der *Ikonizität* – mit verschiedenen Graden und Abstufungen der *Arbitrarität* rechnen muss.

Für die Liturgik ist die Einsicht wichtig, dass ikonische und indexalische Zeichen im liturgischen Gebrauch zu arbiträren Zeichen ›verkümmern‹ können. Als Beispiel lässt sich die Reduktion des Wasserritus bei der Taufe auf ein bloßes ›Betupfen‹ anführen, das nicht mehr als *Ikon* für das Sterben und Auferstehen mit Christus (oder auch als *Ikon* einer ›Reinigung‹ von Sünde) zu fungieren vermag, weil kaum noch identische semantische Merkmale ausgemacht werden können. Auch die Verkümmerung der Brotgestalt beim Abendmahl – wie überhaupt die Reduktion der Mahlgestalt der Eucharistie – kann als *Arbitrarisierung* (bzw. *Digitalisierung* ursprünglich analoger Kommunikationsmodalitäten, vgl. 8.2.2) beschrieben werden, in deren Verlauf ikonische und indexalische Relationen verloren gehen.[26]

Solche Prozesse machen dann den verstärkten Einsatz zusätzlicher Codes – insbesondere des Sprach- oder Schriftcodes – notwendig. Das heißt: Die sakramentalen Handlungen sprechen nicht mehr sozusagen ›für sich‹. Der Sinn, der durch die Arbitrarisierung verloren geht, muss dem Vorgang jetzt zusätzlich verbal beigelegt werden. Allerhand verbale Deutungen und Erklärungen werden bemüht, das lockere, brüchige Band zwischen Signifikat und Signifikant wiederum zu festigen und zu verstärken.

7.1.3 Kategorien der Kinesik

Als Disziplin der Semiotik umfasst die *Kinesik* (manchmal auch *Kinemik* oder *Kinesiologie* genannt, von griech. κίνησις = Bewegung) nach Ray L. Birdwhistell »das systematische Studium jener strukturierten und gelernten Aspekte der Körperbewegungen, denen ein kommunikativer Wert nachgewiesen werden kann.«[27] Ihr Ausgangspunkt ist die in der Kulturanthropologie inzwischen allgemein anerkannte Einsicht, »daß die Gestikulation auf kulturellen Codes beruht.«[28] Kinesik versucht, diese Codes zu entschlüsseln und zu beschreiben. Die von ihr vorgeschlagenen Klassifizierungen führen über die oben (7.1.2) genannten Zeichenklassen hinaus und erlauben eine differenziertere Bestimmung auch der liturgischen Gebärden.

Nicht unumstritten ist der Versuch von Birdwhistell, ein sprachanaloges »Notationsverfahren für Körperbewegungen« zu entwickeln:[29] »Ein Inventar von acht Grundsymbolen für die Körpersegmente Kopf, Gesicht, Hals, Rumpf, Schulter, Hände, Beine und Füße wird dabei zu einem komplexen System von *Kinegraphen* zur Transskription nonverbalen Verhaltens erweitert.«[30] Die kleinsten, konkret wahrnehmbaren Einheiten heißen *Kine*; sie entsprechen in gewisser Weise den jeweils in der sprachlichen Kommunikation konkret erzeugten *Lauten*. Eine Gruppe bzw. Klasse von *Kinen*, die die gleiche kommunikative Funktion erfüllen, heißt – analog zum *Phonem* der Lautsprache – ein *Kinem* (so unterscheidet Birdwhistell zum Beispiel »unter 32 Kinemen im Bereich von Kopf und Gesicht drei Kineme des Kopfnickens und vier Kineme der Augenbrauenbewegung«). Freie Formvarianten, die – ähnlich den *free variants* der Lautsprache – den individuellen Spielraum des Zeichenproduzenten umschreiben, heißen *Allokine*. Auf einer nächsten Gliederungsebene entspricht dann dem lautsprachlichen *Morphem* (als kleinster bedeutungstragender Einheit) das *Kinemorph*. Birdwhistell kommt aufgrund empirischer Untersuchungen zu dem Ergebnis, dass der durchschnittliche Nordamerikaner über ein begrenztes Repertoire von ca. 60 *Kinemen* verfügt.[31]

Auf empirischen Beobachtungen beruhen auch die bahnbrechenden Untersuchungen von David Efron, der sich mit der nationalsozialistischen Rassenlehre auseinander setzte, die eine rassenspezifische, biologisch determinierte Gestik postulierte.[32] An ihn knüpfen Paul Ekman und Wallace V. Friesen[33] an. Die von ihnen herausgearbeiteten fünf Grundkategorien nichtverbal-körpersprachlichen Verhaltens gehören »zu den genauesten Vorschlägen [...], die man für die Analyse von Bewegungsausdrücken in der Semiotik vorfindet.«[34]

(a) *Embleme*: Embleme sind »kulturspezifisch gelernte, sprachun-
abhängig *kodifizierte* und im allgemeinen *intentional* verwandte Gesten
mit einer fest umrissenen Semantik.« Sie »sind entweder arbiträr oder
ikonisch codiert und können mit jedem Körperteil ausgeführt werden.«
Im Bereich der Liturgie kann man so wichtige Gebärden wie das Kreuzzeichen, die Handauflegungen, den Segensgestus sowie die sakramentalen Handlungen zu den Emblemen rechnen.

(b) *Illustratoren*: Hier handelt es sich um »sprachbegleitende und auf
spezifische Sprachinhalte bezogene Gesten, die zwar auch intentional
verwendet werden, aber semantisch schwächer kodifiziert sind als die
Embleme.« Im Gottesdienst begegnen sie hauptsächlich in der sprachbegleitenden Gestik des Predigers bzw. bei Gelegenheit anderer frei
formulierter Ansprachen. Zu erwähnen sind aber auch liturgische Hin-
weisgesten (zum Beispiel beim Umgang mit den Abendmahlselementen)
oder durch Gesten begleitete Hinweise an die Gemeinde. Illustratoren
sind zumeist indexalisch codiert, können aber auch ikonischer oder arbiträrer Art sein.

Man unterscheidet acht Untergruppen: (a) *Batons* unterstreichen ein Wort oder
eine Redewendung; (b) *Ideographen* skizzieren die ›Richtung‹ bzw. den
›Verlauf‹ der vorgetragenen Gedanken; (c) *deiktische Bewegungen* »zeigen auf
ein Objekt, einen Ort oder ein Ereignis«; (d) *spatiale Bewegungen* bilden eine
räumliche Beziehung ab; (e) *rhythmische Bewegungen* stellen den Rhythmus
oder das Tempo eines Ereignisses dar; (f) *Kinetographen* zeichnen eine körperliche Aktion oder ein physikalisches Ereignis nach; (g) *Piktographen* malen
ein Bild des verhandelten Objektes in die Luft; (h) *emblematische Bewegungen*
sind Embleme, die ein Wort bzw. eine Aussage illustrieren, wiederholen oder
ersetzen.

(c) *Regulatoren*: So heißen Körperzeichen, die den verbalen Austausch
zwischen den an der Kommunikation Beteiligten steuern (zum Beispiel
durch An- und Wegblicken, Zunicken, Vorbeugen, Hingreifen, Augen-
brauenerheben). Es handelt sich um sprachbegleitende Gesten und
Bewegungen, die »unabhängig von spezifischen Inhalten die Funktion
haben, die Gesprächsinteraktion, insbesondere den Sprecher-Hörer-
wechsel, zu steuern.« Sie sind nicht nur für die Predigt, sondern auch für
den liturgischen Vollzug von großer Bedeutung (zum Beispiel beim Auf-
und Anblicken vor dem Gruß und bei anderen Vollzügen, in denen sich
der Liturg an die Gemeinde wendet).

»Die kleinste Bewegung kann eine regulative Funktion beim Verhalten
ausüben [...] Beispielsweise wird der Prediger durch die kleinsten Bewegungen

der versammelten Gemeinde beeinflußt, aber auch die Gemeindeglieder untereinander verhalten sich regulativ. Bei der Sakramentenspendung zeigen Regulatoren, ob die Gemeinde dabei ist bzw. die Handlung mitvollzieht.«

(d) *Adaptoren*: Hier handelt es sich um »meist unbewußte Formen der taktilen Kommunikation und Selbstkommunikation«. Beziehen sich die Handlungen auf die eigene Person (zum Beispiel: sich selbst anfassen, kratzen, auf die Lippen beißen, mit den Fingern spielen; aber auch: essen, trinken, schlucken, sich schnäuzen), so spricht man von *Selbst- bzw. Körpermanipulatoren*. Beziehen sich die Handlungen auf den oder die Partner (Formen der taktilen Kommunikation wie berühren, streicheln, festhalten, zurückstoßen usw.), heißen sie *Alter- bzw. Fremdadaptoren*. *Objekt-Adaptoren* beziehen sich auf Gegenstände (zum Beispiel das Spielen mit einem Bleistift, einem Schlüssel, einem Blatt Papier während der Rede bzw. des Gesprächs).

(e) *Affekt-Darstellungen*: Gesichtsausdruck (Mimik), aber auch bestimmte Körperhaltungen (gebeugter oder aufrechter Gang) können spezifische Affektzustände (Überraschung, Angst, Trauer, Zorn, Ekel, Interesse) zum Ausdruck bringen. Sie weisen einerseits starke interkulturelle Übereinstimmungen auf, sind andererseits aber auch in einem Maße codiert, dass sie bewusst in der zwischenmenschlichen Kommunikation eingesetzt werden können (*keep smiling!*). Im Gottesdienst vermögen sie nicht nur die Predigt, sondern auch das liturgische Handeln zu konterkarieren, wenn sie dem Inhalt der Aussage bzw. dem Sinn der Handlung offenkundig widersprechen.

»Die Regeln für Affektäußerungen werden früh gelernt und zwar in bezug auf verschiedene soziale Rollen und feste Normen. Der Gesichtsausdruck eines Menschen wird meist sofort beobachtet und beurteilt. Er gibt sehr viel persönliche Informationen über einen Menschen. Gesichtssprache kann die Verbalsprache wiederholen, modifizieren oder ihr widersprechen«.

7.2 Gebärden im Gottesdienst

7.2.1 Ausdrucksgebärden

Als »Ausdrucksgebärden« – darunter verstehen wir mit Ronald Sequeira solche Körperzeichen, denen eine eigenständige Ausdrucksqualität zukommt – behandeln wir hier das Gehen, Stehen, Sitzen, Knien, Sichverneigen, Sichniederwerfen, das Falten, Erheben und Ausbreiten der Hände, die Handauflegung, das Kreuzzeichen und den Segensgestus, das Schlagen an die Brust und die Umarmung bzw. den Kuss.

(1) Das Gehen

»Kultische Praxis beginnt und endet im Gehen.«[35] Schon die umgangs-
sprachlich geläufigen Bezeichnungen machen deutlich, wie differenziert
das damit angesprochene Feld ist: Vom *Schleichen* über das *Schlendern*
bis hin zum *Eilen, Laufen* und *Rennen* begegnet hier – unterschieden
nach Geschwindigkeit, Rhythmus, Körperhaltung usw. – ein breites Spektrum an Bewegungsformen. Eine besonders intensive, bewusste, ausdrucksstarke Form des *Gehens* ist das *Schreiten*. Das *Schreiten* wiederum
ist Vorstufe und Element des *Tanzens*.

»Seiner Struktur nach ist das Gehen (nicht nur lokomotorisch, sondern auch
rhythmisch, darstellend und symbolisch) eine typisch menschliche Elementar-
form der Bewegung. Es betrifft den ganzen Körper, insbesondere die rhyth-
misch-harmonische Bewegung der Beine und der Arme. Das Aufrecht-Gehen ist
symbolischer Ausdruck der Menschenwürde.«[36]

Im Gottesdienst unterscheidet man (a) das *Schreiten* einzelner, die von
einem Funktionsort zum anderen gehen, (b) das gemeinsame *Schreiten*
ganzer Gruppen, zum Beispiel beim Einzug des Liturgen und der anderen
Funktionsträger zu Beginn des Gottesdienstes, (c) das gemeinsame
Schreiten der ganzen Gemeinde, wie es beim Einzug in die Kirche in der
Osternacht und zur Kirchweihe, aber auch bei den Prozessionen zum
Opfergang und zur Kommunion üblich war und ist. In all diesen unter-
schiedlichen Zusammenhängen erfüllt das *Schreiten* nicht nur einen
Zweck – zum Beispiel das Besteigen von Ambo oder Kanzel, das Her-
beibringen von Brot und Wein –, sondern ist zugleich Darstellung eines
Sinns, realisiert also einen »symbolischen Mehrwert« (vgl. 1.2.3).

So kann der gemeinsame Einzug oder Umzug der Gemeinde als »Symbol des
wandernden Gottesvolkes« gelesen werden. Der Einzug der liturgischen Funktionsträger zu Beginn des Gottesdienstes kann das Kommen Christi zu seiner
Gemeinde symbolisieren. Die Gabenprozession, bei der Brot, Wein und andere
Gaben zum Altar gebracht werden, kann die Selbsthingabe der Gemeinde zum
Ausdruck bringen. Der Gang des Liturgen von der Kanzel zum Altar kann den
Wechsel von der gottesdienstlichen *Katabasis* – der Verkündigung des Gottes-
wortes in der Predigt – zur gottesdienstlichen *Anabasis* in ›Gebet und Lob-
gesang‹ anzeigen. Einfache Tanzformen können den Aufgang der Sonne – als
Symbol für die Auferstehung Christi – nachahmen. Dabei handelt es sich jeweils
um deutungsoffene Vorgänge, die eine Vielzahl von Lesarten zulassen und deren
Sinn nicht ein für alle Mal lexikalisch festgeschrieben werden kann.

Prozessionen – einzeln, als Gruppe oder in Gemeinschaft, schweigend
oder begleitet von Gesang bzw. Musik – strukturieren und rhythmisieren

zugleich den Gang des liturgischen Geschehens. Sie wirken als »raumzeitliche Hiate« (vgl. 2.3.5) und erfüllen darin auch eine wichtige syntaktische Funktion. Ein Verzicht auf diese Ausdrucksdimension würde also nicht nur eine semantische Verarmung, sondern auch eine empfindliche Reduktion syntaktischer Möglichkeiten bedeuten.

(2) Das Stehen

Stehen ist die liturgische Grundhaltung schlechthin. Im Prinzip – das in den Gottesdiensten der Ostkirchen bis heute wirksam ist – *stehen* Liturg, andere Funktionsträger und Gemeinde während des Gottesdienstes. Als liturgische Grundhaltung ist das *Stehen* Ausgangs- und Zielpunkt anderer Bewegungen (Hinsetzen, Niederknien, Aufstehen, Hingehen usw.). Liturgische Gebärden (Gebets- und Segensgesten, Kreuzzeichen usw.) werden in der Regel *stehend* ausgeführt. Das *Aufstehen* unterstreicht die Bedeutung bestimmter liturgischer Vollzüge.

Auch für das Stehen gilt: Es verfolgt nicht nur bestimmte *Zwecke* – etwa bessere Sicht- und Hörbarkeit des Liturgen –, sondern ist Darstellung eines *Sinns*. Es bringt »Achtung, Aufmerksamkeit, Ehrerbietung zum Ausdruck [...] und wird seit alters symbolisch als Zeichen der österlichen Existenz der Erlösten verstanden.«[37] Canon 20 des Konzils von Nizäa verbietet das kniende Beten während der österlichen Freudenzeit und an den Sonntagen.[38]

Die Regelungen sind im Einzelnen unterschiedlich. In evangelischen Gottesdiensten der lutherischen Tradition ist das Aufstehen zur Lesung des Evangeliums, zum Glaubensbekenntnis, zum Vaterunser, zu den Einsetzungsworten und zum Segen allgemein üblich. In einigen Landeskirchen steht man auch zur Lesung der Epistel. Manche Theologen und Kirchenmusiker vertreten die Auffassung, die Gemeinde solle beim Singen stehen.

Nach der Lutherischen Agende[39] steht die Gemeinde zum Evangelium, zum Glaubensbekenntnis, zur Lesung des Predigttextes, zum Vaterunser, zur Schlusskollekte und zum Segen. Wo es üblich ist, erhebt sie sich auch zur Epistellesung und zur Präfation. Zu den Einsetzungsworten kniet man nieder oder man erhebt sich, wenn nicht schon zur Präfation geschehen.[40]

Im neuen katholischen Meßbuch[41] wird das Stehen ausdrücklich zur Eröffnung vorgeschrieben. Zu den (nichtevangelischen) Lesungen heißt es: »Alle hören sitzend zu.« Die *Allgemeine Einführung* in das Römische Meßbuch erklärt: »Soweit keine andere Regelung getroffen wird, soll man in allen Meßfeiern stehen: vom Gesang zur Eröffnung beziehungsweise dem Einzug des Priesters bis zum Tagesgebet, beim Halleluja vor dem Evangelium, bei der Verkündigung des Evangeliums, beim Glaubensbekenntnis und bei den Fürbitten, dann vom Gabengebet bis zum Ende der Messe, mit den folgenden Ausnahmen:

Während der Lesungen vor dem Evangelium, beim Antwortpsalm, zur Homilie und zur Gabenbereitung soll man sitzen, unter Umständen auch während der Stille nach der Kommunion. Wenn die Platzverhältnisse oder eine große Teilnehmerzahl oder andere vernünftige Gründe nicht daran hindern, soll man zum Einsetzungsbericht knien.«[42]

(3) Das Sitzen

Das *Sitzen* bzw. *Sichhinsetzen* ist im Gottesdienst keineswegs nur »Zugeständnis an die menschliche Schwäche und Bequemlichkeit«, sondern eine Ausdrucksgebärde eigener Art. Sie codiert »einerseits von seiten der Gläubigen die Bereitschaft zum gesammelten Hören, andererseits aber auf seiten des Vor-Sitzenden, daß ihm die Würde des Leitens, Lehrens, ggf. auch des Urteilens oder Richtens (Beichtstuhl) zukommt.«[43]

Als sinntragende Gebärde steht demnach das *Sitzen* in einer deutlichen Beziehung zum hierarchischen Code. Während das Volk steht bzw. am Boden hockt, kommt dem Herrscher, dem hohen Beamten, aber auch dem Lehrer in der Antike das Vorrecht zu, an hervorgehobenem Ort auf einem Sessel bzw. Stuhl zu sitzen; und jüdische Rabbinen wie christliche Bischöfe haben selbstverständlich dieses Recht für sich in Anspruch genommen.

In diesem Sinne korrespondiert dem *Sitzen* als Ausdrucksgebärde die Rolle des Vorsitzenden in einer Versammlung. Es codiert zugleich den Anspruch, in dieser Versammlung als Lehrer aufzutreten: »Wer amtlich lehrt, sitzt auf einem Sessel.«[44] Der Vorgang des Lehrens gewinnt so autoritative, hoheitliche Züge (die alten Bezeichnungen ›Lehrstuhl‹ und ›Predigtstuhl‹ weisen noch auf diesen Zusammenhang hin).

Dieser Zusammenhang war im römischen Ritus in der feierlichen Bischofsmesse, dem Pontifikalamt, erhalten geblieben: Hatte der Bischof dem Altar seine Reverenz erwiesen und dort das Stufengebet verrichtet, so kehrte er zu seinem Thron zurück, um den Introitus und das Kyrie zu lesen und das Gloria in excelsis anzustimmen; hier blieb er bis nach dem Credo. Hielt er eine Predigt, tat er dies in der Regel sitzend, mit der Mitra angetan, vom Altar aus.[45]

Die neuen liturgischen Bücher codieren nun auch die Rolle des Priesters, der den Vorsitz bei der Eucharistie wahrnimmt, in entsprechender Weise: »Nach der Verehrung des Altars gehen der Priester und seine Begleitung zu den Sitzen«, heißt es; bis zum Beginn der Gabenbereitung nimmt der Priester alle Funktionen, die ihm in seiner Vorsteherrolle zukommen, von seinem Sitz aus wahr (vgl. 4.3.2). Zum Ort der Predigt heißt es: »Die Homilie wird vom Priestersitz oder vom Ambo aus gehalten.«[46]

Als »Haltung des aufnehmenden und betrachtenden Hörens« ist das *Sitzen* im Gottesdienst ebenfalls schon früh bezeugt (vgl. Lk 2,46; 10,39; 1 Kor 14,30; Apg 20,9). Die Regel des hl. Benedikt schreibt das Sitzen zu den Vigillesungen ausdrücklich vor. »Nach allgemeinem Brauch sitzt man heute zu allen Lesungen und ihrem Antwortgesang (selbst wenn man dabei respondiert), nur das Evangelium hört man aus Ehrfurcht im Stehen. Zu den Psalmen im ersten Teil jeder Hore, die sich vom mönchischen Beten herleiten [...], pflegen im Abendland die Nicht-mönche zu sitzen, die Mönche hingegen im Stehen sich auf die Miseri-kordie im Chorgestühl zu stützen. Die großen Chorkompositionen der neuzeitlichen Meßordinarien führten zum Sitzen auch während des Chorgesangs.«[47]

(4) Die Verneigung und das Knien

Beide Gebärden – die *Verneigung* wie die *Kniebeuge* bzw. das *Knien* – repräsentieren vergleichbare Bedeutungen und können darum zusammen behandelt werden:

»Die Ausdrucksqualität der Verneigung und des Kniens weist in dieselbe Richtung: sich beugen und kleinmachen vor dem Größeren und ihm huldigen (Gott, Altar und Tabernakel, Bischof usw.), Ehrfurchtsbezeigung, Demuts-gebärde und – besonders beim Knien – Bußgesinnung.«[48]

Das *Knien* beim Beten ist allgemein menschlicher Brauch. Jesus selbst wirft sich beim Beten auf die Erde nieder (Mk 14,35; Lk 22,41), und die ersten Christen folgen ihm darin (Apg 7,60; 9,40; Eph 3,14):

»In dieser Gebärde bringt der Mensch seine Kleinheit und Niedrigkeit Gott gegenüber zum Ausdruck. Knien erwächst darum einerseits als Zeichen demüti-ger *Anbetung* und verselbständigt sich von da zur ehrfürchtigen Kniebeuge, mit der man im Abendland seit Beginn der Neuzeit die Eucharistie, den Altar und das Kreuzbild begrüßt; den Charakter der Huldigung vor dem Herrscher und Sieger zeigt besonders das Knien bei der Kreuzverehrung am Karfreitag. Andererseits erwächst das Sichniederwerfen und Knien beim Gebet aus dem *Bewußtsein der eigenen Sünde* und kennzeichnet darum das *Bußgebet* und das dringliche Bittgebet.«[49]

Nicht mit dem Bußgebet, sondern mit dem betrachtenden Gebet ver-bindet sich das *Knien* im Stundengebet der Mönche: Während man den Psalm stehend singt bzw. ihm sitzend zuhört, kniet man zum stillen Gebet, das sich an jeden Psalm anschließt, nieder. Auch als im Mittel-alter diese Struktur nicht mehr verstanden wird, bleibt doch die *Knie-beuge* nach dem Gebet (bzw. die tiefe *Verneigung* zur Oration) erhalten.[50] Kultur- und liturgiegeschichtlich ist die *Verneigung* freilich älter als die *Kniebeuge*. Durch die Art der Körperbewegung wie durch den Rhythmus, in dem sie erfolgt, kann der damit verbundene Sinn in unterschiedlicher Intensität zum Ausdruck gebracht werden. Neben der *Verneigung* als Bewegungsablauf, die in der Regel von der stehenden Haltung ausgeht und wieder zu ihr zurückführt, kennt man auch die Haltung des *Verneigt-Stehens*.

Nach den Rubriken des neuen Meßbuchs unterscheidet man heute die *einfache Verneigung* bzw. *Kopfverneigung* (zum Gloria Patri, bei der Nennung des Namens Jesu, Marias und des Tagesheiligen) von der *tiefen Verneigung* bzw. *Körperverneigung* (bei der Begrüßung des Altars, beim Gebet vor dem Evangelium, im Glaubensbekenntnis zum *Et incarnatus est*, bei der Gabenbereitung zum *In spiritu humilitatis*, im Hochgebet I, das dem alten *Canon Romanus* entspricht, zum *Supplices te rogamus*).

Früher unterschied man in der Rubrizistik tiefe, mittlere und leichte *Kopfverneigungen* sowie tiefe und leichte *Körperverneigungen*, verfügte also über eine breitere Skala zur Codierung der entsprechenden Ausdrucksqualitäten. In ähnlicher Weise unterscheidet man auch beim *Knien* die einfache *Kniebeuge*, bei der der Beter nur ein Knie beugt, um gleich wieder zur stehenden Haltung zurückzukehren, von der *knienden Haltung*, bei der der Beter sich auf beide Knie niederlässt und in dieser Stellung einige Zeit verharrt. Im byzantinischen Ritus kennt man – statt der hier ungebräuchlichen *Kniebeuge* – die große und die kleine *Metanie*, die eine Form der *Proskynese* darstellt (vgl. dazu den folgenden Abschnitt).

Entgegen dem früher verbreiteten Brauch, dass die Gemeinde der Messe über weite Strecken kniend folgt, schreibt die *Allgemeine Einführung* in das neue Meßbuch das Knien der Gemeinde jetzt nur noch zum Einsetzungsbericht vor (Art. 21). An Weihnachten und an Mariä Verkündigung kniet man beim Glaubensbekenntnis zum *Et incarnatus est* nieder. Der Priester beugt die Knie nach der Konsekration des Brotes und des Kelches sowie zum *Ecce Agnus Dei* vor der Kommunion. Bei den *Großen Fürbitten* der Karfreitagsliturgie fordert der Diakon – »wo es angebracht erscheint« – die Gemeinde nach jeder Gebetseinladung zum Niederknien auf: »Beuget die Knie!«. Die Gemeinde verharrt in stillem Gebet, bis der Diakon ruft: »Erhebet euch!« Es folgt die Oration, die gleichsam die stillen Gebete der Gläubigen zusammenfasst.

Die Lutherische Agende[51] sieht – wenn auch nur fakultativ – das *Knien* zum Rüstgebet (Liturg und Gemeinde), zum Kollektengebet (Gemeinde), zum stillen Gebet vor und nach der Predigt (Prediger), zum Allgemeinen Kirchengebet (Gemeinde), zu den Einsetzungsworten und dem folgenden Gebet (Gemeinde) sowie zur Kommunion (Gemeinde) vor.

(5) Das Sichniederwerfen

Eine besonders intensive Form der Verneigung bzw. des Kniens ist die *Prostratio*, bei der der Beter sich auf die Erde niederwirft und dort flach ausgestreckt liegen bleibt (*prostratio perfecta*).

»Der Ausdrucksqualität nach ist die prostratio eine Intensivform der Verbeugung und der Kniebeuge und bringt neben den dort genannten Intentionen vor allem die flehentliche Bitte in besonders eindrucksvoller Weise zum Ausdruck.«[52]

Im Abendland ist die *Prostratio* nur noch zu Beginn der Karfreitagsliturgie und bei der Diakonen-, Priester-, Bischofs-, Jungfrauen- und Abtsweihe während der Allerheiligenlitanei üblich. In der entsprechenden Rubrik zur Karfreitagsliturgie heißt es: »Der Priester und seine Assistenz legen rote Gewänder an, wie sie für die Meßfeier gebraucht werden. Sie ziehen zum Altar, verneigen sich vor ihm und werfen sich nieder oder knien. Alle verharren eine Weile in stillem Gebet.«[53]

Im byzantinischen Ritus kennt man die *Proskynese* (griech. προσκύνησις) in Gestalt der *Kleinen Metanie* (von griech. μετάνοια = Buße; russ. мáлый поклóн: »ein weites Nach-vorn-Beugen des Körpers mit Berührung der Erde durch die rechte Hand, auch als Begrüßung geübt«) und der *Großen Metanie* (земнóй поклóн), »die vor allem strenge Bußgesinnung zum Ausdruck bringen soll und deshalb in der Großen Fastenzeit geübt wird. Sie besteht im Hinwerfen des ganzen Körpers auf die Erde unter Abstützung durch die Arme und Berührung der Erde mit der Stirn.«[54]

Im Abendgottesdienst am Pfingstsonntag begeht die byzantinische Kirche den Wiederbeginn des knienden Betens nach dem Ende der österlichen Freudenzeit mit der *Gonyklisia* (griech. γονυκλισία): »ein langes, aus 3 Abschnitten bestehendes, auf den Knien zu haltendes Gebet«.[55]

(6) Das Falten, Erheben und Ausbreiten der Hände

Gebärden, an denen die Hände beteiligt sind, dürfen als besonders ausdrucksstark gelten. Neben der weiter unten erörterten *Handauflegung* gilt dies insbesondere für das *Falten* oder *Erheben der Hände* zum Gebet. Kultur- und liturgiegeschichtlich ist das Erheben und Ausbreiten der Hände älter als der Gestus der gefalteten Hände.

»Die Ausdrucksqualität der Handgebärden ist groß, da die Hände das Hauptwerkzeug der Körpersprache sind. Die gefalteten Hände symbolisieren vor allem Sammlung, Ergebung und Hingabe [...], die ausgebreiteten und erhobenen Hände (und Arme) Offenheit und Empfangsbereitschaft, das emporsteigende Gebet (vgl. Ps. 141,2), damit verbunden auch Bitte (Orantenhaltung).«[56]

Das Erheben und Ausbreiten der Hände zum Gebet – der sog. *Orantengestus* – ist schon vorchristlich bezeugt. Es handelt sich um eine ausdrucksstarke Gebärde, die immer wieder ikonische Deutungen provoziert: Die Hände strecken sich nach oben, versuchen gleichsam, die Gottheit bzw. den Himmel zu berühren und so die göttliche Gnade auf den Beter herabzuziehen. Werden die Handflächen nach oben geöffnet, gleicht die Gebärde einer Schale, die darauf wartet, von der Gottheit mit ihren Gaben gefüllt zu werden; sie drückt auf solche Weise ganz stark eine empfangende Haltung aus. Werden die Arme seitlich gestreckt, kann die Haltung – wie in der byzantinischen Liturgie – als »Symbol des Gekreuzigten«[57] verstanden werden.

Im heutigen römischen Ritus ist der Orantengestus (»Der Priester breitet die Hände aus und singt oder spricht«) in der Eucharistiefeier für die Amts- bzw. Präsidialgebete des Priesters vorgeschrieben (zum Tagesgebet, zum Gabengebet, zur Präfation und zum eucharistischen Hochgebet, zum Vaterunser, zum Schlussgebet). Andere Gebete – insbesondere solche, die in der Regel leise vollzogen werden – spricht der Priester mit gefalteten Händen (so bei der Gabenbereitung und beim stillen Gebet vor der Kommunion, aber auch beim Friedensgebet vor dem Friedensgruß, das laut vorgetragen wird). Vereinzelt wird heute der Orantengestus auch wieder von den Gläubigen aufgenommen und praktiziert, manchmal so, dass sie einander die erhobenen Hände reichen.

Jünger als der Orantengestus ist das *Falten der Hände* zum Gebet. Vielfach wird es »aus dem germanischen Lehensbrauchtum erklärt als ein Ausdruck der Hingabe in die Abhängigkeit vom Lehensherrn.«[58] Die Geste wird üblicherweise so vollzogen, dass die Handflächen vor der Brust aneinander gelegt werden. Sie können auch – wie dies vielfach im evangelischen Raum Brauch ist – ineinander verschränkt oder so ineinandergelegt werden, dass die linke Hand die zur Faust geschlossene rechte Hand umschließt.

Die gefalteten Hände sind nicht nur Ausdruck der Sammlung und des – in sich versunkenen – Gebets, sondern stellen auch die *liturgische Grundhaltung* dar, von der aus sich die Hände buchstäblich ›entfalten‹ können, indem man sie seitlich ausbreitet oder ausgebreitet erhebt. Sie sind so Ausgangspunkt vieler anderer Gebärden (zum Beispiel bei der Handauflegung, beim Segensgestus, beim Kreuzzeichen).

Auch das *Ausbreiten der Hände* zum *Gruß*, wie es im neuen Meßbuch zur Eröffnung (»Der Gemeinde zugewandt, breitet der Priester die Hände aus und begrüßt die Gemeinde, indem er singt oder spricht«), zum Dialog vor der Präfation, zum Friedensgruß und zur Entlassung vorgesehen ist, nimmt seinen Ausgang bei dieser Grundhaltung und kehrt zu ihr zurück, deutet auf solche Weise eine Art ›Umarmung‹ an.

(7) Die Handauflegung

Die *Handauflegung* ist – als Gebärde, in der einer einem anderen etwas ›mitteilt‹ und somit an ihm handelt – Ausdrucks- und Handlungsgebärde zugleich. Auf ihre vektorielle Struktur – sie wird durch das Merkmal der *Angrenzung* bestimmt – haben wir bereits oben (vgl. 7.1.2) hingewiesen: Eigenschaften und semantische Merkmale, die am Spender der Handauflegung haften, ›fließen‹ gleichsam auf den Empfänger über. Sie kann in diesem Zusammenhang auch die Bedeutung einer *Besitzergreifung* annehmen.

»Da die Hand bevorzugtes Organ der Kontaktaufnahme ist, gehört das Berühren mit der Hand zu den Urgebärden des Menschen und auch zu den ältesten Kultgebärden der Menschheit. Sie ist im AT und im NT reich bezeugt [...] Sie symbolisiert grundlegend Zuwendung zum und Identifikation mit dem anderen sowie in der Folge die Übertragung von Segen und Vollmacht.«[59]

Die Handauflegung kann sich (a) als *individuelle Handauflegung* auf eine Person oder (b) als *kollektive Handauflegung* auf eine Gruppe beziehen. Im ersten Fall liegen beide Hände in der Endposition auf dem Haupt des anderen, im zweiten Fall – so beim gottesdienstlichen Segen – werden die Hände gleichsam über der Gruppe bzw. der versammelten Gemeinde ›ausgestreckt‹. Ausgangspunkt sind beide Male die gefalteten Hände; nach Vollzug der Handauflegung kehren die Hände in diese Grundstellung zurück.

Die Handauflegung kann sich mit einer Reihe anderer Gebärden verbinden: Nach der in der *Traditio apostolica* überlieferten Taufordnung legt der Bischof dem Neugetauften die Hände auf, salbt ihn dann *in capite* mit dem heiligen Öl und bezeichnet seine Stirn mit dem Kreuz (vgl. 15.2.2). Auch beim gottesdienstlichen Segen kann sie mit dem Kreuzzeichen einhergehen. »Als Symbol der Zuwendung steht sie [die Handauflegung] in einem inneren Zusammenhang mit anderen Gebärden wie dem Reichen der Hände oder der Umarmung (amplexus), die vorbereitend oder ergänzend (vgl. Mk 1,16) zu ihr hinzutreten und die Bewegungsdimension der Liturgie bereichern können.«[60]

Im evangelischen Bereich ist die Handauflegung – außer in ihrer ›kollektiven‹ Form beim gottesdienstlichen Segen – insbesondere bei der Taufe, der Konfirmation, der Einzelbeichte, der Ordination und der Einführung üblich. In der katholischen Kirche ist sie bei der Firmung, beim Bußsakrament und beim Weihesakrament »sakramentaler Ausdruck der Geistmitteilung«; auch bei der Krankensalbung, bei den auf die Taufe vorbereitenden Katechumenatsriten, bei der Wiederaufnahme Abgefallener, bei Weihungen und Segnungen ist sie vorgesehen.[61] In einem inneren Bezug zur Handauflegung steht die Salbung der Hände des Weihekandidaten bei der Priesterweihe, wie sie auch im neuen Weiheritus von 1968 vorgesehen ist (vgl. 6.1.5).

(8) Das Kreuzzeichen und der Segen

Das *Kreuz* (griech. σταυρός, lat. *crux*; als liturgische Gebärde: σφραγίς, lat. *signaculum*) gilt als Haupt- und Kernsymbol des Christentums schlechthin. Bereits die Verwendung des Stauros-Begriffs bei Paulus (Röm 6,6; 1 Kor 1,17 f; Gal 5,11; 6,12.14; Phil 2,8; 3,18 u.ö.) trägt, insofern sie vom historischen Ereignis der Kreuzigung Jesu abstrahiert, in gewisser Weise symbolische Züge. Daraus eine Gebärde abzuleiten, lag nahe. Vielleicht ist schon Offb 7,2 ff; 9,4; 14,1; 22,4 von einer Art ›Versiegelung‹ (σφραγίς) der Stirn mit dem Kreuzeszeichen die Rede, wie sie dann der Taufritus der *Traditio apostolica* für den Beginn des 3. Jh. – zusammen mit Handauflegung und Salbung – dokumentiert (vgl. 15.2.2). Seit dem 2. Jh. jedenfalls scheint eine solche Besiegelung mit dem Zeichen des Kreuzes bei vielen Gelegenheiten üblich gewesen zu sein, wie Tertullian bezeugt.[62] Auch Gegenstände, christliche Grabstätten u.a. wurden schon früh mit dem Kreuz ausgezeichnet.

Man vermutet vielfach einen Zusammenhang mit dem letzten Buchstaben des hebräischen Alphabets, dem *Tav* (תו), das als stehendes oder liegendes Kreuz dargestellt wurde und das, an die Stirn gezeichnet, »Besitznahme und damit Rettung durch Gott«[63] bewirkte (Ez 9,4-6; vgl. auch Gen 4,15; Ex 12,22; 13,9).

Als Körpergebärde begegnet das Kreuzzeichen in unterschiedlicher Gestalt:

(a) Mit dem Daumen der rechten Hand auf die eigene oder fremde Stirn gezeichnet (›Besiegelung‹), gehört es zu den ältesten christlichen Gebärden überhaupt.

In dieser Form ist das Kreuzzeichen heute u.a. bei der Firmung gebräuchlich (vgl. 15.2.3): »Der Zelebrant taucht den rechten Daumen in den Chrisam und zeichnet damit auf die Stirn des Firmlings ein Kreuz. Dabei spricht er: N., sei besiegelt durch die Gabe Gottes, den Heiligen Geist.«[64]

(b) Unter dem *kleinen Kreuz* versteht man die ›Besiegelung‹ von Stirn, Mund und Brust; dabei kann wiederum zwischen der ›Besiegelung‹ eines anderen und der ›Selbstbesiegelung‹ unterschieden werden, wie sie zum Beispiel in der Messe zur Ankündigung des Evangeliums üblich ist:

»Dabei [während der Ankündigung des Evangeliums] bezeichnet er [der Diakon] das Buch und sich selbst (auf Stirn, Mund und Brust) mit dem Kreuzzeichen«, heißt es im Meßbuch. In vergleichbarer Weise bezeichnet man beim Invitatorium des Stundengebetes den Mund mit dem Kreuzzeichen. Neue katholische Taufordnungen praktizieren – im Rahmen der *Feier der Aufnahme in den Katechumenat* – die ›Besiegelung‹ des Täuflings an Stirn, Augen, Ohren, Mund und Händen.[65] Danach können auch Eltern, Geschwister und Paten dem Kind ein Kreuz auf die Stirn zeichnen. Lutherische Taufordnungen kennen in vergleichbarer Weise eine ›Besiegelung‹ des Täuflings an Stirn und Brust: »Nimm hin das Zeichen des heiligen Kreuzes an der ☦ Stirn und an der ☦ Brust.«[66]

(c) Beim *großen Kreuz* – es ist als Gebärde eindeutig jünger als das oben beschriebene *kleine Kreuz* – bezeichnet man mit den ausgestreckten Fingern der rechten Hand nacheinander Stirn, Brust, linke und rechte Schulter, zeichnet also gestisch ein Kreuz nach, das in Breite und Höhe den Körperbegrenzungen entspricht (die Christen des Ostens ziehen dabei den ›Querbalken‹ von rechts nach links; im Westen ist seit dem 14. Jh. die umgekehrte Richtung üblich).

Kompliziert sind die Regelungen hinsichtlich der Fingerhaltung: Das im Osten zeitweilig gebräuchliche *Zweifingerkreuz* (griechisches Kreuz: Daumen und Ringfinger werden vereinigt, Zeige- und Mittelfinger ausgestreckt) sollte an die Zweinaturenlehre, das auch im Westen übliche *Dreifingerkreuz*, bei dem nur drei Finger erhoben werden (Daumen und kleiner Finger werden zusammengelegt; im Osten: Daumen und Zeigefinger), an die göttliche Dreieinigkeit erinnern. In der russischen Kirche kam es im 17. Jh. gar zu einem Schisma, weil ein Teil der Gläubigen an dem dort inzwischen üblichen *Fünffingerkreuz* (die Spitzen von Daumen, Ringfinger und kleiner Finger berühren sich, Mittel- und Zeigefinger liegen ausgestreckt zusammen) festhielt, während die Patriarchatskirche ein *Dreifingerkreuz* vorschrieb, bei dem die Spitzen von Daumen, Zeige- und Mittelfinger sich berühren.

Beim Segen gebraucht man auch das so genannte *Buchstabenkreuz*: »Der Mittelfinger wird neben dem geraden Zeigefinger gekrümmt (CI = griech. *Iesus*; russ. *Iisus*), der Daumen mit dem Ringfinger gekreuzt (X = griech. *Christos*) und der kleine Finger etwas gekrümmt (C = letzter Buchstabe von griech. *Christos*).«[67]

Die seit dem frühen Mittelalter mit dem Kreuzzeichen vielfach verbundene Anrufung der Dreifaltigkeit (»Im Namen des Vaters und des Sohnes und des Heiligen Geistes«) geht wohl auf die arianischen Streitigkeiten zurück. Setzt man sie in Beziehung zur trinitarischen Taufformel, lässt sich die Gebärde als Tauferinnerung begreifen. In diesem Sinne kann auch Martin Luther an dem Brauch festhalten: »Des Morgens, so Du aus dem Bette fährest, sollt Du Dich segenen mit dem heiligen Kreuz und sagen: Des walt Gott Vater, Sohn, heiliger Geist, Amen.«[68]

Die Selbstbekreuzung, verbunden mit der trinitarischen Formel, eröffnet nach der neuen Ordnung die Messfeier: »Alle stehen und machen das Kreuzzeichen. Der Priester spricht: ✝ Im Namen des Vaters und des Sohnes und des Heiligen Geistes. Amen«.

(d) Das Kreuz als Segensgebärde, mit dem ein Spender andere Personen, Gegenstände oder Räume bezeichnet, ohne sie – wie bei der ›Besiegelung‹ – zu berühren, kommt im Westen wohl erst im Mittelalter auf. Auch hier kann wieder zwischen einem *großen Kreuz*, das in Breite und Höhe den Körperbegrenzungen folgt, und einem *kleinen Kreuz* unterschieden werden, das der Spender über Gegenstände (zum Beispiel Brot und Wein beim Abendmahl) zeichnet.

»Das Sichbekreuzen mit der trinitarischen Formel ›Im Namen des Vaters [...]‹ hat in der Liturgie einen qualifizierten Ort beim Beginn einer Feier, das Segnen – ebenfalls mit trinitarischer Formel – am Schluß einzelner Riten (z.B. bei Benediktionen) oder ganzer Feiern.«[69]

In evangelischen Gottesdiensten ist es weithin üblich, dass der Liturg zum Schlusssegen des Gottesdienstes die Hände ausbreitet (kollektive Handauflegung!) und dabei Num 6,24-26 (den so genannten *aaronitischen Segen*) spricht oder singt. Zu den Worten »[...] und gebe dir ✝ Frieden« zeichnet er ein großes, stehendes Kreuz über der versammelten Gemeinde.

Die katholische Ordnung kennt diese Gebärde der ›kollektiven Handauflegung‹ (»Dann breitet der Priester die Hände über das Volk aus und singt oder spricht den Segen«) nur beim ›feierlichen Schlusssegen‹; in gewöhnlichen Gottesdiensten begnügt sie sich mit der einfachen Segensformel (»Es segne euch der allmächtige Gott, der Vater und der Sohn ✝ und der Heilige Geist«) und dem Kreuzzeichen über der Gemeinde. Als Segensgebärde kann das Kreuzzeichen nicht nur mit der Hand, sondern zusätzlich auch mit einem in der Hand gehaltenen Gegenstand (Handkreuz, Reliquiar, Monstranz) vollzogen werden.

(9) Das Schlagen an die Brust

Die Gebärde – »eine Art gestischer Selbstbezichtigung« – ist nach der neuen Messordnung beim *Allgemeinen Schuldbekenntnis* vorgesehen. Sie erinnert an die Geste des Zöllners Lk 18,13 und muss »als Bekenntnis der eigenen Unwürdigkeit und Schuld« verstanden werden. Die Gebärde wird mit der geballten rechten Hand ausgeführt »und kann durch Wiederholung an Eindringlichkeit und Aussagekraft gewinnen.«[70]

Nach der alten, tridentinischen Messordnung schlägt sich der Priester beim *Confiteor* zu den Worten *mea culpa, mea culpa, mea maxima culpa* »schuldbewußt dreimal an die Brust«, ebenso die Messdiener, wenn sie hernach gleichfalls das *Confiteor* beten. Wenn die Gläubigen vor der Kommunion dreimal das *Domine, non sum dignus* sprechen, vollziehen sie die Gebärde in der gleichen Weise. Nach der neuen Messordnung wird die Gebärde jeweils nur noch einmal vollzogen; so heißt es beim *Allgemeinen Schuldbekenntnis* vor den Worten »durch meine Schuld, durch meine Schuld, durch meine große Schuld«: »alle schlagen an die Brust«.

(10) Der Kuss

Neben dem Händeschütteln und der Umarmung gehört auch der *Kuss* zu den heute noch gebräuchlichen Grußsignalen. Biologische und psychologische Faktoren – der Kuss als »physischer Ausdruck des Bedürfnisses nach Berührung und Kontakt«[71] – werden dabei in komplexe soziokulturell dominierte Zeichensysteme (taktiler Code!) integriert, die geschichtlichem Wandel unterliegen. Das ist auch für das Verständnis des Kusses als einer sehr alten liturgischen Gebärde wichtig:

»In der Mittelmeerkultur war der Kuß nicht so sehr Ausdruck der Zärtlichkeit, sondern mehr Zeichen der Ehrfurcht und Form der Begrüßung. Ursprünglich ist mit der oralen Berührung das Motiv der Kraftübertragung verbunden, das auch in dem verehrenden Kuß des Altares, der Reliquien und Ikonen u.a.m. noch mitschwingen mag.«[72]

Der *Bruderkuss, Friedenskuss* oder *heilige Kuss* (φίλημα ἅγιον; φίλημα τῆς ἀγάπης) auf die Wangen zu Beginn der Eucharistiefeier bzw. zur Begrüßung der Neugetauften in der Gemeinde wird schon in den frühesten liturgischen Dokumenten bezeugt. Er ist intensives »Symbol der Übereinkunft, der Zusammengehörigkeit und der Verehrung«.[73] Manches spricht dafür, dass der *heilige Kuss* bereits in neutestamentlicher Zeit die Eucharistiefeier einleitet. Paulus und andere Briefschreiber, deren Briefe in den Versammlungen verlesen werden, wissen möglicherweise darum und schließen deshalb ihre Schreiben vielfach mit der

Aufforderung zum Austausch des φίλημα ἅγιον ab (Röm 16,16; 1 Kor 16,20; 2 Kor 13,12; 1 Thess 5,26; 1 Petr 5,14).[74]

Der Sinn der Gebärde wird von Kyrill von Jerusalem (um 315-386) in seinen *Mystagogischen Katechesen* eindrücklich erläutert: »Dann ruft der Diakon: Nehmet einander auf, und wir geben einander den Kuß. Nicht darfst du annehmen, dieser Kuß sei der gewohnte, wie er unter gewöhnlichen Freunden auf dem Markte üblich ist. Nicht solcher Art ist dieser Kuß. Er verbindet die Seelen untereinander und gelobt, daß man der Verfehlungen gegeneinander nicht mehr gedenken will. So ist der Kuß ein Zeichen dafür, daß sich die Seelen vereinigen und einander alles Böse verzeihen.«[75]

In der Folgezeit wird der *heilige Kuss*, so er anderen Personen gilt, sehr stark stilisiert. Der Kuss auf die Wangen wird durch eine stilisierte Umarmung bzw. durch den Kuss auf die Hände (im Osten) oder durch eine *Kusstafel* (im Westen: *Pacificale*; *Paxtafel*) ersetzt, »die vom Zelebranten geküßt und vom Ministranten an die Gläubigen zum Kuss weitergereicht« wird.[76]

Aus dem orientalisch-byzantinischen Hofzeremoniell stammt der Fußkuss, wie er dem Papst erwiesen wird. In der Karfreitagsliturgie lebt er in dem Brauch fort, die Füße des zur Verehrung dargebotenen Kruzifixes zu küssen. Der Brauch, dem Bischof die Hand bzw. den Ring zu küssen, muss wohl auch aus diesem zeremoniellen Zusammenhang erklärt werden. Das in der vorkonziliaren Liturgie recht verbreitete Küssen von liturgischen Gegenständen ist Ausdruck der Verehrung, hat aber auch etwas mit dem oben erwähnten Moment oraler »Kraftübertragung« zu tun. »Die Sitte, die Hand des Zelebranten und Gegenstände (Kelch, Rauchfaß usw.) beim Darreichen zu küssen, entsteht im 11.-12. Jh. und wurde von gotisch-barocker Freude an reichem Zeremoniell bis zu heute lächerlich wirkenden Konsequenzen (zum Beispiel Kuß des Biretts) entfaltet.«[77] Vielfach ist es ist auch heute noch üblich, die Stola zu küssen, bevor man sie anlegt.

Der *heilige Kuss* erlebt gegenwärtig in Gestalt des *Friedensgrußes* (als angedeutete Umarmung oder durch das Reichen der Hände) nicht nur in der katholischen Kirche eine Renaissance. »Der Diakon oder der Priester kann dazu auffordern, in einer den örtlichen Gewohnheiten entsprechenden Weise einander die Bereitschaft zu Frieden und Versöhnung zu bekunden; etwa: *Gebt einander ein Zeichen des Friedens und der Versöhnung«*, heißt es im neuen Meßbuch. Auch nach dem Evangelischen Gottesdienstbuch von 1999 kann der Liturg mit ähnlichen Worten zur »Friedensbezeugung« auffordern: »Gebt einander ein Zeichen des Friedens und der Gemeinschaft.«[78]

Von den Küssen, die Gegenständen bezeugt werden, ist in der nachkonziliaren Messfeier der Kuss des Altars im Zusammenhang der Eröffnung und nach der Entlassung sowie der Kuss des Evangelienbuches nach der Lesung des Evangeliums erhalten geblieben. In den Kirchen des Ostens ist der Brauch, die Hände des Klerus und geweihte Gegenstände (Kreuze, Ikonen, Gewänder, Velen usw.) zu küssen, bis heute verbreitet. Eine besondere Rolle – nicht nur in der liturgischen, sondern auch in der familiären Sphäre – spielt der *Osterkuss*.

7.2.2 Handlungsgebärden

Unter *Handlungsgebärden* wollen wir mit Ronald Sequeira[79] solche Körperzeichen verstehen, die – im Unterschied zu den *Ausdrucksgebärden*, denen eine eigenständige, objektunabhängige Ausdrucksqualität eignet – stets personen- oder gegenstandsbezogen sind. Sie sind »stärker in den Kontext der verbalen und klanglichen Ausdrucksdimension eingebunden sowie mit anderen Elementen der Bewegungsdimension und deren Ausdrucksmöglichkeiten verbunden«.

Manche Handlungen – wie die *Handauflegung*, das *Kreuzzeichen*, der *Segen*, der *Kuss* – sind, da sie sich einerseits auf Personen oder Gegenstände richten, ihnen andererseits aber eine eigenständige Ausdrucksqualität nicht abgesprochen werden kann – *Ausdrucks-* und *Handlungsgebärden* zugleich.

Typische *Handlungsgebärden* sind zum Beispiel: (a) die verschiedenen *Salbungen* im Zusammenhang der Katechumenats-, Tauf- und Firmriten, bei der Priester- und Bischofsweihe, bei der Krankensalbung, bei der Kirchweihe (Salbung von Altarplatte, Kirchenwänden, Glocken, früher auch von liturgischen Geräten); (b) das *Übergießen mit Wasser* bei der Taufe (bzw. das *Eintauchen* des Täuflings in das Wasser); (c) das *Ineinanderfügen der Hände* (verbunden mit dem *Ringwechsel*) bei der Trauung; (d) der *Erdwurf* bei der Bestattung; (e) der Gebrauch von *Weihrauch* zur Inzensierung von Personen und Gegenständen bzw. als begleitende Gebärde bei bestimmten liturgischen Handlungen; (f) das Bezeichnen, Entzünden und Überreichen von *Kerzen* (zum Beispiel bei der Taufe; vgl. auch die Handlungen, die mit der Osterkerze im Osternachtgottesdienst vollzogen werden); (g) vor allem jedoch das vielfältige *Handeln mit Brot und Kelch* bei der Eucharistie (das Herbeibringen von Brot und Wein zur Gabenbereitung, das Eingießen des Weins, die Mischung des Weins mit Wasser, das Emporheben von Brot und Kelch als Zeichen der Darbringung, die Elevation der gewandelten Gaben, das Brotbrechen, verbunden mit dem Versenken eines Brotpartikels im Kelch, das Darreichen und Genießen der eucharistischen Gaben in vielfältiger Gestalt, die Reinigung der Gefäße nach der Kommunion usw.).

»Es ist für diese und viele andere Handlungsgebärden typisch, daß sie als Bewegungsvorgang noch deutlicher als die eigenständigeren Ausdrucksgebärden als Teilaspekt an einem alle Sinne und Ausdrucksdimensionen umfassenden Gesamtvorgang erscheinen.«[80]

7.3 Liturgische Geräte und Gegenstände

Wir beschränken uns in diesem Abschnitt auf die Darstellung der für die Eucharistie benötigten Geräte und Gegenstände (einschließlich der Materie von Brot und Wein) sowie den Gebrauch von Altarkerzen und Altarkreuz.

Allgemein gilt: Die christlichen Gemeinden verwenden für die Feier der Eucharistie zunächst die üblichen häuslichen Geräte (Weinbecher und Brotteller). In einer Entwicklung, die etwa im 7. Jh. zum Abschluss kommt, werden diese Geräte allmählich dem häuslichen Gebrauch entzogen, für den gottesdienstlichen Gebrauch reserviert und besonders kostbar ausgestattet. Seit dem 9. Jh. wird es üblich, sie vor ihrer Ingebrauchnahme durch eine eigene Segnung auszuzeichnen und auszusondern. Im weiteren Verlauf erhalten sie eine spezifische Gestalt, die sich von der Form sonst gebräuchlicher Gefäße und Gerätschaften unterscheidet.

7.3.1 Gefäße für den Wein

Kelch ist Lehnwort aus dem Lateinischen (*calix*, griech. ποτήριον; beide Begriffe werden auch im profanen Zusammenhang verwendet). Im römischen Bischofsgottesdienst wurden – zu einer Zeit, als die Gläubigen die für die Eucharistie notwendigen Gaben von Brot und Wein noch selber zum Gottesdienst mitbrachten (vgl. 4.2.3; 12.4; 12.6) – drei verschiedene Arten von Kelchen gebraucht: (a) der *scyphus*, ein großes, mit Henkeln versehenes Gefäß, in das die Weinspenden der Gläubigen gegossen wurden; (b) der eigentliche Messkelch (*calix sanctus* bzw. *maior*, ebenfalls mit Henkeln ausgestattet), in dem die Weinoblationen des Papstes und der Diakone Aufnahme fanden; (c) die für die Kommunion des Volkes bestimmten kleineren Spendekelche (*gemelliones*).

Konsekriert wurde im Zusammenhang des Eucharistiegebets nur der *calix sanctus*, der als Einziger seinen Platz auf dem Altar hatte. Aus ihm wurde nach der Kommunion des Papstes etwas in den *scyphus* umgefüllt (Konsekration durch *immixtio*). Nach der Kommunion des gesamten Klerus goss man den Restinhalt des Messkelchs in den *scyphus* und füllte aus ihm die Spendekelche für die Gläubigen. Zum Trinken bediente man sich der Hilfe eines silbernen Röhrchens (*fistula, calamus, pugillaris*). Anderenorts – vor allem im byzantinischen Ritus – benutzte man dazu einen Löffel (*cochlear*). Beide Möglichkeiten werden – neben der Kommunion durch Eintauchen (*intinctio*) – von der *Allgemeinen Einführung* in das Meßbuch für den Fall vorgeschlagen, dass die Kommunionspendung unter beiden Gestalten erfolgt.[81]

Als die Kelchkommunion des Volkes in Wegfall kam, bildete sich der heute noch übliche, wesentlich kleinere Messkelch für die Hand des Priesters aus (13. Jh.). Er hat keine Henkel mehr und besteht aus dem eigentlichen Becher, der *cuppa*, dem Schaft mit Knauf (*nodus*) und dem Fuß. In manchen protestantischen Kirchen und Gemeinden sind aus hygienischen Gründen Einzelkelche in Gebrauch. Auch wird immer häufiger die *intinctio* geübt.

Zu den Geräten, die in der Messe benötigt werden, gehört heute ein Kännchen, in dem der Wein herbeigebracht wird (*urceolus, amula*), und ein Kännchen für das Wasser, das man dem Wein bei der Gabenbereitung beifügt (beide häufig durch die Monogramme V und A oder durch Symbole unterschieden). In festlichen Gottesdiensten kann der Wein auch in einer prächtigen Kanne zum Altar gebracht werden. In evangelischen Gemeinden gehören große Weinkannen zum festen Bestand jeder Abendmahlsgerätschaft.

Entgegen älterem Brauch bevorzugt man heute im Abendland Weißwein, der ein leichteres Säubern der Tischwäsche erlaubt. Er muss »naturrein, das heißt ohne Beimischung von Fremdstoffen, sein.«[82] In evangelischen Gemeinden setzt sich neuerdings – in Rücksichtnahme auf Alkoholkranke – immer mehr die Verwendung von Traubensaft durch. Dass sich damit auch die Bedeutungsgehalte verschieben, die sich mit dem Vorgang verbinden, wird dabei kaum wahrgenommen: *Saft* vermag – als Signifikant – kaum die Fülle kultureller und religiöser Signifikate zu realisieren, die an der Zeichengestalt des *Weines* haften. Es kommt auf diese Weise zu einer weiteren Entleerung der Mahlgestalt der Eucharistie und zu einer Arbitrarisierung (vgl. 7.1.2, Abschnitt 3) der das Mahl konstituierenden Zeichen, in deren Verlauf ikonische und indexalische Relationen verkümmern. Es bedarf schon einiger intellektueller wie verbaler Verrenkungen, um den verwendeten Saft – in gleicher Weise wie den Wein – als festliches Zeichen in Christus gewährter Lebens-Freude, Lebens-Fülle und Lebens-Hoffnung prädizieren zu können.

7.3.2 Gefäße für das Brot

Im römischen Bischofsgottesdienst wurden die Brotspenden, die die Gläubigen zum Gottesdienst mitbrachten, zunächst in ein großes Tuch gesammelt. Dem entnahm man das, was für die Eucharistiefeier gebraucht wurde, und legte es auf den Altar. Eine Brotschale (*Patene*) benötigte man zur Brotbrechung und Austeilung: Zu Beginn des Hochgebetes brachte man eine ziemlich große Brotschüssel herbei, in die der Papst und die Diakone – vor der Kommunion – das eucharistische Brot brachen und aus der es dann auch verteilt wurde (vgl. 12.6). Anderenorts – so zum Beispiel im altgallischen Ritus – legte man das Brot gleich zu Beginn der Eucharistiefeier auf die Patene (ähnlich im byzantinischen Ritus, wo es während der *Proskomidie* an der *Prothesis* vorbereitet wird; vgl. 11.3.3).

Als die Kommunikantenzahlen sanken, wurden die großen Brotschüsseln nicht mehr benötigt. Man stellte jetzt kleinere, tellerförmige *Patenen* her und formte sie so, dass sie auf die *cuppa* des Messkelchs passten und in ihrer Vertiefung die große *Priesterhostie* aufnehmen konnten. In der Regel behalten auch die Abendmahlsgerätschaften im evangelischen Bereich diese Form bei.

Eine besondere Entwicklung nahmen die Gerätschaften zur Aufbewahrung des eucharistischen Brotes. Ursprünglich wurde das Brot für die Krankenkommunion in Tücher eingeschlagen und so den Kranken überbracht. In den Häusern wurde es (noch bis in das 7. Jh.) in einer Dose (*capsa, pyxis*) aufbewahrt.

Als es üblich wurde, sich in den Kirchen selbst mit konsekriertem Brot für die Krankenkommunion zu bevorraten, bildeten sich dort eigene Aufbewahrungsorte und Aufbewahrungsgefäße heraus: Man stellte die Büchsen (*capsae*) mit den Hostien in Wandnischen, verwahrte sie in der Sakristei oder hängte sie – seit dem frühen Mittelalter manchmal in Gestalt »eucharistischer Tauben« – an Ketten am Altarbaldachin (*ciborium*) auf; von daher wurden sie später selbst als *Ziborien* bezeichnet. Seit dem 13. Jh. wurden die Brotgefäße vielfach mit einem Fuß, aber auch mit turmähnlichen Deckeln versehen und in Wandschränken oder turmhohen Sakramentshäuschen aufbewahrt und ausgestellt. Im Barock erhielten sie eine halbkugelförmige Gestalt, so dass sie im Aussehen mehr und mehr einem Kelch ähnelten (von daher die Bezeichnung ›Speisekelch‹).

Unter dem Einfluss des Reformbischofs Karl Borromaeus (1538-1584) bildete sich in gegenreformatorischer Zeit in Italien der Brauch aus, das Gefäß mit den konsekrierten Hostien in einem fest auf dem Altar installierten Gehäuse (*Tabernakel* von lat. *tabernaculum* = Hütte, Zelt) aufzubewahren, das mit einer liturgischen Textilie in der Tagesfarbe verhüllt

(*Conopaeum*; daher die Assoziation eines Zeltes) und durch das *Ewige Licht* ausgezeichnet wurde (vgl. 4.2.4 und 4.2.5).

Liturgische Bewegung und Liturgiereform führten zu der Einsicht, dass die Eucharistiefeier an einem Altar, auf dem sich bereits konsekrierte Hostien befinden, den Sinn des Geschehens verdunkelt. Die *Allgemeine Einführung* in das Meßbuch rät dringend, »die Eucharistie in einer vom Kirchenraum getrennten Kapelle aufzubewahren, die für das private Gebet der Gläubigen und für die Verehrung geeignet ist.«[83] Ist das nicht möglich, soll das Sakrament »auf einem Altar oder an einer anderen ehrenvollen und würdig hergerichteten Stelle des Kirchenraumes aufbewahrt werden« (zum Beispiel auf einer Säule, in einer Wandnische oder einem eigenen Sakramentsaltar).

Der ›Ausstellung‹ der konsekrierten Hostie diente seit dem 14. Jh. die *Monstranz* (lat. *monstrare* = zeigen; auch *Ostensorium* von lat. *ostendere*), ein künstlerisch reich verziertes Schaugefäß, in dem die Hostie bei Prozessionen (zum Beispiel an Fronleichnam) mitgeführt und in den Kirchen zur Verehrung ›ausgesetzt‹ wird.

In den ersten Jahrhunderten findet das häusliche Brot Verwendung auch in der Eucharistie. Die Gläubigen bringen selbst gebackene und meist schön gestaltete, mit Verzierungen versehene Brote (in »Kranzform und kreuzgekerbter Scheibenform«) zum Gottesdienst mit. Zunehmende Ehrfurcht führt dazu, dass nicht mehr häusliches, sondern eigens für den gottesdienstlichen Zweck hergestelltes Brot Verwendung findet. Seit dem 9.-11. Jh. wird im Abendland (bei den Armeniern schon seit dem 6. Jh.) »schließlich nur noch ungesäuertes Brot verwendet, das sich dünner, heller und bröselfreier backen läßt, aber kaum mehr an Brot erinnert.«[84]

Seit dem 12. Jh. bäckt man die *Hostie* (lat. *hostia* = Opfertier, Opfergabe; auch *Oblate* von *offere* = darbringen) für den Priester, schließlich auch die Brotpartikel für die Gläubigen in der heute üblichen runden Form. Die Verwendung von Hostieneisen führt dazu, dass die Hostien immer dünner geraten und kaum noch an Brot erinnern. Heute bemüht man sich um eine Wiederherstellung der Brotgestalt nach Geschmack, Konsistenz und Form, durch die auch das *Brotbrechen* als liturgischer Akt erneuert werden kann: »Die Aussagekraft des Zeichens verlangt, daß man die Materie der Eucharistie tatsächlich als Speise erkennt. Daher soll das eucharistische Brot, auch wenn es ungesäuert ist und in der herkömmlichen Form bereitet wird, so beschaffen sein, daß der Priester bei einer Gemeindemesse das Brot wirklich in mehrere Teile brechen kann, die er wenigstens einigen Gläubigen reicht.«[85]

Zu den Gegenständen, die bei der Eucharistiefeier Verwendung finden, gehören auch (1) das *Korporale*, ein ca. 60 mal 60 cm großes Leinentuch, »welches bei der Messe unter dem Kelch ausgebreitet wird und auf welchem die Hostie liegt«;[86] (2) die *Palla*, ein aus Leinen bzw. Seide gefertigter, »mit einer Kartoneinlage versehener quadratischer Deckel [...], dessen Maß sich nach der Patene richtet«, der dazu dient, den Kelch (bzw. die auf dem Kelch liegende Patene) zu bedecken;[87] (3) das *Kelch-velum*, meist aus dem Stoff der Kasel gefertigt (und darum dem liturgischen Farbkanon folgend), das den Kelch (und gegebenenfalls die auf dem Kelch liegende, mit der *Palla* bedeckte Patene) verhüllt, wenn diese nicht gebraucht werden. Die *Allgemeine Einführung* in das neue Meßbuch schreibt das *Korporale* und das *Velum* (»das immer weiß sein kann«) vor und stellt die Verwendung der *Palla* frei.[88]

7.3.3 Leuchter und Kreuz

Der Brauch, dem römischen Bischof bei seinem Einzug sieben mit brennenden Kerzen bestückte Leuchter voranzutragen, die dann neben (nicht auf!) dem Altar aufgestellt wurden (vgl. 4.2.3), gehörte zu den »Ehrenrechten weltlicher Herkunft«,[89] die nach der konstantinischen Wende aus dem staatlichen Zeremoniell übernommen wurden (im Freien verwendete man ursprünglich Fackeln). Bald schon wurde es im ganzen Abendland Sitte, zur Eucharistiefeier den Altar mit brennenden Kerzen zu umgeben. Seit dem 11. Jh. ging man dazu über, diese Kerzen (je nach dem Grad der Feierlichkeit zwei bis sechs, bei der Bischofsmesse sieben) auf dem Altar selbst zu platzieren, ein Brauch, der sich im 14. Jh. in der gesamten Westkirche durchsetzte.

Altarkerzen in solchem Sinne sind in den östlichen Kirchen unbekannt; hier wird – neben einer Kerze auf dem Gabenrüsttisch, der *Prothesis* – im Altarraum vielfach ein siebenarmiger Leuchter angezündet.

Aus dem antiken Totenkult übernehmen die Christen den Brauch, Kerzen an den Gräbern von Märtyrern – dann auch an den Gräbern anderer Verstorbener wie überhaupt zum Totengeleit – anzuzünden. Auch »das festliche Entzünden des Lichtes am Abend« (*lucernarium*) scheint schon früh zum Ritus abendlicher Versammlungen der Christen gehört zu haben.[90] Kerzen spielen weiterhin eine wichtige Rolle in der Osternacht, bei der Taufe (später auch bei der Erstkommunion) und bei zahlreichen anderen liturgischen Gelegenheiten (zum Beispiel zur *Lichtmessprozession* am 2. Februar). Der Brauch, das Evangelienbuch in feierlicher Prozession, geleitet von Leuchterträgern, zum Ambo zu tragen, ist ebenfalls schon früh bezeugt.

Das in den Kirchen des Westens übliche *Altarkreuz* hat seinen Ursprung in dem Brauch, bei Prozessionen »wie ein Feldzeichen ein auf einen Schaft gestecktes Kreuz voranzutragen.«[91] Beim Einzug zum Gottesdienst stellte man das Kreuz zunächst an der Schwelle zum Altarraum auf; seit dem 11. Jh. wurde es üblich, es auf dem Altar selber zu platzieren. So wurde es schließlich zu einem festen Bestandteil der Ausstattung des Altars.

Zu Leuchtern und Kreuz heißt es in der *Allgemeinen Einführung*: »Die Leuchter, die Zeichen der Verehrung sind und den festlichen Charakter der verschiedenen liturgischen Feiern betonen, können auf oder um den Altar gestellt werden [...] Auf dem Altar oder in seiner Nähe soll für die ganze Gemeinde gut sichtbar ein Kreuz sein.«[92]

Anmerkungen

[1] A. Ronald Sequeira, Liturgische Körper- und Gebärdensprache als Thema der Semiotik. Möglichkeiten und Grenzen, in: Wilfried Engemann/Rainer Volp (Hg.), Gib mir ein Zeichen. Zur Bedeutung der Semiotik für theologische Praxis- und Denkmodelle (APrTh 1), Berlin, New York 1992, 207-231, hier 209-210; A. Ronald Sequeira, Gottesdienst als menschliche Ausdruckshandlung, in: Berger u.a., Gestalt des Gottesdienstes (Kap. 4 Anm. 7), 7-39, hier 15 f. Obwohl die folgenden Ausführungen einem anderen – nämlich semiotisch-liturgiehistorischen – Ansatz verpflichtet sind, sei doch ausdrücklich auf die schauspielästhetisch motivierten Bemühungen von Thomas Kabel verwiesen; vgl. Kabel, Handbuch (Kap. 6 Anm. 2); Wöllenstein, Werkbuch (Kap. 6 Anm. 2); Rammenzweig, Präsenz (Kap. 6 Anm. 2).

[2] Erving Goffman, Verhalten in sozialen Situationen, Gütersloh 1971, 45.

[3] Sequeira, Gebärdensprache (Kap. 7 Anm. 1), 209, 211.

[4] Ebd. 215.

[5] Helmut Wenz, Körpersprache im Gottesdienst. Theorie und Praxis der Kinesik für Theologie und Kirche, Leipzig ²1996, 27 f.

[6] Ebd. 33.

[7] Eugen Frei (Hg.), Müller-Frei. Riten- und Rubrikenbuch für Priester und Kandidaten des Priestertums, Freiburg i. Br. ²⁴1961, 49 f.

[8] Sequeira, Ausdruckshandlung (Kap. 7 Anm. 1), 28.

[9] Wenz, Körpersprache (Kap. 7 Anm. 5), 38, 43.

[10] Sequeira, Ausdruckshandlung (Kap. 7 Anm. 1), 29.

[11] Wenz, Körpersprache (Kap. 7 Anm. 5), 39.

[12] Sequeira, Ausdruckshandlung (Kap. 7 Anm. 1), 29.

[13] Ebd. 30 f.

[14] Vgl. die Kritik Ecos an den hier verwendeten Kategorien: Eco, Semiotik (Kap. 2 Anm. 12), 238-289.

[15] Nöth, Handbuch (Kap. 2 Anm. 26), 66.

[16] Eco, Semiotik (Kap. 2 Anm. 12), 271 f.

[17] Eco, Zeichen (Kap. 2 Anm. 17), 60.

[18] Ebd. 61 f.

[19] Die Darstellung der indexalischen Zeichenfunktionen wie die nachstehend abgedruckte zusammenfassende Tabelle folgt Rudi Fleischer, Verständnisbedingungen religiöser Symbole am Beispiel von Taufritualen – ein semiotischer Versuch, Diss. theol. Mainz 1984, 228. Vgl. auch vom gleichen Vf.: Rudolf Roosen, Taufe lebendig. Taufsymbolik neu verstehen, Hannover 1990.

[20] Fleischer, Verständnisbedingungen (Kap. 7 Anm. 19), 239; vgl. Roosen, Taufe (Kap. 7 Anm. 19), 51.

[21] Fleischer, Verständnisbedingungen (Kap. 7 Anm. 19), 242.

[22] Collectio Rituum ad instar Appendicis Ritualis Romani pro omnibus Germaniae Dioecesibus, Leipzig 1961 (Lizenzausgabe), 5.

[23] Traditio apostolica 21.

[24] Fleischer, Verständnisbedingungen (Kap. 7 Anm. 19), 241 f; vgl. Roosen, Taufe (Kap. 7 Anm. 19), 35.

[25] Ein Zeichen, das mit seinem Objekt durch »ein Gesetz oder eine Regularität« verbunden ist, nennt Peirce ein *Symbol* (Collected Papers 2.293; zit. nach Nöth, Handbuch [Kap. 2 Anm. 26], 66). Er definiert es als »ein Repräsentamen, dessen besondere Signifikation oder Eignung das zu repräsentieren, was es gerade repräsentiert, in nichts anderem als der Tatsache begründet liegt, daß es eine Gewohnheit, Disposition oder eine andere wirksame Regel gibt, daß es so interpretiert wird« (Collected Papers 4.447; zit. nach Nöth, Handbuch, 179). Diese Definition ist weiter als der Begriff des *arbiträren Zeichens*, den wir hier aufnehmen, bestimmt aber ebenfalls *Konventionalität* als ein »hinreichendes Kriterium des Symbolischen« (Nöth, Handbuch, 179).

[26] Anders Gerd Theißen, Die Religion der ersten Christen. Eine Theorie des Urchristentums, Gütersloh ³2003, 184-186, der den Verlust ursprünglicher Ikonizität geradezu als Bedingung dafür ansieht, dass Taufe und Abendmahl sekundär auf den Tod Jesu bezogen werden konnten. Als Sakramente gewinnen beide Zeichenhandlungen für ihn notwendig einen »anikonischen Charakter«.

[27] Ray L. Birdwhistell, The Kinesic Level in the Investigation of the Emotions, in: P. Knapp (Ed.), Symposium on Expressions of the Emotions in Man, New York 1963, 123-139, hier 125; zit. nach Nöth, Handbuch (Kap. 2 Anm. 26), 305.

[28] Eco, Semiotik (Kap. 2 Anm. 12), 31.

[29] Ray L. Birdwhistell, Kinesik, in: Klaus R. Scherer/Harald G. Walbott (Hg.), Nonverbale Kommunikation, Weinheim 1979, 102-202.

[30] Nöth, Handbuch (Kap. 2 Anm. 26), 306.

[31] Ebd. 306.

[32] David Efron, Gesture, Race and Culture, Den Haag 1972 (Erstveröffentlichung 1941).

[33] Paul Ekman/Wallace V. Friesen, Handbewegungen, in: Scherer/Walbott, Kommunikation (Kap. 7 Anm. 29), 108-123.

[34] Vgl. zum folgenden Sequeira, Gebärdensprache (Kap. 7 Anm. 1), 220-223.

[35] Josuttis, Weg (Kap. 4 Anm. 1), 299.

[36] Sequeira, Ausdruckshandlung (Kap. 7 Anm. 1), 31.

[37] Ebd. 32.

[38] Vgl. auch schon Tertullian, De oratione 23.

[39] Agende für evangelisch-lutherische Kirchen und Gemeinden. Erster Bd. Der Hauptgottesdienst mit Predigt und heiligem Abendmahl und die sonstigen Predigt- und Abendmahlsgottesdienste. Ausgabe für den Pfarrer, Berlin 1955.

[40] Das Evangelische Gottesdienstbuch (Kap. 3 Anm. 31) trifft keine entsprechenden Anweisungen. Vgl. jedoch: Ergänzungsband zum Evangelischen Gottesdienstbuch für die Evangelische Kirche der Union und für die Vereinigte Evangelisch-Lutherische Kirche Deutschlands. Hg. von der Kirchenleitung der Vereinigten Evangelisch-Lutherischen Kirche Deutschlands und im Auftrag des Rates von der Kirchenkanzlei der Evangelischen Kirche der Union. Berlin, Bielefeld, Hannover 2002; hier findet sich ein Abschnitt zu »Gesten, Bewegung, Tanz im Gottesdienst« (27 f) wie ein »Kleiner liturgischer ›Knigge‹« (335-353), der sich freilich auf Ratschläge für Liturgen und Liturginnen beschränkt.

[41] Vgl. Kap. 1 Anm. 60.

[42] Allgemeine Einführung (Kap. 4 Anm. 66), Art. 21

[43] Sequeira, Ausdruckshandlung (Kap. 7 Anm. 1), 32.

[44] Emminghaus, Raum (Kap. 4 Anm. 7), 397.

[45] Frei, Rubrikenbuch (Kap. 7 Anm. 7), 108 f.

[46] Allgemeine Einführung (Kap. 4 Anm. 66), Art. 97; vgl. oben 4.3.

[47] Berger, Handlexikon (Kap. 1 Anm. 19), 472.

[48] Sequeira, Ausdruckshandlung (Kap. 7 Anm. 1), 33.

[49] Berger, Handlexikon (Kap. 1 Anm. 19), 259 f.

[50] Ebd. 260.

[51] Vgl. Kap. 7 Anm. 39.

[52] Sequeira, Ausdruckshandlung (Kap. 7 Anm. 1), 33.

[53] Meßbuch (Kap. 1 Anm. 60), I, S. [40].

[54] Konrad Onasch, Liturgie und Kunst der Ostkirche in Stichworten unter Berücksichtigung der Alten Kirche, Leipzig 1981, 313.

[55] Ebd. 140.

[56] Sequeira, Ausdruckshandlung (Kap. 7 Anm. 1), 33 f.

[57] Onasch, Liturgie (Kap. 7 Anm. 54), 290.

[58] Berger, Handlexikon (Kap. 1 Anm. 19), 189.

[59] Sequeira, Ausdruckshandlung (Kap. 7 Anm. 1), 34.

[60] Ebd. 34.

[61] Berger, Handlexikon (Kap. 1 Anm. 19), 189.

[62] Tertullian, De oratione 3,4 u.ö.

[63] Berger, Handlexikon (Kap. 1 Anm. 19), 285.

[64] Die Eingliederung von Kindern im Schulalter in die Kirche. Studienausgabe für die katholischen Bistümer des deutschen Sprachgebietes. Erarbeitet von der Internationalen Arbeitsgemeinschaft der Liturgischen Kommissionen im deutschen Sprachgebiet. Hg. von den Liturgischen Instituten Salzburg, Trier, Zürich. Einsiedeln u.a. 1986, 61.

[65] Ebd. 30.

[66] Agende für evangelisch-lutherische Kirchen und Gemeinden. Dritter Bd. Die Amtshandlungen. Studienausgabe, Berlin ²1963, 28. In der neu bearbeiteten Ausgabe der lutherischen Tauordnung (Agende für evangelisch-lutherische Kirchen und Gemeinden. Bd. III. Die Amtshandlungen. Teil I. Die Taufe. Neu bearbeitete Ausgabe, Hannover ²1999, 23) heißt es nur noch: »Nimm hin das Zeichen des Kreuzes ✝. Du gehörst Christus, dem Gekreuzigten.« Dazu wird erklärt: »Dies kann entweder so erfolgen, daß der Pfarrer nacheinander Stirn, Brust und beide Schultern des Täuflings berührt, oder so, daß der Pfarrer dem Täufling ein Kreuz auf die Stirn zeichnet.«

[67] Onasch, Liturgie (Kap. 7 Anm. 54), 220 f.

[68] BSLK 1,521.

[69] Sequeira, Ausdruckshandlung (Kap. 7 Anm. 1), 35.

[70] Ebd. 35.

[71] Onasch, Liturgie (Kap. 7 Anm. 54), 234.

[72] Berger, Handlexikon (Kap. 1 Anm. 19), 291.

[73] Sequeira, Ausdruckshandlung (Kap. 7 Anm. 1), 35 f.

[74] Vgl. auch Justin, Apologie 1,65.

[75] Kyrill von Jerusalem, Mystagogische Katechesen 5,3; Beckmann, Quellen (Kap. 1 Anm. 71), 233.

[76] Berger, Handlexikon (Kap. 1 Anm. 19), 151.

[77] Podhradsky, Lexikon (Kap. 6 Anm. 30), 197 f.

[78] Gottesdienstbuch (Kap. 3 Anm. 31), 82.

[79] Sequeira, Ausdruckshandlung (Kap. 7 Anm. 1), 36-38.

[80] Ebd. 37.

[81] Allgemeine Einführung (Kap. 4 Anm. 66), Art. 240-252.

[82] Ebd. Art. 284.

[83] Ebd. Art. 276.

[84] Berger, Handlexikon (Kap. 1 Anm. 19), 75.
[85] Allgemeine Einführung (Kap. 4 Anm. 66), Art. 283.
[86] Podhradsky, Lexikon (Kap. 6 Anm. 30), 186.
[87] Ebd. 283.
[88] Allgemeine Einführung (Kap. 4 Anm. 66), Art. 80 und 103.
[89] Klauser, Liturgiegeschichte (Kap. 2 Anm. 1), 66.
[90] Berger, Handlexikon (Kap. 1 Anm. 19), 323.
[91] Ebd. 281.
[92] Allgemeine Einführung (Kap. 4 Anm. 66), Art. 269 f.

8. Worte

Liturgische Bücher reduzieren gottesdienstliche Abläufe in der Regel auf eine Abfolge verbaler Texte. Dass gottesdienstliche Kommunikation sich jedoch nicht auf verbale Modalitäten beschränken lässt, sondern auf eine Vielzahl auch nichtverbaler Zeichensysteme zugreift, ist im Verlauf der bisherigen Darstellung deutlich geworden. Andererseits kann die fundamentale Bedeutung *gesprochener Sprache* für das liturgische Geschehen sowohl in anthropologischer wie theologischer Hinsicht kaum ernsthaft in Frage gestellt werden. Aufgabe dieses Kapitels soll es darum sein, das Verhältnis verbaler und nichtverbaler Modalitäten in der gottesdienstlichen Kommunikation näher zu bestimmen und ihre jeweils spezifischen Leistungen herauszustellen. Zugleich wird versucht, einen Überblick über jene sprachlichen Formen bzw. Textsorten zu geben, die miteinander den christlichen Gottesdienst als ein sprachgebundenes, ›worthaftes‹ Ereignis konstituieren.

8.1 Gottesdienst als Sprachereignis

8.1.1 Wort und Person

Nach Gerhard Ebeling sind Personalität bzw. Personsein des Menschen wie die solcher Personalität entsprechende Weise zwischenmenschlicher Kommunikation unausweichlich an das Phänomen gesprochener Sprache gebunden. Gesprochene Sprache ist für den Menschen »das Medium aller Wirklichkeitsbegegnung und Wirklichkeitserschließung« schlechthin.[1] Solch sprachlich vermittelte Wirklichkeitsbegegnung und -erschließung vollzieht sich auf mehreren Ebenen:

Im Medium der Sprache erschließt sich dem Menschen die Wirklichkeit der Welt, die ihn umgibt und deren Teil er selber ist. Sie gewinnt für ihn Struktur und Sinn als ein von ihm Unterschiedenes, das ihn dennoch angeht und anspricht.

Im Medium der Sprache erfährt der Mensch den anderen Menschen als Person, als Du, das ihn anredet und ihm so die Möglichkeit eröffnet, sich selbst als Person, als Ich zu begreifen und auszusagen.

Im Medium der Sprache gewinnt der Mensch schließlich ein Verhältnis zu sich, vermag er sich selbst gegenüberzutreten und Ansprüche an sich zu richten.

So kann die Grundsituation des Menschen von Ebeling geradezu als Sprachsituation bestimmt werden.[2] Ist dem so, dann erscheinen Personhaftigkeit und Sprachlichkeit des Menschen in gewisser Hinsicht als »zwei Aspekte desselben Sachverhalts«:[3]

»Der Mensch ist ein sprechendes Wesen. Das heißt nicht nur, daß der Mensch sprechen kann, sondern daß er als Person sich ganz wesentlich sprechend, sich selbst aussprechend, vollzieht [...] Insofern ist Person dialogisch.«[4]

8.1.2 Wort und Wirklichkeit

Dem Phänomen der – gesprochenen oder geschriebenen – Sprache fällt damit eine einzigartige Rolle in zwischenmenschlicher Kommunikation zu. Das gilt zum Einen für das Verhältnis von Wort und Tat, Reden und Tun: Worte, denen kein Tun entspricht, bleiben leer. Und doch ist alles Tun immer nur ein inadäquater, weil unvollständiger und missdeutbarer Ausdruck des Menschen als Person:

»Alles, was der Mensch auf Person hin tun kann, ist noch nicht so deutlich, daß es nicht durch das Wort eine verdeutlichende und dadurch steigernde Interpretation erlangen könnte [...] [So] bringt das Wort eine personale Seite des Tuns zum Ausdruck, die im Tun selbst noch nicht ganz und oft nicht eindeutig zum Ausdruck kommt.«[5]

Das gilt zum Andern auch für das Verhältnis von Wort und Wirklichkeit – für das Verständnis des christlichen Gottesdienstes von grundlegender Bedeutung:

Nach Gerhard Ebeling ist es »Sache des Wortes, das Nichtvorhandene, Abwesende gegenwärtig sein zu lassen.« Bei anderen Weisen der Vergegenwärtigung – etwa durch das Bild – befürchtet er »die Gefahr einer Täuschung, nämlich die Verwechslung mit unmittelbarer Gegenwart.« Nur das deutende Wort »vermag zu klären, was eigentlich gemeint ist. Denn es ist allein Sache des Wortes, auch das schlechterdings Verborgene anwesend sein zu lassen.«[6]

Das will heißen: Wie der Mensch im Wort ein Verhältnis zur Welt, zum Mitmenschen und zu sich selbst gewinnt, so vermag er sich im Medium dieses Wortes auch zu Vergangenheit und Zukunft zu verhalten. Er kann hinter sein »Jetzt zurückgehen und ihm vorauseilen«, ohne Vergangenes und Zukünftiges mit Gegenwärtigem – oder umgekehrt – zu verwechseln.[7] Die besondere Leistung des Wortes bestände demnach darin, solchermaßen Verborgenes, Abwesendes zu vergegenwärtigen, ohne es in Gegenwärtigem aufgehen zu lassen.

Gegenwart im Wort – das selber ein Geschehen in der Zeit ist – hebt, so verstanden, die Zeitlichkeit menschlicher Welt-, Lebens- und Selbsterfahrung nicht auf und täuscht auch keine gleichsam zeitlose, ungeschichtliche Unmittelbarkeit vor. Als ein solches Wort ist es in der Lage, den Menschen auf seine Freiheit und Zukunft hin anzusprechen und ihm Freiheit wie Zukunft zuzuspielen. Dies kann offenbar auf keine andere, sozusagen wortlose Weise bewirkt oder gar erzwungen werden.

8.1.3 Vorsprachliche Kommunikationsformen

Nun möchte es scheinen, als werde hierdurch die Sprachlichkeit menschlicher Existenz unzulässig auf das Phänomen gesprochener Sprache eingeschränkt. Demgegenüber ist zunächst festzuhalten: Solche Sprachlichkeit drückt sich auch in den von uns dargestellten nicht-verbalen Zeichensystemen aus, die wir darum in einem übertragenen Sinne auch als *Sprachen* kennzeichnen konnten, und wird durch sie mitbestimmt und mitvollzogen. Darüber hinaus lässt sich nicht verkennen, dass vorsprachliche, sinnlich-bildhafte Ausdrucks- und Kommunikationsformen in ganz entscheidender Weise an der Persönlichkeitsbildung beteiligt sind.

Auf diesen Sachverhalt macht uns Alfred Lorenzer aufmerksam: Er unterscheidet zwischen »sprachsymbolischen Interaktionsformen« und »sinnlich-symbolischen Interaktionsformen«, deren Symbolwert aus der Verknüpfung zweier gänzlich verschiedener und dennoch strukturell gleichartiger »Szenen« erwächst.[8] Er verdeutlicht den Sachverhalt an dem von Sigmund Freud berichteten »Garnrollenspiel«:[9] Ein anderthalb Jahre altes Mädchen ›inszeniert‹ das Fortgehen und Wiederkommen der Mutter dadurch, dass es Gegenstände verschwinden und wiedererscheinen lässt. Offensichtlich besitzt die von dem Kind gestaltete »Szene« symbolische Qualität: Sie ›bedeutet‹ etwas Anderes als das, was vor Augen liegt.

Solche szenisch gestalteten – und als Szenen gespeicherten – »sinnlich-symbolischen Interaktionsformen« sind nach Lorenzer »früher angelegt und tiefer verankert in der Persönlichkeitsbildung als die Sprachsymbole.«[10] Sie stehen »für einen Bereich der Erfahrung, der niemals in Wörter gefaßt wird«, und eröffnen zugleich »das Feld einer nichtreglementierten, weil nicht sprachlich durchsystematisierten Artikulation individueller und kollektiver Sehnsüchte«; eine Feststellung, zu der Lorenzer bezeichnenderweise in seiner Analyse des katholischen Kultus gelangt.[11]

Prä- und postverbale Gebärden aller Art, Handlungen, Rituale, Bilder, Kunst-, Bau- und Klangwerke, aber auch literarische Texte, dramatische Inszenierungen u.a. können in diesem Sinne als »›äußere‹, greifbare Repräsentanten« solcher szenisch organisierten »sinnlich-symbolischen

Interaktionsformen« betrachtet werden.[12] Die Rolle der Sprache im Prozess der Persönlichkeitsbildung wie der Konstitution von Wirklichkeit wird dadurch nicht aufgehoben. Sie wird aber ergänzt und vertieft durch die »zentrale Bedeutung«, die den prä- und postverbalen »sinnlich-symbolischen Interaktionsformen [...] für die Konstitution der Persönlichkeit, für die Identitätsbildung« zukommt; denn auch in ihnen gelangen die bestimmenden »Lebensentwürfe« zu einer mitteilungs- und überlieferungsfähigen Gestalt.[13]

8.1.4 Gottesdienst als Wortgeschehen

Die anthropologischen Aussagen, zu denen Gerhard Ebeling u.a. im Rahmen der von ihnen rezipierten dialogisch-personalen bzw. existenzphilosophischen Ansätze gelangen, konvergieren auf bemerkenswerte Weise mit einem theologischen Verständnis des christlichen Gottesdienstes, das diesen als *Wortgeschehen* bestimmt: Sofern es in ihm um die Gegenwärtigkeit vergangenen und zukünftigen Gotteshandelns und darin um die Freiheit und die Zukunft des Menschen geht, lässt sich solcher Gottesdienst als ein *worthaftes* Geschehen begreifen.

In Jesus Christus begegnet Gott selbst dem Menschen in einzigartiger Weise »in Person«,[14] nimmt ihn als Person in Anspruch und gewährt ihm personale Gemeinschaft. Das bedeutet zugleich, dass Gott und Mensch hier »im Medium des Wortes«[15] zusammenkommen und beisammen sind: »Das Zusammensein Gottes und des Menschen ist ein sprachliches Beisammensein, ein Zusammensein im Wort.«[16] Nur so kann in solcher Gemeinschaft Gott Gott bleiben und der Mensch wirklich Mensch werden. Das heißt: Christlicher Gottesdienst verwirklicht sich nach Ebeling u.a. als Situation personaler und darum sprachgebundener, worthafter Begegnung. Das gilt in anthropologischer Hinsicht für den hier erkennbaren zwischenmenschlichen Austausch wie für das gemeinschaftliche Sprachhandeln der Beteiligten. Es gilt aber auch für den darin theologisch implizierten Gottes- und Christusbezug: Auf beiden Ebenen geht es primär nicht um den Austausch von und die Teilhabe an gleichsam gegenständlich zu denkenden Werten bzw. Gütern, wie immer man diese im Einzelnen bestimmen und benennen mag. Beide Male ist eine im strengen Sinne personale, ganzheitliche Begegnung intendiert.

So lässt sich in anthropologischer Hinsicht sagen: Menschen gewähren einander im christlichen Gottesdienst nicht Anteil an etwas, das sie nicht selber sind, oder das prinzipiell von ihnen ablösbar wäre, sondern treten als sie selbst – auf personale Weise – in Beziehung zueinander. In theologischer Perspektive heißt das: Solches Moment personaler Ganz-

hingabe bestimmt auch – in noch ganz anderer Qualität – die im Gottesdienst intendierte Gottesbeziehung.

Will man diesem Ansatz folgen, so müssen Wort und Sprache freilich hier
wiederum in einem solchen Sinne verstanden werden, dass sie auch jenen
Sprachen Raum lassen, die sich in den nichtverbalen Zeichensystemen bzw. in
den prä- und postverbalen Formen, von denen Alfred Lorenzer handelt, auf ihre
eigene Weise zu Wort melden. In ihnen begegnen, wie wir gesehen haben,
Gestalten der Wirklichkeitsbegegnung und -erschließung, die sich komplementär
zu jener Gestalt der Vergegenwärtigung von Vergangenheit und Zukunft
verhalten, wie sie im gesprochenen Wort erfolgt. Vergangene, gegenwärtige und
zukünftige Wirklichkeit erschließt sich in ihnen nicht bloß auf unterschiedliche
Weise, sondern gibt sich auch unter jeweils anderen, anders nicht erfahrbaren
Aspekten zu erkennen, wie im Folgenden noch zu zeigen sein wird. Jede Redu-
zierung auf den einen oder anderen Kommunikationsmodus – auch auf den
Modus verbaler Sprache – ist dann notwendig mit einem Wirklichkeitsverlust
verbunden.

Andererseits verfehlen nichtverbale Vollzüge – unter Einschluss der
komplexen sakramentalen Handlungen – den Sinn des Gottesdienstes wie
ihren eigenen Sinn samt der ihnen eigenen Sprachlichkeit, wenn sie in
einer Weise angesehen und gebraucht werden, als vermöchten sie den
hier gemeinten grundlegenden personalen Bezug in irgendeiner Weise zu
umgehen oder zu überbieten. Das heißt aber: Die personale Beziehung
von Gott und Mensch, Christus und glaubender Gemeinde, die sich im
Miteinander von Wort und Antwort des gottesdienstlichen Dialogs
ausdrückt und herstellt, ist schlechterdings durch nichts zu überholen
oder zu ersetzen – auch nicht durch das Postulat eines spezifisch
kultischen Weltverhältnisses, das die Möglichkeit einer unmittelbaren,
nicht von Person zu Person vermittelten Welt-Wirksamkeit gottesdienstlichen Handelns suggeriert.[17]

8.2 Gottesdienst als Beziehungsgeschehen

Die anthropologische Bedeutung sprachlicher Kommunikation – im oben
entwickelten, weitgefassten Sinne – wäre unzureichend begriffen, würde
man in ihr nur ein Mittel des Informationsaustausches bzw. der
Speicherung und Strukturierung kulturellen Wissens sehen. Der Zusammenhang mit der Personalität des Menschen, wie er dabei deutlich
geworden ist, verweist vielmehr mit Nachdruck auf die beziehungsstiftende Leistung der Sprache: In ihr bestimmt der Mensch, so war

gesagt worden, zugleich seine Beziehung zu Anderen, zu Anderem und damit letztlich zu sich selbst. Theoretische Ansätze, die diesen Beziehungsaspekt jeglicher zwischenmenschlicher Kommunikation betonen und damit zugleich auf die unterschiedlichen Leistungen verbaler und nichtverbaler Kommunikationsmodalitäten verweisen, verdienen darum unsere besondere Aufmerksamkeit.

8.2.1 Inhalts- und Beziehungsaspekt

Nach Paul Watzlawick u.a. muss man in zwischenmenschlicher Kommunikation zwischen der Inhalts- und der Beziehungsebene – bzw. zwischen dem Inhalts- und Beziehungsaspekt einer Mitteilung – unterscheiden. Zum Einen werden bestimmte – wahre oder falsche – Informationen über innere oder äußere Sachverhalte übermittelt, zum Andern enthält die gleiche Mitteilung Instruktionen darüber, wie diese Informationen verstanden werden sollen. Die Beteiligten haben die Möglichkeit, solche ›Mitteilungen über die Mitteilung‹ auf der Beziehungsebene zu verschlüsseln. Hier gilt: ›Der Ton macht die Musik‹. Er gibt an, wie die Äußerung ›eigentlich‹ gemeint ist und wie sie vom Hörer aufgefasst werden soll. Dem Beziehungsaspekt kommt damit der Charakter einer »Metakommunikation« (einer Kommunikation über Kommunikation; einer Art zweiter Sprache über der Sprache) zu.

»Wenn man untersucht, *was* jede Mitteilung enthält, so erweist sich ihr Inhalt vor allem als Information. Dabei ist es gleichgültig, ob diese Information wahr oder falsch, gültig oder ungültig oder unentscheidbar ist. Gleichzeitig enthält jede Mitteilung einen weiteren Aspekt, der viel weniger augenfällig, doch ebenso wichtig ist – nämlich einen Hinweis darauf, wie ihr Sender sie vom Empfänger verstanden haben möchte. Sie definiert also, wie der Sender die Beziehung zwischen sich und dem Empfänger sieht, und ist in diesem Sinne seine persönliche Stellungnahme zum anderen. Wir finden somit in jeder Kommunikation einen Inhalts- und einen Beziehungsaspekt.«[18]

Die gleiche Äußerung kann – je nachdem, in welchem ›Ton‹ sie vorgetragen wird und in welchem situativen Kontext sie steht – eine sehr verschiedene Einstellung gegenüber dem Kommunikationspartner anzeigen und so die Beziehung zwischen den Beteiligten in unterschiedlicher Weise bestimmen. Sie enthält so in jedem Falle auch eine Beziehungsdefinition. Je konfliktträchtiger eine Beziehung ist, umso mehr tritt der Inhaltsaspekt zurück, umso stärker dominiert das Ringen um die wechselseitigen Beziehungsdefinitionen.

Dabei können sich Inhalts- und Beziehungsaspekt von Mitteilungen widersprechen. Der Kommunikationspartner wird dadurch unter Umständen in eine unhaltbare Position versetzt: Welchem Aspekt er auch folgt – er hat in *jedem* Falle Unrecht.

Um den Unterschied zwischen Inhalts- und Beziehungsaspekt zu verdeutlichen, erzählt Watzlawick die Geschichte von den beiden Damen, die sich auf einer Party begegnen: »Wenn Frau A auf Frau B's Halskette deutet und fragt: Sind das echte Perlen?, so ist der Inhalt ihrer Frage ein Ersuchen um Information über ein Objekt. Gleichzeitig definiert sie damit auch – und kann es nicht nicht tun – ihre Beziehung zu Frau B. Die Art, wie sie fragt (der Ton ihrer Stimme, ihr Gesichtsausdruck, der Kontext und so weiter), wird entweder wohlwollende Freundlichkeit, Neid, Bewunderung oder irgendeine andere Einstellung zu Frau B ausdrücken [...] Für unsere Überlegungen wichtig ist die Tatsache, daß dieser Aspekt der Interaktion zwischen den beiden nichts mit der Echtheit von Perlen zu tun hat (oder überhaupt mit Perlen), sondern mit den gegenseitigen Definitionen ihrer Beziehung, mögen sie sich auch weiter über Perlen unterhalten.«[19]

Es macht keine Mühe, den geschilderten Sachverhalt auf das Feld des Gottesdienstes zu übertragen: Man denke sich etwa eine Abendmahlsfeier, die auf der verbalen Ebene – in der Auswahl der biblischen Texte, in der Predigt, in den Gebeten – ganz stark den κοινωνία-Aspekt des Mahls betont (vgl. 1 Kor 10,16 f), jedoch auf der Handlungsebene (*Wandelkommunion*; jeder wird ›für sich‹ gespeist) diesem theologischen Sinn erkennbar widerspricht. Der Inhalt wird hier augenscheinlich durch die Beziehungsdefinition, wie sie durch die nichtverbalen Kommunikationsmodalitäten vermittelt wird, konterkariert.

8.2.2 Digitale und analoge Kommunikation

Es fällt auf, dass in den oben genannten Beispielen der Inhaltsaspekt im Wesentlichen verbal, der Beziehungsaspekt jedoch vornehmlich auf nichtverbale Weise (durch Sprechweise, Körper- und Raumsprachen) kommuniziert wird. Um das Verhältnis verbaler und nichtverbaler Kommunikationsmodalitäten und ihre spezifischen Leistungen zu erfassen, hat man auf die in den Kommunikationswissenschaften gebräuchliche Unterscheidung von digitaler und analoger Kommunikation zurückgegriffen.[20]

Verbale Kommunikation ist zu wesentlichen Teilen Kommunikation im digitalen Modus, das heißt, sie verfährt wie ein digitaler Computer »mittels binärer Wahlen« – nach dem Ja-Nein-Prinzip – und zerlegt so die Mitteilung in

»diskrete Einheiten«.[21] Kommunikation erfolgt hier mittels Zeichenfunktionen, die ausschließlich auf Konvention beruhen und bei denen Signifikant und Signifikat in keiner – wie auch immer motivierten – ›Entsprechung‹ zueinander stehen (vgl. dazu unter 7.1.2 den Abschnitt über »arbiträre Zeichen«).

Im Unterschied dazu funktionieren einige nichtverbale Codes (nicht alle und nicht in jeder Hinsicht) nach dem Modus analoger Kommunikation, das heißt, nach dem Prinzip – meist proportional bestimmter – ›Entsprechung‹ (statt *Ja-Nein*: *Mehr oder Weniger*, wie auf einem analogen Rechenstab, einem analogen Thermometer oder einer Uhr mit analogem Zifferblatt).

Signifikanten, die hier verwendet werden, partizipieren an einigen semantischen Merkmalen des Signifikats, das sie repräsentieren; ihre Verwendung ist in gewisser Weise durch diese partielle Merkmalsidentität *motiviert*. Auf diese Weise wird der Anschein erweckt, als sei etwas von der gemeinten Sache selbst gleichsam im Zeichen gegenwärtig (so wie bei analoger Zeitanzeige der Gang der Zeiger auf dem Zifferblatt die Erdumdrehung und damit den Lauf der Zeit in Entsprechung zu dem gemeinten Vorgang ›abzubilden‹ scheint). Dass auch bei derartigen Zeichenfunktionen kulturelle Konventionen im Spiel sind, so dass es sich keineswegs um eine Art ›natürlicher‹ Zeichenhaftigkeit handelt, liegt auf der Hand (vgl. dazu unter 7.1.2 die Abschnitte über »ikonische« und »indexalische Zeichen«).

Die im vorhergehenden Kapitel (vgl. 7.1.2) geführte Diskussion über die »Ikonizität« mancher Zeichenklassen wird damit wieder aufgenommen, zugleich wird jedoch der zeichentheoretische Referenzrahmen deutlich überschritten: Manches spricht nämlich dafür, dass das Neben- und Miteinander digitaler und analoger Modalitäten in zwischenmenschlicher Kommunikation neurophysiologische Grundlagen hat und mit den unterschiedlichen Funktionsweisen der linken und rechten Gehirnhälfte zusammenhängt:[22]

Während die linke Gehirnhälfte Sitz des Hauptsprachzentrums, der logisch-grammatisch-mathematischen Funktionen und der Zeitvorstellungen ist, obliegt der rechten Gehirnhälfte »die ganzheitliche Erfassung komplexer Zusammenhänge, Muster, Konfigurationen und Strukturen.«[23] Sie ist Sitz des Raum-, Bild-, Geruchs-, Geschmacks- und Klangerlebens. Ihr sind ein Großteil jener Zeichensysteme zugeordnet, die wir oben (vgl. 2.3.2) als Körper-, Raum-, Bild- bzw. Objektsprachen zusammengefasst haben.

Dies erklärt auch, warum ein Verhältnis zur Zeit – die Unterscheidung bzw. Vergegenwärtigung von Vergangenem, Gegenwärtigem und Zukünftigem – nur im Medium gesprochener Sprache hergestellt und ausgedrückt werden kann (vgl. 8.1.2).

DIGITALE KOMMUNIKATION

Kommunikation mittels Zeichenfunktionen, die willkürlich festgelegt und nicht durch partielle Merkmalsidentitäten ›motiviert‹ sind (vornehmlich verbale Kommunikation, mit Ausnahme onomatopoetischer Ausdrücke und von metaphorischem Sprachgebrauch). Komplexer, vielseitiger, genauer als analoge Kommunikation, jedoch zur Definition von Beziehungen nur unzureichend in der Lage

MITTEILUNG (ZEICHENSINN)

	INHALTSASPEKT DER MITTEILUNG	
Informationsverlust bei Übersetzung in analoge Kommunikation	Vermittlung von Informationen bzw. Daten über (zutreffende oder unzutreffende) innere oder äußere Sachverhalte; ausschließlich im digitalen Modus	Beziehungsverlust bei Übersetzung in digitale Kommunikation
	BEZIEHUNGSASPEKT DER MITTEILUNG Definition der Beziehung zwischen den Kommunikationspartnern; Instruktionen, wie die Mitteilung gemeint ist und wie sie verstanden werden soll (Metainformation). Erfolgt vornehmlich im analogen Modus	

MITTEILUNG (ZEICHENSINN)

ANALOGE KOMMUNIKATION

Kommunikation mittels Zeichenfunktionen, die eine ›Entsprechung‹ (eine partielle semantische Merkmalsidentität) zwischen Signifikant und Signifikat aufweisen (z.B. Ausdrucksgebärden, Sprechzeichen). Geeignet zur Definition von Beziehungen, jedoch mangelnde Präzision und Eindeutigkeit. Darstellung von Negationen, von abstrakten Begriffen, von Zeitzuständen kaum möglich

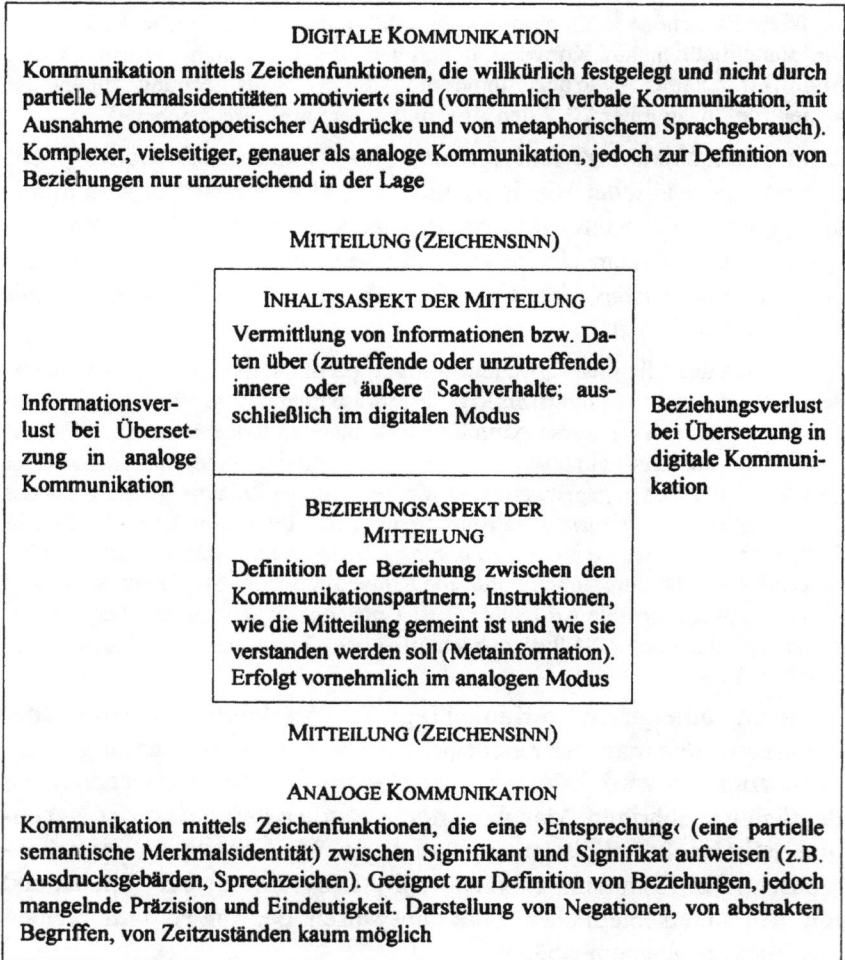

Beide Kommunikationsmodalitäten sind schon deshalb für die zwischenmenschliche – und damit auch für die gottesdienstliche – Kommunikation unentbehrlich, weil sie unterschiedliche – und je für sich genommen, unverzichtbare – kommunikative Leistungen erbringen: Digitale Modalitäten sind unentbehrlich, wenn es um die Übermittlung differenzierter, komplexer Informationen geht. Sie sind jedoch schwach, wenn es um den Ausdruck und die Bestimmung von Beziehungen geht. Analoge Modalitäten sind unentbehrlich, um Beziehungen zwischen Menschen zu definieren und auszudrücken. Ihnen mangelt es jedoch an

Präzision, Eindeutigkeit und logischer Struktur. Mit den Analogie-
rechnern teilen sie »das Fehlen der einfachen Negation, d.h. eines Ausdrucks für ›nicht‹.«[24]

»Nur im menschlichen Bereich finden beide Kommunikationsformen Anwendung [...] Es besteht kein Zweifel, daß die meisten, wenn nicht alle menschlichen
Errungenschaften ohne die Entwicklung digitaler Kommunikation undenkbar
wären. Dies gilt ganz besonders für die Übermittlung von Wissen von einer
Person zur anderen und von einer Generation zur nächsten. Andererseits aber
gibt es ein weites Gebiet, auf dem wir uns fast ausschließlich der analogen
Kommunikationsformen bedienen, die wir von unseren tierischen Vorfahren
übernommen haben. Dies ist das Gebiet der *Beziehung*.«[25]

8.2.3 Inhalts- und Beziehungsaspekt im Gottesdienst

Für die symbolische Kommunikation des christlichen Glaubens, wie sie
sich im Gottesdienst vollzieht, sind die oben entwickelten Bestimmungen
von höchster Bedeutung. Zum Einen gilt: Da dieser Glaube sich in
fundamentaler Weise als Beziehungsgeschehen verstehen und bestimmen
lässt – er gewinnt Gestalt und Wirklichkeit in einer neuen Beziehung zu
Gott, zu den Mit-Menschen, zur mitgeschaffenen Umwelt, zum eigenen
Selbst –, kann er sich ohne die beziehungsstiftenden Modalitäten
analoger Kommunikation weder ausdrücken noch vermitteln.

Zum Anderen ist festzuhalten: Da die neue Gottes- und Weltbeziehung,
als die sich der Glaube bestimmen lässt, inhaltlich an das Christusereignis
gebunden ist, bleibt er auf die mündliche Überlieferung, Interpretation
und Vergegenwärtigung der Geschichte Jesu Christi (wie der Gottes-
geschichte überhaupt) und damit auf »die sprach des mündlichen worts«[26]
angewiesen, das die Glaubensbeziehung an den Glaubensinhalt koppelt
und so eindeutig und unverwechselbar macht.

Und zum Dritten – um den Zirkel zu schließen: Da dieses Wort im
Gottesdienst wiederum die im Glauben erneuerte Gottes-, Welt- und
Selbst-Beziehung zum Inhalt hat, kann es sich gerade in seinem Inhalt nur
mittels der beziehungsstiftenden Leistungen analoger Kommunikationsmodalitäten und Zeichenhandlungen mitteilen und zur Wirkung
bringen.

Dies wirft ein neues Licht auf das theologisch vielfach erörterte Verhältnis von
Wort und *Sakrament*: Sakramente erweisen sich in solcher Hinsicht als komplexe Wort-Handlungs-Gefüge, bei denen verbale und nichtverbale Elemente in
der beschriebenen Weise komplementär zusammenwirken. Auch der »symbolische Mehrwert«,[27] der nichtverbalen Vollzügen vielfach zugeschrieben wird,

lässt sich aus den Leistungen analoger Kommunikation erklären: Sie entziehen sich immer wieder eindeutiger und damit auch einengender Festlegung und eröffnen einen Konnotationsspielraum, der es ermöglicht, Phänomene gleichsam in ihrer Tiefe, also totaler bzw. ganzheitlicher zu erfassen und auszudrücken, als dies auf rein verbalem Wege geschehen kann, zumal dann, wenn Sprache auf ihre instrumentellen und argumentativen Funktionen festgelegt wird.

Andererseits kann nicht übersehen werden, dass es auch einen Gebrauch verbaler Sprache gibt, der an den Leistungen analoger Kommunikation und dem ihr eigentümlichen »symbolischen Mehrwert« partizipiert. Man darf sogar davon ausgehen, dass religiöser – und damit gottesdienstlicher – Sprache insgesamt eine solche analoge Dimension eignet. Ihre beziehungsstiftende Wirkung kann sie jedoch nur in einem Handlungszusammenhang entfalten, der auch durch nichtverbale Elemente konstituiert wird.

8.3 Gottesdienst als Sprachhandlung

8.3.1 Gottesdienst als »kommunikative Handlung«

Gottesdienst als Zeichenprozess zu beschreiben, heißt nicht, seinen Handlungscharakter zu leugnen. Es bestimmt vielmehr das auch dem Außenstehenden zugängliche Erscheinungsbild des christlichen Gottesdienstes, dass hier Menschen zu gemeinsamem Handeln zusammenkommen. Sie tun dies nicht nur, um »die Welt verschieden zu interpretieren«. Sie erwarten vielmehr, dass von solchem Handeln Impulse ausgehen, durch die Wirklichkeit neu erschlossen, begründet und gestaltet wird.

Man hat den Begriff der »kommunikativen Handlung« geprägt, um Funktion und Gestalt der christlichen Sakramente innerhalb eines allgemeinen anthropologischen Horizontes zu bestimmen: »Kommunikative Handlungen« sind danach »Figuren gemeinsamen Lebens«, durch deren Vollzug die jeweilige Gruppe entsteht und sich erhält.[28] Sie ordnen das Binnengefüge und den Außenbezug der Gruppe, vergegenwärtigen Vergangenes, antizipieren Zukünftiges und bringen so zugleich ein bestimmtes Weltverhältnis, »eine konkrete Figuration von Welt und Zeit«, hervor.[29] Ihr Handlungscharakter besteht darin, dass sie wirksam vollziehen, was sie darstellen und bezeichnen. Sie überschreiten also die oben angesprochene Differenz von Deuten und Handeln.

Es ist deutlich, dass damit nicht nur der anthropologische Kontext der Sakramente, sondern des christlichen Gottesdienstes insgesamt umschrieben werden kann. Seine höchste Wirksamkeit als »kommunikative Handlung« erreicht der Gottesdienst darin, dass sich in ihm das grundlegende Heilsereignis in Einheit mit dem göttlichen Heilswort stets neu und erneuernd vergegenwärtigt und so die hier Versammelten zu einem Beziehungsgefüge verbindet, das theologisch als *Leib Christi* (Röm 12,5; 1 Kor 10,16; 12,12.27) und *Volk Gottes* (Tit 2,14; 1 Petr 2,9-10; 2 Kor 6,16; Hebr 4,9 u.ö.) qualifiziert werden kann. Das aber ist ein wahrhaft welt*bewegendes* Geschehen.

»Kommunikative Handlungen« der hier gemeinten Art zeichnen sich dadurch aus, dass sich in ihnen Sprache in ihrem Handlungscharakter zu erkennen gibt und umgekehrt Handlungsvollzüge sprachliche, worthafte Qualität gewinnen. Verbale und nichtverbale Elemente gehen hier, wie wir gesehen haben, eine überaus enge Verbindung miteinander ein. Sie konkurrieren nicht miteinander, sondern stehen in einem Verhältnis wechselseitiger Teilhabe und Durchdringung: Worte erreichen ihre eigentliche Bestimmung da, wo sie – im Kontext der »kommunikativen Handlung« und der Gesamtheit der Umstände, die diese konstituieren – ihre performative, wirklichkeitssetzende und -verändernde Kraft erweisen. Und Handlungen – einschließlich der Objekte, mit denen sie sich verbinden und an denen sie sich vollziehen – kommen in eben diesem Kontext ganz buchstäblich zu jener Sprache, die sie über sich hinausweisen lässt und sie zur vergegenwärtigenden Darstellung des Christusgeheimnisses befähigt.

So lässt sich am Beispiel des Eucharistiegebets verdeutlichen, wie hier »Wortvollzug des Eucharistierens« und »Tatvollzug des Darbringens«[30] in einer Weise einander entsprechen, die kaum in den Kategorien von Deutung und Handlung (auch nicht den Kategorien von Ursache und Wirkung) zureichend erfasst werden kann. Was sich nämlich in der eucharistischen Handlung – also in der Bereitstellung, der Darbringung, dem Empfang von Brot und Wein – abbildet und zur Sprache bringt, wird im eucharistischen Gebet worthaft in gleichgerichteter, gleichsinniger Weise gehandelt und vollzogen. Wortvollzug und Tatvollzug verhalten sich hier zueinander wie zwei Hälften eines Bildes, wobei das Eigentümliche dieses Verhältnisses sich gerade daraus ergibt, dass das Wort (hier: das Gebet) eben auch als Handlung, als Vollzug dessen qualifiziert ist, was das nichtverbale Geschehen auf die ihm eigene Weise aussagt, zur Sprache und damit zur Wirklichkeit und zur Wirkung bringt (vgl. 10.2 und 10.3, insbesondere 10.2.4).

8.3.2 Theorie der Sprechakte

Die hier im Blick auf den christlichen Gottesdienst behauptete funktionale Verschränkung und wechselseitige Determinierung von *Sprache* und *Handlung* findet einen gewissen Anhalt an der von John L. Austin

und John R. Searle entwickelten Sprechakttheorie. Menschliche Rede, so
lautet die grundlegende Einsicht, vermag Wirklichkeit nicht nur
festzustellen und zu beschreiben, sondern ihr eignet auch eine performative, das heißt, wirklichkeitssetzende und -verändernde Potenz. Menschen handeln aneinander, indem sie miteinander sprechen. Da alle Rede
letztlich eine dialogische Situation voraussetzt – auch da, wo einer mit
sich selbst und zu sich selbst redet –, ist sie nicht von den Beziehungen
ablösbar, die sich in ihr ausdrücken und herstellen. In solchem
Beziehungsgeflecht gewinnt schließlich alle Rede einen performativen
Sinn: »Jedes Reden zeigt sich als Redehandlung.«[31]

Ausgangspunkt war für Austin die Erkenntnis, dass es einen Gebrauch der
Sprache gibt, der nicht einfach etwas feststellen und beschreiben, sondern etwas
bewirken, Wirklichkeit allererst herstellen bzw. vorgefundene Wirklichkeit
verändern will: »Wenn jemand vor dem Traualtar sagt: ›Vor Gottes Angesicht
nehme ich dich, Maria, zu meiner Ehefrau‹, dann stellt er nicht einfach etwas
fest, das schon Faktum ist. Sondern indem er diesen Satz sagt, handelt er. Indem
er diesen Satz sagt und die Braut den entsprechenden Satz sagt, schaffen die
beiden miteinander allererst die Wirklichkeit ihrer Ehe.«[32]

Man hat von »verrichtender, leistender, ausführender, handelnder
Sprache« gesprochen, um den englischen Begriff »performative langua-
ge« ins Deutsche zu übersetzen.[33] Das vorstehend gewählte Beispiel
macht zugleich deutlich, dass diese performative Potenz nicht isoliert an
den Sprachzeichen bzw. an deren Produktion durch den Sprecher (an der
»locutio«) haftet, sondern sich erst im Zusammenwirken von Sprecher
und Angesprochenem in einer konkreten Kommunikationssituation
zeigt.

Sprachhandlungen haben – auch das lässt sich erkennen – nicht gleichsam in
sich Bestand und Wirklichkeit, sondern nur in Bezug zu jener Realität, die sie
schaffen bzw. in die sie handelnd eingreifen. Die Sprachhandlung des Ehe-
versprechens z.B. wird sinnlos, wenn ihr nicht die Wirklichkeit gelebter (bzw.
zumindest als solche intendierter) Ehe entspricht.

Im weiteren Verlauf seiner Überlegungen – veröffentlicht unter dem
bezeichnenden Titel »How to do things with words«[34] – kommt Austin
freilich zu dem Ergebnis, dass sich alles Sprechen in gewisser Weise auf
Sprachhandlungen – bzw. auf Sprechakte, wie der üblichere deutsche
Terminus lautet – zurückführen lässt, und zwar deshalb, weil »alle Sprache letztlich immer in einem in der Gegenwart gesetzten Akt eines
Sprechenden gründet.«[35] Auch alles Feststellen, Behaupten, Konstatieren

erweist sich unter solchem Aspekt als Handeln und zeigt bei genauerem Hinsehen seinen »performativen Hintersinn«:

»Derselbe Satz kann verschiedene performative Intentionen verfolgen. Wenn ein Mann mit seinem Hund hinter dem Gartenzaun zu spielenden Kindern vor dem Gartenzaun sagt: ›Der Hund ist bissig‹, so lautet der performative Sinn dieses Satzes ›Ich warne euch, kommt ja dem Hund nicht zu nahe‹. Wenn dagegen ein Hundezüchter zu einem Wachmann, der einen Hund kaufen will, denselben Satz sagt, dann lautet der performative Hintersinn ›Der Hund ist der richtige für dich, kaufe ihn‹.«[36]

8.3.3 Aspekte und Typen von Sprechakten

Der performative Sinn einer Äußerung ist damit abhängig von der Beziehung, die sich in ihr ausdrückt und herstellt. Die oben (vgl. 8.2.1) entwickelte Unterscheidung von Inhalts- und Beziehungsaspekt kehrt hier in einem veränderten theoretischen Rahmen wieder. Auch hier wird zwischen verschiedenen Aspekten der Äußerung unterschieden:

Indem ich mich äußere, verweise ich auf etwas, nehme Bezug auf einen Sachverhalt, präsentiere also einen bestimmten Inhalt. Austin nennt das den »lokutionären Aspekt« der Äußerung. Searle unterscheidet noch einmal zwischen dem reinen Äußerungsakt und dem in ihm beschlossenen »propositionalen Akt«, mit dem ich mich auf bestimmte Sachverhalte beziehe bzw. sie bezeichne (Referenz bzw. Prädikation). Er kennzeichnet damit die semantische Dimension des Vorgangs als eine eigenständige, noch einmal von der Äußerung selbst zu unterscheidende Größe.

Mit der Äußerung zugleich mache ich »Behauptungen, stelle Fragen, erteile Befehle, gebe ein Versprechen, grüße, warne etc.«,[37] bringe also die Beziehungsebene ins Spiel. Austin wie Searle sprechen hier vom »illokutionären Akt«. In ihm kommt die Intention zum Ausdruck, die ich mit meiner Äußerung verbinde. Sie ist gleichsam im lokutionären Akt beschlossen; der Angesprochene muss sie dem entnehmen, was er hört (und sieht: nicht nur verbale, auch nichtverbale Elemente spielen bei der Entschlüsselung eine wichtige Rolle).

Der von Austin und Searle so genannte »perlokutionäre Akt« bezieht sich auf die Wirkungen, die die Äußerung beim Empfänger auslöst, beschreibt also, wenn man so will, das Ergebnis des sprachlichen Handelns. Von einem geglückten Sprechakt kann dann die Rede sein, wenn Intention und Ergebnis, illokutionärer und perlokutionärer Aspekt miteinander übereinstimmen.

Zur Theorie der Sprechakte gehört weiter die Unterscheidung und Klassifizierung verschiedener Sprechakttypen. Von John R. Searle, Jürgen Habermas u.a. liegen solche Typologien vor.[38] Unterschieden werden zum Beispiel (a) *Konstativa* (Sprechakte, die etwas behaupten,

Feststellungen treffen usw.), (b) *Regulativa* (Sprechakte, die etwas befehlen, um etwas bitten, zu etwas raten, vor etwas warnen usw.), (c) *Kommunikativa* (Sprechakte, die sich auf die Kommunikation selber beziehen: sagen, fragen, antworten, widersprechen usw.), (d) *Repräsentativa* (Sprechakte, die Gefühle, Einstellungen, Haltungen zum Ausdruck bringen: glauben, hoffen, wünschen, lieben usw.).

Nicht immer kann die illokutionäre Intention einer Äußerung am verwendeten Verb erkannt werden: Es gibt explizite Sprechakte, die die Intention ausdrücklich angeben (»Ich warne dich vor dem Hund«), und implizite Sprechakte, die in Gestalt einer Feststellung daherkommen (»Der Hund ist unberechenbar«) oder ihre Absicht auf andere Weise ›verstecken‹.

8.3.4 Liturgische Sprechakte

Ob es spezifisch religiöse – und damit auch liturgische – Sprechakte gibt, für die dann auch eigene Regeln zu entwickeln wären, die über ihr Gelingen oder Missglücken bestimmen, ist umstritten. Ohne Zweifel lassen sich viele der Sprechakte, wie sie in alltagssprachlicher Kommunikation begegnen, im Gottesdienst wiederfinden. Bitte und Klage haben hier ihren Platz, Warnung und Versprechen, Wunsch und Weisung und anderes mehr.

Wir gehen freilich davon aus, dass Sprechakte, die in allgemeiner zwischenmenschlicher Kommunikation vorkommen, eine neue Qualität zu gewinnen vermögen, sobald sie in religiösen bzw. liturgischen Kontexten erscheinen. Es ist sinnvoll, sie dann durchaus als Sprachhandlungen eigener Art zu behandeln. Das gilt für *Kommunikativa* wie verkünden, predigen, grüßen, akklamieren usw., für *Regulativa* wie bitten (beten!), ermahnen, entlassen, beschwören usw., für *Konstativa* wie bekennen, proklamieren, benennen, berufen usw., für *Repräsentativa* wie glauben, hoffen, lieben, wünschen usw., wobei eine eindeutige Zuweisung religiöser Sprechakte zu den vorgenannten Sprechakttypen im Einzelnen schwierig ist (vgl. z.B. die Sprechakte des Lobens, Preisens, Dankens, aber auch des Segnens, des Gedenkens, des Darbringens usw.). Insbesondere *Konstativa* und *Repräsentativa* gehen in religiöser Sprache häufig ineinander über.[39]

Eine detaillierte Systematik liturgischer Sprechakte hat Josef Schermann vorgelegt. Er unterscheidet zwischen katabatischen und anabatischen Sprachhandlungen im Gottesdienst (»Wort von Gott her« und »Antwort der Menschen im Gebet und Gesang«), wobei freilich die Einordnung der von ihm so genannten »eulogischen (Segensgebete, Weihe) und sakramentalen Sprechakte« Schwierigkeiten bereitet.[40]

Katabatischen Charakter haben danach die vielfältigen und komplexen »Sprechakte der Verkündigung«.[41] Im Einzelnen erfüllen sie die anamnetisch-aktualisierende Funktion der *Proklamation* (als »›Erinnerung‹ an und ›Zeugnis‹ von Christus«), die offenbarend-aktualisierende Funktion der *Prophetie* (als »unmittelbare Weitergabe von Gottesrede«) und die orientierend-exhortative Funktion der *Wegweisung* (in den Sprechakten von Ermahnung, Aufforderung, Ermunterung, Ermutigung, Tröstung, Belehrung, Erbauung usw.).

Anabatischen Charakter haben die vielfältigen und komplexen »Sprechakte des Gebets«,[42] die sich in vier grundlegende Typen einteilen lassen: (a) Lobpreis und Dank (Doxologia und Eucharistia); (b) Bitte und Fürbitte (Epiklese bzw. Precatio und Deprecatio); (c) Segnen bzw. Weihen (Eulogie bzw. Benedictio und Consecratio); (d) Bekenntnis (als Professio und Confessio, also als Glaubens- wie als Schuldbekenntnis).

8.3.5 Eucharistiegebet als »kommunikatives Handlungsspiel«

Michael B. Merz[43] hat eine Interpretation des Eucharistischen Hochgebets vorgelegt, die Elemente der Sprechakttheorie rezipiert, sie aber unter Aufnahme textlinguistischer Theorieansätze weiterentwickelt und überschreitet. Er begreift und beschreibt das Hochgebet als »Mehr-Ebenen-Text« und als »kommunikatives Handlungsspiel«.

Im Einzelnen unterscheidet Merz vier Kommunikationsebenen in den von ihm untersuchten Texten: Ebene 1 wird durch »›horizontale‹ Sprechvollzüge« konstituiert, wie sie z.B. im einleitenden Dialog in Erscheinung treten. Ebene 2 umfasst Vollzüge, die sich als »Rede zu Gott (bzw. Christus)« auffassen lassen. Ebene 3 wird durch den »narrativ gestalteten Rahmenbericht zu den Stiftungsworten« repräsentiert. Ebene 4 begegnet in Gestalt der in diesen Bericht eingeschlossenen direkten Rede Jesu. Zusätzlich wird durch die Überschriften, Anweisungen, Untergliederungen usw. des Meßbuchs eine Art »Nullebene« geschaffen. Auf allen Ebenen lassen sich durchaus verschiedenartige, miteinander verwobene Sprechgattungen erkennen, die es unmöglich machen, den Text einem einzigen Sprechakt (etwa dem Sprechakt *Gebet*) zu subsumieren.

Als »kommunikatives Handlungsspiel« umfasst das Hochgebet eine Vielzahl von »Kommunikationsakten«, in denen sich sprachliche und nichtsprachliche Konstituenten miteinander verbinden (wobei durchaus Widersprüche zwischen verbalen und nichtverbalen Elementen auftreten können). »Veränderungen in der Konstellation der Handlungsträger« sorgen für die Dynamik des Vorgangs, dem ein durchaus »dramatisches Moment« innewohnt.[44] Verstärkt wird dies durch die Vielzahl der Funktionen, die dem Hochgebet zukommen; Merz nennt im Einzelnen Lob, Dank, Preis und Bitte, Konsekration, Anamnese der Heilstaten, »Zu-

sammenführung« der Menschen in der feiernden Kirche sowie die im
Geschehen implizierten Rollen-, Selbst- und Situationsdefinitionen.

8.4 Gottesdienst als dialogisches Geschehen

8.4.1 Katabatischer und anabatischer Aspekt

Christlicher Gottesdienst gibt in seinem Sprachgestus, in seinen verbalen
und nichtverbalen Elementen sein eigenes Selbstverständnis deutlich zu
erkennen: Er versteht und gestaltet sich als symbolischer Dialog zwischen
Gott und der hier versammelten Gemeinde, als ein Dialog, in dem Gott
Menschen in seinem Wort anspricht, sich ihnen mitteilt und sie so zu
glaubender Antwort befähigt. Dabei ist deutlich: Solcher Dialog wird
nicht *über etwas* geführt, das sich gegenüber dem dialogischen
Geschehen vergegenständlichen, sich von ihm ablösen ließe. Gott teilt in
seinem Wort nicht *etwas* von sich mit, sondern schenkt sich selbst.
Umgekehrt gewinnt die glaubende Antwort der Gemeinde die Gestalt
personaler Ganzhingabe, die den Lebensvollzug im »Alltag der Welt«
(Röm 12,1-2) einschließt.[45]

In der dialogischen Bestimmung der theologischen Struktur christlichen
Gottesdienstes berühren sich neuere katholische Beschreibungen auffällig mit der
bekannten Definition Martin Luthers von 1544, nach der im Gottesdienst nichts
anderes geschieht, »denn das unser lieber Herr selbs mit uns rede durch sein
heiliges Wort, und wir widerumb mit jm reden durch Gebet und Lobgesang.«[46]
Am nächsten steht dieser Formulierung Art. 33 der Liturgiekonstitution des II.
Vatikanischen Konzils, wo – wohl zunächst mit Blick auf den Wortgottesdienst
– gesagt wird: »Denn in der Liturgie spricht Gott zu seinem Volk; in ihr
verkündet Christus noch immer die Frohe Botschaft. Das Volk aber antwortet mit
Gesang und Gebet.«

Solche Bestimmung des christlichen Gottesdienstes als Wort-Antwort-
Geschehen schließt ein, dass Gott in solchem Dialog die Initiative
zukommt: Indem er sich in seinem rettenden, heilswirksamen Wort der
Gemeinde zuwendet, ruft er zugleich die Möglichkeit glaubender Antwort hervor. Als Wort ist es auf eine Antwort aus, die es eben als Wort
allererst hervorbringt. Solche Reihenfolge des heilshaft-katabatischen
und des kultisch-anabatischen Aspekts entspricht nach Emil Josef
Lengeling dem »tatsächlichen Prozeß ›von Gott zu uns – von uns zu
Gott‹«,[47] und zwar »insgesamt und beim einzelnen«.[48]

Solche gleichsam genetische Zuordnung ist freilich durch den intentionalen Gesichtspunkt zu ergänzen, nach dem die Heiligung der Menschen die Verherrlichung Gottes zum Ziel hat und sich in dieser vollendet.[49] Darüber hinaus gilt, dass beide Aspekte – so theologisch bedeutsam auch ihre Unterscheidung bleibt – sich doch im konkreten liturgischen Vollzug wechselseitig durchdringen. Sie erscheinen so letztlich als »Aspekte einer einzigen Wirklichkeit« (»unvermischt und ungetrennt«):[50] Gottes Heil wird für uns ja gar nicht anders gegenwärtig als im Reden und Tun von Menschen, genauer: im Handeln der Gemeinde, die in gottesdienstlichen Vollzügen – in *Wort und Sakrament* – die Großtaten Gottes preist und feiert und sie gerade in solchem lobpreisenden, danksagenden Gedenken als gegenwärtiges Gotteshandeln verkündet.

Das heißt: Das Wort Gottes ergeht in, mit und unter der Antwort der Gemeinde. Und diese Antwort wiederum gewinnt die Gestalt des Wortes, in dem sich Gottes Heil vergegenwärtigt und zueignet. An solcher wechselseitigen Durchdringung haben alle Elemente des Gottesdienstes, wenn auch in unterschiedlicher Intensität, teil. In ihr kommt zum Vorschein, dass sich in aller gottgewirkten »Heiligung des Irdischen« bereits in einem objektiven Sinne Verherrlichung Gottes ereignet.[51] Insofern macht es wenig Sinn, im Gottesdienst katabatische von anabatischen Sprachhandlungen zu unterscheiden.

8.4.2 Christologische Dimension

Die Beschreibung christlichen Gottesdienstes als Wort-Antwort-Geschehen darf nicht in einem abstrakt-formalen Sinne missverstanden und auf ein sozusagen reines Beziehungsgeschehen (vgl. dazu 8.2, insbesondere 8.2.3) reduziert werden. Vielmehr gilt: Wort und Antwort ist christlicher Gottesdienst nur in Beziehung auf das Werk und die Geschichte Jesu Christi, die sich in ihm vergegenwärtigt (und in der ihrerseits Schöpfungs- und Heilsgeschichte insgesamt aufgehoben sind und ihren Grund wie ihr Ziel finden). Den beiden Aspekten des gottesdienstlichen Dialogs entspricht dabei die zweifache Richtung, in der sich das Werk Christi vollzieht: Christi Leben, Wirken und Leiden ist Hingabe an die Menschen und gerade darin Hingabe an den Vater. Und: Es ist Hingabe an den Vater und gerade darin Hingabe an die Menschen.[52] In solchem Sinne ist das Werk Christi selbst – wiederum unvermischt und ungetrennt – Wort und Antwort zugleich.

Von der Gegenwart der zweifach-einen Lebenshingabe Christi im Gottesdienst der Gemeinde zu sprechen, nötigt dazu, die Teilhabe der Glaubenden an solcher Hingabe näher zu bestimmen. Vielleicht wird man sagen dürfen: In seinem

Leben und Leiden, in seiner zweifach-einen Lebenshingabe ist Jesus Christus das
eine, unüberbietbare Wort Gottes an die Menschen und die eine, unwieder-
holbare, Gott geschuldete Antwort des »Gott entsprechenden Menschen«[53] zugleich. In der von Gott selbst gewirkten Weise empfangenden und antwortenden
Glaubens gewinnen Menschen am Geschick Jesu und an seiner zweifach-einen
Lebenshingabe Anteil, die sich gottesdienstlich in wechselseitiger Durchdringung von *Wort* (Heilszuwendung in Wortverkündigung und sakramentalem
Geschehen) und *Antwort* (Lobpreis, Dank, Bekenntnis, Bitte – unter dem
gleichen worthaft-sakramentalen Geschehen) darstellt und mitteilt.

8.4.3 Eucharistiegebet als Christusverkündigung

Geradezu als Modell für den gemeinten Sachverhalt kann die *acclamatio
anamneseos* dienen, wie sie das erneuerte Missale Romanum, inzwischen
aber auch evangelische Agenden in den Gang des eucharistischen
Hochgebets einfügen: »Deinen Tod, o Herr, verkünden (*annuntiamus*)
wir, und deine Auferstehung preisen (*confitemur*) wir, bis du kommst in
Herrlichkeit.«[54] Der Text spricht von der Christusverkündigung. Der
liturgische Ort, an dem er steht, macht in pointierter Weise deutlich, dass
auch das eucharistische Handeln als Christusverkündigung begriffen und
vollzogen werden muss: Die Formel gewinnt ja nur dann Sinn, wenn man
sie als Sprachgestalt, als worthaften Vollzug dessen versteht, was sich im
eucharistischen Geschehen als Ganzem ereignet (vgl. 8.3.1).

In den beiden Verben, die ihn tragen, verweist der Satz auf die beiden
Richtungsaspekte des gottesdienstlichen Geschehens: *annuntiare* (verkündigen)
hat eher einen katabatischen, *confiteri* (zumal wenn es mit *preisen* übersetzt
wird) einen anabatischen Klang. Zugleich wird aber das unauflösliche Miteinander und Ineinander beider Aspekte – die Verben wären ja prinzipiell untereinander austauschbar – deutlich: Die Verkündigung der zweifach-einen Lebenshingabe Jesu Christi an den Vater und die Menschen wie seiner Auferweckung durch Gott geschieht hier in der Weise lobpreisenden Anrufs, dankbaren
Gedenkens, erwartungsvoller Bitte, also im Modus von Anabasis. Aber gerade
solchem lobpreisenden Anruf eignet – nimmt man die Worte überhaupt ernst –
offenbar ein verkündigender, katabatischer Sinn.

So überholt der Satz alle Deutungen, die die beiden Aspekte des gottesdienstlichen Wort-Antwort-Geschehens an jeweils bestimmte liturgische
Gestalten und Vollzüge binden wollen. Sein deutlicher Bezug auf 1 Kor
11,26 verweist zudem noch auf einen weiteren Zusammenhang:
Wortgestalt, Mahlgestalt und Sozialgestalt solcher Christusverkündigung
bilden ebenfalls eine unlösliche Einheit. Sie konstituieren sich
wechselseitig und legen einander aus.

8.4.4 Pneumatologische Dimension

Zusammenfassend lässt sich sagen: Der gottesdienstliche Dialog vollzieht sich durch Christus im Heiligen Geist.[55] Das gilt für beide Richtungen: Jesus Christus, so hatten wir im Anschluss an Gerhard Ebeling gesagt, ist »Gottes Wort in Person« (vgl. 8.1.4). Dem Einzelnen wie der glaubenden Gemeinde vermittelt sich dieses personale Wort Gottes im Heiligen Geist (Röm 8,14; 1 Kor 3,16; 6,11; 2 Kor 3,17; Gal 4,6; Eph 4,30 u.ö.), das heißt auf eine Weise, in der Gott ganz Gott bleibt und sich dennoch dem Menschen zu Eigen gibt.

Umgekehrt ergeht auch die Antwort des Glaubenden wie der glaubenden Gemeinde durch Christus im Heiligen Geist: Sie ist lobpreisendes, danksagendes Einstimmen und Sicheinfügen in die zweifach-eine Lebenshingabe Christi und damit auch in seine gehorsame Antwort auf die Sendung durch den Vater. Als gottgewirktes Antwortgeschehen vollzieht sich auch solches Einstimmen und Sicheinfügen im Heiligen Geist: Ohne auf seine Personalität, sein Selbstsein zu verzichten, gibt sich der Mensch in solcher Antwort ganz und gar Gott und den Mitmenschen hin. Heiliger Geist – als Geist des Vaters und Geist Jesu Christi – ist gleichsam die Klammer, die Wort und Antwort in einem einzigen, unteilbaren Akt verbindet. Gottesdienstliche Kommunikation ist somit »Kommunikation im Heiligen Geist«.[56]

8.5 Gestalten des Wortes

Wir halten fest: Wort und Antwort ›verleiblichen‹ sich im konkreten liturgischen Geschehen in einer Vielzahl höchst unterschiedlicher Gestalten. Sie durchdringen dabei einander in den einzelnen liturgischen Vollzügen, bedienen sich – wenn auch in unterschiedlicher Akzentuierung – der gleichen sprachlichen wie nichtsprachlichen Mittel. Wir sprechen im Folgenden von *Gestalten des Wortes*, wenn wir die sprachlichen Vollzugs- und Verwirklichungsformen des gottesdienstlichen Wort-Antwort-Geschehens näher zu bestimmen versuchen. Wir wenden uns dabei im Einzelnen dem *verlesenen* (unter Einschluss des *geschriebenen Wortes*), dem *gepredigten* und dem *gebeteten Wort* zu. Für die Gestalt des *gesungenen Wortes* verweisen wir auf die ausführliche Darstellung in Kapitel 5 dieses Buches.

8.5.1 Das verlesene Wort

Schriftlesungen aus dem Alten Testament wie aus dem im Entstehen begriffenen Neuen Testament sind in den frühesten liturgischen Quellen bezeugt. Gemeinchristlicher Tradition gilt das Wort der Schrift als *verbum Dei scriptum*, als schriftliche und darum überlieferungsfähige, maßgebende Gestalt des geschichtlichen Gotteswortes, als Quelle und Norm aller aktuellen Bezeugungen des Glaubens. Im Gottesdienst freilich kommt dieses Wort in der Regel nicht als geschriebenes, sondern als *verlesenes Wort* zur Sprache: Schriftzeichen gewinnen wieder Laut und Stimme, verleiblichen sich in einem ›Klangleib‹, verwandeln sich aus geschriebenem in gesprochenes Wort.

Auch als *verbum Dei scriptum* ist dieses Wort ja nichts anderes als Niederschlag und Zeugnis ursprünglich mündlicher Verkündigung und Überlieferung, schriftlich fixiertes *verbum Dei praedicatum*. Indem der Vorlesende diesem Wort seine Stimme leiht, vollzieht sich dieser Übergang in umgekehrter Richtung, gewinnt das Schriftwort seine ursprüngliche Mündlichkeit zurück. Jede Verlesung des Schriftwortes – in einer den Beteiligten verständlichen Sprache – impliziert darum auch schon ein Stück Auslegung, ein Stück Aktualisierung: Der Vorlesende spricht dieses Wort immer auf seine Weise in eine konkrete Situation hinein, die über die Rezeption, das Verständnis, die Wirkung des verlesenen Wortes aktuell mitbestimmt.

Wie wohl kaum in einem anderen liturgischen Tun zeigt sich im verlesenen Wort die katabatische Seite des gottesdienstlichen Geschehens: Gott wendet sich in seinem Wort uns zu. Christus spricht zu uns, wenn die Schrift verlesen wird. Und doch hat auch das verlesene Wort an der Antwortseite des gottesdienstlichen Dialogs, der Anabasis, teil: Es ist auch Anruf, Lobpreis, Danksagung – eine Weise der *glorificatio Dei*, nicht nur der *eruditio populi*, der *sanctificatio hominis* (vgl. Art. 7 und 33 der Liturgiekonstitution des II. Vatikanischen Konzils).

Es kann ja nicht übersehen werden, dass das Schriftwort selber eine Fülle unterschiedlicher literarischer Gattungen bzw. Textsorten und damit auch höchst unterschiedliche Sprechakte umschließt: Ein gottesdienstlich verlesener biblischer Hymnus zum Beispiel, ein zur Verlesung gebrachtes Gebet setzen andere Akzente als eine Erzählung, ein Gleichnis oder ein paränetischer Episteltext.

In vielfältigem Bemühen, den Lesungen, insbesondere der Lesung des Evangeliums, einen feierlichen Charakter zu verleihen – durch Art und Ort des Vortrags, durch einleitende, begleitende und umrahmende Rufe, durch Gesänge, Gesten und anderes zeremonielles Handeln –, kommt diese anabatische Seite des verlesenen Wortes zum Ausdruck. In solchem

Zusammenhang kann auch das geschriebene Wort – in Gestalt etwa des Evangelienbuches – zum sinnenfälligen Zeichen für die in ihm beschlossene Gottes- und Christusrede und somit für den in seiner Gemeinde durch sein Wort gegenwärtig wirkenden Herrn werden. Dem geschriebenen Wort werden dann Auszeichnungen zuteil, die dem Herrn selber gelten; in Prozessionen mitgeführt, stellt das Buch den Herrn dar, der in seinem Wort zur Gemeinde kommt.

Wenn solche Verfeierlichung der Lesepraxis jedoch ein derartiges Maß annimmt, dass die hier ursprünglich intendierte Begegnung mit dem Wort der Schrift geradezu verfehlt wird, kehrt sich das Verhältnis um: Die Lesepraxis verkommt dann zum Symbol ihrer selbst.[57] Der heilshafte, katabatische Charakter des Vorgangs droht verloren zu gehen.

Es darf nicht übersehen werden, dass es im christlichen Gottesdienst auch nichtbiblische Lesungen gegeben hat und gibt. Zumindest seit Benedikt von Nursia (um 480/490 bis nach 547) sind Lesungen aus dem Heiligenleben und aus den Schriften der Kirchenväter im Stundengebet gebräuchlich. Die jüngste Reform dehnt dies auf die »Schriften sämtlicher in Lehre und Leben hervorragender kirchlicher Schriftsteller« aus.[58] Nichtbiblische Lesungen aus den kirchlichen Märtyrerakten und Heiligenviten sind auch für die Messe bezeugt.

»Man sollte sich [...] fragen«, schreibt Balthasar Fischer, »ob man nicht in Zukunft das strenge Bibelmonopol beim Wortgottesdienst der Messe insofern lockern könnte, als man, vor allem in Kindermessen, neben der Schriftlesung eine Lesung aus der Heiligenvita gestattet.«[59] Denkbar ist auch die Verlesung bzw. der Vortrag von Berichten, Informationen, Erzählungen als »wirksamer Hintergrund für die Schriftverkündigung«.[60]

8.5.2 Das gepredigte Wort

»Wenn dann der Vorleser aufgehört hat,« schreibt der Märtyrer Justin um das Jahr 150 n. Chr., »hält der Vorsteher eine Rede, in der er ermahnt und auffordert, diesen guten Lehren nachzueifern.«[61] Die Predigt als Auslegung des verlesenen Schriftwortes wird hier als ursprünglicher Bestandteil des Wortgottesdienstes der Messe bezeugt; dass sie in den Aufgabenbereich des Bischofs fällt, zeigt die Bedeutung, die man ihr beimisst (vgl. 6.1.3).

Das gepredigte Wort steht in einem doppelten Bezug zu dem im Gottesdienst verlesenen Wort: Als *verbum Dei praedicatum* liegt es dem Schriftwort, wie wir gesehen haben, immer schon zugrunde und damit auch voraus. Als solches geht es aber zugleich immer wieder aus dem *verbum Dei scriptum* hervor, bleibt – als aktuelle Auslegung des Schriftwortes – stets auf dieses rückbezogen. Was wir bereits im Blick auf das im Gottesdienst verlesene Wort feststellen konnten – dass es immer schon ein Stück Auslegung, Aktualisierung impliziert –, gilt hier in einem noch ganz anderen Sinne: Der Prediger leiht dem Schriftwort nicht nur – wie der Vorleser – seine Stimme. Er leiht ihm in einem eigentlichen Sinne seine Sprache und mit ihr all jene Erfahrungen, die in diese Sprache eingegangen sind, die ihm in dieser Sprache gegenwärtig sind und ihn als Menschen in seiner konkreten Existenz begründen und bestimmen. Das heißt: Der Prediger stellt sich als Person – in allen ihren Bezügen – diesem Wort zur Verfügung. »Gottes Wort in Person«: Das gilt nun auch hier, wenn freilich in einem abgeleiteten, stets auf die Menschwerdung Gottes in Christus rückbezogenen, vermittelten Sinne.

Aus solcher Verbindung von Wort und personaler Existenz erwachsen die besonderen Chancen, aber auch die besonderen Gefährdungen dieser Gestalt des Wortes: Das Wort vermag hier in einzigartiger Weise eine der jeweiligen Situation angemessene, diese Situation aufnehmende und in ihr wirksame Gestalt anzunehmen. Es vermag dem Menschen so ›auf den Leib zu rücken‹, wie eben nur ein Mensch in seiner Personalität einem anderen auf den Leib zu rücken imstande ist. Aber es vermag sich hier eben auch mit allzu menschlichem – im Sinne von: falschem, irreführendem, eigensüchtigem, unfrei machendem – Wort zu verbinden, dass es darin untergeht, und nicht mehr als Ansage und Gewähr von Freiheit und Zukunft gehört werden kann.

Mit diesem besonderen Charakter des gepredigten Wortes hängt auch seine spezifische Teilhabe an beiden Aspekten des gottesdienstlichen Dialogs zusammen. Ein Prediger, der mit seiner Sprache und seinen Erfahrungen sich selbst als Person diesem Wort zur Verfügung stellt, gibt sich damit zugleich in das hinein, was wir als die Antwortseite dieses Dialogs gekennzeichnet haben: Das Wort, das er zu sagen hat, liegt seiner eigenen glaubenden Antwort voraus und geht doch zugleich aus ihr hervor, ist Vollzug dieser Antwort selbst. Sein Predigen wird – in einem grundlegenden und existentiellen, nicht nur verbalen Sinne – deshalb immer auch Dank und Lobpreis, Bitte und Bekenntnis sein.

Jede gottesdienstliche Predigt, auch wenn sie äußerlich als Monolog daherkommt, ist doch ihrem Wesen nach in doppelter Weise auf den Dialog verwiesen. Sie hat zum Einen – wie eben gezeigt – an beiden Aspekten des gottesdienstlichen Wort-Antwort-Geschehens teil. Sie vollzieht sich zum Andern im ständigen Gespräch mit der hörenden Gemeinde: Sie geht aus solchem Gespräch des Predigers mit seinen Hörern hervor, setzt dieses Gespräch auf ihre Weise fort – ein Prediger, der seine Stimme nicht auch den Fragen, Hoffnungen,

Ängsten seiner Hörer leiht, verfehlt seine Aufgabe – und zielt auf vertiefende, ergänzende, weiterführende Gespräche jenseits des gottesdienstlichen Rahmens. Gegenstand der Predigt ist in der Regel ein biblischer Text. Jedoch kann auch über andere Texte – Lieder, Katechismusstücke, Kirchenväterstellen, Elemente der Liturgie usw. – und Themen gepredigt werden, wenn denn der biblische Bezug gewahrt bleibt.

Spannungsvoll – und das in sehr grundlegender Weise – ist das Verhältnis der Predigt zu den anderen Elementen des Gottesdienstes: Sie »als Teil der Liturgie selbst« (*pars ipsius liturgiae*: Liturgiekonstitution Art. 52) anzusehen, kann ja nicht heißen, sie den Spielregeln (dem Wortschatz, den Sprechakten, den Codes) ritueller Kommunikation zu unterwerfen, wie sie den Ablauf des Gottesdienstes insgesamt bestimmen. Sie bleibt – was Sprach- und Sprechweise, nichtverbales Setting usw. angeht – an die ihr eigenen rhetorischen Codes gebunden. Eine Diffusion ritueller und rhetorischer Codes, die diese Differenz nicht wahrhaben will, kann sich in zweifacher Weise auswirken:

Zum Einen ist denkbar, dass Predigt sich ganz und gar den rituellen Codes unterwirft und damit selber zum Ritus, zum »Predigtritual«[62] wird. Zum Andern ist es jedoch auch möglich, dass die rhetorischen Codes sich gegen die rituellen durchsetzen und der Gottesdienst insgesamt zu einer Art ›Rede‹ wird, die den Regeln rhetorischer Diskurse folgt. Das ist häufig dort der Fall, wo die Liturgie in allen ihren Elementen und Vollzügen einem bestimmten *Thema* unterworfen wird; ›gepredigt‹ wird dann nicht nur auf der Kanzel, sondern auch in den Gebeten, Gesängen, Bekenntnissen und Segensformeln.[63]

8.5.3 Das gebetete Wort

(1) Gebet in der Spannung von Wort und Antwort

Auch das gottesdienstliche Gebet ist eine Gestalt der Christusverkündigung und hat an der doppelten Beziehung teil, in der sich diese Verkündigung vollzieht: Es ist ganz gewiss Anrufung und Antwort, Lobpreis und Danksagung, auch Bitte, Bekenntnis und Klage, und es empfängt aus solcher anabatischen Ausrichtung die ihm eigentümliche Sprachgestalt. Aber ebenso gewiss hat das Gebet an der katabatischen Komponente des gottesdienstlichen Geschehens teil: Es bekennt und verkündet die Großtaten Gottes vor den Menschen.

Das kann man sich am eucharistischen Hochgebet (vgl. 8.4.3), aber auch an den klassischen Orationen der römischen Liturgie verdeutlichen: Sie sind feierliche Anrede an Gott, zugleich aber eine Art ›Rede‹ vor der versammelten

Gemeinde, eine Rede, die auf ihre Weise dogmatische Grundwahrheiten und spirituelle Grundhaltungen festhält und ausspricht.

So findet das, was im Gottesdienst geschieht, gerade auch im Gebet seine Wortgestalt. Dabei wird der Handlungscharakter gottesdienstlicher Sprache besonders deutlich: Wer betet, handelt mit Gott. Und er lässt Gott an sich handeln. Dass Gott sich auf solchen Handel einlässt, ist einhellige Verheißung des Alten wie des Neuen Testaments. Gerade das gottesdienstliche Gebet – wiederum exemplarisch: das eucharistische Gebet – ist so Wort-Seite, Sprach-Form jenes ›heiligen Handels‹ (*sacrum commercium*), der sich in Wort und Antwort hier vollzieht (vgl. 8.3.1).

(2) Sprechakte gottesdienstlichen Betens

Gerade im Hinblick auf seinen Handlungscharakter erweist sich das gottesdienstlich gebetete Wort als ein höchst differenziertes Phänomen, das eine ganze Reihe unterschiedlicher Sprechakte umfasst. Im Anschluss an Michael B. Merz[64] möchten wir folgende vorläufige Klassifizierung vorschlagen, die die oben (8.3.4) erörterte Einteilung in katabatische und anabatische liturgische Sprechakte überholt:

Zur liturgischen Sprache gehört zunächst die *Anaklese*, die Anrufung und Anrede des Gebetsadressaten. Gott hat Namen, bei denen er gerufen, Eigenschaften, auf die hin er angesprochen werden kann. Nach Richard Schaeffler[65] liegt in der Anaklese ein »Sprechakt des Benennens« vor.

Der Anrufung folgt häufig die *Anamnese*: Gott wird an das erinnert, was er getan hat. Solches Gedenken steht im Zeichen von Vergegenwärtigung: Das geschichtliche Heilshandeln wird in seiner fortwährenden Gegenwärtigkeit ergriffen und bezeugt – nach Richard Schaeffler entsteht so »jeweils aufs neue die *Identität* derer, die dieses Gebet in der Situation des Gottesdienstes als ihr Gebet verstehen.«

Zur Anamnese tritt die *Epiklese*, das Herabrufen des Gottesnamens, des Gottesgeistes, der Gotteswirklichkeit. Epikletische Elemente begegnen überall dort, wo Beter darum bitten, Gott möge von Menschen oder Dingen Besitz ergreifen, sie in sein Eigentum, sein Erbe wandeln: Epiklese zielt auf die Wandlung der Wirklichkeit.

Neben der Epiklese steht die konkrete *Bitte*, die sich entweder auf den bzw. die Betenden selbst beziehen kann oder – als *Fürbitte* – andere in den Blick nimmt, so die »Solidarität des Beters mit seiner Umwelt«[66] erweist.

Die Bitte kann in den *Lobpreis* münden, die *Doxologie*, die sich die versammelte Gemeinde im *Zuruf*, in der *Akklamation* zu Eigen macht. Auch andere Gebetsgattungen können sich mit Akklamationen verbinden, die in sich ein elementares Stück Gebet darstellen (Beispiel: das *Kyrie eleison*, neben dem *Amen* eine der ältesten liturgischen Akklamationen).

Die Aufstellung ist gewiss nicht vollständig. Sie wäre u.a. zu ergänzen um Sprechakte der Klage (und Anklage) und solche ›apologetischen‹ Charakters.[67] Eine nähere Betrachtung zeigt jedoch, dass die Klage (insofern sie Unheil vergegenwärtigt) in einer gewissen Beziehung zur *Anamnese* steht, während das Bekenntnis der Schuld – so es denn in die Bitte um Vergebung mündet. – sich in einer Art *Epiklese* vollendet.

(3) Gattungen liturgischer Gebete

Während eine Klassifizierung des gottesdienstlich gebeteten Wortes nach Sprechakten die synchronische Perspektive akzentuiert, bringt eine Einteilung nach Gebetsgattungen stärker diachronische, am geschichtlichen Werden orientierte Gesichtspunkte ins Spiel.[68] Wichtig ist in diesem Zusammenhang der Hinweis auf zwei jüdische Gebetsgattungen, ohne die sich das geschichtliche Werden christlicher Gebetssprache kaum verstehen lässt:[69]

Da ist zum Einen die *Todah* (תודה), im umfassenden Sinne ein Dank- und Gemeinschaftsopfermahl, »in dem ein einzelner oder mehrere für die Errettung aus einer Notlage Dank sagen«, und in dessen Mittelpunkt ein Danklied steht, »das sich zurückbezieht auf die Not und der Errettung gedenkt.« Kennzeichnend für die *Todah* ist die bipolare Spannung von Anamnese (זכר) und Epiklese, die in ihr zum Ausdruck kommt.

Da ist zweitens die *Berakah* (ברכה), ein Segens- und Lobpreisgebet, in dem »sich der Beter, vom Lobpreis ausgehend, auf die Bitte hin« bewegt. Im Unterschied zur *Todah*, die eine Reaktion auf konkrete Rettungs-Erfahrungen darstellt, »ist die *Berakah* ein Gebet, das das tägliche Leben des Juden begleitet« (vgl. auch 9.2.2).

Gottesdienstliche Gebete lassen sich unterteilen in solche, die in Gemeinschaft vollzogen werden, und solche, die ein Einzelner ›für sich‹ spricht. Unter den gemeinschaftlich vollzogenen Gebeten wiederum finden sich solche, bei denen der Vorsteher als Sprecher der Gemeinde in Erscheinung tritt, und andere, die von der Gemeinde gemeinsam gesprochen bzw. gesungen werden.

Hochgebete werden vom Vorsteher der Versammlung vorgetragen. Sie sind »wesentlich Eulogie, d.h. Lobpreis-, Dank- und daraus entspringendes Bittgebet«. Wichtigster Repräsentant dieser Gattung ist das eucharistische Hochgebet. Zur Gattung der *Hochgebete* gehören aber auch das Gebet über dem Wasser bei der Taufe, das Gebet über die Firmlinge bei der Firmung, das große Segensgebet über die Neuvermählten bei der Trauung, die Ordinationsgebete zu den entsprechenden Weihestufen (vgl. 6.1.5), auch zu den Weihen monastischen

Charakters (Abts- bzw. Äbtissinnenweihe, Profess usw.), das Gebet über dem Krankenöl bei der Krankensalbung, zur Weihe von Katechumenenöl und Chrisam, schließlich das Exsultet, der Lobpreis des Lichtes in der Osternacht (vorgetragen nicht vom Vorsteher, sondern vom Diakon).

Orationen sind ebenfalls Präsidialgebete, die vom Vorsteher vorgetragen werden. Sie »sind geprägt vom Stil der öffentlichen Rede (oratio)« und bestehen in ihrer lateinischen Fassung meist nur aus einem einzigen Satz: Auf Gebetseinladung und Gebetsstille folgen Gottesanrede (Anaklese, gegebenenfalls mit Prädikation), Bitte, christologische Mittlerformel (»Durch unsern Herrn Jesus Christus, deinen Sohn...«) und Gemeindeakklamation. Wichtige, den Ablauf strukturierende Orationen in der Messe sind das *Tagesgebet* (zum Abschluss der Eröffnung), das *Gabengebet* (zum Abschluss der Gabenbereitung) und das *Schlussgebet* (nach der Kommunion).

Segensgebete weisen formale und strukturelle Ähnlichkeiten mit den Orationen auf. Nach einer Gottesanrede erbitten sie den Segen Gottes für einen bestimmten Adressaten (zum Beispiel für die versammelte Gemeinde); daran schließt sich die – indikativisch oder deprekativ (von lat. *deprecatio*, Bitte: in Gestalt einer Bitte) formulierte – Segensformel des Segnenden an. Der Vorsteher steht hierbei der Gemeinde als Segnender gegenüber.

Orationen können auch als *Begleitgebete* liturgische Handlungen ›untersetzen‹ und interpretieren, zum Beispiel bei der Gabenbereitung, beim Effata-Ritus in der Taufe, bei der Grundsteinlegung einer Kirche. »Inhaltlich kreisen diese Gebete um die liturgische Handlung, die sie beschreiben, kommentieren, deuten oder auslegen.«

In den *Akklamationen* – sie umfassen meist nur ein Wort (Amen; Maranatha; Halleluja; Hosanna) bzw. einen einfachen Satz (»Herr erbarme dich«; »Wir loben dich« usw.) – tritt die versammelte Gemeinde unmittelbar als Sprecherin in Erscheinung. »Hochformen« der Gemeindeakklamation sind das Sanctus und der Ruf nach den Einsetzungsworten (vgl. 8.4.3). Akklamationen, die sich an Christus richten, sind neben dem *Kyrie eleison* (*Christe eleison*) und der *acclamatio anamneseos* auch die Rufe, die die Evangelienlesung rahmen (*Gloria tibi Domine*; *Laus tibi Christe*). Eine »Formel der Kenntnisnahme«[70] ist das *Deo gratias* nach der Lesung und im Zusammenhang der Entlassung.

In gewisser Weise gehört auch das *Allgemeine Gebet*, die *Oratio fidelium*, zu den Gebeten, bei denen die Gemeinde als Sprecherin unmittelbar in Erscheinung tritt. In der Regel akklamiert die Gesamtgemeinde dabei den Bitten, die von einzelnen Gemeindegliedern vorgetragen werden (zum Beispiel durch ein gesungenes oder gesprochenes *Kyrie eleison*).

Zu den Gebeten Einzelner innerhalb einer gottesdienstlichen Feier gehören zum Beispiel die vom Vorsteher gesprochenen Schuld- und Unwürdigkeitsbekenntnisse (die so genannten *Apologien*) sowie die stillen Gebete zur Händewaschung und vor der Kommunion. Im weiteren Sinne kann auch das vom Vorsteher und der Gemeinde gemeinsam bzw. im

Wechsel gesprochene Schuldbekenntnis (wenn es in der ersten Person des Singulars gefasst ist) hierunter subsumiert werden. Auch die »liturgische Handlungen überlagernden Formen der Frömmigkeit« (zum Beispiel das Rosenkranzgebet innerhalb der Eucharistiefeier) sind hier zu erwähnen.

Fehlformen liturgischer Gebete ergeben sich zum Beispiel durch die Über-frachtung von Gebeten mit dogmatischen Lehraussagen, durch die Umwandlung von Fürbitten in moralische Appelle, durch die katechetisch-homiletische Umformung von Gebeten in Predigtaussagen.

(4) Das Vaterunser

Als einem Gebetsformular, das nach neutestamentlicher Überlieferung (Mt 6,9-13; Lk 11,2-4) Jesus Christus selbst seinen Jüngern übergeben hat, kommt dem Vaterunser als *Herrengebet* ein besonderer liturgischer Rang zu. Die Didache verlangt das dreimalige Beten des Vaterunsers am Tag.[71] Vor der Taufe wird es den Taufbewerbern feierlich anvertraut und von diesen als erstes Gebet nach ihrer Taufe in der Gemeinde gesprochen.[72] Als Tauferinnerung, aber auch als Versöhnungsbitte gehört es zum festen Bestand der Stundengebete. In der Messe wird es – motiviert durch die Brot- und Vergebungsbitte – schon früh zur Vorbereitung auf den Eucharistieempfang gebetet. Seine Stellung vor den Einset-zungsworten in Luthers Deutscher Messe von 1526 verdankt es vermut-lich dem dort rezipierten Ritus der mittelalterlichen Gemeindekommu-nion.

(5) Gebetsformeln

In gewisser Weise kann man zu den liturgischen Gebeten auch die bi-blisch bezeugte liturgische Grußformel (»Der Herr sei mit euch – Und mit deinem Geist«; vgl. Rut 2,4; Am 5,14; Ps 129,8; 2 Thess 3,16b; Lk 1,28) sowie andere biblische Grußformeln rechnen.

In der *Traditio apostolica* (aus dem Beginn des 3. Jh.) leitet der Gruß das vom neugeweihten Bischof gesprochene Eucharistiegebet ein (inhaltlich gleich bedeutend ist die später den Bischöfen vorbehaltene Formel *Pax vobis*). Augustin kennt den Gruß im Zusammenhang der Eröffnung, unmittelbar nach dem Einzug.[73] Später kommt es zu einer Häufung von Grußformeln in der Mess-liturgie (im Missale Romanum von 1570 insgesamt neunmal); sie fungieren nunmehr als eine Art Gebetseinladung. Das neue Missale von 1970 sieht einen Grußdialog zur Eröffnung, vor dem Evangelium, vor dem Hochgebet, zum Frie-densgruß und vor der Entlassung vor.

Interpretations- und Übersetzungsprobleme bereitet die Antwort (*Et cum spiritu tuo*), die sich wohl auf den in seinem Geist in der Gemeinde gegenwärtigen Herrn bezieht. So legt sich eine Deutung als *Parallelismus membrorum* nahe, nach der Gruß und Antwort einander inhaltlich entsprechen.

Schon früh sind Deuteformeln und deprekative (in Gestalt einer Bitte formulierte) Begleitformeln zur Spendung der Eucharistie bezeugt, denen der Empfänger mit seinem *Amen* akklamiert. Deuteformeln sind auch im Zusammenhang anderer Handlungen – zum Beispiel bei der Chrisamsalbung nach der Taufe – überliefert. Deklarativen (feststellenden = vollziehenden, bewirkenden) Charakter trägt die Formel zur Spendung der Taufe. Scholastischer Einfluss zeigt sich dort, wo im Abendland auch die übrigen Sakramente mit deklarativen Spendeformeln ausgestattet werden (*Ego te absolvo* bei der Beichte, *confirmo te* bei der Firmung usw.).

Die Formel »Im Namen des Vaters und des Sohnes und des Heiligen Geistes«, mit der heute vielfach Gottesdienste bzw. gottesdienstliche Handlungen eingeleitet und kirchliche Rechtsakte eröffnet werden, hat ihren Ursprung im Taufbefehl Mt 28,20. Sie stellt somit eine Form der Tauferinnerung dar, die sich – wohl im Gefolge der arianischen Streitigkeiten des 4. Jh. – mit dem Ritus der Selbstbekreuzung verbindet (vgl. 7.2.1). Ähnlichen Ursprungs ist die so genannte ›kleine Doxologie‹ (*Gloria Patri*; *Ehre sei dem Vater*; vgl. 5.2.2).

Gottesdienstliche Gebete werden seit der Frühzeit mit feststehenden Formeln beschlossen, die sich ausdrücklich auf Jesus Christus als Mittler des Heils beziehen: »Durch ihn betet seine Kirche zu Gott und gibt so Gott die Ehre.«[74] Sie werden vielfach trinitarisch erweitert und – hierin jüdischem Brauch folgend – mit einer Doxologie verbunden.

Anmerkungen

[1] Gerhard Ebeling, Dogmatik des christlichen Glaubens. Bd. 1: Prolegomena. Der Glaube an Gott den Schöpfer der Welt; Bd. 2: Der Glaube an Gott den Versöhner der Welt; Bd. 3: Der Glaube an Gott den Vollender der Welt, Tübingen 1979, hier III, 263. Ebeling folgt darin dem philosophischen Ansatz des dialogischen Personalismus (Martin Buber, Ferdinand Ebner) und dem existenzphilosophischen Ansatz Martin Heideggers.

[2] Ebd. I, 189 f.

[3] Ebd. II, 71.

[4] Hermann Volk, Zur Theologie des Wortes Gottes, Münster 1962, 80.

[5] Ebd. 80 f.

[6] Gerhard Ebeling, Wort und Glaube. Gesammelte Aufsätze. Bd. 1 Tübingen (1960) ²1962; Bd. 2 Tübingen 1969; Bd. 3 Tübingen 1975; hier II, 414.

[7] Ebd. II, 410.

[8] Alfred Lorenzer, Tiefenhermeneutische Kulturanalyse, in: Ders. (Hg.), Kultur-Analyse. Psychoanalytische Studien zur Kultur (Fischer Wissenschaft 7334), Frankfurt a. M. 1986, 11-98, hier 55 f.

[9] Sigmund Freud, Essays III. Auswahl 1920 bis 1937. Hg. von D. Simon (Österreichische Bibliothek), Berlin ²1989, 13 ff.

[10] Lorenzer, Kulturanalyse (Kap. 8 Anm. 8), 59.

[11] Alfred Lorenzer, Das Konzil der Buchhalter. Die Zerstörung der Sinnlichkeit. Eine Religionskritik (Fischer Wissenschaft 7340), Frankfurt a. M (1981) 1984, 286.

[12] Lorenzer, Kulturanalyse (Kap. 8 Anm. 8), 60.

[13] Lorenzer, Konzil (Kap. 8 Anm. 11), 166.

[14] Ebeling, Dogmatik (Kap. 8 Anm. 1), II, 69 f.

[15] Ebd. II, 92.

[16] Ebd. I, 260. Kritisch zu solcher Bestimmung der Rolle des Wortes: Ulrich Kühn, Solo verbo? Die sakramentale Dimension des christlichen Gottesdienstes, in: JLH 41 (2002) 18-30.

[17] Vgl. z.B. Schaeffler, Kultus (Kap. 3 Anm. 10); Josuttis, Weg (Kap. 4 Anm. 1).

[18] Watzlawick u.a., Kommunikation (Kap. 2 Anm. 41), 53.

[19] Ebd. 54.

[20] Ebd. 61-68, 96-103.

[21] Eco, Einführung (Kap. 1 Anm. 36), 221.

[22] Vjačeslav Vsevolodovič Ivanov, Gerade und Ungerade. Die Asymmetrie des Gehirns und der Zeichensysteme, Stuttgart 1983.

[23] Paul Watzlawick, Die Möglichkeit des Andersseins. Zur Technik der therapeutischen Kommunikation, Bern u.a. ⁴1991, 22.

[24] Watzlawick u.a., Kommunikation (Kap. 2 Anm. 41), 66.

[25] Ebd. 63.

[26] WA 29,274.

[27] Jetter, Symbol (Kap. 1 Anm. 27), 116 u.ö.

[28] Peter Hünermann, Sakrament – Figur des Lebens, in: Richard Schaeffler/Peter Hünermann, Ankunft Gottes und Handeln des Menschen. Thesen über Kult und Sakrament (QD 77), 51-87, hier 55.

[29] Ebd. 60.

[30] Hans-Joachim Schulz, Ökumenische Glaubenseinheit aus eucharistischer

Überlieferung (KKTS 39), Paderborn 1976, 44.

[31] Bernhard Casper, Sprache und Theologie. Eine Hinführung, Leipzig 1981 (Freiburg i. Br. 1975), 52.

[32] Ebd. 47.

[33] Ebd. 45.

[34] John L. Austin, Zur Theorie der Sprechakte (Reclam Universal-Bibliothek 9396), Stuttgart [2]1979 (engl.: *How to do Things with Words*).

[35] Casper, Sprache (Kap. 8 Anm. 31), 52.

[36] Albrecht Grözinger, Die Sprache des Menschen. Ein Handbuch. Grundwissen für Theologinnen und Theologen, München 1991, 199.

[37] Peter Düsterfeld/Hans Bernhard Kaufmann (Hg.), Didaktik der Predigt. Modelle zur homiletischen Ausbildung und Fortbildung, Münster 1975, 171.

[38] Karl-Fritz Daiber u.a., Predigen & Hören. Ergebnisse einer Gottesdienstbefragung. Bd. 1: Predigten. Analysen und Grundauswertung, München 1980; Bd. 2: Kommunikation zwischen Predigern und Hörern. Sozialwissenschaftliche Untersuchungen, München 1983; Bd. 3: Karl-Fritz Daiber, Predigt als religiöse Rede. Homiletische Überlegungen im Anschluß an eine empirische Untersuchung. Mit Exkursen von Wolfgang Lukatis, Peter Ohnesorg und Beate Stierle, München 1991; hier II, 81-91.

[39] Ebd. II, 90.

[40] Josef Schermann, Die Sprache im Gottesdienst (IThS 18), Innsbruck, Wien 1987, 138.

[41] Ebd. 138-143.

[42] Ebd. 143-154.

[43] Michael B. Merz, Liturgisches Gebet als Geschehen. Liturgiewissenschaftlich-linguistische Studien anhand der Gebetsgattung Eucharistisches Hochgebet (LQF 70), Münster 1988.

[44] Ebd. 136.

[45] Ernst Käsemann, Gottesdienst im Alltag der Welt, in: Ders., Exegetische Versuche und Besinnungen, Berlin 1968, 233-239.

[46] WA 49,588.

[47] Emil Josef Lengeling, Werden und Bedeutung der Konstitution über die heilige Liturgie, in: Ders. (Hg.), Die Konstitution des Zweiten Vatikanischen Konzils über die heilige Liturgie. Lateinisch-deutscher Text mit einem Kommentar (RLGD 5/6), Münster [2]1965, 37*-101*, hier 78.

[48] Emil Josef Lengeling, Die Lehre der Liturgie-Konstitution vom Gottesdienst, in: LJ 15 (1965) 1-27, hier 22.

[49] Lengeling, Werden (Kap. 8 Anm. 47), 79.

[50] Lengeling, Lehre (Kap. 8 Anm. 48), 22.

[51] Ebd. 22.

[52] Ulrich Kühn, Art. Abendmahl IV. Das Abendmahlsgespräch in der ökumenischen Theologie der Gegenwart, in: TRE 1 (1977) 145-212, hier 171, 201.

[53] Eberhard Jüngel, Der Gott entsprechende Mensch. Bemerkungen zur Gottebenbildlichkeit des Menschen als Grundfigur theologischer Anthropologie, in: H. G. Gadamer/P. Vogler (Hg.), Neue Anthropologie. Bd. 6,1, Stuttgart 1975, 342-372.

[54] Gottesdienstbuch (Kap. 3 Anm. 31), 80 u.ö.

[55] Lengeling, Lehre (Kap. 8 Anm. 48), 4-6.

[56] Ebeling, Dogmatik (Kap. 8 Anm. 1), III, 119.

[57] Jungmann, Missarum sollemnia (Kap. 4 Anm. 27), I, 523.

[58] Balthasar Fischer, Formen der Verkündigung, in: Berger u.a., Gestalt des Gottesdienstes (Kap. 4 Anm. 7), 77-96, hier 87.

[59] Ebd. 88.

[60] Ebd. 89.

[61] Justin, Apologie 1,67; vgl. Beckmann, Quellen (Kap. 1 Anm. 71), 5, 226.

[62] Daiber u.a., Predigen (Kap. 8 Anm. 38), III, 228-241.

[63] Karl-Heinrich Bieritz, Die Homilie, in: Reinhard Meßner/Eduard Nagel/Rudolf Pacik (Hg.), Bewahren und Erneuern. Studien zur Meßliturgie [FS Hans Bernhard Meyer](IThS 42), Innsbruck, Wien 1995, 77-91.

[64] Michael B. Merz, Gebetsformen der Liturgie, in: Berger u.a., Gestalt des Gottesdienstes (Kap. 4 Anm. 7), 97-130, hier 105 ff.

[65] Richard Schaeffler, Das Gebet und das Argument. Zwei Weisen des Sprechens von Gott. Eine Einführung in die Theologie der religiösen Sprache, Düsseldorf 1989; vgl. Grözinger, Sprache (Kap. 8 Anm. 36), 205.

[66] Merz, Gebetsformen (Kap. 8 Anm. 64), 107.

[67] Ebd. 125.

[68] Ebd. 115 ff.

[69] Ebd. 99.

[70] Angelus A. Häußling, Akklamationen und Formeln, in: Berger u.a., Gestalt des Gottesdienstes (Kap. 4 Anm. 7), 220-239, hier 234.

[71] Did 8,3.

[72] Häußling, Akklamationen (Kap. 8 Anm. 70), 236.

[73] Anton Zwinggi, Der Wortgottesdienst bei Augustin (I), in: LJ 20 (1970) 92-113; (II) in: LJ 20 (1970) 129-140; hier 95 f.

[74] Häußling, Akklamationen (Kap. 8 Anm. 70), 230.

9. Brot und Becher

Dass das Christentum nicht nur als »Erinnerungs- und Erzählgemein-schaft«,[1] sondern auch als Mahl- und Tischgemeinschaft in die Ge-schichte eintritt, ja, dass bis heute eine Mahlhandlung im Mittelpunkt des christlichen Gottesdienstes steht, mutet – aus gehörigem Abstand be-trachtet – durchaus merkwürdig an. Es lässt sich nur zum Teil aus den kulturellen Gegebenheiten erklären, die das junge Christentum in seiner Umwelt vorfindet. Es lässt sich auch nur unzureichend aus anthropologi-schen, soziologischen, religionsgeschichtlichen Voraussetzungen ablei-ten. Es hängt letztlich auf eine sehr unmittelbare, einzigartige Weise mit der Praxis Jesu selbst zusammen.

9.1 Anthropologische Zugänge

9.1.1 Einverleibung und Kommunikation

Beim Essen und Trinken eignet sich das Individuum unmittelbar und leibhaft ein Stück *Welt* an, um als Organismus überleben zu können. Es handelt sich um einen elementaren »Vorgang der Einverleibung«:[2] Substanzen, die der Umwelt entstammen, werden dem eigenen Körper anverwandelt. Der Vorgang besitzt zum einen aktiv-aggressive Kompo-nenten: Nahrungsaufnahme trägt allemal destruktive Züge. Ein Stück *Welt* – in der Regel pflanzliches oder tierisches Leben – wird der eigenen Lebenserhaltung *geopfert*. Der Vorgang umfasst jedoch auch passiv-assimilative Momente: Nahrungsaufnahme bedeutet zugleich Teilhabe an dem einzuverleibenden bzw. einverleibten Stück *Welt*, das damit die eigene Lebens-Gestalt zu beeinflussen und zu verwandeln vermag. »Einverleibung« vollzieht sich dann im Sinne von »Einung«.[3] Darauf bezieht sich die volkstümliche Rede, dass der Mensch ›ist‹, was er ›isst‹.

Man hat versucht, diese Ambivalenz bereits an der Differenz »zwischen der saugenden und der beißenden Mundtätigkeit des Säuglings«[4] festzumachen: »Auf der Stufe der beißenden Mundtätigkeit wird das Objekt einverleibt und erleidet dabei das Schicksal der Vernichtung.«[5]

Beim Essen und Trinken vollzieht sich jedoch nicht nur der »Stoffwechsel-Austausch mit der natürlichen Umwelt«.[6] Nahrungsauf-nahme realisiert sich zugleich als elementarer Ausdruck und Vollzug zwischenmenschlicher Kommunikation. Das gilt schon für die ursprünglichste zwischenmenschliche Beziehung, die »Mutter-Kind-Dyade«:[7] Beim Stillen bzw. Füttern vermitteln sich »erste Erfahrungen von Zuwendung, Liebe, Geborgenheit, aber auch von Ablehnung und Bedrohung«.[8] Es ist gleichsam die erste *Sprache*, in der das Kind mit der Mutter verkehrt. Wie bei jeder Sprache ist auch hier der Spracherwerb und -gebrauch mit dem Aufbau einer spezifischen *Weltanschauung* verbunden:

»Die frühe Mundbetätigung dient also nicht nur der Stillung des Nahrungsbedürfnisses und der sinnlichen Befriedigung, sondern sie bedeutet auch einen Modus des Erfahrens und Erfassens der räumlichen Welt. Durch das Erkunden der Welt mit dem Mund und der Hand entsteht initial durch Bewältigung eines Mini-Raumes ein inneres Modell der Umwelt. Dabei darf nicht vergessen werden, daß mit zunehmender Differenzierung auch dem visuellen Aufnehmen eine Rolle zukommt, die für das Phantasieerleben nicht ohne Bedeutung ist. Das heißt, daß mit zunehmender Entwicklung Aufnehmen nicht mehr nur eine primär somatische, materielle und substantielle Angelegenheit bedeutet, sondern in übertragenem Sinne ein Hineinnehmen von Phantasien, Vorstellungen und somit bestimmten Aspekten der äußeren Objekte.«[9]

9.1.2 Vergesellschaftung der Natur

Essen und Trinken als Ausdruck und Vollzug zwischenmenschlicher Kommunikation: Das gilt natürlich in noch komplexerer Weise für die soziale Existenz von Menschen überhaupt. Im Gewinn, in der Verteilung, in der Zubereitung und im Verzehr der Nahrung vollzieht sich immer auch die Umwandlung von *Natur* in *Kultur*. Kultur aber lässt sich – mit Umberto Eco (vgl. 2.3.1) – als Kommunikations- und Signifikationssystem bestimmen. Es beruht auf dem Austausch von Signifikanten und Signifikaten, durch den ein spezifisches Wissen von ›wahr‹ und ›falsch‹, eine bestimmte Welt-Sicht vermittelt wird. Umwandlung von *Natur* in *Kultur* heißt dann: Nahrung und Nahrungsaufnahme werden in diesem Vorgang zu Zeichengestalten, zu Ausdrucksmitteln, in denen sich das Bedeutungssystem der jeweiligen Kultur – ihr »semantisches Universum« – darstellt und mitteilt. Dies ist keineswegs an gemeinsame Mahlzeiten gebunden; es gilt, einmal kulturell installiert, für alle Formen der Nahrungsaufnahme.

»Die Zusammensetzung der Nahrung, die Technik ihrer Zubereitung und Konservierung sowie die Verzehrsformen sind seit der Zeit, da der Urmensch Beeren, Kräuter und Knollen sammelte sowie Tiere jagte und zu fischen anfing, zu einem verschachtelten Bedeutungssystem zusammengewachsen, das zwischenmenschliche Beziehungen ausdrückt und normiert. Dabei muß man nochmals feststellen, daß solche Bezeichnungssysteme auch zugleich innere Bedeutungssysteme enthalten [...] Nahrungsverhalten wird deshalb zum Teil des gesamtgesellschaftlichen Kommunikationsprozesses, weil die einzelnen Elemente gleichsam den Charakter von verschlüsselten Verhaltensanweisungen annehmen.«[10]

Das will sagen: Die Lebens-Mittel, die in einer Kultur dominieren, sind zugleich Medien der gesellschaftlichen Kommunikation, durch die sich diese Kultur konstituiert. Sie sind darin auch Sinnbilder des Lebensstils, den diese Kultur vorschreibt. Dieser Lebensstil findet seine Grundlage wie seinen Ausdruck in dem, *was* die Menschen jeweils zu sich nehmen und *wie* sie es zu sich nehmen. Es geht nicht nur um Brot und Wein, Fleisch und Früchte und die ihnen zugeschriebenen ›natürlichen‹ Signifikate. Es geht zugleich um die Bedeutungen, die sich in der Produktion, vor allem aber in der Art und Weise der Konsumtion der kulturtypischen Lebens-Mittel herstellen und ausdrücken. So vollzieht sich hier so etwas wie »die Vergesellschaftung der Natur«:[11]

»Das Essen ist offensichtlich eine Tätigkeit, deren Bedeutung weit über die Funktion, Natur zur Reproduktion der physischen Natur anzueignen, hinausgeht. Das Essen als eine Form der Aneignung der Natur hat nicht nur eine materielle, sondern eine symbolische Bedeutung. Die Aneignung der Natur wird selbst beim Essen nicht nur vom Bauch, sondern auch vom Kopf bestimmt. Das Essen ist mehr als ein bloßer Mechanismus der Befriedigung physiologischer Bedürfnisse. Das Essen repräsentiert auch eine kulturelle Form [...] Das Essen ist nicht nur eine materielle Aneignung von Natur, sondern auch symbolische Aneignung der Natur. Das Essen ist – um es in einer Kurzformel zu fassen – eine elementare Form des Übergangs von der Natur zur Kultur.«[12]

9.1.3 Vergemeinschaftung im Essen

Die oben beschriebenen Funktionen im Prozess kultureller Kommunikation begründen zugleich die spezifischen Leistungen, die das gemeinsame Essen und Trinken zu erbringen vermag: In ihm vollzieht sich die ›Vergemeinschaftung‹ von Individuen. Das ›Mitsein‹ von Menschen, ihre Sozialität, gewinnt darin Ausdruck und Gestalt. Drei grundlegende Formen solcher Vergemeinschaftung lassen sich unterscheiden:[13]

(a) Als unterste Ebene muss die bereits erwähnte »Ernährungssymbiose von Mutter und Säugling« gelten. Sie ist die kleinste, zugleich grundlegende Form jeglicher »Vergemeinschaftung durchs Essen«: »Der Nah-

rungsverbund von Mutter und Kind erscheint uns [...] als die neben der
sexuellen Kopulation engste Verbindung, in die zwei Menschen eintreten
können. Als solche kann sie zugleich als die Elementarverbindung der
größeren Speisegemeinschaften gelten, in die sie eingelagert ist.«

(b) Auf einer mittleren Ebene begegnet die »alltägliche, institutionell
fest etablierte [...] Speisekommunion des familialen Haushalts, die
Oikonomia.« Sie dient einerseits der Regulierung des Alltagslebens – in
ihr bilden sich die das familiale Gefüge bestimmenden *Ordnungen* ab –,
andererseits bietet sie in beträchtlichem Maße »emotionale Hintergrund-
erfüllung, deren Abwesenheit neurotisiert.«

»Zwischen der Ernährungssymbiose von Mutter und Säugling und den Ver-
gemeinschaftungsschüben durch Festgelage steht die Tischgemeinschaft im
familialen Haushalt. Nicht mehr naturales Ereignis wie die Mutter-Kind-Sym-
biose und nicht gelegenheitsvariabel wie das Festgelage, ist die Versammlung
aller Mitglieder einer Familie an der Tafel, oft nebst Gesinde, und ihre regel-
mäßige Speisung dort eine der kaum beachteten und doch fundamentalen
sozialen Institutionen zur Regulierung des Alltagslebens.«

(c) Die genannten Ebenen werden überlagert durch »sporadische,
nichtsdestoweniger in ihrem Ablauf hoch institutionalisierte Erweiterungen der Essensgemeinschaft bei Festgelagen unter Einbeziehung virtuell
aller Mitglieder des Lebensverbandes, in den wir eingerichtet sind.«

»Ein solches Gelage, bei dem für jedermann reichlich zur Verfügung steht,
stimuliert und potenziert Glücksempfindungen, indem es soziale Distanzen
abbaut und in soziale Nähe verwandelt [...] Die gemeinschaftsspendende Kraft
der festlichen Völlerei steht ebenso im Zentrum der tausendfältigen Veranstal-
tungen beim Potlach wie bei unseren Verlobungen und Hochzeiten, Kindtaufen
und Beerdigungen.«

Der »Vergemeinschaftung durchs Essen« korrespondiert – auf welcher
Ebene auch immer – der Ausschluss vom Mahl. Dies ist bei allen Überlegungen zu den kommunikativen Leistungen gemeinsamen Essens und
Trinkens mit zu bedenken: Die Mahlgemeinschaft definiert sich stets
auch negativ – in Abgrenzung von denen, die nicht teilhaben dürfen oder
wollen: »Gemeinschaften gewinnen ihre lebendige Identität niemals nur
positiv durch aktive Verbindung einer Reihe von Individuen, sondern
immer auch negativ durch Ausschluß anderer, die für die Verbindung
eigentlich in Frage kämen. Unsere Tischgemeinschaften bilden darin
keine Ausnahme: Auch sie gewinnen ihre Identität nicht zuletzt durch
Unterscheidung und Ausschluß. Sie nehmen nicht jedermann auf.«

9.1.4 Religiöse Aspekte

Der soziokulturellen Bedeutung, die der Herstellung, der Verteilung und dem Genuss der Nahrung zukommt, entspricht die gewichtige Rolle, die Speiserituale in zahlreichen religiösen Kontexten wahrnehmen: »Das heilige Essen ist [...] ein weltweit verbreitetes Medium religiöser Kommunikation, wie die Sprache, wie Ritualität allgemein.«[14] Die kommunikative, ›vergemeinschaftende‹ Funktion gemeinsamer Nahrungsaufnahme wird dabei aufgenommen und überschritten; im »heiligen Essen« ereignet sich »Kommunikation mit dem Transzendenten«[15] – sei es als »hierophagische Tischgemeinschaft« mit der Gottheit, sei es als »theophagisch-konsubstantiierende Communio«, bei der die Gottheit selber sich zum Verzehr darbietet, sei es auf noch andere, sublimere Weise.[16] Als außerordentlich facettenreich erweist sich dabei der Zusammenhang von *Mahl* und *Opfer* – Ausdruck des oben (9.1.1) erwähnten Sachverhalts, dass der Akt der Nahrungsaufnahme stets mit der Destruktion anderen (pflanzlichen, tierischen) Lebens einhergeht.

»Mahlhalten ist daher [...] ein zutiefst religiöser Kommunikationsvorgang, in dem Speise und Trank die Gabe, Essen und Trinken deren Annahme darstellen. Im Teilen der Lebens-Mittel kommunizieren die Mahlgenossen miteinander und mit dem Lebens-Grund, der letztlich Gott selber ist. Denn von ihm kommt alle Nahrung. Mit seiner Lebenskraft ist sie erfüllt – so sehr, daß nicht selten die Nahrung mit der Gottheit identifiziert (Theophagie) oder als Frucht eines göttlichen Selbstopfers betrachtet wird, deren Genuß die Menschen am Leben der Gottheit teilnehmen läßt. Hier zeigt sich eine innere Verbindung von (göttlichem) Opfer und Nahrung als Lebens-Mittel für den Menschen. Die darin beschlossene katabatische Bewegung wird (anabatisch) vom Menschen beantwortet: Das Schlachten der Opfertiere, das Ausgießen oder Verbrennen von Opferspenden ist als Rückgabe des von Gott geschenkten Lebens in seinen Ursprung, als Hingabe an ihn zu verstehen. Was wie Zerstörung aussieht, ist in Wahrheit Übergabe an die Gottheit und dort, wo ein Mahl folgt, Zubereitung der Opfer-Mahl-Gabe.«[17]

Nach Manfred Josuttis müssen dabei die »Teilhandlungen des Tötens, des Tauschens und des Essens« im Zusammenhang gesehen werden.[18] Die Zerstörung fremden Lebens im Interesse der eigenen Lebenserhaltung ist zugleich ein aggressiver Akt gegen die Gottheit, die dieses Leben hervorgebracht hat und der es bleibend eignet, und bedarf darum der Sühne. Die aber kann wiederum nur in neuen – symbolischen oder realen – »Tötungsakten« bestehen. An dieser Spannung hat das *heilige Essen*, in dem »das Opferobjekt sanktifiziert und inkorporiert wird«, teil:

»Essen ist ein aggressives Verhalten. Leben in Tier- oder Pflanzengestalt wird vernichtet, aggressive Impulse der oral-sadistischen Stufe werden reaktiviert. Im Akt des heiligen Essens ist der Problemhorizont noch erweitert. Jetzt geht es nicht nur um die Erhaltung des vom Hungertod bedrohten Lebens, es geht auch um die Rettung von Leben, das durch die vollzogene oder gewünschte Tötung schuldig wird und das eigene Lebensrecht verwirkt. Die Paradoxie, ja, die Antinomie menschlicher Opferpraxis besteht darin, daß ein Verhalten, das als Sühne für Aggression gemeint ist, selber der Sühnung bedarf. Deshalb hebt das heilige Essen nicht nur die elementare Problematik des alltäglichen Essens auf. Vielmehr führt die Kombination von Töten, Tauschen und Essen, die das Opfergeschehen in seiner Gesamtheit ausmacht, alle Beteiligten in eine kosmische Krise, weil dabei sowohl die Vernichtung der Gottheit als auch die Selbstvernichtung drohen.«[19]

9.2 Wurzeln des Herrenmahls

9.2.1 Die Mahlpraxis Jesu

Nach dem übereinstimmenden und vielfältigen Zeugnis der Evangelien spielt sich ein Großteil der Wirksamkeit Jesu im Rahmen von Mahlzeiten ab (vgl. u.a. Mt 9,10; 11,18 f; 22,1-14; Mk 2,15-17.18 ff; 3,20; 7,1 ff; 14,3 ff; Lk 7,33 f. 36 ff; 10,7 f. 38 ff; 13,26; 14,1 ff. 15-24; 15,1 u.ö.). Auch die Überlieferungen über die großen Mahlgemeinschaften, zu denen Jesus das Volk lädt, verbunden mit wunderbaren Brotvermehrungen, gehören in diesen Zusammenhang (Mt 14,13-21; 15,32-39; Mk 6,30-44; 8,1-9; Lk 9,10-17; Joh 6,1-13). Der Eindruck auf die Zeitgenossen ist offenbar so stark, dass sogar die Gegner Jesu polemisch darauf Bezug nehmen (Mt 11,18 f).

Die Mahlgemeinschaften Jesu – so gibt gerade der letztgenannte Vorwurf zu erkennen – sind auch für diejenigen offen, die nach allgemeiner Vorstellung außerhalb der Gemeinschaft des Gottesvolkes stehen. Die *Heimholung der Verlorenen* – zentraler Topos in der Predigt Jesu und eines der entscheidenden Merkmale, an denen man den Anbruch der Gottesherrschaft erkennen kann – wird bei diesen Mahlgemeinschaften Ereignis, gewinnt eine konkrete soziale Gestalt. Eingeladen sind die *Zöllner und Sünder* (Mk 2,15; Mt 11,19; Lk 15,2 u.ö.), eingeladen sind die *Kranken* (Lk 14,21 u.ö.), eingeladen sind gewiss die *Armen* und *Hungernden*, von denen es ja ausdrücklich heißt, dass sie unter der Gottesherrschaft »satt werden« sollen (Lk 6,20 f). So, wie die Gleichnisreden Jesu die Gottesherrschaft nicht nur ankündigen, sondern die

Zuhörer gleichsam in ihr Kommen ›verstricken‹, lassen auch die Mahlgemeinschaften Jesu die Gegenwart der Gottesherrschaft erfahren. Sie greift nicht nur dort Raum, wo Dämonen ausgetrieben, Kranke geheilt, Verlorene heimgeholt werden, wo von ihr gepredigt und erzählt wird. Sie wird auch buchstäblich *herbeigegessen* und *herbeigetrunken*. Die Mahlgemeinschaften Jesu sind nicht nur Vorgriffe auf das endzeitliche Heilsmahl, Vorzeichen künftiger Vollendung, sondern eine Weise, wie die Gottesherrschaft sich gegenwärtig zeigt und durchsetzt. Sie sind »Ereignisse der ankommenden Gottesherrschaft selbst.«[20]

Dass es im künftigen Gottesreich Nahrung in Hülle und Fülle geben wird, dass die Hungernden gesättigt werden, dass Gott selber die Menschen mit allem Notwendigen im Überfluss versorgen wird, gehört zum festen Inventar alttestamentlich-jüdischer Endzeitvorstellungen. So nimmt es nicht wunder, dass man sich das Leben in der Heilszeit als immer während Friedens- und Freudenmahl vorstellt (Jes 25,6). Jesus nimmt diese Vorstellungen auf. Auch für ihn ist es ganz selbstverständlich, dass man im *Reich der Himmel* miteinander zu Tische sitzt (Mt 8,11). Auch in seinen Gleichnissen stellt er die Gottesherrschaft unter dem Bild eines Festmahls dar (Lk 14,15-24).

Das ›letzte Mahl‹, das Jesus nach dem übereinstimmenden Zeugnis der Evangelien wie des Paulus (Mt 26,17-30; Mk 14,12-25; Lk 22,7-23; 1 Kor 11,23-26; vgl. auch Joh 13,1-17,26) mit seinen Jüngern in der Nacht vor seinem Tod feiert, steht im Kontext dieser Mahlpraxis und der mit ihr verbundenen theologischen Gehalte; es kann kaum losgelöst hiervon interpretiert werden. Es realisiert jedoch zugleich – unabhängig von der exegetisch schwer entscheidbaren Frage, ob es sich dabei um ein reguläres Passamahl oder ›nur‹ um ein Fest- bzw. Freundschaftsmahl handelt – einen darüber hinausgehenden Sinn:

> »Es bedarf heute keiner weiteren Diskussion mehr, daß das *letzte Mahl Jesu* in der Nacht vor seinem Sterben im Zusammenhang mit diesen festlichen Mahlzeiten stand. Zugleich sollte aber auch deutlich sein, daß sich seine Bedeutung nicht nur darin erschöpft, Abschluß der irdischen Mahlgemeinschaft gewesen zu sein. Entscheidendes Merkmal dieses Abschiedsmahles ist vielmehr, daß Jesus seinen Jüngern die Möglichkeit erschloß, die von ihm gewährte Mahlgemeinschaft auch nach seinem leiblichen Ausscheiden in erneuerter Form weiterzuführen. Und zwar liegt die Begründung dafür in der Sinndeutung seines bevorstehenden Todes.«[21]

So umfasst die Mahlpraxis Jesu ›nach außen‹ wie ›nach innen‹ gerichtete Aspekte: Sie ist Ausdruck und Vollzug jener *Heimholung der*

Verlorenen, von der oben die Rede war, und zugleich Ausdruck und Vollzug der Gemeinschaft, die Jesus mit seinen Jüngern verbindet.

9.2.2 Tischsegen und Tischdank

Es besteht keinerlei Grund anzunehmen, Jesus habe sich in seiner Mahlpraxis *nicht* an die Mahlbräuche seiner kulturell-religiösen Umwelt – konkret: die Mahlsitten und -riten, wie sie im palästinischen Judentum seiner Zeit üblich waren – gehalten. Die Rekonstruktion dieser Bräuche stößt freilich auf gewisse Schwierigkeiten; denn »jahrhundertelang wurden Gebetsformulare nur mündlich überliefert, und die ältesten handschriftlichen Zeugen stammen erst aus dem Mittelalter.«[22] Die Texte, die nachfolgend aus dem solchermaßen überlieferten Bestand zitiert werden, besitzen darum den Charakter von Textbeispielen; sie beanspruchen nicht, authentisch wiedergeben zu wollen, was zur Zeit Jesu tatsächlich beim Mahl gesprochen und gebetet wurde.

Unter diesem Vorbehalt lässt sich sagen: Konstitutiv für das jüdische Festmahl im Freundes- und Familienkreis – also keineswegs nur für das Passamahl, sondern zum Beispiel auch für das Sabbatmahl und andere Mahlzeiten – sind der *Tischsegen* zu Beginn und der *Tischdank* zum Abschluss der Mahlzeit.

(1) Tischsegen (*Kiddusch*)

Zu Beginn der gemeinsamen Mahlzeit nimmt der Hausvater – bzw. derjenige, der den Vorsitz beim Mahl innehat – ein Brot, bricht es (denkt man an das bis heute übliche Fladenbrot, müsste es wohl heißen: reißt es auseinander) und verteilt es an die Mahlteilnehmer. Durch die Teilhabe an dem *einen* Brot wird eine symbolische *Essgemeinschaft* unter den Teilnehmern hergestellt, der sich nachträglich keiner mehr anschließen kann. Bevor er es bricht und verteilt, spricht er eine *Berakah*, einen *Lobspruch* (ברכה von hebr. ברך [*brk*] = segnen, preisen) darüber: *Gelobt seist du* (ברוך אתה), *Ewiger, unser Gott, König der Welt, der du Brot aus der Erde hervorbringst.*[23]

Die *Berakah* (Mehrzahl ברכות = *Berakoth*) ist ein Segens- und Lobpreisgebet, »das das tägliche Leben des Juden begleitet« (vgl. auch 8.5.3). Dabei »bewegt sich der Beter, vom Lobpreis ausgehend, auf die Bitte hin.«[24] In seiner Kurzform besteht es aus der *baruch*-Formel (*Gelobt seist du...*) und einem veränderlichen »Stammgebet«, einem Relativsatz, der das Motiv für das Lob angibt. Bei der längeren Form wird das

Lobmotiv entfaltet und der einleitende Lobpreis abschließend wiederholt. Häufig begegnen *Berakah*-Reihen (*Berakoth*), bei denen nur die jeweils erste *Berakah* mit der *baruch*-Formel beginnt, alle jedoch mit einem entsprechenden Satz (*Chatimah* von hebr. חתם [*chtm*] = Siegel) schließen.[25]

Bei Anlässen, zu denen auch Wein gereicht wird – zum Beispiel beim Sabbatmahl – wird der schlichte Ritus des Brotbrechens erweitert. Zu Beginn wird ein gemeinsamer Becher Wein (*Kiddusch-Becher*) gesegnet und den Mahlteilnehmern gereicht. Wieder spricht der Hausvater die *Berakah* darüber: *Gelobt seist du* (ברוך אתה)*, Ewiger, unser Gott, König der Welt, der du die Frucht des Weinstocks erschaffen.*[26]

Eine *Berakah* ›über den Tag‹ – beim Sabbatmahl: ein Lobpreis für den Sabbat – kann sich anschließen (man beachte die *Chatimah*, mit der das Gebet schließt):

Gelobt seist du (ברוך אתה)*, Ewiger, unser Gott, König der Welt, der du uns geheiligt hast durch deine Gebote, uns erwählt hast und deinen heiligen Sabbat in Liebe und Wohlgefallen uns zum Anteil gegeben hast als Gedenken des Schöpfungswerkes. Er ist der erste Tag der heiligen Feste, eine Erinnerung an den Auszug aus Ägypten. Uns hast du auserwählt, uns geheiligt von allen Nationen, und deinen heiligen Sabbat hast du uns in Liebe und Wohlgefallen zum Anteil gegeben. Gelobt seist du* (ברוך אתה)*, Ewiger, der du den Sabbat geheiligt.*[27]

In seiner Vollform umfasst der Eröffnungsritus (*Kiddusch; Birkat ha-môsî*) demnach vier Teile: (a) Eine *Berakah* über einen gemeinsamen Becher Wein (*Kiddusch-Becher*), (b) eine *Berakah* ›über den Tag‹, (c) eine *Berakah* über ein Brot, (d) das Brechen (Auseinanderreißen) und Verteilen des Brotes durch den Hausvater (Herstellung der »Eßgemeinschaft«).

»Ein Charakteristikum dieser halbrituellen jüdischen Mahlzeiten war das *Kiddusch*, mit dem das Essen eröffnet wurde. Das Kiddusch bestand aus einer feierlichen Berakha, einer Benediktionsformel über den Tag, in Verbindung mit einem gemeinsamen Becher Wein und dem anschließenden Brotbrechen durch den Hausvater [...] Alle Tischgenossen bekommen ein Stück von dem *einen* Brot. Der Hausvater bricht es nach der Benediktion und teilt es an die Anwesenden aus. Dieser jüdische Brauch hatte folgenden Sinn: Indem alle ein Stück von dem *einen* Brot essen, sollte schon vor der Mahlzeit im Symbol eine ›Eßgemeinschaft‹ hergestellt werden. Es durfte sich nach der Vorschrift des Talmud [...] auch keiner mehr später der Tischrunde anschließen, nachdem diese durch das gemeinsame Essen von dem *einen* Brot eine Eßgemeinschaft geworden war.«[28]

(2) Tischdank (Nachtischsegen; *Birkat ha-mazôn*)

Gegen Ende der Mahlzeit schenkt man den *Segensbecher* (hebr. *kôs šäl b^erakah*, כוס של ברכה; griech. ποτήριον τῆς εὐλογίας, vgl. 1 Kor 10,16) ein, über dem dann der Hausvater (bzw. derjenige, der den Vorsitz bei Tisch innehat; vgl. auch 6.1.2) das Tischdankgebet, die *Birkat ha-mazôn* (ברכת המזון), spricht.

»Beim jüdischen Festmahl sprach der Hausvater das Tischdankgebet, wenn der Tischdiener einem jeden Mahlteilnehmer gegen Ende des Mahles einen Becher mit Wein gefüllt hatte. Der Beter des Tischgebetes richtete sich dann auf seinem Liegepolster auf, nahm den vor ihm stehenden Weinbecher, erhob ihn eine Handbreit über den Tisch und sprach darüber das Tischdankgebet; dieses wurde durch Wechselrufe eingeleitet und durch das ›Amen‹ der ganzen Tischgemeinde bekräftigt [...] Dann trank der Vorbeter als erster aus seinem Becher, so das Zeichen gebend für die Mahlteilnehmer, aus ihren eigenen Bechern zu trinken [...] Wenn der Hausvater einen seiner Gäste an der Tafel oder die Hausfrau im Nebengemach – Frauen pflegten nicht am Festmahl teilzunehmen – besonders ehren wollte, übersandte er dem so Auszuzeichnenden durch den Tischdiener wohl seinen ›Segensbecher‹, aus dem jener dann einen Schluck nahm. Das war wohl ein drastischer Segenswunsch, unserem heutigen Zutrinken ähnlich. Man sprach diesem Trunk aus dem Segensbecher später segenvermittelnde Kraft zu.«[29]

Eingeleitet wird das Tischdankgebet mit einem Dialog (*Birkat ha-zimmun;* ברכת הזמון) zwischen dem Vorsteher und den anderen Mahlteilnehmern:

V. *Meine Herren, laßt uns preisen.* A. *Gepriesen sei* (מברך) *der Name des Ewigen von nun an bis in Ewigkeit.* V. *Laßt uns ihn, unseren Gott, preisen, daß wir von dem, was sein ist, gegessen haben.* A. *Gepriesen sei* (ברוך) *er, unser Gott, daß wir von dem, was sein ist, gegessen haben und durch seine Güte leben.* V. *Gepriesen sei er, unser Gott, daß wir von dem, was sein ist, gegessen haben und durch seine Güte leben.* A. *Gepriesen sei er und gepriesen sein Name.*[30]

Das eigentliche Tischdankgebet umfasst – nach der von Louis Finkelstein[31] rekonstruierten kürzeren Fassung, die ihrerseits dem Gebetbuch des Rabbi Saadia aus dem 10. Jh. folgt – ursprünglich wohl drei Teile:

(a) *Gepriesen* (ברוך) *bist du, o Herr, unser Gott, König des Alls, der du die ganze Welt mit Güte, mit Gnade und mit Barmherzigkeit nährst. Gepriesen* (ברוך) *bist du, o Herr, der du alle ernährst.* (b) *Wir danken dir* (נודה לך, von ידה), *o Herr, unser Gott, daß du uns auserwählt hast, ein gutes und schönes Land zu besitzen, den Bund, die Tora, Leben und Nahrung. Für alle diese Dinge danken wir dir* (מודים לך) *und preisen* (ומברכים) *deinen Namen ewiglich.*

Gepriesen (ברוך) *bist du, o Herr, für das Land und für die Nahrung.* (c) *Übe Barmherzigkeit* (רחם), *o Herr, unser Gott, an deinem Volke Israel und an deiner Stadt Jerusalem, an deinem Tempel und deiner Wohnung, an Zion, deinem Ruheort und an dem großen und hohen Heiligtum, über dem dein Name ausgerufen ist. Mögest du das Königreich Davids in unseren Tagen wieder-aufrichten und Jerusalem bald erbauen. Gepriesen* (ברוך) *bist du, o Herr, der du Jerusalem wiedererbauen wirst.*[32]

Von Bedeutung für das Verständnis des Textes ist neben der oben erörterten *Berakah* (griech. Entsprechung meist εὐλογία, εὐλογεῖν) eine weitere Gebetsform, die als *Todah* (תודה von hebr. ידה [*jdh*] = danken, loben, preisen, bekennen; griech. Entsprechung meist εὐχαριστία, εὐχαριστεῖν) bezeichnet wird (vgl. 8.5.3, aber auch 9.4.2):

> »Als Toda im umfassendsten Sinn ist ein Dank- und Gemeinschaftsopfermahl zu verstehen, in dem ein einzelner oder mehrere für die Errettung aus einer Notlage Dank sagen. Kernpunkt einer solchen Toda ist ein Danklied, das sich zurückbezieht auf die Not und der Errettung gedenkt. Jahwe selbst wird als Retter aus der Not bekannt.« Während die mit der *baruch*-Formel eingeleiteten *Berakoth* häufig prädikativ-präsentisch angelegt sind, ist für die *Todah* – die auch mit einer Brot- und Weingabe verbunden war – die »Bipolarität von Anam-nese der Geschichte (zkr) und Epiklese« kennzeichnend: »Auf die Erinnerung an die Errettung aus der Notsituation einst folgt die Bitte um Errettung jetzt.«[33] Zweifellos zeigen sich die oben erwähnten *Berakoth*-Reihen – sofern sie anam-netische und epikletische Elemente integrieren – vom »Toda-Genus« beein-flusst.[34] Da solche »anamnetisch-epikletische Doppelstruktur«[35] sich auch in frühen eucharistischen Texten nachweisen läßt, sehen manche im Herrenmahl geradezu »die Toda des Auferstandenen«.[36]

Bei dem hier zitierten Tischdankgebet handelt es sich offenkundig um eine *Berakoth*-Reihe im oben beschriebenen Sinn: Der erste Abschnitt ist ein Lobspruch, der mit der *baruch*-Formel eröffnet wird, Jahwe als Welternährer preist und mit einer thematisch hiervon bestimmten *Chati-mah* schließt. Der zweite Abschnitt dankt für die Gabe des Landes, des Bundes, der Tora, des Lebens, der Nahrung, und nimmt damit inhaltlich wie formal *Todah*-Elemente auf; auch er mündet in eine entsprechende *Chatimah*. Als Bitte für das Volk Israel und für Jerusalem schließt der dritte Abschnitt des Gebets hier folgerichtig an; die oben erwähnte »Bipolarität von Anamnese der Geschichte (zkr) und Epiklese« kommt darin gut zum Ausdruck. Die abschließende, das Thema bündelnde *Chatimah* fehlt auch hier nicht. So vollzieht sich in diesem Gebet ein Dreischritt von *Lobpreis* (prädikativ-präsentisch), *Danksagung* (anamnetisch) und *Bitte* (epikletisch-eschatologisch), der als exemplarisch für die Struktur jüdischen, aber auch christlichen Betens gelten kann.

RITUS DER FESTLICHEN JÜDISCHEN FREUNDSCHAFTS- UND FAMILIENMAHLE
(BEISPIEL: SABBATMAHL)

Vorbereitung der Mahlzeit: Richten der Speisen, Decken des Tischs,
Lobspruch über das Sabbatlicht

I. EINLEITUNG DER MAHLZEIT (TISCHSEGEN, KIDDUSCH)

1. *Berakah* über einen gemeinsamen Becher Wein (*Kiddusch-Becher*)
2. *Berakah* ›über den Tag‹ (Lobpreis für den Sabbat)
3. *Berakah* über das Brot
4. Brotbrechen und Brotverteilung (Herstellung der ›Essgemeinschaft‹)

II. SÄTTIGUNGSMAHL
(verbunden mit dem Gesang von *Zemirot*)

III. ABSCHLUSS DER MAHLZEIT
(TISCHDANK, BIRKAT HA-MAZÔN;
NACHTISCHSEGEN ÜBER DEM ›BECHER DER SEGNUNG‹)

1. Einladung zum Gebet (*Birkat ha-zimmun*)
2. Lobpreis Gottes, des Welternährers
3. Dank und Lobpreis für Land, Bund, Tora, Leben und Nahrung
4. Bitte und Lobpreis für Jerusalem

anschließendes Beisammensein beim Wein
(hebr. *mischtäh*, מִשְׁתֶּה; aram. *mischtija*, מִשְׁתְּיָא; griech. *symposion*, συμπόσιον)

9.2.3 Das Passamahl (*Pesach*)

Das Passamahl entfaltet den oben (9.2.2) dargestellten rituellen Aufriss und baut ihn aus. Auffällig ist die Zahl der Becher, die während der Feier gesegnet werden: Dem einleitenden *Kiddusch-Becher* folgt – zur Festerzählung, der Haggada – der *Haggada-Becher*, und neben den *Segensbecher* tritt im Schlussteil des Mahls zu späterer Zeit noch ein vierter Becher, *Hallel-Becher* genannt. Die Ordnung, nach der das Mahl begangen wird, heißt *Seder* (סֵדֶר).

Das Mahl beginnt nach Sonnenuntergang. Über den einleitenden *Kiddusch-Becher* spricht der Hausvater (bzw. derjenige, der den Vorsitz bei Tisch innehat) die *Berakoth* für den Wein und für den Tag. Die Teilnehmer trinken den ersten Becher. Danach wäscht der Hausvater die Hände, taucht Kräuter (›Petersilie‹) in Salzwasser, spricht die *Berakah* darüber, isst davon und reicht sie den anderen. Zum Brechen des ungesäuerten Brotes (*jachaz:* er nimmt dazu die mittlere der drei *Mazzen* aus der Seder-Schüssel und bricht sie in zwei ungleiche Teile) spricht er die – aramäische – Einladung zum Mahl:

> *Dies ist das Brot der Armut, das unsere Väter im Lande Ägypten aßen. Jeder, der hungrig ist, komme und esse mit uns, jeder, der bedürftig ist, komme und feiere Pesach mit uns. Dieses Jahr hier, im nächsten Jahr im Land Israel, dieses Jahr als Knechte, im nächsten Jahr als freie Menschen.*[37]

Danach wird der zweite Becher (*Haggada-Becher*) eingeschenkt, und der jüngste Teilnehmer fragt nach dem Sinn der verschiedenen Bräuche: »Warum ist diese Nacht anders als alle anderen Nächte?« Der Leiter antwortet mit der *Pesach-Haggada*, der Auszugsgeschichte, die sich an Dtn 26,5-11 anschließt, und lädt zum Gedenken und Danken ein:

> *In jeder Generation ist jeder verpflichtet, sich so zu betrachten, als wäre er selbst aus Ägypten ausgefahren [...] Nicht unsre Väter allein erlöste der Heilige, gesegnet sei Er, sondern auch uns mit ihnen, wie es heißt: Uns hat er von dort hinweggeführt, um uns hierher zu bringen und uns das Land zu geben, welches er unseren Vätern zugeschworen hat.*[38]

Danach singt die Tischgesellschaft den ersten Teil des *Hallel* (Ps 113 nach Schammai, Ps 113-114 nach Hillel) und trinkt den zweiten Becher.

Nun folgt die eigentliche Mahlzeit. Man wäscht sich die Hände, der Leiter spricht die *Berakah* über das Brot und gibt jedem ein Stück von der oberen, noch ganzen, und der mittleren, angebrochenen *Mazza*. Danach nimmt er die Bitterkräuter (*Maror*), taucht sie in ein Mus (*Charoset*), spricht den Segen darüber und teilt sie aus. Nachdem auch die untere der drei *Mazzen* verteilt ist, folgt das festliche Mahl. Ursprünglich wurde hier das Pesachlamm verzehrt; es wird heute durch den *Afikoman* (das größere, zu Beginn ›versteckte‹ Stück der mittleren *Mazza*) ersetzt. Danach darf keine Speise mehr genossen werden.

Jetzt wird der dritte Becher (der *Becher der Segnung*) gefüllt und der abschließende Tischsegen (*Birkat ha-mazôn;* ברכת המזון) darüber gesprochen. Nach dem Genuss des Bechers rezitiert man den zweiten Teil des *Hallel* (Ps 114 bzw. Ps 115-118 und Ps 136). Dazu wird der vierte Becher, der *Hallel-Becher*, den es zur Zeit Jesu vermutlich noch nicht gab, gefüllt, gesegnet und getrunken. Die Feier endet mit Gesängen und dem Gruß: *Nächstes Jahr in Jerusalem (leschanah habba'ah biruschalajim).*

9.3 Das Abschiedsmahl Jesu

Nach den Berichten der Evangelien und nach der Abendmahls-Paradosis des Paulus (1 Kor 11,23 ff) hält Jesus mit dem Zwölferkreis, den er um sich geschart hatte, am Vorabend seines Todes ein letztes festliches Mahl. Ob es sich dabei – wie die synoptischen Evangelien festhalten (anders das Johannesevangelium) – tatsächlich um ein Passamahl gehandelt hat, ist unter den Exegeten umstritten. Unabhängig davon lässt sich sagen: Es hat – so oder so – die Gestalt eines »jüdischen (Abend-) Essens, bei dem Wein getrunken wird«.[39] Jesus stiftet hier keine neue Handlung. Er greift vielmehr die überlieferten, ihm vertrauten Mahlriten auf und gibt ihnen durch seine deutenden Worte einen neuen Sinn.

»Eine exakte Rekonstruktion des Ablaufs dieses letzten Mahles und vor allem der von Jesus dabei gesprochenen Worte ist nicht mehr möglich, weil die Berichte (Mk 14,22-25; Mt 26,26-29; Lk 22,15-20; 1 Kor 11,23-25) durchweg Kultätiologien sind, in denen die Erinnerung an das vergangene Geschehen durch auf die spätere kirchliche Praxis bezogene liturgische und theologische Motive überlagert wird [...] Obwohl es historisch wahrscheinlich ist, daß das letzte Mahl Jesu ein Passamahl war (Mk 14,12-16 par.), sind die von den Mahlberichten festgehaltenen Handlungen und Worte Jesu ohne jeden Bezug auf Liturgie (Passahaggada) und spezifische Mahlbestandteile (Mazzen, Bitterkräuter, Lamm) der Passafeier. Sie beziehen sich vielmehr auf Vorgänge, die im Grunde für jedes jüdische Festmahl konstitutiv waren und die dessen Anfang und Abschluß markierten. Das die Hauptmahlzeit eröffnende Brotbrechen begleitete Jesus, über den üblichen Lobspruch hinausgehend, mit einem ersten Deutewort. Und ebenso sprach er über dem Segensbecher, der nach dem abschließenden Lobspruch unter den Mahlteilnehmern kreiste, ein zweites Deutewort, das sich mit einem eschatologischen Ausblick verband.«[40]

9.3.1 Das Brotwort

Sofern sie nicht die Historizität der Mahlberichte und der von diesen überlieferten Deuteworte über Brot und Becher generell bestreiten, rekonstruieren die Ausleger des Neuen Testaments die entsprechenden Passagen auf durchaus unterschiedliche Weise. Die Vielzahl der Varianten, die sich dabei ergibt, kann hier weder dargestellt noch erörtert werden. Es wird jedoch deutlich, dass solche Rekonstruktionen meist davon bestimmt sind, welches Selbst-Bewusstsein man dem historischen Jesus hinsichtlich seiner Sendung überhaupt bzw. der Heilsbedeutung seines Todes zuzubilligen gewillt ist. Wir beschränken uns im Folgenden auf den überlieferten Textbestand und verzichten darauf, jedesmal zu entscheiden, wie es denn nun ›wirklich‹ gewesen sei.

Danach spricht Jesus bei der Segnung, Brechung und Verteilung des Brotes – also im Zusammenhang des *Kiddusch*, des mahleröffnenden Tischsegens (vgl. 9.2.2) – das Deutewort: *Das ist mein Leib*. Das Wort ist in einer kürzeren (Mt 26,26; Mk 14,22: τοῦτό ἐστιν τὸ σῶμά μου) und längeren Fassung (Lk 22,19: τοῦτό ἐστιν τὸ σῶμά μου τὸ ὑπὲρ ὑμῶν διδόμενον; 1 Kor 11,24: τοῦτό μού ἐστιν τὸ σῶμά τὸ ὑπὲρ ὑμῶν) überliefert. Es ist ersichtlich, dass die längere Fassung das Motiv der *Hingabe* pointiert und damit eine deutliche Beziehung zum Tod Jesu herstellt. Es muss aber auch beachtet werden, dass solche *Hingabe* sich hier auf den Kreis der Mahlteilnehmer (ὑπὲρ ὑμῶν) bezieht.

Es liegt nahe, das Brotwort von jenem Sinngehalt her zu interpretieren, der der Segnung, Brechung und Verteilung des *einen* Brotes im jüdischen Mahl eignet, und auf weiter gehende symbolische Ausdeutungen (das ›Brechen‹ des Brotes etwa als zeichenhafter Hinweis auf den gewaltsamen Tod Jesu) zunächst zu verzichten: So, wie durch das Essen von dem *einen* Brot eine sozial wie religiös bedeutsame *Essgemeinschaft* hergestellt wird, eröffnet die Teilhabe an dem *einen* Brot, in dem Jesus sich selber gibt, eine in ihm begründete, mit seinem Geschick verbundene endzeitliche *Heilsgemeinschaft*. Die *Essgemeinschaft* des Mahles wird so zum wirksamen Zeichen der endzeitlichen *Heilsgemeinschaft*, für die Jesus mit seinem Leben und Sterben steht. Das Interesse gilt dabei eindeutig dem *Vorgang* der Teilgabe und Teilhabe und richtet sich nicht auf das Brot als einer hiervon – wie auch immer – ablösbaren ›Substanz‹.

»›Leib‹ (aramäisch *gufa*) meint dabei nicht die materielle Körperlichkeit, sondern die Person in ihrer Geschichtlichkeit, das ›Ich‹. Jesus stellt das Brechen und Verteilen des Brotes, durch das die Mahlgemeinschaft konstituiert wird, in einen kausalen Zusammenhang mit seiner personhaften Selbsthingabe in den Tod.«[41]

Vorausgesetzt ist dabei freilich der *eschatologische Horizont*, in den das Abschiedsmahl Jesu eingebettet ist. Dieser Horizont kommt insbesondere in einem Jesuswort zum Ausdruck, das Markus im Zusammenhang seines Mahlberichts überliefert. Es spricht vom künftigen Fest im Gottesreich und macht zugleich deutlich, dass Jesus die endgültige

Durchsetzung der Gottesherrschaft nicht durch den von ihm offenbar erahnten Tod gefährdet sieht: *Wahrlich, ich sage euch, dass ich nicht mehr trinken werde vom Gewächs des Weinstocks bis an den Tag, an dem ich aufs Neue davon trinke im Reich Gottes* (Mk 14,25).

»Dieser eschatologische Ausblick (Mk 14,25), der zum Kern des authentischen Überlieferungsbestandes gehören dürfte, hat insofern zentrale Bedeutung, als er den Horizont des Mahlgeschehens umreißt: Jesus kündigt sein Ausscheiden aus der Mahlgemeinschaft an, spricht jedoch zugleich seine Gewißheit aus, den Becher in der hereinbrechenden Gottesherrschaft ›neu zu trinken‹. Damit ist impliziert, daß die von ihm bislang ermöglichte, die Gottesherrschaft vorwegnehmende Mahlgemeinschaft durch seinen gewaltsamen Tod nicht aufgehoben wird, sondern weiter gültig und wirksam bleibt.«[42]

9.3.2 Das Becherwort

Im Zusammenhang mit dem Tischdankgebet (der *Birkat ha-mazôn* über dem *Segensbecher*; vgl. 9.2.2) spricht Jesus nach der Überlieferung ein weiteres Deutewort, das in unterschiedlichen Fassungen tradiert wird: *Dieser Becher ist der neue Bund in meinem Blut* – so bei Paulus und Lukas; oder, bei Matthäus und Markus: *Das ist mein Blut des Bundes, das für viele vergossen wird.*

In 1 Kor 11,25 (τοῦτο τὸ ποτήριον ἡ καινὴ διαθήκη ἐστὶν ἐν τῷ ἐμῷ αἵματι) und Lk 22,20 (τοῦτο τὸ ποτήριον ἡ καινὴ διαθήκη ἐν τῷ αἵματί μου τὸ ὑπὲρ ὑμῶν ἐκχυννόμενον) ist der Becher das Zeichen, an dem sich die Deutung festmacht: Er bezeichnet und gewährt den neuen Bund, der ›in meinem Blut‹ – das heißt: kraft meines Todes – zustande kommt und darin Bestand hat. Lukas ergänzt, womöglich unter Aufnahme der markinischen Formulierung: ›kraft meines für euch vergossenen Blutes‹, hat also wiederum – wie beim Brotwort – zunächst die Mahlgenossen als solche im Blick. Bei Mk 14,24 (τοῦτό ἐστιν τὸ αἷμά μου τῆς διαθήκης τὸ ἐκχυννόμενον ὑπὲρ πολλῶν) und Mt 26,28 (τοῦτο γάρ ἐστιν τὸ αἷμά μου τῆς διαθήκης τὸ περὶ πολλῶν ἐκχυννόμενον εἰς ἄφεσιν ἁμαρτιῶν) scheint demgegenüber eine Angleichung an das Brotwort – im Sinne einer Parallelisierung von *Leib* und *Blut* – vorzuliegen. Im Zentrum der Aussage steht hier nicht der *Bundeskelch*, sondern das *Bundesblut*, das ›für die vielen‹ vergossen wird – der Blick richtet sich also von vornherein über den Kreis der Mahlteilnehmer hinaus. Die Bezüge auf Jes 53,10-12 (Hingabe ›für die vielen‹), Ex 24,3-8 (›Bundesblut‹) und Jer 31,31 (›neuer Bund‹) liegen auf der Hand. Im Einzelnen lässt sich kaum entscheiden, welches der Motive möglicherweise ursprünglich ist und bei welchem es sich um ein späteres Interpretament handelt.

Es ist jedoch vorstellbar, dass Jesus mit seinem deutenden Wort zum *Becher der Segnung* an Inhalte des jüdischen Tischdankgebetes, der *Birkat ha-mazôn*, anknüpft. Wenn die überlieferten Gebetstexte auch allesamt aus späterer Zeit stammen, so ist es doch durchaus möglich, dass der Dank für das Land, den Bund und die Tora wie eine Bitte für das Volk schon zur Zeit Jesu zum Motivbestand dieses Gebets gehörten. Das gilt erst recht, wenn man davon ausgeht, dass hier Bezüge zur *Todah* (vgl. 9.2.2) in ihrer »anamnetisch-epikletischen Doppelstruktur« vorliegen: Danksagendes Gedenken der Bundestreue Gottes und Hoffnung auf endzeitliche Erfüllung seiner Verheißungen gehören darin untrennbar zusammen. Das spricht dafür, entgegen weit verbreiteter Ansicht doch eine ursprüngliche Bezugnahme auf den *Bund* für möglich zu halten: Jesus erklärt, so ließe sich sagen, den *Becher der Segnung* zum wirkkräftigen Zeichen des neuen, alle bisherigen Bundesgrenzen sprengenden, endzeitlichen Gottesbundes.

Jürgen Roloff, auf den wir uns dabei berufen können, verbindet in seiner Interpretation des Becherwortes das Motiv des stellvertretenden Sühneleidens mit dem Bundesmotiv: »Das Interpretament des Deutewortes über dem Becher ›für die Vielen‹ greift auf das Motiv des stellvertretenden Sühneleidens des Gottesknechtes in Jes 53,11 f. zurück. Mit dieser inklusivisch zu verstehenden Wendung ist die ›viele Einzelne umfassende Gesamtheit der dem Gerichte Gottes Verfallenen‹ gemeint [...] Das ist zunächst die Gesamtheit Israels, der Jesu Sendung galt, darüber hinaus aber auch die Gesamtheit der Weltvölker, deren Heil nach jüdischem Glauben mit dem Heil des Gottesvolkes in einem unmittelbaren Zusammenhang stand (vgl. Mt 8,11 f.). In einem weiteren Interpretament wird – erstmalig und einzigartig in der Jesusüberlieferung – das Motiv des Bundes aufgenommen [...] Es nimmt Bezug auf die prophetische Erwartung einer umfassenden endzeitlichen Erneuerung des Gottesverhältnisses Israels (Jer 31,31): Jesus erklärt die durch ihn ermöglichte Mahlgemeinschaft als den Ort, von dem her sich in Zukunft diese Erneuerung Israels, der ›neue Bund‹, realisieren wird. Von ihr, nicht mehr vom Tempel, wird solche Erneuerung zu erwarten sein: und zwar nicht nur für Israel, sondern – darüber hinausgreifend – für die gesamte Menschheit, ›die Vielen‹.«[43]

9.3.3 Der Gedächtnisbefehl

Nach Paulus und Lukas (Lk 22,19 nur nach dem Brotwort: τοῦτο ποιεῖτε εἰς τὴν ἐμὴν ἀνάμνησιν; 1 Kor 11,24 f. sowohl zum Brot- wie zum Becherwort, bei Letzterem um einen Einschub ergänzt: ὁσάκις ἐὰν πίνητε) weist Jesus die Tischgenossen an, die Handlung *zu seinem Gedächtnis* zu wiederholen. Wenn auch eine Mehrzahl der Ausleger sich eine solche Formulierung im Munde Jesu schwer vorstellen kann und sie darum für ein späteres Interpretament hält, gibt sie doch zu erkennen, wie die frühe christliche Gemeinde die Handlung aufgefasst hat: Das im Sinne Jesu begangene Mahl ist eine ἀνάμνησις, die ihn und sein Heilswerk zum Gegenstand hat. *Denn sooft ihr von diesem Brot esst und aus dem Kelch trinkt, verkündigt ihr den Tod des Herrn, bis er kommt*, fügt Paulus darum der ihm überlieferten Paradosis hinzu (1 Kor 11,26).

Die Ausleger sind sich weithin einig darin, dass der Begriff – er findet sich außer an den genannten Stellen im Neuen Testament nur noch Hebr 10,3 – vom Bedeutungsgehalt der hebräischen Wurzel *zkr* (זכר = gedenken, dem Gedächtnis einprägen; זכרון , *zikkaron* = Gedenken, Gedächtnis, Gedächtniszeichen) her und im Kontext des Wortfeldes, das sich um diese Wurzel gebildet hat, interpretiert werden muss, nämlich »im Sinne einer Repräsentation, Vergegenwärtigung des Vergangenen, das nie bloße Vergangenheit bleibt, sondern gegenwärtig wirksam wird.«[44]

Als Exemplum kann das Passa-Gedächtnis (Ex 12,14; 13,3-8 u.ö.) dienen, von dem – nach späterer Formulierung – gilt: *In jeder Generation ist jeder verpflichtet, sich so zu betrachten, als wäre er selbst aus Ägypten ausgefahren* (vgl 9.2.3). Die Anweisung zum *Gedenken* (Ex 13,3: זכור את־היום) zielt nicht »auf eine historische Erinnerung an ein längst vergangenes Heilsereignis«. »Vielmehr fühlten sie [die Mahlpartizipanten, insbesondere seit dem Exil] sich selbst hineingenommen in das rettende Handeln Gottes an seinem Volk und darum auch verpflichtet zu jener religiösen Haltung, die ihre aus Ägypten ausziehenden Vorfahren prägte.«[45]

Wie wir gesehen haben, ist auch die *Todah* mit ihrer »Bipolarität von Anamnese der Geschichte (zkr) und Epiklese« von solcher Haltung – genauer: solchem Verhältnis zum vergangenen wie zukünftigen Heilshandeln Gottes – bestimmt: Dem danksagenden, vergegenwärtigenden »Gedenken (zkr) der Großtaten Gottes wird die Bitte um erneutes ›Gedenken‹ auf Seiten Gottes angefügt.«[46]

Reinhard Meßner nimmt den von Jan und Aleida Assmann[47] entwickelten Begriff des »kulturellen Gedächtnisses« auf, um solche Vorstellung in einen umfassenden kulturanthropologischen Zusammenhang einzuordnen:

»Aus der erinnerten – kanonischen, weil die Gesellschaft begründenden und normierenden – Ursprungsgeschichte konstituiert sich die Gruppe immer neu, indem das Urzeitgeschehen durch das kulturelle Gedächtnis in die Gegenwart

Brot und Becher

hereingeholt wird. Durch das kulturelle Gedächtnis tritt der Mensch damit aus der Alltagszeit heraus und in eine Gegenzeit, in die den gesellschaftlich geteilten Lebenssinn stiftende Urzeit ein. Das kulturelle Gedächtnis schafft somit eine ständige Ungleichzeitigkeit, in der der Mensch existiert: Er lebt nicht nur in der chronometrisch faßbaren Zeit seines Alltags, sondern bedarf, um hier sinnvoll existieren zu können, des ständigen Regresses in das Ursprungsgeschehen (Urzeit).«[48] Dabei besteht die »Besonderheit des kulturellen Gedächtnisses in Judentum und Christentum [...] darin, daß das Gründungs- oder Ursprungs- geschehen nicht in einer außerhalb der Geschichte stehenden ›Urzeit‹ (Vorzeit) angesiedelt, sondern ein historisches Ereignis ist, das als Gründungsmythos des Gottesvolkes gedeutet wird.«[49] Für die christliche Anamnese wiederum »ist die in spätalttestamentlicher Zeit anhebende Eschatologisierung der Ursprungs- geschichte: die Erwartung eines zukünftigen neuen und endgültigen, die escha- tologische Heilszeit eröffnenden Exodus« fundamental.[50]

Die Deutung des *Bechers der Segnung* durch Jesus beim Abschieds- mahl hat demnach – auch wenn man den ausdrücklichen Anamnese- Befehl außer Betracht ließe – an der anamnetisch-epikletischen Struktur des Tischdankgebetes, der *Birkat ha-mazôn*, teil. Die Tischgenossen bedurften kaum einer Weisung, um die Mahlgemeinschaften, zu denen sie sich nach Jesu Tod und Auferweckung zusammenfanden, ›zu seiner ἀνάμνησις‹ zu begehen, das heißt, unter dem danksagenden, ver- gegenwärtigenden *Gedenken* seine rettende Gegenwart zu erfahren – *bis er kommt* (1 Kor 11,26).

9.4 Frühchristliche Mahlfeiern

9.4.1 Brotbrechen und Herrenmahl

Das Christentum tritt nicht nur als »Erinnerungs- und Erzählgemein- schaft«, sondern auch als Mahl- und Tischgemeinschaft in die Geschichte ein: Es finden sich Hinweise, dass gemeinsame Mahlzeiten im Zentrum des Lebens der judenchristlichen Gemeinden auf palästinischem Boden stehen, ja, dass das gemeinschaftliche Mahl – in Fortführung der Mahlpraxis Jesu (vgl. 9.2.1) – geradezu als Ansatz- und Kristallisations- punkt gemeindlichen Lebens begriffen werden kann. Die Anhänger Jesu – so darf man sich das vorstellen – nehmen weiterhin am Tempelgebet (Apg 2,46; 3,1) und am Synagogengottesdienst teil, verzichten auch darauf (was andere jüdische Richtungen für sich in Anspruch nahmen), eine eigene Synagoge zu gründen, sondern versammeln sich am *Herren- tag* (ἐν τῇ κυριακῇ ἡμέρᾳ, Offb 1,10, vgl. Did 14,1) bzw. am *ersten Tag der Woche* (ἐν τῇ μιᾷ τῶν σαββάτων, Apg 20,7; vgl. 1 Kor 16,2) zu abendlichen Mahlfeiern – wobei offen bleibt, ob es sich hier um die Nacht vom Sabbat zum Sonntag oder die dem Sonntag folgende Nacht handelt (vgl. 3.3.2, 3.4.1, 3.5, 4.2.1, 10.1).

»Der Ansatz für die Entwicklung eines eigengeprägten christlichen Gottesdienstes liegt nicht im synagogalen Wortgottesdienst, sondern in der durch Jesus begründeten Mahlgemeinschaft. Bereits unmittelbar nach Ostern versammelten sich die Jesus-Anhänger zu gemeinsamen Mahlfeiern, die reihum in den Häusern von in Jerusalem ansässigen Gemeindegliedern stattfanden (Act 2,46). Man beging das Mahl ›mit Jubel‹, d.h. in eschatologischer Hochstimmung, denn man verstand die Erscheinungen des Auferstandenen als Bestätigung der Mahlgemeinschaft mit ihm und zugleich als Vergewisserung des Bezuges des Mahles auf das kommende Freudenmahl der Heilszeit. Dies geht aus den Ostererzählungen hervor, die davon handeln, wie der Auferstandene die Jünger speist (Lk 24,30 f; Joh 21,13) beziehungsweise gemeinsam mit ihnen ißt (Lk 24,41 f; Act 10,41).«[51]

Man darf annehmen, dass diese Mahlfeiern – auch hierin der Praxis Jesu verpflichtet – in ihrem Verlauf und ihrer rituellen Gestalt dem Muster jüdischer Festmähler folgten, wie wir es oben (9.2.2) dargestellt haben, inhaltlich jedoch durch die Christusanamnese bestimmt waren. Dafür spricht die Bezeichnung dieser Mahlfeiern als *Brotbrechen* (κλᾶν ἄρτον bzw. κλάσις τοῦ ἄρτου, Apg 2,42.46; 20,7.11), die an den einleitenden Brotritus anknüpft und ihn damit als ein für die Mahlfeier konstitutives Element ausweist. Dafür spricht auch das älteste schriftlich überlieferte Zeugnis einer christlichen Abendmahlsliturgie – die von Paulus in seinem ersten Brief an die Korinther (verfasst in der ersten Hälfte der fünfziger Jahre in Ephesus) mitgeteilte, vermutlich noch wesentlich ältere Abendmahlsparadosis (1 Kor 11,23-25; 11,20 begegnet die Bezeichnung *Herrenmahl*, κυριακὸν δεῖπνον).

Wir folgen der Mehrzahl der Ausleger, die darin übereinstimmen, dass sich in den neutestamentlichen Mahlberichten die Mahlpraxis der frühen christlichen Gemeinden spiegelt. Danach beginnt die Feier – wie beim jüdischen Mahl – mit dem Lobspruch über das Brot, das sodann gebrochen und an die Tischgenossen verteilt wird (ἔλαβεν ἄρτον καὶ εὐχαριστήσας ἔκλασεν καὶ εἶπεν). Ob dabei das Deutewort Jesu zum Brot wiederholt wird, kann nicht mit letzter Sicherheit gesagt werden; jedenfalls wird die Handlung christologisch verstanden und gedeutet. Nach dem Mahl – die Wendung μετὰ τὸ δειπνῆσαι wird allgemein so interpretiert, dass hier noch ein regelrechtes Sättigungsmahl stattfhat – folgt die *Birkat ha-mazôn* zum *Segensbecher* (ποτήριον τῆς εὐλογίας, vgl. 1 Kor 10,16): ὡσαύτως καὶ τὸ ποτήριον μετὰ τὸ δειπνῆσαι λέγων. Dass Brot- und Becherhandlung noch durch ein richtiges Mahl voneinander getrennt sind, wird auch durch

die sprachlich wie inhaltlich unterschiedliche Gestalt der beiden Deuteworte
nahe gelegt: Im Mittelpunkt des Becherwortes steht noch nicht – wie dann bei
Markus und Matthäus – das ›Blut‹ (in Parallele zum ›Leib‹), sondern der
›Becher‹ selbst als wirkkräftiges Bundeszeichen (vgl. 9.3.2).

Noch genauer scheint Lukas in seinem Mahlbericht den Ritus des
jüdischen Festmahls wiederzugeben, wobei offen bleiben kann, ob es sich
dabei um die Kompilation unterschiedlicher Quellen, also ein eher
literarkritisches Phänomen handelt, oder ob hier gelehrte Kenntnis – etwa
der Passaliturgie – sich ausspricht:

Lukas kennt immerhin auch einen ersten Kelch zur Eröffnung des Mahles,
dessen Segnung und Darreichung er mit dem uns schon bekannten Wort aus Mk
14,25 verbindet: *Ich werde von nun an nicht trinken von dem Gewächs des
Weinstocks, bis das Reich Gottes kommt* (Lk 22,17 f.). Dass er diesen ersten
Kelch an die Tischgenossen weiterreicht (λάβετε τοῦτο καὶ διαμερίσατε), stimmt
ebenfalls zum mahleröffnenden *Kiddusch-Becher*. Auch Lukas setzt voraus, dass
Brot- und Becherhandlung noch durch ein regelrechtes Mahl voneinander
getrennt sind (μετὰ τὸ δειπνῆσαι, Lk 22,20).

9.4.2 Die Mahlfeier nach der Didache

Hinweise auf eine frühe Gestalt der christlichen Mahlfeier, die dem Ritus
jüdischer Festmähler folgt, liefert auch die *Didache der zwölf Apostel*.
Sie stammt vermutlich aus dem Beginn des 2. Jh., enthält aber nach
übereinstimmender Auffassung eine Fülle älteren Materials aus dem
syrisch-palästinischen Raum. Texte und Vorschriften, die die Mahlfeier
betreffen, finden sich in den Kap. 9, 10 und 14.[52]

In der Forschung ist vielfach bestritten worden, dass es sich in den
Kap. 9 und 10 tatsächlich um eucharistische Texte – also um solche, die
auf das *Herrenmahl* bezogen sind – handele; man nahm an, hier werde
ein nichteucharistisches ›Gemeinschaftsmahl‹, eine *Agape*, beschrieben.
Gelegentlich wird auch die Meinung vertreten, Did 9 enthielte die
Mahlgebete für die Agape, während Did 10,1-6 »das Gebet vor der
Eucharistie« wiedergebe.[53] Wir gehen im Folgenden davon aus, dass in
Did 9 und 10 eine sehr frühe ›Liturgie‹ der christlichen Eucharistiefeier
vorliegt,[54] die noch deutlich den Bezug zu jüdischen Mahlriten erkennen
lässt. Hierfür spricht nicht zuletzt die Formel Did 9,1, die den Komplex
einleitet: Περὶ δὲ τῆς εὐχαριστίας οὕτως εὐχαριστήσατε – *Was aber die
Eucharistie betrifft, so sprecht die Eucharistiegebete wie folgt*. Noch
gewichtiger scheint das Argument, dass es sich bei dem Gebet Did 10,1-6,

wie noch zu zeigen sein wird, eindeutig um eine christlich überformte *Birkat ha-mazôn,* also um den *Nachtischsegen* handelt.

(1) Die Eröffnung des Mahls

Die Feier beginnt mit der εὐχαριστία für einen Becher, der das Mahl eröffnet. Unschwer lässt sich hierin der jüdische *Kiddusch-Becher* wiedererkennen:

> *Was aber die Eucharistie betrifft, sagt folgendermaßen Dank. Zuerst beim Kelch: Wir danken dir, unser Vater* (εὐχαριστοῦμέν σοι πάτερ ἡμῶν), *für den heiligen Weinstock Davids, deines Knechtes, den du uns offenbar gemacht hast durch Jesus, deinen Knecht. Dir sei Herrlichkeit in Ewigkeit* (σοὶ ἡ δόξα εἰς τοὺς αἰῶνας).[55]

Die formalen wie inhaltlichen Entsprechungen zu den jüdischen Texten liegen auf der Hand (vgl. 9.2.2): Da ist die einleitende εὐχαριστοῦμέν-Formel, die der *baruch*-Formel der *Berakah* entspricht. Ihr folgt das christologisch gefüllte »Stammgebet«, das das Motiv für den Dank angibt. Die εὐχαριστία für den Becher schließt – gleichsam als *Chatimah* – mit einer Doxologie.

Freilich ergibt sich hierbei ein terminologisches Problem von weitreichender inhaltlicher Konsequenz. Während frühere Forschung meinte, die griechischen Begriffe *eucharistein* (εὐχαριστεῖν = danksagen, dankbar sein) und *eulogein* (εὐλογεῖν = preisen, lobpreisen, segnen, danksagen) sozusagen als Synonyme behandeln zu können, geht man heute davon aus, dass das hebr. *brk* (ברך) korrekt mit *eulogein* wiedergegeben werden muss, während *eucharistein* dem hebr. *jdh* (ידה) entspricht (vgl. 9.2.2). Mit anderen Worten: Die *Eucharistia* (εὐχαριστία) verweist als Gebetsgattung primär nicht auf die jüdische *Berakah* (ברכה), sondern auf die *Todah* (תורה), das Dankopferlied bzw. -gebet mit seiner anamnetisch-epikletischen Struktur.

Widersprüchlich sind in solcher Hinsicht freilich die neutestamentlichen Befunde selbst: Während Paulus in seiner Abendmahlsparadosis *eucharistein* bei der Brothandlung hat, spricht er 1 Kor 10,16 vom *eulogein* des Bechers. Matthäus und Markus haben beim Brotwort *eulogein,* beim Becherwort *eucharistein* – möglicherweise ein Hinweis auf die *Todah*-Elemente in der *Birkat ha-mazôn,* deren Mittelteil ja mit dem Verb *jdh* beginnt?

Der εὐχαριστία für den mahleröffnenden Becher folgt, wiederum nach jüdischem Brauch, die εὐχαριστία zum Brotbrechen (περὶ δὲ τοῦ κλάσματος):

> *Beim gebrochenen Brot: Wir danken dir, unser Vater* (εὐχαριστοῦμέν σοι πάτερ ἡμῶν) *für das Leben und die Erkenntnis, die du uns offenbar gemacht hast*

durch Jesus, deinen Knecht. Dir sei Herrlichkeit in Ewigkeit (σοὶ ἡ δόξα εἰς τοὺς αἰῶνας).[56]

Es folgt eine eschatologisch ausgerichtete Brotbitte, die das ›gebrochene Brot‹ auf die Gemeinde (ἐκκλησία) bezieht. Das stimmt wiederum zum Motiv der *Essgemeinschaft*, das schon im jüdischen Mahl mit dem Vorgang des Brotbrechens verbunden ist. Eine Doxologie schließt das Gebet ab:

> *Wie dieses gebrochene Brot zerstreut war auf den Bergen und zusammengebracht eines geworden ist, so soll zusammengeführt werden deine Kirche von den Enden der Erde in dein Reich; denn dein ist die Herrlichkeit und die Macht durch Jesus Christus in Ewigkeit.*

Von dem solchermaßen ›eucharistierten‹ Becher und Brot sollen nur Getaufte genießen: *Doch niemand soll essen und trinken von eurer Eucharistie außer denen, die auf den Namen des Herrn getauft sind. Denn auch darüber hat der Herr gesagt: Gebt das Heilige nicht den Hunden!*[57]

Es folgt, wiederum nach jüdischem Brauch, das Sättigungsmahl, das in der sich anschließenden Wendung (μετὰ δὲ τὸ ἐμπλησθῆναι = *nachdem ihr euch gesättigt habt*) eindeutig vorausgesetzt wird.

(2) Das Tischdankgebet

Dem Mahl folgt – entsprechend der jüdischen *Birkat ha-mazôn* – das Tischdankgebet, der *Nachtischsegen*. In seiner Struktur entspricht das Gebet seinem dreigliedrigen jüdischen Vorbild, freilich mit charakteristischen Verschiebungen. Wenn der *Becher der Segnung* (ποτήριον τῆς εὐλογίας, vgl. 1 Kor 10,16) auch nicht eigens erwähnt wird, muss er doch aufgrund der strukturellen wie inhaltlichen Bezüge, die ein synoptischer Vergleich erschließt, vorausgesetzt werden. Ein solcher Vergleich (siehe die nachstehende Synopse der Texte) lässt folgende Beobachtungen zu:

(a) Der Dank (*Todah*) – jüdisch: für das Land, den Bund, die Tora, Leben und Nahrung – rückt von der zweiten an die erste Stelle und besetzt dort den Platz, der ursprünglich dem Lobpreis (*Berakah*) des Welternährers zukommt. So beginnt das Gebet jetzt mit εὐχαριστοῦμέν σοι (נודה לך bzw. מודים לך) und verändert so insgesamt seinen Charakter. (b) Inhaltlich bezieht sich der Dank jetzt auf die Heilsgabe in Jesus Christus, genauer wohl: die Taufe (Name Gottes in den Herzen!), aus der Erkenntnis, Glaube und Unsterblichkeit folgen. (c) Der Lobpreis des Allherrschers (ohne ausdrückliche *baruch*-Formel) und der Dank für Speise und Trank bilden nunmehr das Mittelstück des christlichen Textes. Es wird um den Dank für geistliche Speise und Trank und ewiges Leben in Jesus erweitert. (d) Aus der Bitte für das Volk Israel und Jerusalem im jüdischen Text

wird jetzt die Bitte für das neue Jerusalem, die Kirche. Der Bitte um Wiederherstellung des Davidreiches entspricht die Bitte um Sammlung der Kirche ›von den
vier Winden‹ wie der eschatologische Ausblick, mit dem das Gebet schließt.

Nach dem Gebet genießt man den *Becher der Segnung.* Die Einladung
(*Wer heilig ist, der soll herkommen!*) mag sich darauf beziehen.

(3) Probleme

In den eucharistischen Gebeten der Didache fehlt freilich jeder Hinweis
darauf, dass im Zusammenhang der Becher- und Brothandlung zu Beginn
und des Tischdankgebetes am Schluss die Deuteworte Jesu rezitiert
werden. Auch fehlt eine ausdrückliche Bezugnahme auf Tod und Auferstehung Jesu. Es dominiert ganz und gar das eschatologische Moment:
der Ausblick auf das kommende Reich, die Erwartung der Wiederkunft
Christi (*Es komme die Gnade und es vergehe diese Welt! Maranatha!*).
Von einer Christusanamnese im paulinischen Sinne (1 Kor 11,26) kann
so kaum die Rede sein. Dennoch steht das Gedächtnis Christi im Mittelpunkt auch dieses Mahles: Es wird gleichsam als feiernde Vorwegnahme
(ἀνάμνησις als πρόληψις) kommender Vollendung begangen.

Manche Ausleger (z.B. Hans Lietzmann[58]) haben daraus folgern wollen, es
habe ursprünglich zwei unterschiedliche Typen der christlichen Mahlfeier
gegeben: (a) einen in der Tradition antiker Totengedächtnismahle stehenden
paulinisch-hellenistischen Typ und (b) einen die vorösterlichen Mahlgemeinschaften mit Jesus fortsetzenden urgemeindlich-jerusalemischen Typ. Nach
Jürgen Roloff hat diese Hypothese »ihr Wahrheitsmoment im Vorhandensein
unterschiedlicher, sich auf die konkrete Gestaltung auswirkender Akzentset-
zungen. In der palästinischen Urgemeinde der Anfangszeit lag das entscheidende
Gewicht zunächst auf der eschatologischen Freude; aber auch in ihrem Bereich
dürfte schon relativ früh das im letzten Mahl Jesu angelegte Motiv seiner
Lebenshingabe für das Verständnis eine Rolle gespielt haben, das in der grie-
chischsprachigen Gemeinde und vor allem in der Verkündigung des Paulus
zentrale Bedeutung gewinnen sollte.«[59]

Das Problem der fehlenden Deuteworte erklärt Jürgen Roloff mit dem
Hinweis auf die »konsekratorische Wirkung« der Lobsprüche über Brot
und Becher:

»Einer gottesdienstlichen Rezitation der Spendeworte bedurfte es nicht, weil
den Lobsprüchen konsekratorische Wirkung zugeschrieben wurde. Und zwar
konsekratorisch in dem Sinne, daß die jüdische *bᵉrakah* stets Gotteslob und
Segnung in einem ist: Gott der Schöpfer wird für sein heilvolles Handeln
gepriesen, zugleich aber werden die Gaben der Schöpfung ausdrücklich dem von
Gott ausgehenden Heil unterstellt.«[60]

Tischdankgebet nach der Didache

(1) *Nach der Sättigung sagt folgender-maßen Dank* (μετὰ δὲ τὸ ἐμπλησθῆναι οὕτως εὐχαριστήσατε): *Wir danken dir, heiliger Vater* (εὐχαριστοῦμέν σοι πάτερ ἅγιε), *für deinen heiligen Namen, den du in unseren Herzen hast Wohnung nehmen lassen, und für die Erkenntnis und den Glauben und die Unsterblichkeit, die du uns offenbar gemacht hast durch Jesus, deinen Knecht. Dir sei Herrlichkeit in Ewigkeit* (σοὶ ἡ δόξα εἰς τοὺς αἰῶνας).

(2) *Du, allmächtiger Herrscher, hast das All geschaffen um deines Namens willen, Speise und Trank hast du den Menschen gegeben zum Genuß, damit sie dir danken. Uns aber hast du (aus Gnade) geist-liche Speise und Trank und ewiges Leben durch [Jesus], deinen Knecht, geschenkt. Vor allem aber danken wir dir* (εὐχα-ριστοῦμέν σοι), *weil du mächtig bist. Dir sei die Herrlichkeit in Ewigkeit* (σοὶ ἡ δόξα εἰς τοῦς αἰῶνας).

(3) *Gedenke, Herr* (μνήσθητι κύριε), *daß du deine Kirche befreist von allem Bösen und sie vollendest in deiner Liebe. Und führe sie zusammen von den vier Winden, die Geheiligte, in dein Reich, das du ihr bereitet hast. Denn dein ist die Macht und die Herrlichkeit in Ewigkeit.*
Es komme die Gnade, und es vergehe diese Welt! Hosanna dem Gott Davids! Wer heilig ist, der soll herkommen! Wer es nicht ist, soll Buße tun! Maranatha (μαραναθά). *Amen.*
Den Propheten aber gestattet, Dank zu sagen (εὐχαριστεῖν), *soviel sie wollen.*[61]

Tischdankgebet nach jüdischem Brauch (Birkat-ha-mazôn)

(2) *Wir danken dir* (נודה לך, von ידה), *o Herr, unser Gott, daß du uns auserwählt hast, ein gutes und schönes Land zu be-sitzen, den Bund, die Tora, Leben und Nahrung. Für alle diese Dinge danken wir dir* (מודים לך) *und preisen* (ומברכים) *deinen Namen ewiglich. Gepriesen* (ברוך) *bist du, o Herr, für das Land und für die Nahrung.*

(1) *Gepriesen* (ברוך) *bist du, o Herr, un-ser Gott, König des Alls, der du die ganze Welt mit Güte, mit Gnade und mit Barm-herzigkeit nährst. Gepriesen* (ברוך) *bist du, o Herr, der du alle ernährst.*

(3) *Übe Barmherzigkeit* (רחם), *o Herr, unser Gott, an deinem Volke Israel und an deiner Stadt Jerusalem, an deinem Tempel und deiner Wohnung, an Zion, deinem Ruheort und an dem großen und hohen Heiligtum, über dem dein Name ausgerufen ist. Mögest du das Königreich Davids in unseren Tagen wiederauf-richten und Jerusalem bald erbauen. Gepriesen* (ברוך) *bist du, o Herr, der du Jerusalem wiedererbauen wirst.*

Hans Bernhard Meyer verweist zudem auf die Formulierung »geistliche Speise und Trank zum ewigen Leben durch Jesus« in der Didache, die – trotz fehlender Deuteworte – eine ›eucharistische‹ Interpretation der dort beschriebenen Mahlhandlung ermögliche. Er fasst zugleich den gegen-wärtigen Stand der Debatte zusammen:

»Dieser Text ist unverkennbar von jüdischem Mahlbrauch geprägt und ein unschätzbares Beispiel für dessen christliche Überformung. In den Abschnitten c. 10,2-5 läßt sich die Struktur des jüdischen Nachtischgebetes wiedererkennen. Allerdings steht es jetzt ganz unter dem Stichwort ›Dank‹ (εὐχαριστία). Der Lobpreis des Schöpfers (εὐλογία/beraka), mit dem das jüdische Nachtischgebet beginnt, ist in den zweiten Abschnitt integriert und nach Art eines Embolismus dem Eucharistie-Thema untergeordnet [...]. Als eigentlich christliches Element, in dem sich die atl. Stiftung des religiös-rituellen Mahles (Dtn 8,10) erfüllt, kann man vielleicht 10,3b: geistliche Speise und Trank zum ewigen Leben durch Jesus, als das noch sehr rudimentäre Gedächtnis der Stiftung Jesu verstehen. Hingegen fehlt jede Bezugnahme auf den Tod des Herrn.«[62]

9.4.3 Entwicklungen

Schon zu neutestamentlicher Zeit, so wird angenommen, seien die beiden Handlungen am Brot und am Becher zu einem einzigen Akt am Schluss der Mahlzeit verschmolzen. Die Becherhandlung habe die – ursprünglich mahleröffnende – Brothandlung an sich gezogen, das Gemeindemahl sei nunmehr mit einer »eucharistischen Doppelhandlung« abgeschlossen worden, die sowohl Brot- wie Bechereucharistie umfasste. Einen Beleg hierfür sieht man in den Mahlberichten, die Markus und Matthäus überliefern: Von einem Mahl zwischen Brot- und Becherwort (μετὰ τὸ δειπνῆσαι) ist nicht mehr die Rede, Brot- und Becherhandlung folgen unmittelbar aufeinander, Jesus greift zum Brot bei währender Mahlzeit (*und als sie aßen, nahm er das Brot*; καὶ ἐσθιόντων αὐτῶν λαβὼν ἄρτον, Mk 14,22), Brot- und Becherwort sind einander inhaltlich wie formal angeglichen. Damit verlieren Brot- und Becherhandlung den Sinn, den sie im jüdischen Mahlritus hatten: Sie qualifizieren jetzt nicht mehr – als Tischsegen und Tischdank – das Mahl im Ganzen, sondern gewinnen eine eigenständige, vom Mahl gelöste Bedeutung.

Nach Jürgen Roloff zeigt sich hier eine Entwicklung, die schließlich »zu einem Auseinandertreten von Sättigungsmahl und ›sakramentalem‹ Teil« führt: »Die Mahltraditionen bei Markus und Matthäus spiegeln bereits ein fortgeschritteneres Stadium wider, indem sie nicht mehr das zwischen Brotwort und Kelchwort liegende Mahl erwähnen; immerhin bringen sie noch zwei getrennte Lobsprüche über dem Brot (Mk 14,22; Mt 26,26) und über dem Becher (Mk 14,23; Mt 26,27). Folgten Brotbrechen und Kelchhandlung unmittelbar aufeinander, so mußte es sich nahelegen, die beiden Lobsprüche zu einem einzigen, dem Brotbrechen unmittelbar vorhergehenden, zu kombinieren; dies vor allem da, wo die ursprüngliche Bedeutung der Lobsprüche und ihre Funktion im jüdischen Festmahl nicht mehr im Bewußtsein war. Ein Gebet über Brot und Wein, das

ganz auf die Christusanamnese konzentriert war, wurde die Regel. Das
Sättigungsmahl hatte seinen Ort zunächst unmittelbar vor diesem Gebet und
wurde durch dieses abgeschlossen. Im weiteren Verlauf wurde es als Agape ganz
von der Eucharistie abgetrennt und entwickelte sich zu einer eigenen
gottesdienstlichen Form.«[63]

Allgemein glaubt man auch in der Abendmahlspraxis in Korinth, die
den Hintergrund für die Ermahnungen des Paulus in 1 Kor 11,17-34
bildet, ein solch fortgeschrittenes Stadium zu erkennen: Wohlhabendere
Gemeindeglieder versammeln sich zum Mahl; wenn ärmere und abhän-
gige Mitchristen, die über ihre Zeit nicht frei verfügen können, später
hinzustoßen, sind die mitgebrachten Vorräte bereits verzehrt. Dem
Hinweis darauf, dass das ›Eigentliche‹, nämlich die eucharistische
Doppelhandlung, ja noch ausstehe, begegnet Paulus mit dem Verdikt:
Was ihr macht, ist kein Herrenmahl mehr (1 Kor 11,20).

Jürgen Roloff zeigt, dass diese Interpretation nicht zwingend ist: »Der von
Paulus getadelte Mißstand beim korinthischen Herrenmahl bestand nicht darin,
daß die ärmeren Gemeindeglieder am gemeindlichen Sättigungsmahl vor der
eigentlichen Eucharistiefeier keinen hinreichenden Anteil bekommen hätten,
sondern darin, daß die Reichen die für das von der Eucharistie umrahmte
Sättigungsmahl bestimmten Speisen bereits vorher im privaten Kreis verzehrt
hatten, so daß die Armen sich bei diesem Mahl nicht mehr satt essen konnten.
Paulus maß dieser Krise wohl auch deshalb solches Gewicht bei, weil sie die dem
Herrenmahl von seinen Anfängen her eigene diakonische Komponente
berührte.«[64]

Manche Ausleger sehen die Wurzeln dieser Entwicklung, die schließlich eine Verselbständigung der Brot- und Becherhandlung und ihre
Loslösung vom Mahl zur Folge hat, im Handeln Jesu selbst begründet.
Sie führen sie auf »bedeutsame individuelle Mahlgesten Jesu« – also auf
seine deutenden Eingriffe in die überlieferte Mahlriten – zurück und
sprechen von einer hierdurch »›gestörten‹ Mahlgestalt«,[65] die von Beginn
an auf eine Verselbständigung der solchermaßen ›umgestifteten‹ Handlungen und ihre schließliche Herauslösung aus dem Mahl gezielt habe.
Man habe es im Kern, so argumentieren sie, »mit einem sakramentalen
Wort- und Tat-Gedächtnis, mit einem *Mahlsakrament* zu tun«, für das die
»Situation eines Sättigungsmahles [...] weder letztlich entscheidend noch
für immer verbindlich« ist.[66]

Andere vermuten eher kulturelle Gründe für die geschilderte Entwicklung und begreifen sie unter diesem Aspekt als einen historisch letztlich
notwendigen, wenn auch mit bestimmten Sinnverschiebungen verbundenen Prozess. Als Bruchstelle erweist sich dabei der Übergang des

Christentums vom semitisch-palästinischen in den hellenistischen Kulturraum:

»Beim Überschritt der christlichen Gemeinde aus dem palästinensischen in den hellenistischen Raum verliert das Gemeindemahl überhaupt seinen natürlichen Boden [...] Darum konnten schon die Korinther mit der jüdischen Mahlform, die Paulus ihnen überlieferte, nicht ganz zurechtkommen. Für sie waren Brotsegen und Segensbecher nie die konstitutiven Elemente eines Mahles gewesen; sie empfanden diese von vornherein als selbständige Vorgänge, nicht integriert in das Ganze eines Mahles, sondern eher als aufgesetzte Lichter. Außerhalb des jüdischen Raumes mußte so die Aufmerksamkeit von vornherein mehr auf Brot und Wein gerichtet sein, auf die ›Elemente‹, wie wir bezeichnenderweise dafür sagen, und nicht mehr auf den Vollzug des Gesamtmahles. Es ist nur natürlich, wenn der in seiner Bedeutung nicht mehr erfahrbare Vorgang des Gesamtmahles wegfiel und nur die beiden eucharistischen Rahmenhandlungen, zu einem Block zusammengezogen, blieben.«[67]

Hans-Josef Klauck macht freilich darauf aufmerksam, dass die jüdische Mahl- und Festpraxis schon seit dem 3. Jh. v. Chr. hellenistische Einflüsse aufgenommen hat. Er vertritt die These, »daß ohne mehrschichtigen hellenistischen Einfluß die sakramentale Herrenmahlskonzeption im Urchristentum nicht zustande gekommen wäre.«[68]

Anmerkungen

[1] Johann Baptist Metz, Kleine Apologie des Erzählens, in: Conc(D) 9 (1973) 334-341, hier 336 f.

[2] Josuttis, Weg (Kap. 4 Anm. 1), 249.

[3] Ebd. 252.

[4] Ebd. 252.

[5] Karl Abraham, Versuch einer Entwicklungsgeschichte der Libido auf Grund der Analyse psychischer Störungen, in: Ders., Gesammelte Schriften II, Frankfurt a. M. 1982, 60; vgl. Josuttis, Weg (Kap. 4 Anm. 1), 252.

[6] Josuttis, Weg (Kap. 4 Anm. 1), 253.

[7] Karlheinz Messelken, Vergemeinschaftung durchs Essen. Religionssoziologische Überlegungen zum Abendmahl, in: Manfred Josuttis/Gerhard Marcel Martin (Hg.), Das heilige Essen. Kulturwissenschaftliche Beiträge zum Verständnis des Abendmahls, Stuttgart 1980, 41-57, hier 50.

[8] Josuttis, Weg (Kap. 4 Anm. 1), 249.

[9] Johann Zauner, Einverleibung und Individuation, in: Josuttis/Martin, Essen (Kap. 9 Anm. 7), 83-94, hier 88.

[10] Hans J. Teuteberg, Die Ernährung als psychosoziales Phänomen. Überlegungen zu einem verhaltenstheoretischen Bezugsrahmen, in: Hamburger Jahrbuch für Wirtschafts- und Gesellschaftspolitik 24 (1979) 270; zit. nach Manfred Josuttis, Das Abendmahl als heiliges Essen, in: Josuttis/Martin, Essen (Kap. 9 Anm. 7), 111-124, hier 112.

[11] Klaus Eder, Die Vergesellschaftung der Natur. Studien zur Sozialevolution der praktischen Vernunft, Frankfurt a. M. 1988.

[12] Ebd. 12; zit. nach Josuttis, Weg (Kap. 4 Anm. 1), 253.

[13] Messelken, Vergemeinschaftung (Kap. 9 Anm. 7), 50-54.

[14] Josuttis, Weg (Kap. 4 Anm. 1), 257.

[15] Ebd. 254.

[16] Fritz Bammel, Das heilige Mahl im Glauben der Völker. Eine religionsphänomenologische Untersuchung, Gütersloh 1950, 165.

[17] Meyer, Eucharistie (Kap. 1 Anm. 15), 47.

[18] Josuttis, Weg (Kap. 4 Anm. 1), 260.

[19] Ebd. 269 f.

[20] Jürgen Becker, Jesus von Nazareth. Berlin, New York 1996, 200.

[21] Roloff, Gottesdienst (Kap. 6 Anm. 10), 48.

[22] Meyer, Eucharistie (Kap. 1 Anm. 15), 61.

[23] Selig Bamberger (Hg.), Sidûr sefat emet, Basel 1986, 100.

[24] Merz, Gebetsformen (Kap. 8 Anm. 64), 99.

[25] Thomas J. Talley, Von der Berakah zur Eucharistia. Das eucharistische Hochgebet der alten Kirche in neuerer Forschung. Ergebnisse und Fragen, in: LJ 26 (1976) 93-115, hier 101.

[26] Bamberger, Sidûr (Kap. 9 Anm. 23), 100.

[27] Ebd. 100.

[28] Gamber, Liturgie (Kap. 2 Anm. 3), 23 f.

[29] Heinz Schürmann, Der Abendmahlsbericht Lukas 22,7-38 als Gottesdienstordnung, Gemeindeordnung, Lebensordnung (Die Botschaft Gottes. Neutestamentl. Reihe 1), Leipzig [4]1967, 26.

[30] Nach Meyer, Eucharistie (Kap. 1 Anm. 15), 67.

[31] Louis Finkelstein, The birkat ha-mazon, in: JQR 19 (1928/29) 211-262.

[32] Nach Talley, Berakah (Kap. 9 Anm. 25), 99.

[33] Merz, Gebetsformen (Kap. 8 Anm. 64), 99.

[34] Cesare Giraudo, La struttura letteraria della Preghiera eucaristica. Saggio sulla genesi letteraria di una forma – Toda veterotestamentaria – Beraka giudaica – Anafora cristiana (AnBib 92), Rom 1981.

[35] Albert Gerhards, Die literarische Struktur des eucharistischen Hochgebets, in: LJ 33 (1983) 90-104, hier 100.

[36] Hartmut Gese, Die Herkunft des Herrenmahls, in: Ders., Zur biblischen Theologie. Alttestamentliche Vorträge (BEvTh 78), München (1977) ²1983, 107-127, hier 122.

[37] Nach Leo Trepp, Der jüdische Gottesdienst. Gestalt und Entwicklung, Stuttgart 1992, 164.

[38] Ebd. 167.

[39] Meßner, Einführung (Kap. 1 Anm. 39), 153.

[40] Roloff, Gottesdienst (Kap. 6 Anm. 10), 48 f.

[41] Ebd. 49.

[42] Ebd. 49.

[43] Ebd. 49.

[44] Hermann Patsch, Art. ἀνάμνησις, in: EWNT 1 (1980) 203-205, hier 203.

[45] Adolf Adam, Das Kirchenjahr mitfeiern. Seine Geschichte und seine Bedeutung nach der Liturgieerneuerung, Freiburg i. Br. 1979, 18.

[46] Gerhards, Struktur (Kap. 9 Anm. 35), 91.

[47] Jan Assmann, Mensch (Kap. 3 Anm. 7); ders., Gedächtnis (Kap. 3 Anm. 7); Aleida Assmann, Erinnerungsräume (Kap. 3 Anm. 7).

[48] Meßner, Einführung (Kap. 1 Anm. 39), 160.

[49] Ebd. 161.

[50] Ebd. 162.

[51] Roloff, Gottesdienst (Kap. 6 Anm. 10), 50.

[52] Didache. Zwölf-Apostel-Lehre. Übersetzt und eingeleitet von Georg Schöllgen (FC 1), Freiburg i. Br. 1991; im gleichen Bd. auch: Traditio apostolica. Apostolische Überlieferung. Übersetzt und eingeleitet von Wilhelm Geerlings.

[53] Roloff, Gottesdienst (Kap. 6 Anm. 10), 54.

[54] Gegen Schöllgen, Didache (Kap. 9 Anm. 52), 50-54.

[55] Ebd. 121.

[56] Ebd. 121-123.

[57] Ebd. 123.

[58] Hans Lietzmann, Messe und Herrenmahl. Eine Studie zur Geschichte der Liturgie (AKG 8), Bonn 1926.

[59] Roloff, Gottesdienst (Kap. 6 Anm. 10), 50.

[60] Ebd. 51.

[61] Nach Schöllgen, Didache (Kap. 9 Anm. 52), 122-125.

[62] Meyer, Eucharistie (Kap. 1 Anm. 15), 93.

[63] Roloff, Gottesdienst (Kap. 6 Anm. 10), 52.

[64] Ebd. 50.

[65] Heinz Schürmann. Jesu Abendmahlshandlung als Zeichen für die Welt. Drei Vorträge (Die Botschaft Gottes. Neutestamentl. Reihe 27), Leipzig 1970, 79, 58.

[66] Meyer, Eucharistie (Kap. 1 Anm. 15), 84.

[67] Rupert Berger, Tut dies zu meinem Gedächtnis. Einführung in die Feier der Messe, München 1971, 26 u. 27 f.

[68] Hans-Josef Klauck, Herrenmahl und hellenistischer Kult. Eine religionsgeschichtliche Untersuchung zum ersten Korintherbrief (NTA 15), Münster 1982, 372.

10. Wort und Mahl

In der Mitte des 2. nachchristlichen Jahrhunderts scheint jene Entwicklung, deren Anfänge wir im vorhergehenden Kapitel bis in das Neue Testament zurückverfolgen konnten, weitgehend abgeschlossen zu sein: Die eucharistischen Handlungen am Brot und am Becher haben sich endgültig aus dem Zusammenhang eines Sättigungsmahls gelöst. An die Stelle dieses Mahls – das als abendliches ›Liebesmahl‹ (*Agape*) noch eine gewisse Zeit fortlebt – ist ein Wortgottesdienst getreten, der aus Schriftlesungen, Schriftauslegung (Predigt) und Fürbittgebeten besteht. An diesen Wortgottesdienst schließt sich die Eucharistiefeier an. Eingeleitet mit dem Bruderkuss, umfasst sie das Herbeibringen und die Bereitung der eucharistischen Gaben, das Eucharistiegebet und die Kommunion (als stilisierte, auf den einen Bissen und den einen Schluck aus dem Becher reduzierte Speisung). Damit ist jene zweipolige, einen Wortteil und einen Mahlteil umfassende Grundstruktur des christlichen Gottesdienstes erreicht, wie sie bis heute für die großen Kirchen des Ostens wie des Westens verbindlich und maßgebend ist. Dieser zweipoligen Grundstruktur eignet zugleich eine hohe liturgietheologische Bedeutung: Christlicher Gottesdienst vollzieht sich seither in der spannungsvollen Einheit von Wort und Mahl, Verkündigung des Evangeliums und eucharistischer Tischgemeinschaft.

10.1 Vom Mahl zur Messe: Justin

Einen frühen, zugleich eindeutigen Beleg für diese Entwicklung verdanken wir dem christlichen Philosophen und Märtyrer Justin (gestorben um 165 in Rom). In Palästina geboren, kommt er nach seiner Bekehrung über Ephesus nach Rom, wo er seit etwa 135/140 wirkt. Dort schreibt er vermutlich um das Jahr 150 seine erste, an den Kaiser Antoninus Pius (138-161) adressierte *Apologie* und später den *Dialog mit dem Juden Tryphon*. Beide – griechisch verfassten – Schriften sind wichtige Quellen für die Geschichte des christlichen Gottesdienstes. Im Unterschied zur Didache (und verwandten Quellen; vgl. 9.4.2) repräsentiert Justin die hellenistisch-heidenchristliche, insbesondere wohl die kleinasiatische bzw. römische Tradition.

Nicht so klar wie die Schilderung Justins ist eine Notiz, die sich in einem Brief des jüngeren Plinius – um 111/113 Statthalter von Bythinien – an Kaiser Trajan (98-117) findet. Er teilt mit, die Christen hätten »an einem festgesetzten Tag vor Sonnenaufgang sich versammelt, Christus als ihrem Gott im Wechsel Lob gesungen (quod essent soliti stato die ante lucem convenire carmenque Christo quasi deo dicere secum invicem) und sich mit einem Eid (sacramentum) verpflichtet [...]«. Später seien sie wieder zusammengekommen, »um ein Mahl einzunehmen«, hätten dies jedoch nach dem Verbot von Hetärien (Vereinen, die zu abendlichen Gelagen zusammenkamen) eingestellt.[1]

Es ist umstritten, ob es sich bei der Feier *ante lucem* um eine Art Morgenlob, um den eucharistischen Wort- und Mahlgottesdienst oder um eine Tauffeier, bei dem späteren Mahl um das abendliche Herrenmahl oder um eine nichteucharistische Agape handelt.

Gelegentlich wird die These vertreten, die Christen seien durch das in dem Schreiben erwähnte Hetärienverbot genötigt gewesen, die Eucharistiefeier vom Abend (Samstagabend? Sonntagabend? Vgl. 3.5) auf den frühen Morgen zu verlegen, wo sie natürlich nicht mehr mit einem Sättigungsmahl verbunden werden konnte. An die Stelle dieses Mahles sei dann der von Justin beschriebene Wortgottesdienst getreten. Andere verweisen, um die Trennung von Eucharistie und (Sättigungs-)Mahl zu begründen, auf das zahlenmäßige Wachstum der Gemeinden und den »Wechsel der Gemeindeversammlung aus den Privaträumen begüterter Christen in kircheneigene, dem Gottesdienst vorbehaltene oder eigens für ihn errichtete und dann auch entsprechend ausgestattete Räume«[2] (vgl. 4.2.1).

10.1.1 Der Wortgottesdienst

Folgt man der Schilderung Justins, beginnt der sonntägliche Gottesdienst unmittelbar mit der Schriftlesung, die von einem Vorleser vorgetragen wird. Von Eröffnungsriten, die der Lesung vorausgehen, ist nicht die Rede. Gelesen werden »die Denkwürdigkeiten der Apostel (τὰ ἀπομνημονεύματα τῶν ἀποστόλων) oder die Schriften der Propheten (τὰ συγγράμματα τῶν προφητῶν), solange es die Zeit erlaubt.« Bei den »Denkwürdigkeiten der Apostel« wird es sich um Lesungen aus dem in Entstehung begriffenen Neuen Testament, insbesondere den Evangelien, handeln. Ob bei den »Schriften der Propheten« an Lesungen aus dem Alten Testament oder aus dem Schrifttum christlicher Propheten zu denken ist, muss offen bleiben. Eine Leseordnung im späteren Sinne gibt es allem Anschein nach noch nicht. Man darf annehmen, dass die ausgewählten Schriften fortlaufend – im Sinne der im Synagogengottesdienst bei der Lesung des Gesetzes üblichen *lectio continua* bzw. *semicontinua* (Bahnlesung) – vorgetragen werden. Das Zeichen zur Beendigung der Lesung gibt vermutlich der Vorsteher.

Es folgt die Predigt. Sie wird vom Vorsteher (ὁ προεστώς) gehalten und nimmt auf die Schriftlesung Bezug. Sie ist offenbar stark paränetisch akzentuiert. Aufschlussreich ist die Rollenverteilung: Während die Lesung von einem Lektor vorgetragen wird, obliegt die Auslegung – wie dann das Eucharistiegebet – dem Vorsteher.

Das Gebet, das der Predigt folgt, trägt Fürbittcharakter. Es schließt gemäß 1 Tim 2,1-4 »über die Anliegen der Gemeinde hinaus alle Menschen« ein.[3] Es wird stehend verrichtet. Dass die »gemeinsamen Bitten« (κοινὰς εὐχὰς ποιησόμενοι) wirklich von allen gemeinsam gesprochen werden, ist kaum anzunehmen.

»An dem nach der Sonne genannten Tage findet eine Zusammenkunft aller, die in Stadt und Land weilen, an einem bestimmten Ort statt, und es werden die Denkwürdigkeiten der Apostel oder die Schriften der Propheten vorgelesen, solange die Zeit reicht. Wenn dann der Vorleser aufgehört hat, hält der Vorsteher eine Rede, in der er ermahnt und auffordert, diesen guten Lehren nachzueifern. Dann stehen wir alle zusammen auf und beten [...]«.[4]

»Wir aber führen den, der gläubig geworden und uns beigetreten ist, nachdem wir ihn getauft haben, zu den sog. Brüdern, wo diese versammelt sind, um gemeinsame Gebete sowohl für uns selbst als auch für den neu Erleuchteten und alle anderen in der ganzen Welt mit Eifer darzubringen, damit wir würdig werden, nachdem wir die Wahrheit erkannt haben, auch in Werken als gute Bürger und Beobachter der Gebote erfunden zu werden und so das ewige Heil zu erlangen.«[5]

Die Herkunft des so strukturierten Wortgottesdienstes ist umstritten. Vorwiegend in der älteren Forschung vermutete man einen Zusammenhang mit dem synagogalen Lese- und Gebetsgottesdienst. Man nahm an, die Christen hätten nach ihrer allmählichen Trennung von der Synagoge und ihrem Gottesdienst diese – ihnen vertraute – Praxis mit der ihnen eigenen Feier des Herrenmahls verbunden.

Andere nehmen »einen genuin christlichen Ursprung des mit der Eucharistie verbundenen Wortgottesdienstes« an.[6] Sie erblicken seine Wurzeln in den Verkündigungs- und Gebetselementen, die in den frühchristlichen Mahlfeiern ihren Ort hatten.

So ist auch für Hans Bernhard Meyer eine »direkte Abhängigkeit des christlichen Wortgottesdienstes vom Synagogengottesdienst [...] für die früheste Zeit weder beweisbar noch wahrscheinlich.« Er vermutet freilich, »daß bei der Trennung des Sättigungsmahles vom Herrenmahl Verkündigungselemente, die

für die vor der Trennung übliche Gesamtfeier charakteristisch waren (Tisch-
gespräche), in andere Versammlungsformen (Agapefeiern o.ä.) abwanderten und
eine Lücke zurückließen.« Er nimmt weiter an, »daß die schon im 2./3. Jh. neben
der sonntäglichen Eucharistiefeier bestehenden öffentlichen Gebets- und Wortgottesdienste sich für eine Verbindung mit der sonntäglichen Gemeindeeeuchari-
stie anboten. Auf diese Weise konnten bereits vorgeprägte Wort- bzw. Gebetsgottesdienste mit der Eucharistiefeier verschmelzen.«[7]

10.1.2 Exkurs: Der Synagogengottesdienst

Unbestritten ist, dass der Synagogengottesdienst in der auf Justin folgenden Zeit Einfluss auf die Ausgestaltung des mit der Eucharistiefeier
verbundenen Wortgottesdienstes genommen hat. Der Gottesdienst in der
Synagoge am Sabbatmorgen umfasst einen Gebets- und einen Wortteil.
Er hatte zur Zeit Jesu vermutlich folgenden Aufbau:[8]

GEBETSGOTTESDIENST

Bekenntnis

Man rezitiert gemeinsam das Sch{e}ma (שמע; vgl. Dtn 6,4-9; 11,13-21; Num 15,37-
41), das von Lobsprüchen (berakoth) des Vorbeters gerahmt wird und dem
möglicherweise der Dekalog (Dtn 5,6-8) vorangeht.

Gebet

Es folgt die Tefillah (תפילה), »ein Lob-, Bitt- und Dankgebet, dessen einzelne
Teile vom Vorbeter vorgetragen und deren abschließende Doxologien jeweils
vom Volk mit Amen beantwortet werden (auch amida genannt).« Die Tefillah
bildet den Kern des späteren Achtzehngebetes (sch{e}mone esre).

Segen

Aus der Tempelliturgie wird der aaronitische Segen (Num 6,24-26) in die
Synagogenliturgie übernommen und vermutlich nach der Zerstörung des Tempels vor der letzten Bitte der Tefillah eingefügt.

WORTGOTTESDIENST

Lesungen

Seit dem 3. Jh. v. Chr. ist für den synagogalen Gottesdienst der Brauch bezeugt,
Lesungen aus der Tora (dem Gesetz, also den fünf Mose-Büchern) vorzutragen.
Man folgt dabei dem Prinzip der lectio continua, der fortlaufenden Lesung
ganzer biblischer Bücher. Die einzelnen Abschnitte werden Paraschen genannt.
Auf Grund von ›Bedenklichkeiten‹ bzw. wegen mangelnder Ergiebigkeit können
freilich einzelne Teile übergangen werden. So entwickeln sich Ansätze einer
lectio semicontinua, einer Bahnlesung, die zwar dem Fortgang biblischer Bücher
folgt, dabei aber größere oder kleinere Passagen auslässt.

Eine feste Ordnung für die Toralesung gibt es spätestens seit dem Ende des 2. Jh. n. Chr. Überliefert ist ein dreijähriger palästinischer und ein einjähriger babylonischer Zyklus. Etwa zur Zeit Jesu wird es üblich, auch aus den Schriften der Propheten zu lesen (vgl. Lk 4,17; Apg 13,15). Die jeweiligen Lesetexte – *Haftaren* genannt – werden dabei aus dem biblischen Zusammenhang gleichsam ›herausgeschnitten‹, *perikopiert* (von περικόπτειν = abhauen, beschneiden; vgl. 1.4.1). Kriterium für die Auswahl ist ein innerer Zusammenhang mit der vorausgegangenen *Parasche*.

Targum

Die hebräisch vorgetragenen Lesungen werden jeweils in die Volkssprache übersetzt. Daraus entsteht »allmählich die kommentierende Auslegung, eine mehr oder weniger am Text orientierte Ansprache.«

Vermutlich wird der Gottesdienst mit dem Gesang von Psalmen (Sabbatpsalm 92) eröffnet. An Festtagen wird wahrscheinlich das *Hallel* (Ps 113-118) rezitiert.

Mit Sicherheit hat bei der Ausgestaltung der christlichen Lesepraxis das synagogale Vorbild Pate gestanden. Das gilt sowohl für den Gebrauch unterschiedlicher Lesereihen (aus dem Gesetz bzw. den Propheten, den Episteln und Evangelien) als auch für die Art der Perikopenauswahl: Vieles spricht dafür, dass man von der Synagoge das Prinzip der Bahnlesung übernimmt, das freilich recht flexibel gehandhabt und durch andere Auswahlkriterien ergänzt wird. Auch die christliche Predigt – als Auslegung eines zuvor verlesenen Textes – hat ihre Wurzeln im Synagogengottesdienst.

Deutliche Zusammenhänge bestehen zwischen dem Fürbittengebet, wie es Justin erwähnt, und dem Achtzehnbittengebet zu Beginn des synagogalen Gottesdienstes. Der Brauch, stehend (vgl. wiederum Justin) und mit ausgebreiteten Händen zu beten, geht ebenfalls auf jüdischen Brauch zurück.

Umstritten ist, ob die frühe Kirche die Praxis des Psalmengesangs nach synagogalem Vorbild in ihre Gottesdienste übernommen hat (vgl. 5.2.2). Es fällt auf, dass eine solche Praxis bei Justin noch keine Erwähnung findet.[9]

10.1.3 Die Mahlfeier

Ähnlich wie im Wortteil liegt auch der Mahlfeier, wie Justin sie schildert, ein Dreischritt zugrunde: *Gabenbereitung – Eucharistiegebet – Austeilung*. Der Gabenbereitung gehen die gemeinsamen *Fürbitten* und der *Bruderkuss* voraus. Ein Entlassungs- bzw. Sendungsritus zum Abschluss des Gottesdienstes wird nicht erwähnt.

»Nach dem Gebet[10] grüßen wir uns einander mit dem Bruderkusse. Dann wird dem Vorsteher der Brüder Brot gebracht und ein Becher mit Wasser und Mischtrank, und dieser nimmt es und sendet Lob und Preis zum Vater aller Dinge durch den Namen des Sohnes und des Heiligen Geistes empor. Er setzt das Gebet des Dankes dafür, daß wir von ihm dieser Gaben gewürdigt sind, noch lange fort. Hat er die Fürbitten und das feierliche Dankgebet beendet, so antwortet das ganze anwesende Volk mit ›Amen‹. ›Amen‹ bedeutet aber in der hebräischen Sprache: Es geschehe. Wenn aber der Vorsteher das Dankgebet gesprochen und das Volk mit Amen geantwortet hat, reichen die Diakone, wie sie bei uns heißen, einem jedem der Anwesenden von dem gesegneten Brot und Wein und Wasser zum Genuß dar und bringen auch den Abwesenden davon.«[11]

»Dann stehen wir alle zusammen auf und beten; und, wie wir schon vorhin sagten, wird nun nach dem Gebet Brot, Wein und Wasser herbeigebracht, und der Vorsteher sendet gleichfalls Gebete und Danksagungen, soviel er vermag, empor, und das Volk stimmt ein, indem es ›Amen‹ sagt. Nun wird jedem von dem Gesegneten gespendet und denen, die nicht anwesend sind, wird es durch die Diakone gebracht. Die Reichen aber, und die da wollen, geben ein jeder nach seinem Belieben, was er will, und das Gesammelte wird beim Vorsteher hinterlegt, und er hilft den Waisen und Witwen und denen, die durch Krankheit oder aus einem andern Grunde in Not geraten sind, denen, die im Gefängnis schmachten, und den Fremden, die vorübergehend verweilen, kurz allen, die in Not sind, ist er ein Beschützer.«[12]

(1) Das Gläubigengebet

Nach vollzogener Taufe – so berichtet Justin – wird der Neugetaufte zu den ›Brüdern‹ geführt, die sich zum Gebet versammelt haben. Er nimmt zum ersten Mal an der Eucharistie, möglicherweise aber auch erstmals an den gemeinsamen Fürbitten teil, die an der Schwelle zwischen Wort- und Mahlteil ihren Ort haben. Ihre spätere Kennzeichnung als *Gläubigengebet (oratio fidelium)* weist darauf hin, dass sie in gewisser Hinsicht bereits als Teil der Eucharistiefeier angesehen wurden.

Ein »Beten zusammen mit den Katechumenen wie mit Ungetauften überhaupt galt als unzulässig.«[13] Katechumenen (κατηχούμενοι) und andere von der Eucharistie ausgeschlossene Gruppen – Besessene (Energumenen, ἐνεργούμενοι), Taufkandidaten (Photizomenen, φωτιζόμενοι), Büßer (οἱ ἐν μετανοίᾳ) – wurden darum zuvor entlassen (vgl. 11.2.2). Insofern ist die von uns hier übernommene Strukturierung in Wortgottesdienst und Mahlfeier zu relativieren. Sie deckt sich nicht mit der früher üblichen Einteilung in *Katechumenenmesse* und *Gläubigenmesse*.

(2) Der Bruderkuss

Sind die Fürbitten »für uns selbst als auch für den neu Erleuchteten und alle anderen in der ganzen Welt« vollendet, grüßt man einander mit dem *Bruderkuss* (ἀλλήλους φιλήματι ἀσπαζόμεθα).

Der *Bruderkuss*, *Friedenskuss* oder *heilige Kuss* (φίλημα ἅγιον, φίλημα τῆς ἀγάπης) leitet nach Justin zur Eucharistiefeier über. Vermutlich weisen entsprechende Grußformeln in den neutestamentlichen Briefen (Röm 16,16; 1 Kor 16,20; 2 Kor 13,12; 1 Thess 5,26; 1 Petr 5,14) darauf hin, dass diese im Rahmen gottesdienstlicher Versammlungen – zum Beispiel während des Sättigungsmahls, das der Becherhandlung bzw. der Eucharistie insgesamt vorausging – verlesen wurden. Im christlichen Gottesdienst ist der Kuss Element eines Friedens- und Versöhnungsritus, der Mt 5,23-24 folgt und zugleich Ausdruck wie Vollzug geschwisterlicher Liebe aller Getauften ist. Er hat im Verlaufe der Liturgiegeschichte unterschiedliche Orte im Gottesdienst gefunden (vgl. 7.2.1, Abschnitt 10).

(3) Die Gabenbereitung

Nach dem gemeinsamen Gebet und dem Bruderkuss werden dem Vorsteher Brot und ein Becher mit Wasser und Wein (ἄρτος καὶ ποτήριον ὕδατος καὶ κράματος; ἄρτος καὶ οἶνος καὶ ὕδωρ) gebracht (προσφέρεται), die dieser entgegennimmt (λαβών).

Das Herbeibringen der Gaben für das Mahl – Brot und Mischwein, wie es dem antiken Mahlbrauch entspricht – und ihre Entgegennahme durch den Vorsteher werden ausdrücklich erwähnt und damit als eigene liturgische Akte hervorgehoben. An das in diesem Zusammenhang verwendete Verb προσφέρομαι (Herbeibringen, Darbringen, lat. *offere*) schließen sich bald schon allerhand liturgietheologische Deutungen (›darbringen‹ im Sinne von ›opfern‹) an.

Für Justin scheint ein wichtiger Zusammenhang zwischen der Fürsorge für Bedürftige, dem wechselseitigen Beistand der Gläubigen und dem ›Herbeibringen‹ der eucharistischen Gaben zu bestehen: »Wir aber erinnern uns hiernach dann gegenseitig immer wieder daran, und sind wir wohlhabend, so helfen wir allen Bedürftigen, und stehen immer einträchtig zusammen.«[14] Es ist anzunehmen, dass die Gemeindeglieder Brot, Wein und andere Nahrungsmittel zum Gottesdienst mitbringen (›herbeibringen‹), dass ein Teil hiervon für die Eucharistie verwendet wird, das andere jedoch bedürftigen Gemeindegliedern zugute kommt. Den christlichen Mahlfeiern eignet so unmittelbar und für jedermann

erkennbar eine soziale Bedeutung: Mit dem liturgischen Handeln wird
zugleich ein diakonischer Sinn erfüllt.

(4) Das Eucharistiegebet

Nachdem dem Vorsteher Brot und Wein gebracht worden sind, spricht
dieser die εὐχαριστία (wörtlich: εὐχὰς ὁμοίως καὶ εὐχαριστίας, »Gebete
und Danksagungen«; c. 65,3: τὰς εὐχὰς καὶ τὴν εὐχαριστίαν) darüber,
und zwar »nach seinem Vermögen« (ὅση δύναμις αὐτῷ). Das zeigt, dass
das Gebet in seinem Wortlaut noch nicht festliegt, sondern vom
Vorsteher improvisiert wird, der sich freilich dabei an überlieferten
Strukturen, Themen und Formeln orientiert.

Der Vorsteher, so heißt es,[15] »sendet Lob und Preis (αἶνον καὶ δόξαν) zum
Vater aller Dinge durch den Namen des Sohnes und des Heiligen Geistes empor«. Danach setzt er »das Gebet des Dankes (die εὐχαριστία) dafür, daß wir von
ihm dieser Gaben gewürdigt sind, noch lange fort.« Thematisch entsprechen bei
Justin der Lobpreis des Vaters[16] wie der Dank für Schöpfung und Erlösung[17] dem
ersten und zweiten Teil des jüdischen Nachtischsegens; die von Justin erwähnten
εὐχαί könnten sich auf die Bitten des dritten Teils beziehen. Womöglich
erklärt sich der Plural εὐχαί καὶ εὐχαριστίαι auch dadurch, dass das Gebet –
ähnlich wie die jüdische Vorlage – noch deutlich in mehrere Abschnitte
gegliedert ist.

Justin zitiert an anderer Stelle ausdrücklich den Einsetzungsbericht;[18]
man darf vermuten, dass er Bestandteil des von ihm geschilderten Eucharistiegebets ist. Zu allerhand Mutmaßungen gibt auch eine Wendung
Anlass, nach der Brot und Wein »durch das Gebet des Logos, der von
ihm ausgeht« (δι᾽ εὐχῆς λόγου τοῦ παρ᾽ αὐτοῦ), zu Fleisch und Blut Jesu
werden.[19] Manche meinen, hier sei von einer Logosepiklese (vgl. dazu
10.3.4) die Rede.

»Und diese Speise selbst heißt bei uns Eucharistie, an der keinem anderen
teilzunehmen gestattet ist außer dem, der glaubt, daß das von uns Gelehrte wahr
ist, und der in dem für die Vergebung der Sünden und zur Wiedergeburt bestimmten Bade gewaschen ist und so lebt, wie es Christus befohlen hat. Denn
nicht als gewöhnliches Brot und gewöhnlichen Trank empfangen wir das,
sondern gleichwie der durch Gottes Wort fleischgewordene Jesus Christus unser
Heiland sowohl Fleisch als auch Blut zu unserm Heil erhalten hat, so sind wir
gelehrt worden, daß auch die durch ein Gebetswort, das von ihm selbst stammt,
gesegnete Speise, von der unser Blut und Fleisch gemäß der Umwandlung
genährt wird, Fleisch und Blut jenes fleischgewordenen Jesus ist. Denn die
Apostel haben in den von ihnen geschriebenen Denkwürdigkeiten, welche
Evangelien genannt werden, den ihnen gegebenen Auftrag so überliefert: Jesus

nahm das Brot, dankte und sprach: Dies tut zu meinem Gedächtnis, dies ist mein
Leib: und gleicherweise nahm er den Kelch, dankte und sprach: Dieses ist mein
Blut; und er habe nur ihnen davon mitgeteilt. Das haben die bösen Dämonen in
den Mithrasmysterien nachgeahmt und überliefert. Denn daß Brot und ein Kelch
mit Wasser bei der Weihe eines neu Einzuführenden mit einigen dazu gesprochenen Worten gebraucht wird, das wißt ihr oder könnt es leicht erfahren.«[20]

(5) Das Amen der Gemeinde

Großes Gewicht misst Justin dem *Amen* bei, mit dem »das ganze anwesende Volk« das Eucharistiegebet aufnimmt und beschließt. Das *Amen*
– »hebräische Bestätigungsformel (›es steht fest‹, ›sicher‹), mit der das
Volk seine Zustimmung gibt zum Lobpreis (Doxologie), den ein Vorbeter
gesprochen hat«, ist die wichtigste Akklamation der christlichen
Liturgie. Es ist »Ausdruck der Anerkennung und Übernahme, der Zustimmung: was der andere gesagt hat, gilt auch für mich, verpflichtet auch
mich.«[21]

(6) Die Kommunion

Ist das Eucharistiegebet beendet, teilen Diakone – mit ihnen tritt neben
Vorleser und Vorsteher eine dritte liturgische Rolle in Erscheinung – die
gesegneten Gaben an die Anwesenden aus und bringen auch den Abwesenden davon ins Haus, wobei über die Gründe solcher Abwesenheit
(Krankheit? Alter? Verhinderung aus anderen Gründen?) nichts ausgeführt wird. Voraussetzung für die Teilhabe an der Eucharistie ist neben
Glaube und Taufe ein Leben, »wie es Christus befohlen hat.«[22]

10.1.4 Vom Mahl zur Messe: Ein Überblick

So lässt sich bei Justin ein einfacher, bis heute den Liturgien des Ostens
wie des Westens gemeinsamer Grundriss erkennen. Christlicher Gottesdienst umfasst einen Wortteil und einen Mahlteil, die jeweils einem
Dreischritt folgen, dessen innere Logik auf der Hand liegt. So wie das
gemeinsame Gebet aus Schriftlesung und -auslegung erwächst, setzt das
gemeinsame Mahl – und sei es auch auf den einen Bissen und einen
Schluck aus dem Becher reduziert – die Bereitung der Gaben und ihre
Segnung voraus.

Dieser Grundriss wird später in Ost und West unterschiedlich ausgebaut und erweitert. Das gilt besonders für die *Eröffnung*, die dem Wortteil bald schon vorangestellt wird bzw. ihm zuwächst. Im Westen wird
hier eine Schwelle aus allerhand Gesängen und Gebeten errichtet, die

sich um den Einzug des Vorstehers herum gruppieren (*Introitus, Kyrie, Gloria, Salutatio, Oratio,* später noch das *Stufengebet* mit dem *Confiteor*).

Frühchristliche Mahlfeier I	*Frühchristliche Mahlfeier II*	*Gottesdienst nach Justin*	*Erweiterte Grundstruktur*
BROT-EUCHARISTIE			ERÖFFNUNG
SÄTTIGUNGS-MAHL	SÄTTIGUNGS-MAHL	WORTGOTTES-DIENST	WORTGOTTES-DIENST
mit Verkündigungselementen	mit Verkündigungselementen (Verlesung von Briefen) und Bruderkuss	Schriftlesung Auslegung Fürbitten	Schriftlesungen Antwortgesänge Auslegung Fürbitten
BECHER-EUCHARISTIE als *Nachtischsegen*	BROT- UND BECHER-EUCHARISTIE als ein einziger Akt am Ende der Mahlzeit	MAHLFEIER Bruderkuss Gabenbereitung Eucharistiegebet Amen Austeilung	MAHLFEIER Gabenbereitung Eucharistiegebet Kommunionvorbereitung Austeilung Dank
			SENDUNG

10.2 Das Wort zum Mahl: Eucharistiegebet

Die Unterscheidung zwischen *Wort* und *Mahl*, zwischen Wortgottesdienst und Mahlfeier, darf nicht vergessen lassen, dass auch das eucharistische Handeln in gewisser Hinsicht als *Wortgeschehen* beschrieben werden kann (vgl. dazu 8.3.1, 8.3.5, 8.4.3): Was sich in der eucharistischen Handlung – also in der Bereitstellung, der Darbringung, der Segnung, dem Empfang von Brot und Kelch – abbildet und zur Sprache bringt, wird im eucharistischen Gebet worthaft in gleichgerichteter, gleichsinniger Weise gehandelt und vollzogen. Von exemplarischer Bedeutung ist hierfür das Eucharistiegebet, das in der *Traditio apostolica* überliefert wird, einer Schrift, die von der früheren Forschung Hippolyt von Rom zugeschrieben worden ist.

10.2.1 Das Eucharistiegebet: Text und Struktur

Hippolyt (gestorben um 235) war zu Beginn des 3. Jh. Presbyter und Gegenbischof in Rom. Die ihm zugeschriebene *Apostolische Überlieferung (Traditio apostolica)* »enthält das älteste vollständig erhaltene Eucharistiegebet«.[23]

Die Verfasserschaft des Hippolyt ist jedoch – so Reinhard Meßner – »mehr als hypothetisch und wird zunehmend aus sehr gewichtigen Gründen angezweifelt. Das liturgische Gut weist vielfach nach Syrien (Antiocheia; vor allem das eucharistische Hochgebet), teilweise eventuell nach Ägypten, wo die Kirchenordnung auch ihre bedeutsamste Wirkungsgeschichte gehabt hat.«[24] Der Text – vielleicht ursprünglich griechisch verfasst – ist zugänglich über eine Reihe verschiedenartiger Übersetzungen (lateinische, sahidische, bohairische, arabische, äthiopische Version), die zum Teil erheblich voneinander abweichen. Wir legen im Folgenden die lateinische Version zugrunde.[25]

Der Text des Eucharistiegebets ist als Modell gedacht, keinesfalls als wörtlich zu reproduzierendes liturgisches Formular. Der Verfasser hält an anderer Stelle ausdrücklich fest, dass es »keineswegs nötig [ist], daß er [der Bischof] bei der Danksagung dieselben Worte verwendet, die wir gebraucht haben, so als hätte er sie auswendig gelernt. Vielmehr soll ein jeder seinen Fähigkeiten entsprechend beten.«[26] Noch gehört es zum ›Charisma‹ des Bischofs, die gottesdienstlichen Gebete – insbesondere das eucharistische Hochgebet – unter Beachtung der überlieferten Strukturen und Inhalte frei zu formulieren (vgl. 6.1.3).

Den Text des Eucharistiegebets[27] überliefert die Schrift im Zusammenhang der Bischofsweihe (vgl. 6.1.5): Nach seiner Konsekration feiert der Bischof mit den Versammelten die Eucharistie, der auch hier – wie bei Justin – der *Friedensgruß* vorausgeht. Die Diakone bringen dem neugeweihten Bischof die eucharistischen Gaben, auf die er zusammen mit dem Presbyterium die Hände legt und das Gebet spricht. Das Gebet besteht aus (1) dem *einleitenden Dialog*, der die Funktion einer Gebetsaufforderung hat, (2) dem *Dank für das Handeln Gottes in Christus*, bruchlos überleitend (3) zum *Einsetzungsbericht*, an den sich (4) die *Anamnese* im engeren Sinn (Gedächtnis des Todes und der Auferstehung Christi) anschließt. Sie leitet unmittelbar (5) zur *Darbringung von Brot und Kelch* über, die ihrerseits (6) eng mit der *Epiklese* (der Bitte um den heiligen Geist für die Gaben und die Gemeinde) verbunden ist. Das Gebet schließt (7) mit der *Doxologie* und (8) dem *Amen der Gemeinde*.[28]

Friedensgruß und Herbeibringen der Gaben

Nachdem er zum Bischof gemacht ist, sollen alle ihm den Friedensgruß bieten und ihn grüßen, weil er würdig geworden ist. Die Diakone sollen ihm die Opfergabe reichen. Er breitet die Hände über der Gabe aus, und dabei soll er zusammen mit dem ganzen Presbyterium das Dankgebet sprechen (*dicat gratias agens*):

Einleitender Dialog

Der Herr sei mit euch! Und alle antworten: Und mit deinem Geiste! – Aufwärts die Herzen! – Wir haben sie beim Herrn. – Danksagen lasset uns dem Herrn (*Gratias agamus domino*)! – Das ist würdig und recht.

Dank für das Gotteshandeln in Christus

Wir danken dir, o Gott (*Gratias tibi referimus, Deus*), durch deinen geliebten Knecht Jesus Christus, den du in der Endzeit gesandt hast als Heiland und Erlöser und als Bote deines Willens. Er ist dein unzertrennliches Wort. Durch ihn hast du alles geschaffen. Ihn hast du nach deinem Wohlgefallen vom Himmel herab in den Schoß der Jungfrau gesandt. In ihrem Muterschoße wurde er Mensch, und aus dem heiligen Geist und der Jungfrau geboren, wurde er als Sohn dir offenbar. Um deinen Willen zu erfüllen und dir ein heiliges Volk zu bereiten, breitete er seine Hände am Kreuz aus, damit er jene, die an dich glauben, von dem Leiden erlöse. Da er sich freiwillig dem Leiden hingeben wollte, um den Tod zu vernichten und die Fesseln des Satans zu sprengen, die höllischen Mächte niederzutreten und die Gerechten zu erleuchten, einen Markstein aufzurichten (*et terminum figat*) und die Auferstehung zu verkünden,

Einsetzungsbericht

nahm er Brot, dankte dir (*gratias tibi agens*) und sprach: Nehmet, esset, das ist mein Leib, der für euch gebrochen wird! Desgleichen auch den Kelch mit den Worten: Das ist mein Blut, das für euch vergossen wird; sooft ihr dies tut, begeht ihr mein Gedächtnis.

Anamnese und Darbringung von Brot und Kelch

Eingedenk also seines Todes und seiner Auferstehung, bringen wir dir das Brot und den Kelch und danken dir (*gratias tibi agentes*), daß du uns gewürdigt hast, vor dir zu stehen und dir zu dienen.

Epiklese

Und wir bitten dich, daß du deinen heiligen Geist auf die Gabe der heiligen Kirche sendest: Vereinige alle Heiligen, die davon empfangen, und gib, daß es ihnen zur Erfüllung mit heiligem Geiste, zur Stärkung des Glaubens in Wahrheit gereiche,

---

Doxologie

damit wir dich loben und preisen durch deinen Knecht Jesus Christus, durch den
dir Ruhm sein und Macht mit dem heiligen Geiste in deiner heiligen Kirche, jetzt
und in alle Ewigkeit.

Amen der Gemeinde

10.2.2 Danksagendes Gedenken

Das Eucharistiegebet der *Traditio apostolica* kann seiner Intention nach
als *danksagendes Gedenken* umschrieben werden. Dank und Gedächtnis
(im Sinne von ἀνάμνησις bzw. זכרון, vgl. dazu 9.3.3) bilden den Grundbestand des Gebets, sind untrennbar ineinander verwoben, erscheinen als
zwei Aspekte desselben Vorgangs: Danksagend gedenkt die versammelte
Gemeinde des rettenden Gotteshandelns in Jesus Christus. Und: des
rettenden Christusgeschehens eingedenk, preist sie Gott.

Dass solch *danksagendes Gedenken* auf die vergegenwärtigende Aneignung
und Annahme des in Christus bewirkten und begründeten Heils zielt, versteht
sich im frühchristlichen Kontext von selbst: »*Gedenken* ist mehr und anderes als
ein bloß subjektives *Sich-Erinnern*. Es ist vielmehr Danksagung der Gemeinde
vor Gott, Eucharistie, in der das Heilsgeschehen, für das dankgesagt wird, aus
der Vergangenheit und Ferne gewissermaßen gerufen und vor Gott und für uns
gegenwärtig wird. Und diese Danksagung ist verbunden mit der Bitte zu Gott
(Epiklese), daß er an Jesus und an uns denkt und das Heil für uns und an uns
gegenwärtig und wirksam werden läßt, was des Näheren das Werk des Heiligen
Geistes in der Gemeinde ist. In diesem Sinne geschieht im Abendmahl als
Eucharistie objektive Vergegenwärtigung des göttlichen Heils.«[29]
Ob die Formulierung »aus der Vergangenheit und Ferne gewissermaßen
gerufen« glücklich ist, mag dahingestellt bleiben; dass Teilhabe am Gottesheil
jedoch nur in *heiliger Gleichzeitigkeit* mit dem rettenden Gotteshandeln selbst
erfahren und gewonnen werden kann, steht für jüdisch-frühchristliches Denken
außer Zweifel.

Das Eucharistiegebet der *Traditio apostolica* steht noch »ganz in der
Gebetstradition des NT und der frühen Kirche«. Es kann als Beispiel
dafür gelten, »wie das dreigliedrige jüdische Gebetsschema zu einer
durchgehenden Christusanamnese mit anschließender Bitte (Epiklese)
umgeformt wurde.«[30]
Der einleitende Dialog erinnert an die Gebetsaufforderungen (*Birkat ha-
zimmun*; vgl. 9.2.2), mit denen der *Nachtischsegen* (*Birkat ha-mazôn*) des
jüdischen Mahles eingeleitet wird: »Meine Herren, laßt uns preisen...« Die

Wendung »Laßt uns danksagen« (*gratias agamus domino*) in unserem Text wäre
demnach in einem gewissermaßen ›technischen‹ Sinne zu übersetzen: »Laßt uns
die *Eucharistia* sprechen.« Das gilt auch für die Wendung *gratias tibi agentes*,
die sich in unserem Text im Zusammenhang von Anamnese und Darbringung
findet:»Indem wir seines Todes und seiner Auferstehung gedenken, bringen wir
dir das Brot und den Kelch und sprechen die *Eucharistia* darüber.« Der Sinn der
Darbringung erschließt sich, wie noch zu zeigen sein wird, erst einem Verständnis des Textes, das sich in solcher Weise eng an die jüdisch-frühchristlichen
Vorbilder anschließt.

Der Eingang des Eucharistiegebets der *Traditio apostolica* folgt den
Formulierungen in den eucharistischen Gebeten der Didache (vgl. 9.4.2)
und steht damit ebenfalls in der Tradition jüdisch-frühchristlicher Mahlpraxis. Inhaltlich entspricht der Dank für das Gotteshandeln in Christus
dem 1. Abschnitt des Tischdankgebetes in der Didache[31] und damit dem
2. Abschnitt des jüdischen *Nachtischsegens*. Die *Kurzberakoth*, mit
denen die einzelnen Abschnitte des Gebetes in der Didache (ebenso wie
nach jüdischem Brauch) schließen, sind »zugunsten eines durchlaufenden
Textes mit einem doxologischen Schluß aufgegeben.«[32]

Didache 9,3; 10,2	*Traditio apostolica 4*
Wir danken dir, unser Vater (εὐχαριστοῦμέν σοι πάτερ ἡμῶν), für das Leben und die Erkenntnis, die du uns kundgetan hast durch Jesus, deinen Knecht (διὰ Ἰησοῦ τοῦ παιδός σου). Dir sei Ehre in Ewigkeit (σοὶ ἡ δόξα εἰς τοὺς αἰῶνας). Wir danken dir, heiliger Vater (εὐχαριστοῦμέν σοι πάτερ ἅγιε), für deinen heiligen Namen, dem du eine Wohnung bereitet hast in unseren Herzen, und für die Erkenntnis, den Glauben und die Unsterblichkeit, die du uns kundgetan hast durch Jesus, deinen Knecht (διὰ Ἰησοῦ τοῦ παιδός σου). Dir sei Ehre in Ewigkeit.	Wir danken dir, o Gott (*gratias tibi referimus, Deus*), durch deinen geliebten Knecht Jesus Christus (*per dilectum puerum tuum Iesum Christum*), den du in der Endzeit gesandt hast als Heiland und Er-löser und als Bote deines Willens [...] damit wir dich loben und prei-sen durch deinen Knecht Jesus Christus (*per puerum tuum Iesum Christum*), durch den dir Ruhm sei und Macht mit dem heiligen Geiste in deiner heiligen Kirche, jetzt und in alle Ewigkeit.

10.2.3 Die Heiligung der Gaben

Mit dem *danksagenden Gedenken*, wie es in der Rezitation des Einsetzungsberichts und der Anamnese im engeren Sinne seinen Höhepunkt
erreicht, ist in unserem Text die *Darbringung* von Brot und Kelch
verbunden:

»Memores igitur mortis et resurrectionis eius offerimus tibi panem et calicem gratias tibi agentes, quia nos dignos habuisti adstare coram te et tibi ministrare. Et petimus, ut mittas spiritum tuum sanctum in oblationem sanctae ecclesiae; in unum congregans des omnibus, qui percipiunt, sanctis in repletionem spiritus sancti ad confirmationem fidei in veritate, ut te laudemus et glorificemus per puerum tuum Iesum Christum [...]«

Es ist wichtig, sich an den Wortsinn des Textes zu halten: *Dargebracht* (*offerimus*) werden nicht etwa Leib und Blut Christi, sondern die Gaben von Brot und Kelch (*panem et calicem*). Ziel solcher Darbringung ist die *Heiligung* der Gaben durch Gott, wie sie in der Epiklese erbeten wird (*Et petimus, ut mittas spiritum tuum sanctum in oblationem sanctae ecclesiae*). Wenn man demnach von einer *Wandlung* der Gaben sprechen will, so vollendet sich diese nicht unter der Rezitation des Einsetzungs-berichts, sondern in der Epiklese, die ihrerseits auf den Empfang der Gaben durch die Gläubigen zielt. Die Epiklese jedoch hat nicht den Charakter einer Konsekrationsformel, sondern einer *Bitte*, vertraut die Heiligung der Gaben also dem Wollen und Tun Gottes an.

Zielpunkt des Gebetes in seinem Zusammenhang ist somit die Bitte um den Heiligen Geist, die Epiklese. Die darin erbetene Heiligung der Gaben wiederum ist nicht Selbstzweck, sondern zielt ihrerseits auf das Mahl: Brot und Kelch werden vor Gott gebracht, damit dieser sie durch seinen Geist heilige und zur heilsamen Speise mache für alle, die davon empfangen.

»Die Wandlung der Gaben in Christi Leib und Blut zielt auf die Umwandlung derer, die davon genießen und damit des Heiligen Geistes teilhaftig werden [...]«, schreibt Reinhard Meßner.[33]

Die Epiklese in unserem Text ist darum Gabenepiklese und Kommu-nionepiklese in einem: Sie intendiert – über die *Heiligung der Gaben* – die *Heiligung der Kommunikanten*. Diese wiederum wird nicht als ein Geschehen begriffen und beschrieben, das nur den Einzelnen betrifft und ergreift: Sie bewirkt und bezeichnet – weil alle an dem gleichen Geist Anteil gewinnen, wenn sie die durch Gottes Geist geheiligten Gaben empfangen – zugleich die Gemeinschaft der Gläubigen (*in unum con-gregans*).

10.2.4 Die Darbringung der Gaben

Der *Darbringung der Gaben* in unserem Text eignet darüber hinaus noch eine zeichenhafte Komponente eigener Art. Die Darbringung besitzt, so ließe sich sagen, einen »symbolischen Mehrwert«.[34] Der zeigt sich, wenn Brot und Kelch mit einem gewissen Nachdruck als »Gabe der heiligen Kirche« (*oblatio sanctae ecclesiae*) bezeichnet werden. Oder wenn bei seiner Weihe dem künftigen Bischof ausdrücklich befohlen wird, »die Gaben der heiligen Kirche darzubringen.«[35]

Da auch die *Todah*, das alttestamentliche Dank- und Gemeinschaftsopfermahl (vgl. 9.2.2), mit einer Brot- und Weingabe verbunden sein konnte, lag es womöglich nahe, Brot und Kelch bei der Eucharistie analog hierzu als *Opfergaben des neuen Bundesvolkes* zu deuten. So stellt schon Did 14,1-3 eine Beziehung zwischen dem Brotbrechen, der Eucharistie und dem ›reinen Opfer‹ her, das der Gemeinde gemäß Mal 1,10-14 aufgetragen ist: »Wenn ihr am Herrentag versammelt seid, so brecht das Brot (κλάσατε ἄρτον) und dankt (εὐχαριστήσατε), nachdem ihr dabei eure Übertretungen bekannt habt, damit euer Opfer (ἡ θυσία ὑμῶν) rein sei.«

Ähnliche Überlegungen finden sich auch bei Justin: In seinem *Dialog mit dem Juden Tryphon*[36] spricht er »vom Brot der Eucharistie« und vom »Kelch der Eucharistie« als von »Opfern«, die von den Christen »an jedem Ort dargebracht« werden. Das »Opfer des Weizenmehles, das gemäß der Überlieferung für die vom Aussatz Gereinigten dargebracht wurde«, deutet er – ebenfalls unter Berufung auf Mal 1,10-14 – als »Vorbild (τύπος) des Brotes der Eucharistie«.

Vielleicht darf man die Sinnrichtung des Vorgangs im Eucharistiegebet der *Traditio apostolica* so umschreiben: Mit der Bereitstellung und Darbringung der Gaben folgt die Gemeinde dem Gedächtnisauftrag Jesu (vgl. 9.3.3). Damit vollzieht sie auf der Handlungsebene, was sie auf der Wortebene in gleichsinniger Weise betend zum Ausdruck bringt: Sie bittet Gott um die Heiligung der Gaben. So ließe sich sagen: Die *Darbringung* ist »Tatvollzug« des *danksagenden Gedenkens* der Gemeinde, das in die *Heiligungsbitte*, die Epiklese mündet; und das *anamnetisch-epikletische Gebet* ist »Wortvollzug« dessen, was die Gemeinde in der *Bereitstellung* und *Darbringung* der Gaben auf der Handlungsebene zum Ausdruck bringt.[37]

Setzt man – wie schon bei Justin (vgl. 10.1.3) – voraus, dass ein Teil der von den Gemeindegliedern beigesteuerten Naturalgaben für die Eucharistie, der größere Teil jedoch für diakonische Zwecke verwendet wird, so wird verständlich, wie dem Vorgang des Herbei- und Darbringens der Gaben jener »symbolische Mehrwert« zuwachsen konnte: Mit den – oft in eigener Arbeit erzeugten – Gaben bringen die Christen zugleich etwas von den Grundlagen ihrer eigenen Existenz dar. Sie geben sich darin selber auf zeichenhaft-reale Weise an Gott und die Mit-Glaubenden hin. So wird in der Darbringung von Brot und Kelch die doppelte Selbsthingabe Jesu an Gott und die Menschen zeichenhaft und zugleich sehr real nachvollzogen: Die Darbringung von Brot und Kelch ist als *Dank- und Gedenkopfer* der Gemeinde ein Zeichen der Nachfolge Christi in der Identifikation mit seiner Hingabe am Kreuz.

Dazu schreibt Hans-Joachim Schulz: »Die Eucharistiefeier ist Opfer der Kirche nicht als Opferung des Leibes und Blutes des Herrn. Von einer solchen Vorstellung weiß die frühchristliche und [...] die ganze liturgische Überlieferung nichts. Vielmehr handelt die Kirche, konkret: die Gemeinde, in der Nachfolge Christi und gemäß seinem Auftrag, indem sie Brot und Wein spendet und an diesen Gaben ihre eigene Opfergesinnung darstellt, die freilich nur aus der Kraft des Opfers Christi, und indem ihre Gaben zu dessen Zeichen werden, zum Heile gereichen kann.«[38]

So lassen sich Sinn und Richtung des Eucharistiegebets der *Traditio apostolica* folgendermaßen zusammenfassen: Die Gemeinde bringt unter *danksagendem Gedenken* Brot und Kelch vor Gott. Sie drückt darin zugleich zeichenhaft-real ihre Bereitschaft zur Selbsthingabe an Gott und die Menschen in der Nachfolge Christi aus. Unter *danksagendem Gedenken* richtet sie an Gott die Bitte, er möge diese Gaben mit seinem Geist erfüllen, damit alle, die davon essen und trinken, am Geist Gottes Anteil gewinnen und – solchermaßen zur Nachfolge Christi befähigt – zur Einheit zusammengeführt werden.

10.2.5 Der Einsetzungsbericht

Die gesamte Sinnrichtung unseres Textes ändert sich jedoch in ganz grundlegender Weise, nimmt man – wie es späterer abendländischer Tradition entspricht – an, die Konsekration der eucharistischen Gaben werde durch die Rezitation des Einsetzungsberichtes bewirkt und vollzogen: *Dargebracht* als *Gabe der heiligen Kirche* werden dann nicht mehr *Brot und Kelch*, sondern *Leib und Blut Christi*.

Zu einer solchen Interpretation gibt jedoch unser Text keinerlei Anlass; würde dadurch doch in gewisser Weise die nachfolgende Epiklese gegenstandslos. Vielmehr gilt: Die Einsetzungsworte, wie sie in der *Traditio apostolica* der Darbringung und der Epiklese vorausgehen, sind Teil und Höhepunkt des *danksagenden Gedenkens*. Sie besitzen eine anamnetische Funktion, sind eingebunden in das Gebet, das im Zeichen des danksagend-vergegenwärtigenden Gedächtnisses des Gotteshandelns in Christus steht. Eine – allein auf sie beschränkte – konsekratorische Funktion im späteren Sinne wird ihnen hier noch nicht zugeschrieben.

»Die deutliche Hinführung der Danksagung auf den Einsetzungsbericht bedeutet [...] nicht dessen Herausnahme aus der Reihe der heilsgeschichtlichen

Themen und sein Hineinstellen in die liturgische Gegenwart als unmittelbar bewirkendes Element des sakramentalen Vollzugs. Im Gegenteil beweist die harmonische Verknüpfung des Einsetzungsberichts mit dem Gesamtgefüge der Darstellung des Heilswerkes, ja die Stellung der Abendmahlsworte innerhalb der insgesamt heilsgeschichtlich motivierten, wenn auch bereits ekklesiologisch finalisierten, Danksagung, daß eine Bewertung dieser Worte als spezielle Konsekrationsform nicht in Frage kommen kann, zumal Hippolyt [...] in Übereinstimmung mit der gesamten Frühpatristik die *Eucharistia* als dasjenige Sprachgeschehen sieht, das in seiner Ganzheit (und zusammen mit der zugrunde liegenden liturgischen Darbringung der Gaben) die Gaben Brot und Wein als ›heilige‹ (›sancta‹) konstituiert bzw. (wie die Frühpatristik zu sagen pflegt:) ›eucharistiert‹.«[39]

Ein Blick auf eine Reihe eucharistischer Texte, die der syrisch-palästinischen Tradition zuzuordnen sind und in ihren Ursprüngen womöglich noch in die Zeit vor Hippolyt zurückreichen, liefert zusätzliche Argumente für eine solche Interpretation der Funktion des Einsetzungsberichts.

Im Einzelnen handelt es sich (a) um die im 7. Buch der *Apostolischen Konstitutionen* überlieferte *mystische Danksagung* (εὐχαριστία μυστική), die eine überarbeitete und erweiterte Fassung von Did 9 und 10 bietet; (b) um eucharistische Zeugnisse aus den im 2./3. Jh. entstandenen *apokryphen Apostelakten*,[40] (c) um die ostsyrische *Apostelanaphora von Addai und Mari*[41] und die mit ihr verwandte (d) maronitische *Petrusanaphora*,[42] die vermutlich auf eine gemeinsame Quelle aus dem 2. Jh. zurückgehen; (e) um die früheste Form der syrischen *Jakobusanaphora*, auf die sich die 5. mystagogische Katechese des Kyrill (bzw. Johannes) von Jerusalem bezieht,[43] (f) um die dem westsyrischen Liturgiebereich zugehörige *Anaphora des Theodor von Mopsuestia*,[44] (g) um ein *ostsyrisches Anaphora-Fragment* aus dem 6. Jh.[45]

Einige dieser Texte – so die *mystische Danksagung* und die unter (c) und (d) genannten Anaphoren – lassen noch deutlich das Bemühen erkennen, »den Zusammenhang mit der jüdischen Gebetstradition zu wahren«;[46] kennzeichnend ist eine inhaltliche wie strukturelle Nähe zum jüdischen *Nachtischsegen*. Für unseren Zusammenhang ist bemerkenswert, dass in den genannten Texten – rekurriert man auf ihre ursprünglichen Fassungen – ein Einsetzungsbericht vermutlich fehlt bzw. noch nicht voll ausgebildet ist, wie in dem unter (g) genannten Fragment, das die Stiftung Jesu im Zusammenhang der Anamnese in indirekter Rede referiert.

Hans Bernhard Meyer stellt dazu fest: »Nach den ältesten Quellen geht es bei der Feier der Eucharistie insgesamt darum, dem Gedächtnisauftrag Jesu gerecht zu werden und zu tun, was er durch sein Stiftungshandeln ermöglicht hat. Dazu ist es notwendig, den Brot- und Becherritus zu vollziehen und im von jüdischen Vorbildern inspirierten Gebetswort ausdrücklich zu machen, daß es um Jesu Stiftung geht. Das konnte in wechselndem Rahmen und in unterschiedlicher Weise geschehen: durch christlich überformte jüdische Mahlgebete (Did 9 f; ConstAp 7,25 f) oder eine Festtags-Tefilla, durch epikletische Anrufung (apokr. Apostelakten); durch indirekte Bezugnahme auf die Stiftungshandlung ([...] Addai und Mari; maronit. Petrusanaphora) und schließlich durch direkte Zitation der Einsetzungsworte in verschiedenen, durch den liturgischen Gebrauch geprägten Varianten.«[47]

10.3 Neue Hochgebete

Unter den vier eucharistischen Hochgebeten, die das Missale Romanum aus dem Jahre 1970 bietet, findet sich auch eine revidierte Fassung des Eucharistiegebets der *Traditio apostolica* (Hochgebet II). Beim Vergleich der alten mit der neuen Fassung zeigen sich charakteristische, theologisch höchst bedeutsame Unterschiede. Sie lassen die Spannungen sichtbar werden, die zwischen gegenwärtigem römisch-katholischem Verständnis der Eucharistie und der altkirchlichen Auffassung bestehen. Zugleich gewähren sie exemplarisch einen Einblick in die weitere Geschichte des Eucharistiegebets. Wir bieten den Wortlaut des zweiten Hochgebets nach dem deutschen Meßbuch (Rubriken nur in Auswahl) und nennen die Neuerungen, die sich beim Vergleich mit der überlieferten Fassung ergeben (vgl. zum Folgenden auch 12.5).

P. Der Herr sei mit euch. A. Und mit deinem Geiste. P. Erhebet die Herzen. A. Wir haben sie beim Herrn. P. Lasset uns danken dem Herrn, unserm Gott. A. Das ist würdig und recht. – P. In Wahrheit ist es würdig und recht, dir Herr, heiliger Vater, immer und überall zu danken durch deinen geliebten Sohn Jesus Christus. Er ist dein Wort, durch ihn hast du alles erschaffen. Ihn hast du gesandt als unseren Erlöser und Heiland. Er ist Mensch geworden durch den Heiligen Geist, geboren von der Jungfrau Maria. Um deinen Ratschluß zu erfüllen und dir ein heiliges Volk zu erwerben, hat er sterbend die Arme ausgebreitet am Holze des Kreuzes. Er hat die Macht des Todes gebrochen und die Auferstehung kundgetan. Darum preisen wir dich mit allen Engeln und Heiligen und singen vereint mit ihnen das Lob deiner Herrlichkeit: – A. Heilig, heilig, heilig Gott, Herr aller Mächte und Gewalten. Erfüllt sind Himmel und Erde von deiner Herrlichkeit. Hosanna in der Höhe. Hochgelobt sei, der da kommt im Namen des Herrn. Hosanna in der Höhe. – P. Ja, du bist heilig, großer Gott, du bist der Quell aller Heiligkeit. Darum bitten wir dich (er faltet die Hände, streckt sie über die Gaben aus und spricht): Sende deinen Heiligen Geist auf diese Gaben herab und

heilige sie (er faltet die Hände, macht ein Kreuzzeichen über Brot und Kelch
zusammen und spricht): damit sie uns werden Leib ✝ und Blut deines Sohnes,
unseres Herrn Jesus Christus. – Denn am Abend, an dem er ausgeliefert wurde
und sich aus freiem Willen dem Leiden unterwarf, nahm er das Brot und sagte
Dank, brach es, reichte es seinen Jüngern und sprach: Nehmet und esset alle
davon: Das ist mein Leib, der für euch hingegeben wird. – Ebenso nahm er nach
dem Mahl den Kelch, dankte wiederum, reichte ihn seinen Jüngern und sprach:
Nehmet und trinket alle daraus: Das ist der Kelch des neuen und ewigen Bundes,
mein Blut, das für euch und für alle vergossen wird zur Vergebung der Sünden.
Tut dies zu meinem Gedächtnis. – P. Geheimnis des Glaubens: A. Deinen Tod,
o Herr, verkünden wir, und deine Auferstehung preisen wir, bis du kommst in
Herrlichkeit. – P. Darum, gütiger Vater, feiern wir das Gedächtnis des Todes und
der Auferstehung deines Sohnes und bringen dir so das Brot des Lebens und den
Kelch des Heiles dar. Wir danken dir, daß du uns berufen hast, vor dir zu stehen
und dir zu dienen. Wir bitten dich: Schenke uns Anteil an Christi Leib und Blut
und laß uns eins werden durch den Heiligen Geist. – Gedenke deiner Kirche auf
der ganzen Erde und vollende dein Volk in der Liebe, vereint mit unserem Papst
N., unserem Bischof N. und allen Bischöfen, unseren Priestern und Diakonen
und mit allen, die zum Dienst in der Kirche bestellt sind. – Gedenke aller unserer
Brüder und Schwestern, die entschlafen sind in der Hoffnung, daß sie auferstehen. Nimm sie und alle, die in deiner Gnade aus dieser Welt geschieden sind, in
dein Reich auf, wo sie dich schauen von Angesicht zu Angesicht. – Vater,
erbarme dich über uns alle, damit uns das ewige Leben zuteil wird in der Gemeinschaft mit der seligen Jungfrau und Gottesmutter Maria, mit deinen
Aposteln und mit allen, die bei dir Gnade gefunden haben von Anbeginn der
Welt, daß wir dich loben und preisen durch deinen Sohn Jesus Christus. – Durch
ihn und mit ihm und in ihm ist dir, Gott, allmächtiger Vater, in der Einheit des
Heiligen Geistes alle Herrlichkeit und Ehre jetzt und in Ewigkeit. A. Amen.

10.3.1 Einfügung des Sanctus

Schon sehr alt ist die Einfügung des *Dreimalheilig* (*Sanctus*, nach Jes
6,3) in das Eucharistiegebet. In der Synagogenliturgie hat es seinen Ort
am Sabbatmorgen (*Keduscha*). In Offb 4,8 ist es Teil der himmlischen
Liturgie vor dem Thron Gottes (vgl. auch 1 Clem 34). Von den Christen
wird es zunächst in das Tagzeitengebet (Morgenlob) übernommen. Im 4.
Jh. wird es zuerst im Osten als Volksakklamation (so im 8. Buch der
Apostolischen Konstitutionen; frühestes Zeugnis bei Asterios dem
Sophisten, gest. 341) in das Eucharistiegebet eingefügt. Der Westen folgt
im 5. Jh. Es wird – zuerst in Gallien – durch Ps 118,26 (das *Benedictus*)

und das *Hosanna* (aramäisch: *hilf doch!* Ps 118,25; Mt 21,9) ergänzt (vgl. auch 5.2.4).

Durch den Einschub des Sanctus wird das Hochgebet in zwei Teile (*Antesanctus* und *Postsanctus*) getrennt. Im Abendland wird der erste, hier mit den Kirchenjahreszeiten und -festen wechselnde Teil (*Vere dignum; Präfation*), schließlich gar nicht mehr zum Hochgebet gerechnet. Er wird auch dann noch laut gesprochen bzw. gesungen, als – seit dem 10. Jh. – der zweite, gleich bleibende Teil nach dem *Sanctus* (*Canon Missae*; *Meßkanon*) nur noch leise, unhörbar für die Gemeinde, vorgetragen wird (vgl. auch 5.3.2).

Das Eucharistiegebet der *Traditio apostolica* kennt das *Sanctus* noch nicht. In das Hochgebet II hat man es jedoch – vermutlich aus Gründen der Kompatibilität mit den anderen Hochgebeten – eingefügt. Dadurch macht sich im zweiten Teil nach dem Sanctus ein textlicher Neuanfang erforderlich, den der überlieferte Text so nicht kennt (*Ja, du bist heilig, großer Gott, du bist der Quell aller Heiligkeit*).

10.3.2 Einfügung der *acclamatio anamneseos*

Im Zuge der nachkonziliaren Liturgiereform hat man zusätzlich zum *Sanctus* eine zweite Volksakklamation (*acclamatio anamneseos*) in den Text des eucharistischen Hochgebets eingefügt; auch dieser *anamnetische Ruf* fehlt in der überlieferten Fassung. Auf den Ruf »Geheimnis des Glaubens!« (*Mysterium fidei*), der den Einsetzungsworten und der damit vollzogenen Wandlung folgt, antwortet die Gemeinde mit einer an 1 Kor 11,26 orientierten Akklamation (vgl. 8.4.3.):

»Deinen Tod, o Herr, verkünden wir, und deine Auferstehung preisen wir, bis du kommst in Herrlichkeit.« Als weitere mögliche Texte werden vorgeschlagen: »Heiland der Welt, schenke uns dein Heil; denn durch Tod und Auferstehung hast du uns erlöst«; »Sooft wir dieses Brot essen und aus diesem Kelch trinken, verkünden wir deinen Tod, o Herr, bis du kommst in Herrlichkeit.«

Diese Akklamation begegnet zuerst in Formularen, die dem Liturgieverband von Alexandrien zuzuordnen sind. Frühestes Zeugnis ist der in einem koptischen Kloster aufgefundene Papyrus von Dêr-Balyzeh (6./7. Jh.), der das Fragment eines Eucharistiegebetes enthält, das möglicherweise sehr viel älteren Datums ist.[48]

Der Einsetzungsbericht schließt hier mit der Aufforderung nach 1 Kor 11,26: »Sooft ihr esset dieses Brot und trinket diesen Kelch: meinen Tod verkündet, meine Auferstehung bekennet!« Die folgenden Zeilen geben offenbar die Akklamation der Gemeinde wieder: »Deinen Tod verkünden wir, und deine

Auferstehung bekennen wir und bitten [...]« Worauf sich die Bitte bezieht, gibt
der Papyrus nicht zu erkennen.[49]

In der Anaphora des Kyrill von Alexandria,[50] einer koptischen Rezension der
ägyptischen Markus-Anaphora,[51] taucht die *acclamatio anamneseos* im Anschluss an 1 Kor 11,26 ebenfalls auf: »Mortem tuam annuntiamus, Domine (et
resurrectionem tuam sanctam et ascensionem confitemur).«

In erweiterter Form erscheint die Akklamation in Eucharistiegebeten der
äthiopischen Kirche,[52] aber auch in Formularen, die der syrisch-antiochenischen
Tradition zuzuordnen sind.[53] Auch nichtrömische Liturgien des Westens zitieren
1 Kor 11,26 und kennen akklamatorische Elemente (zum Beispiel das *Amen* nach
den Einsetzungsworten: mozarabische Liturgie) im Umfeld des Einsetzungsberichts.

Es ist sehr bemerkenswert, dass auch der Lutheraner Wilhelm Löhe
(1808-1872) in seiner Agende aus dem Jahre 1853[54] ein eucharistisches
Hochgebet im Anschluss an die Basilius-Liturgie gestaltet, das durchgängig mit akklamatorischen Elementen ausgestattet ist und nach den
Worten der Einsetzung auch die *acclamatio anamneseos* vorsieht:

»L. So oft ihr von diesem Brote eßen und von diesem Kelche trinken werdet,
sollt ihr meinen Tod verkündigen und meine Auferstehung bekennen und mein
gedenken, bis daß ich komme. – G. Deinen Tod verkündigen wir, o Herr, und
Deine Auferstehung bekennen wir. – L. Wir halten das Gedächtnis seines h.
Leidens, seiner Auferstehung von den Todten, seiner Auffahrt in den Himmel,
seines Sizens zu Deiner Rechten, o Vater, auch seiner zweiten Zukunft aus dem
Himmel, der schreklichen, voll Herrlichkeit – G. Betet an den Herrn mit Furcht
und Zittern.«

10.3.3 Einfügung von Fürbitten

»*Bitten im Hochgebet* gehören zu dessen ältestem Bestand – wie schon
in den jüdischen Vorbildern des Eucharistiegebets.«[55] Das gilt für die
Bitte um den Geist Gottes im Eucharistiegebet der *Traditio apostolica*,
die in die Bitte um die Einheit der Gläubigen und die Stärkung ihres
»Glaubens in Wahrheit« mündet. Es gilt nicht für die Fürbitten (*Interzessionen*) für Lebende und Tode, die das neue Meßbuch nach dem Vorbild
des alten *Canon Romanus* und zahlreicher anderer Liturgien in das
Hochgebet II einfügt. Sie fehlen noch in der *Traditio apostolica*, tauchen
aber bald schon in den Hochgebeten der alexandrinischen und
antiochenischen, aber auch der stadtrömischen Tradition auf.[56]

Entstanden sind sie vermutlich aus dem Brauch, im Gottesdienst die
Namen derer zu nennen, »die an der Eucharistiefeier besonders beteiligt
sind, weil sie Oblationen dargebracht haben oder weil Oblationen für sie

dargebracht worden sind.«[57] Die Namen – auf *Diptychen* (von griech.
δίπτυχον = faltbares Schreibtäfelchen) geschrieben – konnten ursprünglich an unterschiedlichen Stellen des Gottesdienstes verlesen
werden, so bei den Fürbitten, nach der Gabenbereitung oder eben im
Hochgebet selbst. Daraus entwickelte sich eine »sekundäre Textschicht«
im Hochgebet, der die Tendenz eignete, wachsenden Raum für sich zu
beanspruchen.

In dem – alexandrinischer Tradition zuzuordnenden – Eucharistiegebet des
Serapion von Thmuis aus dem 4. Jh.[58] lässt sich der ursprüngliche Sitz im Leben
dieser Praxis noch gut erkennen. Es heißt dort nach Einsetzungsbericht und
(Logos-)Epiklese: »Wir bitten dich aber auch für alle Entschlafenen, deren
Gedächtnis auch gefeiert wird [...] (nach der Verlesung der Namen): Heilige
diese Seelen, denn du kennst sie alle; heilige alle, die im Herrn entschlafen sind,
und zähle sie allen deinen heiligen Mächten zu und gib ihnen eine Stätte und
eine Wohnung in deinem Reiche. Nimm aber auch an die Danksagung des
Volkes und segne die, welche dir Opfer und Dankgaben dargebracht haben, und
schenke Gesundheit, Unversehrtheit, ein fröhliches Herz und jedes Fortschreiten
an Seele und Leib diesem ganzen Volke [...]«.[59]

Der dringende Wunsch, die Namen im Hochgebet selbst zu nennen (so
Papst Innozenz I. in einem Brief aus dem Jahre 416), gründet wohl darin,
diese – um der hiervon erhofften Wirkung willen – möglichst nahe an das
eigentliche Zentrum der eucharistischen Feier heranzurücken. Die
Liturgien alexandrinischer Provenienz bevorzugen hierfür einen Ort im
ersten Teil des Eucharistiegebets, vor dem Einsetzungsbericht (bzw. vor
dem Sanctus; vgl. zum Beispiel die Interzessionen in der koptischen
Anaphora des Kyrill von Alexandria[60] und in der äthiopischen Apostelanaphora[61]). Die Liturgien antiochenischen Ursprungs wählen stattdessen
den Ort zwischen Epiklese und Schlussdoxologie. In Rom folgt man
zunächst dem alexandrinischen Brauch, fügt später aber das Gedächtnis
der Entschlafenen (*Memento etiam*) und eine »Selbstempfehlung des
Klerus« (*Nobis quoque peccatoribus*) vor der Schlussdoxologie in den
Canon ein.

Hans Bernhard Meyer schreibt dazu: »Dieses Nennen des Namens hatte
ursprünglich wohl den Sinn der Vergegenwärtigung der Betreffenden vor Gott,
wurde aber im Westen schon sehr früh, etwas später auch im Osten mehr und
mehr als Fürbitte verstanden und nicht mehr als Vorstellen der ›communio‹ der
kirchlichen Opfergemeinschaft vor Gott, zu der auch Abwesende (Papst, Bischöfe, weltliche Fürsten), die Heiligen und die Verstorbenen gehören. Außerdem entstand noch in patristischer Zeit die Vorstellung, daß dem Geber für die
Gott dargebrachten Gaben eine Vergeltung von seiten Gottes gebühre.«[62]

Auskunft über Inhalt und Sinn der Interzessionen im Hochgebet gibt auch die Schilderung des Kyrill (Johannes?) von Jerusalem in seiner 5. mystagogischen Katechese,[63] die sich vermutlich auf eine Frühform der syrischen Jakobusanaphora[64] bezieht:

»Wenn dann das geistliche Opfer, der unblutige Gottesdienst, vollendet ist, rufen wir über diesem Opfer der Versöhnung Gott an um den allgemeinen Frieden der Kirche, um die Wohlfahrt der Welt, für den Kaiser, für das Heer und die Mitkämpfer, für die Kranken und Bedrängten. Wir, die wir beten, beten durchaus für alle, die der Hilfe bedürfen, und bringen für sie dies Opfer dar. Dann gedenken wir der Entschlafenen, zuerst der Patriarchen, der Propheten, Apostel und Märtyrer, damit Gott durch deren Gebete und Fürbitten unsere Gebete erhöre. Dann beten wir für die entschlafenen heiligen Väter und Bischöfe, ja überhaupt für alle unsere Entschlafenen. Wir glauben nämlich, daß die Seelen sehr großen Nutzen davon haben, für die das Gebet während der Darbringung des heiligen und Schauer hervorrufenden Opfers dargebracht wird.«[65]

10.3.4 Trennung von Gaben- und Kommunionepiklese

Die *Traditio apostolica* kennt nur *eine* Epiklese *nach* den Einsetzungsworten, die *Gaben-* und *Kommunionepiklese* in einem ist, also den eucharistischen Gaben und damit auch den Empfängern dieser Gaben gilt:

»Und bitten dich, daß du deinen heiligen Geist auf die Gabe der heiligen Kirche sendest: Vereinige alle Heiligen, die davon empfangen, und gib, daß es ihnen zur Erfüllung mit heiligem Geiste, zur Stärkung des Glaubens in Wahrheit gereiche.«

Da dies dem traditionellen westlich-römischen Verständnis widerspricht – hier bewirken ja schon die Einsetzungsworte die Konsekration der Gaben –, hat man bei der Adaption des überlieferten Textes eine *Gabenepiklese* (Bitte um Wandlung der Gaben) den Einsetzungsworten vorangestellt:

»Darum bitten wir dich: Sende deinen Heiligen Geist auf diese Gaben herab und heilige sie, damit sie uns werden Leib und Blut deines Sohnes, unseres Herrn Jesus Christus.«

Das ursprüngliche Gebet um die Heiligung der Gaben bei Hippolyt, das dort den Einsetzungsworten folgt, hat man auf eine knappe *Kommunionepiklese* (Bitte für die Empfänger der Gaben) reduziert:

»Wir bitten dich: Schenke uns Anteil an Christi Leib und Blut und laß uns eins werden durch den Heiligen Geist.«

Es gibt im Hochgebet II somit – abweichend vom überlieferten Text – zwei Epiklesen: Eine *Gaben-* bzw. *Wandlungsepiklese* vor dem Einsetzungsbericht, die auch gestisch stark hervorgehoben wird (vergleiche die Rubriken), und eine kurze *Kommunionepiklese* im Schlussteil des Textes. Man beruft sich, um solchen redaktionellen Eingriff zu begründen, auf die Eucharistiegebete der alexandrinischen Tradition, die in der Tat epikletische Elemente vor und nach dem Einsetzungsbericht aufweisen (wobei freilich umstritten ist, ob die zweite Epiklese in jedem Falle zum ursprünglichen Bestand gehört).

So formuliert der Papyrus von Dêr-Balyzeh (vgl. 10.3.2) – in unmittelbarem Anschluss an das Sanctus und inhaltlich darauf bezogen – eine Art Gabenepiklese, die zum Einsetzungsbericht überleitet: »Fülle auch uns mit der Herrlichkeit, die von dir kommt, und würdige uns, herabzusenden deinen heiligen Geist auf diese Geschöpfe, und mache das Brot zum Leibe unseres Herrn und Heilandes Jesus Christus und den Kelch zum Blute des neuen Bundes.« Nach der *acclamatio anamneseos* fährt das Gebet, hier nur bruchstückhaft erhalten, möglicherweise im Sinne einer Kommunionepiklese fort: »[...] Teilhaber deiner Gabe zur Kraft des heiligen Geistes zur Festigung und Mehrung des Glaubens, zur Hoffnung des künftigen ewigen Lebens durch unsern Herrn Jesum Christum [...]«[66]

Auch im Eucharistiegebet des Serapion von Thmuis (vgl. 10.3.3) lassen sich epikletische Elemente vor und nach dem Einsetzungsbericht ausmachen, freilich ohne ausdrückliche Erwähnung des heiligen Geistes. So heißt es im Anschluss an das Sanctus: »O Herr der Heerscharen, erfülle auch dieses Opfer mit deiner Kraft und mit deiner Teilnahme.« Das Gebet nach dem Einsetzungsbericht hat die Gestalt einer *Logos-Epiklese*: »Es komme herab, o Gott der Wahrheit, dein heiliger Logos auf dieses Brot, damit das Brot der Leib des Logos werde, und auf diesen Kelch, damit der Kelch das Blut der Wahrheit werde.«[67] Hier besitzt das zweite Gebet eindeutig den Charakter einer Gabenepiklese, während das erste wohl eher auf die Darbringung von Brot und Kelch durch die Gemeinde – als *Gleichbildern* (ὁμοίωμα) des Leibes und Blutes Christi – zielt, also eine Art *Opferbitte* darstellt.

Ähnlich erfleht auch Epiklese I der griechischen Markusanaphora[68] den Segen Gottes für das ›Opfer‹ – »erfülle, o Gott, auch dieses Opfer (θυσία) mit deiner Segnung durch die Ankunft deines allheiligen Geistes« –, während Epiklese II in eine Wandlungsbitte mündet: »Blicke auf uns und sende aus über diese Brote und diese Kelche deinen heiligen Geist, daß er sie heilige und vollende, [als] allmächtiger Gott, und mache das Brot zum Leib (das Volk: Amen!) und den Kelch zum Blut des neuen Bundes [...]«.

Der Hinweis auf die alexandrinische Tradition, der die Aufspaltung in *Gaben-* und *Kommunionepiklese* – gegen den überlieferten Text – begründen soll, ist darum nicht ganz schlüssig. »Eine Spaltung der Epiklese in Wandlungs- und Kommunionepiklese läßt der Befund der ägyptischen Hochgebetsliteratur jedenfalls nicht erkennen«, schreibt Reinhard Meßner.[69] Dass der römische Kanon »in manchen Zügen deutliche Verwandtschaft mit der alexandrinischen Tradition aufweist«,[70] soll damit nicht bestritten werden: Mit der Opferannahmebitte *Quam oblationem*[71] und dem *Supplices te rogamus*, der Bitte um Heiligung der dargebrachten Gaben auf dem Altar Gottes, besitzt auch der römische Kanon zwei ›epikletische‹ Elemente, die ähnlich wie in den alexandrinischen Anaphoren den Einsetzungsbericht rahmen. Die Übernahme dieser Elemente in das Hochgebet II zerstört jedoch nicht nur die ursprüngliche Struktur dieses Gebets, sondern verbiegt auch seinen Sinn.

Reinhard Meßner spricht von einer »Umdeutung der Eucharistie durch die Trennung von ›Wandlungsepiklese‹ (vor dem Einsetzungsbericht) und ›Kommunionepiklese‹ (nach dem Einsetzungsbericht)«: »Der Einsetzungsbericht wird dadurch faktisch zur gottesdienstlichen Realisierung der Wandlungsbitte, indem der Priester, in der Rolle Jesu agierend, das Abschiedsmahl rituell wiederholt.«[72]

10.3.5 Umdeutung der Darbringungsformel

»Eingedenk also seines Todes und seiner Auferstehung bringen wir dir das Brot und den Kelch dar« (*offerimus tibi panem et calicem*), heißt es in der *Traditio apostolica*. Wir haben versucht (vgl. 10.2.4), den Sinn zu erschließen, den solche Darbringung der Gaben im Zusammenhang des Eucharistiegebets erfüllt: In *danksagendem Gedenken* der Christusgeschichte bringt die Gemeinde Brot und Kelch vor Gott, damit dieser sie durch seinen Geist heilige und so zu einer heilsamen Speise für alle mache, die davon essen und trinken.

Die Redaktoren des Hochgebets II konnten sich damit nicht zufrieden geben. Sie haben die schlichte Darbringungsformel des überlieferten Textes in charakteristischer Weise erweitert und umgeformt. Als Vorbild diente ihnen dabei der alte römische *Canon Missae*, wo es an entsprechender Stelle – zum Abschluss der Anamnese, des *Unde et memores* – heißt: »[...] das heilige Brot des ewigen Lebens und den Kelch des immerwährenden Heiles« (*Panem sanctum vitae aeternae et Calicem salutis perpetuae*). So lauten Anamnese und Darbringungsformel im Hochgebet II jetzt:

»Darum, gütiger Vater, feiern wir das Gedächtnis des Todes und der Auferstehung deines Sohnes und bringen dir so das Brot des Lebens und den Kelch des Heils dar.«

Interpretiert man den Satz im Zusammenhang des westlich-römischen Konsekrationsverständnisses, nach dem sich die Wandlung der Gaben unter der Rezitation des Einsetzungsberichts vollzieht und vollendet, ist deutlich: »Brot des Lebens« und »Kelch des Heils« sind hier Umschreibungen für Leib und Blut Christi. Dargebracht werden nicht Brot und Wein – Gaben der Gemeinde und zugleich zeichenhaft-realer Ausdruck ihrer Lebenshingabe an Gott und die Menschen in der Nachfolge Christi. Dargebracht wird Christus selbst in seiner Hingabe am Kreuz. Das aber kann, beim Wort genommen, nur im Sinne einer wiederholenden Vergegenwärtigung – bzw. vergegenwärtigenden Wiederholung – des Kreuzesopfers verstanden werden. Das Tridentinum lässt daran im Grunde auch keinen Zweifel, wenn es in Sessio XXII, c. 2 ausführt: »*Et quoniam in divino hoc sacrificio, quod in Missa peragitur, idem ille Christus continetur et incruente immolatur, qui in ara crucis ›semel se ipsum cruente obtulit‹: docet sancta Synodus, sarificium istud vere propitiatorium esse [...]*«[73]

Doch ist eine solche Deutung nicht zwingend. »Brot des Lebens« und »Kelch des Heils« können die Gaben auch im Blick darauf heißen, was sie für die darbringende Gemeinde sein werden, wenn diese sie ›geheiligt‹ aus der Hand Gottes zurück empfängt. Beide Ausdrücke verweisen »auf die Hinordnung der liturgischen Darbringung auf die Heiligung der Gaben [...], die (als geheiligte) dann ewiges Leben und Heil zu spenden vermögen«, meint Reinhard Meßner.[74] Das gilt erst recht dort, wo östliche Theologie sie schon von Beginn an – nämlich in der Rüsthandlung, der *Proskomidie* – als *Gleichbilder* des Leibes und Blutes Christi begreift und »Brot des Lebens« und »Kelch des Heils« auf liturgiesymbolischer Ebene »mit dem sich opfernden Christus identifiziert«.[75]

Zwingend wird die oben vorgetragene Deutung erst dann, wenn man das Hochgebet II im Kontext der anderen Hochgebete des neuen römischen Meßbuchs liest. Das gilt insbesondere für das Hochgebet IV, das in solcher Beziehung den alten römischen Kanon, was die Eindeutigkeit der Formulierung betrifft, weit hinter sich lässt: »So bringen wir dir seinen Leib und sein Blut dar, das Opfer, das dir wohlgefällt und der ganzen Welt Heil bringt.« Dass damit die Sinnrichtung des von der *Traditio apostolica* überlieferten Eucharistiegebets verfehlt wird, dürfte deutlich geworden sein.

10.3.6 Hochgebet II evangelisch

Auch das *Evangelische Gottesdienstbuch* hat eine Adaption des Eucharistiegebets der *Traditio apostolica* in die Reihe seiner Abendmahlsgebete aufgenommen.[76] Um einen Vergleich zu ermöglichen, bieten wir abschließend noch diesen Text.[77]

Auch hier fügt man das *Sanctus* ein und formt den ersten Teil des Gebetes in eine *Präfation* nach westlichem Muster um. Nach den *Einsetzungsworten* kann fakultativ das *Christuslob* (die *acclamatio anamneseos*) gesprochen bzw. gesungen werden. *Interzessionen* finden keine Aufnahme. Die *Darbringungsformel* wird ganz gestrichen, wodurch die Aussage, die in der Vorlage mit dieser Formel in einer Partizipialkonstruktion verbunden ist (*gratias tibi agentes, quia nos dignos habuisti adstare coram te et tibi ministrare*), ihren ursprünglichen Sinn nicht mehr zu erkennen gibt. Die *Epiklese* wird auf eine Kommunionepiklese (bzw. Kommunikantenepiklese) reduziert. Dass auch in dieser Adaption des Eucharistiegebets der *Traditio apostolica* die Sinnrichtung des überlieferten Textes verfehlt wird – wenn auch in anderer Weise als im römischen Text –, liegt auf der Hand.

L. Wahrhaft würdig und recht ist es, dir, unserm Vater, immer und überall zu danken durch deinen geliebten Sohn Jesus Christus. Er ist dein Wort, ganz eins mit dir. Durch ihn hast du alles geschaffen nach deinem Wohlgefallen. Als die Zeit erfüllt war, hast du ihn gesandt als unsern Heiland und Erlöser. Darum preisen wir dich mit allen Engeln und Heiligen und stimmen ein in das Lob deiner Herrlichkeit: G. Heilig, heilig, heilig... L. Wir loben dich, Gott, und danken dir um deines Sohnes Jesu Christi willen. Er ist Mensch geworden durch den Heiligen Geist, geboren von der Jungfrau Maria. Um deinen Ratschluß zu erfüllen und dir ein heiliges Volk zu sammeln, hat er sterbend die Arme ausgebreitet am Holz des Kreuzes, um die zu erlösen, die an dich glauben. Er war bereit, den Weg des Leidens zu gehen, um uns von der Macht des Todes zu befreien, die Fesseln des Bösen zu sprengen, die Hölle zu bezwingen, die Gerechten zu erleuchten und aufzurichten ein Zeichen des Heils. Er schenkt uns die Auferstehung und das Leben: In der Nacht, da er verraten ward, nahm er das Brot, dankte und brach's und gab's seinen Jüngern und sprach: Nehmet hin und esset: das ist ✟ mein Leib, der für euch gegeben wird. Solches tut zu meinem Gedächtnis. Desgleichen nahm er auch den Kelch nach dem Abendmahl, dankte und gab ihnen den und sprach: Nehmet hin und trinket alle daraus; dieser Kelch ist *der neue Bund / das neue Testament* in ✟ meinem Blut, das für euch vergossen wird zur Vergebung der Sünden. Solches tut, sooft ihr's trinket, zu meinem Gedächtnis. – [K. Groß ist das Geheimnis des Glaubens! G. Deinen Tod, o Herr, verkünden wir, und deine Auferstehung preisen wir, bis du kommst in Herrlichkeit.] L. So gedenken wir vor dir, unser Gott, des Todes und der Auferstehung deines Sohnes. Wir danken dir, daß du uns berufen hast, dir zu dienen. Wir bitten dich: Sende uns deinen Geist und segne uns dieses Mahl. Laß alle, die den Leib und das Blut Christi empfangen, eins werden in ihm und stärke unseren Glauben. Wir loben und preisen dich durch Jesus Christus, deinen geliebten Sohn. Durch ihn sei dir Ehre und Ruhm, in deiner heiligen Kirche, jetzt und in alle Ewigkeit. G. Amen.

Anmerkungen

[1] Heiko A. Obermann/Adolf Martin Ritter/Hans-Walter Krumwiede (Hg.), Kirchen- und Theologiegeschichte in Quellen. Ein Arbeitsbuch. Bd. 1: Alte Kirche. Ausgewählt, übersetzt und kommentiert von Adolf Martin Ritter, Neukirchen-Vluyn ²1982, 15.

[2] Meyer, Eucharistie (Kap. 1 Anm. 15), 576 f.

[3] Ebd. 118.

[4] Justin, Apologie 1,67,3-5; vgl. Beckmann, Quellen (Kap. 1 Anm. 71), 226.

[5] Ebd. 1,65,1; vgl. Beckmann, Quellen (Kap. 1 Anm. 71), 225.

[6] Meyer, Eucharistie (Kap. 1 Anm. 15), 117.

[7] Ebd. 118.

[8] Vgl. ebd. 55 f.

[9] Vgl. Klauser, Liturgiegeschichte (Kap. 2 Anm. 1), 11 f.; Frieder Schulz, Die jüdischen Wurzeln des christlichen Gottesdienstes, in: JLH 28 (1984) 39-55.

[10] Nach den gemeinsamen Fürbitten; vgl. Justin, Apologie 1,65,1.

[11] Ebd. 1,65,2-5; vgl. Beckmann, Quellen (Kap. 1 Anm. 71), 225.

[12] Ebd. 1,67,3-7; vgl. Beckmann, Quellen (Kap. 1 Anm. 71), 226.

[13] Klauser, Liturgiegeschichte (Kap. 2 Anm. 1), 53.

[14] Justin, Apologie 1,67,1; vgl. auch 1,67,6 f (Text siehe oben).

[15] Ebd. 1,65,3.

[16] Ebd. 1,65,3.

[17] Ebd. 1,67,2.7.

[18] Ebd. 1,66,3.

[19] Ebd. 1,66,2.

[20] Ebd. 1,66,1-4; vgl. Beckmann, Quellen (Kap. 1 Anm. 71), 225 f.

[21] Berger, Handlexikon (Kap. 1 Anm. 19), 21.

[22] Justin, Apologie 1,66,1.

[23] Meyer, Eucharistie (Kap. 1 Anm. 15), 104.

[24] Meßner, Einführung (Kap. 1 Anm. 39), 37 f.

[25] Vermutlich vom Ende des 4. Jh., in Teilen überliefert durch einen Palimpsest der Bibliothek von Verona aus dem 8. Jh.; vgl. Geerlings, Traditio (Kap. 6 Anm. 22), 150.

[26] Traditio apostolica 9.

[27] Ebd. 4.

[28] Die folgende Übersetzung im Wesentlichen nach Gamber, Liturgie (Kap. 2 Anm. 3), 42 f und Beckmann, Quellen (Kap. 1 Anm. 71), 227, gelegentlich unter Rückgriff auf Geerlings, Traditio (Kap. 6 Anm. 22). Der dort gebotene deutsche Text ist nach Meßner, Einführung (Kap. 1 Anm. 39), 38, »mit Vorsicht zu benutzen«.

[29] Kühn, Abendmahl (Kap. 8 Anm. 52), 200 f.

[30] Meyer, Eucharistie (Kap. 1 Anm. 15), 104.

[31] Did 10,1-2.

[32] Meyer, Eucharistie (Kap. 1 Anm. 15), 105 f.

[33] Reinhard Meßner, Einige Probleme des eucharistischen Hochgebets, in: Meßner/Nagel/Pacik, Bewahren (Kap. 8 Anm. 63), 174-201, hier 189.

[34] Jetter, Symbol (Kap. 1 Anm. 27), 116.

[35] Schulz, Glaubenseinheit (Kap. 8 Anm. 30), 44; vgl. Traditio apostolica 3 (*et offerre dona sanctae ecclesiae tuae*).

[36] 41,1-3.

[37] Schulz, Glaubenseinheit (Kap. 8 Anm. 30), 44.

[38] Ebd. 45.

[39] Ebd. 41.

[40] ActJoh 85-86, 109-110; ActThom 27, 49-50, 113, 158; vgl. Hänggi/Pahl, Prex (Kap. 1 Anm. 74), 74-79.

[41] Hänggi/Pahl, Prex (Kap. 1 Anm. 74), 375-380.

[42] Ebd. 410-415.

[43] Ebd. 206-209.

[44] Ebd. 381-386.

[45] Ebd. 397-404.

[46] Meyer, Eucharistie (Kap, 1 Anm. 15), 95.

[47] Ebd. 99 f.

[48] Herbert Goltzen, Acclamatio anamneseos. Die Gemeinde-Anamnese des Eucharistischen Hochgebets, in: JLH (19 (1975) 197195, hier 188.

[49] Beckmann, Quellen (Kap. 1 Anm. 71), 229; Hänggi/Pahl, Prex (Kap. 1 Anm. 74), 124-127.

[50] Hänggi/Pahl, Prex (Kap. 1 Anm. 74), 135-139.

[51] Ebd. 101-115.

[52] Ebd. 144-149, 175-188.

[53] Ebd. 264-280, 285-309; altarmenisch: ebd. 342-346; byzantinische Version der Jakobus-Liturgie: ebd. 244-261.

[54] Wilhelm Löhe, Agende für christliche Gemeinden des lutherischen Bekenntnisses. Ersther Teil. Zweite vermehrte Auflage, Nördlingen 1853, 61-63.

[55] Meyer, Eucharistie (Kap. 1 Anm. 15), 352.

[56] Vgl. Marijan Steiner, (Für-)Bitten im Hochgebet, in: Meßner/Nagel/Pacik, Bewahren (Kap. 8 Anm. 63), 219-229.

[57] Berger, Handlexikon (Kap. 1 Anm. 19), 108.

[58] Hänggi/Pahl, Prex (Kap. 1 Anm. 74), 128-133.

[59] Beckmann, Quellen (Kap. 1 Anm. 71), 232.

[60] Hänggi/Pahl, Prex (Kap. 1 Anm. 74), 135-139.

[61] Ebd. 144-149.

[62] Meyer, Eucharistie (Kap. 1 Anm. 15), 244.

[63] Hänggi/Pahl, Prex (Kap. 1 Anm. 74), 206-209.

[64] Ebd. 269-275.

[65] Beckmann, Quellen (Kap. 1 Anm. 71), 235.

[66] Ebd. 229 f.

[67] Ebd. 231 f.

[68] Hänggi/Pahl, Prex (Kap. 1 Anm. 74), 101-115.

[69] Meßner, Probleme (Kap. 10 Anm. 33), 188.

[70] Meyer, Eucharistie (Kap, 1 Anm. 15), 179.

[71] Vgl. dazu Meßner, Probleme (Kap. 10 Anm. 33), 175 ff.

[72] Meßner, Einführung (Kap. 1 Anm. 39), 214 f.

[73] Henricus Denzinger/Adolfus Schönmetzer S.I. (Ed.), Enchiridion Symbolorum, Definitionum et Declarationum de Rebus Fidei et Morum, Freiburg i.Br. [34]1967, 408.

[74] Meßner, Probleme (Kap. 10 Anm. 33), 193.

[75] Hans-Christoph Schmidt-Lauber, Die Eucharistie, in: Schmidt-Lauber/Meyer-Blanck/Bieritz, Handbuch (Kap. 1 Anm. 5), 207-246, hier 220.

[76] Gottesdienstbuch (Kap. 3 Anm. 31), 645 f.

[77] Vgl. auch Jörg Neijenhuis, Das Eucharistiegebet - Struktur und Opferverständnis. Untersucht am Beispiel des Projekts der Erneuerten Agende (APrTh 15), Leipzig 1999, 195-201, 297-298.

11. Der Osten

»Es gibt kein Christentum jenseits irgendwelcher Kultursynthesen«:[1] Das gilt natürlich erst recht für den Gottesdienst als jenem Handlungsfeld, auf dem sich dieses Christentum – samt dem, was es begründet und bewegt – im Medium symbolischer Kommunikation darstellt, bezeugt und vollzieht. Die Ausprägung eines ›östlichen‹ und eines ›westlichen‹ Christentums mit je eigenen liturgischen Traditionen und einer jeweils spezifischen liturgischen Spiritualität ist Ausdruck und Ergebnis solcher kulturellen Prozesse.

Es ist nicht einfach, den Anfängen solcher Ausdifferenzierung nachzuspüren. Pauschale Hinweise auf Unterschiede zwischen ›griechischem‹ und ›römischem‹ Denken helfen hier wenig weiter. Politische Entwicklungen – so die durch Diokletian (284-305) eingeleitete Trennung des römischen Reiches in einen lateinisch-westlichen und griechisch-östlichen Teil – spielen dabei ebenso eine Rolle wie sprach- und kulturgeschichtliche Vorgänge, die wiederum mit theologie- und kirchengeschichtlichen Entwicklungen in Beziehung stehen. Wenn es zutrifft, dass sich in Sprachen immer auch spezifische »Weltansichten« manifestieren,[2] so kommt Phänomenen des Sprachwandels in den betreffenden Prozessen größte Bedeutung zu.

11.1 Liturgiezentren

Vieles spricht für die These, dass es im Zuge der organisatorischen Festigung der jungen Kirche auch zu einer »regionalen Vereinheitlichung«[3] der liturgischen Praxis kommt. Dabei sind Alexandrien und Antiochien – die beiden großen kirchlich-theologischen Zentren jener Zeit – von entscheidender Bedeutung. Um sie herum gruppieren sich jene »Liturgiefamilien« (vgl. 2.2), die wir heute dem »Östlichen Liturgie-Großverband«[4] zurechnen.

Wie wir gesehen haben, spielt zu Beginn die kulturelle Differenz zwischen dem syrisch-palästinischen (Beispiel: Didache; vgl. 9.4.2) und dem hellenistischen (Beispiel: Justin, vgl. 10.1) Überlieferungsbereich eine viel größere Rolle (vgl. 9.4.3) als die zwischen einem ›östlichen‹ und einem ›westlichen‹ Christentum. Rom selbst ist in den ersten nachchristlichen Jahrhunderten weitgehend hellenisiert; dort wie in den größeren Städten Italiens und Galliens ist bis in das 3./4. Jh. hinein das Griechische Liturgiesprache (vgl. 2.1.3; 10.2).

Die römische Liturgie jener Zeit speist sich im Wesentlichen »aus östlichen Quellen«.[5] Die Ursprünge der lateinischen Liturgie liegen – ebenso wie die einer lateinisch-abendländischen Theologie (Tertullian, Cyprian) – nicht in Rom, sondern in Nordafrika. Erst im Zuge einer allgemeinen Restauration des Latein seit Decius (249-251) setzt es sich als Liturgiesprache auch in Rom und im übrigen Abendland durch. Vor dem 4. Jh. lässt sich in Rom kaum eine »*bodenständig*-liturgische Eigenart« erkennen.[6]

11.1.1 Alexandrien

Alexandrien (Ἀλεξάνδρεια) war Sitz einer bedeutenden Katechetenschule (διδασκαλεῖον τῆς κατηχήσεως), an der Klemens (ca. 140/150-215) und Origenes (ca. 185-254) lehrten. Unter Athanasius (seit 328 Bischof von Alexandrien, gest. 373) war es eines der Zentren der nizänischen Orthodoxie. In den christologischen Streitigkeiten des 5. Jh. vertraten die alexandrinischen Theologen die völlige, wesenhafte Einheit von göttlicher und menschlicher Natur in der Person Jesu Christi, wobei sie den Akzent – anders als die Antiochener – nicht auf seine Menschheit, sondern seine Gottheit legten. Nachdem sich das Konzil von Chalkedon im Jahre 451 in einer Kompromissformel (göttliche und menschliche Natur in Christus *unvermischt* und *unverwandelt*, aber auch *ungetrennt* und *ungesondert*) gegen eine – durch Eutyches (ca. 378-450) inzwischen radikalisierte – ›Einnaturenlehre‹ ausgesprochen hatte, entstand im Einflussbereich Alexandriens eine eigenständige, nichtchalkedonensische (koptische) Kirche (offizielle Bezeichnung heute: *Koptische Orthodoxe Kirche*). Nur eine Minderheit hielt sich weiter zur Reichskirche (*Melkiten*).

Nach Hans-Joachim Schulz fasziniert die alexandrinische Liturgie »weniger durch liturgische Kreativität als vielmehr durch die Kraft theologischer Spekulation, die, geschichtliche und primäre symbolische Dimensionen leicht überspringend, zur Allegorese und zur kosmischen Ausrichtung des Denkens neigt.«[7] Vermutlich auf dem Umweg über Nordafrika hat die alexandrinische Liturgie Einfluss auf den *Canon Romanus*, das eucharistische Hochgebet der römischen Liturgie, genommen (vgl. 10.3.4). Unter dem Einfluss Alexandriens stand auch die im 4. Jh. entstandene äthiopische Kirche, die sich später dem nichtchalkedonensischen koptischen Patriarchat von Alexandrien anschloss (offizielle Bezeichnung heute: *Äthiopische Orthodoxe Kirche*).

Zum Liturgieverband von Alexandrien rechnen heute die Liturgien der nordalexandrinisch-koptischen (Liturgiesprachen: zunächst Griechisch,

seit dem 4. Jh. Koptisch, später weitgehend Arabisch) und der südalexan-
drinisch-äthiopischen (Liturgiesprache: Ghe'ez) Liturgiefamilie sowie die
entsprechenden mit Rom unierten Riten. Für die alte koptische Tradition
stehen die griechische Markusanaphora[8] und ihre koptische Übersetzung,
die Cyrillusanaphora.[9] Die koptische Basiliusanaphora, die heute zumeist
Verwendung findet,[10] sowie die Gregoriusanaphora[11] sind syrisch-
antiochenischen Ursprungs. Zu den zwanzig Hochgebeten der
äthiopischen Liturgie gehören u.a. die Apostelanaphora,[12] die Anaphora
unseres Herrn Jesus Christus[13] sowie zwei Marienanaphoren.[14] Die
»Vorliebe für die Christusanrede« in vielen dieser Hochgebete ist nach
Hans Bernhard Meyer Ausdruck einer betont monophysitischen Haltung,
»derzufolge die Menschheit Christi ganz in seiner Gottheit aufgeht und
seine Mittlerschaft ganz zurücktritt.«[15]

11.1.2 Antiochien

Antiochien (Ἀντιόχεια), Hauptstadt der römischen Provinz Syrien,
Ausgangspunkt der Missiontätigkeit des Apostels Paulus, erscheint
schon im Neuen Testament als ein bedeutendes Zentrum der jungen
Kirche (vgl. Apg 11,19 ff; Gal 2,11-14). Das dem Bischof Ignatius von
Antiochien (gest. zwischen 110 und 117 als Märtyrer in Rom) zugeschriebene Schriftenkorpus gehört zu den wichtigsten Zeugnissen
frühchristlicher Theologie.

In den christologischen Auseinandersetzungen des 5. Jh. lehrten die antiochenischen Theologen – im Gegensatz zu den Alexandrinern – die Trennung von
göttlicher und menschlicher Natur in Jesus Christus: Der göttliche Logos –
seinem Wesen nach ewig und leidensunfähig – habe sich in der Geburt Jesu mit
einem vollkommenen Menschen aus dem Geschlecht des Königs David verbunden, ohne sich mit dessen Menschennatur zu vermischen. Nestorius (ca. 381-
451), Bischof von Konstantinopel und Vertreter der antiochenischen Schule,
wandte sich 428 gegen den Brauch, Maria, die Mutter Jesu, als *Gottesgebärerin*
zu bezeichnen, und löste damit den *nestorianischen Streit* aus.

Als das Konzil von Chalkedon im Jahre 451 die Auseinandersetzungen
mit der oben erwähnten Kompromissformel zu beenden suchte, bildeten
sich nicht nur im Einflussbereich Alexandriens, sondern auch in Syrien
nichtchalkedonensische Kirchen (*Jakobiten*, genannt nach Jakobus
Baradai, gest. 578; offizielle Bezeichnung heute: *Syrische Orthodoxe
Kirche*). Andere – insbesondere die Christen Persiens – folgten
nestorianischen Überzeugungen (Ablehnung des Konzils von Ephesus

431, auf dem Nestorius verurteilt worden war). Auf ihre Missionstätigkeit gehen auch die sog. *Thomaschristen* in Indien zurück.

Kennzeichnend für Antiochien und den syrisch-palästinischen Raum ist nach Hans-Joachim Schulz eine hohe liturgische Kreativität: »Sein semitisches Erbe, das neben dem griechisch-hellenistischen Element der Küstenstädte und kulturellen Zentren weiterbesteht und vor allem das Volkstum des Hinterlandes prägt, erscheint von den Ursprüngen an auf existentielle Frömmigkeitsformen und auf den Ausdruck eines von geschichtlicher Heilserfahrung bestimmten Gemeinschaftsbewußtseins angelegt. Und der allbekannte heilsgeschichtliche Charakter der antiochenischen patristischen Exegese (gegenüber der allegorisch geprägten alexandrinischen) hat seine Entsprechung in einer heilsgeschichtlich-liturgischen Orientierung und Ausdruckskraft, die sich in einer Fülle von liturgiegeschichtlichen Zeugnissen bekundet.«[16]

Von der liturgischen Kreativität des syrisch-antiochenischen Liturgieraums zeugt die Vielzahl hier entstandener bzw. von Antiochien beeinflusster eucharistischer Hochgebete,[17] unter denen der Jakobusanaphora[18] eine besondere Bedeutung zukommt (zu den Frühformen von Hochgebeten aus der syrisch-palästinischen Tradition vgl. 10.2.5).

Wie in der zweiten Hälfte des 4. Jh. in dem von Antiochien beeinflussten Bereich die Eucharistie gefeiert wurde, lässt sich unter anderem aus dem 8. Buch der um 380 im Umland Antiochiens entstandenen sog. *Apostolischen Konstitutionen* erschließen (vgl. dazu 11.2).

Liturgiesprache war Griechisch. Die nichtchalkedonensischen Jakobiten gingen zur syrischen (und später zur arabischen) Sprache über. Die ›kaisertreuen‹ (daher der Name:) *Melkiten*, die den Beschlüssen des Konzils von Chalkedon folgten, übernahmen seit dem 11. Jh. die byzantinische Liturgie. Zur syrisch-antiochenischen Liturgiefamilie zählen auch die seit dem 17. Jh. mit Rom unierten Syrer, die ebenfalls unierten Maroniten im Libanon und der malankarische Ritus in Indien (siehe unten).

Die von Antiochien beeinflussten Liturgien haben sich in vielfältiger Weise verzweigt. Zu unterscheiden ist zwischen dem westsyrischen (westantiochenischen) Liturgiebereich, zu dem neben der syrisch-antiochenischen Liturgiefamilie im engeren Sinn auch die armenische und die byzantinische Liturgie gehören, und dem ostsyrischen (ostantiochenischen) Liturgiebereich.

Ursprünglich von Antiochien aus missioniert, trennten sich unter persischer Herrschaft lebende Christen im 5. Jh. von der Reichskirche und konstituierten sich als eigenständige Nationalkirche (ostsyrisch-nestorianische, auch ›chaldäische‹ bzw. ›assyrische‹ Kirche genannt; offizielle Bezeichnung heute: *Apostolische Kirche des Ostens*). Die ostsyrische Liturgie hat – da nach der Trennung kaum noch hellenistische Einflüsse wirksam wurden – viele Elemente der ursprünglichen syrisch-palästinischen Tradition bewahrt. Das gilt insbesondere für die ostsyrische Apostelanaphora von Addai und Mari,[19] die in ihren Ursprüngen womöglich noch in das 2. Jh. zurückreicht (vgl. 10.2.5). Verwendung fanden auch nach Theodor von Mopsuestia[20] und Nestorius[21] benannte Anaphoren.

Im 16./17. Jh. gingen ostsyrische Christen in Mesopotamien und auf Zypern (chaldäischer Ritus), aber auch an der Malabarküste Indiens (malabarischer Ritus) Unionen mit Rom ein. Andere indische Christen unterstellten sich dem syrisch-jakobitischen Patriarchat von Antiochien und übernahmen die westsyrische Liturgie (seit 1930 ebenfalls teilweise mit Rom uniert: malankarischer Ritus).

11.1.3 Jerusalem

Jerusalem, erst durch das Konzil von Chalkedon 451 als eigenständiges, von Antiochien unabhängiges Patriarchat anerkannt, stand in liturgischer Hinsicht zunächst unter dem Einfluss Antiochiens, später dann unter dem von Byzanz. Wie hier im 4. Jh. Gottesdienst gefeiert wurde, geben die sog. *Mystagogischen Katechesen* zu erkennen, die auf Kyrill von Jerusalem (um 315-386) bzw. auf seinen Nachfolger Johannes (386-417) zurückgeführt werden: Aus der 5. Katechese, die den Ablauf der Eucharistiefeier schildert, lässt sich ein Hochgebet nach Art der antiochenischen Jakobusanaphora erschließen.[22]

Im 4. Jh. wurde Jerusalem das Ziel von Pilgern aus der ganzen Christenheit. Besonders aufschlussreich für die dortige Liturgiefeier ist der Bericht der Pilgerin Egeria (oder Aetheria, um 400). Er lässt für die Jerusalemer Praxis das Bestreben erkennen, »das Christusereignis in der Liturgie orts- und zeitgerecht nachzugestalten.«[23] Solche »historisierend-dramatisierende«[24] Ausgestaltung der Feste und Festzeiten, insbesondere der Osterfeier, hat die liturgische Praxis in Ost und West nachhaltig beeinflusst.[25]

11.1.4 Byzanz

Byzanz – das 324 durch Kaiser Konstantin den Namen Konstantinopel erhielt, 328 zum Regierungssitz bestimmt und am 11. Mai 330 festlich eingeweiht wurde – stand liturgisch zunächst unter dem Einfluss von Antiochien und Jerusalem. Seine Bedeutung wuchs, als es auf dem Konzil von Chalkedon 451 als ›neues Rom‹ den Rang eines eigenen Patriarchatssitzes erhielt. Auf Grund seiner politischen Rolle wurde es schließlich zum Vorort der östlichen Christenheit. Dem entsprach sein wachsender Einfluss auf dem Feld der Liturgie.

Weitaus der größte Teil der östlichen Christenheit folgt heute in der Feier der Liturgie dem byzantinischen Ritus. Orthodoxe und unierte Griechen – auch die katholischen Italo-Albanier in Süditalien und auf Sizilien – feiern ihn auf Griechisch. Bulgaren, Russen, Serben und Ruthenen benutzen die altslawische Sprache (soweit sie nicht zu modernen slawischen Idiomen übergehen). Die orthodoxen und unierten Melkiten in Syrien, Palästina und Ägypten begehen die byzantinische Liturgie heute auf Arabisch. Rumänen, Ungarn, Georgier und andere Nationalitäten haben sie in ihrer jeweiligen Landessprache übernommen.

Die byzantinische Liturgie zeichnet sich nach Hermann Reifenberg »einerseits durch tiefgründige Konzeption aus, andererseits durch reiche Ausgestaltung. Zu erwähnen ist vor allem die ›Steigerung‹ des Wortes im Gesang (Hymnen) und die optisch-dramatische, in vielem volksnahe Prägung. Als besonders markantes Element muß das Kultbild (Ikone) genannt werden.«[26] Die eucharistische Liturgie, die zunächst dem vergleichsweise schlichten antiochenischen Schema (vgl. dazu 11.2) folgt, erfährt in der weiteren Entwicklung eine reiche Ausgestaltung (vgl. 11.3).

Für die Eucharistiefeier stehen zwei Anaphoren zur Verfügung, die in ihrem Grundbestand auf das 4./5. Jh. zurückgehen: An 10 Tagen im Jahr – nämlich in den Vigilien zu Weihnachten und Epiphanie, an den ersten fünf Sonntagen der Großen Fastenzeit, am Gründonnerstag, Karsamstag und am 1. Januar, dem Tag des hl. Basilius – findet die Basiliusanaphora[27] Verwendung, die auf Basilius den Großen (um 330-379) zurückgeführt wird. An den anderen Tagen nimmt man die Chrysostomusanaphora,[28] die ihren Namen – und vielleicht auch ihre erste Redaktion – Johannes Chrysostomus verdankt (um 354-407; 398 Bischof von Konstantinopel; 403/404 verbannt). Beide Anaphoren folgen in ihrer Struktur dem westsyrisch-antiochenischen Typus.

11.1.5 Armenien

Im Umkreis von Taurus und Kaukasus, dem armenischen Kerngebiet, fand das Christentum schon recht früh Eingang. Die Armenier führen den Ursprung ihrer Kirche auf die Apostel Thaddäus und Bartholomäus zurück, die dort gewirkt und den Märtyrertod erlitten haben sollen. Eigentlicher Begründer der Kirche ist wohl Gregor Illuminator, ›zweiter Erleuchter der Armenier‹ (gestorben um 332), unter dessen Einfluss König Tiridates III. (298-330) sich und sein Volk taufen ließ. Als Armenien nach 428 unter persische Oberhoheit geriet, kam es – ähnlich wie bei den ostsyrischen Christen (vgl. 11.1.2) – zur Loslösung von der

Reichskirche. Am Konzil von Chalkedon 451 konnten die Armenier nicht teilnehmen; eine Synode im Jahre 506 verwarf das Chalkedonense als ›Nestorianismus‹.[29] Die offizielle Bezeichnung lautet heute *Armenische Apostolische Kirche*, auch *Armenisch-Gregorianische Kirche*, im Iran *Armenische Orthodoxe Kirche*.

Die armenische Liturgie wurde vor allem von Byzanz und Jerusalem beeinflusst. Da zur Zeit der Kreuzfahrer enge Beziehungen zu Rom gepflegt wurden, konnten auch römische Einflüsse wirksam werden. Als einzige christliche Kirche übernahm man nicht das (ursprünglich römische) Geburtsfest Christi am 25. Dezember, sondern feierte weiterhin ausschließlich die Erscheinung Christi am 6. Januar. Als einzige Ostkirche verwendete man seit dem 6. Jh. – wie später im Westen – ungesäuertes Brot in der Eucharistie (vgl. 7.3.2). Auch kennt man keine Mischung des Weins mit Wasser.

Aus dem Griechischen wurde eine Reihe von Anaphoren in das Armenische übersetzt,[30] von denen heute nur noch die sog. Athanasiusanaphora[31] in Gebrauch steht.

11.2 Grundform: Klementinische Liturgie

11.2.1 Überblick

Es ist nicht möglich, hier die gesamte Vielfalt östlicher Liturgien darzustellen. Wir beschränken uns auf zwei Beispiele: die so genannte *Klementinische Liturgie* im 8. Buch der *Apostolischen Konstitutionen*, in der sich die Grundgestalt der Eucharistiefeier nach dem antiochenischen Typus noch klar erkennen lässt, und die *Chrysostomusliturgie*, in der wohl diejenige Gestalt ostkirchlicher Liturgie begegnet, die die weiteste Verbreitung gefunden hat (vgl. dazu 11.3).

Einen Überblick über die Struktur östlicher Liturgien bietet Hans Bernhard Meyer, dessen instruktive Tabelle[32] wir hier – nur wenig verändert – übernehmen. Sie spiegelt noch deutlich das bei Justin (vgl. 10.1) wie in der *Traditio apostolica* (vgl. 10.2) erkennbare liturgische Schema wider. Das gilt vor allem für den antiochenischen Typ. Der alexandrinische Typ unterscheidet sich hiervon vor allem durch die doppelte Epiklese (wobei manche meinen, die zweite Epiklese auf syrischen Einfluss zurückführen zu können) und durch die Stellung der Interzessionen vor dem Sanctus. Solche Fürbitten für Lebende und Tote fehlen noch im Hochgebet der *Traditio apostolica*. Sie sind vermutlich aus dem Brauch erwachsen, bei der Eucharistiefeier die Namen derer zu nennen, die Oblationen dargebracht hatten oder für die solche dargebracht worden waren (vgl. dazu 10.3.3).[33]

ERÖFFNUNG UND WORT-GOTTES-DIENST	Einzug und Eröffnungsgruß		
	Lesungen mit Zwischengesängen Evangelium und Homilie		
	Entlassungsriten für Katechumenen u.a.		
	Allgemeines Gebet		
	Friedenskuss		
EUCHARIS-TISCHE LITURGIE (ANAPHORA IM WEITEREN SINN)	Herbeibringen von Brot und Wein (durch Diakone)		
	HOCH-GEBET (ANAPHO-RA IM ENGEREN SINN)	*antiochenischer Typ:*	*alexandrinischer Typ:*
		Einleitungsdialog	Einleitungsdialog
		Lob- und Dankgebet (I)	Lob- und Dankgebet
			Interzessionen
		Einleitung zum Sanctus	Einleitung zum Sanctus
		Sanctus	Sanctus
		Postsanctus (Lob- u. Dankgebet II)	Epikletische Segensbitte (I)
		Einsetzungsbericht	Einsetzungsbericht
		Anamnese und Darbringungsgebet	Anamnese und Darbringungsgebet
		Epiklese	Epiklese (II)
		Interzessionen	
		Doxologie	Doxologie
	Gruß des Zelebranten		
	Vaterunser		
	Sancta Sanctis (»Das Heilige den Heiligen!«)		
	Kommunion der Liturgen und des Volkes		
	Danksagung		
ENTLASSUNG			

Zur theologischen und spirituellen Eigenart ostkirchlicher Eucharistiefeier schreibt Hans Bernhard Meyer:

»Der theologisch-spirituelle Hintergrund [...] des ostkirchlichen Eucharistie-
verständnisses ist entscheidend durch die Rezeption des platonischen Bilddden-
kens geprägt worden: In der irdischen Versammlung und Feier der Gemeinde
wird das Urbild des Heilshandelns Gottes in Christus, aber auch das der himmlischen Liturgie, vermittelt durch das Wirken des Geistes, realsymbolisch
abgebildet [...]: Die versammelte, hierarchisch geordnete, in der Gemeinschaft
der Engel und der Heiligen feiernde Gemeinde, der Tisch des Altares und der
Raum der Kirche, die heilige Handlung in ihrem Vollzug sind nach Chrysostomus ein Mysterium, d.h. die sakramentale Gestalt himmlischer Wirklichkeit [...]
Nach Theodor von Mopsuestia sind die Phasen der Feier Abbilder der urbildli-
chen Heilsereignisse des Leidens, Sterbens und der Verherrlichung Christi [...]
Von solchen Voraussetzungen her sind eine Feiergestalt und eine Liturgiedeu-
tung von reicher und vielschichtiger Symbolik entstanden. Sie schließt die
(mimetisch-)anamnetische heilsgeschichtliche Dynamik [...] ebenso ein wie die
eschatologische Dimension – allerdings jetzt in der Form ›präsentischer‹ (verti-
kaler) Eschatologie: in der Feier selbst ›öffnet‹ sich der Himmel.«[34]

11.2.2 Der Wortgottesdienst

Bei den so genannten *Apostolischen Konstitutionen* handelt es sich um
eine um 380 in Syrien entstandene, dem Apostelschüler und römischen
Bischof Klemens I. zugeschriebene Schrift, in der mehrere Traditions-
stücke aus dem 2.-4. Jh. zusammengearbeitet worden sind. Das 8. Buch
enthält »die älteste genau ausgeführte überlieferte Gottesdienstordnung
überhaupt«,[35] die auch als *Klementinische Liturgie* bezeichnet wird.
Bezüge zur *Traditio apostolica* (vgl. 10.2) sind unverkennbar.[36] Es ist
freilich umstritten, ob es sich dabei um eine Ordnung handelt, die in
allem tatsächlich so praktiziert worden ist, oder eher um ein literarisches
Erzeugnis bzw. idealtypisches Modell.

(1) Schriftlesungen und Predigt

Der Gottesdienst beginnt, so scheint es, noch wie bei Justin unmittelbar
mit den Schriftlesungen. Ein Einzug und ein Gruß zur Eröffnung werden
jedenfalls nicht eigens erwähnt. Gruß des Bischofs und Antwort der
Gemeinde gehen vielmehr der Predigt voraus.

»*Nach der Verlesung des Gesetzes und der Propheten und unserer Briefe, der
Akten (der Apostel) und der Evangelien begrüßt der Geweihte (Bischof) die
Kirche mit den Worten:* Die Gnade unseres Herrn Jesus Christus, die Liebe
Gottes des Vaters und die Gemeinschaft des Heiligen Geistes sei mit euch allen.

Und alle sollen antworten: Und mit deinem Geiste. *Nach der Begrüßung spreche er zum Volke Worte der Ermahnung.«*[37]

Vorgesehen waren demnach Lesungen aus dem Alten (Gesetz und Propheten) und aus dem Neuen Testament (Briefe, Apostelgeschichte, Evangelien). Ob wirklich vier oder (rechnet man die ›Apostelakten‹ gesondert) gar fünf Lesungen stattfanden, bleibt offen. Zieht man Angaben in Buch 1 bis 7 der *Apostolischen Konstitutionen*[38] mit heran, ergibt sich ein genaueres Bild vom Ablauf des Wortgottesdienstes:

»Die Zahl der Lesungen war offenbar noch nicht streng festgelegt. Es scheint jedoch, daß in der Regel auf zwei atl. Lesungen (Gesetz und Propheten) zwei ntl. (Briefe und Apg) sowie eine Evangelienlesung folgten. Aber zumindest für die Ostervigil und evtl. auch für die der sonntäglichen Eucharistiefeier vorausgehende Vigil ist mit elf oder zwölf Lesungen (davon acht bzw. neun aus dem AT) zu rechnen. Die Lesungen wurden von Lektoren, die auf einem erhöhten Platz standen, vorgetragen, das Evangelium von einem Diakon oder Presbyter. Nach je zwei Lesungen trug ein Psalmist Psalmen vor, zu denen das Volk Kehrverse sang. Die Predigt nach dem Evangelium hielt der Vorsteher, d.h. der Ortsbischof, vor dem evtl. auch Presbyter das Wort ergreifen konnten.«[39]

(2) Entlassungen

Nach der Predigt tritt der Diakon an einen erhöhten Ort und fordert – nachdem er die ›Hörenden‹ und ›Ungläubigen‹ ausdrücklich ausgeschlossen hat – zunächst zum Gebet für die Taufbewerber, die Katechumenen (κατηχούμενοι) auf. Die werfen sich nieder bzw. verharren kniend, während die Gemeinde die einzelnen Bitten mit dem Kyrie eleison (κύριε ἐλέησον) aufnimmt:

»*Wenn er seinen Lehrvortrag beendet hat – so sage ich, Andreas, der Bruder des Petrus –, stehen alle miteinander auf. Der Diakon besteigt einen erhöhten Ort und ruft:* Keiner der Hörenden, keiner der Ungläubigen! *Wenn Ruhe eingetreten ist, spreche er:* Betet, Katechumenen! *Und alle Gläubigen sollen andächtig für sie beten und (nach jeder Bitte) sprechen:* Herr, erbarme dich.«[40]

Nach dem Gebet segnet der Bischof die Katechumenen und der Diakon entlässt sie: Προέλθετε οἱ κατηχούμενοι ἐν εἰρήνῃ (»Geht, ihr Katechumenen, in Frieden«).

In ähnlicher Weise wird sodann für die Energumenen (ἐνεργούμενοι ὑπὸ πνευμάτων ἀκαθάρτων; »die von unreinen Geistern Besessenen«), die Photizomenen (φωτιζόμενοι: Taufkandidaten, wörtlich: »die erleuchtet werden sollen«) und die Büßer (οἱ ἐν μετανοίᾳ: »die in Buße sind«) gebetet. Jede Gruppe wird vom Bischof gesegnet und vom Diakon entlassen, die Büßer etwas strenger: Ἀπολύεσθε (»entfernt euch«) οἱ ἐν μετανοίᾳ!

Die Ausbildung solcher Entlassungsriten, durch die ganze Gruppen von der Anwesenheit bei der Eucharistie ausgeschlossen wurden, hängt wohl mit der Entwicklung der altkirchlichen Katechumenats- und Bußpraxis im 3.-5. Jh. zusammen: Den Taufkandidaten – die selbstverständlich noch nicht kommunizieren durften – wurden die wichtigsten liturgischen Texte (Glaubensbekenntnis, Vaterunser) erst während der unmittelbaren Vorbereitungszeit auf die Taufe (*Photizomenat*) ›übergeben‹; in die ›Geheimnisse‹ von Taufe und Eucharistie wurden sie erst nach vollzogener Taufe tiefer eingeweiht (*Mystagogische Katechesen* während der Osterwoche; vgl. 15.2.1; 15.2.4). Die Anwesenheit bei der Eucharistie schloss sich von daher aus. In ähnlicher Weise verfuhr man mit den Büßern, für die es mancherorts gestufte Teilnahmemöglichkeiten gab (bis dahin, dass sie an einem abgetrennten Ort der Eucharistie beiwohnen durften, ohne zu kommunizieren). Inwieweit bei der Ausbildung solcher Praxis (man spricht von *Arkandisziplin*) auch das Vorbild der antiken Mysterienreligionen wirksam war, ist umstritten.

(3) Gebet der Gläubigen

Es folgt – durch eine nochmalige Ausschlussformel des Diakons eingeleitet – das *Gebet der Gläubigen*. Die Anrufungen trägt der Diakon vor, das abschließende Gebet, das in eine Doxologie mündet, spricht der Bischof.

»*Und er füge bei:* Daß keiner der Nichtberechtigten sich nähere. Wir alle, die gläubig sind (πιστοί), wollen die Knie beugen. Wir wollen Gott durch seinen Christus bitten. Alle wollen wir Gott kräftig durch seinen Christus anrufen: Lasset uns beten für den Frieden und Wohlstand der Welt und der heiligen Kirchen, damit der Gott des Alls seinen ewigen und unentreißbaren Frieden uns gewähre, auf daß er uns in der Fülle der gottseligen Tugend beständig bewahre [...]«.[41]

Schon bei Justin (vgl. 10.1.1) gehören »gemeinsame Gebete sowohl für uns selbst als auch für den neu Erleuchteten [Getauften] und alle anderen in der ganzen Welt« zum festen Bestand des Gottesdienstes. Ein Beispiel für ein solches *allgemeines Gebet* liefert auch der 1. Klemensbrief (Kap. 59-61). Die älteste Praxis bestand vielleicht darin, dass der Bischof als Vorsteher der Versammlung die Bitten durchgehend vortrug, das Gebet mit einer Doxologie abschloss und die Gemeinde mit *Amen* akklamierte. Im Osten entwickelte sich eine Form, bei der der Diakon die einzelnen Gebetsanliegen nannte und die Anwesenden zum Gebet aufforderte, die Gemeinde jeweils mit dem Ruf *Herr, erbarme dich* (κύριε ἐλέησον) darauf antwortete und der Bischof die »diakonalen Fürbittreihen« zusammenfassend abschloss (*Synapte*, griech. συναπτή = Verknüpfung, Zusammenfassung; auch *Ektenie*, griech. ἐκτενής = angespannt, beharrlich, inbrünstig; *Kyrielitanei* von λιτανεύειν = bitten, flehen).

Der Ruf κύριε, ἐλέησον ἡμᾶς – an Jesus als den *Sohn Davids* gerichtet – begegnet schon im Neuen Testament in mancherlei Varianten (Mt 20,30 f; vgl. Mt 9,27; 15,22; 17,15; Mk 10,47 f; Lk 17,13; 18,38 f). Theodor Schnitzler schildert anschaulich die Funktion des *Kyrie eleison* in der außerchristlichen antiken Welt: »Der Verehrer des *Sol invictus* betete auf dem Dach seines Hauses zur aufgehenden Sonne hin sein Morgengebet: Kyrie eleison. Es ist das große Stoßgebet des Sonnengottkultes, vielleicht der glühendste Ruf der antiken heidnischen Frömmigkeit [...] Wenn ein Triumphator über das römische Forum die Via Sacra zum Kapitol hinauffuhr, dann klang ihm von allen Seiten, von den Soldaten und aus der Volksmenge in endlosen Litaneien entgegen: Kyrie eleison. Wenn einer der Kaiser zum Staatsbesuch, ›Epiphania‹ genannt, in eine Stadt kam, rief man ihm zu: ›Kyrie eleison‹. Was das ›Hurra‹ des 19. Jahrhunderts, das ›Heil‹ der Hitlerschen Ära, das ›Hotschimin‹ der studentischen Revolten um 1965 bedeutete, war das ›Kyrie eleison‹ in der antiken Welt – ein etwas unartikulierter, halb militärischer, halb demonstrativer Jubelruf, mit anderen Ausrufen zur unendlichen Litanei verbunden. Da die Grenzen zwischen religiösem und weltlichem Gebrauch fließend waren – da der Triumphzug eine Prozession zum Tempel des Jupiter Capitolinus und zum Dankopfer war – da der siegreiche Feldherr eine Art Verwandtschaft mit den Göttern in sich trägt –, bleibt ›Kyrie eleison‹ auch in diesem weltlichen Gebrauch ein kultischer Ruf.«[42]

In der Adaption des Kyrierufes im christlichen Gottesdienst zeigt sich womöglich ein Akt ursprünglicher liturgischer Kreativität der Gemeinde: Das Volk – so darf man sich das vielleicht vorstellen – unterbricht zunächst spontan die Fürbitten durch Zurufe, eine Übung, die sich dann später formelhaft verfestigt.

Aufschlussreich ist hier ein Bericht der Pilgerin Egeria aus Jerusalem: Sobald Hymnen und Antiphonen beendet sind, so erzählt sie, »erhebt sich der Bischof und stellt sich vor das Gitter, das heißt vor die Grotte. Dann liest einer der Diakone die einzelnen Namen derjenigen vor, deren er gedenken möchte, wie man es gewohnt ist. Und wenn der Diakon die einzelnen Namen nennt, antworten sehr viele Kinder, die dort stehen und deren Stimmen zahllos sind, immer ›Kyrie eleison‹ – wir sagen ›Herr, erbarme dich‹. Und wenn der Diakon alle Namen genannt hat, die er nennen soll, spricht zunächst der Bischof ein Gebet und betet für alle; dann beten alle, Gläubige und Katechumenen, zusammen.«[43] Ob es sich bei den ›zahllosen‹ Kinderstimmen (*quorum voces infinitae sunt*) tatsächlich um so etwas wie eine organisierte Schola handelt, wie vermutet wird, scheint recht zweifelhaft.

11.2.3 Die Eucharistiefeier

(1) Friedenskuss, Händewaschung, Gabendarbringung

Der Friedenskuss, wie er zum ältesten Bestand des christlichen Gottesdienstes gehört (vgl. 7.2.1; 10.1.3), leitet auch in der *Klementinischen Liturgie* zur Mahlfeier über.

»*Hierauf sage der Diakon:* Lasset uns aufmerken. *Und es begrüße der Bischof die Gemeinde und spreche:* Der Friede Gottes sei mit euch allen! *Und das Volk antworte:* Und mit deinem Geiste. *Und der Diakon sage zu allen:* Grüßet einander mit dem heiligen Kuß. *Und es küssen die Kleriker den Bischof, die männlichen Laien die Laien, die Frauen die Frauen.*«[44]

Es folgt die Händewaschung der Presbyter, die symbolisch ausgedeutet wird; eine nochmalige Ausschlussformel, die allen Ungetauften, aber auch den ›Irrgläubigen‹ gilt; eine Anweisung an die Mütter, ihre (kleineren) Kinder zu sich zu nehmen; eine Ermahnung zur Versöhnung und wider Heuchelei; schließlich die Aufforderung zum »Opfern« ($\pi\rho o\sigma\varphi\acute{\epsilon}$-$\rho\epsilon\iota\nu$) »mit Furcht und Zittern«. Darauf bringen die Diakone die Gaben ($\tau\grave{\alpha}\ \delta\tilde{\omega}\rho\alpha$) dem Bischof zum Altar ($\pi\rho\grave{o}\varsigma\ \tau\grave{o}\ \theta\upsilon\sigma\iota\alpha\sigma\tau\acute{\eta}\rho\iota o\nu$ = *Thysiasterion*, ›Opferstätte‹). Die Türen werden verschlossen und bewacht. Bemerkenswert ist auch hier die selbstverständliche Anwesenheit von Kindern:

»Die Kinder sollen an den Stufen stehen und ein anderer Diakon soll bei ihnen stehen, damit sie ruhig bleiben. Andere Diakone sollen hin und her gehen und Männer und Frauen beobachten, daß kein Geräusch entstehe und niemand winke, flüstere oder schlafe. Die Diakone sollen sich an die Türen der Männer und die Subdiakone an die Türen der Frauen stellen, damit niemand hinausgehe oder daß nicht die Türen während der Zeit des Opfers ($\kappa\alpha\tau\grave{\alpha}\ \tau\grave{o}\nu\ \kappa\alpha\iota\rho\grave{o}\nu\ \tau\tilde{\eta}\varsigma\ \dot{\alpha}\nu\alpha\varphi o\rho\tilde{\alpha}\varsigma$) geöffnet werden, auch wenn es ein Gläubiger wäre.«[45]

(2) Die Anaphora

Das eucharistische Hochgebet wird – wie schon in der *Traditio apostolica* (vgl. 10.2.1) – durch einen Dialog zwischen Bischof und Gemeinde eingeleitet (der Gruß, der den Dialog eröffnet, folgt 2 Kor 13,13). Einen anschaulichen Eindruck vermitteln wieder die Rubriken:

»Die Priester sollen sich zu seiner Rechten und Linken stellen, wie Schüler um den Lehrer stehen. Zwei Diakone sollen zu beiden Seiten des Altares einen

Fächer aus leichten Häutchen oder einen Wedel von Pfauenfedern oder von Leinwand halten und sanft die kleinen Insekten verscheuchen, damit sie nicht in die Kelche eindringen.«[46]

Das »breit ausladende«[47] Eucharistiegebet beginnt mit dem Lobpreis Gottes (»Wahrhaft würdig und recht ist es, vor allem dich zu preisen, den wahrhaft seienden Gott, der vor den Geschöpfen ist, von dem alle Vaterschaft im Himmel und auf Erden ihren Namen hat [...]«), setzt sich dann fort im Lobpreis der Schöpfung und rekapituliert die alttestament- liche Heilsgeschichte bis zur Befreiung aus Ägypten und zur Einnahme Kanaans. »Breit ausladend« ist auch die Einleitung zum Sanctus (ohne Benedictus; vgl. 10.3.1), das als Volksakklamation den Gang des Hoch- gebets unterbricht:

»Dich beten an die unzähligen Scharen der Engel, Erzengel, Thronen, Herr- schaften, Fürstentümer, Gewalten, Mächte, die ewigen Heere, die Cherubim und Seraphim mit sechs Flügeln; mit zwei bedecken sie die Füße, mit zwei das Haupt, mit zwei fliegen sie und rufen mit den tausend Tausenden der Erzengel und zehntausend Zehntausenden der Engel unablässig und unaufhörlich: *und das ganze Volk spreche:* Heilig, heilig, heilig, Herr Sabaoth, Himmel und Erde sind voll seiner Herrlichkeit, gepriesen in Ewigkeit. Amen.«[48]

Das Postsanctusgebet (»Denn wahrhaft heilig bist du und allheilig, der Höchste und Allerhöchste in Ewigkeit. Heilig ist auch dein eingeborener Sohn, unser Herr und Gott Jesus Christus [...]«) memoriert die Sendung des Christus von der Menschwerdung bis zur Erhöhung zur Rechten des Vaters und fügt sodann den Einsetzungsbericht an. Es folgen die Anam- nese, verbunden mit der Darbringung der Gaben, und die Epiklese. Ein Vergleich mit dem Hochgebet der *Traditio apostolica* (10.2.1) lässt deutliche Entsprechungen erkennen:

»Eingedenk nun seines Leidens und Todes, seiner Auferstehung und Himmel- fahrt und seiner künftigen zweiten Wiederkunft, in der er kommt, zu richten die Lebendigen und die Toten und einem jeden zu vergelten nach seinen Werken, bringen wir dir, dem Könige und Gott, nach seiner Anordnung dieses Brot und diesen Kelch dar (προσφέρομέν σοι τῷ Βασιλεῖ καί Θεῷ κατὰ τὴν αὐτοῦ διάταξιν τὸν ἄρτον τοῦτον καὶ τὸ ποτήριον τοῦτο). Wir danken dir durch ihn, daß du uns darum gewürdigt hast, vor dir zu stehen und Priesterdienste zu verrichten (ἱερατεύειν σοι), und bitten dich, daß du wohlgefällig auf die vor dir liegenden Gaben sehest, du, der bedürfnislose Gott, und sie wohlgefällig anneh- mest zur Ehre deines Christus, und daß du herabsendest deinen Heiligen Geist auf dieses Opfer (ἐπὶ τὴν θυσίαν ταύτην), den Zeugen der Leiden des Herrn Jesus, damit er offenbare (ἀποφήνῃ) dieses Brot als den Leib Christi und diesen Kelch als das Blut Christi, auf daß die Empfänger desselben zur Frömmigkeit gestärkt werden, Vergebung der Sünden erlangen, vom Teufel und seinem Truge befreit und vom Heiligen Geiste erfüllt, deines Christus würdig werden und das ewige Leben erlangen, nachdem du, allmächtiger Herr, mit ihnen versöhnt worden bist.«[49]

Es folgen Interzessionen (vgl. 10.3.3) für die Kirche, für den Zelebranten und den ganzen Klerus, für den König, seine Beamten und sein Heer, für verschiedene Gruppen von Heiligen, für das versammelte Volk und einzelne seiner Stände, für die Stadt und ihre Bewohner, die Kranken, Geknechteten, Verbannten, Schifffahrenden, Reisenden, für die Verfolger und die Irrenden, für die Katechumenen, Energumenen und Büßer, für Gesundheit der Luft, reichen Ertrag der Früchte, schließlich für alle, »die aus einem vernünftigen Grunde abwesend sind«. Doxologie und Amen des Volkes schließen das Hochgebet ab, das in Struktur und Intention – sieht man von den umfänglichen Erweiterungen ab – durchaus dem in der *Traditio apostolica* überlieferten Gebet entspricht.

(3) Kommunion

Der Bischof grüßt die Gemeinde (»Der Friede Gottes sei mit euch allen«), das Volk antwortet (»Und mit deinem Geiste«). Der Diakon trägt weitere, nach Art der Ektenie aufgereihte Gebetsanliegen vor (noch einmal für die »dargebrachte Gabe«, für den Klerus, für die Obrigkeiten, die Märtyrer, die Entschlafenen, für gesunde Luft, reiche Ernte, für die Neugetauften). Der Bischof schließt – wie schon beim Gläubigengebet – mit Gebet und Doxologie ab. Es handelt sich hierbei nach Hans Bernhard Meyer um ein Stück Liturgie, »für das es in verwandten Liturgien keine Parallele gibt.«[50]

Es folgt – als Einladung zur Kommunion – das *Sancta Sanctis*, das in seinem Wortlaut an Did 10,6 erinnert (»Wer heilig ist, der soll herkommen«; vgl. 9.4.2). Das Volk antwortet mit einer Reihe von Akklamationen: einem Christusbekenntnis, der Anfangszeile des *Gloria in excelsis* (Lk 2,14) und dem *Hosanna-Benedictus* nach Mt 21,9 – ein Element, das sich dann später mit dem *Sanctus* verbindet:

»*Nachdem alle Amen gesagt haben, spreche der Diakon:* Lasset uns aufmerksam sein! *Und der Bischof rufe dem Volke so zu:* Das Heilige den Heiligen. *Und das Volk antworte:* Einer ist heilig, einer Herr, Jesus Christus, zur Ehre Gottes des Vaters, gepriesen in Ewigkeit. Amen. Ehre Gott in der Höhe und Friede auf Erden, den Menschen Wohlgefallen. Hosanna dem Sohne Davids; gepriesen sei, der da kommt im Namen des Herrn. Gott der Herr ist auch uns erschienen. Hosanna in der Höhe.«[51]

Darauf kommunizieren Bischof, Presbyter, Diakone, Subdiakone, Vorleser, Sänger und Asketen, Diakonissen, Jungfrauen, Witwen, Kinder, schließlich das ganze Volk »nach der Reihe«. Währenddessen wird Ps 34 gesungen. Die Spendeformeln lauten: »Der Leib Christi«; »Das Blut Christi, der Kelch des Lebens«. Die Kommunizierenden antworten jeweils mit »Amen«. Es folgt die Danksagung nach der Kommunion, vom Diakon eingeleitet und vom Bischof gesprochen. Danach spricht der Bischof ein ausgedehntes Segensgebet, und der Diakon entlässt das Volk mit den Worten: »Gehet hin in Frieden!«

Hans Bernhard Meyer fasst zusammen: »Bemerkenswert ist, daß das Dankgebet des Bischofs dieselbe Struktur sowie eine starke textliche Verwandtschaft mit Did 10 aufweist und somit im Stil einer beraka aufgebaut ist: Lobpreis Gottes – Anamnese (Schöpfung, atl. und ntl. Heilstaten) – Bitten und abschließende Doxologie. Diese Verwandtschaft spricht [...] für den Gebrauch von Did 10 bei der Eucharistiefeier, und zwar als Danksagung.«[52]

11.3 Entfaltung: Chrysostomusliturgie

»Wir wußten nicht, ob wir im Himmel waren, denn auf der Erde gibt es keinen solchen Anblick, auch nicht eine derartige Pracht«, melden die Kiewer Gesandten ihrem Großfürsten Wladimir, nachdem sie an einem Gottesdienst in Byzanz teilgenommen haben. »Wir sind außerstande, darüber zu berichten, wir wissen nur, daß Gott wahrhaftig unter den Menschen weilt und daß ihr Gottesdienst besser ist als bei allen anderen Völkern. Denn wir können diese Pracht nicht vergessen. Kein Mensch, der Süßes gekostet hat, mag hernach Bitteres zu sich nehmen. Auch wir wollen nicht mehr so leben.«[53]

Die Nestorchronik (*Povest' vremennych let*) berichtet hier von einem welthistorisch bedeutsamen Ereignis: Das aufstrebende Land am Dnjepr braucht eine neue Religion. Die alten Götter, lahm und unansehnlich, taugen nicht mehr als Stützen des Staates. Zehn Gefolgsleute des Großfürsten machen sich auf den Weg, um die gottesdienstlichen Bräuche bei den Nachbarn zu erkunden. Die Moscheen der moslemischen Bolgaren bilden ihr erstes Ziel. Doch was sie dort erleben, vermag sie nicht zu überzeugen. Auch bei den ›Deutschen‹ – den romtreuen Christen des Westens – werden sie nicht fündig. »Wir kamen zu den Deutschen«, so berichten sie, »und sahen, daß sie in der Kirche Gottesdienst halten, aber wir sahen keinerlei Herrlichkeit.« Erst der Gottesdienst in Byzanz – eigens für sie inszeniert – reißt sie hin.

Als der Patriarch, so berichtet die Nestorchronik, von der Ankunft der Russen erfuhr, »ließ er den Klerus zusammenrufen, und man veranstaltete dem Brauche gemäß einen Festgottesdienst. Man entzündete Weihrauch und ließ Chöre und Gesänge erschallen. Und er ging mit ihnen in die Kirche, und man stellte sie an einem sich weithin öffnenden Platz auf, wies sie auf die Schönheit der Kirche hin sowie auf den Gesang und die bischöfliche Liturgie und das Ministrieren der Diakone und erklärte ihnen, wie sie ihrem Gott dienen.«[54] Und so lässt sich denn Wladimir im Jahre 988 mit seinem Volke taufen, unterstellt sich dem Patriarchen von Byzanz und übernimmt die byzantinische Liturgie.

11.3.1 Grundzüge

Die Gestalt der eucharistischen Liturgie nach byzantinischem Ritus, wie sie heute gefeiert wird, ist Ergebnis eines langen und im Einzelnen noch nicht gänzlich erhellten Prozesses, der erst im 16. Jh. endgültig zum Abschluss kommt, wobei die durch Patriarch Philotheos Kokkinos von Konstantinopel (gest. 1379) getroffenen Festlegungen eine bleibende Bedeutung besitzen. Die Entwicklung nimmt ihren Ausgang bei den relativ schlichten Formen, wie sie im 4. Jh. den antiochenischen Liturgiebereich bestimmen, und führt schließlich »zu einem reich entfalteten, teilweise überlasteten Ritual«,[55] das zwar die ursprünglichen Strukturen bewahrt, sie aber durch vielfache Erweiterungen ergänzt und aufbricht. Dabei spielt in den Anfängen die besondere Nähe zum byzantinischen Kaiserhof und seinem Zeremoniell eine wichtige Rolle: Im Bestreben, die Göttlichkeit Jesu auch liturgisch zu akzentuieren, greift man auf das »Hofzeremoniell des Königsempfangs«[56] zurück (vgl. 4.2.3; 4.2.4).

»Unverkennbar sind [...] die Züge einer für dieses Zeitalter typischen ›Reichschristologie‹, die im zunehmenden Bemühen um Repräsentation des sich in der Eucharistie darstellenden, gerade im Tode triumphierenden Christus zum Ausdruck kommt und im gleichzeitigen Bild der Kreuzigung Christi eine genaue Entsprechung erhält.«[57]

Für den weiteren Fortgang ist unter anderem der Ausbau der Gabenbereitung zu einer Art *Vorgottesdienst* (προσκομιδή, *Proskomidie*) kennzeichnend. Seine Entstehung ist im Einzelnen umstritten. Vielfach nimmt man an, die Gabenbereitung habe auch in der byzantinischen Liturgie ursprünglich vor dem *Großen Einzug* zu Beginn des eucharistischen Teils ihren Ort gehabt, sei von dort seit dem 8. Jh. vor den Beginn des Wortgottesdienstes verlagert und immer reicher mit Symbolik ausgestattet worden, bis sie schließlich im 14. Jh. ihre heutige Gestalt erhielt. Man verweist darauf, dass auch heute noch im Pontifikalamt der Bischof die letzten vorbereitenden Riten unmittelbar vor dem *Großen Einzug* vollzieht.[58]

Mit Robert Taft[59] kann Hans-Joachim Schulz jedoch nachweisen, dass »nach der Ordnung der Großen Kirche die Proskomidie in dem vom Kirchenschiff völlig getrennten Skeuophylakion [Aufbewahrungsraum für die Geräte, Kleider und die von den Gläubigen mitgebrachten Gaben] erfolgte und sich dabei parallel zu Teilen des Wortgottesdienstes entfalten konnte.«[60]

Im Unterschied zu Nordafrika und Rom, wo die Gläubigen die von ihnen mitgebrachten Gaben in einer Gabenprozession zum Altar brachten (bzw. wo – wie später in Rom – Diakone die mitgebrachten Gaben zu Beginn der Eucharistiefeier einsammelten), bezeugen östliche Quellen, dass die Gläubigen hier die mitgebrachten Gaben vor Beginn des Gottesdienstes in einem Nebenraum der Kirche ablieferten.[61] Es war zunächst ausschließlich Aufgabe der Diakone, dort die Gaben vorzubereiten und sie dann zu Beginn der Eucharistiefeier aus dem Skeuophylakion zum Altar zu übertragen, wo sie vom Bischof entgegengenommen wurden.[62]

Kennzeichnend für die byzantinische Liturgie ist eine starke Betonung des *mysterium tremendum*,[63] aber auch der österlichen Freude: »Christus ist auferstanden. Ewiger Jubel! Christus ist auferstanden. Er ist wahrhaftig auferstanden.«[64] Beides verdichtet sich in einer Art ›präsentischer Eschatologie‹ (vgl. 11.2.1): Die Eucharistie ist »das große Mysterium der Verklärung, in welcher die Auferstehung der Toten und die Wiedergeburt des ganzen Kosmos vorweggenommen wird.«[65]

11.3.2 Kirchenraum und Bilderwand

Um dem Ablauf des Gottesdienstes folgen zu können, sind Kenntnisse über die Aufteilung und Einrichtung des Kirchenraums, insbesondere über Funktion und Bedeutung der Bilderwand (εἰκονόστασις, *Ikonostase*, russ. иконостáс) erforderlich.

Entstanden ist die Bilderwand vermutlich aus den *cancelli*, den Schranken, die den Altarplatz aus dem übrigen Kirchenraum ausgrenzten (vgl. 4.2.5). Sie bestanden zunächst aus Holz oder aus aufrecht stehenden Steinplatten und Säulen, zwischen denen Vorhänge befestigt oder Bilder aufgestellt werden konnten. Die Bilderwand ist heute »in der orthodoxen Kirche ein Holzgerüst oder eine hochgemauerte Wand, woran auf mehreren Rängen (russ. *jarusy*) Ikonen angebracht sind. Drei Türen oder mit einem meist kostbaren Vorhang (Velum) verhängte Durchgänge führen im Norden in den Rüstraum, die Prothesis, in der Mitte (auch Königstür) zum Altar und im Süden in das Diakonikon.

Die beiden ersten Durchgänge werden in der Liturgie, vor allem beim Kleinen und Großen Einzug, vom Klerus durchschritten.«[66]

Die Bilderwand trennt also den Altarraum (алта́рь, -я́) vom Kirchenschiff, dem Ort, wo sich die Gläubigen aufhalten. Vor der Königstür (ца́рские врата́), also außerhalb des Altarraums, befindet sich der erhöhte Platz für den Diakon (амво́н). Rechts und links davon, vor der Nord- und Südtüre, nehmen die Sängerchöre Aufstellung (кли́росы). In manchen Kirchen steht hinter dem Altar (престо́л) der Thron für den Bischof.

Das Bildprogramm einer Ikonostase folgt heute festen Regeln, wie sich besonders an der »vollausgebildeten russischen Bilderwand«[67] zeigen lässt. Dabei gilt: »Die Bilderwand der Kirche ist nicht nur Schranke, sondern zugleich Brücke zwischen Himmel und Erde. Die Ikonen machen sie transparent.«[68] Am ersten Sonntag der Großen Fastenzeit, dem *Sonntag der Orthodoxie*, feiert man den Sieg der Bilderfreunde (Ikonodulen) über die Bilderfeinde (Ikonoklasten) im 9. Jh.,[69] und der Chor singt den Hymnus: »In den heiligen Gestalten der Bilder Christi und der Mutter Gottes schauen wir die Umrisse der himmlischen Zelte.«[70]

Als Beispiel für eine russische Bilderwand soll die Ikonostase der Gedächtniskirche des hl. Metropoliten Aleksij zu Leipzig dienen:[71] Gekrönt von der *Kreuzigung* (Распя́тие, VIII), wird auf dem obersten Rang (VII) die *Göttliche Weisheit* (Прему́дрость Бо́жия) mit der Gottesmutter und Johannes dem Täufer als Fürbittern dargestellt. Es folgt der *Patriarchenrang* (праоте́ческий я́рус, VI) mit der *Gottesmutter des Zeichens*, zur Seite je vier Patriarchen des Alten Testaments; danach der *Prophetenrang* (проро́ческий я́рус, V) mit der *Vaterschaft* (Оте́чество) in der Mitte und je sechs Propheten zu beiden Seiten; dann (IV) die thronende Gottesmutter, zu beiden Seiten je sechs russische Heilige; danach (III) der *Deesis-Rang* (von griech. δέησις = Fürbitte; де́исусный я́рус oder де́исусный чин) mit der Darstellung des thronenden Christus und den Zwölf Aposteln im Fürbittgestus. Es folgt die *Reihe der Festtagsikonen* (II, пра́здничный я́рус), eine Zusammenstellung von Bildern zu den zwölf großen Herren- bzw. Marienfesten des Kirchenjahres und (I) die *Verehrungs- oder Lokalreihe* (ме́стный я́рус) mit der Verkündigung Mariens und den vier Evangelisten auf der Königstür, flankiert von der Christus-Allherrscher-Ikone und einer Ikone des hl. Nikolaus zur Rechten, der Ikone der Gottesmutter von Smolensk und der Ikone des hl. Metropoliten Aleksij (mit Randszenen seiner Lebensgeschichte) zur Linken.

11.3.3 Die Proskomidie

Vor der Königstür bereiten sich Priester und Diakon durch Rüstgebete, in denen sie ihre Unwürdigkeit bekennen und um Erbarmen bitten, auf den Gottesdienst vor. Sie verehren die Bilder Christi und der Gottesmutter, die sich rechts und links von der Königstür befinden, und betreten – indem sie Ps 5,8-13 beten – durch die südliche (Diakonen-)Tür den Altarraum. Dort legen sie die liturgischen Gewänder an und waschen die Hände.

Am Rüsttisch (πρόθεσις, russ. жéртвенник) beginnen sie nunmehr mit der *Schlachtung des Lammes*: Mittels eines lanzenförmigen Messers, der *heiligen Lanze* (ἁγία λόγχη), wird aus einem großen, runden Brot aus gesäuertem Weizenmehl (προσφορά, *Prosphora*, russ. просфорá) das quadratische Mittelstück (ἡ σφραγίς τῆς προσφορᾶς = Siegel, russ. пéчать) herausgetrennt.

Das *Siegel* ist der Oberseite der Prosphora eingeprägt. Es wird durch ein gleicharmiges Kreuz in vier Felder geteilt, die die griechische Inschrift IC XC NI KA (Jesus Christus siegt) tragen. Der Brotwürfel, dessen Oberfläche das *Siegel* bildet, heißt auch *Lamm* (ἀμνός, russ. агнец). Zu den symbolischen Lanzenstichen, die das *Lamm* aus dem übrigen Brot (ἀντίδωρον, *Antidoron*, russ. антидóр) herauslösen, spricht der Priester Worte aus Jes 53,7 f, Joh 1,29, Joh 19,34 f. Vier andere Brote werden ebenfalls kunstvoll geteilt und als Opfergaben zum Gedächtnis der Gottesmutter, der Engel, der Heiligen, der Lebenden und der Toten zum *Lamm* auf den großen Abendmahlsteller (δίσκος, *Diskos*, russ. дúскос) gelegt. Zuvor wird noch roter Wein mit Wasser vermischt, gesegnet und in den heiligen Kelch gegossen. Zum Abschluss werden die Gaben beräuchert und unter Gebeten und Bibelworten (Mt 2,9; Ps 93; Hab 3,3; Ps 17,8b; Ps 51) verhüllt.

Teil dieser Handlung ist das *Gebet der Darbringung* (εὐχὴ τῆς προθέσεως), das der Priester spricht:

»Gott, unser Gott, der du das himmlische Brot, die Nahrung der ganzen Welt, unsern Herrn und Gott Jesus Christus, als Heiland, Erlöser und Wohltäter, der uns segnet und heiligt, gesandt hast, segne du selbst diese Darbringung (τὴν πρόθεσιν ταύτην) und nimm sie an auf deinem überhimmlischen Altar. Gedenke, o Gütiger und Menschenfreundlicher, derer, die sie dargebracht haben, und derer, für die sie dargebracht worden sind [...]«.[72]

Hans-Joachim Schulz interpretiert die in der Proskomidie vollzogenen Handlungen als bildhaften Hinweis auf das, was sich dann in der Anaphora des eucharistischen Teils sakramental vollenden soll:

»Die eindringliche Opfersymbolik, die hier an den Gaben vollzogen wird, zeigt an, daß diese unter der Bestimmung stehen, Leib und Blut Christi zu werden, die für uns dahingegeben wurden. Die Anamnese des Todes des Herrn, die in der Anaphora sakramentale Wirklichkeit erhält, strahlt gleichsam aus auf die Vorbereitung der Gaben bei Liturgiebeginn; so wird in Bildern und Symbolen schon jetzt offenbar, was sich später sakramental erfüllen soll. Schon von der Proskomidie her erweist sich also die Eucharistiefeier als eine bildhaft-sakramentale Vergegenwärtigung und als eine eindringliche Verkündigung des Todes und der Auferstehung des Herrn.«[73]

Nachdem er Rüsttisch, Kirche, Altar und Priester beräuchert hat, erbittet der Diakon den Segen des Priesters: »Es ist Zeit, dem Herrn zu dienen. Segne, Gebieter!«, verlässt sodann durch die nördliche Tür den Altarraum und stellt sich auf seinen Platz vor der Königstür.[74]

11.3.4 Der Wortgottesdienst

(1) Eröffnung

Der Wortgottesdienst beginnt mit der *großen Ektenie* (ή μεγάλη συναπτή, russ. вели́кая ектения́): Der Diakon trägt die einzelnen Bitten vor, auf die der Chor mit *Herr, erbarme dich* (κύριε έλέησον, russ. Го́споди поми́луй) oder *Gewähre, o Herr* (παράσχου κύριε, russ. пода́й Го́споди) antwortet. Wegen ihres Inhalts werden diese Anrufungen auch *Friedensbitten* (εἰρηνικά) genannt:

»In Frieden lasset uns beten zu dem Herrn (Ми́ром Го́споду помо́лимся) [...] Um den Frieden von oben und um das Heil unserer Seelen lasset uns beten zu dem Herrn [...] Um den Frieden der ganzen Welt, um den Wohlbestand der heiligen Kirchen Gottes und um die Einigung aller lasset uns beten zu dem Herrn [...] Für dieses heilige Haus und für alle, die mit Glauben, Andacht und Gottesfurcht in dasselbe eintreten, lasset uns beten zu dem Herrn [...]«.[75]

Es folgen drei vom Doppelchor gesungene *Antiphonen* (sing. τὸ ἀντίφωνον; антифо́н), wobei der Begriff hier nicht den Rahmenvers vor und nach der Psalmodie, sondern diese selbst bezeichnet. An Sonntagen singt man (1) Ps 103, (2) Ps 146 (mit dem Hymnus *Eingeborner Sohn*, der immer nach der zweiten Antiphon gesungen wird) und (3) die Seligpreisungen Mt 5,3-12. Hohe Feste haben eigene Antiphonen.

Zwischen den Antiphonen betet der Diakon jeweils die *kleine Ektenie* (ή μικρὰ συναπτή; ма́лая ектения́): »Wieder und wieder lasset uns in Frieden beten zu dem Herrn [...]«. Der Priester betet unterdessen leise (μυστικῶς) das *Gebet der ersten* (bzw. *zweiten, dritten*) *Antiphon*. Der Gebetsschluss (ἐκφώνησις;

возглас), der immer eine Doxologie enthält, wird jeweils laut gesprochen und vom Chor mit *Amen* beantwortet.

Man bezeichnet den aus insgesamt drei Antiphonen und drei Ektenien mit den dazugehörigen Priestergebeten bestehenden Eröffnungsteil des byzantinischen Gottesdienstes auch als *Enarxis* (ἔναρξις, russ. начáло, Anfang, Eröffnung). Er besitzt einen »offiziumsähnlichen Aufbau« und hat sich vermutlich »aus Elementen des Stationsgottesdienstes« entwickelt,[76] das heißt, aus Gesängen und Gebeten, die an größeren Orten – so auch in Byzanz – die Prozessionen zu den jeweiligen Kirchen begleiteten, in denen der bischöfliche Gottesdienst stattfand:

> »Die Teile der Enarxis entsprechen in dieser Gruppierung (ohne die Eirēniká) Stationsgottesdiensten, die noch bis zum 10. Jahrhundert auf dem Prozessionsweg (getrennt von der Liturgie am Zielort) an bestimmten Tagen üblich waren, vereinzelt aber auch schon im 8. Jahrhundert als feste Ordnung der Liturgie betrachtet werden.«[77]

(2) Kleiner Einzug

Noch während die dritte Antiphon gesungen wird, geht der Diakon in den Altarraum und öffnet die Königstür zum *Kleinen Einzug* (μικρὰ εἴσοδος; мáлый вход):

> Der Priester nimmt das Evangelienbuch, übergibt es dem Diakon und geht nach ihm rechts um den Altar zur nördlichen Tür hinaus in das Kirchenschiff. Dabei werden Leuchter mit brennenden Kerzen vorangetragen. Vor der Königstür bleiben sie stehen. Der Priester spricht das *Gebet des Einzugs* und den Einzugs-Segen. Darauf reicht der Diakon das Evangelienbuch dem Priester zum Kuss, wendet sich zum Altar, hebt das Buch etwas empor und ruft: »Weisheit! Aufrecht!« Dann geht er durch die Königstür in den Altarraum und legt das Buch auf dem Altar nieder.[78]
>
> Ursprünglich handelt es sich dabei um den feierlichen Einzug in die Kirche bzw. den Altarraum, der auch in anderen Riten den Gottesdienst eröffnet. Das *Gebet des Einzugs* gibt dies noch zu erkennen: »Herrscher, Herr, unser Gott, der du in den Himmeln die Ordnungen und die Heere der Engel und Erzengel zum Dienste deiner Herrlichkeit eingesetzt hast, laß mit unserem Einzug den Einzug der heiligen Engel geschehen, welche mit uns dienen und mit uns deine Güte rühmen.«[79]

(3) Trishagion

Währenddessen beginnt der Chor mit dem Gesang der *Troparien* (sing. τὸ τροπάριον, тропáрь) und *Kontakien* (sing. τὸ κοντάκιον, кондáк), kurzen Hymnen, die den Inhalt eines Festes oder Gedenktages ausdrücken. Der Priester spricht das *Gebet des Trishagion* und den *Trishagion-Segen.* Der Chor singt zum Abschluss des *Kleinen Einzugs* das dreifach wiederholte *Trishagion* (τρισάγιον; трисвятóе), bei dem es sich wohl um den ursprünglichen Einzugsgesang der byzantinischen Liturgie handelt:»Heiliger Gott, heiliger Starker, heiliger Unsterblicher, erbarme dich unser.«

Nachdem auch Priester und Diakon das *Trishagion* gesprochen haben, folgt der *Gang zum oberen Ort*, das heißt, zur Kathedra des Bischofs hinter dem Altar (ή ἄνω κάθεδρα; гóрний престóл; гóрнее мéсто), auf die sich der Priester nie setzen darf. Auch wenn kein Bischof zugegen ist, wird der Ritus (Diakon: »Segne, Gebieter, den erhabenen Thron!«) vollzogen. Der Priester setzt sich rechts davon auf den Priestersitz (σύνθρονον).

(4) Lesungen

Der Diakon tritt wieder vor die Königstür und ruft:»Lasset uns aufmerken! Weisheit!« Der Lektor liest hierauf das *Prokimenon* (τὸ προκείμενον = ›das [vor der Lesung] Liegende‹; прокúмен).

Es handelt sich um einen der Tagesfeier entsprechenden, gewöhnlich den Psalmen entnommenen Vers, den der Chor zweimal nachsingt. Vor der ersten Wiederholung durch den Chor fügt der Lektor noch einen zweiten Vers bei, beim dritten Mal spricht er die erste Hälfte des *Prokimenon*, dessen zweite Hälfte der Chor singt (es handelt sich demnach um einen responsorialen ›Antwortgesang‹ ähnlich dem Graduale;[80] vgl. 5.2.2; 5.2.4).

Es folgt, wiederum durch den Ruf des Diakons eingeleitet, die Lesung des *Apostolos* (ὁ ἀπόστολος; апóстол), eines Abschnittes aus der Apostelgeschichte oder den Apostelbriefen. *Apostolos* heißt auch das Buch, aus dem die Lesung vorgetragen wird (vgl. 1.4.3).

Während der Lektor die Lesung vorträgt, beräuchert der Diakon den Altar, den Altarraum und den Priester. Nach Beendigung der Lesung singt der Chor – als Gesang vor dem Evangelium – das dreifach wiederholte *Alleluja*. Währenddessen spricht der Priester das *Gebet vor dem Evangelium*. Er überreicht dem Diakon das Evangelienbuch und segnet ihn. Der Diakon legt das Buch auf das Lesepult (*Analogion*), das man vor der Königstür aufgestellt hat, und öffnet es. Der Priester steht, nach Westen gewandt, vor dem Altar und ruft:»Weisheit! Aufrecht! Lasset uns hören das heilige Evangelium! Friede allen!«

Nun kündigt der Diakon die Lesung an und liest, gerahmt von den Akklamationen des Chores (»Ehre sei dir, o Herr, Ehre sei dir!«), das *Evangelium* (τὸ εὐαγγέλιον; евáнгелие).

Nach Beendigung der Lesung nimmt der Priester das Buch aus den Händen des Diakons und stellt es aufrecht auf den Altar. Die Königstür wird wieder geschlossen. Auf seinem gewöhnlichen Platz vor der Königstür stehend, beginnt der Diakon mit dem Vortrag der nun folgenden Ektenien.

(5) Ektenien

»Nach der Wortverkündigung wahrt ein umfangreicher Gebetsteil seinen von der Tradition bezeugten ursprünglichen Platz.«[81] Als Erste wird die *Ektenie des inbrünstigen Gebetes* gesprochen (сугубая ектения; ἡ ἐκτενής: nach ursprünglichem griechischem Sprachgebrauch wird nur dieses Gebet nach dem Evangelium mit seinen dreimal wiederholten Kyrierufen so bezeichnet).[82] Sie umfasst Fürbitten für den Patriarchen, den Bischof und »alle unsere Brüder in Christus«, für das Land, die Regierung, das Heer, die Priester und Priestermönche, die seligen Patriarchen und die Stifter der Kirche, die Wohltäter, Sänger und das ganze Volk.

Im russisch-orthodoxen Ritus beginnt der Priester zur Nennung des Patriarchen das auf dem Altar liegende *Antiminsion* (ἀντιμίνσιον; антиминс) aufzuschlagen, ein rechteckiges Tuch, auf dem die Grablegung Christi abgebildet ist und in das Reliquien eingenäht sind. Ohne *Antiminsion* darf keine Liturgie gefeiert werden.[83]

Danach folgt die *Ektenie für die Verstorbenen* (заупокойная ектения), die jedoch an großen Feiertagen entfällt. Gebete für die Katechumenen und deren Entlassung schließen sich an, wobei die Texte »recht genau die Formulierungen der Quellen des 4. Jahrhunderts wiedergeben«:[84]

»Die ihr Katechumenen seid, geht hinaus! Katechumenen, geht hinaus! Die ihr Katechumenen seid, geht hinaus! Keiner von den Katechumenen!«[85]

Damit ist der Teil des Gottesdienstes beendet, an dem in der alten Kirche (vgl. die Entlassungsriten in der Klementinischen Liturgie, 11.2.2) auch die Katechumenen und andere von der Eucharistie ausgeschlossene Gruppen teilnehmen konnten, und die *Liturgie der Gläubigen* (λειτουργία τῶν πιστῶν; литургия верных) beginnt. Der Diakon lädt ein zum Gebet: »Die ihr Gläubige seid, wieder und wieder lasset uns in Frieden beten zu dem Herrn [...]«, und während er die Ektenien vorträgt, spricht der Priester in gewohnter Weise (μυστικῶς) das *erste* (bzw. *zweite*) *Gebet der Gläubigen* (εὐχὴ πιστῶν α´ und β´).

Zu den strukturellen Fragen, die sich in diesem Zusammenhang ergeben, schreibt Hans-Joachim Schulz: »Auch abgesehen von der Zuordnung der Proskomidie, deckt sich die Einteilung in Wort- und Opfergottesdienst (Eucharistiefeier) nicht mit der in Katechumenen- und Gläubigenliturgie, da die letztere mit dem Gebet der Gläubigen beginnt, welches inhaltlich noch zum Wortgottesdienst gehört. Und obwohl die byzantinische Liturgie die Formel für die Entlassung der Katechumenen gemäß den Zeugnissen des 4./5. Jahrhunderts bewahrt hat, wurden dennoch in späterer Zeit die Gebetselemente teilweise vermischt und ausgetauscht, so dass heute die ›Inständige Ektenie‹ (nach dem Evangelium bzw. vor dem Gebet und der Entlassung der Katechumenen) einerseits Gläubigengebet und Ausdruck der Gebetsgemeinschaft aller Kirchen im Verein mit ihrer Hierarchie ist, andererseits besonderen Bußcharakter verrät [...]. Vor allem sind die ›Eirēnika‹ (= Große Synaptē bzw. nach slavischem Sprachgebrauch: Große Ektenie) innerhalb der Enarxis typisches Gläubigengebet, das ursprünglich nicht an dieser Stelle, sondern nach der Entlassung der Katechumenen seinen Platz hatte [...]«.[86]

11.3.5 Die Eucharistiefeier

(1) Der Große Einzug

Mit dem *Großen Einzug* (μεγάλη εἴσοδος; вели́кий вход) beginnt der eucharistische Teil der Feier: Brot und Kelch, die bereits während der Proskomidie (vgl. 11.3.3) vorbereitet worden sind, werden nun in feierlicher Prozession vom Rüsttisch durch das Kirchenschiff zum Altar übertragen. Dazu singt der Chor den Cherubshymnus (χερουβικός ὕμ-νος; херуви́мская песнь): »Die wir die Cherubim geheimnisvoll darstellen (Οἱ τὰ χερουβὶμ μυστικῶς εἰκονίζοντες) und der lebendigmachenden Dreieinigkeit das dreimalheilige Loblied singen: laßt uns nun jede irdische Sorge ablegen. Damit wir den König des Alls aufnehmen mögen, der von den Engelscharen unsichtbar begleitet wird. Alleluja, Alleluja, alleluja.«[87]

Die Königstür wird geöffnet. Der Diakon beräuchert den Altar, den Altarraum, die Bilderwand, den Priester, die Chöre, das Volk und betet dazu Ps 51. Der Chor singt die erste Hälfte des Hymnus: »Die wir die Cherubim [...]«. Der Priester betet unterdessen ein Rüstgebet: »Niemand ist würdig [...]«. Nach Beendigung des Gebets spricht er mit ausgebreiteten Armen und emporgehobenen Händen dreimal die erste Hälfte des Hymnus. Der Diakon spricht dazu jedes Mal den zweiten Teil.

Dann gehen sie zum Rüsttisch, und der Priester beräuchert die eucharistischen Gaben. Er nimmt den *Aër* (ἀήρ; возду́х: das große Velum, mit dem die Gaben bedeckt sind) auf und legt ihn auf die linke Schulter des Diakons. Danach setzt er den Diskos mit dem Brot auf das Haupt des Diakons, welcher ihn mit beiden Händen festhält und zugleich mit einem Finger der rechten Hand das Rauchfass ergreift und es an seinen Ketten über den Rücken herabhängen lässt. Der Priester selbst nimmt den Kelch.

So verlassen sie, während ihnen Leuchter mit brennenden Kerzen vorangetragen werden, den Altarraum durch die nördliche Türe und treten auf den erhöhten Platz vor der Königstür. Sie wenden sich den Gläubigen zu und segnen sie mit den heiligen Geräten unter Segenssprüchen für die verschiedenen Stände der Kirche (den Patriarchen, den Bischof, den Klerus) und das ganze Volk: »[...] und euer aller, rechtgläubige Christen, gedenke Gott, der Herr, in seinem Reiche allezeit, jetzt und immerdar und in alle Ewigkeit.«

Während der Chor die zweite Hälfte des Cherubshymnus singt (»Damit wir den König des Alls aufnehmen mögen [...]«), betreten Diakon und Priester den Altarraum durch die Königstür. Der Priester nimmt den Diskos vom Haupt des Diakons und stellt ihn neben den Kelch auf den Altar. Unter Worten, die das Geschehen symbolisch ausdeuten (»Der ehrwürdige Joseph nahm deinen makellosen Leib vom Holze herab, hüllte ihn in ein reines Linnentuch, bedeckte ihn mit Spezereien und legte ihn in ein neues Grab [...]«), entfernt der Priester die kleinen Velen vom Diskos und vom Kelch, bedeckt beide Gefäße mit dem *Aër* und beräuchert die heiligen Gaben. Nun wird die Königstür wieder geschlossen, und der Vorhang wird zugezogen.[88]

(2) Bittektenie und Darbringungsgebet

Der Diakon verlässt den Altarraum durch die nördliche Tür, begibt sich zu seinem gewöhnlichen Ort vor der Königstür und spricht die *Bittektenie* (просительная ектения):

»Lasset uns vollenden unser Gebet zu dem Herrn [...] Für die dargebrachten kostbaren Gaben lasset uns beten zu dem Herrn [...] Für dieses heilige Haus und für die, die mit Glauben, Andacht und Gottesfurcht darin eintreten, lasset uns beten zu dem Herrn [...]«.

Unterdessen spricht der Priester leise (μυστικῶς) das *Gebet der Darbringung* (εὐχὴ τῆς προσκομιδῆς):

»Herr, Gott, Allherrscher, allein Heiliger, der du das Opfer des Lobes (θυσίαν αἰνέσεως) von denen annimmst, die dich von ganzem Herzen anrufen, nimm auch das Flehen von uns Sündern an, bring es auf deinen heiligen Altar und mach uns geeignet, dir Gaben und geistliche Opfer (θυσίας πνευματικὰς) für unsere eigenen Verfehlungen und für die aus Unwissenheit begangenen Sünden des Volkes darzubringen. Würdige uns, Gnade vor dir zu finden, auf daß unser Opfer (τὴν θυσίαν ἡμῶν) dir wohlgefällig sei und der gute Geist deiner Gnade auf uns, auf diesen vorliegenden Gaben und auf deinem ganzen Volke ruhe.«[89]

(3) Friedenskuss und Glaubensbekenntnis

»Friede allen«, ruft der Priester, und der Chor antwortet: »Und mit
deinem Geiste.« Der Diakon fordert die Gläubigen auf: »Lasset uns
einander lieben (ἀγαπήσωμεν ἀλλήλους), damit wir einmütig bekennen«,
und der Chor fährt fort: »Den Vater und den Sohn und den Heiligen
Geist, die einwesentliche (ὁμοούσιον) und unteilbare (ἀχώριστον)
Dreieinigkeit.«

Währenddessen spricht der Priester Ps 18,2 f und küsst die mit dem *Aër*
bedeckten Gaben. Konzelebrieren mehrere Priester, küssen sie einander auf die
Schulter. »Christus ist mitten unter uns«, sagt der Vorsteher, und der ihn geküsst
hat, antwortet: »Er ist es und er wird es sein.« Ebenso verfahren untereinander
die Diakone.

»Die Türen! Die Türen!« ruft jetzt der Diakon – ursprünglich Aufforderung an die Türhüter, von nun an niemanden mehr hineinzulassen
(vgl. 11.2.3). »Laßt uns aufmerken in Weisheit!« Nun wird der Vorhang
vor der Königstür weggezogen. Gemeinsam mit dem ganzen anwesenden
Volk (so jedenfalls in der russisch-orthodoxen Kirche) spricht der
Priester das Nizäno-Konstantinopolitanische Glaubensbekenntnis.

Als man auf dem Konzil von Nizäa 325 nach einer verbindlichen Glaubens-
formel suchte, um die Irrlehren des Arius abzuwehren, griff man – so wird von
manchen Forschern vermutet – auf ein altes Jerusalemer Taufbekenntnis zurück,
in das dann die antiarianischen Formeln eingetragen wurden. Auf dem Konzil
von Konstantinopel 381, das die arianischen Wirren beendete, wurde von den
Konzilsvätern die erweiterte, heute gebräuchliche Fassung des Nizänischen
Bekenntnisses (deshalb Nizäno-Konstantinopolitanum) angenommen.

Petrus der Walker, Patriarch von Antiochien (gest. 488), soll das –
zuvor nur bei der Taufe gebräuchliche – Glaubensbekenntnis als Erster
in die eucharistische Liturgie eingefügt haben. In Konstantinopel führt
man die Einfügung auf den Patriarchen Timotheus (512-518) zurück. Das
später im Abendland in das Glaubensbekenntnis eingefügte *filioque*
(Ausgang des Geistes vom Vater *und vom Sohn*) hat man im Osten nicht
übernommen.

(4) Die Anaphora

Der Diakon lädt zum Hochgebet ein: »Lasset uns schön dastehen, lasset
uns dastehen in Ehrfurcht, lasset uns aufmerksam sein, das heilige Opfer
in Frieden darzubringen.« Es folgt der einleitende Dialog zwischen

Priester und Gemeinde, der – wie schon in der *Klementinischen Liturgie* – mit den Worten von 2 Kor 13,13 eröffnet wird.

Während der Chor das letzte Glied des Dialogs singt (»Würdig und recht ist es, anzubeten den Vater und den Sohn und den Heiligen Geist, die einwesentliche und unteilbare Dreieinigkeit«), betet der Priester leise den ersten Teil des Hochgebets, der inhaltlich ganz vom Lobpreis des dreieinigen Gottes bestimmt wird. Die letzten Worte vor dem Sanctus spricht er laut: »[...] das Siegeslied singend, rufend, jauchzend und sprechend [...]«.

Noch während der Chor das Sanctus singt, beginnt der Priester leise mit dem Postsanctusgebet, das rasch zum Einsetzungsbericht überleitet: »Mit diesen seligen Kräften, o menschenliebender Gebieter, rufen auch wir aus und sagen: Heilig bist du und allheilig [...]«. Der Priester singt laut das Brotwort und das Kelchwort, der Chor antwortet darauf jeweils mit Amen. Es folgen Anamnese und Darbringung:

»Gedenkend also dieses heilsamen Gebotes und alles für uns Geschehenen, des Kreuzes, des Grabes, der Auferstehung am dritten Tage, der Himmelfahrt, des Sitzens zur Rechten, der zweiten und herrlichen Wiederkunft, bringen wir dir das Deine von dem Deinen dar nach allem und für alles (τὰ σὰ ἐκ τῶν σῶν σοὶ προσφέρομεν κατὰ πάντα καὶ διὰ πάντα)«. Während der Diakon den Diskos mit dem Brot und den Kelch erhebt, singt der Chor: »Dir singen wir, dich preisen wir, dir danken wir, o Herr, und beten zu dir, unser Gott.«[90]

Die Epiklese – deren ›verwandelnde‹ Funktion im Blick auf die dargebrachten Gaben deutlich hervorgehoben wird – schließt sich an. Sie hat die Gestalt eines Wechselgebets zwischen Priester und Diakon.

Der Priester beginnt: »Noch bringen wir dir diesen vernünftigen und unblutigen Dienst (τὴν λογικὴν ταύτην καὶ ἀναίμακτον λατρείαν) dar und rufen und bitten und flehen zu dir: Sende herab deinen Heiligen Geist auf uns und diese vorliegenden Gaben.« Während der Diakon Ps 51,12 f betet, spricht der Priester dreimal: »Herr, der du deinen allheiligen Geist in der dritten Stunde auf deine Apostel herabgesandt hast, nimm ihn nicht weg von uns, du Gütiger, sondern erneuere uns, die wir zu dir beten« (fehlt in den griechischen liturgischen Büchern).

»Segne, Gebieter, das heilige Brot!«, sagt jetzt der Diakon, und der Priester bezeichnet es mit dem Kreuz und spricht: »Und mache (καὶ ποίησον) dieses Brot zum kostbaren Leib deines Christus.« Dann wieder der Diakon: »Segne, Gebieter den heiligen Kelch!« Der Priester, den Kelch mit dem Kreuz bezeichnend, spricht: »Und was in diesem Kelche ist, zum kostbaren Blut deines Christus.« »Segne, Gebieter, beides!«, sagt der Diakon, und der Priester segnet Brot und Kelch unter den Worten: »Verwandelnd (μεταβαλὼν) durch deinen Heiligen Geist.«

»Besonders scharf ist die Konsekrationsbitte formuliert«, kommentiert Hans-Joachim Schulz den Text der Epiklese in der Chrysostomusliturgie. »Sie erbittet nicht nur denkbar präzise die Wandlung der Gaben [...], sondern fügt noch theologisch reflektierend hinzu: ›indem du es verwandelst durch Deinen Heiligen Geist‹. Die innerhalb der ganzen Hochgebetsliteratur einmalig scharfe, mittels Einfügung des Wandlungsterminus μεταβάλλειν formulierte Konsekrationsepiklese verrät die Zeit einer entwickelten Eucharistielehre und einer von pneumatologischen Auseinandersetzungen nicht mehr angefochtenen Geistlehre.«[91]

Nach dem dreifachen Amen des Diakons und einer Bitte um ›Gedenken‹ beschließt der Priester die Epiklese mit Worten, in denen wieder deutlich das Hochgebet der *Traditio apostolica* (vgl. 10.2.1) anklingt: »Auf daß sie denen, die daran teilnehmen, gereichen mögen zur Nüchternheit der Seele, zur Vergebung der Sünden, zur Gemeinschaft deines Heiligen Geistes, zur Fülle des Himmelreiches, zur Zuversicht zu dir, nicht zum Gericht oder zur Verdammnis.«[92]

Es folgen die Interzessionen – das Gedächtnis der Heiligen, das Gedächtnis der Verstorbenen, das Gedächtnis der Lebenden:

»Noch bringen wir diesen vernünftigen Dienst dar für die im Glauben entschlafenen Urväter, Väter, Patriarchen, Propheten, Apostel, Verkündiger, Evangelisten, Märtyrer, Bekenner, Enthaltsamen und für jeden gerechten Geist, der im Glauben (sein Leben) vollendet hat. Vornehmlich für unsere allheilige, reinste, hochgelobte und ruhmreiche Gebieterin, die Gottesgebärerin und Immerjungfrau Maria [...]«. Der Chor singt einen Hymnus zu Ehren der Gottesmutter: »Wahrhaft würdig ist es, dich seligzupreisen, Gottesgebärerin, Ewigselige und ganz Unbefleckte und Mutter unseres Gottes [...]«.

Während zuerst der Priester und dann der Diakon den Altar beräuchern, »gedenkt [er] dabei der Lebenden und Verstorbenen, deren er gedenken will.« Im griechischen Text heißt es deutlicher: »Und er gibt das Rauchfaß dem Diakon, der den heiligen Tisch im Kreise beräuchert und dann die Diptychen der Verstorbenen (τὰ δίπτυχα τῶν κεκοιμημένων) erwähnt; auch für sich gedenkt er nach Belieben Lebender und Verstorbener.« Ähnlich heißt es dann später, beim Gedächtnis der Lebenden: »Dann erwähnt er die Diptychen der Lebenden (τὰ δίπτυχα τῶν ζώντων).«[93]

Das Hochgebet schließt mit der Doxologie, dem Amen des Chores und einem Segenswunsch des Priesters für das ganze Volk: »Und es seien die Erbarmungen unseres großen Gottes und Heilandes Jesus Christus mit euch allen.«[94]

(5) Die Kommunion

Mit einer *Bittektenie* (просительная ектения) und dem – vom ganzen Volk gesprochenen – Vaterunser beginnt die Vorbereitung auf die Kommunion: »Aller Heiligen gedenkend, wieder und wieder lasset uns in Frieden beten zu dem Herrn [...]«. Dem schließt sich das *Gebet der Hauptbeugung (Inklinationsgebet)* an:

Priester: »Friede allen.« Chor: »Und deinem Geiste.« Diakon: »Beuget eure Häupter vor dem Herrn.« Chor: »Vor dir, o Herr.« Priester: »Wir danken dir, unsichtbarer König, der du durch deine unermeßliche Macht alle Dinge erschaffen und alles nach der Fülle deiner Barmherzigkeit aus dem Nichtsein ins Sein gebracht hast. Du selbst, Gebieter, sieh vom Himmel auf die herab, die ihre Häupter vor dir gebeugt haben [...]«.[95]

Es folgt die *Erhebung des Lammes* – der Ritus des *Sancta Sanctis*, wie wir ihn schon aus der *Klementinischen Liturgie* kennen, als Einladung zur Kommunion, verbunden mit der Elevation des Brotes:

Der Priester ruft, indem er das heilige Brot emporhebt: »Das Heilige den Heiligen!« und der Chor antwortet: »Einer ist heilig, einer ist Herr, Jesus Christus, zur Herrlichkeit Gottes des Vaters. Amen.« Danach singt der Chor das *Kinonikon* (τὸ κοινωνικόν; кинонйк) des Tages.

Es folgen die Brotbrechung (*Brechung des Lammes*), bei der ein Stück des heiligen Brotes in den Kelch gegeben, und der *Ritus des heißen Wassers* (*Zeon-Ritus*: ζέον; теплота́), bei welchem dem Wein heißes Wasser zugefügt wird:

Der Diakon sagt: »Brich, Gebieter, das heilige Brot!« Der Priester sagt, indem er das *Lamm* mit Sorgfalt in vier Stücke bricht: »Gebrochen und zerteilt wird das Lamm Gottes, das gebrochen und nicht geteilt, das allezeit gegessen und niemals aufgezehrt wird, sondern heiligt, die daran teilnehmen.«
Den Teil mit der Aufschrift IC legt er oben (›gegen Osten‹) auf den Diskos, den Teil mit XC ›gegen Westen‹, NI ›gegen Norden‹, KA ›gegen Süden‹. Der Diakon sagt: »Fülle, Gebieter, den heiligen Kelch!« Der Priester nimmt den Teil mit der Aufschrift IC und legt ihn in den Kelch mit den Worten: »Die Fülle des Heiligen Geistes.« Den Teil mit der Aufschrift XC zerteilt er für die konzelebrierenden Priester und Diakone, die Teile NI und KA für die übrigen Kommunikanten; diese Partikel werden später – nachdem Priester und Diakon kommuniziert haben – ebenfalls in den Kelch gelegt. »Segne, Gebieter, die Wärme!« sagt der Diakon, und der Priester segnet das heiße Wasser. Während der Diakon das Wasser in den Kelch gibt, sagt er: »Die Wärme des Glaubens, voll des Heiligen Geistes. Amen.«[96]

Es folgt – nach der Kommunion der Zelebranten, die nacheinander zuerst das Brot und dann den Kelch empfangen – die Kommunion der Gläubigen:

Die Königstür wird geöffnet, der Diakon stellt sich mit dem Kelch in die Tür, hebt ihn empor und spricht: »Mit Gottesfurcht und Glauben tretet herzu!« Mit kreuzweise über die Brust gelegten Händen kommen die Kommunikanten herbei und sprechen dem Priester das Vorbereitungsgebet nach: »Ich glaube, Herr, und bekenne, daß du in Wahrheit Christus, der Sohn des lebendigen Gottes, bist, der in die Welt gekommen ist, die Sünder zu retten, deren erster ich bin. Auch glaube ich, daß dies wirklich dein makelloser Leib und daß dies wirklich dein kostbares Blut ist [...]«.

Der Priester reicht jedem Kommunikanten mit dem Löffel (λαβίς; лжица) Brot und Wein zugleich aus dem Kelch und spricht: »Der Knecht (oder: die Magd) Gottes N. empfängt Anteil an dem kostbaren und heiligen Leib und Blut unseres Herrn und Gottes und Heilandes Jesus Christus zur Vergebung der Sünden und zum ewigen Leben.«

Nach der Kommunion reinigt der Diakon den Diskos, während er Auferstehungshymnen betet. Der Chor singt: »Wir haben das wahre Licht gesehen, wir haben den himmlischen Geist empfangen. Wir haben den wahren Glauben gefunden. Die unteilbare Dreifaltigkeit beten wir an, denn sie hat uns erlöst!«[97]

Nun werden Diskos und Kelch wieder zum Rüsttisch übertragen. Der Diakon stellt sich an seinen gewöhnlichen Ort vor der Königstür und trägt die *Ektenie zur Danksagung* vor:

»Aufrecht stehend, nachdem wir die göttlichen, heiligen, allerreinsten, unsterblichen, himmlischen, lebendigmachenden, schrecklichen Geheimnisse Christi empfangen haben, lasset uns würdig danken dem Herrn [...]«.[98]

(6) Abschluss

Der Priester tritt durch die Königstür aus dem Altarraum, stellt sich in die Mitte der Kirche und spricht: »Lasset uns gehen in Frieden.« Er betet das Segensgebet (*Gebet hinter dem Ambo*): »Herr, der du segnest, die dich loben, und heiligst, die auf dich hoffen. Rette dein Volk und segne dein Erbe [...]«.

Während der Diakon am Rüsttisch die Reste der konsekrierten Gaben verzehrt, teilt der Priester das *Antidoron* (ἀντίδωρον; антидóр) an das Volk aus, jenen Teil der *Prosphora*, dem bei der Proskomidie das *Lamm* entnommen wurde und der dann nicht mit konsekriert worden ist. Dann segnet er das Volk: »Der Segen des Herrn sei über euch durch seine Gnade und Menschenliebe allezeit, jetzt und immerdar und in alle Ewigkeit.« Weitere Segenswünsche – für den Patriarchen, den Bischof, das Land und alle rechtgläubigen Christen – folgen. Der Priester reicht den anwesenden Gläubigen das Kreuz zum Kuss, segnet sie nochmals mit dem Kreuz und kehrt in den Altarraum zurück. Dort spricht er eine Reihe von Dankgebeten: unter anderem den Lobgesang des Simeon Lk 2,29-32, das Trishagion, das Vaterunser, das Troparion und das Kontakion des hl. Johannes Chrysostomus, das Theotokion, das Troparion des Tages. Dann spricht er die Entlassung und legt die Gewänder ab.

Während der Diakon den Kelch reinigt, spricht er seinerseits die Dankgebete wie der Priester. »Er verneigt sich in Gemeinschaft mit dem Priester. Sie sprechen die Entlassung und gehen hinaus, Gott für alles dankend.«[99]

Anmerkungen

[1] Klaus Tanner, Art. Kultur. B. Systematisch, in: Wörterbuch des Christentums (1989) 700-702, hier 701.

[2] So Wilhelm von Humboldt; vgl. Jürgen Trabant, Artikulationen. Historische Anthropologie der Sprache (suhrkamp taschenbuch wissenschaft 1386), Frankfurt a. M. 1998, 23.

[3] Meyer, Eucharistie (Kap. 1 Anm. 15), 107.

[4] Reifenberg, Fundamentalliturgie (Kap. 2 Anm. 8), 125.

[5] Hans-Joachim Schulz, Die ältesten liturgischen Überlieferungen des Ostens. Ihre theologische Bedeutsamkeit und ihr Fortwirken in der Orthodoxie und in den altorientalischen Kirchen, in: Handbuch der Ostkirchenkunde (Kap. 1 Anm. 76), Bd. 2 (1989), 3-29, hier 6.

[6] Ebd. 7.

[7] Ebd. 7.

[8] Hänggi/Pahl, Prex (Kap. 1 Anm. 74), 101-115, 116-123.

[9] Ebd. 135-139.

[10] Ebd. 347-354.

[11] Ebd. 358-373.

[12] Ebd. 144-149.

[13] Ebd. 150-152.

[14] Ebd. 160-167, 200-203.

[15] Meyer, Eucharistie (Kap. 1 Anm. 15), 147.

[16] Schulz, Überlieferungen (Kap. 11 Anm. 5), 8.

[17] Hänggi/Pahl, Prex (Kap. 1 Anm. 74), 204-373.

[18] Ebd. 269-275.

[19] Ebd. 375-380.

[20] Ebd. 381-386.

[21] Ebd. 387-396.

[22] Ebd. 206-209.

[23] Adam, Kirchenjahr (Kap. 9 Anm. 45), 63.

[24] Meyer, Eucharistie (Kap. 1 Anm. 15), 138.

[25] Vgl. Egeria, Itinerarium. Reisebericht. Mit Auszügen aus Petrus Diaconus, De locis sanctis. Die heiligen Stätten. Übersetzt und eingeleitet von Georg Röwekamp unter Mitarbeit von Dietmar Thönnes (FC 20), Freiburg i. Br. 1995.

[26] Reifenberg, Fundamentalliturgie (Kap. 2 Anm. 8), 132.

[27] Hänggi/Pahl, Prex (Kap. 1 Anm. 74), 230-243.

[28] Ebd. 223-229.

[29] Sigrid Tröger/Karl-Wolfgang Tröger (Hg.), Kirchenlexikon. Christliche Kirchen, Freikirchen und Gemeinschaften im Überblick, Berlin 1990, 158.

[30] Vgl. Hänggi/Pahl, Prex (Kap. 1 Anm. 74), 319-346.

[31] Ebd. 319-326.

[32] Meyer, Eucharistie (Kap. 1 Anm. 15), 133.

[33] Eine Sonderstellung nehmen jene Anaphoren aus ostsyrischer Tradition ein, in denen ein Einsetzungsbericht fehlt bzw. noch nicht voll ausgebildet ist (vgl. dazu 10.2.5).

[34] Meyer, Eucharistie (Kap. 1 Anm. 15), 148.

[35] Beckmann, Quellen (Kap. 1 Anm. 71), 18.

[36] Vgl. Meßner, Einführung (Kap. 1 Anm. 39), 39: »Die *Apostolischen Konstitutionen* stammen aus dem Umland Antiocheias (um 380). Dem 8. Buch, in dem sich die erste erhaltene vollständige Meßordnung findet (mit allen Texten), liegt die angebliche ›Traditio Apostolica‹ zugrunde; die Bücher 1-7 sind ein Remake der Didaskalie (1-6) und der Didache (7).« Zur εὐχαριστία μυστική im 7. Buch der Apostolischen Konstitutionen vgl. 10.2.5; zum Text vgl. auch: Les Constitutions (Kap. 6 Anm. 24); französische Übersetzung.

[37] Nach Beckmann, Quellen (Kap. 1 Anm. 71), 237.

[38] Besonders 2,57 und 2,59.

[39] Meyer, Eucharistie (Kap. 1 Anm. 15), 119.

[40] Nach Beckmann, Quellen (Kap. 1 Anm. 71), 237.

[41] Ebd. 242.

[42] Theodor Schnitzler, Kyrielitanei am Anfang?, in: Theodor Maas-Ewerd/Klemens Richter (Hg.), Gemeinde im Herrenmahl. Zur Praxis der Meßfeier [FS Emil Josef Lengeling], Einsiedeln, Zürich, Freiburg i. Br. 1976, 217-221, hier 217.

[43] Egeria, Itinerarium (Kap. 11 Anm. 25), 229.

[44] Nach Beckmann, Quellen (Kap. 1 Anm. 71), 245.

[45] Ebd. 245.

[46] Ebd. 246.

[47] Meyer, Eucharistie (Kap. 1 Anm. 15), 109.

[48] Nach Beckmann, Quellen (Kap. 1 Anm. 71), 250 f.

[49] Ebd. 252 f.

[50] Meyer, Eucharistie (Kap. 1 Anm. 15), 110.

[51] Nach Beckmann, Quellen (Kap. 1 Anm. 71), 255 f.

[52] Meyer, Eucharistie (Kap. 1 Anm. 15), 110.

[53] Stefan Wolle, Wladimir der Heilige. Rußlands erster christlicher Fürst, Berlin 1991, 138.

[54] Ebd. 137.

[55] Meyer, Eucharistie (Kap. 1 Anm. 15), 139.

[56] Berger, Handlexikon (Kap. 1 Anm. 19), 264.

[57] Onasch, Liturgie (Kap. 7 Anm. 54), 247 f.

[58] Berger, Handlexikon (Kap. 1 Anm. 19), 427.

[59] Robert Taft, The Great Entrance. A History of the Transfer of Gifts and other Preanaphoral Rites of the Liturgy of St. John Chrysostom (OrChrAn 200), Rom 1975, 185-194.

[60] Hans-Joachim Schulz, Liturgie, Tagzeiten und Kirchenjahr des byzantinischen Ritus, in: Handbuch der Ostkirchenkunde (Kap. 1 Anm. 76), Bd. 2 (1989) 30-100, hier 37.

[61] Ebd. 43.

[62] Taft, Entrance (Kap. 11 Anm. 59), 178-215; Schulz, Liturgie (Kap. 11 Anm. 60), 36 f.

[63] Vgl. Otto, Das Heilige (Kap. 5 Anm. 7).

[64] Erich Hertzsch, Die Wirklichkeit der Kirche. Kompendium der Praktischen Theologie. Erster Teil: Die Liturgie, Halle 1956, 53.

[65] Friedrich Heiler, Urkirche und Ostkirche, München 1937; Neubearbeitung: Die Ostkirchen, München 1971, 266.

[66] Onasch, Liturgie (Kap. 7 Anm. 54), 56.

[67] Ebd. 57.

[68] Hertzsch, Wirklichkeit (Kap. 11 Anm. 64), 53.

[69] Onasch, Liturgie (Kap. 7 Anm. 54), 335.

[70] Hertzsch, Wirklichkeit (Kap. 11 Anm. 64), 53.

[71] Die Göttliche Liturgie unseres heiligen Vaters Johannes Chrysostomus. Hg. im Auftrag der Berliner Ordinarienkonferenz [nach der Übersetzung von Alexios Maltzew], Leipzig 1976, 118 f.

[72] Ebd. 21.

[73] Schulz, Liturgie (Kap. 11 Anm. 60), 39.

[74] Vgl. hierzu und zum Folgenden: Göttliche Liturgie (Kap. 11 Anm. 71), 6-103.

[75] Ebd. 24 f.

[76] Meyer, Eucharistie (Kap. 1 Anm. 15), 139.

[77] Schulz, Liturgie (Kap. 11 Anm. 60), 41.

[78] Nach: Göttliche Liturgie (Kap. 11 Anm. 71), 34.

[79] Ebd. 34; vgl. Schulz, Liturgie (Kap. 11 Anm. 60), 42.

[80] Göttliche Liturgie (Kap. 11 Anm. 71), 111.

[81] Schulz, Liturgie (Kap. 11 Anm. 60), 43.

[82] Ebd. 38.

[83] Nach: Göttliche Liturgie (Kap. 11 Anm. 71), 42.

[84] Schulz, Liturgie (Kap. 11 Anm. 60), 43.

[85] Göttliche Liturgie (Kap. 11 Anm. 71), 47.

[86] Schulz, Liturgie (Kap. 11 Anm. 60), 37.

[87] Nach: Göttliche Liturgie (Kap. 11 Anm. 71), 53-55.

[88] Ebd. 50-56.

[89] Ebd. 59.

[90] Ebd. 69.

[91] Schulz, Überlieferungen (Kap. 11 Anm. 5), 22.

[92] Nach: Göttliche Liturgie (Kap. 11 Anm. 71), 69-73.

[93] Nach Beckmann, Quellen (Kap. 1 Anm. 71), 64 f, 288 f.

[94] Nach: Göttliche Liturgie (Kap. 11 Anm. 71), 77.

[95] Ebd. 81 f.

[96] Ebd. 83-85.

[97] Ebd. 85-89.

[98] Ebd. 90 f.

[99] Ebd. 98.

12. Der Westen

›Abendland‹ heißt seit dem 16. Jh. »die im Mittelalter entstandene Kulturgemeinschaft der westeuropäischen Völker, die die romanisch-germanische Völkergemeinschaft von Byzanz und dessen kulturellem und religiösem Einflußgebiet abgrenzt.«[1]

Die Genese dieses eigengeprägten Kultur- und Liturgieraums ist eng mit dem Phänomen der sog. Völkerwanderung verbunden: Unter dem Druck der Steppenvölker, die aus den Tiefen Asiens nach Westen vorstoßen, gerät ein Großteil der germanischen Stämme in Bewegung, dringt auf das Territorium des römischen Reiches vor und errichtet hier eigene Staaten. Insbesondere die Reichsgründungen der Westgermanen – der Franken, der Angelsachsen, der Langobarden – erweisen sich als dauerhaft und werden so zur Ausgangsbasis abendländischer Geschichte.

Die kulturelle Synthese von römischer Antike, Christentum und Germanentum, die den abendländischen Kulturraum prägt, wird auch auf liturgischem Gebiet wirksam. Abendländische Liturgie ist bis in die Neuzeit hinein lateinische Liturgie. Mit der Sprache transportiert sie zugleich die darin beschlossenen »Weltansichten« (Wilhelm von Humboldt), kulturellen Formen, Denk- und Ausdrucksmuster. Andererseits nimmt der spezifische ›Formwille‹ der neuen Völker Einfluss auch auf die überlieferte Liturgie und unterwirft sie einer tief greifenden Umbildung.

Versuche, das Wesen dieser Synthese zu bestimmen, tragen häufig – zumal wenn es um die Beschreibung der »germanischen Seele« geht – spekulativen Charakter. Doch sind solche Überlegungen im Einzelnen oft erhellend. So weist zum Beispiel Anton L. Mayer, der besagter Seele in deutlicher Anlehnung an Oswald Spengler und andere[2] einen »ethisch-voluntaristischen Grundcharakter«,[3] ein »voluntaristisch-individualistisches Ethos«[4] zuschreibt, auf signifikante Wandlungen im Symbolverständnis und -gebrauch hin: Er konstatiert eine Erweiterung und schließliche Überfremdung des ursprünglichen liturgischen Zeichenbestandes durch »rein charakterisierende Symbole«, durch illustrierende, deutungsbedürftige »Abzeichen« und »durch juristische oder nur dekorativ-zeremonielle Formen und Formeln«.[5] Da viele dieser neuen Formen aus dem Bereich der Rechtssymbolik stammen, lässt sich eine zunehmende Verrechtlichung der liturgischen Formensprache beobachten, die in einem deutlichen Gegensatz zur »pneumatischen Einfachheit des Frühchristentums mit ihrer historischen und liturgischen Mysteriennähe«[6] steht.

Dies geht einher mit einer gewissen »Poetisierung der Liturgie«[7] und Wandlungen auf emotionaler Ebene: »Es sind durchweg Empfindungswerte, was das
Germanentum an Eigenem in die von ihm übernommene Liturgie Roms eingetragen hat.«[8] Ildefons Herwegen und andere begreifen diese Vorgänge insgesamt
als eine Art Individualisierungsschub, durch den sich das Verhältnis des Einzelnen zur Liturgie sehr grundsätzlich verändert: »Da gerade die subjektiven und
individuellen Momente [...] der germanischen Rasse ganz besonders entsprechen,
so ließ die neu aufblühende germanisch-mittelalterliche Kirche das immer mehr
zurücktreten, was dem Mysteriencharakter des kirchlichen Lebens angehörte,
während sie der subjektiven, betrachtenden Frömmigkeit und der individuellen,
persönlichen, sittlichen Betätigung weitesten Raum gab.«[9]

12.1 Liturgiefamilien

Anders als im Osten fehlen im Westen – sieht man von Rom und von
Mailand ab – die überragenden liturgischen Zentren, die den Gottesdienst
ganzer Regionen hätten prägen können. Dennoch ist auch der »westliche
Liturgie-Großverband« (vgl. 2.2) ursprünglich durchaus ein pluriformes,
vielschichtiges Gebilde. Der »römischen Liturgie-Großfamilie«, die
wiederum in die nordafrikanische und die römisch-genuine Liturgiefamilie untergliedert wird, steht nach Hermann Reifenberg die
»gallische Liturgie-Großfamilie« gegenüber, der im Einzelnen die
keltisch-irisch-angelsächsische, die gallisch-fränkische, die spanisch-
westgotisch-mozarabische und die mailändisch-ambrosianische Liturgiefamilie zugerechnet werden.[10] Darin spiegeln sich deutlich die oben
angedeuteten politisch-ethnischen Entwicklungen wider: Auf der einen
Seite finden wir Gottesdienstformen, die dem nordafrikanisch-römischen
Kernbereich des abendländischen Christentums zugehören, auf der
anderen Seite begegnen Liturgien, die geographisch auf die Nach-
folgestaaten des weströmischen Reiches bezogen sind.

12.1.1 Nordafrika

Die Wurzeln sowohl der lateinisch-abendländischen Liturgie wie der
lateinisch-westlichen Theologie überhaupt liegen nicht in Rom, sondern
in Nordafrika (vgl. die Einleitung zu 11.1). Während in Rom und in
anderen Gebieten des Abendlandes der Gottesdienst noch bis in das 4. Jh.
in griechischer Sprache gefeiert wird, setzt sich in Nordafrika spätestens
in der zweiten Hälfte des 2. Jh. Latein als Liturgiesprache durch.
Einflussnahmen auf die römische Liturgie – insbesondere im Vorgang

ihrer Latinisierung im 3./4. Jh. – wie auf andere westliche Liturgiegebiete (insbesondere Spanien) sind darum mehr als wahrscheinlich; das gilt natürlich auch in umgekehrter Richtung. Die Eroberung Nordafrikas durch die arianischen Vandalen, die hier ein eigenes Reich errichten (429-534), erst recht dann der Arabersturm (Eroberung Karthagos 698) haben den Untergang der nordafrikanischen Kirche und ihrer Liturgie zur Folge.

Wie in Nordafrika im 2.-4. Jh. Gottesdienst gefeiert wurde, lässt sich aus den Schriften der lateinischen Theologen Tertullian (um 155-228), Cyprian (gest. 258) und Augustin (358-430) erschließen. Während Tertullian detaillierte Angaben zur Taufpraxis macht (in seiner Schrift *De baptismo*), liefert er nur relativ wenige Hinweise, die Aufschluss über den Verlauf des eucharistischen Gottesdienstes geben. Bedeutsam wie folgenreich ist seine Überzeugung, dass innerhalb des eucharistischen Hochgebetes die Worte *Hoc est corpus meum* (*Das ist mein Leib*) die Wandlung des Brotes in den Leib Christi bewirken.[11]

Ausführlichere Angaben zum Gemeindegottesdienst finden sich bei Cyprian (seit 248/49 Bischof von Karthago) und Augustin (seit 395 Bischof von Hippo Regius). Die Liturgie der Eucharistiefeier, wie sie sich daraus erschließen lässt, folgt im Wesentlichen dem Schema, wie wir es schon von Justin kennen. Zusammengenommen ergibt sich folgendes Bild:

Nach dem Einzug grüßt der Bischof die Gemeinde mit dem Ruf *Dominus vobiscum* (*Der Herr sei mit euch*; so jedenfalls bei Augustin). Es folgen Schriftlesungen (in bestimmten Fällen eine alttestamentliche Lesung vor der neutestamentlichen Perikope und dem Evangelium), Predigt, Entlassung der Katechumenen und anderer Personengruppen, Allgemeines Gebet. Zwischen den Lesungen findet responsorialer Psalmengesang statt.

Unklar ist die Stellung des Vaterunsers und des Friedensgrußes. Nach Cyprian folgen beide auf den Opfergang der Gläubigen und des Klerus, Augustin hat sie jedoch nach dem Hochgebet, vor der Kommunion. Das eucharistische Hochgebet wird – abgesehen vom Einsetzungsbericht – vom Bischof offenbar noch frei formuliert. Es beginnt mit dem einleitenden Dialog, fährt dann fort mit dem Dank für Schöpfung und Erlösung, lässt dem Einsetzungsbericht die Anamnese und die Interzessionen (Fürbitten für Lebende und Tote) folgen und schließt (so bei Augustin) mit einer Büßersegnung und dem Amen der Gemeinde. Die Kommunion wird bei Augustin durch ein Segensgebet über das Volk eröffnet und mit einem Danksagungsgebet beschlossen.

Auf Augustin – bzw. auf die durch ihn vermittelte mailändische Praxis – geht wohl auch der Brauch zurück, die Gabenprozession der Gläubigen (ähnlich wie die Prozession zur Kommunion) mit Psalmengesang zu begleiten.

12.1.2 Rom

Rom ist in den ersten christlichen Jahrhunderten eine multiethnische und multikulturelle Millionenstadt, in der neben der einheimischen Bevölkerung unterschiedliche Volksgruppen aus dem gesamten Reich – Griechen, Nordafrikaner, Ägypter, Syrer usw. – leben. Man muss annehmen, dass diejenigen unter ihnen, die Christen werden, ihre Gottesdienste zunächst in der Weise der jeweiligen Ursprungsländer feiern. So darf man für das Rom der christlichen Frühzeit eine Fülle höchst differenter liturgischer Überlieferungen und Feierformen voraussetzen, die nebeneinander Raum und Recht beanspruchen. Griechische Kultur und Sprache – und im Gefolge davon auch der griechischsprachige Gottesdienst – spielen dabei freilich eine bevorzugte Rolle. Seit dem 2. Jh. dringt zunehmend das Latein in die Taufriten und den Wortgottesdienst ein. Die eucharistische Liturgie dagegen wird noch bis in das 4. Jh. hinein auf Griechisch gefeiert.

Der multikulturellen Vielfalt korrespondiert eine Differenzierung auf der Ebene der kirchlichen Organisation: Schon vor Konstantin gibt es in Rom über vierzig Kirchen, die von Presbytern betreut werden. Hier entwickelt sich eine presbyteriale Liturgie, die sich zwar an der bischöflichen Liturgie orientiert, sich aber in mancher Hinsicht auch von ihr unterscheidet. Daneben bleiben noch lange Zeit häusliche Eucharistiefeiern bzw. Eucharistiefeiern im kleinen Kreis üblich, für die wiederum andere, noch schlichtere liturgische Formen angenommen werden müssen.

Titelkirchen heißen die den Kardinalpresbytern zugewiesenen stadtrömischen Kirchen vermutlich wegen des – später auf Heiligennamen umgedeuteten – altrömischen Brauchs, am Gebäude eine Inschrift mit dem Namen des Besitzers oder Stifters (*titulus*) anzubringen (vgl. auch 6.1.3).

»Die Anfänge der lateinischen Messe in Rom sind zunächst in tiefes Dunkel gehüllt«, schreibt Josef Andreas Jungmann.[12] Dieses Dunkel hellt sich erst mit dem Ausgang des 4. Jh. auf. Konturen einer genuin stadtrömischen Liturgiefeier werden erkennbar, die von den mittelitalienischen Diözesen, die zum Jurisdiktionsbereich des römischen Bischofs gehören, übernommen wird (deshalb die Bezeichnung »stadtrömisch-apenninischer Liturgie-Zweig«).[13] Rom tritt nun auch als Liturgiezentrum den großen Patriarchaten des Ostens, Alexandrien und Antiochien, zur Seite.

Auch wenn ihre Beiträge sich im Einzelnen nur schwer bestimmen lassen, spielen die römischen Bischöfe Leo I. der Große (440-461) und Gelasius I. (492-496) für die weitere Entwicklung der römischen Liturgie offenbar eine bedeutende Rolle. Leo I. hat man das sog. *Leonianum* (heute meist als *Veronense* bezeichnet) zugeschrieben, »das älteste erhalten gebliebene Zeugnis der vorgregorianischen römischen Meßliturgie« überhaupt.[14] Es handelt sich um eine Sammlung einzelner Messformulare (*libelli*) römischen Ursprungs aus dem 5./6. Jh., die vermutlich im bischöflichen Gottesdienst verwendet, aber auch an anderen Kirchen gebraucht wurden. Neben Texten für die Messe enthält es Gebete zur Taufe, zur Trauung und zu den Ordinationen.

Mit dem Namen von Gelasius I. ist das sog. *Altgelasianum* verbunden, ein Sakramentar (vgl. 1.4.1) aus dem 7. Jh., das möglicherweise für den Gebrauch in der presbyterialen Liturgie römischer Titelkirchen bestimmt war. Angereichert mit fränkischem Material, ist es »ein wichtiger Zeuge für die mit der Wende von der Antike zum Mittelalter einsetzende und die folgenden Jh. bestimmende Entwicklung, in deren Verlauf die römische Meßliturgie (wie die Liturgie Roms insgesamt) zunächst auf dem Weg freier Übernahme und seit Pippin († 768) und Papst Stephan II. (752-757) aufgrund staatlicher wie kirchlicher Interventionen die außerrömischen Traditionen zu verdrängen suchte und sich dann mit ihnen vermischt hat.«[15] Weitere Zeugen dieser Entwicklung sind die aus Gallien, Süddeutschland und Oberitalien stammenden sog. *junggelasianischen (Misch-) Sakramentare* aus der 2. Hälfte des 8. Jh., in denen der gallisch-fränkische Einfluss in noch stärkerem Maße greifbar wird.

Von großer Bedeutung für die weitere Aus- und Umgestaltung der römischen Liturgie ist Gregor I. der Große (590-604). Das gilt für sein tätiges Interesse an der Messliturgie und am Antiphonar, aber auch für seine Bemühungen um die germanischen Völker: Er korrespondiert mit dem fränkischen Königshof und dem Westgotenkönig Rekkared, betreibt die Missionierung der Angelsachsen, vermittelt zwischen dem byzantinischen Exarchen in Ravenna und den Langobarden, deren Katholisierung mit der Taufe des langobardischen Thronfolgers im Jahre 604 eingeleitet wird. In gewisser Weise steht sein Pontifikat exemplarisch für jene kirchenpolitisch-kulturelle Wende, in deren Folge es zu einer »Schwerpunktverlagerung aus dem Mittelmeerraum in die germanischen, insbesondere fränkischen Stammesgebiete nördlich der Alpen« kommt. Auf dem Felde des Gottesdienstes führt das »zu einer enormen Ausweitung des Einfluß- und Geltungsbereiches der römischen Liturgie, andererseits aber auch zur Verschmelzung mit außerrömischen Liturgietraditionen.«[16]

Mit dem Namen Gregors I. verbindet sich ein weiterer Typ gottesdienstlicher Bücher römischer Provenienz, die als *gregorianische Sakramentare* bezeichnet werden (vgl. 1.4.1). Ihren Ursprung haben sie vermutlich am päpstlichen Hof, wo man Gebete und Messformulare unterschiedlicher Herkunft sammelte und für den Gebrauch im bischöflichen Gottesdienst zusammenstellte, darunter auch Texte, die in der Tat von Gregor I. stammten. So entstand im 7./8. Jh. ein päpstliches Liturgienbuch, das alle Texte enthielt, die für den bischöflichen Gottesdienst nötig waren. Ein Exemplar dieses Buches – *Hadrianum* genannt – sandte Papst Hadrian (772-795) auf Verlangen Karls des Großen (768-814) nach Aachen. Zuvor war möglicherweise schon durch Vermittlung Alkuins (730-804) ein anderes, älteres Exemplar über England in das Frankenreich gelangt, in das dann Elemente aus den *Gelasiana* des 8. Jh. und die Messen Alkuins eingetragen wurden. Ein weiterer Typ wird durch das sog. *Paduanum* (9. Jh.) repräsentiert, das vermutlich auf den Versuch zurückgeht, das päpstliche Liturgienbuch für den presbyterialen Gebrauch zu redigieren; dem Bischof vorbehaltene Riten und Texte wurden getilgt, Lücken wurden aus gelasianischen Quellen gefüllt.

Im Ergebnis solchen Austauschs unterschiedlicher Überlieferungen und Textbestände »entstand eine römisch-fränkische Mischliturgie, die die bodenständigen nichtrömischen Liturgien bald fast überall verdrängt hat.«[17] Der Textbestand der altrömischen Liturgie ging in diese Liturgie ein, wurde aber durch Texte gallisch-fränkischer Herkunft, insbesondere auch durch private Priestergebete und eine Fülle gestisch-zeremonieller Elemente erweitert und ergänzt. In Unkenntnis der tatsächlichen liturgiegeschichtlichen Zusammenhänge sanktionierte man bei späteren Versuchen, eine genuin römische Tradition zu restituieren, die römisch-fränkische Mischliturgie als *die* – ebenso ursprüngliche wie verbindliche – römische Ordnung schlechthin.

12.1.3 Mailand

Mailand – im 3. und 4. Jh. mehrfach kaiserliche Residenz – war neben Rom ein auch in liturgischer Hinsicht bedeutsames Zentrum kirchlichen Lebens. Ambrosius (ca. 340-397), im Jahre 374 vom Volk noch als Katechumene zum Bischof bestimmt (zu seiner Bedeutung für den Hymnengesang vgl. 5.2.1), hat der hier bewahrten gottesdienstlichen Tradition seinen Namen gegeben, auch wenn er kaum ihr Schöpfer gewesen sein dürfte: Als *ambrosianische Liturgie* haben sich wesentliche Teile des Mailänder Ritus in der Diözese Mailand und in einigen Alpentälern (den sog. *ambrosianischen Tälern*) bis in die Gegenwart erhalten. Bei der Ausbildung dieses Zweigs abendländischer Liturgie sind »neben bodenständigen Traditionen römische, ostkirchliche, gallische und seit dem frühen Mittelalter römisch-fränkische Einflüsse« wirksam gewesen.[18] Der Mailänder Ritus stellt nach Hermann Reifenberg

»heutzutage praktisch das einzige lebende Zeugnis aus dem früher so umfangreichen Bezirk der gallischen Liturgie dar.«[19]

Aus den Schriften des Ambrosius lassen sich einige Rückschlüsse auf den Gottesdienst in Mailand im 4. Jh. ziehen: Im Wortgottesdienst gibt es drei Lesungen, zwischen denen responsorialer Psalmengesang üblich ist. Bevor die Mahlfeier beginnt, bringen die Versammelten Brot und Wein zum Altar. Nach dem Hochgebet leitet das Vaterunser zur Kommunion über. Der für die Gläubigen bestimmte Wein wird vom Diakon durch Hinzufügen einer Brotpartikel bzw. durch Hinzugießen von konsekriertem Wein in die Spendekelche ›konsekriert‹. Während der Austeilung von Brot und Wein am Altar werden Psalmen gesungen.

In der dem Ambrosius zugeschriebenen Schrift *De sacramentis*[20] wird der Kernbestand eines eucharistischen Hochgebetes überliefert, das dem römischen Kanon vom *Quam oblationem* bis zum *Supplices te rogamus* entspricht (vgl. dazu 12.5.1, 12.5.3). Ob der Text von Ambrosius selber stammt oder ob der Verfasser der Schrift hier ein genuin römisches Hochgebet übernimmt, ist umstritten. Es handelt sich jedenfalls um das früheste Textzeugnis für diesen Typ römisch-lateinischer eucharistischer Liturgie, der sich nicht nur erheblich vom Hochgebet der *Traditio apostolica*, sondern auch von den Anaphoren des Ostens unterscheidet.

Als folgenreich für die weitere liturgische wie theologische Entwicklung erweist sich die lapidare Feststellung in *De sacramentis*:[21] *Antequam consecretur, panis est; ubi autem verba Christi accesserint, corpus est Christi* (*Vor der Konsekration ist es Brot; wo aber die Worte Christi hinzugekommen sind, ist es Leib Christi*). So auch beim Wein: *Et ante verba Christi calix est vini et aquae plenus; ubi verba Christi operata fuerint, ibi sanguis Christi efficitur, qui plebem redemit*. Das bedeutet in der Konsequenz, dass sich das *offerimus tibi* der Anamnese nicht mehr – wie noch im Hochgebet der *Traditio apostolica* (vgl. 10.2) – auf die Gaben von Brot und Wein, sondern auf Leib und Blut Christi und damit auf Christus selbst bezieht.

Besonderheiten des Mailänder Messritus im Mittelalter sind unter anderem (a) die Kyrierufe, die dem Gloria nicht vorausgehen, sondern folgen; (b) die dreifache Lesung, wobei die erste aus dem Alten Testament, aber an Heiligenfesten auch aus der Vita des Tagesheiligen sein kann; (c) die *Antiphona post Evangelium*; (d) eine Einladung zur *Pax* vor dem Beginn der Eucharistiefeier (und dem Gläubigengebet, das früher vielleicht hier seinen Platz hatte); (e) eine *Oratio super sindonem* (*sindon* = Leinentuch), ursprünglich wohl zum Abschluss des verloren gegangenen Gläubigengebets; (f) das Glaubensbekenntnis vor dem die Gabenbereitung abschließenden Gabengebet; (g) die Brotbrechung mit wechselndem Begleitgesang (*Confractorium*) vor dem Vaterunser; (h) die Kyrierufe zur Segensbitte vor der Entlassung.

Das *Messale Ambrosiano*, das 1976 im Zuge der nachkonziliaren Reformbemühungen publiziert wurde, gilt Hans Bernhard Meyer als »Beispiel für den Versuch einer Teilkirche mit mehr als tausendjähriger Tradition, ihre Eigenständigkeit zu bewahren, die Einheit mit der Kirche Roms zu suchen und dabei ihre eigene Liturgie schöpferisch weiterzuentwickeln.«[22] Das Meßbuch bringt – vor allem im Wortteil – Angleichungen an die Struktur der nachkonziliaren Messe, behält aber bestimmte Elemente des überlieferten Ritus (so die Lesung aus Heiligenviten, den Gesang nach dem Evangelium, wahlweise die *Pax* vor der Eucharistiefeier, die Brotbrechung mit Begleitgesang u.a.) bei.

12.1.4 Gallien

Irenäus (geb. vor 142 in Kleinasien, gest. nach 190, Schüler des Polykarp von Smyrna), seit 178 Bischof von Lugdunum (Lyon), ist einer der bedeutendsten Theologen des 2. Jh. und zugleich Zeuge für die frühe Existenz christlicher Gemeinden in Südgallien, vor allem im Rhônegebiet. So wie Irenäus griechisch schrieb, feierte man auch die Liturgie – die möglicherweise mit der Nordafrikas verwandt ist – zunächst auf Griechisch. Der Übergang zur lateinischen Sprache bahnte sich auch hier erst im 3. Jh. an. Eine Entwicklung hin zu eigenständigen Gottesdienstformen, die sich von denen anderer westlicher Kirchen unterschieden, setzte vermutlich mit dem 5. Jh. ein und erreichte im 6./7. Jh. ihren Höhepunkt. Da zwischen Südgallien und dem Orient zahlreiche Beziehungen kultureller, wirtschaftlicher und kirchlicher Art bestanden, spielte hierbei ostkirchlicher Einfluss eine gewisse Rolle. Freilich gab es in Gallien kein kirchlich-liturgisches Zentrum, das es mit Rom oder Mailand hätte aufnehmen können. Man muss darum mit zahlreichen, auf einzelne Diözesen begrenzten Sonderformen rechnen. Für die Ausbildung eines einheitlichen Ritus im strengen Sinne fehlten so die Voraussetzungen.

Die altgallische Liturgie ist nach Hermann Reifenberg »weniger nüchtern als der römische Ritus«. In ihr begegnen »im Wortbereich mancherlei eigentümliche Elemente, Formenreichtum, breitere Gebete, Vorliebe für die Christusanrede [...] sowie beispielsweise Perikopen, die aus mehreren Abschnitten der Bibel zusammengestellt sind. Im optischen Bereich fällt eine Hinneigung zum Volkstümlichen und zum Dramatischen (Person Jesu, seine Kindheitsgeschichte) auf.«[23] Hans Bernhard Meyer hebt ebenfalls »die Vorliebe für eine weit ausladende, feierlich-poetische Sprache, die häufige – hier wie im Osten u.a. auf eine dezidiert antiarianische Haltung zurückzuführende – Christusanrede der

Meßgebete und eine Feierlichkeit (Weihrauch usw.), die an östliche Vorbilder erinnert«, hervor.[24]

Den Verlauf der altgallischen Messe schildert Germanus von Paris (gest. 576) in einem ihm zugeschriebenen Brief. Weitere originäre Quellen sind die sog. *Mone-Messen* (7. Jh.)[25] und das *Lektionar von Luxeuil* (7./8. Jh.). Spätere Quellen dokumentieren Mischformen: Die karolingischen Reformen des 8./9. Jh., die sich an der Liturgie Roms orientieren, bedeuten das Ende einer eigenständigen altgallischen Liturgie. Doch bleibt ihr Einfluss auf die römisch-fränkische Mischliturgie, wie sie sich nun herausbildet, bedeutend.

Aus den oben genannten Quellen lassen sich Struktur und Verlauf der altgallischen Messliturgie im 6./7. Jh. erschließen. Östlicher Einfluss (vgl. zu den Einzelheiten 11.2 und 11.3), aber auch die Verwandtschaft mit anderen nichtrömisch-westlichen Liturgien ist an vielen Stellen mit Händen zu greifen. Anders als im Osten spielen jedoch die variablen Eigentexte (*Propria*; vgl. 5.2.4) der Sonn- und Festtage eine große Rolle. Selbst das eucharistische Hochgebet besteht – von den wenigen feststehenden Texten abgesehen – aus einzelnen, nach dem Kirchenjahr wechselnden Stücken.

Östlicher Einfluss zeigt sich zum Beispiel darin, dass die Bereitung der eucharistischen Gaben – ähnlich wie bei der *Proskomidie* – in einem eigenen Raum erfolgt; die Gläubigen bringen die Gaben nicht selbst zum Altar, sondern geben sie vor dem Gottesdienst in diesem Raum ab. Zum Einzug singt man die *Antiphona ad praelegendum* und – wie im Osten – das *Trishagion* auf Griechisch (*Aius* genannt). Dem *Kyrie* folgt nicht das *Gloria*, sondern der Lobgesang des Zacharias (Lk 1,67-79), das *Benedictus* (*Prophetia* genannt), abgeschlossen mit einem Gebet des Priesters, der *Collectio post Prophetia*. Von den drei Lesungen (AT – NT – Evangelium) wird die mittlere an entsprechenden Festen den *Gesta sanctorum confessorum ac martyrum* entnommen. Der AT-Lesung folgt der Gesang der drei Jünglinge im Feuerofen, der zweiten Lesung ein Antwortgesang. Der Evangelienlesung geht eine von Gesang begleitete feierliche Prozession voraus. Das Gläubigengebet nach der Predigt – in Gestalt einer diakonalen Litanei – wird durch ein Gebet des Priesters (*Collectio post Praecem*) beschlossen, gefolgt von der Entlassung der Katechumenen. Zu Beginn der Eucharistiefeier werden – unter dem Gesang des *Sonus* – die vorbereiteten Gaben vom Klerus zum Altar übertragen. Die nun folgenden Interzessionen (Verlesung der Diptychen; vgl. 10.3.3) wie der Friedensgruß werden jeweils mit einem Gebet (*Collectio post Nomina*; *Collectio ad Pacem*) abgeschlossen. Das Hochgebet beginnt mit dem *Vere dignum* (*Contestatio*; *Immolatio Missae*). Post Sanctus, Qui pridie (*Secreta*; Einsetzungsbericht), Annahmebitte/Epiklese (*Post Secreta; Post Mysterium*) schließen sich an. Zur Brechung des Brotes und zur Mischung (*Confractio et commixtio corporis Domini*) wird eine *Antiphona* gesungen. Das Vaterunser – mit einem wechselnden Spruch eingeleitet (*Ante*

Orationem Dominicam) und mit dem *Embolismus* beschlossen (*Post Orationem Dominicam*) – wird von allen gesungen. Nach einem Segensgebet über das Volk (*Benedictio Populi*) verlassen die Nichtkommunikanten den Gottesdienst. Zur Kommunion des Klerus und der Gemeinde wird das *Trecanum* gesungen. Dankgebet des Priesters (*Post Communionem*; *Post Eucharistiam*) und Entlassung durch den Diakon beschließen den Gottesdienst.

12.1.5 Spanien

Christengemeinden lassen sich in Spanien seit dem 2. Jh. nachweisen (vgl. jedoch schon Röm 16,24). Die Liturgie wird man hier in den ersten Jahrhunderten ähnlich wie in Nordafrika und Südgallien gefeiert haben. Wie dort muss auch hier auf Grund ausgedehnter Handelsbeziehungen mit östlichem Einfluss gerechnet werden.

Die weitere liturgische Entwicklung ist eng mit der wechselvollen politischen Geschichte der iberischen Halbinsel verknüpft: 415 gründen die arianischen Westgoten unter Wallia in Gallien das Tolosianische Reich (Hauptstadt Tolosa = Toulouse) und dehnen es unter Eurich in der 2. Hälfte des 5. Jh. auf Spanien aus. Durch den Frankenkönig Chlodwig (482-511) weitgehend aus Gallien verdrängt, begründen sie auf spanischem Boden das Westgotenreich von Toledo (507-711). 589 tritt der Westgotenkönig Rekkared (vgl. oben 12.1.2) auf der 3. Synode zu Toledo zum katholischen Bekenntnis über. Nach der Schlacht am Wadi Bekka 711 und dem Ende des Westgotenreiches gerät Spanien unter arabische Herrschaft. 732 verhindern die Franken unter Karl Martell in der Schlacht bei Poitiers und Tours das weitere Vordringen der Araber. 756 begründet Abd ar-Rahman in Spanien das Emirat der Omaijaden von Córdoba, das bis 1031 Bestand hat. Von 1031 bis 1260 dauert die *Reconquista*, die Rückeroberung Spaniens durch christliche Herrscher. Ausgangspunkt sind die aus den Resten des Westgotenreiches und der spanischen Mark Karls des Großen hervorgegangenen christlichen Pyrenäenstaaten. Letzter arabischer Staat auf spanischem Boden ist das Königreich Granada, das erst 1492 erobert wird.

Die westgotische Liturgie, die sich im 6./7. Jh. herausbildet (bedeutsam: die 4. Synode von Toledo 633), steht – auf Grund der fortbestehenden politischen Bindungen – zunächst stark unter dem Einfluss des altgallischen Liturgiegebietes. Ihre Entwicklung ist mit den Namen großer spanischer Bischöfe wie Petrus von Lérida (um 600), Leander von Sevilla (vor 549-601), Isidor von Sevilla (um 570-636) und Julian von Toledo (gest. 690) verknüpft. Unter der arabischen Herrschaft kann die altspanische Liturgie ihre Eigenständigkeit bewahren (deshalb auch die Bezeichnung *mozarabische Liturgie*). Im Gefolge der Reconquista wird sie weitgehend von der römischen Liturgie verdrängt. Lediglich in

Toledo und Salamanca kann sie sich in Seitenkapellen der Bischofskir-
chen halten. Vor dem völligen Untergang bewahrt sie der Erzbischof
Ximénes de Cisneros von Toledo, der im Jahre 1500 das *Missale mixtum*
und 1502 das *Breviarium Gothicum* drucken lässt. Nach dem II.
Vatikanischen Konzil verstärken sich die Bemühungen um eine Wie-
derbelebung des altspanisch-mozarabischen Ritus. 1988 wird das *Missale
Hispano-Mozarabicum* von der Gottesdienstkongregation vorläufig
bestätigt.

In Struktur und Eigenart entspricht die altspanische Liturgie weitgehend der
altgallischen.[26] Im Eröffnungsteil der Messe steht das *Gloria* vor dem *Trishagion*
(das nicht immer gebraucht wird). Beim Einsetzungsbericht folgt dem Brot- und
Kelchwort jeweils das Amen der Gemeinde. Auch zu den einzelnen Bitten des
Vaterunsers akklamiert die Gemeinde mit Amen. Vor dem Vaterunser oder vor
der Brotbrechung steht das Glaubensbekenntnis. Der Mischung (*Coniunctio*) von
Brot und Wein geht der aus den östlichen Liturgien bekannte Ruf *Sancta sanctis*
(*Das Heilige den Heiligen*) voraus.

12.1.6 Die keltische Liturgie

Als keltische Liturgie bezeichnet man jene Gottesdienstformen, wie sie
in den ursprünglich keltisch besiedelten und vom 2.-4. Jh. christlich
missionierten Gebieten Irlands, Schottlands, Englands, in Wales und der
Bretagne vor Übernahme der römisch-fränkischen Liturgie gefeiert
wurden. Altgallische Einflüsse, möglicherweise vermittelt über den
Apostel Irlands, den hl. Patrick (ca. 385-460), der lange Jahre auf dem
Festland lebte und wirkte, bestimmten neben solchen aus dem Osten, aus
Ägypten und aus Spanien die Entwicklung der keltischen Liturgie, die
zunächst vielleicht sogar in gälischer Sprache begangen wurde.

Um 450 landeten Jüten, Angeln und Sachsen in dem um 400 von den Römern
verlassenen England, verdrängten die Briten nach Wales und gründeten eigene
Staaten. Die Bekehrung der Angelsachsen, die fortan in enger Bindung zu Rom
standen, erfolgte durch den von Gregor dem Großen im Jahre 596 nach England
entsandten Abt Augustin, den ersten Erzbischof von Canterbury (601-604). Auch
wenn zunächst Reste des altbritischen Kirchenwesens in Wales und die
missionarisch sehr agile iroschottische Mönchskirche weiterbestanden, verdrängte doch der römisch-fränkische Ritus schließlich auch hier die einheimische
Liturgie (7.-11. Jh.). Manche ihrer Elemente und Eigentümlichkeiten gingen
freilich in die späteren angelsächsischen Liturgien – bis hin zum anglikanischen
Book of Common Prayer – ein.

Die keltische Liturgie ist, soweit sich das erschließen lässt, nach
Struktur und Eigenart der altgallischen Liturgie sehr ähnlich. Hauptquelle

ist das sog. *Stowe-Missal*, ein Sakramentar aus dem 8. Jh. Das Kirchenjahr besitzt – im Unterschied zum altgallischen Ritus – kaum
Bedeutung für die Messfeier. Ähnlich wie im Osten kennt man nur
wenige feststehende Messformulare. Die Heiligenverehrung ist sehr
ausgeprägt, aber offenbar nicht an einzelne, dem jeweiligen Heiligen
gewidmete Tage gebunden.

12.2 Die Eröffnung der Messe

Die römische Messe ist ohne Zweifel die bedeutsamste liturgische
Gestalt, die das christliche Abendland hervorbringt. Sie bildet nicht nur
das Herzstück des gottesdienstlichen Lebens in der römisch-katholischen
Kirche, sondern ist Ausgangspunkt und Grundlage der Gottesdienstgestaltung auch in den lutherischen, anglikanischen, altkatholischen und
anderen nichtrömischen Kirchen des Westens. Eine »genetische Erklärung der römischen Messe«[27] dient darum zugleich der Erläuterung
und dem Verständnis der dort üblichen Formen des Gemeindegottesdienstes.

12.2.1 Beginn mit den Schriftlesungen

Nach Justin (vgl. 10.1.1) wie nach der Liturgie im 8. Buch der Apostolischen Konstitutionen (vgl. 11.2.2) beginnt der Gottesdienst unmittelbar
mit den Schriftlesungen. Eröffnungsriten, die dem Wortgottesdienst
vorausgehen, werden jedenfalls nicht eigens erwähnt. Rund dreihundert
Jahre später – um das Jahr 700 – verfügt die römische Messe über einen
entfalteten Eröffnungsteil, der schon nahezu alle Elemente enthält, wie
sie die Messe in ihrer tridentinischen Gestalt kennzeichnen: Unter dem
Gesang des *Introitus* zieht der Bischof mit Assistenz, Leuchtern und
Weihrauch in die Kirche ein. Es folgen die *Kyrie- und Christe-eleison-
Rufe*. Der Bischof stimmt das *Gloria in excelsis* an, grüßt nach Beendigung dieses Hymnus das Volk mit dem *Pax vobis* und lädt es zum Gebet
ein: *Oremus*. Nach Osten gewandt, vor seiner Kathedra in der Mitte der
Apsis stehend, betet er die *Oratio*, nach gallischem Vorbild auch *Collecta*
genannt (vgl. die ausführliche Schilderung in 4.2.3).

Es fehlt nicht an Versuchen, die Lücke zu füllen. Man verweist auf die
geographische Differenz: Justin (Kleinasien) und Apostolische Konstitutionen
(Syrien) schilderten nicht den römischen Gottesdienst. Man verweist weiter auf
Did 14,1 und schließt daraus, bestimmte »Bußriten« hätten zumindest an gewis-

---

sen Tagen den Gottesdienst eröffnet.[28] Man nimmt auch an, »daß den Lesungen oft eine Art Gebetsgottesdienst vorausging, der vielleicht (auch) die Funktion hatte, die Zeit bis zum Beginn des eigentlichen Gottesdienstes auszufüllen«, und verweist auf Egeria,[29] die solche Übung für Jerusalem bezeugt.[30]

Ein Indiz dafür, dass man auch in Rom zunächst ohne eine entfaltete Eröffnung auskam, stellt die alte römische Karfreitagsliturgie dar: Priester und Assistenz ziehen zu Beginn der Feier in die Kirche ein und werfen sich vor dem Altar zu einem stillen Gebet nieder. Aus dem Schweigen heraus wird dann die erste *Oratio* gesprochen, der die Lesungen folgen.

12.2.2 Einzug und Begrüßung

Einzug und Begrüßung der versammelten Gemeinde durch den Bischof bilden wohl die älteste Schicht der Eröffnungsriten. Ein frühes Zeugnis hierfür liefert uns Augustin (354-430). Im Bericht über die Heilung eines Kranken an einem Ostertag erzählt er auch davon, wie in seiner Bischofskirche in Hippo der Gottesdienst beginnt:

»Man eilt zu mir an den Platz, wo ich saß. Ich wollte eben in die Kirche einziehen. Man meldet mir das Ereignis. Wir begeben uns zum Volk; die ganze Kirche war gesteckt voll, und sie widerhallte von Freudenrufen: Gott sei Dank! Gott sei Lob! [...] Ich begrüßte das Volk, und wieder erschollen die Rufe, diesmal noch lauter. Endlich trat Stille ein; die Festtagslesungen aus den heiligen Schriften wurden vorgetragen.«[31]

Der Gottesdienst beginnt also nach wie vor mit den Schriftlesungen. Zuvor begrüßt Augustin das Volk von der Apsis aus mit dem Ruf *Dominus vobiscum*.[32] Der Einzug des Bischofs in die Kirche wird nicht von geordnetem Gesang – darüber sagt Augustin nichts –, sondern von spontanen Akklamationen des Volkes begleitet, möglicherweise ein Hinweis darauf, wie aus einzelnen Akklamationen zusammengefügte Gesänge entstanden sein mögen.

Der Einzug des Bischofs und seiner Assistenz in die Kirche ist ein Zeichen von hohem Symbolwert; zeigt er doch unter anderem die hierarchische Gliederung der Versammlung in *Volk* und *Vorsteher* (später in Volk und Klerus) an. Er kann dann auch als Zeichen für den in seine Gemeinde einziehenden Christus gelesen werden. In Rom und anderen vergleichbaren Großstädten erwächst er offenbar aus dem Versuch, der Einheit der Gemeinde sinnenfälligen Ausdruck zu geben:

Seit dem 4. Jh. zieht der römische Bischof zum sonn- und festtäglichen Gottesdienst abwechselnd in die sog. *Titelkirchen* der Stadt, um dort *statio* zu halten (vgl. 6.1.3, 12.1.2). Seit dem 5. Jh. versammeln sich Klerus und Volk dazu an einer Sammelkirche (*collecta*), von der die Prozession ihren Ausgang nimmt. Sie wird an bestimmten Tagen zu einer Bußprozession ausgestaltet, bei der Bußpsalmen und Kyrielitaneien gesungen werden. Beim Einzug in die Gottesdienstkirche zu Ende gebracht, handelt es sich bei diesen Gesängen zugleich um ursprüngliche Formen des Gesangs zum Einzug.[33]

12.2.3 Kollektengebet

Seit dem 5. Jh. – Augustin kennt sie noch nicht – schließt eine *Oratio* des Vorstehers den Einzug ab. Manches spricht dafür, dass sie im Eröffnungsteil der Messe bereits ihren Platz hatte, noch bevor *Kyrie* und *Gloria in excelsis* dort fest verankert wurden, so dass sich für den genannten Zeitraum eine Abfolge *Einzug* (mit *Einzugsgesang*) – *Gruß* – *Gebet* rekonstruieren ließe.[34] Die spätere Bezeichnung *Collecta* (Kollektengebet, Kollekte) für dieses Gebet, die wohl auf den Terminus *Collectio* zurückverweist, wie er in altgallischen und verwandten Liturgien begegnet, legt den Schluss nahe, es handele sich hierbei um »eine das Beten des Volkes abschließende und zusammenfassende [...] Gebetsformel«.[35] Gestützt wird diese Vermutung durch die Funktion, die die nach Art und Aufbau vergleichbaren Vorsteher-Orationen im alten römischen Gläubigengebet (erhalten in Gestalt der Karfreitagsfürbitten) erfüllen:

»Zunächst forderte der Leiter des Gottesdienstes die Anwesenden mit einer in den Grundzügen immer gleichbleibenden Formel auf, in einer bestimmten Meinung mit ihm zu Gott zu beten [...] Dieser Aufforderung des Liturgen folgend, ergab sich die Gemeinde eine Weile stiller Andacht. Alsdann erhob der Zelebrant von neuem seine Stimme, um in einer kurzen Formel, später ›Sammelgebet (collecta)‹ genannt, aller Flehen zusammenzufassen.«[36] Die *Oratio* ist demnach »nicht bloß ein vom Vorsteher vorgelesener Text, sondern eine reich gegliederte Gebetshandlung, an der die ganze Gemeinde – auch leiblich – beteiligt ist. Ihr Kern ist nicht der Text des Vorstehers, sondern das stille Gebet aller nach der Gebetsaufforderung (oremus).«[37]

Ursprüngliche Bezeichnung – *oratio* heißt im klassischen Latein *Rede* – sowie Struktur und Sprache der alten römischen Eingangsgebete ermöglichen freilich auch eine etwas anders akzentuierte Deutung:

Die klassische *Oratio* der römischen Liturgie, so meint Helmut Büsse, ist »eine in feierlicher Form vorgetragene öffentliche Rede vor Gott«,[38] in der »der Bischof als Leiter der Versammlung selbst zum ersten Mal das Wort nahm. Er grüßte einerseits die Gemeinde und wandte sich dann andererseits in ihrem Namen und im Namen der ganzen Kirche an den Allmächtigen Gott und Vater durch Jesus Christus, den Herrn. Durch dieses erste Wort des Vorstehers war zugleich die Feier offiziell, sichtbar und hörbar, eröffnet und ihr Generalthema angesagt.«[39]

Für diese Deutung spricht, dass die klassische römische *Oratio* nach allen Kunstregeln der lateinischen Rhetorik gestaltet ist: »Kein überflüssiges Wort, stilsichere römische Kunstrede und Hochsprache, Schöpfungen lange tradierter lateinischer Rhetorik.«[40] In ihrer Struktur folgt die *Oratio* einem auch sonst gebräuchlichen rhetorischen Schema (vgl. auch 8.5.3):

ORATIO FÜR DIE MESSE IN DER CHRISTNACHT			
Struktur-schema	*Missale Romanum 1570*	*Übersetzung im Schott-Meßbuch 1956*	*Adaption im deutschen Meßbuch 1975*
Anrede	Deus,	Gott,	Herr, unser Gott,
Relativische Prädikation	qui hanc sacratissimam noctem veri luminis fecisti illustratione clarescere:	Du hast diese hochheilige Nacht durch den Aufgang des wahren Lichts taghell gemacht;	in dieser hochheiligen Nacht ist uns das wahre Licht aufgestrahlt.
Gewährungsbitte (Supplikation) mit Finalsatz	da, quaesumus; ut, cuius lucis mysteria in terra cognovimus, eius quoque gaudiis in caelo perfruamur.	so laß uns, wir bitten Dich, auch im Himmel die Wonnen jenes Lichtes kosten, dessen Geheimnisse wir auf Erden erkannt haben,	Laß uns dieses Geheimnis im Glauben erfassen und bewahren, bis wir im Himmel den unverhüllten Glanz deiner Herrlichkeit schauen.
Konklusion	Qui tecum vivit et regnat in unitate Spiritus Sancti Deus per omnia saecula saeculorum.	Deines Sohnes, der mit Dir lebt und herrscht in der Einheit des Heiligen Geistes, Gott von Ewigkeit zu Ewigkeit.	Darum bitten wir durch Jesus Christus, deinen Sohn, unseren Herrn und Gott, der in der Einheit des Heiligen Geistes mit dir lebt und herrscht in alle Ewigkeit.
Gemeinde-akklamation	Amen.	Amen.	Amen.

Zu Beginn des Gebetes wird der Adressat – hier in der Regel: Gott, der Vater – angesprochen (*Anaklese*), bei seinem *Namen* genannt. Die Anrede setzt sich fort in einem Relativsatz, der einen rühmenden Hinweis anamnetischen Charakters auf eine grundlegende Heilstat Gottes enthält (*relativische Prädikation*): Der Beter erinnert an das huldvolle Handeln des Angeredeten in der Vergangenheit. Dieser anamnetisch gefüllten Anrede folgt dann die Gewährungsbitte (*Supplikation*), die auf die Erneuerung bzw. Fortführung des bisherigen gnädigen Handeln zielt. Nicht selten mündet die Bitte in eine Zielangabe, einen Finalsatz mit *ut* (›dass‹, ›damit‹). Beschlossen wird das Gebet mit einer formelhaften, feststehenden *Konklusion*, die in enger sachlicher und sprachlicher Beziehung zur Anrede steht und sich in der Regel auf Christus als Mittler beruft (*christologische Mittlerformel*). Die Gemeinde akklamiert dem Gebet mit ihrem *Amen*.

Nicht alle Orationen weisen die gleiche Anordnung auf; in manchen Texten fehlt das eine oder das andere der genannten Strukturelemente. Dennoch ist diese Struktur typisch für diese Art »öffentlicher Rede vor Gott«:

»Die römischen Kollekten sprechen im prädikativen ersten Teil dogmatische Grundwahrheiten aus, die sie mit äußerster, fast möchte man sagen: juristischer Präzision ausdrücken. Diese gleichen Glaubenswahrheiten sind es auch, die das dann folgende eigentliche Gebet tragen und motivieren [...] All dies wird nun in den Kollekten ausgesprochen nach den Regeln gepflegtester Rhetorik und unter Verwendung der Ausdrucksmittel einer in Jahrhunderten, und nicht erst den christlichen, ausgebildeten lateinischen Kultsprache; es wird ausgesprochen in wohl ausgewogenen Perioden, in klangvollen Wortverbindungen und in feierlichem Rhythmus; es wird zugleich ausgesprochen – entsprechend dem die gesamte frühchristliche Liturgie beherrschenden Gesetz [...] – im Angesichte Gottes des Vaters (Deus, ...) und unter abschließender Berufung auf den hohepriesterlichen Mittler an Gottes Thron (per Dominum nostrum...).«[41]

12.2.4 Kyrie

Über Herkunft und Funktion der Kyrierufe im Zusammenhang des Gläubigengebets und die im Osten entstandene Gebetsform der *Synapte* bzw. *Ektenie* haben wir schon bei der Darstellung der sog. *Klementinischen Liturgie* im 8. Buch der Apostolischen Konstitutionen gehandelt (vgl. 11.2.2). Wie die Kyrierufe Eingang in die römische Messe fanden, ist bis heute nicht völlig geklärt und unter den Fachleuten umstritten.

Manche neigen dazu, im Kyrie der Messe das Relikt eines nach östlichem Vorbild gestalteten Kyriegebets zu sehen, das unter Gelasius I. (492-496) Eingang in den Eröffnungsteil der Messe – auch dies nach östlichem Vorbild – gefunden und hier das alte Gläubigengebet zum Ende des Wortgottesdienstes

gleichsam ersetzt habe.[42] Sie verweisen auf ein als *Deprecatio Gelasii* überliefertes Fürbittengebet, in dem die einzelnen Fürbittanliegen jeweils mit dem Ruf
Kyrie eleison aufgenommen werden.[43]

Andere meinen, im Kyrie der Messe sei der Abschluss einer Kyrielitanei erhalten geblieben, die in Rom während der Prozession von der
Versammlungskirche (*collecta*; vgl. oben die Ausführungen zu *Einzug*
und *Begrüßung*) zur Stationskirche gesungen und dann während des
Einzugs in die Stationskirche zu Ende geführt worden sei.[44] Dafür
spricht, dass die Kyrielitanei auch sonst – zum Beispiel bei der Prozession zum Taufbrunnen und beim Einzug der Neugetauften in der Osternacht – als »der klassische römische Prozessionsgesang« in Erscheinung
tritt.[45]

Jedenfalls scheint festzustehen, dass man die Kyrierufe »um die Wende des 5.
zum 6. Jh. vom Osten übernommen und häufig mit anderen Stücken, vor allem
Litaneien, verbunden, aber auch – wie im Osten – als Responsum verwendet«
hat.[46]

Bald schon werden Tendenzen wirksam, die Kyrielitanei, wie sie so
oder so Eingang in den Eröffnungteil der Messe gefunden hatte, zu
verkürzen. Wie Gregor I. (590-604) in einem Schreiben an Bischof
Johannes von Syrakus mitteilt, lässt man in Rom an gewöhnlichen Tagen
die Gebetsintentionen zu den Kyrierufen weg und beschränkt sich auf die
Kyrie- und Christe-Rufe selbst, die – anders als im Osten – vom
Klerikerchor gesungen und vom Volk beantwortet werden.[47] Die Zahl der
Rufe – zunächst wohl unbegrenzt – wird im Weiteren ebenfalls reduziert
und schließlich auf neun (dreimal *Kyrie eleison*, dreimal *Christe eleison*,
dreimal *Kyrie eleison*) beschränkt.

In der Schilderung der römischen Bischofsmesse um das Jahr 700, die wir dem
Ordo Romanus I entnehmen (vgl. dazu 4.2.3), heißt es: *Scola vero, finita
antiphona, inponit Kyrieleison. Prior vero scolae custodit ad pontificem, ut ei
annuat quando vult mutare numerum laetaniae et inclinat se pontifici.* Nachdem
der Chor den *Introitus* mit dem *Gloria Patri* beendet hat, beginnt er mit den
laetaniae, den Kyrierufen. »Der zum Gesang gewordene Ruf wird so lange
wiederholt, bis der Papst, der nach der Begrüßung des Altars gegen Osten
gewendet an der Cathedra steht, ein Zeichen gibt.«[48] Es ist kaum anzunehmen,
dass diese Rufe hier noch mit Christusprädikationen bzw. Gebetsintentionen
verbunden sind.

Den späteren Brauch spiegelt der römisch-fränkische Ordo von S. Amand aus
dem 8. Jh. wider:[49] Die Schola beginnt mit dem *Kyrie eleison*, die Klerikergruppe
wiederholt den Ruf dreimal, der Papst gibt das Zeichen zum *Christe eleison*, das
ebenfalls dreimal wiederholt wird, dann wieder zum *Kyrie eleison*, das, dreifach

wiederholt, den Gesang abschließt (vgl. dazu 5.2.6: Der Klerikerchor substituiert den Volksgesang).

Das *Kyrie* als Teil des Ordinariums der mittelalterlichen Messe (vgl. 5.2.4) ist somit nur Relikt eines ursprünglich sehr viel umfänglicheren liturgischen Vollzugs. Es wandelt in diesem Transformationsprozess zugleich seine Funktion: Aus dem Bitt- und Huldigungsruf, der die Gebetsintentionen und Prädikationen der Kyrielitanei aufnimmt und bekräftigt, wird der zweite Satz einer mehrteiligen musikalischen Ouvertüre, die den liturgischen Prozess insgesamt eröffnet (vgl. dazu 12.2.8).[50]

12.2.5 Gloria in excelsis

Quando vero finierint, dirigens se pontifex contra populum incipit Gloria in excelsis Deo, heißt es im *Ordo Romanus I*: Ist der Gesang des *Kyrie* beendet, wendet der Bischof sich dem Volk zu und stimmt das *Gloria* an. Während der Chor den Hymnus singt, wendet der Bischof sich wieder gen Osten: *Et statim regerat se ad orientem usquedum finiatur.*

Beim *Gloria in excelsis* handelt es sich um einen sehr alten frühchristlichen Hymnus. Er beginnt mit den Worten von Lk 2,14 und fügt sodann eine Reihe von Akklamationen zu einem hymnischen Text zusammen. Inhaltlich lassen sich drei Abschnitte unterscheiden: »der Gesang der Engel in der heiligen Nacht, die Lobpreisung Gottes, das Rufen zu Christus.«[51] Der Hymnus stammt aus dem Osten, wo er im Morgengebet (so heute noch im byzantinischen *Orthros*) Verwendung findet. Die vermutlich älteste Fassung bietet der Codex Alexandrinus (5. Jh.). Eine arianisch überarbeitete Version findet sich im 7. Buch der Apostolischen Konstitutionen. Die älteste lateinische Übersetzung enthält das Antiphonar von Bangor (um 690). Im Abendland (Rom, Mailand, Spanien) wird der Hymnus im 4. Jh. – angeregt durch das biblische Zitat, mit dem er beginnt – zunächst in die weihnachtliche Messe übernommen. Auf Papst Symmachus (498-514) geht die Regelung zurück, das Gloria nicht nur zu Weihnachten, sondern auch in den bischöflichen Messen an Märtyrerfesten und gewöhnlichen Sonntagen singen zu lassen.

Das *Gloria* ist – anders als das *Kyrie* – seiner ursprünglichen Funktion nach kein Einzugsgesang, sondern ein »Dank- und Festgesang«,[52] der bei besonderen Anlässen zu Beginn der Messe angestimmt wird, um die Festlichkeit des Geschehens zu unterstreichen. So ist sein Gebrauch zunächst auch auf den bischöflichen Gottesdienst beschränkt, eine

Regelung, die sich in Rom bis in das 12. Jh. hält. Presbytern ist es nur in der Osternachtfeier und anlässlich ihrer Primiz gestattet, das Gloria anzustimmen. Im fränkischen Raum gehört es freilich schon zu karolingischer Zeit zum festen Bestand jeder Messfeier, ausgenommen die Bußzeiten und Bußtage.

Das erwähnte Privileg für Presbyter (*Gloria* in der Osternacht und zum ersten Gottesdienst nach der Priesterweihe) findet sich im Ordo von S. Amand (8. Jh.). »Noch im 11. Jahrhundert hören wir die vorwurfsvolle Frage, warum der Priester nicht auch mindestens an Weihnachten das *Gloria* gebrauchen dürfe, wo es doch vor allem am Platze wäre. Gegen Ende dieses Jahrhunderts ist aber dieser Unterschied zwischen Bischof und Priester gefallen, die fränkische Ordnung hat sich durchgesetzt und es gilt nun bald die heutige Regel: Das *Gloria* wird in jeder Messe gesprochen, die irgendwie festlichen Charakter hat.«[53]

Nach dem *Missale Romanum von 1570* wird das Gloria *nicht* gebetet im Advent und von Septuagesima bis Ostern (ausgenommen am Gründonnerstag und an den Heiligenfesten), ferner an Wochentagen, an denen die Sonntagsmesse wiederholt wird (ausgenommen die Wochentage der Osterzeit) sowie in Totenmessen. In der *Allgemeinen Einführung* zum Missale von 1970 heißt es: »Das Gloria ist für Hochfeste, Feste und besondere Feiern vorgesehen sowie für alle Sonntage mit Ausnahme der Advents- und Fastenzeit« (Nr. 31).

Codex Alexandrinus (5. Jh.)	*Missale Romanum 1570*
Δόξα ἐν ὑψίστοις Θεῷ, καὶ ἐπὶ γῆς εἰρήνη, ἐν ἀνθρώποις εὐδοκία. Αἰνοῦμέν σε, εὐλογοῦμέν σε, προσκυνοῦμέν σε, δοξολογοῦμέν σε. Εὐχαριστοῦμέν σοι διὰ τὴν μεγάλην σου δόξαν, Κύριε, βασιλεῦ ἐπουράνιε, Θεὲ πατήρ, παντοκράτωρ. Κύριε, υἱὲ μονογενῆ, Ἰησοῦ Χριστὲ καὶ ἅγιον Πνεῦμα. Κύριε, ὁ Θεός, ὁ ἀμνὸς τοῦ Θεοῦ, ὁ υἱὸς τοῦ πατρός, ὁ αἴρων τὰς ἁμαρτίας τοῦ κόσμου, ἐλέησον ἡμᾶς. Ὁ αἴρων τὰς ἁμαρτίας τοῦ κόσμου, ἐλέησον ἡμᾶς, πρόσδεξαι τὴν δέησιν ἡμῶν, ὁ καθήμενος ἐν δεξιᾷ τοῦ πατρός, ἐλέησον ἡμᾶς. Ὅτι σὺ εἶ μόνος ἅγιος, σὺ εἶ μόνος κύριος, Ἰησοῦς Χριστός, εἰς δόξαν Θεοῦ πατρός. Ἀμήν.	Gloria in excelsis Deo. Et in terra pax hominibus bonae voluntatis. Laudamus te. Benedicimus te. Adoramus te. Glorificamus te. Gratias agimus tibi propter magnam gloriam tuam. Domine Deus, Rex caelestis, Deus Pater omnipotens. Domine Fili unigenite, Jesu Christe. Domine Deus, Agnus Dei, Filius Patris. Qui tollis peccata mundi, miserere nobis. Qui tollis peccata mundi, suscipe deprecationem nostram. Qui sedes ad dexteram Patris, miserere nobis. Quoniam tu solus Sanctus. Tu solus Dominus. Tu solus Altissimus, Jesu Christe. Cum Sancto Spiritu in gloria Dei Patris. Amen.

Ursprünglich Volksgesang – die Hinwendung des Bischofs zum Volk beim Anstimmen des Hymnus, die oben berichtet wird, trägt Aufforderungscharakter –, fällt das *Gloria* wie das *Kyrie* bald schon in die Zuständigkeit des im Altarraum versammelten Klerikerchors (vgl. 5.2.6), der nach dem Aufkommen der Mehrstimmigkeit freilich auch nicht mehr in der Lage ist, die kunstvollen Messkompositionen zu reproduzieren. Wie das Kyrie wandelt auch das Gloria dabei seine Funktion und wird schließlich zum dritten Satz einer mehrteiligen Ouvertüre, die das lateinische Hochamt festlich eröffnet (vgl. dazu 12.2.8). Dass es nach dem *Missale Romanum* von 1570 vom Zelebranten selbst dann, wenn der Chor es singt, zusätzlich noch leise gebetet werden muss, lässt den Funktionsverlust noch deutlicher werden.

12.2.6 Introitus

Die römische Bischofsmesse um 700, so zeigt der *Ordo Romanus I,* beginnt mit der *antiphona ad introitum,* dem Gesang zum Einzug:

»Wenn der Papst im Secretarium zum Einzug bereit ist, gibt er dem betreffenden Kleriker, dem *quartus scholae,* das Zeichen *ut psallant.* Dieser meldet es sofort weiter an den Vorstand der Schola, die sich rechts und links am Eingang zum Altare in zwei doppelten Reihen, die wohl den beiden Halbchören entsprechen, aufgestellt hat, die Knaben auf der Innenseite, die Männer auf der Außenseite, und sogleich beginnt der Leiter der Schola die Antiphon. Die Psalmodie wird fortgesetzt, bis der Zug des Klerus an den Reihen der Sängerschaft vorbei vor dem Altare angekommen ist und der Papst hier seine Assistenz mit dem Friedensgruß begrüßt hat. Dann gibt der Papst ein Zeichen, daß das *Gloria (Patri)* angestimmt werden möge. Beim *Sicut erat* erheben sich die Diakone, zwei und zwei, um den Altar zu küssen. Der Papst verharrt noch kniend im Gebet *usque ad repetitionem versus* – womit offenbar die Antiphon gemeint ist. Diese wurde am Schluß des Psalms wiederholt.«[54]

Wann »der aus Psalmentexten gebildete Introitusgesang«[55] Eingang in die römische Messe fand, lässt sich nicht eindeutig bestimmen. Nach Theodor Klauser gehören der *Gesang zum Einzug* wie *Leuchter* und *Weihrauch* »zu den Ehrenrechten weltlicher Herkunft, auf die der Papst Anspruch hat«,[56] und Rupert Berger erklärt: »Im alten Rom war es ein Vorrecht des Kaisers, daß er beim Einzug in den Versammlungsraum mit einem Gesang begrüßt wurde. Diese Sitte übertrug man auf den Einzug des Bischofs und später auch des Priesters in das Gotteshaus.«[57] Nach legendarischer Überlieferung soll Papst Cölestin I. (422-432) den Introitus eingeführt haben. Jungmann hält es für wahrscheinlich, dass er in Rom »vor der Mitte des 6. Jh. [...] schon längst in Übung war«.[58] Neuerdings wird freilich bestritten, dass der Gesang von Psalmen beim

Einzug des Bischofs in die Stationskirche schon vor Gregor I. (590-604) üblich gewesen sei.[59]

Die detaillierte Schilderung im *Ordo Romanus I* lässt erkennen, dass der Introitus hier *gegenchörig* (*antiphonal*) ausgeführt wird: Zwei Halbchöre singen im Wechsel die einzelnen Psalmverse. Noch handelt es sich augenscheinlich um einen ganzen Psalm, der freilich abgebrochen wird, wenn der Bischof das Zeichen zum *Gloria Patri* gibt. Zum Schluss wird der *versus* – offenbar jener »Vorvers«, der den Psalm rahmt und der dann später *Antiphon* genannt wird – wiederholt. Von einer Beteiligung des Volkes (etwa durch einen *versus ad repetendum*) ist nicht die Rede (vgl. dazu 5.2.2 und 5.2.4). Ähnlich wie das *Kyrie* unterliegt auch der *Introitus* der Tendenz zur Kürzung – eine Entwicklung, die schon im 8. Jh. einsetzt. Während die Antiphon musikalisch immer kunstvoller ausgestaltet wird, bleiben schließlich vom Psalm nur noch ein Vers und das *Gloria Patri* übrig.

Auch hier lässt sich ein Funktionswandel erkennen: Der *Introitus* hört auf, »Begleitgesang eines breit entfalteten Einzugs zu sein«, und wird »zum selbständigen Eröffnungsgesang der Meßfeier«, der das *Stufengebet* überlagert.[60] Wie *Kyrie* und *Gloria*, mit denen zusammen er jene erwähnte mehrteilige gottesdienstliche Ouvertüre bildet, muss er vom Priester auch dann gelesen werden, wenn ein Chor ihn singt.

12.2.7 Stufengebet

Der *Ordo Romanus I* erwähnt einige rituelle Handlungen, die dem Einzug des Bischofs vorausgehen und ihn abschließen: An der Stationskirche angekommen, sucht der Papst das *Secretarium* auf und legt dort, »von seiner Begleitung umständlich, d.h. nach den Regeln des byzantinischen Palastzeremoniells, bedient, seine Straßenkleider ab, um sich alsdann in die liturgischen Gewänder hüllen zu lassen.« Während Volk, Presbyter und Schola auf ihren Plätzen in der Kirche auf ihn warten, wird das Evangelienbuch feierlich herbeigetragen und auf dem Altar niedergelegt. Es folgt der Einzug. Am Altar angekommen, grüßt ihn der Papst »durch eine Verneigung, macht ein Kreuzzeichen auf seine Stirn und gibt den diensttuenden Geistlichen bis zum Diakon abwärts den Friedenskuß.« Während der Chor das *Gloria Patri* singt, kniet er an der Apsisseite des Altars. Beim *Sicut erat* küsst er das Evangelienbuch und den Altar und geht dann zu seinem Thron in der Apsismitte.[61]

Ansatzpunkt für die weitere Entwicklung wird das stille Gebet, das der Bischof nach dieser Schilderung kniend am Altar verrichtet. In der römischen Karfreitagsliturgie begegnet dieser schlichte Vollzug heute noch in einer ausdrucksstarken Form: Der Priester und seine Assistenz werfen sich zu Beginn des Gottesdienstes schweigend vor dem Altar nieder. Allmählich nimmt jedoch das stille, als Akt privater Vorbereitung zu verstehen Gebet vor dem Altar »die Gestalt formulierter Sündenbekenntnisse an«.[62] Im 9.-11. Jh. wird es – zunächst im fränkischen Raum – üblich, dass der Priester hier wie an anderen Stellen der Messe (zum Beispiel während des Gesangs des *Gloria* und des *Sanctus*, aber auch zur Epistellesung) solche *Sündenbekenntnisse* (*Apologien*) spricht, in denen er seine Unwürdigkeit bekennt und um Vergebung bittet. Seit dem 11. Jh. findet in solcher Funktion hier das *Confiteor* – schon zuvor im Stundengebet und als Rahmenformel bei der Beichte üblich – in zunächst wechselnder Gestalt Verwendung.

Fränkischen Ursprungs (10. Jh.) ist auch der Brauch, während des Gangs zum Altar Ps 43 (*Iudica me Deus* mit der Antiphon *Introibo ad altare Dei*) zu beten und daran *Orationen* (*Aufer a nobis*) anzuschließen. Der gesamte Akt wird schließlich an die Stufen des Altars verlegt; zwischen *Psalm* und *Oration(en)* wird das *Confiteor* eingefügt. Im 14. Jh. kommt das eröffnende Kreuzzeichen (unter den Worten *In nomine Patris et Filii et Spiritus Sancti*) hinzu.

Nach dem tridentinischen Missale hat das Stufengebet folgende Gestalt: Der Priester spricht das Gebet, bekleidet mit den liturgischen Gewändern, an den Stufen des Altars, im Hochamt im Wechsel mit Diakon und Subdiakon, in der stillen Messe im Wechsel mit dem Messdiener. Dem einleitenden Kreuzeichen (*In nomine Patris* usw.) folgt Ps 43 (*Iudica me*) mit der Antiphon *Introibo ad altare Dei*. Ein Wechselspruch (*Adiutorium nostrum in nomine Domini* usw.) leitet zum *Confiteor* über. Bekenntnis und Vergebungsbitte des Priesters (*Confiteor Deo omnipotenti* usw.) beantworten die *Ministri* mit einem Vergebungswunsch (*Misereatur tui omnipotens Deus* usw.), dem *Confiteor* der *Ministri* schließt sich analog das *Misereatur* des Priesters an, dem eine als Gebetswunsch formulierte Lossprechung (✠ *Indulgentiam, absolutionem et remissionem peccatorum* usw.) folgt. Wechselsprüche (*Deus tu conversus vivificabis nos* usw.) und Gruß (*Dominus vobiscum*) leiten zur Oration über (*Aufer a nobis* usw.), zu der der Priester zum Altar hinaufsteigt. Nachdem er den Altar geküsst hat, folgt – unter Berufung auf die Heiligen, deren Reliquien im Altar ruhen – eine abschließende Vergebungsbitte. Die Beräucherung des Altars kann sich anschließen.

Ein Eröffnungsritus eigener Art begegnet in dem – in fränkischen Klöstern entstandenen – Brauch, vor der Sonntagsmesse den Altar und die versammelten Gläubigen mit Weihwasser zu besprengen (*Asperges*, nach dem Anfangswort der Antiphon, die dazu gesungen wird; während der österlichen Zeit *Vidi aquam*).

12.2.8 Zusammenfassung

Die nachstehende Tabelle fasst die Entwicklungsschritte zusammen, die sich im Blick auf die Ausbildung der Eröffnungsriten in der römischen Messe erschließen lassen.

Stufe 1		Bei Justin (vgl. 10.1) und noch in der Klementinischen Liturgie der Apostolischen Konstitutionen (vgl. 11.2) beginnt der Gottesdienst unmittelbar mit den Schriftlesungen. Eröffnungsriten werden nicht erwähnt. Im byzantinischen Ritus (vgl. 11.3) beginnt der Wortgottesdienst (vgl. 11.3.4) mit der *Enarxis*, bestehend aus drei *Antiphonen*, drei *Ektenien*, den dazugehörigen *Priestergebeten* und dem *Kleinen Einzug*. Voraus geht die Bereitung der Gaben durch Priester und Diakon in der *Proskomidie* (vgl. 11.3.3).
Stufe 2	Einzug Gruß	Der *Einzug* des Bischofs und seiner Begleitung (vgl. dazu die Schilderung Augustins, 12.2.2) eröffnet den Gottesdienst. Nach dem Einzug begrüßt der Bischof die versammelte Gemeinde (*Dominus vobiscum* bzw. *Pax vobiscum*; das Volk antwortet mit *Et cum spiritu tuo*).
Stufe 3	Einzug Gruß Oratio	Ein feierliches, vom Bischof gesprochenes *Eröffnungsgebet* (*Oratio, Collecta*, heute *Kollektengebet, Gebet des Tages*, vgl. 12.2.3) schließt seit dem 5. Jh. den Einzug ab.
Stufe 4	Einzug mit Kyrielitanei Gruß Oratio	Um die Wende vom 5. zum 6. Jh. werden aus dem Osten die *Kyrierufe* übernommen und mit *Litaneien* verbunden, die u.a. auch während der Prozession von der Versammlungskirche (*collecta*) zur Stationskirche (*statio*) gesungen und dort während des Einzugs zu Ende gebracht werden (vgl. 11.2.2; 12.2.2; 12.2.4).
Stufe 5	Einzug mit Introitus und Kyrierufen Gloria Gruß Oratio	Im Papstgottesdienst wird der *Einzug* festlich entfaltet (zuerst der Subdiakon mit dem Weihrauchfass, dann sieben Kerzenträger, die Diakone und Subdiakone, zum Schluss der Papst, rituell gestützt; vgl. 4.2.3). Dazu singt die Schola den aus Psalmentexten gebildeten, von einer *Antiphon* gerahmten *Introitus* (vgl. 12.2.6). Die *Kyrielitanei* wird auf den Gesang der *Kyrierufe* reduziert. Aus dem östlichen Morgengottesdienst wird – zunächst an Weihnachten – ein Hymnus, das *Gloria in excelsis*, in den Eröffnungsteil des bischöflichen Gottesdienstes eingefügt (vgl. 12.2.5).

Stufe 6	(Einzug) Stufengebet Introitus Kyrie Gloria Gruß Oratio	In den Privatmessen (vgl. 4.2.4) entfällt der feierliche *Einzug*. Priester (und Ministranten) treten still zum Altar und beten hier das *Stufengebet* (vgl. 12.2.7), das seinen Ursprung im stillen Gebet hat, das der Bischof nach dem *Einzug* am Altar sprach. *Introitus, Kyrie* (inzwischen auf neun *Kyrie*- bzw. *Christerufe* beschränkt) und *Gloria* (das zunächst dem bischöflichen Gottesdienst vorbehalten war) werden in Privatmessen vom Priester am Altar gesprochen, im Hochamt von Schola bzw. Chor zusätzlich gesungen.

Das Ergebnis der hier nachgezeichneten Entwicklung, codifiziert im *Missale Romanum* von 1570, sieht so aus: In der Hochform beginnt die Messfeier mit der fugenlosen Aneinanderreihung dreier Gesänge – *Introitus, Kyrie* und *Gloria*. *Introitus* und *Kyrie* überlagern dabei das *Stufengebet* (das zusammen mit den sich anschließenden Orationen vom Zelebranten und seiner Assistenz vollzogen wird), die Verehrung und Beräucherung des Altars sowie das stille Lesen der Texte von *Introitus* und *Kyrie* durch den Zelebranten. Dieser kommt für die Gemeinde hörbar erst im Anstimmen des *Gloria*, im *Gruß* (*Dominus vobiscum*) und in der darauf folgenden *Oration* zu Wort.

Durch die Art der musikalischen Codierung ergeben sich bedeutsame Varianten: Das einstimmige Choralamt (vgl. 5.2.3; 5.2.4) ist eine Möglichkeit; eine zweite die mehrstimmige Ausführung aller drei Eröffnungsgesänge (mit der ganzen Fülle der sich hier bietenden stilistischen Möglichkeiten); eine dritte die Koppelung der einstimmigen Introituspsalmodie mit einer mehrstimmigen Messkomposition usw. *Gruß* und *Oration* werden im Hochamt vom Zelebranten kantilliert – eine Art der musikalischen Codierung, die in einem starken Gegensatz stehen kann zum Beispiel zur Codierung von *Kyrie* und *Gloria* in einer mehrstimmigen Messkomposition.

Die nachfolgende Darstellung versucht, die Eröffnung der Messe nach dem Missale von 1570 in der Art einer *Partitur* darzustellen. Dazu ist Folgendes zu bemerken:[63]

Das Nebeneinander zweier verbaler Codes – eines ›offenen‹ und eines ›verdeckten‹ – sowie die Doppelung der verbalen Vollzüge (der Zelebrant muss die vom Chor gesungenen Texte für sich rezitieren!) codiert die besondere Stellung, die dem Zelebranten in diesem Geschehen zukommt. Es wird dadurch angezeigt: Gültigkeit und Wirksamkeit der Handlung hängen allein an den verbalen und nichtverbalen Aktionen des Zelebranten. *Öffentlichkeit* (im Sinne von Offenlegung, Durchschaubarkeit usw.) ist hierfür nicht erforderlich; die Aktionen des Zelebranten sind *offiziell*, ohne *öffentlich* zu sein.

Verbaler Code I (offen)	Verbaler Code II (verdeckt)	Musikalischer Code	Visueller und kinetischer Code	Verhalten der Gemeinde
(Introitus, wenn vom Chor gesungen)	Stufengebet und folgende Orationen	Messpsalmodie oder mehrstimmige Vertonungen	(Einzug: in der Regel stark verkürzt); Gesten zum Stufengebet; Verehrung des Altars; Beräucherung; Bewegungen am Altar	Schauen; Hören; Bewegungen und Gesten (Kreuzzeichen, Knien u.a.)
	Segnung des Weihrauchs			
	Introitus			
Kyrie (Chor) Anstimmen des Gloria Gloria (Chor)	Kyrie

Gloria | Weisen aus dem Kyriale, mehrstimmige Messkompositionen | | |
| Gruß | | Kantillation | Gruß- und Gebetsgesten | Verbal: Antwort auf Gruß; Amen nach Oration (falls nicht durch Chor oder Assistenz) |
| Oration | | | Gewänder! Geräte! Raum! | |

Falsch wäre es hingegen, hieraus abzuleiten, die Gemeinde sei an diesem Geschehen nicht beteiligt. Die Kommunikation zwischen dem Zelebranten (und seinem offiziellen Reden und Tun) und den Gläubigen wird freilich nicht primär auf verbalem Wege vollzogen, sondern über den visuellen bzw. kinetischen und den musikalischen Code: Die Gläubigen *schauen*, was am Altar geschieht, und partizipieren hierdurch am Geschehen selbst.

»Liturgischer Akt realisiert sich schon im Schauen. Dieses bedeutet nicht nur, daß der Gesichtssinn wahrnimmt, was da vorn im Chor vor sich geht, sondern ist in sich selbst lebendiger Mitvollzug«, schreibt Romano Guardini, und er veranschaulicht dies an einem Erlebnis, das ihm während einer Karsamstagsliturgie im Dom zu Palermo widerfuhr: »Das Blicken des Volkes war selber ein Tun; in ihm vollzog es die verschiedenen Vorgänge mit.«[64]

Die Gläubigen partizipieren am Geschehen auch über den musikalischen Code. Hier liegt die eigentliche Funktion der drei Eröffnungsgesänge: Sie vermitteln – auch dann, wenn die Gläubigen sich an ihrem

Vollzug nicht beteiligen – die Kommunikation zwischen dem offiziellen, jedoch nichtöffentlichen Handeln des Zelebranten und dem Handeln der Gemeinde. Dies wiederum nicht primär auf verbalem Wege: Die wesentliche Leistung dieser Gesänge besteht ja darin, dass sie Identifikation mit dem liturgischen Prozess im Ganzen (und damit auch Partizipation am Handeln des Zelebranten) ermöglichen, ohne die Teilnehmer auf bestimmte, verbal codierte ›Inhalte‹ festzulegen.

Im Gesamttext des Gottesdienstes kommt den drei Eröffnungsgesängen – unabhängig von den unterschiedlichen, historisch gewachsenen Bedeutungen, die ihnen die Liturgiewissenschaft zuschreibt – damit die Funktion einer Ouvertüre in drei Sätzen zu.[65] Freilich muss diese Ouvertüre, die gleichsam das liturgische Drama eröffnet, im Zusammenhang der anderen Vollzüge gesehen und gelesen werden, die unsere Partitur für diesen Teil des Gottesdienstes ausweist. Nur zusammen mit ihnen kann die musikalische Ouvertüre jene *Einstimmung* in den nun folgenden Kommunikationsprozess leisten, die man von ihr erwartet.

12.3 Der Wortgottesdienst

Welche Gestalt der Wortgottesdienst (vgl. 10.1.1) in der römischen Bischofsmesse um 700 hat, entnehmen wir wieder der Schilderung im *Ordo Romanus I* (vgl. 4.2.3).[66]

Noch vor dem feierlichen Einzug des Bischofs und seiner Begleitung (vgl. 12.2.6) holt ein Akolyth das Evangelienbuch aus dem *Secretarium* und trägt es in die Basilika. Ein Subdiakon, der ihn begleitet, deponiert es ehrfürchtig (*honorifice*) auf dem Altar.

Nach der *Oratio* (vgl. 12.2.3), die die Einzugs- und Eröffnungsriten beschließt, nimmt der Bischof auf seiner *Kathedra* im Altarraum Platz. Sitzend folgen alle der *Lesung*, die ein Subdiakon vom erhöhten Leseplatz (*Ambo*) aus liest. Dann geht ein Sänger mit seinem Buch (*Cantatorium*, vgl. 1.4.1) zum *Ambo* und trägt das *Responsum* vor, vermutlich ein responsorial ausgeführter Psalm (bzw. Psalmteil), vom Sängerchor (ursprünglich vom Volk) mit einem Kehrvers (*responsum*) aufgenommen (das spätere *Graduale*). Ein anderer Sänger (*deinde alius*, heißt es) folgt unmittelbar mit dem *Alleluia* als zweitem Gesang (vgl. 5.2.2, 5.2.4).

Die Lesung des *Evangeliums* ist rituell reich ausgestaltet: Der Diakon, der das *Evangelium* lesen soll, tritt zur *Kathedra* und küsst dem Bischof – nach dem Vorbild des byzantinischen Hofzeremoniells – die Füße. Danach geht er zum Altar, küsst das Evangelienbuch, nimmt es auf und trägt es – begleitet von zwei Subdiakonen mit dem Weihrauchfass und zwei Akolythen mit Leuchtern – zum *Ambo*. Hat er die Lesung beendet, spricht der Bischof: *Pax tibi. Dominus vobiscum.* Alle antworten: *Et cum spiritu tuo* (vgl. 8.5.3). Einer der beiden Subdiakone geht mit dem Buch zu den im Altarraum versammelten Klerikern und bietet es ihnen zum Kuss dar. Danach wird es in sein Behältnis (*Capsa*) zurückgelegt, versiegelt und zu seinem Aufbewahrungsort zurückgebracht.

12.3.1 Lesungen

(1) Zahl der Lesungen

Nach der oben zusammengefassten Schilderung gibt es im Wortgottesdienst der römischen Bischofsmesse um 700 in der Regel zwei Schriftlesungen: eine nichtevangelische Lesung (*Lectio*; auch *Epistola* = *Epistel*) und eine Lesung aus den Evangelien des Neuen Testaments. Zwischen den Lesungen haben mit dem *Responsum* (*Graduale*) und dem *Alleluia* zwei Gesänge ihren Ort, beide am Ambo von einem Vorsänger vorgetragen.

Die Epistel wird von einem Subdiakon gelesen, »ursprünglich von einer Stufe des Ambo aus«, später dann auf der – von der Gemeinde aus gesehen – rechten (Epistel-)Seite des Altars. Das Evangelium liest der Diakon auf der »volle[n] Höhe des Ambos«, später auf der linken (Evangelien-)Seite.[67]

Ob in Rom ursprünglich ebenfalls drei Lesungen – wie in Gallien, Spanien und Mailand – üblich waren (eine AT-Lesung, eine nichtevangelische NT-Lesung und das Evangelium), ist umstritten. Manche sehen in der Doppelung der Gesänge zwischen den Lesungen ein Indiz für eine ehemals dreigliedrige Ordnung: Nach der AT-Lesung habe man das *Graduale* gesungen, zwischen Epistel und Evangelium habe das *Alleluia* – ursprünglich auch ein responsorischer Psalm mit dem Kehrvers *Alleluia* – seinen Platz gehabt.

Andere bestreiten dies, indem sie die Funktion der genannten Gesänge anders bestimmen: Der vom Kantor auf den Stufen (*gradus*; deshalb die fränkische Bezeichnung *Graduale*) des Ambo responsorisch vorgetragene Psalm habe nicht den Charakter eines Antwort- oder Zwischengesangs, sondern einer ehemals eigenständigen Lesung aus dem Buch der Psalmen gehabt. Und das aus dem Osten übernommene *Alleluia* sei ebenfalls nicht als Zwischengesang aufzufassen, sondern als »Lobpreis des im Wort des Evangeliums gegenwärtigen Herrn«,[68] als eine ursprünglich strikt auf das Evangelium bezogene *Akklamation,* die sich womöglich erst später mit Psalmversen verbunden habe. Die Argumentation wird u.a. mit dem Hinweis auf eine Anordnung des 4. Konzils zu Toledo 633 gestützt, das *Alleluia* nicht vor, sondern *nach* dem Evangelium zu singen, ein Brauch, der in der altspanischen Liturgie erhalten blieb.

Dass die römische Liturgie auch später – zum Beispiel im Wortgottesdienst am Karfreitag und an den Quatembertagen (mittwochs und sams-
tags) – noch mehrere Lesungen vor dem Evangelium kennt, spricht
freilich sehr für eine ursprünglich dreigliedrige Ordnung, ebenso der
Befund in der *Würzburger Epistelliste*.[69]

(2) Leseordnung

Aus dem 5. Jh. stammt das *Armenische Lektionar* von Jerusalem, das den
ältesten Lesezyklus des christlichen Ostens überliefert. Auch für den
altgallischen Liturgiebereich liegen Zeugnisse für eine Leseordnung
schon aus dem 5. Jh. vor. Welcher Leseordnung man in Rom um 700
folgte, lässt sich aus der sog. *Würzburger Epistelliste* (8. Jh.) und dem im
selben Würzburger Codex enthaltenen Verzeichnis der Evangelienperikopen erschließen (vgl. 1.4.1).[70] Mitte des 9. Jh. ist die Entwicklung der
römisch-fränkischen Perikopenordnung weitgehend abgeschlossen und
damit im Wesentlichen der Stand erreicht, den das tridentinische Missale
von 1570 widerspiegelt.

Epistel- und Evangelienreihe haben sich unabhängig voneinander
entwickelt, so dass in der Regel – von den großen Festen und Festzeiten
abgesehen – zwischen beiden Lesungen kaum ein inhaltlicher Zusammenhang besteht. Die früher häufig vertretene Auffassung, die Lesereihen
seien aus einer ursprünglichen *lectio continua* biblischer Bücher
hervorgegangen (vgl. dazu 10.1.2), lässt sich so nicht halten. Doch spielt
– besonders in den sog. ungeprägten Zeiten – das Prinzip der *Bahnlesung*
eine gewisse Rolle. Aber auch für liturgisch ›hochwertige‹ Zeiten wählte
man biblische Bücher aus, die in besonderem Ansehen standen, weil sie
auf ein Mitglied des Jüngerkreises bzw. auf einen Zeugen der
Auferstehung zurückgeführt werden konnten. So erklärt es sich, dass in
der Osterzeit Lesungen aus dem Johannesevangelium, dem 1. Petrusbrief
und dem Jakobusbrief die römisch-fränkische Perikopenordnung
bestimmen. Relikte einer *Bahnlesung* (aus den Briefen des Apostels
Paulus) lassen sich auch bei den Episteln der Epiphanias- und Trinitatissonntage erkennen.

»In Rom hat es ebensowenig wie anderswo eine durchgehende Lesung biblischer Bücher (lectio continua) bei der Meßfeier gegeben. Vielmehr ordnete man
beim Entstehen des liturgischen Jahreskreises den Festen und Festzeiten passen-
de Lesungen zu [...] Die dazwischen liegenden Zeiten (per annum) wurden bis
zu Gregor d. Gr. offenbar in mehr oder weniger freier Wahl mit Lesungen

versehen, und zwar nach dem Prinzip der sog. Bahnlesung, bei der ein Buch bzw. Brief zwar fortlaufend, aber in Auswahl verlesen wird.«[71]

(3) Riten zum Evangelium

Der *Ordo Romanus I* zeichnet das *Evangelium* mit einer Prozession aus: Begleitet von Weihrauch und Leuchtern, wird das Buch feierlich zum Ambo getragen und nach der Lesung den Klerikern zum Kuss dargereicht. Altkirchlich ist der Brauch, zur Evangelienlesung zu stehen. Altgallischen bzw. spätmittelalterlichen Ursprungs sind die Akklamationen *Gloria tibi, Domine* und *Laus tibi, Christe*, die die Lesung rahmen.

Auch nach dem Missale von 1570 wird das *Evangelium* im levitierten Hochamt vom Diakon gelesen bzw. gesungen. Vor dem Altar betet er das *Munda cor meum* (*Reinige mein Herz und meine Lippen*). Nachdem er das Buch vom Altar genommen hat, spendet ihm der Priester auf seine Bitte hin (*Jube, domne, benedicere*) den Segen: *Dominus sit in corde tuo* (*Der Herr sei in deinem Herzen und auf deinen Lippen* [...]). Es folgt die feierliche Prozession zum Leseplatz. Dort grüßt der Diakon die Versammelten (*Dominus vobiscum*) und bezeichnet, während er die Lesung ankündigt (*Sequentia* bzw. *Initium sancti Evangelii* [...]), zunächst das Buch, dann sich selbst mit dem Kreuz (auf Stirn, Mund und Brust). Die *Ministri* respondieren mit dem *Gloria tibi, Domine*, das Buch wird dreimal inzensiert, und die Lesung beginnt. Danach bringt – wie schon im *Ordo Romanus I* – der Subdiakon das Buch dem Priester, der es küsst und spricht: *Per evangelica dicta deleantur nostra delicta* (*Durch die Worte des Evangeliums mögen getilgt werden unsere Sünden*). Liest der Priester nur unter Assistenz eines Messdieners die Messe, spricht er die Vorbereitungsgebete selbst. Das Evangelium liest er dann an der Evangelienseite des Altars, dem Buch zugewandt.

12.3.2 Gesänge

Als Gesänge zwischen den Lesungen kennt das Missale von 1570 das *Graduale*, das *Alleluia*, die *Sequenz* und den *Tractus* (vgl. auch 5.2.4).

Der *Psalmus responsorius*, der ursprünglich vom Kantor an den Stufen des Ambo als *Graduale* vorgetragen wurde, wird – als die Sängerschola den Kehrvers (das *responsum*) des Volkes übernimmt und ihn musikalisch immer reicher ausgestaltet – in der weiteren Entwicklung auf einen einzigen Solistenvers verkürzt, der nunmehr für den Psalm im Ganzen steht und der in den Texten durch ein mit einem *S* verbundenes *V* (= *versus*) gekennzeichnet wird. Auch der mit dem *Alleluia* verbundene Psalmvers wird auf solche Weise gekennzeichnet. Das *Alleluia* – melismatisch überaus reich entfaltet – wird nach dem Vers wiederholt. Vom Samstag vor dem *Weißen Sonntag* (*Sabbato in albis*) bis zum Quatembersamstag nach Pfingsten singt man statt des *Graduale* »zwei Allelujalieder«,[72] wobei die beiden Verse nicht nur den Psalmen, sondern auch den Evangelien, Briefen usw. entnommen werden.

DOMINICA PRIMA ADVENTUS
Graduale Ps. 24, 3 et 4
Universi, qui te exspectant, non confundentur, Domine. *Vs.* Vias tuas, Domine, notas fac mihi: et semitas tuas edoce me.
Alleluja, alleluja. *Vs. Ps. 84, 8* Ostende, nobis, Domine, misericordiam tuam: et salutare tuum da nobis. Alleluja.

»Im Altertum wurde das Halleluja von den Christen auch außerhalb des Gottesdienstes, selbst bei der Arbeit, gesungen; vor allem das wortlose Jubilieren auf seinem Schlußvokal (a) war sehr beliebt.«[73] Daraus entwickelte sich ein weiterer Gesang zwischen den Lesungen, die *Sequenz* (von spätlat. *sequentia*, Fortsetzung): Im germanischen Sprachraum beginnt man im 9./10. Jh., den wortlosen Melismen über dem Schluss-a des *Alleluia* Texte unterzulegen, »und zwar jeder Note eine Silbe; erst auf den textierten Gesang der Prosa folgte jeweils der textlose melismatische Gesang der Sequenz.«[74]

In das Missale von 1570 fanden nur vier (später fünf) *Sequenzen* Aufnahme: die Ostersequenz *Victimae paschali*, die Pfingstsequenz *Veni Sancte Spiritus*, die Fronleichnamssequenz *Lauda Sion*, die Sequenz der Totenmesse *Dies irae* und (1727) das *Stabat mater* (in der *Messe von den sieben Schmerzen Mariens*).

Vom Sonntag *Septuagesima* an (dem Beginn der früheren *Vorfastenzeit*) bis zum Osterfest tritt an die Stelle des *Alleluia*, dem *Graduale* folgend, der *Tractus* (vielleicht von *tractim* = in einem Zug), »ein von einem Sänger solistisch mit reicher Interpunktionsmelismatik vorgetragener Psalm(teil) ohne Volkskehrvers«, der in der Praxis freilich zumeist wechselchörig ausgeführt wird.[75] In ihm lebt die womöglich älteste Form christlicher Psalmodie (der *Psalmus in directum*, vgl. 5.2.2) fort.

12.3.3 Die Predigt

Wie Justin zeigt (vgl. 10.1.1), folgt den Schriftlesungen die Schriftauslegung (διὰ λόγου) des Vorstehers, ebenso wie in der sog. *Klementinischen Liturgie* der *Apostolischen Konstitutionen* (in λόγους παρακλήσεως; vgl. 11.2.2). Auch in Nordafrika und Mailand erscheint die »auf das Evangelium folgende Predigt [...] als normaler Bestandteil der Feier und wurde üblicherweise von der Kathedra aus gehalten, wenn nicht die Menge der Zuhörer einen anderen Ort (Altar, Ambo) nahelegte.«[76] Ein bedeutender Prediger im gallischen Raum war Caesarius von Arles (469/70-543). Dass auch die römischen Bischöfe regelmäßig gepredigt haben, zeigen die von Leo I. (440-461) und Gregor I. (590-604) überlieferten Predigten. Dagegen findet die Predigt im *Ordo Romanus I* keinerlei Erwähnung.

Daraus folgern zu wollen, es sei um jene Zeit zu Rom in den bischöflichen wie in den von Presbytern geleiteten Messen nicht mehr gepredigt worden, wäre freilich ein zu weitgehender Schluss. Immerhin konstatiert Jungmann »seit dem beginnenden Mittelalter« allgemein einen »starken Rückgang der Wortgottesverkündigung«. Die ersten römischen Darstellungen der Messliturgie, die auch die Predigt erwähnen, stammen aus dem 12. und 14. Jh.[77]

Ganz anders stellt sich die Situation in den Ländern des Nordens dar: »Die Missionierung der germanischen Völker verlangte nach einer intensiven, stark katechetisch ausgerichteten Predigttätigkeit, und diese wurde auch nach der Phase der ersten Bekehrung (Missionspredigt) fortgesetzt (Volks- bzw. Gemeindepredigt).«[78] Insbesondere die kirchlichen Reformen Karls des Großen (747-814) forcierten die Predigt in der Volkssprache und drängten darauf, »daß ein jeder Priester dem Volk predige« (Aachen 801).[79] Im 13. Jh. erfährt die Predigt durch die Tätigkeit der Bettelorden (Franziskaner; Dominikaner: *Ordo Fratrum Praedicatorum*, Predigerorden) einen erneuten Aufschwung.

Folgenreich ist die Ausbildung eines eigenen, stark katechetisch ausgerichteten *Predigtauftritts* (*Pronaus*, franz. *prône*, von *praeconium* = Verkündigung; vgl. 4.2.5) in der Volkssprache, der in den Gang der lateinischen Messe eingefügt wird und diesen unterbricht. Neben dem in der Volkssprache verlesenen *Evangelium* und der *Predigt* finden hier katechetische Lehrstücke (*Vaterunser, Ave Maria, Glaubensbekenntnis, Zehn Gebote*), *Vermeldungen* (Abkündigungen für die Gemeinde), das *Allgemeine Gebet* und die *Offene Schuld* – ein Bußakt der Gemeinde mit Sündenbekenntnis und Vergebungsformel – ihren Platz.

Zunächst hat diese volkssprachliche *Kanzelliturgie* ihren Ort noch in der Messe – im Anschluss an die (lateinische) Verlesung des Evangeliums, aber auch nach dem Glaubensbekenntnis sowie im Zusammenhang mit Offertorium oder Kommunion (nach dem Sanctus bzw. der Elevation).[80] Wegen ihres Umfangs und ihrer besonderen Prägung drängt sie aber mehr und mehr aus der Messe hinaus und verselbständigt sich in Gestalt eines eigenen Predigtgottesdienstes, der vor der Messe, aber auch völlig unabhängig von ihr abgehalten werden kann. Dem *Manuale* des Johann Ulrich Surgant aus Basel (gest. 1503) lässt sich die Ordnung eines solchen Predigtgottesdienstes entnehmen:[81]

ERÖFFNUNG UND TEXTVERLESUNG	Lateinisches Votum (*In nomine Patris* [...]) Lateinische Textverlesung (*Thema* genannt) [Predigtlied] Deutsches Votum (Kanzelgruß, *exordium*): *Gnad vnd barmhertzikeit* [...] **Deutsche Textverlesung** **Anrufung des Heiligen Geistes** (Vaterunser, Ave Maria oder Salve Regina; Veni Sancte)
PREDIGT	[Lied nach der Predigt]
ABKÜNDIGUNGEN	Festtage, Ablässe, Aufgebote, Verstorbene usw.
ALLGEMEINES GEBET	für Lebende, Stifter des Gottesdienstes, Verstorbene; nach den Abschnitten bzw. am Ende Vaterunser und Ave Maria
KATECHETISCHE LEHRSTÜCKE	Vaterunser und Ave Maria Glaubensbekenntnis Zehn Gebote (Dekalog)
OFFENE SCHULD MIT ABSOLUTION	[...] *so sprechent vwer offen schuld mit ruwigem hertzen vnd mit bezeichnung des heiligen crutz: Ich sindiger mensch* [...]
SCHLUSSVOTUM	*Ich hab uch gewunscht gnad vnd abloß uwer sinden vnd das ewig leben* [...] [Gebet für die Toten]

Liturgischer Ort solcher Predigt ist nicht mehr die *Kathedra* des Bischofs, auch nicht der aus den *cancelli* hervorgegangene *Lettner* (vgl. 4.2.5), sondern die *Kanzel*, seit dem 13. Jh. zunächst in Gestalt eines hölzernen ›Predigtstuhls‹ im Kirchenschiff, seit dem 14. Jh. aus Stein an einem Pfeiler oder der Längswand des Hauptschiffs errichtet, gelegentlich auch an den Kirchen außen angebracht. Dass den Bettelorden vielfach die Predigt im Gemeindegottesdienst verwehrt wird, trägt mit zur Verselbständigung des Predigtgottesdienstes bei.

Seit dem Ende des 14. Jh. werden in den Städten, besonders im oberdeutschen Raum, zahlreiche Predigtpfründen (Prädikaturen) gestiftet, deren theologisch meist besser gebildete Inhaber (Prädikanten) zu regelmäßigem Predigtdienst verpflichtet sind. Die theologisch gebildeten Inhaber der Prädikantenstellen werden im 16. Jh. – besonders im oberdeutsch-schweizerischen Raum – zu Trägern der Reformation. Bei der Erneuerung des Gottesdienstes dient dort folgerichtig die Ordnung des spätmittelalterlichen Prädikantengottesdienstes als Vorlage. Für die

Abendmahlsfeier hält man sich an die Ordnung der – ebenfalls weitgehend aus der Messe ausgewanderten – Gemeindekommunion. Im
mittel- und norddeutschen Raum dagegen, wo Prädikaturen nicht in der
gleichen Weise verbreitet waren, orientiert man sich bei der Reform des
Gottesdienstes an der Struktur der mittelalterlichen Messe.

12.3.4 Das Allgemeine Gebet

Der Neugetaufte, so berichtet Justin (vgl. 10.1.1), wird zu den »Brüdern«
geführt, die versammelt sind, »um gemeinsame Gebete sowohl für uns
selbst als auch für den neu Erleuchteten und alle anderen in der ganzen
Welt mit Eifer darzubringen.« Fürbitten gehören von Beginn an zum
Grundbestand des christlichen Gottesdienstes. Der Ort, den die Fürbitten
bei Justin haben, wie auch die spätere Bezeichnung *Oratio fidelium*
(Gläubigengebet) deuten darauf hin, dass sie den Mahlteil eröffnen und
somit eigentlich diesem zugerechnet werden müssen (vgl. 10.1.3).

In der sog. *Klementinischen Liturgie* der *Apostolischen Konstitutionen* (vgl.
11.2.2) werden zunächst die Katechumenen, Energumenen, Photizomenen und
Büßer unter Fürbitten entlassen, bevor der Diakon die Versammelten zum
allgemeinen Gebet auffordert: »Wir alle, die gläubig sind, wollen die Knie
beugen [...]«. Auch in Nordafrika (vgl. 12.1.1) hat das Fürbittengebet an dieser
Stelle des Gottesdienstes seinen Ort, was u.a. Augustin bezeugt, wenn er seine
Predigten mit den Worten *Conversi ad Dominum* (»Wenden wir uns zum Herrn«)
beschließt.[82] Die altgallische Liturgie (vgl. 12.1.4) kennt das Gläubigengebet »in
Form einer Diakonallitanei mit abschließender Priesteroration.«[83] In Mailand
(vgl. 12.1.3) erinnert die *Oratio super sindonem* noch an die Fürbitten, die hier
ursprünglich gebetet wurden. In der Schilderung des *Ordo Romanus I* findet sich
jedoch kein entsprechender Hinweis mehr. Das heißt: Die römische Liturgie hat
die *Oratio fidelium* am überlieferten Ort – an der Schwelle zwischen
Wortgottesdienst und Eucharistiefeier – verloren. Ebenso gibt es hier keinerlei
Hinweise auf eine Entlassung der oben genannten Personengruppen.

Welche Gestalt die *Oratio fidelium* in Rom ursprünglich hatte, lässt
sich an den *Orationes sollemnes*, den feierlichen Fürbitten der römischen
Karfreitagsliturgie, ablesen. Seit der zweiten Hälfte des 3. Jh. bezeugt,
Ende des 4. Jh. um die priesterlichen Orationen erweitert (vgl. 12.2.3),
gehören sie vermutlich bis in das 6. Jh. hinein zum festen Bestand der
römischen Messliturgie. Nach dem von Anton Baumstark formulierten
»Gesetz der Erhaltung des Alten in liturgisch hochwertiger Zeit«[84]
behalten sie im Wortgottesdienst am Karfreitag (zunächst ebenso am
Mittwoch in der Karwoche) auch dann noch ihren Ort, als man in der
Messe auf sie verzichtet.

In ihrer Struktur unterscheiden sie sich von den *Ektenien* östlicher Prägung (vgl. dazu 11.2.2): (a) Der Priester fordert zum Gebet auf und nennt die Gebets-anliegen. (b) Der Diakon ruft zur Kniebeuge (*Flectamus genua*) und damit – ursprünglich jedenfalls – zum stillen Gebet, das mit dem Ruf des Subdiakons (*Levate*) beendet wird. (c) Der Priester fasst das Gebet mit einer *Oratio* (Kollek-tengebet; vgl. 12.2.3) zusammen, das (d) von der Gemeinde mit *Amen* aufge-nommen wird. Dieser Gang wird mehrmals wiederholt; man betet nacheinander auf solche Weise für die Kirche, den Papst, die Bischöfe und anderen Kleriker, die Katechumenen, um Befreiung von Irrtümern, Krankheiten, Nöten, für die Irrgläubigen (Häretiker) und Abtrünnigen (Schismatiker), für die Juden, für die Heiden.[85]

Auf welche Weise die römische Messe das *Allgemeine Gebet* verloren hat, ist nicht eindeutig geklärt. Dass die Aufnahme von Fürbitten (*Inter-zessionen*; vgl. 10.3.3) in das eucharistische Hochgebet zu solchem Verzicht geführt habe, wie manche meinen,[86] ist wenig wahrscheinlich. Nach anderer Meinung hat Papst Gelasius I. (492-496) das alte römische Fürbittgebet durch eine nach östlichem Vorbild gestaltete Kyrie-Litanei ersetzt und diese – ebenfalls östlichem Brauch folgend – in den Eröff-nungsteil der Messe eingefügt (vgl. 12.2.4). Vermutlich ist der Verzicht auf die alte *Oratio fidelium* in der römischen Messliturgie Ergebnis eines längeren Prozesses, der in der Tat damit zusammenhängt, dass im 5. Jh. die im Osten entstandene Kyrie-Litanei – schon wegen ihrer einfacheren Struktur – auch im Westen volkstümlich wird.[87]

Ähnlich wie in Mailand bleibt zunächst eine mit der Gebetsaufforderung *Oremus* eingeleitete *Kollekte* (*Alia* genannt in der gelasianischen Tradition) an der alten Stelle erhalten.[88] Später (so im Missale von 1570) erinnert nur noch ein einsames *Oremus* vor der Gabenbereitung an die ursprüngliche Ordnung. Im Norden erscheint, wie wir gesehen haben, das *Allgemeine Gebet* als konstitutiver Teil des *Predigtauftritts*, später des selbständigen Predigtgottesdienstes, und findet von dort auch Eingang in die reformatorischen Liturgien (vgl. 12.3.3).

12.3.5 Das Glaubensbekenntnis

Die römische Messe um 700 kennt noch kein Credo. Dieses wird – in Gestalt des um das *filioque* erweiterten *Nizäno-Konstantinopolitanischen Glaubensbekenntnisses* – in Rom erst im Jahre 1014 auf Drängen Kaiser Heinrichs II. (1002-1024) an Sonn- und Festtagen in die Messe eingefügt.

Das Glaubensbekenntnis hat in der Tat seinen liturgischen Ort ur-sprünglich nicht in der Messe, sondern in der Taufunterweisung und – zunächst in interrogatorischer, nicht in deklaratorischer Form – in der

Taufe (vgl. 15.1.3). Auch dem *Nizänischen* (genauer: *nizäno-konstanti-nopolitanischen*) *Glaubensbekenntnis* – seit dem 5./6. Jh. im Osten Teil eucharistischer Liturgien – liegt womöglich ein altes Taufbekenntnis – das der Kirche von Jerusalem – zugrunde (vgl. 11.3.5).

Als die Westgoten dem Arianismus entsagten und sich der Reichskirche anschlossen, fand das Credo – vermutlich unter östlichem Einfluss – Eingang in die altspanische Messliturgie: Die 3. Synode von Toledo 589 fügte es vor dem Vaterunser in den Gang der Messe ein und machte es so zu einem Teil der Kommunionvorbereitung (vgl. 12.1.5). Der Weg führte über das Frankenreich schließlich nach Rom: Im Zusammenhang des Streites um den Adoptianismus (782-799), ausgelöst durch Äußerungen spanischer Bischöfe, erhielt das Bekenntnis unter Karl dem Großen (747-814), Alkuin (730-804) und Paulinus von Aquileja (vor 750-802) am Hof zu Aachen seinen festen Ort in der Messe, und zwar nach dem Evangelium, ergänzt um das *filioque*, das in Spanien bereits 589 angenommen worden war. Rom sträubte sich lange gegen die Übernahme, bis es hier – ebenfalls in der ergänzten abendländischen Fassung – unter Papst Benedikt VIII. 1014 endlich Aufnahme in die Messe fand.

Bis heute bezeichnet die Hinzufügung des *filioque* zum Credo eine wichtige Lehrdifferenz zwischen den Kirchen des Ostens und des Westens. Sie ist eine der Ursachen der Kirchenspaltung von 1054 und gründet in einer unterschiedlichen Auffassung der Trinitätslehre: Während der Westen in der Nachfolge Augustins mehr die Einheit der drei göttlichen Personen (Vater, Sohn und Heiliger Geist) betont, hebt der Osten stärker die Verschiedenheit hervor.

Zusammen mit *Kyrie, Gloria, Sanctus* und *Agnus Dei* gehört das *Credo* zu den sog. Ordinariumsgesängen und wird wie diese schließlich zu einem ›Satz‹ in den musikalisch durchkomponierten Messzyklen (vgl. 5.2.4, 5.2.5). Ursprünglich gehörte es – wie im Osten – zum Repertoire der Gemeinde.

12.4 Die Gabenbereitung

Nach dem Fürbittengebet und dem Bruderkuss, so lesen wir bei Justin (vgl. 10.1.3), werden dem Vorsteher Brot, Wein und Wasser gebracht: »Dieser nimmt es und sendet Lob und Preis zum Vater aller Dinge durch den Namen des Sohnes und des Heiligen Geistes empor.« Fünf Jahrhunderte später ist der Vorgang des Herbeibringens und der Bereitung der eucharistischen Gaben, der bei Justin nur kurz Erwähnung findet, reich entfaltet. Theodor Klauser schildert auf Grund der Angaben im

Ordo Romanus I, wie sich der Vorgang in der römischen Bischofsmesse um 700 abspielte:

»Die sieben Akoluthen stellen ihre Kerzenleuchter in einer Reihe vor der Schiffsseite des Altars auf den Boden; sie müssen für Dienstleistungen beim Opfergang frei sein. Früher trugen die anwesenden Gläubigen die von daheim mitgebrachten beliebigen Gaben selbst zum Altar. Das hatte sich als zeitraubend und störend erwiesen. Jetzt werden die Opfergaben durch den Klerus bei den einzelnen Gruppen von Gläubigen eingesammelt; zugelassen sind nur noch Brot und Wein. Der Papst beteiligt sich selbst an diesem veränderten ›Opfergang‹: er nimmt die Gaben der Aristokratie entgegen. Bei der übrigen Gemeinde sammeln die suburbikarischen Bischöfe und die Presbyter die ›oblata‹ ein. Die Brote werden in große Leinentücher (sindones) gelegt, die von Akoluthen hinter dem Papst und seinen Helfern hergetragen werden. Die Fläschchen (amulae) mit dem Wein werden in einen Kelch entleert, der, wenn er voll ist, in ein großes Gefäß (scyphus) ausgeschüttet wird. Nach dieser trotz aller Vereinfachungen gewiß zeitraubenden Aktion waschen sich der Papst und seine Helfer die Hände. Der Papst legt sodann seine eigenen Opferbrote auf den Altar; der Archidiakon wählt aus den übrigen soviele aus, wie für die Kommunion nötig sind, und ordnet alles auf dem Altar an; daneben stellt er den Henkelkelch, in den der vom Papste selbst und von seinen Diakonen geopferte Wein und etwas Wasser gegossen wird. Während des ›Opferganges‹ und der Opferbereitung hat der Sängerchor die Antiphon und den Psalm zum Offertorium gesungen. Dieser Gesang wird auf einen Wink des Papstes hin abgebrochen. Dieser spricht die ›oratio super oblata‹, auch ›oratio secreta‹ genannt, seit sie leise und nicht mehr wie einst laut gesprochen wird.«[89]

Die Gabenbereitung hat nach dieser Schilderung folgenden Aufbau: (a) Einsammeln der Gaben; (b) Händewaschung; (c) Auswahl und Bereitung der Gaben auf dem Altar; dazu (d) Gesang zur Gabenbereitung; (e) Gabengebet (*oratio super oblata*; *oratio secreta*; dieses findet freilich im *Ordo I* selbst keine Erwähnung, sondern wird von Klauser hier offensichtlich auf Grund anderer Quellen vorausgesetzt).

12.4.1 Darbringung der Gaben

Im Akt der Darbringung und Bereitung der eucharistischen Gaben verzahnen sich von Anfang an liturgisches und diakonisches Handeln auf eindrucksvolle Weise. Dass der wechselseitige Beistand der Gläubigen zu den unveräußerlichen Kennzeichen christlichen Lebens gehört, wird bei Justin ganz deutlich: Die Glieder der Gemeinde hinterlegen lebensnotwendige Güter – sicher auch Brot, Wein und andere Lebensmittel – beim Vorsteher, damit dieser Bedürftige unterstütze. Man darf annehmen, dass aus solchen Vorräten auch der Bedarf der Eucharistiefeiern bestritten wird (vgl. 10.1.3; 10.2.3).

Später lassen sich drei unterschiedliche Grundformen erkennen, in denen die Darbringung der Gaben eine liturgische Ausgestaltung erfährt.

Im Osten ist es üblich, dass die Gläubigen die von ihnen mitgebrachten Gaben vor dem Beginn des Gottesdienstes in einem vom Kirchenschiff getrennten Aufbewahrungsraum hinterlegen. Dort werden die für die Eucharistie benötigten Gaben ausgewählt und vor dem Gottesdienst – zunächst möglicherweise parallel zum Wortgottesdienst – vorbereitet (*Proskomidie*; vgl. 11.3.1; 11.3.3). Zu Beginn der Eucharistiefeier werden sie dann in feierlicher Prozession (*Großer Einzug*; vgl. 11.3.5) zum Altar übertragen. Auch in Gallien werden im 6./7. Jh. die Gaben vor Beginn der Messe in einem eigenen Raum (*sacrarium*) bereitet und nach dem Gläubigengebet und der Entlassung der Katechumenen unter dem Gesang des *sonus* zum Altar gebracht.

Eine zweite Grundform scheint sich in Nordafrika und Mailand ausgebildet zu haben: Auch hier bringen die Gläubigen ihre Gaben zum Gottesdienst mit, hinterlegen sie aber nicht in der Sakristei, sondern tragen sie zu Beginn der Eucharistiefeier selber in Prozession zum Altar, wo sie von den Diakonen bzw. vom Bischof entgegengenommen werden. Diese Gabenprozession wird von Psalmengesang begleitet.

Eine dritte Grundform begegnet in der Schilderung des *Ordo Romanus I*: Wie oben im Einzelnen dokumentiert, werden hier die mitgebrachten Gaben – Brot und Wein – von den Klerikern bei den verschiedenen Gruppen der Gläubigen zu Beginn der Eucharistiefeier eingesammelt. Die mitgebrachten Brote werden dabei in große Leinentücher gelegt, der in kleinen Fläschchen mitgebrachte Wein wird in einen Sammelkelch entleert. Auch hier wird das Geschehen von Psalmengesang begleitet. Am Altar werden dann die für die Eucharistie benötigten Brote ausgewählt und auf dem Tisch niedergelegt.

Theodor Klauser und andere gehen davon aus, auch in Rom habe es zunächst eine Gabenprozession der Gläubigen (wie in Grundform 2) gegeben; aus Zeitgründen sei man dann dazu übergegangen, die Gaben bei den Gläubigen einzusammeln (Grundform 3). Hans Bernhard Meyer meint dagegen: »Für eine Gabendarbringung der Gläubigen an dieser Stelle der Feier und einen damit verbundenen Offertoriumsgesang gibt es für die römische Meßliturgie vor Gregor d. Gr. kein sicheres Zeugnis. Wahrscheinlich brachten die Gläubigen ihre Gaben vor der Messe in einen dafür bestimmten Raum. Erst der OR I [...] bezeugt für das Ende des 7. Jh., daß der Papst und seine Assistenz beim römischen Stationsgottesdienst Gaben von bestimmten Gruppen von Gläubigen entgegennahmen.«[90]

Das weitere Geschick der Gabendarbringung im Abendland hängt eng
mit frömmigkeitsgeschichtlichen Entwicklungen zusammen, die einen
Umbau – auch eine Umdeutung – der Messliturgie insgesamt zur Folge
hatten (vgl. 4.2.4). Der Rückgang der Kommunionhäufigkeit, schließlich
der weitgehende Kommunionverzicht des Volkes – bezeichnend hierfür
das Kommuniongebot des 4. Laterankonzils 1215 – führte dazu, dass der
zeichenhafte Zusammenhang zwischen der Darbringung der Gaben, ihrer
Konsekration und ihrem Empfang durch die Gläubigen zerbrach. Als es
üblich wurde, für die Eucharistie nur noch ungesäuertes Brot zu nehmen
(9.-11. Jh.), gar die Hostien in der später gebräuchlichen Form in eigenen
(Kloster-)Bäckereien zu backen (12. Jh.), konnte das häusliche Brot bei
der Eucharistie keine Verwendung mehr finden (vgl. 7.3.2). Als seit dem
8. Jh. zunächst in fränkischen Klöstern die ›stille Messe‹ aufkam – als
eine vom Priester für sich allein, nur mit einem Ministranten und ohne
Mitwirkung einer Gemeinde gefeierte Messe –, und als diese ›stille
Messe‹ schließlich »zur neuen Grundform der Meßfeier« überhaupt
wurde,[91] war dadurch auch der Ritus der Gabendarbringung betroffen;
Prozessionen entfielen bzw. wurden nur noch durch Seitenwechsel am
Altar markiert.

Dennoch haben sich Elemente der ursprünglichen Gabendarbringung beharrlich gehalten. Rupert Berger erklärt: »Dieser ›Opfergang‹ wurde beibehalten
auch in der fränkischen Zeit, als man für die Messe nur noch ungesäuertes Brot
verwendete und das von den Gläubigen mitgebrachte gesäuerte Brot für die
Konsekration gar nicht mehr gebraucht werden konnte. Dieser Opfergang wurde
beibehalten, auch als die Volkskommunion sich auf wenige höchste Feiertage
beschränkte, so daß man die Gaben für die Meßfeier gar nicht mehr benötigte.
Der Opfergang wurde beibehalten, auch als die Naturalwirtschaft aufhörte;
seither bringen die Gläubigen Geld zu den Altarschranken.«[92]

Brotspenden, für die Speisung der Kleriker oder der Armen bestimmt,
blieben vielfach noch üblich, auch der Brauch, eine kleine Hostie zur
Konsekration auf die Patene zu legen. Anderenorts brachte man ein
Geldstück an die Schranken des Altars, eine Sitte, die sich besonders bei
Totenmessen erhalten hat. Elemente der ursprünglichen Gabendarbringung haben sich auch bei den Messen zur Priester- und Bischofsweihe gehalten: Die Neugeweihten bringen Kerzen dar, der neugeweihte
Bischof opfert Kerzen, Brote und kleine Weinfässchen. Auch das Mess-
stipendium, das ein Gläubiger spendet, damit der Priester eine Messe in
einem von ihm vorgebrachten Anliegen liest, gehört in diesen Zusammenhang.[93]

12.4.2 Das Offertorium im Missale Romanum

Im Missale von 1570 findet die Gabendarbringung durch die Gläubigen keine Erwähnung mehr. Nach dem Glaubensbekenntnis küsst der Priester den Altar, wendet sich zum Gruß (*Dominus vobiscum*) dem Volk zu und fordert mit *Oremus* zum Gebet auf – Erinnerung vielleicht an das Gebet der Gläubigen, das hier ursprünglich seinen Platz hatte. Danach liest er das *Offertorium*, einst Begleitgesang zur Gabenprozession. Im feierlichen Hochamt bringt jetzt der Subdiakon Hostie und Kelch verhüllt zum Altar, und der Diakon reicht dem Priester die Hostie auf der Patene;[94] ansonsten nimmt dieser selbst die Patene mit der Hostie vom Altar – beide befinden sich wie der Kelch schon von Beginn der Messe dort – und spricht das Gebet *Suscipe, sancte Pater* darüber.

Das *Offertorium*, wie es jetzt auch heißt (Volksmessbücher sprechen vielfach von »Opferung«[95]), ist ein kompliziertes, mit zahlreichen Texten und Handlungen ausgestattetes Gebilde. Wie ein Vergleich mit dem *Ordo Romanus I* zeigt, sind die meisten der hier genannten Texte und Riten dem Vorgang der Gabenbereitung wohl erst auf fränkischem Boden zugewachsen. Die folgende Tabelle versucht, einen Überblick zu vermitteln. Wir beschränken uns dabei auf den Ritus der ›stillen Messe‹ ohne Leviten (Diakon und Subdiakon).

Gruß und Gebetsaufforderung
Der Priester küsst den Altar, wendet sich beim *Dominus vobiscum* dem Volk zu, spricht das *Oremus* wieder zum Altar.

Offertorium
Der Priester liest den Gesang zur Gabenbereitung, die *antiphona ad offerenda* bzw. *ad offertorium*, wie das Stück auch genannt wird.

Darbringung des Brotes
Der Priester hält die Patene mit der Hostie in Brusthöhe empor und betet das *Suscipe, sancte Pater*. Danach macht er mit der Patene, auf der die Hostie liegt, ein Kreuz über dem Altar und deponiert die Hostie dann auf dem Korporale.

Vermischung des Weines mit Wasser
Auf der Epistelseite lässt sich der Priester vom Messdiener das Weinkännchen reichen, gießt eine entsprechende Menge Wein in den Kelch, macht sodann ein Kreuzzeichen über dem Gefäß mit dem Wasser, betet leise *Deus, qui humanae* und gießt bei den Worten *da nobis* ein paar Tropfen Wasser in den Wein.

Darbringung des Weines
Der Priester nimmt den Kelch, erhebt ihn wiederum in Brusthöhe und betet *Offerimus tibi*. Dann zeichnet er mit dem Kelch ein Kreuz über dem Korporale, stellt ihn in die Mitte und bedeckt ihn mit der Palla.

Annahmebitte und Anrufung des Heiligen Geistes
Verbeugt, mit gefalteten Händen den Altar berührend, betet der Priester *In spiritu humilitatis*. Dann richtet er sich zum *Veni, sanctificator* auf, breitet die Hände aus, schließt sie wieder und zeichnet bei den Worten *et benedic* ein Kreuz über Hostie und Kelch.

[Beräucherung]
Im feierlichen Hochamt folgt jetzt die Beräucherung mit Weihrauch. Der Priester segnet den Weihrauch beim Einlegen in das Weihrauchfass und beräuchert sodann die Opfergaben und den Altar. Darauf wird ihm, den Leviten und den Gläubigen »die Ehre der Beräucherung zuteil«.

Händewaschung
Der Priester lässt sich auf der Epistelseite vom Ministranten über die Spitzen beider Daumen und Zeigefinger Wasser gießen und trocknet sie am *Lavabotüchlein* ab. Dazu betet er *Ps 26, 6-12: Lavabo inter innocentes manus meas.*

Annahmebitte zur allerheiligsten Dreifaltigkeit
Zur Mitte des Altars zurückgekehrt, spricht der Priester, leicht gebeugt, mit gefalteten Händen den Altar berührend, das Gebet *Suscipe, sancta Trinitas.*

Orate fratres
Der Priester küsst den Altar, wendet sich zum Volk und spricht *Orate fratres*. Zum Altar gewandt, wartet er, bis der Messdiener das *Suspiciat* gebetet hat, und antwortet *Amen.*

Gabengebet (Sekret, Stillgebet)
Mit ausgebreiteten Händen, zum Altar gewandt, betet der Priester die *Sekret*. Den Abschluss *Per omnia saecula saeculorum* trägt er mit lauter Stimme vor. Er leitet unmittelbar zum Dialog vor der *Präfation* über.

(1) Das Gabengebet

Ältestes Element ist vermutlich das Gabengebet, die *Oratio super oblata* (so auch die Bezeichnung in der ambrosianischen Liturgie). Es entspricht in seiner Struktur der *Oratio*, dem Tagesgebet, das den Wortgottesdienst eröffnet (vgl. 12.2.3), wie der *Postcommunio*, dem Schlussgebet, gehört also zur Gruppe der sog. *Präsidialgebete*, die vom Vorsteher ursprünglich selbstverständlich laut vorgetragen wurden (vgl. 8.5.3).

Es »scheint etwas später als das Tagesgebet (gegen Ende 5. Jh.) zum festen Bestandteil der römischen Meßliturgie geworden zu sein.«[96] Auf fränkischem Boden setzte sich seit dem 8. Jh. der Brauch durch, das Gabengebet still zu beten. Es hieß jetzt – so schon im *Altgelasianum* (vgl. 12.1.2) – *Oratio secreta* bzw. einfach *Secreta, Sekret*. Dabei waren altgallisch-ostkirchliche Einflüsse im Spiel, die dazu beitrugen, dass schließlich auch der Hauptteil des Eucharistiegebets, der *Canon Missae*, still gebetet wurde: »Gallischer Brauch hatte nach orientalischem Vorbild Opfergebete gern mit dem Schleier der Stille verhüllt.«[97]

(2) Orate fratres

Fränkischer Zusatz zur alten römischen Messordnung ist das *Orate fratres*, das der *Sekret* vorausgeht. Es ist »seinem Ursprung nach ein Ruf um Fürbitte, erwachsen aus dem theologischen Verständnis der Karolingerzeit, das den Priester allein in das ›schauererregende Geheimnis‹ der innersten Meßfeier eintreten sah.«[98] Die Antwort war zunächst nicht allgemein festgelegt. Das *Suscipiat* wurde in der jetzigen Textgestalt erst durch das Trienter Konzil verbindlich eingefügt:

S. Orate, fratres: ut meum ac vestrum sacrificium acceptabile fiat apud Deum Patrem omnipotentem. *M.* Suscipiat Dominus sacrificium de manibus tuis ad laudem et gloriam nominis sui, ad utilitatem quoque nostram, totiusque Ecclesiae suae sanctae. *S.* Amen.

(3) Händewaschung

Zu den älteren Elementen der Gabenbereitung gehört auch die Waschung der Hände. Im *Ordo Romanus I* heißt es: »Post hoc« – das heißt, nach der Einsammlung der Gaben – »pontifex [...] reddit ad sedem suam, abluit manus suas«.[99] Die Händewaschung an dieser Stelle hat wohl ihren Grund darin, »daß der Bischof bei der Opferdarbringung des Volkes die Brote berührt hat.«[100]

Zwischen Beräucherung und dem *Suscipe, sancta Trinitas* wird im frühen Mittelalter ein zweite Händewaschung eingefügt, die – obwohl in Rom bis in das 14. Jh. nicht gebräuchlich – schließlich im Ritus der Priestermesse allein übrig bleibt. Die erste Händewaschung zu Beginn der Gabenbereitung lebt im Pontifikalamt fort.

(4) Der Gesang zum Offertorium

Ist die Gabendarbringung abgeschlossen, gibt der Bischof nach dem *Ordo Romanus I* der Sängerschola ein Zeichen, den Gesang zu beenden, mit dem sie den gesamten bisherigen Vorgang offenbar begleitet hat: »Et pontifex«, so heißt es, »respicit scolam et annuit ut sileant.«[101]

Der Brauch, zur Gabenbereitung Psalmen zu singen, ist für Nordafrika durch Augustin (um 400) bezeugt; er hat ihn möglicherweise schon in Mailand vorgefunden. Spätestens um 600 scheint er Eingang auch in die römische Messliturgie gefunden zu haben.

Umstritten ist die ursprüngliche Gestalt dieses Gesangs. Während Jungmann annimmt, »daß die antiphonische Vortragsweise gerade bei den Offertorien schon früh verlassen wurde und die responsorische an ihre Stelle getreten ist«,[102] weist Helmut Hucke darauf hin, dass die Quellen keine Spuren einer solchen Entwicklung erkennen lassen: »Von den ältesten Handschriften des 9. Jh. an haben sie die Gestalt von Responsorien mit 2-4 Soloversen.«[103] Diese Soloverse kommen später in Wegfall, übrig bleibt nur der Kehrvers (nach Jungmann: die ursprüngliche Antiphon), mit Ausnahme der Totenmesse, wo auch ein Vers erhalten bleibt.

(5) Suscipe, sancta Trinitas

Das Gebet *Suscipe, sancta Trinitas* schließt an das Gedächtnis Christi, seiner Mutter und der Heiligen die Bitte an:

[...] ut illis proficiat ad honorem, nobis autem ad salutem: et illi pro nobis intercedere dignentur in caelis, quorum memoriam agimus in terris (Lass sie [diese Opfergabe] ihnen zur Ehre, uns aber zum Heile gereichen, und lass die im Himmel unsre Fürbitter sein, deren Gedächtnis wir auf Erden feiern).

Das Gebet steht in einer gewissen Beziehung zum altkirchlichen Diptychenwesen (vgl. 10.3.3): In der altgallischen Liturgie (vgl. 12.1.4) werden nach der Gabenprozession – dem *Großen Einzug*, mit dem die für die Eucharistie vorbereiteten Gaben zum Altar übertragen werden (vgl. 12.3.1) – die *Diptychen* verlesen, das heißt die Namen derer, »die an der Eucharistiefeier besonders beteiligt sind, weil sie Oblationen dargebracht haben oder weil Oblationen für sie dargebracht worden sind«,[104] ein Brauch, der sich auch in der altspanischen Liturgie (vgl. 12.1.5) erhalten hat. Dagegen steht die römische Übung, die Interzessionen in das eucharistische Hochgebet selbst einzufügen, wie Papst Innozenz I. (401-417) in einem Brief an Bischof Decentius von Gubbio im Jahre 416 mit Nachdruck unterstreicht.

Augenscheinlich hält sich aber der alte Brauch auf fränkischem Boden auch dann, als man dort die römische Liturgie übernimmt, so dass Karl der Große ihn 789 ausdrücklich untersagen muss. Dass das entsprechende Bedürfnis dennoch ›subversiv‹ weiterwirkt, zeigt sich, als im 11. Jh. in den Sakramentaren Texte auftauchen, »die alle mit *Suscipe, sancta Trinitas* beginnen, sich auf verschiedene Gebetsanliegen beziehen und an verschiedenen Stellen der Messe eingeschaltet werden konnten.« Das macht wahrscheinlich, dass es sich auch bei unserem Text, der im 13. Jh. Eingang in die römische Liturgie findet, um einen »Ersatz für die ehemals hier übliche gallische Namenverlesung« handelt.[105]

(6) Bereitung des Kelches

Im mediterranen Kulturkreis war es üblich, dem meist schweren Wein Wasser beizufügen. Dieser Brauch ist für die Eucharistiefeier seit den ältesten Zeiten bezeugt (vgl. 10.1.3) und wird in den alten Liturgien des Ostens wie des Westens geübt – mit Ausnahme der Armenier, die aus dogmatischen Gründen seit dem 6. Jh. die Beimischung von Wasser ablehnen. Das weist auf die symbolische Bedeutung hin, die dem Vorgang beigemessen wurde und wird: Der Osten sieht in Wein und Wasser Hinweise auf die göttliche und menschliche Natur in Christus, im Westen gilt das Wasser als Zeichen für das gläubige Volk, dem sich Christus verbindet, aber auch für das Wasser, das neben dem Blut aus der Seitenwunde Christi strömt.

Im römischen Ritus, der die Beimischung von Wasser auf wenige Tropfen beschränkt, ist diese symbolische Bedeutung offensichtlich. Sie wird durch das Gebet *Deus qui humanae substantiae* unterstrichen. Es handelt sich dabei im Kern um eine alte *Oratio* auf das Weihnachtsfest, der die Worte *per huius aquae et vini mysterium* eingefügt sind.

(7) Darbringungsgebete

Im Zuge der Übernahme des römischen Ritus auf fränkischem Boden finden viele sog. *Apologien*, aus gallischer Tradition stammend, Eingang in die Messe (vgl. auch 12.2.7). Es handelt sich um Texte, »in denen der Priester immer wieder im Verlauf der Feier, besonders aber am Beginn sowie zur Gabenbereitung und zur Kommunion, seine Sündhaftigkeit bekennt und um das göttliche Erbarmen bittet.«[106]

Das Gebet zur Darbringung des Brotes (*Suscipe, sancte Pater*) weist – in der Einzahl verfasst – deutliche Bezüge hierzu auf: [...] *Dir, meinem lebendigen, wahren Gott, bringe ich, dein unwürdiger Diener, sie* [die Opfergabe] *dar für meine unzähligen Sünden, Fehler und Nachlässigkeiten* [...]

Der Begleittext zur Darbringung des Kelches (*Offerimus tibi*), im 10. Jh. erstmals bezeugt, wird ursprünglich vom Diakon gesprochen, während er den Kelch zum Altar überträgt. Der Gleichklang mit der Darbringungsformel nach der Wandlung im *Canon Missae* (*Offerimus preclarae majestati tuae* [...] *Calicem salutis perpetuae*) ist augenfällig und weist auf liturgietheologische Probleme hin, die sich mit dem ganzen Komplex der Gabendarbringung im Abendland verbinden: Bezieht man die Darbringungsformeln, die der Rezitation der Einsetzungsworte (und der dadurch bewirkten Wandlung) folgen, nicht mehr auf die Gaben von Brot und Wein, sondern auf Leib und Blut Christi, müssen

entsprechende, nahezu gleichklingende Formulierungen im Kontext der
Gabenbereitung unstimmig und verwirrend wirken. Bestenfalls kann
ihnen noch als gleichnishafte Vorwegnahme jenes ›Opfers‹, das sich dann
realiter in der Darbringung der gewandelten Gestalten vollzieht, ein Sinn
abgewonnen werden. Dabei könnte gerade eine kritische Relecture der
Kanontexte – im Kontext der Offertorialgebete – zu einer neuen Sicht
auch der Sinn- und Handlungsstrukturen des Hochgebets führen.

Dazu stimmen auch die beiden Texte, die der Darbringung des Brotes und des
Kelches folgen. *In spiritu humilitatis* – wiederum apologetisch getönt – bittet
noch einmal um die Annahme der dargebrachten Gaben, nämlich von Brot und
Kelch: Denn »einem Geber Zutritt gewähren« – auf diese Bedeutung zielt das
suscipiamur – »heißt die Gabe, die er in Händen trägt, wohlgefällig annehmen.«[107] Beim *Veni, sanctificator*, das schon im Stowe-Missal (9. Jh.; vgl.
12.1.6) begegnet, handelt es sich augenscheinlich um eine Gabenepiklese, die um
die Heiligung der dargebrachten Gaben bittet.

Der ursprüngliche Sinn der Handlung, wie er sich etwa im Hochgebet
der *Traditio apostolica* erkennen lässt (vgl. dazu 10.2.3, 10.2.4, 10.3.5),
wird freilich durch die massive Opferterminologie, die sich in den
zitierten Texten breit macht, sehr verdunkelt. Rupert Berger schreibt: »Im
Mittelalter wird das Motiv des Bitt- und Sühnopfers verstärkt, und wenn
der Gläubige jetzt dem Priester eine Oblation für die Feier der Messe
reicht, steht für ihn das Anliegen, die Fürbitte im Vordergrund, so daß
der Opfergang in erster Linie als ein ›Sich-Einkaufen in die Verdienste
Christi‹ verstanden wird *(J. A. Jungmann)*.«[108]

12.5 Das eucharistische Hochgebet

12.5.1 Geschichte

Ebenso wie die Anfänge der lateinischen Messe in Rom ist auch der
Ursprung des Hochgebets der römischen Messe »in tiefes Dunkel gehüllt« (vgl. 12.1.2).[109] Seine Entstehung wird häufig in die Zeit des
Papstes Damasus (366-384) datiert, als sich in Rom der Übergang von
der griechischen zur lateinischen Liturgiesprache vollendet (vgl. 2.1.3).
Umstritten ist, ob es sich bei dem Text um die Übersetzung einer griechischen Vorlage oder um ein eigenständiges, originär in Latein verfass-
tes Dokument handelt, das den Stoff »unter Einhaltung des traditionell
gewordenen Gedankenganges und unter Benutzung gewisser durch das

Herkommen geheiligter Wendungen aus lateinischem Sprachgeist« neu gestaltet.[110]

Ein erstes verlässliches Textzeugnis begegnet in der dem Ambrosius von Mailand (339-397) zugeschriebenen Schrift *De sacramentis* (vgl. 12.1.3). Hier wird der Text eines Hochgebets überliefert, das dem römischen Kanon vom *Quam oblationem* bis zum *Supplices te rogamus* entspricht. Aber auch hier ist die Verfasserfrage nicht geklärt. Nach Hans Bernhard Meyer »steht nur so viel fest, daß der Text aus dem lateinischen Liturgiebereich und von einem zumindest römisch geprägten Autor stammt. Es könnte Ambrosius selbst gewesen sein, der aber ebensogut das Hochgebet einer anderen Kirche – etwa der römischen – übernommen haben kann.«[111]

Auch die Teile des Hochgebets, die Ambrosius nicht zitiert, müssen spätestens im 5./6. Jh. entstanden sein. Sie werden durch altgallische Quellen des 7./8. Jh. und durch das Altgelasianum bezeugt. »Bis zu Gregor d. Gr. hat demnach der Text seine bis heute geltende Form gefunden; er ist dann nur noch unwesentlich verändert worden.« Strukturelle Merkmale – »Interzessionen und eine erste Epiklese vor dem Einsetzungsbericht sowie eine Kommunionbitte (zweite Epiklese) und Interzessionen nach demselben« – verweisen nach Hans Bernhard Meyer auf eine gewisse Verwandtschaft mit der alexandrinischen Tradition (vgl. 10.3.3; 10.3.4; 11.1.1; 11.2.1).[112]

Bestimmte Entwicklungen, die für das Hochgebet der römischen Messe von Bedeutung sind, haben wir schon unter 10.3 – beim Vergleich des Hochgebets der *Traditio apostolica* mit seiner Adaption im neuen römischen Hochgebet II – dargestellt, so die Einfügung des Sanctus (10.3.1), die Einfügung der Interzessionen (10.3.3, auch 12.4.2), die Trennung von Gaben- und Kommunionepiklese (10.3.4), die Umdeutung der Darbringungsformel (10.3.5). Auf dieses Unterkapitel sei darum ausdrücklich verwiesen.

12.5.2 Der Canon Missae im Überblick

Der Kanon der römischen Messe ist ein kompliziertes, vielfach geschichtetes Textgebilde. Die folgende Tabelle gibt den lateinischen Text (ohne die Rubriken) wieder. Wir beziehen auch *Präfation* und *Sanctus*, die ja nicht Teil des eigentlichen *Canon Missae* sind, in die Übersicht mit ein. Im Anschluss an den Text erörtern wir Struktur und einzelne Elemente des Hochgebets in ihrem geschichtlichen Zusammenhang. Dabei wird deutlich, dass der Text in mancher Hinsicht durchaus alternative liturgietheologische Lesarten zulässt.

EINLEITENDER DIALOG

Der Priester singt die letzten Worte des Stillgebetes: S. Per omnia saecula saeculorum. *M.* Amen. S. Dominus vobiscum. *M.* Et cum spiritu tuo. S. Sursum corda. *M.* Habemus ad Dominum. S. Gratias agamus Domino, Deo nostro. *M.* Dignum et justum est.

PRÄFATION

[Praefatio communis]: Vere dignum et justum est, aequum et salutare, nos tibi semper et ubique gratias agere: Domine sancte, Pater omnipotens, aeterne Deus: per Christum, Dominum nostrum. Per quem majestatem tuam laudant Angeli, adorant Dominationes, tremunt Potestates. Caeli caelorumque Virtutes ac beata Seraphim socia exsultatione concelebrant. Cum quibus et nostras voces ut admitti jubeas, deprecamur, supplici confessione dicentes:

SANCTUS

Sanctus, Sanctus, Sanctus Dominus, Deus Sabaoth. Pleni sunt caeli et terra gloria tua. Hosanna in excelsis. ✝ Benedictus, qui venit in nomine Domini. Hosanna in excelsis.

ANNAHME- UND SEGENSBITTE (*TE IGITUR*)

TE IGITUR, clementissime Pater, per Jesum Christum, Filium tuum, Dominum nostrum, supplices rogamus, ac petimus, uti accepta habeas et benedicas, haec ✝ dona, haec ✝ munera, haec ✝ sancta sacrificia illibata,

INTERZESSIONEN I

FÜR KIRCHE, PAPST, BISCHÖFE (*IN PRIMIS*)

in primis, quae tibi offerimus pro Ecclesia tua sancta catholica: quam pacificare, custodire, adunare et regere digneris toto orbe terrarum: una cum famulo tuo Papa nostro N. et Antistite nostro N. et omnibus orthodoxis, atque catholicae et apostolicae fidei cultoribus.

MEMENTO FÜR DIE LEBENDEN (*COMMEMORATIO PRO VIVIS*)

Memento, Domine, famulorum famularumque tuarum N. et N. et omnium circum-stantium, quorum tibi fides cognita est et nota devotio, pro quibus tibi offerimus: vel qui tibi offerunt hoc sacrificium laudis, pro se suisque omnibus: pro redemptione animarum suarum, pro spe salutis et incolumitatis suae: tibique reddunt vota sua aeterno Deo, vivo et vero.

HEILIGENGEDENKEN I (*COMMUNICANTES*)

[Der Anfang des folgenden Gebetes hat an einigen Festen eine eigene Form]. Communicantes, et memoriam venerantes, in primis gloriosae semper Virginis Mariae, Genitricis Dei et Domini nostri Jesu Christi: sed et beatorum Apostolorum ac Martyrum tuorum, Petri et Pauli, Andreae, Jacobi, Joannis, Thomae, Jacobi, Philippi, Bartholomaei, Matthaei, Simonis et Thaddaei: Lini, Cleti, Clementis, Xysti, Cornelii, Cypriani, Laurentii, Chrysogoni, Joannis et Pauli, Cosmae et Damiani: et omnium Sanctorum tuorum; quorum meritis precibusque concedas, ut in omnibus protectionis tuae muniamur auxilio. Per eundem Christum, Dominum nostrum. Amen.

ANNAHMEBITTE (*HANC IGITUR*)

[Eigene Form an Gründonnerstag, Ostern, Pfingsten und zur Weihemesse eines Bischofs]. Hanc igitur oblationem servitutis nostrae, sed et cunctae familiae tuae, quaesumus, Domine, ut placatus accipias: diesque nostros in tua pace disponas, atque ab aeterna damnatione nos eripi, et in electorum tuorum jubeas grege numerari. Per Christum, Dominum nostrum. Amen.

ANNAHME- UND WANDLUNGSBITTE (*QUAM OBLATIONEM*)

Quam oblationem tu, Deus, in omnibus, quaesumus, bene✝dictam, adscrip✝tam, ra✝tam, rationabilem, acceptabilemque facere digneris: ut nobis Cor✝pus et San✝guis fiat, dilectissimi Filii tui, Domini nostri Jesu Christi.

EINSETZUNGSBERICHT (*QUI PRIDIE*)

Qui pridie quam pateretur, accepit panem in sanctas ac venerabiles manus suas, et elevatis oculis in caelum ad te Deum, Patrem suum omnipotentem, tibi gratias agens, bene✝dixit, fregit, deditque discipulis suis, dicens: Accipite, et manducate ex hoc omnes. Hoc est enim Corpus meum. Simili modo postquam coenatum est, accipiens et hunc praeclarum Calicem in sanctas ac venerabiles manus suas: item tibi gratias agens, bene✝dixit, deditque discipulis suis, dicens: Accipite, et bibite ex eo omnes. Hic est enim Calix Sanguinis mei, novi et aeterni testamenti: mysterium fidei: qui pro vobis et pro multis effundetur in remissionem peccatorum. Haec quotiescumque feceritis, in mei memoriam facietis.

ANAMNESE UND DARBRINGUNG (*UNDE ET MEMORES*)

Unde et memores, Domine, nos servi tui, sed et plebs tua sancta, ejusdem Christi Filii tui, Domini nostri, tam beatae passionis, nec non et ab inferis resurrectionis, sed et in caelos gloriosae ascensionis: offerimus praeclarae majestati tuae de tuis donis ac datis, hostiam ✝ puram, hostiam ✝ sanctam, hostiam ✝ immaculatam, Panem ✝ sanctum vitae aeterne, et Calicem ✝ salutis perpetuae.

ANNAHMEBITTE (*SUPRA QUAE PROPITIO*)

Supra quae propitio ac sereno vultu respicere digneris: et accepta habere, sicuti accepta habere dignatus es munera pueri tui justi Abel, et sacrificium Patriarchae nostri Abrahae: et quod tibi obtulit summus sacerdos tuus Melchisedech, sanctum sacrificium, immaculatam hostiam.

DARBRINGUNGS- UND KOMMUNIONBITTE (*SUPPLICES TE ROGAMUS*)

Supplices te rogamus, omnipotens Deus: jube haec perferri per manus sancti Angeli tui in sublime altare tuum, in conspectu divinae majestatis tuae: ut, quotquot ex hac altaris participatione sacrosanctum Filii tui Cor✝pus, et San✝guinem sumpserimus, omni benedictione caelesti er gratia repleamur. Per eundem Christum, Dominum nostrum. Amen.

INTERZESSIONEN II

MEMENTO FÜR DIE VERSTORBENEN (*COMMEMORATIO PRO DEFUNCTIS*)

Memento etiam, Domine, famulorum famularumque tuarum *N.* et *N.*, qui nos prae-
cesserunt cum signo fidei, et dormiunt in somno pacis. Ipsis, Domine, et omnibus in
Christo quiescentibus locum refrigerii, lucis et pacis ut indulgeas, deprecamur. Per
eundem Christum, Dominum nostrum. Amen.

FÜR DEN AMTIERENDEN KLERUS (*NOBIS QUOQUE PECCATORIBUS*)
UND HEILIGENGEDENKEN II

Nobis quoque peccatoribus famulis tuis, de multitudine miserationum tuarum speranti-
bus, partem aliquam et societatem donare digneris, cum tuis sanctis Apostolis et
Martyribus: cum Joanne, Stephano, Matthia, Barnaba, Ignatio, Alexandro, Marcellino,
Petro, Felicitate, Perpetua, Agatha, Lucia, Agnete, Caecilia, Anastasia, et omnibus
Sanctis tuis: intra quorum nos consortium, non aestimator meriti, sed veniae, quaesumus,
largitor admitte. Per Christum, Dominum nostrum.

ABSCHLIESSENDER LOBPREIS

Per quem haec omnia, Domine, semper bona creas, sancti✝ficas, vivi✝ficas, be-
ne✝dicis et praestas nobis. Per ip✝sum, et cum ip✝so et in ip✝so, est tibi Deo Patri ✝
omnipotenti, in unitate Spiritus ✝ Sancti, omnis honor, et gloria. Per omnia saecula
saeculorum.

AMEN

12.5.3 Struktur und Elemente

Das Bild konzentrischer Kreise, die sich um eine gemeinsame Mitte
schließen, kann helfen, sich die Struktur des römischen Hochgebets
einzuprägen: Einen gleichsam innersten Kreis bilden der Einsetzungsbericht (*Qui pridie*) mit der Anamnese (*Unde et memores*), der Darbringungsformel (*offerimus preclarae maiestatis*) und einer Annahmebitte
(*Supra quae propitio*). Als einen zweiten Kreis darf man die beiden
›epikletischen‹ Texte ansehen, die diesen Kernbereich rahmen: die
Wandlungsbitte (*Quam oblationem*), die dem Einsetzungsbericht vorausgeht, und das *Supplices te rogamus*, das ihm folgt – ursprünglich
vielleicht, wie in der *Traditio apostolica*, Gaben- und Kommunionepiklese in einem. Einen äußeren Kreis bilden dann die Interzessionen für
die Lebenden (*Memento, Domine*) und die Verstorbenen (*Memento
etiam*), verbunden mit dem gleichfalls doppelten Heiligengedächtnis
(*Communicantes*; *partem [...] digneris cum tuis sanctis*), mit Annahmebitten (*Te igitur, Hanc igitur oblationem*) und einer Selbstempfehlung
des Klerus (*Nobis quoque peccatoribus*). Präfation (*Vere dignum*) und
abschließende Doxologie (*Per quem haec omnia*) mag man als einen

weiteren Kreis ansehen, der das Gebet insgesamt lobpreisend eröffnet und beschließt.

Ursprünglich bezeichnet *Canon actionis* (»Norm für die Handlung«)[113] wohl das Hochgebet im Ganzen, beginnend mit dem einleitenden Dialog, wie er schon in der *Traditio apostolica* überliefert wird (vgl. 10.2.2). Aber bereits der *Ordo Romanus I* scheint die Bezeichnung *Canon* für den Teil des Hochgebets nach dem Sanctus zu reservieren (*surgit pontifex solus in canone*, heißt es).[114] Solche begriffliche Differenzierung ist offenbar mit der Einfügung des *Sanctus* in das Hochgebet verbunden, wie sie seit dem 4. Jh. im Osten bezeugt ist und sich im 5. Jh. – über Gallien – auch im Abendland durchsetzt (vgl. 10.3.1).

Die begriffliche Differenzierung hängt mit einer anderen, strukturellen Differenzierung eng zusammen: Im Unterschied zum Osten, wo sich das Hochgebet schließlich in einer Anzahl invariabler Formulare verfestigt, wird es für die römische Liturgie kennzeichnend, dass der erste Teil des Hochgebets bis zum *Sanctus* variabel bleibt, also mit den Festen und Festzeiten des Kirchenjahres bzw. anderen Anlässen wechselt, während der zweite Teil nach dem *Sanctus* – im Unterschied etwa zum altgallischen Ritus – nur noch wenige partiell variable Stücke (*Communicantes, Hanc igitur*, auch im *Qui pridie*) aufweist.

Als es vom 8. Jh. an – wiederum nach östlichem, über Gallien vermitteltem Vorbild – zunächst im fränkischen Bereich und schließlich auch in Rom Brauch wird, den Kanon vom *Te igitur* an (die Anfangs- und Schlussworte ausgenommen) leise zu beten, verstärkt das noch die Zäsur zwischen den beiden Teilen des Hochgebets (vgl. 5.3.2). Wo die Sängerschola, später der mehrstimmige Kirchenchor das *Sanctus* mit dem *Benedictus* singt, wird in der Regel der leise gebetete Kanon – mit Ausnahme der Wandlungsworte – musikalisch überlagert.

So kann Rupert Berger resümieren, die beschriebene Entwicklung habe »den Grundcharakter des Lobpreises und der Danksagung verdunkelt und durch die Zuspitzung der variablen Tradition auf das jeweilige Festgeheimnis den heilsgeschichtlichen Durchblick im Lobpreis völlig untergehen lassen.«[115] Hans Bernhard Meyer ergänzt diese Kritik durch den Hinweis auf einen terminologischen Sachverhalt, der zugleich Verschiebungen inhaltlicher Art einschließt: »Der gedenkende Lobpreis tritt zurück zugunsten des Opfergedankens (seit dem 4. Jh. verdrängt der Begriff ›oblatio‹ die bislang übliche Bezeichnung ›eucharistia‹) und der (epikletischen und interzessorischen) Bitten.«[116]

Ein Blick auf die Elemente, die zum Textbestand des Hochgebets gehören, bestätigt diesen Eindruck. Dazu muss man sich noch einmal den Sinn vergegenwärtigen, den die Bereitstellung und Darbringung der Gaben im Hochgebet der *Traditio apostolica* und in anderen frühen Anaphoren erfüllt (vgl. 10.2.4): Sie ist »Tatvollzug« des danksagenden Gedenkens der Gemeinde, das in die Heiligungsbitte, die Epiklese mündet.[117] Diese ursprüngliche Sinnrichtung des Geschehens wird durch die alles überwuchernde Opferterminologie verdunkelt. Die Darbringung der Gaben, ein Teilaspekt also des eucharistischen Handelns der Gemeinde, wird zum alles bestimmenden, alles durchdringenden Leitmotiv, das das gesamte Geschehen regiert.

Besonders verhängnisvoll wirkt sich offenbar die Verknüpfung der Darbringung mit den *Interzessionen*, den in das Hochgebet eingefügten Fürbitten, aus. Was an seinem Ursprung vielleicht einen guten Sinn machte – dass einer mit seinen Gaben zur Feier beitrug und dies mit der Erwartung verband, mit seinen Anliegen in die gottesdienstliche Fürbitte der Gemeinde aufgenommen zu werden –, musste zum Verlust des ursprünglichen Sinnzusammenhangs führen, wenn es als eigentlicher, womöglich gar einziger Sinn des Geschehens erschien: Eucharistie als ein Instrument, möglichst effektiv die jeweiligen Bedürfnisse und Anliegen zur Geltung zu bringen und den Adressaten der Gaben und Gebete, Gott, auf ihre Erfüllung zu verpflichten. Es darf nicht übersehen werden, dass die Bitten, die im Hochgebet der *Traditio apostolica* im Zusammenhang der Darbringung der Gaben formuliert werden, einzig auf die Einheit der Gemeinde und die Glaubensstärkung der Kommunikanten zielen und damit strikt in einen pneumatologisch-ekklesiologischen Zusammenhang eingebunden bleiben.

Dass der Sachverhalt sich dort noch erheblich verschärft, wo – dem westlich-römischen Konsekrationsverständnis folgend – die Darbringungsformeln und Annahmebitten, die *nach* der Rezitation der Einsetzungsworte zu stehen kommen, auf die gewandelten Gaben des Leibes und Blutes Christi bezogen werden müssen, liegt auf der Hand (vgl. dazu 10.3.5). In solcher Hinsicht bereiten die entsprechenden Texte im zweiten Teil des Hochgebets – bzw. ihre Umdeutung im zuletzt genannten Sinne – besondere Schwierigkeiten.

(1) Die Präfation

Ursprünglich vielleicht Name für das Hochgebet im ganzen (spätlat. *praefatio*: »feierliche Rede vor versammelter Mannschaft«[118]), bei Cyprian zunächst nur für den einleitenden Dialog,[119] dient der Begriff in den römischen Büchern später ausschließlich zur Bezeichnung des ersten, veränderlichen Gebetsteils vor dem *Sanctus* (gallisch-spanische Bezeichnungen sind *contestatio*, *immolatio* oder *illatio*).

Hans Bernhard Meyer nimmt an, dass in Rom »ursprünglich jede Messe ihren eigenen Präfationstext hatte«;[120] das *Veronense* (vgl. 1.4.1; 12.1.2) überliefert 267 Präfationen aus dem 5./6. Jh. Im Folgenden kommt es jedoch zu einer erheblichen Reduktion der Zahl der Präfationen. Das *Hadrianum* kennt nur noch 14 Texte, spätere Verzeichnisse zählen noch neun:[121] für Weihnachten, Epiphanie, Ostern, Himmelfahrt, Pfingsten, Dreifaltigkeit, Apostelfeste; dazu noch jeweils eine Fasten-, Kreuz- und Marienpräfation.

Typisch für die Präfationen der römisch-fränkischen Tradition ist ihre Dreigliederung: (a) Ein erster Teil, der an den vorausgehenden Dialog anknüpft und ihn mit *Vere dignum* aufnimmt, formuliert in allgemeiner Weise Danksagung und Lobpreis. (b) Ein Mittelteil nennt – ähnlich, wie dies häufig auch in den *Orationen* der Fall ist (vgl. 12.2.3) – das konkrete Motiv des Dankes, in der Regel das jeweilige Festgeheimnis. (c) Ein dritter Teil leitet zum *Sanctus* über und verbindet den irdischen Lobpreis mit dem Lobgesang überirdischer Mächte und Gewalten. Die sog. *Praefatio communis*, die *gewöhnliche Präfation* (siehe oben in der Übersicht), stellt lediglich ein Rahmenformular dar, dem »das motivierende Mittelstück völlig fehlt«[122].

(2) Fürbitten

Fürbitten (*Interzessionen*) im Hochgebet verdanken sich, wie wir gesehen haben (vgl. 10.3.3; 12.4.2), dem Brauch, im Gottesdienst die Namen derer zu verlesen, die Gaben dargebracht haben oder für die Gaben dargebracht worden sind. Daraus erklärt sich die Verbindung der Fürbitten mit der Bitte um Annahme der dargebrachten Gaben: Diese stellen ja gleichsam die materielle Basis der Fürbitten dar, ihre materielle Repräsentanz. Der Geber bringt, wie es dann später heißt, »durch das Opfer der materiellen Gabe seine innere Anteilnahme am Opfer der Messe zum Ausdruck«,[123] und er tut das in der Erwartung, dass Zelebrant und feiernde Gemeinde sich seinen Anliegen fürbittend verbinden.

Vermutlich werden in Rom zunächst – nach alexandrinischem Vorbild – *Interzessionen* in den ersten Teil des Hochgebets, vor dem Einsetzungsbericht, eingefügt. Im zweiten Teil des Hochgebets finden dann später das Gedächtnis der Entschlafenen (*Memento etiam*) und das *Nobis quoque* Aufnahme.

Im *Te igitur* erscheint – noch vor allem Bezug auf Einzelpersonen und Einzelgruppen – die Kirche selbst als diejenige Größe, die die Gaben darbringt und für die »Frieden auf dem ganzen Erdkreis« erbeten wird. In die Fürbitte eingeschlossen werden der Papst, der Ortsbischof und alle rechtgläubigen Förderer des Glaubens.

Das *Memento, Domine* fügt sich als »*Gedächtnis der Lebenden* [...] organisch dem Gang der Fürbittschicht im Römischen Kanon ein; es nennt als Mitträger der Feier die Namen derer, die besondere Gaben gespendet haben oder für die

Oblationen dargebracht worden sind.«[124] Ihren »natürlichen Platz« hatte solche Nennung der Namen allerdings ursprünglich zum Abschluss der Gabenprozession *vor* dem Hochgebet, wie sich in den altgallischen und altspanischen Liturgien noch erkennen lässt. Ihre Einfügung *in* das Hochgebet selbst hat sich in Rom zu Beginn des 5. Jh. nicht ganz konfliktfrei vollzogen, wie die heftige Polemik des Hieronymus (um 347-419/20) gegen die Neuerung zeigt.

An das *Memento* schließt das *Communicantes* an, das *Gedächtnis der Heiligen*, das mit den vorausgehenden Bitten in einem grammatikalischen wie sachlichen Zusammenhang steht: »die Heiligen werden mit Namen herbeigerufen und durch dieses Gedächtnis im Raum der Eucharistie gegenwärtig.«[125] Wie der Schlusssatz zeigt, erwartet man von solcher Nennung der Heiligen »ob ihrer Verdienste und Fürbitten« auch eine Verstärkung und Bekräftigung der vorgebrachten Bitten. Die Liste – Maria, die zwölf Apostel, dazu zwölf Märtyrer – ist vermutlich Ergebnis eines längeren Wachstumsprozesses. An den großen Festen wird im Eingang des *Communicantes* ausdrücklich auf die Festfeier bzw. das Festgeheimnis Bezug genommen. Der Text gehört damit zu den wenigen variablen Elementen im Kanon.

Das gilt in gewisser Hinsicht auch für das *Hanc igitur*, das als Annahmebitte den ersten Kreis der Interzessionen beschließt. Vermutlich war es ursprünglich ein Text, in dem besondere Einzelanliegen zur Sprache gebracht werden konnten. Es hatte darum zunächst auch nur in solchen Messen seinen Ort, die aus einem bestimmten Anlass gefeiert wurden. In den älteren Büchern findet sich dementsprechend eine Vielzahl solcher Formeln. Unter Gregor I. wurde dann das *Hanc igitur* als feststehender Text in den Kanon eingefügt. Nur für wenige Anlässe blieben eigene Formeln erhalten, die die ursprüngliche Funktion noch erkennen lassen (so zum Beispiel die Bitte für die Neugetauften zu Ostern und zu Pfingsten).

Mit dem *Memento etiam*, dem *Gedächtnis der Verstorbenen*, setzt sich der Kreis der Interzessionen im zweiten Teil des Kanon fort. Doch ist der Text nicht einfach als Parallele zum Gedächtnis der Lebenden im ersten Teil aufzufassen, sondern wurde erst später in das Hochgebet eingefügt: »Das fürbittende Gedächtnis der Toten ist ein zusätzlicher Einschub vor dem Ende des Hochgebets, der ursprünglich nur in Totenmessen geschah, an Sonntagen bis in die Karolingerzeit verboten war und erst spät auch in anderen Messen Aufnahme fand.«[126]

Das *Nobis quoque* schließt als »Selbstempfehlung des Zelebranten und seiner Assistenz« an das *Gedächtnis der Verstorbenen* an. Vermutlich war es zunächst eine Art Einschub in das Totengedächtnis.[127] Es gehört jedoch auch in jenen Textzeugen zum Bestand des Kanon, in denen das Totengedächtnis noch fehlt. Vermutlich hängt seine Aufnahme in den Kanon mit der Ausbildung einer zweiten Heiligenreihe zusammen, die der im *Communicantes* enthaltenen Reihe zur Seite tritt.

(3) ›Epikletische‹ Elemente

Der Abschnitt vom *Quam oblationem* bis zum *Supplices te rogamus* ist bereits bei Ambrosius überliefert (vgl. 12.1.3; 12.5.1). Er gehört somit zum ältesten Bestand des Hochgebets und ist von besonderer Bedeutung, wenn es um die Klärung der ursprünglichen Sinnrichtung des Geschehens geht. Es fehlt ja im vorfindlichen Text eine ausdrückliche Logos- oder Geistepiklese, wie sie in der *Traditio apostolica* bezeugt ist und zum festen Bestand östlicher Hochgebete gehört (vgl. 10.2.3; 10.3.4; 11.2.3; 11.3.5). Lassen sich dennoch epikletische Elemente in diesem Kernbereich des römischen Hochgebets ausmachen, und wie sind sie zu deuten?

Es ist nützlich, sich hier noch einmal den inneren Zusammenhang von Einsetzungsbericht und Epiklese in den beiden Überlieferungssträngen des Ostens zu vergegenwärtigen. Rupert Berger schreibt dazu: »In Alexandrien wird die Epiklese mit der Bitte ›Plíroson‹ (›Erfülle auch dieses Opfer durch die Heimsuchung des allheiligen Geistes‹) an das ›Erfüllt sind Himmel und Erde‹ des Sanctus angeschlossen und ihre Wirkmächtigkeit durch den als Kausalsatz angefügten Einsetzungsbericht begründet; in Antiochien wird umgekehrt die Epiklesebitte an Einsetzungsbericht und Anamnese angefügt als formulierte Konsequenz aus dem Christusauftrag.«[128] Wie kommen nun, so ist zu fragen, die entsprechenden Elemente des römischen Kanon in solchem Zusammenhang zu stehen?

Da ist zunächst das *Quam oblationem*, das dem Einsetzungsbericht vorausgeht. Aufschlussreich ist der Vergleich mit der ambrosianischen Fassung. Dort heißt es: *Fac nobis, inquit, hanc oblationem scriptam, rationabilem, acceptabilem, quod figura est corporis et sanguinis domini nostri Iesu Christi.* Daraus wird in der späteren römischen Fassung: *ut nobis Corpus et Sanguis fiat dilectissimi filii tui, Domini nostri Iesu Christi.* Das heißt: Die ältere Fassung enthält eine Bitte um Annahme der Gaben »in den exakten Termini römischer Rechtssprache«,[129] ist aber noch nicht als ›Wandlungsbitte‹ zu verstehen. Diese Sinnrichtung wird erst in der späteren Fassung in den Text eingetragen.

Die Bezeichnung der Gaben als *figura* des Leibes und Blutes Christi verweist auf östlichen Sprachgebrauch, der die Gaben von Brot und Wein als ›Gleichbilder‹ von Christi Leib und Blut deuten kann (exemplarisch bei Serapion von Thmuis, der vom Brot als τὸ ὁμοίωμα τοῦ σώματος τοῦ μονογενοῦς und vom Kelch als τὸ ὁμοίωμα τοῦ αἵματος zu sprechen vermag).[130] Es ist darum keineswegs schlüssig, im *Quam oblationem* eine Gabenepiklese nach alexandrinischem Vorbild zu sehen. Auch lässt sich, wie wir gesehen haben, die Unterscheidung von Gaben- und Kommunionepiklese mitnichten zwingend aus den alexandrinischen Formularen ableiten (vgl. 10.3.4).

Der zweite Text, dem eine ›epikletische‹ Funktion zugeschrieben wird, ist das *Supplices te rogamus*. Der zweite Teil dieses Gebets – von *ut, quotquot* an – enthält in der Tat eine Kommunionbitte, die strukturell dem betreffenden Abschnitt im Hochgebet der *Traditio apostolica* entspricht (dort: *des omnibus, qui percipiunt*). Freilich fehlt wiederum dieser zweite Teil bei Ambrosius, so dass es schwer fällt, den Text insgesamt als Kommunionepiklese zu bestimmen.

Der erste Teil freilich entwickelt ein höchst bemerkenswertes Bild: Der heilige Engel Gottes möge, so heißt es sinngemäß, die dargebrachten Gaben zum Altare Gottes emportragen und vor das Angesicht der göttlichen Majestät bringen. Lässt man die Vorstellung nur für einen Augenblick beiseite, dass solche Darbringung – da die Konsekration ja erfolgt ist – sich nur auf Leib und Blut Christi beziehen könne, erscheint eine Deutung keineswegs als ganz ausgeschlossen, die wiederum dem in der *Traditio apostolica* erkennbaren Sinnzusammenhang (vgl. 10.2.3; 10.2.4) entspricht: Brot und Wein werden – hier durch die Hand eines Engels – vor Gott gebracht, damit dieser sie segne und heilige. Freilich wird ein solcher Gedankengang, wenn er denn intendiert wäre, in dem uns überlieferten Text nicht zu Ende geführt. Immerhin sind die beiden Teile des *Supplices* durch die Erwähnung der beiden ›Altäre‹ miteinander verknüpft: Was auf dem Altar Gottes durch die Hand des Engels dargebracht wird, nehmen die Feiernden *ex hac altaris participatione* – gemeint ist hier doch vermutlich der Abendmahlstisch – als Leib und Blut Christi in Empfang.

(4) Der Einsetzungsbericht

In der *Traditio apostolica* ist der Einsetzungsbericht, wie wir gesehen haben, organisch mit dem Dank für das Gotteshandeln in Christus verknüpft. Er ist integraler Bestandteil und Höhepunkt des *danksagenden Gedenkens*, in dem dieses alte Eucharistiegebet sein Wesen hat und das in der Anamnese eine knappe, pointierte Bündelung und Zuspitzung erfährt (vgl. 10.2.5). Das kann man vom *Qui pridie* des Kanon so nicht mehr sagen. Gerahmt von Interzessionen und Annahmebitten, herausgelöst aus der danksagenden, vergegenwärtigenden Erzählung des Heils, läßt es diesen ursprünglichen Zusammenhang nicht mehr erkennen. Was gleichsam Höhe- und Zielpunkt einer »großen Erzählung«[131] war, wird nun zur Formel, die – für sich genommen – die Wandlung bewirkt.

Solche Herauslösung aus dem größeren Erzählzusammenhang wird offenbar – und dies nicht nur in der römischen Variante – kompensiert durch eine fortschreitende Ausgestaltung, ja, Ausschmückung und Dramatisierung des Textes,

die sich auch in den Rubriken für das nonverbale Verhalten des Priesters niederschlägt. Erkennbar ist die Tendenz, insbesondere die Gebärden des Herrn zu
betonen und sie durch den Zelebranten nachvollziehen zu lassen. Die Handlung
wird so zu einer *Mimesis* des überlieferten Geschehens, die freilich, betrachtet
man das eucharistische Handeln im Zusammenhang, dessen eigene Dramaturgie
verfehlt: denn hier ist die *Danksagung* längst im Gange, und die *Brechung* des
Brotes wird erst später, bei der Vorbereitung auf die Kommunion, vollzogen.

Die Erhebung (*Elevation*) des Brotes unmittelbar nach der Wandlung
wird im 12./13. Jh. üblich. Sie nimmt das Verlangen des Volkes nach
›Schau‹ des im Brot gegenwärtigen Herrn auf (vgl. 4.2.4). Die Erhebung
des Kelches bürgert sich – ebenso wie die Verehrung der gewandelten
Gestalten durch Kniebeuge – erst später ein. Ursprünglich kennt das
römische Hochgebet nur die Elevation von Brot und Kelch während der
Schlussdoxologie.

Die Frage nach Funktion und Bedeutung des Einsetzungsberichts – Gebet?
Verkündigung? Konsekrationsformel? – berührt das Verständnis der Eucharistie,
ja, des christlichen Gottesdienstes überhaupt im Kern. Das zeigen nicht zuletzt
jüngste Debatten über ein »kerygmatisches oder eucharistisches« Verständnis des
Abendmahls.[132] Die Alternative, die damit aufgebaut wird, geht jedoch am Sinn
des eucharistischen Gebets vorbei, das jederzeit, so es danksagend und
lobpreisend die Heilstaten Gottes erinnert, zugleich wesenhaft *Christusverkündigung* ist (vgl. 8.4.3). Umgekehrt bleiben die überlieferten Stiftungsworte
»der Ur-Verkündigungsvorgang in der Eucharistie«[133] schlechthin, auch dort, wo
sie zum Gebet umgeformt erscheinen.

(5) Die Anamnese

Das danksagende, lobpreisende Gedächtnis des Heilshandelns Gottes ist
»Grundvorgang des Heilsgeschehens im Gottesdienst«. In solchem Sinne
trägt selbstverständlich das Hochgebet im Ganzen anamnetischen Charakter. Verwendet wird der Begriff *Anamnese* aber auch als »technische
Bezeichnung für den Kernsatz des eucharistischen Hochgebetes, der sich
regelmäßig an den Einsetzungsbericht anschließt und die Ausführung des
Herrenauftrags in der gegenwärtigen Eucharistie verkündet.«[134] Er knüpft
an die Weisung τοῦτο ποιεῖτε εἰς τὴν ἐμὴν ἀνάμνησιν (1 Kor 11,24) an
und macht das Gedenken in gewisser Weise ausdrücklich: Er sagt, was
in der Eucharistie geschieht – von Beginn an, und nicht nur an dieser
Stelle. Dabei bilden Tod und Auferstehung Christi den Grundbestand des
Gedenkens, an die – vor allem im Osten – bald schon andere Daten der
Christusgeschichte angeschlossen werden.

Die folgende Synopse soll helfen, Gemeinsamkeiten und Unterschiede zwischen der Anamnese im Hochgebet der *Traditio apostolica* und dem Kanontext zu verdeutlichen:

Traditio apostolica	Kanontext
Memores igitur mortis et resurrectionis eius,	Unde et memores, Domine, nos servi tui, sed et plebs tua sancta, ejusdem Christi Filii tui, Domini nostri, tam beatae passionis, nec non et ab inferis resurrectionis, sed et in caelos gloriosae ascensionis:
offerimus tibi panem et calicem,	offerimus praeclarae majestati tuae de tuis donis ac datis, hostiam ✝ puram, hostiam ✝ sanctam, hostiam ✝ immaculatam, Panem ✝ sanctum vitae aeterne, et Calicem ✝ salutis perpetuae.
gratias tibi agentes, quia nos dignos habuisti adstare coram te et tibi ministrare.	[Supra quae propitio]
Et petimus, ut mittas Spiritum tuum sanctum in oblationem sanctae Ecclesiae;	[Supplices te rogamus] [Ambrosius: *Et petimus et precamur, uti hanc oblationem suscipias in sublime altare tuum per manus angelorum tuorum*]
in unum congregans, des omnibus qui percipiunt <de> sanctis in repletionem Spiritus sancti, ad confirmationem fidei in veritate,	ut, quotquot ex hac altaris participatione sacrosanctum Filii tui Cor✝pus, et San✝guinem sumpserimus, omni benedictione caelesti er gratia repleamur.
ut te laudemus et glorificemus per puerum tuum Iesum Christum: per quem tibi gloria et honor Patri et Filii cum sancto Spiritu in sancta Ecclesia tua et nunc et in saecula saeculorum.	[Per quem haec omnia]

Im Hochgebet der *Traditio apostolica* steht, wie wir gesehen haben (vgl. 10.2.3; 10.2.4), das *Gedenken* in einem unlöslichen Zusammenhang mit der *Darbringung der eucharistischen Gaben* und der *Bitte um ihre Heiligung*. Der Gedankengang ließe sich etwa wie folgt wiedergeben: Indem wir Brot und Wein nehmen, herbeibringen, Gott danksagen und

ihn um die Heiligung dieser Gaben bitten, erfüllen wir den Gedächtnisauftrag Christi. Oder auch: Im Gedenken an Christus, seinen Tod
und seine Auferstehung, nehmen wir – seiner Weisung gemäß – Brot und
Wein, sprechen die Danksagung darüber und bitten Gott, sie mit seinem
Geist zu erfüllen, damit sie uns zur heilsamen, heiligenden Speise
werden: Christi Leib und Blut, für uns gegeben.

Die Fragen, die sich mit der Umdeutung der Darbringungsformel
(*offerimus tibi*) im Gefolge der westlich-römischen Konsekrations-
theologie verbinden, haben wir schon an anderer Stelle erörtert (vgl.
10.3.5). Die scheinbar so eindeutigen, in ihrer Fülle kaum mehr über-
bietbaren Attribute, die im *Unde et memores* dem Brot und dem Kelch
beigelegt werden (bei Ambrosius noch etwas schlichter: *panem sanctum
et calicem vitae aeternae*), dürfen freilich nicht vergessen machen, dass
die eucharistischen Gaben auch schon vorher in ganz ähnlicher Weise
ausgezeichnet werden können.[135]

Der Bezug auf die Opfer Abels, Abrahams und Melchisedechs, im Kanon
Gegenstand einer eigenen Annahmebitte, des *Supra quae propitio*, ist bei
Ambrosius in jenen Text integriert, für den im Kanon das *Supplices* steht. Er
lautet hier im Zusammenhang: *Et petimus et precamur, uti hanc oblationem
suscipias in sublime altare tuum per manus angelorum tuorum, sicut suscipere
dignatus es munera pueri tui iusti Abel et sacrificium patriarchae nostri Abrahae
et quod tibi obtulit summus sacerdos Melchisedech.* Die Kommunionbitte (*ut,
quotquot*) fehlt.

(6) Der Schluss des Hochgebets

»Der Kanon schließt mit zwei Formeln, von denen nicht bloß die zweite
als eigentliche Schlußdoxologie (*omnis honor et gloria*), sondern auch
die erste schon in ihrer sprachlichen Formulierung (*haec omnia*) die
Tendenz der Zusammenfassung und des Abschlusses erkennen läßt.«[136]

Für die erste Formel legt sich freilich noch eine andere Deutung nahe: Schon
in der *Traditio apostolica* ist von der Segnung von Wasser, Honig und Milch,
aber auch von Öl, Käse und Oliven im Anschluss an das Hochgebet die Rede.
Die alten Sakramentare sehen an unserer Stelle unter anderem die Segnung von
Milch und Honig (für die Neugetauften), die Segnung der ersten Weintrauben
und der ersten Bohnen vor; im Mittelalter kommen weitere Segnungen von
Naturalien hinzu.[137] Nach dem *Pontificale Romanum* unterbricht der Bischof am
Gründonnerstag in der *Missa chrismatis* den Kanon vor dem *Per quem haec
omnia*, um das für die Krankensalbung bestimmte Olivenöl zu segnen, das früher
– ebenso wie die eucharistischen Gaben – vom Volk dargebracht wurde. So
nimmt man an, die Schlussformel dieser Segnungen sei schließlich zu einem

festen Bestandteil des Hochgebets selbst geworden: »Denn durch ihn [Christus] erschaffst du immerfort all diese guten Gaben, gibst ihnen Leben und Weihe und spendest sie uns.«[138] Für die Interpretation des Kanon ist es von einiger Bedeutung, dass damit – und das zum Schluss des Gebets! – auch Brot und Wein noch einmal als von Gott geschaffene, von den Gläubigen für die Eucharistiefeier dargebrachte Gaben in den Blick kommen.

»Es ist eine alte Regel des öffentlichen Gebetes, daß es mit einer Lobpreisung Gottes schließen und damit zur Grundfunktion allen Gebetes zurückkehren soll, in der sich das Geschöpf vor seinem Schöpfer beugt.«[139] Solche »Lobpreisung Gottes« ist, wie wir gesehen haben, ein grundlegender Modus jüdischen Betens und gibt dort auch dem »Nachtischsegen« (*Birkat ha-mazôn*) Struktur und Gestalt (vgl. 9.2.2).

Das gilt selbstverständlich auch für die eucharistischen Texte der Didache (vgl. 9.4.2), zu deren festem Bestand wiederkehrende doxologische Formulierungen gehören: »Dir sei Ehre in Ewigkeit.« In der *Traditio apostolica* wird der Lobpreis trinitarisch entfaltet: *per quem tibi gloria et honor Patri et Filii cum sancto Spiritu in sancta Ecclesia tua*. Die Schlussdoxologie des römischen Hochgebets stimmt damit weitgehend überein; nur werden »die trinitarischen Namen [...] der christlichen Heilsökonomie entsprechend, in den Stufenbau des Lobpreises selbst hineingezogen«, und die Formulierung *in sancta Ecclesia tua* wird durch *in unitate Spritus Sancti* gedeutet und ersetzt.[140]

Die *Elevation* zum Abschluss des Kanon begegnet »in ungebrochener Deutlichkeit«[141] schon im *Ordo Romanus I*: »Bei der Schlußformel ›per quem haec omnia‹ hebt der Archidiakon den Kelch an den Henkeln in die Höhe, während der Papst die oblata auf den Kelchrand hält.«[142] Ob es sich hier um einen »Zeigeakt« (so Theodor Klauser) oder um »ein symbolisches Erheben« handelt, das als Darbringungsritus zu verstehen ist (so Jungmann), mag dahingestellt bleiben.

12.6 Die Kommunion

12.6.1 Überblick

Der Austeilung der eucharistischen Gaben gehen einige vorbereitende Riten voraus: *Vaterunser*, *Friedensgruß* mit *Friedenskuss*, *Brotbrechung*, vom Gesang des *Agnus Dei* begleitet, *Mischungsriten*. Es folgt die Kommunion der Kleriker, dann die des Volkes, während die Sängerschola den *Kommunionpsalm* singt. Nach einem *Schlussgebet* geht die Feier mit dem *Entlassungsruf* (*Ite missa est*), dem *Auszug* des Bischofs und einem kurzen *Segenswort* rasch zu Ende.

In seiner Schilderung des Verlaufs einer römischen Bischofsmesse um 700 nach dem *Ordo Romanus I* vermittelt uns Theodor Klauser wiederum einen anschaulichen Eindruck davon, wie der die Kommunion umfassende Abschnitt der Eucharistiefeier um jene Zeit gestaltet ist.

[*Vaterunser*] »Nach dem Kanon und seiner feierlichen Schlußformel spricht oder singt der Papst das von Gregor d. Gr. hier eingeschobene Vaterunser mit dem anschließenden Gebet.«

[*Friedensgruß und erste Mischung*] »Mit dem Segenswunsch ›Pax Domini sit semper vobiscum‹ leitet er den Austausch des Friedenskusses ein, zugleich senkt er die Partikel aus der früheren Eucharistiefeier in den Kelch. Er bricht von seinem Opferbrot ein Stück ab; dieses wird bei seinem nächsten Gottesdienst als ›fermentum‹ dienen. Danach kehrt der Papst zu seinem Thron zurück und läßt sich auf diesem nieder.«

[*Brotbrechung und Agnus Dei*] »Der nun anhebenden Kommunionfeier muß die Brotbrechung vorangehen; denn das damals verwendete Brot stammt ja aus dem normalen römischen Haushalt und ist nicht ganz klein (Kringelform?); es muß also erst zerkleinert werden. Während des Brotbrechens wird das ›Agnus Dei‹ gesungen [...] Der Archidiakon nimmt die konsekrierten Brote vom Altar und legt sie in die Säckchen der Akoluthen, die damit zu den Bischöfen und Presbytern in der Apsis gehen; diese zerbrechen die Brote und legen die Stücke wieder in die Säckchen. Die eigene Oblation des Papstes ist diesem inzwischen auf einer Patene zur Zerteilung an den Thron gebracht worden.«

[*Zweite Mischung*] »Wenn alle mit dem Brotbrechen fertig sind, wird auch der Henkelkelch mit dem konsekrierten Wein an den Thron geholt. Der Papst bricht ein Stück des geweihten Brotes ab, wirft es in den Kelch und spricht dazu die Formel ›Fiat commixtio et consecratio‹ [...]«

[*Kommunion des Papstes*] »Der Papst genießt sodann das übrige Brot und trinkt aus dem Kelch, den der Archidiakon ihm reicht.«

[*Konsekration des für das Volk bestimmten Weins*] »Mit dem Kelch geht der Archidiakon gleich darauf zum Altar zurück und gießt etwas von dem konsekrierten Wein in den mit dem Opferwein der Gläubigen gefüllten scyphus, den die Akoluthen ihm bringen [...]«

[*Verlautbarungen*] »Wohl weil damals vor der Kommunion alle, die nicht kommunizieren wollten, das Gotteshaus verließen, wird gleich nach der Kommunion des Papstes durch den Archidiakon bekanntgegeben, wann und wo die nächste Papstmesse (statio) sein wird.«

[*Kommunion des Klerus*] »Nunmehr erfolgt zunächst die Speisung des Klerus. Die Bischöfe, Presbyter, Diakone und mit ihnen die hohen Beamten des Laterans empfangen das eucharistische Brot aus den Händen des auf seinem Thron sitzenden Papstes, während sie am Altar aus dem konsekrierten Henkelkelch trinken. Der Wein, der in diesem zurückbleibt, wird auch noch in den großen scyphus gegossen.«

[*Kommunion des Volkes*] »Alsdann nimmt der Papst gemeinsam mit den assistierenden Bischöfen, Presbytern und Diakonen die Speisung der Gemeinde vor, wobei die gleiche Ordnung eingehalten wird wie bei der Einsammlung der Opfergaben. Das Brot wird aus den Säckchen der Akoluthen entnommen, der Wein wird im Henkelkelch dargeboten, der immer wieder aus dem scyphus gefüllt wird. Übrigens wird das Brot den Gläubigen immer noch auf die Hand gelegt; sie führen es selbst zum Munde. Ob das Volk zur Kommunion bis an die Altarschranken herangeht oder am jeweiligen Platz gespeist wird, bleibt unklar.«

[*Gesang zur Kommunion*] »Während der ganzen Kommunionfeier singt der Sängerchor die Antiphon und den Psalm, die für diesen Liturgieabschnitt bestimmt sind. Wann dieser Kommuniongesang des Sängerchors beendet werden soll, entscheidet der Papst.«

[*Schlussgebet*] »Er [der Papst] geht noch einmal an den Altar, spricht, nach Osten gewendet, die ›oratio ad complendum‹, unsere Postcommunio.«

[*Entlassung, Auszug, Segen*] »Dann ruft ein Diakon der Gemeinde zu: ›Ite missa est!‹ Die Gemeinde antwortet mit der Akklamation ›Deo gratias!‹ Darauf zieht der Papst in feierlicher Prozession in die Sakristei zurück. Unterwegs spendet er den Gläubigen gruppenweise seinen Segen.«[143]

12.6.2 Vorbereitung auf die Kommunion

Für die Zeit vor Gregor I. lässt sich nach Hans Bernhard Meyer folgende Abfolge der vorbereitenden Riten erschließen:

»Auf das Hochgebet folgte das Brotbrechen (noch ohne den Begleitgesang des Agnus Dei) und die Aufforderung zum Friedenskuß, der unter den je nebeneinander Stehenden getauscht wurde. Anschließend wurde das Vaterunser mit seiner Einleitung: ›Praeceptis salutaribus moniti‹ vom Priester gesprochen (bzw. wohl schon seit dem 5. Jh. auch gesungen), und das Volk respondierte mit dem Schluß der letzten Bitte (›...sed libera nos a malo‹), bevor der Priester mit dem Embolismus fortfuhr.«[144]

Im der römischen Bischofsmesse um 700 hat sich diese Reihenfolge verschoben: Das *Vaterunser* schließt jetzt unmittelbar an das Hochgebet an. Dann folgt der *Friedensgruß*, verbunden mit der *ersten Mischung*, danach erst die *Brotbrechung* mit dem *Agnus Dei*.

(1) Vaterunser

Seit dem 4. Jh. finden sich Zeugnisse für den Gebrauch des Herrengebets im eucharistischen Gottesdienst (vgl. 8.5.3). Es dient – wegen der Brotbitte, die schon von Tertullian auf das eucharistische Brot bezogen wird, aber auch wegen der Bitte um Vergebung – der Vorbereitung des Volkes auf die Kommunion. In vielen Liturgien des Ostens (Ausnahmen:

byzantinischer, armenischer, maronitischer Ritus) wie des Westens folgt es ursprünglich auf die Brechung des Brotes. Auch in Rom geht es zunächst – nach der Brotbrechung – zusammen mit dem Friedensgruß unmittelbar der Kommunion voraus. Gregor I. ändert – vielleicht nach byzantinischem Vorbild – die Reihenfolge und schließt das Herrengebet unmittelbar an das Hochgebet an. Zugleich definiert er es – im Unterschied zum Osten, wo es wie in Gallien vom ganzen Volk gebetet wird – als Priestergebet. Darin zeigt sich die Tendenz, es dem Hochgebet zuzuordnen und es gleichsam als dessen Abschluss zu verstehen.

Das Vaterunser wird schon früh in der römischen Liturgie mit einer Formel eingeleitet, die die besondere Würde des Gebets zum Ausdruck bringt: *Oremus: Praeceptis salutaribus moniti, et divina institutione formati, audemus dicere.* Andere Liturgien kennen vergleichbare, zum Teil auch wechselnde Formeln. Der Priester trägt das Gebet vor, die Gemeinde (bzw. die *Ministri* oder der Ministrant) akklamieren mit der letzten Bitte: *Sed libera nos a malo.* Daran schließt der Priester den *Embolismus* an, einen Einschub in das Herrengebet, der die letzte Bitte – unter Anrufung Mariens und der Heiligen – aufnimmt, im Sinne einer Friedensbitte ausdeutet und verstärkt: *Libera nos, quaesumus, Domine, ab omnibus malis, praeteritis, praesentibus et futuris: et [...] da propitius pacem in diebus nostris [...].*

(2) Brotbrechung und Agnus Dei

Die Brechung des *einen* Brotes zur Eröffnung der Mahlgemeinschaft gehört, wie wir gesehen haben (vgl. 9.2.2), zum festen Bestand jüdischer Mahlriten. Einhellig bezeugen die Mahlberichte der Evangelien, dass auch Jesus sich an diesen Ritus gehalten und beim letzten Jüngermahl vor seinem Tod sein Deutewort über das Brot damit verbunden hat (vgl. 9.3.1). Die frühchristliche Bezeichnung der Eucharistie als *Brotbrechen* (vgl. 9.4.1) knüpft an diesen einleitenden Mahlritus an. Solange für die Eucharistiefeier normales, häusliches Brot verwendet wird, muss es für die Kommunion entsprechend zerkleinert werden – ein Vorgang, der bald schon rituell ausgestaltet und symbolisch ausgedeutet wird.

Die genaue Schilderung im *Ordo Romanus I* zeigt, welches Gewicht dem Vorgang hier beigemessen wird: In Leinensäckchen und auf Patenen werden die für die Kommunion bestimmten konsekrierten Brote den Bischöfen und Presbytern gebracht, die die Brechung vollziehen. Währenddessen singt der Sängerchor das *Agnus Dei*.

Zunächst wird in Rom die Brotbrechung schweigend vollzogen. Erst der aus Syrien stammende Papst Sergius I. (687-701) fügt hier das *Agnus Dei* ein, eine Akklamation, die – zunächst von Klerus und Volk – so lange wiederholt wird, bis der Vorgang der Brotbrechung beendet ist: *Agnus Dei, qui tollis peccata mundi, miserere nobis.* In Gallien kennt man einen wechselnden Gesang zur Brotbrechung, der in Mailand als *confractorium* erhalten bleibt.

Als man im Westen zum Gebrauch ungesäuerten Brotes übergeht und schließlich nur noch kleine, vorgefertigte Brotstückchen (Hostien) verwendet (vgl. 7.3.2; 12.4.1), wird die Brotbrechung überflüssig. Sie bleibt nur noch in Gestalt eines stilisierten Ritus erhalten. Im gleichen Zusammenhang wird die Zahl der Anrufungen im *Agnus Dei* auf drei reduziert. Da jetzt während des *Agnus* der Friedensgruß getauscht wird, beschließt man die dritte Anrufung mit der Bitte *Dona nobis pacem* (10. Jh.). Seit dem 11. Jh. heißt es in Totenmessen *Dona eis requiem.*

(3) Mischungsriten

Im *Ordo Romanus I* sind zwei *Mischungen* vorgesehen: Die erste Mischung ist mit dem Friedensgruß vor der Brotbrechung verbunden. Der Papst gibt dabei ein Stück konsekriertes Brot, das von einer vorhergehenden Eucharistiefeier stammt, in den Kelch: *mittit in calicem de Sancta*, heißt es. Dann bricht er von dem jetzt konsekrierten Brot ein Stück ab, das bis zur nächsten Eucharistiefeier aufbewahrt wird.

Diese Mischung »dürfte auf den alten Brauch des ›fermentum‹ zurückgehen: Eine Partikel des eucharistischen Brotes wurde in die Stationskirchen (Presbytergemeinden) gesandt und dort beim Friedensgruß in den Kelch gegeben, um die Einheit mit der Eucharistiefeier des Bischofs (bzw. der Gemeinden untereinander) zu symbolisieren.«[145]

Die zweite Mischung folgt der Brechung des Brotes und ist mit der Kommunion des Papstes verbunden. Er gibt dabei ein Stück des konsekrierten Brotes in den Kelch und spricht dazu:[146] *Fiat commixtio et consecratio.* »Diese Formel soll wohl deutlich machen, daß Brot und Wein den Einen Herrn repräsentieren.«[147]

Formel und Ritus sind vermutlich syrischer Herkunft und fanden erst später Aufnahme in die römische Liturgie. Vermutlich wird die erste Mischung in ihrer ursprünglichen Bedeutung – die sich ja auch im *Ordo I* nur noch schwer erkennen lässt – außerhalb Roms überhaupt nicht mehr verstanden. »So wurden in karolingischer Zeit beide Mischungen miteinander verwechselt; die erste verschwand; da die Rubriken aber ausdrücklich eine Mischung mit *Pax Domini* verbunden hatten, setzte man die zweite Mischung dorthin und mußte so, da sonst die Sancta gefehlt hätten, auch die Brechung vor das *Pax Domini* verlegen.«[148]

Nach dem Missale Romanum von 1570 nimmt der Priester zu den Schluss-
worten des *Libera nos* die (große) Hostie in beide Hände, hält sie über den Kelch
und bricht sie in der Mitte durch. Eines der beiden Teile legt er auf die Patene.
Von dem anderen Teil, das er in der linken Hand hält, bricht er zu den Worten
Qui tecum vivit et regnat in unitate Spiritus Sancti Deus eine kleine Partikel ab.
Das größere Teil legt er zu dem anderem Stück auf die Patene. Zu den Worten
Per omnia saecula saeculorum hält er die Partikel über den Kelch, zeichnet mit
ihr, während er den Friedensgruß spricht (*Pax✝Domini✝sit semper vobis✝cum*),
damit dreimal ein Kreuz und gibt sie dann in den Kelch unter den Worten: *Haec
commixtio, et consecratio Corporis et Sanguinis Domini nostri Jesu Christi, fiat
accipientibus nobis in vitam aeternam. Amen.* Dann bedeckt er den Kelch,
vollzieht ein Kniebeuge und spricht, während er sich dreimal an die Brust
schlägt, das *Agnus Dei*.

(4) Friedensgruß

Der *Friedenskuss* bzw. *Friedensgruß* vor der Mahlfeier gehört zum
ältesten Bestand christlicher Liturgien (vgl. 7.2.1; 10.1.3; 10.2.1; 11.2.1;
11.2.3; 11.3.5). In den östlichen Liturgien hat er – wie bei Justin und in
der *Traditio apostolica* – seinen Ort vor dem Hochgebet. Ob er auch in
Rom früher an dieser Stelle situiert gewesen ist, bleibt offen. Jedenfalls
wird er hier – vielleicht nach nordafrikanischem Vorbild – bald schon mit
der Kommunion verbunden. Diesen Ort der *Pax* kennt auch Augustin. In
Gallien, ursprünglich vielleicht auch in Mailand (die *Einladung zur Pax*
vor der Gabendarbringung erinnert noch daran), steht die Pax wie im
Osten vor dem Eucharistiegebet.

Bei Augustin folgen *Friedensgruß* und *Friedenskuss* auf das *Vaterunser*:
*dicitur Pax vobiscum et osculantur se christiani in osculo sancto: Signum Pacis
est,* heißt es. Die ganze Gemeinde nimmt danach am Ritus teil, vermutlich
dergestalt, dass Nebeneinanderstehende sich umarmen.

Im *Ordo I* geht der *Friedensgruß* der *Brotbrechung* voraus. Der Papst grüßt
die Versammelten: *Pax domini sit semper vobiscum.* Dann heißt es: *Archidiaconus vero dat pacem priori episcopi, deinde ceteri per ordinem et populus
similiter.* Bei der Weitergabe des *Friedenskusses* wird demnach streng die
hierarchische Ordnung beachtet; immerhin nimmt das Volk noch am Ritus teil.

Als die eigentliche *Brotbrechung* verfällt und der *Mischungsritus* samt dem
Agnus Dei, wie oben beschrieben, zwischen *Friedensgruß* und *Friedenskuss* zu
stehen kommt, bildet sich im Anschluss an die dritte Agnus-Anrufung (*Dona
nobis pacem*) ein eigener Friedensritus mit einleitendem *Gebet* aus: *Domine Jesu
Christe, qui dixisti Apostolis tuis: Pacem relinquo vobis, pacem meam do vobis
[...]*.

Im 13. Jh. kommt der Brauch auf, den *Friedenskuss* – vom Zelebranten
ausgehend – mittels einer *Kusstafel* (*instrumentum pacis, Pacificale, Paxtafel*),

die auch den Gläubigen gereicht werden kann, weiterzugeben. Doch werden die Laien mehr und mehr vom Vollzug des Friedenskusses, der zu einem reinen Klerikerritus wird, ausgeschlossen. Er wird jetzt nur noch im feierlichen Hochamt unter den Worten *Pax tecum* (Antwort: *Et cum spiritu tuo*) vom Zelebranten an den Diakon – und von diesem an die übrigen Altardiener – weitergegeben.

12.6.3 Austeilung

In der Frühzeit kommunizieren die Gläubigen, indem sie die eucharistischen Gaben selbst vom Altar nehmen; ein Brauch, der noch zu Beginn des 3. Jh. üblich gewesen sein muss, da ihn Klemens von Alexandrien (um 140/150-215) heftig kritisiert. Später setzen sich – ähnlich wie bei der Gabendarbringung – zwei andere Varianten durch: (a) Die Gläubigen treten an die Altarschranken und empfangen dort aus der Hand des Bischofs und seiner Helfer das Brot und den Wein. (b) Der Bischof und seine Helfer gehen durch die Reihen der Gläubigen und teilen dort Brot und Wein an die einzelnen Gruppen aus.

Nach dem *Ordo Romanus I* kommuniziert zunächst der Klerus. Dem Papst werden Brot und Kelch zur Kathedra gebracht, wo er von beidem nimmt und die oben beschriebene zweite Mischung vollzieht. Die Bischöfe, Priester, Diakone und hohen Lateranbeamten empfangen das Brot an der Kathedra aus den Händen des Papstes. Dann treten sie zum Altar und trinken aus dem Henkelkelch (*calix sanctus* bzw. *maior*; vgl. 7.3.1), in dem sich der konsekrierte Wein befindet. Zuvor hat der Archidiakon etwas von dem konsekrierten Wein aus dem Henkelkelch in den großen *scyphus* – ein ebenfalls mit Henkeln versehenes Gefäß mit den Weinspenden der Gläubigen – gegossen und den darin enthaltenen Wein auf solche Weise ›konsekriert‹. Auch der Rest, der nach der Kommunion des Klerus im Henkelkelch verbleibt, wird noch dem *scyphus* zugefügt. Nun kann die Speisung der Gläubigen beginnen. Sie wird vom Papst zusammen mit den Bischöfen, Presbytern und Diakonen nach der gleichen Ordnung wie bei der Einsammlung der Gaben durchgeführt (vgl. 12.4). Das Brot entnimmt man den Leinensäckchen der Akolythen; die Kommunikanten erhalten es in die Hand. Der Wein wird aus dem Henkelkelch gespendet, der aus dem *scyphus* immer wieder nachgefüllt wird. Die Spendeformeln lauten vermutlich *Corpus Christi* und *Sanguis Christi*. Der Kommunikant antwortet darauf mit *Amen*.

Seit dem 4./5. Jh. wird die Kommunion von responsorischem Psalmengesang begleitet, wobei man vor allem auf Psalm 34 (*Schmecket und sehet, wie freundlich der Herr ist*; V. 9) zurückgreift. Nach dem Aufkommen der Sängerschola wird der *Psalm zur Kommunion* (*antiphona ad communionem*; später einfach *communio*) antiphonal gestaltet (vgl. 5.2.2; 5.2.4) und dem Festanlass entsprechend ausgewählt. Die

Antiphon wird dabei häufig nicht dem Psalm, sondern den Evangelien entnommen; sie wird musikalisch immer kunstvoller ausgeformt.

Nach dem *Ordo I* beendet der Chor den Gesang auf ein Zeichen des Papstes mit dem *Gloria Patri* und wiederholt den *versus*, die Antiphon. Im Zusammenhang mit dem Rückgang der Gläubigenkommunion verschwindet schließlich der Psalm ganz, und nur die Antiphon bleibt erhalten. Der Priester betet sie jetzt nach der Kommunion, im Anschluss an die Reinigung des Kelches. Wird sie im Hochamt vom Chor gesungen, hat sie ebenfalls hier ihren Ort.

Der Rückgang der Gläubigenkommunion ist Ergebnis eines langandauernden Prozesses, der im Osten bereits mit dem 4. Jh. einsetzt (vgl. dazu 4.2.4). Die »Umformung der Eucharistie vom schlichten Herrenmahl zum Hofzeremoniell des Königsempfangs« spielt dabei genauso eine Rolle wie »zunehmende Scheu und Ehrfurcht«, erwachsen aus einer antiarianischen Haltung, wie schließlich auch die »auf Schauen eingestellte Frömmigkeit des Mittelalters«.[149]

Ein Ergebnis dieses Prozesses ist im Abendland der Kelchverzicht des Volkes, der sich im 12./13. Jh. vollendet (vgl. 7.3.1). Schon die oben geschilderte Praxis der ›Verdünnung‹ des konsekrierten Weines in der römischen Bischofsmesse um 700 muss in diesem Zusammenhang gesehen werden. Auch die für Rom bezeugte Verwendung eines Trinkröhrchens (*fistula, calamus*), dessen Hilfe man sich beim Trinken aus dem Kelch bediente, sollte wohl gleichfalls der Gefahr des Verschüttens vorbeugen. Die östliche Praxis, das Brot in den Kelch zu tauchen (*intinctio*) oder es – wie im byzantinischen Ritus – mit dem Wein zu durchmischen, um beide Gestalten den Kommunikanten auf einem Löffel reichen zu können, wurde in Rom abgelehnt. Zu einem kirchenamtlichen Kelchverbot kam es freilich erst auf dem Konzil von Konstanz 1415. Man reagierte damit auf die hussitische Forderung nach dem Laienkelch.

Von der genannten Entwicklung wurde auch die Gestalt des eucharistischen Brotes und die Weise der Brotkommunion betroffen (vgl. 7.3.2). Seit dem 9. Jh. wurde den Gläubigen das Brot nicht mehr auf die Hand gegeben, sondern direkt in den Mund gelegt. Seit dem 11. Jh. wurde der kniende Empfang üblich. Vom 9.-11. Jh. setzte sich im Abendland – wie schon früher bei den Armeniern – der Gebrauch ungesäuerten Brotes durch. Seit dem 12. Jh. wurden die Hostien für den Priester, dann auch für die Gläubigen in der heute noch vielfach üblichen dünnen, scheibenförmigen Form gebacken, die kaum noch an das alltägliche Brot erinnert.

Eine eigene Ausgestaltung erfährt im *Missale Romanum* die (Selbst-)Kommunion des Priesters. Ähnlich wie bei der Eröffnung und der Gabenbereitung (vgl. 12.2.7; 12.4.2) finden auch hier private Vorbereitungsgebete Eingang. Ihren Ursprung haben sie in den *Apologien* gallischer Herkunft, in denen der Priester seine Sündhaftigkeit bekennt und um Erbarmen bittet.

Das *Missale* kennt drei solcher Vorbereitungsgebete. Das erste (*Domine Jesu Christi, qui dixisti*) wurde oben schon im Zusammenhang mit dem *Friedensgruß* erwähnt. Das zweite (*Domine Jesu Christe, Fili Dei vivi*) wird zum ersten Mal in einem fränkischen Sakramentar aus dem 9. Jh. genannt. Das dritte (*Perceptio Corporis tui*) leitet zur Kommunion über. Sie wird eingeleitet durch das dreifach wiederholte *Domine, non sum dignus* nach Mt 8,8; Lk 7,6: *Herr, ich bin nicht wert, dass Du eingehest unter mein Dach; aber sprich nur ein Wort, so wird meine Seele gesund.* Die Spendeformel lautet: *Der Leib (Das Blut) unsres Herrn Jesus Christus bewahre meine Seele zum ewigen Leben. Amen.*

Nach der (Selbst-) Kommunion reinigt der Priester den Kelch mit Wein und betet dabei: *Was wir mit dem Munde empfangen haben, Herr, das lass uns auch mit reinem Herzen aufnehmen [...] (Quod ore sumpsimus).* Dann tritt er zur Epistelseite, reinigt Finger und Kelch mit Wein und Wasser und spricht dabei: *Dein Leib, Herr, den ich empfangen, und das Blut, das ich getrunken habe, bleibe stets in meinem Herzen [...] (Corpus tuum, Domine*; aus dem *Missale Gothicum*).

Wird in der Messe die Kommunion an die Gläubigen ausgeteilt, so wird zuvor das *Confiteor* (wie im *Stufengebet*; vgl. 12.2.7) gesprochen. Der Priester zeigt den Gläubigen den Leib des Herrn mit den Worten: *Ecce Agnus Dei, qui tollit peccata mundi.* Hierauf folgt das dreifache *Domine non sum dignus*, wie bei der Priesterkommunion. Die Spendeformel lautet: *Corpus Domini nostri Jesu Christi custodiat animam tuam in vitam aeternam. Amen.*

12.6.4 Schlussriten

Ist der Gesang der *antiphona ad communionem* beendet, erhebt sich der Papst, geht zum Altar und spricht, nach Osten gewandt, die *oratio ad complendum*. So jedenfalls sieht es der *Ordo Romanus I* um 700 vor. In seiner Struktur und Funktion entspricht das *Schlussgebet* (auch *Postcommunio* genannt) den klassischen römischen Orationen und gehört mit dem *Tagesgebet (Oratio)* zu Beginn und dem *Gabengebet (Secreta)* zum Abschluss der Gabenbereitung in die Reihe der Präsidialgebete, die dem Vorsteher der eucharistischen Feier zukommen (vgl. 8.5.3; 12.2.3; 12.4.2). Wie das Gabengebet gehört es seit dem Ende des 5. Jh. zum festen Bestand der Messe. Inhaltlich ist es »ein klares Danksagungsgebet nach der Kommunion, das jeweils der liturgischen Zeit oder dem Tagesfest angepaßt ist.«[150]

In den Wochenmessen der Fastenzeit folgt im *Missale Romanum* von 1570 (wie auch schon in den älteren Sakramentaren) ein weiteres Gebet, *Oratio super populum* (auch *Inklinationsgebet*) genannt. Es handelt sich dabei um den ursprünglichen Entlassungssegen der Messe in Gestalt eines Segensgebetes, über die Gläubigen mit ausgestreckten Händen gesprochen. Eingeleitet wird es mit der Aufforderung des Diakons, sich zu verneigen: *Humiliate capita vestra Deo!* »Es gehört in allen Liturgien des Ostens wie des Westens zu den ältesten Stücken und ist bereits für das 3./4. Jh. bezeugt.«[151] Während es im Osten zum Teil erhebliche Erweiterungen erfährt, wird es im Westen nach den Stilgesetzen der klassischen *Oratio* gestaltet. Unter Gregor I. wird es zu einem *Segensgebet über die Büßer* umgeformt und auf die Wochentage der Fastenzeit beschränkt.

Hat der Papst das *Schlussgebet* gesprochen, so entlässt – wieder nach dem *Ordo I* – der Diakon die Gemeinde mit dem Ruf *Ite missa est*; die antwortet mit *Deo gratias*. Nun beginnt der Auszug. *Iube, Domne benedicere*, bitten zuerst die Bischöfe, dann nacheinander andere beteiligte Gruppen den Papst. Der entspricht der Bitte jeweils mit den Worten: *Benedicat nos dominus*. Eine andere Segensformel ist nicht vorgesehen.

Der Entlassungsruf des Diakons *Ite missa est* (*Geht, ihr seid entlassen*) wird seit dem 4. Jh. bezeugt, ist aber vielleicht schon älter. Er entspricht dem antiken Brauch, »eine Versammlung durch den Entlassungsruf des Herolds zu schließen.«[152] In den Messen ohne Gloria (an den Werktagen und in den Fastenzeiten) wird das *Ite* durch die ursprünglich in Gallien gebräuchliche Entlassungsformel *Benedicamus Domino* (*Lasst uns den Herrn preisen*) ersetzt, die auch Verwendung findet, wenn der Messe eine andere gottesdienstliche Handlung unmittelbar folgt.

In Gallien wird es im 5. Jh. üblich, vor der Kommunion – nach dem Vaterunser – die Nichtkommunikanten mit einem dreigliedrigen Segen zu entlassen. »Als im fränkisch-gallischen Raum die römische Liturgie übernommen wurde, wanderte dieser Segen, auch auf Drängen Roms, an das Ende der Meßfeier.«[153] Seit dem 9. Jh. zeigt sich – zunächst im Frankenreich – die Tendenz, den Segen an den Altar zu verlegen und feierlicher auszugestalten. Entsprechende Texte für den Segen des Priesters begegnen freilich erst seit dem 13. Jh. Verbindlich eingeführt wird der *Schlusssegen* (*Benedicat vos omnipotens Deus, Pater, et Filius, ✝ et Spiritus Sanctus*) erst durch das *Missale Romanum* von 1570.

Ein weiteres Element im Schlussteil der Messe ist das so genannte *Schlussevangelium*, der Anfang des Johannesevangeliums (Joh 1,1-4), der im Mittelalter hohes Ansehen als »Segensmittel« (zum Beispiel als Wettersegen, zusammen mit den Anfängen der drei anderen Evangelien[154]) besitzt. Seine Verwendung als abschließender Segensritus in der

Messe ist erstmals im 13. Jh. bezeugt. Verbindlich wird das *Schlussevangelium* wiederum erst 1570 in die Messe eingefügt.

12.6.5 Gemeindekommunion außerhalb der Messfeier

In ähnlicher Weise, wie sich um den Predigtauftritt herum eine eigene
volksprachliche Liturgie entwickelt, die schließlich aus der Messe
auswandert und sich in Gestalt eigener Prädikantengottesdienste verselbständigt (vgl. 12.3.3), kommt es im Mittelalter auch zu einer Verselbständigung der Gemeindekommunion. Die wiederum wird in der
Reformationszeit – wie der spätmittelalterliche Prädikantengottesdienst
– zum Ausgangspunkt und zur Grundlage liturgischer Reformen im
schweizerisch-oberdeutschen Raum, nimmt aber auch Einfluss auf die
Gestaltung des Abendmahlsteils in Luthers *Deutscher Messe* von 1526.

Die Entwicklung steht mit dem rapiden Rückgang der Kommunionhäufigkeit
seit dem frühen Mittelalter in Verbindung (vgl. 4.2.4; 12.4.1; 12.6.3). Für die
Kommunion der Gläubigen bildet sich eine Art *Vierzeitenrhythmus* aus, wie er
später auch die Kommunionpraxis reformierter bzw. oberdeutscher Gemeinden
bestimmt: Haupttermine für die Gläubigenkommunion sind Weihnachten,
Ostern, Pfingsten, Mariä Himmelfahrt oder Allerheiligen. Freilich gilt: »Aber nur
sehr fromme Laien kommunizierten öfter als nur zu Ostern.«[155]

Wo die Kommunion zu diesen seltenen Gelegenheiten noch in der
Messe selbst an die Gläubigen ausgeteilt wird – in aller Regel mit
vorkonsekrierten Hostien aus einer früheren Messfeier –, beginnt man
damit häufig schon nach der Gabenbereitung oder doch unmittelbar nach
der Wandlung, während der zelebrierende Priester mit der Messe
fortfährt. Ist der Andrang der Kommunikanten – wie es insbesondere zu
Ostern der Fall ist – zu groß, teilt man die Kommunion an mehreren
Altären gleichzeitig aus. Die Kommunion der Gläubigen wird so zu einer
Art Parallelgottesdienst innerhalb der Messe, der auf den Fortgang der
Messliturgie keine Rücksicht nimmt.

Dass diese eigenständige Kommunionfeier schließlich auch leicht gänzlich von
der Messe getrennt, vor ihrem Beginn oder nach ihrer Beendigung gehalten
werden kann oder auch ganz unabhängig von ihr stattzufinden vermag, liegt auf
der Hand. Schon aus dem 9. Jh. gibt es Zeugnisse für eine Austeilung im Anschluss an die Messe; im 12. Jh. wird diese Praxis vorherrschend.[156] Zur allgemeinen Regel wird die Kommunionspendung außerhalb der Messe freilich erst
im 18./19. Jh.; aber die Entwicklung ist, wie Hans Bernhard Meyer feststellt,
»schon im Laufe des Mittelalters weit in dieser Richtung fortgeschritten«. »Im
großen und ganzen«, so fasst er den Sachverhalt zusammen, »kann man also

sagen, daß den Gläubigen die Kommunion außer an wenigen Festtagen nicht gespendet wurde. Die Kommunionspendung bestimmte in keiner Weise das Bild des spätmittelalterlichen Sonntagsgottesdienstes und schon gar nicht der Werktagsmessen. Selbst an den Festtagen mit Kommunionausteilung war sie vielfach von der Messe getrennt und wurde vor oder nach derselben abgehalten [...] Im Gefolge der in diesem Zusammenhang ergriffenen Maßnahmen wurde nicht nur liturgisch die Kommunionspendung an das Volk mehr und mehr zu einer relativ selbständigen Feier, sondern es mußte auch beim Klerus und beim Volk das Gefühl für den inneren Zusammenhang von Opfer und Opfermahl schwinden.«[157]

Für diese Kommunionfeier bildet sich ein eigener Ritus aus, der sich zunächst an den Ritus der Kommunionspendung an Kranke anlehnt, dann aber eine eigene Entwicklung nimmt. Wo die Kommunionspendung noch in der Messe erfolgt, wird sie – wie beim Predigtauftritt – zu einer Art ›Liturgie in der Liturgie‹.

Ihre Elemente sind im Wesentlichen die *Kommunionansprache* bzw. *-vermahnung* (an die später die *Abendmahlsvermahnungen* evangelischer Ordnungen anknüpfen können), ein *gemeinsames Schuldbekenntnis* (*Offene Schuld*, wie im Prädikantengottesdienst), das *Vaterunser* als Vorbereitungsgebet auf die Kommunion (unabhängig vom *Pater noster* der Messliturgie; man beachte Stellung und Funktion der *Vaterunserparaphrase* in Luthers *Deutscher Messe* bzw. des *Vaterunsers* in einem Teil der späteren lutherischen Ordnungen), *Absolution* (*Misereatur* und *Indulgentiam*; vgl. 12.2.7; 12.6.3), *Kommunioneinladung*, seit Ende des 16. Jh. *Ecce Agnus Dei* (vgl. 12.6.3), dreimaliges *Herr, ich bin nicht würdig*, Empfang der Hostie (kniend, Mundkommunion) mit *Spendeformel*, Empfang des (nichtkonsekrierten) *Ablutionsweins*, private *Danksagung*.[158]

Anmerkungen

[1] Konrad Fuchs/Heribert Raab, dtv-Wörterbuch zur Geschichte. 2 Bde., München ⁶1987, I, 15.
[2] Oswald Spengler, Der Untergang des Abendlandes. Umrisse einer Morphologie der Weltgeschichte (dtv 30073), München ¹¹1993.
[3] Anton L. Mayer, Die Liturgie in der europäischen Geistesgeschichte. Gesammelte Aufsätze. Hg. und eingeleitet von Emmanuel von Severus OSB, Darmstadt 1971, 2.
[4] Ebd. 6.
[5] Ebd. 7-9.
[6] Ebd. 10.

[7] Ebd. 13.

[8] Anton Baumstark, Vom geschichtlichen Werden der Liturgie, Darmstadt 1971 (unveränderter Nachdruck der 1.-5. Aufl., Freiburg i. Br. 1923), 87.

[9] Ildefons Herwegen OSB, Kirche und Seele. Die Seelenhaltung des Mysterienkultes und ihr Wandel im Mittelalter (Aschendorffs zeitgemäße Schriften 9), Münster 1926, 16.

[10] Reifenberg, Fundamentalliturgie (Kap. 2 Anm. 8), 139-149.

[11] Tertullian, Adversus Marcionem 4,40.

[12] Jungmann, Missarum (Kap. 4 Anm. 27), I , 63.

[13] Reifenberg, Fundamentalliturgie (Kap. 2 Anm. 8), 146.

[14] Meyer, Eucharistie (Kap. 1 Anm. 15), 189.

[15] Ebd. 190.

[16] Ebd. 170.

[17] Ebd. 170.

[18] Ebd. 162.

[19] Reifenberg, Fundamentalliturgie (Kap. 2 Anm. 8), 144.

[20] Ambrosius, De sacramentis 4,5,21-25; 4,6,26-28; vgl. Hänggi/Pahl, Prex (Kap. 1 Anm. 74), 421.

[21] Ambrosius, De sacramentis 4,5,23 (vgl. auch 4,4,14).

[22] Meyer, Eucharistie (Kap. 1 Anm. 15), 163.

[23] Reifenberg, Fundamentalliturgie (Kap. 2 Anm. 8), 141 f.

[24] Meyer, Eucharistie (Kap. 1 Anm. 15), 154.

[25] Vgl. Hänggi/Pahl, Prex (Kap. 1 Anm. 74), 461-493.

[26] Vgl. ebd. 494-513.

[27] Vgl. den Untertitel des Werkes von Jungmann, Missarum (Kap. 4 Anm. 27).

[28] Vgl.   Johannes H. Emminghaus, Die Messe. Wesen – Gestalt – Vollzug (SPPI 1), Klosterneuburg 1976, 157, 172; Berger, Gedächtnis (Kap. 9 Anm. 67), 161.

[29] Egeria, Itinerarium (Kap. 11 Anm. 25), 230-233 (Nr. 24,8).

[30] Meyer, Eucharistie (Kap. 1 Anm. 15), 120.

[31] Zitiert nach Zwinggi, Wortgottesdienst (Kap. 8 Anm. 73), 95.

[32] Serm. Guelf. 7.

[33] Meyer, Eucharistie (Kap. 1 Anm. 15), 174.

[34] Vgl. Martimort, Handbuch (Kap. 6 Anm. 27), 361; Berger, Gedächtnis (Kap. 9 Anm. 67), 164 f; Jungmann, Missarum (Kap. 4 Anm. 27), I, 345 f, 462 ff.

[35] Meyer, Eucharistie (Kap. 1 Anm. 15), 175.

[36] Klauser, Liturgiegeschichte (Kap. 2 Anm. 1), 53 f.

[37] Meßner, Einführung (Kap. 1 Anm. 39), 180. Vgl. auch Frieder Schulz, Das Kollektengebet. Seine Frühgeschichte, die theologische Bedeutung seiner Gestalt

und die Probleme seiner Rezeption in der Gegenwart, in: Kerygma und Melos [FS Christhard Mahrenholz], Kassel/Berlin 1970, 40-56; auch in: Ders., Mit Singen und mit Beten. Forschungen zur christlichen Gebetsliteratur und zum Kirchengesang. Gesammelte Aufsätze. Mit Nachträgen 1994. Hg. von Alexander Völker, Hannover 1996, 163-183.

[38] Helmut Büsse, Das ›Tagesgebet‹ als integrierendes Element der Eröffnung. Überlegungen zur Realisierung der Wahlmöglichkeiten bei den Orationen der Meßfeier, in: Maas-Ewerd/Richter, Gemeinde (Kap. 11 Anm. 42), 222-231, hier 224.

[39] Ebd. 226.

[40] Emminghaus, Messe (Kap. 12 Anm. 28), 188.

[41] Klauser, Liturgiegeschichte (Kap. 2 Anm. 1), 43 f.

[42] Vgl. Jungmann, Missarum (Kap. 4 Anm. 27), I, 433 f; Martimort, Handbuch (Kap. 6 Anm. 27), I, 375; Klauser, Liturgiegeschichte (Kap. 2 Anm. 1), 53 ff; Berger, Handlexikon (Kap. 1 Anm. 19), 291.

[43] Text bei Jungmann, Missarum (Kap. 4 Anm. 27), I, 434 f.

[44] Vgl. Paul De Clerck, La ›prière universelle‹ dans les liturgies latines anciennes. Témoignages patristiques et textes liturgiques (LQF 62), Münster 1977, 282-295; Schnitzler, Kyrielitanei (Kap. 11 Anm. 42), 218; Gamber, Liturgie (Kap. 2 Anm. 3), 121 ff.

[45] Auf der Maur, Feiern (Kap. 3 Anm. 3), 94, 96.

[46] Meyer, Eucharistie (Kap. 1 Anm. 15), 175.

[47] Jungmann, Missarum (Kap. 4 Anm. 27), I, 436 f.

[48] Ebd. I, 439.

[49] Ebd. I, 439.

[50] Wagner, Reflexionen (Kap. 4 Anm. 31), 41 f.

[51] Jungmann, Missarum (Kap. 4 Anm. 27), I, 449.

[52] Ebd. I, 457.

[53] Ebd. I, 457 f.

[54] Ebd. I, 416 f.

[55] Ebd. I, 416.

[56] Klauser, Liturgiegeschichte (Kap. 2 Anm. 1), 66.

[57] Berger, Handlexikon (Kap. 1 Anm. 19), 217.

[58] Jungmann, Missarum (Kap. 4 Anm. 27), I, 416.

[59] Meyer, Eucharistie (Kap. 1 Anm. 15), 174.

[60] Jungmann, Missarum (Kap. 4 Anm. 27), I, 418.

[61] Klauser, Liturgiegeschichte (Kap. 2 Anm. 1), 65 ff.

[62] Berger, Handlexikon (Kap. 1 Anm. 19), 486.

[63] Ausführlich bei: Karl-Heinrich Bieritz, Zeichen der Eröffnung, in: Ders.,

Zeichen setzen. Beiträge zu Gottesdienst und Predigt (PTHe 22), Stuttgart 1995, 42-60, hier 42-46.

[64] Romano Guardini, Der Kultakt und die gegenwärtige Aufgabe der liturgischen Bildung. Ein Brief, in: Anton Hänggi (Hg.), Gottesdienst nach dem Konzil. Vorträge, Homilien und Podiumsgespräche des Dritten Deutschen Liturgischen Kongresses in Mainz, Mainz 1964, 18-23, hier 20.

[65] Wagner, Reflexionen (Kap. 4 Anm. 31), 41 f.

[66] Beckmann, Quellen (Kap. 1 Anm. 71), 99-107; Klauser, Liturgiegeschichte (Kap. 2 Anm. 1), 63-72.

[67] Berger, Handlexikon (Kap. 1 Anm. 19), 124, 134.

[68] Meyer, Eucharistie (Kap. 1 Anm. 15), 176.

[69] Vogel, Liturgy (Kap. 1 Anm. 55), 304.

[70] Meyer, Eucharistie (Kap. 1 Anm. 15), 193.

[71] Ebd. 176.

[72] Schott, Meßbuch (Kap. 5 Anm. 45), 388.

[73] Berger, Handlexikon (Kap. 1 Anm. 19), 188.

[74] Ebd. 471.

[75] Ebd. 511.

[76] Meyer, Eucharistie (Kap. 1 Anm. 15), 121.

[77] Jungmann, Missarum (Kap. 4 Anm. 27), I, 585 f.

[78] Meyer, Eucharistie (Kap. 1 Anm. 15), 234.

[79] Vgl. Alfred Niebergall, Die Geschichte der christlichen Predigt, in: Leit. 2 (1955) 181-353, hier 238.

[80] Meyer, Eucharistie (Kap. 1 Anm. 15), 235.

[81] Vgl. Eberhard Weismann, Der Predigtgottesdienst und die verwandten Formen, in: Leit. 3 (1956) 1-97, hier 23 f; Ergänzungen nach: Meyer, Eucharistie (Kap. 1 Anm. 15), 235.

[82] Martimort, Handbuch (Kap. 6 Anm. 27), I, 382.

[83] Meyer, Eucharistie (Kap. 1 Anm. 15), 156.

[84] Vgl. Klauser, Liturgiegeschichte (Kap. 2 Anm. 1), 56.

[85] Vgl. Otto Dietz, Das Allgemeine Kirchengebet, in: Leit. 2 (1955) 417-452, hier 434 ff.

[86] Vgl. ebd. 437.

[87] Vgl. Meyer, Eucharistie (Kap. 1 Anm. 15), 177: »Seit der Mitte des 6. Jh. verschwand das Allgemeine Gebet aus der römischen Meßliturgie, möglicherweise deshalb, weil sich die erwähnte Litanei samt den damit verbundenen Kyrierufen zum Begleitgesang für Prozessionen weiterentwickelt hat, die u.a. auch vor der Meßfeier stattfanden.«

[88] Berger, Handlexikon (Kap. 1 Anm. 19), 156.

[89] Klauser, Liturgiegeschichte (Kap. 2 Anm. 1), 69.

[90] Meyer, Eucharistie (Kap. 1 Anm. 15), 178.

[91] Ebd. 215.

[92] Berger, Handlexikon (Kap. 1 Anm. 19), 374.

[93] Vgl. Martimort, Handbuch (Kap. 6 Anm. 27), I, 395 f.

[94] Schott, Meßbuch (Kap. 5 Anm. 45), 392.

[95] Vgl. ebd. 392.

[96] Meyer, Eucharistie (Kap. 1 Anm. 15), 178.

[97] Berger, Handlexikon (Kap. 1 Anm. 19), 161.

[98] Ebd. 376 f.

[99] Beckmann, Quellen (Kap. 1 Anm. 71), 104.

[100] Martimort, Handbuch (Kap. 6 Anm. 27), I, 399.

[101] Beckmann, Quellen (Kap. 1 Anm. 71), 104.

[102] Jungmann, Missarum (Kap. 4 Anm. 27), II, 36.

[103] Fischer/Hucke, Formen (Kap. 5 Anm. 13), 198.

[104] Berger, Handlexikon (Kap. 1 Anm. 19), 108.

[105] Martimort, Handbuch (Kap. 6 Anm. 27), I, 401 f.

[106] Meyer, Eucharistie (Kap. 1 Anm. 15), 203.

[107] Martimort, Handbuch (Kap. 6 Anm. 27), I, 398.

[108] Berger, Handlexikon (Kap. 1 Anm. 19), 159.

[109] Jungmann, Missarum (Kap. 4 Anm. 27), I, 63.

[110] Klauser, Liturgiegeschichte (Kap. 2 Anm. 1), 25.

[111] Meyer, Eucharistie (Kap. 1 Anm. 15), 114.

[112] Ebd. 179.

[113] Martimort, Handbuch (Kap. 6 Anm. 27), I, 405.

[114] Beckmann, Quellen (Kap. 1 Anm. 71), 105.

[115] Berger, Handlexikon (Kap. 1 Anm. 19), 227.

[116] Meyer, Eucharistie (Kap. 1 Anm. 15), 181.

[117] Schulz, Glaubenseinheit (Kap. 8 Anm. 30), 44.

[118] Berger, Handlexikon (Kap. 1 Anm. 19), 409.

[119] Martimort, Handbuch (Kap. 6 Anm. 27), I, 405 f.

[120] Meyer, Eucharistie (Kap. 1 Anm. 15), 179.

[121] Martimort, Handbuch (Kap. 6 Anm. 27), I, 412.

[122] Berger, Handlexikon (Kap. 1 Anm. 19), 409.

[123] Podhradsky, Lexikon (Kap. 6 Anm. 30), 238.

[124] Berger, Handlexikon (Kap. 1 Anm. 19), 339.

[125] Ebd. 100.

[126] Ebd. 340.

[127] Podhradsky, Lexikon (Kap. 6 Anm. 30), 256.

[128] Berger, Handlexikon (Kap. 1 Anm. 19), 121.

[129] Ebd. 438.

[130] Beckmann, Quellen (Kap. 1 Anm. 71), 12 f.

[131] Vgl. den Begriff der *grands récits* bzw. *metarécits* bei Jean-François Lyotard, La Condition postmoderne. Rapport sur le savoir, Paris 1979; ders., Postmoderne für Kinder. Briefe aus den Jahren 1982-1985. Hg. von P. Engelmann (Edition Passagen 13), Wien 1987, 35 u.ö.

[132] Vgl. dazu u.a. Dorothea Wendebourg, Den falschen Weg Roms zu Ende gegangen? Zur gegenwärtigen Diskussion über Martin Luthers Gottesdienst-reform und ihr Verhältnis zu den Traditionen der Alten Kirche, in: ZThK 94 (1997) 437-467; dies., Noch einmal „Den falschen Weg Roms zu Ende gegangen?" Auseinandersetzung mit meinen Kritikern, in: ZThK 99 (2002) 400-440; Hans-Christoph Schmidt-Lauber/Frieder Schulz, Kerygmatisches oder eucharistisches Abendmahlsverständnis? Antwort auf eine kritische Herausforderung der gegenwärtigen Liturgiewissenschaft, in: LJ 49 (1999) 93-114; Ulrich Kühn, Der eucharistische Charakter des Herrenmahls, in: PTh 88 (1999) 255-268; Reinhard Slenczka, Herrenwort oder Gemeindegebet? Eine zur Klärung von dringenden Fragen notwendige Kontroverse, in: KuD 44 (1998) 275-284; Hans-Christian Seraphim, Das Sakrament des Herrenmahls ohne Eucharistiegebet? Kritische Überlegungen zur Antrittsvorlesung von Dorothea Wendebourg in Tübingen, in: AnzSS (1999) 224-226.

[133] Berger, Handlexikon (Kap. 1 Anm. 19), 114.

[134] Ebd. 22 f.

[135] Zum Beispiel bei der Darbringung des Weins im Offertorium: *Offerimus tibi calicem salutaris* (vgl. 12.4.2).

[136] Jungmann, Missarum (Kap. 4 Anm. 27), II, 322.

[137] Vgl. auch Meyer, Eucharistie (Kap. 1 Anm. 15), 271.

[138] Berger, Handlexikon (Kap. 1 Anm. 19), 155.

[139] Jungmann, Missarum (Kap. 4 Anm. 27), II, 328.

[140] Ebd. II, 329 f.

[141] Ebd. II, 331.

[142] Klauser, Liturgiegeschichte (Kap. 2 Anm. 1), 70.

[143] Ebd. 70-72.

[144] Meyer, Eucharistie (Kap. 1 Anm. 15), 181.

[145] Ebd. 197.

[146] In der längeren Fassung des *Ordo Romanus I*.

[147] Klauser, Liturgiegeschichte (Kap. 2 Anm. 1), 71.

[148] Martimort, Handbuch (Kap. 6 Anm. 27), I, 443.

[149] Berger, Handlexikon (Kap. 1 Anm. 19), 264.
[150] Martimort, Handbuch (Kap. 6 Anm. 27), I, 455.
[151] Meyer, Eucharistie (Kap. 1 Anm. 15), 182.
[152] Podhradsky, Lexikon (Kap. 6 Anm. 30), 84.
[153] Berger, Handlexikon (Kap. 1 Anm. 19), 468.
[154] Ebd. 465.
[155] Meyer, Eucharistie (Kap. 1 Anm. 15), 236.
[156] Berger, Handlexikon (Kap. 1 Anm. 19), 265.
[157] Hans Bernhard Meyer SJ, Luther und die Messe. Eine liturgiewissenschaftliche Untersuchung über das Verhältnis Luthers zum Meßwesen des späten Mittelalters (KKTS 11), Paderborn 1965, 319 f.
[158] Meyer, Eucharistie (Kap. 1 Anm. 15), 236.

13. Der Norden

Im 16. Jh. trennen sich große Teile der abendländischen Christenheit von Rom. War die Differenzierung in ein östliches und ein westliches Christentum ein Prozess, der sich über Jahrhunderte erstreckte, so vollendet sich die Spaltung des abendländischen Kirchenwesens innerhalb weniger Jahrzehnte. Die Ursachen, die den folgenreichen Vorgang auslösen, sind wiederum komplexer Natur. Leicht zur Hand ist der Hinweis auf politische Konstellationen, die den Aufstand der Peripherie gegen Rom überhaupt erst ermöglichten. Schwieriger ist es schon, die kulturellen Prozesse zu fassen, deren Ausdruck wie beförderndes Moment die reformatorische Bewegung ist.

Dass die Reformation vor allem die Völker im Norden Europas erfasst und sich hier in neuen Kirchentümern verfestigt, dürfte kein Zufall sein. Man darf darin auch den Versuch sehen, sich aus der Abhängigkeit vom kulturell dominierenden und in solcher Hinsicht fortgeschritteneren Süden zu lösen. Das steht in einem dialektischen – keineswegs eindeutigen – Bezug zum »Prozeß der Zivilisation«,[1] wie er mit der frühen Neuzeit in ein neues Stadium eintritt.

Gewiss war die Reformation eine umfassende theologische, spirituelle und kirchenreformerische Bewegung, die auf eine Revision des Gottesbildes und eine Erneuerung des Gottesverhältnisses zielte. Sie kann nicht auf ihre gottesdienstlichen Aspekte begrenzt werden. Dennoch trat sie auch als liturgische Bewegung in Erscheinung: »Die reformatorische Bewegung war vor allem in den Städten ein Kampf um die Öffentlichkeit schriftgemäßer Verkündigung und die Grundlagen eines ihr entsprechenden Gottesdienstes.«[2] Ihr Erfolg hing nicht zuletzt damit zusammen, dass es ihr gelang, Formen gottesdienstlicher Kommunikation zu entwickeln, die dem gewandelten psychosozialen Horizont der Zeitgenossen gemäß und in der Lage waren, diesen Wandel entscheidend zu befördern.

Peter Cornehl resümiert: »Die Reformation hat auf dem Gebiet des Gottesdienstes die größte Veränderung gebracht, die es in der Geschichte des Christentums nach der konstantinischen Wende gegeben hat [...] Der *Kampf um die Messe* (Iserloh) wurde als Kampf um Leben und Tod begriffen und dementsprechend kompromißlos geführt. Wo die Reformation sich durchsetzte, ist in wenigen Jahren ein Gesamtsystem kultischer Heilsvermittlung und Repräsentation außer Kraft gesetzt worden, das Alltagsleben, Kultur und Frömmigkeit bis in die ökonomische Basis hinein bestimmt hatte.«[3]

13.1 Wittenberg

13.1.1 Die neue Rolle des Wortes

(1) Dass das Wort im Schwang gehe

Pfingsten 1523 erscheint Martin Luthers (1483-1546) kleine Schrift *Von ordenung gottis diensts ynn der gemeine*.[4] Der Text enthält noch keine ausgeführte Gottesdienstordnung, sondern stellt einige allgemeine Regeln für die Gestaltung des gottesdienstlichen Lebens in den evangelischen Gemeinden auf. Im Blick ist dabei weniger die Messe, sondern das Tagzeitengebet. Es geht um die Neuordnung der Gottesdienste an den Werktagen. Die Auseinandersetzung mit der bisherigen Praxis erfolgt mittels einer dreifachen Antithese (vgl. auch 16.3.1):

> *Drey grosse mißbreuch sind ynn den gottis dienst gefallen / Der erst / das man gottis wort geschwygen hat / vnd alleyne geleßen / vnd gesungen ynn den kirchen / das ist der ergiste mißbrauch / Der ander / da Gottis wort geschwygen gewesen ist / sind neben eyn komen / so viel vnchristlicher fabeln / vnd lugen / beyde ynn legenden / gesange vnd predigen / das greulich ist tzu sehen. Der dritte / das man solchen gottis dienst / als eyn werck than hatt / da mit gottis gnade vnd selickeyt zur werben / da ist der glaub vntergangen / vnd hatt yderman zu kirchen geben / stifften / pfaff / munch vnd nonnen werden wollen.*[5]

Der Schlüssel zum Verständnis dieser Textpassage ist das Kompositum *gottis wort* – im mittelalterlichen Sprachgebrauch *terminus technicus* für die gottesdienstlichen Schriftlesungen, insbesondere für das Evangelium.[6] Worauf Luther zielt, scheint deutlich: Er hat die Lesungen und Gesänge vor allem der Tagzeitengottesdienste, in letzter Konsequenz aber wohl auch des Messgottesdienstes im Blick. Dass solche Lesungen und Gesänge zu einem beträchtlichen Teil biblisches Material reproduzieren, hindert ihn nicht daran, ihnen die Qualifikation als *gottis wort* zu verweigern und sie wenig später als *loren vnd dohnen* (heulen und lärmen) zu kennzeichnen, mit denen man bislang *nur die wende [...] angeblehet* habe. Zudem haben *fabeln vnd lugen* – vermutlich eine Anspielung auf Heiligenlegenden, vielleicht auch auf eine falsche Weise der Schrift-auslegung[7] – hier Eingang gefunden.

Um den *mißbreuch* zu begegnen, regt Luther eine Reihe von Änderungen an: Umfang und Gewicht der Schriftlesungen in den Tagzeitengottesdiensten (Mette und Vesper) sollen vermehrt werden. Am Morgen soll fortlaufend aus dem Alten Testament (*Moses vnd die Historien*), in den Vespergottesdiensten aus dem Alten Testament (*nemlich die Propheten*) oder aus dem Neuen Testament gelesen werden. Und: In den liturgischen Ablauf soll ein neues Element – in Gestalt der obligatorischen Schriftauslegung – hineingeschrieben werden: *das die Christlich gemeyne nymer soll zu samen komen / es werde denn da selbs Gottis wort gepredigt vnd gebett / es sey auch auffs kurtzist [...] Vnd wo dis nicht geschicht / so ist die gemeyne der lection nichts gebessert / wie bis her ynn klostern vnd stifften geschehen / da sie nur die wende haben angeblehet.* Lesungen ohne Auslegung gelten ihm als *zungen reden* (nach 1 Kor 14,26), das auf das *aus legen odder weyssagen / vnd mit dem synn odder verstand reden* angewiesen ist.

Freilich geht es nicht nur und nicht einmal in erster Linie um Defizite auf der Ebene des liturgischen Ablaufs, die durch entsprechende Eingriffe leicht zu beheben wären. Es wird vielmehr deutlich, dass Luther eine sehr grundlegende Umkehrung der Sinnrichtung des gottesdienstlichen Handelns im Blick hat, die insgesamt zu einer neuen Auffassung von Sinn, Ziel und Wesen des christlichen Gottesdienstes führt: *das man solchen gottis dienst / als eyn werck than hatt / da mit gottis gnade vnd selickeyt zur werben / da ist der glaub vntergangen.*

Der Gegensatz, der hier aufbricht, überschreitet die Ebene liturgischer und homiletischer Reformen. *Gottis wort* – so will Luther sagen – darf nicht als *werck* verstanden und gebraucht werden, das auf Gott hin getan (*than*) wird, um Heil zu erwerben. Der Gegenbegriff zu *werck* ist *glaub*: nicht primär ein Tun, ein Verhalten, sondern eine Haltung, die allem Handeln vorausliegt, gottgewirkte Innen-Seite aller christlichen Praxis, Einstellung, die auch über den Sinn liturgisch-homiletischer Vollzüge entscheidet. Als *werck* getan, beleidigen diese Vollzüge ihren Adressaten: Gott lässt sich nicht im liturgisch-homiletischen Handlungsspiel vergegenständlichen. Sie verfehlen zugleich die erhofften heilsamen Wirkungen: Sie verstärken Unheil und Trennung, statt sie zu überwinden.

Luther möchte erreichen, *das das wort ym schwang gehe / vnd nicht widderumb eyn loren vnd dohnen draus werde.* Doch das so bezeichnete *wort* kann offenbar nicht ohne weiteres gleichgesetzt werden mit einem bestimmten Element im liturgischen Ablauf. Es ist nicht einfach identisch mit Schriftlesung und -auslegung. Es steht vielmehr für ein theologisches Konzept, das das Gottesverhältnis insgesamt neu bestimmt: Gott und Mensch verkehren nicht *im Werk*, sondern *im Wort* miteinander. Das kommunikative Muster, das ihr Verhältnis prägt, ist das *Gespräch*. Gott *spricht* den Menschen *an*. Und seine *Anrede* bewirkt die *Antwort* des Glaubens (vgl. 8.4).

In den letzten Jahren seines Lebens hat Luther dies in der Torgauer Kirchweihpredigt von 1544 in eine klassische Formel gefasst: Nichts anderes soll im

Gottesdienst geschehen, *dann das unser lieber Herr selbs mit uns rede durch sein heiliges Wort, und wir widerumb mit jm reden durch Gebet und Lobgesang.*[8] Mit Recht hat man deshalb von der »neuen Rolle des Wortes« bei Luther gesprochen.[9]

(2) Die Sprache des mündlichen Worts

Luther geht es demnach um eine Gestalt gottesdienstlicher Kommunikation, die nicht nur inhaltlich bestimmt ist durch das Evangelium von Jesus Christus, sondern die auch in der Art und Weise, wie sie diesen Inhalt vermittelt, dem Evangelium entspricht. Das Evangelium aber ist nach seiner Überzeugung ein Sprech- und Redeereignis, untrennbar mit der *sprach des mundlichen worts* verbunden.[10] Damit wird nicht nur etwas über das dominierende, sinntragende Medium gottesdienstlicher Kommunikation ausgesagt. Die *sprach des mundlichen worts*, die mündliche Rede, die in konkreten Worten in einer konkreten Situation an konkrete Adressaten ergeht, ist vielmehr ein Teil des Heilsereignisses selbst. Ohne diese Rede bleibt das Werk Christi verborgen. Erst da, wo es buchstäblich zur Sprache gebracht wird, wo es *ins wort gefast* wird,[11] kommt es zur Wirkung, kann es erkannt, verstanden und geglaubt werden. Nur so kann es den Einzelnen wirksam ergreifen und sich an ihm vollenden.

Luther lässt keinen Zweifel daran, dass solches Wirksamwerden des Heilsereignisses am Einzelnen wirklich etwas mit Hören und Verstehen zu tun hat, dass es ihn als Person beansprucht, mit Verstand, Herz und allen Sinnen, dass es als personales *Wort* auf eine personale *Antwort* aus ist. Für diese personale *Antwort* auf das in die *sprach des mundlichen worts* gefasste Heilsereignis hat Luther den Begriff *Glauben*. Luther ist von der Heilsmächtigkeit und Heilswirksamkeit des *Wortes* überzeugt: Es besitzt die Vollmacht und die Kraft, »Gottes Heilswirken vollgültig zueignen zu können.«[12] Aber es tut dies eben auf die Weise von *Sprache*, das heißt, indem es den hörenden, verstehenden und vertrauenden *Glauben* des so Angesprochenen schafft und in Anspruch nimmt. Wenn Luther solcherart vom *Wort* spricht, hat er im strengen Sinn sprachliche, auf Verstehen und Verständigung dringende, das Personzentrum des Menschen ansprechende Kommunikationsvorgänge im Auge.

Das *Wort* ist solchermaßen nicht länger nur – wie in der vorreformatorischen Situation – »Mittel der Bewirkung und Beschreibung des sakramentalen Vorgangs«,[13] der das Heil letztlich doch auf eine außer- oder übersprachliche, sozusagen ›gegenständliche‹ Weise präsentiert und kommuniziert. Das *Wort* wird vielmehr selbst in einer ursprünglichen und grundlegenden Weise zum Medium der Heilsvermittlung. Es umgreift

seinerseits auch die sakramentalen Elemente und Vollzüge, und zwar
dergestalt, dass die sprachlich vermittelte Wort-Glaube-Beziehung auch
den Vollzug und die Rezeption der Sakramente bestimmt. *Heil* wird an
Sprache gebunden, und zwar an die Bedingungen und Möglichkeiten
gesprochener Sprache: Es gibt keine Wirksamkeit der Sakramente an
diesem *Wort* vorbei, das seinerseits auf den personal verantworteten,
verbindlichen und verpflichtenden Verständnisakt des *Glaubens* zielt.

(3) Gottesdienst im Prozess der Zivilisation

Das läuft auf eine grundlegende Umstrukturierung der Zeichensysteme
in der Kommunikation des Evangeliums hinaus, auf eine »historische
Schichtung und Umschichtung von sprachlichen und nichtsprachlichen
Zeichensystemen im Bereich des christlichen Glaubens.«[14] Es ist deutlich, dass solche Umschichtung den Gottesdienst im Ganzen betrifft und
nicht nur einzelne seiner Elemente: Alles, was hier liturgisch und homi-
letisch geschieht, ist nunmehr an die *sprach des mundlichen worts* ge-
wiesen, muss sich an ihr messen lassen, gewinnt aus ihr Leben und Sinn.

Nun kann sich solche Umstrukturierung und Versprachlichung des kirchlichen
Zeichen- und Kommunikationssystems ja kaum im sozusagen luftleeren Raum
vollzogen haben. Sie muss offenbar »mit Wandlungen im Zusammenhang stehen,
die den gesamten psychosozialen Lebenshorizont der damaligen Zeitgenossen
betreffen.«[15] Womöglich bestehen hier – so vermutet Manfred Josuttis, der den
Vorgang im Anschluss an die von Norbert Elias[16] vorgelegte Zivilisationstheorie
beschreibt und deutet – Zusammenhänge mit dem »Prozeß der Zivilisation«, der
beim Übergang vom Spätmittelalter zur Neuzeit in eine neue Qualität eintritt und
eine »zunehmende Domestikation der körperlichen und emotionalen Bedürfnisse« der Menschen zur Folge hat.[17] Von solcher »Veränderung des menschlichen Verhaltens und Empfindens«[18] bleiben auch die Modi zwischenmenschlicher Kommunikation nicht unbeeinflusst: Man geht auf Distanz. Der Umgang
miteinander »verhöflicht« sich.[19] Das Wort ersetzt die leiblich-nahe Geste.
Weisen der Kommunikation, die leibliche Nähe bzw. Teilhabe zur Voraussetzung haben oder anderweitig an leibliche Ausdrucks- und Rezeptionsvorgänge
gebunden sind, werden von solchen abgelöst, die derartige Anteile in der
Kommunikation reduzieren und das gesprochene bzw. geschriebene Wort an ihre
Stelle setzen. »Für die religiöse Sphäre [...] kann das bedeuten: nicht mehr die
äußere, jetzt äußerliche Präsenz beim Wandlungsakt in der Messe vermittelt das
Heil, sondern allein jener Glaube, der am Gewissen des Menschen entsteht und
dem Zuspruch des Gnadenwortes vertraut. Das Wort ist zum Gnadenmittel
geworden, nachdem heilige Orte und Gegenstände ihre Plausibilität als Medien
des Heils verloren haben und der Mensch in der Neuzeit sich anschickt, in der

Personalität, in der Sprache und im Verstehen seine Selbstvergewisserung zu finden.«[20]

Folgt man dieser Hypothese, dann heißt das: Jene Umstrukturierung der Zeichensysteme in der Kommunikation des Evangeliums hat ihre Entsprechung in einer Umstrukturierung der kulturellen Codes überhaupt. Es ändert sich die Art und Weise, wie Menschen miteinander umgehen. Es ändert sich zugleich auch die Art und Weise, wie Gott und Mensch miteinander verkehren. Was hier als Wechsel von der Verhaltensebene auf die Einstellungsebene erscheint, begegnet in dem von uns untersuchten Luthertext sehr deutlich in der Opposition von *werck* und *glaub*: Es ist unangemessen und unwirksam, auf Gott mittels Verhalten – durch Werke – einwirken zu wollen. Es ist deshalb unangemessen und unwirksam, weil auch Gott sich den Menschen nicht auf eine gleichsam gegenständliche Weise mitteilt, sie auch nicht wie Gegenstände behandelt und zur Gemeinschaft mit ihm zwingt. »Gott geht mit den Menschen um wie mit Personen und nicht wie mit Sachen: er stößt sie nicht herum, sondern er spricht mit ihnen und hört sie. Und so geziemt es sich für den Menschen, zu Gott zu sprechen und nicht durch Werke auf ihn einzuwirken.«[21]

13.1.2 Formula missae et communionis

Im Dezember 1523 erscheint Martin Luthers Schrift *Formula missae et communionis pro Ecclesia Vuittembergensi*.[22] Wie der Titel zeigt, ist sie zunächst für die Wittenberger Gemeinde bestimmt. Verfasst hat er sie freilich auf Drängen des Zwickauer Pfarrers Nikolaus Hausmann, dem er sie einleitend widmet.

Der Titel ist auch noch in anderer Hinsicht aufschlussreich: Es handelt sich »um eine Messe mit Gemeinde-Kommunion.«[23] Diese hatte sich, wie wir gesehen haben (vgl. 12.6.5), in einem längeren Prozess verselbständigt und weitgehend von der Messe gelöst. Der Titel von Luthers Schrift spiegelt diesen Sachverhalt wider – *missa* und *communio* sind zwei verschiedene Dinge –, versucht aber, beides wieder in einer Ordnung zusammenzuführen. Denn künftig soll *keyn winckel Mess* mehr *ynn der kirchen gehalten werden / da nur eyn person*, nämlich der Priester selbst, *gespeyset würd* (so in der Übersetzung von Paul Speratus,[24] der wir uns – um der leichteren Lesbarkeit willen – im Folgenden dort anschließen wollen, wo sie die Intentionen Luthers treffend wiedergibt).

Die Messe nach der Ordnung Luthers wird noch gänzlich in lateinischer Sprache gehalten. Nur die Predigt ist deutsch. Soweit vorhanden, können deutsche Lieder *bey dem Gradual / odder bei dem Sanctus / oder Agnus Dei* gesungen werden, entweder nach den lateinischen Stücken, *odder aber eyn tag vmb den andern / das man heut lateinisch süng / eyn andermal deutsch / bis die gantz Mess alle deutsch würd.* Nach der Kommunion singt man *Gott sey gelobet vnd gebenedeyet,* freilich von unevangelischen Zusätzen gereinigt.[25]

(1) Messreformen vor Luther

Luther – *semper cunctabundus et formidabundus,* wie er von sich selbst sagt (*bin ymmer langsam vnd schewe gewesen*) – ist keineswegs der Erste, der sich an die Reform der Messliturgie wagt. Während er sich 1521-1522 auf der Wartburg aufhält, führt Andreas Bodenstein, genannt Karlstadt (1480-1541), in Wittenberg sehr weit reichende Neuerungen ein. Und wenig später, im Jahre 1522, verfasst Kaspar Kantz aus Nördlingen eine »*Evangelisch Meß*« in deutscher Sprache.

Weihnachten 1521 feiert Karlstadt in der Stiftskirche einen Abendmahlsgottesdienst mit angeblich 2000 Teilnehmern: Offertorium und Kanon (mit Ausnahme der Einsetzungsworte), vielleicht auch Präfation und Sanctus sind gestrichen und durch eine Vermahnung an die Kommunikanten ersetzt.[26] Die Kommunion erfolgt unter beiderlei Gestalt, die Kommunikanten nehmen die Hostien und den Kelch selbst in die Hand: *das volck godt ser zum hoch wirdigen sacrament vnd nements selbs vff dem altar,* heißt es in einem zeitgenössischen Bericht.[27] Als Luther im März 1522 nach Wittenberg zurückkehrt, werden die lateinische Sprache, die *communio sub una* und die Messgewänder wieder eingeführt. Die Streichung von Offertorium und Kanon bleibt erhalten und wird von Luther in seine Messordnung von 1523 übernommen.

Sieht man von den Versuchen Karlstadts ab, ist die »*Evangelisch Meß*« von Kaspar Kantz »die älteste uns erhaltene deutsch-evangelische Messe« überhaupt.[28] »Sie umfaßt eine Vorbereitung mit Vermahnung, Aufforderung zum Sündenbekenntnis, Absolution und Bitte um den Hl. Geist und den darauf folgenden, mit der Präfation beginnenden Abendmahlsteil.«[29]

Die Einleitung zur Präfation (*Erhebt ewer herzen*) ist monologisch gefast. Nach dem Sanctus heißt es: *Nun hebt sich erst die Evangelisch Meß an* – Hinweis darauf, dass der Terminus *Messe* hier Abendmahlsworte und -handlung im engeren Sinne meint. Eine Art Wandlungsbitte mit Anklängen an das *Te igitur* und das *Quam oblationem* des *Canon Missae* schließt sich an: *O aller gütigister vatter, barmherziger, ewiger Gott, hilf, das dises brot und der wein uns werde und sey der warhaftig leib und das unschuldig blut deines allerliebsten suns, unsers herren Jhesu Christi.* Es folgen Einsetzungsworte, Vaterunser,

Agnus Dei (deutsch), ein Vorbereitungsgebet auf die Kommunion (mit Anklängen an das *Domine Jesu Christe. Fili Dei vivi* des Missale), Kommunion des Priesters, Einladung zur Kommunion und Austeilung des Brotes (mit Zeigegestus und Friedensgruß), Austeilung des Kelches, Danksagung (mit *Nunc dimittis* bzw. *Te Deum laudamus*), *Postcommunio.*[30]

(2) Luther und der Canon Missae

Summa Summarum, es ist eitel greulich, lästerlich Ding im Canone: Mit diesem vernichtenden Urteil beschließt Martin Luther ein Gutachten zu den Kanongebeten der römischen Messe aus dem Jahre 1524.[31]

Hauptanlass für seine Empörung sind die *lästerlichen Worte nach dem Segen*, das *offerimus* nach der Konsekration: *Siehe, da opffert der Gotteslästerer Christum den Sohn Gottes für uns, der doch sich selbst für uns nur einmal hat am Creuz geopffert, Ebr. 10,10.14 [...] Darum wird hie Christus Blut mit Füßen getreten und verleugnet aller Dinge.* So nimmt es nicht Wunder, dass Luther – wie zuvor schon Karlstadt und Kantz – den *zottichten grewlichen Canon*[32] ersatzlos aus seiner Messordnung streicht (vgl. zum Zusammenhang 12.4 und 12.5). Solcher Streichung fallen auch die Gebete zur Gabenbereitung zum Opfer.

Luther hat sich wiederholt und differenziert mit den Texten von Offertorium und Kanon auseinander gesetzt. Seine Hauptkritik gilt den Passagen nach der Wandlung, die er – da er vom westlich-römischen Konsekrationsverständnis ausgeht – so deuten muss, dass hier der Priester Leib und Blut Christi Gott dem Vater darbringt und auf solche Weise das Kreuzesopfer erneuert (vgl. 10.3.5). Dadurch aber wird die Messe – und das ist der Kernpunkt seiner Kritik – aus einer Wohltat Gottes (*beneficium Dei*) in ein Werk des Menschen (*sacrificium hominis*) verkehrt, mit dem dieser auf Gott einzuwirken sucht, um Gnade und Heil zu erlangen. Demgegenüber gilt: »Die Messe ist Gottes Gabe an Menschen, nicht aber eine Gabe von Menschen an Gott.«[33] Luthers Kritik an der römischen Messe erwächst also aus dem Zentrum seiner Theologie, der Rechtfertigungslehre.

Besonders ärgerlich reagiert er auf Formulierungen, mit denen – wie im *Supra quae propitio* nach der Wandlung – die *wohlgefällige Annahme* dieses Opfers erbeten wird: *Der gute Christus ist nicht angeneme bey dem vater, es kome denn der heylige Canon und mache yhn angeneme, also, das yhn das opfer got versune.*[34] Aber auch die Darbringungs- und Annahmebitten vor der Wandlung – wie schon im Offertorium – verwirren ihn; muss er doch davon ausgehen, dass hier »gewöhnliches Brot und Wein Gott als Sühnemittel angeboten werden«:[35] *Sihe, da stehet der Pfaff und hat eyne hostien oder oblat von lauter brot, und eyn kylch mit weyn fur sich, und redet mit Gott, das er das ansehen solle, und solle so köstlich seyn, und so viel gelten, das es fur die gantze Christenheyt eyn opffer sey fur Got.*[36]

Luther hat es nicht unternommen, die ihm überlieferten Kanongebete durch neue, dem evangelischen Verständnis gemäße Texte zu ersetzen. In einer subtilen Relecture Luthers versucht freilich Reinhard Meßner den Nachweis, dass die »für die altkirchliche Liturgie zentrale Struktur Anamnese – Epiklese« dennoch in Luthers Abendmahlslehre zum Tragen kommt, wobei das *memores* der alten Hochgebete dem gottgewirkten, vergegenwärtigenden Glauben, das *offerimus* dem Vollzug des Glaubens in Gebet und Werken und das *et petimus*, die Epiklese, der Bitte um die Verwirklichung des unverfügbaren Wortgeschehens entspricht:

»Die für die Eucharistie fundamentale Struktur: ›memores ... offerimus ... et petimus‹ (Anamnese – Epiklese) hat bei Luther in der Rechtfertigungslehre eine sachliche Entsprechung im Glauben, der anamnetisch, die Gleichzeitigkeit von historischen Heilsereignissen und aktueller Situation des Menschen herstellend, zu qualifizieren ist; im Vollzug des Glaubens im Gebet (gegenüber Gott) und in den Werken als der ›Verleiblichung‹ des Glaubens (gegenüber den Menschen); in der Bitte um die Verwirklichung des Wortgeschehens, das immer extra nos grundgelegt ist, d.h. in Christus, der *das Wort* ist, und das niemals aufgrund des menschlichen Handelns, der (äußeren Seite der) Verkündigung des mündlichen Wortes, sondern nur durch das in der Verkündigung sich ereignende unverfügbare Heilshandeln Gottes durch den Heiligen Geist rechtfertigend ist.«[37]

Nach Meßner hat Luther »die Opferaussagen der Liturgie im Grunde genommen besser verstanden [...] als die Väter von Trient«; ist doch seine Theologie des Gottesdienstes »ein Rückgriff auf die Konzeption der altkirchlichen Liturgie, die, ausgehend von Röm 12,1, die λογικὴ θυσία in den Mittelpunkt stellte, die personale Hingabe als Dank (Eucharistia) für die Hingabe Christi, in der uns die Hingabe Gottes erschienen ist.«[38]

(3) Die neue Messordnung

Luthers *Formula missae et communionis* ist keine Ordnung für den unmittelbaren liturgischen Gebrauch, sondern eher eine pastoralliturgische Handreichung. Die liturgischen Stücke werden nicht einfach aufgelistet, sondern unter theologischen, seelsorgerlichen und liturgiepraktischen Gesichtspunkten reflektiert. Dazu gehört auch, dass mögliche Alternativen erörtert und Innovationen erwogen, dann aber doch zurückgestellt werden.

So wäre es ihm lieber, wenn statt der überlieferten Introiten jeweils der ganze Psalm gesungen würde; er erklärt sich aber bereit, *dem gemeynen brauch hyrinnen* weiterhin zu folgen. Kritik übt er an der Auswahl der Messperikopen; er vermisst Texte, die für das Verständnis des Glaubens von zentraler Bedeutung sind, setzt aber auf die Predigt, die *sollichen mangel hieryn* auszugleichen vermag. Die Predigt hat ihren Ort nach dem *Symbolum Nicenum*, das seinerseits auf das Evangelium folgt; sie wäre freilich als *vox clamans in deserto* eigentlich besser vor dem Introitus und damit vor dem Beginn der Messe aufgehoben. Von den Gesängen zwischen den Lesungen möchte er das Graduale und das Alleluia beibehalten, auf den Tractus, das *lange Gradual*, und die Sequenz aber in der Regel verzichten.

Da das Offertorium ersatzlos wegfällt – und ein Fürbittengebet an dieser Stelle in der überlieferten Messordnung ja seit langem fehlt –, folgt auf Credo und Predigt sogleich der Abendmahlsteil. Brot und Wein sollen *sub symbolo vel post Concionem*, also unter dem Gesang des Glaubensbekenntnisses bzw. nach der Predigt, bereitgestellt (*apparetur*) werden. An die Wechselrufe vor der Präfation (*Dominus vobiscum – Sursum corda – Gratias agamus* usw.) und den Eingangsteil der Präfation (*Vere dignum*) schließen sich – nach einem Augenblick der Stille und eingeleitet mit *Qui pridie* – die Einsetzungsworte an. Luther möchte, dass sie nach der Weise der *oratio dominica*, des Vaterunsers, vom Liturgen laut gesungen werden, *ut a circumstantibus possit audiri*.

Nach der *benedictio* von Brot und Wein singt der Chor das Sanctus; während er mit dem Benedictus fortfährt, wird die Elevation vollzogen, *wie man bisher zu thun gepflegt hat.* Das Paternoster wird wie gewohnt eingeleitet, jedoch entfällt der Embolismus (*Libera nos*) ebenso wie die *fractio panis* und die *commixtio* von Brotpartikel und Wein. Den Friedensgruß (*Pax domini*) interpretiert Luther als *publica quaedam absolutio a peccatis communicantium*, als *eyn gemeyne absolucion vnd entpindung von sunden*, und darum *verso ad populum* zu sprechen.

Während der Priester und danach das Volk kommunizieren, singt der Chor das Agnus Dei, nach der Austeilung die Communio, den Kommunionvers. Die Oration *Domine Ihesu Christi, fili dei vivi* möchte Luther beibehalten, ebenso die überlieferten Spendeformeln.

Wie später in der *Deutschen Messe* 1526 erwägt Luther auch hier, der Segnung des Brotes sogleich die Brotkommunion folgen zu lassen, um danach erst Kelchsegnung und Kelchkommunion zu vollziehen. Er begründet dies mit dem Hinweis auf den Ritus, den Jesus selber nach dem Wortlaut des Einsetzungsberichtes eingehalten habe: *Similiter et calicem, postquam caenavit.*

An die Stelle der bisherigen Schlussgebete (interessant die Bezeichnungen: *complendae seu ultimae collectae*) tritt das Gebet *Quod ore sumpsimus*. Der Entlassungsruf *Ite missa est* wird generell durch das *Benedicamus domino* ersetzt. Mit dem *gewöhnlich segen* oder dem *segen aus dem buch Numeri am 6 Cap. den der Herr selb geordenet hatt* (Aaronitischer Segen) geht der Gottesdienst zu Ende.

[PREDIGT, falls nicht nach dem Glaubensbekenntnis]

INTROITUS [bzw. ein ganzer Psalm]

KYRIE ELEISON

GLORIA IN EXCELSIS

KOLLEKTENGEBET (collecta)

EPISTEL

GRADUALE und ALLELUIA

EVANGELIUM

NIZÄNISCHES GLAUBENSBEKENNTNIS

PREDIGT [falls nicht vor dem Introitus]

BEREITSTELLUNG VON BROT UND WEIN
(unter dem Glaubensbekenntnis bzw. nach der Predigt)

WECHSELRUFE VOR DER PRÄFATION
(*Dominus vobiscum – Sursum corda – Gratias agamus* usw.)

PRÄFATION
Vere dignum et iustum est, equum et salutare, nos tibi semper et ubique gratias agere, domine sancte, pater omnipotens, aeterne deus, per Christum dominum nostrum.

GEBETSSTILLE

EINSETZUNGSBERICHT (Benedictio)
Qui pridie quam pateretur accepit panem gratias agens, fregit, deditque discipulis suis, dicens: Accipite, comedite, Hoc est corpus meum, quod pro vobis datur. Similiter et calicem, postquam caenavit, dicens: Hic calix est novi testamenti in meo sanguine, qui pro vobis et pro multis effundetur in remissionem peccatorum. Haec quotiescunque feceritis in mei memoriam faciatis.

SANCTUS und BENEDICTUS mit ELEVATION (während der Chor das Benedictus singt)

VATERUNSER (eingeleitet mit *Oremus, preceptis salutaribus moniti* usw.)

FRIEDENSGRUSS (*Pax domini* usw.)

AGNUS DEI (als Gesang zur Kommunion)

KOMMUNION DES PRIESTERS – KOMMUNION DES VOLKES
(mit dem Gebet *Domine Ihesu Christi, fili dei vivi* und den überlieferten Spendeformeln)

COMMUNIO (Kommuniongesang)

POSTCOMMUNIO (*Quod ore sumpsimus* usw.)

ENTLASSUNG UND SEGEN
Dominus vobiscum – Benedicamus Domino – ›gewöhnlicher‹ oder Aaronitischer Segen

Formula missae et communionis pro Ecclesia Vuittembergensi 1523

13.1.3 Deutsche Messen vor Luther

(1) Worms

Vermutlich aus dem Jahre 1524 stammt die *Form und Ordenung der Euangelischen deutzschen Messen / wie sie zů Worms gehalten wirt.*[39] Von der Messe des Kaspar Kantz, aber auch von Luthers *Formula Missae* beeinflusst, nimmt sie innerhalb der reformatorischen Ordnungen eine Sonderstellung ein. Sie bearbeitet die Gebete des *Canon Missae* im evangelischen Sinne und setzt »an die Stelle der Opferdarbringung die Darbringung des Gebetes.«[40]

Der Abendmahlsteil der Wormser Messe hat eine (a) *Bereytung des kelchs* (*Liben Brüder vnd schwestern / bittet got das mein vnd ewer gebet angenehm sei*; vgl. das *Orate fratres*), (b) die *Präfation* mit einleitenden Wechselrufen und dem *Sanctus-Benedictus*, (c) ein Kanongebet mit (1) Segensbitte für Brot und Wein (*Darumb aller güttigster vatter [...] du wöllest diß dein brot vnd wein / anschawen / gesegnen vnd bene✝deien*), (2) Bitten um ›Annahme‹ des Gebets für die Kirche und die Feiernden, (3) Wandlungsbitte (*hilff vnd schaff / das dises brot vnd diser wein vns werd vnd sei / der warhafftig leib / vndd das vnschüldig blůt [...]*), (4) Einsetzungsworte mit *Uffhebung des Sacraments* und *Uffhebung des kelchs*, (5) Anamnese und ›Darbringung‹ des Gebets (*Des halbenn Herr / wir deine diener betrachten des selbigen deines suns vnsers herren Jesu Christi / leiden vnd sterben / aufferstehentnuß von der hellenn vnnd auch herliche auffart zů den hymmelen / deiner göttlichen maiestat / da mit anbieten vnser demütiges gebet / daruff du mitt genedigem gütigen angesicht schawen vnd dir das gefallen lassest durch Jesum Christum vnsern herren*), (6) nochmalige Bitte um Annahme des Gebets (*schaff das vnser gebet vnnd begird vff den höchsten altar für das angesicht deiner götlichen maiestat fürbracht werdt*) und (7) Kommunionbitte (*damitt wir alle so von diesem aller heyligsten abentmol des leibs / fleysch vnd blůts deines sunes entpfahen [...]*; vgl. das *Supplices te rogamus*), (d) Vaterunser, (e) Friedensgruß (*Das ist die rechte Euangelische absolucio*; vgl. die *Formula Missae*), (f) *Agnus Dei*, (g) Austeilung (zur Priesterkommunion heißt es: *Er selbs niesses nit er hab dan sonderlichen hunger dazu*), (h) Gebet nach der Kommunion, (i) *Benedicamus*, (j) Segen, (k) *Nunc dimittis*.

(2) Straßburg

Auch in Straßburg beginnt man offenbar schon im Jahre 1524 damit, Messen in deutscher Sprache zu feiern. Die erste schriftliche Aufzeichnung findet sich in einem Manuskript des Theobald Schwarz, das noch im gleichen Jahr im Druck erscheint: *Teütsche Meß vnd Tauff wie sye yetzung zů Straßburg gehalten werden.*[41] Es enthält »eine vollständige

Meß-Liturgie in deutscher Sprache vom Confiteor bis zum Segen, einschließlich 5 Festpräfationen.«[42]

»Das auf das Sanctus folgende Gebet stellt eine Bearbeitung der Interzessionen des römischen Kanon dar. Seiner Struktur nach ist es ein Allgemeines Kirchengebet, das überleitet in die Bitte um den rechten Empfang des Abendmahls. Auch das auf die Einsetzungsworte folgende Gebet ersetzt den entsprechenden Teil des römischen Kanon. Es ist ein Lobpreis, der zugleich eine kurze Zusammenfassung der neuen Abendmahlslehre enthält und zum Vaterunser überleitet. Die Einsetzungsworte werden in den Druckausgaben durch Rubriken als ›rechte, wahre Messe‹ bzw. als ›Nachtmahl Christi‹ bezeichnet.«[43] Gewisse Abhängigkeiten von der Messe des Kaspar Kantz und der Wormser Messe sind nicht auszuschließen (vgl. zur weiteren Entwicklung 13.2.3).

Aus dem Jahre 1525 (bzw. auch schon 1524) stammt das *Teutsch Kirchen ampt mit lobgsengen / vnd götlichen psalmen / wie es die gemein zu Straßburg singt vnd halt mit mer gantz Christlichen gebetten.*[44] Es führt die Schwarzsche Messe fort, nimmt aber unter anderem textliche Änderungen im Lobpreis nach den Einsetzungsworten vor:

Wie groß ist dein gütte / das du vns / on allen vnsern verdienst / die sünd nit allein verzigen hast / sonder vns zu einer versichrung verlassen die gedechtnuß des leibs vnd bluts vnsers herrn Jesu Christi in dem brodt vnd wein [vorher hieß es: [...] *zu einer versicherung verlossen den leib und blut unsers herren Jesu Christi under dem brot und weyn*].

Die Messordnung im Ganzen hat folgenden Aufbau: (a) Im Namen des Vaters, (b) Confiteor mit Absolution, (c) Introitus (Psalm mit Gloria Patri), (d) Kyrie, (e) Gloria, (f) Salutatio und Kollektengebet, (g) Epistel, (h), Alleluia mit Vers, (i) Evangelium, (j) Predigt (hier!), (k) Nizänisches Glaubensbekenntnis, (l) *Ermanung gegen dem volck* (*dz er vns den heyligen geyst den tröster zuschick / vff das er mache vnser leyb zu einem lebendigen heyligen wolgefälligen opffer*), (m) Präfation mit einleitenden Wechselrufen, (n) Sanctus-Benedictus, (o) Postsanctusgebet (Fürbitten), (p) Einsetzungsbericht, (q) Lobpreis (siehe oben), (r) Vaterunser, (s) Agnus Dei, (t) Kommunionbitte (nach *Domine Iesu Christe, Fili Dei vivi*), (u) Ermahnung, (v) Austeilung, (w) Danksagung: *Got sy gelobet vn gebenediet*, (x) Salutatio, Schlusskollekte, Segen.

(3) Nürnberg

Auf das Jahr 1524 lassen sich drei evangelische Messordnungen aus Nürnberg datieren: Die Erste – die »Messe der Pröpste von St. Sebald und St. Lorenz vom 5. Juni 1524«[45] – behält noch die lateinische Sprache bei, streicht aber die Kanongebete und fügt nach den Einsetzungsworten (die während des Sanctus vom Priester still gebetet werden!) und dem Vaterunser eine Vermahnung ein.

Diese ausgedehnte Abendmahlsvermahnung – sie wurde vermutlich von Andreas Osiander (1498-1552) verfasst[46] – zitiert wörtlich die Einsetzungsworte und war vielleicht »ursprünglich gleichzeitig mit den leise rezitierten Einsetzungsworten zu sprechen und als deren ›Eröffnung‹ für die Kommunikanten gedacht.«[47]

Die zweite Ordnung – die »deutsche Messe des Nürnberger Augustinerpriors Wolfgang Volprecht«[48] – wurde vermutlich schon im Mai 1524 »für die Konventsgemeinde des Augustinerklosters in Nürnberg entworfen.«[49] Sie lässt deutlich den Einfluss von Luthers *Formula Missae* erkennen:

Bereitung von Brot und Wein – Dialog – Eingang der Präfation, überleitend zu den Einsetzungsworten – Sanctus – Vaterunser – [Vermahnung] – Friedensgruß – Agnus Dei – Kommuniongebet – Austeilung – Postcommunio – Segen.

Die dritte Ordnung – vermutlich schon vom September 1524, wenn auch erst 1525 gedruckt[50] – stammt von Andreas Döber, der sie »für die von ihm zu haltenden Krankenkommunionen im Neuen Spital zusammengestellt« hat.[51] Sie benutzt die Kantzsche Messe von 1522, die Straßburger Ordnung von 1524 und folgt im Abendmahlsteil im Wesentlichen der »Messe der Pröpste«:

Eingang der Präfation, überleitend zu den Einsetzungsworten, mit Elevation (nach Kantz) – Sanctus – Vaterunser (mit dem Embolismus nach Straßburg 1524) – Salutatio (statt Friedensgruß) – Agnus Dei – Vermahnung (aus der »Messe der Pröpste«, siehe oben) – Kommuniongebet (nach Kantz) – Austeilung (mit den Straßburger Spendeformeln) – Nunc dimittis (nach Kantz) – Salutatio – Postcommunio – Salutatio – Versikel – Segen.

Über die von Johannes Brenz (1499-1570) und Andreas Osiander verfasste Brandenburg-Nürnberger Kirchenordnung von 1533 haben die frühen Nürnberger Ordnungen einen nicht unwesentlichen Einfluss auf die spätere Entwicklung des lutherischen Gottesdienstes genommen (vgl. 13.1.5).

(4) Allstedt

In räumlicher Nähe zu Wittenberg, im kursächsischen Allstedt, experimentiert seit 1523 Thomas Müntzer (1490-1525) mit deutschen Gottesdiensten. Sein vornehmstes Interesse gilt der Einführung der Volkssprache in die Messe, unter Einschluss der liturgischen Gesänge:

*Es wirt sich nicht lenger leiden, das man den Lateinischen worten wil eine
kraft zuschreiben, wie die zaubrer thun, und das arme volgk vil ungelarter lassen
aus der kirchen gehen dan hyneyn [...] Drumb hab ich zur besserung nach der
Deutschen art und musterung, ydoch in unvorrugklicher geheym des heyligen
geists vordolmatzscht die psalmen, mehr nach den sinne dan nach den worten
(Vorrede yns buch disser lobgesenge).*[52]

1524 veröffentlicht Müntzer seine *Deutsch Euangelisch Messze.*[53] Sie
enthält fünf verschiedene Formulare: für Advent, Weihnachten, Passionszeit, Ostern und Pfingsten und »ist die erste unter den reformatorischen Gottesdienstordnungen, die mit einer genauen Noten-Notierung der
liturgischen Stücke versehen ist.«[54] Dabei geht er mit den lateinischen
Texten recht frei um, hält »sich jedoch genau an die überlieferten
Melodien.«[55] Dieses Verfahren stößt bei Luther freilich auf harsche
Kritik: *Es mus beide text und notten, accent, weyse und geperde aus
rechter mutter sprach und stymme komen, sonst ists alles eyn nachomen,
wie die affen thun,* schreibt er in seiner Schrift »Wider die himmlischen
Propheten« von 1525.[56]

Die Messordnung Müntzers folgt dem nachstehenden Aufriss: (a) Eingangspsalm mit Gloria Patri, *gesprochen mit dem gantzen volck,* (b) Allgemeine
Beichte, (c) Introitus mit Psalmvers und Gloria Patri, gesungen, (d) Kyrie und
Gloria in excelsis, gesungen, (e) Salutatio und Kollektengebet, (f) Epistel, (g)
Halleluja mit Vers, gesungen, gegebenenfalls auch Sequenz, (h) Salutatio und
Evangelium, (i) Nizänisches Glaubensbekenntnis, gesungen, (j) Offertorium,
gesungen, (k) Wechselrufe, Präfation, Sanctus-Benedictus, gesungen, (l) Einsetzungsworte, vom Priester gesungen, (m) Vaterunser, vom Priester gesungen
(*Darumb last vns alle bitten wie vns Jesus Christus der son gotes hat geleret
sagende*), (n) Friedensgruß, (o) Agnus Dei, gesungen, [(p) Austeilung], (q)
Communio, gesungen, (r) Schlusskollekte, (s) Benedicamus.

13.1.4 Deutsche Messe und Ordnung des Gottesdienstes

Im Mai 1525 stirbt Friedrich der Weise (1486-1525), und der reformfreudigere Kurfürst Johann I. (1525-1532) tritt an seine Stelle. Zugleich
kommen aus dem süddeutschen Raum immer mehr Nachrichten über
Messfeiern in deutscher Sprache. Thomas Müntzer hat in Allstedt regen
Zulauf bei seinen deutschen Gottesdiensten. Martin Luther entschließt
sich, seine anfängliche Zurückhaltung aufzugeben, und verfasst eine
eigene Messordnung in der Muttersprache. Sie wird am 29. Oktober 1525
in der Wittenberger Pfarrkirche zum ersten Mal praktiziert und erscheint
als *Deudsche Messe vnd ordnung Gottis diensts* Januar 1526 im
Druck.[57]

(1) Freiheit und Bindung

Luthers Schrift enthält eine ausgeführte Gottesdienstordnung mit Noten. Überaus bedeutsam ist aber auch die *Vorrhede*, die er dieser Ordnung voranstellt. Hier entfaltet er wesentliche Züge seines liturgischen Programms.

Ein erster Gedankengang gilt dem Verhältnis von Freiheit und Bindung in der liturgischen Gestaltung: *Vor allen dingen wil ich gar freundlich gebeten haben / auch vmb Gottis willen / alle die ienigen / so diese vnser ordnunge ym Gottis dienst sehen / odder nach folgen wollen / das sie ia keyn nöttig gesetz draus machen / noch yemands gewissen damit verstricken odder fahen / sondern der Christlichen freyheyt nach / yhres gefallens brauchen / wie / wo / wenn vnd wie lange es die sachen schicken vnd foddern.*
Freilich: Die christliche Freiheit ist *der liebe vnd des nehisten diener.* Wo Vielfalt und Verschiedenheit gottesdienstlicher Bräuche zu Ärgernis oder Verwirrung beitragen, sind Begrenzungen nötig. Luther würde es deshalb begrüßen, wenn *ynn eyner iglichen hirschafft der Gotts dienst auff eynerley weyse gienge / vnd die vmbligende stedlin vnd dörffer mit eyner stad gleych hardeten.*

(2) Kulturelle Aspekte

Noch bedeutsamer sind die Ausführungen Luthers zu den kulturellen und spirituellen Aspekten liturgischer Gestaltung. Er möchte mit seiner *Deutschen Messe* nämlich keineswegs den lateinischen Gottesdienst ablösen, sondern ihn – im Blick auf spezifische kulturelle Milieus, die er dabei im Auge hat – durch andere, volkssprachliche bzw. ›volkskulturelle‹ Formen ergänzen.

Daran wird deutlich, welche Bedeutung kulturelle Aspekte für Luther und die Wittenberger besitzen: Man lebt in einer zweisprachigen Welt, in der sich internationale Gelehrtenkultur und regionale volkssprachliche Kulturen überlagern, aber auch durchdringen. Luther ist alles daran gelegen, dass auch die neue Gemeinde an jener überregionalen, lateinischsprachigen Gelehrtenkultur teilbehält und nicht in ein regionales sprachliches und kulturelles Ghetto abgedrängt wird. Darum schreibt er: *Ich halte es gar nichts mit denen / die nur auff eyne sprache sich so gar geben / vnd alle andere verachten / Denn ich wolte gerne solche iugent vnd leute auffzihen / die auch ynn frembden landen kunden Christo nutze seyn / vnd mit den leuten reden / das nicht vns gienge / wie den Waldenser ynn Behemen / die yhren glauben ynn yhre eygene sprach so gefangen haben / das sie mit niemand konnen verstendlich vnd deutlich reden / er lerne denn zuuor yhre sprache.*

(3) Glaubenspädagogische Aspekte

Auf der anderen Seite bedarf es aber auch eines Gottesdienstes in der
Volkssprache, der sich an jenen kulturellen Milieus orientiert, die an der
internationalen lateinischen Gelehrtenkultur nicht – oder nur sehr eingeschränkt – teilhaben können. Luther verfolgt in diesem Zusammenhang
ausdrücklich glaubenspädagogische, ja, volksmissionarische Ziele: Die
Menschen sollen befähigt werden, ihren Glauben in ihrer Sprache
auszudrücken, ihn anderen gegenüber zu vertreten und nachfolgenden
Generationen weiter zu vermitteln.

Er schreibt: *Aller meyst aber geschichts vmb der eynfeltigen vnd des iungen
volcks willen / wilchs sol vnd mus / teglich ynn der schrifft vnd Gottis wort geubt
vnd erzogen werden / das sie der schrifft gewonet / geschickt / leufftig vnd
kündig drynnen werden / yhren glauben zuuertretten / vnd andere mit der zeyt
zu leren vnd das reych Christi helffen mehren.*

Die Lösung, die Luther vorschwebt, läuft demnach auf eine doppelte
Gestalt des Messgottesdienstes hinaus: Neben der lateinischen Messe,
wie er sie in der *Formula Missae* von 1523 geordnet hat, soll es *die
deudsche Messe vnd Gottis dienst* geben, *wilche vmb der eynfeltigen
leyen willen geordent werden sollen* – als »Volksgottesdienst mit [...]
katechetischem Akzent.«[58]

Wie insbesondere die Gottesdienstordnungen Bugenhagens zeigen, ist man im
Allgemeinen dieser ›sauberen‹ Lösung Luthers nicht gefolgt. Es entstehen
vielmehr Mischformen, in denen sich Elemente der *Formula Missae* mit denen
der *Deutschen Messe* verbinden, oft in der Art, dass sich einem lateinischen
Stück, dieses gleichsam verdoppelnd, seine volkssprachliche Ausführung
anschließt. Dass sich hierbei nicht nur die Sprachen, sondern auch die Kulturen
in fruchtbarer Weise zu mischen vermögen, ist deutlich.

(4) Spirituelle Aspekte

Nun reflektiert Luther – wenn auch nur hypothetisch – in seiner Schrift
noch die Möglichkeit einer *dritten weyse* des evangelischen Gottesdienstes neben lateinischer und deutscher Messe. Es wird erkennbar, dass
hierbei spirituelle Gesichtspunkte die oben dargestellten kulturellen und
glaubenspädagogischen Überlegungen ergänzen, ja, kreuzen:

*Aber die dritte weyse / die rechte art der Euangelischen ordnunge haben solte
/ muste nicht so offentlich auff dem platz geschehen vnter allerley volck / sondern
die ienigen, so mit ernst Christen wollen seyn / vnd das Euangelion mit hand vnd
munde bekennen / musten mit namen sich eyn zeychen / vnd etwo yn eym hause
/ alleyne sich versamlen.*

Nicht Gelehrte und Volk, internationale Gelehrtenkultur und mutter-
sprachliche Populärkultur bezeichnen die Pole der semantischen Achse,
die hier in das liturgische Feld eingetragen wird, sondern die ›wenigen‹
in ihrem Gegensatz zu den ›vielen‹: Den vielen, *die noch Christen sollen
werden* und deshalb des öffentlichen Gottesdienstes als einer *offentliche
reytzung zum glauben vnd zum Christenthum* bedürfen, stehen die
wenigen gegenüber, *so mit ernst Christen wollen seyn* und ihr
gottesdienstliches Leben in großer Schlichtheit ohne *viel vnd gros
gesenges,* aber in um so größerer geistlicher Intensität gestalten.

Luther hat diesen Plan nie verwirklicht; dennoch hat er ihn »immer wieder
beschäftigt, zumindest als zielbestimmendes Leitbild angesichts der Realität in
den volkskirchlichen evangelischen Gemeinden, auch beim Dialog mit den
Spiritualisten.«[59] Auch später ist die hier entwickelte Achse immer wieder aufge-
griffen und angewendet worden – zum Beispiel im Pietismus – und hat die
Deutung und Wertung des gottesdienstlichen Geschehens nachhaltig bestimmt.
Dabei verbindet sich der eine, den ›wenigen‹ vorbehaltene Pol der Achse gerne
mit den Konnotaten der Schlichtheit, der Echtheit, des religiösen Ernstes und der
glaubwürdigen Nachfolge.

(5) Neuer Handlungskern

Die *Deutsche Messe* Luthers ist nicht einfach eine Fortschreibung der
Formula Missae. Die Vorstellung, Luther habe die mittelalterliche Messe
lediglich von allen unevangelischen Elementen – sprich: von den
Offertorial- und Kanongebeten mit ihrer Opferterminologie – ›gereinigt‹,
sich aber ansonsten weiterer Eingriffe enthalten, wird der Ordnung von
1526 nicht gerecht. Während die *Deutsche Messe* in ihrem ersten Teil
strukturell der mittelalterlichen Messe entspricht, wird der Abendmahlsteil einer sehr weit reichenden Umstrukturierung unterzogen.

Ein genauer Blick zeigt: Hier wird nicht einfach zusammengestrichen und
umgestellt. Hier wird vielmehr ein ganzer Handlungskomplex durch einen
anderen ersetzt. In das überlieferte Gehäuse der Messe wird ein neuer Handlungskern eingefügt, der notwendig den Richtungssinn des gesamten Vorgangs
verändert: An die Stelle des eucharistischen Komplexes von Offertorium und
Hochgebet tritt die Gemeindekommunion, die ja, wie wir gesehen haben, im
Spätmittelalter längst nicht mehr zum regulären Bestand der Messliturgie gehört
(vgl. 12.6.5; 13.1.2).

Die Änderungen, die Luther hier vornimmt, lassen sich auf solche
Weise überzeugend erklären. Zum Ritus der spätmittelalterlichen Gemeindekommunion gehören unter anderem die Kommunionansprache

bzw. -vermahnung, ein gemeinsames Schuldbekenntnis, das Vaterunser als Vorbereitungsgebet auf die Kommunion und die Austeilung. Wenn Luther an die Predigt *eyne offentliche paraphrasis des vater vnsers / vnd vermanung an die so zum sacrament gehen wollen* anschließt, folgt er diesem Ritus. Und wenn er – wie schon in der *Formula Missae*, jetzt aber um vieles nachdrücklicher – vorschlägt, das Brot unmittelbar nach dem Brotwort zu reichen und danach erst den Kelch zu segnen, unterstreicht er solchen Zusammenhang.

Es dunckt mich aber / das es dem abendmal gemes sey / so man flux auff die consecration des brods / das sacrament reyche vnd gebe / ehe man den kilch segenet / Denn so reden beyde Lucas vnd Paulus / Desselben gleychen den kilch / nach dem sie gessen hatten etce.

Auf Vaterunserparaphrase und Vermahnung folgt demnach unmittelbar die – in den Einsetzungsbericht integrierte – Austeilung. Die »in zwei Phasen aufgeteilten« Einsetzungsworte ziehen die Austeilung gleichsam »an sich heran«.[60] Besondere Spendeworte werden dadurch überflüssig.[61]

Ob Luther tatsächlich mit der Vaterunserparaphrase die Absicht verfolgt, »die der lateinischen Messe verlorengegangene Oratio communis« wiederherzustellen und sie zugleich »an das Vaterunser als biblischen Begründungstext und Maßstab allen Betens« zu binden,[62] erscheint doch sehr zweifelhaft, ebenso wie die These, er habe diese Texte bewusst »als eine sprachlich offenere Ausformungsvariante und als ein Äquivalent zu dem, was man heute Hochgebet nennt«, entworfen.[63]

Eine gewisse Spannung ergibt sich dadurch, dass der Text an unserer Stelle nun doch eine förmliche, fortlaufende Rezitation der Einsetzungsworte im Evangelienton vorzusehen scheint (unter der Überschrift: *Darnach folget das ampt vnd dermunge auf die weyse wie folgt*). Nimmt man aber die Anweisungen, die Luther im Folgenden gibt, wirklich ernst, muss man sich die praktische Handhabung wohl so vorstellen: Der Liturg singt – im Evangelienton – am Altar zunächst das Brotwort und teilt dann sofort das gesegnete Brot ohne weitere Spendeworte aus. Dazu singt die Gemeinde *das deudsche sanctus / odder das lied / Got sey gelobet / odder Johans Hussen lied / Jhesus Christus vnser heyland*. Dann tritt der Liturg wieder an den Altar und singt den zweiten Teil der Einsetzungsworte. Während er jetzt den gesegneten Kelch austeilt, singt man *was vbrig ist von obgenanden liedern odder das deudsch Agnus dei.* An eine Doppelung der Konsekrationsworte ist in diesem Zusammenhang wohl kaum gedacht.

(6) Die Ordnung

Anstelle der überlieferten, verkürzten Introiten singt man zu Beginn *eyn geystlichs lied / odder eynen deudschen Psalmen ynn primo tono*; Luther druckt als Beispiel Ps 34,2-23 mit Noten aus. Es folgt das *Kirie Eleison / auch yhm selben thon / drey mal vnd nicht neun mal* wie bisher, darauf gleich *eyne Collecten*. Das *Gloria in excelsis* wird nicht erwähnt. Auch *Epistel* und *Evangelium* werden gesungen, *mit dem angesicht zum volck gekert*. Zwischen den Lesungen *singet man eyn deudsch lied*. Glaubensbekenntnis – in Gestalt eines gemeinsam gesungenen *Glaubensliedes* – und *Predigt* schließen sich an: *Nach dem Euangelio singt die gantze kirche den glauben zu deudsch / Wyr gleuben all an eynen gott. Darnach geht die predigt vom Euangelio des Sontags odder fests.*

Damit ist der Wortteil zu Ende. Es folgt, wie oben schon besprochen, eine Paraphrase des Vaterunsers und eine Abendmahlsvermahnung. Interessant ist in diesem Zusammenhang der Hinweis auf den Ritus des Predigtauftritts bzw. des Prädikantengottesdienstes; dadurch wird die These, dass Luther hier bewusst an den Ritus der spätmittelalterlichen Gemeindekommunion anknüpft, nachdrücklich unterstrichen (vgl. 12. 3.3): *Es sihet / als habens die alten bis her / auff der Cantzel gethan / daher noch blieben ist / das man auff der Cantzel gemeyn gebet thut / odder das vater vnser fur spricht. Aber die vermanung zu eyner offentlichen beycht worden ist.* Darf man aus dem Wortlaut der Paraphrase folgern, das Vaterunser sei danach – möglicherweise vor der mit dem Einsetzungsbericht verbundenen Kommunion – von der Gemeinde tatsächlich auch gemeinsam gebetet worden, wie es dem Ritus der Gemeindekommunion entspricht?

Eine Reminiszenz an das *Sursum corda* der Messliturgie findet sich in der Einleitung zur Vaterunserparaphrase. Die darauf folgende Vermahnung schlägt durchaus ›eucharistische‹ Töne an, so dass man von der »Umformung einer anamnetischen Rühmung in eine anamnetische Anrede« gesprochen hat:[64]

Lieben freunde Christi / weyl wir hie versamlet sind / ynn dem namen des herrn / seyn heyliges testament zu empfahen / so vermane ich euch auffs erste / das yhr ewer hertze zu gott erhebt / mit mir zu betten das vater vnser / wie vns Christus vnser Herr geleret vnd erhorung trostlich zugesagt hat [...] Zum andern vermane ich euch ynn Christo / das yhr mit rechtem glauben des testaments Christi war nehmet / vnd allermeist die wort / darynnen vns Christus sein leyb vnd blut zur vergebung schenckt / ym hertzen feste fasset / das yhr gedenckt vnd danckt der grundlosen liebe / die er vns bewysen hat / da er vns durch seyn blut von gots zorn sund / todt vnd helle erloset hat /vnd darauff eusserlich das brod vnd weyn / das ist seynen leyb vnd blut zur sicherung vnd pfand zu euch nemet. Dem nach wollen wir ynn seinem namen / vnd aus seynem befelh / durch seyne eygene wort das testament also handeln vnd brauchen.

Daran schließt sich, wie oben beschrieben, die mit dem Einsetzungsbericht verzahnte Kommunion unmittelbar an. Bei der Austeilung soll es
feyn ordentlich vnd zuchtig zugehen, das heißt: *nicht man vnd weyb
vnternander / sondern die weyber nach den mennern.* Nach der Austeilung geht die Messe mit der *Collecten* und dem Aaronitischen Segen
rasch zu Ende.

LIED oder PSALM

KYRIE ELEISON

KOLLEKTENGEBET

EPISTEL

LIED

EVANGELIUM

GLAUBENSLIED

PREDIGT

VATERUNSERPARAPHRASE

ABENDMAHLSVERMAHNUNG

AUSTEILUNG
– *Brotwort* (mit Elevation?)
– *Austeilung des Brotes* (dazu: *deudsches Sanctus, Got sey gelobet, Jhesus Christus vnser heyland*)
– *Kelchwort* (mit Elevation?)
– *Austeilung des Kelches* (dazu: *das deudsch Agnus dei* bzw. *was vbrig ist von obge-nanden liedern*)

SCHLUSSKOLLEKTE

AARONITISCHER SEGEN

Deudsche Messe vnd ordnung Gottisdiensts 1526

Einen eigenen Abschnitt widmet Luther der Elevation, die im Sinne eines
»anamnetischen Begleitritus«[65] interpretiert wird. Aus dem Text folgern zu
wollen, sie sei unter dem *deudschen Sanctus* (wie in der *Formula Missae* unter
dem *Benedictus*) vollzogen worden, würde nur schwer zur sonstigen Schilderung
des Ablaufs passen. Vielleicht darf man annehmen, dass sie jeweils im Anschluss
an das Brot- und das Kelchwort erfolgt:

Das auffheben wollen wyr nicht abthun / sondern behalten / darumb / das es
feyn mit dem deudschen Sanctus stymmet / vnd bedeut / das Christus befohlen
hat / seyn zu gedencken / Denn gleych / wie das sacrament wird leyblich auff-
gehaben / vnd doch drunter Christus leyb vnd blut nicht wird gesehen / also wird
durch das wort der predigt seyner gedacht vnd erhaben / dazu mit empfahung
des sacraments bekand vnd hoch gehret vnd doch alles ym glauben begriffen vnd
nicht gesehen wird / wie Christus seyn leyb vnd blut fur vns gegeben / vnd noch
teglich fur vns bey gott / vns gnade zurlangen / zeyget vnd opffert.

13.1.5 Kirchenordnungen

Kennzeichnend für die weitere Entwicklung des lutherischen Gottesdienstes ist die Tendenz zur Regionalisierung. Die Reformation wird ja
in der Regel von den weltlichen Obrigkeiten – den Fürsten oder den
städtischen Organen – in ihren jeweiligen Territorien eingeführt und
durchgesetzt. Diese erlassen, um das kirchliche Leben in ihren Gebieten
neu zu ordnen, *Kirchenordnungen* (vgl. 1.4.4). Neben Bestimmungen zur
rechten Lehre (*credenda*) und zu Fragen des kirchlichen Lebens enthalten
sie in aller Regel auch Festlegungen für den Gottesdienst und die
Amtshandlungen (*agenda*). Dort, wo sie von anderen Kirchenordnungen
abhängig sind bzw. partiell die Einflüsse anderer Kirchenordnungen
aufnehmen, bilden sich überregionale Zusammenhänge aus, die wir als
Liturgiefamilien bezeichnen können. Das gilt erst recht dort, wo sie sich
auf einen gemeinsamen Verfasser zurückführen lassen.

Eine bedeutsame Rolle kommt hier Johannes Bugenhagen (1485-1558) zu, seit
1523 Pfarrer an der Wittenberger Stadtkirche. Auf ihn gehen die Kirchenordnungen von Braunschweig (1528), Hamburg (1529), Lübeck (1531), Pommern (1535/1542), Schleswig-Holstein (1542), Braunschweig-Wolfenbüttel
(1543) und Hildesheim (1544) zurück. Diese Ordnungen wiederum dienen u.a.
den Kirchenordnungen von Ostfriesland (1529), Minden (1530), Göttingen
(1531), Herford (1532/34), Soest (1532), Wittenberg (1533), Bremen (1534),
Osnabrück (1534) als Vorbild.

Eine zweite Liturgiefamilie schließt sich an die von Andreas Osiander und
Johannes Brenz verfasste Brandenburg-Nürnberger Kirchenordnung von 1533
an, die ihrerseits an die oben (13.1.3) dargestellten Nürnberger Ordnungen aus
den Jahren 1524/1525 anknüpft. Neben anderen fußen die Kirchenordnungen für
das Kurfürstentum Brandenburg 1540 und für Pfalz-Neuburg 1543 zu großen
Teilen auf der Ordnung von 1533, wobei beide den Versuch unternehmen, »den
Meßkanon durch evangelisch geprägte Gebete funktionsgleich zu ersetzen.«[66]
Von den Nürnberger Ordnungen beeinflusst zeigen sich u.a. auch Preußen 1525,
1544, 1568, Nördlingen 1538, 1548, 1555, 1579, 1650, Mecklenburg 1540 und
Veit Dietrichs (1506-1549) *Agendbüchlein* von 1543.

Die Entwicklungen im skandinavischen Luthertum sind differenziert zu betrachten: Die dänisch-norwegische Kirchenordnung von 1537, von Bugenhagen überarbeitet und 1542 mit geringen Zusätzen bestätigt, folgt in der Messliturgie dem Bugenhagenschen Typus. Das gilt auch für die isländische Messordnung von 1594. Dagegen knüpft die Schwedische Messe des Olavus Petri von 1531 – vermittelt über eine in Rostock gebräuchliche niederdeutsche Fassung der Spitalmesse des Andreas Döber (vgl. 13.1.3) – an Nürnberger Traditionen an. Eine letzte Auflage erscheint 1557. Die finnischen Bearbeitungen der Schwedischen Messe (Michael Agricola 1549, Paul Juusten 1575) gehören ebenfalls in diesen Zusammenhang.

Die Liturgie des Schwedenkönigs Johann III. von 1576 (auch *Rotes Buch* genannt, 1593 wieder abgeschafft) »stellt den gezielten Versuch dar, das gesamtkirchliche Erbe des Gottesdienstes zu retten, ohne die wichtigsten reformatorischen Grundsätze zu verletzen.«[67] Sie kennt einen Offertoriumsgesang zur Bereitung von Brot und Wein, ein Bereitungsgebet mit Interzessionen und Epiklese, nach dem Sanctus (das wie in der *Formula Missae* den Einsetzungsworten folgt) Anamnese, Kommunionepiklese und Bitte um Gemeinschaft mit den Heiligen.

Eine Sonderstellung innerhalb der reformatorischen Ordnungen nehmen die Straßburger Formulare (vgl. 13.1.3; 13.2.3) ein: Während zahlreiche oberdeutsche Ordnungen – so die Basler, die Württembergische und die Frankfurter – »dem mittelalterlichen Prädikantengottesdienst folgen, entwickeln sich die Straßburger Abendmahlsgottesdienste aus der mittelalterlichen Meßordnung, um später zu der gleichen schlichten Form einer Gemeindekommunion zu gelangen.« Sie werden so »zum Vorbild anderer Ordnungen, welche die gottesdienstlichen Bestrebungen der Wittenberger und Schweizer Reformation in sich zu vereinigen suchten.«[68] Eine bedeutende Rolle kommt dabei Martin Bucer (1491-1551) zu. Wichtige Stationen auf dem Weg von der Messe hin zur oberdeutschen Form sind die *Ordnung des herren Nachtmal* von 1525 und *Psalmen gebett vnd Kirchen übung* von 1526. Von Straßburg beeinflusst sind Kassel 1539, Augsburg 1537, Erbach 1560, Köln 1543 und andere. Auch in der Genfer Liturgie Calvins wie im *Book of Common Prayer* 1549 zeigen sich Nachwirkungen.

Erwähnenswert ist schließlich die Mecklenburgische Kirchenordnung von 1552, die als »eine von Melanchthons Autorität gedeckte Ordnung [...] auch in Süddeutschland rezipiert« wurde und dort den Bugenhagenschen Messtyp »mitsamt einer eigenen neuen Abendmahlsvermahnung« verbreitete.[69]

(1) Braunschweig 1528

Kennzeichnend für die Ordnungen Bugenhagens ist ihre Ausrichtung an den Ordnungen Luthers. Dabei unternimmt er den Versuch, dessen *Formula Missae* 1523 und *Deutsche Messe* 1526 »zu einer neuen Ordnung« zusammenzuführen.[70] Das Vaterunser folgt auf die Vermahnung (bzw. das Sanctus) und kommt so in jedem Falle vor den Einsetzungsworten zu stehen. Diese Stellung des Vaterunsers – sie erklärt sich, wie wir gesehen haben, womöglich aus dem Ritus der spätmittelalterlichen Gemeindekommunion – darf als das unterscheidende Merkmal der Ordnungen Bugenhagens angesehen werden.

Wir geben im Folgenden einen Überblick über den Gottesdienst nach der Braunschweiger Kirchenordnung von 1528.[71] Es handelt sich um keine rein ›deutsche‹ Messe, sondern um eine lateinisch-deutsche Mischform. Bugenhagen rechnet mit einem Schülerchor, der die lateinischen Gesänge übernimmt. Der Gebrauch von Präfation und Sanctus (lateinisch) ist fakultativ; sie werden durch die Abendmahlsvermahnung vollgültig vertreten.

EINGANGSPSALM
Int erste singet me eynen düdeschen psalm. Darna Kyrie eleyson unde dat Gloria in excelsis, welk me ock to tiden mach nalaten.

KYRIE ELEISON – GLORIA IN EXCELSIS

KOLLEKTENGEBET (deutsch)

EPISTEL

ZWISCHENGESÄNGE (Halleluja – Lied – Sequenz)
Darup singen de kynde eyn Haleluja sine caudis cum versu. Darna eynen düdeschen sank uth der scrift. Wor neyne schölere synt, dar darf me des Haleluja nicht. Up de dre hoge feste wert me na deme Halelluja singen latinische sequentien unde düdesch dartusschen [...]

EVANGELIUM

GLAUBENSBEKENNTNIS und GLAUBENSLIED
[...] so singet dat volck vortan dat ganze symbolum nicenum uth unde darto: Wy gelöven al an eynen Got etc.

PREDIGT

BEKANNTMACHUNGEN

ERMAHNUNG ZUM FÜRBITTGEBET
Darna vormanet me up deme predickstole, to beden vor de overicheit etc

DEUTSCHER PSALM oder LIED (Kommunikanten sammeln sich währenddessen im Chor)

BEREITUNG VON BROT UND WEIN

ABENDMAHLSVERMAHNUNG
Exhortatio edder vormaninge vor dem altare vamme sacramente an de Communicanten

[PRÄFATION
mit einleitenden Wechselrufen (lateinisch)]

[SANCTUS (lateinisch)]
Sus mach wol totiden sulke prefatie unde Sanctus nabliven, wente de exhortatie vamme
sacramente is de rechte prefatie, dat is eyne vohrrede.

VATERUNSER (deutsch)[72]

EINSETZUNGSWORTE UND AUSTEILUNG
 – Brotwort (gesungen)
 – Austeilung des Brotes
 Balde gan hento de communicanten, de mans und knechte vohr, de frauen unde
 junkfrauen na, unde nemen den licham des Heren, unde eyn jewelick geyt wedder up syne
 stede. Dewile singet dat volk: Jesus Christus, unse heyland etc. edder Got sy gelavet unde
 gebenedyet etc.
 – Kelchwort (gesungen)
 – Austeilung des Kelches
 [...] *dewile singet me, wat overich is vamme lede edder me hevet mehr an, wen vele*
 communicanten synt.

AGNUS DEI (deutsch)

DANKGEBET (deutsch)

SEGEN

Ordeninge der misse Braunschweig 1528

(2) Das Problem der Messen ohne Kommunion

Bugenhagen trifft in der Braunschweiger Kirchenordnung 1528 eine
Bestimmung, die weit reichende Folgen für die gottesdienstliche Praxis
in den lutherischen Kirchen hat.

Sind keine Kommunikanten da, soll das Sakrament nicht gehalten, aber die
Messe – unter Wegfall der Vermahnung und der Kommunion – auf die gewohnte
Weise zu Ende geführt werden: *Na der predige [...] schal gesungen werden de*
prefatie, Sanctus, düdesche Pater noster, Christe du lam, eyne düdesche
sundagecollecte unde de letste seggeninge (ähnlich auch in der Hamburger
Kirchenordnung von 1529).

Die Notiz macht auf ein entscheidendes, letztlich bis heute nicht
gelöstes Problem der lutherischen Gottesdienstgestaltung aufmerksam:
Auf der einen Seite hält man – im Unterschied etwa zur oberdeutsch-
schweizerischen Reformation – für den allsonntäglichen Hauptgottesdienst an der Form der Messe fest. Auf der anderen Seite ist man sich
jedoch einig darin, dass die Messe auf die Kommunion der Gemeinde
zielt. Diese Gemeinde aber ist, wie wir gesehen haben (vgl. 12.6.5), der
regelmäßigen Kommunion längst entwöhnt. Ihr Kommunionverhalten

bleibt auch unter den neuen Gegebenheiten weitgehend von den vorreformatorischen Erfahrungen und Einstellungen bestimmt.

Das heißt aber auch: Der lutherischen Reformation gelingt es offensichtlich
nicht, eine Abendmahlsfrömmigkeit zu befördern, die ein anderes Verhalten
ermöglichen würde. Im Gegenteil: Nach einer kurzen Phase der Liberalisierung
der Kommunionpraxis im Zuge von Karlstadts Reformen (vgl. 13.1.2) werden
die Anforderungen an die Kommunikanten durch »die Einführung einer individuellen Einzelprüfung als Voraussetzung für den Abendmahlsempfang«[73] – so
schon in Luthers *Formula Missae* 1523 – eher noch verschärft. Das hat zur
Folge, dass der seltene Abendmahlsempfang auch in den lutherischen Gemeinden
die Regel bleibt und die Kirchenordnungen, wie in Braunschweig 1528,
Vorsorge für den Fall treffen müssen, dass keine Kommunikanten da sind.

Im Mai 1536 reist Wolfgang Musculus (1497-1563) aus Augsburg zu
den Konkordienverhandlungen nach Wittenberg. In seinem Itinerar
berichtet er unter anderem über die Gottesdienste, die er in Eisenach und
Wittenberg erlebt: Zu Eisenach vermerkt er kritisch, dass hier kein
einziger Mann, sondern nur »einige Weiblein« kommunizierten ([...] *ad
quam communionem ne unus quidem vir accedere visus est, sed paucae
quaedam mulierculae communicabant*).[74] Und im Bericht über den
Gottesdienst, den er am 28. Mai 1536 (Sonntag Exaudi) in Wittenberg
erlebt, heißt es lakonisch: »Nach der Predigt ging der größere Teil der
Gemeinde weg«, wobei er ausdrücklich feststellt, dass auch Luther – von
einem Schwindel befallen – in Begleitung Philipp Melanchthons die
Kirche verlässt (*Post contionem maior pars populi abivit. Et ipse Luthe-
rus vertigine tactus infra communionem exire coactus est sequente
Philippo*).[75]

Schon 1531 hatte Markgraf Georg von Brandenburg erwogen, die Messen mit
bloßer Priesterkommunion wieder einzuführen, um der genannten Entwicklung
entgegenzuwirken. Sehr zuversichtlich kann ihm Luther damals noch entgegnen:
*Es ist auch fast der prediger schuld, die das volck nicht vleissig zum Sacrament
vermanen, wie ich sie ynn meinem sermon* [= Vermahnung zum Sakrament des
Leibs und Bluts unsers Herrn, 1530] *gebeten habe. Denn hie zu Wittenberg
gehets, Gott lob, fein gnüg zu, Vnd haben alle Sontage ynn die hundert communicanten* [...].[76] In den fünf Jahren bis zur Visite des Musculus scheinen sich
freilich auch in Wittenberg die Dinge nicht gerade zum Besseren entwickelt zu
haben.

Luther konnte freilich, wie frühere Äußerungen zeigen, auch für eine
sehr viel seltenere Feier der Messe eintreten:

Auffs funfft, so schreibt er in seiner Schrift *Von beider Gestalt des Sakraments
zu nehmen* aus dem Jahre 1522, *ich wollt / vnnd es sollt woll alßo seyn das man*

gantz vnnd gar keyne messe hette / denn nur zu der tzeytt / wenn leutt da weren / die das sacrament haben wollten vnd vmb eyn messe betten / vnd das solchs die woche nur eyn mal geschehe odder ynn eynem monden / den das sacrament solt yhe / nur durch anregen vn bitte der hungerigen seelen gehandellt werden / nicht auß pflicht / stifft / brauch / gesetz odder gewonheyt.[77]

Maßgebend wird in den lutherischen Gemeinden jedoch eine andere Praxis, die sich in der von Bugenhagen 1528 getroffenen Regelung bereits andeutet: Der Gottesdienst wird auch dann, wenn gar keine Kommunion vorgesehen ist, bis zur Predigt – unter Einschluss des Allgemeinen Kirchengebets, regional auch der Offenen Schuld, die ja, wie wir gesehen haben (12.3.3), beide eigentlich zur Predigtliturgie gehören – nach der Ordnung der Messe gehalten und sodann unter Fortfall des Mahlteils mit dem Segen beschlossen.

(3) Brandenburg-Nürnberg 1533

Die Kirchenordnung von 1533,[78] von Osiander und Brenz im Auftrag *der marggrauen zu Brandenburg Und eins Erbern Rats der Stat Nürnberg* verfasst (die beiden fränkischen Markgrafschaften der Hohenzollern, Brandenburg-Ansbach und Brandenburg-Kulmbach, waren in der Reformationszeit unter einer gemeinsamen Regentschaft vereinigt), knüpft an die Nürnberger Ordnungen von 1524/1525 (vgl. 13.1.3) an, zeigt sich aber auch von Luthers Formularen 1523 und 1526 beeinflusst.

Die *Präfation* wird durch die *Abendmahlsvermahnung* ersetzt, die zu den *Einsetzungsworten* überleitet. Dann folgen freilich – wie in der *Formula Missae* 1523 – *Sanctus, Vaterunser, Friedensgruß* und *Austeilung*. Unterscheidendes Merkmal ist also hier die Stellung des Vaterunsers *nach* den Einsetzungsworten. Einsetzungsworte und Austeilung sind nicht ineinander verzahnt, sondern durch die genannten liturgischen Elemente voneinander getrennt. Die Abendmahlsvermahnung schlägt in ihrem Schlussteil – in Auslegung der Einsetzungsworte – anamnetische Töne an: *Darbei sollen wir nun sein gedenken und seinen tod verkündigen, nemlich das er für unser sünde sei gestorben und zu unser rechtfertigung wider auferstanden, und ime darumb danksagen, ein jeder sein kreuz auf sich nemen und ime nachfolgen und nach seinem gepot einander lieben, wie er uns geliebt hat: dann wir alle sind ein brot und ein leib, dieweil wir alle eines brots tailhaftig sind und aus einem kelch trinken.*

Nach Frieder Schulz lassen sich im Blick auf Stellung und Funktion der Einsetzungsworte in den reformatorischen Ordnungen drei »Funktionstypen« unterscheiden, die (a) Luthers *Formula Missae* von 1523, (b) seiner *Deutschen Messe* von 1526 und (c) der Brandenburg-Nürnberger Ordnung von 1533 zugeordnet werden können:

CONFITEOR
als privates Vorbereitungsgebet des Liturgen: *Zum ersten, wenn der Priester zum altar kumbt, mag er das Confiteor oder, was ine sein andacht erinnert, sprechen.*

INTROITUS
wird vom Liturgen gelesen, während ihn die Schüler lateinisch singen; wo das nicht möglich ist, nimmt man stattdessen *ein christenlich teutsch gesang.*

KYRIE ELEISON und GLORIA IN EXCELSIS
werden vom Liturgen gelesen, von den Schülern oder dem Volk lateinisch oder deutsch gesungen.

SALUTATIO und KOLLEKTENGEBET
[...] *Und dieweil dieselben anstat der ganzen gemain gesprochen werden, soll man sie teutsch halten, auf das das volk dieselben hören und versteen und im herzen dieweil auch also gedenken und beten mög.*

EPISTEL

ALLELUIA und GRADUALE
werden vom Liturgen gelesen und von den Schülern lateinisch gesungen.

EVANGELIUM

GLAUBENSBEKENNTNIS
[...] *Das sollen die schuler lateinisch singen, wie der gebrauch ist, oder aber das volk soll den glauben teutsch singen.*

PREDIGT
Nach der predig soll folgen das abentmal:

ABENDMAHLSVERMAHNUNG

EINSETZUNGSWORTE (deutsch, gesungen oder laut gelesen)

SANCTUS (lateinisch oder deutsch)

VATERUNSER
lateinisch, mit Einleitung: *Oremus preceptis salutaribus moniti,* oder deutsch gesungen.

FRIEDENSGRUSS (lateinisch oder deutsch)

AUSTEILUNG
Nime hin und iß! Das ist der leib Christi, der für dich geben ist. Nime hin und trink! Das ist das blut des neuen testaments, das für dein sünde vergossen ist. Während der Austeilung singen die Schüler das AGNUS DEI lateinisch, bei Bedarf auch die COMMUNIO oder das DISCIBUIT. *Wo aber nicht schuler vorhanden sein, mag die gemain das oder etwas anders, das dem wort Gottes und gelegenheit der zeit gemäß ist, singen...*

DANKSAGUNG (Schlusskollekte, deutsch)

BENEDICAMUS (lateinisch) – SEGEN (deutsch)

Ordnung der meß, wie die gehalten soll werden 1533

»Beim ersten, von Luthers *Formula Missae* ausgehenden Funktionstyp sind die *verba testamenti* eucharistischer Kerntext innerhalb der abendländischen Messe. Hier hat die von der lateinischen Tradition vorgegebene Einbindung der Einsetzungsworte in einen Gebetszusammenhang zunächst weitergewirkt [...] Beim zweiten, von Luthers *Deutscher Messe* ausgehenden Funktionstyp, der sich bis in die Gegenwart als charakteristische Besonderheit der lutherischen Abendmahlsliturgien gehalten hat, sind die *verba testamenti* sakramentaler Zueignungstext im biblisch transformierten Traditionszusammenhang [...] Beim dritten, in Nürnberg entstandenen Funktionstyp sind die *verba testamenti* kerygmatischer Grundtext im Rahmen der liturgischen Sakraments-Paraklese.«[79]

13.2 Zürich

Ein zweites Zentrum der Reformation – und damit auch des reformatorischen Gottesdienstes – neben Wittenberg entsteht in der deutschsprachigen Schweiz, und zwar zunächst in Zürich, wo seit Ende 1518 Huldrych Zwingli (1484-1531) als Pfarrer (Leutpriester) am Großmünster tätig ist. Der Name der Stadt soll darum hier stellvertretend für diesen Zweig der reformatorischen liturgischen Bewegung und seine anderen bedeutenden Zentren stehen – nicht zuletzt Genf, wo Johann Calvin (1509-1564) seit 1536 bzw. 1541 als Reformator wirkt.

13.2.1 Huldrych Zwingli

Von Erasmus von Rotterdam (1469-1536) beeinflusst, den er 1516 persönlich kennen lernt, tritt Huldrych Zwingli – auch unter dem Eindruck Luthers und der von ihm ausgelösten reformatorischen Bewegung – seit dem Frühjahr 1522 offen gegen Missstände in der Kirche auf. Am 29. Januar 1523 kommt es zur *ersten Zürcher Disputation*, der – nach dem Bildersturm vom Herbst 1523 – vom 26. bis 28. Oktober 1523 die *zweite Zürcher Disputation* folgt, die sich vornehmlich mit liturgischen Fragen – den Bildern und der Messe – beschäftigt. Sie bestätigt die von Zwingli und Leo Jud (1482-1542, seit 1523 Pfarrer an St. Peter zu Zürich) vorgeschlagenen Reformen. Von Zürich breiten sich die von Zwingli beeinflussten Reformbestrebungen in andere schweizerische Orte und nach Oberdeutschland aus. Als Zwingli seit 1525 – unter anderem in seiner Schrift *Commentarius de vera ac falsa religione* – mit einer eigenen Abendmahlslehre hervortritt, kommt es zum Abendmahlsstreit mit Luther, der schließlich – trotz des im Oktober 1529 in Marburg veranstalteten Religionsgesprächs, an dem Luther und Zwingli teilnehmen – zur Spaltung der reformatorischen Bewegung führt. Zwingli fällt 1531 in der Schlacht bei Kappel.

(1) Kritik am Canon Missae

Im August 1523 veröffentlicht Zwingli seine erste liturgische Schrift *De canone missae epichiresis*. In ihr kritisiert er den Kanon der römischen Messe und legt zugleich eine Komposition von vier neuen Texten vor, die den Kanon ersetzen soll. Sie schließt sich an das Sanctus an und leitet zu den Einsetzungsworten und zur Kommunion über. Gegen die Kritik radikaler Reformanhänger an seiner vergleichsweise konservativen Haltung verteidigt er sich in der Schrift *De canone missae libelli apologia* vom Oktober 1523. Mit der *zweiten Zürcher Disputation* und ihren Ergebnissen schreitet die Entwicklung rasch über dieses frühe Stadium liturgischer Reformbemühungen hinweg.

In gewisser Hinsicht ist die *epichiresis*[80] weniger ein praxisorientiertes Reformprogramm – wie Luthers *Formula Missae*, mit der sie immer wieder verglichen wird –, als vielmehr der Niederschlag gelehrter Bemühungen. Praktische Auswirkungen auf den weiteren Gang der liturgischen Dinge hat sie nicht.

Zunächst wird von Zwingli das Offertorium – wie bei Luther – »gänzlich beseitigt«, einschließlich des »Gesangs, mit dem wir zum Opfern verführt haben.« Der bisherige Messkanon wird – wenn auch an gewohnter Stelle – durch einen neuen ersetzt: *Canonem loco non movimus, sed in eius locum, quo hactenus usi sumus, alium ponimus*. Denn »daß in diesem alten Meßkanon sowohl Ordnung als auch Worte und Sinn verkehrt sind« (*video ordinem tam in isto vetere canone peccare, quam verba et sensus*), zeigt sich nicht zuletzt daran, »daß auf die Segnung nicht sogleich die Speisung folgt, wie es doch die Apostel gehalten haben.« Dieser Schaden wird dadurch behoben, dass sich an die Einsetzungsworte jetzt unmittelbar die Austeilung anschließt und der zweite Teil des alten Kanon damit gänzlich entfällt.

Die Regelung bezüglich der Austeilung erinnert natürlich an die entsprechenden Vorschläge Luthers: Wie dieser hat auch Zwingli ein elementares Interesse daran, die Kommunion der Gemeinde als Zentrum und Ziel des gesamten Geschehens zu erweisen. Das *Pater noster* findet einen neuen Ort im Anschluss an den ersten der vier neuen Texte, der auch bei Zwingli mit *Te igitur* beginnt, dann aber andere Inhalte entfaltet. Das *Agnus Dei* wird in den vierten Text integriert, der zu den Einsetzungsworten überleitet.

INTROITUS – KYRIE ELEISON – GLORIA IN EXCELSIS – ORATIO – LECTIO (Epistel)

GRADUALE

musikalisch gestrafft; das HALLELUJA entfällt: *Künftig wollen wir es noch beharrlicher meiden als die Juden das Schweinefleisch, sonst erfüllen wir dadurch womöglich noch die Gehörlosen mit Ekel*; auch die SEQUENZEN sind *meist Altweiberfabeln und haben ein geschmackloses Versmaß.*

EVANGELIUM

AUSLEGUNG (*euangelii expositio; ennaratio euangelii*)

NIZÄNISCHES GLAUBENSBEKENNTNIS

PRÄFATION (mit einleitenden Wechselrufen)

SANCTUS

CANON MISSAE

- Erstes Gebet: *Te igitur*
  (Anamnese der Heilsgeschichte von der Schöpfung bis auf Christus, einmündend in eine Bitte um rechtes Beten, überleitend zum Vaterunser)
- *Pater noster*
- Zweites Gebet: *Deus, qui non modo*
  (Bitte um Speisung mit dem göttlichen Wort und um den Geist, der durch dieses Wort vermittelt wird: *Verleihe also, daß uns die Speise deines Wortes niemals fehlt* [...])
- Drittes Gebet: *Tuo igitur*
  (Bitte um festen Glauben und um rechte Nachfolge, mündend in eine Kommunion-epiklese: [...] *gib, daß alle von einunddemselben Geist erfüllt sind und ihn zum Ausdruck bringen, die an der Speise des Leibes und Blutes dieses deines Sohnes Anteil haben werden, und daß sie in ihm, der mit dir eins ist, selbst eins werden* [...])
- Viertes Gebet: *Dèus qui per eum*
  (mit integriertem *Agnus Dei*; Bitte um Sündenvergebung und würdigen Empfang)
- *Einsetzungsworte*
  (nach dem ambrosianischen Ritus ergänzt um die paulinische Formel *Quotienscunque enim manducaveritis panem hunc, et poculum hoc biberitis, mortem domini annuntiate, quousque veniat*; 1 Kor 11,26)

EINLADUNG ZUR AUSTEILUNG (MT 11,28) – AUSTEILUNG
(Spendeformeln: *Corpus domini nostri Iesu Christi prosit tibi ad vitam eternam. Sanguis domini nostri Iesu Christi prosit tibi in vitam eternam*)

DANKGEBET (des Priesters)

NUNC DIMITTIS (Lk 2,29-32)

SCHLUSSGEBETE (*Complementa*, sofern sie *den Charakter der Danksagung haben*)

SALUTATIO (*Dominus vobiscum*; kein *Ite missa est*) – SEGEN

De canone missae epichiresis 1523

(2) Eine neue Abendmahlsordnung

Ostern 1525 soll in Zürich die erste evangelische Abendmahlsfeier stattfinden. Zwingli entwirft hierfür »eine eigenständige Ordnung, die in ihrer Einfachheit und Knappheit ein kleines liturgisches Kunstwerk darstellt«:[81] *Action oder bruch des nachtmals, gedechtnus oder danksagung Christi, wie sy uff osteren zu Zürich angehebt wirt, im jar, als man zalt 1525.*[82]

Bruno Bürki schreibt dazu: »Unter Absage an die alte Pracht gestaltet der Reformator eine Aktion des ›Wiedergedächtnisses‹ des Nachtmahls Christi; von Volk und Dienern, die sich in Wechselrede antworten, wird die Handlung vom Gründonnerstag nachvollzogen. Die durch den Geist Gottes zum Leib des Herrn gewordene Gemeinde vollzieht die ihr aufgetragene Eucharistie (Danksagung Christi) und erbittet von Gott evangelischen Glauben und Gehorsam.«[83]

Die Handlung umfasst – wie die Messe – einen Wortteil (mit den Abendmahlsperikopen 1 Kor 11,20-29 und Joh 6,47-63) und einen Mahlteil, lehnt sich aber insgesamt erkennbar an den Ritus der spätmittelalterlichen Gemeindekommunion an (vgl. 12.6.5), wie er wohl auch Luther in seiner *Deutschen Messe* von 1526 als Vorbild gedient hat. Auch der von Zwingli vorgesehene *Vierzeitenrhythmus* – die Feier soll viermal im Jahr gehalten werden, nämlich *zu ostren, pfingsten, herbst, wienacht* – knüpft an die schon im Mittelalter üblichen Termine für die Gemeindekommunion an. Da der Feier jeweils ein Prediggottesdienst nach der Weise des Pronaus (vgl. 12.3.3) vorausgeht, ergibt sich in gewisser Weise eine Verdoppelung des Wortteils.

Während der Feier steht der Abendmahlstisch, mit einem schlichten Leintuch bedeckt, für die Gemeinde sichtbar vorne im Kirchenschiff (*ze vorderst im gfletz*), nicht im Chorraum. Die Gemeinde – *die mansbild zu der gerechten, die wybsbild zu der lincken hand* – bleibt während der Kommunion in den Bänken sitzen, wo man die von den Helfern *in höltzenen, breiten schüßlen* und hölzernen Bechern herbeigebrachten Abendmahlsgaben einander weiterreicht. Die Ordnung sieht vor, dass das Gloria, das Apostolikum und der die Feier abschließende Psalm 113,1-9 von Männern und Frauen im Wechsel gesprochen werden. Diese Wechselrede findet freilich nicht die Zustimmung des Zürcher Rates. In den Zürcher Kirchenordnungen von 1529 (Datierung umstritten) und 1535, die das Formular Zwinglis aufnehmen, heißt es stattdessen: *unnd denn sprechind die diener einen verss um den andren.*

Noch im Zürcher Kirchenbuch von 1969[84] steht Zwinglis Abendmahlsordnung an erster Stelle, und das deutschschweizerische Liturgienbuch von 1983 bietet eine überarbeitete Fassung.[85]

GEBET
Nach der PREDIGT – gemeint ist wohl der allsonntägliche Predigtgottesdienst insgesamt –
beginnt die Feier mit einem einleitenden Gebet, das nach Aufbau und Inhalt der *Oratio*
(*collecta*) der Messe entspricht.

EPISTEL (1 Kor 11,20-29)
beschlossen mit der Akklamation *Gott sye gelobt*

EHRE SEI GOTT IN DER HÖHE (im Wechsel gesprochen)

EVANGELIUM (Joh 6,47-63)
eingeleitet mit dem GRUSS: *Der Herr sye mit üch – Und mit dinem geyst*, der Vorleser küsst
zum Abschluss das Buch und spricht ein *Votum*, das die Gemeinde mit *Amen* beantwortet.

APOSTOLISCHES GLAUBENSBEKENNTNIS (im Wechsel gesprochen)

ABENDMAHLSVERMAHNUNG
*Ietz wöllend, wir lieben brüder, nach der ordnung und ynsatz unsers herren Jesu Christi das
brot essen und das tranck trincken, die er geheyssen hat also bruchen zů einer
widergedächtnnus, zů lob und dancksagung deß, das er den tod für uns erlitten und sin blůt
zů abwäschung unser sünd vergossen hat [...]*

VATERUNSER

ABENDMAHLSGEBET
Danksagung und Bitte um rechte Nachfolge und Mehrung des Glaubens: *O Herr, all-
mechtiger gott, der uns durch dinen geyst in eynigkeit des gloubens zů einem dinem lyb
gemacht hast, welchen lychnam du geheissen hast dir lob und danck sagen [...]*

EINSETZUNGSWORTE (mit 1 Kor 11,26)

AUSTEILUNG
*Demnach tragind die verordneten diener das ungeheblet brot harumb, und nemme eyn
yetlicher gläubiger mit siner eygnen hand einen bitz oder mundvoll darvon [...]*
(Seit 1535 wird zur Austeilung Joh 13 gelesen)

DANKSAGUNG
Ps 113,1-9 im Wechsel [oder eine andere Danksagung; seit 1535]

[SCHLUSSERMAHNUNG und AARONITISCHER SEGEN, seit 1529]

DANKGEBET

ENTLASSUNG
Der hirt spräche: Gond hin im fryden!

Action oder bruch des nachtmals 1525

(3) Der Predigtgottesdienst

Abendmahl nur viermal im Jahr als Feier der Gemeinde und ihrer Stände:
Diese Regelung steht in engem Zusammenhang mit einer anderen, sehr
grundsätzlichen Weichenstellung, die in Zürich und anderen von der

Reformation erfassten schweizerisch-oberdeutschen Orten um das Jahr 1525 herum erfolgt. Bei der Neuordnung des sonntäglichen Gemeindegottesdienstes knüpft man nicht – wie Luther, Bugenhagen und andere – an die Liturgie der Messe an, sondern orientiert sich am Ritus des spätmittelalterlichen Prädikantengottesdienstes (vgl. 12.3.3).

»Wir können uns heute kaum mehr eine Vorstellung davon machen, was für ein gewaltiger Einschnitt in der Geschichte des christlichen Gottesdienstes dies war, als nach 1500 Jahren ununterbrochener sonntäglicher Feier des Sakraments christliche Kirchen es wagten, ihren ›Hauptgottesdienst‹ zum ersten Mal ›nur‹ mit dem Wort zu gestalten und das Abendmahl zur gottesdienstlichen ›Ausnahme‹ zu machen«, schreibt Eberhard Weismann, und er weist mit Recht darauf hin, dass nicht nur die schweizerische Reformation, sondern auch »Kirchen entschieden lutherischer Observanz« diesen Weg gehen und »ihn augenscheinlich mit ihrer lutherischen Sakramentsauffassung ohne Bruch in Einklang zu bringen vermögen.«[86] Die entscheidenden Gründe hierfür darf man getrost in dem suchen, was wir oben (vgl. 13.1.1) unter dem Stichwort »die neue Rolle des Wortes« abgehandelt haben.

Dass solche Weichenstellung damit zusammenhängen dürfte, dass im schweizerisch-oberdeutschen Raum vielfach die theologisch gebildeten Inhaber der Prädikantenstellen zu Trägern der Reformation werden, haben wir schon erwähnt. Jedoch spielt wohl im konkreten Fall Zürich auch der persönliche Werdegang Zwinglis eine Rolle:

Johann Ulrich Surgant, der Verfasser des *Manuale curatorum praedicandi praebens modum*, zuerst erschienen 1502, eines zu seiner Zeit viel benutzten homiletisch-liturgischen Handbuchs, dem wir präzise Informationen über Inhalt und Ablauf des Prädikantengottesdienstes verdanken, ist seit etwa 1490 Pfarrer und Professor in Basel. Zwingli besucht dort seit 1494 die Lateinschule. 1502 kehrt er, von Wien kommend, nach Basel zurück, um hier seine Studien fortzusetzen. Dass Surgant und sein bedeutendes Werk nicht ohne Einfluss auf Zwingli gewesen sind, darf vorausgesetzt werden. Hinzu kommt, dass Zwinglis Freund und späterer Kampfgefährte in Zürich, Leo Jud, zunächst Diakon an St. Theodor in Basel, der Pfarrei Surgants ist, bevor er 1518 Zwingli als Pfarrer in Maria Einsiedeln folgt und dann 1523 nach Zürich geht: »Von Surgants Manuale führt über Leo Jud eine liturgische Linie zu dem späteren Zwingli.«[87] So stammt denn auch der erste Hinweis auf den Predigtgottesdienst, wie er in Zürich üblich wird, aus dem 1523 veröffentlichten *Taufbüchlein* von Leo Jud; er druckt im Anhang u.a. eine Form des Allgemeinen Kirchengebets und der Offenen Schuld ab. Die Ordnung für den Predigtgottesdienst findet sich in den Zürcher Kirchenordnungen von 1525 (bzw. 1529; Datierung umstritten) und 1535, wobei die letztgenannte, erweiterte Fassung, der wir hier folgen (*Christennlich ordnung vnd bruch der kilchen Zürich*),[88] bereits von Johann Heinrich Bullinger (1504-1575, Nachfolger Zwinglis in Zürich) redigiert ist. Ihr Aufriss lässt deutlich das

Vorbild der Prädikantenliturgie erkennen: *Gruß – Allgemeines Gebet – Vaterun-
ser – Schriftlesung – Predigt – Offene Schuld – Ave Maria – Zehn Gebote –
Apostolisches Glaubensbekenntnis – Entlassung* (Originalüberschriften in
Kapitälchen).[89]

FORMM DIE PREDIG ANZUHEBEN.
*Alle tag kumpt das volck am morgen, wenn es tag ist, zu der kilchen gottes, ze bitten unnd
sin wort ze hören. Da handlet dann der diener deß worts volgender maaß:*

GEMEINES FÜRBITTEN NACH DER LEER PAULI 1. TIMOTH. 2.

Gruß
*Gnad, frid unnd barmhertzigkeyt des allmächtigen gottes sye zu allen zeyten mit uns armen
sünderen. Amen!*

Allgemeines Gebet
*Andächtigen inn gott! Lassend uns gott ernstlich anrüffen unnd bitten, daß er sin heyligs,
eewigs wort uns armen menschen gnädengklich offnen wölle, und in erkantnuß sines willens
innfüren, ouch alle die, so an sinem wort irrend, widerumb an den rächten wäg wyse,
damitt wir nach sinem göttlichen willen läbind* [...] Es folgen Fürbitten für die Obrigkeit
unter Einschluss von Eidgenossenschaft, Bürgermeister, *statt und lantschafft Zürich*; für alle,
die um des Wortes willen verfolgt werden, für die Kirche und alle Notleidenden, überleitend
zum

Vaterunser

Schriftlesung

Predigt

FORMM DIE PREDIG ZE BESCHLIESSEN.
*Nach geschächner leer knüwt mengklich widerumb uff (läßt sich jedermann wieder auf die
Knie nieder), die sünd zu bekennen, ze bätten und ernstlich gott anzerüffen.*

GEMEINE BEKANNTNUSS DER SÜNDEN. GEBÄTT UND ERNSTLICH ANRÜFFEN.

Offene Schuld
*Bekennend üwer mißtadt und sprächennd: Ich armer, sündiger mensch, ich bekenn mich vor
dir, minem herren gott unnd schöpffer, das ich leyder vil gesündet hab mit sinnen,
gedancken, worten und wercken, wie du, eewiger gott, wol weist. Die sind mir leyd unnd
begären gnad* [...] Das Gebet schließt wiederum mit dem VATERUNSER.

Ave Maria
*Wir söllend ouch indenck sin der menschwerdung Christi, die der engel Gabriel der
junckfrowen Marie verkundt unnd bald demnach vom heyligen geist durch Elizabeth mit
disen worten gepryset und gelobt ist* [...]

Gebet an Werktagen
Lassend uns gott widrumb anrüffen und bitten [...] Bitte um Vergebung der Sünden, um
rechten Glauben und ein Leben im Gehorsam gegenüber Gott, für die Prediger um rechte

Predigt, für die Oberen um Gerechtigkeit, für die Kirche: *Kumb diner Kilchen zu hilff, und entlad sy alles übertrangs* (Bedrängnis), *spot und tyrany* [...]

Diß obbeschribne formm, die predig anzeheben und ze enden, wirt alle werchtag glych gehalten. Amm sontag verlißt der diener an statt deß lesten gebätts die zähen gebott und die artickel deß christenen gloubens:

Zehn Gebote

Apostolisches Glaubensbekenntnis

Entlassung und Segen

Lassend üch die armen inn üweren allmusen umb gottes willen all wäg befolhen sin. Bittend gott für mich, das wil ich ouch für üch thun. Unnd gond hin imm friden! Der herr gott sye mit üch.

Christenlich ordnung vnd bruch der kilchen Zürich 1535

13.2.2 Basel

Unter dem Einfluss von Johannes Ökolampad (1482-1531), der sich nach früheren Aufenthalten endgültig 1522 in Basel niederlässt, kommt es auch dort ab 1525 zu liturgischen Reformen. Das Vorbild des mittelalterlichen Prädikantengottesdienstes, wie ihn der Basler Professor Johann Ulrich Surgant in seinem *Manuale curatorum* beschrieben und gewiss auch praktiziert hat, spielt hier erst recht eine bestimmende Rolle. Auf Ökolampad geht mit Sicherheit die erste, in zwei unterschiedlichen Drucken überlieferte Basler Gottesdienstordnung aus dem Jahre 1526 zurück: *Form vnd gstalt wie der kinder tauff / Des herren Nachtmal / vnd der Krancken heymsůchung / jetzt zů Basel von etlichen Predicanten gehalten werden.*[90] Diese Ordnung wird vermutlich im Jahre 1529 – als die Messe in Basel endgültig fällt – einer tief greifenden Bearbeitung unterzogen, von der ein Druck aus dem Jahre 1537 Zeugnis gibt: *Form der Sacramenten bruch / wie sy zů BASEL gebrucht werden / mit sampt eynem kurtzen kinder bericht.*[91]

Eberhard Weismann schreibt dazu: »Während Zwingli eine selbständige, im wesentlichen aus Bausteinen der Messe entworfene Abendmahlsfeier an den Predigtgottesdienst *anhängte*, suchte Ökolampad das Abendmahl stärker in den Gang des Predigtgottesdienstes selbst hereinzuziehen und beide Teile zu einem einheitlichen gottesdienstlichen Geschehen zu *verbinden*. Er verzichtete ganz auf Anleihen bei der Messe und blieb bei der Grundform des alten Prädikantengottesdienstes, dem er die für das Abendmahl wichtigen Stücke einfügte: *Vermahnungen, biblische Lesungen, Einsetzungsworte* und *Kommunion* [...] Die *Basler Abendmahlsordnung* ist einer der ersten Versuche, Prädikantengottesdienst und Abendmahl organisch miteinander zu verbinden.«[92] Man müsste viel-

PREDIGT (= Predigtteil)
Nach verkündung des Gotts wortes in der Predig / sagt der Predicant solliche warnung:

ABENDMAHLSVERMAHNUNG

APOSTOLISCHES GLAUBENSBEKENNTNIS

BANN
[...] *Wir sollen vnd künden nit gemeinschafft han / hie in disem Nachtmal / mit den Abgöttern / zauberer / gotslesterer / oder durchächter des wort gottes vnd der heiligen Sacrament / des Tauffs vnnd des herren Nachtmals. Verbandt seind vns die / die vatter vnd müter nit in eeren hand / Die vngchorsam sein weltliher Oberkeit / auffrürisch / vnd sich wideren jrer zynß vnd zols etc* [...]

ALLGEMEINES KIRCHENGEBET
für die Kirche, *für eyn gemeyne Oberkeyt / Nemlich für eyn gantz gemein Eydgnosschafft / für den Ersamen Burgenmeyster / Zunfftmeyster / Radt vnd gmeyn statt vnnd land Basel,* für Verfolgte um des Wortes willen und *alle notturfft zů leyb vnd seel.*

VATERUNSER

OFFENE SCHULD – PSALM 130 – KYRIE
Herr erbarm dich / Christe erbarm dich / O Herr erbarm dich / vnd sey vns gnädig jmmer vnd ewigklich.

ABSOLUTION

SCHRIFTLESUNGEN
Dieweyl in empfahung der Sacrament / der fürnemlichisten stuck eyns ist / Ja die sach gantz bedencken des leyden Christi / So horet vnnd bedencket / wie das vor langer zeit Esaias im geyst gesehen hat [...] Gelesen werden Jes 53,1-7 bzw. 1 Kor 11,23-27, 2 Kor 5,14-21, Phil 2,5-11, Ps 22,2-32, und die Passionslesung aus Mt 27,35-50 bzw. Mk 15,24-38, Lk 23,33-46, Joh 19,16-30.

VERMAHNUNG
Eyn ermanung auff die letz des Passion: [...] *Darumb laßt vns die gütthaten in ewiger frischer gedechtnüß halten / Seyn blůt berier vnser hertz. Jm sey lob in ewigkeit* [...]

EINSETZUNGSWORTE – VATERUNSER – VERMAHNUNG
Ein yeder bewer sich vor hin / damit er nit das vrteil empfach / dann got will ein heilig dapffer volck in aller zucht vnd andacht [...]

AUSTEILUNG
Spendeformeln: *Der vngezweifelt glaub / so ir hand in den tod christi / für eüch in das ewig leben. Der glaub so ir hand in das vergossen blůt jesu christi / für eüch in das ewig leben.*

ENTLASSUNG UND SEGEN
Lassend eüch die lieb befolhen seyn vnder einander / vnd zůuorab die armen / Der fryd Christi sey mit eüch /Amen.

Brauch zů reichen die heiligen Sacrament des leibs vnd blůts Christi 1526 leicht ergänzen, daß sich die Ordnung sehr deutlich als eine Verbindung von Prädikantenliturgie und Ritus der Gemeindekommunion zu erkennen gibt. In dieser Hinsicht haben die Basler Ordnungen – mehr noch als die Zürcher Ordnungen Zwinglis – die weitere liturgische Entwicklung im schweizerisch-oberdeutschen Raum bestimmt.

Auch in theologischer Hinsicht sind die Basler von den Zürcher Ordnungen unterschieden: »Es wird nicht wie bei Zwingli ein dankbares Wiedergedächtnis Christi als Handlung begangen, sondern die Gemeinde wird mit Hinweis auf das Karfreitagsgeschehen zu einem geheiligten Leben ermahnt.«[93] Bemerkenswert ist der ›Bann‹, der nach dem Apostolikum seinen Ort hat und mit dem der Ausschluss derjenigen erfolgt, die zum Abendmahl nicht zugelassen sind. Die Liturgie wird bis zur Offenen Schuld auf der Kanzel vollzogen; erst dann tritt der Liturg zum Abendmahlstisch.

13.2.3 Von Bern bis Stuttgart

Die weitere Entwicklung der liturgischen Dinge im oberdeutschen Raum hängt eng mit der allgemeinen kirchenpolitischen Situation insbesondere in den Städten zusammen. Vielfach kommt es dort – oft über Jahre hinweg – zu einem Neben- und Gegeneinander alter und neuer Gottesdienstformen: »In derselben Kirche wurde Sonntag für Sonntag unermüdlich der neue Glaube gepredigt, während am Altar ebenfalls Sonntag für Sonntag und auch wochentags mit eiserner Konsequenz die alte Messe zelebriert wurde.«[94]

Protagonisten des neuen Glaubens sind in aller Regel die Prädikanten, während die Inhaber von Messpfründen naturgemäß die überlieferte Praxis zu perpetuieren trachten. Bei den Gemeindegliedern, die von der reformatorischen Predigt erfasst werden, wächst ebenso selbstverständlich das Bedürfnis nach einer evangelischen Abendmahlsfeier. Da die alte Messe den Ort und auch die übliche Zeit des Pfarrgottesdienstes besetzt hält, bleibt den Prädikanten nichts anderes übrig, als eine solche Feier bei Bedarf an den von ihnen verantworteten Predigtgottesdienst anzuschließen bzw. – wie das Beispiel Basel zeigt – in diesen Gottesdienst zu integrieren.

Fällt dann mit dem Sieg der reformatorischen Partei in einer Stadt die alte Messe endgültig, liegt es mehr als nahe, solchen Predigtgottesdienst, von Zeit zu Zeit um das Abendmahl erweitert, als Pfarrgottesdienst zu etablieren. Zu sehr ist inzwischen alles, was mit Begriff und Gestalt der Messe zusammenhängt, mit dem Odium des alten, papististischen Glaubens behaftet, als dass man sich entschließen könnte, stattdessen auf die ›gereinigte‹ Messe Wittenberger oder Brandenburg-Nürnberger Observanz zurückzugreifen:

»Kein Wunder, daß in solchen Gemeinden die Form der Messe, der Gebrauch der lateinischen Sprache und der Meßgewänder im Lauf der Zeit schlechthin mit dem Katholizismus in eins gesetzt wurden, und daß keine Neigung bestand, diese Formen in irgendeiner Weise wieder aufleben zu lassen.«[95]

Ein beredtes Zeugnis für diese Einstellung liefert der schon erwähnte (vgl. 13.1.5) Wolfgang Musculus in seinem Bericht über die Wittenberger Gottesdienste: Vieles, was er hier am Hauptort der reformatorischen Bewegung im Jahre 1536 erlebt, kommt ihm ausgesprochen ›papistisch‹ vor. Sein Text strotzt von Formulierungen wie *more papistico, ut solent Pontifici, more sacrificorum, sacrificaliter indutus* usw., denen man das Kopfschütteln des Beobachters noch abspürt.

Die Entwicklungen im Einzelnen nachzuzeichnen – oder auch nur die Fülle der Ordnungen einigermaßen vollständig aufzuzählen –, würde den Rahmen dieser Darstellung gänzlich sprengen. Wie bei der Übersicht über die lutherischen Kirchenordnungen (13.1.5) kann auch hier nur ein exemplarischer Überblick versucht werden. Dabei richtet sich unser Interesse vornehmlich auf die Abendmahlsordnungen; für den Predigtgottesdienst gilt: »Seine Ordnung wurde überall als bekannt vorausgesetzt und darum nicht schriftlich fixiert. Sie hielt sich durchaus in den Bahnen der mittelalterlichen Tradition.«[96]

(1) Bern

1528 erfolgt die Einführung der Reformation in Bern. Die beiden Münsterpfarrer Berchtold Haller und Franz Kolb entwerfen hierfür eine Abendmahlsordnung, die 1529 im Anhang an die Ehegerichtssatzungen im Druck erscheint.[97] Der Einfluss der Basler Ordnung Ökolampads ist unverkennbar, es lassen sich aber auch Beziehungen zu den Zürcher Kirchenordnungen ausmachen (so bei der Offenen Schuld und der Schlussermahnung).

Wie schon in Basel schiebt sich eine Vermahnung zwischen die Einsetzungsworte und die Austeilung – zwischen jene beiden Elemente, die Luther so eng wie möglich miteinander verbunden haben wollte: »Damit wird ein anderer Weg eingeschlagen, als ihn Zwingli und Luther gingen. Die Vermahnung lehrt, daß man im wahren Glauben Christi Fleisch und Blut im Herzen ißt und trinkt. Lobend und dankend machen die Jünger Christi des Herren Tod groß in ihrem Herzen und sterben sich selber ab.«[98] Frieder Schulz interpretiert die genannte strukturelle Entscheidung im Zusammenhang seiner These von den unterschiedlichen »Funktionstypen«, denen die *verba testamenti* zugeordnet werden können (siehe 13.1.5), und hält fest: »Da diese Ordnungen die Einsetzungsworte nicht mehr im liturgischen Mischtext, sondern in der Fassung von 1. Kor 11 an den Anfang der Abendmahlsvermahnung gestellt und damit aus dem liturgischen Zusammenhang herausgelöst haben, kommt der Verkündigungscharakter der Einsetzungsworte eigentlich hier am konsequentesten zum Ausdruck.«[99]

Die Berner Ordnung, die ihrerseits in hohem Maße die Genfer Liturgie beeinflusst hat, zeigt folgenden Aufriss: *Eingangsvotum – Offene Schuld – Vaterunser – Apostolisches Glaubensbekenntnis – Trostwort – Einsetzungsworte – Abendmahlsvermahnung – Einladung zur Kommunion – Austeilung – Schlussermahnung – (Dankgebet aus Zwinglis Action, seit 1581 bezeugt) – Aaronitischer Segen und Sendungswort.*

(2) Straßburg

Martin Bucer (1491-1551), der 1523 als Flüchtling und Gebannter nach Straßburg kommt, hier 1524 eine Predigtstelle übernimmt, seit 1541 als Superintendent wirkt, bis er 1549 einem Ruf von Erzbischof Thomas Cranmer (1489-1556) nach England folgt, hat die liturgische Entwicklung in Straßburg in gewichtiger Weise beeinflusst und vorangetrieben (vgl. u.a. seine Schrift *Grund und Ursach* aus dem Jahre 1524). Dass die Straßburger Liturgie wiederum von erheblichem Einfluss auf andere Kirchenordnungen gewesen ist – von Genf über Augsburg 1537, Hessen 1539, Köln 1543 bis hin zum *Book of Common Prayer* 1549 –, ist wohl ebenfalls weitgehend dem Wirken Bucers zu danken.

In Straßburg knüpft man, wie wir gesehen haben (vgl. 13.1.3; 13.1.5), bei der Erneuerung des Gottesdienstes zunächst an die Ordnung der Messe an. Dafür stehen die *Teütsche Meß* des Theobald Schwarz aus dem Jahre 1524, die *Ordenung vnd ynnhalt Teütscher Mess vnd Vesper* (ebenfalls 1524) und das *Teutsch Kirchen ampt* aus dem Jahre 1525 (vielleicht auch schon 1524). Im gleichen Jahr noch kündigt sich jedoch eine Wende an: Die *Ordnung des herren Nachtmahl: so man die Messz nennet* von 1525 weist schon im Titel eine gewisse Distanzierung vom bisherigen Weg auf. Man nähert sich deutlich der schweizerisch-oberdeutschen Form des Prädikantengottesdienstes mit angefügter bzw. eingearbeiteter Gemeindekommunion an.

Nicht mehr vom Priester, sondern vom Diener ist jetzt die Rede. Der Altar wird durch den Abendmahlstisch ersetzt. Die Elevation ist abgeschafft. Die Bindung an das Kirchenjahr ist aufgegeben. Von der Präfation bleibt nur der Rahmen erhalten. Das Vaterunser rückt vor die Einsetzungsworte. Diese stehen jetzt unmittelbar vor der Austeilung, »sind aus dem früheren Gebetszusammenhang gelöst und haben die Form eines bloßen Berichtes.«[100] Der Abendmahlsteil hat folgenden Aufriss: *Ermahnung zum Gebet um den Heiligen Geist – Präfation* (nur Rahmen) – *Sanctus* – *Allgemeines Kirchengebet*, überleitend zum *Vaterunser* – *Vermahnung* und Überleitung zu den *Einsetzungsworten* – *Einladung zur Kommunion* – *Austeilung* – *Lobgesang* – *Segen* – *Lied.*

Noch deutlicher zeigt sich diese Entwicklung in der Ordnung, die 1526 unter dem Titel *Psalmen gebett vnd Kirchen übung wie sie zu Straßburg gehalten werden* erscheint:[101]

»Der Introitus ist durch ein geistliches Lied ersetzt, Kyrie und Gloria können wegfallen, die Meßkollekte ist zu einem Predigtgebet geworden, Halleluja, Präfation und Sanctus sind gestrichen.«[102] Der Abendmahlsteil hat jetzt folgenden Aufriss: *Glaubensbekenntnis* oder *Psalm*, dabei *Bereitung von Brot und Wein* – *Ermahnung zum Gebet um den Heiligen Geist* – *Allgemeines Kirchengebet* mit *Abendmahlsbitte*, überleitend zum *Vaterunser* – kurze *Vermahnung* – *Einsetzungsworte* – *Einladung zur Kommunion* – *Austeilung* – *Lied* oder *Psalm* – *Postcommunio* – *Dankgebet* – *Segen* und *Entlassung.*

Auch in Frankfurt am Main geht man den oberdeutschen Weg: Man feiert den Gottesdienst nach der Ordnung des Prädikantengottesdienstes, von Zeit zu Zeit verbunden mit einer Abendmahlsfeier nach dem schlichten Ritus der mittelalterlichen Gemeindekommunion. Straßburger Einflüsse – die Hereinnahme des Allgemeinen Kirchengebets in den Abendmahlsteil –, aber auch das Vorbild von Luthers *Deutscher Messe* lassen sich in der Ordnung, die die Frankfurter Prediger 1530 vorlegen, deutlich erkennen.

(3) Württemberg

Herzog Ulrich von Württemberg (1498-1550), 1519 aus dem Land vertrieben, kehrt 1534 zurück und setzt die Reformation im Herzogtum durch, das damit zum größten evangelischen Territorium in Süddeutschland wird. In Ambrosius Blarer (1492-1564) und Erhard Schnepf (1493-1558) findet er zwei Theologen, die einerseits für den von Zwingli, Ökolampad und Straßburg beeinflussten Süden (Blarer) und den lutherischen Norden (Schnepf) des Landes stehen, andererseits aber durchaus in der Lage sind, sich in Fragen des Gottesdienstes und der Kirchenordnung auf einer ›mittleren Linie‹ zu einigen. So beruht auch die Württemberger Kirchenordnung von 1536, im Wesentlichen von Schnepf niedergeschrieben und von dem seit 1522 in Schwäbisch Hall tätigen Lutheraner Johannes Brenz (1499-1570; vgl. auch 13.1.3; 13.1.5) begutachtet, auf dem Konsens beider Theologen.

Die *Gemein kirchen ordnung* von 1536 steht, was die Gottesdienstgestaltung betrifft, ganz in der oberdeutschen Tradition. Unterschieden wird »zwischen einem Predigtgottesdienst und einem Abendmahlsgottesdienst, bei dem das Abendmahl nicht der Predigt nur angehängt, sondern der Gottesdienst als Ganzes durch Liedgut, Predigt und Gebet auf das Abendmahl ausgerichtet ist.«[103] Dabei ist das Vorbild der Basler Ordnung Ökolampads von 1526 (vgl. 13.2.2) deutlich erkennbar, aber auch der Einfluss der Brandenburg-Nürnberger Ordnung von 1533, mit verfasst von Johannes Brenz, macht sich bemerkbar (vgl. 13.1.5).

Der sonntägliche Predigtgottesdienst »gruppiert sich um die Predigt, der das Allgemeine Kirchengebet mit Vaterunser folgt. Gemeindegesang eröffnet und beschließt den Gottesdienst.«[104] Zur Ordnung des Abendmahlsgottesdienstes bemerkt Hans-Christian Drömann: »Die beiden Verfasser, der Lutheraner Erhard Schnepf und der Zwinglianer Ambrosius Blarer, haben mit dieser Ordnung eine für Lutheraner und Reformierte gemeinsame Abendmahlsform geschaffen. Von lutherischer Seite übernehmen sie die Lieder, durch welche die Gemeinde an der Handlung mitbeteiligt wird, sowie die Nürnberger Vermahnung und mit ihr eine lutherisch bestimmte Abendmahlsauffassung. Von reformierter Seite angeregt, richten sie die Predigt auf das Abendmahl aus, übernehmen die Offene Schuld in die Vorbereitung auf die Kommunion [...] und beschränken die Abendmahls-feier auf sechsmal im Jahr und ›so offt und dick leut vorhanden sein die des hochwirdigen Sacraments begeren‹.«[105]

Der Abendmahlsgottesdienst hat folgenden Aufriss: *Eingangslied* (*Komm heiliger Geist* und *Psalm- oder Festlied*) – *Predigt* – *Glaubens-bekenntnis* (gesungen) oder *Psalmlied* – *Vermahnung* (nach 1 Kor 11 bzw. nach der Brandenburg-Nürnberger Ordnung von 1533) – *Offene Schuld* – *Absolution* – *Vaterunser* (von der Gemeinde gesungen) – *Einsetzungsworte* – *Austeilung* (dazu Abendmahlslieder) – *Postcommu-nio* – *Segen*.

Unter maßgeblichem Einfluss von Johannes Brenz, 1553 von Herzog Christoph (1550-1568) zum Stuttgarter Stiftspropst und Leiter des Kirchenwesens im Lande berufen, erfährt die Ordnung von 1536 im Jahre 1553 mit der *Kirchen-ordnung / wie es mit der Leere vnd Ceremonien / im Fürstenthumb Wirtemberg angericht vnd gehalten werden soll*, eine neue Bearbeitung. Brenz – offenbar in der Überzeugung, dass die Messe auch in ihrer lutherischen Gestalt nach den Erfahrungen des Augsburger Interims (1548-1552) nicht mehr zu restituieren ist – hält an der schweizerisch-oberdeutschen Gestalt des Gottesdienstes fest, versucht aber, ihr ein in mancher Hinsicht stärker lutherisches Gepräge zu geben. Der Bezug zum Kirchenjahr wird verstärkt, die Predigt an die Evange-lienperikopen gebunden, zum Eingang sogar *zu Zeiten ein lateinischer Gesang* zugelassen. Das Abendmahl soll nicht mehr nur sechsmal im Jahr, sondern monatlich, wenn nicht gar im Zweiwochenrhythmus gefeiert werden.[106]

Eberhard Weismann hat die Liturgie des Predigtgottesdienstes (ohne Abendmahl) und des Abendmahlsgottesdienstes der Kirchenordnung von 1553 tabellarisch einander gegenübergestellt. Die folgende Tabelle lehnt sich daran an.[107] Der reine Predigtgottesdienst findet gänzlich auf der Kanzel statt, der Abendmahlsgottesdienst bis zum Glaubensbekenntnis auf der Kanzel, von der Vermahnung ab am Altar.

Predigtgottesdienst	*Abendmahlsgottesdienst*
LATEINISCHER INTROITUS der Schüler DEUTSCHER PSALM (= Lied) *– auf den Dörfern tritt an die Stelle der beiden Gesänge ein deutsches Gemeindelied*	GESANG *– Komm heiliger Geist* oder *Nun bitten wir den heiligen Geist* oder ein *De-tempore-Lied*
PREDIGT über das Evangelium – mit *Eingangsvotum, Invocatio* der göttlichen Gnade, stillem *Vaterunser, Textverlesung, Predigt, Verkündigungen*	PREDIGT über das Evangelium – mit *Eingangsvotum, Invocatio* der göttlichen Gnade, stillem *Vaterunser, Textverlesung, Predigt,* kurzem ›Be-richt‹ *über das Abendmahl, Verkündigungen*
ZEHN GEBOTE – GLAUBE – VATERUN-SER *– auff ein jeden Sontag insonderheit nach der predig fürzusprechen* und leise *mitzusprechen*	GLAUBENSBEKENNTNIS *– Der Glaube deutsch: gesungenes Be-kenntnis* oder *Glaubenslied*
[CHRISTLICHE HAUSTAFEL an einigen Tagen im Jahr]	ERMAHNUNG GEGEN DAS VOLK
ALLGEMEINES KIRCHENGEBET *– reiche oder einfache Form, u. U. mit einer Festtagskollekte verbunden*	OFFENE BEICHTE und ABSOLUTION (ab 1555) Kurzes GEBET UM RECHTEN EMPFANG
VATERUNSER	Das VATERUNSER deutsch *– gesungen in Prosa oder als Lied*
	EINSETZUNGSWORTE *– möglichst hinter dem Altar zur Ge-meinde hin gesprochen*
	AUSTEILUNG *– dazwischen Lieder: Gott sei gelobet, Jesus Christus unser Heiland* u.a.
PSALM oder GEISTLICHES LIED	DANKGEBET
SEGEN	SEGEN

Die Württembergische Kirchenordnung von 1553 hat großen Einfluss auf die Gottesdienstordnungen anderer evangelischer Gebiete in Süddeutschland ausgeübt, so auf die Kirchenordnungen Pfalz-Neuburg 1554 und 1556, Kurpfalz 1556 und 1577, Baden 1556, 1598, 1649 und 1686, Worms 1560, Solms-Lich 1621, Lindau 1573. Im Elsaß setzt sich mit den Straßburger Kirchenordnungen von 1598, 1603, 1605, 1670 und Colmar 1648 der württembergische Einfluss durch. Beeinflusst von Württemberg sind auch Mömpelgart und Reichenweiher 1560, 1568, 1571, Leiningen 1566, Hanau-Lichtenberg 1573 und 1659, Inner-österreich 1578 und 1582, Oberösterreich 1617, Ulm 1656 und 1747, Limburg 1666.[108]

13.2.4 Genf

Wilhelm Farel (1489-1565), nach Aufenthalten bei Ökolampad in Basel und bei Bucer in Straßburg reformatorisch tätig in Montbéliard (Mömpelgart, 1524), Bern (1527), Neuchâtel (1529) und an anderen Orten der *Suisse romande*, setzt 1535 die Reformation in Genf durch, das sich erst wenige Jahre zuvor (1531) vom Herzogtum Savoyen gelöst und der Eidgenossenschaft angeschlossen hat. Als Johann Calvin (1509-1564) im Jahre 1536 auf der Durchreise nach Genf kommt, gelingt es Farel, ihn mittels einer »furchtbaren Beschwörung«[109] zum Bleiben zu bewegen. Als 1538 die Gegner Calvins im Rat die Mehrheit gewinnen, müssen beide die Stadt verlassen. Farel geht wieder nach Neuchâtel, wo er bis zu seinem Tode wirkt. Calvin folgt einem Ruf Bucers nach Straßburg, wo er die Leitung der französischen Emigrantengemeinde übernimmt. Als sich die politische Lage zugunsten seiner Anhänger verändert, lässt er sich 1541 nach Genf zurückberufen.

(1) Farel 1533

Von Wilhelm (Guillaume) Farel stammt die erste reformierte Liturgie in französischer Sprache. Sie erscheint 1533 in Neuchâtel unter dem Titel *La maniere et fasson quon tient en baillant le sainct baptesme en la saincte congregation de dieu: et en espousant ceulx qui viennent au sainct mariage / et al la saincte Cene de nostre seigneur.*[110] Sie lehnt sich an die Berner Ordnung von 1529 an (vgl. oben 13.2.3), nimmt aber auch Anregungen aus anderen Orten auf, die Farel besucht hat. Unter dem Titel *Ordre et maniere* erscheint eine Neuausgabe seiner Liturgie, von der man annehmen kann, dass auch Calvin sie gekannt und benutzt hat, 1538 in Genf.

Die Abendmahlsliturgie beginnt mit einer recht langen Vermahnung, die das Abendmahl in den Zusammenhang der Heilsgeschichte einordnet, um schließlich in ein Bekenntnis der Sünden einzumünden (*Exhortation, avec excommuni-cation et confession des péchés*). Es folgen das Vaterunser (*Oraison dominica-le*), das Glaubensbekenntnis (*Confession de foi*), die Zusage der Vergebung (*Paroles de grâce*), der Einsetzungsbericht nach 1 Kor 11,23-26 (*Récit d'institu-tion*), eine kürzere Ermahnung, verbunden mit der Einladung zur Kommunion (*Exhortation, avec invitation à la communion*), die Austeilung (*Distribution*, verbunden mit einem *vœu épiclétique: Jesus [...] habite en voz cueurs par son sainct esperit* [...]), einer Schlussvermahnung (*Exhortation finale*) und dem Segen (*Bénédiction*).

(2) Calvin 1542

Die Gottesdienstordnung, die Calvin im Jahre 1542 in Genf einführt – *La Forme des Prieres et Chantz ecclesiastiques, auec la maniere d'administrer les Sacremens, et consacrer le Mariage* –, hat jedoch andere Wurzeln, obwohl sich auch der Einfluss Farels bemerkbar macht. Sie geht auf eine Ordnung zurück, die Calvin 1540 für die von ihm betreute französische Emigrantengemeinde in Straßburg verfasst hat und die in einer Neuausgabe aus dem Jahre 1542 – versehen mit einem offenkundig gefälschten päpstlichen *Imprimatur* – überliefert ist: *La manyere de faire prieres aux eglises Francoyses etc.* Eine Neuauflage der Straßburger Ordnung Calvins – mit Anleihen bei der Genfer Ordnung von 1542 – erscheint 1545 in Straßburg.

Die von Calvin für die Straßburger Emigrantengemeinde in französischer Sprache verfasste Ordnung lehnt sich an die deutschsprachige Gottesdienstordnung an, wie sie zu jener Zeit in Straßburg in Geltung steht. Zum Vergleich können eine Neuausgabe der *Psalmen gebett vnd Kirchen übung* (1526, vgl. 13.2.3) aus dem Jahre 1537 und das Straßburger Gesangbuch von 1539 (*Psalter mit aller Kirchenübung die man bey der christlichen gemein zu Straßburg und anderswa pflägt zu singen*) herangezogen werden (tabellarische Übersichten finden sich bei Weismann[111] und Bürki;[112] Texte nach Bürki,[113] Herbst[114] und Beckmann[115]).

(3) Der Predigtgottesdienst

Die Genfer Liturgie Calvins steht – wie die anderen hier behandelten schweizerisch-oberdeutschen Ordnungen auch – in der Tradition des spätmittelalterlichen Prädikantengottesdienstes. Bemerkenswert ist freilich die Stellung der Offenen Schuld, die den Predigtgottesdienst eröffnet. Sie geht – ebenso wie das Eingangsvotum *Nostre aide soit au Nom de Dieu, qui a faict le Ciel et la terre* – auf die ältesten Straßburger Ordnungen aus dem Jahre 1524 zurück, die an dieser Stelle ein *Confiteor mit Absolution* haben, und darf insofern durchaus als eine Reminiszenz an den Messtypus betrachtet werden. Nach der Sraßburger Ausgabe von 1545 soll vor der Predigt – zweigeteilt – der Dekalog gesungen werden. Damit wird dieses Stück der überlieferten Prädikantenliturgie »jetzt theologisch in den Gang des Gottesdienstes eingeschmolzen.«[116]

VOTUM
Nostre aide soit au Nom de Dieu, qui a faict le Ciel et la terre, Amen.

SÜNDENBEKENNTNIS (*Offene Schuld*)
Mes freres, qu' un chascun de vous se presente devant la Face du Seigneur, avec confession de ses faultes et pechez, suyvant de son cœur mes parolles [...]

[TROSTWORTE UND ABSOLUTION]
Strasbourg 1542/1545: *Icy dit le ministre quelque parolle de lescripture pour consoler Les consciences et ait labsolution en ceste manyere.*

[GESANG]
Strasbourg 1542/1545: *Icy leglise chante* [Strasbourg 1545: *les commendemens de la premiere table*], *puys dit le ministre.*

[GRUSS und GEBET]
Strasbourg 1542/1545: *Le Seigneur soit avecques vous, faisons pryeres au seigneur: Pere celeste plein de bonte et de grace* [...]

[GESANG]
Strasbourg 1542/1545 (Der Pfarrer geht währenddessen auf die Kanzel): *Icy ce pendant que leglise chante* [1545: *le reste des commendemens*], *le Ministre va en la chaire et a lors se font pryeres en la sorte qui sensuyt par le ministre au commencement du sermon.*

[GEBET UM RECHTES HÖREN]
Strasbourg 1542/1545: *Nous invocquerons nostre pere celeste, pere de toute bonte et misericorde, luy suppliant de iecter lœil de sa clemence sur nous ses pouvres serviteurs* [...], überleitend zum VATERUNSER: [...] *pryerons ainsy comme nostre bon maistre nous a seignez. Nostre pere qui es en cieux etc.*

GESANG VON PSALMEN und FREIES GEBET UM RECHTES HÖREN
Genf 1542: *Cela faict* [bezieht sich auf die Offene Schuld, an die sich das Folgende anschließt], *on chante en l'assemblee quelque Pseaulme: puis le Ministre commence derechef à prier, pour demander à Dieu la grace de son sainct Esprit: afin, que sa parolle soit fidelement exposée à l'honneur de son Nom, et à l'edification de l'Eglise: et qu'elle soit receue en telle humilité et obeissance, qu'il appartient. La forme est à la discretion du Ministre.*

TEXTVERLESUNG UND PREDIGT

En la fin du sermon, le Ministre apres avoir faict les exhortations à prier, commence en ceste maniere:

ALLGEMEINES KIRCHENGEBET
Dieu tout puissant, Pere celeste, tu nous as promis de nous exaulcer en noz requestes, que nous te ferions au Nom de ton Filz Jesus Christ, bien-aimé, nostre Seigneur [...].

Es folgen ausführliche Bitten für die Obrigkeit, für die Hirten der Gemeinde, für die Errettung aller Menschen, für alle, die sich in einer besonderen Notlage befinden, insbesondere für die verfolgten und vertriebenen Glaubensbrüder, schließlich für die versammelte Gemeinde.

AUSLEGUNG DES VATERUNSERS (Vaterunser-Paraphrase)
Icy le ministre explique en brief loraison dominicalle / et icelle finie on chante ung psaulme apres lequel le ministre envoye lassemblee disant:

[GESANG]
Straßburg 1545: *A la fin on chante un Psaulme apres lequel le Ministre envoye l'assemblée disant:*

SEGEN
Dieu vous benisse et vous conserve / le seigneur illumine sa face sur nous, & nous fasse misericorde, le seigneur retourne son visaige vers vous, et vous conduise en bonne prosperite. Amen.

Predigtgottesdienst Straßburg 1542/1545 – Genf 1542

(4) Die Abendmahlsfeier

Der Brauch, das Abendmahl – in Anlehnung an den Vierzeitenrhythmus, der schon im Spätmittelalter für die Gemeindekommunion maßgebend war und von Zwingli in Zürich übernommen wurde – nur viermal im Jahr zu feiern, setzt sich auch in Genf durch, obwohl Calvin eigentlich eine häufigere Feier lieber gesehen hätte: *Il servyt bien a desirer que la communication de la Saincte Cene de Jesuchrist fust tous les dimenches pour le moins en usage.*[117] Findet das Abendmahl statt, wird es an den Predigtgottesdienst, wie er oben beschrieben ist, angehängt. Freilich nimmt die Predigt dann – im Ganzen oder wenigstens im Schlussteil – auf das Abendmahl Bezug, und Allgemeines Kirchengebet und Vaterunser-Paraphrase sind um ein Abendmahlsgebet (*Prière de sainte cène*) erweitert.

Im Brauch, das Glaubensbekenntnis zu rezitieren (Genf 1542) bzw. gemeinsam zu singen (Straßburg 1542/45), zeigt sich der Einfluss der Prädikantenliturgie, die das Apostolikum als katechetisches Lehrstück kennt, aber auch der frühen Straßburger Ordnungen, die das Credo – durchaus in der Tradition der Messe – nach Evangelium und Predigt singen lassen (das *Teutsch Kirchen ampt* aus dem Jahre 1525 bietet an dieser Stelle das von der Gemeinde gesungene *Apostolikum*, aber auch, nur *von etlichen gesungen*, das *groß Patrem*).

Bannung (vgl. die Basler Ordnung, 13.2.2) und Vermahnung (*Excommunication et Exhortation*) fügt Calvin zwischen Einsetzungsbericht und Austeilung ein (vgl. neben Basel auch die Berner Ordnung, 13.2.3): »Damit suchte er zu verhindern, daß die *Verba testamenti* als Konsekrationsworte aufgefaßt würden.«[118] Dem dient wohl auch die Erweiterung des Berichts um die Verse 26 bis 29, durch die der Vorgang noch stärker den Charakter einer Schriftlesung erhält.

PREDIGT (*Sermon*)

nimmt insgesamt oder doch zum Schluss auf das Abendmahl Bezug: *Le iour qu'on l'a faict, le Ministre en touche en la fin du sermon, ou bien si mestier est, en faict le sermon entierement, pour exposer au peuple ce que nostre Seigneur veult dire et signifier par ce mystere, et en quelle sorte il le nous fault recevoir.*

[seit etwa 1549 singt man hier in Genf den DEKALOG (*Décalogue*)]

ALLGEMEINES KIRCHENGEBET (*Intercessions*)

gefolgt von der VATERUNSER-PARAPHRASE (*Paraphrase de l'oraison dominicale*) und dem ABENDMAHLSGEBET (*Prière de sainte cène* [Straßburg 1542 zwischen Vaterunser und Einsetzungsbericht, 1545 zwischen Glaubensbekenntnis und Vaterunser]): *Le iour qu'on doit celebrer la Cene, on adiouste au precedant ce qui s'ensuit. Et comme nostre Seigneur JESUS, non seulement t'a une fois offert en la croix son corps et son sang, pour la remission de noz pechez: mais aussi les nous veult communiquer, pour nourriture en vie eternelle [...]*

GLAUBENSBEKENNTNIS (*Confession de foi*)

[Genf 1542 rezitiert, Straßburg 1542/1545 gesungen; dabei dann Bereitung von Brot und Wein]: *Puis apres avoir faict les prieres et la confession de Foy, pour testifier au nom du peuple, que tous veulent vivre et mourir en la doctrine et Religion chrestienne, il dit à haulte voix:*

   [Straßburg 1545: ABENDMAHLSGEBET (*Prière de sainte cène*)]

   [Straßburg 1545: VATERUNSER (*Oraison dominicale*)]

EINSETZUNGSBERICHT (*Récit d'institution*)

Escoutons comme JESUS Christ nous a institué sa saincte Cene selon que sainct Paul le recite en l'unziesme chapitre de la premiere aux Corinthiens: Es folgt 1 Kor 11,23-29.

BANNUNG und ABENDMAHLSVERMAHNUNG (*Excommunication et Exhortation*)

Nous avons ouy, mes freres, comme nostre Seigneur faict sa Cene entre ses disciples: et par cela nous demonstre, que les estrangiers, et ceulx qui ne sont pas de la compagnie de ses fideles, n'y doivent point estre admis [...]

AUSTEILUNG (*Distribution*)

währenddessen PSALMENGESANG oder BIBLISCHE LESUNG (*chant de psaumes ou lectiure biblique* [Straßburg 1542/1545: Ps 138]): *Ce faict, les Ministres distribuent le pain et le Calice au peuple, ayant adverty qu'on y vienne avec reverence et par bon ordre. Cependant, on chante quelques Psalmes, ou on lit quelque chose de l'Escripture, convenable à ce qui est signifié par le Sacrement.*

DANKSAGUNG (*Action de grâce*)

En la fin on use d'action de grace, comme il a esté dict: Pere celeste, nous te rendons louenges et graces eternelles, que tu nous as eslargy un tel bien, à nous paovres pecheurs, de nous avoir attiré en la communion de ton Filz JESUS Christ, nostre Seigneur, l'ayant livré, pour nous, à la mort, et le nous donnant en viande et nourriture de vie eternelle [...]

   [Straßburg 1542/1545, in Genf seit etwa 1549: NUNC DIMITTIS (*Cantique de Siméon*)]

SEGEN (*Bénédiction*)

Abendmahlsliturgie Genf 1542 – Straßburg 1542/1545

Strasbourg 1537/1539	Genève 1542	Pseudoromana 1542	Strasbourg 1545
Sermon	*Sermon* [*Décalogue*, chanté, 1549]	*Sermon*	*Sermon*
	Intercessions *Paraphrase de l'oraison dominicale* *Prière de sainte cène*	*Intercessions* *Paraphrase de l'oraison dominicale*	*Intercessions* *Paraphrase de l'oraison dominicale*
Confession de foi, chantée, ou *psaume* ou un autre chant Préparation du pain et du vin	*Confession de foi*, récitée	*Confession de foi*, chantée, pendant ce temps Préparation du pain et du vin	*Confession de foi*, chantée, pendant ce temps Préparation du pain et du vin
Intercessions *Prière de sainte cène* *Oraison dominicale* [*Exhortation brève*]		*Oraison dominicale* *Prière de sainte cène*	*Prière de sainte cène* *Oraison dominicale*
Récit d'institution	*Récit d'institution*	*Récit d'institution*	*Récit d'institution*
	Excommunication, Exhortation	*Excommunication, Exhortation*	*Excommunication, Exhortation*
Distribution *Cantique de sainte cène ou psaume*	*Distribution* pendant ce temps, chant de psaumes ou *lecture biblique*	*Distribution* pendant ce temps, *chant du Ps 138*	*Distribution* pendant ce temps, *chant du Ps 138*
Action de grâce *Bénédiction*	*Action de grâce* [*Cantique de Siméon*, 1549] *Bénédiction*	*Action de grâce* *Cantique de Siméon* *Bénédiction*	*Action de grâce* *Cantique de Siméon* *Bénédiction*

Die vorstehende Tabelle (nach Bruno Bürki[119]) gibt einen Überblick über die Abhängigkeiten und Differenzen zwischen den einzelnen Ordnungen (Straßburg 1537/39, Genf 1542, Straßburg 1542 und 1545).

(5) Wirkungen

Die Gottesdienstordnung Calvins übte naturgemäß großen Einfluss auf die französischsprachigen reformierten Gemeinden in der Schweiz und in Frankreich aus. Sie wurde hier zu großen Teilen wörtlich übernommen. Über Valérand Poullain (um 1520-1557), nach Calvin Prediger in der französischen Gemeinde in Straßburg und darum mit der dort geübten Ordnung wohlvertraut, gelangte sie nach England, als Poullain im Jahre 1549 Bucer dorthin begleitete (vgl. 13.2.3).

Poullain, seit 1552 Vorsteher der französischsprachigen wallonischen Flüchtlingsgemeinde in Glastonbury, publizierte 1551 in London unter dem Titel *Liturgia sacra, seu ritus ministerii in Ecclesia peregrinorum profugorum propter Evangelium Christi Argentinae* eine lateinische Übersetzung der Straßburger Ordnung, der 1552 eine französische Fassung folgte (*L'Ordre des Prieres et ministere Ecclesiastique*). 1554 musste die Gemeinde aus England flüchten. Poullain und der größere Teil gingen nach Frankfurt am Main, wo im gleichen Jahr noch ein Neudruck der lateinischen Fassung erschien.[120]

Poullain eröffnet – im Unterschied zu den Ordnungen Calvins – den Predigtgottesdienst mit dem Dekalog, der noch vor dem Votum gesungen wird. Nicht nur zum Abendmahl, sondern auch im Predigtgottesdienst lässt er nach dem Allgemeinen Kirchengebet das Glaubensbekenntnis sprechen.

Ein anderer Strang, über den die Ordnungen Calvins weiterwirken, ist mit den Namen von Johannes Laski (Johannes a Lasco, 1499-1560) und Marten Micron (Micronius, 1523-1559) verbunden.

Laski, der 1538 seine polnische Heimat verlässt und mit der römischen Kirche bricht, geht 1540 nach Emden. Dort wirkt er von 1542-1549 als Superintendent und ordnet die kirchlichen Verhältnisse nach Genfer Vorbild. Durch das Interim gezwungen, flieht er 1550 nach London, wo ihn Erzbischof Thomas Cranmer zum Superintendenten der verschiedenen dort ansässigen Fremdengemeinden macht. In diesem Amt arbeitet er eng mit Marten Micron zusammen, der seit 1549 Prediger der niederländischen Flüchtlingsgemeinde in London ist und von 1554 bis zu seinem Tod als Pfarrer in Norden (Ostfriesland) wirkt.

Eine von Laski für die Londoner Gemeinden verfasste Kirchenordnung, die Vorschriften für den Gottesdienst und das Abendmahl enthält, wird 1555 in Frankfurt am Main gedruckt (*Forma ac ratio tota ecclesiastici Ministerii, in peregrinorum, potissimum vero Germanorum Ecclesia: instituta Londini in Anglia*; 1556 erscheint in Emden eine

französische Übersetzung). Eine niederländische, gekürzte und stärker an
der Praxis orientierte Fassung aus der Feder von Marten Micron erscheint
zuvor schon 1554 in Emden (*De christlicke Ordinancien der Neder-
lantscher Ghemeinen te London*).

Nach dem Regierungsantritt von Maria Tudor (1553-1558) erneut zur Flucht
genötigt, findet Laski 1554 Asyl in Emden für sich und seine Gemeinde, zieht
aber 1555 von dort weiter nach Frankfurt am Main (wo schon Poullain Zuflucht
gefunden hat) und kehrt schließlich 1556 – vom Magistrat aus der Stadt verwiesen – nach Polen zurück.

Laski, der während eines Aufenthaltes in Basel (1523-1525) nicht nur
Kontakte mit Erasmus, sondern auch mit Ökolampad und Zwingli hat,
lehnt sich in der Gestaltung des Predigtgottesdienstes stärker an die dort
übliche Form als an die Ordnungen Calvins an. Bemerkenswert, in
gewisser Hinsicht einzigartig ist seine Ordnung für die Abendmahlsfeier.
Sie gliedert sich in zwei deutlich voneinander geschiedene Teile:

*Predigtteil, Allgemeines Kirchengebet, Bannung, Abendmahlsgebet, Einset-
zungsworte* (1 Kor 11,23-29) und *Vermahnung* haben ihren Ort auf der Kanzel.
Dann wechselt der Ort, der Pfarrer verlässt die Kanzel und setzt sich zwischen
die anderen Amtsträger an einen mit einem weißen Leintuch bedeckten Tisch:
»Im zweiten Teil der Feier setzte sich die Gemeinde in Gruppen nacheinander an
den vorn aufgestellten Tisch. Der ›Diener‹ verkündigte die ›fröhliche und
gottselige Botschaft‹ 1. Kor. 5,7.8 und teilte aus zwei zinnernen Schüsseln und
vier Bechern Brot und Wein aus. Dazwischen erklangen von der Kanzel her
Lektionen aus Joh. 6 und Joh. 13-15.«[121]

Die Londoner Ordnung hat großen Einfluss auf andere reformierte
Gemeinden und Kirchengebiete ausgeübt. Niederländische Emigranten
verbreiten sie in ihrer Heimat, am Niederrhein und in Ostfriesland. Über
Frankfurt am Main, wo seit 1554 wallonische, niederländische und
englische Glaubensflüchtlinge (letztere unter John Knox, 1515-1572,
dem Reformator Schottlands) Aufnahme finden, 1555 gefolgt von einer
flämischen Gruppe unter Laski, wirkt sie auch auf die kurpfälzische
Ordnung von 1563 ein, die als die bedeutendste reformierte Kirchenordnung im Deutschland des 16. Jh. gelten kann.[122]

Frieder Schulz resümiert: »Die darin enthaltene Abendmahlsordnung ist das
›klassische Abendmahlsformular‹ der deutschen und niederländischen reformierten Gemeinden geworden, das kaum verändert bis in die Gegenwart in
Gebrauch geblieben ist [...] So stehen neben den weitergeführten Texten der
oberdeutsch-lutherischen Vorgängerin, der kurpfälzischen Kirchenordnung 1556,
solche aus Straßburg, Genf, Zürich, Köln und London.«[123]

Der Predigtgottesdienst dieser bedeutsamen reformierten Ordnung von 1563 übernimmt die Offene Schuld in der Fassung Calvins, folgt aber sonst im Wesentlichen der Ordnung Laskis:

Die Ordnung des Abendmahls, das in den Städten monatlich, in den Dörfern alle zwei Monate, in jedem Fall zu Weihnachten, Ostern, Pfingsten (ab 1601 auch am ersten Septembersonntag) gefeiert werden soll, hat folgenden Aufriss: Predigt – Offene Schuld mit Absolution und Retention – Allgemeines Kirchengebet mit Vaterunser – Vermahnung (mit Lesung des Einsetzungsberichtes 1 Kor 11,23-29 – Selbstprüfung, in drei Stücken – Abmahnung Unbußfertiger – Tröstung Kleinmütiger – Betrachtung des Heilswerkes Christi – Zueignung im Abendmahl – Gemeinschaft mit Christus und den Brüdern) – Abendmahlsgebet – Vaterunser – Glaubensbekenntnis – Kurze Vermahnung – Austeilung (dazu Gesang oder Lesung) – Dankgebet – (seit 1601:) Segen.[124]

13.3 Canterbury

Mit den liturgischen Reformen in der Kirche von England, wie sie um die Mitte des 16. Jh. einsetzen, bildet sich hier ein weiteres, durchaus eigenständiges Zentrum reformatorischer Gottesdienstgestaltung heraus. Die Ursprünge dieser Entwicklung sind untrennbar mit dem Wirken von Thomas Cranmer (1489-1556), seit 1533 Erzbischof von Canterbury, verbunden. Das *Book of Common Prayer* wird zum bleibenden Dokument dieser Entwicklung. Es empfängt, wie Colin Buchanan schreibt, »its uniqueness and its stature from Cranmer's own creative genius.«[125]

Das Geschick des *Book of Common Prayer* ist eng mit dem wechselvollen, an Wendungen reichen Gang der englischen Reformationsgeschichte verknüpft. Unter Heinrich VIII. (1509-1547) löst sich die englische Kirche zwar von der Papstkirche und erhält im König als *supreme head in earth of the Church of England* (Suprematsakte von 1534) ein eigenes, von Rom unabhängiges Oberhaupt. Sieht man von der Aufhebung der Klöster (1534-1539) ab, kommt es zu wirklichen innerkirchlichen Reformen auf den Gebieten von Lehre und Kultus erst unter dem Nachfolger Heinrichs, Eduard VI. (1547-1553). Zugleich verstärkt sich seit 1547 – vermittelt durch Theologen wie Vermigli (1500-1562, seit 1547 in Oxford), Occhino (1487-1565, seit 1547 in London), Bucer, Poullain, Laski, Micron u.a. (vgl. 13.2.3; 13.2.4) sowie die Flüchtlingsgemeinden, die sich um sie sammeln, aber auch durch Calvin selbst, der mit Cranmer und Eduard VI. korrespondiert – der reformierte Einfluss innerhalb der reformerischen Kräfte der Kirche von England und drängt den bisher wirksamen lutherischen Einfluss zurück.

13.3.1 The Order of the Communion 1548

Noch im Dezember 1547 beschließt das Parlament die Einführung der Kommunion unter beiden Gestalten. Im März 1548 erscheint – als ein erster Schritt zur Reform der Messe – *The Order of the Communion*: In die lateinische Messe wird im Anschluss an die Kommunion des Priesters die Gemeindekommunion eingefügt – nach muttersprachlichem Ritus und unter beiden Gestalten.[126]

Der liturgische Text der *Order of the Communion* 1548 stammt ohne Zweifel von Thomas Cranmer. Er zeigt deutlich den Einfluss der von Martin Bucer und Philipp Melanchthon (1497-1560) verfassten Kirchenordnung des Kölner Erzbischofs Hermann von Wied (1477-1552) aus dem Jahre 1543, die ihrerseits in hohem Maße durch die Straßburger Ordnungen (vgl. 13.1.5; 13.2.3) beeinflusst ist. Die Abendmahlsvermahnungen tragen den Stempel reformierter Theologie. Das neue *Prayer of Humble Access* zeigt den literarischen Stil Cranmers, ist also möglicherweise seine Schöpfung. Bemerkenswert sind die Vorkehrungen, die für eine eventuelle Nachkonsekration des Weines getroffen werden.

LONG EXHORTATION
Derely beloued in the lorde, ye commyng to this holy communion, muste consider what sainct Paule writeth to the Corinthians, how he exhorteth al parsones diligently to trye and examine them selfes [...]

WARNING TO THE WICKED
Then the priest shall say to them which be redy to take the Sacrament. If any man here be an open blasphemer, an aduouterer, in malice, or enuy or any other notable cryme, and be not truly sory therefore & earnestlye mynded to leaue the same vyces, or that doth not trust him self to be reconcyled to almightie God, & in charytie with all the worlde, let him yet a whyle bewayle his sinnes & not come to thys holy table [...]

SHORT EXHORTATION
[...] after a litle pause, the priest shall saie. You that do truly and earnestly repent you of your synnes and offences committed to almightye GOD [...]

GENERAL CONFESSION
Then shall a generall confession bee made in the name of all those that are mynded to receiuve the holy Communion, either by one of theim, or els by one of the ministers, or by the ipriest hym selfe, all knelyng humbly upon ther knes. Almightie God, father of our lorde Jesus Christe, maker of all thynges, judge of all menne, we knowlege and bewaile our manifold sinnes and wickednes, whiche we from time to time moste greuously haue committed by thought, woorde, and deede, againste thy diuine Maiestie, prouoking moste iustely, thy wrathe and indignacion against us [...]

ABSOLUTION
Then shall the priest, stand up an turnyng hym to the people, say thus. Our blessed Lorde, who hath left power to his Church, to absolue penitent synners from their synnes, and to

restore to the grace of the heuenly father suche as trulie beleue in Christ, haue mercy upon you, pardon and delyuer you from all synnes, confirme and strength you in al goodnes, and bring you to euerlastyng life.

COMFORTABLE WORDS
Then shall the priest stande up, and turnyng him toward the people, say thus, Here what confortable woordes our sauior Christ saith to all that trulye turne to hym [Mt 11,28; Joh 3,16; 1 Tim 1,15; 1 Joh 2,1].

PRAYER OF HUMBLE ACCESS
Then shall the priest knele doune & saye in the name of al that shall receaue ye Communion, this prayer folowyng: We do not presume to come to this thy table (O mercyfull Lord) trusting in our awne ryghteousnes, but in thy manyfold and greate mercyes: we be not worthie so muche as to gather up the croomes under thy table: But thou arte the same Lord, whose propertye is alwayes, to haue mercy: Graunt us therefore gracious Lord so to eate the fleshe of thy dere sonne Jesus Christ, and to drynk his bloud in these holy misteries, that we maye continually dwell in hym, and he in us, that oure synful bodyes, may be made cleane by his body, and our soules washed through his most precious bloud. Amen.

DISTRIBUTION
Then shall the priest rise, the people still reuerentlie kneling, and the priest shall deliuer the Communion, first to the ministers, if any be ther present, that they maie be redy to helpe the priest and after to the other. And when he doth deliuer the Sacrament of the body of Christe, he shall say tp euery one, these wordes followyng. The bodye of oure Lorde Jesus Christ, which was geuen for the, preserue thy body unto euerlastyng life [...] The blud of oure Lorde Jesus Christ, which was shed for the, preserue thy soule unto euerlastyng life [...]

SUPPLEMENTARY CONSECRATION
Note, that if it doth so chaunce, that the wyne halowed and consecrate dooth not suffice or bee ynough for theim that dooe take the Communion, the priest after the firste Cup or chalice be emptied, may go again to ye aultare, and reuerentlie, and deuoutlie, prepare, and consecrate another, and so the thirde, or more lykwise, begynning at these wordes, Simili modo [...]

BLESSING
Then shal the priest, turnyng him to ye people let the people depart with this blessing. The peace of God whiche passeth all understandyng, kepe your hartes and myndes in the knowlege and loue of God, and of his sonne Jesus Christe, our Lorde [...]

The order of the Communion 1548

13.3.2 Book of Common Prayer 1549

Innerhalb von drei Wochen im September 1548 erarbeitet eine Gruppe, die unter der Leitung von Erzbischof Cranmer in Chertsy tagt, ein komplettes neues Gebets- und Gottesdienstbuch in englischer Sprache. Von beiden Häusern des Parlaments im Januar 1549 verabschiedet, wird es im März veröffentlicht und tritt am Pfingstsonntag, dem 9. Juni 1549, in Kraft: *The Booke of the Common Prayer and Administracion of the Sacramentes, and other Rites and Ceremonies of the Churche after the Use of the Churche of England.*

THE SUPPER OF THE LORDE AND THE HOLY COMMUNION, COMMONLY CALLED THE MASSE

Der Wortgottesdienst folgt in seiner Struktur der überlieferten Messliturgie; die Stellung des Credo erinnert an Luthers *Formula Missae*: PSALM (Introitus), gesprochen – KYRIE – GLORIA – SALUTATIO – KOLLEKTENGEBET und GEBET FÜR DEN KÖNIG – EPISTEL – EVANGELIUM – CREDO (Nizänum), gesungen – PREDIGT:

SERMON OR HOMELY

After the Crede ended, shall folowe the Sermon or Homely, or some portion of one of the Homelyes, as thei shalbe herafter deuided: wherein if the people bee not exhorted to the worthy receiuyng of the holy Sacrament of the bodye and bloude of our sauior Christ: then shal the Curate geue this exhortacion, to those yt be minded to receiue ye same.

LONG EXHORTATION (wie 1548)

[WARNING EXHORTATION]
[wird hier verlesen, wenn z.B. am kommenden Sonntag Kommunion gehalten werden soll]

OFFERTORY
Gabensammlung, zu der Bibelworte gesungen bzw. gesprochen werden: »»Offertory‹ here means the giving of money only.«[127]

PREPARATION FOR COMMUNION
Die Kommunikanten nehmen im Chorraum Platz, die Männer auf der einen Seite, die Frauen auf der anderen. Der Liturg bereitet Brot und Wein.

PREFACE
Wechselrufe zur Präfation und Präfation; das Formular bietet an dieser Stelle *Propre Prefaces* für Weihnachten, Ostern, Himmelfahrt, Pfingsten und Trinitatis.

SANCTUS

CANON

INTERCESSION
Fürbitten für die Kirche, den König und seine Diener, den Klerus und alle Notleidenden, ausmündend in das Gedächtnis der Heiligen und der Verstorbenen.

COMMEMORATION OF CHRIST'S SACRIFICE
O God heauenly father, which of thy tender mercie diddest geue thine only sonne Jesu Christ to suffre death upon the crosse for our redempcion, who made there (by his one oblacion once offered) a full, perfect, and sufficient sacrifyce, oblacion, and satysfaccyon, for the sinnes of the whole worlde, and did institute, and in his holy Gospell commaund us, to celebrate a perpetuall memory of that his precious death, untyll his comming again:

EPICLESIS
Heare us (o merciful father) we besech thee; and with thy holy spirite and worde, vouchsafe to bl✝esse and sanc✝tifie these thy gyftes, and creatures of bread and wyne, that they maie be unto us the bodye and bloude of thy moste derely beloued sonne Jesus Christe.

WORDS OF INSTITUTION
[...] without any eleuacion, or shewing the Sacrament to the people.

ANAMNESIS – PRAYER OF OBLATION
Wherfore, O Lorde, and heauenly father, accordyng to the Instytucyon of thy derely beloued sonne, our sauiour Jesu Christ, we thy humble seruauntes do celebrate, and make here before thy diuine Maiestie, with these thy holy giftes, the memoryall whyche thy sonne hath wylled us to make, hauyng in remembraunce his blessed passion, mightie resurreccyon, and gloryous ascencion, renderyng unto thee most hartie thankes, for the innumerable benefites procured unto us by the same, entierely desiryng thy fatherly goodnes, mercifully to accepte this our Sacrifice of praise and thankes geuing [...] And here wee offre and present unto thee (O Lorde) oure selfe, oure soules, and bodies, to be a reasonable, holy, and liuely sacrifice unto thee [...] And although we be unworthy (through our manyfolde synnes) to offre unto thee any Sacryfice: Yet we besche thee to accepte thys our bounden duetie and seruice, and comaunde these our prayers and supplicacions, by the Ministery of thy holy Angels, to be brought up into thy holy Tabernacle before the syght of thy dyuine maiestie [...]

DOXOLOGY – AMEN

LORD'S PRAYER

THE PEACE
Friedensgruß und Gebet: *Christ our Pascall lambe is offred up for us, once for al, when he bare our sinnes on hys body upon the crosse, for he is the very lambe of God, that taketh away the sinnes of the worlde: wherfore let us kepe a ioyfull and holy feast with te Lorde.*

SHORT EXHORTATION (wie 1548)

GENERAL CONFESSION (wie 1548)

ABSOLUTION (gegenüber 1548 stark verändert)
Almightie GOD, our heauenly father, who of his great mercie hath promysed forgeuenesse of synnes to all them, whiche with hartye repentaunce and true fayth, turne unto him [...]

COMFORTABLE WORDS (wie 1548)

PRAYER OF HUMBLE ACCESS (wie 1548)

DISTRIBUTION

POST-COMMUNION SENTENCES
Sentences of holy Scripture, to be said or song euery daye one, after the holy Communion, called the post Communion. Es folgen 22 Schriftworte aus den Evangelien und Episteln.

PRAYER OF THANKSGIVING

BLESSING (wie 1548)

Die eucharistische Liturgie von 1549[128] folgt nach der Auffassung von
Colin Buchanan[129] in mancher Hinsicht dem Ritus von Sarum (Salisbu-
ry), der zu den römisch-fränkischen Sonderriten gehört, die sich eine
gewisse Eigenständigkeit bewahren konnten. Die Struktur der Messe wird
beibehalten, weithin ebenso die vertraute liturgische Terminologie
(*offertory, sacrifice* usw.), freilich mit neuen Bedeutungen gefüllt. Das
gilt auch für das Eucharistiegebet, das überlieferte Elemente – Interzessionen, Gedächtnis des Opfers Christi, Epiklese, Anamnese, Selbstdar-
bringung usw. – aufnimmt, in den Texten und Vollzügen jedoch den
gewandelten theologischen Einsichten Rechnung trägt: »All adoration of
the elements was banned, and consecration was effected purely for the
sake of reception.«[130]

Sind keine Kommunikanten vorhanden, wird der Gottesdienst bis zum *Offertory* einschließlich in der vorgesehenen Weise gehalten, dann aber ohne Eucharistiegebet und Kommunion beendet. Der Liturg betet stattdessen eine oder zwei
Kollekten: *And then shall adde one or two of the Collectes aforewritten, as
occasion shall serue by his discrecion. And then turning him to the people shall
let them depart with the accustomed blessing.*

Das *Book of Common Prayer* enthält bis heute die Ordnungen und
Texte für die täglichen Gebetsgottesdienste am Morgen und am Abend
(*Mattins* und *Evensong*), für den Abendmahlsgottesdienst, die Spendung
der Sakramente und die Kasualien.

13.3.3 Book of Common Prayer 1552

Das Gottesdienstbuch von 1549 stößt, kaum in Gebrauch genommen, auf
harsche Kritik vor allem bei calvinistisch gesinnten Kreisen, deren
Einfluss in der Zwischenzeit – auf die Zuwanderung bedeutender Theologen vom Festland wurde oben (13.3.2) schon verwiesen – beträchtlich
zugenommen hat und für deren Geschmack das Buch noch zu viele
papistische Elemente enthält. So wird – unter maßgeblicher Mitwirkung
von Bucer und anderen – das Buch einer gründlichen Revision unterzogen. Die Neuausgabe, die am 1. November 1552 eingeführt wird,
markiert nach Colin Buchanan »a move to a clearly reformed liturgy,
where little or no room for unreformed interpretation remained.«[131]

Die Änderungen[132] betreffen vor allem den Canon und die Vorbereitung auf
die Kommunion: Die Interzessionen werden aus dem Zusammenhang des
Eucharistiegebets herausgelöst und erhalten ihren Ort nun im Schlussteil des
Wortgottesdienstes. Die Anamnese entfällt. Das Darbringungsgebet wird
überarbeitet und als Alternative dem Danksagungsgebet nach der Kommunion

zur Seite gestellt. An die Stelle der Interzessionen wird das *Prayer of Humble Access* nach dem Sanctus (das Benedictus entfällt) eingefügt. Das Vaterunser folgt jetzt der Austeilung. *Short Exhortation, Confession, Absolution* und *Comfortable Words* gehen nunmehr als Block – im Anschluss an die *Long Exhortation* – der Präfation voraus. Da auch der Friedensgruß und das Gebet *Christ our Paschal Lamb* entfallen, sind Einsetzungsworte und Austeilung jetzt sehr eng zusammengerückt; das ist wohl auch der Sinn der erwähnten Umstellungen. Im Eröffnungsteil wird das Kyrie durch den Dekalog ersetzt. Das Gloria erhält seinen Ort im Schlussteil des Gottesdienstes, zwischen Danksagungsgebet und Segen.

Neben diesen strukturellen Eingriffen wird auch die Terminologie revidiert. Die Epiklese verliert jeden Bezug auf den Geist und ist ganz auf den Empfang der Gaben ausgerichtet. Überall, wo der Anschein entstehen konnte, es bestehe eine ›reale‹, objektive Beziehung zwischen den Elementen auf der einen und Leib und Blut Christi auf der anderen Seite, wird der Wortlaut im reformiert-zwinglianischen Sinne verändert. Anderweitige Auffassungen werden ausdrücklich abgewiesen. In der so genannten *Black Rubric* über das Knien beim Empfang heißt es: [...] *we dooe declare that it is not ment thereby, that any adoracion is doone, or oughte to bee doone, eyther unto the Sacramentall bread or wyne there bodily receyued, or unto anye reall and essencial presence there beeyng of Christ's naturall fleshe and bloude.*[133]

THE SUPPER OF THE LORDE AND THE HOLY COMMUNION (1552)

Der Wortgottesdienst hat 1552 folgenden Aufbau: DEKALOG mit KYRIE-RUFEN – KOLLEKTENGEBET und GEBET FÜR DEN KÖNIG – EPISTEL – EVANGELIUM – CREDO (Nizänum), gesprochen – PREDIGT – BEKANNTMACHUNGEN – GABENSAMMLUNG (*Offertory*, wie 1549, mit Bereitung von Brot und Wein) – Fürbitten (die *Intercession* im Eucharistiegebet von 1549, erheblich gekürzt, unter Wegfall des Gedächtnisses der Heiligen und der Verstorbenen – von *And especially we commend* bis *begynning of the worlde*). Es folgen:

[EXHORTATION TO THE NEGLIGENT]

[WARNING EXHORTATION]
wie 1549, aber revidiert und auf die laufende Feier bezogen.

LONG EXHORTATION (wie 1548/1549)

SHORT EXHORTATION (wie 1548/1549)

GENERAL CONFESSION (wie 1548/1549)

ABSOLUTION (wie 1549)

COMFORTABLE WORDS (wie 1548/1549)

PREFACE (wie 1549, aber ohne *Salutatio* im einleitenden Dialog)

SANCTUS (ohne *Benedictus*)

PRAYER OF HUMBLE ACCESS (wie 1548/1549)

SACRAMENTAL PRAYER

COMMEMORATION OF CHRIST'S SACRIFICE (wie 1549)

EPICLESIS
Heare us O mercyefull father wee beeseche thee; and graunt that wee, receyuing these thy creatures of bread and wyne, accordinge to thy sonne our Sauioure Jesus Christ's holy institucion, in remembraunce of his death and passion, maye be partakers of his most blessed body and bloud:

WORDS OF INSTITUTION

DISTRIBUTION

Spendeworte: *Take and eate this, in remembraunce that Christ dyed for thee, and feede on him in thy hearte by faythe, with thankesgeuing. Drinke this in remembraunce that Christ's bloude was shed for thee, and be thankefull.*

LORD'S PRAYER

PRAYER OF OBLATION
mit der *Doxology* als letztem Element aus dem Canon von 1549: *O Lorde and heauenly father, we thy humble seruaunts entierly desire thy fatherly goodnes, mercifully to accept this our Sacrifice of prayse and thanks geuing: most humbly beseching thee to graunt, that by the merites and death of thy sonne Jesus Christe, and through fayth in his bloud, we and al thy whole church may obtayne remission of oure synnes, and all other benefytes of his Passion. And here we offre and presente unto thee, O lord, our selfes, our soules, and bodies, to be a reasonable, holy, and liuely Sacrifice unto thee: humbling beseching thee, that al we which be partakers of this holy Communion, maye bee fulfylled with thy grace and heauenly benediccion. And although we bee unworthy throughe oure manifolde sinnes to offre unto thee any Sacrifice: yet we beseche thee to accept this our bounden duetie and seruice, not weighing our merites, but pardoning our offences, through Jesus Christ our Lord; by whom and with whom, in the unitie of the holy ghost, all honour and glory bee unto thee, O father almightie, world without ende. Amen.*

oder: PRAYER OF THANKSGIVING (wie 1549)

GLORIA IN EXCELSIS

BLESSING (wie 1549)

13.3.4 Entwicklungen

Das Gottesdienstbuch von 1552 bleibt zunächst nur wenige Monate in Gebrauch. 1553 besteigt Maria Tudor (1553-1558) den Thron. Die päpstliche Jurisdiktion wird wieder hergestellt, die evangelische Partei hart verfolgt, der Gottesdienst wieder nach altem Ritus gefeiert. Erst nach dem Regierungsantritt von Elisabeth I. (1558-1603) wird 1559 durch einen *Act of Uniformity* das *Book of Common Prayer* in der Fassung von 1552 wieder in Kraft gesetzt.

Vorsichtige Änderungen und Auslassungen, die den ›calvinistischen‹ Charakter des Buches etwas entschärfen, betreffen unter anderem die Frage der Gewänder, die Spendeformeln bei der Austeilung – hier kommt es zu einer Kombination der Fassungen von 1549 und 1552 – und das Bestehen auf einer Nachkonsekration von Brot und Wein.[134]

Von Bedeutung für die weitere Entwicklung wird auch das schottische *Book of Common Prayer* von 1637:[135] Jakob VI. (1567-1625), seit 1603 als Jakob I. zugleich König von England, setzt 1610 in der *Church of Scotland* die bischöfliche Verfassung durch. Unter seinem Nachfolger Karl I. (1625-1649) unternehmen die schottischen Bischöfe Maxwell und Wedderburn – maßgeblich beeinflusst von William Laud (1573-1645), seit 1633 Erzbischof von Canterbury – den Versuch, eine am englischen Vorbild orientierte Liturgie auszuarbeiten und einzuführen. Durch königliche Proklamation vom 20. Dezember 1636 in Kraft gesetzt, sollte das schottische *Book of Common Prayer* 1637 eingeführt werden. Doch als es am 23. Juli 1637 in Edinburgh zum ersten Mal in Gebrauch genommen wird, kommt es zu einem Aufruhr, der seine allgemeine Einführung verhindert.

Das Buch folgt, was die Eucharistiefeier betrifft, in vielem der Ordnung von 1549, kombiniert sie aber mit den Texten der Ordnung von 1552. Insbesondere wird die Struktur des Eucharistiegebets in der Fassung von 1549 wiederhergestellt. Bis zu den *Comfortable Words* einschließlich gilt die Reihenfolge von 1552. Danach geht es weiter: *Preface – Sanctus* (wie 1552) – *Commemoration of Christ's Sacrifice* (wie 1552) – *Epiclesis* (kombiniert 1549/1552) – *Words of Institution* (wie 1549) – *Anamnesis* (wie 1549, zusammen mit dem Folgenden unter der Bezeichnung *Memorial or Prayer of Oblation*) – *Prayer of Oblation* (in der Fassung von 1552, aber in der Stellung von 1549) – *Doxology – Lord's Prayer – Prayer of Humble Access – Distribution* (wie 1549) – *Prayer of Thanksgiving* (wie 1552, aber ohne Alternative) – *Gloria in excelsis* (wie 1552) – *Blessing* (wie 1552).

Der Versuch, die schottische Kirche in Verfassung und Kultus der englischen Kirche anzugleichen, gehört mit zu den Faktoren, die schließlich zum Ausbruch der englischen Revolution führen.

Erzbischof Laud wird 1641 gestürzt und 1645 hingerichtet. 1642 werden die Bischöfe aus dem Oberhaus ausgeschlossen. Im August des gleichen Jahres bricht der Bürgerkrieg aus. Das Parlamentsheer unter der Führung Oliver Cromwells (1599-1658) besiegt die Truppen Karls I., der 1649 hingerichtet wird. Von 1653-1658 regiert Cromwell als Lord-Protektor das Land. Schon 1645 wird das *Book of Common Prayer* durch das ›Lange Parlament‹ verboten. An seine Stelle tritt das *Westminster Directory of Public Worship*.[136]

Der Revolution folgt die Restauration der Stuarts unter Karl II. (1660-1685), verbunden wiederum mit einem völligen Umschwung der kirchlichen Verhältnisse. Die bischöfliche Verfassung wird wiederhergestellt, nonkonformistische Geistliche werden vertrieben oder eingekerkert. Mit dem *Act of Uniformity* von 1662 wird zugleich eine revidierte Fassung des *Book of Common Prayer* in Kraft gesetzt. Es folgt im Wesentlichen den Ausgaben von 1552 bzw. 1559, übernimmt manches aber auch aus der schottischen Liturgie von 1637.[137]

Der Abendmahlsteil der Messordnung von 1662 hat folgenden Aufbau: *Offertory – Preparation of Bread and Wine – Prayer for the Church – [Warning Exhortation* oder *Exhortation to the negligent] – Long Exhortation – Short Exhortation – General Confession – Absolution – Comfortable Words – Preface – Sanctus* (ohne *Benedictus*) *– Prayer of Humble Access – Prayer of Consecration (Commemoration of Christ's Sacrifice – Epiclesis – Words of Institution) – Distribution* (wie 1559 kombiniert aus 1549 und 1552, mit *Supplementary Consecration) – Prayer of Oblation* oder *Prayer of Thanksgiving – Gloria in excelsis – Blessing*.

Die Fassung von 1662 ist für die Folgezeit bestimmend geworden und hat die Liturgien der in der weltweiten anglikanischen Gemeinschaft verbundenen Kirchen maßgeblich geprägt.

Anmerkungen

[1] Vgl. Norbert Elias, Über den Prozeß der Zivilisation. Soziogenetische und psychogenetische Untersuchungen. 2 Bde. (suhrkamp taschenbuch wissenschaft 158/159), Frankfurt a. M. 1978.

[2] Cornehl, Gottesdienst (Kap. 1 Anm. 20), 55.

[3] Ebd. 54.

[4] WA 12,35-37; vgl. Herbst, Gottesdienst (Kap. 1 Anm. 72), 13-15.

[5] WA 12,35,10-18.

[6] Hansjosef Goertz, Deutsche Begriffe der Liturgie im Zeitalter der Reformation (PStQ 88), Berlin 1977, 119 u.ö.

[7] Gerhard Ebeling, Evangelische Evangelienauslegung. Eine Untersuchung zu Luthers Hermeneutik, München 1942, 48 f.

[8] WA 49,588,15-18.

[9] Gerhard Hahn, Evangelium als literarische Anweisung. Zu Luthers Stellung in der Geschichte des deutschen kirchlichen Liedes (MTUDL 73), München 1981, 63.

[10] WA 29,274,6-7.10.

[11] WA 29,274,2.

[12] Hahn, Evangelium (Kap.13 Anm. 9), 56.

[13] Ebd. 52.

[14] Gerhard Hahn, Zur Dimension des Neuen an Luthers Kirchenliedern, in: JLH 26 (1982) 96-103, hier 103.

[15] Manfred Josuttis, Der Pfarrer ist anders. Aspekte einer zeitgenössischen Pastoraltheologie, München ²1983, 89 f.

[16] Elias, Prozeß (Kap 13 Anm. 1).

[17] Josuttis, Pfarrer (Kap. 13 Anm. 15), 90.

[18] Elias, Prozeß (Kap. 13 Anm. 1), II, 312.

[19] Ebd. II, 351 ff.

[20] Josuttis, Pfarrer (Kap. 13 Anm. 15), 90.

[21] Hans Martin Müller, Gottesdienst nach reformatorischem Verständnis, in: ZGDP 1 (1983) H. 5, 2-8, hier 2.

[22] WA 12,205-220; vgl. Pahl, Coena (Kap. 1 Anm. 75), 33-36; Herbst, Gottesdienst (Kap. 1 Anm. 72), 16-49.

[23] Frieder Schulz, Luthers liturgische Reformen. Kontinuität und Innovation, in: Ders., Synaxis. Beiträge zur Liturgik. Zum 80. Geburtstag des Autors im Auftrag der Evangelischen Landeskirche in Baden hg. von Gerhard Schwinge, Göttingen 1997, 37-69, hier 46.

[24] Herbst, Gottesdienst (Kap. 1 Anm. 72), 35.

[25] Ebd. 43.

[26] Vgl. Pahl, Coena (Kap. 1 Anm. 75), 13.

[27] Meyer, Luther (Kap. 12 Anm. 157), 363 f.

[28] Julius Smend, Die evangelischen deutschen Messen bis zu Luthers Deutscher Messe, Göttingen 1896 (Reprint Nieuwkoop 1967), 80.

[29] Pahl, Coena (Kap. 1 Anm. 75), 8.

[30] Vgl. Pahl, Coena (Kap. 1 Anm. 75), 14-17; Herbst, Gottesdienst (Kap. 1 Anm. 72), 9-12.

[31] Zitiert nach Johann Georg Walch, Martin Luthers sowol in deutscher als lateinischer Sprache verfertigte und aus der letztern in die erstere übersetzte sämtliche Schriften, Halle 1739-1753, 19. Teil (1746), Sp. 1453-57: *Der Wittenbergischen Universität, Raths und Gemeine Suchung bey dem Stifte zu Wittenberg, die gottlosen Ceremonien alle abzuthun*; geschrieben zwischen dem 4. und 8. Dezember 1524; vgl. auch Walch II, Bd. 19 (1907), Sp. 1192-97.

[32] Herbst, Gottesdienst (Kap. 1 Anm. 72), 21.

[33] Vilmos Vajta, Die Theologie des Gottesdienstes bei Luther, Göttingen ³1959, 55.

[34] WA 18,36,4.

[35] Vajta, Theologie (Kap. 13 Anm. 33), 110.

[36] WA 18,25,5.

[37] Reinhard Meßner, Die Meßreform Martin Luthers und die Eucharistie der Alten Kirche. Ein Beitrag zu einer systematischen Liturgiewissenschaft (IThS 25), Innsbruck, Wien 1989, 162.

[38] Ebd. 183.

[39] Vgl. Pahl, Coena (Kap. 1 Anm. 75), 17-21.

[40] Ebd. 9.

[41] Ebd. 311-317.

[42] Irmgard Pahl, Die Feier des Abendmahls in den Kirchen der Reformation, in: Meyer, Eucharistie (Kap. 1 Anm. 15), 393-440, hier 405.

[43] Pahl, Coena (Kap. 1 Anm. 75), 301 f.

[44] Herbst, Gottesdienst (Kap. 1 Anm. 72), 59-68.

[45] Bernhard Klaus, Die Nürnberger Deutsche Messe, in: JLH 1 (1955) 1-46, hier 6; vgl. Pahl, Coena (Kap. 1 Anm. 75), 68.

[46] Vgl. Pahl, Coena (Kap. 1 Anm. 75), 84-86.

[47] Pahl, Feier (Kap. 13 Anm. 42), 406.

[48] Klaus, Messe (Kap. 13 Anm. 45), 32.

[49] Pahl, Coena (Kap. 1 Anm. 75), 67 f.

[50] Vgl. ebd. 69.

[51] Klaus, Messe (Kap. 13 Anm. 45), 8.

[52] Herbst, Gottesdienst (Kap. 1 Anm. 72), 51.

[53] Ebd. 51; vgl. auch Thomas Müntzer, Deutsche Evangelische Messe 1524. Hg. von Siegfried Bräuer, Berlin 1988.

[54] Pahl, Coena (Kap. 1 Anm. 75), 10.

[55] Herbst, Gottesdienst (Kap. 1 Anm. 72), 57.

[56] WA 18,123.

[57] WA 19,72-113; Herbst, Gottesdienst (Kap. 1 Anm. 72), 69-87; Pahl, Coena (Kap. 1 Anm. 75), 36-39.

[58] Schulz, Reformen (Kap. 13 Anm. 23), 49.

[59] Ebd. 50.

[60] Frieder Schulz, Eingrenzung oder Ausstrahlung? Liturgiewissenschaftliche Bemerkungen zu Dorothea Wendebourg, in: Michael Meyer-Blanck (Hg.), Liturgiewissenschaft und Kirche. Ökumenische Perspektiven, Rheinbach 2003, 91-107, hier 97.

[61] Bugenhagen in der Wolfenbütteler Kirchenordnung von 1543: »Wenn man das Sakrament austeilt, soll man den Kommunikanten nichts mehr sagen; denn zuvor ist es in die Gemeinde hineingesagt mit den Worten und dem Befehl Christi. Das kann man danach nicht besser machen.« Zit. nach Schulz, Eingrenzung (Kap. 13 Anm. 60), 97.

[62] Schulz, Reformen (Kap. 13 Anm. 23), 51.

[63] Ebd. 53.

[64] Ebd. 52.

[65] Ebd. 51.

[66] Pahl, Feier (Kap. 13 Anm. 42), 409.

[67] Pahl, Coena (Kap. 1 Anm. 75), 109.

[68] Ebd. 299.

[69] Pahl, Feier (Kap. 13 Anm. 42), 409.

[70] Pahl, Coena (Kap. 1 Anm. 75), 49.

[71] Herbst, Gottesdienst (Kap. 1 Anm. 72), 88-93; Pahl, Coena (Kap. 1 Anm. 75), 53-56.

[72] Vaterunser und Einsetzungsworte werden von Bugenhagen »als ›Befehl Christi vom Sakrament‹ zusammengenommen und durch Ausführung im gleichen Rezitationston parallelisiert«; so Schulz, Eingrenzung (Kap. 13 Anm. 60), 98.

[73] Cornehl, Gottesdienst (Kap. 1 Anm. 20), 56.

[74] Herbst, Gottesdienst (Kap. 1 Anm. 72), 105.

[75] Ebd. 108 f.

[76] WABr 6,192 f; vgl. Meyer, Luther (Kap. 12 Anm. 157), 367.

[77] WA 10 II, 31.

[78] Vgl. Herbst, Gottesdienst (Kap. 1 Anm. 72), 96-102; Pahl, Coena (Kap. 1 Anm. 75), 76-80.

[79] Schulz, Eingrenzung (Kap. 13 Anm. 60), 101 f.

[80] Vgl. Pahl, Coena (Kap. 1 Anm. 75), 185-188; Fritz Schmidt-Clausing, Zwingli als Liturgiker. Eine liturgiegeschichtliche Untersuchung (VEGL 7), Berlin 1952, 115-127; Wolfgang Herbst (Hg.), Quellen zur Geschichte des evangelischen Gottesdienstes von der Reformation bis zur Gegenwart, Göttingen 1968, 94-104 (nur in der 1. Auflage!); dort auch eine deutsche Übersetzung, die wir im Folgenden verwenden.

[81] Pahl, Coena (Kap. 1 Anm. 75), 182.

[82] Ebd. 189-198; Herbst, Quellen (Kap. 13 Anm. 80), 105-112; Schmidt-Clausing, Zwingli (Kap. 13 Anm. 80), 128-141.

[83] Pahl, Coena (Kap. 1 Anm. 75), 182.

[84] Evangelisch-reformierte Landeskirche des Kantons Zürich, Kirchenbuch I, Zürich 1969, 174-183.

[85] Liturgie III, hg. im Auftrag der Liturgiekonferenz der evangelisch-reformierten Kirchen in der deutschsprachigen Schweiz, Bern 1983, 171-179.

[86] Weismann, Predigtgottesdienst (Kap. 12 Anm. 81), 31.

[87] Schmidt-Clausing, Zwingli (Kap. 13 Anm. 80), 29.

[88] Nach Herbst, Gottesdienst (Kap. 1 Anm. 72), 110-114.

[89] Vgl. auch Weismann, Predigtgottesdienst (Kap. 12 Anm. 81), 87-113.

[90] Vgl. Pahl, Coena (Kap. 1 Anm. 75), 203-215; Weismann, Predigtgottesdienst (Kap. 12 Anm. 81), 39-42.

[91] Vgl. Pahl, Coena (Kap. 1 Anm. 75), 215-225.

[92] Weismann, Predigtgottesdienst (Kap. 12 Anm. 81), 39 f, 42.

[93] Pahl, Coena (Kap. 1 Anm. 75), 200.

[94] Weismann, Predigtgottesdienst (Kap. 12 Anm. 81), 43.

[95] Ebd. 44.

[96] Ebd. 44.

[97] Pahl, Coena (Kap. 1 Anm. 75), 229-236.

[98] Ebd. 228.

[99] Schulz, Eingrenzung (Kap. 13 Anm. 60), 104 f.

[100] Pahl, Coena (Kap. 1 Anm. 75), 305.

[101] Ebd. 317-325.

[102] Weismann, Predigtgottesdienst (Kap. 12 Anm. 81), 45.

[103] Pahl, Coena (Kap. 1 Anm. 75), 246.

[104] Weismann, Predigtgottesdienst (Kap. 12 Anm. 81), 47.

[105] Pahl, Coena (Kap. 1 Anm. 75), 246.

[106] Vgl. ebd. 251-264.

[107] Weismann, Predigtgottesdienst (Kap. 12 Anm. 81), 62.

[108] Vgl. Pahl, Coena (Kap. 1 Anm. 75), 249-251.

[109] Karl Heussi, Kompendium der Kirchengeschichte, Berlin [11]1957, 320.

[110] Pahl, Coena (Kap. 1 Anm. 75), 339-346.

[111] Weismann, Predigtgottesdienst (Kap. 12 Anm. 81), 52 f.

[112] Pahl, Coena (Kap. 1 Anm. 75), 350.

[113] Ebd. 355-367.

[114] Herbst, Gottesdienst (Kap. 1 Anm. 72), 115-127.

[115] Beckmann, Quellen (Kap. 1 Anm. 71), 148-165.

[116] Weismann, Predigtgottesdienst (Kap. 12 Anm. 81), 52.

[117] *Ordonnances* 1537; vgl. Weismann, Predigtgottesdienst (Kap. 12 Anm. 81), 55.

[118] Ebd. 54.

[119] Pahl, Coena (Kap. 1 Anm. 75), 350.

[120] Vgl. ebd. 362-363.

[121] Vgl. ebd. 435-460.

[122] Vgl. ebd. 509-523.

[123] Ebd. 495 f.

[124] Vgl. ebd. 497.

[125] Ebd. 377.

[126] Ebd. 388-394.

[127] Ebd. 395.

[128] Ebd. 395-406; vgl. auch Pahl, Feier (Kap. 13 Anm. 42), 428 f.

[129] Pahl, Coena (Kap. 1 Anm. 75), 380.

[130] Ebd. 380.

[131] Ebd. 381.

[132] Vgl. ebd. 395-408.

[133] Ebd. 408.

[134] Vgl. ebd. 383 f.

[135] Vgl. ebd. 384 f, 409-413.

[136] Vgl. ebd. 467-469, 486-489.

[137] Vgl. ebd. 386-388, 414-429.

14. Bewegungen

14.1 Liturgiereformen

14.1.1 Die Messfeier vom 16. zum 20. Jahrhundert

(1) Das Missale Romanum von 1570

Rom antwortet auf die reformatorische liturgische Bewegung mit einer Reform von Brevier, Messbuch und Kalender. Das Konzil von Trient (1545-1563) reformuliert die westlich-römische Lehre über die Eucharistie,[1] sieht sich aber nicht in der Lage, die fällige Reform des Messbuchs selbst noch in Angriff zu nehmen. Diese Aufgabe wird auf der Schlusssitzung am 4./5. Dezember 1563 dem Papst übertragen. Pius IV. (1559-1565) setzt daraufhin 1564 eine Deputation für die Reform des Breviers und des Messbuchs ein.

Dabei steht fest: »Das neue Meßbuch sollte ein Einheitsmeßbuch sein, jedoch sollte für legitime teilkirchliche und Ordenstraditionen Raum bleiben; es sollte nichts Neues bringen, sondern die frühere Ordnung nach Maßgabe der Tradition der römischen Kurie durch Reinigung von Mißbräuchen und das Ausscheiden von späten Hinzufügungen wiederherstellen.«[2]

1568 ist das erneuerte *Breviarium Romanum* fertig, 1570 das neue Messbuch: *Missale Romanum ex decreto Sacrosancti Concilii Tridentini restitutum.*[3] Pius V. (1566-1572) setzt es mit der Bulle *Quo primum* vom 14. Juli 1570 in Kraft. Es soll überall dort eingeführt werden, wo keine Eigentradition besteht, die mehr als 200 Jahre alt ist.

Das neue Missale schreibt »den Stand der römisch-fränkischen Mischliturgie nach Gregor VII. (1073-1085)« fest.[4] Der Messordo orientiert sich in seinen Rubriken an der Grundform der ›stillen Messe‹ (*missa solitaria*), ergänzt um Hinweise zum feierlichen Hochamt (*missa solemnis*), und folgt im Wesentlichen dem Ordo des Johannes Burchard von Straßburg (1498 bzw. 1502). Die Gemeinde wird dabei nicht berücksichtigt. Die Zahl der Präfationen wird auf elf, die der Sequenzen auf vier vermindert. Der Kalender wird vereinfacht, die Fülle der Heiligenfeste erheblich reduziert, ebenso die Zahl der Formulare für Motivmessen (vgl. zu den Einzelheiten die Abschnitte 12.2 bis 12.6).

Von erheblicher Auswirkung ist die Bestimmung in der Einführungsbulle, dass »an diesem unserem kürzlich edierten Missale niemals irgendetwas hinzugefügt, weggenommen oder geändert werden darf«:[5]

[...] *ac huic Missali Nostro nuper edito, nihil umquam addendum, detrahendum, aut immutandum esse decernendo, sub indignationis Nostrae poena, hac Nostra perpetuo valitura constitutione statuimus et ordinamus.*

Dieser »Grundsatz der Unveränderlichkeit« hat – zusammen mit dem »Prinzip der Einheitlichkeit« – eine »umfassende Uniformierung und langandauernde Erstarrung der römisch-lateinischen Liturgie« zur Folge,[6] die faktisch erst wieder durch die Reformen im Umfeld des II. Vatikanischen Konzils (1962-1965) aufgebrochen wird. Freilich bleibt auch in den vier Jahrhunderten, die zwischen dem Messbuch von Pius V. (1570) und dem Missale Romanum Pauls VI. (1970) liegen, die römische Liturgie durchaus in Bewegung, auch wenn sich dies in den festgeschriebenen Texten und Rubriken des Messbuchs selbst kaum niederschlägt: Mit den kulturellen Formen, an denen die Liturgie – die ja stets auch ein kulturelles Phänomen ist – partizipiert, wandelt sich zugleich ihr Erscheinungsbild, ihr ›Gesicht‹. Das betrifft vor allem »die konkrete Feiergestalt und die Meßfrömmigkeit.«[7]

Papst Sixtus V. (1585-1590) richtet 1588 die Ritenkongregation ein, deren Aufgabe es ist, die Einhaltung der gottesdienstlichen Ordnungen zu überwachen und strittige Fragen zu entscheiden. Neuausgaben des Missale Romanum von 1570 werden 1604 unter Clemens VIII. (1592-1605), 1634 unter Urban VIII. (1623-1644) und 1920 unter Benedikt XV. (1914-1920, vorbereitet unter Pius X., 1903-1914), veranstaltet. In Frankreich treten vom 17. bis 19. Jh. vielfach eigengeprägte ›neogallikanische‹ Messbücher an die Stelle des tridentinischen Buches. Eine Rückkehr zum Missale Romanum von 1570 vollzieht sich dort erst seit 1840 unter dem Einfluss von Prosper Guéranger (1805-1875), Gründer und Abt der Benediktinerabtei von Solesmes.

(2) Barockzeitalter, Aufklärung, Romantik

Bedeutsam für das konkrete Gesicht der Liturgie ist der geistesgeschichtlich-kulturelle Kontext, in dem sie je und je Gestalt gewinnt. So besetzt und prägt das Selbst- und Weltgefühl des Barockzeitalters (von ca. 1600 bis 1750) selbstverständlich auch die gottesdienstlichen Ausdrucksformen. Die dieser Epoche zugeschriebene »dramatisch-ekstatische Sinnenhaftigkeit«[8] wirkt sich vor allem in der gottesdienstlichen Architektur (vgl. 4.2.6) und in der Musik (vgl. 5.2.) aus, beeinflusst aber die ›Inszenierung‹ der Liturgie insgesamt – von den Textilien über die Rhetorik und Gestik der Beteiligten bis hin zu den rituellen Vollzügen.

Hans Bernhard Meyer konstatiert im Blick auf die Messe für diese Zeit »eine noch stärkere Trennung zwischen Priester und Gemeinde, eine individualistisch-private Meßfrömmigkeit des Klerus und der Gläubigen, das Auseinanderfallen von Opfer und Mahl, von ›offizieller‹ Meßliturgie und Meß- bzw. Kommunion-andacht.« Verstärkte Bedeutung gewinnen »volkstümliche eucharistische An-dachtsformen in Verbindung mit, besonders aber auch außerhalb der Meßfeier.«[9]

Im 18. Jh. verändern sich erneut die geistesgeschichtlich-kulturellen Koordinaten des Gottesdienstes. Kennzeichnend für den veränderten kulturellen und psychosozialen Horizont im Zeitalter der Aufklärung ist das Gewicht, das jetzt den Bedürfnissen und Dispositionen des religiösen Subjekts beigemessen wird. Ziel ist eine kultische Praxis, die sowohl den Verstand wie das Gemüt erreicht, die in Gestalt, Thematik und Sprache verständlich wie in sich stimmig ist und dem zeitgenössischen Empfinden nicht widerspricht.

Impulse der Aufklärung werden in den beiden großen Konfessionen in unter-schiedlicher, aber dennoch vergleichbarer Weise wirksam. Dass der Gottesdienst sich durch »edle Einfachheit, Klarheit und Vernünftigkeit«[10] auszeichnen möge, ist eine Forderung, die hier wie dort vertreten wird. Für die katholische Auf-klärungsliturgik folgt daraus unter anderem »die Förderung des volkssprachli-chen Gesanges, die Betonung der Predigt und des katechetisch-belehrenden Charakters der Liturgie, die Forderung nach dem Gebrauch der Volkssprache und nach der Abschaffung aller unwesentlichen, vom Zentrum wegführenden Andachtsformen.«[11] Bemerkenswert ist das Gewicht, das dabei auf den »Gemein-schaftsbezug der Liturgie« gelegt wird; man »will wieder gemeinschaftliche Feier des Gottesdienstes statt der Aufspaltung in Priester, Chor und Volk.«[12]

Namhafte Vertreter dieser Richtung – wenn auch in unterschiedlicher Profilierung – sind Johann Michael Sailer (1751-1832), Vitus Anton Winter (1754-1814) und Ignaz Heinrich von Wessenberg (1774-1860).

Kennzeichnend für die katholische Aufklärungsliturgik ist die Tatsache, dass sie sich nicht nur im Spannungsfeld von Gottesdienst und Kultur vollzieht, sondern auch an den Spannungen teilhat, die sich aus der Konkurrenz gesamtkirchlich-römischer und teilkirchlicher Bestrebungen ergeben (Gallika-nismus in Frankreich, Josephinismus in Österreich, Febronianismus in Deutsch-land). Die dadurch gegebene tendenzielle »Verknüpfung mit dem Staatskir-chentum«[13] hat der Bewegung im katholischen Raum eher geschadet als genützt.

Ähnlich wie im protestantischen Bereich werden auch in der katho-lischen Kirche im 19. Jh. die Impulse der Aufklärungsliturgik durch Bestrebungen verdrängt, die geistesgeschichtlich der Romantik ver-pflichtet sind und sich eine Verlebendigung der überlieferten Formen der römischen Liturgie zum Ziel setzen. Zentren sind die Benediktinerabteien Solesmes in Frankreich und Beuron in Deutschland sowie deren Gründungen. Wichtige Ergebnisse sind die Erneuerung des Gregorianischen Chorals (vgl. 5.2.3) und die Schaffung von Volksmess- und Vesperbüchern für die Hand der Gemeinde.[14]

Die genannten Bestrebungen fügen sich ein in eine bis weit in das 20. Jh. hinein wirksame Strategie der Abgrenzung von der dominierenden neuzeitlichen Kultur und der Errichtung einer in sich plausiblen, auch die Massen des Kirchenvolks erfassenden katholischen Teil- und Gegenkultur. Auf dem Feld des Gottesdienstes geht es dabei »um die vertiefte Erkenntnis und Wertschätzung sowie um die dadurch ermöglichte verständnisvolle Teilnahme an der bestehenden Liturgie.«[15] Die liturgische Spiritualität jener Zeit ist weitgehend bestimmt »von einer privat-individualistischen Haltung [...], von vielerlei Frömmigkeits- und Andachtsübungen (eucharistischen, marianischen usw.) und von einer fraglosen Treue gegenüber dem römischen Papst – einschließlich der von ihm sanktionierten liturgischen Bücher.«[16]

Es darf jedoch nicht übersehen werden, dass das große Interesse an der überlieferten Liturgie und der Erforschung ihrer Geschichte, wie es insbesondere im Umkreis der genannten benediktinischen Klöster anzutreffen ist, verbunden mit einer »theologisch begründete[n] neue[n] Sicht der Kirche und der Liturgie als deren zentraler Lebensäußerung«,[17] zu den wichtigsten Voraussetzungen der katholischen liturgischen Bewegung des 20. Jh. gehört.

(3) Erste Reformansätze

Von Bedeutung für die weitere Entwicklung wird das Pontifikat Pius X. (1903-1914) und sein *Motu proprio* über die Kirchenmusik (*Tra le sollecitudini*, 1903).[18] Der darin aufgenommene Begriff der »tätigen Teilnahme« der Gläubigen (*actuosa participatio*) wird zur Leitidee der liturgischen Bewegung des 20. Jh. und der späteren liturgischen Reformen. Durch seine Dekrete *Sacra Tridentina Synodus* (über die häufige Kommunion, 1905)[19] und *Quam singulari* (über die Kinderkommunion, 1910)[20] gibt Pius X. Anstöße zu einer eucharistischen Bewegung, die – obwohl zunächst noch nicht mit der liturgischen Bewegung verbunden – doch zu den Voraussetzungen der liturgischen Reformen im Gefolge des II. Vatikanischen Konzils gehört.

Aus seinem unmittelbaren Kontext gelöst, dient der Begriff der *actuosa participatio* der liturgischen Bewegung wie den Vätern des II. Vatikanischen Konzils zur Begründung eines gemeinschaftlichen, an altkirchlichen Vorbildern orientierten liturgischen Handelns. Er steht jedoch auch in einem deutlichen Bezug zu partizipatorischen Bestrebungen, wie sie die zeitgenössische Kultur allgemein bestimmen, und zeigt damit in gewisser Weise den Willen zur Modernisierung von Gottesdienst und Kirche an.

(4) Die liturgische Bewegung des 20. Jahrhunderts

Als eigentlicher Beginn einer neuen Phase der liturgischen Bewegung gilt das so genannte *Mechelner Ereignis*: Dom Lambert Beauduin von der Benediktinerabtei Mont César in Belgien hält auf dem Katholikentag in Mecheln am 23. September 1909 eine Rede zum Thema *La vraie prière de l'Eglise*, in der er das Motto Pius' X. aufgreift und eine Reihe von Vorschlägen zur stärkeren Beteiligung der Gläubigen an der Messliturgie unterbreitet.

Die hierdurch ausgelöste Bewegung wird zunächst in Belgien und den Niederlanden wirksam und erfasst ab 1913 über die Benediktinerabtei Maria Laach Teile der katholischen Akademikerschaft in Deutschland (Abt Ildefons Herwegen, 1874-1946; Odo Casel, 1886-1948). Sie erreicht größere Kreise, als ihre Impulse von der katholischen Jugendbewegung aufgenommen werden (Romano Guardini, 1885-1968, auf Burg Rothenfels am Main; Ludwig Wolker, 1887-1955). In Österreich wird Klosterneuburg bei Wien zu einem Zentrum der liturgischen Bewegung (Pius Parsch, 1884-1954, mit seinem *Volksliturgischen Apostolat* und der seit 1927 erscheinenden Zeitschrift *Bibel und Liturgie*). Einen liturgiewissenschaftlich bedeutsamen Beitrag leistet Josef Andreas Jungmann (1889-1975) in Innsbruck.[21]

Um die »tätige Teilnahme« der Gläubigen an der Messe – im Sinne einer inneren wie äußeren Mitfeier im Rahmen der bestehenden, durch das Missale von 1570 vorgegebenen Regelungen – zu stärken, entwickelt man eine Reihe von neuen Feierformen, wobei man zum Teil an Formen anknüpfen kann, die schon seit der Aufklärung in Gebrauch stehen: die *Gemeinschaftsmesse* (*missa dialogata* bzw. *recitata*), in der die Gemeinde Teile des Messordo ebenso wie die Antworten des Messdieners mitspricht; die *Singmesse* und die *Betsingmesse* (mit Lesungen, Gesängen und Gebeten in der Volkssprache) und das *Deutsche Amt*. Zu weit gehende Vorschläge für die Verwendung der Muttersprache lösen kirchenamtliche Reaktionen aus, die ihrerseits die Bewegung zwischen 1939-1944 in Deutschland und Österreich in eine Existenzkrise führen.[22]

Auf Auseinandersetzungen um die liturgische Bewegung und ihre theologischen Prämissen – zum Beispiel die Mysterienlehre Odo Casels[23] – reagiert Pius XII. (1939-1958) mit seiner Liturgieenzyklika *Mediator Dei* von 1947, in der er einerseits Anliegen der Bewegung aufnimmt, ihr andererseits aber auch – vor allem was Reichweite und Ausgestaltung des Begriffs der »tätigen Teilnahme« betrifft – deutliche Grenzen setzt. Unter seinem Pontifikat kommt es zu ersten bedeutsamen Reformen im Sinne der liturgischen Bewegung (Erneuerung der Osternacht 1951, der Heiligen Woche 1956).

Ganz im Sinne der liturgischen Bewegung stellt *Mediator Dei* heraus, »daß die Liturgie Sache des ganzen Leibes der Kirche ist, daß auch die Gläubigen, deren tätige und persönliche Teilnahme gefordert ist, wahrhaft das Opfer der Messe darbringen und daß die Teilnahme durch gemeinsames Beten und Singen zu loben ist.«[24] Von großer Bedeutung ist die Empfehlung, die Gläubigen-kommunion wieder in der Messe selbst – unter Gebrauch der hier konsekrierten Hostien – zu begehen.[25]

14.1.2 Die Liturgiekonstitution des II. Vatikanischen Konzils

Die liturgische Bewegung mündet ein in die Reformen des II. Vatikanischen Konzils (1962-1965), das in der *Konstitution über die heilige Liturgie (Sacrosanctum Concilium)* von 1963[26] ihre Impulse in umfassender Weise aufnimmt und theologische wie praktische Grundsätze für eine Erneuerung des Gottesdienstes festlegt. Die Reformen, wie sie auf dem Gebiet der Liturgie seither wirksam geworden sind, gehören zu den bedeutsamsten Ergebnissen des Konzils; sie haben das Gesicht der katholischen Kirche und ihres Gottesdienstes entscheidend verändert.

Die am 4.12.1963 promulgierte Liturgiekonstitution enthält nach einem *Vorwort* (Art. 1-4) *Allgemeine Grundsätze zur Erneuerung und Förderung der heiligen Liturgie* (Art. 5-46), untergliedert in Bestimmungen zum *Wesen der heiligen Liturgie und ihrer Bedeutung für das Leben der Kirche* (Art. 5-13), zur *liturgischen Ausbildung und tätigen Teilnahme* (Art. 14-20), zur *Erneuerung der heiligen Liturgie* (Art. 21-40), zur *Förderung des liturgischen Lebens in Bistum und Pfarrei* (Art. 41-42) und zur *Förderung der pastoralliturgischen Bewegung* (Art. 43-46). Dem Kapitel über *das heilige Geheimnis der Eucharistie* (Art. 47-58) folgen solche über *die übrigen Sakramente und die Sakramentalien* (Art. 59-82), über *das Stundengebet* (Art. 83-101), *das liturgische Jahr* (Art. 102-111), *die Kirchenmusik* (Art. 112-121), *die sakrale Kunst, liturgisches Gerät und Gewand* (Art. 122-130) sowie als Anhang eine *Erklärung zur Kalenderreform*.

(1) Liturgietheologische Weichenstellungen

Von grundlegender Bedeutung ist die in der Konstitution einleitend entfaltete heilsgeschichtliche Sicht der Liturgie. Sie steht gegen ein Verständnis, das die Liturgie formal-juridisch als »Gesamtheit der von Christus und der Kirche angeordneten öffentlichen Gebete und Kulthand-lungen« definiert[27] und lediglich solche Feierformen als ›liturgisch‹ ansehen kann, die sich »in den gesetzlich geordneten Formen« vollziehen.[28] Über den »Zentralbegriff« des *Pascha-Mysteriums (mysterium paschale*) werden das geschichtliche Heilshandeln Gottes und sein Heilshandeln im Gottesdienst der Kirche miteinander verzahnt: Als »Vollzug des Priesteramtes Christi« (Art. 7), so lässt sich nunmehr formulieren, realisiert sich die Liturgie der Kirche in der gemeinschaftlich vollzogenen »Feier des Pascha-Mysteriums« (Art. 6).

Die Rede vom *Pascha-Mysterium* schlägt einen weiten Bogen von der Errettung Israels aus Ägypten, die Gegenstand des jüdischen Pesachfestes ist, über die »österlichen Geheimnisse« von Leiden, Tod, Auferstehung und Erhöhung Christi, in denen das geschichtliche Heilshandeln Gottes gipfelt, bis hin zur »endgültigen Überwindung des Todes und der vollen Durchsetzung der Herrschaft Gottes« am Ende der Zeiten.[29] Sie bezeichnet zugleich die Weise, in der die Gläubigen diesem Heilshandeln eingefügt und in ihm erhalten werden: »Im Leben der Kirche, in der Liturgie, bleibt das Ostergeschehen gegenwärtig und wirksam. Der Ausdruck Pascha-Mysterium meint demnach das Heilshandeln Gottes an uns in Christus, das in Christi Tod und Auferstehung seine bleibende Mitte hat.«[30]

Eine weitere, sehr grundsätzliche liturgietheologische Weichenstellung folgt unmittelbar aus dieser heilsgeschichtlichen Sicht der Liturgie. Sie betrifft das Verhältnis zwischen ihren katabatisch-heilshaften und anabatisch-latreutischen Aspekten (vgl. 8.4).

»Der erste Zweck des Kultes ist die Ehre Gottes«:[31] Ist die Liturgie der Kirche im weitesten Sinne der Raum, in dem Menschen dem *Pascha-Mysterium* und damit dem geschichtlichen Heilshandeln Gottes eingefügt werden, dann bedarf eine solche Bestimmung – die Liturgie vornehmlich als »Ausübung der Tugend der *religio*« begreift[32] – zumindest der Ergänzung. »Erster Zweck« der Liturgie – jedenfalls in einem genetischen Sinne – ist dann die Zuwendung des Heils in Wort und Sakrament. Dass solch katabatisch-heilshafte Zuwendung wiederum auf eine anabatisch-latreutische Antwort der Glaubenden – und darin auf die »Ehre Gottes« – zielt, wird damit nicht bestritten.

In klassischer Weise formuliert Art. 7 diesen Zusammenhang. Er gibt zugleich der Reihenfolge, wie sie vom *Ordo salutis* vorgegeben wird, eindeutig den Vorrang: »Mit Recht gilt also die Liturgie als Vollzug des Priesteramtes Christi; durch sinnenfällige Zeichen wird in ihr sowohl die Heiligung des Menschen bezeichnet und in je eigener Weise bewirkt, als auch vom mystischen Leib Jesu Christi, d.h. dem Haupt und den Gliedern, der gesamte öffentliche Kult vollzogen.« Dass sich an anderen Stellen der Konstitution auch die »dem *Ordo intentionis* entsprechende Folge Verherrlichung – Heiligung findet«, steht dem nicht entgegen.[33] So ist die Liturgie – wie Emil Joseph Lengeling formuliert – »Aktualisierung des Priesterwirkens Christi in seinem Doppelaspekt: Heilszuwendung und Gottesverehrung.«[34]

So gewinnt Liturgie prinzipiell einen dialogischen Charakter: Sie ist Wort-Antwort-Geschehen. Entsprechende Formulierungen weisen, wie bereits gezeigt wurde (vgl. 8.4.1), eine erstaunliche Nähe zum reformatorischen Gottesdienst-verständnis auf: »Denn in der Liturgie spricht Gott zu seinem Volk; in ihr verkündet Christus noch immer die Frohe Botschaft. Das Volk aber antwortet mit Gesang und Gebet« (Art. 33).

(2) Tätige Teilnahme

Das Verlangen nach »voller, bewußter und tätiger Teilnahme« aller Gläubigen an den liturgischen Feiern (Art. 14) ist ein weiteres zentrales Anliegen der Konstitution, das eng mit den neuen theologischen Einsichten in das Wesen des Gottesdienstes zusammenhängt. Zugleich zeigen sich in ihm bedeutsame Akzentverschiebungen im Kirchenbild: Die Kirche, definiert als »das heilige Volk, geeint und geordnet unter den Bischöfen« (Art. 26), definiert auch als »mystischer Leib Jesu Christi«, bestehend aus Haupt und Gliedern (Art. 7), tritt in ihrer so bestimmten und beschriebenen, umfassenden und gemeinschaftlichen *Vollgestalt* – und keineswegs beschränkt auf ihre priesterlichen bzw. bischöflichen Repräsentanten – als Trägerin der liturgischen Vollzüge in Erscheinung. Das heißt aber auch, dass die Liturgie im Vollsinn des Wortes von *allen* Gliedern dieses Leibes gemeinsam *vollzogen und gefeiert* (*zelebriert*) wird und die Rede vom Priester als dem *Zelebranten* des Gottesdienstes nur eine uneigentliche Bedeutung besitzt.

Von grundlegender Bedeutung ist hier Art. 14. Er begründet das Recht und die Pflicht zur »tätigen Teilnahme« mit dem Hinweis auf die Taufe, die Anteil am »königlichen Priestertum« gewährt, das allen Getauften zukommt: »Die Mutter Kirche wünscht sehr, alle Gläubigen möchten zu der vollen, bewußten und tätigen Teilnahme (*ad plenam illam, consciam atque actuosam liturgicarum celebrationum participationem*) an den liturgischen Feiern geführt werden, wie sie das Wesen der Liturgie selbst verlangt und zu der das christliche Volk, ›das auserwählte Geschlecht, das königliche Priestertum, der heilige Stamm, das Eigentumsvolk‹ (1 Petr. 2, 9; vgl. 2,4-5) kraft der Taufe Recht und Amt besitzt. Diese volle und tätige Teilnahme des ganzen Volkes ist bei der Erneuerung und Förderung der heiligen Liturgie aufs stärkste zu beachten, ist sie doch die erste und notwendige Quelle, aus der die Christen wahrhaft christlichen Geist schöpfen sollen.«

Neben Art. 14 und Art. 26 ist noch an zahlreichen weiteren Stellen der Konstitution von der (tätigen, bewussten, vollen, gemeinschaftlichen, frommen, mit geistlichem Gewinn leicht zu vollziehenden) Teilnahme der Gläubigen an der

Liturgie die Rede (vgl. Art. 11, 19, 21, 27, 30, 41, 48, 50, 53, 55, 79, 114, 121, 124).

Diese Aussagen dürfen freilich nicht so verstanden werden, als solle hierdurch das in der hierarchischen Ordnung der Kirche begründete liturgische Rollengefüge eingeebnet werden. Im Gegenteil: Zwar gehen die liturgischen Feiern »den ganzen mystischen Leib der Kirche an, machen ihn sichtbar und wirken auf ihn ein«; aber doch so, dass »seine einzelnen Glieder [...] mit ihnen in verschiedener Weise in Berührung [kommen] je nach der Verschiedenheit von Stand, Aufgabe und tätiger Teilnahme« (Art. 26). Im Anschluss hieran formuliert die Konstitution einen folgenreichen Satz, der die bisherige Praxis – in der letztlich nur der Priester »einen wahrhaft liturgischen Dienst« (Art. 29) wahrnehmen konnte – nicht unerheblich revidiert:

»Bei den liturgischen Feiern soll jeder, sei er Liturge oder Gläubiger, in der Ausübung seiner Aufgabe nur das und all das tun, was ihm aus der Natur der Sache und gemäß den liturgischen Regeln zukommt« (Art. 28). Das heißt unter anderem: Der Priester hat sich auf die mit der Wahrnehmung seiner Vorsteher- rolle (vgl. dazu 6.3 in diesem Buch, insbesondere 6.3.1) verbundenen liturgi- schen Funktionen zu beschränken. Alle anderen Beteiligten – Ministranten, Lektoren, Kommentatoren, Sänger usw. (Art. 29), aber auch die feiernde Ge- meinde insgesamt – nehmen die ihnen zukommenden liturgischen Rollen voll- gültig (und keineswegs nur im Sinne einer ›Delegierung‹ von Aufgaben) wahr: »In der reformierten Liturgie wird es nicht mehr so sein, daß der zelebrierende Priester alles (mindestens zusätzlich) an sich zieht.«[35]

Es überrascht nach all dem, dass die Konstitution sich sehr zurückhal- tend äußert, was den gottesdienstlichen Gebrauch der Muttersprache betrifft (»nicht selten [...] sehr nützlich«, Art. 36, vgl. auch Art. 54); setzt doch eine wirkliche *actuosa participatio* der Gläubigen in der Regel die Volkssprache voraus. Doch ist die spätere Entwicklung rasch über die noch hier erkennbare Zurückhaltung hinweggegangen.

(3) Bestimmungen zur Messe

Theologische Aussagen zur Eucharistie wie Bestimmungen zur Reform der Messliturgie trifft die Konstitution in den Art. 47-58. Auch hier geht es vor allem darum, dass die Gläubigen die Messe »bewußt, fromm und tätig« (*conscie, pie et actuose*) mitfeiern können (Art. 48). Zu diesem Zweck soll der Messordo »so überarbeitet werden, daß der eigentliche Sinn der einzelnen Teile und ihr wechselseitiger Zusammenhang deutli- cher hervortreten und die fromme und tätige Teilnahme der Gläubigen (*pia et actuosa fidelium participatio*) erleichtert werde.« Die Riten sollen »unter treulicher Wahrung ihrer Substanz einfacher werden«; Doppelungen und Zusätze sollen gegebenenfalls gestrichen, Verlorenes soll wiederhergestellt werden (Art. 50).

Eine entscheidende Weichenstellung erfolgt dadurch, dass dem »Tisch des Herrenleibes« (*mensa Corporis Domini*, Art. 48) der »Tisch des Gotteswortes« (*mensa Verbi Dei*, Art. 51) zur Seite gestellt und unübersehbar aufgewertet wird. Damit erscheint schon hier jene ›zweipolige Grundstruktur‹ von *Liturgia verbi* und *Liturgia eucharistica*, von *Wortgottesdienst* und *Eucharistiefeier*, wie sie dann für den erneuerten Messordo bestimmend sein wird (vgl. dazu 4.3.1; 10.1.4): »Die beiden Teile, aus denen die Messe gewissermaßen besteht, nämlich Wortgottesdienst und Eucharistiefeier, sind so eng miteinander verbunden, daß sie einen einzigen Kultakt ausmachen« (Art. 56).

Weitere Festlegungen betreffen die Lesepraxis (es »soll die Schatzkammer der Bibel weiter aufgetan werden, so daß innerhalb einer bestimmten Anzahl von Jahren die wichtigsten Teile der Heiligen Schrift dem Volk vorgetragen werden«, Art. 51), die Aufwertung der Homilie (Art. 52), die Wiedereinführung des Gläubigengebets (Art. 53), die Feier der Gläubigenkommunion in der Messfeier selbst (gekennzeichnet als »vollkommenere Teilnahme an der Messe«, *perfectior Missae participatio*), die Kommunion unter beiden Gestalten (Art. 55) und die Konzelebration (Art. 57 und 58).

14.1.3 Die Reform der Messliturgie

Nach der Verabschiedung der Liturgiekonstitution wird die Reform der Messe und der anderen liturgischen Handlungen – im Sinne einer »sofort beginnenden und schrittweise vorangehenden Verwirklichung«[36] – unverzüglich in Angriff genommen.

(1) Reformschritte

Schon am 29. Februar 1964 beruft Papst Paul VI. (1963-1978) das *Consilium ad exsequendam Constitutionem de sacra Liturgia*, das bis zur Errichtung der *Gottesdienstkongregation* im Jahre 1969 die Reformarbeiten koordiniert.

Am 26. September 1964 erscheint die Erste Instruktion zur ordnungsgemäßen Durchführung der Liturgiekonstitution *Inter Oecumenici*.[37] Die wichtigsten Änderungen betreffen die sachgerechte liturgische Rollenverteilung – die »Alleinzuständigkeit des Zelebranten« wird, wie oben beschrieben, abgelöst –, die Ermöglichung der *celebratio versus populum*, der Zelebration zum Volk hin, und die liturgische Raumordnung: Ort des Wortgottesdienstes sind Priestersitz und Ambo, nicht der Altar, der der Eucharistiefeier vorbehalten bleibt (vgl. 4.3 in diesem Buch). Die Möglichkeiten für den Gebrauch der Muttersprache werden erweitert. Die Homilie wird für die Messen an Sonn- und Feiertagen vorgeschrieben.

Am 27. Januar 1965 erscheint dann ein erneuerter Messordo, der den genannten Änderungen Rechnung trägt. Am 4. Mai 1967 folgt die Zweite Instruktion zur ordnungsgemäßen Durchführung der Liturgiekonstitution *Tres abhinc annos*,[38] die es gestattet, den Kanon laut und in der Volkssprache zu beten bzw. zu singen; das bedeutet »das Ende der Kanonstille und den Beginn der zur Gänze in der Volkssprache gefeierten Messe.«[39]

Die *Preces eucharisticae et praefationes* vom 23. Mai 1968[40] stellen dem römischen Kanon (künftig *Prex eucharistica I*) drei weitere eucharistische Hochgebete (*Preces eucharisticae II-IV*) zur Seite und beenden damit »die länger als ein Jahrtausend während Alleinherrschaft des römischen Kanon.«[41] Am 1. November 1974 – also nach dem Erscheinen des neuen Missale – kommen »drei Modell-Hochgebete für Messfeiern mit Kindern« und »zwei Modell-Hochgebete zum Thema Versöhnung«[42] hinzu. »In manchen Teilkirchen wurden darüber hinaus weitere Hochgebete von Bischofskonferenzen approbiert (ad experimentum), bis 1982 hat der Hl. Stuhl 15 solcher Texte konfirmiert [...], so daß außer den in allen Meßbüchern enthaltenen vier Hochgebeten weitere 20 in verschiedenen Teilkirchen mit römischer Billigung in Gebrauch sind.«[43] Im deutschen Sprachgebiet sind das ein Hochgebet für Gehörlose (1970), vier Hochgebete für die Schweiz »Gott führt die Kirche« (1972), drei Hochgebete für Kindermessen und ein Hochgebet Versöhnung II (1974).

Am 21. März 1969 erscheint die neue Grundordnung des Kirchenjahres und des Kalenders mit dem erneuerten römischen Generalkalender[44] als wichtige Grundlage für das neue Missale, dessen Veröffentlichung mit der Apostolischen Konstitution *Missale Romanum* vom 3. April 1969[45] eingeleitet wird. Am 6. April 1969 folgt dann der erneuerte *Ordo Missae* mit der *Institutio generalis Missalis Romani*,[46] am 25. Mai 1969 der *Ordo lectionum Missae*, die erneuerte Leseordnung.[47]

Am 26. März 1970 (Gründonnerstag) liegt schließlich das neue Missale als liturgisches Buch vollständig vor: *Missale Romanum ex decreto Sacrosancti Oecumenici Concilii Vaticani II instauratum auctoritate Pauli Pp. VI promulgatum*.[48] Nun kann – auf der Grundlage des römischen Buches – die Arbeit an den Messbüchern in den jeweiligen Volkssprachen beginnen.

Von den deutschsprachigen Bischofskonferenzen auf einer gemeinsamen Zusammenkunft in Salzburg am 23. September 1974 approbiert, erscheint die deutschsprachige Ausgabe des neuen Meßbuchs 1975 unter dem Titel *Die Feier der heiligen Messe. Meßbuch. Für die Bistümer des deutschen Sprachgebietes. Authentische Ausgabe für den liturgischen Gebrauch*.[49] Es besteht aus zwei Bänden (Teil I: Die Sonn- und Feiertage deutsch und lateinisch. Die Karwoche deutsch; Teil II: Das Meßbuch deutsch für alle Tage des Jahres außer der Karwoche). Im gleichen Jahr erscheint als handlicher Auszug unter dem Titel *Die Feier der Gemeindemesse* eine Ausgabe des deutschen Messordo, der wir in unserer Darstellung des neuen Messritus folgen.

(2) Leitlinien der Messreform

Die wesentlichen Leitlinien der Reform wurden bereits im Zusammenhang der Darstellung der Liturgiekonstitution des II. Vatikanischen Konzils genannt (vgl. 14.1.2). Wir beschränken uns im Folgenden auf zwei Gesichtspunkte, die für das Verständnis der erneuerten Messliturgie wichtig sind:

(a) Aus dem grundlegenden Prinzip der »vollen, tätigen und gemeinschaftlichen Teilhabe« der Gläubigen folgt eine konsequente Aufteilung der liturgischen Rollen. Eigentlicher »Träger« – und damit vollziehendes Subjekt – der Feier ist die versammelte Gemeinde.

Konkrete Gestalt gewinnt dies »durch die Teilnahme am Beten und Singen, durch Mitvollzug des eucharistischen Opfers und die Kommunion, durch gemeinsame Gesten und Haltungen, aber auch durch die Bereitschaft, besondere Dienste zu übernehmen.«[50] Unvertretbar ist die Gemeinde bei den Akklamationen und den Antworten auf den Gruß des Priesters.[51] Auch das Allgemeine Schuldbekenntnis, das Glaubensbekenntnis, die Fürbitten und das Vaterunser gehören zu den Teilen der Messe, »die eine tätige Mitfeier der Gläubigen ausdrücken sowie fördern und der ganzen Gemeinde zukommen.«[52] Die tätige Teilnahme der Gemeinde kommt auch in ihrer Mitwirkung bei anderen »selbständigen« wie den eine Handlung »begleitenden« Elementen der Messfeier zum Ausdruck.[53] So soll das Kyrie »für gewöhnlich von allen gesungen werden«, das Gloria »von allen gemeinsam oder im Wechsel von Gemeinde und Sängerchor oder vom Sängerchor allein.«[54] Beim Antwortpsalm soll die Gemeinde durch einen Kehrvers mitwirken,[55] auch beim Halleluja ist sie gefordert.[56] Im Hochgebet vereint sich »die gesamte Gemeinde [...] mit den himmlischen Mächten und singt oder spricht das Sanctus.«[57]

Der Priester fungiert »als Vorsteher der Feier und als Wortführer der Gemeinde.«[58] Er nimmt all jene – und nur jene! – Aufgaben wahr, die ihm aus seiner liturgischen Rolle zukommen (die so genannten »Amtsgebete« wie das Hochgebet, das Tages-, Gaben- und Schlussgebet, dazu Texte mit gleichsam »mystagogischer Funktion«: Einleitungs- und Abschlußworte und notwendige Hinweise).

Als »Helfer im Leitungsdienst« kann der Diakon tätig werden; er steht »als geweihter Amtsträger der Gemeinde [...] zugleich gegenüber und in ihrem Dienst.«[59] Lektoren und Vorleser – sie tragen die Lesungen (mit Ausnahme des

Evangeliums) und gegebenenfalls auch den Antwortpsalm (anstelle des Kantors) und die Fürbitten (anstelle des Diakons) vor – nehmen die ihnen damit übertragene liturgische Funktion vollgültig wahr; es bedarf keiner zusätzlichen Aktivitäten des Priesters, um ihr Tun gleichsam zu ›ratifizieren‹.

Das gilt uneingeschränkt auch für den Kantor (den Psalmisten, die Schola, den Sängerchor, in gewisser Hinsicht auch für den Organisten und andere Instrumentalisten). Auch sie üben »durch den Vortrag der ihnen zustehenden Gesänge [...] einen eigenen liturgischen Dienst aus.«[60] Texte, die sie singen, müssen nicht – wie früher üblich – zusätzlich noch vom Priester gelesen werden.

Grundform der Messliturgie ist damit nicht länger die vom Priester gelesene »stille Messe« (*missa solitaria*),[61] sondern die unter der Mitwirkung aller Gläubigen und einer Vielzahl liturgischer Dienste unter dem Vorsitz des Priesters[62] gefeierte *Gemeindemesse*.

Die neuen liturgischen Bücher tragen dem dadurch Rechnung, dass sie wieder als *Rollenbücher* (vgl. 1.4 in diesem Buch) gestaltet sind: Das neue Meßbuch ist kein *Vollmissale* (*Plenarmissale*) mehr, sondern das für die Hand des Priesters bestimmte liturgische Rollenbuch. Es enthält nicht mehr – wie früher – die Lesungen und Gesänge, für die es jetzt wieder eigene Rollenbücher gibt (wobei mit Rücksicht auf Messfeiern, in denen keine Sänger zur Verfügung stehen, im Meßbuch der Eröffnungsvers und der Kommunionvers, im Lektionar der Antwortpsalm und der Ruf vor dem Evangelium mit abgedruckt werden).

(b) Von großer Bedeutung ist der Versuch, der von der Liturgiekonstitution geforderten Durchschaubarkeit (Art. 34) des liturgischen Vollzugs[63] mit Hilfe einer klaren Grundstruktur Ausdruck zu geben. Dass eine solche Strukturierung zugleich eine theologische Deutung des Geschehens impliziert, liegt auf der Hand; hier ist es die »Zwei-Einheit von Wortgottesdienst (liturgia verbi) und Eucharistiefeier (liturgia eucharistica), ›Tisch des Gotteswortes‹ und ›Tisch des Herrenleibes‹«,[64] die eine Aussage über Sinn und Wesen des Geschehens einschließt.

Die *Allgemeine Einführung* in das Meßbuch formuliert: »Die heilige Messe besteht in gewisser Hinsicht aus zwei Teilen, dem Wortgottesdienst und der Eucharistiefeier, die jedoch so eng miteinander verbunden sind, daß sie eine einzige Gottesdienstfeier bilden; denn in der Messe wird der Tisch des Gotteswortes wie des Herrenleibes bereitet, von ihm wird den Gläubigen Lehre und Speise geboten. Dazu kommen noch jene Teile, welche die Feier eröffnen und beschließen.«[65]

Bemerkenswert ist der Versuch, solche Strukturierung auch nonverbal – durch die Anordnung und Gliederung des Raumes bzw. durch das Verhalten im Raum – zu verdeutlichen:

Ort des Wortgottesdienstes, so hatten wir bereits oben zur Kenntnis genommen, ist der Priestersitz und der Leseplatz, Ort der Eucharistiefeier ist der Altar. Während des Wortgottesdienstes handelt und spricht der Vorsteher von seinem Sitz aus, wo er auch den Lesungen und Gesängen zuhört bzw. sich an ihnen – zusammen mit der Gemeinde – beteiligt. Erst zur Gabenbereitung tritt er – zusammen mit seinen Helfern – an den Altar. Nach der Kommunion kann er wieder an seinen Sitz zurückkehren, hier das Schlussgebet sprechen und die Gemeinde entlassen (vgl. dazu ausführlich 4.3).

Hans Bernhard Meyer schreibt dazu: »Der Altar als Funktionsort für den zentralen Teil der Feier soll vor der Zurüstung bei der Gabenbereitung und nach der Kommunion ›aus dem Spiel bleiben‹, dafür aber durch das Bereiten des Altares, durch das Bringen der Gaben zum und das Austeilen der Gaben vom Altar her als Mittelpunkt betont werden [...] Die beiden Pole oder Hauptteile der Meßfeier, Wortgottesdienst und Eucharistie, müssen in ihrer Unterschiedenheit, aber auch in ihrer gegenseitigen Zuordnung erfaßt und gestaltet werden. Die Unterschiedenheit wird verdeutlicht durch den Wechsel der Funktionsorte (Priestersitz, Ambo – Altar), verbunden mit dem Gang (des Diakons und anderer Dienste sowie) des Priesters und mit der Gabenprozession der Gläubigen zum Altar.«[66]

Es darf schließlich nicht übersehen werden, dass eine Sicht auf die Liturgie, die diese als Gefüge, nicht als starres Programm begreift, innerhalb der einzelnen Struktureinheiten ein höheres Maß an Variabilität ermöglicht und damit dem gottesdienstlichen Geschehen eine gewisse ›Geschmeidigkeit‹ im Blick auf unterschiedliche Situationen verleihen kann (vgl. 2.3.4). Dies zeigt sich vor allem im Eröffnungsteil des neuen Messritus, aber zum Beispiel auch in der Möglichkeit, zwischen verschiedenen Hochgebeten zu wählen oder die Gesänge – seien sie nun ›selbständig‹ oder ›begleitend‹ – in ganz unterschiedlicher Weise auszuführen.

14.1.4 Die Eröffnung

Die Eröffnung (Missale Romanum: *Ritus initiales*) umfasst die Elemente *Einzug – Gesang zur Eröffnung – Verehrung des Altars – Begrüßung der Gemeinde – Allgemeines Schuldbekenntnis – Kyrie – Gloria – Tagesgebet* (vgl. dazu auch 10.1.4; 12.2).

Bei näherem Zusehen zeigt sich, dass lediglich der Einzug selbst, die Begrüßung (des Altars und) der Gemeinde sowie das Tagesgebet zu den unverzichtbaren Elementen der Eröffnungsriten gehören. Alle anderen Elemente unterliegen einer gewissen Variabilität. Wenn eine andere Handlung der Messfeier vorausgeht, kann auch die Begrüßung entfallen. Außerordentlich vielfältig sind die Möglichkeiten, den Gesang zur Eröffnung zu gestalten, der während des

Einzugs des Priesters und seiner Begleitung gesungen wird: Singen kann man deutsch oder lateinisch den Introitus nach den liturgischen Büchern, ein Lied oder einen anderen Gesang, »soweit diese Gesänge zur Eröffnung der Feier geeignet sind.« Auch die Kyrie-Rufe können in diese Funktion eintreten – sei es in Gestalt einer Kyrie-Litanei oder in Liedform als ›Leise‹. Das hat zur Folge, dass sie natürlich an der eigentlich dafür vorgesehenen Stelle entfallen. An die Stelle des Gesangs kann Orgelspiel treten. Schließlich kann auch »das Hinzutreten des Priesters zum Altar unter Schweigen erfolgen«. Bevor der Priester und seine Begleitung sich auf ihre Sitze begeben, verehren sie den Altar – gleichsam ein Vorgriff auf die Rolle, die der Tisch des Herrn dann im zweiten Hauptteil des Gottesdienstes, der Eucharistiefeier, spielen wird. Der Priester küsst den Altar, kann ihn auch inzensieren (beräuchern).

Dem Einzug folgt die Begrüßung. Der Priester spricht *Im Namen des Vaters und des Sohnes und des Heiligen Geistes*, alle machen das Kreuzzeichen, der Priester fährt fort: *Der Herr sei mit euch*, alle antworten: *Und mit deinem Geiste*.

Der Priester kann auch andere biblische Grußworte verwenden; das Meßbuch führt sieben weitere Texte an. An die Begrüßung kann sich eine »knappe Einführung in die Feier« anschließen. Wurde zur Eröffnung nicht gesungen, soll der – im Meßbuch abgedruckte – Eröffnungsvers mit in die Einführung einbezogen werden.

Der Begrüßung folgt das Allgemeine Schuldbekenntnis. Es kann entfallen, »wenn eine andere liturgische Handlung der Meßfeier vorausgeht« oder »eine besondere Festlichkeit des Gottesdienstes dies nahelegt«. An Sonntagen kann es durch das Taufgedächtnis (Besprengung mit Weihwasser) ersetzt werden. Statt der Formen A und B kann auch ein Bußlied gesungen werden.

Für das Allgemeine Schuldbekenntnis werden drei Formen vorgeschlagen. FORM A sieht vor, dass nach der Einladung durch den Priester alle zusammen das Schuldbekenntnis sprechen, das vom Priester mit einer Vergebungsbitte aufgenommen wird. Bei FORM B folgt der Einladung durch den Priester ein im Wechsel gesprochenes Schuldbekenntnis. FORM C hat die Gestalt einer Kyrie-Litanei, bei der den Kyrie-Rufen »frei formulierte Christusprädikationen vorausgeschickt werden« können.

Falls sie nicht schon im Zusammenhang mit dem Gesang zur Eröffnung oder mit Form C des Allgemeinen Schuldbekenntnisses vorangegangen sind, folgen jetzt die Kyrie-Rufe. Sie »werden entweder im Wechsel von Kantor, Sängerchor und Gemeinde gesungen oder im Wechsel von Kantor (Priester) und Gemeinde gesungen bzw. gesprochen.«

An den Sonntagen außerhalb der Advents- und Fastenzeit sowie an Hochfesten, Festen und bei anderen festlichen Gelegenheiten folgt auf das Kyrie das Gloria. Es »wird gemeinsam oder im Wechsel von Gemeinde und Sängerchor oder von diesem allein gesungen.« Es kann auch durch ein Gloria-Lied ersetzt oder von allen gemeinsam oder im Wechsel gesprochen werden.

Das Tagesgebet schließt die Eröffnung ab. Der Priester fordert zum Gebet auf und singt oder spricht das Gebet, dessen Texte dem Proprium des Meßbuchs entnommen werden.

Aus all dem ergibt sich: Die *Feier der Gemeindemesse* im neuen deutschen Meßbuch schreibt im Eröffnungsteil keine feste liturgische Abfolge mehr vor, sondern bietet eine Reihe von Möglichkeiten, diesen Teil des Gottesdienstes – im Rahmen einer Grundstruktur – höchst variabel auszugestalten. Die folgende Tabelle stellt exemplarisch drei mögliche Varianten vor:

SYNTAGMA I	SYNTAGMA II	SYNTAGMA III
Werktagsgottesdienst ohne Gesang	*Messe ohne Gloria mit Gemeindeliedern*	*Festlicher Gottesdienst mit Schola bzw. Chor*
	Kyrie-Lied (›Leise‹)	Kyrie-Litanei mit Huldigungscharakter (Wechsel von Schola und Gemeinde)
Hinzutreten zum Altar unter Schweigen Verehrung des Altars	überlagert: *Einzug* *Verehrung des Altars*	überlagert: *Festlicher Einzug* *Verehrung des Altars*
Begrüßung	Begrüßung Einführung	Begrüßung Einführung
Bußakt mit Kyrie-Rufen (gesprochen)	Bußlied	
		Gloria (hymnische Form, gesungen im Wechsel von Schola und Gemeinde)
Tagesgebet	Tagesgebet	Tagesgebet

Die Möglichkeit der Bildung von Eröffnungs-Syntagmen (vgl. dazu 2.3.4) ist mit den hier vorgestellten Beispielen in keiner Weise erschöpft. So ergibt sich bereits wieder eine andere Zeichenkette – mit einem durchaus eigenen ›Sinn‹ –, wenn man in Beispiel III die Kyrielitanei durch ein Eingangslied oder einen Introituspsalm, das Gloria durch ein Glorialied oder das Gloria einer lateinischen Messvertonung ersetzt usw.

Nach Hans Bernhard Meyer geht es in der Eröffnung »um die Konstituierung der Feiergemeinde.« Diese Konstituierung vollzieht sich in drei Schritten:

(a) Die »Gemeinde versammelt sich im Namen Jesu und tritt vor den Vater«; (b) der »Priester übernimmt den Vorsitz und damit (auch) die Stellvertretung des eigentlichen Hauptes der Feiergemeinde, Christus«; (c) der »Priester bringt als Wortführer der Gemeinde [...] vor Gott, dem Vater, zur Sprache, worum es in dieser Feier geht.«[67]

14.1.5 Der Wortgottesdienst

Struktur und innere Dynamik des Wortgottesdienstes (Missale Romanum: *Liturgia verbi*; vgl. zum Folgenden auch 12.3) werden bestimmt durch die »Verkündigung des Wortes Gottes, seine gläubige Annahme und die Antwort der Gemeinde in Gesang und Gebet.«[68] Seine eigenständige Bedeutung als *mensa Verbi Dei* ist durch die Liturgiekonstitution des II. Vatikanischen Konzils und die nachfolgende Messreform erheblich aufgewertet worden (vgl. 14.1.2; 14.1.3). Er umfasst die *Lesungen* und die dazugehörigen (*Zwischen-*)*Gesänge*, das *Evangelium*, die *Homilie*, das *Credo* und die *Fürbitten* (*Allgemeines Gebet*).

(1) Die neue Leseordnung

Als »Norm« sind an Sonn- und Festtagen vor dem Evangelium zwei (nichtevangelische) Lesungen vorgesehen. Doch ist es »aus pastoralen Gründen« gestattet, eine auszuwählen und auf die andere zu verzichten.

Im Zuge der nachkonziliaren Liturgiereform (vgl. 14.1.3) wird eine neue Leseordnung (*Ordo lectionum Missae*, 1969; revidiert 1981) geschaffen, die drei Jahreszyklen (Lesejahr A, B und C) zu jeweils drei Lesungen (aus dem Alten Testament, aus den nichtevangelischen Teilen des Neuen Testaments und aus den Evangelien) vorsieht. In der Osterzeit wird als erste Lesung anstelle eines AT-Textes ein Abschnitt aus der Apostelgeschichte gelesen. Auf einen inhaltlichen Zusammenhang hat man vor allem für die Feste und die geprägten Zeiten des Kirchenjahres geachtet. Dabei ist jeweils das Evangelium bestimmend. Auch die AT-Lesung für ungeprägte Zeiten ist meist so ausgewählt, dass sich ein thematischer Bezug zum Evangelium ergibt; anders die nicht-evangelischen Lesungen aus dem NT, die dem Prinzip der Bahnlesung (vgl. 12.3.1) folgen. Dieses Prinzip bestimmt – von Ausnahmen abgesehen – im Wesentlichen auch die Auswahl der

Evangelienlesungen selbst (*Lesejahr A*: Matthäus; *Lesejahr B*: Markus; *Lesejahr C*: Lukas). Das Johannesevangelium ist dem österlichen Festkreis vorbehalten.

	Lesejahr A Matthäus	*Lesejahr B* Markus	*Lesejahr C* Lukas
Erste Lesung	AT-Lesung *(Auswahl nach Evangelium)*	AT-Lesung *(Auswahl nach Evangelium)*	AT-Lesung *(Auswahl nach Evangelium)*
	Osterzeit: Statt AT-Perikopen Lesungen aus der Apostelgeschichte		
Zweite Lesung	Epistel	Epistel	Epistel
	Bahnlesung		
Evangelium	Evangelium aus Matthäus	Evangelium aus Markus	Evangelium aus Lukas
	Bahnlesung		
	In der Osterzeit: Evangelien aus Johannes		

Für die Werktagsmessen gilt eine andere Regelung. Hier gibt es jeweils nur eine nichtevangelische Lesung und das Evangelium:

	Wochentage der Advents-, Fasten- und österlichen Zeit	*Wochentage der 34 Wochen im Jahreskreis*
(nichtevange- lische) *Lesung*	Lesung (aus dem AT, jeweils auf das Evangelium des Tages bzw. das Kirchenjahr abgestimmt)	Lesejahr I (Bahnlesung mit Texten aus AT und NT)
		Lesejahr II (Bahnlesung mit Texten aus AT und NT)
Evangelium	Evangelienperikopen (passend zum Kirchenjahr)	Evangelienperikopen (Bahnlesungsprinzip)

Für die Auswahl gilt hier: »Die Evangelienlesungen der Wochentage sowie die nichtevangelischen Lesungen der Advents-, Fasten- und österlichen Zeit, die

530   Bewegungen

inhaltlich auf die Evangelien abgestimmt sind, bleiben jedes Jahr gleich [...] Für die 34 Wochen im Jahreskreis wurden hingegen für die erste, nichtevangelische Lesung nach dem Prinzip der Bahnlesung zwei Lesereihen (Lesejahr I und II) geschaffen, und zwar mit Texten sowohl aus dem AT als auch aus dem NT.«[69]

(2) Lesungen und Gesänge

Nach dem *Tagesgebet* geht der Lektor zum Leseplatz (Ambo) und trägt die *erste Lesung* vor. Sie kann mit *Ruf* und *Zuruf* (*Wort des lebendigen Gottes – Dank sei Gott*) und einem Augenblick der Stille aufgenommen werden.

Dann folgt – als *erster Zwischengesang* – der vom Kantor (bzw. Psalmisten) ebenfalls am Ambo (»oder an einem anderen geeigneten Platz«[70]) vorgetragene responsoriale *Antwortpsalm*, an dem sich die Gemeinde mit einem *Kehrvers* beteiligt (vgl. 5.2.2). Er gehört – wie der *Ruf vor dem Evangelium* – zu den »selbständigen Elementen«,[71] die nicht eine andere Handlung begleiten, sondern für sich stehen. Er soll »die Verkündigung des Wortes Gottes weiterführen und vertiefen.«[72] Anstelle des *Psalms* (oder des *Graduale* aus dem *Ordo Cantus Missae* bzw. dem *Graduale Romanum*) kann »im Notfall« auch ein anderer »dazu geeigneter Gesang« – also zum Beispiel ein Gemeindelied – gesungen werden.

Auch die *zweite Lesung* wird – wenn sie denn stattfindet – vom Lektor am Ambo vorgetragen und in gleicher Weise abgeschlossen wie die erste Lesung. Dann folgt als *zweiter Zwischengesang* und als *Ruf vor dem Evangelium* das *Halleluja*.

Das *Halleluja* kann »von allen gemeinsam begonnen oder vom Sängerchor bzw. Kantor angestimmt und gegebenenfalls von allen wiederholt werden.«[73] Die dazugehörigen Verse werden dem Lektionar, dem *Ordo Cantus Missae*, dem *Graduale Romanum*, dem *Graduale Simplex* oder dem Gesangbuch entnommen; es kann aber auch ohne Verse gesungen werden. In der Fastenzeit wird statt des *Halleluja* ein »anderer Gesang« – der *Vers vor dem Evangelium* oder ein weiterer *Psalm* (*Tractus*) – gesungen.[74] Wird nur eine Lesung vorgetragen, kann man zwischen *Antwortpsalm* und *Halleluja mit Vers* wählen, beides miteinander verbinden oder einen *Hallelujapsalm* singen. Ist ein Singen nicht möglich, kann man sowohl auf das *Halleluja* wie auf den *Vers vor dem Evangelium* verzichten. Die *Sequenz* ist nur noch an Ostern und Pfingsten vorgeschrieben, wird aber für feierliche Gottesdienste ausdrücklich empfohlen.

(3) Das Evangelium

Das *Evangelium* wird vom Diakon am Ambo vorgetragen. Der Lesung geht ein *Lesesegen* und eine *Prozession zum Ambo* voraus. Sie wird von *Gemeindeakklamationen* gerahmt.

(4) Homilie, Credo, Fürbitten

Die *Homilie* ist als »Teil der Liturgie« an allen Sonn- und Feiertagen vorgeschrieben, sonst empfohlen. An Sonntagen, Hochfesten und bei anderen festlichen Gelegenheiten folgt das *Credo*.

Gesprochen oder gesungen wird das *Große Glaubensbekenntnis* (das *Nizäno-Konstantinopolitanum*, deutsch oder lateinisch) oder das *Apostolische Glaubensbekenntnis*. Ausnahmsweise darf stattdessen auch ein *Credo-Lied* gesungen werden. Von den Worten *hat Fleisch angenommen* (Apostolikum: *empfangen durch den Heiligen Geist*) bis zu *Mensch geworden* (Apostolikum: *Jungfrau Maria*) verbeugen sich alle; an Weihnachten und Verkündigung des Herrn kniet man dazu nieder.

SYNTAGMA I *Minimalform* *(Werktagsmesse)*	SYNTAGMA II *(festliche Messe, zum Beispiel an Pfingsten)*
ERSTE LESUNG (Lektor oder Priester)	ERSTE LESUNG (vorgetragen von Lektor I)
GEMEINDELIED	ANTWORTPSALM (vorgetragen vom Kantor, Gemeinde beteiligt sich durch Kehrvers) ZWEITE LESUNG (vorgetragen von Lektor II) HALLELUJAPSALM (vorgetragen vom Kantor, Gemeinde beteiligt sich durch das Halleluja) SEQUENZ (Sängerchor im Wechsel mit der Gemeinde)
EVANGELIUM (vorgetragen vom Priester)	EVANGELIUM (mit feierlicher Prozession, vorgetragen vom Diakon) HOMILIE GROSSES GLAUBENSBEKENNTNIS (Sängerchor im Wechsel mit der Gemeinde)
FÜRBITTEN (Priester, Lektor und Gemeinde)	FÜRBITTEN (unter Mitwirkung von Diakon, Lektoren und Gemeinde)

Gestaltungsmöglichkeiten für den Wortgottesdienst

Das *Allgemeine Gebet* (*Fürbitten*) gehört zu den neuen Elementen, die (wieder) in den Messordo aufgenommen wurden. Es wird vom Priester eingeleitet und abgeschlossen. Die einzelnen Gebetsanliegen werden vom

Diakon, Lektor, Kantor oder anderen vorgetragen. Die Gemeinde beteiligt sich durch Anrufungen oder stilles Beten. Für die Reihenfolge der Anliegen gilt die alte Regel: *Kirche – Regierende und Welt – Notleidende – Anliegen der Gemeinde.* Das Allgemeine Gebet ist »nicht nur Abschluß, sondern auch ein (kultischer) Höhepunkt des Wortgottesdienstes.«[75]

Die auf der vorhergehenden Seite abgedruckte Tabelle soll wieder unterschiedliche Gestaltungsmöglichkeiten für den Wortgottesdienst exemplarisch verdeutlichen.

14.1.6 Die Gabenbereitung

Mit der *Gabenbereitung* beginnt der zweite Hauptteil der Messe, die Eucharistiefeier (Missale Romanum: *Liturgia eucharistica*). Sie umfasst im Einzelnen den *Gesang zur Gabenbereitung* – das *Herbeibringen der Gaben* – die *Zurüstung des Altars* – die *Begleitgebete zur Gabenbereitung* – die *Händewaschung* – die *Einladung zum Gabengebet* – das *Gabengebet.*

Mit Entstehung, Funktion und Sinn der Gabenbereitung haben wir uns bereits an anderer Stelle eingehend befasst.[76] Hans Bernhard Meyer weist auf die schon früh verbreitete Praxis hin, die Gabenbereitung nicht mehr »nur als sachlich gebotenen vorbereitenden Akt«, sondern »als ersten Teil der Eucharistie mit inhaltlicher Eigenbedeutung« zu verstehen und zu gestalten. Darin verbindet sich der Gedanke, dass die Gläubigen durch das Darbringen der Gaben »sich und die Schöpfung in das eucharistische Opfer einbringen wollen«, in folgenreicher Weise mit einer Interpretation, die das Darbringen der Gaben »als Bitte für die Anliegen der Opfernden, für Lebende und Tote« begreift.[77]

Bemerkenswert sind die neuen Begleitgebete zur Darbringung von Brot und Wein:

Gepriesen bist du, Herr, unser Gott, Schöpfer der Welt. Du schenkst uns das Brot, die Frucht der Erde und der menschlichen Arbeit. Wir bringen dieses Brot vor dein Angesicht, damit es uns das Brot des Lebens werde. (Gepriesen bist du in Ewigkeit, Herr, unser Gott). – Wie das Wasser sich mit dem Wein verbindet zum heiligen Zeichen, so lasse uns dieser Kelch teilhaben an der Gottheit Christi, der unsere Menschennatur angenommen hat. – Gepriesen bist du, Herr, unser Gott, Schöpfer der Welt. Du schenkst uns den Wein, die Frucht des Weinstocks und der menschlichen Arbeit. Wir bringen diesen Kelch vor dein Angesicht, damit er uns der Kelch des Heiles werde. (Gepriesen bist du in Ewigkeit, Herr, unser Gott).

Die Texte »preisen jetzt (ein Thema des Hochgebetes verdoppelnd!) in Anlehnung an jüdische Vorbilder (berakot) Gott für die Früchte der Erde und der
menschlichen Arbeit, die in das eucharistische Opfer eingehen sollen.«[78] Bis
auf zwei kleine Texte (nach dem Niederlegen der Gaben und zur Händewaschung) gibt es keine Anklänge mehr an die mittelalterliche Apologie (vgl.
12.4.3).

14.1.7 Das eucharistische Hochgebet

Das Missale Romanum von 1970 enthält vier Hochgebete, die auch in
das deutsche Meßbuch Eingang gefunden haben. Dazu kommen noch die
oben (vgl. 14.1.3) erwähnten Hochgebete für Messfeiern mit Kindern, die
Hochgebete zum Thema »Versöhnung« und andere Texte aus dem
deutschen Sprachgebiet, die freilich nicht überall zum Gebrauch
freigegeben sind.

Hochgebet I ist identisch mit dem – nur wenig veränderten – römischen
Kanon, den wir bereits eingehend unter 12.5 dargestellt haben: Die Einsetzungsworte wurden an den jetzt gültigen Text angepasst, die Schlussformeln der
einzelnen Gebete und ein Teil der Heiligennamen im *Communicantes* und *Nobis
quoque* wurden in Klammern gesetzt.

Auch *Hochgebet II*, das sich an das von der *Traditio apostolica* überlieferte
Eucharistiegebet (vgl. 10.2.1) anschließt, haben wir bereits dort (vgl. 10.3) im
Wortlaut wiedergegeben und einer kritischen Analyse unterzogen.

Während *Hochgebet II* wegen seiner »Kürze und gewissen Einfachheit« vor
allem für Werktags-, Gruppen-, Kinder- und Jugendmessen empfohlen wird,
stellt *Hochgebet III* nach Meinung seiner Urheber eine echte Alternative zum
bisherigen Kanon dar.[79] Wie dieser (und im Unterschied zu den *Hochgebeten II*
und *IV*) verfügt es über keine eigene Präfation. Es verbindet »römisches Tradi-
tionsgut mit dem anderer Liturgien.«[80] Kommentatoren heben besonders den ekklesiologischen Charakter des Postsanctus-Gebetes,[81] aber auch die starke
Betonung des Opfergedankens und trinitarische Akzentuierungen hervor.

Nach Meinung von Johannes Wagner ist *Hochgebet IV* »das am wenigsten
römische. Abgesehen von der Stellung der Epiklese vor dem Einsetzungsbericht,
ist der ganze Typus orientalisch.«[82] Charakteristisch für diesen Text ist die
Wiedergabe der gesamten Heilsgeschichte – von der Schöpfung bis zur Sendung
des Geistes – in der feststehenden Präfation und im Postsanctus-Gebet. »Dieser
anamnetische Lobpreis wird, nach der auch hier eingefügten Wandlungsepiklese,
im Einsetzungsbericht fortgesetzt und in der Anamnese bis zur verheißenen
Wiederkunft des Herrn (wie schon im Hochgebet III) weitergeführt.«[83]

Es darf freilich nicht übersehen werden, dass auch im Hochgebet IV
die Doppelung der Epiklese – Wandlungsepiklese vor, Kommunionepiklese nach dem Einsetzungsbericht – in Verbindung mit der überaus

massiven Darbringungsformel keineswegs der Sinnstruktur ostkirchlicher Hochgebete des antiochenischen Typs entspricht, sondern überdeutlich dem westlich-römischen Konsekrationsverständnis verpflichtet bleibt: »So bringen wir dir seinen Leib und sein Blut dar, das Opfer, das dir wohlgefällt und der ganzen Welt Heil bringt.«[84]

14.1.8 Kommunion und Schlussriten

Der Austeilung der konsekrierten Gaben geht auch im neuen Meßbuch ein vorbereitender Teil voraus (vgl. dazu 12.6). Er umfasst: *Vaterunser* mit *Einleitung* und *Embolismus, Friedensgebet* und *Friedensgruß, Brechung des Brotes* und *Mischungsritus, Agnus Dei, Stilles Gebet vor der Kommunion* und *Einladung zur Kommunion.*

Das Vaterunser wird von Priester und Gemeinde gemeinsam gesprochen oder gesungen. Für die Gebetseinladung bietet der Messordo mehrere Texte; es kann aber auch eine andere geeignete Einladung genommen werden. Den (vom Priester vorzutragenden) Embolismus – den Einschub zwischen den Vaterunser-bitten und der Doxologie – hat man beibehalten. Die Doxologie wird dann wieder gemeinsam gesprochen oder gesungen.

Die Einladung zum nun folgenden Friedensgebet wie die Christusanrede dieses Gebets »können der Zeit des Kirchenjahres oder dem Anlaß angepaßt werden.« Die Normalform lautet: *Der Herr hat zu seinen Aposteln gesagt: Frieden hinterlasse ich euch, meinen Frieden gebe ich euch. Deshalb bitten wir: Herr Jesus Christus, schau nicht auf unsere Sünden, sondern auf den Glauben deiner Kirche und schenke ihr nach deinem Willen Einheit und Frieden.*

Dann folgt der Friedensgruß. Der Priester singt oder spricht: *Der Friede des Herrn sei allezeit mit euch.* Die Gemeinde antwortet: *Und mit deinem Geiste.* Mit den Worten *Gebt einander ein Zeichen des Friedens und der Versöhnung* kann der Diakon bzw. der Priester jetzt »dazu auffordern, in einer den örtlichen Gewohnheiten entsprechenden Weise einander die Bereitschaft zu Frieden und Versöhnung zu bekunden«.

Es folgt die Brechung des Brotes: »Der Priester bricht die Hostie über der Schale in mehrere Teile zum Zeichen, daß alle von demselben Brot essen und an dem einen Leib Christi teilhaben.« Ein kleines Teilstück der Hostie senkt er in den Kelch und spricht: *Das Sakrament des Leibes und Blutes Christi schenke uns ewiges Leben.*

Während der Brotbrechung wird das Agnus Dei als *Gesang zur Brotbrechung* gesprochen oder gesungen: *Lamm Gottes, du nimmst hinweg die Sünde der Welt: erbarme dich unser* (dritte Anrufung: *gib uns deinen Frieden*). Es ist auch möglich, stattdessen ein Agnus-Dei-Lied zu singen.

Für das Stille Gebet vor der Kommunion wird neben dem überlieferten *Herr Jesus Christus, Sohn des lebendigen Gottes* (*Domine Jesu Christe, Fili Dei vivi*) auch eine kürzere Fassung angeboten: *Herr Jesus Christus, der Empfang deines Leibes und Blutes bringe mir nicht Gericht und Verdammnis, sondern Segen und Heil.* Es folgt die Einladung zur Kommunion. Nach einer Kniebeuge nimmt der Priester ein Stück der Hostie, zeigt es der Gemeinde und spricht: *Seht das Lamm Gottes, das hinwegnimmt die Sünde der Welt.* Priester und Gemeinde sprechen gemeinsam: *Herr, ich bin nicht würdig, dass du eingehst unter mein Dach, aber sprich nur ein Wort, so wird meine Seele gesund.* Der Priester kann ein biblisches Votum (zum Beispiel: *Selig, die zum Hochzeitsmahl des Lammes geladen sind*) oder den Kommunionvers aus der Tagesmesse hinzufügen.

Zunächst kommuniziert nun der Priester. Er nimmt Brot und Kelch mit den Worten: *Der Leib Christi schenke mir das ewige Leben* bzw. *Das Blut Christi schenke mir das ewige Leben.* Danach reicht er den Gläubigen das Brot mit den Worten: *Der Leib Christi.* Der Kommunikant antwortet: *Amen.* Wird die Kommunion unter beiden Gestalten ausgeteilt, sagt er, wenn er den Kelch reicht: *Das Blut Christi.*

Während der Priester kommuniziert, wird der *Gesang zur Kommunion* angestimmt. Hierfür »gelten sinngemäß dieselben Regeln wie für den Gesang zur Eröffnung.« Wenn zur Kommunion nicht gesungen wird, kann der Kommunionvers – gegebenenfalls nach der Austeilung – gesprochen werden.

Nach der Kommunionausteilung werden Hostienschale und Kelch gereinigt (purifiziert). Dazu wird still das *Quod ore sumpsimus* (*Was wir mit dem Munde empfangen haben*) gesprochen. Die Purifizierung kann auch nach der Messe erfolgen.

Danach kann der Priester an seinen Sitz zurückkehren, wo er das Schlussgebet spricht, das dem Proprium des Tages bzw. Festes entnommen wird. Zuvor kann eine Gebetsstille eingehalten und ein Dankpsalm bzw. ein Loblied gesungen werden.

Es folgt die *Entlassung*, der kurze Schlussteil der Messe (Missale Romanum: *Ritus conclusionis*). Zunächst können hier kurze Verlautbarungen für die Gemeinde eingefügt werden. Dann grüßt der Priester die Gemeinde und segnet sie: *Es segne euch der allmächtige Gott, der Vater und der Sohn ✝ und der Heilige Geist. A. Amen.* Dann entlässt der Diakon (bzw. der Priester) die Gemeinde mit dem Ruf: *Gehet hin in Frieden. A. Dank sei Gott, dem Herrn* (dazu in der Osterwoche bzw. in der ganzen Osterzeit: *Halleluja, Halleluja*).

An bestimmten Tagen bzw. Anlässen kann auch eine *feierliche Segensformel* bzw. ein *Gebet über die Gläubigen* oder der *Wettersegen* gesprochen werden. Dann folgt der Auszug: Wie zu Beginn verehren der Priester und seine Begleitung den Altar und kehren zur Sakristei zurück.

Ein tabellarischer Überblick zum neuen Messordo findet sich unter 4.3.6 in diesem Buch.

14.2 Schauplatz Agende

Mit dem *Evangelischen Gottesdienstbuch* haben sich die Evangelische Kirche der Union und die Vereinigte Evangelisch-Lutherische Kirche Deutschlands zum 1. Adventssonntag 1999 eine gemeinsame Agende gegeben, die in Zukunft das gottesdienstliche Leben in einem großen Teil des deutschsprachigen Protestantismus prägen wird.[85] Insofern darf das Gottesdienstbuch durchaus mit dem neuen deutschen Meßbuch, das im Mittelpunkt des vorhergehenden Abschnitts stand, verglichen werden. Mit einer Einführung in den Gottesdienst nach der neuen Agende soll darum dieses Kapitel – und damit zugleich jener Teil des Buches, der sich vornehmlich mit den gottesdienstlichen Formen um ›Wort und Mahl‹ befasst hat – schließen. Zuvor sollen jedoch auch hier einige Entwicklungen skizziert werden, die im weiteren Sinn zur Vorgeschichte der neuen Agende gehören.

14.2.1 Vom 16. zum 19. Jahrhundert

(1) Eine neue gottesdienstliche Kultur

In den Wirren der nachreformatorischen Zeit, die schließlich in die geschichtliche Katastrophe des Dreißigjährigen Krieges (1618-1648) münden, zeichnet sich der altprotestantische Gottesdienst – bei großer Vielgestaltigkeit im Einzelnen – alles in allem doch durch eine »eindrucksvolle Stabilität« aus.[86] Das hat seinen Grund wohl darin, dass es den reformatorischen Kirchen zunächst durchaus gelingt, eine überzeugende, in sich stimmige »neue gottesdienstliche Kultur« an die Stelle der alten zu setzen.[87] Es spricht für die spirituelle Prägekraft dieser Kultur, dass sie sich gerade angesichts tödlicher Bedrohungen bewährt und nach den Verwüstungen des Krieges einen Wiederaufbau des kirchlichen und gottesdienstlichen Lebens ermöglicht.

Diese »neue gottesdienstliche Kultur« basiert freilich auf bestimmten gesellschaftlichen Voraussetzungen: Noch gilt die »Einheit von Christengemeinde und

Bürgergemeinde«,[88] noch stimmen »Kirche, Obrigkeit und Haus«,[89] *status ecclesiasticus, status politicus* und *status oeconomicus* zusammen, noch fungiert das »ganze Haus«[90] als grundlegendes Sozialgebilde überhaupt und bestimmt in seiner herrschaftlichen Verfasstheit die Strukturen des gesellschaftlichen Lebens insgesamt (vgl. dazu auch 3.7).

Peter Cornehl schreibt dazu: »Ständeethik und Hausväterpatriarchalismus auf der einen, die deuteronomistische Buß- und Geschichtstheologie auf der anderen Seite bildeten die Grundelemente der religiösen Plausibilitätsstruktur eines Lebens, das durch Krisen und Katastrophen, durch Krieg, Krankheit und Seuchen, durch Mißernten, Hunger und Not, durch Ungerechtigkeit, Willkür und Gewalt vielfach bedroht war. Diese Wirklichkeit wurde im Gottesdienst vor Gott gebracht, sie fand ihren Ausdruck im Bekenntnis der Sünde, in der flehentlichen Bitte um Verschonung, im Dank für unverdiente Errettung. Und der einzelne wie die Gemeinschaft erfuhren darin Sinnvergewisserung und Trost.«[91]

Kennzeichnend für die »neue gottesdienstliche Kultur« des Protestantismus ist ein »kulturelle[r] Wandel vom Sehen zum Hören, von außen nach innen, von der sinnlichen Anschauung des Heiligen zur Kommunikation des Glaubens in *Wort und Musik*«[92] (vgl. dazu 13.1.1). Das findet seinen Ausdruck in der Pflege der lehrhaften Predigt im ›Zeitalter der altprotestantischen Orthodoxie‹, wie man diesen Zeitraum gerne bezeichnet, vor allem aber in einer ganz erstaunlichen Blüte des Kirchenliedes und der Kirchenmusik (vgl. dazu 5.2.5 und 5.2.6).

Die Kirche ist in jener Zeit »Ort für die Vollversammlung der Ortskirchengemeinde«. Bis in die Sitzordnung hinein ist »die Gottesdienstgemeinde ein Abbild der ständischen und hierarchischen Gliederung der lokalen Gesellschaft.«[93] Dass die Gottesdienste ihre Zeit dauern, hängt auch mit dieser ihrer gesellschaftlichen Funktion zusammen und kann wohl nicht allein der ausufernden Kirchenmusik angelastet werden. Peter Cornehl schreibt: »Ein sonntäglicher Hauptgottesdienst dauerte im 17. und 18. Jh. in der Regel drei Stunden und mehr: eine Stunde Eingangsliturgie, Kirchenmusik, gelegentlich Amtshandlungen; über eine Stunde Predigt (mit Liedern und Gebeten eine Art Gottesdienst im kleinen); anschließend Kirchengebete, Abkündigungen, Verlesungen von Aufgeboten und Reskripten, z.T. mit weiteren Amtshandlungen, Abendmahl bzw. Schlußliturgie.«[94]

(2) Krisenzeichen

Symptome, in denen sich schon früh eine Krise nicht nur der gottesdienstlichen Praxis des Protestantismus, sondern des religiösen Lebens überhaupt ankündigt, dürfen freilich bei all dem nicht übersehen werden. Sie sind Vorboten eines Plausibilitätsverlustes, der das neuzeitliche

Christentum insgesamt, besonders jedoch in seiner kirchlichen Gestalt, zunehmend betrifft.

So reagiert man etwa auf »die offizielle Verlängerung« des Sonntagsgottesdienstes »mit privater Verkürzung«: Die Männer warten vor der Kirche, bis die Predigt beginnt; Musiker und Chorsänger verbringen dagegen die Zeit der Predigt mit Vorliebe in Gasthäusern; im Gottesdienst selbst sind »Unterhaltungen mit dem Nachbarn, Dösen und Schlafen« bis hin zu pennälerhaftem Verhalten an der Tagesordnung. Formen privater Andacht, mit denen man die Längen des Gottesdienstes überbrückt, laufen auf eine Trennung »von objektiver Liturgie und subjektivem Nachvollzug« hinaus.[95] Sie erinnern durchaus an ähnliche Praktiken im katholischen Bereich (vgl. 14.1.1).

Klagen über einen Rückgang des Gottesdienstbesuchs begegnen seit der Mitte des 17. Jh.[96] Kirche wie Obrigkeit reagieren darauf mit verstärktem Druck, der sich bis zu polizeilichen Zwangsmaßnahmen steigern kann. Solche Maßnahmen richten sich auch gegen eine zunehmende Aushöhlung der Sonntagsheiligung: Eine durch ökonomische Zwänge bewirkte Ausweitung der Arbeitszeit verbindet sich hier mit einem wachsenden Bedürfnis nach Entspannung und Freizeit.[97]

Zu einer »Aushöhlung der überkommenen gottesdienstlichen Formen«[98] trägt nicht zuletzt auch die unter dem Sammelbegriff *Pietismus* zusammengefasste geistlich-theologische Erneuerungsbewegung bei. Der Wert, der hier auf das persönliche Streben nach Wiedergeburt und Heiligung und damit auf die religiöse Befindlichkeit des »frommen Einzelnen« gelegt wird, nimmt in gewisser Weise die Wendung hin zu den Bedürfnissen und Dispositionen des religiösen Subjekts vorweg, wie sie sich dann in der Aufklärung vollzieht.

Es darf freilich nicht übersehen werden, dass sich in der *Brüdergemeine* um Nikolaus Graf von Zinzendorf (1700-1760) eine »liturgische Gestaltungskraft« ganz eigener Art Bahn bricht.[99] Die liturgischen Formen, die sich hier entwickeln, stellen in ihrer spirituellen Prägung, ihrer Vielfalt und Gemeindenähe eine unverzichtbare Bereicherung evangelischer Gottesdienstpraxis dar.[100]

(3) Die liturgische Bewegung der Aufklärung

Schon bei der Darstellung der Entwicklung im katholischen Bereich (14.1.1) war auf die tief greifenden Wandlungsprozesse hingewiesen worden, die das gesellschaftlich-kulturelle Umfeld des Gottesdienstes spätestens seit dem 18. Jh. wiederum deutlich verändern: Im Zuge sich verstärkender Ausdifferenzierung gesellschaftlicher Teilsysteme verliert der Gottesdienst zunehmend an gesamtgesellschaftlicher Bedeutung. Dies ist verbunden mit einem weit reichenden »Plausibilitätsverlust der tragenden theologischen Grundanschauungen.«[101] Auf damit verbundene krisenhafte Erscheinungen – Rückgang des Gottesdienstbesuchs, Änderungen im Teilnahmemodus, wachsende Entfremdung insbesondere der gebildeten Schichten – antwortet die liturgische Bewegung der Aufklärung. Sie kann als Versuch begriffen werden, »den Verfall aufzuhalten und die Gottesdienstpraxis durch Modernisierungen im kognitiven wie im kommunikativen Bereich mit neuem Leben zu füllen.«[102]

Bedingt durch die zunächst noch unangefochtene, im landesherrlichen *ius liturgicum* begründete Geltung der Agenden, gelangt sie jedoch erst im letzten Drittel des 18. Jh. zu praktischer Wirkung (Georg Friedrich Seiler 1733-1807, Jakob Georg Christian Adler 1756-1834, Johann August Ephraim Goeze 1731-1793[103] und andere). Exemplarische Bedeutung besitzt die von Adler verfasste Schleswig-Holsteinische Kirchenagende von 1797.[104]

Eines der vornehmsten Ziele der Aufklärungsliturgik ist es, dem Einzelnen – dessen bürgerliche und religiöse Existenz darin wieder auf glaubwürdige Weise zusammengeführt werden sollen – eine ungeteilte Teilhabe am Gottesdienst zu ermöglichen: »Es ging um den ›vernünftigen‹ Gottesdienst, in dem der einzelne mit Verstand, Willen und Gefühl ungespalten dabei sein konnte.«

Damit der Gottesdienst auf solche Weise der Erbauung des Einzelnen wie der Gemeinde zu dienen vermag, sind in der liturgischen Gestaltung die Kriterien der »Verständlichkeit, Eindeutigkeit, Einfachheit, Abwechslung« zu beachten. Ziel ist »die Komposition in sich stimmiger Feiern nach dem Ideal durchgängiger Thematisierung und Homogenisierung.«[105] In all dem zeichnet sich ein Paradigma ab, wie es auch spätere liturgische Bewegungen bestimmt, die sich die Akkomodation des evangelischen Gottesdienstes an die zeitgenössische Kultur zum Ziel setzen.

Von weit reichender Bedeutung sind die Veränderungen im Teilnahmeverhalten, wie sie sich jetzt – zum Teil wohl auch befördert durch die Aufklärungsliturgik – herausbilden: Der Sonntagsrhythmus verliert an verpflichtender Bedeutung. Immer mehr evangelische Christen partizipieren *jahreszyklisch* – aus Anlass der großen Feste des Jahreskreises – bzw. *lebenszyklisch* an den gottesdienstlichen Angeboten.

Das gilt insbesondere für die »lebenszyklischen Amtshandlungen«: Sie werden zunehmend »als ein zusammengehöriges System familienbezogener Feiern wahrgenommen, die den Lebensweg des einzelnen festlich begleiten und die Integration von Individuum, Familie, Kirche und Gesellschaft an den großen biographischen Höhepunkten und Übergängen« symbolisch vollziehen.[106]

(4) Die neulutherische Liturgik des 19. Jahrhunderts

Auf die der Aufklärungsliturgik angelastete »Auflösung der alten gottesdienstlichen Formen«[107] antwortet eine theologisch-kirchlich vom Neu-
luthertum des 19. Jh. bestimmte liturgische Bewegung mit dem Bemühen
um Wiederherstellung der klassischen liturgischen Formen, insbesondere
des Messordinariums in seiner von den Reformatoren geschaffenen
Gestalt (vgl. zu den entsprechenden Entwicklungen auf katholischer Seite
14.1.1). In den gesamtkulturellen Kontext lässt sich dies einordnen als
Reaktion auf die Individualisierungs- und Modernisierungsschübe, wie
sie mit dem Ausgang des 18. Jh. immer rascher aufeinander folgen.
Zumindest partiell geht es dabei um den Versuch, angesichts der sich
abzeichnenden tief greifenden sozioökonomischen Umbrüche beim
Übergang zur modernen Industriegesellschaft eine in sich geschlossene,
an traditional-ständischen Mustern orientierte Gegenwelt zu etablieren.

»Die Bewahrung der Tradition, die Objektivität einer kirchlichen Welt, in der
Autorität, Amt und Bekenntnis noch galten, all das hat viele Zeitgenossen
angezogen, die von der modernen Entwicklung verunsichert und vom Subjektivismus abgestoßen waren. Ihnen lieferte die Gottesdienstpraxis des Luthertums
eine klare Orientierung und eine Gegenwelt als Heimat.«[108]

Auch dieser Versuch besitzt paradigmatischen Charakter: Strukturen,
Motive und Verfahren, die ihn bestimmen, kehren in modifizierter Form
überall dort wieder, wo liturgische Bewegungen im Rückgriff auf die
gottesdienstliche Überlieferung gegenkulturellen Impulsen Ausdruck und
Gestalt verleihen.

Als Vertreter dieser Richtung gelten u.a. Ludwig Adolf Petri (1803-1873),
Adolf Harleß (1806-1879), Wilhelm Löhe (1808-1872), Theodor Kliefoth (1810-
1895), Theodosius Harnack (1817-1889) und Gerhard Uhlhorn (1826-1901). Die
von ihnen repräsentierte neulutherische Liturgik findet ihren Niederschlag in
einer beachtlichen Reihe landeskirchlicher Agenden (Bayern, Hannover,
Sachsen, Mecklenburg u.a.).

Dass sich bei den Vertretern dieser Richtung (neu-)lutherische Orthodoxie
durchaus mit einem romantischen Sinn für die Geschichte und einem am
»subjektiven Erleben« orientierten Zugang zum Gottesdienst zu verbinden
vermag, zeigt nicht zuletzt Wilhelm Löhe, dessen Agende (1844; ²1853)[109]
bahnbrechend wirkt: »Löhe beschrieb den Gang der Messe als Aufstieg auf einen
Berg mit zwei Gipfeln (Predigt und Abendmahl). In dramatischen Bildern
entstand die Vision einer kultischen Theophanie [...]. Hier entwarf und deutete
ein Romantiker ein religiöses Gesamtkunstwerk, das opernhafte Züge annahm.
Darin zeigt sich die Modernität Löhes: Er hat stets das subjektive Erleben der
Gemeinde im Blick und bedient sich (unbewußt) der liturgiepsychologischen und

-didaktischen Erkenntnisse der Aufklärung, baut Spannungen auf, setzt ›Intervalle‹ und führt eine szenische liturgische Regie, die Worte und Gesten, optische und akustische Signale genau aufeinander abstimmt.«[110]

(5) Die preußische Agende

Obwohl von Vertretern des Neuluthertums wegen seiner Bemühungen um eine Union von Lutheranern und Reformierten in seinen Landen vielfach angefeindet, gehört auch der preußische König Friedrich Wilhelm III. (er regiert von 1797-1840) und die von ihm eingeführte Agende in diesen Zusammenhang. Vom Geschichtsbild der Romantik beeinflusst, vom Willen beseelt, Preußen zu einem »christlichen Staat« zu machen, und von seinem Recht überzeugt, den Gottesdienst in dem von ihm regierten Staat nach seinen Vorstellungen zu ordnen, wendet sich der König schon bald nach seinem Regierungsantritt den Fragen um Gottesdienst und Agende zu. »Vorläufige Bemerkungen« zur Liturgie, die er 1816 vorlegt und die als Grundlage für eine neue, in den Hof- und Garnisongemeinden zu Potsdam und Berlin eingeführte Gottesdienstordnung dienen, geben von den intensiven liturgischen Studien des Königs Zeugnis. 1821 bzw. 1822 folgt dem eine *Liturgie zum Hauptgottesdienst an Sonn- und Festtagen und zur Abendmahlsfeier*, die zunächst als Agende für die Armee und danach als *Kirchen-Agende für die Hof- und Domkirche in Berlin* (1822) eingeführt wird.[111]

Unverkennbar sind in die neue Gottesdienstordnung auch Begegnungen des Königs mit anglikanischen, katholischen und russisch-orthodoxen Gottesdiensten eingeflossen; daraus erklärt sich zum Teil die merkwürdige Gestalt dieser Liturgie: »Die Eigentümlichkeit dieser Agende [...] ist darin zu sehen, daß die gesamte Liturgie gleich zu Beginn des Gottesdienstes erfolgte, der die Predigt als Anhang hinzugefügt wurde, daß alle Responsorien von einem Chor übernommen wurden und die Beteiligung der Gemeinde sich auf den Gesang von drei Liedern beschränkte.«[112]

Die Liturgie hat folgenden Aufbau: *Gesang der Gemeine – Eingangsvotum – Unsere Hülfe – Sündenbekenntnis – Amen* (Chor) *– Lobspruch – Kyrie* (Chor) *– Gloria* (an Festtagen mit *Laudamus*, vom Geistlichen gesprochen, vom Chor mit *Amen* beantwortet) *– Salutatio – Antwort* (Chor) *– Gebet – Amen* (Chor) *– Epistel* mit *Spruch* und *Halleluja – Halleluja* (Chor) *– Evangelium – Amen* (Chor) *– Apostolisches Glaubensbekenntnis* (vom Geistlichen gesprochen) *– Chorgesang* (*Bekennen will ich dich* oder *Ehre sey dem Vater*) *– Präfation* (vom Geistlichen gesprochen) *– Sanctus* (Chor) *– Allgemeines Kirchengebet* (Geistlicher)

– Amen (Chor) *– Unser Vater* (Geistlicher) – dreifaches *Amen* (Chor) –
Gesang der Gemeine – Predigt – Aaronitischer Segen – dreifaches *Amen*
(Chor) *– Gesang der Gemeine.*

Wenn Kommunion gehalten wird, folgen *Abendmahlsvermahnung* und *Bitte
– Amen* (Chor) *– Einsetzungsworte* (die Gemeinde kniet) *– Friedensgruß – Amen*
(Chor) *– O Lamm Gottes* (Chor) *– Austeilung* mit *Gemeindeliedern –
Dankgebet – Aaronitischer Segen* – dreifaches *Amen* (Chor) *– Gesang der
Gemeine.*

Um die neue Agende und die Art ihrer Einführung entbrennt alsbald
ein heftiger Streit, in den auch Friedrich Daniel Ernst Schleiermacher
(1768-1834) mehrfach als Kritiker der liturgischen Bemühungen des
Königs und seiner Gottesdienstordnung eingreift.

Zugeständnisse an die Reformierten wie an die Besonderheiten der einzelnen
Provinzen ermöglichen dann doch die allgemeine Verbreitung der neuen Ord-
nung: 1826 erscheint ein besonderer Nachtrag für Pommern, von 1829 bis 1834
kommen – mit »besonderen Bestimmungen und Zusätzen« für die jeweiligen
Provinzen versehen – die Provinzialausgaben der *Agende für die evangelische
Kirche in den Königlich Preußischen Landen* heraus. Eine erste bedeutende
Revision dieser Agende erfolgt 1856 unter Friedrich Wilhelm IV. (1840-1861).
Sie legt unter anderem fest, dass die Responsorien nicht mehr vom Chor, sondern
von der Gemeinde gesungen werden.

Ergebnis einer durch die preußische Generalsynode in Gang gesetzten
weiteren Revision ist die zweibändige *Agende für die Evangelische
Landeskirche* aus dem Jahre 1895.[113]

Band I stellt der am lutherischen Messtyp orientierten Liturgie für den *Hauptgottesdienst an Sonn- und Festtagen mit Abendmahlsfeier* eine am oberdeutschen
Predigtgottesdienst ausgerichtete *Andere Form des Hauptgottesdienstes* zur Seite
und trägt so den unterschiedlichen konfessionellen Prägungen in der preußischen
Landeskirche Rechnung.

Die erstgenannte Ordnung hat nunmehr folgenden Aufbau: *Eingangs-
lied – Im Namen des Vaters – Unsre Hülfe – Eingangsspruch – Ehre sei
dem Vater* (Gemeinde) *– Sündenbekenntnis – Kyrie* (Gemeinde) *–
Gnadenverkündigung – Gloria* (Gemeinde, an Festtagen mit *Laudamus*)
– Salutatio (mit Antwort der Gemeinde) *– Gebet vor der Schriftlesung
– Amen* (Gemeinde) *– Epistel – Spruch nach der Epistel – Hallelujah*
(Gemeinde, an Bußtagen *Amen*) *– Evangelium – Ehre sei dir, Herr*
(Gemeinde) *– Apostolisches Glaubensbekenntnis* (gesprochen vom
Geistlichen, oder *Glaubenslied*) – dreifaches *Amen* (Gemeinde) *– Pre-
digtlied – Kanzelgruß – Predigt – [Liedvers, Fürbitten, Abkündigungen]*

– *Kanzelsegen* – *Liedvers* – [falls nicht in der Kommunionfeier: *Wechselrufe zur Präfation* – *Präfation* – *Sanctus*] – *Allgemeines Kirchengebet* – [falls nicht in der Kommunionfeier: *Gebet des Herrn*, vom Geistlichen gesprochen, von der Gemeinde mit *Amen* oder der *Lobpreisung am Schluß* beantwortet – *Aaronitischer Segen* – dreifaches *Amen* – *Schlußvers*].

Wird Kommunion gehalten, folgen dem *Allgemeinen Kirchengebet*: *Vers eines Abendmahlsliedes* – *Salutatio* (mit Antwort der Gemeinde) – *Abendmahlsvermahnung* – *Wechselrufe zur Präfation* – *Präfation* – *Sanctus* (Gemeinde) – [*Bitte um rechten Empfang*] – *Gebet des Herrn* (wie oben) – *Einsetzungsworte* (Gemeinde kniet, wo es üblich ist) – *Christe du Lamm Gottes* (Gemeinde [und Chor]) – *Friedensgruß* – *Vorbereitungsgebet* (*Herr Jesu Christe, Du Sohn des lebendigen Gottes* oder *Herr Jesu Christe, ob ich gleich nicht wert bin*) – *Einladung zur Kommunion* – *Austeilung* unter *Abendmahlsliedern* – *Dankversikel* – *Dankgebet* – *Aaronitischer Segen* – dreifaches *Amen* – *Schlußvers*.

14.2.2 Die ältere liturgische Bewegung

Im Gegensatz zur konfessionellen Liturgik des 19. Jh. steht die liberaler protestantischer Theologie verpflichtete so genannte *ältere liturgische Bewegung* am Ausgang des 19. Jh. im Zeichen eines Bündnisses mit der Moderne und einer Öffnung des Gottesdienstes für den gesellschaftlichen Wandel. Sie darf darum als liturgischer Zweig jener theologisch-kirchlichen Strömung gelten, die – zutreffend als *Kulturprotestantismus* bezeichnet – bis heute paradigmatisch für eine Synthese von Protestantismus und zeitgenössischer Kultur steht.[114]

Führende Repräsentanten sind Julius Smend (1857-1930) und Friedrich Spitta (1852-1924). Wichtige Impulse verdankt die ältere Bewegung der Theologie Schleiermachers und seiner Vorstellung vom Gottesdienst als »darstellendem Handeln« (vgl. dazu 1.2.2). Die der Aufklärungsliturgik eigene Neigung zur Instrumentalisierung und Pädagogisierung des Gottesdienstes wird so korrigiert; andererseits verweisen psychologisch, soziologisch, ästhetisch und ethisch akzentuierte Zugänge und Kategorien deutlich auf das dort formulierte Paradigma. Späterem Urteil erscheint die ältere liturgische Bewegung darum als Synthese von »ethisierender Kulturfrömmigkeit« und »romantischer Bewußtseins-theologie«.[115]

In Gestalt der seit 1896 in Göttingen erscheinenden *Monatsschrift für Gottesdienst und kirchliche Kunst* schaffen sich Smend und Spitta ein einflussreiches Organ. Von großem Einfluss sind auch die Privatagenden, die im Umkreis der

älteren Bewegung entstehen. Regional unterschiedlich, ergänzen bzw. verdrängen sie die offiziellen landeskirchlichen Agenden auf breiter Front.[116]

14.2.3 Die jüngere liturgische Bewegung

Die Krise der bürgerlichen Kultur, ihres Normen- und Wertebewusstseins
und ihres Lebensgefühls, wie sie – in sensiblen Kreisen bereits zuvor
erspürt – in der Katastrophe des ersten Weltkriegs manifest wird und die
gesellschaftliche Stellung von Religion, Kirche und Gottesdienst
wiederum grundlegend verändert, findet ihren Ausdruck auch in einem
neuen liturgischen Paradigma. Gruppierungen und Strömungen im
deutschen Protestantismus, die dem folgen, subsumiert man allgemein
unter dem Begriff der *jüngeren liturgischen Bewegung*.

Freilich fließen hier im Einzelnen sehr unterschiedliche, mitunter auch gegensätzliche Motive zusammen: Die liturgischen Bemühungen Rudolf Ottos (1869-
1937) nehmen ihren Ausgang bei der mystischen Erfahrung des »Heiligen«; sie
stellen in gewisser Weise den Versuch einer *relecture* der kulturprotestantischen
Liturgik unter den neuen geistig-kulturellen Bedingungen dar.[117] Die hochkirchliche Bewegung (begründet 1918) legt von Beginn an das Schwergewicht auf die
Ökumenizität des Gottesdienstes und knüpft an neulutherische, anglikanische,
altkatholische und katholisch-apostolische, später verstärkt an ostkirchliche
Vorbilder an.[118] Der Berneuchener Kreis (seit 1923; 1931 Gründung der
Evangelischen Michaelsbruderschaft) um Wilhelm Stählin (1883-1975) und Karl
Bernhard Ritter (1890-1968) nimmt zunächst – hierin der zeitgleichen katholischen Strömung um Romano Guardini und anderen verwandt (vgl. 14.1.1) – in
höchst eigenwilliger Weise Impulse der Jugendbewegung auf, nähert sich später
jedoch mehr und mehr ökumenischen Gestaltungen an.[119] Eine spezifisch
konfessionell-lutherisch geprägte liturgische Bewegung entwickelt sich auf der
Basis liturgischer Konferenzen einzelner Landeskirchen, die sich unter Vorsitz
von Christhard R. Mahrenholz (1900-1980) zur *Lutherischen Liturgischen
Konferenz Deutschlands* (erste Tagung am 3.12.1941 in Hannover) zusammenschließen und so zur tragenden Kraft der Agendenerneuerung nach dem
zweiten Weltkrieg werden. Der Alpirsbacher Kreis (1933 aus *Kirchlichen
Wochen* im Kloster Alpirsbach hervorgegangen) pflegt die klassische Gregorianik in Stundengebet und Messe.

Zeitgenössische Versuche, die veränderte geistig-kulturelle Situation
nach dem ersten Weltkrieg zu erfassen, konstatieren u.a. eine Wendung
zum ›Objektiven‹, eine gegen Individualismus und Subjektivismus
gerichtete Strömung, die nach Autorität und Bindung verlangt, weiter
einen Zug zur Mystik, zum Irrationalen in der Religion, schließlich das

Erwachen eines neuen Lebensgefühls, das nach geist-leiblicher Einheit sucht und die ›Leiblichkeit‹ allen Seins betont.[120]

Symptomatisch ist die von Karl Barth und den anderen Vertretern einer ›Theologie der Krise‹ deklarierte »radikale Diastase von bürgerlicher Kultur und christlichem Glauben«. Das darf freilich nicht darüber hinwegtäuschen, dass solche Kulturkritik selber einem »alternativen Kulturkonzept« folgt, »das primär durch Antibürgerlichkeit, Antiliberalismus und einen neuen Gemeinschaftssinn gekennzeichnet ist.«[121] Das gilt auch für die gegenkulturellen Impulse, die in unterschiedlicher Weise das neue liturgische Paradigma bestimmen: Die Strömungen, die unter dem Begriff der jüngeren Bewegung zusammengefasst werden, forcieren je auf ihre Weise neue kulturelle Synthesen, die ihren Ausdruck schließlich in einer gewandelten liturgischen Spiritualität und in gottesdienstlichen Gestaltungen finden, die ihr entsprechen.

14.2.4 Agendenreform

(1) Widerstand

Von größter Bedeutung für das Schicksal der jüngeren liturgischen Bewegung wie für die weitere liturgische Entwicklung in den deutschen evangelischen Kirchen insgesamt wird der Kirchenkampf während des ›Dritten Reiches‹ (1933-1945). Während die dem Regime und seiner Ideologie verbundenen ›Deutschen Christen‹ in ihrer Gottesdienst- und Feiergestaltung an Formen des nationalen Kults und bestimmte Tendenzen der älteren, liberalen Liturgik anknüpfen können (›Vaterlandsfeiern‹ u.ä.),[122] wird für die bekennenden Theologen und Gemeinden die konsequente Hinwendung zum reformatorischen Gottesdienst (bzw. einer bestimmten, theologisch vermittelten Vorstellung vom Gottesdienst der Reformatoren) zu einem entscheidenden Mittel, die eigene christlich-kirchliche Identität zu bewahren und sich gegen die zeitgenössische (Un-)Kultur abzugrenzen. Das gegenkulturelle Paradigma erweist sich hier als rettende Kraft, überlebenswichtig in einer höchst bedrohlichen – freilich von großen Teilen des deutschen Protestantismus selbst mit heraufbeschworenen und geförderten – Situation. Es bleibt zugleich – wie jeder gegenkulturelle Impetus – in seinen Ausdrucksformen auf die dominante Kultur bezogen, antwortet ihr auf einer vergleichbaren Sprach- und Zeichenebene.

»In der spröden Fremdheit der alten Liturgien«, schreibt Peter Cornehl, »in den reformatorischen Chorälen mit ihren Bildern von Kampf und Anfechtung fand man einen überraschend zeitgemäßen Ausdruck des eigenen Glaubens. Die Kirchenmusik, nicht nur die seit der Singbewegung aufgewertete der altprote-

stantischen Klassiker, sondern auch die erstaunlich produktive moderne Kirchenmusik mit ihrer strengen Wortgebundenheit (Pepping, Distler, David u.a.
[...]), war in ihrer antiromantischen Herbheit eine eindrucksvolle Antwort auf die
offiziell geförderte Rauschkultur. Neue geistliche Lieder entstanden, teils in
enger Anlehnung an die biblische Sprache (J. Klepper; R. A. Schröder), teils als
Gegenbildung gegen den Führerkult mit einer betont kämpferischen Christologie
(R. Lörcher, O. Riethmüller, H. Wesenberg u.a.) in der Tradition des bündischen
und pietistischen Liedguts der Evangelischen Jugend. Das Kirchenjahr wurde
zurückgewonnen als in sich geschlossener geistlicher Lebensraum, der ein
eigenes kirchliches Zeiterleben ermöglichte und von allen nationalen und
bürgerlichen Synkretismen gereinigt war [...]. Auch die betonte Inaktualität der
Perikopen, die wieder zur verbindlichen Predigtgrundlage wurden, hatte einen
aktuellen Sinn und sollte zusammen mit den neuen Meditationsreihen [...] die
Predigt von allen subjektiven Meinungen, Situationsdeutungen und Tageskom-
mentaren befreien [...]. Schließlich änderte sich der Vollzug des Gottesdienstes:
Die Bekennende Kirche war singende und betende Gemeinde. Sie wurde wieder
stärker beteiligt z.B. durch gemeinsam gesprochenes Glaubensbekenntnis und
Vaterunser, durch konkrete Fürbitten. Und das Abendmahl wurde wiederentdeckt
und fand als Bekenntnis, Gemeinschaft, Vergewisserung und Trost seinen Platz
in der Mitte der Gemeinde.«[123]

(2) Restauration

In der Situation nach 1945 schlägt solches »Sich-Bergen in die reine
Objektivität der Liturgie«[124] um in eine Liturgiepolitik, die erneut den
Versuch unternimmt, eine in sich geschlossene, jedem gesellschaftlichen
und kulturellen Wandel weitgehend entnommene kirchliche Lebenswelt
zu rekonstruieren. Sie entspricht damit »der restaurativen Gesamttendenz
des kirchlichen Wiederaufbaus« nach der Katastrophe des Na-
tionalsozialismus und repräsentiert so nach Peter Cornehl »die umfas-
sendste liturgische Restauration, die es in der Geschichte des evangelischen Gottesdienstes in Deutschland je gegeben hat.«[125] Es darf nicht
übersehen werden, dass sie damit zugleich den gesamtgesellschaftlich
wirksamen restaurativen Tendenzen in Politik und Kultur folgt, die sie
auf ihre Weise aufnimmt, bestätigt und verstärkt:

»Die Agenden waren ein wichtiger Faktor bei dem Versuch, noch einmal
Kirche als ›gesellschaftliche Ordnungsmacht‹ (Marsch) wiederzuerrichten, um
dem verunsicherten, politisch enttäuschten, durch Flucht oder wirtschaftlichen
Zusammenbruch entwurzelten Menschen Dauer und Geborgenheit in unsicheren
Zeiten zu verschaffen.«[126]

Der Vorgang zeigt, wie ein ursprünglich gegenkulturell wirksames
Paradigma in einem anderen soziokulturellen Kontext, nunmehr selbst

ausgestattet mit gesellschaftlich-kultureller Dominanz, affirmative, stabilisierende Funktionen zu übernehmen vermag. Dass der Versuch letztlich scheiterte, hatte freilich auch darin seinen Grund, dass sich das ›Milieu‹, in das der evangelische Gottesdienst situiert war und das ihn trug, den liturgischen Reformen zumindest partiell verweigerte.

Dieses Milieu war zwar an der Bewahrung bzw. Wiederherstellung religiöser und kultureller Formen interessiert, an denen es seine Identität festmachen konnte. Es wehrte jedoch zugleich alle Zumutungen ab, die auf eine Modifizierung dieser Identität zielten, etwa durch Aufnahme von Praktiken, die mit einer stärkeren Verbindlichkeit der gottesdienstlichen Partizipation verbunden waren oder generell als ›fremd‹ (katholisierend!) empfunden wurden.

Die nachstehende Tabelle gibt einen Überblick über den Hauptgottesdienst nach der Lutherischen Agende I[127] und nach der Agende für die Evangelischen Kirche der Union I (hier: Erste Form).[128] Fakultative Elemente stehen in eckigen Klammern. Die Überschriften folgen der Einleitung in der Taschenausgabe der Lutherischen Agende.

AGENDE FÜR EVANGELISCH-LUTHERISCHE KIRCHEN UND GEMEINDEN, BD. I (1955)	AGENDE FÜR DIE EVANGELISCHE KIRCHE DER UNION, BD. I (1959)	
DER EINGANGSTEIL		
Stilles Gebet Orgelvorspiel [Lied (Komm Heiliger Geist oder Eingangslied)]	Orgelvorspiel Eingangslied Votum (Im Namen des Vaters... Unsere Hilfe steht im Namen des Herrn...)	
	Variante A:	*Variante B:*
[Rüstgebet der Gemeinde – Sündenbekenntnis (Confiteor)] [Introituspsalm (vom Chor gesungen)] Eingangslied [falls nicht bereits vor dem Rüstgebet gesungen] Ehre sei dem Vater (als Gloria-Patri-Strophe oder in Prosaform)	Eingangspsalm oder -spruch Ehr sei dem Vater Sündenbekenntnis	Sündenbekenntnis Eingangspsalm Ehr sei dem Vater
Kyrie eleison	Kyrie eleison Gnadenspruch	Kyrie eleison
Gloria in excelsis Gruß Kollektengebet	Ehre sei Gott Gruß Gebet	Ehre sei Gott Gruß Gebet

DER WORTTEIL	
Epistel	Epistel
Halleluja	Halleluja mit Vers (vom Liturgen ge-
[Hallelujavers (Chor)]	sprochen oder vom Chor gesungen)
Graduallied (Lied der Woche)	Lied des Sonn- oder Festtages
Evangelium	Evangelium
Credo [bzw. Credolied]	Glaubensbekenntnis [oder -lied]
[Liedstrophe oder Lied]	Lied
Predigt	Predigt
Predigtlied	[Lied]
Abkündigungen	Abkündigungen
Dankopfer (Einsammlung unter Lied-	Lied [während des Liedes kann eine
oder Chorgesang)	Kollekte eingesammelt werden]
[Dankopfergebet]	
Allgemeines Kirchengebet	Allgemeines Kirchengebet
[wird kein Abendmahl gefeiert, schlie-	[wird kein Abendmahl gefeiert, folgen
ßen sich an das Fürbittengebet unmittel-	Gebet des Herrn, Entlassung, Segen und
bar Vaterunser und Entlassung an]	Orgelnachspiel]

DER SAKRAMENTSTEIL		
Präfation (Großes Dankgebet, eingeleitet mit den eröffnenden Wechselrufen) Sanctus		Präfation (eingeleitet mit den eröffnen- den Wechselrufen) Heilig, heilig, heilig...
Variante A: Vaterunser	*Variante B:*	
	[Abendmahlsge- bet I]	[Abendmahlsgebet]
Einsetzungsworte	Einsetzungsworte [Abendmahlsge- bet II]	Einsetzungsworte
	Vaterunser Friedensgruß	Gebet des Herrn [Friedensgruß]
Agnus Dei (schon zur Austeilung)	Agnus Dei (schon zur Austeilung)	Christe, du Lamm Gottes
		Einladung zur Austeilung
Austeilung (begleitet von Gemeinde- gesang, Communiopsalm des Chores, Kirchenmusik)		Austeilung (begleitet von Gemeinde- und Chorgesang bzw. Orgelspiel)
Danklied		Danklied
Gruß		
Dankversikel		[Dankversikel]
Schlußkollekte (Postcommunio)		Dankgebet

DER SCHLUSSTEIL	
Entlassung (Benedicamus) [an Danktagen: Tedeum, an Bittagen: Da pacem (Verleih uns Frieden)] Segen Stilles Gebet Orgelnachspiel	Gehet hin im Frieden... [oder: Lasset uns benedeien den Herrn] Segen Orgelnachspiel

(3) Aufbrüche

Schon bald nach Einführung der großen, auf Perfektion bedachten Agendenwerke der Vereinigten Evangelisch-Lutherischen Kirche Deutschlands (VELKD) und der Evangelischen Kirche der Union (EKU) setzt zu Beginn der sechziger Jahre des 20. Jh. eine neue, höchst produktive liturgische Bewegung ein, die – wiederum in deutlichem Zusammenhang mit gesellschaftlich-kulturellen Entwicklungen – das Paradigma der Aufklärungsliturgik in modifizierter Weise aufgreift, bereichert vor allem um politisch-soziale Aspekte (›Gottesdienste in neuer Gestalt‹).[129]

Eine Pilotfunktion nehmen dabei Jugend- und Familiengottesdienste[130] sowie Gottesdienstexperimente auf Kirchentagen wahr. Stehen zunächst aktionsbetonte Modelle im Vordergrund (*Aktion Gottesdienst*[131], *Politisches Nachtgebet*[132]), so gewinnen in den siebziger Jahren Elemente des Festlich-Kreativen[133] wachsende Bedeutung (*Liturgische Nacht* 1974).[134] Eine neue Abendmahlsbewegung (*Feierabendmahl*) nimmt ökumenische Impulse auf und gewinnt so einen neuen Zugang auch zur liturgischen Überlieferung.[135] Als bedeutsam erweist sich hier der Einfluss von Taizé.

14.2.5 Das Evangelische Gottesdienstbuch

(1) Vorgeschichte

Nicht zuletzt unter dem Eindruck wachsender Kritik und der oben geschilderten Neuaufbrüche beginnt schon Mitte der sechziger Jahre des 20. Jh. – initiiert von den an der Agendenreform beteiligten Arbeitsgremien, insbesondere der Lutherischen Liturgischen Konferenz – eine »zweite Phase der Agendenreform«.[136]

Schon 1965 werden »Grundsätze für die Weiterarbeit an der Agende« beschlossen. »Revidierte Gebetstexte zu Agende I« werden erarbeitet, die 1979 erscheinen. Eine Überarbeitung der Lese- und Predigtperikopen kommt 1978 zum Abschluss. Von größter Bedeutung ist das von der Lutherischen Liturgischen Konferenz erarbeitete und 1974 veröffentlichte »Strukturpapier«.[137] Sein erklärtes Ziel ist es, »die Kritik an der unelastischen Starrheit des Gottesdienstes nach der Agende ernstzunehmen, der den Fragen und Bedürfnissen des Menschen der Gegenwart im Panzer einer hochstilisierten Liturgie gegenübertritt, aber zugleich gegenüber der willkürlichen Auflösung der gottesdienstlichen Ordnung an einer verbindlichen und wiederholbaren Gestalt festzuhalten, in der sich die Gemeinde heimisch fühlen kann.«[138]

1980 beginnen – von der Vereinigten Evangelisch-Lutherischen Kirche Deutschlands und der Evangelischen Kirche der Union in Auftrag gegeben – die Arbeiten an einer neuen, gemeinsamen Agende, die die bisher in den beiden kirchlichen Zusammenschlüssen geltenden Gottesdienstbücher zusammenführen und ablösen soll. Träger der Arbeit ist zunächst eine in jeder Weise – nach Ost und West, VELKD und EKU – paritätisch zusammengesetzte »Kontaktgruppe (später: Arbeitsgruppe) Erneuerte Agende«. 1990 kann ein Vorentwurf verabschiedet und zur Diskussion gestellt werden.[139] Er ist u.a. von dem Bemühen gekennzeichnet, die Impulse der neuen liturgischen Bewegung nach 1960 in die agendarische Arbeit zu integrieren und damit in traditionelle Strukturen einzubinden. Nach 1990 erarbeitet dann eine personell neu zusammengesetzte Arbeitsgruppe – unter Berücksichtigung der zahlreich eingegangenen Stellungnahmen – einen Agendenentwurf,[140] der von den beteiligten Synoden 1998 (VELKD) bzw. 1999 (EKU) verabschiedet und unter der Bezeichnung *Evangelisches Gottesdienstbuch*[141] schließlich am 1. Advent 1999 in Gebrauch genommen wird.[142]

(2) Aufbau und Inhalt

Das Evangelische Gottesdienstbuch bietet zunächst zwei *Grundformen* des Gottesdienstes. *Grundform I* folgt dem Messtyp, wie es lutherischer Tradition entspricht. *Grundform II* lehnt sich an den Typ des oberdeutschen Predigtgottesdienstes an, der sich nicht an der Messe, sondern am spätmittelalterlichen Prädikantengottesdienst orientiert (vgl. 12.3.3, 13.2).

Die Grundformen listen jeweils in einer linken Spalte die Elemente des Gottesdienstes auf, gegliedert in die vier Blöcke *A. Eröffnung und Anrufung, B. Verkündigung und Bekenntnis, C. Abendmahl, D. Sendung und Segen*, wobei in Grundform II [Abendmahl] in Klammern erscheint und der vierte Block die Überschrift *Fürbitte und Sendung* trägt. In der rechten Spalte finden sich die Rubriken mit den Hinweisen auf mögliche Gestaltungsvarianten, die in Grundform I im Anschluss an A, B und D zusätzlich in Tabellen zusammengefasst werden.

Den beiden *Grundformen* folgen zwei ›ausgeformte Liturgien‹ (*Liturgie I* in Entsprechung zu *Grundform I*, *Liturgie II* in Entsprechung zu *Grundform II*), in denen die Texte des Ordinariums ausgedruckt und bei Liturgie I – in einem gesonderten Formular – auch mit Noten für den liturgischen Gesang versehen sind.

Es folgt ein Formular für den Gottesdienst mit eingefügter Taufe (mit Hinweisen für den Fall, dass der Gemeindegottesdienst insgesamt als Taufgottesdienst gestaltet werden soll). Formulare für den *Gottesdienst mit kleiner Teilnehmerzahl* schließen sich an; er kann als Tischabendmahl gefeiert werden, auch als Kurzform nach Grundform I (mit oder ohne Abendmahl) oder nach Grundform II. Besondere Formulare gibt es weiter für den Gottesdienst am Karfreitag und am Buß- und Bettag.

Ein folgender Abschnitt enthält Vorschläge für *Gottesdienste in offener Form* mit allgemeinen Gestaltungshinweisen und Formularen für einen Familiengottesdienst (*Gottesdienst für Jung und Alt*), für ein Feierabendmahl und einen *Gottesdienst mit reicheren Interaktionsformen*, der versucht, das liturgische Geschehen »durch neue oder neu entdeckte Ausdrucksformen der Sprache und des körperlichen Verhaltens zu einem erlebnisreichen Geschehen« werden zu lassen, wobei man sich an Kriterien orientiert, »die insbesondere Frauen aus ihren liturgischen Studien und aus ihrem Alltag in Kirche und Gesellschaft entwickelt haben« (vgl. 4.3.7; 17.5.2).[143]

Eine weitere ›Frauenliturgie‹, die im Entwurf ursprünglich hier ihren Platz hatte, wurde in den Ergänzungsband zum Gottesdienstbuch verwiesen.[144]

Im Anschluss an die Ordinarien bietet das Gottesdienstbuch *Die nach Kirchenjahr und Anlaß wechselnden Stücke (Proprium)*, und zwar zunächst für *Die Sonn- und Feiertage des Kirchenjahres*, sodann für *Die unbeweglichen Feste und Gedenktage der Kirche*, schließlich auch für *Besondere Tage und Anlässe* (vgl. dazu 3.7).

Die einzelnen Formulare listen zunächst die Lesungen und Predigttexte für den betreffenden Tag oder Anlass auf, dazu Angaben zu Wochenspruch, Wochenlied, liturgischer Farbe und liturgischen Besonderheiten (z.B. zum Wegfall von *Halleluja* und *Ehre sei Gott in der Höhe*). Im Wortlaut ausgedruckt werden der Eingangspsalm (mit Leitvers) und jeweils drei Tagesgebete zur Auswahl, ferner der Hallelujavers. Bestimmte Proprien enthalten darüber hinaus auch Texte für die Präfation und für das Dankgebet nach dem Abendmahl (die meist für einen ganzen Kirchenjahresabschnitt – Advent, Passionszeit usw.) gelten.

Ein umfangreicher Materialteil (*Textsammlung zur Auswahl*) schließt das Buch ab. Er enthält liturgische Hinweise (*Erläuterungen*) und Texte zum *Gruß*, zum *Vorbereitungsgebet*, zum *Psalm* und zum *Gebet zum Psalm*, zum entfalteten *Kyrie*, zum *Tagesgebet* (Grundform I), zum *Eingangsgebet* (Grundform II), zu neuen *Glaubenszeugnissen*, zum *Gemeinsamen Schuldbekenntnis* (Offene Schuld), zu den *Abkündigungen*, zum *Dankopfer* (Kollekte), zum *Fürbittengebet*, zum *Lobgebet* (Präfation), zum *Abendmahlsgebet* (Eucharistiegebet), zu *Abendmahlsbetrachtung* und *Abendmahlsgebet* nach Grundform II, zu den *Spendeworten*, zum *Dankgebet* nach dem Abendmahl, zu *Sendung* und *Segen*.

(3) Intentionen und Kriterien

Dem *Evangelischen Gottesdienstbuch* ist eine *Einführung* vorangestellt, die über *Impulse und Intentionen* wie über die *maßgeblichen Kriterien*, die bei der Arbeit an dem Buch leitend waren, Auskunft gibt.[145] Da es sich um eine Agende handelt, die sich nach Art und Anlage nicht unerheblich von ihren Vorgängerinnen unterscheidet und demjenigen, der mit ihr sinnvoll umgehen will, einiges an Verständnis und eigener Kreativität abverlangt, ist die Kenntnis dieser einführenden Bemerkungen wichtig.

»Das EVANGELISCHE GOTTESDIENSTBUCH«, so heißt es da, »unterscheidet sich von herkömmlichen Agenden, die nur ordnen, ›was zu tun ist‹. Es enthält Anregungen, Hilfen und einen Rahmen, um Gottesdienste so zu gestalten, dass sie für Menschen in einer säkularisierten, multikulturell geprägten Gesellschaft einladend wirken und mitvollzogen werden können.« Spannungen, die aus solchem Anspruch rühren, werden nicht verschwiegen, sondern benannt und entfaltet. Dazu gehört auch die Spannung zwischen der Bindung an die reformatorische Tradition und der ökumenischen Verpflichtung, unter der die beteiligten Kirchen stehen: »Das EVANGELISCHE GOTTESDIENSTBUCH ist ein *reformatorisches* Gottesdienstbuch mit einem eigenen Profil; es ist zugleich auf die gottesdienstliche Gemeinschaft mit allen christlichen Kirchen hin ausgerichtet. Es setzt Akzente in den Grundformen und Gestaltungsmodellen, die aus reformatorischer Tradition kommen. Es folgt darin aber dem weitgehend übereinstimmenden Grundgefüge und den elementaren Stücken, die den mannigfaltigen Liturgien aller christlichen Kirchen zu eigen sind. Dabei eröffnet es neue Handlungsspielräume und bleibt zugleich im biblisch begründeten Verständnis des Gottesdienstes, wie es die reformatorischen Bekenntnisse neu zur Geltung gebracht haben: In ihrem Gottesdienst erlebt die Gemeinde *das Zentrum ihrer Identität*. Was in ihm geschieht, hat grundlegende Bedeutung und Folgen für den Gottesdienst im Alltag, für das gesamte christliche Leben.«

Die »maßgeblichen Kriterien« werden sodann in sieben Punkten gebündelt. Dabei geht es im Einzelnen um die »Beteiligung der ganzen

Gemeinde«, um das Verhältnis von Grundstruktur und Gestaltungsmöglichkeiten, um die Spannung von Tradition und Situation, um den
Zusammenhang mit der Ökumene, um die Sprache des Gottesdienstes,
um die Bedeutung der leibhaft-sinnlichen Dimension und um den bleibenden Bezug auf Israel.

Der Text liefert damit so etwas wie eine Theologie des Gottesdienstes
in nuce – und zugleich eine Anleitung zu einem sinnvollen, sachgemäßen
Gebrauch des Gottesdienstbuches. Wenn es heißt: »Der Gottesdienst wird
unter der Verantwortung und Beteiligung der ganzen Gemeinde gefeiert«,
so kommt darin nicht nur eine zentrale reformatorische Einsicht zum
Tragen. Erinnert sei an entsprechende Formulierungen in der
Liturgiekonstitution des II. Vatikanischen Konzils, die deutlich machen,
dass damit ein Maßstab gesetzt wird, der ökumenische Geltung beanspruchen kann (vgl. 14.1.2; 14.1.3). Dazu stimmt, dass auch unter den
»maßgeblichen Kriterien« die ökumenische Verpflichtung noch einmal
ausdrücklich eingeschärft wird: »Der evangelische Gottesdienst steht in
einem lebendigen Zusammenhang mit den Gottesdiensten der anderen
Kirchen in der Ökumene.«

Doch endet solche Verpflichtung nicht an den Grenzen der christlichen
Ökumene. Sie bezieht ausdrücklich auch Israel und den jüdischen
Gottesdienst mit ein: »Die Christenheit ist bleibend mit Israel als dem
erstberufenen Gottesvolk verbunden.« Dass es sich bei diesem Satz nicht
um ein formales Bekenntnis handelt, sondern um eine Aussage, die
Folgen für Verständnis und Gestalt des Gottesdienstes hat, wird im
Fortgang deutlich: »Der christliche Gottesdienst hat in den Anfängen
vieles aus den Traditionen der jüdischen Hausgottesdienste und der
Synagoge geschöpft. Er ist zugleich und im weiteren Verlauf der Geschichte von anderen Kulturen beeinflußt worden. Durch die Klarheit
ihres Christusbekenntnisses, daneben aber auch durch ihre Bindung an
das Alte Testament und ihre Verwurzelung im jüdischen Gottesdienst
wird die christliche Kirche davor bewahrt, sich an heidnische Kulte und
Aberglauben zu verlieren.«

Die Spannung zwischen Tradition und Situation, zwischen überlieferter
Gestalt und aktuellen Anforderungen wird unter den »maßgeblichen
Kriterien« in zweifacher Weise angesprochen und einer Lösung zu-
geführt: Zum einen werden überlieferte und neue Texte gleichwertig und
gleichgewichtig einander zugeordnet (»Bewährte Texte aus der Tradition
und neue Texte aus dem Gemeindeleben erhalten den gleichen
Stellenwert«). Zum andern werden »stabile Grundstruktur« (als Bürgin

der Tradition) und »vielfältige Gestaltungsmöglichkeiten« (die sich jeweils aus den Anforderungen der Situation ergeben) dialektisch aufeinander bezogen: »Der Gottesdienst folgt einer erkennbaren, stabilen Grundstruktur, die vielfältige Gestaltungsmöglichkeiten offen hält.«

Ein eigener Abschnitt befasst sich mit der Verpflichtung auf eine gottesdienstliche Sprache, die nicht ausgrenzend wirkt, sondern »den unterschiedlichen Lebens- und Glaubenserfahrungen von Männern und Frauen«, aber auch von Kindern und Jugendlichen entspricht: »Die Sprache darf niemanden ausgrenzen; vielmehr soll in ihr die Gemeinschaft von Männern, Frauen, Jugendlichen und Kindern sowie von unterschiedlichen Gruppierungen in der Kirche ihren angemessenen Ausdruck finden.«

Um ein ›Sprachproblem‹ geht es in gewisser Weise auch dort, wo die »maßgeblichen Kriterien« die Bedeutung leibhaft-sinnlicher, nichtverbaler Kommunikation unterstreichen: »Liturgisches Handeln und Verhalten bezieht den ganzen Menschen ein; es äußert sich auch leibhaft und sinnlich.« Die Hochschätzung der Predigt, so heißt es weiter, darf »nicht dazu führen, daß der Gottesdienst einseitig intellektuell bestimmt wird.«

(4) Grundformen I und II

Die folgenden Tabellen geben einen Überblick über die Struktur des Gottesdienstes nach den Grundformen I und II. Die linke Spalte listet jeweils die einzelnen Elemente auf, wobei fakultative Elemente – bzw. solche, die auch an anderer Stelle ihren Platz finden können – in eckige Klammern gesetzt werden. In der rechten Spalte wird in beiden Tabellen auf einige – nicht auf alle! – Varianten verwiesen, die nach dem Gottesdienstbuch möglich sind.

Grundform I:

ERÖFFNUNG UND ANRUFUNG	
Glockengeläut Musik zum Eingang [Einzug] Votum und Gruß [Vorbereitungsgebet]	Zum Eingang kann ein *Einzug* der liturgisch Mitwirkenden erfolgen. Dem *Gruß* kann ein *Votum* vorausgehen und eine *Begrüßung* mit freien Worten (mit Einführung in den Gottesdienst) folgen. Der *Gruß* kann auch der *Musik zum Eingang* oder dem (gesprochenen) *Psalm* vorausgehen. Das (fakultative) *Buß- oder Eingangsgebet* entfällt, wenn das *Kyrie* mit einem *Bußgebet* verbunden wird.

Lied zum Eingang	Das *Eingangslied* kann auch der *Musik zum Eingang* folgt. Stattdessen kann auch ein entfaltetes *Kyrie* gesungen werden, dem dann das *Gloria* unmittelbar folgt.
[Psalm]	Hier kann ein *Psalm* gesprochen oder gesungen werden. Wird er schwerpunktmäßig entfaltet, können *Kyrie* und *Gloria* entfallen.
Ehre sei dem Vater	Schließt das *Eingangslied* mit einer *Gloria-Patri-Strophe*, entfällt das *Ehre sei dem Vater*.
Anrufungen Herr, erbarme dich (Kyrie)	Das *Kyrie* kann mit Anrufungen bzw. Gebetsanliegen verbunden oder als entfalteter *Kyriegesang* statt des *Eingangsliedes* gesungen werden. Wird es mit einem *Vorspruch* bzw. *Bußgebet*
Ehre sei Gott (Gloria)	eingeleitet, gehen auch dem *Gloria Vorspruch* oder *Gnadenzusage* voraus.
Tagesgebet	Wurde der *Gruß* nicht schon früher gesprochen, geht er hier dem *Tagesgebet* voraus.

VERKÜNDIGUNG UND BEKENNTNIS

Schriftlesungen und Gesänge
  AT-Lesung
  Gesang
  Epistel
  Halleluja
  Gesang
	Zur entfalteten Form gehören drei Lesungen (*AT, Epistel, Evangelium*). Der *Predigttext* tritt dabei an die Stelle einer dieser Lesungen (möglich ist auch die Reihenfolge *AT* oder *Epistel – Evangelium – Predigttext*). Der *AT-Lesung* können *Lied* oder *Chorgesang* folgen, der *Epistel* folgt das *Halleluja* [mit *Vers*] und das *Wochenlied*.

Evangelium [Glaubensbekenntnis]	Hier – oder an der angegebenen Stelle nach der *Predigt* – folgt das *Glaubensbekenntnis*.
[Gesang] Predigt [Gemeinsames Schuldbekenntnis] [Gesang/Musik/Stille] Glaubensbekenntnis	An die Predigt kann sich die *Offene Schuld* anschließen. Das *Glaubensbekenntnis* kann auch unmittelbar vor dem *Lobgebet* stehen

Dankopfer (Kollekte)
  Lied/Musik
  [Gebet (Dankopfergebet)]
	Zum Abschluss der *Dankopfer-Sammlung* kann ein *Dankopfergebet* gesprochen werden.

Abkündigungen	Hinweise auf Veranstaltungen u.ä. haben ihren Platz im Sendungsteil.
Fürbittengebet	Die *Fürbitten* können auch mit dem *Dankgebet nach dem Abendmahl* verbunden werden. Sie entfallen, wenn zu Beginn eine *Kyrie-Litanei* gebetet wurde.

ABENDMAHL	
[Dankopfer (Kollekte)] [Lied] Vorbereitung [Gebet]	Das *Dankopfer* kann auch an dieser Stelle einge- sammelt werden. Brot und Wein werden für die Mahlfeier bereitgestellt oder herbeigebracht. Da- zu kann ein *Gebet zur Abendmahlsbereitung* ge- sprochen werden.

Einsetzungsworte mit großem
Lobgebet (Eucharistiegebet)
  Lobgebet (Präfation)
  Dreimalheilig (Sanctus)
  [Abendmahlsgebet I]
  Einsetzungsworte
  [Christuslob]
  [Abendmahlsgebet II]
	Die *Präfation* wird durch einen *Wechselgesang*
	(*Eröffnungsrufe*) eingeleitet. Nach dem *Sanctus*
	können Gebetsworte zu den *Einsetzungsworten*
	überleiten. Die Gemeinde kann auf die *Einset-
	zungsworte* mit einem *Christuslob* antworten.
	Danach kann das *große Lobgebet* fortgeführt
	werden. Die Gemeinde antwortet darauf mit
	Amen.

Vaterunser Friedensgruß Lamm Gottes (Agnus Dei) Austeilung Lied/Musik/Stille Dankgebet	Soll die *Austeilung* den *Einsetzungsworten* un- mittelbar folgen, wird das *Vaterunser* nach dem *Sanctus* gebetet. Der *Friedensgruß* folgt dann nicht hier, sondern eröffnet den Abendmahlsteil. Während des *Agnus Dei* kann das Brot gebrochen werden und die *Austeilung* – begleitet von *Abendmahlsliedern, Musik* oder *Stille* – beginnen. Das *Dankgebet* wird durch den *Dankversikel* eingeleitet. Vor oder nach dem *Dankgebet* kann ein *Danklied* gesungen werden.
SENDUNG UND SEGEN	
[Fürbittengebet] [Vaterunser] [Lobpreis]	Die *Fürbitten* können mit dem *Dankgebet nach dem Abendmahl* verbunden werden. Wenn kein Abendmahl stattfindet, folgt den *Fürbitten* das *Vaterunser.* Hier kann das *Tedeum* oder ein *entfaltetes Gloria* gesungen werden (das dann im Eingangsteil ent- fällt).
Lied [Abkündigungen] [Sendungswort] [Liedstrophe] Segen Musik zum Ausgang	*Abkündigungen*, die sich auf Veranstaltungen o.ä. beziehen, haben hier ihren Platz. Ein *Sendungswort* kann dem *Segen* vorausgehen oder mit ihm verbunden werden. Die Gemeinde kann vor oder nach dem *Segen* eine *Liedstrophe* singen. Dabei kann der *Auszug* der liturgisch Mitwirken- den erfolgen.

Grundform II:

ERÖFFNUNG UND ANRUFUNG	
Glockengeläut	
Musik zum Eingang	Orgel, weitere Instrumente, Chor.
Lied	
Gruß	Dem liturgischen Gruß kann eine Begrüßung mit freien Worten oder eine Einführung in den Gottesdienst folgen.
Biblisches Votum oder: Psalm	Statt des Votums kann ein Psalm [im Wechsel] gesprochen werden, wenn kein Psalmlied vorausging.
Ehre sei dem Vater	Das Gloria Patri kann auch ohne vorhergehenden Psalm gesungen werden.
Eingangsgebet	Das Gebet kann mit der Offenen Schuld verbunden werden.
VERKÜNDIGUNG UND BEKENNTNIS	
Schriftlesung	Wenn das Evangelium Predigttext ist, wird hier die Epistel, die AT-Lesung [oder eine frei gewählte Lesung] gelesen, andernfalls das Evangelium. Lesung und folgendes Lied können auch entfallen.
Gesang/Musik	Die Gemeinde kann auf die Lesung mit einem Lied (Wochenlied) antworten [stattdessen auch andere Musik möglich].
Glaubensbekenntnis	Liturg und Gemeinde sprechen das Apostolikum [stattdessen auch Glaubenslied oder Lehrstücke aus dem Katechismus möglich]; das Glaubensbekenntnis kann auch dem Lied nach der Predigt folgen oder ganz entfallen.
Lied	Die Gemeinde singt ein Lied (Wochenlied), wenn nicht das Glaubensbekenntnis gesungen wurde.
Predigt	Verlesung des Predigttextes; Predigt; ggf. auch andere Formen der Verkündigung (Anspiel, Gespräch, Bibelbetrachtung) möglich.
Gebet oder: Gemeinsames Schuldbekenntnis (Offene Schuld)	Die Predigt kann mit einem Gebet oder der Offenen Schuld abgeschlossen werden, falls diese nicht schon mit dem Eingangsgebet verbunden war.
[Glaubensbekenntnis]	Prediger und Gemeinde sprechen das Apostolikum, falls nicht schon vor der Predigt geschehen [aus besonderem Anlass kann auch ein neueres Glaubenszeugnis gesprochen werden].

Kanzelsegen	Die Predigt kann durch den Kanzelsegen abgeschlossen werden, außer wenn der Predigt bereits ein Gebet oder die Offene Schuld gefolgt ist.
Gesang/Musik/Stille	Es folgt ein Lied [bzw. Chorgesang, Musik oder Stille] als Antwort auf die Predigt [ggf. mit Einsammlung des Dankopfers] oder – falls Abendmahl gefeiert wird – ein Abendmahlslied (zur Bereitstellung von Brot und Wein).
Fürbittengebet	Die Fürbitten können den Teil *Verkündigung und Bekenntnis* abschließen.
	[ABENDMAHL]
Abendmahlsbetrachtung	Die Abendmahlsbetrachtung entfällt, wenn die Predigt vom Abendmahl gehandelt hat.
Einsetzungsworte	Die Einsetzungsworte können auch mit der Abendmahlsbetrachtung verbunden werden.
Abendmahlsgebet	Das Abendmahlsgebet kann mit den Einsetzungsworten verbunden werden (Eucharistiegebet).
Vaterunser	Liturg und Gemeinde beten das Vaterunser.
Einladung	Vor dem Einladungswort kann dazu aufgefordert
Friedensgruß	werden, einander den Friedensgruß zuzusprechen.
Austeilung	Zu Beginn kann während eines Abendmahlsliedes das Brot gebrochen werden.
Gesang/Musik/Stille	Während der Austeilung können Abendmahlslieder, Chor-, Orgel-, Instrumentalmusik oder auch Stille ihren Platz haben.
Dankgebet	Das Dankgebet kann mit den Fürbitten im Sendungsteil verbunden werden. Während eines Liedes nach dem Dankgebet können die Abendmahlsgeräte geordnet bzw. zurückgebracht werden.
	FÜRBITTE UND SENDUNG
Dankopfer Lied Abkündigungen	Das Dankopfer wird angekündigt und während eines Liedes eingesammelt. Hier werden Personen und Ereignisse genannt, die in die Fürbitte aufgenommen werden sollen.
Fürbittengebet	Vorgetragen von einer oder mehreren Personen im Wechsel mit Gebetsrufen der Gemeinde; den (einzelnen) Fürbitten kann eine Gebetsstille folgen. Die Fürbitten können auch dem Abendmahl vorausgehen oder mit dem Dankgebet nach dem Abendmahl verbunden werden.

[Vaterunser]	Den Fürbitten folgt das Vaterunser, falls kein Abendmahl gefeiert worden ist.
Segen	
Lied	[Schluss- oder Segensstrophe; kann auch entfallen]
Musik zum Ausgang	

Anmerkungen

[1] Decretum de ss. Eucharistia, Sessio XIII vom 11.10.1551; Doctrina de ss. Missae sacrificio, Sessio XXII vom 17.9.1562; vgl. Denzinger, Enchiridion (Kap. 10 Anm. 73), Nr. 1635-1661; Nr. 1738-1759.

[2] Meyer, Eucharistie (Kap. 1 Anm. 15), 261.

[3] Vgl. Kap. 1 Anm. 58.

[4] Meyer, Eucharistie (Kap. 1 Anm. 15), 262.

[5] Ebd. 263.

[6] Ebd. 263, 267.

[7] Ebd. 272.

[8] Ebd. 276.

[9] Ebd. 276.

[10] Berger, Handlexikon (Kap. 1 Anm. 19), 43.

[11] Meyer, Eucharistie (Kap. 1 Anm. 15), 277.

[12] Berger, Handlexikon (Kap. 1 Anm. 19), 43.

[13] Ebd. 44.

[14] „Volks-Schott"; vgl. Schott, Meßbuch (Kap. 5 Anm. 45).

[15] Meyer, Eucharistie (Kap. 1 Anm. 15), 279.

[16] Ebd. 280.

[17] Ebd. 280.

[18] Vgl. Hans Bernhard Meyer/Rudolf Pacik (Hg.), Dokumente zur Kirchenmusik unter besonderer Berücksichtigung des deutschen Sprachgebietes, Regensburg 1981, 23-34.

[19] Denzinger, Enchiridion (Kap. 10 Anm. 73), Nr. 3375-3383.

[20] Ebd. Nr. 3530-3536.

[21] Vgl. Jungmann, Missarum (Kap. 4 Anm. 27).

[22] Hans-Christoph Schmidt-Lauber, Art. Liturgische Bewegungen, in: TRE 21 (1991) 401-406, hier 405.

[23] Odo Casel, Das christliche Kultmysterium, Regensburg 1932, [4]1960.

[24] Meyer, Eucharistie (Kap. 1 Anm. 15), 282.

[25] Vgl. Denzinger, Enchiridion (Kap. 10 Anm. 73), Nr. 3840-3855.

[26] Vgl. Heinrich Rennings (Hg. unter Mitarbeit von Martin Klöckener), Dokumente zur Erneuerung der Liturgie. Bd. 1: Dokumente des Apostolischen Stuhls 1963-1973, Kevelaer 1983, 37-76; Lengeling, Konstitution (Kap. 8 Anm. 47).

[27] Joseph Lechner, Liturgik des römischen Ritus. Begründet von Ludwig Eisenhofer, Freiburg i. Br. [6]1953, 3.

[28] Ebd. 4.

[29] Berger, Handlexikon (Kap. 1 Anm. 19), 396.

[30] Ebd. 396.

[31] Lechner, Liturgik (Kap. 14 Anm. 27), 4.

[32] Lengeling, Werden (Kap. 8 Anm. 47), 77*.

[33] Ebd. 79*.

[34] Ebd. 76*.

[35] Ebd. 82*.

[36] Meyer, Eucharistie (Kap. 1 Anm. 15), 310.

[37] Rennings, Dokumente (Kap. 14 Anm. 26), 102-138.

[38] Ebd. 429-437.

[39] Meyer, Eucharistie (Kap. 1 Anm. 15), 313.

[40] Vgl. Rennings, Dokumente (Kap. 14. Anm. 26), 529-534.

[41] Meyer, Eucharistie (Kap. 1 Anm. 15), 313.

[42] Ebd. 317.

[43] Ebd. 320.

[44] Vgl. Rennings, Dokumente (Kap. 14 Anm. 26), 616-635.

[45] Ebd. 642-646.

[46] Ebd. 647-748; deutsche Fassung: *Allgemeine Einführung in das Meßbuch* (AEM), vgl. Allgemeine Einführung (Kap. 4 Anm. 66).

[47] Vgl. Rennings, Dokumente (Kap. 14 Anm. 26), 788-810.

[48] Vgl. Kap. 1 Anm. 59; Rennings, Dokumente (Kap. 14 Anm. 26), 900-901.

[49] Vgl. Kap. 1 Anm. 60.

[50] Meyer, Eucharistie (Kap. 1 Anm. 15), 365.

[51] Allgemeine Einführung (Kap. 4 Anm. 66), Nr. 14 und 15.

[52] Ebd. Nr. 16.

[53] Ebd. Nr. 17.

[54] Ebd. Nr. 30 und 31.

[55] Ebd. Nr. 36.

[56] Ebd. Nr. 37.

[57] Ebd. Nr. 55.

[58] Meyer, Eucharistie (Kap 1 Anm. 15), 323.

[59] Ebd. 365.

[60] Ebd. 367.

[61] Vgl. ebd. 263.

[62] Exemplarisch unter dem Vorsitz des Bischofs, »umgeben von seinem Presbyterium und den Dienern des Altars« (Liturgiekonstitution Art. 41).

[63] Vgl. Art. 50 der Liturgiekonstitution: »Der Meßordo soll so überarbeitet werden, daß der eigentliche Sinn der einzelnen Teile und ihr wechselseitiger Zusammenhang deutlicher hervortreten.«

[64] Meyer, Eucharistie (Kap. 1 Anm. 15), 323.

[65] Allgemeine Einführung (Kap. 4 Anm. 66), Nr. 8.

[66] Meyer, Eucharistie (Kap. 1 Anm. 15), 362.

[67] Ebd. 335.

[68] Ebd. 336.

[69] Ebd. 337.

[70] Allgemeine Einführung (Kap. 4 Anm. 66), Nr. 36.

[71] Ebd. Nr. 17.

[72] Meyer, Eucharistie (Kap. 1 Anm. 15), 337.

[73] Allgemeine Einführung (Kap. 4 Anm. 66), Nr. 37.

[74] Ebd. Nr. 37.

[75] Meyer, Eucharistie (Kap. 1 Anm. 15), 338.

[76] Vgl. 10.1.3, 10.2.1, 10.2.3, 10.2.4, 10.3.5, 11.2.3, 11.3.1, 11.3.3, 12.4.

[77] Meyer, Eucharistie (Kap. 1 Anm. 15), 343 f.

[78] Ebd. 342.

[79] Hinweise zur Erklärung des Hochgebetes der Messe, in: Pastorale Handreichungen zum Kirchl. Amtsblatt für die Kath. Jurisdiktionsbezirke in der DDR, zusammengestellt durch Franz-Georg Friemel, September 1968, S. 69 f.; entnommen aus: *Notitiae* (Publikationsorgan des *Consilium ad exsequendam Constitutionem de sacra Liturgia*) Nr. 40 vom Mai/Juni 1968.

[80] Meyer, Eucharistie (Kap. 1 Anm. 15), 350.

[81] Josef Andreas Jungmann, Kommentar zum Dritten Hochgebet, in: Gottesdienst 2 (1968) H. 13/14, 106.

[82] Johannes Wagner, Kommentar zum Vierten Hochgebet, in: Gottesdienst 2 (1968) H. 13/14, 107.

[83] Meyer, Eucharistie (Kap. 1 Anm. 15), 350.

[84] Nach Meßner, Einführung (Kap. 1 Anm. 39), 196, »war im Zug der nachvatikanischen Liturgiereform einige Zeit lang vorgesehen, daß die ägyptische Basileios-Anaphora in das Missale Romanum aufgenommen wird.« Das Hochgebet IV im neuen Meßbuch hat, »mit Ausnahme der Stellung des Einsetzungsberichts und der Epiklese, eine ähnliche Struktur« wie die Basileios-Anaphora

(214). Vgl. ebd. 383-386; Hänggi/Pahl, Prex (Kap. 1 Anm. 74), 347-357.

[85] Vgl. Kap. 3 Anm. 31.

[86] Cornehl, Gottesdienst (Kap. 1 Anm. 20), 57.

[87] Ebd. 59.

[88] Ebd. 59.

[89] Vgl. Evangelisches Gesangbuch Nr. 423.

[90] Vgl. Bieritz/Kähler, Haus (Kap. 3 Anm. 25).

[91] Cornehl, Gottesdienst (Kap. 1 Anm. 20), 57.

[92] Ebd. 59.

[93] Ebd. 59.

[94] Ebd. 58. Vgl. dazu bei Herbst, Gottesdienst (Kap. 1 Anm. 72), 138-141 (»Der Gottesdienst am Dresdener Hof zur Zeit von Heinrich Schütz 1662«); 142-148 (»Der Leipziger Gottesdienst zur Zeit Joh. Seb. Bachs«).

[95] Cornehl, Gottesdienst (Kap. 1 Anm. 20), 58 f.

[96] Ebd. 59.

[97] Ebd. 59 f.

[98] William Nagel, Geschichte des christlichen Gottesdienstes (SG 1202/1202a), Berlin 1962, 140.

[99] Ebd. 146.

[100] Vgl. dazu Herbst, Gottesdienst (Kap. 1 Anm. 72), 149-152 (»Die Litanei der Herrnhuter Brüdergemeine 1757«) und 153-157 (»August Gottlieb Spangenberg über die Gottesdienste der Brüdergemeine 1786«).

[101] Cornehl, Gottesdienst (Kap. 1 Anm. 20), 61.

[102] Ebd. 61.

[103] Vgl. Herbst, Gottesdienst (Kap. 1 Anm. 72), 166-169.

[104] Vgl. ebd. 158-165.

[105] Cornehl, Gottesdienst (Kap. 1 Anm. 20), 62.

[106] Ebd. 63.

[107] Vgl. Graff, Geschichte (Kap. 6 Anm. 87).

[108] Cornehl, Gottesdienst (Kap. 1 Anm. 20), 67.

[109] Vgl. Kap. 10 Anm. 54.

[110] Cornehl, Gottesdienst (Kap. 1 Anm. 20), 66.

[111] Vgl. hier und zum Folgenden Herbst, Gottesdienst (Kap. 1 Anm. 72), 170-192 (»Vorwort zur preußischen Agende 1822«; Synopse der »Kirchen-Agende für die Hof- und Domkirche in Berlin 1822« und der »Agende für die Evangelische Landeskirche 1895«).

[112] Alfred Niebergall, Art. Agende, in: TRE 1 (1977) 755-784; TRE 2 (1978) 1-91; hier TRE 2,57.

[113] Vgl. zur Geschichte der Preußischen Agende ebd. 55-60.

[114] Konrad Klek, Erlebnis Gottesdienst. Die liturgischen Reformbestrebungen um die Jahrhundertwende unter Führung von Friedrich Spitta und Julius Smend (Veröff. zur Liturgik, Hymnologie und theol. Kirchenmusikforschung 32), Göttingen 1996.

[115] Otto Dietz, Die liturgische Bewegung der Gegenwart im Lichte der Theologie Luthers (MGKK Beiheft 11), Göttingen 1932, 6.

[116] So z.B. Julius Smend, Kirchenbuch für evangelische Gemeinden. Bd. 1: Gottesdienste, Straßburg 1906, ²1910; Bd. 2: Handlungen, Straßburg 1908; Richard Bürkner/Karl Arper, Liturgien-Sammlung für evangelische Gottesdienste, Göttingen 1910; fortgeführt von Karl Arper/Alfred Zillessen, Evangelisches Kirchenbuch. Bd. 1: Der Gottesdienst, Göttingen 1917, ⁴1925; Bd. 2: Die Bestattung, Göttingen 1923, ⁴1947; Bd. 3: Die kirchlichen Handlungen, Göttingen 1929, ⁶1936; Ulrich Altmann/Georg Blümel, Stille zu Gott, Breslau 1921; Ulrich Altmann/Ernst Kölln, Kirchenbuch für evangelische Gemeinden. Bd. 1: Die Gottesdienste. Erhebet eure Herzen! Berlin 1919, ⁵1948; Bd. 2: Die Handlungen. Wir sind des Herrn! Berlin 1920, ³1948.

[117] Vgl. Katharina Wiefel-Jenner, Rudolf Ottos Liturgik (Veröff. zur Liturgik, Hymnologie und theol. Kirchenmusikforschung 31), Göttingen 1997.

[118] Vgl. Karl-Heinrich Bieritz, Liturgische Bewegungen im deutschen Protestantismus, in: Martin Klöckener/Benedikt Kranemann (Hg.), Liturgiereformen. Historische Studien zu einem bleibenden Grundzug des christlichen Gottesdienstes (LQF 88) [FS A. Häußling]. Teil I: Biblische Modelle und Liturgiereformen von der Frühzeit bis zur Aufklärung; Teil II: Liturgiereformen seit der Mitte des 19. Jahrhunderts bis zur Gegenwart, Münster 2002, II, 711-748, bes. 722-731.

[119] Ebd. II, 731-744.

[120] Vgl. z.B. Heinrich Frick, Religiöse Strömungen der Gegenwart (Wissenschaft und Bildung 187), Leipzig 1923.

[121] Tanner, Kultur (Kap. 11 Anm. 1), 701.

[122] Cornehl, Gottesdienst (Kap. 1 Anm. 20), 71.

[123] Ebd. 75.

[124] Ebd. 76.

[125] Ebd. 77.

[126] Ebd. 77 f.

[127] Vgl. Lutherische Agende I (Kap. 7 Anm. 39); dazu Niebergall, Agende (Kap. 14 Anm. 112), 70-73. Das gesamte Agendenwerk der VELKD umfasst vier Bände: II. Bd. Die Gebetsgottesdienste [Entwurf], 1960; III. Bd. Die Amtshandlungen, 1962; IV. Bd. Ordinations-, Einsegnungs-, Einführungs- und Einweihungshandlungen, 1951, ²1964. Die in Agende III und IV enthaltenen Ordnungen wurden inzwischen vielfach überarbeitet und liegen in revidierten Ausgaben vor.

[128] Agende für die Evangelische Kirche der Union. I. Bd. Die Gemeindegottesdienste, Witten 1959, ²1969; II. Bd. Die kirchlichen Handlungen, Witten 1963;
vgl. dazu Niebergall, Agende (Kap. 14 Anm. 112), 73-75.

[129] Gerhard Schnath (Hg.), Fantasie für Gott. Gottesdienste in neuer Gestalt,
Stuttgart, Berlin 1965; ders. (Hg.), Werkbuch Gottesdienst, Wuppertal 1967;
Dieter Trautwein/Roman Roessler, Für den Gottesdienst. Thesen – Texte – Bilder
– Lieder, Gelnhausen 1968; Heinz G. Schmidt (Hg.), Zum Gottesdienst morgen.
Ein Werkbuch, Wuppertal, München 1969; Friedrich Karl Barth/Gerhard
Grenz/Peter Horst, Gottesdienst menschlich. Eine Agende, Wuppertal 1973. Vgl.
auch Karl Ferdinand Müller, Theologische und liturgische Aspekte zu den
Gottesdiensten in neuer Gestalt, in: JLH 13 (1968) 54-77; Peter Brunner,
Theologische Grundlagen von ›Gottesdiensten in neuer Gestalt‹, in: Kerygma
und Melos [FS Christhard Mahrenholz], Kassel 1970, 103-114.

[130] Georg Kugler, Familiengottesdienste, Gütersloh 1971; Georg Kugler/Herbert
Lindner, Neue Familiengottesdienste, Gütersloh, II 1976, III 1979, IV 1980; Kurt
Rommel (Hg.), Familiengottesdienste nach dem Kirchenjahr, 5 Bde., Stuttgart
1982-1983.

[131] Uwe Seidel/Diethard Zils (Hg.), Aktion Gottesdienst. Evangelische und
katholische Gottesdienstmodelle, 2 Bde., Wuppertal, Düsseldorf 1970.

[132] Dorothee Sölle/Fulbert Steffensky (Hg.), Politisches Nachtgebet in Köln,
Stuttgart, Berlin, Mainz, I 1969, II 1971; Uwe Seidel/Diethard Zils (Hg.), Aktion
Politisches Nachtgebet, Wuppertal, Düsseldorf 1971; Kurt Marti (Hg.),
Politische Gottesdienste in der Schweiz, Basel 1971. Vgl. Fulbert Steffensky,
Politisches Nachtgebet und ›neue Gemeinde‹, in: WPKG 60 (1971) 527-534;
Manfred Josuttis, Gesetz und Gesetzlichkeit im Politischen Nachtgebet, in:
EvTh 33 (1973) 183-214.

[133] Wichtige Impulse gingen dabei aus von Harvey Cox, Das Fest der Narren,
Stuttgart 1970 (The Feast of Fools, Cambridge 1968).

[134] Liturgische Nacht. Ein Werkbuch. Hg. vom Arbeitskreis für Gottesdienst und
Kommunikation (AGOK), Wuppertal 1974.

[135] Vgl. Georg Kugler (Hg.), Forum Abendmahl, Gütersloh 1979; ders., Feierabendmahl, Gütersloh 1981; Rolf Christiansen/Peter Cornehl (Hg.), Alle an
einen Tisch. Forum Abendmahl 2, Gütersloh 1981; Peter Cornehl/Rolf
Christiansen (Hg.), Abendmahl und Gemeindereform: Themenheft PTh 72
(1983) H. 3.

[136] Frieder Schulz, Die Agendenreform in den evangelischen Kirchen, in:
Klöckener/Kranemann, Liturgiereformen (Kap. 14 Anm. 118), II, 1017-1050,
hier 1029.

[137] Versammelte Gemeinde (Kap. 2 Anm. 47).

[138] Schulz, Agendenreform (Kap. 14 Anm. 136), 1033.

[139] Erneuerte Agende. Vorentwurf, Hannover, Bielefeld 1990.

[140] Entwurf Gottesdienstbuch für die Evangelische Kirche der Union und für die Vereinigte Evangelisch-Lutherische Kirche Deutschlands (Erneuerte Agende), 1997; vgl. dazu Karl-Heinrich Bieritz, Das neue Gottesdienstbuch. Funktionen und Strukturen, in: Jörg Neijenhuis (Hg.), Erneuerte Agende im Jahr 2000? (Beiträge zu Liturgie und Spiritualität 2), Leipzig 1998, 22-34.

[141] Vgl. Gottesdienstbuch (Kap. 3 Anm. 31).

[142] Vgl. zur Vorgeschichte insgesamt: Schulz, Agendenreform (Kap. 14 Anm. 136); Schwier, Erneuerung (Kap. 2 Anm. 51); Karl-Heinrich Bieritz, Das neue Evangelische Gottesdienstbuch, in: LJ 50 (2000) 20-40.

[143] Gottesdienstbuch (Kap. 3 Anm. 31), 219.

[144] Ergänzungsband (Kap. 4 Anm. 70), 67-79; dort auch ein weiteres ›Gestaltungsbeispiel‹ für einen Pfingstgottesdienst, das sich an Kriterien orientiert, die »aus feministisch-liturgischen Studien, Denken und dem Berufsalltag gewonnen wurden« (81-90); ferner Vorschläge für das Feierabendmahl (91-112), die Thomasmesse (113-115) und Salbungsgottesdienste (116-126).

[145] Gottesdienstbuch (Kap. 3 Anm. 31), 13-19.

15. Wasser und Geist

Gegenstand dieses Kapitels ist die christliche Taufe. Sie ist nicht nur eine
gottesdienstliche Handlung neben anderen, sondern – wie die
Versammlung um Wort und Mahl – eine Grundform christlichen Got-
tesdienstes schlechthin. Sie ist »eine kommunikative Handlung der
Gemeinde, die zur Einfügung des einzelnen in die Gemeinde der an
Christus Glaubenden und unter seiner Herrschaft Lebenden führt.«[1] In
diesem Sinne ist die Taufe – wo und wie auch immer sie gefeiert wird –
Gottesdienst der christlichen Gemeinde, ein Gottesdienst, in dem die
Geschichte Gottes mit den Menschen auf sinnenfällige Weise erinnert,
verkündet, zugeeignet und darin Gemeinde begründet und erbaut wird.

15.1 Ursprünge

15.1.1 Anthropologische Aspekte

Die christliche Gemeinde hat die Taufe nicht ›erfunden‹. Riten, die »mit
Wasserbesprengung, Wasserabwaschung oder durch Untertauchen in
Wasser vollzogen werden«, begegnen in zahlreichen Religionen und
Kulturen.[2] Das hängt ohne Zweifel damit zusammen, dass *Wasser* –
neben Erde, Feuer, Luft eines der vier alten *Elemente* – auf vielfache
Weise Medium menschlicher Grund- und Urerfahrungen und darum
hervorragend geeignet ist, zum Träger und Mittler fundamentaler Sinn-
stiftungen und Sinndeutungen zu werden.

Dass evolutionsgeschichtlich alles Leben aus dem Wasser hervorgegangen ist
– ein Vorgang, der sich bei jedem Menschen pränatal wiederholt –, spielt dabei
sicher eine wichtige Rolle, ebenso wie Grunderfahrungen, die sich an die Leben
spendenden, aber auch lebensgefährdenden Aspekte des Elements anschließen.
»Wasser ist für den antiken Menschen zuerst *Quelle der Fruchtbarkeit*. Wo kein
Wasser vorhanden ist, ist tote Wüste; [...] Wasser, vor allem strömendes Wasser
und sprudelnde Quelle, bedeutet Leben. Zugleich ist das Wasser in seiner
überflutenden Macht *bedrohlich* für den Menschen bis zur Katastrophe. Das
Weltmeer, das im antiken Weltbild die ganze Erdscheibe umfaßt und als ihr
Urgrund trägt, wird darum als widergöttliche und bedrohliche Macht personifiziert. Vor allem das stehende (leicht verderbliche) Wasser galt als Sitz dämo-
nischer Kräfte [...].«[3]

Dass Wasser zur Reinigung dient, wird Ausgangspunkt weiterer Sinnzuschreibungen, die sich mit dem Element verbinden. Dabei umfasst das Motiv der Waschung weit mehr als nur den Aspekt der körperlichen Reinigung. In allen Kulturen begegnet es auch im Zusammenhang der Vorstellungen um psychisch-geistige, sittliche, soziale, religiöse, kultische Reinheit. »Es trägt Verschuldung fort und bietet so den Boden neuen sittlichen Anfangs.«[4]

Wichtig ist ein Aspekt, auf den u.a. Carl Heinz Ratschow verweist: »Das Wasser spielt in allen Religionen eine große Rolle. Gegenüber allem Festgewordenen vermittelt es den Eindruck des Lebendigen, sich ständig Verwandelnden [...]. Hierin schlägt sich der Gedanke nieder, daß das Wasser gegenüber allem Gewordenen und darin Fixierten das Werdende als Mögliches ausdrückt. Das zum Wasser Gehörige oder das zum Wasser Kehrende ist das im Werden und in seine Möglichkeit Kehrende«. Aber auch das andere gilt: »Das Wasser vermittelt nicht nur die Erfahrung des Möglichen als des Keimhaften. Das Wasser löst das Gewordene auf. Es zerstört die Gestalt. Es löst auf und tötet. Das Wasser bedeutet für Erde, Mensch und Wesen den Tod.«[5] So ist das Wasser »seinem Wesen nach unmittelbar geeignet, diesen doppelgesichtigen Vorgang von Tod und Leben zu repräsentieren.«[6]

15.1.2 Wurzeln

(1) Rituelle Waschungen

Rituelle Waschungen – schon im Alten Testament vielfach belegt (vgl. z.B. Num 19,1-24) – spielten im Judentum zur Zeit Jesu eine wichtige Rolle. Sie dienten dem Zweck, die Folgen ritueller Verunreinigungen aufzuheben und die kultische Reinheit wiederherzustellen. Zum Kreis solcher Waschungen gehörte auch die sog. *Proselytentaufe*, die an Heiden vollzogen wurde, die zum Judentum übertraten. Freilich ist umstritten, ob diese Praxis schon zu neutestamentlicher Zeit in Übung stand.

Obwohl solche Waschungen vielfach als »Tauchbad« (טבילה; βαπτισμός) vollzogen wurden, sind die Unterschiede zur Johannestaufe wie zur christlichen Taufe doch erheblich: Es ging – sieht man einmal vom Proselytentauchbad ab – durchweg um Handlungen, die häufig wiederholt werden mussten und die der Einzelne an sich selbst vollzog. Zudem ging es nirgends »um Sünde und Sündenvergebung, sondern um die Beseitigung von kultischer Unreinheit, die durch die Berührung mit Toten, Aussätzigen, Menstruierenden usw. entstanden ist und der Teilnahme am Kult im Wege steht.«[7] Das galt im Prinzip auch für die Reinigungsbäder, die im Leben der Gemeinschaft von Qumran eine große Rolle spielten.[8]

(2) Die Taufpraxis des Johannes

So bleibt letztlich ungeklärt, an welche Vorbilder möglicherweise
Johannes anknüpfen konnte, als er am Jordan eine »Taufe der Buße zur
Vergebung der Sünden« (βάπτισμα – nicht βαπτισμός! – μετανοίας εἰς
ἄφεσιν ἁμαρτιῶν) verkündete und vollzog (Mk 1,4). Offenbar handelte
es sich dabei um ein einmaliges, nicht wiederholbares Geschehen, bei
dem der Täufling zudem – anders als bei den vorgenannten Waschungen
– eine passive Rolle spielte: Er taufte sich nicht selbst, sondern wurde
getauft. Inhaltlich ist wichtig, dass die Taufe mit der Forderung nach
Umkehr angesichts des nahen Gerichts – also einer grundlegenden
Änderung des Denkens und Verhaltens – verbunden war und »zur
Vergebung der Sünden« vollzogen wurde.[9]

Heute besteht weitgehend Übereinstimmung darüber, dass die christliche
Taufe ihre Wurzeln in der Johannestaufe hat. Wie und auf welchem Wege sich
deren Rezeption im Einzelnen vollzog, bleibt jedoch umstritten. »Fest steht, daß
die Urchristenheit nach Ostern offenbar problemlos und ausnahmslos zu taufen
begann, daß sie mit dieser Taufe die wesentlichen Grundmerkmale der Johannestaufe aufnahm, daß dafür aber kein Befehl des irdischen Jesus überliefert
ist und wohl auch Jesus selbst vor seiner Gefangennahme offenbar keine Taufpraxis übte.«[10]

Mk 16,16a und Mt 28,19b legen dem Auferstandenen eine Art
›Taufbefehl‹ in den Mund; aber gerade deshalb gilt es als unwahr-
scheinlich, dass sich eine solche Anweisung auf den irdischen Jesus
zurückführen lässt.

Das gilt auch für die Hinweise auf eine Tauftätigkeit Jesu bzw. seiner Jünger
im Johannesevangelium (3,22.26, wobei 4,2 ausdrücklich vermerkt, »daß Jesus
nicht selber taufte, sondern seine Jünger«). Andererseits deutet manches darauf
hin, dass zwischen der Gruppe um Johannes und der Jesusbewegung enge, wenn
auch nicht spannungsfreie Verbindungen bestanden (vgl. Mt 11,2-6; Mt 14,2).
Johannesjünger – vermutlich durch Johannes getauft – waren zu dem Kreis um
Jesus gestoßen (vgl. Joh 1,35-42). Schließlich hatte sich Jesus selber von Johannes taufen lassen (Mk 1,9-11; Mt 3,13-17; Lk 3, 21 f; Joh 1,29-34; Apg 1,22)
und dabei eine Art »Berufungserlebnis«[11] erfahren.

(3) Die Taufe Jesu als Ur- und Vorbild?

Manche sehen darum in der Taufe Jesu durch Johannes das unmittelbare
Ur- und Vorbild der christlichen Taufe, die ihr Wesen eben darin habe,
dass sich in ihr je und je »die symbolische Inszenierung der Taufe Jesu«
vollzieht.[12] Gegen eine direkte Ableitung spricht jedoch, dass ein solcher

Zusammenhang in frühchristlicher Zeit selbst noch nicht hergestellt, sondern erst in späterer Zeit Gegenstand theologischer Reflexion wird.[13]

So wird man wohl davon ausgehen müssen, dass – vermutlich in Erwartung der nahen Wiederkunft des Christus, in der Gewissheit seiner Geistes-Gegenwart und in Erinnerung an die Taufpraxis des Johannes – sich »unmittelbar nach der Erhöhung des Herrn und nach der Ausgießung des Geistes *die Zwölf* und die anderen Jünger *zur Taufspendung* entschlossen.«[14] Dadurch, dass sie »diese Taufe ›auf den Namen des Herrn Jesus‹ (εἰς τὸ ὄνομα τοῦ κυρίου 'Ιησοῦ) vollzogen«,[15] verknüpften sie sie mit der Christusgeschichte und gaben ihr eine christologische Ausrichtung. So gilt: »Die von Petrus verkündete Taufe ist gewiß auch Umkehrtaufe, aber sie ist mehr: Sie ist Taufe mit dem Heiligen Geist, sie ist Anschluß an die von Jesus gegründete Heilsgemeinde, sie hat also ekklesialen Charakter und ist Zeichen der Initiation.«[16]

15.1.3 Frühe Gestalt

(1) Wasserritus

Knüpft die frühe christliche Taufpraxis an die Johannestaufe an, so wird sie sich auch an deren rituelle Gestalt angelehnt haben. Vermutlich ist die Taufe so vollzogen worden, dass der Taufende den Taufbewerber mit Wasser übergießt, wobei beide im Wasser stehen.[17]

Ob in der Frühzeit die Handlung in solcher Weise durch Übergießen (*Perfusion*) oder durch Untertauchen (*Submersion*) des Täuflings im Wasser erfolgte,[18] bleibt umstritten. Während die einen auf neutestamentliche Stellen verweisen können, die ein Übergießen des Täuflings mit Wasser nahe legen (u.a. Hebr 10,22b), halten andere unter Verweis auf Röm 6,3-11 an der Vorstellung einer ursprünglichen Submersionstaufe – für die es eindeutige Belege allerdings erst im 4. Jh. gibt – fest.[19]

(2) Taufformel

Strittig ist auch, ob und in welcher Weise ein Begleitwort dabei Verwendung findet. Dass die Taufe »auf den Namen Jesu Christi« (ἐπὶ τῷ ὀνόματι 'Ιησοῦ Χριστοῦ, Apg 2,38) erfolgt, deutet darauf hin, »daß in neutestamentlicher Zeit der Taufende ausdrücklich den Namen Jesu über den Täuflingen ausruft«, um so deren »Übereignung an Jesus Christus«[20] zu proklamieren (vgl. Jak 2,7).

Der Vorgang kann auch im Sinne einer »Namensepiklese« aufgefasst werden: »Die Anrufung des Namens des Herrn (= Christi) ist der christliche Grundakt schlechthin, durch den der Christ als solcher ausgewiesen ist; die Christen sind per definitionem diejenigen, ›welche den Namen des Herrn anrufen‹ (vgl. 1 Kor

1,2; Apg 9,14).«[21] Die triadische Formel Mt 28,19b (»Taufet sie auf den Namen des Vaters und des Sohnes und des heiligen Geistes«) stellt wohl die frühe Entfaltung einer ursprünglich eingliedrigen Christus-Anrufung dar.

(3) Taufbekenntnis

Hinweise auf eine frühe Entfaltung des Taufritus liefert auch Apg 8,26-40. Ursprünglich fehlt hier wohl der Hinweis auf ein Taufbekenntnis. Das fügen erst einige jüngere, vor allem westliche Handschriften mit V. 37 ein: »Ich glaube, daß Jesus Christus Gottes Sohn ist.«

Dass spätere Glaubensformeln und -bekenntnisse ihren Ursprung in einem Taufbekenntnis haben (vgl. oben 11.3.5; 12.3.5), wird heute von manchen Forschern bestritten; sie halten die Existenz eines Taufbekenntnisses in frühchristlicher Zeit überhaupt für fraglich.[22] Doch lassen sich einige neutestamentliche Stellen durchaus als Hinweise auf ein solches Bekenntnis interpretieren (Hebr 4,14; 10,23; Röm 6,17; 10, 9; Kol 2,6 f).

Zentrale Themen der christlichen Verkündigung verdichten sich, wie sich schon im Neuen Testament sehen lässt, bald zu festen, einprägsamen Sätzen. In dieser Gestalt werden sie weiterüberliefert und zu größeren Einheiten zusammengefasst. Als solche sind sie dann selbstverständlich auch Gegenstand der Taufunterweisung. In der Auseinandersetzung mit der Gnosis und anderen Irrlehren gewinnen sie eine kritisch-polemische, ab- und ausgrenzende Funktion. Dass sie über dem Täufling bei seiner Taufe gleichsam ›ausgerufen‹ werden, lässt sich gut vorstellen.

Ein interrogatorisches Taufbekenntnis, das mit dem Wasserritus verbunden ist, ist seit dem 2. Jh. nachweisbar.[23] Ein solches Taufbekenntnis in Gestalt eines dreigliedrigen Dialogs zwischen Täufer und Täufling – in Frage und Antwort, die den Vorgang der Wassertaufe begleiten – überliefert die *Traditio apostolica*:[24]

Sobald der Täufling ins Wasser hinabgestiegen ist, legt der Täufer ihm die Hand auf und fragt: *Glaubst du an Gott, den allmächtigen Vater?* Und der Täufling soll antworten: *Ich glaube*. Und sogleich, während die Hand auf seinem Haupt liegt, tauft er ihn zum erstenmal. Und darauf fragt er: *Glaubst du an Christus Jesus, den Sohn Gottes, der geboren ist vom Heiligen Geist aus der Jungfrau Maria, der unter Pontius Pilatus gekreuzigt wurde, gestorben, am dritten Tage lebend von den Toten auferstanden und zum Himmel aufgestiegen ist, zur Rechten des Vaters sitzt, der kommen wird, zu richten die Lebenden und die Toten?* Und wenn jener gesagt hat: *Ich glaube*, soll er ein zweites Mal getauft werden. Erneut fragt er: *Glaubst du an den heiligen Geist, in der heiligen Kirche und an die Auferstehung des Fleisches?* Der Täufling soll sagen: *Ich glaube*. Und so soll er ein drittes Mal getauft werden.

Als frühe Form einer Glaubenserklärung, die den in der *Traditio apostolica* formulierten Tauffragen entspricht, ist aus dem 3. Jh. das altrömische Glaubensbekenntnis, das *Symbolum Romanum*, überliefert. Es bildet die Vorstufe des *Symbolum apostolicum*, des *Apostolischen Glaubensbekenntnisses*, wie es endgültig seit den Zeiten Karls des Großen (742-814) in den Kirchen des Westens (nicht in den Ostkirchen!) in Geltung steht.

(4) Handauflegung

Schon zu neutestamentlicher Zeit scheint mit dem Wasserritus der Taufe eine Handauflegung verbunden gewesen zu sein. Sie bringt sinnenfällig zum Ausdruck, dass mit der Taufe »die Gabe des heiligen Geistes« (Apg 2,38) empfangen wird.

Apg 19,1-7 berichtet von zwölf Johannesjüngern, die sich »auf den Namen des Herrn Jesus« taufen lassen. Als Paulus ihnen die Hände auflegte, »kam der heilige Geist auf sie, und sie redeten in Zungen und weissagten«. In Apg 8,14-17 reisen eigens Apostel aus Jerusalem an, um den von Philippus in Samarien Getauften die Hände aufzulegen: Die Gabe des Geistes bewirkt hier zugleich die Eingliederung in die apostolische Kirche. Das spricht dafür, dass die – mit dem Gebet um den Geist verbundene – Handauflegung von Anfang an Teil des Taufritus ist, dass sie also immer mit gemeint ist, wenn von der *Taufe* die Rede ist. Freilich gilt: »Die Handauflegung ist [...] für sich genommen kein eindeutiger, etwa [...] die Geistverleihung symbolisch zum Ausdruck bringender Gestus. Handauflegung ist in der biblischen und liturgischen Tradition polyvalent [...] Sie muß durch begleitendes Gebet sozusagen ihre Deutung und Determinierung erhalten. Das Gebet (im Fall der Handauflegung bei der Taufe also Gebet um die Gabe des Geistes) bestimmt den Inhalt des rituellen Vorgangs; der Gestus der Handauflegung macht die Zuwendung der erbetenen Gabe (Segen, Heilung usw.) an den je einzelnen, durch die Handauflegung individuell Hervorgehobenen deutlich.«[25]

15.2 Entwicklungen

15.2.1 Die Vorbereitung auf die Taufe

(1) Taufe als Kultur-Wechsel

Die weitere Entwicklung der Taufe hängt eng mit der gesellschaftlich-kulturellen Stellung der frühen Kirche im römischen Reich zusammen. »Von eminenter Bedeutung für die Gestalt der Taufe ist die klare Grenze zwischen Kirche (Stadtgemeinde) und nicht-christlicher Gesellschaft. Die Kirche lebt als Sondergesellschaft mit eigenem Öffentlichkeitsanspruch;

Übertritt in die Kirche durch die Taufe heißt konkret: Wechsel der Gesellschaft mit allen damit verbundenen, z.T. einschneidenden Konsequenzen.«[26]

Das heißt: Während der ersten drei Jahrhunderte der Christentumsgeschichte markiert die Taufe faktisch den ›Austritt‹ aus der Gesellschaft. Wer zur Kirche stößt, wechselt seinen kulturellen Habitus. Er sagt den kulturellen Selbstverständlichkeiten ab, die bisher sein Leben prägten. Gegebenenfalls muss er bereit sein, seinen bisherigen Beruf aufzugeben, auf gesellschaftliche Positionen zu verzichten, familiäre Bande zu kappen, Freundschaften aufzukündigen, eine neue ›Sprache‹ zu lernen. Er ist gehalten, unter weitgehender Preisgabe des sozialen Netzes, das ihn bisher trug, seine Lebensweise grundlegend zu ändern.

Ein solch radikaler Überschritt von einer kulturellen Lebenswelt in eine andere ist nicht von heute auf morgen zu realisieren. Er bedarf sorgfältiger Begleitung und Gestaltung. Geht es dabei doch um nichts weniger als um eine tiefreichende Resozialisation: Bisherige Denk- und Verhaltensmuster, die durch die primäre Sozialisation vermittelt wurden, müssen getilgt und durch neue Muster ersetzt werden. Die junge Kirche entwickelt darum eine differenzierte Praxis der Taufvorbereitung: den *Katechumenat* (von κατηχεῖν = belehren, unterrichten). Er dient dem Ziele, die Taufbewerber (*Katechumenen*, κατηχούμενοι) Schritt um Schritt aus ihren bisherigen Lebenszusammenhängen zu lösen und sie in die kirchliche Gemeinschaft und ihre Gegen-Kultur einzugliedern.

(2) Zulassung zum Katechumenat

Eine institutionalisierte Form der Taufvorbereitung in Gestalt des Katechumenats ist seit der 2. Hälfte des 2. Jh. nachweisbar. Sie ist in eine längere, in der Regel mehrere (nach der *Traditio apostolica*: drei[27]) Jahre umfassende Phase und eine kürzere Phase unmittelbarer Vorbereitung auf die Taufe gegliedert. Bewerber müssen sich vor ihrer Aufnahme in den Katechumenat einer Art Zulassungsprüfung unterziehen und bestimmte Vorbedingungen erfüllen. Dabei spielen Gemeindeglieder, die die Bürgschaft für die Bewerber übernehmen (»sie herbeigeführt haben«, wie es in der *Traditio apostolica* heißt;[28] Tertullian nennt sie *sponsores*, Bürgen), eine wichtige Rolle. Das spätere Amt der *Paten* hat hier seine Wurzeln.

»Wer sich um die Aufnahme in die Kirche bewirbt, muß zuerst Auskunft geben über seine Beweggründe, die familiären Lebensumstände und die Art des Broterwerbs. Ist der Beruf mit christlichem Glauben nicht vereinbar, müssen die

Betreffenden zu einem Wechsel der beruflichen Tätigkeit bereit sein. Gleiches gilt für Lebensgewohnheiten.«[29] Nicht aufgenommen werden Prostituierte und Selbstkastraten. Ihren Beruf aufgeben müssen alle, die mit Unzucht, Zirkusspielen, Magie, Astrologie usw. Geschäfte machen, im Tempeldienst stehen oder als Künstler Götzenbilder anfertigen, ferner Schauspieler, Richter, Magistratsbeamte, Offiziere, manchmal auch Lehrer.[30]

(3) Ausgestaltung des Katechumenats

Haben die Bewerber die Vorbedingungen erfüllt und sind sie zum Katechumenat zugelassen, beginnt für sie eine Phase intensiver Glaubensunterweisung, die durch Lehrer (διδάσκαλοι, *doctores*) durchgeführt wird. Gegenstand sind nicht nur Hauptstücke christlicher Lehre (seit dem 4. Jh. Glaubensbekenntnis und Vaterunser), sondern mehr noch die Regeln christlicher Lebensführung.

»Vor allem aber ist der Katechumenat ein Prozeß der Lebensänderung, der Einübung christlicher Lebensweise, zugleich – und dem sachlich vorgeordnet – der Befreiung aus der alten Lebenshaltung, damit von den dämonischen Mächten, die den Menschen gefangenhalten.«[31] Der Katechumenat ist solchermaßen »ein sehr anspruchsvoller Weg der Einübung christlichen Lebens, des Lebens nach Gottes Weisung, unterstützt und verantwortlich begleitet von der Gemeinde.«[32]

So wird vermutlich bereits bei der Aufnahme in den Katechumenat vom Taufbewerber eine erste förmliche »Absage an die Mächte der Finsternis« verlangt.[33] Nach jeder Zusammenkunft legt der Lehrer den Katechumenen einzeln die Hände auf und betet über ihnen. So wird der Prozess der Glaubensunterweisung von Beginn an von Handlungen exorzistischen Charakters begleitet, durch die der Katechumene »der Machtsphäre des Bösen und der Sünde« entnommen und der Herrschaft Gottes übereignet wird.[34]

Auch wenn Katechumenen noch nicht an der Eucharistie (und am Friedensgruß der Gemeinde) teilnehmen dürfen – und sich bei Zusammenkünften von den Getauften getrennt zu halten haben –, gehören sie in gewisser Hinsicht schon zur Glaubensgemeinschaft. Erleiden sie während der Zeit ihrer Vorbereitung den Märtyrertod, gilt das als ihre ›Bluttaufe‹.[35]

(4) Der Photizomenat

Dem Katechumenat folgt nach eingehender Prüfung und nochmaliger Befragung der Paten – bei der es darum geht, ob die Bewerber »ein ausreichendes Maß an lebensmäßiger Verwurzelung im Glauben erreicht haben«[36] – eine zweite Phase der Resozialisation: der *Photizomenat*, die Zeit der unmittelbaren Taufvorbereitung.

Die Prüfung (*scrutinium*) findet einige Wochen vor dem Tauftag statt. Sie entscheidet über die Zulassung zur Taufe. Die Zugelassenen heißen in Rom *Erwählte* (*electi*), sonst *competentes*, im Osten *Photizomenen* (φωτιζόμενοι), *Erleuchtete*, d.h. solche, denen in der Taufe (als φωτισμός) ›Erleuchtung‹ zuteil wird. Bei der »Überprüfung des Lebenswandels«[37] wird besonders auf das soziale und karitative Engagement der Beteiligten geachtet.

Von nun an werden die Taufbewerber täglich unter Gebet und Handauflegung exorzisiert (ἐξορκίζειν). Den Höhepunkt bildet dabei ein vom Bischof selbst vollzogener Exorzismus, wobei offen bleibt, ob er mit der Zulassung verbunden ist[38] oder zu einem späteren Zeitpunkt erfolgt. Jedenfalls eignet auch ihm der Charakter einer (nochmaligen) Prüfung. In der *Traditio apostolica* heißt es dazu: »Wenn der Tauftag näherrückt, vollziehe der Bischof selbst den Exorzismus an einem jeden von ihnen, um sich zu überzeugen, ob er rein ist. Wenn jemand nicht gut oder nicht rein ist, soll man ihn wegschicken, weil er das Wort nicht gläubig gehört hat.«[39]

Nach der *Traditio apostolica* sollen sich die Täuflinge am Donnerstag vor der Taufe einem Reinigungsbad unterziehen. Am Freitag (und Samstag) sollen sie fasten. Am Samstagmorgen folgt ein letzter bischöflicher Exorzismus. Zum Abschluss werden sie vom Bischof ›insuffliert‹ (›angeblasen‹; ebenfalls in exorzistischer Absicht) und an Stirn, Ohren und Nase mit dem Kreuzzeichen ›versiegelt‹ (σφραγίζειν).[40] Die Nacht – vermutlich hat die *Traditio apostolica* dabei die Ostervigil im Blick – durchwachen sie; dabei soll man »ihnen vorlesen und sie unterweisen.« Die eigentliche Taufhandlung beginnt »zur Zeit des Hahnenschreis«.

15.2.2 Der Vollzug der Taufe

Wenn die frühchristlichen Quellen von ›Taufe‹ sprechen, meinen sie nicht nur den Wasserritus, sondern meist den gesamten Vorgang der Initiation, der sich in der Teilnahme der Neugetauften an der Eucharistie vollendet. Er stellt sich dar als »ein reich gegliedertes Ritual [...] in welchem die ganze Gemeinde repräsentiert ist«:

»Die Taufe ist selbstverständlich Gemeindegottesdienst: vom Bischof geleitet, der einige Aufgaben auch an Presbyter delegiert, von Diakonen unterstützt (bei den Salbungen, bei der Wassertaufe und der Eucharistie) und von der ganzen Gemeinde mitgetragen, welche die in einem eigenen Taufhaus (Baptisterium) Getauften in der Kirche betend und wachend erwartet [...], mit ihnen betet und Eucharistie feiert.«[41]

Nach der *Traditio apostolica* (und anderen Quellen) lässt sich der Vorgang der Initiation in drei große Abschnitte gliedern: (a) Die Handlungen am Ort der Taufe (Taufbecken bzw. Taufhaus), (b) die Besiegelung der Taufe durch den Bischof (in der Kirche), (c) die Taufeucharistie. Die nachstehende Tabelle versucht, einen Überblick über das komplizierte Gefüge nach der *Traditio apostolica* zu geben (die zahlreichen Varianten können dabei nicht berücksichtigt werden).

HANDLUNGEN AM ORT DER TAUFE	
SEGNUNG DES TAUFWASSERS	Über dem Taufwasser – nach Möglichkeit Wasser, »das aus einer Quelle fließt oder von oben herabfließt« – wird (vermutlich vom Bischof) ein Gebet gesprochen.
SEGNUNG DER TAUFÖLE	Der Bischof segnet »zum festgesetzten Zeitpunkt der Taufe« das *Öl der Danksagung* (mit dem nach der Taufe gesalbt wird) und das *Öl des Exorzismus* (das präbaptismal Verwendung findet).[42]
TAUFABSAGE	»Der Presbyter nimmt jeden einzelnen Täufling in Empfang und fordert ihn auf, mit folgenden Worten zu widersagen: Ich widersage dir, Satan, all deinem Pomp und all deinen Werken.«[43]
SALBUNG MIT EXORZISMUSÖL	Ein Presbyter salbt den Täufling – der sich zuvor entkleidet hat – mit *Exorzismusöl* und spricht: »Jeder böse Geist weiche von dir.«[44]
TAUFBEKENNTNIS UND TAUFHANDLUNG	Der Täufling steigt, begleitet von einem Diakon, nackt in das Taufbecken. Der Täufer (Bischof oder Presbyter) legt ihm die Hand auf, erfragt das Taufbekenntnis und vollzieht die mit dem Bekenntnis verbundene Taufhandlung (siehe oben 15.1.3, Abschnitt 3). Eine weitere Taufformel wird nicht erwähnt.
SALBUNG MIT DEM ÖL DER DANKSAGUNG	Der Getaufte steigt aus dem Wasser und wird von einem Presbyter mit dem *Öl der Danksagung* gesalbt: »Ich salbe dich mit heiligem Öl im Namen Jesu Christi« (*Ungo te oleo sancto, in nomine Iesu Christi*[45]). Dann legt er seine Kleider wieder an (ein besonderes Taufgewand wird nicht ausdrücklich erwähnt). Danach begeben sich die Getauften zur Kirche, wo offenbar Bischof und Gemeinde auf sie warten (*...et postea in ecclesia ingrediantur ecclesiam; ...et ingrediantur ecclesiam*).

BESIEGELUNG DER TAUFE	
HANDAUFLEGUNG UND GEBET	Der Bischof legt den Getauften die Hand auf und spricht dabei: »Herr, Gott, du hast sie gewürdigt, durch das Bad der Wiedergeburt des Heiligen Geistes die Vergebung der Sünden zu erlangen, [mache sie auch würdig, mit Heiligem Geist erfüllt zu werden.] Sende in sie deine Gnade, damit sie dir nach deinem Willen dienen. Denn dein ist die Herrlichkeit, Vater und Sohn mit dem Heiligen Geist in der heiligen Kirche, jetzt und von Ewigkeit zu Ewigkeit. Amen.«[46]
HAUPTSALBUNG	Der Bischof salbt (Formel: *Ungo te oleo sancto in deo patre omnipotenti et Iesu Christo et spiritu sancto*) das Haupt des Getauften mit dem *Öl der Danksagung*.
BEZEICHNUNG MIT DEM KREUZ	Der Bischof ›siegelt‹ den Getauften auf der Stirn mit dem *Zeichen des Kreuzes: Et consignabit* (σφραγίζειν) *in fronte eius...*
FRIEDENSKUSS	(*...et dabit osculum et dicet: Dominus tecum*): Der Bischof erteilt dem Getauften den *Friedenskuss* und spricht »Der Herr sei mit dir«; der Getaufte antwortet: »Und mit deinem Geist.«
TAUFEUCHARISTIE	
GEMEINSAMES GEBET	Ist dies alles geschehen, beten sie zum ersten Mal »zusammen mit dem ganzen Volk«; vielleicht ist dabei an das gottesdienstliche *Fürbittengebet* gedacht (vgl. dazu oben 10.1.3).
FRIEDENSKUSS	Die Getauften tauschen nun zum ersten Mal mit der Gemeinde den *Friedenskuss* (vgl. auch 10.1.3).
HERBEIBRINGEN DER GABEN	Unter den Gaben, die von den Diakonen dem Bischof gebracht werden, befinden sich auch die Gaben der Neugetauften (vgl. zum Folgenden auch 10.1.3 und 10.2).
EUCHARISTIEGEBET	Der Bischof spricht das *Eucharistiegebet* über Brot und Wein – wie auch über einen mit Milch und Honig gefüllten Kelch –, »um darauf hinzuweisen, daß sich die den Vätern gegebene Verheißung erfüllt hat«, sowie »über das Wasser zur Darbringung, um das Bad der Taufe anzudeuten.«
HOMILIE ZUR KOMMUNION	»Alles dieses erkläre der Bischof denen, die die Kommunion empfangen«, heißt es in der *Traditio apostolica*.

Entwicklungen 577

Entwicklungen

BROTBRECHEN UND KOMMUNION-SPENDUNG	»Beim Brechen des Brotes und wenn er die einzelnen Stücke reicht, soll er sagen: Brot des Himmels in Christus Jesus.« Danach reichen die Helfer zuerst den Kelch mit Wasser, dann den mit Milch und Honig, schließlich den Kelch mit dem gesegneten Wein.

»Wenn alles beendet ist, soll sich jeder bemühen, gute Werke zu tun, Gott zu gefallen, sich eines guten Lebens zu befleißigen, voll Eifer sich an die Kirche zu halten, das zu tun, was er gelernt hat, und in der Frömmigkeit voranzuschreiten.«

15.2.3 Die Besiegelung der Taufe (*confirmatio*)

(1) Salbungen

Es ist erstaunlich, welche Entfaltung der schlichte Ritus der Taufe, von dem etwa Apg 8,26-40 Zeugnis gibt, innerhalb der ersten beiden Jahrhunderte erfahren hat. Doch haben die meisten dieser Elemente einen biblisch-neutestamentlichen Hintergrund. Das gilt auch für die Salbung mit Öl, die in der Antike eine große Rolle spielt und der – darin durchaus vergleichbar dem Element des Wassers – eine Fülle von Funktionen und Bedeutungen eignet:

»Man salbt sich vor und nach dem Bad zur Hautpflege, vor dem Ringkampf zur Kräftigung und Glättung, man salbt den Fiebernden zur Genesung und die Wunden zur Heilung; weil der gesalbte Leib Bild lebenstrotzender Kraft ist, salbt man darüber hinaus Könige und Priester, auch kultisch bedeutsame Stellen und bringt darin ihre lebenspendende Verbindung mit der Gottheit zum Ausdruck. Auch der Titel ›Messias‹ (= der Gesalbte, griech. Christos) versteht sich von daher.«[47] Neben der Salbung des Königs (vgl. z.B. 1 Sam 9,16; 10,1; 16,13) kennt das Alte Testament die Salbung von Priestern (Ex 29,7) und – wenn wohl auch nur metaphorisch – von Propheten (Jes 61,1 f; 1 Kön 19,16).

Im Neuen Testament ist die Salbung »Bildwort für die Begabung mit Heiligem Geist« (vgl. Lk 4,18.21 in Verbindung mit Jes 61,1 f; 2 Kor 1,21 f; 1 Joh 2,20.27). Auch wenn man wohl in neutestamentlicher Zeit noch nicht mit einer »reale[n] Salbung« bei der Taufe rechnen kann, wird die weitere Entwicklung doch von daher erklärlich.[48]

Möglicherweise hat eine Salbung zuerst im syrisch-palästinischen Raum Aufnahme in den Taufritus gefunden. Hinweise darauf finden sich in den apokryphen Thomasakten (um 200) und in anderen Quellen. Dort ist von einer Hauptsalbung – verbunden mit einer Geistepiklese – *vor* der Taufe die Rede, an die sich eine Ganzkörpersalbung anschließt. Dabei »steht das Motiv des messianischen Königtums im Vordergrund: Wie Christus bei seiner Taufe zum messianischen König gesalbt worden ist, so bei seiner Taufe auch der Christ: Er hat teil

an der messianischen Würde Christi, wird selbst zum Gesalbten [...].«[49] Ölsal-
bung und Geistempfang gehören hier in besonderer Weise zusammen;[50] die
Begabung mit dem Geist geht demnach dem Wasserbad voraus (vgl. dazu Apg
10,44-48).

Anders in den westlichen Riten: Die Hauptsalbung, mit der der Bischof
nach der *Traditio apostolica* die Taufe besiegelt (siehe oben 15.2.2), ist
womöglich – da sie in gewisser Hinsicht eine Dublette zur Handauflegung darstellt – »syrischer Import«.[51] Doch hat sie im Westen ihren
Ort nicht *vor*, sondern *nach* der Taufe, was ein anderes Verständnis des
Verhältnisses von Wasserbad und Salbung impliziert. Zudem steht hier
(Belege finden sich u.a. bei Tertullian und Ambrosius) »die priesterliche
Dimension der Taufsalbung gegenüber der messianisch-königlichen und
der prophetischen im Vordergrund. Die Taufe ist hier als christliche
Priesterweihe (zum sogenannten ›allgemeinen Priestertum‹) konzi-
piert.«[52]

Ein gewisses Problem ergibt sich dadurch, dass in der *Traditio apostolica* der
Hauptsalbung durch den Bischof eine postbaptismale Salbung durch einen
Presbyter vorausgeht. Da beide mit dem gleichen *Öl der Danksagung* vollzogen
werden, liegt es nahe, den Vorgang »als eine Salbung in zwei Stufen zu verstehen.«[53] Die Aufteilung hat wohl praktische Gründe: Weil der Bischof bei der
Taufe nicht selbst jeden einzelnen Ritus an jedem einzelnen Täufling vollziehen
kann, delegiert er bestimmte Handlungen ganz oder teilweise an Presbyter. Im
vorliegenden Fall vollendet er demnach die Salbung, die ein Presbyter bereits
begonnen hat.

Die präbaptismale Ganzkörpersalbung, die nach der *Traditio apostolica* dem Wasserbad vorausgeht, hat demgegenüber einen ganz anderen,
nämlich exorzistischen Charakter, was sowohl durch die Bezeichnung des
dabei verwendeten Öls wie durch die Begleitformel (»Jeder böse Geist
weiche von dir«) bezeugt wird. Sie gehört damit »zum Typus der
Heilungssalbung« bzw. der »Athletensalbung, als Stärkung im Kampf des
Lebens gedeutet.«[54]

(2) Verselbständigung der Firmung

Auch die Handauflegung, mit der der Bischof nach der *Traditio apostolica* die Taufe besiegelt, hat einen neutestamentlichen Hintergrund (vgl.
15.1.3). Verbunden mit einem Gebet um die Sendung des Geistes, ist sie
in den westlichen Riten Zeichen für die Begabung mit dem Heiligen
Geist in der Taufe. Zusammen mit der oben erwähnten Hauptsalbung
durch den Bischof wird sie freilich zum Ansatzpunkt einer eigenen

gottesdienstlichen Handlung, die sich dann im Abendland zum Sakrament der Firmung verselbständigt.

Nach der *Traditio apostolica* liegt die Leitung des Taufgottesdienstes noch ganz beim Bischof. Er muss freilich schon hier, wie wir gesehen haben, aus praktischen Gründen bestimmte Handlungen ganz oder partiell an Presbyter delegieren. Dass er sich Hauptsalbung, Handauflegung und Besiegelung mit dem Kreuzeszeichen (so vielleicht die ursprüngliche Reihenfolge dieses Ritenkomplexes) vorbehält, zeigt freilich auch, welches Gewicht dieser Sequenz (die in Rom *consignatio* heißt) beigemessen wird.

Es sind organisatorische wie theologische Faktoren, die schließlich zur Verselbständigung der *Firmung* (abgeleitet von *confirmatio;* die Bezeichnung stammt aus gallischer Tradition) führen: Die Zahl der Christen in den Städten, aber auch auf dem Lande wächst. Dort bilden sich Landgemeinden, die im Auftrag des Bischofs von Presbytern geleitet werden (vgl. 6.1.3). Der Bischof muss Aufgaben, die mit der Leitung der Gottesdienste und der Feier der Sakramente verbunden sind, immer mehr an Presbyter übertragen. So wird auch die Taufe in wachsendem Maße zu einer Angelegenheit der Presbyter, zumal dann, als die Unmündigentaufe zur Regel wird.

Wenn der Bischof sich in dieser Situation dennoch den Handlungskomplex vorbehält, der die Taufe abschließt, ist das zum einen natürlich Erinnerung an die Rollenverteilung, von der die *Traditio apostolica* berichtet. Symbolisch, so könnte man sagen, hält er damit an seinem Anspruch fest, die Initiation insgesamt zu leiten. Zum andern kommt darin aber auch das theologische Gewicht zum Ausdruck, das man inzwischen diesem Handlungskomplex beimisst; steht er doch für die Begabung mit dem Geist und damit in gewisser Hinsicht noch über dem Wasserbad der Taufe. Schließlich ist auch das Bemühen erkennbar, die hierarchische Position des Bischofs hervorzuheben und zu festigen.

Es ist der römische Bischof Innozenz I. (401-417), der im Jahre 416 in einem Brief an Bischof Decentius von Gubbio diese Praxis einschärft: »Offenkundig ist es nur erlaubt, daß die Bischöfe – und niemand anders – an den Kindern die Konsignation vollziehen.« Die Presbyter sollen die Neugetauften – damit bezieht er sich auf die oben erwähnte Salbung, die sich unmittelbar an die Taufe anschließt – mit dem vom Bischof geweihten Chrisamöl salben. Die *consignatio* der Stirn der Täuflinge mit Chrisam aber »steht allein den Bischöfen zu, wenn sie den Heiligen Geist übermitteln.«[55]

Die römische Praxis gelangt über die angelsächsische Kirche ins Frankenreich, wo sich die Verselbständigung des Firmritus – auch auf Grund der hier gegebenen organisatorischen Verhältnisse – allgemein durchsetzt: Der Bischof

ist hier nicht ›Stadtpfarrer‹, sondern Leiter einer Diözese, die sich in der Regel
über ein ausgedehntes Territorium erstreckt. Die Taufe wird durchweg zur Sache
der Priester. Bis sich Gelegenheit ergibt, dass die Firmung durch den Bischof
nachgeholt werden kann, können Jahre vergehen. Drängt man zunächst noch
darauf, die Firmung während der ersten Lebensjahre zu vollziehen, so wird seit
dem 13. Jh. mehr und mehr das Erreichen der *anni discretionis* (›Jahre der
Unterscheidung[sfähigkeit]‹) zur Voraussetzung; das heißt, die Firmlinge sollen
sieben Jahre oder älter sein.

Die Ostkirchen halten demgegenüber an dem ursprünglichen Zusammenhang von Taufe, Salbung und Kommunion fest. So salbt im
byzantinischen Ritus im Anschluss an die Taufe der Priester den Täufling
an Stirn, Augen, Nase, Mund, Ohren, Brust, Händen und Füßen in
Kreuzesform mit dem *Myron* (μύρον), wobei er jedes Mal spricht: »Siegel der Gabe des Heiligen Geistes. Amen.« Es folgt regelmäßig – auch
bei Säuglingen – die Kommunion.

(3) Der Firmritus

Für Innozenz I. vollzieht sich, wie wir gesehen haben, die *consignatio* als
Stirnsalbung mit Chrisam. Salbung und Bezeichnung mit dem Kreuzeszeichen haben sich also in einer einzigen Handlung verbunden. Die
Handauflegung wird nicht mehr eigens erwähnt. Sie tritt offenbar hinter
der Salbung zurück bzw. ist mitgemeint, wenn von der *consignatio* die
Rede ist. Doch werden in der Folgezeit die Akzente durchaus unterschiedlich gesetzt.

Nachstehend folgt eine Übersicht über den Firmritus nach dem Pontificale Romanum (1596).[56] Aus der ursprünglichen Handauflegung ist hier
eine Handausstreckung über alle Firmlinge zugleich geworden. Das
Gebet, das der Bischof dazu spricht, knüpft in seinem ersten Teil an den
entsprechenden Text in der *Traditio apostolica* an und nimmt in seinem
zweiten Teil Jes 11,2 auf. Eine Vorform begegnet bereits im Altgelasianum (7. Jh.). Ein Hinweis auf den *siebenfältigen Geist* findet sich schon
385 beim römischen Bischof Siricius (384-399). Die Kernhandlung
besteht darin, dass der Bischof jeden einzelnen Firmling an der Stirn
kreuzförmig mit Chrisam salbt; dazu wird eine indikativische Spendeformel gesprochen. Für die Deutung des Backenstreichs gibt es sehr
unterschiedliche Erklärungen (Ritterweihe, Mündigkeitserklärung, stili-
sierter Friedenskuss, Handauflegung, Mahnzeichen, das an den Empfang
der Firmung erinnern soll usw.).

ANRUFUNG	*Der Heilige Geist komme über euch, und die Kraft des Allerhöchsten bewahre euch vor Sünden. Amen.*
VERSIKEL	*Unsere Hilfe ist im Namen des Herrn...*
	Herr, erhöre mein Gebet...
GRUSS	*Der Herr sei mit euch. Und mit deinem Geist.*
GEBET UNTER HANDAUS-STRECKUNG	Der Bischof streckt die Hände über die Firmlinge aus und betet: *Allmächtiger ewiger Gott, der du geruht hast, diese deine Diener aus Wasser und Heiligem Geist wiederzugebären und ihnen Vergebung aller Sünden gewährt hast: Sende auf sie deinen siebenfältigen Heiligen Geist, den Tröster vom Himmel (Amen) – den Geist der Weisheit und des Verstandes (Amen) – den Geist des Rates und der Stärke (Amen) – den Geist der Wissenschaft und der Frömmigkeit (Amen). Erfülle sie mit dem Geist der Ehrfurcht vor dir und bezeichne sie gnädig mit dem Zeichen des Kreu✝zes Christi zum ewigen Leben. Durch unsern Herrn Jesus Christus... Amen.*
SIGNIERUNG DER STIRN	Die Firmlinge treten mit ihren Paten vor den Bischof, der die Daumenspitze in Chrisam taucht und damit ein Kreuz auf die Stirn des Firmlings zeichnet: *Ich bezeichne dich mit dem Zeichen des Kreu✝zes und bestärke dich mit dem Chrisma des Heils (Signo te signo cru✝cis et confirmo te Chrismate salutis). Im Namen des Va✝ters und des Soh✝nes und des Heiligen ✝ Geistes. Amen.*
BACKEN-STREICH	Der Bischof schlägt den Firmling leicht auf die Wange und spricht: *Friede sei mit dir.*
ANTIPHON	Sind alle gefirmt, wäscht der Bischof Daumen und Hand. Dazu wird Ps 68,29 f gesungen: Stärke, Gott (confirma hoc Deus), was du in uns gewirkt...
ORATION	Der Bischof betet – eingeleitet durch Versikel und Gruß: *Gott, der du deinen Aposteln den Heiligen Geist gegeben und gewollt hast, daß er durch sie und ihre Nachfolger den übrigen Gläubigen weitergegeben werde: Schau gnädig auf den Dienst unserer Niedrigkeit und gewähre, daß derselbe Heilige Geist auf diejenigen, deren Stirnen wir mit dem heiligen Chrisma gesalbt und mit dem Zeichen des Heiligen Kreuzes bezeichnet haben, herabkomme und ihre Herzen zum Tempel seiner Herrlichkeit vollende, indem er würdig in ihnen wohne. Der du mit dem Vater... Amen.*
SEGEN	*Es ✝ segne euch der Herr von Sion her, damit ihr schaut die Güter Jerusalems alle Tage eures Lebens und das ewige Leben habt. Amen.*

(4) Reform von Firmpraxis und -ritus

Im Zuge der nachkonziliaren Liturgiereform ist auch der Ritus der Firmung erneuert worden. Für den deutschsprachigen Raum wurde 1972 – im Anschluss an den römischen *Ordo Confirmationis* von 1971 – von den Bischofskonferenzen eine entsprechende Ordnung beschlossen (»Die Feier der Firmung«).[57] »Für gewöhnlich«, so heißt es da, spendet der Bischof die Firmung. Bischöfe können jedoch Priester zur Spendung heranziehen oder damit beauftragen; das gilt insbesondere für solche, »die Erwachsene oder Kinder im Schulalter taufen oder bereits Getaufte in die volle Gemeinschaft der Kirche aufnehmen«. Im Notfall kann jeder Priester firmen. Die Firmung soll mit der ganzen Gemeinde – »in der Regel innerhalb der Messe« – gefeiert werden.[58]

ERÖFFNUNG WORTGOTTES- DIENST VORSTELLUNG DER FIRMLINGE HOMILIE	Eröffnung und Wortgottesdienst wie in der Messe (Sonderlesungen sind möglich). Nach den Lesungen werden die Firmlinge dem Bischof vorgestellt. Die Homilie des Bischofs soll »zu einem tieferen Verständnis der Firmung« führen.
TAUFBEKENNTNIS	Nach einer Einführung erneuern die Firmlinge Taufabsage (»Widersagt ihr dem Satan und all seiner Verführung?«) und Taufbekenntnis (»Glaubt ihr an Gott den Vater, den Allmächtigen...?«). Dies kann auch in einer »längeren Form« geschehen.
GEBETSEINLADUNG AUSBREITUNG DER HÄNDE GEBET UM DEN HEILIGEN GEIST	Der Bischof lädt zum Gebet ein, breitet die Hände über den Firmlingen aus und fleht den »Geist der Weisheit und der Einsicht, des Rates, der Erkenntnis und der Stärke, den Geist der Frömmigkeit und der Gottesfurcht« auf sie herab.
CHRISAMSALBUNG	Die Stirnsalbung in Kreuzesform erfolgt mit den Worten: »N., sei besiegelt durch die Gabe Gottes, den Heiligen Geist«.
FÜRBITTEN EUCHARISTIEFEIER SCHLUSSSEGEN	Die Fürbitten (auch für die Neugefirmten, ihre Eltern und Paten) leitet über zur Eucharistiefeier, die mit einem feierlichen Schlusssegen oder einem Segensgebet beschlossen werden kann.

15.2.4 Wandlungen

(1) Verfall des Katechumenats

In der Folge der so genannten konstantinischen Wende wandelt sich das Verhältnis von Kirche und Gesellschaft – und damit auch die Bedeutung von Katechumenat und Taufe – langfristig auf grundlegende Weise: Der Gottesdienst der Reichskirche tritt in die Funktion des *cultus publicus* ein, der das Wohl des Gemeinwesens, die *salus publica*, zu garantieren hat. Der gesamtgesellschaftliche Wertekonsens wird von nun an durch die Kirche und ihr gottesdienstliches, seelsorgerliches, katechetisches Handeln legitimiert und abgesichert. Katechumenat und Taufe markieren keineswegs mehr, wie in früheren Zeiten, den ›Austritt‹ aus der Gesellschaft bzw. die Absage an die gesamtgesellschaftlich dominierende Kultur. Im Gegenteil: Mehr und mehr bezeichnet die Taufe den Zugang zum gesellschaftlichen Sein schlechthin, kennzeichnet und würdigt den Getauften als ein gesellschaftliches Wesen. Sie ist nicht mehr Aufnahmeritus in die Lebenswelt einer von der gesellschaftlichen Öffentlichkeit deutlich unterschiedenen kirchlichen »Kontrastgesellschaft«,[59] sondern ritueller Ausdruck der Zugehörigkeit zum jeweiligen Gemeinwesen und seiner christlich geprägten, christlich überformten Kultur.

Überflüssig wird damit eine besondere Resozialisation bzw. Gegen-Sozialisation der Taufbewerber. In der Folge verkümmert der Katechumenat, die Säuglingstaufe wird zur Regel und zur Pflicht. Wird der gesamte Prozess der Vergesellschaftung des Individuums durch die Vorgaben einer christlich geprägten Zivilreligion gesteuert, erübrigen sich kirchliche Resozialisationsbemühungen. Wer in die Gesellschaft und ihre Kultur hineinwächst, wächst damit auch in die Kirche hinein. Und umgekehrt: Wer in die Kirche hineinwächst, wird damit zugleich für sein gesellschaftlich-kulturelles Sein sozialisiert. Die Unterweisung im Christentum ist Teil der allgemeinen Sozialisation der Heranwachsenden in Familie und Gesellschaft und muss darum auch nicht gesondert geordnet und betrieben werden.

(2) Taufaufschub und Photizomenat

Zunächst wirkt freilich die strenge Taufpraxis und -auffassung der vorkonstantinischen Kirche noch nach. Und so kommt es zum (Übergangs-)Phänomen des massenhaften »Taufaufschubs«:

»Nicht wenige Taufbewerber *zögerten*, dem neuen Trend folgend, die *definitive Entscheidung* bewußt *hinaus*. Solchen Leuten genügte ein oberflächlicher Kontakt zur Kirche; sich zu engagieren, waren sie nicht bereit. Sie wurden Taufbewerber – wenn hier von ›bewerben‹ überhaupt die Rede sein kann –, und das genügte vorerst.«[60] Viele ließen sich erst auf dem Kranken- oder Sterbebett taufen. Bei manchen spielten dabei durchaus auch geistliche Gründe eine Rolle; sie wollten sich nicht entscheiden, »weil ihnen das Ziel zu hoch schien angesichts der eigenen Kraft.«[61]

Es ist verständlich, wenn die Kirche angesichts dieser Situation ihre besondere Aufmerksamkeit denen zuwendet, die ihrem dringlichen Werben folgen und sich für die Taufe entscheiden. Und so kommt es zunächst zu einem Ausbau des Photizomenats, der unmittelbaren Vorbereitungszeit auf die Taufe (vgl. 15.2.1).

Wer Katechumene werden will, muss einen Kleriker aufsuchen und sich einer Eingangskatechese unterziehen. Im Anschluss daran erfolgt die Bezeichnung mit dem Kreuz (*obsignatio crucis*) und die Darreichung des Salzes (*datio salis*; vermutlich ein Ritus mit apotropäisch-exorzistischem Hintergrund). Auch Exsufflation und Handauflegung mit Gebet können sich anschließen.

Vor Beginn der vierzigtägigen Vorbereitungszeit auf Ostern müssen sich diejenigen, die sich entschieden haben, zur Taufe anmelden und sich in die Liste der Taufkandidaten eintragen (*nomendatio, nomen dare*). Sie sind zu »Werken der Buße« (Bekenntnis der Sünden, Fasten, Gebet) verpflichtet. Unter der Woche werden sie unterwiesen, in den Sonntagsgottesdiensten werden sie Skrutinien unterzogen. Diese finden zunächst am 2., 3. und 4. Fastensonntag statt, werden aber später in Rom auf den 3., 4. und 5. Sonntag verschoben. Man liest die Evangelien von der Samariterin am Brunnen (Joh 4,5-42), der Heilung des Blindgeborenen (Joh 9,1-41) und der Auferweckung des Lazarus (Joh 11,1-45).

An den letzten Sonntagen vor Ostern (in Nordafrika und Rom drei Wochen vor dem Fest, in Mailand am Sonntag vor Ostern) wird den Photizomenen das Glaubensbekenntnis ›übergeben‹ (*traditio symboli*). Am Sonntag darauf erfolgt in Nordafrika und Rom die Übergabe des Vaterunsers (*traditio orationis dominicae*). Am gleichen Sonntag findet hier auch die ›Wiedergabe‹ (*redditio*) des Glaubensbekenntnisses durch die Kandidaten statt; das heißt, sie tragen den Text, den sie auswendig gelernt haben, feierlich im Gottesdienst vor.

Auch der Taufritus selbst erfährt weitere Ausgestaltungen: Nach der *Traditio apostolica* ›siegelte‹ der Bischof am Samstagmorgen Stirn, Ohren und Nase der Täuflinge. Hier hat wohl der *Effata-Ritus* (›Öffnung der Sinne‹; vgl. Mk 7,32-37) der römischen Taufliturgie seine Wurzeln: Der Priester berührt mit dem durch Speichel befeuchteten Daumen Ohren, Mund (und Nase) der Täuflinge und spricht: »Effata, das heißt, öffne dich zum süßen Wohlgeruch...«. Seit dem 4. Jh. ist der Brauch bezeugt, den Neugetauften weiße Gewänder zu überreichen, die sie während der ganzen Osterwoche (deshalb auch: *hebdomada in albis*) tragen. Vielfach richten sich die Homilien, die während der Osterwoche gehalten werden, in besonderer Weise an die Neugetauften; sie bemühen sich, den Neugetauften ein vertieftes Verständnis der Sakramente zu vermitteln (*Mystagogische Katechesen*).

15.3 Ordnungen

15.3.1 Kindertaufritus nach dem Rituale Romanum

In den weitgehend christianisierten Gebieten um das Mittelmeer wird die Unmündigentaufe bald schon zum Regelfall. Hiervon unterscheidet sich zunächst die Situation in den Missionsgebieten, wo nach wie vor Erwachsene zur Taufe anstehen. Meist handelt es sich dabei freilich nicht mehr um die Glaubensentscheidung Einzelner, sondern um Massentaufen, die der Bekehrung eines Fürsten folgen. Sind die entsprechenden Gebiete vollständig christianisiert, wird natürlich auch hier die Unmündigentaufe zur Regel.

Die weitere Entwicklung des Taufritus seit dem frühen Mittelalter kann hier nicht im Einzelnen nachgezeichnet werden. Als folgenreich erweist sich das überaus konservative Festhalten an der überlieferten Ordnung: Die Taufliturgie wird im Grunde nicht den neuen Gegebenheiten angepasst. Die für erwachsene Taufbewerber gedachten, ursprünglich zeitlich gestreckten Initiationsriten aus Katechumenat, Photizomenat und Taufe werden weitgehend auch an Unmündigen vollzogen. Weil diese nicht selbst für sich handeln und sprechen können, treten Paten für sie ein. Der Preis dieser konservativen Praxis ist eine durchgehende Stilisierung und Ritualisierung: Im Endergebnis werden alle Initiationsriten – Katechumenats-, Photizomenats- und Taufriten (mit Ausnahme der *confirmatio*, die sich verselbständigt) – in einer einzigen liturgischen Handlung zusammengefasst.

Als Beispiel hierfür mag die Ordnung der Kindertaufe (*Ordo Baptismi parvulorum*) nach dem Rituale Romanum Pauls V. von 1614 (in der Ausgabe Pius' XII. von 1952)[62] dienen (Spalte 1 listet die Elemente auf, Spalte 2 nennt die jeweiligen Textanfänge, Spalte 3 bietet einige Erläuterungen). Die Ordnung ist vermutlich aus einem »vereinfachten Krankentaufritus« für Erwachsene hervorgegangen.[63]

KATECHUMENATS- UND PHOTIZOMENATSRITEN		
Aufnahme in den Katechumenat – Eingangskatechese – Exsufflatio – Obsignatio crucis – Gebet – Handauflegung und Gebet – Benedictio salis – Datio Salis – Pax – Gebet	Quid petis ab Ecclesia Dei? Exi ab eo, immunde Spiritus Accipe signum Crucis Preces nostras, quaesumus Omnipotens, sempiterne Deus Exorcizo te, creatura salis Accipe sal sapientiae Pax tecum Deus patrum nostrorum	Die Eingangskatechese besteht aus einer Befragung (*Was begehrst du von der Kirche Gottes?*) und einer kurzen Unterweisung (*...halte die Gebote*). Es folgen die Riten zur Aufnahme in den Katechumenat: Anhauchung, Kreuzeszeichen auf Stirn und Herz, Handauflegung, Darreichung des Salzes.
Scrutinium – Exorzismus – Obsignatio crucis – Handauflegung und Gebet	Exorcizo te, immunde spiritus Et hoc signum sanctae Crucis Aeternam ac justissimam	In Rom wurden die Skrutinien – vermehrt auf sieben – zunächst auf Werktage verlegt, dann zu einer einzigen Feier zusammengezogen.
Einzug in die Kirche	Ingredere in templum Dei	Während des Einzugs rezitiert der Priester das Glaubensbekenntnis und das Vaterunser (»letzter Überrest« der ursprünglichen Über- und Wiedergabe dieser Texte)
Traditio (Redditio) symboli	Credo in Deum, Patrem	
Traditio (Redditio) orationis dominicae	Pater noster, qui es in caelis	
RITEN UNMITTELBAR VOR DER TAUFE		
Exorzismus	Exorcizo te, omnis spiritus	Es folgen die Riten aus dem letzten Skrutinium am Karsamstag: ein Exorzismus, der Effata-Ritus, die Abrenuntiation (in Frageform) und die (exorzistische) Salbung mit Katechumenenöl.
Apertio aurium	Ephpheta, quod est, Adaperire	
Taufabsage	Abrenuntias satanae?	
(Katechumenen-) Salbung	Ego te linio Oleo salutis	
Einzug in das Baptisterium		Zum Einzug in das Baptisterium tauscht der Priester die violette Stola gegen eine weiße Stola aus.

TAUFE		
Glaubensbefragung	Credis in Deum Patrem...?	Die Glaubensbefragung ist nicht mehr unmittel-
Taufwillen	N. Vis baptizari?	bar mit dem Wasserritus verbunden; stattdessen
Taufhandlung	N. Ego te baptizo in nomine Pa✝tris, et Fi✝lii, et Spritus ✝ Sancti	wird eine (vermutlich aus Syrien stammende) indikativische Tauffor- mel verwendet. Die post- baptismale Chrisamsal-
Chrisamsalbung	Deus omnipotens, Pater Do- mini nostri Jesu Christi, qui te regeneravit ex aqua et Spiritu Sancto	bung (nicht zu verwech- seln mit der *consignatio* durch den Bischof!) wird *in summitate capitis in*
Pax	Pax tibi Et cum spiritu tuo	*modum crucis* vollzogen.
Taufkleid	Accipe vestem candidam	Das *linteolum* (Leinen- tüchlein), das dem
Taufkerze	Accipe lampadam ardentem	Täufling aufs Haupt ge- legt wird, erinnert an das
Entlassung	Vade in pace	Taufkleid.

15.3.2 Luthers Taufbüchlein

Luthers *Das tauff buchlin verdeutscht* erscheint zuerst 1523.[64] Als Vorlage dient ihm eine 1501 in Leipzig von privater Hand veröffentlichte Agende. Eine überarbeitete Fassung publiziert Luther 1526.[65] Kann man die erste Fassung noch als »konservative Kritik der bisher üblichen Praxis« bezeichnen,[66] so geht Luther 1526 entschieden darüber hinaus. Dennoch bleibt der Bezug auf die überlieferte mittelalterliche Taufpraxis deutlich erkennbar.

Über seine Absichten gibt er in der Vorrede Auskunft: *Vnd habe darumb sollichs verdeudscht anzufahen / auff deudsch zu teuffen / damit die paten vnd beystehende deste mehr zum glauben vnd ernstlicher andacht gereytzt werden / vnd die priester so do teuffen / deste mehr vleyss vmb der zuhörer willen haben müssen.*[67] Dabei kommt es nicht auf *euserliche stücke* an – *als da ist / vnter augen blasen / creutze an streichen / saltz ynn den mund geben / speychel vnd kot ynn die oren vnd nasen thun / mit öle auff der brust vnd schuldern salben / vnd mit Cresem die scheytel bestreychen / westerhembd anzihen / vnd brennend*

kertzen ynn die hend geben –, sondern allein darauf, *das du ym rechten glauben
da stehest / Gottes wort hörest / vnd ernstlich mit betest.*[68]

Exorzismus *Bezeichnung mit dem Kreuz* *Gebet*	Der tauffer spreche. Far aus du unreiner geist... Nym das zeichen des heiligen creutzes / beide an der stirn vnd an der brust. O Almechtiger Ewiger Gott... Nym yhn auff HERRE...	Die einleitenden Riten folgen der überlieferten Ordnung; die *Exsufflatio* wird freilich nicht erwähnt, die dazugehörige Formel (*Exi ab eo, immunde Spiritus*) gekürzt.
›Sintflutgebet‹	Almechtiger Ewiger Gott der du hast durch die sindflut / nach deinem gestrengen gericht / die vnglewbige welt verdampt / vnd den glewbigen Noe selb acht...	Das ›Sintflutgebet‹ hat Luther vermutlich »aus damals relativ junger Tradition übernommen.«[69]
Exorzismus	Ich beschwere dich du unreyner geyst / bey dem namen des vaters ✠ vnd des sons ✠ vnd des heyligen geists ✠...	Entspricht dem ersten Teil des Exorzismus *Exorcizo te, immunde spiritus.*
Lesung aus Mk 10,13-16	Last vns hören das heilig Euangelion S. Marcus...	Das ›Kinderevangelium‹ ist frühmittelalterliches Erbe (vgl. dort die *traditio evangelii*).
Handauflegung und Vaterunser	Denn lege der priester seine hende auffs kinds heubt / vnd bete das Vater vnser...	Vgl. die *traditio orationis dominicae* während des Photizomenats.
Gang zum Taufbrunnen Votum	Darnach leyte man das kindlin zu der Tauffe / vnd der priester spreche. Der Herr behüte deinen eingang vnd ausgang...	Finden die vorhergehenden Handlungen an der Kirchentür statt, so tritt man jetzt zum Taufbrunnen.
Taufabsage	Darnach las der priester das kind durch seine paten dem teuffel absagen / vnd spreche. Entsagestu dem teuffel?	Die dreigliedrige *Abrenuntiation* folgt im Wesentlichen dem überlieferten Text.
Glaubens-befragung	Darnach frage er. Gleubestu an Gott den almechtigen vater schepffer himels vnd erden?	Auch die dreigliedrige *Glaubensbefragung* hält sich an die Tradition.

Frage nach dem Taufwillen	Wiltu getaufft sein?	Wie in der Tradition.
Taufvollzug	Da neme er das kind vnd tauche es ynn die tauffe / vnd spreche. Vnd ich teuffe dich ym namen des vaters vnd des sons vnd des heiligen geistes.	Die Taufe wird durch dreimaliges Eintauchen (nicht Untertauchen!) vollzogen. »Das Kind bleibt mit den Füßchen im Wasser, bis die Formel gesprochen ist, die ehedem zur Chrisamsalbung gehörte.«[70]
Taufkleid	Denn sollen die paten das kindlin halten ynn der tauffe / vnd der priester spreche / weil er das wester hemd an zeucht.	Das ›Westerhemd‹ behält Luther bei.
Gebet	Der Almechtige Gott vnd vater vnsers herrn Jhesu Christi / der dich anderweyt geporn hat / durchs wasser vnd den heiligen geist...	Entspricht dem Gebet zur postbaptismalen Chrisamsalbung *Deus omnipotens, Pater Domini nostri Jesu Christi, qui te...*
Friedenswunsch	Frid mit dir. Amen.	

Das tauffbuchlin auffs new zu gericht (1526)

15.3.3 Neuere Taufordnungen

Noch ist in unseren Breiten weithin die Kindertaufe die Regel. Das begründet die Auswahl der nachfolgend dargestellten Ordnungen. Doch kann nicht übersehen werden, dass Erwachsenentaufen besonders in jenen Gegenden eine wachsende Rolle spielen, die einer tiefreichenden Entchristianisierung unterworfen waren. Zudem begegnet zunehmend das Phänomen des ›Taufaufschubs‹ auf eine neue Weise: Kinder werden immer seltener unmittelbar nach ihrer Geburt getauft; der Zeitraum zwischen Geburt und Taufe dehnt sich häufig bis in das Schulalter hinein.[71]

Die Kirchen reagieren darauf auch mit ihren Ordnungen.[72] Doch zu überzeugenden Lösungen – etwa im Sinne einer differenzierten Erneuerung des präbaptismalen Katechumenats – ist es hierzulande noch nicht gekommen. Das hängt damit zusammen, dass die Taufe von einem Großteil der Beteiligten – auch in Theologie, Kirche und Öffentlichkeit – hauptsächlich in ihrer zivilreligiösen Funktion – als »allgemein-religiöser Passageritus«[73] – wahrgenommen wird. Solche Wahrnehmung reibt sich freilich mit den überlieferten Taufliturgien –

auch dort, wo man diese umfassend ›modernisiert‹ und aller ›archaischen‹ Elemente weitgehend entkleidet hat.

Nach dem Konzil ordnet die katholische Kirche auch die Taufliturgie neu. 1969 erscheint ein reformierter *Ordo Baptismi parvulorum*. Ihm folgt für das deutsche Sprachgebiet 1971 *Die Feier der Kindertaufe*.[74] 1988 erscheint eine – von Generalsynode und Bischofskonferenz der Vereinigten Evangelisch-Lutherischen Kirche Deutschlands beschlossene – neue lutherische Taufagende.[75] Wir stellen in der folgenden Übersicht beide Ordnungen synoptisch einander gegenüber und vergleichen im Anschluss daran einige wichtige Texte.

Feier der Taufe eines einzelnen Kindes *(Die Feier der Kindertaufe, 1971)*	*Die Taufe eines Kindes – Erste Form* *(Agende III, Teil 1, Die Taufe, 1988)*
ERÖFFNUNG DER FEIER	I. ERÖFFNUNG
Begrüßung Gespräch mit den Eltern Wort an die Paten Gebet	Gruß
WORTGOTTESDIENST	
Einladung Lesungen	Taufbefehl (Mt 28,18-20; Joh 3,16)
Homilie Bezeichnung mit dem Kreuzzeichen① Fürbitten (mit Anrufung der Heiligen) Gebet über dem Kind② (unter Handausstreckung) Salbung mit Katechumenenöl	Kreuzeszeichen① Gebet (über dem Kind)② [Votum] [Einzug in die Kirche]
	II. VERKÜNDIGUNG
(Gang zum Taufbrunnen)	Tauflied Taufpredigt Fragen an Eltern und Paten Kinderevangelium (Mk 10,13-16) Segnung mit dem Vaterunser (unter Handauflegung) [Votum] (Gang zum Taufstein)

SPENDUNG DER TAUFE	III. TAUFE
Lobpreis und Anrufung Gottes über dem Wasser (Taufwasserweihe) Absage und Glaubensbekenntnis – Einleitung – Absage (interrogatorisch) – Bekenntnis (interrogatorisch) Apostolikum (oder Glaubenslied) Taufe Salbung mit Chrisam③ Überreichung des weißen Kleides Übergabe der brennenden Kerze Effata-Ritus	Glaubensbekenntnis – Einleitung – Apostolikum Taufhandlung – [Erfragen des Namens] Taufsegen (mit Handauflegung)③ [Westerhemd bzw. Taufschleier] [Taufkerze]
ABSCHLUSS DER TAUFFEIER	**IV. SENDUNG**
Das Gebet des Herrn – Einleitung – Vaterunser Segen (erst der Vater, dann die Mutter, dann alle Anwesenden) Entlassung	Lied [Segnung der Familie oder der Mutter] Gebet Segen

Synoptischer Vergleich wichtiger Texte:

① BEZEICHNUNG MIT DEM KREUZ	
Jetzt treten Eltern und Paten mit dem Kind vor den Zelebranten. Dieser spricht: N., mit großer Freude nimmt dich die christliche Gemeinde auf. In ihrem Namen bezeichne ich dich mit dem Zeichen des Kreuzes. Nach mir werden auch deine Eltern [und Paten] dieses Zeichen Christi, des Erlösers, auf deine Stirn zeichnen. *Der Zelebrant bezeichnet schweigend das Kind mit dem Kreuzzeichen. Dann lädt er die Eltern ein...*	*Der Pfarrer wendet sich zum Täufling:* Weil Jesus Christus N. [dieses Kind] annimmt, segnen wir ihn [sie, es] mit dem Zeichen des Kreuzes. *Der Pfarrer bezeichnet den Täufling mit dem Kreuz [an der Stirn oder an Stirn, Brust und Schultern]. Er spricht dazu:* Nimm hin das Zeichen des Kreuzes ✝ Du gehörst Christus, dem Gekreuzigten [*oder:* Ich bezeichne dich mit dem Kreuz ✝ Jesus Christus hat dich erlöst].

---

② Gebet über dem Kind

Herr, allmächtiger Gott, du hast deinen eingeborenen Sohn gesandt und durch ihn den Menschen, die in der Sünde gefangen waren, die Freiheit der Kinder Gottes geschenkt. Wir bitten dich für dieses Kind. Du weißt, daß es in dieser Welt der Verführung ausgesetzt sein wird und gegen die Nachstellungen des Teufels kämpfen muß. Entreiße es durch die Kraft des Leidens und der Auferstehung deines Sohnes der Macht der Finsternis. Stärke es mit deiner Gnade und behüte es allezeit auf dem Weg seines Lebens durch Christus, unsern Herrn. *Alle:* Amen [*es folgen zwei weitere Texte zur Auswahl*].

Herr, wir bitten dich: Erhöre gnädig unser Gebet und beschirme dieses Kind, das mit dem Zeichen des Kreuzes Jesu Christi gesegnet worden ist [*oder:* Herr, wir bitten dich für dieses Kind, das mit dem Zeichen des Kreuzes gesegnet worden ist. Schütze es allezeit mit der Kraft, die vom Kreuz deines Sohnes Jesus Christus ausgeht]. Und weil du dir dieses Kind zum Eigentum erwählt hast, so befreie es von der Macht des Bösen. Führe es zum Glauben, schenke ihm die neue Geburt und laß es mit uns zum ewigen Leben gelangen. Wir bitten dich durch ihn, unsern Herrn Jesus Christus... [*es folgen zwei weitere Texte zur Auswahl*].

---

③ Chrisamsalbung bzw. Taufsegen

Der Zelebrant spricht: Der allmächtige Gott, der Vater unseres Herrn Jesus Christus, hat dich von der Schuld Adams befreit und dir aus dem Wasser und dem Heiligen Geist neues Leben geschenkt. Du wirst nun mit dem heiligen Chrisam gesalbt; denn du bist Glied des Volkes Gottes und gehörst für immer Christus an, der gesalbt ist zum Priester, König und Propheten in Ewigkeit. *A.* Amen. *Danach salbt der Zelebrant das Kind schweigend auf dem Scheitel mit Chrisam.*

Der Pfarrer legt dem Täufling die Hand auf und spricht: Der allmächtige Gott und Vater unseres Herrn Jesus Christus, der dich von neuem geboren hat durch das Wasser und den Heiligen Geist und dir alle deine Sünde vergibt, der stärke dich mit seiner Gnade zum ewigen Leben. Friede ✝ sei mit dir. *A.* Amen [*oder:* Der allmächtige Gott und Vater stärke dich durch seinen Heiligen Geist, erhalte dich in der Gemeinde Jesu Christi und bewahre dich zum ewigen Leben. Friede ✝ sei mit dir].

15.4 Die Konfirmation

Geschichte, Sinn und Gestalt der Konfirmation in den protestantischen Kirchen können in diesem Zusammenhang nicht umfassend dargestellt werden. Doch soll einer knapper Überblick zeigen, welche Entwicklungen sich hier seit der Reformation abzeichnen.

15.4.1 Ursprünge

Das Unbehagen an der Unmündigentaufe bildet – neben der Kritik an der bisherigen Firmpraxis – den Hintergrund für einen bestimmten Entwicklungsstrang. Huldrych Zwingli jedenfalls teilt dieses Unbehagen: Wiederholte Unterweisungen im christlichen Glauben, jeweils abgeschlossen mit einer Prüfung, sollen nach seiner Vorstellung (die er seit 1523 in Zürich auch praktiziert) die Firmung ersetzen. Weiter ist auf Erasmus von Rotterdam (1465-1536) zu verweisen, der 1526 eine Art Tauferneuerung im Jugendalter vorschlägt: Nach Glaubensunterricht und Glaubensprüfung sollen die Unterwiesenen sich in einer kirchlichen Feier zu ihrem Taufglauben bekennen. Auf dieser Linie liegt auch Jean Calvin: Nach seinem Vorschlag (1536) soll an die Stelle der Firmung eine *christiana catechesis* für Zehnjährige treten, die nach vorheriger Unterweisung das Glaubensbekenntnis vor versammelter Gemeinde ablegen.

Bei Martin Luther finden sich Äußerungen, die in eine etwas andere Richtung weisen. So meint er 1523, nach vorhergehender Glaubensprüfung (...*scrutari a pueris fidem*) könne der Pastor den Heranwachsenden die Hand auflegen und sie so ›konfirmieren‹ (...*ut imponeret manus et confirmaret*).[76] Aus dem Jahre 1523 – nämlich aus der *Formula missae et communionis* (vgl. 13.1.2) – stammt auch sein Vorschlag einer (jährlichen) Glaubensprüfung als Voraussetzung für die Zulassung zur Kommunion.[77]

Als eigentlicher »Vater der evangelischen Konfirmation« gilt jedoch Martin Bucer (vgl. 13.2.3) mit seiner Konfirmationsordnung in der Kasseler Kirchenordnung von 1539. Er verbindet – ähnlich wie schon Luther – das katechetische Element mit dem ursprünglichen Handlungskern der altkirchlich-frühmittelalterlichen Taufbesiegelung, der Handauflegung, und er scheut sich auch nicht, diese im begleitenden Wort als Zeichen für die Begabung mit dem Geist zu interpretieren: *Nimm hin den heiligen geist, schutz und schirm vor allem argen, sterk und hülf zu allem guten, von der gnedigen hand Gottes des Vater, Sohn und heiligen Geistes, Amen.*[78]

Die Konfirmation ist für Bucer *handauflegen, damit man die kindere, nach dem sie im christlichen glauben so weit gelert, auf ihr selbst bekentnus und ergeben in Christum an der christlichen gemeine bestetigt.*[79] Die Konfirmanden geloben vor Gott und der Gemeinde, dass sie am Gottesdienst und am Gebet teilnehmen, Almosen geben und die kirchlichen Amtsträger achten werden. Das katechetische Anliegen verbindet sich hier also mit spirituellen (Gabe des Geistes!), kirchenzuchtlichen und ekklesiologischen Motiven: *Wiltu in der gemeinschaft erharren? Antwort: Ja, durch die hülf des Herren in ewigkeit* (Frage 12).[80]

15.4.2 Entwicklungen

Flächendeckend etabliert sich die Konfirmation in Deutschland erst zwischen ca. 1650 (nach dem Ende des Dreißigjährigen Krieges) und 1750. Mit der Schulentlassung verknüpft, hat sie »einen positiven Einfluss auf die Verlängerung der Schuldauer. Die Jugendlichen konnten erst aus der (Volks-)Schule entlassen werden, wenn sie konfirmiert waren – und nicht umgekehrt.«[81]

In der weiteren Entwicklung rückt immer mehr das Konfirmationsgelöbnis in den Mittelpunkt. Der Pietismus fördert die Konfirmation und individualisiert (besser wohl: subjektiviert) sie zugleich. Philipp Jacob Spener (1635-1705) empfiehlt sie »unter Hinweis auf die innere Bewegung, die das Gelöbnis bewirkt.«[82] Für ihn ist die Konfirmation »verantwortliche Taufgelübdeerneuerung«.[83] In der Aufklärung versteht man sie als lebenslang bindenden »Religionseyd«,[84] als »Mündigkeitsritus«, der von erheblicher Bedeutung für die Stellung des Einzelnen in der bürgerlichen Gesellschaft ist.[85] Ähnlich wie die Taufe wird sie zu einem Passageritus von allgemeiner gesellschaftlicher, aber auch lebensgeschichtlich-familiärer Bedeutung (vgl. 15.3.3).

Im 19. Jh. verstärkt sich einerseits diese Tendenz, führt aber andererseits die Konfirmation auch in eine Krise, und dies in dem Maße, wie die (Re-)Integration der im Zuge der rasanten Industrialisierungs- und Migrationsprozesse entkirchlichten ›Massen‹ in die bürgerliche Gesellschaft und ihre Kirche scheitert. Mit dem Hinweis auf »die zunehmende Diskrepanz zwischen äußerlichem Bekenntnis und Gelübde und innerer Entfremdung eines Großteils gerade der städtischen Jugend« wird eine »Konfirmationsnot« konstatiert.[86] Aus dieser Zeit rühren Reformvorschläge, die auf eine Zweiteilung der Handlung »in ein Ritual für alle und in ein Ritual für die bewußten (erweckten) Christen« hinauslaufen.[87]

Die Debatte hierüber setzt sich zunächst im 20. Jh. fort, wird aber dann von anderen Themen überlagert: Einerseits erweist sich die Konfirmation unter volkskirchlichen Verhältnissen als sehr stabil – als stabiler womöglich noch als die Taufe. Sie ist das ›Sakrament der Volkskirche‹ schlechthin und damit zugleich ein wichtiger Baustein im zivilreligiösen Gefüge der Gesellschaft. Für sie gilt: »Kirche, Gesellschaft und Privatleben und damit individuelle, öffentliche und kirchliche Religion, die sich in der europäischen Neuzeit ausdifferenziert haben, sind in den Kasualien und insbesondere in der ›Gruppenkasualie‹ Konfirmation in besonderer Weise aneinander gekoppelt.«[88]

Andererseits zeigt sich aber auch, wie rasch entsprechende zivilreligiöse Bedürfnisse und Funktionen gegebenenfalls auf andere Handlungen – etwa die ›Jugendweihe‹ – übertragen werden können. So ist die Dominanz dieses Ersatzritus in Ostdeutschland keineswegs nur die Folge der tiefreichenden Entchristianisierung, die dort stattgefunden hat. Die Installation eines Ersatzritus für die Konfirmation war vielmehr ein entscheidendes und überaus wirksames Mittel, diese Entchristianisierung zu befördern.[89]

15.4.3 Konfirmationsordnungen

Das folgende Beispiel für eine neuere evangelische Konfirmationsordnung entnehmen wir der *Agende für evangelisch-lutherische Kirchen und Gemeinden und für die Evangelische Kirche der Union,* Bd. III, aus dem Jahre 2001.[90] Sie enthält – neben den Formularen für die Konfirmation selbst – Ordnungen und Vorschläge für einen *Gottesdienst zu Beginn der Konfirmandenzeit,* die *Taufe in der Konfirmandenzeit,* das *Abendmahl während der Konfirmandenzeit,* die *Beichte in der Konfirmandenzeit – Feier der Versöhnung,* den *Vorstellungsgottesdienst,* eine *Abendandacht am Konfirmationstag,* das *Gedächtnis der Konfirmation.* Nach dem Vorbild des *Evangelischen Gottesdienstbuches* (vgl. 14.2.5) wird für den eigentlichen Konfirmationsgottesdienst zunächst eine *Grundform mit Gestaltungshinweisen,* sodann eine ausgeführte *Liturgie* geboten. Dabei wird zwischen zwei Formen unterschieden: Die *Erste Form* umfasst *Bekenntnis und Segnung,* die *Zweite Form* trägt der Tatsache Rechnung, dass in wachsendem Maße auch ungetaufte Jugendliche die Konfirmation begehren, und umfasst darum – in dieser Reihenfolge – *Bekenntnis – Taufe – Segnung.* Beigegeben ist weiter ein Formular für die *Konfirmation Erwachsener.*

In den vorgeschalteten *Erläuterungen* zu den Konfirmationsordnungen wird dazu ermahnt, »die Spannung zwischen theologischen und anthropologischen Motiven nicht einseitig aufzulösen.« Die Konfirmation sei für alle Beteiligten immer schon ein »Altersstufenfest« mit einer charakteristischen »Mischung und Verbindung von theologischen und anthropologischen Motiven« gewesen. Der

Segen für die Konfirmandinnen und Konfirmanden sowie die Fürbitte der
Gemeinde sollten darum so gefasst sein, dass sie auch für Gemeindeglieder
verständlich sind, »welche sich weniger am kirchlichen Leben beteiligen.«
Großer Wert wird »auf die eigenen Glaubensaussagen der Konfirmandinnen und
Konfirmanden in Verbindung mit dem Einstimmen in das Apostolische Glau-
bensbekenntnis gelegt«.[91] Wir geben im Folgenden einen Überblick über die
Grundform und die beiden Varianten, die in der *Liturgie* entfaltet werden.

ERÖFFNUNG UND ANRUFUNG	
Glockengeläut *Musik zum Eingang* *Votum und Gruß* *Vorbereitungsgebet* *Lied* *Psalm* *Ehre sei dem Vater* *Anrufungen* *– Kyrie* *– Ehre sei Gott* *Tagesgebet*	Vor de, Gottesdienst kann mit den versammelten Konfir- manden ein *Gebet vor dem Einzug* gesprochen werden. Zum *Einzug* – der von Kirchenältesten und Mitarbeitern begleitet wird – erhebt sich die Gemeinde. Auf den liturgi- schen *Gruß* folgt eine *Begrüßung* mit freien Worten (ggf. durch ein Mitglied des Kirchenvorstandes). Von *Abkündi- gungen* zu Beginn sollte der Gottesdienst möglichst frei- gehalten werden. Der *Psalm* kann (im Wechsel) gespro- chen oder gesungen, das *Kyrie* kann entfaltet werden. Wird kein *Psalm* gebetet, folgt dem Lied das *Gloria Patri* (oder eine entsprechende *Liedstrophe*).
VERKÜNDIGUNG	
Schriftlesungen *– Epistel oder AT* *– Gesang* *– Evangelium* *Gesang* *Predigt* *Lied*	Der Verkündigungsteil kann gekürzt werden. Im äußersten Fall wird dann nur eine *Lesung* vorgetragen, über die auch gepredigt wird. Soll die Zahl der *Lesungen* vermindert wer- den, wird auf jeden Fall das *Evangelium* vorgetragen. Neben den im Proprium (*Evangelisches Gottesdienstbuch* S. 442 f) vorgesehenen *Lesungen* sind in der Osterzeit auch die *Lesungen* des betr. Sonntags geeignet.
BEKENNTNIS [– TAUFE –] UND SEGNUNG	
ERSTE FORM: BEKENNTNIS UND SEGNUNG	ZWEITE FORM: BEKENNTNIS – TAUFE – SEGNUNG
Erinnerung an die Taufe Sie erfolgt – ggf. verbunden mit einer Betrachtung zum Taufwasser – von der Taufstätte aus. Eingeschlossen werden Glaubensaussagen aus dem vorangegan- genen Konfirmandenunterricht (die auch von den Konfirmanden selbst vor- getragen werden können).[92] *Glaubensbekenntnis*[93]	*Taufbefehl* (Mt 18,18-20) *Glaubensbekenntnis*[94] *[Betrachtung zum Taufwasser]* *Tauffrage*[95] *Taufhandlung* *[Taufsegen/Taufvotum]*[96] *Kreuzeszeichen*[97] *[Sinnzeichen]*[98]

Gemeinsame Fortsetzung:	
Frage oder *Erklärung* oder *Zuspruch*	Dem Glaubensbekenntnis folgt entweder eine Frage an die Konfirmandengruppe (A) oder eine Erklärung der Jugendlichen (B) oder ein Zuspruch (C).[99]
Bitte um den Heiligen Geist *[Vaterunser]* *Segensgebet*	Die Gemeinde singt ein *Lied* mit der Bitte um den Heiligen Geist. Das *Vaterunser* wird in der Abendmahlsliturgie oder hier gebetet. Das *Segensgebet* kann auch als Kyriegebet (mit Akklamationen der Gemeinde) gestaltet werden.
Segnung	Die Konfirmanden treten in Gruppen vor den Altar und knien nieder. Pfarrer bzw. Pfarrerin legen ihnen die Hände auf und sprechen ein *Segenswort*.[100] Sie (bzw. Jugendmitarbeiter oder Kirchenälteste) nennen die Namen der Konfirmierten und verlesen die *Konfirmationssprüche*.
[Lied] *Anrede* *Dankopfer – Lied*	Die *Anrede* an die Konfirmierten kann durch ein Mitglied des Kirchenvorstandes erfolgen. Ein Wort an die Paten und ein von den Eltern formuliertes Wort kann sich anschließen.
ABENDMAHL	
Die Konfirmierten können entweder mit ihren Familien oder als Gruppe vor der übrigen Gemeinde kommunizieren, begleitet von Mitarbeitern oder Kirchenältesten. Die Gestaltung des Abendmahls kann sich am Formular *Abendmahl während der Konfirmandenzeit* orientieren.	
SENDUNG UND SEGEN	
[Dankgebet mit] *Fürbitten* *[Abkündigungen]* *Segen* *[Liedstrophe]* *Musik zum Auszug*	Die *Fürbitten* können – unter Beteiligung von Eltern, Jugendlichen oder Gemeindegliedern – in das *Dankgebet* nach dem Abendmahl einbezogen werden. In den *Abkündigungen* werden die Konfirmierten zu den Angeboten der Jugendarbeit eingeladen. Die am *Einzug* Beteiligten ziehen mit der Gruppe der Konfirmierten während der *Musik* aus.

Eine für die aktuelle Konfirmationspraxis und ihre Problematik aufschlussreiche Ordnung bietet auch die Agende für die Evangelische Landeskirche in Baden, Bd. II, aus dem Jahre 1984.[101] Sie zeichnet sich aus durch ein Angebot recht differenzierter Lösungen für den Komplex Bekenntnis/Verpflichtung, der in der Vergangenheit häufig Ansatzpunkt für kritische Auseinandersetzungen und Reformvorschläge war. Inte-

ressant ist dabei die – als Variante vorgesehene – interrogatorische Form
des Bekenntnisses.

ERSTE FORM: BEKENNTNIS MIT VERPFLICHTUNG

ANREDE

*Liebe Konfirmanden! Die Konfirmation erinnert uns daran, daß Gott uns in der Taufe
in seinen Bund aufgenommen hat. Seit eurer Taufe gilt: Ihr seid Gottes Kinder ... Das
Glaubensbekenntnis, das wir jetzt miteinander sprechen, ist das gemeinsame Zeugnis
der Christenheit. So haben es auch die Eltern und Paten bei eurer Taufe bekannt. Ihr
sprecht es nun mit uns als euer eigenes Bekenntnis:*

GLAUBENSBEKENNTNIS (Apostolikum)

VERPFLICHTUNG

(1) als AUFFORDERUNG: *Liebe Konfirmanden, in diesem Glauben sollt ihr bleiben und
wachsen. Darum bitte ich euch: Haltet euch zur christlichen Gemeinde. Hört mit uns
auf Gottes Wort, feiert mit uns das Mahl des Herrn und folgt ihm nach. – Liebe Eltern
und Paten, diese Konfirmanden wollen als Christen leben. Helft ihnen dabei und
begleitet sie mit eurem Gebet. Seid für sie da. Nehmt ihre Fragen und Anliegen ernst.
– Liebe Gemeinde, diese jungen Christen brauchen uns und wir brauchen sie. Laßt sie
teilhaben an den Gaben der Gemeinde. Gebt ihnen Raum zur Mitarbeit und Gelegenheit, selbst Verantwortung zu übernehmen.*

(2) als FRAGE: *Liebe Konfirmanden, in diesem Glauben sollt ihr bleiben und wachsen.
Darum bitte ich euch: Haltet euch zur christlichen Gemeinde. Hört mit uns auf Gottes
Wort, feiert mit uns das Mahl des Herrn und folgt ihm nach. So frage ich euch: Wollt
ihr euren Glauben durch Wort und Tat bewähren, so sprecht: Ja, mit Gottes Hilfe.*
Konfirmanden: *Ja, mit Gottes Hilfe. – Liebe Eltern und Paten, diese Konfirmanden
wollen als Christen leben. Helft ihnen dabei und begleitet sie mit eurem Gebet. Seid für
sie da. Nehmt ihre Fragen und Anliegen ernst. Seid ihr dazu bereit, so antwortet: Ja.*
Sprecher der Eltern oder Eltern gemeinsam: *Ja. – Liebe Gemeinde, diese jungen
Christen brauchen uns und wir brauchen sie. Laßt sie teilhaben an den Gaben der
Gemeinde. Gebt ihnen Raum zur Mitarbeit und Gelegenheit, selbst Verantwortung zu
übernehmen. [So frage ich euch Älteste als Vertreter der Gemeinde: Seid ihr dazu
bereit, so antwortet: Ja.* Kirchenälteste: *Ja].*

(3) als ERKLÄRUNG: Sprecher der Konfirmanden: *In diesem Glauben wollen wir bleiben
und unserem Herrn nachfolgen.* Hier können von den Konfirmanden vorbereitete
Glaubensaussagen folgen, die von einzelnen Sprechern vorgetragen werden. Sprecher
der Eltern und/oder Kirchenälteste können diese Erklärung der Konfirmanden
beantworten.

ZWEITE FORM: BEKENNTNIS ALS VERPFLICHTUNG

ANREDE

*Liebe Konfirmanden! In der Konfirmandenzeit habt ihr gelernt und erfahren, was es
heißt, Christ zu sein und in unserer Zeit im Vertrauen auf Jesus Christus zu leben ...*

Die Konfirmation erinnert uns daran, daß eure Eltern und Paten euch im Namen des dreieinigen Gottes haben taufen lassen. Damit hat Gott euch in seinen Bund aufgenommen. Seither gilt: Ihr seid Gottes Kinder.

BEKENNTNIS

(1) als AUFFORDERUNG: *Darum sollt ihr als Christen leben und euch zur christlichen Gemeinde halten. Ihr gebt euer Ja dazu, indem ihr mit uns allen unseren christlichen Glauben bekennt, wie ihn die Kirche von alters her im Apostolischen Glaubensbekenntnis bezeugt:*

GLAUBENSBEKENNTNIS (Apostolikum)

(2) als FRAGE: *Ihr wollt als Christen leben und euch zur christlichen Gemeinde halten. So frage ich euch: Glaubt ihr an Gott, den Vater?* Konfirmanden: *Ich glaube an Gott / den Vater / den Allmächtigen / den Schöpfer des Himmels und der Erde.* Pfarrer: *Glaubt ihr an Jesus Christus, Gottes Sohn?* Konfirmanden: *Ich glaube an Jesus Christus / seinen eingeborenen Sohn ...* Pfarrer: *Glaubt ihr an Gott, den heiligen Geist?* Konfirmanden: *Ich glaube an den heiligen Geist / die heilige christliche Kirche...*

(3) als ERKLÄRUNG [der folgenden Einladung zum gemeinsamen Glaubensbekenntnis können von den Konfirmanden vorbereitete Glaubensaussagen vorausgehen]. Sprecher der Konfirmanden: *Wir wollen als Christen leben und uns zur christlichen Gemeinde halten. Deshalb bekennen wir [mit euch allen] unseren christlichen Glauben, wie ihn die Kirche von alters her im Apostolischen Glaubensbekenntnis bezeugt:*

GLAUBENSBEKENNTNIS (Apostolikum)

Unter den insgesamt sechs Segensworten sind zwei, die ausdrücklich um die Gabe des Heiligen Geistes bitten. Den Anfang macht auch hier – wie in anderen evangelischen Ordnungen – die (modifizierte) Formel Bucers:

(1) *Gott Vater, Sohn und heiliger Geist / gebe euch seine Gnade / Schutz und Schirm vor allem Bösen / Kraft und Hilfe zu allem Guten / um unseres Erlösers Jesu Christi willen.*

(2) *Gott, Vater, Sohn und heiliger Geist segne euch. / Er erleuchte euch durch sein Wort / und geleite euch in seiner Gnade / daß ihr bleibet in seiner Gemeinde / und das ewige Leben erlanget.*

(3) *Der allmächtige Gott und Vater / stärke euch durch seinen heiligen Geist / erhalte euch in der Gemeinde Jesu Christi / und bewahre euch zum ewigen Leben.*

(4) *Der Gott aller Gnade, der euch berufen hat / zu seiner ewigen Herrlichkeit in Christus / wolle euch aufrichten, stärken, kräftigen / und auf einen festen Grund stellen.*

(5) *Der Herr, unser Gott sei mit euch. / Er stärke euch im Glauben / und bewahre euch in seiner Liebe.*

(6) *Der barmherzige Gott und Vater / gebe euch seinen heiligen Geist / der euch in der Wahrheit erhalte / in allen Versuchungen bewahre / und durch Glauben, Liebe und Hoffnung / zum ewigen Leben führe.*

Anmerkungen

[1] Ulrich Kühn, Sakramente (HST 11), Gütersloh 1985, 239.

[2] Carl Heinz Ratschow, Die eine christliche Taufe, Gütersloh 1972, 108.

[3] Berger, Handlexikon (Kap. 1 Anm. 19), 540.

[4] Ratschow, Taufe (Kap. 15 Anm. 2), 118.

[5] Ebd. 117.

[6] Ebd. 199.

[7] Gerhard Barth, Die Taufe in frühchristlicher Zeit (BThSt 4), Neukirchen-Vluyn 1981, 29 f.

[8] Ebd. 32.

[9] Vgl. Roloff, Gottesdienst (Kap. 6 Anm. 10), 63: »Sie war ein eschatologisches Sakrament, das der Vorbereitung der Umkehrwilligen aus Israel auf das unmittelbar nahe geglaubte Gerichtshandeln Gottes dienen sollte.«

[10] Barth, Taufe (Kap. 15 Anm. 7), 43. Vgl. Roloff, Gottesdienst (Kap. 6 Anm. 10), 63: »Einer der Gründe dafür mag gewesen sein, dass die eschatologische Hochspannung der Johannestaufe sowie ihre Ausrichtung auf Umkehr und Erneuerung zentralen Komponenten der urchristlichen Verkündigung entsprachen. Zudem hatte Jesus die Johannestaufe als von Gott gegebenes Zeichen der eschatologischen Umkehr anerkannt.«

[11] Meßner, Einführung (Kap. 1 Anm. 39), 68.

[12] Ebd. 69. Vgl. auch Roloff, Gottesdienst (Kap. 6 Anm. 10), 63: »So spricht manches für die Annahme, dass die Taufe Jesu durch Johannes eine wichtige Rolle für die Neubegründung der Taufe gespielt hat. Bei seiner Taufe kam der Geist auf Jesus herab, und zugleich wurde er als der Sohn Gottes proklamiert (Mk 1,10 f). Die mit Jesus im Sinne der Jüngerschaft unmittelbar Verbundenen erhalten an beidem Anteil; ihnen wird der Geist geschenkt und sie empfangen die Gabe der Sohnschaft.«

[13] Barth, Taufe (Kap. 15 Anm. 7), 41.

[14] Bruno Kleinheyer, Sakramentliche Feiern I. Die Feiern der Eingliederung in die Kirche (GDK 7,1), Regensburg 1989, 27.

[15] Barth, Taufe (Kap. 15 Anm. 7), 43.

[16] Kleinheyer, Feiern I (Kap. 15 Anm. 14), 27 f.

[17] August Jilek, Die Taufe, in: Schmidt-Lauber/Meyer-Blanck/Bieritz, Handbuch (Kap. 1 Anm. 5), 285-318, hier 285.

[18] Vgl. Kleinheyer, Feiern I (Kap. 15 Anm. 14), 28 f.

[19] Vgl. Meßner, Einführung (Kap. 1 Anm. 39), 81.

[20] Kleinheyer, Feiern I (Kap. 15 Anm. 14), 30.

[21] Meßner, Einführung (Kap. 1 Anm. 39), 73.

[22] Vgl. ebd. 76.

[23] Vgl. ebd. 76 f: »Sicher ist: Deklaratorische Bekenntnisse sind vor dem 4. Jahrhundert nicht nachzuweisen, und diese haben ihren Sitz im Leben auch niemals im Taufgottesdienst gehabt, sondern – wie die Glaubensregel – in der antihäretischen Stellungnahme bzw. dem Erweis der rechten Lehre und in der Unterweisung, also im Katechumenat. Seit dem 2. Jahrhundert ist dagegen ein interrogatorisches Taufbekenntnis während des zentralen Taufakts im Wasser nachweisbar.«

[24] Traditio apostolica 21, nach Geerlings, Traditio (Kap. 6 Anm. 22), 261-263.

[25] Meßner, Einführung (Kap. 1 Anm. 39), 84.

[26] Ebd. 92.

[27] Traditio apostolica 17: »Die Katechumenen sollen drei Jahre lang das Wort hören. Ist aber einer besonders eifrig und befleißigt er sich der Sache sehr, dann soll nicht die Zeitdauer, sondern allein die Lebensführung berücksichtigt werden.«

[28] Traditio apostolica 15.

[29] Jilek, Taufe (Kap. 15 Anm. 17), 286.

[30] Kleinheyer, Feiern I (Kap. 15 Anm. 14), 40; vgl. Traditio apostolica 16.

[31] Meßner, Einführung (Kap. 1 Anm. 39), 93.

[32] Ebd. 95.

[33] Kleinheyer, Feiern I (Kap. 15 Anm. 14), 41.

[34] Meßner, Einführung (Kap. 1 Anm. 39), 94.

[35] Kleinheyer, Feiern I (Kap. 15 Anm. 14), 39; vgl. Traditio apostolica 19: »Denn er hat die Taufe in seinem Blut empfangen.«

[36] Jilek, Taufe (Kap. 15 Anm. 17), 287.

[37] Meßner, Einführung (Kap. 1 Anm. 39), 95.

[38] So Meßner ebd. 95.

[39] Traditio apostolica 20.

[40] Traditio apostolica 20: »Wenn er den Exorzismus vollzogen hat, soll er ihr Gesicht anhauchen und nach Bekreuzigung von Stirn, Ohren und Nasen läßt er sie aufstehen.«

[41] Meßner, Einführung (Kap. 1 Anm. 39), 102.

[42] Oleum gratiarum actionis; oleum exorcismi.

[43] Renuntio (ἀποτάσσεσθαι) tibi, Satana, et omni servitio tuo et omnibus operibus tuis.

[44] Omnis spiritus abscedat a te.

[45] Oder: Ungueo te oleo sancto in nomine Iesu Christi.

[46] Zu den differierenden Lesarten an dieser Stelle vgl. Geerlings, Traditio (Kap. 6 Anm. 22), 264 f. L (Palimpsest von Verona) bietet eine interessante Kurzfassung des Gebets zur Handauflegung. Die Gabe des Geistes steht hier in un-

mittelbarer Verbindung mit dem »Bad der Wiedergeburt«. Die Bitte zielt dann auf die Gnade eines gottgefälligen Lebens: »Domine Deus, qui dignos fecisti eos remissionem mereri peccatorum per lauacrum regenerationis spiritu sancti, inmitte in eos tuam gratiam, ut tibi seruiant secundum uoluntatem tuam...«. Zu den Problemen, die das Gebet aufwirft, vgl. Kleinheyer, Feiern I (Kap. 15 Anm. 14), 53 f.

[47] Berger, Handlexikon (Kap. 1 Anm. 19), 462.

[48] Kleinheyer, Feiern I (Kap. 15 Anm. 14), 33.

[49] Meßner, Einführung (Kap 1 Anm. 39), 89.

[50] Georg Kretschmar, Die Geschichte des Taufgottesdienstes in der alten Kirche, in: Leit. 5 (1970) 1-384, hier 119; Kleinheyer, Feiern I (Kap. 15 Anm. 14), 51.

[51] Meßner, Einführung (Kap. 1 Anm. 39), 101.

[52] Ebd. 101.

[53] Kleinheyer, Feiern I (Kap. 15 Anm. 14), 52.

[54] Meßner, Einführung (Kap. 1 Anm. 39), 100.

[55] Kleinheyer, Feiern I (Kap. 15 Anm. 14), 195.

[56] Dt. Text weitgehend nach Meßner, Einführung (Kap. 1 Anm. 39), 390 f.

[57] Pontificale Romanum ex decreto Sacrosancti Oecumenici Concilii Vaticani II instauratum auctoritate Pauli Pp. promulgatum. Ordo confirmationis, Vaticano 1971, ²1973. Deutsche Ausgabe: Die Feier der Firmung in den katholischen Bistümern des deutschen Sprachgebietes. Hg. im Auftrag der Bischofskonferenzen Deutschlands, Österreichs und der Schweiz und der Bischöfe von Bozen-Brixen und von Luxemburg. Einsiedeln usw. 1973 (zitiert wird die Ausgabe Leipzig 1973).

[58] Ebd. 22-24.

[59] Meßner, Einführung (Kap. 1 Anm. 39), 96.

[60] Kleinheyer, Feiern I (Kap. 15 Anm. 14), 64 f.

[61] Ebd. 65.

[62] Rituale Romanum. Pauli V Pontificis Maximi jussu editum aliorumque pontificum cura recognitum atque ad normam Codicis Juris Canonici accomodatum Ssmi D. N Pii Papae XII auctoritate ordinatum et auctum. Editio prima post typicam, Vaticano 1952.

[63] Meßner, Einführung (Kap. 1 Anm. 39), 109.

[64] WA 12, 42-46.

[65] WA 19, 537-541.

[66] Kleinheyer, Feiern I (Kap. 15 Anm. 14), 140.

[67] WA 19, 537.

[68] WA 19, 538.

[69] Kleinheyer, Feiern I (Kap. 15 Anm. 14), 141.

[70] Ebd. 141.

[71] Über die gegenwärtige Situation, ihre Problematik und die in ihr gegebenen Handlungsmöglichkeiten informiert Christian Grethlein, Taufpraxis heute. Praktisch-theologische Überlegungen zu einer theologisch verantworteten Gestaltung der Taufpraxis im Raum der EKD, Gütersloh 1988. Seine Überlegungen zielen darauf, »die Taufe als Fest zum Mittelpunkt des Gemeindelebens« werden zu lassen.

[72] Vgl. z.B. Die Eingliederung von Kindern im Schulalter in die Kirche (Kap. 7 Anm 64); Die Taufe eines Erwachsenen oder eines älteren Kindes, in: Lutherische Agende (neubearb.) III/I. Die Taufe (Kap. 7 Anm. 66), 106-160. Vgl. auch: Rituale Romanum ex decreto Sacrosancti Oecumenici Concilii Vaticani II instauratum auctoritate Pauli Pp. VI promulgatum. Ordo initiationis christianae adultorum, Vaticano 1972, ²1974; deutsche Fassung: Die Feier der Eingliederung Erwachsener in die Kirche nach dem neuen Rituale Romanum. Studienausgabe. Hg. von den Liturgischen Instituten Salzburg, Trier, Zürich. Einsiedeln u.a. 1975.

[73] Meßner, Einführung (Kap. 1 Anm. 39), 146.

[74] Rituale Romanum ex decreto Sacrosancti Oecumenici Concilii Vaticani II instauratum auctoritate Pauli Pp. VI promulgatum. Ordo Baptismi Parvulorum, Vaticano 1969, ²1973. Deutscher Text: Die Feier der Kindertaufe in den katholischen Bistümern des deutschen Sprachgebietes. Hg. im Auftrag der Bischofskonferenzen Deutschlands, Österreichs und der Schweiz und des Bischofs von Luxemburg. Einsiedeln u.a. 1971; zitiert wird die Ausgabe Leipzig 1972.

[75] Lutherische Agende (neubearb.) III/I. Die Taufe (Kap. 7 Anm. 66); wir folgen dem Formular *Die Taufe eines Kindes – Erste Form* (22-35). Sie »folgt der bisher in Agende III gebräuchlichen Ordnung, die sich ihrerseits eng an Luthers Taufbüchlein anlehnt« (19). Die alternative *Zweite Form* (50-80) »setzt bei der Situation der Familie und damit bei der Schöpfungsordnung ein und führt hin zur Taufe« (19). Daneben finden sich Vorschläge für die *Taufe im Hauptgottesdienst* (81-97).

[76] WA 11, 66.

[77] WA 12, 215.

[78] Michael Meyer-Blanck/Karl Dienst, Die Konfirmation, in: Schmidt-Lauber/Meyer-Blanck/Bieritz, Handbuch (Kap. 1 Anm. 5), 481-508, hier 486.

[79] Ebd. 486.

[80] Vgl. ebd. 486.

[81] Albrecht Döhnert, Jugendweihe zwischen Familie, Politik und Religion. Studien zum Fortbestand der Jugendweihe nach 1989 und die Konfirmationspraxis der Kirchen (APrTh 19), Leipzig 2000, 13 f.

[82] Meyer-Blanck/Dienst, Konfirmation (Kap. 15 Anm. 77), 487.

[83] Kleinheyer, Feiern I (Kap. 15 Anm. 14), 213.

[84] Meyer-Blanck/Dienst, Konfirmation (Kap. 15 Anm. 77), 487.

[85] Kleinheyer, Feiern I (Kap. 15 Anm. 14), 213.

[86] Döhnert, Jugendweihe (Kap. 15 Anm. 80), 59.

[87] Meyer-Blanck/Dienst, Konfirmation (Kap. 15 Anm. 77), 488.

[88] Ebd. 490.

[89] Vgl. Döhnert, Jugendweihe (Kap. 15 Anm. 80), besonders 121-147.

[90] Konfirmation. Agende für evangelisch-lutherische Kirchen und Gemeinden und für die Evangelische Kirche der Union. Bd. III (Bd. 3, Amtshandlungen; Teil 6). Hg. von der Kirchenleitung der Vereinigten Evangelisch-Lutherischen Kirche Deutschlands und im Auftrag des Rates von der Kirchenkanzlei der Evangelischen Kirche der Union. Neu bearbeitete Ausgabe 2001, Berlin, Bielefeld, Hannover 2001.

[91] Ebd. 138.

[92] Stattdessen können auch These 1 und 2 der Barmer Theologischen Erklärung gemeinsam gesprochen werden.

[93] Es wird gemeinsam das Apostolische Glaubensbekenntnis gesprochen.

[94] Dem von den Konfirmanden gemeinsam mit dem Täufling bzw. den Täuflingen gesprochenen Apostolischen Glaubensbekenntnis geht eine Tauferinnerung voraus, die sich an die bereits getauften Konfirmanden richtet.

[95] *Du hast zusammen mit der Gemeinde das Glaubensbekenntnis gesprochen. Nun frage ich dich, N. N.: Willst du getauft werden?*

[96] »Nur in begründeten Fällen« erfolgt im Konfirmationsgottesdienst der Taufsegen (*Der allmächtige Gott und Vater stärke dich durch seinen Heiligen Geist, er erhalte dich in der Gemeinde Jesu Christi und bewahre dich zum ewigen Leben*) an dieser Stelle; im Normalfall wird er »im Konfirmationssegen entfaltet (Einsegnung) und dem oder den Getauften in der Konfirmandengruppe zugesprochen.«

[97] *Nimm hin das Zeichen des Kreuzes* ✝. *Du gehörst zu Jesus Christus, der für dich gekreuzigt und auferstanden ist.* Oder: *Ich zeichne dich mit dem Kreuz* ✝. *Jesus Christus hat dich erlöst.*

[98] Übergabe der Taufkerze; Joh 8,12 und Votum: *Nimm diese brennende Kerze zum Zeichen, dass Christus das Licht deines Lebens ist.*

[99] A. FRAGE: *Ihr habt [mit uns] den Glauben bekannt und nun frage ich euch: Wollt ihr in diesem Glauben bleiben und wachsen, so antwortet: Ja, mit Gottes Hilfe* [oder: *Wir haben gemeinsam unseren Glauben bekannt und nun frage ich euch: Wollt ihr unter Jesus Christus, eurem Herrn, leben, im Glauben an ihn wachsen und als evangelische Christen in seiner Gemeinde bleiben, so sprecht: Ja, mit Gottes Hilfe*]. Konfirmandinnen/Konfirmanden: *Ja, mit Gottes Hilfe.*
B. ERKLÄRUNG: Nach dem gemeinsamen Glaubensbekenntnis spricht eine Konfirmandin/ein Konfirmand für die Gruppe (nach Möglichkeit von der Taufstätte aus): *Wir haben gemeinsam das Glaubensbekenntnis gesprochen und*

damit Ja zu unserer Taufe gesagt. Es folgen Formulierungen, die von den Konfirmandinnen und Konfirmanden im Unterricht erarbeitet wurden. Sie sollten die Bereitschaft zum Ausdruck bringen, in diesem Glauben zu bleiben und zu wachsen, in Verbindung mit der christlichen Gemeinde/der Kirche zu leben, sich an Jesus zu orientieren und sich ihm immer wieder anzuvertrauen. Die Erklärung schließt mit: *Wir bitten Gott um seine Hilfe.* Konfirmandinnen/Konfirmanden: *Amen.*

C. ZUSPRUCH: *Ihr habt den Glauben der Kirche bekannt und damit Ja zu eurer Taufe gesagt. Der gnädige Gott helfe euch, dabei zu bleiben. Er stärke euren Glauben.* Konfirmandengruppe: *Amen.*

[100] An dieser Stelle stehen drei Segensworte zur Auswahl: (1) *Gott, Vater, Sohn und Heiliger Geist gebe dir seine Gnade: Schutz und Schirm vor allem Bösen, Stärke und Hilfe zu allem Guten, dass du bewahrt wirst zum ewigen Leben. Friede ✝ sei mit dir.* (2) *Gott, Vater, Sohn und Heiliger Geist helfe dir auf deinem Weg. Er gebe dir Kraft, dem Bösen zu widerstehen, und schenke dir Freude, die bleibt. Fürchte dich nicht! Der ✝ Herr ist mit dir.* (3) *Gott, Vater, Sohn und Heiliger Geist bestärke dich allezeit, auf ihn zu vertrauen und zu hoffen. Er segne und behüte dich in seinem Schutz und ✝ Frieden.*

[101] Agende für die Evangelische Landeskirche in Baden. Bd. II. Taufe, Konfirmation, Aufnahme in die Kirche, Karlsruhe 1984. Der *Konfirmationsgottesdienst mit Abendmahl* findet sich dort 67-91.

16. Tag und Stunde

Lebenswissen, Weltwissen, Glaubenswissen – so hatten wir gesagt – wird nicht nur in Büchern festgehalten (vgl. 3.1.3). Es wird auch in die Zeit ›hineingeschrieben‹ und dort in gemessener Weise ›aufgeschlagen‹, ›gelesen‹, erinnert und begangen. Das Stundengebet der Christen hat daran teil. Es feiert die großen Taten Gottes (Apg 2,11) auf der Zeitebene des Tages (vgl. 3.3.1). Es folgt darin jüdischem Brauch wie der Praxis Jesu. Es entspricht damit aber auch der Einsicht, dass nur qualifizierte, sinnerfüllte Zeit als Lebens-Zeit erfahren wird. Solcher Sinn versteht sich nicht von selbst. Er muss je und je erneuert werden (vgl. 3.1.4), soll Leben in der Zeit – und damit Zeit zum Leben – bleiben. Das Stundengebet dient solch beständiger Erneuerung sinnerfüllten Lebens und damit dem Leben selbst.

16.1 Ursprünge

16.1.1 Jüdische Wurzeln

Für das Judentum ist jeder Tag so etwas wie ein Abbild, eine zusammenfassende Erinnerung der Geschichte Gottes mit seinem Volk. Jeder Abend vergegenwärtigt den Auszug des Volkes aus der Knechtschaft in Ägypten, jeder Morgen erinnert an den Bundesschluss am Berg Sinai.[1] Dieses tägliche Gedächtnis der Heilsgeschichte wird durch das Abend- und Morgenopfer im Tempel kultisch begangen (Ex 29,38-43; Num 28,1-8).

Das Morgenopfer (*Schacharith*, שחרית) wird zwischen Sonnenaufgang und der dritten Stunde dargebracht, das Abendopfer (*Arbith*, ערבית) zwischen der neunten und der zwölften Stunde.[2] Ein (nach-)mittägliches ›Zusatzopfer‹ – zunächst wohl nur an bestimmten Tagen – tritt hinzu. Durch Aufspaltung des Morgen- wie des Abendopfers kommt man schließlich auf insgesamt fünf Opfer- bzw. Gebetszeiten, die sich über den Tag verteilen.

Nach der Zerstörung des ersten Tempels können Opfer vorerst nicht mehr dargebracht werden. An ihre Stelle treten im Exil feste Gebetszeiten, zunächst drei, wie von Daniel bezeugt wird: *Er hatte aber an seinem Obergemach offene Fenster nach Jerusalem, und er fiel dreimal am Tag auf seine Knie, betete, lobte und dankte seinem Gott, wie er es auch vorher zu tun pflegte* (Dan 6,11; vgl. auch Ps 55,18). Die Gebetsrichtung (Jerusalem!) erinnert an den Ursprung der Gebetszeiten im Tempeldienst.

Die Opfer- bzw. Gebetszeiten werden auch in den Synagogen eingehalten und dort gottesdienstlich begangen. Besondere Bedeutung kommt dabei dem gemeinsamen Morgen- und Abendgebet als den »»Angelpunkten‹ eines fünf Gebetszeiten umfassenden jüdischen Stundengebets« zu. »Während der Abendgottesdienst als Schwerpunkte Lobpreis und Bittgebet aufwies, kannte der Morgengottesdienst auch Wortverkündigung und katechetische Elemente.«[3] Nach der Zerstörung des Herodianischen Tempels 70 n. Chr. stehen nur noch die Synagogen als Stätten des gemeinsamen Gebets zur Verfügung.

16.1.2 Christliche Gebetszeiten

Anspielungen auf die genannten Opfer- bzw. Gebetszeiten finden sich auch im Neuen Testament: Zur *dritten Stunde* wird Jesus gekreuzigt, zur *sechsten Stunde* kommt eine Finsternis über das Land, und zur *neunten Stunde* stirbt er (Mk 15,25.33 f). Zur *dritten Stunde* kommt der Geist über die Jünger (Apg 2,15). Petrus und Johannes gehen zur *neunten Stunde* hinauf in den Tempel zum Gebet (Apg 3,1). Zu *sechsten Stunde* steigt Petrus auf das Dach, um zu beten (Apg 10,9). So spricht manches dafür, dass die überlieferten Gebetszeiten auch von den Christen eingehalten werden, zunächst mit großer Selbstverständlichkeit vermutlich in judenchristlichen Gemeinden, dann wohl auch darüber hinaus.

Einen Hinweis darauf liefert die Didache, die ein dreimaliges Gebet des Vaterunsers am Tag vorschreibt (Did 8,3). Unter ausdrücklichem Bezug auf die vorgenannten Schriftstellen wie auf den jüdischen Brauch ermahnt auch Tertullian (um 155-228) die Christen seiner Zeit zur Einhaltung der Gebetszeiten zur dritten, sechsten und neunten Stunde: »Hinsichtlich der Zeiten aber dürfte die äußerliche Beachtung gewisser Stunden nichts Überflüssiges sein, jener gemeinschaftlichen Stunden nämlich, welche die Hauptabschnitte des Tages bezeichnen, die dritte, sechste und neunte, welche man auch in der Hl. Schrift als die ausgezeichneteren genannt findet [...]«. Das gilt »abgesehen natürlich von den pflichtmäßigen Gebeten (*exceptis utique legitimis orationibus*), welche wir auch ohne besondere Ermahnung beim Beginn des Tages und der Nacht schuldig sind.«[4] Tertullian kennt also fünf Gebetszeiten am Tage, wobei dem Morgen- und Abendgebet offenbar eine besondere, »pflichtmäßige« Bedeutung zukommt.

Drei Gebetszeiten am Tag kennt auch Klemens von Alexandrien (um 140/150-215), dazu (?) ein Abendgebet »vor dem Einschlafen« und nächtliche Gebete.[5]

Ähnliche Anweisungen finden sich in der *Traditio apostolica* (vgl. 10.2.1). Sie kennt ein »privates Gebet beim Aufstehen, zur dritten, sechsten und neunten Stunde, beim Schlafengehen, um Mitternacht, beim Hahnenschrei.«[6] Zur Begründung wird wiederum auf die angeführten Schriftstellen verwiesen:

»Bist du zu Hause, bete um die dritte Stunde und lobe Gott. Bist du aber zu diesem Zeitpunkt anderswo, bete zu Gott in deinem Herzen. Denn in dieser Stunde ist Christus ans Holz genagelt und zur Schau gestellt worden [...] Ebenso bete zur sechsten Stunde. Denn als man Christus ans Holz des Kreuzes schlug, wurde der Tag unterbrochen, und eine große Finsternis breitete sich aus [...] Man verrichte auch zur neunten Stunde ein großes Gebet und einen großen Lobpreis, um die Seelen der Gerechten nachzuahmen, die Gott loben [...] Zu dieser Stunde ward Christus in die Seite gestochen, vergoß Wasser und Blut und erleuchtete den Rest des Tages bis zum Abend.«[7] Offenkundig zielen diese Ermahnungen auf das Gebet des Einzelnen, nicht auf das Gebet in Gemeinschaft.

Als Ergebnis lässt sich – bei allen Differenzierungen im Einzelnen – festhalten: »Die frühe Christenheit übernahm vom Judentum die Praxis des täglichen Pflichtgebets.«[8] Bezeugt sind drei Gebetszeiten am Tag, dazu – bei manchen Autoren – ein Morgen- und ein Abendgebet sowie Gebete in der Nacht (von denen schon Apg 16,25 berichtet). Solche Verpflichtung zum Gebet »galt den einzelnen Christen, die sie je nach Lebensumständen und Situation zu erfüllen suchten. Gebetet wurde faktisch wohl zumeist allein, im Haus oder unterwegs, teilweise sicher auch in kleinen Gebetsgruppen im Familien- oder Freundeskreis.«[9]

Freilich berichtet die *Traditio apostolica* auch von Versammlungen der Gemeinde am Morgen bzw. am Abend: »Die Diakone und Presbyter sollen sich täglich an dem ihnen vom Bischof bezeichneten Ort versammeln [...] Sobald alle eingetroffen sind, sollen sie die in der Kirche Versammelten unterweisen. Wenn sie dann gebetet haben, begebe sich jeder an die ihm zukommende Arbeit [...] Wenn die Gläubigen, Männer wie Frauen, am Morgen vom Schlaf aufstehen, sollen sie sich noch vor Beginn der Arbeit die Hände waschen, zu Gott beten und sich erst dann an ihre Arbeit begeben. Wenn eine Unterweisung und Erklärung des Wortes Gottes gehalten wird, so soll man an ihr teilnehmen im Bewußt-sein, daß es Gott selbst ist, den man in dem, der lehrt, hört. Wer in der Kirche betet, wird dem Bösen, das der Tag bringt, aus dem Weg gehen können [...] Deshalb bemühe sich jeder, zur Kirche zu gehen, dem Ort, wo der Geist blüht.«[10]

Tragen so die Morgengottesdienste einen katechetischen Akzent, werden die abendlichen Agape-Feiern, von denen die *Traditio apostolica* ebenfalls berichtet, mit einer Licht-Danksagung (*lucernarium*) eröffnet:[11] »Der Diakon trägt bei Anbruch der Dunkelheit die Lampe herein, und der Bischof stimmt das Lob auf das Licht als Symbol des unvergänglichen Lichtes Christus an [...]«.[12]

16.1.3 Bedeutung der Gebetszeiten

Kann man auch über die Ordnung, denen die Christen der Frühzeit bei ihren täglichen Gebeten folgen, wenig Verlässliches ausmachen, so lässt sich doch einiges zu den symbolisch-spirituellen Bedeutungen sagen, die sie den einzelnen Gebetszeiten beimessen:

So werden die Gebetszeiten am Morgen und am Abend »auf Grund der Lichtsymbolik (das neue Licht am Morgen, das Anzünden der Lampe am Abend) auf Christus, das wahre Licht oder die wahre Sonne der Gerechtigkeit (Mal 3,20) gedeutet. Der Morgen steht für die Auferstehung Christi; die Bitte um die Wiederkehr des Lichts am Abend ist zugleich Bitte um die Parusie Christi, mit der der nicht endende Tag im Reich Gottes beginnt.«[13] Die Gebete zur dritten, sechsten und neunten Stunde sind demgegenüber »anamnetische Gebete zum Gedächtnis der Passion Christi gemäß der markinischen Chronologie« bzw. anderer heilsgeschichtlich bedeutsamer Zeitangaben.[14] Eschatologisch gedeutet wird das nächtliche Gebet; es gilt »als Wache für den ankommenden Herrn, für den Bräutigam, der um Mitternacht kommt (Mt 25,6).« Aber es finden sich auch schöpfungstheologische Interpretationen; hier gilt das nächtliche Gebet als »Teilnahme am mitternächtlichen Lobpreis des Schöpfers durch die ganze Schöpfung.«[15]

16.1.4 Das Gebet der Mönche

Eine besondere Form des Tagzeitengebets begegnet im frühen Mönchtum. Seine Anfänge reichen bis in das 3. Jh. zurück: »Vertreter einer sehr strengen Form christlicher Askese zogen sich aus familiären und fast allen menschlichen Bindungen zurück, ›entwichen‹ (griechisch: anachorein) aus den Städten, aus dem Kulturland überhaupt in unwirtliche Gegenden, um hier in einem Leben der Enthaltsamkeit, der Buße und des Gebetes Gott zu suchen.«[16]

Urheimat des Anachoretentums ist Ägypten. Von hier breitet es sich nach Syrien und Kleinasien aus. Bald schon bilden sich Verbände von Anachoreten und Eremiten. Es entstehen schließlich Mönchsgemeinden, in denen sich »eine größere Zahl von Mönchen an einem Ort zu einem Leben in asketischer Gemeinschaft unter einheitlicher Leitung« zusammenschließen.[17] Vom liturgischen Leben einer solchen Mönchsgemeinde berichtet Johannes Cassianus (ca. 360-430/35), der die monastische Lebensform im lateinischen Westen bekannt macht. Konkret handelt es sich um Mönche in der sketischen Wüste Ägyptens, »die in lockeren Mönchskolonien um eine Kirche (Oratorium) lebten.«[18]

Kennzeichnend für die spirituelle Praxis dieser Mönche ist das immer während Gebet: »Während sie in ihren Zellen sitzen und einfache

Handarbeiten verrichten (Körbe oder Matten flechten), kommen sie mit dem ständigen Murmeln von Schrifttexten, die sie auswendig können, und dazwischen eingeschobenen Gebeten [...] dem Auftrag nach, ohne Unterlaß zu beten. Diesen Auftrag nehmen sie wörtlich.«[19]

Nur zweimal am Tag – in der Nacht nach dem Aufstehen und am Abend vor dem Schlafengehen – kennen sie darüber hinaus feste, verpflichtende Gebetszeiten. Am Samstag und Sonntag halten sie diese Gebetszeiten gemeinsam im Oratorium, sonst einzeln in ihren Zellen. Zu jeder Gebetszeit gehören zwölf Psalmen, die jeweils von einem Psalmisten (als *psalmus directaneus*, ohne Kehrvers; vgl. 5.2.2) vorgetragen werden. Nach jedem Psalm erheben sich die Mönche, um mit ausgestreckten Händen zu beten, werfen sich als Ausdruck der Buße zur Erde und setzen danach ihr Gebet stehend fort. Die stillen Gebete der Einzelnen werden vom Vorbeter (*qui orationem collecturus est*) mit einem Schlussgebet beschlossen. Der Vorgang wiederholt sich zwölfmal, wobei der zwölfte Psalm responsorischen Charakter hat. Es folgen zwei Lesungen, eine aus dem Alten, eine aus dem Neuen Testament. Bei der Auswahl der Psalmen folgt man der Ordnung des Psalters; hat man ihn durchgenommen, beginnt man wieder mit Psalm 1.

Die Tagzeitensymbolik scheint bei dieser Art des Stundengebets kaum eine Rolle zu spielen. Es wird ganz beherrscht von der Lesung der Psalmen, die im Gebet des Einzelnen – wie dann im Schlussgebet des Vorbeters – meditierend an- und aufgenommen werden. Diese Grundstruktur wird prägend für die Tagzeitenliturgie in den klösterlichen Gemeinschaften: »Der Zweischritt von Psalm (als Schriftwort) und Gebet ist der Kern des monastischen Offiziums, das also nichts anderes ist als die elementare Form christlichen Betens: Hören auf Gottes Wort und Gebetsantwort.«[20]

16.1.5 Das Gebet der Gemeinde

Neben diesen monastischen Grundtyp des Tagzeitengebets, der seine Heimat offenbar in Ägypten hat, tritt in den »bischöflichen Stadtgemeinden des Mittelmeerraumes« als zweiter Grundtyp der so genannte »kathedrale Typ«.

Reinhard Meßner meint: »Dahinter stehen letztlich zwei unterschiedliche Stoßrichtungen frühchristlicher Mission: die von Palästina vor allem nach Osten (Syrien) ausgehende ›Jesus-Bewegung‹ (G. Theißen), angeführt von charismatischen Wanderpropheten, die die Nachfolge des Wanderpredigers Jesus möglichst radikal zu verwirklichen suchten einerseits, die von kirchlichen Amtsträgern (Bischöfen, faktisch heutigen Stadtpfarrern entsprechend) geleiteten Gemeinden in den mediterranen Städten, wie sie in neutestamentlicher Zeit vor allem in den

von Paulus begründeten Gemeinden sichtbar sind, andererseits.«[21] Dabei ist
freilich zu beachten, dass es bald schon zu einer wechselseitigen Beeinflussung
der beiden Typen (deren Unterscheidung auf Anton Baumstark zurückgeht[22])
kommt.

Kennzeichnend für den »kathedralen Typ« sind tägliche Morgen- und
Abendgottesdienste in der Bischofskirche unter Beteiligung der ganzen
Gemeinde. Die Gebetszeiten zur dritten, sechsten und neunten Stunde –
ursprünglich allen Christen empfohlen, wie wir gesehen haben – werden
im Wesentlichen nur noch vom Klerus und den Mönchen in den Stadt-
klöstern wahrgenommen. Aus dem nächtlichen Gebet entwickeln sich
Vigilgottesdienste, die an bestimmten Tagen im Kirchenjahr – in der
Nacht von Samstag auf Sonntag bzw. im Zusammenhang mit Heiligen-
feiern – als Gemeindevigilien gehalten werden.

Die *Apostolischen Konstitutionen* (vgl. 11.2.2) berichten in ihrem zweiten
Buch[23] von solchen regelmäßigen Morgen- und Abendgottesdiensten der Gemeinde, denen der Bischof vorsteht: »Wenn du, o Bischof, zum Volke sprichst,
so befiehl ihm und ermahne es, daß es die Kirche besuche am Morgen und am
Abend jeden Tages, und daß es durchaus nicht davon abgehe, sondern fleißig
zusammenkomme, damit keiner durch sein Ausbleiben die Kirche und den Leib
Christi verstümmele [...] sondern erscheinet täglich morgens und abends zum
Psalmengesang und Gebete im Hause des Herrn; am Morgen leset den Psalm
zweiundsechzig [Ps 63], am Abend den Psalm einhundertundvierzig [Ps 141].«[24]

Wie die Tagzeitenliturgie im 4. Jh. in Jerusalem aussieht, schildert auf
sehr anschauliche Weise die Nonne Egeria in ihrem Reisebericht.[25] Im
Mittelpunkt stehen auch hier die vom Bischof geleiteten täglichen
Morgen- und Abendgottesdienste in der Anastasis, der Kirche über dem
Grab Christi. An den Wochentagen finden auch Gebete zur sechsten und
zur neunten Stunde statt, in der Quadragesima auch zur dritten Stunde.
Dem Morgengottesdienst geht eine monastische Vigil voraus, am Sonntag eine Auferstehungsvigil, in der das Auferstehungsevangelium gelesen
wird.

Die Gebetszeiten folgen der Grundstruktur *Psalmodie – Fürbitten – Segen –
Entlassung*. Am Morgen singt man vermutlich auch hier Ps 63, am Abend Ps
141. Die Psalmen werden also nicht – wie bei den ägyptischen Mönchen –
fortlaufend gelesen, sondern entsprechend der Tageszeit ausgewählt. Sie werden
mit Beteiligung der Gemeinde ausgeführt – entweder responsorisch oder antiphonal (vgl. 5.2.2). Der Bischof wird erst nach der Psalmodie »gerufen«; er
spricht zunächst ein Gebet »für alle«, nennt auch diejenigen, derer er in besonderer Weise gedenken möchte, segnet dann die Katechumenen, spricht ein
Gebet für die Gläubigen und segnet auch sie.

Zum Abendgottesdienst holt man das Licht aus der Grabesgrotte und zündet damit alle Leuchter in der Kirche an. Man rezitiert die Luzernarpsalmen und Antiphonen. Der Bischof zieht ein und nimmt auf der Kathedra Platz. Es folgen weitere »Hymnen und Antiphonen« und die Fürbitten. Wenn der Diakon die Namen vorliest, »antworten sehr viele Kinder [...] immer Kyrie eleison«. Gebete und Segnungen beenden auch hier den Gottesdienst.

So zeichnet sich bereits im Jerusalem des 4. Jh. die Grundstruktur der Gemeindevesper (»Kathedralvesper«) ab:[26]

LUZERNAR UND LICHTDANKSAGUNG	Das Anzünden der Lichter wird von der Lichtdanksagung (manchmal in Form eines Hymnus) begleitet.
PSALMODIE	Man singt (responsorisch) den Abendpsalm 141 und gegebenenfalls weitere Psalmen, verbunden mit einer Weihrauchdarbringung (Inzensierung; vgl. Ps 141,2).
FÜRBITTGEBET	Mit Fürbittengebet, Segen und Entlassung geht der Gottesdienst zu Ende.

16.2 Ausformungen

16.2.1 Das Stundengebet in der Benediktregel

Für die weitere Entwicklung des Tagzeitengebets im Westen gewinnen die so genannten *Basilikaklöster* eine große Bedeutung. Das sind monastische Gemeinschaften, die bestimmte – vornehmlich zum Gedächtnis von Märtyrern errichtete – Kirchen gottesdienstlich betreuen und somit eine »Kombination von Kathedrale und Monasterium« realisieren. Hier entsteht »das typisch westliche Offizium: auf monastischer Grundlage mit einzelnen kathedralen Elementen.«[27] Folgenreich ist die »Annäherung von Mönchtum und Priestertum«, die sich hier abzeichnet: »Die Mönche werden, eben um den liturgischen Dienst am Heiligtum angemessen vollziehen zu können, zunehmend Priester; die Priester wiederum übernehmen monastische Lebensformen (vita communis, Zölibat).«[28]

Als Benedikt von Nursia (um 480-547)[29] für das von ihm geleitete Kloster auf dem Montecassino die Ordnung des Stundengebets festlegt, greift er auf den Brauch römischer Basilikaklöster zurück: »Die Gebetszeiten der Benediktregel weisen somit eine römische Struktur auf, und diese Struktur liegt noch dem heutigen ›Stundenbuch‹ zugrunde.«[30]

Die schon seit der Frühzeit bekannten Gebetszeiten am Morgen (*Laudes*) und am Abend (*Vesper*) sowie zur dritten (*Terz*), sechsten (*Sext*) und neunten Stunde (*Non*) sind – wie es vermutlich bereits römischem Brauch entsprach – um zwei Gebetszeiten erweitert: um ein Gebet zur ersten Stunde (*Prim*), unmittelbar vor Beginn der Tagesarbeit, und um ein Gebet unmittelbar vor dem Schlafengehen (*Komplet* bzw. *completorium* = Vollendung, Abschluss). Es gibt also sieben Gebetszeiten am Tag. Hinzu kommen die aus dem nächtlichen Gebet erwachsenen *vigiliae nocturnae* (später wird hierfür die Bezeichnung *Matutin* üblich, die eigentlich das Morgenlob – die *laus matutina* – meint). An den Werktagen umfasst dieses nächtliche Gebet jeweils zwei Blöcke, *Nokturnen* genannt; an Sonn- und Festtagen tritt eine dritte Nokturn kathedralen Ursprungs – entsprechend der Jerusalemer Auferstehungs-vigil (vgl. 16.1.5) – hinzu.

Wie es monastischem Brauch entspricht, werden die Psalmen fort-laufend gelesen. Benedikt hat die 150 Psalmen des Psalters über eine Woche verteilt (*psalmodia currens*, wobei längere Psalmen unterteilt werden können). Zwölf Psalmen werden jeweils in der Vigil gebetet (sechs in jeder Nokturn), weitere zwölf werden Prim, Terz, Sext und Non (ausgestattet mit jeweils drei Psalmen bzw. Psalmabschnitten) zuge-wiesen (vgl. zur Zwölfzahl schon die monastische Praxis in Ägypten, 16.1.4). Für die Vesper sind vier Psalmen vorgesehen.

Eine Ausnahme von der *psalmodia currens* machen einige Psalmen im Morgengebet, die – wiederum nach kathedralem Brauch – der Tageszeit ent-sprechend ausgewählt sind (Ps 67, Ps 51, Ps 148-150). Während des Psalmen-gesangs steht man – Hinweis darauf, dass die Psalmen weniger als Schriftwort (wie es alter monastischer Tradition entspricht) denn als Gebet begriffen und vollzogen werden: »Das monastische Offizium, in seinem Ursprung den Zweitakt von Schriftmeditation und Gebet umfassend, ist auf dem Weg zum reinen Gebetsdienst.«[31]

Zu den kathedralen Elementen sind wohl auch die *Cantica* aus dem Alten und dem Neuen Testament zu zählen; unter ihnen nehmen die evangelischen Cantica (das *Benedictus* Lk 1,68-79 in den Laudes, das *Magnificat* Lk 1,46-55 in der Vesper) einen hervorgehobenen Rang ein. Auch die Hymnen und die Litanei als Fürbittengebet kommen aus diesem Kontext. Beim Responsorium handelt es sich wohl »um einen verkürzten, responsorisch gesungenen Psalm.«[32]

Die folgende Tabelle gibt einen Überblick über den Aufbau der Tagzeiten-gebete nach der Benediktregel.[33]

VIGIL	*INVITATORIUM: Versikel* (Domine labia mea aperies) – *Psalm 3* mit Gloria – *Psalm 95* – *Hymnus* *1. NOKTURN:* sechs *Psalmen* – *Versikel* – drei *Lesungen* jeweils mit *Responsorium* (im Sommer: eine *Kurzlesung* mit *Kurzresponsorium*) *2. NOKTURN:* sechs *Psalmen* – eine *Kurzlesung* – *Versikel* – *Kyrie eleison* (*Litanei*)
	(An Sonn- und Festtagen: vier *Lesungen* jeweils mit *Responsorium* sowohl in der 1. wie der 2. Nokturn) *3. NOKTURN:* drei alttestamentliche *Cantica* – *Versikel* – *Segen* des Abtes – vier *Lesungen* aus dem Neuen Testament (jeweils mit *Responsorium*) – *Hymnus* (Te Deum) – (Auferstehungs-)*Evangelium* (vom Abt gelesen) – *Hymnus* (Te decet laus) – *Segen*
MATUTIN (LAUDES)	*Eröffnungspsalm* (Ps 67) – *Psalm 51* – zwei *Psalmen* (nach der psalmodia currens) – *Canticum* aus dem AT (am Sonntag Dan 3,57 ff) – *›Laudes‹* (Ps 148-150) – *Kurzlesung* (aus den Apostelbriefen, am Sonntag aus der Offenbarung) – *Versikel* – *Canticum* aus dem NT (Benedictus) – *Litanei* – *Pater noster*
PRIM TERZ SEXT NON	*Ingressus* (Deus in adiutorium meum intende) – [*Gloria patri?*] – *Hymnus* (der betreffenden Hore) – *Psalmodie* (drei Psalmen oder Psalmabschnitte; in der Sonntagsprim: vier Abschnitte von Ps 119) – *Kurzlesung* – *Versikel* – *Kyrie eleison* – *Pater noster*
VESPER	*Ingressus* (Deus in adiutorium meum intende) – *Gloria patri* – *Psalmodie* (vier Psalmen aus Ps 110-147, außen den schon anderweitig festgelegten) – *Kurzlesung* – *Responsorium* – *Hymnus* – *Versikel* – *Canticum* (Magnificat) – *Litanei* (Fürbitten) – *Pater noster*
KOMPLET	*Psalmodie* (Ps 4, Ps 91, Ps 134) – *Hymnus* – *Lesung* – *Versikel* – *Kyrie eleison* – *Segen*

16.2.2 Vom Tagzeitengebet zum Brevier

Im Jahre 580 wird Montecassino von den Langobarden zerstört. In Rom, wo die Mönche Zuflucht finden, entstehen am Lateran und anderen wichtigen Hauptkirchen Benediktinerklöster, die die Tagzeitengebete nach der Benediktregel pflegen. »Benedikt hatte seine Ordnung wahrscheinlich unter dem Einfluß römischer Bräuche geschaffen. Nun kehrten diese in der benediktinischen Form zurück und konnten von hier aus den Siegeszug über die ganze abendländische Kirche antreten.«[34] So beschließt zum Beispiel das Konzil von Aachen 816, dass alle Klöster das Tagzeitengebet nach der Benediktregel zu halten haben: »Das

Mönchtum des Abendlandes und damit auch das monastische Offizium wird benediktinisch.«[35]

In der Folgezeit wird das Stundengebet mehr und mehr »zum Amtsgebet des Klerikers (und der Ordensleute)«, »welche allein und je individuell dazu verpflichtet sind (›Brevierpflicht‹).«[36] An diesem Prozess sind eine Reihe von Faktoren beteiligt.

Eine große Rolle spielen Änderungen in der kirchlichen Organisationsstruktur (vgl. auch 6.1.3). Mit dem Niedergang der spätantiken Stadtkultur in der Völkerwanderungszeit schwindet insbesondere in den städtearmen Gebieten des Nordens die Bedeutung der bischöflich geleiteten Stadtgemeinden als Zentren des liturgischen Lebens. War die Feier der Tagzeitenliturgie ursprünglich »Sache der bischöflich geleiteten Ortskirche als ganzer«, so wird in karolingischer Zeit diese Aufgabe in gewisser Weise dezentralisiert: Jetzt »ist jede Kirche mit ihrer Klerikergemeinschaft verpflichtet, jeden Tag den ganzen cursus der Tagzeiten (die sieben Tageshoren und die Vigil) zu singen.«[37] Zugleich geht die Beteiligung der Laien am Tagzeitengebet – das in seiner komplizierten monastischen Gestalt in lateinischer Sprache vollzogen wird – mehr und mehr zurück.

Als sich seit dem 12. Jh. die Pfarrei im heutigen Sinne entwickelt und es in der Folge zu einer zunehmenden »Vereinzelung des Klerus« kommt,[38] ist auch solch gemeinschaftlicher Vollzug im Rahmen einer Klerikergemeinschaft in der Regel nicht mehr möglich. Will der einzelne Kleriker der Verpflichtung zum Tagzeitengebet dennoch weiter nachkommen, muss er es privat für sich rezitieren.

Hinzu kommen Änderungen in Ordinationspraxis und -verständnis: Bis zum 12. Jh. werden Presbyter in der Regel zum Dienst an einer ganz bestimmten Kirche ordiniert, an der sie dann auch zur Teilnahme am gemeinschaftlichen Tagzeitengebet verpflichtet sind. »Als man begann, Priester zu weihen, ohne sie an eine bestimmte Kirche zu binden, haftete die Verpflichtung zum Stundengebet nicht mehr am Dienstort, sondern wurde persönliche Pflicht des Geweihten.«[39]

Die schon bei Chrodegang von Metz (gestorben 766) bezeugte Vorschrift, nach der Kleriker, die an der Teilnahme am gemeinschaftlichen Chorgebet verhindert sind, dieses für sich einzeln nachholen sollen, verliert mehr und mehr ihren Ausnahmecharakter und wird zur Regel. »Das Ergebnis all dieser Umwälzungen ist das langsame Vordringen der Einzelrezitation der Tagzeiten.«[40]

Um die Einzelrezitation – insbesondere auf Reisen – praktizieren zu können, ist ein neuer Buchtyp erforderlich. Die bisher für das Stundengebet benötigten liturgischen Rollenbücher (vgl. 1.4.1) werden in einem handlichen Buch zusammengefasst (*Brevier*; *breviarium* = kurzes Verzeichnis; ursprünglich nur eine

Übersicht über die Ordnung des Tagzeitengebets, seit dem 10. Jh. mit den ausgeschriebenen, zum Teil gekürzten Texten versehen).[41] Maßgebliche Bedeutung erlangt das am päpstlichen Hof gebräuchliche *Breviarium secundum consuetudinem curiae Romanae*. Franziskus von Assisi (1181/82-1226) übernimmt dieses Kurialbrevier für den Franziskanerorden und trägt damit zu seiner Verbreitung bei.

Nach dem Trienter Konzil (1545-1563) wird das von Pius V. im Jahre 1568 herausgegebene *Breviarium Romanum* für die ganze römische Kirche verbindlich. Nur Teilkirchen und Orden, die Bücher nachweisen können, die schon seit zweihundert Jahren und länger in Gebrauch stehen, dürfen diese weiterhin behalten.

Reinhard Meßner fasst das Resultat der weiteren Entwicklung kritisch zusammen: »Das traurige Ergebnis der Geschichte ist die spirituelle Entleerung des Breviergebets. Dieses ist am Ende der Entwicklung, in der ersten Hälfte des 20. Jahrhunderts, nicht mehr die Quelle der (priesterlichen) Frömmigkeit, sondern wird als dem einzelnen Kleriker als Pflicht auferlegte Last empfunden. Es wird dem persönlichen Gebet gegenüber-, ja sogar entgegengestellt. Dem entspricht die verbreitete Praxis des Antizipierens; die Horen werden möglichst im voraus persolviert, ohne Rücksicht auf die rechte Stunde (Matutin am Vorabend, Vesper am Morgen usw.).«[42]

16.2.3 Reform des Stundengebets

Das II. Vatikanische Konzil hat der Reform des Stundengebets große Aufmerksamkeit gewidmet und ihr in der 1963 verabschiedeten Liturgiekonstitution (vgl. 14.1.2) ein ganzes Kapitel (Art. 83-101) eingeräumt. In ihren Reden beklagten die Konzilsväter insbesondere einen »Dualismus zwischen der persönlichen Frömmigkeit des Brevierbeters und der Spiritualität des Stundengebetes, ein[en] Mangel an spiritueller Qualität im Brevier überhaupt sowie ein Pensumdenken, wonach das verpflichtende Gebetsquantum von nicht wenigen unabhängig vom zeitlichen Ansatz der einzelnen Horen persolviert (›antizipiert‹) wurde.«[43]

Art. 89 der Liturgiekonstitution trifft bereits detaillierte Bestimmungen für die Durchführung der Reform: Laudes (als Morgengebet) und Vesper (als Abendgebet) werden als »Angelpunkte des täglichen Stundengebetes« hervorgehoben; sie »sollen als die vornehmsten Gebetsstunden angesehen und entsprechend gefeiert werden.« Die Komplet »soll so eingerichtet werden, daß sie dem Tagesabschluß voll entspricht.« Die »sogenannte Matutin« soll nur noch im Chorgebet ihren Charakter als »nächtliches Gotteslob« behalten; im Übrigen wird sie als ›Lesehore‹ (weniger Psalmen, mehr Lesungen) eingerichtet, die »sinnvoll zu jeder Tageszeit gebetet werden kann.« Terz, Sext und Non werden nur im Chorgebet beibehalten; außerhalb des Chores soll der Beter eine davon auswählen, und zwar diejenige, »die der betreffenden Tageszeit am besten entspricht.« Die Prim entfällt ganz.

Im Ergebnis der Reform erscheint 1971-1972 unter der Bezeichnung *Liturgia Horarum* [44] in vier Bänden ein neues liturgisches Buch für die Tagzeitenliturgie. Ihm folgt für den deutschsprachigen Raum ein dreibändiges *Stundenbuch.* [45] Das neue Tagzeitengebet hat folgende Struktur: [46]

LAUDES	*Eröffnungsvers* (Deus in adiutorium) – *Gloria patri* – *Hymnus* – *Morgenpsalm* (wechselnd) mit Antiphon – alttestamentliches *Canticum* mit Antiphon – *Lobpsalm* (wechselnd) mit Antiphon – *Kurzlesung* – *Kurzresponsorium* – Canticum evangelicum: *Benedictus* – *Preces* – *Pater noster* – *Oration*
TERZ, SEXT, NON	(verpflichtend nur im Chor; sonst Auswahl einer Hore passend zur Tageszeit): *Eröffnungsvers* (Deus in adiutorium) – *Gloria patri* – *Hymnus* – drei *Psalmen* oder Psalmabschnitte mit Antiphon – *Kurzlesung* – *Versikel* – *Oration*
VESPER	*Eröffnungsvers* (Deus in adiutorium) – *Gloria patri* – *Hymnus* – zwei *Psalmen* mit Antiphon – neutestamentliches *Canticum* mit Antiphon – *Kurzlesung* – *Kurzresponsorium* – Canticum evangelicum: *Magnificat* – *Fürbitten* – *Pater noster* – *Oration*
KOMPLET	*Eröffnungsvers* (Deus in adiutorium) – *Gloria patri* – *Hymnus* – ein oder zwei *Psalmen* (wechselnd) mit Antiphon – *Kurzlesung* – *Kurzresponsorium* – Canticum evangelicum: *Nunc dimittis* mit Antiphon – *Oration*
LESE-HORE	(kann zu jeder Tageszeit gebetet werden; Matutin als »nächtliches Gotteslob« nur im Chor): *Versikel* (Domine labia mea aperies) – *Ps 95* mit Antiphon – *Hymnus* – drei *Psalmen* mit Antiphon – *Versikel* – längere *Lesung* aus der Hl. Schrift – *Responsorium* – *Väterlesung* (an Heiligenfesten: hagiographische Lesung) – *Responsorium* – [bei Ausbau zur Vigil: drei alttestamentliche *Cantica* mit Antiphon – *Evangelium* vom Tag] – *Te Deum* – *Oration*

Eines der Ziele der Reform ist es, den Seelsorgeklerus durch eine Kürzung des Pensums zu entlasten. Dem dient auch eine Neuverteilung der Psalmen. Statt auf eine Woche werden sie jetzt auf vier Wochen verteilt. Auch wird das Prinzip der *psalmodia currens* durch eine stärker thematisch bestimmte Auswahl (Leidenspsalmen am Freitag, österliche Psalmen am Sonntag) gelockert. Ein

weiteres Ziel ist die »Wiederherstellung der veritas horarum«; das heißt, die
Gebetszeiten sollen wieder »zur rechten Zeit« (zu der Tageszeit, die ihrem
Charakter entspricht) begangen werden.[47] Auch die Möglichkeit, die Tagzeiten
in der Volkssprache zu beten, gehört zu den Ergebnissen der Reform.

Reinhard Meßner spricht im Blick auf das Ergebnis der Reformbemühungen kritisch von einer »systemimmanenten Brevierreform«.[48] Er
verweist auf positive theologische Ansätze,[49] die eigentlich die gemeinsame Feier des Stundengebets »als Tun der ganzen Kirche« voraussetzen,[50] hält aber dann fest:

> »Für den regelmäßigen, d.h. im Falle der Tagzeitenliturgie: täglichen Vollzug
> in der Gemeinde (Pfarre) ist es eigentlich nicht gedacht und gerade heute, in
> glaubensschwacher Zeit, nicht wirklich geeignet: Es ist in seiner Struktur zu
> kompliziert, zu wortbetont, auf Grund seines Ursprungs in den spätantik-früh-
> mittelalterlichen Basilikaklöstern zu perfekt.«[51]

16.3 Evangelische Tagzeitenliturgie

16.3.1 Vorschläge Martin Luthers

Als Mönch und Priester war Luther zum Breviergebet verpflichtet. Die
Kritik, die er an solcher »Eselsarbeit«[52] übt, knüpft also an persönliche
Erfahrungen an:

> »Darnach fing Doktor Martin Luther an und sagte, wie er sich in der Erste, da
> das Evangelium angegangen wäre, zermartert hätte mit den täglichen kano-
> nischen Gebeten, die er unterlassen und nicht gesprochen hätte vor vielen
> Geschäften. Am Sonnabend hätte er sich eingesperrt und in seine Zelle ver-
> schlossen, und was er dieselbe Woche über versäumt, das hätte er erfüllt [...] Und
> sagte: Es war eine sehr große Marter und Stockmeisterei, davon wir durchs
> Evangelium erlöst sind; und hätte ich kein Gutes getan denn dies allein, so sollte
> man mirs billig danken.«[53]

Luthers Kritik gilt auch hier der Verkehrung gottesdienstlichen Tuns
in ein vor Gott verdienstliches Werk, nämlich *das man solchen gottis
dienst / als eyn werck than hatt / da mit gottis gnade vnd selickeyt zur
werben.*[54] In seiner Schrift *Von ordenung gottis diensts ynn der gemeine*
aus dem Jahre 1523 (vgl. dazu 13.1.1) unterbreitet er erste Vorschläge für
eine Neuordnung der Tagzeitengottesdienste. Zunächst wird die Zahl der
täglichen Gebetsstunden auf zwei bzw. drei reduziert: auf eine
Zusammenkunft am Morgen (um vier oder fünf Uhr) sowie am Abend
(um fünf oder sechs) und – nach Wunsch und Willen – eine dritte nach
dem (Mittag-)Essen.

So soll man *teglich des morgens eyne stunde frue vmb vier odder funffe tzu samen* kommen, *desselben gleychen an dem abent / vmb sechs odder funffe*; *will man nu solch versamlung des tags noch ein mal hallten nach essens / das stehe ynn freyer wilkore.* Obwohl als Gemeindegottesdienste gedacht, rechnet Luther nicht damit, dass an den Werktagen *die gantze versamlunge* sich beteiligen kann; aber wenigstens *die priester vnd schuler* sollen zusammenkommen, *tzuuor die ienigen / so man verhofft gutte prediger vnd seelsorger aus zu werden.* Herbert Goltzen bemerkt dazu: »Faktisch ist hier also wieder die alte Scheidung innerhalb der Gemeinde, nur mit etwas anderer Prägung! Aktive Träger dieser Wochengottesdienste können nur die Schulen, die Stätten humanistischer Bildung sein.«[55]

Anders am Sonntag; hier soll die ganze Gemeinde nicht nur zur Messe, sondern auch zur Vesper zusammenkommen: *Des sontags aber soll solch versamlung fur die gantzen gemeyne geschehen / vber das tegliche versamlen des kleynern hauffen / vnd da selbs / wie biß her gewonet Meß vnd Vesper singen / also das man zu beyder tzeytt predige der gantzen gemeyne / des morgens das gewonlich Euangelion / des abents die Epistel / odder stehe bey dem Prediger / ob er auch eyn buch fur sich neme odder tzwey / wie yhn dunkt das nutzist seyn.*

Unverzichtbarer Bestandteil der Tagzeitengottesdienste ist die Schriftauslegung, die Predigt. Mit großer Entschiedenheit besteht Luther darauf, *das die Christlich gemeyne nymer soll zu samen komen / es werde denn da selbs Gottis wort gepredigt vnd gebett.* So gilt: *Darumb wo nicht gotts wort predigt wirt / ists besser das man widder singe noch leße / noch zusamen kome.* Die überlieferten Elemente der Tagzeitenliturgie – *Psalmen, Responsoria, Antiphon, Collecten* usw. – behalten daneben durchaus ihren Platz.[56] Die auf der folgenden Seite abgedruckte Tabelle stellt die frühen Vorschläge Luthers aus seiner Schrift *Von ordenung gottis diensts* (1523) zusammen. Luther wollte damit wohl kaum eine komplette Ordnung für das Tagzeitengebet vorlegen, sondern vor allem die ihm wichtigen Eckpunkte benennen.

Gegen Ende seiner Schrift *Formula missae et communionis* 1523 (vgl. 13.1.2) kommt Luther ebenfalls auf die Tagzeitengottesdienste zu sprechen.[57] Wieder liegt ihm alles daran, *das alletag lectzen[58] gehalten werden / eyne des morgens ym newen odder allten testament / die ander des abends / es sey ym newen odder allten Testament / mit seyner deutschen auslegung.* Zur Mette wie zur Vesper sollen je drei Psalmen gesungen werden, mit einem oder zwei Responsorien. Doch soll die Auswahl der Gesänge im Ermessen des Bischofs[59] stehen; es gehört zu seinen Aufgaben, *das er heraus suche vberall die besten Respons vnd Antiphen aus den andern / vnd von eynem Sontag auff den andern / von eyner wochen ynn die ander aus teylen vnd bestellen / damit nicht die vbrig leng / so mans zu offt trieb eyn vberdrus brunge* [...]. Auf solche Weise soll auch *der Psalter ordentlich aus geteylet werde / vnd gar ym brauch der kirchen bleybe /*

des gleichen die gantz schrifft / auch also yn yhre lectzen geteylt / alweg bleyb / fur den oren der kirchen / vnd gemeyner versamlung / der Christen.

METTE	Le-sung	*Lection* aus dem Alten Testament (in fortlaufender Lesung)	*...das man eyn buch fur sich neme / vnd eyn Capitel odder tzwey / odder eyn halbes leße / bis es aus sey / dar nach eyn anders fur nemen...*
des morgens eyne stunde frue vmb vier odder funffe	Pre-digt	als Auslegung der zuvor gelesenen *Lection*	*Darnach soll der prediger odder welchem es befolhem wirt / er fur treten / vnd die selb lection eyn stuck aus legen...*
	Dank Lob Bitte	*Psalm Responsorion* oder *Antiphon* mit einer *Collecte*	*Wenn nu die Lection vnd auslegung eyn halb stund odder lenger geweret hat / soll man drauff yn gemeyn got dancken / loben / vnd bitten vmb frucht des worts etc. Dazu soll man brauchen der psalmen / vnd ettlicher gutter Responsoria...*
VESPER *Desselben gleychen an dem abent / vmb sechs odder funffe*	Le-sung	*Lection* aus dem Alten oder Neuen Testament	*Vnd hie sollt aber aus dem altem Testament eyn buch nach dem andern furgenomen werden / nemlich die Propheten / gleych wye am morgen Moses vnd die Historien. Aber weyl nu / das newe Testament auch eyn buch ist / las ich das alte Testament dem morgen / vnd das newe dem abent / odder widderumb vnd gleych also lesen / aus legen / loben / singen vnd beten / wie am morgen...*
	Pre-digt	als Auslegung der zuvor gelesenen *Lection* (Sonntag: Epistel der Messe)	
	Loben Singen Beten	*Psalm Responsorion* oder *Antiphon* mit einer *Collecte*	*Aber das gesenge vnd psalmen teglich des morgens vnd abents zu stellen soll des pfarrers vnd predigers ampt seyn / das sie auff eyn iglichen morgen eyn psalmen / eyn feyn Responsorion odder Antiphen mit eyner Collecten ordenen.*

Von ordenung gottis diensts ynn der gemeine 1523

Eingehende Vorschläge zu den Tagzeitengottesdiensten unterbreitet Luther dann in seiner *Deutschen Messe* von 1526 (vgl. 13.1.4).[60] Mette und Vesper werden als Gemeindegottesdienste entworfen. Darüber hinaus wird eine eigene, erweiterte Ordnung *fur die knaben vnd schuler* in Vorschlag gebracht:

METTE		
Psalmen	*Frue vmb funffe odder sechse / singet man etliche psalmen / als zur metten.*	*Fur die knaben vnd schuler ynn der Biblia zu vben [...]: Die wochen vber teglich / fur der lection / singen sie ettliche psalmen latinisch...*
Lesung und Predigt	Sonntag: *Epistel des tages*; Montag und Dienstag: *eyne deudsche lection / von den zehen geboten / vom glauben vnd vater vnser / von der tauffe vnd sacrament*; Mittwoch: *Euangelist Mattheus*; Donnerstag und Freitag: *Episteln der Aposteln vnd was mehr ist ym newen testament.*	*Nach den psalmen lesen die knaben eyner vmb den andern zween odder drey eyn Capitel latinsch aus dem newen testament [...] Darauff liset eyn ander knabe dasselbige capitel zu deudsch [...] Darnach gehen sie mit eyner antiphen zur deudschen lection / dauon droben gesagt ist.*[61]
Antiphon Te Deum bzw. Benedictus Vaterunser Collecte Benedicamus	*Darnach eyn antiphen vnd das Te deum laudamus odder Benedictus vmd einander / mit eynem Vater vnser / Collecten vnd Benedicamus domino.*	*Nach der lection singet der gantze hauffe eyn deudsch lied / darauff spricht man heymlich eyn vater vnser / Darnach der pfarherr odder Capplan eyne Collecten / vnd beschliessen mit dem benedicamus domino / wie gewonet ist.*
VESPER		
Psalmen [Hymnus]	*Desselbigen gleychen zur vesper / singen sie*[62] *etliche der vesper psalmen / wie sie bisher gesungen sind / auch latinsch mit eyner antiphen / darauff eynen hymnus [...]*	
Lesung und Predigt	*Nach mittage vnter der vesper / fur dem Magnificat / predigt man das alte testament / ordentlich nach eynander.* Sonnabend nachmittag: *Euangelist Johannes.*	*Darnach lesen sie abermal eyner vmb den andern zween odder drey latinsch aus dem alten testament / eyn gantzes odder halbes Capitel [...] Darnach lieset eyn knabe dasselbige Capitel zu deudsch /*
Magnificat Antiphon oder Lied Vaterunser usw.	*Darauff das magnificat zu latein / mit eyner antiphen / odder lied / Darnach eyn vater vnser heymlich / vnd die Collecten mit dem Benedicamus. Das ist der Gottis dienst teglich durch die wochen ynn stedten da man schulen hat.*	

Nach den Vorschlägen Luthers von 1526, die in der vorstehenden Tabelle zusammengestellt sind (in der rechten Spalte die erwähnte erweiterte Ordnung *fur die knaben vnd schuler*), gibt es am Sonntag drei Gottesdienste: *Frue vmb funffe odder sechse* die Mette, in der über *die Epistel des tages* gepredigt wird; *vmb acht odder neune* die Messe mit der Predigt über das Evangelium; und *nach mittage* die Vesper, in der man über das *alte testament* predigt – und zwar *ordentlich nach eynander*. Für die Mette an den Werktagen gilt eine eigene Lese- und Predigtordnung: Am Montag und Dienstag stehen Katechismusstücke im Mittelpunkt (*von den zehen geboten / vom glauben vnd vater vnser / von der tauffe vnd sacrament*). Der Mittwoch ist dem Evangelisten Matthäus gewidmet. Donnerstags und freitags entnimmt man *die teglichen wochen lection* [...] *den Episteln der Aposteln vnd was mehr ist ym newen testament*. Am *Sonnabent nach mittage vnter der vesper* wird die Lesung dem Evangelisten Johannes entnommen. Ansonsten, so muss man schließen, wird in den Werktagsvespern wie in der Sonntagsvesper das Alte Testament fortlaufend gelesen und ausgelegt.

16.3.2 Entwicklungen

Die reformatorischen Kirchenordnungen lutherischer Prägung (vgl. 13.1.5) knüpfen an die Vorschläge Luthers an, modifizieren und konkretisieren sie jedoch auf mannigfache Weise. Die differenzierte Entwicklung in den Einzelheiten hier darzustellen, ist nicht möglich. Herbert Goltzen fasst zusammen:

»Die reformatorischen Kirchenordnungen [...] machen den Versuch, den täglichen Gottesdienst der Fassungskraft der hörenden und betenden Gemeinde anzupassen. In ihnen wird wohl erkannt, daß dazu eine Differenzierung der Ordnungen nötig ist. Die Ausführung und der Umfang der Gottesdienste muß abgestuft werden, je nachdem ob es sich um die schlichten Verhältnisse ›auf den dörfern‹ handelt oder um ›pfarkirchen der stedte und da schulen sein‹ oder um Stifte und Klöster. Diese Abstufung betrifft sowohl die Zahl der Gottesdienste selbst wie den Umfang der darin verwendeten Texte, die Art der Ausführung in Singen oder Rezitieren, und schließlich die Verwendung der lateinischen Kirchensprache und der deutschen Volkssprache.«[63]

Von exemplarischer Bedeutung ist auch hier Bugenhagens Braunschweiger Kirchenordnung von 1528 (vgl. 13.1.5, Abschnitt 1). Sie enthält einen umfänglichen Abschnitt *Vam singende unde lesende der scholekyndere in der kerken*, der auch in andere Kirchenordnungen (Hamburg 1529, Lübeck 1531) Eingang gefunden hat.[64] Er steht für den

Versuch – wie er sich schon in den Vorschlägen Luthers andeutet –, die städtischen Lateinschulen zu Erben und Trägern der überlieferten Tagzeitenliturgie zu machen.[65]

An allen Werktagen wird von den Schülern – angeleitet von den Kantoren und ihren Gehilfen – um acht Uhr in der Frühe und um zwei Uhr nachmittags die Mette bzw. die Vesper gesungen. Es handelt sich um »ausgesprochenes Chorgebet, im Chorraum der Kirchen gehalten.«[66]

Der Morgengottesdienst beginnt mit dem Gesang von Psalmen: Zwei Jungen stimmen die Antiphon an, zwei andere *eynen psalm van den, de me nömet de mettenpsalme,*[67] *nach deme tono der antiphen.* Zwei weitere Psalmen können folgen, dazu ein Octonarium aus Psalm 119, alles *versch umme versch latinisch,* abgeschlossen mit dem Gloria Patri und wiederum der Antiphon. Es folgt *eyne latinische lectie uth deme nyen testamente,* nacheinander von drei Schülern gesungen, *eyn half capitel, edder eyn ganz,* je nach der Länge. Ein vierter Schüler liest den deutschen Text, *doch nicht mit gesange, sonder lude unde slicht.* Dann stimmt der Kantor das Benedictus an, *nach deme tono der antiphen, de he gedenkt, nach deme Benedictus to singen.* Ist das gesungen, knien die Schüler zum dreifachen *Kyrie (Christe) eleison* und zum *Pater noster* (das bis zum *Et ne nos* still gebetet wird) nieder. Mit Versikel, Gruß, Kollektengebet und Benedicamus geht der Gottesdienst zu Ende.[68]

Ähnlich wird auch *des avendes edder to der vesper* verfahren. Gesungen werden die *vesperpsalmen, mit der antiphen* wie am Morgen, *doch ane den octonarium.* De *vehr lectien* – drei Jungen lesen ein halbes oder ganzes Kapitel auf Latein, ein vierter den deutschen Text – werden abends *deme olden testamente* entnommen. Es folgen *de kostelen hymnos feriales,* die altkirchlichen Vesperhymnen, *alle dage eynen, eder ock to tiden andere fyne hymnos Ambrosii, Prudentii etc.* Dann stimmt der Kantor – in derselben Weise wie am Morgen das Benedictus – das Magnificat an. Kyrie, Pater noster usw. schließen auch hier den Gottesdienst ab.

In den Vespern am Samstag und am Sonntag wird nach den Lesungen, *ehr me den hymnum singet,* noch ein *responsorium* eingefügt, unter Beteiligung der *ungelerden kyndere, de ersten singen leren.* Nach dem *Benedicamus* folgen Stücke aus der Complet: das *Nunc dimittis* und der Hymnus *Jesu redemptor saeculi.* Zur Mette am Sonntagmorgen – noch bevor Antiphon und Psalm angestimmt werden – sagen die Kinder *de catechismus latinisch* auf, *up beyden chören ummeschicht.* Nach den Lesungen folgt *eyn responsorium,* danach das *Te Deum laudamus latinisch,* das aber auch auf der Orgel gespielt werden kann. *De leyen, de up disse tidt lust hebben, in der kerken to syn,* können am Sonntag an den Tagzeitengottesdiensten der Schüler teilnehmen. Zur Vesperpredigt am Sonntag singen sie umschichtig mit den Schülern *eyn düdesch let edder eynen*

düdeschen psalm, gegebenenfalls auch das *Te Deum laudamus düdesch.* Nach
der Predigt, dem Gebet und einem weiteren deutschen Lied *geyt dat meyste volk
wech*, und die Schüler führen die lateinische Vesper zu Ende.

In den folgenden Jahrhunderten werden auch die Tagzeitengottesdienste in den Prozess »der Auflösung der alten gottesdienstlichen Formen in
der evangelischen Kirche Deutschlands«[69] hineingezogen. Restbestände
finden sich freilich noch bis weit in das 18. Jh. hinein.[70] Doch mehr und
mehr »wird das strenge, geordnete Stundengebet, das nicht recht zu
einem gemeindegemäßen Gottesdienst geworden war, durch neue
Andachtsformen verdrängt«:[71] Wochenpredigten, Betstunden, Advents-
und Passionsandachten u.a. treten an die Stelle der alten Metten und
Vespern. Was die häusliche wie die individuelle Frömmigkeitspraxis betrifft, so füllt ein vielfältiges Angebot an privater Erbauungsliteratur und
entsprechender Andachtsformen – bis hin zu den Losungen der Herrnhuter Brüdergemeine – die Lücke.[72]

Negativ hat sich wohl auch die allzu enge Verbindung von Schule und Kirche
ausgewirkt, wie sie in der Braunschweiger Kirchenordnung so plastisch in
Erscheinung tritt. Peter Brunner schreibt dazu: »Es kann aber nicht bestritten
werden, daß sich diese Verbindung von Kirche und Schule auf dem Gebiet des
gottesdienstlichen Lebens auch nachteilig, in mancher Hinsicht verhängnisvoll
ausgewirkt hat. Die täglichen Gottesdienste, in denen sich die alten Horen zum
Teil fortsetzten, werden fast so wie eine Schulstunde angesehen, ein Faktor, der
wesentlich zum Zerfall des täglichen Gottesdienstes beigetragen hat.«[73]

Nur am Rand kann hier auf die ganz andere Entwicklung im anglika-
nischen Zweig der reformatorischen Liturgiefamilie hingewiesen werden.
Morgen- und Abendlob (*Mattins* und *Evensong*), »aufgebaut nach dem
Vorbild von Matutin/Laudes und Vesper/Komplet unter starkem Einfluß
des Kreuzbreviers«,[74] bilden hier die Grundformen des gemeindlichen
Gottesdienstes. »Allein die anglikanische Kirche«, schreibt Albert
Gerhards auch im Blick auf die römisch-katholische Praxis, »hat den
Anspruch, daß das Tagzeitengebet die Grundform gemeindlicher liturgi-
scher Feier ist, in die Tat umgesetzt und durchgetragen.«[75]

16.3.3 Erneuerungsbestrebungen

Um eine Erneuerung der Tagzeitenliturgie bemühen sich im 19. Jh.
Vertreter der neulutherischen Liturgik (vgl. 14.2.1, Abschnitt 4). Besonders hervorzuheben sind die Vorschläge von Wilhelm Löhe (1808-
1872). Die von ihm entworfene *Agende für christliche Gemeinden des
lutherischen Bekenntnisses*[76] enthält Ordnungen für *Matutin und Vesper*,

die sich an die überlieferte Struktur der Tagzeitengottesdienste anschließen.

Den täglichen Gottesdiensten ist ein gemeinsamer *Eingang* vorgeschaltet, bestehend aus *Gesang* (*Komm heiliger Geist etc.*), *Eingangssprüchen* und der allgemeinen *Beichte* mit Absolution (»Der Beichte in der röm. Messe nachgebildet«).	

DIE MATUTIN ODER DER MORGENGOTTESDIENST	
Eingang	Vs. *Herr, thue meine Lippen auf.* Rs. *Daß mein Mund Deinen Ruhm verkündige.* Ps. 51,17. Vs. *Eile, Gott, mich zu erretten.* Rs. *Herr, mir zu helfen.* Ps. 70,2. *Ehre sei dem Vater und dem Sohne und dem heiligen Geiste, Wie es war etc. Halleluja.* NB. In der Fastenzeit statt Halleluja: *Lob sei Dir, o Herr, Du König der ewigen Herrlichkeit.*
Invitatorium (an Festen)	*Kommt, laßet uns anbeten den Herrn, der uns gemacht hat.* Ps. 95,6. mit dem Psalm Venite: Ps. 95. *Kommt herzu, laßt uns dem Herrn frohloken etc.* Am Schluß das Gloria Patri und Wiederholung des Invitatoriums.
Hymnus	An dessen Schluß: Vs. *Fülle uns frühe mit Deiner Gnade.* Rs. *So wollen wir rühmen und fröhlich sein unser Leben lang.* Ps. 90,14.
Psalmodie	Ein bis drei Psalmen werden gesungen je nach ihrem Tone oder gesprochen [...] Am Schluß jedes Psalms folgt in der Regel das kleine Gloria (Gloria Patri). Die Psalmen werden in der Matutin fortlaufend gebetet oder gesungen. Für die Feste sind besondere Psalmen im Lectionarium verzeichnet.
Lektionen	nemlich eben so viele, als Psalmen gesungen wurden [...] Jede Lection beschließt der Lector mit den Worten: *Du aber, o Herr, erbarme dich unser* [...] An die Lectionen kann sich entweder eine kurze freie Vermahnung oder eine kurze stehende Summarie oder Auslegung (Homilie) anschließen [...]
Gebet und Beschluß	Zuerst: das Te Deum: ›Herr Gott Dich loben wir‹ etc. oder das Benedictus: ›Gelobet sei der Herr, der Gott Israel‹ etc. Darauf ein Versikel und: *Kyrie, eleison. Christe, eleison. Kyrie, eleison. Vater unser etc. Amen.* Vs. *Herr, höre mein Gebet.* Rs. *Und laß mein Schreien vor Dich kommen.* Vs. *Der Herr sei mit euch.* Rs. *Und mit Deinem Geiste. Laßt uns beten.* Eine oder mehrere Collecten, die erste de tempore, die andern nach Bedürfnis [...] Darauf abermals: Vs. *Der Herr sei mit euch.* Rs. *Und mit Deinem Geist.* Vs. *Laßet uns benedeien den Herrn.* Rs. *Gott sei gedankt.* Der Segen. Rs. *Amen.*

DIE VESPER ODER DAS ABENDGEBET	
Eingang	Vs. *Herr, thue meine Lippen auf.* Rs. *Daß mein Mund Deinen Ruhm verkündige.* Ps. 51,17. Vs. *Eile, Gott, mich zu erretten.* Rs. *Herr, mir zu helfen.* Ps. 70,2. Das Gloria Patri wie am Morgen, mit demselbigen Wechsel von ›Halleluja‹ und ›Lob sei Dir, o König der ewigen Herrlichkeit.‹
Psalmodie	Es werden, wie beim Morgengebet, 1 – 3 Psalmen gebetet, entweder in einer fortlaufenden Reihe, so daß in jeder Vesper fortgefahren wird, wo in der Matutin vorher aufgehört wurde, – oder so, daß man sich der alten Vesperpsalmen bedient [...]
Lection	[...] und zwar entweder das alte Capitulum [...] Oder eine Auswahl von Lectionen nach Maßgabe des Kirchenjahres; oder eine fortlaufende Reihe von Lectionen nach dem Faden der h. Schrift [...] Der Schluß der Lectionen ist wie beim Morgengebet. Ebenso gilt auch hier, was oben von Vermahnung, Summarie, Auslegung und Responsorien gesagt ist.
Hymnus	An dessen Schluß: Vs. *Mein Gebet müße vor Dir taugen wie ein Rauchopfer.* Rs. *Meine Hände aufheben wie ein Abendopfer.* Ps. 141,1.2. oder wie es der Hymnus mit sich bringt.
Gebet und Beschluß	Man singt das Magnificat: ›Meine Seele erhebet den Herren‹ (Luc. 1,46-55.) od. das Nunc dimittis: ›Herr, nun läßest Du Deinen Diener‹ etc. (Luc. 2,29-32.) Darauf spricht man kniend: *Kyrie, eleison. Christe, eleison, Kyrie, eleison. Vater unser etc. Amen.* Alles andere wie es beim Morgengottesdienste angegeben ist.

An die Vorschläge Löhes und anderer Repräsentanten der neulutherischen Liturgik des 19. Jh.[77] knüpfen Gruppierungen und Vertreter der so genannten jüngeren liturgischen Bewegung des 20. Jh. (vgl. 14.2.3) an.

So setzt es sich die 1918 gegründete Hochkirchliche Vereinigung von Anfang an zum Ziel, ein »Brevier für evangelische Christen« zu schaffen,[78] und tritt nicht nur mit Eucharistiefeiern, sondern auch mit Tagzeitengottesdiensten an die Öffentlichkeit. Eine Brevierkommission erarbeitet Grundlinien für das hochkirchliche Tagzeitenbuch, das drei Gebetszeiten (Früh-, Mittags- und Abendhore) umfassen soll. Als es – unter maßgeblicher Mitwirkung von Oskar Johannes Mehl (1875-1972) – 1929 schließlich fertig gestellt ist,[79] stößt es auf die Kritik des evangelisch-katholischen Flügels um Friedrich Heiler (1892-1967), der im gleichen Jahr die Leitung der Vereinigung übernimmt. 1932 erscheint nunmehr der Grundriss eines »Evangelisch-katholischen Breviers«, das sämtliche Horen des römischen Breviers umfasst.[80]

Im Herbst 1923 veröffentlicht Karl Bernhard Ritter (1890-1968), einer der führenden Köpfe der Berneuchener Bewegung, unter dem Titel »Der Deutsche Dom« ein kleines Heft mit Ordnungen für Gottesdienste und tägliche Andachten.[81] Es knüpft an die lutherische Überlieferung an und dient als Grundlage, als man sich in Berneuchen daran macht, eine eigene Gebetsordnung zu entwerfen. Die erscheint 1924[82] unter dem Titel »Das Gebet der Tageszeiten« und liegt 1927 bereits in dritter Auflage vor.[83] Sie ist Vorgängerin des »Stundengebets«, das nach dem 2. Weltkrieg große Verbreitung – weit über den Berneuchener Kreis hinaus – findet,[84] bis es 1967 vom »Evangelischen Tagzeitenbuch« abgelöst wird[85] (vgl. dazu die Darstellung unter 16.3.4).

Im Sommer 1933 findet im Kloster Alpirsbach im Schwarzwald die erste »Kirchliche Woche« statt, der bald weitere folgen. »Der Tageslauf soll unter der kirchlichen Gebetsordnung stehen«, heißt es in der Einladung von Richard Gölz.[86] 1935 erscheinen die ersten liturgischen Entwürfe von Friedrich Buchholz,[87] dem theologischen Kopf dieses Zweigs der jüngeren liturgischen Bewegung, der sich in besonderer Weise der Pflege der klassischen Gregorianik in Stundengebet und Messe verpflichtet weiß. Herbert Goltzen urteilt: »Darum verzichten sie darauf, das klassische Stundengebet modernen Bedürfnissen anzupassen oder um der ›gemeindegemäßen‹ Verwertung willen umzuformen. Die kompromißlos regeltreue Ausführung des römischen Choraldialekts im Solesmenser Rhythmus wird mit dem ebenso unveränderten Luthertext der Psalmen verbunden [...] Das *Alpirsbacher Antiphonale*[88] enthält die vollständigen Ordnungen in ihrem altkirchlichen Aufbau ohne jede moderne Erweiterung, mit den gregorianischen Noten für alle Stücke.«[89]

Im Auftrag des Amtes für Volksmission in Bayern gibt Otto Dietz 1937 ein »Matutin- und Vesperbüchlein« heraus,[90] das sich vor allem an die Vorschläge von Löhe und Dieffenbach[91] anlehnt und so dem neulutherischen Traditionsstrang Geltung zu verschaffen sucht.[92] Erwähnung verdienen in diesem Zusammenhang auch die Bemühungen von Hans Asmussen um ein »Pfarrbrevier«.[93]

Zu größerer Wirkung – über den Kreis bruderschaftlicher und ähnlicher Zusammenschlüsse hinaus – gelangen die Bestrebungen um eine Erneuerung der evangelischen Tagzeitenliturgie durch die Arbeit der *Lutherischen Liturgischen Konferenz Deutschlands*.[94] Sie erarbeitet »Rahmenordnungen für die Mette (Morgengebet) und die Vesper (Abendgebet) [...], die für den Liturgischen Anhang des Evangelischen Kirchengesangbuchs bestimmt sind« und Eingang in zahlreiche landeskirchliche Ausgaben[95] dieses seit 1950 erscheinenden Gesangbuchs finden.[96]

Herbert Goltzen bemerkt dazu: »Während die Alpirsbacher Arbeit die reformatorischen Versuche einer Umformung des gregorianischen Materials ignoriert
und zu den frühesten erreichbaren Quellen der lateinischen Psalmodie zurückgeht, während der Ausgangspunkt der Berneuchener Bemühungen überhaupt
nicht in der Tradition lag, weder in der des 16., noch in der des 11. bis 13.
Jahrhunderts, versucht die lutherisch-kirchliche liturgische Bemühung um die
Ordnung des Gottesdienstes grundsätzlich an die Ansätze der deutschen Reformation anzuknüpfen.«[97]

16.3.4 Ordnungen

(1) Lutherische Agende II

Im Jahre 1960 erscheint – als Entwurf – der zweite Band der Agende für
evangelisch-lutherische Kirchen und Gemeinden.[98] Er enthält – neben
Ordnungen und Texten für »Andachten«, »Betstunden« und »Vigilien«
(Christabend, Fasten- und Passionszeit, Osternacht) – auch Ordnungen
für die Tagzeitengottesdienste, und zwar Mette, Mittagsgebet, Vesper
und Komplet.[99]

METTE (MORGENGEBET)	[Lied] – Ingressus (*Herr, tue meine Lippen auf*)[100] – Psalmgebet (Psalmgesang des Chores oder Psalmlied) – Lesung(en)[101] – Responsorium (*Weise mir, Herr, deinen Weg*)[102] – [Auslegung oder Väter- oder Katechismuslesung] – Hymnus (Morgenlied, Wochenlied oder Lied de tempore) – Lobgesang des Zacharias (Benedictus)[103] – Kyrie – Vaterunser – Wechselgebet (Preces) – Stilles Gebet – Tagesgebet – [Morgenlied] – Salutatio – Benedicamus (*Lasset uns benedeien dem Herrn*) – Segen
MITTAGSGEBET	Ingressus (*Gott, gedenke mein nach deiner Gnade*) – Hymnus (oder Lied) – Psalmgebet (Ps 119,73-80 oder Ps 119,89-96 oder Ps 119,169-176) – Lesung[104] – Responsorium (*Ich suche dich, Herr, von ganzem Herzen*) – Kyrie – Vaterunser – Stilles Gebet – Kollektengebet – Da pacem (*Verleih uns Frieden gnädiglich*) – Versikel – Kollektengebet zum Da pacem – Salutatio – Benedicamus – Segen
VESPER (ABENDGEBET)	[Lied] – Ingressus (*Herr, höre meine Stimme, wenn ich rufe*) – Psalmgebet (Psalmgesang des Chores oder Psalmlied) – Lesung(en)[105] – Responsorium (*Herr, dein Wort ist meines Fußes Leuchte*)[106] – Hymnus (Abendlied, Wochenlied oder Lied de tempore) – Lobgesang der Maria (Magnificat)[107] – Kyrie – Vaterunser – Wechselgebet (Preces) – Stilles Gebet – Tagesgebet – [Abendlied] – Salutatio – Benedicamus – Segen

COMPLET (NACHTGEBET)	Bereitung (Collatio)[108] – Sündenbekenntnis (Confiteor)[109] – Versikel – Ingressus (*Gott, gedenke mein nach deiner Gnade*) – Psalmgebet (Ps 4; Ps 91; Ps 134)[110] – Hymnus (oder Lied) – Lesung (Jer 14,9) – Responsorium (*In deine Hände, Herre Gott, befehle ich meinen Geist*) – Versikel – Lobgesang des Simeon (Nunc dimittis) – Kyrie – Vaterunser – Wechselgebet (Preces) – Stilles Gebet – Nachtgebet – Salutatio – Benedicamus – Segen

(2) Ordnungen im Evangelischen Gesangbuch

Wie viele landeskirchliche Ausgaben des *Evangelischen Kirchengesangbuchs* (EKG) von 1950[111] enthält auch sein Nachfolger, das neue *Evangelische Gesangbuch* von 1993 (EG), Ordnungen und Texte für die Tagzeitengottesdienste. Bereits im Gebetsteil der Stammausgabe des neuen Gesangbuchs[112] abgedruckt, gehen sie wiederum auf Vorarbeiten der Lutherischen Liturgischen Konferenz zurück.[113] Geboten werden Ordnungen für das Morgengebet (Mette), das Mittagsgebet, das Abendgebet (Vesper) und das Nachtgebet (Komplet). In Auswahl wie Aufbau folgt man dabei weitgehend der Lutherischen Agende II von 1960. Manches wird freilich vereinfacht, neue Texte kommen hinzu bzw. werden modernisiert und dem revidierten Text der Lutherbibel von 1964/1984 angeglichen.

Die Mette beginnt mit dem Ingressus *Herr, tue meine Lippen auf.* Das *Halleluja* entfällt in der Passionszeit, wird freilich nicht durch *Lob, sei dir Herr* ersetzt. Nach dem Psalmgebet (Psalm oder Psalmlied) folgen Lesung, Stille und Antwortgesang (Responsorium) *Weise mir, Herr, deinen Weg* oder *Gelobt sei der Name des Herren.* Eine Auslegung bzw. die Lesung eines »geistlichen Textes« kann sich anschließen. Es folgen der Hymnus *Schon bricht des Tages Glanz hervor* oder ein anderes Lied sowie der Lobgesang des Zacharias (Benedictus). Wird stattdessen das Tedeum gesungen, entfallen die Preces. Der Gebetsteil umfasst das Kyrie, das Vaterunser, das Wechselgebet (Preces), Gebetsstille und das Schlussgebet. Zum Ausgang – das gilt auch für die folgenden Tagzeiten – singt man den Lobpreis (K. *Laßt uns preisen den Herrn!* G. *Gott sei ewiglich Dank!*) und den Segen (L. *Es segne und behüte uns der allmächtige und barmherzige Gott, Vater, Sohn und Heiliger Geist.* G. *Amen*).

Das Mittagsgebet hat den Ingressus L. *Herr, meine Zeit steht in deinen Händen.* G. *Hilf mir durch deine Güte.* L. *Gott, gedenke mein nach deiner Gnade,* G. *Herr, erhöre mich mit deiner treuen Hilfe.* L. *Ehre sei...* Es folgt das Loblied (Hymnus) *Du starker Herrscher, wahrer Gott* oder ein anderes Lied. Psalmgebet (Ps 36), Kurzlesungen für die einzelnen Wochentage (wie in Agende II) und der Antwortgesang (Responsorium) *Ich suche dich von ganzem Herzen* oder *Fest wie der Himmel steht dein Wort* schließen sich an. Der Gebetsteil umfasst Kyrie, Vaterunser, Gebetsstille, Schlussgebet (als Friedensbitte) und das Da pacem (*Verleih uns Frieden gnädiglich*).

Für die Vesper hat man ebenfalls einen veränderten Ingressus: L. *Herr, bleibe bei uns;* G. *denn es will Abend werden, und der Tag hat sich geneiget.* L. *Gott, gedenke mein nach deiner Gnade.* G. *Herr, erhöre mich mit deiner treuen Hilfe.* L. *Ehre sei...* An das Psalmgebet (Ps 34, andere Psalmen oder ein Psalmlied) schließen sich Lesung, Stille und Antwortgesang (Responsorium) *Herr, dein Wort ist meines Fußes Leuchte* oder *Mit Freude erfüllt mich dein Walten* an. Wie in der Mette kann auch hier statt der Auslegung ein »geistlicher Text« gelesen werden. Loblied (Hymnus) *Der du bist drei in Einigkeit* (bzw. ein anderes Abendlied) und Lobgesang der Maria (Magnificat) leiten zum Gebetsteil über, der – ebenso wie der Ausgang – der Mette entspricht.

Auch das Nachtgebet schließt sich im Wesentlichen der oben dargestellten Ordnung nach Agende II an. Auf die Bereitung (K. *Laßt uns beten um Gottes Segen!*) folgt das wechselseitige Sündenbekenntnis mit Vergebungsbitte, der Ingressus (*Gott, gedenke mein nach deiner Gnade*), das Psalmgebet (Ps 91; »anstelle dieses Psalms können auch die Psalmen 4 und 134 gesungen werden«), das Loblied (Hymnus) *Bevor des Tages Licht vergeht, Herr der Welt, hör dies Gebet,* Kurzlesung und Antwortgesang (Responsorium) *In deine Hände, Herre Gott, befehle ich meinen Geist* (oder *Vater, in deine Hände befehle ich meinen Geist*). Man singt den Lobgesang des Simeon (Nunc dimittis) und schließt mit Kyrie, Vaterunser, Wechselgebet (Preces), Gebetsstille, Schlussgebet, Lobpreis (*Laßt uns preisen den Herrn!*) und Segen.

(3) Evangelisches Tagzeitenbuch 1998

»Seit Jahrzehnten ist das Evangelische Tagzeitenbuch das Gebetbuch der Evangelischen Michaelsbruderschaft. Jetzt liegt es in einer völlig neu bearbeiteten Auflage vor«, schreiben die Kuratoren der Bruderschaft im Vorwort zur vierten, völlig neu gestalteten Ausgabe von 1998.[114] Das Buch hat in der Tat eine lange Vorgeschichte, die oben (vgl. 16.3.3) bibliographisch festgehalten ist.[115] Blickt man auf die Ursprünge in den zwanziger Jahren des vorigen Jahrhunderts (vgl. 14.2.3), wird sichtbar, welch weiten Weg man seitdem zurückgelegt hat.

Als Exempel für eine Station auf diesem Wege mag das *Gebet der Tageszeiten* dienen.[116] Es bietet Ordnungen und Texte für das Morgen-, Mittags-, Abend- und Nachtgebet sowie für den Wochenschluss. Die Gebetszeiten beginnen jeweils mit einem Vorspruch (einem »Anruf«), der die für Berneuchen typische Sprachgestalt und darin etwas von jener »Gleichnisrede« erkennen lässt, wie sie das Berneuchener Buch fordert.[117] *Die Nacht ist vergangen und angebrochen der Tag des Herrn,* spricht man zu Beginn des Gebets am Sonntagmorgen: *Wache auf, der du schläfst, und stehe auf von den Toten, so wird dich Christus erleuchten.* Es folgt der Wechselgruß, ein Morgenlied, der Ingressus der lutherischen Mette (*Herr, tue meine Lippen auf*) und ein Gebet. Das »Losungswort nach dem Kirchenjahr« (empfohlen wird der »Wochenspruch«) und die Schriftlesung werden mit einem Responsorium beantwortet (*Herr, laß unsere Füße sichere Tritte tun*). Lied bzw. Orgelchoral, »Morgengebet«, Vaterunser und Segenswort (mit Amenvers) schließen die Hore ab. An Werktagen lautet der Vorspruch: *Die Nacht ist vergangen, der Tag ist herbeigekommen. Lasset uns wachen und nüchtern sein und abtun, was uns träge macht. Lasset uns laufen mit Geduld in dem Kampf, der uns verordnet ist.* Ansonsten gilt eine etwas einfachere Ordnung; der Ingressus entfällt.

Das »Gebet der Mittagsstunde« hat je einen »Eingang« für Feiertage und für den Alltag: *Herr, unser Gott, laß uns vor dir stehen, gib uns Sammlung in allen Geschäften des Tages...* Als »Lobgesang« singt man das Dreimalheilig.

Am Abend sagt oder singt man zu Beginn: *Unser Abendgebet steige auf zu Dir, Herr, und es senke sich auf uns herab Dein Erbarmen. Dein ist der Tag und Dein ist die Nacht. Laß, wenn des Tages Licht verlischt, das Licht Deiner Wahrheit uns leuchten. Geleite uns zur Ruhe der Nacht und dereinst zur ewigen Vollendung durch unseren Herrn Jesum Christum. Amen.* Dem Vorspruch folgen Schuldbekenntnis und Kyrie, ein Wechselgesang mit Stücken aus Ps 103, das Magnificat, »Losungswort nach dem Kirchenjahr« und Schriftlesung, Responsorium (*Du aber, o Herr, sei mit uns*), Lied oder Orgelchoral, »Abendgebet«, Vaterunser, Friedensgruß, Segen, Amenvers.

In der Regel werden die Texte im Wechsel zwischen einem Vorbeter und der Gemeinde gesprochen bzw. gesungen. Es finden sich aber auch jeweils Fassungen für das Gebet des Einzelnen bzw. für einfache Verhältnisse, in denen ein Sprechen im Wechsel nicht möglich ist.

Das Tagzeitenbuch 1998 dokumentiert die aktuelle Gestalt des Berneuchener Stundengebets. Es bietet jetzt Ordnungen für sieben Horen: (a) Matutin »am frühen Morgen«, beim »Anbruch des Tages, bevor man anderes geredet hat«; (b) Morgenlob bzw. Laudes; (c) »Kapitel« am Vormittag (entspricht damit der Terz); (d) Mittagsgebet bzw. Sext; (e) »Gedenken der Todesstunde Jesu (Kreuzbetrachtung)«, entspricht der Non; (f) Abendsegen bzw. Vesper; (g) Komplet. Dazu kommen Ordnungen und Texte zum Luzernar (das die Vesper eröffnen kann); zur Vigil bzw. zum Beginn, zur Gestaltung und zum Abschluss einer »Nachtwache«; weiter Vorschläge für die Feier des Abendmahls im Chorgebet, für die Gestaltung einer Bußfeier, für die Einzelbeichte, für eine Auferstehungsfeier als Taufgedächtnis, für die Agapefeier und den Reisesegen.

Von Bedeutung ist die terminologische und strukturelle Unterscheidung zwischen »Chorgebet« und »Gebet der Tageszeiten«: Den Ordnun-

gen für das – auch musikalisch reich entfaltete – Chorgebet hat man
einfachere Ordnungen vor- und zugeordnet, die gegebenenfalls auch vom
einzelnen Beter gesprochen werden können (»Morgenlob« zu den
Laudes, »Mittagsgebet« zur Sext, »Abendsegen« zur Vesper, »Nachtbit-
ten« zur Komplet). Hier haben – in revidierter Gestalt – auch die oben
erwähnten Vorsprüche und »Anrufe« aus dem *Gebet der Tageszeiten*
ihren Platz gefunden; sie repräsentieren damit ein Stück alter Berneuchener Tradition. »Durch Paralleldruck auf gegenüberliegenden Buch-
seiten« will man zeigen, dass man »das in der frühen Berneuchener Zeit
entwickelte ›Gebet der Tageszeiten‹ und das in langer abendländischer
Tradition stehende Chorgebet als gleichberechtigt« versteht. »Diese
Parallelsetzung«, so fahren die Herausgeber fort, »erlaubt es uns auch,
deutlicher als in früheren Veröffentlichungen die jeweilige Besonderheit
zu betonen: Das Gebet der Tageszeiten lebt vornehmlich vom gesprochenen Wort und dem gesungenen Kirchenlied, während das Chorgebet
ganz der Gregorianik verpflichtet ist [...] Das Gebet der Tageszeiten mag
Einzelnen und ungeübten Gruppen eher angemessen sein, das Chorgebet
bei regelmäßiger Übung mehr ansprechen. Wir legen Wert darauf, zu
sagen, daß Stücke der beiden Ordnungen hin und her austauschbar sind,
also z.B. auch das Chorgebet ein Gesangbuchlied und das Gebet der
Tageszeiten einen gregorianischen Psalm enthalten kann.«[118]

Musikalisch steht man, was das Chorgebet betrifft, ganz in der Nachfolge der von Godehard Joppich in der Abtei Münsterschwarzach entwickelten »neuen Weise des Psalmodierens«.[119] Man ist jetzt davon
überzeugt, die mit einer ›deutschen Gregorianik‹ verbundenen Probleme
endgültig gelöst und »eine der deutschen Sprache angemessene musikalische Form gefunden zu haben.«[120]

Albert Gerhards schreibt dazu: »Die sog. deutsche Gregorianik, wie sie in der
Münsterschwarzacher Tradition nun im evangelischen wie im katholischen
Bereich in Übung ist, stellt eine adäquate Umsetzung jener einzigartigen Hoch-
schätzung des biblischen Wortes dar, wie sie in der Tradition der gregorianischen
Neumenhandschriften vorliegt« (vgl. auch 5.2.3). Er kritisiert eine »Form von
Antiphonie«, in der die Melodie anstelle des Textes zum »Transportmittel« wird,
und hält fest: »Das im Tagzeitenbuch zugrundeliegende Prinzip geht dem
gegenüber radikal vom Text aus [...] Erst nach dem rechten Verstehen des
›Logos‹ wird sich der rechte Vollzug der ›Melodie‹ einstellen, dies aber in der
Regel nahezu von selbst. Die Plausibilität der ›Melodie‹ ergibt sich also aus dem
rechten Verständnis des Sinns.«[121]

MATUTIN	Ingressus (*Herr, tue meine Lippen auf*) – Invitatorium (nach der Kirchenjahreszeit) mit Ps 95 – Hymnus – Psalm (Ps 78, ggf. Tages- und Wochenpsalm) – Schriftlesung(en) – Antwortgesang – Canticum (Benedicite aus Dan 3 oder alternative Cantica) – Kyrie – Vaterunser – Stilles Gebet – Kollektengebet – Lob und Segen
LAUDES	Ingressus (*Gott, gedenke mein*) – [Invitatorium, falls keine Matutin vorher] – Psalmodie (Stundenpsalm, Tagespsalm, Wochenpsalm) – Schriftlesung – Responsorium – Betrachtung (Auslegung – Stille) – Hymnus oder Lied – Versikel – Canticum (Benedictus oder ein anderes Canticum) – Kyrie – Vaterunser – Gebet – Fürbitten – Stilles Gebet – Kollektengebet – Lob und Segen
KAPITEL	Ingressus (*Gott, gedenke mein*) – Hymnus – Psalm 119 (verteilt auf die Wochentage) – Schriftlesung – Versikel – Kyrie – Kollektengebet – Segen (Versikel)
SEXT	Ingressus (*Gott, gedenke mein*) – Hymnus oder Lied – Psalmodie (Stundenpsalm oder Festpsalm) – Kurzlesung – Responsorium – Kyrie – Vaterunser – Stilles Gebet – Kollektengebet oder: Friedensbitten – Friedenskollekte – Segen (Versikel)
TODES-STUNDE	Ingressus (*Gott, gedenke mein*) – Hymnus – Psalmodie (Ps 89) – Schriftlesung – Versikel – [Betrachtung] – Gebet (Kyrie – Kollekte oder: Litanei unter dem Kreuz) – Segen
VESPER	[Luzernar] – Ingressus (*Gott, gedenke mein*) – Psalmodie (Stundenpsalm, Tagespsalm, Wochenpsalm) – Schriftlesung – Responsorium – Betrachtung (Auslegung – Stille) – Hymnus oder Lied – Versikel – Canticum (Magnificat oder ein anderes Canticum; an Bußtagen: Bußlitanei) – Kyrie – Vaterunser – Gebet – Fürbitten – Stilles Gebet – Kollektengebet – Lob und Segen
KOMPLET	Bereitung (*Laßt uns beten um Gottes Segen. Eine ruhige Nacht und ein Ende in Frieden verleihe uns der Herr, der Allmächtige*) – 1 Petr 5,8.9a – Versikel – Sündenbekenntnis – Versikel – Ingressus (*Gott, gedenke mein*) – Psalmodie (Ps 4, Ps 91, Ps 134) – Hymnus – Kurzlesung – Responsorium – Versikel – Canticum (Nunc dimittis) – Kyrie – Vaterunser – Stilles Gebet – Kollektengebet – Lob und Segen

(4) Evangelisches Brevier (Erich Hertzsch)

Einen anderen Typ evangelischer Tagzeitenliturgie repräsentiert das von Erich Hertzsch erarbeitete und erprobte *Evangelische Brevier* aus dem Jahre 1959,[122] von seinem Sohn Klaus-Peter Hertzsch zuletzt 2001 unter dem Titel *Biblisches Brevier* herausgebracht.[123] Vier Gebetszeiten werden über den Tag verteilt – »die Mette am frühen Morgen,« schreibt der Verfasser, »vor oder sofort nach dem Aufstehen, die Laudes im Laufe des Tages, in einer Arbeitspause, die Vesper gegen Abend, nach getaner Arbeit, und die Komplet vor dem Einschlafen.«[124] Selbstverständlich können und sollen die Gebetszeiten auch gemeinsam begangen werden – zu zweit, in der Familie, der Gruppe, der Gemeinde –, aber das Brevier ist doch in erster Linie für den einzelnen Beter gedacht. Keine Gebetszeit soll ihn länger als fünf Minuten beanspruchen.[125]

Jeder Wochentag hat ein eigenes Gepräge: Die sieben Vaterunser-Bitten werden – zusammen mit der entsprechenden Strophe aus Luthers Vaterunser-Lied (EG 344) – über die Wochentage verteilt. Jedem Wochentag wird eines der Ich-bin-Worte aus dem Johannesevangelium als Leitwort zugeordnet, dazu ein Bild von Rembrandt.

	Thema und Leitwort	Tagesbitte	Rembrandt-Bild
Sonntag	Die Auferstehung Joh 11,25-26	*Geheiligt werde dein Name*	Christus in Emmaus (1634)
Montag	Das Reich Gottes Joh 18,37	*Dein Reich komme*	Darstellung Christi (1655)
Dienstag	Die Menschwerdung Joh 8,12	*Dein Wille geschehe, wie im Himmel, so auf Erden*	Anbetung der Hirten (1654)
Mittwoch	Das Brot des Lebens Joh 6,35	*Unser tägliches Brot gib uns heute*	Christus und die Samariterin (1634)
Donnerstag	Der rechte Weinstock Joh 15,5	*Vergib uns unsere Schuld, wie auch wir vergeben unsern Schuldigern*	Der verlorene Sohn (1636)
Freitag	Die Passion Joh 10,11	*Führe uns nicht in Versuchung*	Christus am Kreuz (um 1634)
Samstag	Der Heimgang zum Vater Joh 14,6	*Erlöse uns von dem Bösen*	Die Kreuzabnahme (1654)

In ähnlicher Weise wie die Wochentage stehen auch die Tageshoren unter Leitthemen (Mette: *Von der Schöpfung*; Laudes: *Von der Erlösung*; Vesper: *Von der Heiligung*). Entsprechend werden den drei Tageshoren

Stücke aus Luthers *Kleinem Katechimus* (seine Erklärungen zu den drei Artikeln des Apostolischen Glaubensbekenntnisses) als »Bekenntnis« zugeordnet.

MORGENGEBET (METTE) *Von der Schöpfung*	Rüstgebet (*Herr, öffne meinen Mund, daß ich Deinen heiligen Namen preise...*) – Leitwort – Lied – Psalm – Lesung – Responsorium (1 Mose 1,27) oder: Bekenntnis (Erklärung Luthers zum 1. Artikel des Glaubensbekenntnisses) – Ambrosianischer Lobgesang (Te Deum, EG 191) – Kyrie – Tagesbitte – Gebet (*O Herr, mache mich zum Werkzeug deines Friedens...*) – Segen (2 Kor 13,13)
TAGGEBET (LAUDES) *Von der Erlösung*	Rüstgebet – Leitwort – Lied – Psalm – Lesung – Responsorium (Joh 3,16) oder: Bekenntnis (Erklärung Luthers zum 2. Artikel des Glaubensbekenntnisses) – Lobgesang des Zacharias (Benedictus) – Kyrie – Tagesbitte – Gebet (*Wir loben Dich, Herr, und beten dich an: Du bist die Liebe und trägst uns alle mit Deinem Erbarmen...*) – Segen
ABENDGEBET (VESPER) *Von der Heiligung*	Rüstgebet – Leitwort – Lied – Psalm – Lesung – Responsorium (Röm 5,5; 2 Kor 3,17) oder: Bekenntnis (Erklärung Luthers zum 3. Artikel des Glaubensbekenntnisses) – Wochenlied – Lobgesang der Maria (Magnificat) – Kyrie – Tagesbitte – Gebet (*Bleibe bei uns, Herr, denn es will Abend werden...*) – Segen
NACHTGEBET (KOMPLET)	*Eine ruhige Nacht und ein seliges Ende schenke uns der allmächtige und barmherzige Gott. Amen* – Psalm 51 – Lied (EG 470) – Psalm 91; Psalm 127 – Lesung (Jes 41,10) – Responsorium (Ps 31,6) – Lobgesang des Simeon (Nunc dimittis) – Gebet (*Herr, höre unser Bitten und kehre ein bei uns in diesem Hause...*) – Segen (4 Mose 6,24-25)

Anmerkungen

[1] Berger, Handlexikon (Kap. 1 Anm. 19), 486.

[2] Herbert Goltzen, Der tägliche Gottesdienst. Die Geschichte des Tagzeitengebetes, seine Ordnung und seine Erneuerung in der Gegenwart, in: Leit. 3 (1956) 99-296, hier 117.

[3] Michael Kunzler, Die Liturgie der Kirche (AMATECA Lehrbücher 10), Paderborn 1995, 489.

[4] Tertullian, De oratione 25,15. Übers. nach Heinrich Kellner, Tertullians private und katechetische Schriften (BKV²), Kempten und München 1912, 269 f.

[5] Vgl. Goltzen, Gottesdienst (Kap. 16 Anm. 2), 127.

[6] Albert Gerhards, »Benedicam Dominum in omni tempore.« Geschichtlicher Überblick zum Stundengebet, in: Martin Klöckener/Heinrich Rennings (Hg.), Lebendiges Stundengebet. Vertiefung und Hilfe, Freiburg i. Br. 1989, 3-33, hier 9; vgl. Kunzler, Liturgie (Kap. 16 Anm. 3). 490 f.

[7] Traditio apostolica 41. Text nach Geerlings, Traditio (Kap. 6 Anm. 22), 303.

[8] Meßner, Einführung (Kap. 1 Anm. 39), 247.

[9] Ebd. 249.

[10] Traditio apostolica 39 u. 41; vgl. Martimort, Handbuch (Kap. 6 Anm. 27), II, 330.

[11] Traditio apostolica 25-28.

[12] Kunzler, Liturgie (Kap. 16 Anm. 3), 491.

[13] Meßner, Einführung (Kap. 1 Anm. 39), 247.

[14] Ebd. 248; vgl. dazu 16.1.2.

[15] Ebd. 248.

[16] Georg Schwaiger (Hg.), Mönchtum, Orden, Klöster. Ein Lexikon, München 1993, 10.

[17] Ebd. 10.

[18] Meßner, Einführung (Kap. 1 Anm. 39), 237.

[19] Ebd. 239.

[20] Ebd. 238.

[21] Ebd. 234.

[22] Vgl. Baumstark, Werden (Kap. 12 Anm. 8), 64-70.

[23] Apostolische Konstitutionen 2,59.

[24] Vgl. Marcel Metzger, Les constitutions apostoliques. Tome I (SC 320), Paris 1985, 324-326 (französische Übersetzung); Ferdinand Boxler, Die sogenannten Apostolischen Constitutionen und Canonen (BKV 4), Kempten 1874, 104-106.

[25] Vgl. Egeria, Itinerarium (Kap. 11 Anm. 25), besonders 225-295.

[26] Nach Meßner, Einführung (Kap. 1 Anm. 39), 257-260.

[27] Ebd. 264.

[28] Ebd. 265.

[29] Vgl. Schwaiger, Mönchtum (Kap. 16 Anm. 16), 85: »Die Traditionsdaten seines Lebens: Geburt um 480, Aufenthalt in Rom 500, Übersiedelung nach Monte Cassino 529, Tod um 547, sind nur Vermutungen. Die Zeit seiner Geburt wird heute meist zwischen 480 und 490 angesetzt, sein Tod wird in die Jahre 555 bis 560 (von E. Manning bis 575) datiert.«

[30] Meßner, Einführung (Kap. 1 Anm. 39), 265.

[31] Ebd. 267.

[32] Ebd. 267.

[33] Vgl. dazu ebd. 396-398; Goltzen, Gottesdienst (Kap. 16 Anm. 2), 155-157.

[34] Joseph Pascher, Das Stundengebet der römischen Kirche, München 1954, 45; vgl. Kunzler, Liturgie (Kap. 16 Anm. 3), 497.

[35] Meßner, Einführung (Kap. 1 Anm. 39), 269.

[36] Ebd. 270.

[37] Ebd. 270.

[38] Ebd. 271.

[39] Kunzler, Liturgie (Kap. 16 Anm. 3), 498.

[40] Meßner, Einführung (Kap. 1 Anm. 39), 271.

[41] Berger, Handlexikon (Kap. 1 Anm. 19), 73.

[42] Meßner, Einführung (Kap. 1 Anm. 39), 272.

[43] Kunzler, Liturgie (Kap. 16 Anm. 3), 502; Lengeling, Konstitution (Kap. 8 Anm. 47), 176.

[44] Vgl. Kap. 1 Anm. 62.

[45] Vgl. Kap. 1 Anm. 63.

[46] Nach Meßner, Einführung (Kap. 1 Anm. 39), 396-399.

[47] Ebd. 281.

[48] Ebd. 277.

[49] So in der »Allgemeinen Einführung in das Stundengebet« 7, 9, 20-27 u.ö.

[50] Meßner, Einführung (Kap. 1 Anm. 39), 279.

[51] Ebd. 283.

[52] WA 12,36; vgl. Goltzen, Gottesdienst (Kap. 16 Anm. 2), 187.

[53] WA.TR Nr. 3651; Text nach Kurt Aland (Hg.), Luther deutsch. Bd. 9. Tischreden, Berlin 1948, 276.

[54] WA 12,35.

[55] Goltzen, Gottesdienst (Kap. 16 Anm. 2), 192.

[56] Nach Goltzen, ebd. 193, handelt es sich im Folgenden um »fragmentarische Angaben«: »Den Aufriß der Hora, die Reihenfolge der liturgischen Bestandteile konnte er nach dem in seiner Magdeburger Diözese geltenden Ritus als bekannt voraussetzen. Er brauchte nur diejenigen Einzelstücke kritisch zu erwähnen, an denen nach reformatorischer Erkenntnis etwas ›gefegt‹ werden mußte.«

[57] WA 12,205-220. Wir folgen wieder um der leichteren Lesbarkeit willen der Übersetzung von Paul Speratus nach Herbst, Gottesdienst (Kap. 1 Anm. 72), 17-49, hier 45.

[58] Schriftlesungen (Lektionen).

[59] des Gemeindepfarrers.

[60] WA 19,72-113.

[61] Gemeint ist wohl die jeweilige Lektion aus der Gemeindemette (vgl. nebenstehende Spalte).

[62] die Lateinschüler.

[63] Goltzen, Gottesdienst (Kap. 16 Anm. 2), 199.

[64] Text ebd. 202-205 nach Emil Sehling, Die evangelischen Kirchenordnungen des 16. Jahrhunderts. 6. Bd. I. Hälfte 1. Halbbd. (fortgeführt vom Institut für evangelisches Kirchenrecht Göttingen), Tübingen 1955, 399-405.

[65] Vgl. dazu Goltzen, Gottesdienst (Kap. 16 Anm. 2), 206.

[66] Ebd. 201.

[67] Psalm 1-109.

[68] *De predicante spreke: Et ne nos. Ostende nobis, Domine, misericordiam tuam. Responsio: Et salutare tuum da nobis. Dominus vobiscum. Oremus cum collecta. Rursum: Dominus vobiscum. Darup singen twe kyndere Benedicamus.*

[69] Vgl. Kap. 6 Anm. 87.

[70] Vgl. Goltzen, Gottesdienst (Kap. 16 Anm. 2), 212 f.

[71] Ebd. 213.

[72] Ebd. 214 f.

[73] Peter Brunner, Die Ordnung des Gottesdienstes an Sonn- und Feiertagen, in: Joachim Beckmann u.a., Der Gottesdienst an Sonn- und Feiertagen. Untersuchungen zur Kirchenagende I, 1, Gütersloh 1949, 7-75, hier 40 Anm. 1.

[74] Berger, Handlexikon (Kap. 1 Anm. 19), 70.

[75] Albert Gerhards, Evangelisches Tagzeitenbuch, in: JLH 38 (1999) 125-137, hier 126.

[76] Vgl. Kap. 10 Anm. 54, 73-80.

[77] Vgl. z.B. Theodor Kliefoth, Die ursprüngliche Gottesdienstordnung in den deutschen Kirchen lutherischen Bekenntnisses, ihre Destruction und Reformation. 5. Bd. Schwerin 1861 (Berlin 1895); Ludwig Schoeberlein, Schatz des liturgischen Chor- und Gemeindegesangs nebst den Altarweisen in der deutschen evangelischen Kirche. I. Die allgemeinen Gesangstücke, Göttingen 1865; Georg Christian Dieffenbach, Evangelisches Brevier, 1857; ders., Evangelische Hausagende, Mainz 1852.

[78] Vgl. hier und zum Folgenden Bieritz, Bewegungen (Kap. 14 Anm. 118).

[79] Es erscheint wenig später, von Oskar Johannes Mehl privat herausgegeben: Haltet an am Gebet! Evangelisches Brevier zur Morgen-, Mittag- und Abendstunde nebst Nachtgebet. 2 Bde., Grimmen 1930/1931.

[80] Evangelisch-katholisches Brevier. 1. Teil. Sonderheft der Hochkirche. Im Auftrag der Brevierkommission der Hochkirchlichen Vereinigung hg. von Friedrich Heiler (HKi 1932, H. 12). Es enthält Kalendarium, Ordinarium (aller Horen des römischen Breviers) sowie Angaben zum Psalterium und zum Lektionar. Fortgeführt wird es in: Kirchliche Gebetsordnungen. Für den Evangelisch-

ökumenischen Kreis zusammengestellt von Albrecht Volkmann, Berlin 1950; Evangelisch-katholisches Stundengebet, erweitert und bearbeitet von Walter Drobnitzky, Bochum 1982.

[81] Karl Bernhard Ritter, Der Deutsche Dom. Liturgische Ordnung für Beichte und Feier des Heiligen Abendmahls, Tages- und Abendgebet, Hamburg 1923 (32 S.).

[82] So jedenfalls nach der Einführung in: Evangelisches Tagzeitenbuch. 4., völlig neu gestaltete Auflage. Hg. von der Evangelischen Michaelsbruderschaft. Redaktion: Reinhard Brandhorst, Günther Hinz, Hans Mayr, Johann Friedrich Moes, Herbert Naglatzki, Alexander Völker. Musikalische Bearbeitung: Godehard Joppich, Münsterschwarzach, Göttingen 1998, 7. Ingrid Vogel, Die Tagzeitenliturgie, in: Schmidt-Lauber/Meyer-Blanck/Bieritz, Handbuch (Kap. 1 Anm. 5), 268-284, hier 277, nennt die Jahreszahl 1926.

[83] Das Gebet der Tageszeiten, hg. im Auftrag der Berneuchener Konferenz von Ludwig Heitmann, Karl Bernhard Ritter, Wilhelm Stählin. Dritte, erweiterte und neu bearbeitete Aufl., Kassel 1927. Es ist Teil der Reihe: Der Deutsche Dom. Eine Sammlung evangelischer Gebets- und Gottesdienstordnungen, hg. im Auftrag der Berneuchener Konferenz von Ludwig Heitmann, Karl Bernhard Ritter, Wilhelm Stählin.

[84] Das Stundengebet. Als Entwurf hg. vom Liturgischen Ausschuß der Evangelischen Michaelsbruderschaft, Kassel 1948 ([3]1952, [4]1956).

[85] Evangelisches Tagzeitenbuch. Ordnung für das tägliche Gebet, hg. im Auftrag der Evangelischen Michaelsbruderschaft von Albert Mauder, Kassel 1967 (weitere Auflagen 1971 und 1979).

[86] MGKK 38 (1933) 165.

[87] Als Beilagen zur MGKK 40 (1935): Das Nachtgebet Allgemein. Auf die Adventszeit. Auf Weihnachten. Auf die Osterzeit. Auf Pfingsten und Trinitatis.

[88] Alpirsbacher Antiphonale, hg. von Friedrich Buchholz: Die Laudes, Tübingen 1953; Die Vesper, Tübingen 1956; Die Sext, Tübingen 1962; Die Complet, Tübingen 1950, [4]1962; Die Matutin, Tübingen 1969.

[89] Goltzen, Gottesdienst (Kap. 16 Anm. 2), 220.

[90] Matutin- und Vesperbüchlein. Hg. von Otto Dietz, Neuendettelsau 1937.

[91] Vgl. Kap. 16 Anm. 77.

[92] Vgl. Vogel, Tagzeitenliturgie (Kap. 16 Anm. 82), 276.

[93] Hans Asmussen, Pfarrbrevier. Ordnungen für Andachten und Schriftlesung. 2 Bde., Stuttgart o. J. Vorgesehen sind Laudes, Vesper und Komplet, eine fortlaufende Bibellesung, der Psalter wird in vier Jahresgruppen verteilt. Vgl. Goltzen, Gottesdienst (Kap. 16 Anm. 2), 221.

[94] Gegründet am 3. Dezember 1941 in Hannover unter der Leitung von Christhard Mahrenholz (1900-1980) als Zusammenschluss Liturgischer Konferenzen einzelner Landeskirchen.

[95] Vgl. z.B. Evangelisches Kirchen-Gesangbuch. Ausgabe für die Evangelisch-Lutherische Landeskirche Mecklenburgs, Berlin 1970. Hier findet sich – wie in anderen landeskirchlichen Ausgaben auch – eingangs unter der Überschrift »Gottesdienstliche Handlungen« eine »Ordnung der Mette (Morgengebet)« (XXIII-XXX) und eine »Ordnung der Vesper (Abendgebet)« (XXXI-XXXIX).

[96] Goltzen, Gottesdienst (Kap. 16 Anm. 2), 222.

[97] Ebd. 22. Wichtige Vorarbeiten wurden geleistet in: Handbuch der deutschen evangelischen Kirchenmusik. Hg. von Konrad Ameln, Christhard Mahrenholz und Wilhelm Thomas, Göttingen 1941 ff.

[98] Agende für evangelisch-lutherische Kirchen und Gemeinden. Zweiter Band. Die Gebetsgottesdienste (Zur Erprobung bestimmter Entwurf). Bearbeitet von der Lutherischen Liturgischen Konferenz Deutschlands. Hg. von der Kirchenleitung der Vereinigten Evangelisch-Lutherischen Kirche Deutschlands, Berlin 1960.

[99] Eine wichtige Ergänzung zu Agende II ist: Kantionale II für einstimmigen Chor. Zum Band II der Agende für evangelisch-lutherische Kirchen und Gemeinden. Im Auftrage der Kirchenleitung der Vereinigten Evangelisch-Lutherischen Kirche Deutschlands hg. von der Lutherischen Liturgischen Konferenz Deutschlands, Hannover 1969. Erwähnung verdient auch: Otto Brodde, Chorgebet. Ordnungen und ausgewählte Stücke für Mette und Vesper, Mittagsgebet und Nachtgebet, Kassel 1953.

[100] L. *Herr, tue meine Lippen auf,* G. *daß mein Mund deinen Ruhm verkündige.* L. *Eile, Gott, mich zu erretten,* G. *Herr, mir zu helfen.* Chor (L.) *Ehre sei dem Vater...* G. *wie es war im Anfang... Halleluja* (Vorfasten- und Fastenzeit: G. *Lob sei dir, Herr, du König der ewigen Herrlichkeit*).

[101] Es können mehrere Lesungen gehalten werden. Zwischen den Lesungen singt die Gemeinde oder der Chor.

[102] Stattdessen ein anderes Responsorium, Liedstrophe oder Versikel: L. (K.) *Du aber, Herr, erbarme dich unser.* G. *Gott sei ewiglich Dank.*

[103] Stattdessen auch Te Deum; wird statt des folgenden Kyrie die Litanei gesungen, entfällt der Lobgesang.

[104] Kurzlesungen für die einzelnen Wochentage (ab Sonntag): 1 Tim 6,15b.16; Joh 17,24; Mt 5,3-10; Joh 1,14; Joh 6,51; Joh 14,27; 1 Tim 3,16.

[105] Wie in der Mette.

[106] Stattdessen ein anderes Responsorium, Liedstrophe oder Versikel: L. (K.) *Du aber, Herr, erbarme dich unser.* G. *Gott sei ewiglich Dank.*

[107] Falls kein Nachtgebet gehalten wird, kann auch der Lobgesang des Simeon (Nunc dimittis) gesungen werden. Wird statt des folgenden Kyrie die Litanei gesungen, entfällt der Lobgesang.

[108] K. *Brüder, betet um Gottes Segen!* L. *Eine ruhige Nacht und ein seliges Ende verleihe uns der Herr, der Allmächtige.* G. *Amen.* L. *Brüder, seid nüchtern und*

wachet... (1 Petr 5,8.9a). *Du aber, Herr, erbarme dich unser!* G. *Gott sei ewig Dank.* L. *Unsere Hilfe...* G. *der Himmel und Erde gemacht hat.*

[109] L. *Ich bekenne Gott, dem Allmächtigen und euch, Brüder...* G. *Der allmächtige Gott erbarme sich deiner...* L. *Amen.* G. *Wir bekennen Gott dem Allmächtigen und dir, Bruder...* L. *Der allmächtige Gott erbarme sich euer...* G. *Amen.* Oder statt des wechselseitigen Bekenntnisses: L. *Wir bekennen Gott dem Allmächtigen...* G. *Der allmächtige Gott erbarme sich unser...*

[110] Wo es angezeigt erscheint, kann der eine oder andere Psalm fortgelassen werden.

[111] Vgl. Kap. 16 Anm. 95.

[112] Evangelisches Gesangbuch. Stammausgabe der Evangelischen Kirche in Deutschland, Stuttgart 1993, Nr. 782-186.16.

[113] Vgl. Vogel, Tagzeitenliturgie (Kap. 16 Anm. 82), 282.

[114] Tagzeitenbuch 1998 (Kap. 16 Anm. 82), 5.

[115] Vgl. dazu auch: Evangelisches Stundengebet. Beten im Rhythmus von Jahr und Tag, hg. von Ernst Hofhansl und Herbert Naglatzki, Hannover 1995.

[116] Vgl. Kap. 16 Anm. 83. Wir halten uns im Folgenden an die Ausgabe von 1935 (13. bis 17. Tausend).

[117] Das Berneuchener Buch. Vom Anspruch des Evangeliums auf die Kirchen der Reformation, hg. von der Berneuchener Konferenz, Hamburg 1926. Nach Vogel, Tagzeitenliturgie (Kap. 16 Anm. 82), 277, stammen die Eingangsworte und Vorsprüche im *Gebet der Tageszeiten* von Paul Tillich und Wilhelm Stählin.

[118] Tagzeitenbuch 1998 (Kap. 16 Anm. 82), 10.

[119] Ebd. 10 f. Vgl. das von Godehard Joppich erarbeitete Deutsche Antiphonale, Münsterschwarzach 1971. In den Händen Joppichs lag auch die musikalische Bearbeitung des neuen Tagzeitenbuches.

[120] Tagzeitenbuch 1998 (Kap. 16 Anm. 82), 11.

[121] Gerhards, Tagzeitenbuch (Kap. 16 Anm. 75), 136.

[122] Evangelisches Brevier. Zusammengestellt von Erich Hertzsch. Hg. von der Pressestelle der Evangelisch-Lutherischen Kirche in Thüringen, Berlin 1959. Weitere Auflagen erschienen (ohne die Pressestelle als Hg.) Berlin [2]1976, [3]1981, Berlin und Hamburg [4]1987.

[123] Biblisches Brevier, zusammengestellt von Erich Hertzsch, mit einem Vorwort von Klaus-Peter Hertzsch, Leipzig 2001.

[124] Evangelisches Brevier 1959, 122.

[125] Ebd. 122.

17. Schwellen

Ist das Gegenstandsfeld der Liturgik identisch mit der »Gesamtheit gottesdienstlicher Kultur« (vgl. 1.2.1), so ist es kaum möglich, es im Rahmen eines Lehr- und Studienbuches von begrenztem Umfang vollständig abzuschreiten. Neben den Schwellen, die das ›liturgische Feld‹ gegenüber jenen theologischen Disziplinen begrenzen, die sich mit der Gestalt und dem Aufbau der Gemeinde, der Kommunikation des Evangeliums in der Verkündigung der Kirche und der Praxis gelebten Glaubens befassen (Kybernetik, Homiletik, Aszetik; vgl. 1.2.4), soll abschließend noch eine weitere Schwelle in den Blick genommen werden: Sie verbindet und trennt helfend-heilendes Handeln, wie es insbesondere in Seelsorge und Diakonie Gestalt gewinnt, und darstellend-symbolisches Handeln, das wir der Liturgik als Gegenstand zugewiesen haben.

Auf dieser Schwelle begegnen eine Reihe von Handlungen und Vollzügen, die in einem höheren Maße als andere unmittelbar mit der Praxis kirchlicher Seelsorge verbunden bzw. aus solcher Praxis hervorgegangen sind und deshalb vorrangig Gegenstand der Poimenik, der Lehre von der Seelsorge, sein müssen. Das gilt insbesondere für die Riten um Buße und Beichte, um Ehe und Familie, um Krankheit, Sterben und Tod.[1] Obwohl manchen dieser Riten in großen Teilen der Christenheit sakramentaler Rang zukommt – so den Sakramenten der Buße, der Ehe und der Krankensalbung –, macht es doch wenig Sinn, sie ausschließlich unter liturgischem Aspekt zu behandeln. Darstellungen, in denen sie – wie im evangelischen Bereich vielfach üblich – unter dem Begriff der *Amtshandlungen* bzw. *Kasualien* zusammengefasst werden, tragen dem Rechnung.[2] Die folgenden knappen Abrisse zu Geschichte und Gestalt einiger dieser Handlungen können und wollen darum auch nicht eine umfassende praktisch-theologische Theorie dieses Feldes (wie ein entsprechendes Lehr- und Studienbuch) ersetzen.

17.1 Auf der Grenze

17.1.1 Übergangsrituale

Von *Schwellen* kann im Blick auf das hier vorgestellte Handlungsfeld freilich noch in einem anderen Sinne die Rede sein: Handelt es sich doch dabei großenteils um Rituale, die in kulturell definierten lebenszyklischen Schwellensituationen – Geburt, Aufnahme in den Kreis der Erwachsenen, Heirat, Tod u.a. –, aber auch in einer Situation schuldhafter Trennung

von der Gemeinschaft den Übergang von einem Status in einen anderen
sowohl für den Einzelnen wie für die beteiligte soziale Gruppe markieren
und absichern. Sie erbringen damit beachtliche stabilisierende Leistungen
für das Individuum wie für die Gesellschaft im Ganzen.

Auf diese das Gemeinwesen stabilisierenden Leistungen von Ritualen hat u.a.
Emile Durkheim[3] eindrücklich hingewiesen. Seine These, »daß religiöse Rituale
eine die Gesellschaft stabilisierende Funktion haben, daß sie Zusammenhang im
Wandel der Generationen ermöglichen, Ordnung stiften in sozialen oder
persönlichen Krisen«,[4] bestimmt religionssoziologische Ritualtheorien bis
heute.

Arnold van Gennep hat die vorgenannte Gruppe der Übergangsrituale
(*rites de passage*) in seiner grundlegenden, zuerst 1909 veröffentlichten
Arbeit untersucht.[5] Es gelingt ihm der Nachweis, dass ihnen jeweils ein
Dreischritt zugrunde liegt: In der Trennungsphase vollzieht sich die
Herauslösung des Initianden aus seinem bisherigen sozialen, kulturellen,
religiösen Status. Ihr folgt die Schwellen- bzw. Umwandlungsphase
(Liminalitäts- bzw. Marginalitätsphase), während der sich der Mensch in
einer Art sozialen Niemandslandes befindet. Sie mündet ein in die
Angliederungsphase, in der der Initiand seinen neuen Status endgültig
übernimmt und in die soziale Gruppe integriert wird, die diesem Status
entspricht.

Was unseren Zusammenhang angeht, lässt sich dieser Dreischritt besonders
deutlich beim Institut der öffentlichen Kirchenbuße (vgl. 17.2) und der Taufe
(vgl. 15.2; 15.3) erkennen.[6] Aber auch der Handlungszusammenhang von
Ordination (vgl. 6.1.5; 6.2), Konfirmation (vgl. 15.4), Trauung (vgl. 17.3) und
Bestattung (vgl. 17.4) lässt sich so interpretieren, bezieht man jeweils die Handlungen im Vorfeld (bei der Bestattung etwa die Sterbeliturgie) mit ein.

17.1.2 Zwischen Struktur und Anti-Struktur

Der britische Sozialanthropologe Victor Turner (1920–1983) hat das
vorgenannte Konzept aufgenommen, vertieft und in nicht unwesentlicher
Weise modifiziert: Rituale, so lautet seine Erkenntnis, stabilisieren nicht
einfach nur die bestehende soziale und kulturelle Ordnung, sondern
bewirken auch ihre Erneuerungs- und Wandlungsfähigkeit. Sie führen sie
nämlich – indem sie sie zeitweilig außer Kraft setzen – auf ihren
Ursprung in der »überzeitlich geltende[n] nicht-hierarchische[n]
Solidarität aller Gruppenmitglieder« zurück.[7]

Die besondere Aufmerksamkeit Turners gilt dem Phänomen der »liminality«,
wie es in der mittleren Phase des rituellen Prozesses auftritt. Diese Phase ist

gekennzeichnet durch »die Auflösung der normativen Sozialstruktur, ihres Rollensystems, ihrer Statuspositionen, ihrer Rechte und Pflichten«.[8] Turner prägt dafür den Begriff »Antistruktur«:[9] Sie ist gekennzeichnet durch »eine Umkehrung der Merkmale der bereits gefestigten, jeden kulturellen ›Kosmos‹ konstituierenden Ordnung«.[10] Offenbar handelt es sich dabei um einen Vorgang, der für die jeweilige Gruppe von überlebensnotwendiger Bedeutung ist: »In der Liminalität ›spielen‹ die Menschen mit den Elementen des Vertrauten und verfremden sie. Und aus den unvorhergesehenen Kombinationen vertrauter Elemente entsteht Neues.«[11] So birgt das Liminale in sich den »Keim kultureller Transformation«.[12] Es vermittelt dem Initianden zugleich die Erfahrung von »communitas« – als der »Tiefenstruktur«, die allen normativen sozialen »Oberflächenstrukturen« zugrunde liegt.[13] Das Ritual dient damit auch der notwendigen »Erinnerung« an das, was die Glieder der Gruppe jenseits aller sozialen Strukturierungen miteinander verbindet.[14] Solche Erfahrung von »communitas« – als Erfahrung »direkter, unvermittelter Gemeinschaft mit anderen« – besitzt die Qualität eines Fluss-Erlebnisses.[15]

17.1.3 Folgerungen für gottesdienstliches Handeln

Das sind Einsichten, die – auf gottesdienstliches Handeln übertragen – besagen, dass Rituale den Beteiligten »einen Raum zur Distanzierung von den alltäglich erfahrenen Entfremdungen ihrer selbst aufgrund gesellschaftlicher Zwänge« bieten[16] und ihnen so eine »Gegenwelt« eröffnen, die »Distanz, Kritik und Selbstkritik, Überholung des Alltäglichen, wenigstens im liturgischen Spiel, in der symbolischen Begehung« erlaubt.[17]

Mit seinem Begriff der *communitas* bewegt Turner sich zudem in erstaunlicher Nähe zu frühen Deutungen der christlichen Zentralrituale von Taufe und Eucharistie: Auch sie dienen der notwendigen »Erinnerung« an das, was die Glieder des Leibes Christi jenseits aller sozialen Strukturierungen und kulturellen Normierungen miteinander verbindet (1 Kor 12). Auch sie »transportieren Lebensentwürfe, Modelle anderen, besseren Lebens (Reich Gottes als Horizont)«, vermitteln »kontrafaktorisch die Zukunft einer möglichen, besseren, im Symbol antizipierten versöhnten Wirklichkeit«, realisieren modellhaft »in ihrer sinnlichen Gestalt [...] den Vorgriff auf eine neue Welt.«[18]

17.1.4 Wandlungen rituellen Verhaltens

Nun scheint es freilich, dass Rituale in (post-)modernen Gesellschaften ihre transformierende Potenz mehr und mehr einbüßen. Sie unterliegen der Tendenz zur Privatisierung und wandern ab in den Freizeitbereich. Hier gilt: »Ritualteilnahme wird ›frei‹ gewählt aus einem Angebot

möglicher Alternativen. Sie ist Teil eines religiösen Marktes.«[19] D.h.
auch: Rituale werden unter den Bedingungen solcher Gesellschaften als
»freiwillige Freizeitbeschäftigungen weitgehend aus den zentralen und
ökonomischen Prozessen ausgelagert.«[20] Sie zeigen sich mehr und mehr
als »Ausdrucksformen einer an Selbstvollendung und Selbsterfüllung
orientierten Subjektivität«.[21]

Zu fragen bleibt, ob hier nicht eine bisher kaum erkannte Transformation rituellen Verhaltens stattfindet, eine Verlagerung etwa in den
Bereich von Karriere, Konsum, Unterhaltung, Therapie: Wo begegnen
hier Handlungen und Verhaltensweisen, die über ihren funktionalen
Zweck hinaus noch einen symbolischen, orientierenden, legitimierenden,
transformierenden Sinn erfüllen?

Das sind Entwicklungen, auf die auch Victor Turner hinweist. Begrifflich
unterscheidet er deshalb zwischen der »Liminalität«, wie sie in den Schwellenri-
tualen vorindustrieller Kulturen auftritt, und den »liminoiden«, schwellenartigen
bzw. -ähnlichen Phänomenen, wie sie schließlich – in einem längeren historischen Prozess – für entwickelte industrielle Gesellschaften kennzeichnend
werden. Hier sind es nämlich vor allem die Bereiche von Literatur, Theater,
Musik, Tanz, bildender Kunst, Sport, Spiel, auch selbstbezüglicher Wissenschaft,
die Funktionen übernehmen, die in den alten Kulturen mit den Liminalitäts-
Erfahrungen ritueller Schwellenphasen verbunden sind. Als unterscheidendes
Merkmal gilt: »Liminoide Phänomene sind [...] durch Freiwilligkeit, liminale
durch Pflicht gekennzeichnet.«[22] Man müsste also – die Terminologie Turners
aufnehmend – von liminoiden Ritualen sprechen, um die oben bezeichneten
Verhaltensweisen zu kennzeichnen. Inwieweit sie das von Turner beschriebene
Wechselspiel von Struktur und Antistruktur – »Der Mensch wächst mit Hilfe der
Antistruktur und konserviert mit Hilfe der Struktur«[23] – darzustellen und zu
vollziehen vermögen, wäre noch genauer zu untersuchen.

Bestimmte Erscheinungen im Bereich der kirchlichen Kasualpraxis
(Taufaufschub über Jahre hinweg; Trauung erst nach mehreren Ehejahren
usw.) legen die Vermutung nahe, dass sich auch hier eine Transformation
anbahnt: Die klassischen Schwellenrituale wandeln sich in eine Art neuer
Orientierungs- und Rekreationsrituale, die bewusst auf dem Wege
begangen werden, auf den Ebenen des Lebenslaufs. Es geht dabei nicht
mehr um die Übernahme neuer Rollen, sondern um eine Vergewisserung
im laufenden Rollen-Spiel. Es scheint, dass hier neuartige rituelle
Bedürfnisse im Entstehen sind, die die ursprünglichen, mit den Lebens-
wendepunkten verbundenen Bedürfnisse überlagern.

17.2 Feiern der Umkehr und der Versöhnung

Ähnlich wie *Firmung* und *Konfirmation* (vgl. 15.2.3; 15.4) stehen auch die Riten um *Buße* und *Beichte* in einem unmittelbaren Bezug zur *Taufe*. Weil die *Taufe* die in Christus erschienene *Versöhnung* (2 Kor 5,19 f) dem Einzelnen zueignet und ihn zugleich in die *versöhnte Gemeinschaft* des Leibes Christi einfügt (1 Kor 12,12 f), ist sie in einer grundlegenden, durch nichts überholbaren Weise *versöhnendes Handeln*: »Sie wirket Vergebung der Sunden, erlöset vom Tod und Teufel und gibt die ewigen Seligkeit allen, dies es gläuben, wie die Wort und Verheißung Gottes lauten.«[24]

Alles versöhnende Handeln in der Gemeinde nimmt von hier seinen Ausgang und bleibt auf dieses Grundgeschehen bezogen. Dieses Grundgeschehen realisiert sich jedoch nicht nur als einmaliger Akt, sondern zielt auf einen lebenslangen Prozess täglicher Umkehr und Erneuerung: »Es bedeut, daß der alte Adam in uns durch tägliche Reu und Buße soll ersäuft werden und sterben mit allen Sunden und bösen Lüsten, und wiederumb täglich erauskommen und auferstehen ein neuer Mensch, der in Gerechtigkeit und Reinigkeit für Gott ewiglich lebe.«[25]

17.2.1 Neues Testament

Für die frühe Christenheit bezeichnet und bewirkt die Taufe – als endzeitliches Heils-Zeichen der Umkehr und der Wiedergeburt – die Vergebung der Sünden, die Versöhnung mit Gott und die Eingliederung in die Gemeinschaft des Leibes Christi. Die Erfahrung, dass auch getaufte Christen in Sünde verfallen können, wird zum Ansatzpunkt frühchristlicher Seelsorge und Kirchenzucht.

Die so genannte ›Gemeinderegel‹ Mt 18,15-18 sieht vor: »Wer einen Bruder sündigen sieht, soll ihn unter vier Augen zurechtweisen; falls dieser nicht darauf reagiert, sind ein oder zwei Zeugen hinzuzunehmen (gemäß Dtn 19,15). Letzte Instanz ist die Gemeindeversammlung, die im Fall der Zwecklosigkeit auch der nunmehr öffentlichen Vermahnung den Ausschluß des Sünders ausspricht«. Solcher Entscheidung kommt nach Mt 18,18-20 »eschatologische Relevanz« zu.[26]

Ansätze einer solchen Praxis finden sich auch in den paulinischen Briefen. So handelt 2 Kor 2,5-11 von einem Gemeindeglied, dem von der Gemeinde eine Strafe auferlegt worden war (Ausschluss?), dem aber nun verziehen werden soll. Anders liegt der Fall des »Blutschänders« in 1 Kor 5; er soll »dem Satan übergeben werden zum Verderben seines Fleisches, damit sein Geist am Tage des Herrn gerettet wird« (1 Kor 5,5).[27] Bei geringeren Vergehen soll man einen Mitchristen »im Geist der Sanftmut« (Gal 6,1) zurechtweisen. Das gilt freilich nicht für schwere Vergehen, die vom Reich Gottes ausschließen (Gal 5,19-21).

17.2.2 Alte Kirche

(1) Paenitentia secunda

Eine Entscheidung von grundsätzlicher Bedeutung trifft der Hebräerbrief (Hebr 6,4-6): Für Getaufte, die vom Glauben und der Gemeinde abgefallen sind, ist eine zweite Umkehr (μετάνοια) nicht möglich (vgl. auch 1 Joh 5,16 f). Das damit gegebene Problem wird zu einem zentralen Streitpunkt in den folgenden Jahrhunderten. Gegen den Widerstand rigoristischer Gruppierungen (Montanisten, Novatianer) setzt sich im 3. Jh. in der Großkirche die Auffassung durch, »daß für alle Sünder (auch für ›Todsünder‹) eine (wenn auch nur eine einzige) Vergebungsmöglichkeit besteht«.[28] Hieraus entwickelt sich schließlich die altkirchliche Bußpraxis als eine spezifische Form der Seelsorge der Gemeinde an ihren getauften, aber in schwere Sünde – als solche galten: Abfall bzw. Götzendienst, Mord, Unzucht bzw. Ehebruch – gefallenen Gliedern.

So verkündete die um 140 in Rom entstandene Schrift *Hirt des Hermas* »eine einmalige, unwiderruflich letzte Bußmöglichkeit für sündige Christen« innerhalb einer festgesetzten Bußfrist.[29] Wie andere Zeugnisse belegen, konnte Abtrünnigen und Verleugnern des Glaubens auf Grund der Fürbitte von Märtyrern und Bekennern Vergebung gewährt werden. So war es wohl vor allem »die große Zahl der Apostaten in der decischen Christenverfolgung« (Kaiser Decius 249-251), die die Kirche schließlich nötigte, »generelle Richtlinien für die Behandlung der um Rekonziliation ansuchenden Abgefallenen festzulegen.«[30]

Frühe Belege für ein entwickeltes kirchliches Bußverfahren liefern Tertullian und Cyprian (für den Westen), Origenes und die Didaskalie (für den Osten). Die Handlung gilt »analog der Taufe als der ersten und grundlegenden Buße« als *paenitentia secunda*, als »die zweite Bekehrung dessen, der im Glauben bzw. in der christlichen Lebensführung Schiffbruch erlitten hat«.[31]

Das Verfahren beginnt »mit der Versetzung in den Büßerstand«: Der Sünder – vom Bischof in die Kirche geführt – »muß in Sack und Asche liegen, sich der Körperpflege enthalten, fasten und beten, sich vor den Presbytern niederwerfen, vor den Freunden Gottes die Knie beugen und alle Brüder zur Fürsprache drängen.« Dem muss – so vermutet Reinhard Meßner – »irgendein Bekenntnis seiner Schuld vor dem Amtsträger«

vorangegangen sein. Die geschilderte Handlung zielt »auf einen Akt der
Fürbitte der ganzen Gemeinde für ihre sündigen Glieder«, der während
der Dauer der Buße vermutlich öfter wiederholt wird. Das Verfahren
schließt nach angemessener Zeit mit dem Akt der Rekonziliation: Durch
Handauflegung des Bischofs – analog zur Taufe bzw. Firmung als
Geistmitteilung verstanden – wird der Büßer wieder in die kirchliche
Gemeinschaft aufgenommen. Solche »Rekonziliation mit der Kirche ist
wirksames Zeichen der Versöhnung mit Gott.«[32]

In Rom ist seit dem 5. Jh. die *Quadragesima*, die vierzigtägige Vorbereitungszeit auf das Osterfest, als »Zeit der öffentlichen Buße bezeugt« (vgl. 3.5). Sowohl
in die Bußeröffnung zu Beginn der *Quadragesima* wie in die Rekonziliation der
Büßer, die am Gründonnerstag stattfindet, ist die ganze Gemeinde einbezogen.
Die Zeit der vierzig Tage gewinnt dadurch »den Charakter einer die ganze
Kirche betreffenden Buß- und Fastenzeit, in der den Gläubigen besondere Gelegenheit geboten (und abgefordert) wurde, ihre Gesinnung ständiger Umkehr
und Buße im Gottesdienst und in der Lebensführung (vor allem durch die
klassische Trias Fasten, Gebet und Almosen) kundzutun und um Vergebung zu
bitten.«[33]

Im Osten (vgl. 11.2.2, Abschnitt 2) nehmen die Büßer während ihrer Bußzeit
am Wortgottesdienst teil; vor dem Beginn der Eucharistiefeier werden sie wie die
Katechumenen mit Fürbitte und Segnung entlassen. Eine »wiederholte
Büßersegnung« – »entweder vor der Kommunion oder ganz am Schluß der
Messe« – hat es auch im Westen gegeben; die Zeugnisse für eine Büßerentlas-
sung sind hier jedoch spärlich.[34] Im Osten (vor allem in Kleinasien und Konstantinopel) kennt man auch unterschiedliche Bußstufen bzw. Klassen von
Büßern: Die *Weinenden* halten sich vor der Kirche auf, die *Hörenden* während
des Wortgottesdienstes im Vorraum, die *Knienden* innerhalb der Kirchentüre, die
Stehenden dürfen als Einzige auch an der Gläubigenliturgie teilnehmen, freilich
ohne zu kommunizieren.[35]

(2) Paenitentia quotidiana

Neben solcher *paenitentia secunda*, der sich die schweren Sünder zu
unterwerfen haben, wird von jedem Christen die *paenitentia quotidiana*
– die tägliche Buße durch Gebet, Fasten, Almosen, Teilnahme an der
Eucharistie und geistliche Übungen – erwartet.

Ein große Bedeutung kommt dabei der Eucharistie zu: Die Teilhabe an Leib
und Blut Christi in der Kommunion gewährt in einzigartiger Weise die Vergebung der Sünden. Zum Ausdruck kommt dies in den liturgischen Texten (in
Hochgebeten, Spendeformeln, Postcommunio-Gebeten) wie in »speziellen Riten
in der Eucharistiefeier«.[36] Auch in der Tagzeitenliturgie finden sich entsprechende Texte; manche Horen »sind ganz vom Bußgedanken geprägt«.[37] Von der

Einbeziehung der ganzen Gemeinde in die vierzigtägige vorösterliche Bußzeit war oben schon die Rede. Auch die »im Mittelalter weit verbreitete, hochgeschätzte Praxis der Generalabsolutionen entstand aus der Ausweitung der Büßerrekonziliation am Gründonnerstag auf alle Gläubigen.«[38]

17.2.3 Von der Buße zur Beichte

(1) Von der öffentlichen Kirchenbuße zur Krankenbuße

Ähnlich wie die altkirchliche Tauf- und Katechumenatspraxis – und aus den gleichen Gründen – geriet seit dem 5. Jh. auch die Praxis der öffentlichen Kirchenbuße in der etablierten Reichskirche in eine Krise (vgl. 15.2.4). Der Gegensatz zwischen Kirche und Welt, auf dem letztes Endes auch die altkirchliche Bußpraxis gründete, verlor seine gesellschaftlich-kulturelle Plausibilität. Er wurde in gewisser Weise abgelöst durch einen Gegensatz in der Kirche selbst, nämlich zwischen den ›Weltchristen‹ und denen, die nach Vollkommenheit strebend, die ›Welt‹ verließen, um eine monastische Existenz zu führen: »Das Mönchtum verstand sich als Büßerstand, die Mönchsweihe sollte eine ›zweite Taufe‹ sein.« Von den anderen wurde die Buße – ähnlich wie die Taufe – vielfach »auf das Krankenbett verschoben und fast ausschließlich als Krankenbuße praktiziert. Diese wurde aber nicht mehr nur von ›Todsündern‹ übernommen, sondern als ein Akt der Frömmigkeit von allen erwartet [...] Die Krankenbuße war Bestandteil des christlichen Lebens als Vorbereitung auf einen guten Tod.«

Damit wurde zugleich die Unterscheidung von *paenitentia secunda* und *paenitentia quotidiana* relativiert und letztlich aufgehoben. Erschwerend kam hinzu, dass die öffentliche Kirchenbuße einen bleibenden Makel hinterließ; wer einmal dem Büßerstand angehört hatte, blieb auch danach erheblichen Einschränkungen unterworfen. Die öffentliche Buße gewann dadurch immer mehr den Charakter einer »Zwangs- und Strafmaßnahme«.[39]

Dennoch geriet die öffentliche Buße auch in der Folgezeit nicht völlig außer Gebrauch. Sie erfuhr sogar – obwohl immer weniger praktiziert – »eine reiche rituelle Ausgestaltung«.[40] Als *poenitentia sollemnis* stand sie unter der Leitung des Bischofs. Daneben gab es die *poenitentia publica*, die Bußwallfahrt, die an die Stelle des Bußverfahrens treten konnte, und die *poenitentia privata*, die Beichte.[41]

(2) Die Mönchsbeichte

Die *Beichte* jedoch hat ihre Wurzeln nicht in der altkirchlichen Bußpraxis, sondern im Mönchtum und bestimmten Formen monastischer

Seelsorge und Seelenführung. Hier bildete sich – zunächst im anachoretischen Wüstenmönchtum des Ostens, später dann auch in den Klöstern – ein Bußverfahren heraus, das in gewisser Konkurrenz zur Praxis der bischöflich geleiteten Stadtgemeinden stand: »Man bekannte einem Mitbruder, der im allgemeinen kein Priester war, seine Schuld und bat um sein Gebet. Die für solche gebeichteten Sünden auferlegte Bußzeit war wesentlich geringer als das öffentlich-kirchliche Bußverfahren. Nach Ablauf der Bußzeit wurde der Betreffende wieder in die volle Gemeinschaft der Mönche aufgenommen, seine Schuld galt als vergeben.«[42]

Nach Reinhard Meßner reichen die Wurzeln dieser Praxis noch weiter zurück, nämlich bis in das »prophetisch-charismatische Milieu« frühchristlicher Wanderpropheten und -apostel, »die die Nachfolge Christi im Sinn einer asketischen Heimatlosigkeit zu verwirklichen suchten, als Geistträger (πνευματοφόροι) galten und denen daher eine besondere Gebetskraft (παρρησία) zukam, die auch im Sinne charismatischer Vollmacht zur Sündenvergebung verstanden wurde.« Solche »Tradition charismatischer, geistgewirkter Sündenvergebung«, wie sie u.a. auch in der montanistischen Bewegung lebendig war, wurde vom Mönchtum aufgenommen und in der oben geschilderten Weise zur Mönchsbeichte ausgestaltet.[43]

(3) Seelenführung durch ›Geistträger‹

Von weit reichender Bedeutung war, dass auch ›Weltchristen‹ den seelsorgerlichen Dienst solcher »Geistträger« in Anspruch nahmen: »Man suchte dafür gern geisterfüllte Männer auf, deren fürbittendem Gebet man sich anvertraute und von denen man sich nicht nur Hilfe zur Vergebung, sondern auch Rat für den weiteren Weg (Seelenführung) erhoffte.«[44] So entwickelte sich neben dem Institut der öffentlichen Kirchenbuße eine Praxis der »Seelenführung«, die einer intensiven persönlichen Seelsorge gleichkam: Nach der Meinung des Origenes sollte sich jeder Christ einen »Seelenarzt« suchen, »dem man die Krankheiten der Seele, die in den schlechten Gedanken [...] bestehen und zu den aktuellen Sünden führen, aufdecken muß«.[45]

Dass für solchen seelsorgerlichen Dienst vor allem Mönche – eben weil sie »in der Tradition charismatischer, geistgewirkter Sündenvergebung«[46] standen – in Frage kamen und von den Laien in Anspruch genommen wurden, führte in der Konsequenz »zur Ablösung der kanonischen Buße durch die monastische Praxis der Beichte, welcher aber durch die gottesdienstliche Gestalt, die sie erhielt, und durch die Theologie die Bedeutung ersterer, nämlich die Wiedereingliederung in die Kirche, zugeschrieben wurde.«[47] Die Neuerung bestand also nicht in der monastischen Beichtpraxis an sich – die ist schon mindestens seit dem 4. Jh. gut bezeugt –, sondern in ihrer »Anwendung im Bereich der paenitentia secunda, [die] damit mit der paenitentia quotidiana vermischt« wurde.[48]

(4) Tarifbuße

Im Abendland nahm die neue Praxis ihren Ausgang von Irland und seiner seit dem 6. Jh. weitgehend von monastischen Strukturen bestimmten Kirche. Die Organisation des gesellschaftlichen wie des kirchlichen Lebens bot hier die Voraussetzungen dafür, dass »die monastische Praxis des gegenseitigen Sündenbekenntnisses über die Klostermauern hinaus« gelangen und das gesamte soziale wie religiöse Leben durchdringen konnte. Dabei erfuhr die Mönchsbeichte eine folgenreiche Umgestaltung; sie verband sich mit einer Bußpraxis, die man später als »Tarifbuße«[49] bezeichnet hat: Die Beichte bestand »aus dem Bekenntnis des Sünders (das zwecks der Auferlegung der angemessenen Buße möglichst detailliert sein muß) und der Bußauflage durch den Priester entsprechend den in den als Handbücher für den Seelsorger konzipierten Bußbüchern (Poenitentialien) angegebenen ›Tarifen‹ [..]. Für jede Sünde, schwere wie leichte, wird eine genau fixierte Buße angegeben, meist eine bestimmte Anzahl von Fasttagen [...], von zwei oder drei Tagen bis zu mehreren Jahren.«[50]

Vermittler der neuen Praxis im Abendland waren irische Wandermönche, insbesondere Kolumban der Jüngere (um 543-615), der um 590/91 auf das Festland kam und klösterliche Niederlassungen im Merowingerreich gründete.[51] In der Folge kam es vom 8. Jh. an – im Anschluss an irische und angelsächsische Vorbilder – auch zur Abfassung und Verbreitung fränkischer Bußbücher.

(5) Rekonziliation als Absolution

Die neue Bußpraxis kennt – man möchte sagen: naturgemäß – zunächst keinen ausdrücklichen Akt der Rekonziliation, der Wiederaufnahme in die kirchliche Gemeinschaft und der (Wieder-)Zulassung zur Eucharistie. »Nach Ablegung der Beichte (pura confessione ad sacerdotem donit) und Erfüllung der Bußauflage (veram penitentiam agat) darf sich der Pönitent wieder am Meßopfer beteiligen und die Kommunion empfangen«[52] Die Beichte umfasst also lediglich die Elemente der aufrichtigen Reue (contritio), des mündlichen Bekenntnisses der Sünden (confessio) und der Ableistung der auferlegten Buße (poenitentia bzw. satisfactio), aus der dann die Vergebung der Sünden (indulgentia) erwächst. In der weiteren Entwicklung wird dann die – ursprünglich aus dem Ritus der öffentlichen Kirchenbuße stammende – *Rekonziliation* in Gestalt einer ausdrücklichen *Absolution* »in den Bußerteilungsvorgang integriert.«

Frühe Zeugnisse hierfür stammen aus der 1. Hälfte des 9. Jh. Erfolgt zunächst die Absolution – gemäß dem altkirchlichen Rekonziliationsritus unter fürbittendem Gebet und Handauflegung – erst nach Ableistung der auferlegten Buße, so setzt sich im weiteren Verlauf die Praxis durch, die Absolution unmittelbar nach der Beichte, also noch vor Erfüllung der auferlegten Bußleistungen, zu erteilen. Reinhard Meßner stellt dazu fest: »Hier ist bereits die Form der heutigen Beichte erkennbar: Bekenntnis – Bußerteilung – Rekonziliation (Absolution) – Ableistung der Satisfaktion.«[53]

(6) Absolutionsformeln

In der weiteren Entwicklung kommt es schrittweise »zur Ersetzung der Orationen durch kurze, zunächst in Wunschform gehaltene (optative) und schließlich indikativische Absolutionsformeln«, die sich seit der Mitte des 13. Jh. endgültig durchsetzen.[54] Dabei spielt die Theologie der Hochscholastik eine befördernde Rolle: So argumentiert z.B. Thomas von Aquin »mit der Vergebungsgewißheit, die durch die indikativische Aussage ›Ich spreche dich los‹ dem Pönitenten in höherem Maße vermittelt wird als durch eine Gebetsformel. Konstitutiv sei nur das ›Ego te absolvo‹, alles andere entbehrliches Beiwerk.«[55]

Kirchenamtliche Verbindlichkeit erlangt diese Auffassung im Armenierdekret des Konzils von Florenz 1439: Als *materia* des Sakraments gelten die *actus paenitentis*, die Handlungen des Pönitenten, bei denen sich drei Schritte unterscheiden lassen: *cordis contritio* (aufrichtige Reue), *oris confessio* (das mündliche Bekenntnis vor dem Beichtvater) und *satisfactio pro peccatis secundum arbitrium sacerdotis*, also die Erfüllung der von diesem erteilten Bußauflagen. *Forma* des Sakraments sind die *verba absolutionis, quae sacerdos profert, cum dicit: Ego te absolvo*, also die vom Priester gesprochenen indikativischen Absolutionsworte. Wirkung des Sakraments ist die *absolutio a peccatis*, die Vergebung der Sünden.[56]

(7) Beichtpflicht

Erste Zeugnisse, dass die Beichte vor der Kommunion zur Pflicht gemacht wird, stammen aus dem 8. Jh. Das 4. Laterankonzil 1215 erhebt diesen Brauch in den Rang eines Kirchengesetzes: »Jeder Gläubige hat sich vor Ostern bei seinem zuständigen Priester (proprius sacerdos) einzufinden, um als Vorbereitung auf die ebenfalls vorgeschriebene Osterkommunion das Bekenntnis seiner (schweren) Sünden abzulegen;

wenn er dieses Gebot nicht erfüllt, darf er zeitlebens die Kirche nicht mehr betreten und erhält nach dem Tod auch kein kirchliches Begräbnis.«[57]

(8) Der Beichtritus nach dem Rituale Romanum

Der Ritus der Absolution (*absolutio forma communis*) nach dem Rituale Romanum von 1614[58] ist sehr schlicht:

Nach dem Beichtbekenntnis, der Ermahnung durch den Priester und der Erteilung der Bußauflage folgt zunächst – deprekativisch – eine Vergebungsbitte: *Misereatur tui omnipotens Deus, et, dimissis peccatis tuis, perducat te ad vitam aeternam.* Dann streckt der Priester die rechte Hand gegen den Beichtenden aus und erteilt diesem die Absolution, die aus einem ebenfalls deprekativ formulierten Vergebungswunsch und der indikativischen Absolutionsformel besteht: *Indulgentiam, absolutionem, et remissionem peccatorum tribuat tibi omnipotens et misericors Dominus. Amen. Dominus noster Jesus Christus te absolvat; et ego auctoritate ipsius te absolvo ab omni vinculo excommunicationis, [suspensionis], et interdicti, in quantum possum, et tu indiges. Deinde ego te absolvo a peccatis tuis, in nomine Patris, et Filii, ✝ et Spiritus Sancti. Amen.* Mit einer weiteren Bitte (*Passio Domini nostri Christi*), »worin um die Fürsprache der Heiligen für den Pönitenten gebetet wird«,[59] schließt die Handlung. Im Notfall genügt die Kurzform: *Ego te absolvo ab omnibus censuris, et peccatis, in nomine Patris, et Filii, ✝ et Spiritus Sancti. Amen.*

17.2.4 Neugestaltung nach dem II. Vatikanischen Konzil

Ergebnis der Bemühungen um eine Erneuerung des Bußsakraments nach dem II. Vatikanischen Konzil ist der am 2. Dezember 1973 promulgierte *Ordo Paenitentiae.*[60] Mit ihm möchte man »an die Stelle des kargen Ritus zur Spendung des Bußsakraments im Rituale Romanum 1614 eine *gottesdienstliche Feier* [...] setzen, in der ›der Gläubige, der die Barmherzigkeit Gottes an sich erfährt und für sie Zeugnis ablegt, zusammen mit dem Priester die Liturgie der sich ständig erneuernden Kirche‹ vollzieht.«[61]

Der neue Ordo bietet dafür drei Formen. Form A schließt faktisch an die bisherige Form der Einzelbeichte an; Form B fügt die Einzelbeichte in eine gemeinschaftliche Feier ein; in Form C, »die nur für Not- und Ausnahmesituationen zugelassen ist«, tritt an die Stelle von Einzelbekenntnis und -lossprechung ein Allgemeines Sündenbekenntnis und die Generalabsolution. Die »Einzelbeichte vor dem Priester« bleibt dabei nach wie vor »der einzige ordentliche Weg zur Versöhnung«. Das Einzelbekenntnis ist darum »bei Vorliegen schwerer Schuld« unbedingt nachzuholen.[62]

FORM A Feier der Versöhnung für den Einzelnen (Einzelbeichte)	FORM B Gemeinschaftliche Feier der Versöhnung mit Bekenntnis und Lossprechung der Einzelnen	FORM C Gemeinschaftliche Feier der Versöhnung mit Bekenntnis und Generalabsolution
ERÖFFNUNG		
Gruß Kreuzzeichen Ermunterung	Gesang Begrüßung Gebet	Gesang Begrüßung Gebet
WORTGOTTESDIENST		
[Lesung]	Schriftlesung[en] Gesang Homilie Gewissenserforschung	Schriftlesung[en] Gesang Homilie Gewissenserforschung
BEICHTE UND VERSÖHNUNG		
Bekenntnis Zuspruch Auferlegung der Buße Reuegebet Absolution mit Handauflegung	Allgemeines Sündenbekenntnis Einzelbekenntnis Absolution mit Handauflegung	Ermahnung Zeichen der Reue Allgemeines Sündenbekenntnis Generalabsolution mit Handausstreckung
ABSCHLUSS		
Lobpreis Entlassung	Lobpreis Gottes Dankgebet Segen und Entlassung	Lobpreis Gottes Segen und Entlassung

Der neue Ordo enthält eine Absolutionsformel für die Einzelabsolution und eine Formel für die Generalabsolution. Die Formel für die Einzelabsolution lautet:

Deus, Pater misericordiarum, qui per mortem et resurrectionem Filii sui mundum sibi reconciliavit et Spiritum Sanctum effudit in remissionem peccatorum, per ministerium Ecclesiae indulgentiam tibi tribuat et pacem. Et ego te absolvo a peccatis tuis in nomine Patris et Filii et Spiritus Sancti.

Deutsche Fassung: Gott, der barmherzige Vater, hat durch den Tod und die Auferstehung seines Sohnes die Welt mit sich versöhnt und den Heiligen Geist gesandt zur Vergebung der Sünden. Durch den Dienst der Kirche schenke er dir Verzeihung und Frieden. So spreche ich dich los von deinen Sünden im Namen des Vaters und des Sohnes und des Heiligen Geistes.

17.2.5 Evangelische Beichte

(1) Luther und lutherische Reformation

Die Reformation hat einen ihrer Ursprünge in der Ablehnung der spätmittelalterlichen Bußtheologie und Bußpraxis durch Martin Luther: *Dominus et magister noster Jesus christus dicendo: Penitentiam agite etc. omnem vitam fidelium penitentiam esse voluit*, formuliert er in seinen Ablassthesen von 1517: *Indem unser Herr und Meister Jesus Christus sagte: Tut Buße usw., wollte er, daß das ganze Leben der Glaubenden eine Buße sei.*[63] Solche Buße ist keine Leistung des Menschen, mit der er die Vergebung seiner Sünden zu bewirken vermöchte, sondern – zusammen mit der Reue, der *contritio cordis* – ganz und gar Werk und Gabe Gottes. Das Entscheidende an der Beichte ist darum nicht die *confessio oris*, das mündliche Bekenntnis der Sünden, schon gar nicht die *satisfactio operis*, die Genugtuung durch auferlegte Bußleistungen, sondern der Glaube an die *verba absolutionis*, den Zuspruch der Vergebung der Sünden.

Bezeichnend hierfür ist die Aussage im Kleinen Katechismus: *Die Beicht begreift zwei Stück in sich. Eins, daß man die Sunde bekenne, das ander, daß man die Absolutio oder Vergebung vom Beichtiger empfahe als von Gott selbs und ja nicht dran zweifel, sondern fest gläube, die Sunde seien dadurch vergeben für Gott im Himmel.*[64] Dazu stimmt Art. XII der Augsburgischen Konfession; danach gehören zur Buße zwei Teile, nämlich *Reue* angesichts der Sünde und *Glauben* an die Vergebung, zum einen *contritio seu terrores incussi conscientiae agnito peccato*, zum anderen *fides, quae concipitur ex evangelio seu absolutione et credit propter Christum remitti peccata et consolatur conscientiam et ex terroribus liberat: Nun ist wahre rechte Buß eigentlich nichts anderes dann Reue und Leid oder Schrecken haben über die Sünde und doch daneben glauben an das Evangelium und Absolution, daß die Sünde vergeben und durch Christum Gnad erworben sei, welcher Glaub wiederum das Herz tröstet und zufrieden lasse.* Die *Besserung* (lat. Text: *bona opera*) ist nicht Voraussetzung bzw. Teil, sondern *Frucht* solcher Buße: *Darnach soll auch Besserung folgen, und daß man von Sünden lasse; dann dies sollen die Fruchte der Buß sein wie Johannes spricht Matth. 3: Wirket rechtschaffene Frucht der Buß.*[65]

Die beiden Pole der Buße, »*contritio* und *fides*, Tötung und Erneuerung, Rechtfertigung und Wiedergeburt, konkretisiert in *confessio* und
absolutio«, entsprechen so den beiden Polen der lutherischen Rechtfertigungslehre, *Gesetz* und *Evangelium*.[66] Als katholischer Theologe
beschreibt Reinhard Meßner das neue Verständnis der Buße auf zutref-
fende Weise:

»Die traditionelle Dreiteilung contritio – confessio – satisfactio wird aufgegeben; die Beichte hat nur zwei Teile: Reue (contritio) und Glauben (fides),
entsprechend der zweifachen Gestalt des Wortes Gottes in Gesetz (welches –
zusammen mit dem Evangelium – Sündenerkenntnis und Reue wirkt) und
Evangelium (welches die Sündenvergebung durch den Glauben wirkt) [...]. Die
satisfactio ist nicht Teil, sondern Frucht und Folge der Beichte; sie besteht in den
guten Werken, dem neuen Leben des Glaubend-Gerechtfertigten; die eigentliche,
die Sündenvergebung verdienende satisfactio ist die Genugtuung Christi am
Kreuz.«[67]

Eine vollständige und detaillierte Aufzählung aller Sünden in der
Beichte ist nicht nötig, zumal der Mensch gar nicht wissen kann, welcher
Sünden er vor Gott wirklich schuldig ist:

*Fur Gott soll man aller Sunden sich schuld geben, auch die wir nicht erken-
nen, wie wir im Vaterunser tun. Aber fur dem Beichtiger sollen wir allein die
Sunden bekennen, die wir wissen und fühlen im Herzen.*[68] Dem entspricht die
kurze Weise zu beichten, die Luther im Kleinen Katechismus vorschlägt, und der
zahlreiche evangelische Kirchenordnungen folgen:[69]

Bitte des Beichtenden	So sollt Du zum Beichtiger sprechen: *Wirdiger, lieber Herr, ich bitte Euch, wollet meine Beichte hören und mir die Vergebung sprechen umb Gottes willen.*
Sündenbe-kenntnis (konkret nach dem jeweiligen Stand)	(a) *Ich armer Sunder bekenne mich für Gott aller Sunden schuldig; insonderheit bekenne ich für Euch, daß ich ein Knecht, Magd etc. bin; aber ich diene leider untreulich meinem Herrn; denn da und da hab ich nicht getan, was sie mich hießen, hab sie erzurnet und zu fluchen bewegt, hab versäumet und Schaden lassen geschehen. Bin auch in Worten und Werken schampar gewest, hab mit meinesgleichen gezürnet, wider meine Frauen gemurret und geflucht etc. Das alles ist mir leid und bitte umb Gnade; ich will mich bessern.* (b) *Ein Herr oder Fraue sage also: Insonderheit bekenne ich fur Euch, daß ich mein Kind und Gesind, Weib nicht treulich gezogen hab zu Gottes Ehren. Ich hab geflucht, böse Exempel mit unzüchtigen Worten und Werken gegeben, meinem Nachbar Schaden getan, ubel nachgeredt, zu teur verkauft, falsche und nicht ganze War gegeben. Und was er mehr wider die Gebot Gottes und seinen Stand getan etc.*

	(c) Wenn aber jemand sich nicht befindet beschweret mit solcher oder großern Sunden, der soll nicht sorgen oder weiter Sunde süchen noch ertichten und damit eine Marter aus der Beicht machen, sondern erzähle eine oder zwo, die Du weißest. Also: *Insonderheit bekenne ich, daß ich einmal geflucht, item einmal unhübsch mit Worten gewest, einmal dies N. versäumet hab* etc. Und lasse es gnug sein. Weißest Du aber gar keine (doch nicht wohl sollt' müglich sein), so sage auch keine insonderheit, sondern nimm die Vergebung auf die allgemeine Beicht, so Du für Gott tust gegen dem Beichtiger.
Zuspruch und Frage	Darauf soll der Beichtiger sagen: *Gott sei dir gnädig und stärke Deinen Glauben, Amen.* Sprich: *Gläubst Du auch, daß meine Vergebung Gottes Vergebung sei? – Ja, lieber Herr.*
Lossprechung	Darauf spreche er: *Wie Du gläubest, so geschehe Dir. Und ich aus dem Befehl unsers Herrn Jesu Christi vergebe Dir Deine Sunde im Namen des Vaters und des Sohns und des heiligen Geists, Amen. Gehe hin im Friede.*
[Tröstung durch weitere Schriftworte]	Welche aber große Beschwerung des Gewissens haben oder betrübt und angefochten sind, die wird ein Beichtvater wohl wissen mit mehr Sprüchen zu trösten und zum Glauben reizen.

(2) Entwicklungen

Folgenreich wirkte sich das Glaubensverhör aus, das Luther in seiner *Formula Missae* von 1523 als Voraussetzung für die Zulassung zur Kommunion vorschrieb: *Deinde petentes non admittat, nisi rationem fidei suae reddiderint, et interrogati responderint, an intelligant, quid sit caena domini, quid praestet, quo usu illa velint potiri.*[70]

Wer das Abendmahl begehrt, soll sich zuvor beim *Bischoff* anmelden. *Darnach / ob sie es schon bitten / las er sie doch nicht ehe hynzu gehen / sie haben denn vor antwort geben yhres glaubens / vnd nemlich auff dise frag geantwortet / Ob sie vorstehen was das abentmal ist / was es bring vnd geb / odder ynn welchem brauch sie es niessen wollen.* Das Glaubensverhör geht sodann über in eine Art Beichtverhör: *Dar nach so der Bischoff siehet das sie dis alles wol verstehen / sol er weyter auff das acht haben / ob sie auch der gleichen leben / vnd mit eusserlichem wandel ynn sitten solchen yhren glauben vnd verstand beweysen.* Die Einzelbeichte vor dem Abendmahlsgang wird nicht zur Pflicht gemacht, aber doch empfohlen: *Von der heymlichen odder eygnen Beycht aber ob sie vor / ehe man zum Gottes tisch gehet geschehen soll / hallt ich noch also / wie ich bisher gelert hab / Nehmlich / das sie widder nott ist noch von yemant zu erwzyngen / aber das sie gar nütz sey / vnd mit nichten zu verachten.*[71]

In der Folgezeit kam es zu einer Verbindung bzw. Vermischung beider Elemente, wie schon Art. XXV der Augsburgischen Konfession erkennen lässt: *Die Beicht ist durch die Prediger dieses Teils nicht abgetan. Dann diese Gewohnheit wird bei uns gehalten, das Sakrament nicht zu reichen denen, so nicht zuvor verhört und absolviert seind.*[72] »Aus dem Pflichtverhör wird wieder die Pflichtbeichte, die zur Pflichtkommunion gehört, die lutherische katechetische Pflichtbeichte war so entstanden.«[73]

Ort dieses Abendmahls- und Beichtverhörs war in der Regel die Kirche; Beichtkammern in manchen Kirchen (so etwa seitlich im Altarraum) zeugen heute noch von solchem Brauch. Über die Teilnahme wurden Konfitentenlisten, Kommunikanten- bzw. Beichtregister geführt. Meist fand die Beichte am Anschluss an die Vesper am Samstagabend statt: »Nachdem der Pfarrer nach Ende der Vesper eine Beicht- bzw. Abendmahlsvermahnung gehalten hatte [...], traten die Gläubigen einzeln zum Beichtstuhl, während die übrigen in ihren Kirchenbänken blieben und sich im Gebet auf die Beichte vorbereiten sollten. Nach dem Verhör und dem wohl meist formelhaften Sündenbekenntnis spendete der Pfarrer unter Handauflegung als dem äußeren Zeichen der Zuwendung der Vergebung an den je einzelnen [...] die Absolution, die nach lutherischer Auffassung immer effektiv verstanden wurde, ob sie nun annuntiativ (›ich verkündige dir die Vergebung‹) oder exhibitiv (›ich vergebe dir, ich spreche dich los‹) formuliert war.«[74]

Der Pflichtcharakter der Handlung, ihre routinemäßige Handhabung sowie manche Missbräuche führten freilich – verbunden mit der Kritik, die in unterschiedlicher Weise Pietismus und Aufklärung an ihr übten – in der Folgezeit zu ihrem Verfall und ihrer schrittweisen Ablösung durch die allgemeine Beichte:

»Die Pfarrer waren überlastet und konnten sich für den einzelnen nur sehr wenig Zeit nehmen; dadurch entfiel der persönlich-seelsorgerliche Zuspruch; die Beichte bestand meist nur aus einer mühsam eingelernten Beichtformel (kein persönliches Bekenntnis) und der Absolution. Die Überlastung führte dazu, daß oft mehrere Personen gleichzeitig verhört und/oder absolviert wurden; von da war es nur ein kleiner Schritt zur allgemeinen Beichte.« Das Beichtverhör vor dem Abendmahl hielt sich jedoch bis in das letzte Viertel des 18. Jh., vereinzelt noch bis in das 19. und 20. Jh. hinein.[75]

(3) Eine lutherische Beichtagende

Auch wenn in solcher Weise die Einzelbeichte weitgehend durch die allgemeine Beichte ersetzt wurde, blieb doch die pflichtmäßige Koppelung von Beichte und Abendmahlsempfang – stellenweise verbunden mit der persönlichen Anmeldung beim Pfarrer bzw. dem Eintrag in Kommunikantenlisten – bis tief in das 20. Jh. hinein erhalten und ist auch heute noch im Bewusstsein zahlreicher Gemeinden präsent.

Eine Entkoppelung setzte erst nach dem Zweiten Weltkrieg ein; hierbei spielten exegetisch-theologische Einsichten, Erfahrungen des Kirchenkampfes, ein in der jüngeren liturgischen Bewegung (vgl. 14.2.3) gewachsenes neues Abendmahlsverständnis, vor allem aber gesellschaftliche Umbrüche – so der endgültige Zerfall ständischer Strukturen und die dadurch bedingten Enttraditionalisierungs- und Individualisierungsschübe – eine befördernde Rolle.

Zugleich bemühten sich Gruppierungen der jüngeren liturgischen Bewegung, aber auch einzelne Theologen (so z.B. Dietrich Bonhoeffer) um eine Erneuerung der Einzelbeichte in den evangelischen Kirchen, teilweise in Wiederaufnahme von Bestrebungen neulutherischer Theologen des 19. Jh. (Claus Harms, Wilhelm Löhe, Theodor Kliefoth; vgl. 14.2.1, Abschnitt 4). Soweit sich das beurteilen lässt, blieb der Erfolg solcher Bemühungen im Wesentlichen auf Kommunitäten, bruderschaftliche Zusammenschlüsse und einzelne, spirituell entsprechend geprägte Gemeinden (zu denen auch solche charismatischer Prägung gehören) beschränkt. Immerhin scheint das Wissen darum, dass die Einzelbeichte auch eine Möglichkeit evangelischer *praxis pietatis* darstellt, in evangelischen Gemeinden unter dem Einfluss dieser Bemühungen gewachsen zu sein.

1993 erschien eine neu bearbeitete Ausgabe der Beichtordnungen nach der Lutherischen Agende III.[76] Sie enthält Ordnungen für die *Gemeinsame Beichte* und für die *Einzelbeichte*. Die Gemeinsame Beichte kann als selbständiger Gottesdienst gefeiert, aber auch mit der Abendmahlsfeier verbunden bzw. in den Eröffnungsteil des Gottesdienstes oder nach der Predigt eingefügt werden. Als eigene Feier hat sie folgenden Aufbau:

I. ERÖFFNUNG UND ANRUFUNG: *Lied – Gruß – Stiftungsworte* (Mt 16,19; Joh 20,22b-23) oder *Votum* (Ez 34,16, Ps 147,3 oder Mt 11,18), verbunden mit einem *Hinführenden Wort – Psalmgebet* oder *Eingangsgebet*. II. VERKÜNDIGUNG: [*Beichtansprache*] – [*Lied*] – [*Die Zehn Gebote*] – *Das Doppelgebot der Liebe* (Mt 22,37-40). III. BEKENNTNIS UND LOSSPRECHUNG: *Besinnung und Sündenbekenntnis* (mit Lesung von 1 Joh 1,8-9, *Stille* als *Zeit zur Besinnung*, Sündenbekenntnis in verschiedener Form, bei Form B in Gestalt einer kurzen Bußlitanei) – *Beichtfragen* – *Absolution mit Segenswort*, wobei wiederum unterschiedliche Möglichkeiten bestehen: (a) Absolution und Segenswort werden allen gemeinsam zugesprochen, (b) die Absolution wird gemeinsam erteilt, das Segenswort wird dem Einzelnen unter Handauflegung zugesprochen,

(c) die Absolution wird den Einzelnen unter Handauflegung erteilt, das Segens-wort allen gemeinsam zugesprochen. IV. DANK UND SEGEN: *Lied – Dankgebet – Vaterunser – Segen.*

Die Absolutionsformel wird jeweils in einer exhibitiven und einer deklarativen Form geboten. Die exhibitive Fomel lautet: *In der Vollmacht, die der Herr seiner Kirche gegeben hat, spreche ich euch [frei, ledig und] los: Euch sind eure Sünden vergeben. Im Namen ✝ des Vaters und des Sohnes und des Heiligen Geistes.* Die umfänglichere deklarative Formel lautet: *Christus spricht: Wie mich der Vater gesandt hat, so sende ich euch. Nehmt hin den heiligen Geist! Welchen ihr die Sünden erlaßt, denen sind sie erlassen; und welchen ihr sie behaltet, denen sind sie erhalten. Diese Vollmacht hat Christus seiner Kirche gegeben. Darum verkündige ich einem jeden von euch: Dir sind deine Sünden vergeben. Im Namen ✝ des Vaters und des Sohnes und des Heiligen Geistes.*

Für die Einzelbeichte werden eine *liturgisch geprägte Form*, eine *freie Form* und Hinweise für die *Beichte in Notfällen* geboten. Die liturgisch geprägte Form hat folgenden Aufbau: *Gruß – Eingangsvotum – Stif-tungsworte – Psalm – Sündenbekenntnis* (in freien Worten, mit ab-schließender *Beichtfrage*) – *Absolution – Dankgebet – Vaterunser – Segen.* Die Absolutionsformeln (exhibitiv bzw. deklarativ) entsprechen den oben zitierten Texten, sind natürlich jeweils in den Singular gesetzt.

17.3 Die Segnung der Ehe

Gestalt und Gestaltung der Ehe als einer gesellschaftlich-kulturellen Institution sind in hohem Maße durch die jeweilige Kultur und das in ihr gültige »Wissen«[77] bestimmt: »Die Regeln für die Gemeinschaft der Geschlechter, für das Zusammenleben von Mann und Frau sind auch Ausdruck der durch die jeweiligen ökonomischen und sozialen Zustände geprägten Vorstellungen einer Gesellschaft.«[78] Jüdisch-christliche Tradition sieht die Ehe im Schöpfungswillen Gottes begründet (Gen 1,27-28a.31; 2,18; Mt 19,4-6; Mk 10,5-9.11 f). Ohne sie als eine mögli-che Lebensform für Christen zu verwerfen, äußert sich Paulus freilich angesichts des nahen Endes recht skeptisch zur Ehe (1 Kor 7,25-40), zumal ἐν Χριστῷ Ἰησοῦ und in der Gemeinschaft seines Leibes der Gegensatz von Mann und Frau sowieso an Bedeutung verliert (Gal 3,28). Christen, die eine Ehe führen, tun dies »im Herrn« (μόνον ἐν κυρίῳ, 1 Kor 7,39), das heißt, dass »sie ihre Ehe nach dem Gesetz Christi leben«.[79] Einen etwas anderen Akzent setzt der Epheserbrief, der die Gemeinschaft von Mann und Frau als Gleichnis in Anspruch nimmt, um das Verhältnis Christi zu seinem Leib, der Gemeinde, zu beschreiben

(Eph 5,21-33); eine Aussage, die zum Ansatzpunkt für das spätere Verständnis der christlichen Ehe als Sakrament wird.

17.3.1 Alte Kirche

Nach allem, was wir wissen, entwickelten die frühen Gemeinden keine eigenen Riten zur Eheschließung, sondern hielten sich – gewiss »unter Ausscheidung heidnischer und abergläubischer Praktiken«[80] – an die Gebräuche ihrer jeweiligen kulturellen Umwelt, so dass von den Christen gesagt werden konnte: »Sie heiraten wie alle anderen«.[81]

Christen, die aus dem Judentum kamen, werden sich demnach an jüdische Bräuche gehalten haben. Darüber hinaus darf man davon ausgehen, dass jüdisches Erbe auch hier – wie in anderen Bereichen der gottesdienstlichen Kultur des frühen Christentums – in der weiteren Entwicklung wirksam geworden ist. Zur Eheschließung im zeitgenössischen Judentum gehörten – neben dem Ehewillen der Partner – »die Übereinkunft zwischen dem Vater der Braut und dem Bräutigam (Tob 7,9-12), die Übergabe der Braut an den Bräutigam, das Segensgebet, die Beurkundung und das Festmahl.« Besondere Aufmerksamkeit verdient in diesem Zusammenhang das Segensgebet über dem Paar, die *Berakah* (ברכה) zur Hochzeit (vgl. 8.5.3, Abschnitt 3; 9.2.2), die vom Vater des Bräutigams beim Hochzeitsmahl gesprochen wurde.[82]

Bei Griechen wie Römern erfolgte die Eheschließung im Rahmen der gegebenen hausrechtlichen Verhältnisse.[83] Die Eheschließung wurde zwischen den beteiligten Parteien ausgehandelt und durch die Übergabe der Braut an den Bräutigam wie durch die Einführung in sein Haus (wodurch sie in die *manus viri*, die Rechtsgewalt des Mannes überging) vollzogen. Prinzipiell galt: *Consensus facit nuptias.* »Durch Willenserklärung der Beteiligten kommt die Ehe zustande und wird rechtskräftig durch die Heimführung (deducere in domum) und das damit beginnende Zusammenleben.«[84] Zum Brauchtum bei den Römern gehörte der Brautring (*anulus pronubus*), den der Bräutigam der Braut überreichte, der Brautkranz (der auch vom Bräutigam getragen wurde), das wechselseitige Reichen der rechten Hand (*dextrarum iunctio*, wobei eine Matrone als *pronuba* die Hände der Partner ineinander legte), der Brautkuss, das Tragen der Braut über die Schwelle des Hauses, die Morgengabe an die junge Frau und das Hochzeitsmahl. Zur Hochzeit wurde die Braut mit dem *flammeum*, einem roten Schleier geschmückt.

Ob und in welcher Weise in der Frühzeit die Kirche bei der Eheschließung unter Christen mitwirkte, ist umstritten. Nach Ignatius von Antiochien (gestorben 110) bedurfte die Heirat der Zustimmung des Bischofs.[85] Äußerungen Tertullians[86] lassen sich so interpretieren, dass es in seinem Umfeld üblich war, »aus Anlaß der Eheschließung die

Eucharistie zu feiern und in deren Verlauf ein festives Gebet über die Brautleute zu sprechen.«[87]

Beide Elemente – die *Eucharistiefeier zur Trauung* (später *Brautmesse* genannt) wie die *Brautsegnung* (*benedictio nuptialis*) – werden für Rom durch die ältesten Sakramentare (vgl. 1.4.2) bezeugt. Nach Reinhard Meßner liegt im Brautsegen »wohl jüdisches Erbe vor: eine Verchristlichung jüdischer b*e*rakot über die Neuvermählten. Im Segensgebet über die Brautleute wird der menschliche Akt der gegenseitigen Konsenserklärung sozusagen ins Licht des Handelns Gottes des Schöpfers gestellt, der von Anbeginn an die Ehe als die Grundordnung des menschlichen Zusammenlebens gestiftet und mit seinem Segen ausgestattet hat. Dieser Segen, der seit der Schöpfung über der Ehe liegt, wird nun aktuell für die Brautleute erbeten.«[88] Seinen Ort in der Eucharistiefeier (er war in Rom »Gebet über die Braut – und nur über die Braut«[89]) hatte der Brautsegen entweder nach dem Schlussgebet (so im Veronense) oder vor dem Friedensgruß (so nach den anderen Sakramentaren).

Verbunden ist die Segnung mit einem weiteren rituellen Element, der *Verschleierung der Braut* (*velatio nuptialis*; erinnert sei an den Brauch, die Braut mit dem *flammeum* zu bekleiden). Vermutlich wurden sowohl Segnung (*benedictio*) wie Verschleierung (*velatio*) zunächst als häusliches Ritual vollzogen, und zwar vor der Konsenserklärung und der *dextrarum iunctio*, bevor beide Elemente sich dann mit der Eucharistiefeier verbanden. Zuvor schon muss es üblich geworden sein, den Bischof zur häuslichen Feier zu bitten, damit er hier *benedictio* wie *velatio* vollziehe; er übernahm damit Funktionen, die ursprünglich dem *pater familias*, dem Hausvater zustanden.

Nicht in Rom, aber im altgallischen Liturgieraum scheint die »kirchliche Eheeinsegnung in oder vor der Brautkammer« (*benedictio in thalamo*) üblich gewesen zu sein; sie wurde hier vermutlich anstelle der *benedictio nuptialis* vollzogen.[90] Die Überreichung eines Rings an die Braut während der Trauung (statt des *anulus pronubus* zur Verlobung) ist erstmals aus dem Jahre 856 bezeugt.[91]

17.3.2 Die mittelalterliche Brauttorvermählung

Dem seit frühkarolingischer Zeit bezeugten Kampf der Kirche gegen nichtöffentliche (klandestine) Eheschließungen entspricht die Tendenz zur endgültigen Enthäuslichung und »Veröffentlichung der Trauung«, wie sie in der sog. *Brauttorvermählung* – der Trauung *in facie ecclesiae*, auf dem Kirchplatz – Ausdruck und Gestalt gewinnt: »Aus der Feier der Eheschließung im Kreis der Familie und Sippe wird im Hoch- und Spätmittelalter die Vermählung in der Öffentlichkeit der Gemeinde«.[92]

Die *Brauttorvermählung* hat ihren Ursprung im normannisch-angelsächsischen Bereich und breitet sich von hier über andere Gebiete des Abendlandes aus. Zu ihren Strukturelementen gehören u.a.:

(a) Vorbereitungshandlungen, bei denen die Frage nach Ehehindernissen gestellt, die Brautleute vermahnt und gegebenenfalls absolviert werden (wenn sie z.B. zuvor eine klandestine Ehe geschlossen hatten). Gebetseinladung, Gebet, Glaubensbekenntnis (durch die Brautleute) und Ringsegnung können folgen.

(b) Die Erfragung des Ehewillens (z.B.: *N., willst du N. zur Frau und Gattin haben und sie, ob gesund oder krank, hegen, ihr gerechten Anteil geben an deinem Leib und Leben und deinen Gütern und dein Leben lang ob in böser oder guter Lage deine Entscheidung nicht ändern?*[93]).

(c) Die Anvertrauung der Brautleute durch den Priester unter Handreichung (ursprünglich: Anvertrauung der Braut an den Bräutigam durch den Brautvater): *Der Vater der Braut oder einer ihrer Verwandten nimmt die Hand des Mädchens und gibt sie dem Priester in die Hand; so tun auch die Verwandten des Mannes – und der Priester verbindet die beiden.*[94] Die Brautleute können dazu wechselseitig eine Erklärung abgeben (z.B.: *Ich, N., vertraue dir, N., mein Leib und Leben an als dein Ehemann und Gemahl. – Ich nehme dich an als meine Ehefrau*[95]), der Priester kann mit einer Formel den Akt der Anvertrauung begleiten und deuten: *Ich gebe sie dir, daß du sie schützest, gesund oder krank, als deine Frau nach dem Gesetz [...];*[96] oder auch, knapp und bündig: *Et ego conjungo vos in nomine Patris, et Filii, et Spiritus Sancti.*[97] Mit einer Segensbitte, der Anrufung der Dreifaltigkeit oder einer bestätigenden Formel des Priesters kann der Akt schließen: *Ich bestätige, ratifiziere und segne diese Ehe (confirmo, ratifico, benedico) im Namen des Vaters...*[98]

(d) Die Überreichung der Gaben des Bräutigams an die Braut; dazu gehört die Ringübergabe, manchmal auch die Übergabe von Münzen und einer Eheurkunde. Dass auch der Bräutigam einen Ring erhält, wird erst später üblich. Seit dem 12. Jh. sind Begleitworte zur Ringübergabe bezeugt: *Mit diesem Ring verlobe ich dich mir, mit diesem Gold ehre ich dich, mit dieser Gabe beschenke ich dich.*[99]

Mit dem Gesang eines Psalms, Versikeln, Orationen und einer Segensformel schließt die Handlung vor der Kirche. Man zieht nun zur Brautmesse in die Kirche ein. Während der Messe – meist nach dem Vaterunser und vor der Kommunion, manchmal auch nach der Kommunion, nach Schluss der Messe oder gleich nach Abschluss der Brauttorvermählung – findet die *benedictio nuptialis* statt, von der oben schon die Rede war. An die alte *velatio nuptialis* erinnert der Brauch, während der Ehesegnung ein großes Tuch über die Brautleute zu halten. Mancherorts werden nach iberischem Brauch nicht nur die Braut, sondern beide Brautleute umhüllt.

Schwellen

17.3.3 Die Trauung nach dem Rituale Romanum 1614

Um dem immer noch virulenten Problem der klandestinen Ehen zu begegnen, bindet das Konzil von Trient die Gültigkeit der Ehe an die Einhaltung der kirchlich vorgeschriebenen Form. Zugleich hält es nachdrücklich – gegen die Reformatoren – an der Sakramentalität der Ehe fest.[100] Soll die Ehe gültig sein, müssen »die Brautleute ihren Ehewillen vor dem Pfarrer erklären, der sie dann zusammenspricht.«[101] Die hierzu vorgeschriebene Formel lautet: *Ego vos in matrimonium coniungo, in nomine Patris et Filii et Spiritus Sancti.*[102] Es liegt in der Tendenz dieser Entscheidung, dass in der Folgezeit die Trauung in der Kirche an die Stelle der Brauttorvermählung vor der Kirche tritt.

So findet denn auch nach dem *Rituale Romanum* von 1614[103] die Handlung vor dem Altar statt: Der Priester erfragt zunächst von jedem der Partner den Ehewillen: *N. Vis accipere N. hic praesentem in tuam legitimam uxorem* (bzw. *in tuum legitimum maritum) juxta ritum sanctae matris Ecclesiae?* Danach fordert er sie auf, die rechten Hände ineinander zu legen, und spricht: *Ego conjungo vos in matrimonium. In nomine Patris, et Filii, ✝ et Spiritus Sancti.* Nachdem er die Eheleute mit Weihwasser besprengt hat, segnet der Priester den Ring (Singular!): *Bene✝dic, Domine, anulum hunc, quem nos in tuo nomine bene✝dicimus: ut, quae eum gestaverit, fidelitatem integram suo sponso tenens, in pace et voluntate tua permaneat, atque in mutua caritate semper vivat. Per Christum Dominum nostrum.* Danach wird auch der Ring mit Weihwasser besprengt, und der Bräutigam nimmt den Ring von der Hand des Priesters und steckt ihn an den Ringfinger der linken (!) Hand der Braut. Der Priester spricht dazu: *In nomine Patris, et Filii, ✝ et Spiritus Sancti.* Mit Versikeln (*Confirma hoc, Deus, quod operatus es in nobis...*), Kyrie, Paternoster und Oratio schließt die Handlung.

Nun kann die *Brautmesse* (*Missa pro sponso et sponsa*) gemäß dem *Missale Romanum* beginnen, in der nach dem *Paternoster* und vor dem *Libera nos* (dem *Embolismus*) der feierliche Brautsegen (*solemnis benedictio Nuptiarum*) gespendet wird. Nach dem *Ite Missa est* werden die Eheleute mit einem eigenen Segensgebet entlassen:

Deus Abraham, Deus Isaac et Deus Jacob sit vobiscum: et ipse adimpleat benedictionem suam in vobis: ut videatis filios filiorum vestrorum usque ad tertiam et quartam generationem, et postea vitam aeternam habeatis sinde fine: adjuvante Domino nostro Jesu Christo...

17.3.4 Reform der Trauung nach dem II. Vatikanischen Konzil

Die Liturgiekonstitution des II. Vatikanischen Konzils äußert sich in zwei Artikeln zur Trauung. Art. 77 gibt dem Willen des Konzils Ausdruck, »daß hinsichtlich der Trauung in besonderer Weise bewahrt bleibt, was innerkirchlich und gesellschaftlich an Brauchtum entwickelt worden ist.«[104] Die zuständigen territorialen Autoritäten besitzen darüber hinaus »die Vollmacht, einen eigenen Ritus auszuarbeiten, der den Bräuchen des Landes und des Volkes entspricht«. Unverzichtbar jedoch bleibt in jedem Falle die Entgegennahme der Konsenserklärung der Brautleute durch den assistierenden Priester. Nach Art. 78 soll in der Regel die Trauung künftig innerhalb der Messe stattfinden, und zwar nach dem Evangelium und der Homilie und vor dem Gebet der Gläubigen. Auch wenn die Trauung ohne Messe gefeiert wird, sollen Epistel und Evangelium aus der Brautmesse gelesen werden. Der Brautsegen soll so überarbeitet werden, »daß er die gleiche gegenseitige Treuepflicht beider Brautleute betont«.

Der am 19. März 1969 veröffentlichte lateinische *Ordo celebrandi Matrimonium*[105] kann von daher nur Modellcharakter für die teilkirchlichen Ordnungen beanspruchen. Im deutschen Sprachraum folgt man der 1975 ([2]1992) veröffentlichten *Feier der Trauung*.[106]

Grundsätzlich gilt: »Die Brautleute selbst spenden sich nach derzeit gültigem Kirchenrecht durch den Vermählungsspruch (Ehekonsens) und das Anstecken der Ringe gegenseitig das Sakrament der Ehe. Die Entgegennahme und Bestätigung erfolgt durch einen ›Priester‹, Diakon oder beauftragten Laien, die hier jedoch lediglich assistierende Funktion besitzen [...]. Zur Erfüllung der katholischen Formpflicht ist ferner die Anwesenheit zweier Zeugen notwendig, die den Ehekonsens schriftlich bestätigen.«[107]

Die Feier innerhalb der Messe hat folgenden Aufbau:[108] I. ERÖFFNUNG: Versammlung der Gemeinde – Empfang der Brautleute am Kircheneingang – [Besprengung mit Taufwasser (Tauferinnerung)] – Einzug – Begrüßung und Einführung – Kyrie – [Gloria] – Tagesgebet. II. WORTGOTTESDIENST: Lesung – Antwortgesang – Lesung – Halleluja – Evangelium – Homilie. III. TRAUUNG: Befragung der Brautleute durch den Assistenten – Segnung der Ringe – Erklärung des Ehewillens, dabei Anstecken der Ringe – Bestätigung durch den Assistenten – Hochgebet über die Brautleute (Trauungssegen) unter Ausbreiten der Hände – [Musik/Gesang] – Allgemeines Gebet. IV. EUCHARISTIEFEIER: Gabenbereitung – Eucharistisches Hochgebet – Vaterunser – Friedensritus –

Brotbrechung – Kommunion. V. ABSCHLUSS: Feierlicher Schlusssegen
– Entlassung.

Bedeutsam ist, dass der Ehesegen nun unmittelbar mit der Trauung verbunden
wird. Die Konsenserklärung kann auf zweifache Weise erfolgen, einmal durch
einen *Vermählungsspruch*, zum anderen durch das vom Assistenten erfragte *Ja-
Wort*:

(a) *N., vor Gottes Angesicht nehme ich dich an als meine Frau/meinen Mann.
Ich verspreche dir die Treue in guten und bösen Tagen, in Gesundheit und
Krankheit, bis der Tod uns scheidet. Ich will dich lieben, achten und ehren alle
Tage meines Lebens.*

(b) *N., ich frage dich vor Gottes Angesicht: Nimmst du deine Braut/deinen
Bräutigam N. an als deine Frau/deinen Mann und versprichst du, ihr/ihm die
Treue zu halten in guten und bösen Tagen, in Gesundheit und Krankheit, und
sie/ihn zu lieben, zu achten und zu ehren, bis der Tod euch scheidet?* Bräu-
tigam/Braut: *Ja.*[109]

17.3.5 Luthers Traubüchlein

Im Jahre 1529 erscheint Martin Luthers *Traubüchlin für die einfältigen
Pfarrherrn.*[110] In der Vorrede legt er sein Verständnis der Ehe und der
Eheschließung dar, das in der Aussage gipfelt: *Denn obs wol ein weltlicher stand ist / so hat er dennoch Gotts wort für sich / vnd ist nicht von
menschen ertichtet odder gestifftet.* Als *ein Göttlich werck vnd gebot*
bedarf die Ehe sehr wohl *des Göttlichen segens vnd gemeinen gebets*,
und die Kirche darf sich solchem Auftrag nicht entziehen:

*So manch land so manch sitte / sagt das gemeine sprich wort / Dem nach /
weil die hochzeit vnd ehe stand ein welltlich gescheft ist / gebürt vns geistlichen
odder kirchendienern nichts darynn zu ordenen odder regiern / Sondern lassen
einer iglichen Stad vnd land hierynn yhren brauch vnd gewonheit / wie sie
gehen. [...] Aber so man von vns begerd für der kirchen odder ynn der kirchen
/ sie zu segenen / vber sie zu beten odder sie auch zu trawen / sind wir schüldig
dasselbige zu thun.*

Die Eheschließung selbst wird vor der Kirche vollzogen; darin folgt
Luther dem Vorbild der *Brauttorvermählung* (vgl. 17.3.2). Der Ehewillen
wird erfragt, der Ehekonsens vom Pfarrer bestätigt, der die Eheleute dann
förmlich ›zusammenspricht‹. In der Kirche folgen Schriftlesungen und
Ehesegen, wobei das Segensgebet ausdrücklich auf *das Sacrament deines
lieben sons Jhesu Christi / vnd der kirchen seiner braut* Bezug nimmt,
das durch die Ehe bezeichnet wird (nach Eph 5,32; *Sacrament* steht für
das griechische μυστήριον).

AUFGEBOT AUF DER KANZEL	
	Zum ersten auff der Cantzel auffbieten / mit solchen worten. *Hans N. vnd Greta N. wollen nach Göttlicher ordenung zum heiligen stande der ehe greiffen / begeren des ein gemein Christlich gebet für sie / das sie es ynn Gottes namen anfahen vnd wol gerate. Vnd hette yemands etwas darein zu sprechen / der thu es bey zeit / odder schweige hernach / Gott gebe yhn seinen segen / Amen.*

VOR DER KIRCHE	
Erfragung des Ehewillens	Für der kirchen Trawen mit solchen worten. *Hans wiltu Greten zum ehelichen gemahl haben?* Dicat / *Ja. Greta wiltu Hansen zum ehelichen gemahl haben?* Dicat / *Ja.*
Überreichung der Trauringe Handreichung (*dextrarum iunctio*) Votum	Hie las sie die trawringe einander geben / Vnd füge yhre beiden rechte hand zu samen / vnd spreche. *Was Gott zu samen fügt / sol kein mensch scheiden.*
Bestätigung der Konsenserklärung ›Zusammensprechen‹ der Eheleute	Darnach spreche er für allen ynn gemein. *Weil denn Hans N. vnd Greta N. einander zur ehe begeren / vnd solchs hie offentlich für Gott vnd der wellt bekennen / darauff sie die hende vnd trawringe einander gegeben haben / So spreche ich sie ehelich zu samen / ym namen des Vaters / vnd des Sons / vnd des heiligen geists / Amen.*

IN DER KIRCHE (vor dem Altar)	
Schriftlesung	Gen 3,18.21-24
Vermahnung der Eheleute mit Schriftworten	*Weil yhr beide euch ynn den ehestand begeben habt ynn Gottes namen / So hört auffs erst das gebot Gottes vber diesen stand. Eph 5,25-29; Eph 5,22-24. Zum andern/ Höret auch das Creutz / so Gott auff diesen stand gelegt hat. Gen 3,16-19. Zum dritten / So ist das ewer trost / das yhr wisset vnd gleubet / wie ewer stand für Gott angeneme / vnd gesegenet ist. Gen 1,27-28.31. Koh 18,22.*
Segensgebet	Hie recke die hende vber sie vnd bete / *Also. Herre Gott / der du man vnd weib geschaffen / vnd zum ehestand verordenet hast / dazu mit früchte des leibs gesegenet / Vnd das Sacrament deines lieben sons Jhesu Christi / vnd der kirchen seiner braut darinn bezeichent*

	/ *Wir bitten deine grundlose güte / du wollest solch dein* *geschepff / ordenung vnd segen / nicht lassen verrucken* *noch verderben / sondern gnediglich ynn vns bewaren /* *durch Jhesum Christ vnsern Herrn / Amen.*

17.3.6 Evangelische Trauung

Als Beispiel für die gegenwärtige evangelische Praxis greifen wir auf die lutherische Trauagende von 1988 (²1999) zurück.[111]

I. ERÖFFNUNG	
Gruß Lied Eingangsvotum Eingangsgebet oder Psalmgebet [Lied/Musik]	Die Handlung kann (a) an der Kirchentür oder (b) am Altar beginnen: (a) Begrüßung des Paars an der Kirchentür und Einführung – Einzug – Gruß (*Der Friede des Herrn sei mit euch allen*); (b) Gruß (am Altar) – Begrüßung und Einführung. In beiden Fällen geht es dann mit Lied – Eingangsvotum – Eingangsgebet oder Psalmgebet – [Lied oder Musik] weiter.
II. VERKÜNDIGUNG, BEKENNTNIS, SEGNUNG	
[Schriftlesungen]	Zur Auswahl stehen 29 Lesungen aus dem Alten und Neuen Testament (S. 53) und ein Text, der verschiedene Schriftworte miteinander verbindet (Zusammenstellung von Lesungen, S. 54).
Lied Trautext und Predigt Lied Schriftworte zur Ehe	Nach dem Lied, das der Predigt folgt, geht das Brautpaar an die Stufen des Altars. Als Schriftworte zur Ehe werden vorgeschlagen: Gen 2,18; Gen 1,27-28a.31a; Mt 19,4-6; Kol 3,12-16a.17; Röm 15,5-7. Falls der Traupredigt Lesungen vorangehen, wird als Schriftwort zur Ehe nur Mt 19 gelesen.
Traubekenntnis Form A: Fragen	A. *Mit diesen Worten bezeugt die Heilige Schrift, daß die Ehe eine gute Gabe Gottes ist. Auch eure Ehe will Gott schützen und segnen. So frage ich euch vor Gott und dieser Gemeinde: N.N., willst du N.N., die Gott dir anvertraut, als deine Ehefrau lieben und ehren und die Ehe mit ihr nach Gottes Gebot und Verheißung führen – in guten und in bösen Tagen –, bis der Tod euch scheidet, so antworte:* Ja, mit Gottes Hilfe *(entsprechend dann auch die Frage an die Braut; die Fragen können auch zusammengefasst und vom Brautpaar gemeinsam beantwortet werden).*
Form B: Erklärung	B. *Mit diesen Worten bezeugt die Heilige Schrift, daß die Ehe eine gute Gabe Gottes ist. Gott vertraut euch einander an. Er will eure Ehe schützen und segnen So bekennt euch nun dazu vor Gott und dieser Gemeinde.* Bräutigam: *N., ich nehme dich als meine Ehefrau aus Gottes Hand. Ich will dich lieben und achten, dir vertrauen*

und treu sein. Ich will dir helfen und für dich sorgen, will dir vergeben, wie Gott uns vergibt. Ich will zusammen mit dir Gott und den Menschen dienen. Solange wir leben. Dazu helfe mir Gott. Amen (entsprechend dann auch die Erklärung der Braut).

Die Erklärung kann auch vom Brautpaar gemeinsam oder in Sätzen abwechselnd abgegeben werden: *Wir wollen in unserer Ehe nach Gottes Willen leben und auf seine Güte vertrauen. Wir wollen in Freud und Leid zusammenhalten unser Leben lang. Wir wollen gemeinsam für andere da sein und tun, was dem Frieden dient. Dazu helfe uns Gott. Amen.*

[Ringwechsel]
Handreichung
Votum

Pfarrer: *Gebt einander die Ringe [als Zeichen eurer Liebe und Treue].* Braut und Bräutigam wechseln die Trauringe. Dabei können sie sich gegenseitig folgende Worte sagen: *Nimm diesen Ring als Zeichen meiner Liebe und Treue.* Pfarrer: *Reicht einander die Hand.* Die Eheleute wenden sich einander zu – wenn nicht schon zum Ringwechsel geschehen – und geben sich die rechte Hand. Der Pfarrer legt seine rechte Hand auf die zusammengelegten Hände und spricht: *Was Gott zusammengefügt hat, das soll der Mensch nicht scheiden.*

Segnung

Pfarrer: *Kniet nieder, daß wir für euch beten und euch den Segen Gottes zusprechen. [Laßt uns gemeinsam beten, wie der Herr uns gelehrt hat. Vater unser... Das Vaterunser kann auch in der Abendmahlsliturgie bzw. nach den Fürbitten gebetet werden.]*

Form A:
Gebet als
Segnung

Form A (unter Handauflegung): *Gott, unser Vater, du willst, daß Mann und Frau in der Ehe eins werden. Wir bitten dich für N. und N.N.: Gib ihnen den Heiligen Geist, daß sie ihr gemeinsames Leben nach deinem Willen gestalten. Schenke ihnen festen Glauben, beständige Liebe, unbeirrbare Hoffnung. Segne sie, daß sie einander lieben und gemeinsam dich loben. Das bitten wir durch Jesus Christus, deinen Sohn, unseren Herrn. Amen.*

Form B:
Gebet mit
Segnung

Form B: *Herr, unser Gott, du hast Mann und Frau füreinander geschaffen. Wir bitten dich für diese Eheleute: Bewahre sie in ihrer Ehe, leite sie durch dein Wort, und erhalte sie in deiner Liebe. Durch Jesus Christus, unseren Herrn. Amen.* Unter Handauflegung: *Der Segen Gottes des Vaters und des Sohnes und des Heiligen Geistes komme über euch und bleibe bei euch jetzt und allezeit. Friede ✠ sei mit euch.* Oder: *Gott Vater, Sohn und Heiliger Geist segne eure Ehe. Er erleuchte euch durch sein Wort, und erfülle euch mit seiner Gnade, daß ihr bleibt in seiner Gemeinde und das ewige Leben erlangt. Friede ✠ sei mit euch. Amen.*

Form C:
Entfalteter
Segen

Bei dieser Form können auch die Eltern, Paten, Geschwister und andere an der Segnung des Paares beteiligt werden. Sie treten dann zur Segnung im Halbkreis um das Paar, legen dem Paar miteinander oder nacheinander die Hände auf und sprechen dazu

	ein Segenswort. Zum Abschluß spricht der Pfarrer unter Hand- auflegung: *Der Segen Gottes des Vaters und des Sohnes und des Heiligen Geistes komme über euch und bleibe bei euch jetzt und allezeit. Friede* ✞ *sei mit euch. Amen.*
Lied	Das Paar erhebt sich, alle nehmen wieder ihre Plätze ein

[III. ABENDMAHL]

IV. SENDUNG

Es folgen die Fürbitten (mit ausdrücklicher Fürbitte auch für die Neuvermählten, ihre Familien und Freunde, sowie für alle Eheleute), das Vaterunser (falls nicht schon zur Segnung oder in der Abendmahlsliturgie gebetet) und der Segen.

17.4. Die Bestattung

17.4.1 Alte Kirche

Die Gewissheit, dass Jesus Christus von den Toten auferweckt worden war, und die darin begründete Hoffnung auf die eigene Auferstehung führte bei den Christen der Frühzeit zu einer gewandelten Einstellung gegenüber dem Tod, die sich deutlich von den Anschauungen ihrer Umwelt unterschied.

Der Tod wurde »als Heimgang aufgefaßt, als Aufbruch zu Christus (vgl. Phil 1,23) oder als ›Untergang von der Welt zu Gott, um bei ihm aufzugehen‹, als Übergang also in ein anderes besseres Leben. Der Christ hatte den Tod als letzten Akt seines Pascha zu vollziehen, seiner Teilnahme an Jesu Tod und Auferstehung und somit als Vollendung dessen, was im sakramentalen Zeichen der Taufe begonnen hatte.«[112]

Dennoch hielten sich die Christen, was die rituelle Gestalt der Bestattung anging, ähnlich wie bei der Eheschließung im Wesentlichen an die Bräuche ihrer jeweiligen Umwelt, reinigten sie freilich von Gepflogenheiten, die sie als heidnisch empfanden.

So wurde von Beginn an die Verbrennung der Toten abgelehnt und die Erdbestattung gefordert, wobei man sich »am Begräbnis Christi und der Symbolik des in die Erde gelegten und aufsprießenden Weizenkorns (Joh 12,24)« orientierte.[113] Verworfen wurde auch die im hellenistischen Umfeld übliche Bekränzung der Toten und – jedenfalls in der Frühzeit – die Verwendung von Fackeln und Kerzen; sie wurden erst seit dem 3. Jh. geduldet. Besondere Probleme bereitete die sowohl im jüdischen wie hellenistischen Umfeld übliche Totenklage, »die im Trauerhaus nach der Aufbahrung des Toten begann und

dann während der Totenwache und des Leichenzuges fortgesetzt wurde. Sie
entsprach nicht dem vom Osterglauben geprägten Verständnis des Todes, daher
wurde sie durch *Psalmengesang, Lesung und Gebet* ersetzt.«[114] Doch wirkten die
alten Bräuche noch lange weiter und forderten die Kirche zum Einschreiten
heraus, wenn z.B. heidnische Klageweiber zur Totenklage herangezogen wurden
oder gar christliche Frauen selber heidnische Totenklagen veranstalteten.[115]

Psalmengesang, »der das Wehgeschrei und die wilden Schmerzaus-
brüche (θρῆνος und κοπετός) der vor- und außerchristlichen Totenklage
ersetzte«, *Schriftlesung* und *Gebet* wurden so zum Ansatzpunkt für die
Entwicklung einer eigenen christlichen Sterbe- und Begräbnisliturgie.
»Diese setzte – im Unterschied zu heidnischen Totenbräuchen – schon
lange vor dem Augenblick des Sterbens ein und wollte so zum Gelingen
des Übergangs vom irdischen zum ewigen Leben beitragen«. Das
Begräbnis selbst wurde »allmählich zu einem Gottesdienst, der nicht nur
von den nächsten Angehörigen, sondern von einer größeren Gemeinde
mitgetragen wurde.« Auch die Gedächtnistage für die Verstorbenen
wurden – nach dem Vorbild der Märtyrergedenktage – auf solche Weise
begangen.[116]

Bedeutsam für die weitere Entwicklung war, dass die Christen (unter Berufung
auf Tob 4,17 und Röm 12,13) von ihrer Umwelt den Brauch der Totenmähler
übernahmen: Man versammelte sich an bestimmten Tagen (am 3., 7. [9.], 30.
[40.] Tag nach dem Tod und am Jahrestag) am Grab der Verstorbenen und hielt
miteinander ein Mahl; damit wollte man »deren Andenken wachhalten und die
Gemeinschaft mit ihnen zum Ausdruck bringen und herstellen«. Ging zunächst
(seit dem 2. Jh.) dem Mahl am Grab eine häusliche Eucharistiefeier im Kreis der
Familie voraus, so trat mit der Zeit die Eucharistie ganz und gar an die Stelle der
Totenmähler. »Der Kreis der Teilnehmer vergrößerte sich vor allem an den
Gedächtnistagen besonders angesehener Verstorbener, namentlich der Märtyrer.
So wurde die Eucharistiefeier am Märtyrergrab zu einem Gemeindegottesdienst,
für den nach dem konstantinischen Frieden an eben dieser Stelle eine Basilika
errichtet werden konnte«[117] (vgl. auch 4.2.2). Zudem wurde es üblich, Fürbitten
für die Verstorbenen in das eucharistische Hochgebet aufzunehmen (vgl.
10.3.3).[118]

Der Brauch, den Sterbenden die Eucharistie als ›Wegzehrung‹ (ἐφό-
διον, *viaticum*) zu reichen, ist ebenfalls schon früh bezeugt; Kanon 13
des Konzils von Nizäa 325 schärft ihn nachdrücklich ein. Bereits Justin
(vgl. 10.1.3, Abschnitt 6) berichtet, dass den Abwesenden die Eucharistie ins Haus gebracht werde; das mag sich auch auf solche Fälle beziehen.

17.4.2 Entwicklungen im Abendland

Ein detailliertes Bild der Sterbe- und Begräbnisliturgie in Rom im 7./8. Jh. lässt sich – zusammen mit anderen Quellen – aus dem als *Ordo Romanus 49* edierten *Ordo qualiter agatur in obsequium defunctorum* gewinnen.[119] Diese Liturgie – die in ihrer vollen Form so wohl nur von klösterlichen Gemeinschaften gefeiert werden konnte – »beginnt mit der Spendung der Wegzehrung und endet mit der Bestattung des Leichnams.«[120]

Im Einzelnen ist Folgendes vorgesehen: Naht der Tod heran, wird dem Sterbenden die Eucharistie gereicht und mit der Lesung der Leidensgeschichte Jesu (wohl meist nach Johannes) begonnen. Diese Lesung wird bis zum Eintritt des Todes fortgesetzt. Nach dem Verscheiden folgen die Sterbegebete (das Responsorium *Subvenite* mit dem Vers *Requiem aeternam*, die Psalmen 114-120 und eine Oration des Priesters). Während man Ps 23 oder 93 betet, wird der Leichnam gewaschen und aufgebahrt. Von Psalmengesang begleitet, folgt nun die Prozession zur Kirche. Dort wird der Gesang von Psalmen und Responsorien ununterbrochen fortgesetzt,[121] bis die Messfeier beginnt. An die Messe schließt sich – unter dem Gesang von Psalmen, begleitet von Kerzen und Weihrauch – die Prozession zum Begräbnisplatz an. Dort erfolgt die Einsargung des Leichnams. Man betet die Psalmen 42, 43, 132 oder 51 und 118, der Priester spricht eine Oration, das Grab wird geschlossen.

Bestimmte mentalitäts- und frömmigkeitsgeschichtliche Entwicklungen verändern in der Folgezeit das Verhältnis zu Sterben und Tod in einer Weise, die sich erheblich von den frühchristlichen Vorstellungen unterscheidet. Sie nehmen auch Einfluss auf liturgische Texte und Handlungen im Umfeld von Sterben, Tod und Begräbnis.

»Im Mittelalter nahm die Begräbnisliturgie Trauerelemente in einem Ausmaß an, daß die christliche Auferstehungshoffnung stark verdunkelt wurde. Angst und Schrecken vor dem Dies irae des Gerichtes bestimmte weitgehend die Einstellung der Gläubigen und auch manche liturgischen Texte. Die Fürbitte für die Toten erhielt eine dominierende Stellung.«[122] Das hat theologische Hintergründe: »Infolge der dogmengeschichtlichen Entwicklung der Lehre vom Fegfeuer kann der Tod nicht mehr so sehr als Übergang in eine neue Lebensphase und als Heimkehr zum Herrn, sondern muß vielmehr als Hintreten vor sein Gericht und als Beginn einer harten jenseitigen Läuterungszeit verstanden werden.«[123]

Das *Rituale Romanum* von 1614[124] bezeichnet in gewisser Weise den Endpunkt der mittelalterlichen Entwicklung. Die Sterbe- und Begräbnisliturgie, die im Ursprung ja eine Einheit bildete, ist jetzt auf mehrere Feiern aufgeteilt und wird im Buch auch in unterschiedlichen Zusammenhängen abgehandelt. Mit der zur *Letzten Ölung* (*Extrema Unctio*) umgedeuteten *Krankensalbung*[125] ist der eucharistischen Wegzehrung jetzt ein Sterbesakrament zur Seite getreten, das ihr den ursprünglichen Rang streitig macht.

So werden denn auch im Buch die Sterberiten im *Titulus VI*, der von der *Letzten Ölung* handelt, mit erörtert: Anweisungen für den geistlichen Beistand, der dem Sterbenden zu leisten ist (*Modus juvandi morientes*), der Apostolische Segen, der bei unmittelbarer Todesgefahr gewährt wird (*Ritus benedictionis Apostolicae cum indulgentia plenaria in articulo mortis*), unter der Überschrift *Ordo commendationis animae* sodann die eigentliche Sterbeliturgie: »Gruß, Besprengung mit Weihwasser, Zeigen des Kreuzes; nachdem eine Kerze entzündet ist, folgen: Litanei, 8 Orationen, Johannespassion mit Oration, Pss 118 und 119, 3 Orationen.«[126] Es folgen Gebete, die unmittelbar vor und nach dem Tod zu sprechen sind (*De exspiratione*).

Der in *Titulus VII* des Buches aufgeführte Begräbnisritus umfasst im Einzelnen »Abholung des Leichnams im Sterbehaus, Prozession zur Kirche, wenn möglich ein Teil des Totenoffiziums, Meßfeier und Absolution,[127] Prozession zum Friedhof und Bestattung.«[128]

17.4.3 Reform der Begräbnisliturgie

Das II. Vatikanische Konzil hat sich auch mit der Reform der Sterbe- und Begräbnisliturgie befasst: Sie soll, so erklärte man, künftig »deutlicher den österlichen Sinn des christlichen Todes ausdrücken und besser den Voraussetzungen und Überlieferungen der einzelnen Gebiete entsprechen, auch was die liturgische Farbe betrifft« (Art. 81). Zuvor schon war die Feuerbestattung auch für Katholiken freigegeben worden.[129] Nach dem Konzil erschienen eine neue Begräbnisliturgie[130] und eine erneuerte Ordnung der Krankensalbung, der Krankenpastoral und der Wegzehrung mit den Sterbegebeten.[131]

Die neue Ordnung für das Begräbnis kennt drei Grundformen, auf die je nach den örtlichen Gegebenheiten zurückgegriffen werden kann. Die »heute nur in wenigen ländlichen Gebieten mögliche« erste Form mit drei Stationen kann zur Anwendung kommen, wenn sich der Friedhof bei der Kirche befindet. Der Eröffnungsritus findet dann beim Trauerhaus (bzw. am Friedhofs- oder Kirchenportal, in der Trauerhalle oder Friedhofskapelle) statt, die Eucharistiefeier in der Kirche, die Bestattung am Grab. Die deutsche Ordnung kennt auch die Reihenfolge: Trauerhaus (Friedhofs- oder Kirchenportal, Friedhofskapelle oder Trauerhalle) – Grab – Kirche, oder: Kirche – Trauerhalle bzw. Friedhofskapelle – Grab. Liegen Friedhof und Kirche weit auseinander, bietet sich die »heute in Städten allgemein gebräuchliche« Grundform 2 mit zwei Stationen an: Die Begräbnisliturgie wird in der Friedhofskapelle bzw. Trauerhalle und am Grab

gefeiert, die Eucharistie findet getrennt davon statt. Grundform 3 kennt nur eine
einzige Station: Die Feier findet am Grab bzw. in der Friedhofshalle statt oder
– bei Feuerbestattungen – im Krematorium. In allen drei Formen hat man »den
bisher im Rituale Romanum wenig ausgestalteten Teil der Feier am Grab«
entfaltet und »in Anlehnung an die anglikanische und reformatorische Tradition
eine Bestattungsformel eingeführt«.[132] Eigene Ordnungen gibt es für das Begräbnis von Kindern und die Urnenbeisetzung.

ERSTE FORM: BEGRÄBNIS MIT DREI STATIONEN	
ERSTE FORM A: AUSGANGSPUNKT – KIRCHE – GRAB	
Station 1: Beim Trauerhaus (Friedhofs- oder Kirchenportal, Friedhofskapelle oder Trauerhalle)	
Eröffnung	Begrüßung (Im Namen des Vaters oder biblischer Gruß oder biblisches Votum oder Begrüßung mit freien Worten) – Psalm 130 – Kyrie-Rufe – Gebet.
Prozession zur Kirche	Der Kreuzträger geht an der Spitze des Zuges, der Zelebrant vor dem Sarg. Während der Prozession kann man Psalmen, Lieder oder Antiphonen singen oder in der Stille für den Verstorbenen beten.
Station II: In der Kirche	
Eucharistiefeier oder selbständiger Wortgottesdienst	Wenn der Eröffnungsritus beim Trauerhaus oder beim Kirchenportal mit der Eucharistiefeier eine zeitliche Einheit bildet, beginnt die Messe im Allgemeinen sofort mit den Lesungen. Der Einzug in die Kirche soll von Gesang oder Orgelspiel begleitet werden. Schließt sich das Begräbnis unmittelbar an die Eucharistiefeier an, entfällt die Entlassung. Wird keine Eucharistiefeier, sondern ein selbständiger Wortgottesdienst gehalten, folgen auf die Fürbitten das gemeinsame Vaterunser und das Abschlußgebet der Fürbitten. Danach folgt die Verabschiedung.
Verabschiedung	Erste Form: Lied – [Gedenkworte] – Votum (*Wir haben hier keine bleibende Stätte, sondern wir suchen die zukünftige. Laßt uns darum den Leib unseres Bruders/unserer Schwester zum Grabe tragen in der Hoffnung auf die Auferstehung*). Zweite Form: [Gedenkworte] – Stilles Gedenken – Gesang – Anrufungen – Gebet – Votum (wie oben).
Prozession zum Grab	Wie bei der Prozession zur Kirche (siehe oben); es kann auch gesungen werden: *Zum Paradies mögen Engel dich geleiten.*

	Station III: Am Grab
Beisetzung	Gebet – Persönliches Wort (Abschied und Hoffnung auf die Auferstehung) – Einsenken des Sarges – Schriftwort, gesprochen oder gesungen (Joh 11,25; Jes 31,1; 1 Kor 15) – Bestattungsformel (*Wir übergeben den Leib der Erde. Christus, der von den Toten auferstanden ist, wird auch unseren Bruder/unsere Schwester N. zum Leben erwecken*) – Besprengen des Sarges mit Weihwasser (Begleitwort erinnert an die Taufe) – [Beräucherung des Sarges mit Begleitwort] – Erdwurf (*Von der Erde bist du genommen, und zur Erde kehrst du zurück. Der Herr aber wird dich auferwecken*).
Bezeichnung mit dem Kreuz	Form A: Der Zelebrant steckt das Kreuz in die Erde (*Das Zeichen unserer Hoffnung, das Kreuz unseres Herrn Jesus Christus, sei aufgerichtet über deinem Grab. Der Friede sei mit dir*); Form B: Er macht das Kreuzzeichen über das Grab (*Im Kreuz unseres Herrn Jesus Christus ist Auferstehung und Heil. Der Friede sei mit dir*).
Gesang	Wenn möglich, ein Auferstehungs- oder Credo-Lied, das Magnificat, Benedictus oder Nunc dimittis. Man kann auch das Glaubensbekenntnis sprechen.
Gebet für Verstorbene und Lebende	Fürbitten – Gebet des Herrn – Schlussgebet [zum Abschluss *Gegrüßet seist du Maria* oder ein anderes Mariengebet oder Marienlied].
Abschließendes Segenswort	Z. *Herr, gib ihm/ihr und allen Verstorbenen die ewige Ruhe.* A. *Und das ewige Licht leuchte ihnen.* Z. *Laß sie ruhen in Frieden.* A. *Amen.* [oder der Feierliche Schlusssegen]. Die Anwesenden treten an das Grab und drücken ihre Anteilnahme in ortsüblicher Weise aus.
	ERSTE FORM B: AUSGANGSPUNKT – GRAB – KIRCHE
	Station 1: Beim Trauerhaus (Friedhofs- oder Kirchenportal, Friedhofskapelle oder Trauerhalle)
Eröffnung	Begrüßung – Psalm 130 – Kyrie-Rufe – Gebet. [Folgt kein Wortgottesdienst, wird hier das Votum zur Verabschiedung (*Wir haben hier keine bleibende Stätte*) gesprochen].
Wortgottesdienst	Der Wortgottesdienst wird wie in der Messe gehalten (Lesung – Zwischengesang – Evangelium – Homilie). Findet die Eröffnung in der Trauerhalle (Friedhofskapelle) statt, kann man ihn gleich anschließen. Ist dies nicht möglich, wird er mit der Eucharistie-

	feier verbunden. Er kann auch am Grab nach dem Einsenken des Sarges eingefügt werden.
Abschluss	Stilles Gedenken – Gesang – Anrufungen – Gebet – Votum zur Verabschiedung
Prozession zum Grab	Siehe oben; es kann auch gesungen werden: *Zum Paradies mögen Engel dich geleiten.*

Station II: Am Grab

Beisetzung usw. wie oben; es folgt die Prozession zur Kirche.

Station III: In der Kirche

Wenn der Wortgottesdienst bereits in der Trauerhalle (Friedhofskapelle) stattgefunden hat, kann die Messfeier – nach einem einleitenden Wort des Zelebranten – gleich mit der Gabenbereitung beginnen. Sie wird in der gewohnten Weise fortgesetzt und beschlossen.

ERSTE FORM C: KIRCHE – TRAUERHALLE (FRIEDHOFSKAPELLE) – GRAB

Station I: In der Kirche

Der Priester eröffnet die Messe in der gewohnten Weise. Die Entlassung entfällt. Nach dem Schlussgebet wird ein Lied mit österlichem Charakter gesungen. Danach leitet der Priester die Prozession zum Ort der Aufbahrung ein: *Wir wollen unserem verstorbenem Bruder/unserer verstorbenen Schwester das letzte Geleit geben.*

Station II: In der Trauerhalle (Friedhofskapelle)

Verabschiedung: [Besprengen des Sarges mit Weihwasser] – Biblisches Votum – Psalm 103 – Anrufungen – Gebet – Prozession zum Grab.

ZWEITE FORM: BEGRÄBNIS MIT ZWEI STATIONEN

Station I: In der Friedhofskapelle

Eröffnung	[Gesang und Musik] – Begrüßung (*Im Namen des Vaters* oder Grußformel oder Schriftwort) – Kyrie-Rufe – Gebet.
Wortgottesdienst	Wie in der Messe, oder: Schriftlesung – Homilie – Stilles Gedenken – Gesang – Psalm 103 – Anrufungen – Gebet – Prozession zum Grab mit Gesang (*Zum Paradies geleite dich*).

Station II: Am Grab		
Beisetzung (wie oben) – Kreuzzeichen – Gebet für Verstorbene und Lebende – Vaterunser – Schlussgebet – Abschließendes Segenswort.		

DRITTE FORM: BEGRÄBNIS MIT EINER STATION
(Friedhof, Grab, Friedhofskapelle bzw. Trauerhalle oder Krematorium)

Eröffnung	Begrüßung – Kyrie-Rufe – Gebet.
Wortgottesdienst	Wie in der Messe, oder: Schriftlesung – Homilie – Stilles Gedenken – Gesang – Psalm 103 – Anrufungen – Gebet.
Verabschiedung	Erste Form (Friedhof, Friedhofskapelle, Trauerhalle, Krematorium): Persönliches Wort – Besprengung des Sarges mit Weihwasser – [Beräucherung] – [Erdwurf, nur wenn die Feier auf dem Friedhof stattfindet] – Kreuzzeichen – Gesang. Zweite Form (am Grab): Persönliches Wort – Einsenken des Sarges – Schriftwort – Bestattungsformel – Weihwasser – [Beräucherung] – Erdwurf – Einstecken des Kreuzes bzw. Kreuzzeichen – Gesang. Es folgen: Gebet für Verstorbene und Lebende mit Fürbitten, Vaterunser und Schlussgebet, abschließendes Segenswort bzw. feierlicher Schlusssegen.

17.4.4 Evangelische Feier der Bestattung

Im Unterschied zu Taufe, Beichte und Trauung hat Martin Luther keine eigene Ordnung für das Begräbnis verfasst. Die lutherische Reformation knüpft an die überlieferten Riten an, behält selbstverständlich die Übung bei, Sterbende durch Wortverkündigung, Beichte, Kommunion, Lied und Gebet seelsorgerlich zu begleiten,[133] läutet die Sterbeglocke und geleitet die Toten auf ihrem letzten Weg zur Grablegung mit Kreuz, Kerzen, Schülerchor und Geistlichen. Mancherorts gibt es – wohl anstelle der Totenmessen[134] – eigene Gottesdienste mit Schriftlesungen, Predigt und Gebet.

Festzuhalten ist freilich, dass die »theologische Neuorientierung am Rechtfertigungsglauben [...] die äußerlich übernommenen Riten der Exequien mit neuen Inhalten« füllt: »Im Gegensatz zum mittelalterlichen Verständnis des Totengeleits verstehen Luther und – ihm folgend – die Kirchenordnungen das Begräbnis nicht mehr als Einwirkung auf das postmortale Geschick des Verstorbenen, sondern als Bezeugung des fröhlichen Artikels unseres Glaubens an die Auferstehung der Toten und damit als Gegengewicht ›und zu trotz dem schrecklichen Feinde, dem Tode‹ (Luther, WA 35,479).«[135]

Die weitere Entwicklung der gottesdienstlichen Bräuche um Sterben, Tod und Begräbnis in den evangelischen Kirchen kann hier nicht nachgezeichnet werden.[136] Wir beschränken uns darauf, abschließend die Ordnung der Bestattung nach der Lutherischen Agende von 1996 zu dokumentieren.[137]

Ähnlich wie die erneuerte katholische Ordnung kennt auch die lutherische Begräbnisagende unterschiedliche Formen, die durch die Reihenfolge der jeweiligen Handlungsorte bestimmt sind: (I) zuerst in der Kapelle/Kirche, fortgesetzt am Grab; (II) nur am Grab; (III) zuerst am Grab, fortgesetzt in der Kirche/Kapelle. Vorangestellt sind diesen Ordnungen Liturgien für die Aussegnung und Abholung des Verstorbenen im Trauerhause. Die Agende enthält außerdem Ordnungen für die Bestattung eines Kindes, für die Einäscherung, die Urnenbeisetzung, den Gedenkgottesdienst für Verstorbene und die Fürbitte im Gemeindegottesdienst. Ausdrücklich wird auch die Möglichkeit zur »Feier des Abendmahls im Gottesdienst zur Bestattung« eröffnet. Der Einfachheit halber verwenden wir im Folgenden nur die in der Agende angegebene weibliche Form.

FORM I: ZUERST IN DER KAPELLE/KIRCHE, FORTGESETZT AM GRAB	
In der Kapelle/Kirche	
[Musik] Friedensgruß Einleitung Biblisches Votum Lied Psalm oder Eingangsgebet Lobpreis oder Bittruf Lesung [Lied] [Lebenslauf] Predigt Lied	Der Gottesdienst kann mit Lied, Chorgesang oder Musik beginnen. Es folgen der Friedensgruß und ein biblisches Votum (Mt 11,28; Joh 16,33b; Jes 43,1), das eingeleitet wird: *Wir sind hier zusammengekommen, um Abschied zu nehmen von unserer Schwester N. Ihr Tod bringt euch, den Angehörigen/der Familie und vielen von uns Trauer und Schmerz [...].* Der Psalm kann mit dem Ehre sei dem Vater, dem dreifachen Kyrie oder dem Trishagion (*Heiliger Herre Gott*; aus EG 518) beschlossen werden. Statt des Psalms kann auch ein Eingangsgebet gesprochen werden. Es folgt die Schriftlesung (Joh 14,1-6 oder andere). Vor der Predigt kann der Lebenslauf der Verstorbenen verlesen werden. Der Predigt kann, wo üblich, das Glaubensbekenntnis folgen.
[Abschied]	Falls nicht schon bei der Aussegnung geschehen, folgt hier der Abschied von der Verstorbenen: *Wir nehmen Abschied von N. Wer sie geliebt und geachtet hat, trage diese Liebe und Achtung weiter. Wen sie geliebt hat, danke ihr alle Liebe. Wer ihr etwas schuldig geblieben ist an Liebe in Worten und Taten, bitte Gott um Vergebung. Und wem sie wehgetan haben sollte, verzeihe ihr, wie Gott uns vergibt, wenn wir ihn darum bitten.*

Stille Gebet	*So nehmen wir Abschied mit Dank und im Frieden. Laßt uns das in der Stille tun.*
[Zum Paradies...] Geleitwort Gang zum Grab	An dieser Stelle kann *Zum Paradies mögen Engel dich geleiten* eingefügt werden. Dann folgt das Geleitwort: *Laßt uns nun [zum Acker Gottes gehen und] den Leib der Verstorbenen zu seiner Ruhestätte bringen.* Oder: *Wir erwarten die Auferstehung der Toten und das Leben der kommenden Welt. In dieser Hoffnung bringen wir den Leib unserer Schwester in Christus N. zu seiner Ruhestätte.* Beidemale heißt es dann: *Der Herr behüte unseren/deinen Ausgang und Eingang von nun an bis in Ewigkeit.* Der Gang zum Grab kann von Musik begleitet werden.

	Am Grab
Bestattung [Glaubens- bekenntnis]	Zu Beginn wird der Sarg eingesenkt. Es folgt ein biblisches Votum (Ps 90,1-2; 121,1-2), dann die Bestattungsformel: *Nachdem Gott der Herr über Leben und Tod [unsere Schwester in Christus] N. aus diesem Leben abgerufen hat, legen wir ihren Leib in Gottes Acker.* Unter dreimaligem Erdwurf: *Erde zu Erde, Asche zu Asche, Staub zum Staube.* Oder: *Es wird gesät verweslich und wird auferstehen unverweslich. Es wird gesät in Niedrigkeit und wird auferstehen in Herrlichkeit. Es wird gesät in Schwachheit und wird auferstehen in Kraft.* Beide Male: *Wir befehlen/geben sie in Gottes Hand. Jesus Christus wird sie auferwecken. Er sei ihr gnädig im Gericht und lasse sie die ewige Herrlichkeit schauen.* Oder: *Unsere Schwester N. ist durch die Taufe mit Christus verbunden. Auch der Tod kann sie nicht aus seiner Hand reißen. Darum befehlen wir sie seiner Gnade.* Beide Male: *Friede sei mit ihr.* Daran kann sich das Glaubensbekenntnis anschließen: *Angesichts des Todes bekennen wir unseren Glauben an den lebendigen Gott:*
Lesung [Lied] Vaterunser Schlussgebet [Lied] [Hinweise] Segen	Joh 11,25-26; Röm 14,7-9; Offb 21,1.3-5a oder eine andere Lesung. Daran anschließend kann das Lied *Christ ist erstanden* (EG 99) oder ein anderes Osterlied gesungen werden. Vaterunser, Schlussgebet und Segen schließen die Feier ab. Wo es üblich ist, kann das Glaubensbekenntnis auch dem Schlussgebet folgen, ebenso das Lied *Christ ist erstanden*, wenn es nicht vor dem Vaterunser gesungen wurde. Dem Segen können Bekanntmachungen vorausgehen.

FORM II: NUR AM GRAB

Die Liturgie entspricht FORM I entsprechend der folgenden Übersicht, wobei der Sarg gleich zu Beginn ins Grab gesenkt wird: [Abholung] – [Musik] – Friedensgruß – Einleitung/Biblisches Votum – Lied – Psalm oder Eingangsgebet – Lesung – [Lied] – [Lebenslauf] – Predigt – Lied – Gebet – Bestattung – [Glaubensbekenntnis] – Lesung – [Lied] – Vaterunser – Schlussgebet – [Lied] – Segen.

FORM III: ZUERST AM GRAB, FORTGESETZT IN DER KIRCHE/KAPELLE

Am Grab

[Musik] Friedensgruß Einleitung Biblisches Votum [Psalm oder Eingangsgebet] [Lobpreis zum Psalm]	Wenn der Sarg vom Trauerhaus bzw. Aufbahrungsort zum Grab gebracht wird, beginnt die Handlung mit der Abholung. In diesem Fall wird der Gottesdienst am Grab mit der Einleitung fortgeführt. Beginnt die Handlung erst am Grab, folgt dem Friedensgruß und der Einleitung ein Psalm oder ein Eingangsgebet. Der Gottesdienst wird danach mit der Bestattung fortgesetzt. Ist eine Abholung vorausgegangen, entfallen hier Psalm bzw. Eingangsgebet
Bestattung	Einsenkung des Sarges – Biblisches Votum (Ps 90,1-2; Ps 121,1-2) – Bestattungsformel mit dreimaligem Erdwurf – [Glaubensbekenntnis] – Schriftlesung – [Lied: *Christ ist erstanden*] – Gebet.
Geleitwort	*Wir haben die Entschlafene ins Grab gelegt/zur Erde bestattet. Laßt uns nun den Gottesdienst in der Kirche/Kapelle fortführen. [Der Friede des Herrn geleite uns.]*

In der Kirche/Kapelle

[Musik] – Biblisches Votum (2 Tim 1,10): *In dieser Hoffnung haben wir [unsere Schwester in Christus] N. bestattet/begraben. Hört nun den Zuspruch aus dem Wort Gottes:* – Schriftlesung (Joh 14,1-6) – [Lied] – [Lebenslauf] – Predigt – Lied – Gebet, eingeleitet mit stillem Gedenken – [Abendmahl] – Vaterunser (falls nicht schon zum Abendmahl) – [Bekanntmachungen] – Segen.

BEI EINER EINÄSCHERUNG

Gottesdienst in der Kapelle/Kirche

[Musik] – Friedensgruß – Einleitung und Biblisches Votum – Lied – Psalm (mit Ehre sei dem Vater, Kyrie oder Trishagion) oder Eingangsgebet – Schriftlesung – [Lied] – [Lebenslauf] – Predigt – Lied – [Abschied, wie oben bei Form I] – Gebet, eingeleitet mit stillem Gedenken – Vaterunser – Abschiedswort: *Nachdem Gott, der Herr über Leben und Tod, [unsere Schwester in Christus] N. aus diesem Leben abgerufen hat, geben*

> *wir ihren Leib dahin, daß er Staub und Asche werde. Gott vollende an ihr, was er ihr*
> *in der Taufe geschenkt hat, und gebe ihr Anteil an seiner Herrlichkeit. Friede sei mit ihr*
> – Biblisches Votum – [Lied: *Christ ist erstanden*] – [Bekanntmachungen] – Segen –
> [Geleitwort, wenn der Sarg zur Einäscherung an einen anderen Ort überführt wird].

Urnenbeisetzung

Einleitung – Biblisches Votum – Psalmgebet – Geleitwort: *Laßt uns nun zum Acker*
Gottes gehen und die Urne [unserer Schwester] zur Ruhestätte bringen – Bestattung:
Vor Gott denken wir an [unsere Schwester in Christus] N. und legen ihre Asche in
Gottes Acker – Erdwurf: *Erde zu Erde, Asche zu Asche, Staub zum Staube. Wir befehlen*
unsere Schwester der Liebe Gottes – Lesung (Joh 11, 25-26; Joh 3,16) – [Erinnerung an
den Text der Bestattungspredigt] – Vaterunser – Segen.

17.5 Neue Formen

Das gottesdienstliche Handeln der Kirche ist immer ›im Fluss‹. Das gilt
in besonderer Weise von dem Feld gottesdienstlich-seelsorgerlicher
Vollzüge, das wir in diesem Kapitel anhand einiger Handlungen exemplarisch umrissen haben. Am Schluss soll – ebenso exemplarisch – auf
einige neuere Entwicklungen hingewiesen werden, die zu einer bedeutsamen Erweiterung und Umgestaltung dieses Handlungsfeldes beitragen
könnten. Dass damit keineswegs die unübersehbare Vielfalt gegenwärti-
ger Entwicklungen auf dem Felde des christlichen Gottesdienstes abge-
deckt werden kann, versteht sich von selbst.

17.5.1 Präkatechumenale Feierformen

Ausgangspunkt ist die Erfahrung, dass – der unleugbaren Entkirchlichung, ja, Entchristlichung breiter Schichten der Bevölkerung insbesondere im Osten Deutschlands zum Trotz – dennoch »Zigtausende
von Ungetauften, Konfessionslosen und Fernstehenden auf der Suche
sind, auf der Suche nach Antworten in ihren existentiellen Fragen.«[138] Es
besteht, wie es Reinhard Höppner formuliert, »ein Bedarf an Segen«.[139]
In dieser Situation ist nach Auffassung des Erfurter Bischofs Joachim
Wanke »eine Art Vorfeldseelsorge durch niedrigschwellige Angebote«
erforderlich,[140] und er liefert mit dem »Weihnachtslob für Ungläubige«,
zu dem er am Heiligen Abend in seine Bischofskirche einlädt, zugleich
ein Beispiel dafür, wie dies gemeint ist.[141]

Dieses »nächtliche Weihnachtslob für Nichtchristen«[142] umfasst (1996) folgende Elemente: Glockengeläut; Einzug des Bischofs; Lied: Es ist ein Ros entsprungen (Orgel, Bläser, Gemeinde); Begrüßung durch den Bischof; Lesung Lk 2,1-7; Improvisation durch Bläser; Lesung Lk 2,8-14; Orgelimprovisation über ein Weihnachtslied; Lesung Lk 2,15-20; Predigt des Bischofs; Lied: Stille Nacht (Orgel, Bläser, Gemeinde); Geläut der großen Domglocke, das in den Dom übertragen wird – Stille; Fürbitten; Vaterunser; Segen; Lied: O du fröhliche (Orgel, Bläser, Gemeinde); Auszug und Postludium der Orgel. Diese Ordnung entspricht im Wesentlichen der einer durchschnittlichen evangelischen Christvesper am Heiligen Abend; die Differenz besteht darin, dass für die katholischen Christen selbstverständlich die mitternächtliche Messe als Höhepunkt ihrer Weihnachtsfeier folgt.

Auf der gleichen Linie liegt es, wenn im Erfurter Dom für ungetaufte Jugendliche – und andere Interessenten – »Feiern zur Lebenswende« angeboten werden, die das Bedürfnis aufnehmen, den Übergang in das Erwachsenenalter mit einem Passageritus zu begehen (vgl. dazu das Stichwort Jugendweihe, 15.4.2). Ein »Prototyp« 1998 hatte folgenden Aufbau: Einzug mit Orgelspiel – Raumerfahrungen im Dom (»Wir inmitten der Geschichte«) – Vorstellen der Jugendlichen (auf ein Tuch in der Lieblingsfarbe werden Gegenstände gelegt, die den eigenen Lebensweg beschreiben) – Dank an die Eltern – Musikstück – Wünsche betreffs Arbeit, Partnerschaft und Sinn (Jugendliche haben eine brennende Kerze in der Hand und stehen nebeneinander) – Orgelmusik, dabei Anzünden der Kerze am Ende des Tuches – Kommentar (Vorsteher) – Literarischer Text (Exupery, Der kleine Prinz) – Ansprache – Lied (Wo Menschen sich vergessen) – Wünsche und Bitten für die Welt (Wunschzettel werden zu den Kerzen gelegt) – Segen für die Menschen in dieser Welt (Vorsteher; dabei legen die Jugendlichen das Tuch um und nehmen die Kerze in die Hand) – Auszug mit Orgelspiel. Wieder versteht es sich von selbst, dass eine solche Handlung nicht für katholische Jugendliche bestimmt ist und in gar keiner Weise etwa Firmung oder Erstkommunion ersetzen kann und soll.[143]

Karl Schlemmer hat diese und ähnliche Bemühungen auf katholischer Seite im Programm einer »innovativ-unipluriformen Seelsorge [...] durch präkatechumenale, katechumenale und sakramentale Feiern und Liturgien« gebündelt.[144] Während evangelische Theologen, Theologinnen und Gemeinden in der Regel dazu neigen, Gestalt und Gehalt der betreffenden kirchlichen Handlungen – unter Einschluss der sakramentalen Vollzüge (Beispiel: Taufe) – an die Bedürfnisse, den Verständnishorizont und die Handlungsmöglichkeiten des kirchenfernen Publikums anzupassen, wird in diesem Konzept strikt zwischen drei Handlungsbereichen unterschieden, die einander in der Art konzentrischer Kreise zugeordnet sind.

Den äußeren Kreis bilden dabei »präkatechumenale Feierformen«, die an keinerlei Voraussetzungen wie Aufnahme in den Katechumenat, Taufe, Kirchengliedschaft gebunden sind, auch keinerlei Bindung an die Institution Kirche, eine Kirchengemeinde oder kirchliche Gruppe anstreben, sondern jedem ohne alle Bedingungen offen stehen.

Sie wollen »den Lebensbereich erschließen, in denen Menschen heute leben, zugleich jedoch die Hürde der Institution sowie das Gefühl der Bevormundung überwinden«. Sie sollen »Kirche mit ihren Formen von Segen erleben können und zwar so, dass Kirche zum Alltag gehört, aber auch ohne Bindungszwang genutzt werden kann.« Es geht dabei um Feierformen, »die für das Leben stärken, deren Quelle jedoch von einem Heiligen kommt, den wir Christen Gott nennen.«[145]
Im Einzelnen denkt Schlemmer dabei an Riten, welche die nachfamiliäre Phase, auch den Übergang in den Ruhestand begehen helfen, der Geburt eines Kindes nachgehen und die Aufnahme in die Gemeinschaft der Familie feiern, das Kind zugleich in einen Segen hineinstellen, Verliebtsein rituell ausdrücken, Verlobung als besondere Feier erleben lassen, die Begründung einer Lebensgemeinschaft rituell begehen, auch das Scheitern erinnern, noch einmal durchleben lassen und aufarbeiten, neue Formen der Sterbebegleitung erschließen, eine neue, auch künstlerisch-zeitgemäße Friedhofskultur entwickeln, Segen ›ab-holen‹ lassen, um sich von Angst erholen zu können, und anderes mehr.[146]

Den mittleren Kreis bilden »liturgische Feierformen«. Sie haben »nicht nur den segensreichen Zuspruch Gottes im Blick, sondern auch den Antwortcharakter der Getauften, die mit Liebe und Ehrerbietung Gott für seine Zuwendung danken«.[147] Da sie zur Feier der Sakramente hinführen wollen, könnte man sie im weiteren Sinne auch als katechumenale (oder als präsakramentale) Liturgien bezeichnen.[148]

Schlemmer denkt hier an sonntägliche Wort-Gottes-Feiern mit Symbolen, wenn die Eucharistie nicht gefeiert werden kann, an das Tagzeitengebet für bestimmte Altersgruppen, an ökumenische Feiern, an die Kultivierung familiärer Liturgie-Kompetenz, aber auch an die Segnung der nachfamiliären Phase und des Ruhestands, an Begehungen, die das Krank-Sein vor Gott bringen, das Scheitern in Gottes Hand legen und einen Neuanfang besiegeln.

Den inneren Kreis bildet die Feier der kirchlichen – und Kirche begründenden – Sakramente: Taufe, Firmung, Eucharistie, Versöhnung, Krankensalbung, Ehe, Ordination. Auch sie bedarf »einer ständigen Überprüfung ihrer Sprache und Ausdrucksformen«, freilich »ohne sie flach werden zu lassen und sie um ihren transzendenten Charakter zu bringen.«[149]

17.5.2 Frauenliturgien

Unter *Frauenliturgien* verstehen wir liturgische Feierformen, die aus der
Spiritualität von Frauen und Frauengruppen erwachsen, aber keineswegs
nur für Gottesdienste von Frauen bestimmt sind. Auf Beispiele für solche
Feierformen im *Evangelischen Gottesdienstbuch* bzw. im *Ergän-
zungsband* haben wir schon an anderer Stelle hingewiesen (vgl. 4.3.7).
Die Spiritualität, die sich in diesen Formen zu Wort meldet, stellt ohne
Zweifel eine große Bereicherung für die gottesdienstliche Praxis und das
Verständnis des Gottesdienstes dar. Sie könnte, wenn sie von den
Kirchen auch nur partiell angenommen wird, das Gesicht des christlichen
Gottesdienstes in Zukunft sehr nachhaltig verändern und eine tiefrei-
chende Erneuerung seiner Gestalt bewirken.

Brigitte Enzner-Probst hat einige Merkmale dieser neuen liturgischen
Spiritualität zusammengestellt. Dazu gehört vor allem die Integration von
»*Leiblichkeit* als theologisch bedeutsame Ermöglichung von Gottes-
erfahrung und als Zeichengrund aller symbolischen Zeigehandlungen
(Liturgie, Ritual)«:

>»Die spirituelle Erfahrung von Menschen kann nicht abgelöst werden von
>Bewegung und körperlicher Expression, sie ist eingebettet in einen vielschichti-
>gen Kommunikationsprozess. Die von der *Kreis-Metapher* geprägte liturgische
>Grundstruktur erleichtert individuell-postmoderne Teilhabestrukturen, bedingt
>aber auch eine Veränderung im homiletischen Setting (*Predigt als Gespräch*).
>Geschichten sind wichtiger als Geschichte. Nur im Erzählen kann die Kon-
>textualität vermittelt werden. Das ›Einst‹ des heilsgeschichtlichen Verweises
>muss bezogen bleiben auf das ›Jetzt‹ göttlicher Präsenz in der spirituellen
>Gemeinschaft und liturgischen Zeigehandlung. ›Zeit‹ wird eher räumlich ver-
>standen werden als ›Zeit-Raum‹ und Einladung zum kontemplierenden, verwei-
>lenden Sehen.«[150]

Liturgiepraktisch bedeutet dies u.a., »die Vielfalt der Ausdrucks- und Wahr-
nehmungsmöglichkeiten« samt »Gesten und Gebärden, gemeinschaftliche
Bewegung und Tanz als eine wichtige, resonante Kommunikationsform zu
integrieren.« Dabei sollen »fixierte Raumformen und linear-hierarchische
Strukturen des Gottesdienstes« aufgelöst, »Texthermeneutik« durch »Leibherme-
neutik« ergänzt, »das Gebet von seiner stark rezitativen Form« befreit und zu
einer neuen Weise »des ›inneren Atmens‹, zum schweigenden oder leiblich-
expressiven Beten« hin geöffnet werden.[151]

Der »Vielfalt von Übergängen und Schwellensituationen menschlichen
Lebens« wird im Kontext dieser neuen liturgischen Spiritualität
besondere Aufmerksamkeit zugewandt. Eine Beschränkung auf die
›klassischen‹ Übergangsrituale (wie Taufe, Konfirmation, Trauung,

Bestattung), so heißt es, werde dieser wachsenden Vielfalt keineswegs gerecht: »Denn auch Berufswechsel und Umzug, Auszug der Kinder aus der elterlichen Wohnung, Trennung, Scheidung, Verwitwung, langdauernde Pflege von Angehörigen brauchen sinnstiftende Deutung, neue Interpretationen im Lebensmuster der einzelnen.« Hinzu kommen die besonderen Übergänge und Schwellensituationen im Leben von Frauen, die nach religiöser Deutung verlangen (z.B. erste Menstruation, monatlicher Zyklus, Empfängnis, Schwangerschaft, Entbindung, Menopause).[152]

Unter der Überschrift »Lebensräume erschließen« stellen Brigitte Enzner-Probst und Andrea Felsenstein-Roßberg eine aus der nordamerikanischen Frauenkirchen-Bewegung stammende Liturgie zur Segnung eines neuen Hauses vor, das zugleich – wie in dieser Bewegung üblich – als »Haus-Kirche« dient, in der die Frauen sich zu Gottesdiensten treffen.[153] Wir bringen dies als *ein* Beispiel für die hier angesprochenen ›neuen Formen‹:

Wer zur Segnung des Hauses eingeladen ist, bringt Essen für eine Mahlzeit mit; die Einladenden selbst stellen »Weihrauch, Salz, einen Krug Wasser, einen Zweig Immergrün (oder einen Nadelzweig) und ein Geschenk für jeden Raum des Hauses bereit.« Wenn das alte Haus in der Nähe ist, gräbt man dort im Garten Salbei aus, um ihn mit zur neuen Behausung zu nehmen. Dann ziehen alle in Prozession vom alten zum neuen Haus. Mit dem Klang einer Glocke begrüßt, versammeln sie sich bei den Türstufen und bilden einen Kreis, um den Salbei zu pflanzen, »das Kraut der Weisheit.« Sodann erhalten alle etwas Salz (es »symbolisiert Schutz und Heilung«) auf die Hand, das beim Umwandern des Hauses verstreut wird; dazu wird ein »Schutzgebet« gesprochen. Nun folgt der Einzug; dazu wird ein Lied gesungen und 1 Petr 2,4-9 gelesen. Dann wird jeder Raum des Hauses einzeln mit Weihrauch, Wasser und Gebet gesegnet: »Wir bitten, o fleischgewordenes Wort, um Segen für dieses Wohnzimmer, den Ort, wo wir FreundInnen zu Gast haben...«. Jeder Raum erhält zudem ein spezielles ›Geschenk‹ (hier: Gästebuch). Zum Schluss gehen alle in das Esszimmer, wo mit dem Raum zugleich Brot und Wein gesegnet werden und das gemeinsame Mahl beginnt.[154]

17.5.3 Salbungsgottesdienste

»Heilsalbungen« spielen in Frauenliturgien eine wichtige Rolle.[155] Aber auch der Ergänzungsband zum *Evangelischen Gottesdienstbuch* bietet entsprechende Vorschläge und reagiert damit auf ein wachsendes Interesse an solchen Handlungen unter evangelischen Christen.[156] »Mit der Einführung von Salbungsgottesdiensten und Einzelsalbungen am Krankenbett haben evangelische Gemeinden eine uralte, über Jahrhunderte verschüttete kirchliche Praxis wiederentdeckt«, heißt es dazu in der Einführung. Abgedruckt wird dann jeweils ein Formular für die

»Krankensegnung und -salbung in einem Gemeindegottesdienst« wie für
einen »Salbungs- und Heilungsgottesdienst«, das wir hier abschließend
vorstellen[157] (vgl. auch 15.2.3).

Im Wortteil des Gottesdienstes ist – zwischen Lesung (eine Heilungsgeschich-
te aus dem Neuen Testament) und Predigt – eine Informationseinheit vorgesehen:
»Eine Ärztin oder ein Arzt geben einen Beitrag zum Thema ›Heilung‹ aus
medizinischer Sicht.« Die Fürbitten werden von den Gottesdienstteilnehmern auf
vorbereitete Karten geschrieben, die in den Bankreihen ausliegen; zum Teil
werden sie im Gottesdienst während des Fürbittengebetes verlesen, zum Teil
nach dem Gottesdienst von Liturg bzw. Liturgin in der Stille gebetet. Zu Beginn
des Salbungs- und Segnungsteils wird Jak 5,13-17 gelesen. Die Teilnehmer
treten zum Altar und knien dort nieder, während unter Handauflegung ein
persönliches Gebet für sie gesprochen wird (wir wählen wieder die weibliche
Form): *Jesus Christus, Gottes Sohn, ich bitte dich für diese Schwester, nimm ab
von ihr alles, was sie hindert und belastet. Heile sie und schenke ihr dein Heil.*
N.N.: *Amen.* Dann wird mit dem Salböl das Kreuzeszeichen auf die Handrücken
und auf die Stirn gezeichnet: *Nimm hin das Zeichen deines Erlösers, Jesus
Christus, zum Zeichen, dass du gesegnet bist von deinem Gott. Fürchte dich
nicht. Geh hin in seinem ✝ Frieden. Er ist mit dir.* Mit Dankgebet, Lied und
Segen geht der Gottesdienst zu Ende.

Anmerkungen

[1] Das gilt natürlich auch für Taufe und Konfirmation, die wir in diesem Buch an
anderer Stelle behandelt haben (vgl. Kap. 15). Doch kommt der Taufe – als dem
Sakrament, das die Gemeinschaft am Leibe Christi begründet – noch ein ganz
anderer ekklesiologischer Rang zu als den Handlungen, die sich am Lebenszyklus orientieren.

[2] Exemplarisch hierzu einige neuere Veröffentlichungen: Eberhard Winkler, Tore
zum Leben. Taufe – Konfirmation – Trauung – Bestattung, Neukirchen-Vluyn
1995; Wilhelm Gräb, Lebensgeschichten – Lebensentwürfe – Sinndeutungen.
Eine Praktische Theologie gelebter Religion, Gütersloh 1998; Ulrike Wagner-
Rau, Segensraum. Kasualpraxis in der modernen Gesellschaft, Stuttgart 2000.
Vgl. auch die instruktive Einführung von Christian Grethlein, Empirische
Aspekte, in: Schmidt-Lauber/Meyer-Blanck/Bieritz, Handbuch (Kap. 1 Anm. 5),
463-470.

[3] Vgl. Emile Durkheim, Die elementaren Formen des religiösen Lebens, Frankfurt a. M. 1981 (*Les formes élémentaires de la vie religieuse*, Paris 1968).

[4] Hans-Günther Heimbrock, Ritual als religionspädagogisches Problem, in:
JRPäd 5 (1989) 45-81, hier 56.

[5] Arnold van Gennep, Übergangsriten, Frankfurt a. M. 1986 (*Les rites de passage. Étude systématique des rites*, Paris 1909).

[6] Für die Taufe sei auf Fleischer, Verständnisbedingungen, bzw. Roosen, Taufe (Kap. 7 Anm. 19) verwiesen.

[7] Heimbrock, Ritual (Kap. 17 Anm. 4), 70.

[8] Victor Turner, Vom Ritual zum Theater. Der Ernst des menschlichen Spiels. Aus dem Englischen von Sylvia M. Schomburg-Scherff, Frankfurt a. M. 1995, 40 (*From Ritual to Theatre. The Human Seriousness of Play*, New York 1982).

[9] Victor Turner, Das Ritual. Struktur und Anti-Struktur. Aus dem Englischen und mit einem Nachwort von Sylvia M. Schomburg-Scherff, Frankfurt a. M. 2000 (*The Ritual Process. Structure and Anti-Structure*, New York 1969).

[10] Turner, Theater (Kap. 17 Anm. 8), 63.

[11] Ebd. 40.

[12] Ebd. 70.

[13] Ebd. 64, 68–81.

[14] Ebd. 73.

[15] Ebd. 93.

[16] Heimbrock, Ritual (Kap. 17 Anm. 4), 75.

[17] Lange, Predigen (Kap. 1 Anm. 25), 87.

[18] Dieter Funke, Sehen oder Hören? Zum Verhältnis von Sinnlichkeit und Objekt in der religiösen Erfahrung, in: WzM 41 (1989) 269-276, hier 274 f. – Christian Strecker, Die liminale Theologie des Paulus. Zugänge zur paulinischen Theologie aus kulturanthropologischer Perspektive, Göttingen 1999, hat dies in seiner an Turner orientierten Untersuchung ausdrücklich auf die Rituale von Taufe und Herrenmahl bezogen: Ihr »Communitascharakter« wird u.a. in dem »an die Tauferfahrung rückgebundenen Satz von der Relativierung der ethnischen, sozialen und geschlechtlichen Oppositionen in Gal 3,28 faßbar« (ebd. 313). Ebenso vollzieht sich im Herrenmahl eine »Transformation alltäglicher Statusunterschiede im Sinne einer rituellen Communitas«, die sich »eklatant von der in der Antike konventionellen Form der Mahlgemeinschaft zwischen Gleichgestellten und/oder Gleichgesinnten« unterscheidet (ebd. 319).

[19] Eberhard Hauschildt, Was ist ein Ritual? Versuch einer Definition und Typologie in konstruktivem Anschluß an die Theorie des Alltags, in: WzM 45 (1993) 24-35, hier 35. Vgl. auch den instruktiven Reader von Andréa Belliger/David J. Krieger (Hg.), Ritualtheorien. Ein einführendes Handbuch, Opladen 1998.

[20] Tilman Walther-Sollich, Festpraxis und Alltagserfahrung, Stuttgart 1997, 55.

[21] Hans-Georg Soeffner, Die Auslegung des Alltags. Bd. 2: Die Ordnung der Rituale, Frankfurt a. M. ²1995, 119.

[22] Turner, Theater (Kap. 17 Anm. 8), 66.

[23] Ebd. 181.

[24] Martin Luther, Kleiner Katechismus (BSLK I, 515 f).

[25] Ebd. (BSLK I, 516).

[26] Reinhard Meßner, Feiern der Umkehr und der Versöhnung. Mit einem Beitrag von Robert Oberforcher, in: Reinhard Meßner/Reiner Kaczynski, Sakramentliche Feiern I/2 (GDK 7,2), Regensburg 1992, 9-240, hier 58 f.

[27] Vgl. ebd. 56 f.

[28] Ebd. 62.

[29] Ebd. 65; ähnlich auch der judenchristliche Sektengründer Elkesai (ebd. 64).

[30] Ebd. 88.

[31] Ebd. 89.

[32] Ebd. 90 f.

[33] Ebd. 80.

[34] Ebd. 101.

[35] Ebd. 97 f.

[36] Ebd. 73 ff.

[37] Ebd. 79.

[38] Ebd. 81.

[39] Ebd 117 f, 121.

[40] Ebd. 125.

[41] Ebd. 122.

[42] Berger, Handlexikon (Kap. 1 Anm. 19), 54. Zur Konkurrenz zwischen öffentlicher Kirchenbuße und monastischer Praxis vgl. Meßner, Feiern (Kap. 17 Anm. 26), 143: »Die Solidarität in der Sünde und die Zurückhaltung gegenüber dem Verurteilen der Sünde des anderen ist ein Grundzug des alten Mönchtums [...]. Ein Mönch hat seine eigenen Sünden zu beweinen. Wenn ihm ein Bruder die seinen anvertraut, so ist er gehalten, diese mitzutragen und für den Sünder zu beten [...]. Nicht auf die kanonische Vorschrift, sondern auf die Intensität der Herzensreue kommt es bei den Mönchen an.«

[43] Meßner, Feiern (Kap. 17 Anm. 26), 136 f.

[44] Berger, Handlexikon (Kap. 1 Anm. 19), 54.

[45] Meßner, Feiern (Kap. 17 Anm. 26), 139 f.

[46] Ebd. 137.

[47] Ebd. 146.

[48] Ebd. 165.

[49] So zuerst A. Boudinhon, Sur l'histoire de la pénitence à propos d'un ouvrage récent, in: RHLR 2 (1897) 306-344, 496-524, hier 497.

[50] Meßner, Feiern (Kap. 17 Anm. 26), 163 ff.

[51] Vgl. ebd. 167: »[...] das Kloster Luxeuil war bald mit Büßern überfüllt, so daß sich Kolumban zur Gründung eines zweiten Klosters, Fontaine, entschloß«.

[52] Ebd. 169.

[53] Ebd. 171.

[54] Ebd. 172.

[55] Ebd. 179.

[56] Denzinger/Schönmetzer, Enchiridion (Kap. 10 Anm. 73), Rdnr. 1323.

[57] Vgl. ebd. Rdnr. 812; Meßner, Feiern (Kap. 17 Anm. 26), 174 f.

[58] Vgl. Kap. 15 Anm. 62, S. 126 f.

[59] Meßner, Feiern (Kap. 17 Anm. 26), 183.

[60] Rituale Romanum ex decreto Sacrosancti Oecumenici Concilii II instauratum auctoritate Pauli Pp. VI promulgatum. Ordo Paenitentiae, Vaticano 1974. Deutsche Fassung: Die Feier der Buße nach dem neuen Rituale Romanum. Studienausgabe. Hg. von den Liturgischen Instituten Salzburg, Trier, Zürich. Einsiedeln u.a. 1974.

[61] Meßner, Feiern (Kap. 17 Anm. 26), 219, zitiert hier aus der Einführung in den neuen Bußordo (Nr. 11).

[62] Ebd. 219 ff. Dort findet sich auch die tabellarische Übersicht, die wir hier übernehmen.

[63] Disputatio pro declaratione virtutis indulgentiarum, 1517 (WA 1,233-238), These 1; dt. Text nach: Martin Luther Taschenausgabe. Hg. von Horst Beintker, Helmar Junghans und Hubert Kirchner. Bd. 2, Berlin 1984, 26.

[64] BSLK I, 517.

[65] Ebd. 66 f.

[66] Hermann Lins, Buße und Beichte – Sakrament der Versöhnung, in: Schmidt-Lauber/Meyer-Blanck/Bieritz, Handbuch (Kap. 1 Anm. 5), 319-334, hier 326.

[67] Meßner, Feiern (Kap. 17 Anm. 26), 192.

[68] BSLK I, 517.

[69] Ebd. 518 f.

[70] Vgl. Herbst, Gottesdienst (Kap. 1 Anm. 72), 34.

[71] Nach der Übersetzung des Paul Speratus; vgl. Herbst, Gottesdienst (Kap. 1 Anm. 72), 35, 37, 39.

[72] BSLK I, 97.

[73] Lins, Buße (Kap. 17 Anm. 66), 327.

[74] Meßner, Feiern (Kap. 17 Anm. 26), 194.

[75] Ebd. 195.

[76] Agende für evangelisch-lutherische Kirchen und Gemeinden. Bd. III: Die Amtshandlungen. Teil 3: Die Beichte. Hg. von der Kirchenleitung der Vereinigten Evangelisch-Lutherischen Kirche Deutschlands. Neu bearbeitete

Ausgabe 1993, Hannover 1993.

[77] Verstanden im Sinne der Wissenssoziologie; vgl. Peter L. Berger/Thomas Luckmann, Die gesellschaftliche Konstruktion der Wirklichkeit. Eine Theorie der Wissenssoziologie (Sozialwissenschaft Fischer 6623), Frankfurt a. M. (1969) 1991.

[78] Bruno Kleinheyer, Riten um Ehe und Familie, in: Bruno Kleinheyer/Emmanuel von Severus/Reiner Kaczynski, Sakramentliche Feiern II (GDK 8), Regensburg 1984, 67-156, hier 74.

[79] Ebd. 77.

[80] Berger, Handlexikon (Kap. 1 Anm. 19), 512.

[81] So im Brief an Diognet aus der 2. Hälfte des 2. Jh (5,6); vgl. Kleinheyer, Ehe (Kap. 17 Anm. 78), 77.

[82] Kleinheyer, Ehe (Kap. 17 Anm. 78), 78.

[83] Vgl. Bieritz/Kähler, Haus (Kap. 3 Anm. 25).

[84] Kleinheyer, Ehe (Kap. 17 Anm. 78), 79.

[85] Epistula ad Polycarpum 5,2; vgl. Kleinheyer, Ehe (Kap. 17 Anm. 78), 81.

[86] Ad uxorem 2,8,6; vgl. Kleinheyer, Ehe (Kap. 17 Anm. 78), 79.

[87] Ebd. 82.

[88] Meßner, Einführung (Kap. 1 Anm. 39), 378.

[89] Kleinheyer, Ehe (Kap. 17 Anm. 78), 87.

[90] Ebd. 92; für den Osten erstmals bezeugt in den apokryphen Thomasakten für das 3. Jh.

[91] Ebd. 93.

[92] Ebd. 101.

[93] Rouen 15. Jh.; vgl. ebd. 104.

[94] Ostspanisches Sakramentar von Vich (11. Jh.); vgl. ebd. 105.

[95] Avignon 14. Jh.; vgl. ebd. 105.

[96] Paris 14. Jh.; vgl. ebd. 105.

[97] Rouen 15. Jh.; vgl. ebd. 105.

[98] Vor allem in deutschen Ritualien; vgl. ebd. 105.

[99] Avranches 12. Jh; vgl. ebd. 106.

[100] Sessio XXIV can. 1: Si quis dixerit, matrimonium non esse vere et proprie unum ex septem legis evangelicae sacramentis, a Christo domino institutum, sed ab hominibus in ecclesia inventum, nequam gratiam conferre: anathema sit. Vgl. Denzinger/Schönmetzer, Enchiridion (Kap. 10 Anm. 73), Rdnr. 1801.

[101] Kleinheyer, Ehe (Kap. 17 Anm. 78), 113.

[102] Denzinger/Schönmetzer, Enchiridion (Kap. 10 Anm. 73), Rdnr. 1814; wo andere Formeln in Gebrauch stünden, sollten diese freilich weiterhin gestattet sein ([...] *vel aliis utatur verbis, iuxta receptum uniuscuiusque provinciae ritum*).

Anmerkungen 691

[103] Vgl. Kap. 15, Anm. 62, 375-383: *De Sacramento Matrimonii.*

[104] Kleinheyer, Ehe (Kap. 17 Anm. 78), 127.

[105] Rituale Romanum ex decreto Sacrosancti Oecumenici Concilii II instauratum auctoritate Pauli Pp. VI promulgatum. Ordo celebrandi Matrimonium, Vaticano 1969, ²1991.

[106] Die Feier der Trauung in den katholischen Bistümern des deutschen Sprachgebietes. Hg. im Auftrag der Bischofskonferenzen Deutschlands, Österreichs und der Schweiz sowie der Bischöfe von Luxemburg, Bozen-Brixen und Lüttich. Einsiedeln u.a. 1975, ²1992; vgl. auch: Die Feier der Trauung. Ausgabe für Brautleute und Gemeinde. Hg. von den Liturgischen Instituten Salzburg, Trier und Zürich. Einsiedeln u.a. 1975.

[107] Harald Schützeichel, Die Feier des Gottesdienstes. Eine Einführung, Düsseldorf 1996, 273.

[108] Ebd. 273 f.

[109] Auf die rechtlichen Probleme, die sich aus der »Säkularisierung der Ehe von Staats wegen« ergeben, kann hier nicht eingegangen werden; vgl. dazu Kleinheyer, Ehe (Kap. 17 Anm. 78), 121-123. Das gilt auch für die Probleme, die sich mit der Wiederverheiratung Geschiedener (vgl. ebd. 139-141), der Trauung konfessionsverschiedener Paare (vgl. ebd. 141-145) u.a. verbinden. Vgl. jedoch: Gemeinsame kirchliche Trauung. Ordnung der kirchlichen Trauung für konfessionsverschiedene Paare unter Beteiligung der Pfarrer beider Kirchen, hg. von der Deutschen Bischofskonferenz und dem Rat der Evangelischen Kirche in Deutschland. Regensburg, Kassel 1971 (weitere Ordnungen wie Literatur bei Kleinheyer, a.a.O., 141 f).

[110] WA 30 III, 74-80 (nach dem Wittenberger Sonderdruck von 1529); vgl. auch BSLK I, 528-534 (nach dem Katechismusdruck 1531).

[111] Agende für evangelisch-lutherische Kirchen und Gemeinden. Bd. III: Die Amtshandlungen. Teil 2: Die Trauung. Hg. von der Kirchenleitung der Vereinigten Evangelisch-Lutherischen Kirche Deutschlands. Neu bearbeitete Ausgabe 1988, Hannover 1988, ²1999.

[112] Reiner Kaczynski, Sterbe- und Begräbnisliturgie, in: Bruno Kleinheyer/ Emmanuel von Severus/Reiner Kaczynski, Sakramentliche Feiern II (GDK 8), Regensburg 1884, 191-232, hier 205 f.

[113] Berger, Handlexikon (Kap. 1 Anm. 19), 52.

[114] Kaczynski, Begräbnisliturgie (Kap. 17 Anm. 112), 206 f.

[115] Ebd. 208.

[116] Ebd. 207 f.

[117] Ebd. 212.

[118] Frühe Belege ebd. 212 f.

[119] Zu den Quellen vgl. ebd. 209.

[120] Ebd. 209.

[121] Daraus entwickelt sich später das Totenoffizium, bei dem Lesungen aus Hiob vorgetragen werden; vgl. ebd. 209.

[122] Berger, Handlexikon (Kap. 1 Anm. 19), 52.

[123] Kaczynski, Begräbnisliturgie (Kap. 17 Anm. 112), 216.

[124] Vgl. Kap. 15, Anm. 62, 179-264: *De Sacramento Extremae Unctionis*; 265-375: *De exsequiis.*

[125] Vgl. dazu Reiner Kaczynski, Feier der Krankensalbung, in: Reinhard Meßner/Reiner Kaczynski, Sakramentliche Feiern I/2 (GDK 7,2), Regensburg 1992, 241-343; vgl. auch Christian Grethlein, Benediktionen und Krankensalbung, in: Schmidt-Lauber/Meyer-Blanck/Bieritz, Handbuch (Kap. 1 Anm. 5), 551-574.

[126] Kaczynski, Begräbnisliturgie (Kap. 17 Anm. 112), 213.

[127] Ursprünglich »Schlußritus der Begräbnisfeier und Verabschiedung des Toten«; ebd. 216.

[128] Ebd. 216.

[129] Durch Instruktion des Hl. Offiziums vom 8. 5. 1963.

[130] Rituale Romanum ex decreto Sacrosancti Oecumenici Concilii II instauratum auctoritate Pauli Pp. VI promulgatum. Ordo exsequiarum, Vaticano 1969. Deutsche Ausgabe: Die kirchliche Begräbnisfeier in den katholischen Bistümern des deutschen Sprachgebietes. Hg. im Auftrag der Bischofskonferenzen Deutschlands, Österreichs und der Schweiz und des Bischofs von Luxemburg. Einsiedeln u.a. 1973, ³1977.

[131] Rituale Romanum ex decreto Sacrosancti Oecumenici Concilii II instauratum auctoritate Pauli Pp. VI promulgatum. Ordo Unctionis infirmorum eorumque pastoralis curae, Vaticano 1972. Deutsche Ausgabe: Die Feier der Krankensakramente. Die Krankensalbung und die Ordnung der Krankenpastoral in den katholischen Bistümern des deutschen Sprachgebietes. Hg. im Auftrag der Bischofskonferenzen Deutschlands, Österreichs und der Schweiz und der Bischöfe von Bozen-Brixen und Luxemburg. Einsiedeln u.a. 1975, ²1976.

[132] Kaczynski, Begräbnisliturgie (Kap. 17 Anm. 112), 223 f; vgl. auch Berger, Handlexikon (Kap. 1 Anm. 19), 52.

[133] In seinem *Sermon von der Bereitung zum Sterben* (WA 2,685-697) nennt Luther auch noch die Salbung; vgl. Ottfried Jordahn, Die Bestattung – Geschichte und Theologie, in: Schmidt-Lauber/Meyer-Blanck/Bieritz, Handbuch (Kap. 1 Anm. 5), 531-538, hier 535.

[134] Die werden von der Apologie der Augsburgischen Konfession in Art. XXIV ausdrücklich verworfen.

[135] Jordahn, Bestattung (Kap. 17 Anm. 133), 535.

[136] Vgl. dazu Rietschel, Lehrbuch (Kap. 4 Anm. 39), II, 756-788, und die bei Jordahn, Bestattung (Kap. 17 Anm. 133), 549 f, angegebene Literatur.

[137] Agende für evangelisch-lutherische Kirchen und Gemeinden. Bd. III: Die Amtshandlungen. Teil 5: Die Bestattung. Hg. von der Kirchenleitung der Vereinigten Evangelisch-Lutherischen Kirche Deutschlands. Neubearbeitete Ausgabe 1996, Hannover 1996.

[138] Karl Schlemmer, Menschen von morgen für den Glauben gewinnen. Innovative und alternative Seelsorge und Feierformen, in: Ders. (Hg.), Ausverkauf unserer Gottesdienste? Ökumenische Überlegungen zur Gestalt von Liturgie und zu alternativer Pastoral (STPS 50), Würzburg 2002, 154-179, hier 171; vgl. auch: Ders. (Hg.), Auf der Suche nach dem Menschen von heute. Vorüberlegungen für alternative Seelsorge und Feierformen (Andechser Reihe 3), St. Ottilien 1999, 50-56.

[139] In: Anzeiger für die Seelsorge 105 (1996) 434; zitiert nach Schlemmer, Menschen von morgen (Kap. 17 Anm. 138), 171.

[140] Zitiert nach Schlemmer, Menschen von morgen (Kap. 17 Anm. 138), 169.

[141] Joachim Wanke, Weihnachtslob für Ungläubige? Ein liturgisches Experiment im Erfurter Dom am 24.12.1988, in: Gottesdienst 23 (1989) 145-147 (man beachte die Jahreszahl!); Benedikt Kranemann, »Feiertags kommt das Vergessene...« Zu Deutung und Bedeutung des christlichen Festes in moderner Gesellschaft, in: LJ 46 (1996) 3-22, hier 20.

[142] Reinhard Hauke, Nächtliches Weihnachtslob für Nichtchristen, in: Benedikt Kranemann/Klemens Richter/Franz-Peter Tebartz-van Elst (Hg.), Gott feiern in nachchristlicher Gesellschaft. Die missionarische Dimension der Liturgie, Stuttgart 2000, Teil 2, S. 100-102, hier 101.

[143] Reinhard Hauke, Die Feier der Lebenswende. Eine christliche Hilfe zur Sinnfindung für Ungetaufte, in: Kranemann/Richter/Tebartz-van Elst, Gott feiern (Kap. 17 Anm. 142), Teil 2, 32-48, hier 47 f. In eine ähnliche Richtung zielen: Dietrich Zimmermann, Segensfeier statt Trauung, ebd. 60-67; Klemens Richter, Bestattung, wenn ein kirchliches Begräbnis nicht möglich ist, ebd. 84-87.

[144] Schlemmer, Menschen von morgen (Kap. 17 Anm. 138), 172 f.

[145] Ebd. 173.

[146] Ebd. 173 f.

[147] Ebd. 174 f.

[148] Hier wären wohl auch jene »katechumenalen Stufenriten« einzuordnen, von denen Franz-Peter Tebartz-van Elst berichtet: Vor der Taufe den Glauben feiern? Katechumenale Stufenriten als Paradigmen für eine missionarische Liturgie, in: Kranemann/Richter/Tebartz-van Elst, Gott feiern (Kap. 17 Anm. 142), Teil 2, 16-31; ebenso der Umkehr- und Wiederversöhnungs-Prozess, den er an anderer Stelle beschreibt: Ders., Auf dem Weg zu einer christlichen Umkehrliturgie, ebd. 68-79.

[149] Schlemmer, Menschen von morgen (Kap. 17 Anm. 138), 175 f.

[150] Brigitte Enzner-Probst, Spiritualität und Liturgie von Frauen, in: Schmidt-

Lauber/Meyer-Blanck/Bieritz, Handbuch (Kap. 1 Anm. 5), 622-633, hier 631.

[151] Ebd. 630 f. Vgl. auch Teresa Berger, Sei gesegnet, meine Schwester. Frauen feiern Liturgie. Geschichtliche Rückfragen – Praktische Impulse – Theologische Vergewisserungen, Würzburg 1999.

[152] Brigitte Enzner-Probst/Andrea Felsenstein-Roßberg (Hg.), Wenn Himmel und Erde sich berühren. Texte, Lieder und Anregungen für Frauenliturgien, Gütersloh 1993, 232.

[153] Ebd. 234-240.

[154] Eine Fülle von Anregungen bietet auch: Rosemary Radford Ruether, Unsere Wunden heilen, unsere Befreiung feiern. Rituale in der Frauenkirche, Stuttgart 1988. Im Kapitel »Übergangsrituale: Liturgien des Lebenszyklus« (202-234) finden sich Vorschläge für die Namensgebung (mit Taufversprechen), Geburtstage, Pubertäts- und Auszugsrituale, für Lebensbündnisse und die Gründung neuer Familien (sowohl für heterosexuelle wie lesbische Paare), Liturgien zur Geburtsvorbereitung, zum Umzug in ein neues Haus, zur Menopause, aber auch zur Sterbebegleitung und zur Totenfeier.

[155] Vgl. ebd. 179-179, wo ein »Heilritual für mißhandelte Frauen« vorgestellt wird, oder 180 f., wo es um ein »Heilritual für eine vergewaltigte Frau« geht. Auch im »Pubertätsritual für eine Heranwachsende« (208-210) »werden die Körperpartien der Initiandin mit duftendem Öl gesalbt.« Eine Salbung von Stirn, Brust, Händen und Füßen des Sterbenden ist Teil der Sterbeliturgie (230-232).

[156] Ergänzungsband (Kap. 4. Anm. 70), 116-125; vgl. auch: Walter Hollenweger, Geist und Materie. Interkulturelle Theologie III, München 1988, 21-59; Martin Dudley/Geoffrey Roewll (Hg.), The Oil of Gladness – Anointing in the Christian Tradition, Collegeville, London 1993; Kaczynski, Krankensalbung (Kap. 17 Anm. 125); Grethlein, Benediktionen (Kap. 17 Anm. 125).

[157] Vgl. schon die Ordnung für die »Krankensegnung [mit Krankensalbung]« (87-102) und den »Gottesdienst mit Krankensegnung [und Krankensalbung]« (103-109) in: Agende für evangelisch-lutherische Kirchen und Gemeinden. Bd. III: Die Amtshandlungen. Teil 4: Dienst an Kranken. Hg. von der Kirchenleitung der Vereinigten Evangelisch-Lutherischen Kirche Deutschlands. Neu bearbeitete Ausgabe 1994, Hannover ³1996.

Bibelstellenregister

Personen- und Autorenregister

(*kursive Ziffern* beziehen sich auf die Anmerkungen)

Innozenz I., Papst 327, 412, 579
Innozenz III., Papst 198
Irenäus von Lyon 83, 378
Iserloh, Erwin 446
Isidor von Sevilla 380
Ivánka, Endre von 26
Ivanov, Vjačeslav Vsevolodovič 271

Jackson, Don. D. 57
Jakob I. (VI.), König 505
Jakobus Baradai 338
Jetter, Werner 24, 271, 334
Jilek, August 600, 601
Jörns, Klaus-Peter 84, 85, 156
Johann I., Kurfürst 460
Johann III., König 468
Johannes VIII., Papst 30
Johannes XXII., Papst 141
Johannes Cassianus 609
Johannes Chrysostomus 16, 83, 102,
   341, 344, 369, 370
Johannes von Jerusalem 16, 322, 328
Johannes von Syrakus, Bischof 387
Johann Friedrich, Kurfürst 180
Join-Lambert, Arnaud 122
Jones, Cheslyn 24
Joppich, Godehard 632, 639, 641
Jordahn, Ottfried 204, 692
Jorissen, Matthias 148
Josuttis, Manfred 89, 116, 118, 119,
   121, 156, 203, 239, 271, 278, 301,
   302, 450, 507, 564
Jud, Leo 474, 479
Jüngel, Eberhard 24, 273
Julian von Toledo 380
Julius Cäsar 66
Junghans, Helmar 689
Jungmann, Josef Andreas 119, 273,
   374, 401, 412, 414, 428, 440-444,
   516, 559, 561
Justin, Märtyrer 71, 75, 83, 168,

201, 240, 263, 273, 305-315, 320,
333, 342, 344, 346, 373, 382, 393,
400, 403, 405, 406, 433
Juusten, Paul 468

Kabel, Thomas 200, 237
Kaczynski, Reiner 201, 688, 690-
   692, 694
Kähler, Christoph 85, 119, 201, 562,
   690
Käsemann, Ernst 3, 272
Kaiser, Matthäus 201
Kalb, Friedrich 22, 23
Kantz, Kaspar 452, 453, 457-459
Karl der Große, Kaiser 18, 105, 142,
   376, 380, 401, 405, 412, 571
Karl Martell 380
Karl I., König 505
Karl II., König 506
Karlstadt (Bodenstein), Andreas 452,
   453, 471
Katharina von Siena 82
Kaufmann, Hans Bernhard 272
Kellner, Heinrich 635
Kirchner, Hubert 689
Kern, Otto 119
Klara, Ordensgründerin 83
Klauck, Hans-Josef 301, 304
Klaus, Bernhard 508
Klauser, Theodor 55, 119, 241, 333,
   390, 405-407, 428, 429, 440-444
Kleinheyer, Bruno 25, 175, 201,
   202, 600-604, 690, 691
Klek, Konrad 563
Klemens von Alexandrien 337, 434,
   607
Klemens I., Bischof 84, 344
Klepper, Jochen 546
Kliefoth, Theodor 540, 638, 659
Klöckener, Martin 122, 560, 563,
   564, 636

Petrus der Walker, Patriarch 362
Pfitzner, Klaus *56, 57*
Philotheos Kokkinos, Patriarch 352
Pippin, König *158*, 375
Pius IV., Papst 512
Pius V., Papst 19, 512, 616
Pius VI., Papst 6
Pius X., Papst 513, 515, 516
Pius XII., Papst 6, 516, 585, *602*
Plinius der Jüngere 306
Podhradsky, Gerhard *201, 240, 241, 443-445*
Polykarp von Smyrna 82, 378, *690*
Poullain, Valerand 495-497
Prudentius 131, 623
Ptolemäus III. Euergetes 65

Raab, Heribert *439*
Rammenzweig, Guy W. *200, 237*
Raschzok, Klaus *118, 121*
Ratschow, Carl Heinz 567, *600*
Rau, Gerhard *85*
Reich, Christa *156*
Reifenberg, Hermann *55*, 341, *367, 368*, 372, 376, 378, *440*
Reindell, Walter *159*
Reinmar der Alte 146
Reinmar der Zweter 146
Rekkared (Rekhared) I., Gotenkönig 375, 380
Rembrandt van Rijn 634
Rendtorff, Franz *55*
Rennings, Heinrich *560, 636*
Richter, Klemens *368, 441, 693*
Riethmüller, Otto 546
Rietschel, Georg *120, 202, 204, 692*
Ritter, Adolf Martin *333*
Ritter, Karl Bernhard 544, 627, *639*
Rörer, Georg 179, 180
Rössler, Roman *564*
Röwekamp, Georg *368*

Roewll, Geoffrey *694*
Roloff, Jürgen *201*, 290, 297, 299, 300, *302, 303, 600*
Rommel, Kurt *564*
Roosen, Rudolf (siehe auch Fleischer, Rudi) *238, 687*
Ruether, Rosemary R. *694*

Saadia, Rabbi 283
Sailer, Johann Michael 514
Saint-Exupéry, Antoine de 682
Schaeffler, Richard *85, 156*, 266, *271, 273*
Schammai, Rabbi 286
Scheidt, Samuel 143
Schein, Johann Heinrich 143
Scherer, Klaus R. *238, 239*
Schermann, Josef 256, *272*
Schilson, Arno 23, *85*
Schinkel, Carl Friedrich 109
Schiwy, Günter *56, 57, 156*
Schleiermacher, Friedrich 8-11, *23, 24*, 542, 543
Schlemmer, Karl 682, 683, *693*
Schmidt, Franz Xaver 1
Schmidt, Heinz G. *564*
Schmidt-Clausing, Fritz *509, 510*
Schmidt-Lauber, Hans-Christoph *22, 23, 118, 156, 157, 200-202, 204, 335, 444, 559, 600, 603, 639, 686, 689, 692, 694*
Schnath, Gerhard *564*
Schnepf, Erhard 486, 487
Schnitzler, Theodor 347, *368, 441*
Schoeberlein, Ludwig *638*
Schöllgen, Georg *201, 303*
Schönmetzer, Adolf *335, 689, 690*
Schomburg-Scherff, Sylvia M. *687*
Schott, Anselm *157, 201*, 385, *442, 443, 559*
Schröder, Rudolf Alexander 546

Sachregister

Aachen 105, 376, 401, 405, 614

Aaronitischer Segen 308, 455, 456, 466, 478, 485, 542, 543

Abend 63, 67, 68, 74, 88, 91, 163, 236, 293, 305, 306, 324, 477, 502, 606-611, 613, 618, 619, 623, 630, 631, 634, 635

Abendandacht 595

Abendgebet, -gottesdienst, -hore, -lob (s.a. Vesper) 78, 607, 608, 611, 612, 616, 624, 626-631, 635

Abendland (s.a. Westen) 5, 29, 30, 33, 76, 94, 99, 101, 104, 131, 133-135, 141, 142, 166-168, 175, 191-195, 221, 223, 233, 235, 236, 270, 321, 325, 337, 362, 371, 372, 376, 382, 388, 405, 408, 413, 419, 435, 446, 474, 579, 614, 615, 632, 651, 663, 672

Abendlied 628, 630

Abendmahl (s.a. Eucharistie, Herren-mahl, Tisch des Herrn) 3, 11, 22, 45, 69, 72, 74, 136, 148, 181, 183, 184, 210, 211, 213, 214, 216, 228, 248, 300, 317, 332, 403, 424, 425, 438, 452, 458, 464, 468, 473, 477-479, 481-483, 486-489, 492-497, 537, 540-542, 546, 548, 550-552, 555, 556, 558, 559, 595, 597, 631, 657-659, 678, 680

Abendmahlsbetrachtung 552, 558; -bewegung 549; -empfang s. Kom-munion; -frömmigkeit 471; -gaben 477; -gang 657; -gebet (s.a. Eucha-ristiegebet) 478, 486, 492, 493, 496, 497, 548, 552, 556, 558; -geräte 233, 234, 355, 558;

-gottesdienst, -teil (s.a. Messe) 452, 455, 457, 459, 463, 468, 485-488, 502, 506; -lehre 454, 458, 474, 487, 659; -lieder 487, 543, 556, 558; -liturgie, -ordnung 293, 474, 477, 481, 484, 487, 489, 493, 496, 597, 669, 670; -messe 153; -paradosis 287, 293, 295; -perikopen 477; -streit 474; -tisch (s.a. Altar, Tisch) 92-94, 100, 477, 483, 485; -verhör (s.a Beicht-, Glaubensverhör) 471, 658; -vermahnung 439, 459, 463, 465, 466, 469, 472-474, 478, 482, 485, 493, 498, 542, 543, 658; -worte, -handlung 322, 452; -zulassung 593, 657

Abendopfer 67, 606, 626

Abendpsalm 612

Abendsegen 631

Abfall 647

Abholung (s.a. Bestattung) 678, 680

Abkündigungen 116, 401, 402, 469, 488, 503, 537, 548, 552, 555, 556, 558, 596, 597

Ablass 655

Ablutionswein 439

Abrenuntiation s. Taufabsage

Absage (s.a. Taufabsage) 573, 583

Abschied, Abschiedswort, Verab-schiedung (s.a. Bestattung) 674-680

Abschiedsmahl Jesu 280, 287, 288, 297, 330, 431

Absolution 392, 402, 439, 452, 457, 458, 482, 487, 488, 490, 497, 498, 501, 503, 506, 625, 651-655, 657-660, 663, 673

Absolutionsformel, -ritus 652-655, 660

Allgemeine Einführung in das Messbuch 522, 524

Allgemeine Kirchenjahreszeit s. Zeit
im Jahreskreis

Allgemeines Gebet (s.a. Fürbitten;
Gebet der Gläubigen) 20, 30, 53,
75, 113, 111, 112, 115, 155, 172,
188, 222, 268, 309-311, 313, 343,
346, 373, 401-404, 458, 465, 472,
479, 480, 482, 486-488, 491, 493,
495, 496, 528, 531, 532, 537, 541,
543, 548, 576, 665

Allgemeines Priestertum 176, 185,
186, 579

Allstedt 459, 460

Alltagskleidung 190, 192, 193, 195,
199

Almosen 648

Alpirsbach 544, 627, 628

Altar (s.a. Abendmahlstisch, Tisch)
36-38, 43, 44, 52, 93, 96, 97, 99-
103, 105, 109-117, 137, 153, 173,
181, 189, 198, 206, 209, 218, 220,
221, 223, 232-237, 344, 348, 353-
361, 364, 377, 379, 383, 387, 390-
392, 394-397, 399, 401, 406-410,
412, 413, 417, 424, 426, 427, 429,
430, 434, 436-438, 452, 457, 464,
469, 473, 483, 485, 488, 521, 525-
527, 532, 536, 597, 664, 667, 668,
686

Altaraufbauten 108; -baldachin (s.a.
Kiborium) 234; -diener 434;
-kerzen 232, 236; -kreuz 232, 236;
-kuss (s.a. Begrüßung des Altars)
229, 231, 526; -platte 231; -raum,
-platz (s.a. Chorraum) 94, 101, 104,
112, 113, 168, 236, 237, 353-358,
361, 366, 367, 396, 397, 658;
-schranken (s.a. Cancelli; Chorschranken) 408, 430, 434; -stufen

392; -verehrung s. Begrüßung des
Altars; -zurüstung s. Gabenbereitung

Altbritisch 381

Altersstufenfest 595

Altgallisch s. Gallien, gallisch

Altgelasianum 18, 375, 410, 415, 580

Altjahrsabend 81

Altkatholisch 165, 193, 382, 544

Altprotestantisch 536, 537

Altrömischer Kalender 66

Altslawisch (s.a. Kirchenslawisch)
28-30, 151, 341

Altspanisch s. mozarabische Liturgie;
Spanien

Ambo 52, 94, 96, 99, 101, 103, 111-
113, 115, 116, 138, 209, 218, 220,
236, 354, 358, 396, 397, 399, 401,
521, 525, 530

Ambrosianischer Gesang 135

Ambrosianischer Ritus (s.a. Mailand)
33, 35, 372, 376, 410, 423, 476

Amen 27, 184, 267, 268, 270, 298,
308, 310, 313-315, 317, 324, 326,
329, 332, 346, 349, 350, 357, 363-
366, 373, 381, 385, 386, 389, 395,
404, 410, 411, 416-418, 433, 434,
436, 478, 480, 482, 491, 492, 499,
501, 504, 535, 541-543, 556

Amenvers 631

Amida 308

Amikt 193, 199

Amt, Ämter, Amtsträger 160, 164,
165, 168-174, 176-180, 182-186,
195, 523

Amtscharisma 175; -gebete 224;
-gewänder, -kleidung, -tracht s.
Kleidung; -handlungen (Kasualien)
12, 20, 21, 36, 467, 502, 537, 595,
642, 645; -insignien 174, 190-192

Amula, -lae 233, 406

Anabasis, anabatisch 7, 218, 256-
260, 262, 265, 266, 278, 518
Anachoreten 609, 610, 650
Anaklese 266, 268, 386
Analoge Kommunikation 214, 248-252
Analogion 358
Anamnese, anamnetisch 257, 266,
267, 284, 285, 291, 292, 293, 295,
297, 300, 315, 316-318, 321, 322,
330, 317, 343, 344, 349, 351, 356,
363, 373, 377, 386, 417, 418, 423-
426, 454, 457, 465, 468, 472, 476,
501, 502, 505, 533
Anaphora, Anaphoren (s.a. Eucharistiegebet; Hochgebet) 322, 323,
325-329, 330, 338-344, 348, 351,
355, 356, 362, 364, 366, 377, 419
Anaphora unseres Herrn Jesus Chris-
tus 338
Anastasis (Kirche) 611
Andacht, Andachtsbücher, -formen
12, 21, 514, 515, 538, 624, 627
Andere Form des Gottesdienstes 542
An-die-Brust-Schlagen 208, 217,
229, 433
Angeln, Angelsachsen 371, 372, 375,
381, 579, 651, 663
Angelusläuten 153
Angliederungs-, Aggregationsphase
643
Anglikanische Kirche (s.a. England)
6, 32, 34-36, 135, 165, 193, 382,
497, 506, 541, 544, 624, 674
Angrenzung (Kontiguität) 209, 211,
213, 225
Anhalt 196
Anhauchung s. Exsufflatio
Ankündigung des Evangeliums 227
Annahmebitte 379, 410, 414, 417,
418, 420-424, 427, 453, 457
Anni discretionis 580

Annuntiative Formeln 658
Anrufungen 53, 168, 265, 266, 346,
356, 532, 555
Anschlagsarten (s.a. Glocke) 152
Antependium 44
Anthropologie 14, 89, 123, 242, 245,
246, 252, 274, 291, 566, 595
Antidoron 355, 366
Antiminsion 359
Antiochien, antiochenisch 16, 32-34,
94, 165-167, 315, 326, 327, 336-
343, 352, 362, 374, 423, 534
Antiphon, Antiphona, antiphonal
132, 133, 135, 137, 138, 140, 146,
148, 347, 356, 357, 377, 379, 387,
390-393, 406, 409, 412, 430, 434-
436, 581, 612, 617, 619-621, 623,
674
Antiphona ad communionem s. Com-
munio; ad introitum s. Introitus; ad
offerenda s. Offertorium
Antiphonale, Antiphonar 18, 135,
375, 388, 627
Antiphonaler Psalmengesang 132
Antiphona post evangelium 377
Antiphonarion 21
Antiphonlieder 146
Antistruktur 643, 645
Antizipieren (s.a. Tagzeitengebet)
616
Antwort, Antwortgeschehen (s.a.
Dialog) 53, 246, 258-262, 264-266,
270, 448, 449, 518, 519, 528, 683
Antwortgesang 221, 314, 379, 397,
629, 630, 633, 665
Antwortpsalm 113, 115, 131, 132,
138-140, 144, 220, 523, 524, 530,
531
Anvertrauung der Braut, -leute 663
Anzünden der Lampe, der Lichter
(s.a. Luzernar) 609, 612

Bestattung eines Kindes 678

Bestattungsformel 674, 675, 677, 679, 680

Bestuhlung s. Gestühl

Beteiligung (der Gemeinde; s.a. Actuosa participatio; Teilhabe) 97, 99, 104, 127, 133, 137, 144, 154, 164, 185, 384, 391, 395, 396, 406, 408, 412, 487, 516, 520, 525, 530, 531, 532, 541, 546, 552, 553, 611, 615, 623

Betrachtung 633

Betsingmesse 516

Betstunde 624

Bettelorden 103, 107, 401, 402

Beuron 514

Bewegung (s.a. kinetische Codes) 43, 45, 52, 206-209, 215, 216, 218, 219, 222, 235, 395, 684

Beziehung, Beziehungsebene, -aspekt 245-248, 250-255, 259, 265, 267, 276

Biblisches Brevier 633

Bild, Bilder (s.a. ikonische Codes) 44, 46, 101, 106, 116-118, 243, 244, 249, 353-356, 474

Bilddenken 344, 355, 356

Bilderstreit 29; -sturm 474; -wand 94, 101, 353, 354, 360, 354

Bildprogramm 354

Bildung 14, 160, 193, 517, 619

Biologische Rhythmen 58

Birett 230

Birkat-ha-mazôn (s.a. Bechersegen; Nachtischgebet) 163, 283, 285, 286, 289, 290, 292, 293, 295, 296, 317, 428

Birkat-ha zimmun 285

Bischof, bischöflich 5, 18, 20, 93, 95-97, 101, 102, 112, 165-177, 180, 182, 189-196, 198-200, 220, 221, 223, 225, 230, 236, 263, 269, 315, 316, 320, 324, 327, 328, 337, 338, 341, 344-348, 350-354, 357-359, 361, 367, 373-376, 378, 380, 382-384, 387-391, 393, 394, 396, 401, 402, 404-407, 408, 411, 412, 416, 427-432, 434, 437, 505, 506, 519, 574-576, 578-582, 584, 587, 608, 610-612, 615, 619, 647-650, 657, 661, 662, 681, 682

Bischofsbezirk (Bistum, s.a. Diözese) 167, 517; -kirche (s.a. Kathedrale) 104, 167, 168, 381, 383, 611, 681, 682; -konferenz 522, 582, 590; -messe, -gottesdienst (s.a. Pontifikalamt) 95, 97, 113, 137, 144, 190, 232, 234, 236, 357, 374-376, 387, 388, 390, 393, 394, 396, 397, 406, 429, 430, 435; -weihe 170, 173-175, 180, 231, 315, 408

Bitte, Bittgebet (s.a. Allgemeines Gebet; Fürbitten; Interzessionen) 221, 256, 257, 260, 264-268, 270, 281, 284, 285, 290, 291, 296, 297, 308, 312, 315-317, 319, 321, 323, 324, 326-328, 330, 332, 345-347, 349, 351, 355, 356, 363, 381, 385, 418-420, 422, 427, 437, 452, 454, 457, 458, 468, 472, 476, 478, 480, 532, 537, 542, 607, 648, 657, 662, 668, 669, 678, 682, 685

Bittektenie 361, 365

Bitterkräuter 286, 287

Bittgesang 181, 184

Bitt- und Sühnopfer 414

Bittprozession 72

Black Rubric 503

Blessing 499, 501, 502, 504-506

Blickverhalten 206, 208, 216, 227

Blumen 37, 44-46

Blumentriodion 20

722 Sachregister

503, 621, 622
Deklarative (deklaratorische) Formeln 270, 404, 660
Denotation 49
Deo gratias 268
Deprecatio Gelasii 387
Deprekative Formeln, deprecatio 257, 268, 270, 653
Dêr-Balyzeh 325, 329
Dermung 464
De sacramentis 377, 415
Deus in adiutorium 614, 617
Deus qui humanae 409, 413
Deuteformeln, -worte 270, 431
Deutsch, deutscher Sprachraum 21, 31, 42, 45, 105, 110, 114, 135-138, 140, 142, 145-151, 154, 181, 183, 196, 197, 451-453, 455, 457-469, 470, 472-474, 477, 485, 486, 488, 490, 492, 496, 514, 516, 522, 523, 526, 527, 531, 533, 536, 544-546, 549, 550, 582, 587, 590, 594, 617, 619, 621-624, 627, 628, 632, 655, 673
Deutsche Messe 6, 31, 136, 147, 269, 438, 439, 455, 457, 460-463, 466, 468, 472, 474, 477, 486, 620
Deutsches Hochamt, Lieferamt, Singmesse 149
Devotio moderna 146
Dextrarum iunctio (s.a. Handlegung; Trauung) 231, 661, 662, 664, 667, 669
Diakon, Diakonat 20, 96, 100, 113, 115, 116, 163, 165, 166, 168-174, 178, 180, 189-192, 194, 195, 198, 200, 222, 223, 230, 232, 234, 268, 310, 313, 315, 316, 343, 345-348, 350, 351-367, 377, 380, 390-393, 396, 397, 399, 403, 404, 406, 407, 409, 413, 429, 430, 434, 437, 523-

525, 530-532, 534, 535, 574-576, 608, 612, 665
Diakonallitanei 379, 403
Diakonenweihe 168, 170, 172, 173, 175; -tür 355
Diakonie, Diakonia 8, 300, 311, 312, 320, 642
Diakonik 6
Diakonikon 353
Diakonisse 351
Dialog (s.a. Antwort) 243, 245, 246, 254, 258, 259, 261, 262, 264, 448, 319
Dichtung, Poesie 7, 130, 131, 144, 148, 126, 127, 130, 378
Didache 16, 68, 75, 165, 269, 294, 297, 298, 305, 318, 320, 322, 323, 336, 350, 351, 382, 428, 607
Didaskalie 16, 547
Dienst, Dienste 160, 163, 165, 169-173, 183-185, 194, 523-525
Dienstboek 21
Dies irae 400, 672
Dies natalis 72
Digitale Kommunikation, Digitalisierung 214, 248-251
Diözese (s.a. Bischofsbezirk) 166-168, 580
Diptychen 327, 364, 379, 412
Direktorium, römisches 21
Discibuit 473
Diskant 141
Diskos 355, 360, 361, 363, 365, 366
Distribution s. Kommunion
Dnjepr 351
Dom, -kirche s. Bischofskirche; Kathedrale
Domglocke 682; -herren 168; -kapitel 168
Domine labia mea aperies 614, 617, 625, 626, 628, 629, 631, 633

Domine non sum dignus 229, 436, 535
Dominikaner 107, 401
Dominus vobiscum 373, 392-394,
  397, 399, 409, 416, 478, 491, 526,
  581, 625
Domus ecclesiae s. Hauskirche
Dona nobis pacem 432, 433
Donnerstag 68, 82, 83
Dordrecht 148
Dorisch s. Kirchentonarten
Doxastarion 21
Doxologie 127, 257, 266, 270, 295,
  296, 308, 313, 315, 317, 318, 327,
  343, 346, 350, 351, 357, 364, 418,
  428, 501, 504, 505, 534
Dreifingerkreuz 227
Dreikönigsfest 77
Dreimalheilig s. Sanctus; Trishagion
Dresden 109
Duplum s. Diskant
Dura Europos 92, 104
Durchschaubarkeit 524
Dynamik (musik.) 124

Ecce Agnus Dei 222, 436, 439, 535
Edinburgh 505
Effata-Ritus 268, 584, 586, 591
Ego coniungo vos 664
Ego te absolvo 270, 652-654
Ehe (s.a. Braut; Trauung) 254, 642,
  657, 660-669, 683
Ehebestätigung 663-667; -beurkun-
  dung 661; -brauchtum 661, 665;
  -einsegnung 662; -gültigkeit 664;
  -hindernisse 663; -konsens, -kon-
  senserklärung, -willen 170, 254,
  661-669; -sakrament 664, 665;
  -schließung 170, 254, 661, 662,
  666, 670; -segnung 267, 660, 662,
  663, 665, 666; -übereinkunft 661;
  -verständnis 666

Ehrenzeichen 174, 190
Ehre sei dem Vater s. Gloria Patri
Ehre sei Gott in der Höhe s. Gloria in
  excelsis
Eigenkirche 105
Eigentradition 512
Eilen, Laufen 207, 218
Einäscherung 670, 678, 680, 681
Einführung in den Gottesdienst 526,
  527, 554, 557, 665, 668
Einführungshandlungen (s.a. Intro-
  duktion) 12, 182, 225
Eingang (architektonisch) 89, 93, 97,
  102, 104, 106
Eingang (Tagzeitengebet; s.a. Ingres-
  sus) 622, 625-627
Eingangsgebet (s.a. Tagesgebet; Kol-
  lektengebet) 552, 554, 557, 659,
  668, 678, 680; -katechese 584, 586;
  -lied, -psalm 469, 487, 528, 547,
  551, 555; -liturgie (s.a. Eröffnung)
  537; -spruch, -votum 485, 488, 490,
  542, 547
Einheitsgesangbuch, -lieder 150, 151
Einheitsmessbuch 512
Einladung zu Friedensgruß und -ge-
  bet 534, 558, zu Gabengebet 532,
  Kommunion 350, 489, 534, 535,
  543, 548, Schuldbekenntnis 526,
  Vaterunser 534
Einleitungsworte 523, 534
Einsargung 672
Einsetzungsbericht, -worte 6, 136,
  219, 220, 222, 223, 268, 269, 312,
  315, 316, 319, 321-323, 325-331,
  343, 349, 363, 373, 379, 381, 413,
  415, 417, 418, 420, 423-425, 452,
  455-460, 464-466, 469, 470, 472-
  476, 478, 481, 482, 484-489, 492-
  494, 497, 501, 503-506, 533, 542,
  543, 548, 556, 558

Einstecken des Kreuzes 677

Einstellung, Einstellungsebene 448, 451, 484

Einstellung gegenüber dem Tod s. Todesverständnis

Einweihungshandlungen 12

Einweisung 179, 180

Einzelabsolution 653, 654

Einzelbeichte 225, 631, 653, 654, 657-660

Einzelbekenntnis (s.a. Beichte; Confessio) 653, 654

Einzelkelch 233

Einzelrezitation 615

Einzelsalbung 685

Einzug (zum Gottesdienst; s.a. Introitus) 95, 111, 112, 114, 132, 137, 144, 152, 209, 218, 219, 236, 269, 314, 343, 344, 352-354, 357, 358, 360, 373, 379, 383, 384, 387, 390, 391, 393-396, 407, 412, 525-527, 554, 586, 596, 597, 665, 668, 674, 682, 685

Einzugsgesang (s.a. Introitus) 132, 144, 219, 358, 384, 388, 390, 396, 525, 535

Eisenach 471

Eisenacher Entwurf 150

Eisenacher Regulativ 109

Ekstase, ekstatisch, enthusiastisch 125, 128, 164

Ektenie 168, 347, 350, 356-361, 365, 366, 386, 393, 404

Ektenie zur Danksagung 366

Electi s. Photizomenat

Elevation 99, 149, 153, 154, 206, 208, 231, 363, 365, 390, 401, 425, 428, 455-457, 459, 466, 467, 485

Elsass 488

Embolismus 299, 380, 430, 431, 455, 459, 534, 664

Emden 495, 496

Emesa 75

Emigranten-, Flüchtlings-, Fremdengemeinden 489, 490, 495-497

Empfang der Brautleute 665

Emporen 105, 107

Enarxis 357, 360, 393

Energumenen 310, 345, 350, 403

England (s.a. anglikanische Kirche) 21, 35, 36, 66, 141, 150, 151, 376, 381, 485, 495-497, 499, 500, 505

Entchristianisierung, Entkirchlichung 589, 595, 681

Enthäuslichung 662

Entlassung (im Gottesdienst; s.a. Ritus conclusionis; Schlussliturgie; Sendung) 5, 112, 116, 149, 225, 231, 256, 268, 270, 310, 343, 345, 351, 359, 360, 367, 373, 378, 379, 403, 407, 437, 456, 478, 480-482, 486, 525, 535, 548, 549, 587, 591, 611, 612, 654, 666, 674, 676

Entlassungsruf, -riten, -formeln 139, 343, 346, 359, 428, 437, 455

Enttraditionalisierung 659

Eparchie 166

Ephesus 305, 338

Epiklese, epikletisch 175, 257, 266, 267, 284, 285, 290, 292, 295, 312, 316, 317, 319-321, 323, 326-329, 332, 342, 343, 349, 363, 364, 379, 415, 419, 420, 423, 452, 454, 468, 489, 501-506, 533, 571, 577, 582

Epikletisches Schweigen 155

Epimanikien 194

Epiphanias, Epiphanie 70-72, 76, 77, 81, 90, 198, 341, 342, 398, 421

Episkope, Episcopus, Episkopat s. Bischof

Epistel, -lesung (s.a. Lesung; Perikope) 17, 96, 103, 136, 140, 170-172,

Geburt Christi 77, 338, 342
Gedächtnis, Gedenken, Erinnerung
(s.a. Anamnese; kulturelles Gedächtnis) 61, 62, 67-71, 74-76, 88,
256, 259, 260, 266, 282, 284, 286,
287, 290-292, 297, 299, 300, 313,
315-318, 320-322, 324, 326-328,
330, 332, 355, 364, 365, 412, 419-
422, 424-427, 459, 464, 465, 467,
472, 473, 478, 483, 500, 502, 504-
506, 606, 607, 609, 612
Gedächtnisauftrag 427; -gottesdien-
ste 678; -kirchen 101; -tage 671
Gedächtnis der Entschlafenen s. Fürbitten für Entschlafene; der
Heiligen (s.a. Heilige) 364, 500,
503, 468; der Konfirmation 595;
der Lebenden s. Fürbitten für
Lebende
Gedenken, Gedenktage 62, 67, 73,
74, 78, 357, 551
Gedenktag der Heiligen s. Allerheiligen; der Reformation s. Reformationsfest
Gefäße s. Geräte
Gegenreformation 108, 234
Gegenwart, Vergegenwärtigung 62,
63, 67, 68, 70, 99, 111, 116, 150,
153, 243-246, 249, 251-254, 259,
263, 264, 266, 267, 280, 291, 292,
317, 321, 322, 327, 331, 356, 397,
424, 425, 454
Gegenzeit 292
Gehen, Gang 88, 96, 117, 205, 207,
217-220, 525
Gehet hin im Frieden 535, 549
Geistanrufung, -bitte (s.a. Epiklese)
173, 175, 182, 184, 326, 452, 571,
577, 578, 582, 597; -begabung,
-empfang, -sendung, -verleihung,
-weisung 3, 76, 77, 402, 410, 571,

576-582, 593, 594, 599, 648;
-träger 650; -taufe 569
Geläut s. Glocken
Gelasianisch-gregorianische Misch-
sakramentare 18
Gelasianum, gelasianisch 376, 404
Gelehrtenkultur 461-463
Gelehrtenordination 172
Geleitwort (Bestattung) 679-681
Gelöbnis, Gelübde 594
Gemeinde-, Volksgesang (s.a. Gesang; Kirchenlied) 52, 115, 126,
143-149, 388, 390, 452, 487, 488,
527, 530, 531, 542, 548; Gemeindehäuser s. Hauskirche; Gemeindekirche 102; -kommunion 269,
403, 408, 435, 438, 451, 463, 465,
468-470, 475, 477, 483, 485, 486,
492, 498, 521, 543; -leiter, -vor-
steher s. Bischof, Vorsteher; -messe
523, 524, 527; -vesper 612;
-vigilien 611
Gemeinsame Beichte (s.a. Allgemeine Beichte) 653, 654, 659
Gemeinsame Kirchenlieder 150, 151
Gemeinschaft, -scharakter, gemeinschaftlich 110, 126, 151, 154, 514,
515, 518, 519, 523, 527, 530, 534,
535, 545, 546, 607, 615, 643, 644,
646, 648, 650, 651, 653, 654, 660,
671, 683, 684
Gemeinschaftsmesse 516
Gemelliones 232
Generalabsolution 649, 653, 654
General Confession 498, 501, 503, 506
Generalkalender 522
Genf 474, 468, 485, 489-493, 495, 496
Genfer Psalter 148
Georgien 28, 29, 341
Geräte, liturgische 12, 15, 44, 46,
171, 205, 231-234, 361, 395, 517

Hadrianum 18, 170, 376, 421
Haec commixtio 433
Haec omnia 418, 427
Händedruck 45; -salbung 174, 176,
226; -waschung 268, 348, 355, 406,
410, 411, 532, 533, 608
Haftare 309
Haggada, -becher 285, 286
Hagiasmatarion 20
Hagiasmos 5
Hagia Sophia 94
Hagiographische Lesung 378, 617
Hallel, -becher 285, 286, 309
Halleluja, Alleluia 18, 115, 126, 132,
138-140, 212, 219, 268, 358, 360,
396, 397, 399, 400, 455, 456, 458,
460, 469, 473, 476, 486, 523, 530,
531, 535, 541, 542, 548, 551, 555,
625, 665; Hallelujapsalm 530, 531;
-vers 551
Hallenkirche 107
Halskrause 197; -schmuck 41, 197
Haltungen 43, 45, 205, 207, 208,
213, 217, 218, 222, 224, 523
Hamburg 180, 197, 467, 622
Hanau-Lichtenberg 489
Hanc igitur 417-419, 422
Handauflegung 4, 43, 45, 155, 166,
169, 172, 173, 175, 176, 179, 181-
185, 212, 213, 216, 217, 224-226,
228, 231, 315, 570, 571, 573, 575,
576, 578-580, 584, 586, 588, 590-
594, 597, 648, 652, 654, 658-660,
669, 670, 686; -ausstreckung 213,
223, 227, 437, 580, 581, 590, 610,
654, 653, 667
Handeln, Handlungsebene, -codes
114, 205, 214, 216, 217, 231, 244-
246, 249, 248, 252-254, 255, 259,
260, 262, 266, 268-270, 320
Handgebärden 206-208, 212, 213,

215, 217, 223-231, 233, 275, 289,
295; -glocken 153; -kreuz 228; -le-
gung (s.a. Dextrarum iunctio) 175,
225, 230, 231, 661, 663, 664, 667,
669; -schuhe 174
Handlungsgebärden 208, 225, 231,
232
Hannover 540, 544
Haptische Codes 205
Harmonik 135
Hauchen s. Exsufflatio
Hauptaltar 113
Hauptgottesdienst 11, 143, 183, 537,
542, 547, 553
Hauptsalbung 174, 176, 576-579
Haus, -recht, -vater 90, 91, 92, 97,
107, 108, 163, 164, 168, 178, 234,
277, 281-283, 286, 293, 374, 408,
462, 537, 661, 662, 671, 685; Haus-
basilika 93; -kirche 90-92, 97, 104;
-segnung 685; -synagoge 92
Hebdomada in albis 585
Hebräisch 31, 45, 309, 310
Heidenchristen 305
Heilige, Heiligentage, -feste 72, 79,
80-84, 99, 101, 105-107, 111, 198,
327, 328, 344, 350, 354, 355, 364,
365, 374, 377, 382, 389, 392, 412,
416, 418, 422, 431, 468, 512, 533,
590, 611, 617; -gräber 105; -kalen-
der, -jahr 72, 78, 81; -legenden,
-viten 19, 263, 377, 447
Heilige Orte und Räume 86-90, 450
Heiliger Abend s. Weihnachten
Heiliger Kuss s. Friedenskuss
Heiliges Essen 117, 278, 279
Heilige Woche s. Karwoche
Heiligtum 88, 89, 99
Heiligung s. Katabasis
Heilsgeschichte 63, 67-70, 73, 79,
117, 251, 253, 259, 266, 317, 321,

642, 673, 683, 685, 686; -segnung
212; -taufritus 585
Kreis, -metapher 86, 91, 94, 116-118,
210, 642, 662, 671, 683-685
Krematorium 674, 677
Kreuz, Kreuzzeichen, Bezeichnen mit
dem Kreuz (s.a. Besiegelung; Consignatio; Obsignatio) 37-41, 45, 46,
102, 114, 210, 212, 213, 216, 217,
219, 221, 224-228, 231, 236, 237,
355, 363, 367, 391, 392, 395, 399,
409, 410, 421, 433, 526, 574, 576,
579-582, 584, 586-588, 590-592,
596, 654, 656, 675, 677, 686
Kreuzbetrachtung 631; -erhöhung,
-feste 71, 73, 83, 198; -kuppelkirche
94; -präfation 421; -rippengewölbe
107; -träger 674; -verehrung 221, 230
Krypta 105, 106
Küster 171
Kult, kultisch 2-4, 6, 7-9, 11, 13, 61-
63, 65, 67, 70, 75, 77, 79, 86-90,
93, 97, 117, 123-127, 151, 153, 154,
188, 189, 192, 193, 218, 225, 236,
244, 246, 258, 341, 347, 446, 606
Kultätiologie 287; -gesang, -geschrei,
-musik 125-127; -kalender 62, 79;
-kritik 3; -orte, -räume 86, 88-90,
125; -sprache 28, 35, 386
Kultur, (gegen-)kulturell 7, 13, 14,
20, 27, 28, 30, 31, 33, 39-41, 51,
54, 58, 59, 61, 63, 67, 70, 71, 78,
86-88, 98, 100, 105, 124, 129, 160,
161, 166, 170, 193, 210, 214, 215,
217, 222, 223, 233, 246, 249, 274-
276, 278, 281, 291, 292, 300, 301,
336, 339, 371, 374, 378, 413, 446,
451, 461-463, 513, 514, 515, 536,
538-540, 543-547, 549, 552, 553,
566, 567, 571, 572, 583, 609, 642-
645, 649, 660, 661

Kulturelles Gedächtnis (s.a. Gedächt-
nis) 61, 291, 292
Kulturprotestantismus 543, 544
Kultursprache 30
Kunst 7, 9, 12, 14, 44, 107, 108, 133,
134, 145, 151, 244, 517, 540, 543
Kuppelbauten 109
Kurdistan 28
Kurialbrevier 616
Kurie 512
Kurpfalz 488, 496
Kurzberakoth (s.a. Berakah) 318
Kurzlesung 614, 617, 629, 630, 633
Kurzresponsorium 614, 617
Kuss (s.a. Friedenskuss) 96, 112,
217, 229-231, 311, 348, 357, 362,
367, 390-392, 396, 397, 399, 409,
410, 478, 526
Kusstafel s. Paxtafel
Kybernetik 8, 11, 642
Kyriale 135, 395
Kyrie, -litanei, -rufe 96, 102, 114,
135, 137, 139, 140, 144, 145, 170,
220, 267, 268, 314, 345, 347, 359,
377-379, 382, 384, 386-388, 390,
391, 393-395, 404, 405, 456, 458,
460, 465, 466, 469, 473, 476, 482,
486, 500, 503, 523, 525-528, 541,
542, 547, 552, 554, 555, 596, 597,
612, 614, 623, 625, 626, 628-631,
633, 635, 664, 665, 674-678, 680
Kyrielied 527
Kyrill von Alexandrien (Anaphora)
326, 327

Lacerna 190, 199
Lärm 124
Laetaniae 387
Lätare 82, 198
Läutearten 152
La Forme de Prieres 490

Buße) 648, 649, 651
Paenitentia secunda (s.a. Kirchenbu-
ße) 647-649, 651
Paenula 190, 194, 200
Palästina, palästinisch 27, 28, 74,
281, 292, 294, 297, 301, 305, 309,
322, 336, 339-341, 577, 610
Palermo 395
Palla 236, 409
Pallium 174, 190, 191, 199
Palmsonntag 76, 82, 198
Papst, Papsttum 6, 168, 170, 171,
175, 177, 190-192, 195, 198, 230,
232, 234, 324, 327, 375, 376, 387,
388, 390, 391, 393, 404-407, 412,
414, 416, 421, 428-437, 490, 504,
512, 513, 515, 521, 616
Papstgottesdienst (s.a. Bischofsmes-
se) 29, 393, 429
Paradigma, paradigmatisch 47, 48
Paramente 192, 197, 198
Parasche 308, 309
Paris 107, 109, 141, 379
Parochialsystem (s.a. Pfarrer, Pfarrei)
104, 167
Parömienbuch 20
Partitur 394, 396
Partizipation s. Teilhabe
Passa, Pascha, Pesach 69-76, 285-
287, 518
Passafasten 75; -Gedächtnis 291;
-Homilie 75; -lamm 71, 74, 286;
-mahl 74, 280, 281, 285, 287; -mo-
tiv 72; -mysterium 75, 517, 518,
670; -Überlieferung, -Haggada 75,
286, 287
Passageriten s. Übergangsriten
Passion, Passionszeit 75, 76, 82, 144,
198, 460, 551, 628, 629; -geschich-
te, -lesung, -historie 136, 482, 672,
673; -andacht 624; -ton 136

Passionar 19
Pastorale 19
Paten, -amt 227, 572, 573, 581, 582,
585, 587-591, 597-599
Patene 171, 172, 174, 234, 236, 408,
409, 429, 431, 433, 535
Pater noster s. Vaterunser
Patriarch, Patriarchat 28, 32-34, 166,
191, 227, 337, 340, 352, 354, 359,
361, 362, 364, 367, 374
Pax (s.a. Friedensgruß) 96, 269, 377,
378, 382, 389, 393, 396, 432-434,
455, 456, 534, 586, 587
Paxtafel 230, 433
Pectorale 40, 46, 196
Pentatonik 135
Pentekostarion 20
Pentekoste (s.a. Österliche Freuden-
zeit; Pfingsten) 77
Performative Sprache (s.a. Sprechakt)
253-255
Perfusionstaufe 569
Perikope (s.a. Lesung) 17, 149, 309,
373, 378, 398, 455, 529, 539, 541,
546, 549
Perikopenbücher 17; -kennzeichnun-
gen 20
Per omnia 385, 410, 416, 418, 433
Per quem haec omnia 418, 427
Persien 33, 338, 339, 341
Person, Persönlichkeit, personal 242-
246, 251, 258, 261, 263, 264, 269,
288, 372, 449-451, 454
Pes 134
Pesach s. Passa; Pesach-Mazzot (s.a.
Mazzot) 70, 74; Pesach-Liturgie,
Seder (s.a. Seder) 74, 280, 281,
285-287, 294
Petersdom 108
Petri Stuhlfeier 82
Petrusanaphora 322, 323

Repertoire s. Zeichenvorrat
Requiem aeternam 672
(Re-)Sozialisation 161, 571, 572, 583
Responsoriale (Buch) 18
Responsorialer Gesang 112, 132,
135, 138-140, 144, 358, 373, 377,
396, 397, 399, 412, 434, 528, 530,
610-613
Responsum, Responsorium, Respon-
sorien 96, 132, 133, 138, 144, 221,
387, 396, 397, 399, 412, 541, 542,
613, 614, 617, 623, 619, 620, 626,
628-631, 633, 635, 672
Restauration 506, 540, 546, 547
Retabeln 101, 113; Retabelaltäre 102
Retention 497
Reue s. Contritio
Reuegebet 654
Rezipient s. Zeichenbenutzer
Rezitativ 144
Rhetorik, rhetorisch (s.a. Rede) 11,
208, 265, 385, 386, 513
Rhônegebiet 378
Rhythmik 124, 125, 129, 133, 139,
216, 218, 222
Rigorismus 647
Ring (s.a. Braut-, Trauring) 174, 176,
196, 661-665, 667, 669; Ringseg-
nung 663-665; -übergabe, -wechsel
231, 662, 663, 665, 669
Ringbuchagende 22
Rippengewölbe 107
Ritenkongregation 513
Rites de passage s. Übergangsriten
Ritual, rituell, Riten 46, 79, 96, 110,
111, 152, 153, 186, 188, 208, 244,
265, 278, 282, 285, 293, 294, 299,
330, 513, 567, 569, 571, 574, 583,
585, 594, 642-646, 648, 649, 653,
661, 662, 664, 670, 672, 674, 677,
683, 684

Rituale (Buch) 19, 20; Rituale Ro-
manum 19, 171, 585, 653, 664,
672, 674
Ritual und Raum 110
Ritualwanne 92
Rituelle Stützung 96, 97, 393
Ritus conclusionis (s.a. Entlassung;
Schlussliturgie; Sendung) 535
Ritus initiales (s.a. Eröffnung) 525
Rochett 193, 194, 199
Römischer Kalender 60, 66, 72; römischer Staatskult 93
Römisch-fränkische Liturgie 33, 174,
376, 379, 381, 387, 398, 421, 502,
512
Rogate 82
Rollen, -gefüge, -verteilung 4, 11, 14,
15, 19, 21, 28, 33, 41, 44, 46, 47,
50, 52, 95, 97-100, 103, 109, 114,
117, 143, 147, 160-165, 170, 185-
188, 191, 193, 205, 209, 217, 220,
231, 236, 258, 307, 313, 330, 520,
521, 523, 579, 644, 645
Rollenbuch 19, 20, 524, 615
Rom, römisch 2, 6, 12, 16-20, 27-30,
32-36, 65, 72, 74-76, 93, 95, 98,
100, 108, 131, 133-138, 143, 144,
154, 155, 166, 168-170, 171, 173,
174, 189-191, 193, 195, 219, 220,
224, 232, 234, 236, 265, 305, 314,
315, 323, 327, 328, 330-332, 336-
340, 342, 344, 347, 351, 353, 371,
372, 374-391, 393, 396-398, 401,
403-407, 410-415, 418-425, 427-
433, 435-437, 446, 453, 458, 475,
495, 497, 512-515, 522, 533, 534,
571, 574, 579, 580, 582, 584, 586,
612, 614, 616, 624, 626, 627, 647,
648, 661, 662, 672
Romanik 103, 105, 106, 107, 109
Romanische Länder 292, 371

Spanien (s.a. mozarabische Liturgie)
16, 35, 76, 137, 135, 151, 168, 197,
372, 373, 380, 381, 388, 397, 405,
420
Speise s. Nahrung; Speisegemein-
schaft s. Mahlgemeinschaft; Speise-
rituale 277, 278
Speisung, Spendung s. Kommunion
Spendeformeln, -worte 270, 297,
351, 434, 436, 439, 455, 456, 459,
464, 476, 482, 504, 505, 552, 580,
648
Spendekelch 377
Spendung des Bußsakraments 653
Sphragis s. Besiegelung
Spiel 86, 87, 124, 162, 198, 644,
645, 685
Spiritual (musik.) 150
Spiritualität s. Frömmigkeit
Spitalmesse 468
Spitzbogen 106, 107
Sponsor s. Paten
Sprache, sprachlich 12, 27-33, 41-47,
59, 123, 162, 186, 205, 208, 209,
213-217, 242-247, 249, 252-258,
260-262, 264-266, 275, 278, 310,
314, 322, 336, 371, 372, 374, 378,
381, 384, 422, 449-452, 450, 457,
458, 460-464, 484, 489, 490, 499,
514, 528, 545, 546, 551, 553, 554,
572, 615, 632
Sprachcodes, -zeichen 42, 43, 45,
187, 214, 244, 254;
Sprache »des mündlichen Worts«
242-244, 246, 249, 262, 268, 448-
451, 454
Sprechakt, -theorie 245, 252-257,
259, 262, 265-267; Sprechakttypen
255, 256; -aspekte (locutio, illocu-
tio, perlocutio) 255, 256
Sprechen, Sprechcodes, -zeichen 39,

43, 47, 52, 55, 124, 131, 154, 243,
250, 254, 255, 259, 261, 265; -gat-
tungen 257; -gesang 127, 130, 134;
-weise 248, 265
Spruch nach der Epistel 542
St. Gallen 152
Staatsakt (s.a. Hofzeremoniell) 97
Stab 174, 176, 196
Stabat mater 139, 400
Stadt, πόλις 97, 98, 106-108, 152,
166, 168, 615
Stadtklöster 611
Stadtrömische Liturgie (s.a. Rom, rö-
misch) 33, 36, 99, 326, 372, 374, 376
Stand, ständisch 178, 192, 659
Standestracht 196
Statio, Stationsgottesdienst, -kirche
99, 168, 357, 384, 387, 391, 393,
407, 429, 432
Status 643, 644
Stehen 38, 43, 45-47, 205-208, 211-
213, 217, 219-222, 225, 226, 228,
307, 309-311, 316, 324, 394, 399,
420, 423, 433, 609, 610, 613, 622,
629, 630, 632, 648
Sterben 642, 646, 672, 678
Sterbebegleitung 683; -gebete 672,
673; -glocke 677; -liturgie 12, 172,
643, 672, 673; -riten 673; -sakra-
ment 673
Sternenjahr 64
Stifte 622
Stiftshütte 2
Stille s. Schweigen
Stilles Gebet (s.a. Gebetsstille) 221-
224, 268, 383, 384, 391, 394, 404,
410, 532, 534, 535, 547, 549, 610,
628, 629, 633
Stilles Gedenken 674, 676, 677, 680
Stillmesse 154, 392
Stirnsalbung 580, 582

165, 173, 185, 186, 220, 229, 236, 277

Verschleierung s. Velatio nuptialis

Verschriftlichung 134

Versöhnung (s.a. Rekonziliation) 656, 648, 654, 683

Versprachlichung 450

Versus ad repetendum s. Kehrvers

Vers vor dem Evangelium 530

Vesper (s.a. Abendgebet, -gottesdienst) 130, 447, 485, 613, 614, 616, 617, 619-624, 626-635, 658

Vesperbücher 515; -hymnen 623; -läuten 153; -mantel 195, 200; -predigt 623; -psalmen 621, 623, 626

Viaticum s. Wegzehrung

Victimae paschali 139, 148, 400

Vidi aquam 392

Vienne 141

Vierung 105, 106, 108

Vierzeitenrhythmus 438, 477, 478

Vierzig Tage s. Quadragesima

Vigil, Vigilgottesdienste 12, 68, 69, 75, 170, 341, 345, 611, 613-615, 617, 631

Vigiliae nocturnae 613

Vigillesungen 221

Visuelle Codes 205, 210, 214, 275, 341, 378, 395, 541

Vita canonica 168

Vita communis 612

Völkerwanderung 35, 151, 192, 371, 615

Vokalmusik 46

Vokation, Vocatio (s.a. Beruf, Berufung) 177, 179

Volksantwort s. Responsum; -gesang s. Gemeindegesang; -kehrvers s. Kehrvers; -kommunion s. Gemeindekommunion; -liturgischer Apostolat 516; -messbücher 515;

-trauertag 79, 84

Volks-, Landes-, Muttersprache 5, 19, 20, 27-31, 33, 145-149, 309, 341, 401, 438, 459-462, 498, 514, 516, 520, 522, 618, 622

Vollmissale (s.a. Messbuch; Missale) 19, 524

Vollmond, -nacht 71, 73-75; im Frühling 71, 75; Vollmondfest, -tag 73, 74

Vollzugsformel 175, 183

Von ordenung gottis dienst 447, 618, 620

Vorbereitungsgebet auf den Gottesdienst 552, 554, auf die Kommunion 543 (s.a. Kommunionvorbereitung)

Vorbeter 115, 187, 283, 308, 313, 610, 631

Vorderasien 28, 151

Vorderindien 34

Vorfastenzeit 20, 198

Vorfeldseelsorge 681

Vorhalle 93, 104

Vorkonsekrierte Hostien 438

Vorleser (s.a. Lektor) 91, 94, 170, 187, 262-264, 306, 307, 313, 351, 478, 523

Vorsänger (s.a. Kantor) 94, 96, 127, 132, 134, 187, 397

Vorsitz 220, 281, 283, 286, 524, 528, 544

Vorsteher, -amt 91, 92, 95, 98, 102, 112, 136, 163-167, 170, 179, 187, 220, 263, 267-269, 283, 307, 310-314, 345, 346, 362, 383-385, 400, 405, 406, 436, 520, 523, 525, 682

Vorsteher-Orationen (s.a. Präsidialgebete) 384; Vorstehersitz (s.a. Kathedra; Sitz) 92, 99, 111, 112, 114-116